Johannes Semler/Martin Peltzer/Dietmar Kubis (Hrsg.)
Arbeitshandbuch für Vorstandsmitglieder

Arbeitshandbuch für Vorstandsmitglieder

herausgegeben von
Dr. Dietmar Kubis
Rechtsanwalt, Jena

begründet von
Professor Dr. Dr. h.c. Johannes Semler
Rechtsanwalt, Frankfurt am Main

Dr. Martin Peltzer
Rechtsanwalt, Notar a.D., Frankfurt am Main

2. Auflage

Verlag C.H. BECK/Verlag Franz Vahlen
München 2015

Zitiervorschlag:
Bearbeiter in Semler/Peltzer/Kubis Vorstand HdB § … Rn. …

www.beck.de
www.vahlen.de

ISBN 3 978 38006 4526 8

© 2015 Verlag Franz Vahlen GmbH
Wilhelmstraße 9, 80801 München
Druck: fgb · freiburger graphische betriebe GmbH
Bebelstraße 11, 79108 Freiburg

Satz: Druckerei C. H. Beck, Nördlingen

Gedruckt auf säurefreiem, alterungsbeständigem Papier
(hergestellt aus chlorfrei gebleichtem Zellstoff)

Die Bearbeiter

Dr. Michael Arnold
Rechtsanwalt, Stuttgart

Dr. Hans-Joachim Fonk
Rechtsanwalt, Tutzing

Dr. Dietmar Kubis
Rechtsanwalt, Jena

Dr. Welf Müller
Rechtsanwalt, Wirtschaftsprüfer und Steuerberater, Frankfurt am Main

Dr. Wolfgang Richter
Rechtsanwalt, Frankfurt am Main

Dr. Heinrich Rodewig
Rechtsanwalt, München

Dr. Vera Rothenburg
Rechtsanwältin, Stuttgart

Bernhard Steffan
Wirtschaftsprüfer und Steuerberater, Stuttgart

Professor Dr. Jürgen Taschke
Rechtsanwalt, Frankfurt am Main
Honorarprofessor an der Universität Frankfurt am Main

Professor Dr. Ulrich Tödtmann
Rechtsanwalt, Bonn
Honorarprofessor an der Universität Mannheim

Dr. Marc Winstel
Rechtsanwalt, Stuttgart

Dr. Daniel Zapf
Rechtsanwalt, Frankfurt am Main

Vorwort zur 2. Auflage

Als die beiden Begründer dieses Handbuch vor nunmehr über zehn Jahre erstmals herausgaben, war die Krise des Neuen Marktes gerade überstanden und die Bankenkrise noch nicht sichtbar. Gute Unternehmensführung wurde überwiegend über kurzfriste Erfolgsmeldungen definiert; langfristige Zielsetzungen waren anlegerseitig dagegen eher selten nachgefragt. Die persönlichen Profile zahlreicher Vorstandsmitglieder entsprachen diesem Zeitgeist.

Zwischenzeitlich hat der Gesetzgeber mehrere aktienrechtliche Maßnahmenpakete in Kraft gesetzt, die unter den Bezeichnungen UMAG (2005), VorstOG (2005) und VorstAG (2009) den rechtlichen Rahmen der Vorstandsarbeit merklich beeinflusst haben. Parallel hierzu wurden – für alle Organe der Aktiengesellschaft – unter dem wenig scharfen Sammelbegriff „Compliance" immer neue Anforderungen an eine korrekte Unternehmensführung entwickelt. Speziell für den Vorstand hat der Deutsche Corporate Governance Kodex (DCGK) Verhaltensregeln unter eben dieser Bezeichnung reflektiert. Leider besteht hier eine zunehmende Tendenz, die Auswüchse unkontrollierter Unternehmensführung gegen eine sinnlose Überregulierung der Vorstandsarbeit auszutauschen.

Das vorliegende Handbuch soll unabhängig von kurzlebigen Tendenzen Rechte und Pflichten der Vorstandsarbeit auf der Basis eines höchstmöglichen ethischen Konsenses darstellen. Wiederum wurde von einer wissenschaftlichen Vertiefung der einzelnen Themen bewusst Abstand genommen. Präferierte Zielgruppe das Handbuchs sind somit (aktuelle und potentielle) Vorstandsmitglieder und erst in zweiter Linie deren rechtlichen Berater. Das Handbuch stellt somit einen Mittelweg zwischen vertiefenden Kommentierungen einerseits und – bisweilen trügerischen – Kurzinformationen aus dem Internet andererseits dar.

Wie schon in der ersten Ausgabe, erscheinen die einzelnen Beiträge unter der wissenschaftlichen Verantwortung der jeweiligen Autoren. Die hiermit verbundenen Überschneidungen und gelegentlich auch voneinander abweichenden Bewertungen werden bewusst in Kauf genommen.

Für Anregungen und Hinweise unserer Leser sind Autoren, Herausgeber und Verlag dankbar.

Jena, im Januar 2015 Dr. Dietmar Kubis

Aus dem Vorwort zur 1. Auflage

Die Aktiengesellschaft ist das, was man in der Fachsprache eine „juristische Person" nennt. Eine juristische Person kann nicht selbst handeln, denn sie ist ein juristisches Kunstprodukt, wie immer man sie im Einzelnen theoretisch definieren mag. Um handeln zu können, bedarf sie vielmehr Menschen aus Fleisch und Blut. Diese Personen müssen strukturiert und planmäßig handeln. Eine Wirtschafts- und Gesellschaftsordnung wäre undenkbar, bei der der Rechtsverkehr nicht darauf vertrauen könnte, dass die Zuordnung von bestimmten Funktionen zu bestimmten Funktionsträgern immer gleich ist. Dieser Gedanke ist bei der Aktiengesellschaft besonders ausgeprägt, denn das Aktiengesetz erlaubt sehr wenig Abweichungen von den Rechten, den Pflichten und der Verantwortung, die es den einzelnen Funktionsträgern zuweist. Diese Funktionsträger heißen in der Fachsprache „Organe".

Die Aktiengesellschaft hat drei Organe, die in einem wohldurchdachten und bewährten Gleichgewichtsverhältnis zueinander stehen. Es sind dies die Hauptversammlung, der Aufsichtsrat und der Vorstand. Eine hierarchische Struktur im engeren Sinne besteht hierbei nicht. Von Ausnahmen abgesehen, kann kein Organ einem anderen direkte Weisungen erteilen.

Die Hauptversammlung wird durch den Vorstand und in Ausnahmefällen durch den Aufsichtsrat oder durch eine Minderheit von mindestens 5% des Grundkapitals einberufen. Im Regelfall tritt sie nur einmal jährlich nach Abschluss des Geschäftsjahres zusammen. Bei dieser so genannten ordentlichen Hauptversammlung beschließt sie regelmäßig über die Gewinnverwendung, die Entlastung von Vorstand und Aufsichtsrat und die Bestellung des Abschlussprüfers. Stehen Neuwahlen zum Aufsichtsrat an, wählt sie die Anteilseignervertreter. Mit Geschäftsführungsfragen wird sie nur befasst, wenn der Vorstand dies verlangt. Bei besonders einschneidenden Strukturveränderungen muss der Vorstand nach zwei Entscheidungen des BGH („Holzmüller" und „Gelatine") die Hauptversammlung befragen, auch wenn dies nicht im Gesetz vorgesehen ist. Struktur und Kapitalmarktmaßnahmen können, wenn dies zeitlich passt, von der ordentlichen Hauptversammlung mit erledigt werden; anderenfalls ist eine außerordentliche Hauptversammlung einzuberufen.

Dem Aufsichtsrat hat der Gesetzgeber die Aufgabe zugedacht, den Vorstand zu bestellen, diese von Gesetzes wegen zeitlich begrenzten Bestellungen ggf. zu erneuern und bei Vorliegen eines wichtigen Grundes ein Vorstandsmitglied auch abzuberufen. Daneben hat der Aufsichtsrat den Vorstand zu beraten und kritisch zu begleiten. In dieser beratenden und kritischen Begleitung besteht im Wesentlichen „die Aufsicht", die diesem Organ seinen Namen gab. Es ist deswegen aber kein Neben- oder Übervorstand, sondern bei dieser Beratung, die allerdings die Einbeziehung des Aufsichtsrats in die Unternehmensplanung umschließt, muss es sein Bewenden haben. Allerdings kann der Aufsichtsrat mit Hilfe eines (inzwischen obligatorisch zu erstellenden) Zustimmungskatalogs oder „ad hoc" seine Zustimmung zur Umsetzung von Vorstandsentscheidungen verweigern und damit erheblichen Einfluss nehmen. Von Maßnahmen der Geschäftsführung ist der Aufsichtsrat ausdrücklich ausgeschlossen. Die verantwortungsvollste und schwierigste Aufgabe des Aufsichtsrats ist zweifellos die Besetzung des Vorstands. Ist diese misslungen, nützt auch die sorgfältigste Aufsicht und Beratung wenig.

Die Funktion, die der Gesetzgeber dem Aufsichtsrat zugedacht hat, wird durch die Mitbestimmung, insbesondere die paritätische Mitbestimmung, sehr erschwert. Aktiengesetz und Mitbestimmungsgesetz sind jeweils Kinder ihrer Zeit und schlecht aufeinander abgestimmt. Dies führt zu erheblichen Verlusten an Effizienz und zu höchst unerwünschten

Vorwort

Nebenwirkungen. Der Aufsichtsrat ist vom Gesetzgeber als einheitliches Gremium konzipiert, besteht aber nach dem Mitbestimmungsgesetz aus zwei disparaten Hälften, den Anteilseignern und den Arbeitnehmern bzw. Arbeitnehmervertretern, von denen, je nach Größe des Aufsichtsrats, zwei oder drei von Seiten der Gewerkschaft kommen. Es liegt auf der Hand, dass die Kontrolle des Vorstandshandelns durch Mitarbeiter des Unternehmens problematisch ist, ebenso wie es auf der Hand liegt, dass ein geschickter Vorstand versuchen wird, die in den Aufsichtsrat gewählten Arbeitnehmervertreter auf seine Seite zu ziehen, sie zu „vereinnahmen". Hierdurch können insbesondere Personalmaßnahmen auf Vorstandsebene sehr erschwert werden.

Die gesetzliche Geschäftsführungsprärogative allein zeigt die Bedeutung des Vorstands, dem Gegenstand dieses Buches. Er leitet die Gesellschaft, führt die Geschäfte und bestimmt die Richtung, die das Unternehmen einschlägt. Von seiner Integrität, Weitsicht, Tüchtigkeit und Charakterstärke und vor allem von seinem Gespür für geschäftliche Chancen und deren Wahrnehmung hängt das Schicksal des Unternehmens in sehr erheblichem Maße ab. Die Zusammensetzung des Vorstands sollte eine gute Mischung aus verschiedenen Temperamenten, Talenten und Erfahrungshintergründen sein. Entscheidend ist eine vertrauensvolle Zusammenarbeit. „Grabenkämpfe" können zu völliger Selbstbeschäftigung und damit Lahmlegung des Vorstands führen. Dies wiederum strahlt ins Unternehmen und stört Abläufe und Aktivitäten in den betroffenen Bereichen. Der Wert des Unternehmens wird geschädigt. (...)

Vorstandsarbeit ist nur beschränkt theoretisch erlernbar. Man kann ein Standardwerk der Chirurgie auswendig gelernt haben und ist damit noch kein guter Chirurg. Ebenso wenig gibt es ein Werk über Chirurgie, das von Theoretikern und nicht von praktisch tätigen Chirurgen verfasst worden wäre. Vorstandsarbeit und Chirurgie haben gemeinsam, dass die praktische Erfahrung unentbehrlich ist. Die Herausgeber und Autoren des vorliegenden Handbuchs haben sich bemüht, den Mitgliedern von Vorständen und Personen, die das werden wollen, ein Handbuch zur Verfügung zu stellen, das den Anforderungen der pflichtgemäßen Wahrnehmung eines Vorstandsmandats Rechnung trägt. Die Autoren haben auf Basis ihrer überwiegend langjährigen Erfahrungen in Vorstandspositionen die Darstellung der Vorstandspflichten möglichst praxisnah gestaltet.

Herausgeber und Autoren wollen mit diesem Werk Vorstandsmitgliedern und Führungskräften, die ein Vorstandsmandat anstreben, die Möglichkeit zum Erwerb der einschlägigen Kenntnisse geben. Aber auch Personen, die in der Rechtspraxis tätig sind – wie Justitiaren, Wirtschaftsanwälten und anderen Angehörigen der beratenden Berufe – wird dieses Werk helfen, sich mit dem Aufgabengebiet eines Vorstandsmitglieds näher vertraut zu machen. Richtern und Verwaltungsbeamten bringt das vorliegende Buch einen breiten Einblick in die Rechte und Pflichten der Vorstandsmitglieder einer Aktiengesellschaft.

Frankfurt am Main, im Dezember 2004   Prof. Dr. Dr. h. c. Johannes Semler
                                                                               Dr. Martin Peltzer

Inhaltsübersicht

	Seite
Inhaltsverzeichnis	XIII
Abkürzungsverzeichnis	XXXVII
Literaturverzeichnis	XLVIII

§ 1	Kompetenzen des Vorstands und der Vorstandsmitglieder *(Kubis)*	1
§ 2	Die Bestellung von Vorstandsmitgliedern *(Kubis)*	85
§ 3	Das Anstellungsverhältnis des Vorstandsmitglieds *(Kubis)*	115
§ 4	Leitung als Vorstandsaufgabe *(Richter)*	143
§ 5	Geschäftsführung/Geschäftsverteilung *(Richter)*	163
§ 6	Vertretung der Gesellschaft *(Richter)*	189
§ 7	Organpflichten *(Arnold/Rothenburg)*	209
§ 8	Personal- und Sozialwesen *(Tödtmann/Winstel)*	245
§ 9	AG in der Krise und Insolvenz *(Steffan)*	317
§ 10	Rechenschaftslegung *(Müller)*	359
§ 11	Haftung der Vorstandsmitglieder *(Arnold/Rothenburg)*	429
§ 12	Strafrechtliche Haftung von Vorstandsmitgliedern *(Taschke/Zapf)*	465
§ 13	Compliance als Vorstandsaufgabe *(Tödtmann/Winstel)*	523
§ 14	Verbundene Unternehmen *(Fonk)*	561
§ 15	Geschäftsführung in der SE *(Rodewig)*	629

Autorenverzeichnis	661
Sachverzeichnis	665

Inhaltsverzeichnis

	Seite
§ 1 Die Kompetenzen des Vorstands und der Vorstandsmitglieder	
A. Allgemeines	4
I. Grundsätze des deutschen Gesellschaftsrechts	4
II. Einfluss des europäischen Rechts	5
1. Verordnungen	5
2. Richtlinien	5
3. Europäische AG	5
B. Die materielle Unternehmensverfassung der AG	6
I. Rechtsgrundlagen	6
1. Gesetzliche Regelungen	6
2. Regelungen der Satzung	6
3. Regelungen einer Geschäftsordnung	7
a) Allgemeine Regelungen	7
b) Regelungen der Geschäftsverteilung	8
4. Der Deutsche Corporate Governance Kodex	8
a) Bedeutung des Kodex	9
b) Inhalt	9
c) Ziel	9
d) Die Entsprechenserklärung	9
II. Die Organe der Aktiengesellschaft	11
1. Überblick	11
2. Die Hauptversammlung	12
3. Der Aufsichtsrat	14
4. Der Vorstand	14
5. Der Abschlussprüfer	15
6. Weitere Organe und sonstige Gremien	17
a) Keine weiteren Gremien mit organschaftlichen Befugnissen	17
b) Sonstige Gremien	18
7. Das Verhältnis des Vorstands zu anderen Organen	18
a) Zur Hauptversammlung	18
b) Zum Aufsichtsrat	19
c) Unterschiedliche tatsächliche Machtverteilung	21
III. Allgemeine Handlungsmaximen für unternehmerisches Handeln in der AG	22
1. Verfolgen des Unternehmensgegenstands	22
a) Verstoß gegen die Begrenzung des Unternehmensgegenstands	22
b) Heilung des Verstoßes	22
c) Unterschreitung des Unternehmensgegenstand	23
2. Beachtung des Unternehmensinteresses	23
3. Erzielung eines angemessenen Gewinns	24
4. Social Sponsoring	25
5. Eigenverantwortlichkeit und unternehmerisches Ermessen	26
a) Überblick	27
b) Feststellung der tatsächlichen Entscheidungsgrundlagen	27

Inhaltsverzeichnis

	Seite
c) Unternehmerischer Ermessensspielraum	28
d) Beurteilungsspielraum	28
e) Abwägungsbereiche	29
f) Neutralitätspflicht	29
6. Gegenseitige Förderpflicht	29
IV. Besondere Grundsätze für eine ordnungsmäßige Geschäftsführung	29
1. Ordnungsmäßigkeit	30
2. Rechtmäßigkeit	30
a) Grundsatz	30
b) Schmiergeldzahlungen	31
c) Vergleichszahlungen an räuberische Aktionäre	31
d) Rechtsgutachten	31
e) Rechtsfolgen	32
3. Zweckmäßigkeit	32
4. Wirtschaftlichkeit	32
V. Bildung und Arbeit von Ausschüssen	33
1. Allgemeines	33
2. Ausschüsse mit zentraler Bedeutung	34
VI. Das Verhältnis der einzelnen Organmitglieder zueinander	34
1. Gegenseitige Treuepflicht	35
2. Gegenseitige Förderpflicht	36
VII. Organstreitigkeiten	36
1. Allgemeines	36
2. Streitigkeiten zwischen Vorstand und Aufsichtsrat	37
3. Streitigkeiten innerhalb eines Organs	37
4. Streitigkeiten zwischen Organmitgliedern und einem anderen Organ	38
VIII. Kontrolle des Aufsichtsrats durch den Vorstand	38
IX. Rechte des Aktionärs gegenüber dem Vorstand	39
C. Die Leitungsaufgabe des Vorstands	**39**
I. Leitung und Geschäftsführung	39
II. Originäre Führungsfunktionen	40
1. Unternehmensplanung	40
2. Unternehmenskoordinierung	40
a) Koordinierung der Vorstandstätigkeit	40
b) Koordinierung der dem Vorstand nachgeordneten Führungskräfte	43
3. Unternehmenskontrolle	43
4. Führungsstellenbesetzung	45
5. Konzernbestimmung	45
III. Leitungsentscheidungen	46
1. Personelle Fragen	46
2. Inhaltliche Fragen	47
IV. Wissenserklärungen	47
V. Handelsrechtliche Grund- oder Mindestzuständigkeiten	48
1. Buchführungspflicht	48
2. Pflicht zur Risikoüberwachung und zur Risikovorsorge	48
3. Weitere Mindestzuständigkeiten	49
VI. Laufende Geschäftsführung im eigenständigen Unternehmen (Erledigung des Tagesgeschäfts)	50
VII. Geschäftsführung im Unternehmensverbund	52
VIII. Berichterstattung und Rechenschaftslegung	52
1. Berichts- und Informationspflichten nach dem AktG	53

Inhaltsverzeichnis

Seite

    2. Berichts- und Informationspflichten nach dem WpHG und nach dem WpÜG 54
    3. Berichts- und Informationspflichten nach anderen Gesetzen 56

D. Die Überwachungsaufgabe des Vorstands 56
  I. Laufende Überwachung des Geschehens in der Gesellschaft und im Unternehmensverbund (im Konzern) 57
    1. Überwachung von Lage und Entwicklung der Gesellschaft und des Unternehmensverbunds 57
    2. Überwachung von operativen Maßnahmen 57
    3. Überwachung von Vermögensanlagen 58
    4. Überwachung der Administrationsleistung 59
  II. Gegenseitige Überwachung der Vorstandsmitglieder 60

E. Die Stellung des einzelnen Vorstandsmitglieds 61
  I. Allgemeines 61
  II. Mitwirkung an der Leitung des Unternehmens 62
  III. Delegation und ihre Grenzen 63
    1. Kernbereich der Leitungsentscheidungen 63
    2. Zuweisung von Einzelaufgaben an den Gesamtvorstand 64
3.Sorgfalts- und Aufsichtspflicht 64
  IV. Leitung eines Ressorts 64
  V. Interne Überwachung 65
  VI. Diversity im Vorstand 66
    1. Allgemeines 66
    2. Legitimation des Gesetzgebers 66
    3. Legislatorische Strömungen 66
    4. Praktische Hindernisse 67

F. Anlage § 1–1: Deutscher Corporate Governance Kodex (idF vom 24.6.2014) 67

G. Anlage § 1–2: Muster einer Geschäftsordnung für den Vorstand 78

H. Anlage § 1–3: Muster eines Geschäftsverteilungsplans für den Vorstand .. 82

§ 2 Die Bestellung von Vorstandsmitgliedern

A. Bestellung von Vorstandsmitgliedern 86
  I. Die Bestellungsvorbereitungen 86
    1. Bestellung durch wen? Diskrepanz zwischen Gesetz und Praxis 86
    2. Bestellung von innen oder von außen? 87
    3. Bestellung von außen 87
      a) Eigensuche durch den Aufsichtsrat 87
      b) Einschaltung eines Personalberaters 88
    4. Vorbereitung des Plenums auf den Bestellungsbeschluss 89
  II. Der Bestellungsbeschluss 89
    1. Alleinzuständigkeit des Aufsichtsrats 89
    2. Beschlussverfahren 90
    3. Beschlussinhalt 90
    4. Beschlussmehrheit 90
  III. Wirksamkeit und Annahme der Bestellung 92
    1. Bestellungswirksamkeit 92
    2. Annahme der Bestellung 92

Inhaltsverzeichnis

	Seite
IV. Anforderungen an ein Vorstandsmitglied	92
1. Anforderungsprofil für ein Vorstandsmitglied	92
2. Gesetzliche Anforderungen an Vorstandsmitglieder	93
3. Satzungsmäßige Anforderungen an Vorstandsmitglieder	94
V. Anfang, Dauer und Ende der Bestellung	95
1. Anfang der Bestellung	95
2. Dauer der Bestellung	95
3. Ende der Bestellung	96
VI. Wiederbestellung	96
1. Zulässigkeit wiederholter Bestellung	96
2. Probleme der Wiederbestellung	96
3. Form der Wiederbestellung	97
4. Vertragliche Wiederbestellungsrechte	97
5. Aufhebung und vorzeitige Wiederbestellung	97
VII. Die verschiedenen Arten von Vorstandsmitgliedern und Besonderheiten bei ihrer Bestellung	98
1. Vorsitzender des Vorstands	98
2. Stellvertretender Vorsitzender	100
3. Sprecher des Vorstands	101
4. CEO	101
5. Stellvertretendes Vorstandsmitglied	102
6. Arbeitsdirektor	103
7. In den Vorstand entsandtes Aufsichtsratsmitglied	104
8. „Bereichsvorstand"	105
VIII. Fehlerhafte Bestellung und deren Folgen	105
1. Häufigste Ursachen fehlerhafter Bestellung	105
2. Rechtsfolgen fehlerhafter Bestellungen	106
B. Widerruf der Bestellung (Abberufung)	106
I. Die Widerrufsmöglichkeit	106
II. Formale Anforderungen an den Widerrufsbeschluss	107
III. Vorliegen eines „wichtigen Grundes"	108
IV. Typologie der wichtigen Gründe	109
1. Grobe Pflichtverletzung	109
2. Unfähigkeit zur ordnungsgemäßen Geschäftsführung	109
3. Vertrauensentzug durch die Hauptversammlung	109
4. Fehlverhalten	110
5. Ethisches Fehlverhalten	110
6. Notorische Erfolglosigkeit	110
7. Zerstrittenheit im Vorstand	110
8. Verstöße gegen das Wettbewerbsverbot	111
9. Verletzung der Informationspflicht	111
10. Pflichtverletzung bei drohender Insolvenz	111
11. Verstöße gegen die Verschwiegenheitpflicht	112
12. Verkleinerung des Vorstands	112
13. „Druck-Abberufung"	112
V. Sofortige Wirksamkeit des Abberufungsbeschlusses	112
C. Suspendierung	113
I. Zuständigkeit und Verfahren	113
II. Suspendierungsgründe	113
III. Wirkungen der Suspendierung	114

Inhaltsverzeichnis

Seite

§ 3 Das Anstellungsverhältnis des Vorstandsmitglieds

A. Bestellung/Anstellung und Widerruf/Kündigung 116
B. Anstellungsvertrag 118
   I. Vertragsabschluss und -inhalt 118
      1. Vertragsparteien 118
      2. Vertretung der Gesellschaft, Bezugnahme auf die Bestellung ... 119
      3. Aufgaben und Pflichtenkreis des Vorstandsmitglieds 120
      4. Vergütung 120
      5. Verschwiegenheit 120
      6. Arbeitsmittel, Unterlagen und deren Rückgabe 121
      7. Dienstwagen und dessen private Nutzung 121
      8. Weitere Sachbezüge? 122
      9. Urlaub 122
      10. Nebentätigkeiten 122
      11. Wettbewerbsverbot während der Vertragsdauer 123
      12. Wettbewerbsverbot nach Vertragsbeendigung 123
      13. Dauer des Vertrages 125
   II. Vergütung 126
      1. Allgemeines und Rechtsentwicklung 126
        a) Grundsätze 126
        b) Rechtsentwicklung 126
      2. Detailregelungen 127
        a) FMStFG 127
        b) VorstAG 127
        c) DCGK 127
      3. Angemessenheit der Gesamtvergütung 127
        a) Bezugspunkte 127
        b) Kollisionsregel 128
      4. Vergütungskomponenten 129
        a) Fixum 129
        b) Variable Vergütung 129
        c) Gewährung von Unternehmensaktien mit Behaltenspflicht ... 130
        d) Ermessenstantiemen 131
        e) Sonderzahlungen 131
        f) Aktienoptionen 131
        g) Nebenleistungen 134
      5. Ruhegeld/Pension 134
        a) Allgemeines 134
        b) Der Tatbestand der Ruhegeldberechtigung 135
        c) Gesetzliche und vertragliche Unverfallbarkeit des Ruhegeldanspruchs 135
        d) Übergangsgeld zwischen Ausscheiden und Erreichung des Pensionsalters 136
        e) Anrechnung anderweitiger Bezüge auf die Pension 136
        f) Anknüpfungspunkt für das Ruhegeld 137
        g) Hinterbliebenenpensionen für die Witwe und die Waisen ... 138
        h) Wettbewerbsverbote im Ruhegeldvertrag 138
        i) Widerruf der Ruhegeldzusage 139
        j) Indexierung und gesetzliche turnusmäßige Überprüfung der Höhe der Pensionszusage 140
      6. Change of Control-Klausel 140

Inhaltsverzeichnis

Seite

§ 4 Leitung als Vorstandsaufgabe

A. Der Begriff der Leitung 144
B. Der Inhalt der Leitung 147
    I. Einzelne Tätigkeiten 147
        1. Gesetzliche Leitungsaufgaben 147
        2. Ungeschriebene Leitungsaufgaben 147
    II. Organisation 148
C. Maßstäbe für die Ausübung der Leitung 149
    I. Leitungsaufgabe des Vorstands als Organ 149
    II. Leitung des von der Gesellschaft betriebenen Unternehmens – Handlungsmaximen 149
        1. Gesellschaftsinteresse 150
        2. Unternehmensinteresse 151
        3. Weites Ermessen 152
        4. Handlungsanforderungen in Einzelfällen 154
            a) Unternehmenserwerbe 154
            b) Gesellschaft als Zielgesellschaft 155
            c) Börsennotierte Gesellschaften 157
    III. Leitungsaufgabe bei verbundenen Unternehmen 158
        1. Abhängige Gesellschaft 158
            a) Bestehen eines Beherrschungsvertrags 159
            b) Fehlen eines Beherrschungsvertrags 159
        2. Herrschende Gesellschaft 160
        3. Besonderheiten bei Doppelorganschaft 161

§ 5 Geschäftsführung/Geschäftsverteilung

A. Der Begriff der Geschäftsführung 164
B. Maßstäbe für die Geschäftsführung 166
C. Organisation des Vorstands 167
    I. Gleichberechtigung der Vorstandsmitglieder und Gesamtverantwortung 167
        1. Gleichberechtigung 167
        2. Gesamtverantwortung 168
    II. Gesamtleitung 168
        1. Pflicht zur Gesamtleitung 168
        2. Gültigkeit der Entscheidungen unterbesetzter Vorstände .. 169
    III. Geschäftsverteilung 169
        1. Funktionale Organisation 170
        2. Divisionale Organisation 170
        3. Matrixorganisation 171
        4. Management-Holding 172
        5. CEO-Modell nach US-amerikanischem Vorbild 172
            a) Ausgangspunkt der Diskussion 172
            b) Stellung des CEO 172
            c) Rechtliche Grenzen einer CEO-Struktur 173
    IV. Geschäftsordnung 174
        1. Zuständiges Organ 174
        2. Pflicht zum Erlass einer vollständigen Geschäftsordnung .. 174
        3. Inhalt der Geschäftsordnung 174

Inhaltsverzeichnis

	Seite
4. Form	175
5. Wirkung der Geschäftsordnung und Folgen bei Pflichtverstößen	175
V. Pflicht zur gegenseitigen Überwachung	175
1. Informationsrecht und -pflicht	176
2. Interventionsrecht und -pflicht	176
3. Widerspruchsrecht	176
4. Folgen bei Verstoß gegen die Überwachungspflicht	177
VI. Vorstandsmitglieder	177
1. Einfache Vorstandsmitglieder	177
2. Vorstandsvorsitzender	178
3. Vorstandssprecher	179
4. Arbeitsdirektor	180
5. Stellvertretende Vorstandsmitglieder	181
6. Delegierte Aufsichtsratsmitglieder	182
7. Bereichsvorstand	182
VII. Ehrenvorsitzender der Gesellschaft	183
D. Willensbildung im Vorstand	183
I. Gesamtgeschäftsführung und Einstimmigkeit	183
II. Einzelgeschäftsführung und Durchbrechung des Einstimmigkeitsprinzips	183
III. Beschlussfassung	184
1. Einstimmigkeitsgrundsatz und Mehrheitsentscheidungen	184
2. Formale Anforderungen an die Beschlussfassung im Vorstand	185

§ 6 Vertretung der Gesellschaft

	Seite
A. Organschaftliche Vertretungsmacht des Vorstands	190
I. Wesen der organschaftlichen Vertretung	190
II. Grenzen der Vertretungsmacht	190
III. Formen der Aktivvertretung	192
1. Gesamtvertretung	192
2. Unechte Gesamtvertretung	193
3. Einzelvertretung	193
4. Einzelermächtigung	193
IV. Passivvertretung	194
V. Einräumung und Änderung der Vertretungsmacht	194
VI. Handelsregister und Rechtsschein	195
VII. Verhinderung oder Wegfall eines Vorstandsmitglieds	195
B. Rechtsgeschäftliche Vertretungsmacht Dritter	196
I. Prokuristen	196
II. Handlungsbevollmächtigte	197
III. Generalbevollmächtigte	197
IV. Besondere Vertreter	198
C. Rechtsfolgen fehlender Vertretungsmacht	198
I. Handeln außerhalb der objektiven Grenzen der Vertretungsmacht	198
II. Handeln außerhalb der subjektiven Grenzen der Vertretungsmacht	199
D. Sonderfälle der Vertretung	199
I. Ausübung von Beteiligungsrechten bei mitbestimmten Unternehmen	199
II. Verbot von Insichgeschäften	201
III. Widersprüchliches Verhalten mehrerer zur Vertretung befugter Stellen	202

Inhaltsverzeichnis

	Seite
IV. Missbrauch der Vertretungsmacht	203
V. Vertretung bei fehlerhafter Bestellung	204
VI. Vertretung der Gesellschaft gegenüber Vorstandsmitgliedern	204
VII. Vertretung der Gesellschaft vor Gericht	205
VIII. Vertretung der Vor-AG	206
IX. Vertretung der Gesellschaft nach Auflösung	207

§ 7 Organpflichten

A. Allgemeines	211
B. Sorgfaltspflicht	211
I. Überblick über die Sorgfaltspflicht des Vorstands	211
II. Legalitätspflicht	213
1. Wesentliche Legalitätspflichten nach deutschem Recht	213
2. Unklare oder umstrittene Rechtslage	214
3. Herausforderungen bei der Anwendung ausländischen Rechts	215
4. Keine Ausnahme für „nützliche Pflichtverletzungen"	215
5. Deutscher Corporate Governance Kodex	216
6. Legalitätspflichten aus Satzung und Geschäftsordnung	216
III. Business Judgment Rule	217
C. Organisations- und Überwachungspflicht	220
I. Überwachungspflichten innerhalb des Vorstands	221
II. Überwachung nachgeordneter Organisationsebenen	221
III. Pflicht zur Implementierung eines Systems zur Erkennung bestandsgefährdender Risiken	223
IV. Pflicht zur Implementierung einer Compliance-Organisation	223
V. Überwachung anderer Organe	224
1. Aufsichtsrat	224
2. Hauptversammlung	224
D. Treuepflicht	225
I. Allgemeines	225
II. Besondere Ausprägungen der Treuepflicht	225
1. Loyaler Einsatz für die Gesellschaft	225
2. Vermeidung und Offenlegung von Interessenkonflikten	226
3. Ausnutzung der Organstellung/Eigengeschäfte mit der Gesellschaft	226
4. Wettbewerbsverbot/Geschäftschancenlehre	227
5. Verschwiegenheitspflicht	228
a) Geheimnisse der Gesellschaft und vertrauliche Angaben	228
b) Grenzen der Verschwiegenheitspflicht	229
6. Nachvertragliche Treuepflicht	232
7. Treuepflicht im Konzern	232
8. Kreditgewährung an Vorstandsmitglieder	233
E. Kapitalerhaltungspflicht	234
F. Publizitätspflichten	236
I. Anmeldungen zur Eintragung in das Handelsregister	236
II. Anmeldungen und Einreichungen zum Handelsregister	237
III. Bekanntmachungen in den Gesellschaftsblättern	237
IV. Übermittlungen an das Unternehmensregister	238
V. Veröffentlichungen auf der Internetseite	238

Inhaltsverzeichnis

	Seite
VI. Angaben auf Geschäftsbriefen	239
VII. Beteiligungspublizität	239
1. Andere halten Beteiligungen an der Gesellschaft	239
a) Gesellschaft ist nicht börsennotiert	239
b) Gesellschaft ist börsennotiert	240
2. Gesellschaft hält Beteiligungen	240
3. Rechtsfolgen bei Verstößen	241
a) Verstoß gegen Bekanntmachungspflichten	241
b) Verstoß gegen Mitteilungspflichten	241
4. Pflichten des Vorstands im Hinblick auf Rechte aus Aktien	241
VIII. Ad-Hoc-Publizität	242
IX. Directors' Dealings	242
X. Rechnungslegung und kapitalmarktrechtliche Finanzberichterstattung	244

§ 8 Personal- und Sozialwesen

A. Personalverantwortung im Unternehmen	248
I. Vorbemerkung	248
II. Führung	249
1. Führungsaufgabe der Vorgesetzten	249
2. Weisungs-/Direktionsrecht	249
3. Führungswille	250
4. Führungsfähigkeit	250
5. Fach- und Führungsaufgabe	250
6. Personalführung in Kooperation	251
III. Betreuungsverantwortung	252
1. Führungsgrundsätze	252
2. Mitarbeiterbetreuung	253
3. Unternehmenskultur	253
4. Unternehmensorganisation und Betreuung	254
5. Personalverwaltung	254
B. Aufgaben des Personal- und Sozialwesens	255
I. Verantwortlicher Personalleiter	255
1. Qualifikation des Personalleiters	255
2. Residenzpflicht	256
II. Aufgaben des Personalleiters	256
1. Personalbereitstellung/Personalstrategie	256
2. Personalentwicklung	256
3. Bedarfsplanung	257
4. Stellenbeschreibung	257
5. Fördersysteme	258
a) Inhalt	259
b) Beurteilungs- und Förderungsgespräche	260
6. Vorgesetztenbeurteilung	260
7. Personalcontrolling	261
III. Außenwirkung des Personalleiters innerhalb des Unternehmens	262
1. Unternehmenszeitung/-magazin	262
2. Kurzinformationen	262
3. Betriebsversammlung	263
4. Betriebsrätesammlung	263
5. Mitarbeiterversammlung	263
6. Tag der offenen Tür	263

Inhaltsverzeichnis

	Seite
IV. Aufgaben des Personalleiters außerhalb des Unternehmens	263
1. Bundesagentur für Arbeit	264
2. Verbände	264
3. Arbeits- und Sozialgerichtsbarkeit	264
4. Berufsgenossenschaften	264
5. Industrie- und Handelskammer	264
6. Sonstige	264
a) Berater	265
b) Versicherungsanstalten	265
c) Krankenkassen	265
d) Schulen	265
e) Hochschulen	265
f) Kommunale Einrichtungen	265
7. Aufgabenerweiterung	265
C. Führungskräfte	**266**
I. Obere Führungskräfte	266
II. Leitende Angestellte im Betriebsverfassungsrecht	267
D. Mitarbeiter im Unternehmen	**269**
I. Berufsbildung	269
1. Ausbildung	269
2. Weiterbildung	270
II. Anforderungen des Arbeitsverhältnisses	270
1. Suche und Anwerbung	270
2. Bewerbungsgespräch	271
3. Assessment	271
4. Arbeitseinführung	272
5. Befristung	272
III. Arbeitsverhältnis	272
1. Arbeitsvertrag	272
2. (Nachvertragliches) Wettbewerbsverbot	272
3. Vertragsstrafe	273
4. Formularverträge	273
5. Versetzung	273
IV. Ende des Arbeitsverhältnisses	274
1. Vertrag	274
2. Kündigung	274
a) Allgemeine Grundsätze	274
b) Hauptgruppen	275
c) Außerordentliche Kündigung	277
d) Änderungskündigung	277
e) Altersgrenze	277
3. Zeugnis	277
V. Besonderheiten	277
1. Krankheit	277
a) Kurzerkrankung	277
b) Betriebliches Eingliederungsmanagement (BEM)	278
c) Suchtkranke	278
2. Schwerbehinderung	278
VI. Internationale Versetzung	278

Inhaltsverzeichnis

	Seite
E. Zusammenarbeit mit dem Betriebsrat	279
I. Betriebsrat	280
1. Wahlen	280
2. Rechte und Pflichten	281
3. Betriebsversammlungen	283
4. Freigestellte Betriebsräte	283
5. Ausschüsse	283
6. Wirtschaftsausschuss	284
7. Gesamtbetriebsrat	284
8. Betriebsräteversammlung	284
9. Konzernbetriebsrat	284
10. Schwerbehindertenvertretung	285
11. Vertretung der Jugendlichen und Auszubildenden	285
12. Vertrauensleute	285
II. Sprecherausschuss	285
III. Zusammenarbeit	286
1. Zusammenarbeit der Gremien	286
2. Betriebsvereinbarungen	287
a) Mit dem örtlichen Betriebsrat	287
b) Mit dem Gesamt- oder Konzernbetriebsrat	287
3. Einigungsstelle	287
4. Regelungsabreden	288
IV. Europäische Unternehmen	288
1. Europäische Betriebsräte	288
2. Europäisches Arbeits- und Sozialrecht	289
V. Internationale Unternehmen	289
F. Zusammenarbeit mit Verbänden	289
I. Tarifvertragsgesetz	289
II. Verbände	290
1. Arbeitgeberverbände	290
2. Industriegewerkschaften	290
III. Tarife	290
1. Inhalte	290
2. Verhandlungen	291
IV. Arbeitskampf	292
1. Streik	292
2. Warnstreik	292
3. Maßnahmen	292
4. Aussperrung	293
5. Politischer Streik	294
6. Boykott, Sympathiestreik u. ä.	294
G. Mitbestimmung im Unternehmen	294
I. Mitbestimmung durch die Arbeitnehmer	294
1. Aufsichtsrat	294
2. Arbeitsdirektor	295
II. Beteiligungsrechte der Anteilseigner	296
III. Europäische Aktiengesellschaft – Societas Europaea (SE)	296
H. Gesamtregelungen im Unternehmen	297
I. Arbeitsordnung	297
II. Arbeitszeit	298

Inhaltsverzeichnis

	Seite
III. Arbeit Dritter	300
IV. Urlaub	301
V. Vergütung	301
1. Tarifliche/betriebliche Entgeltsysteme	301
2. Zusatzvergütungen	302
3. Reisekostenordnung	303
4. Dienstwagen	304
I. Soziale Vorsorge	**304**
I. Lebensrisiken	304
II. Altersvorsorge	305
III. Betriebliche Altersversorgung	306
1. Betriebsrentengesetz (BetrAVG)	306
2. Mitbestimmung	307
3. Insolvenzsicherung	308
4. Mobilitätserleichterung	308
5. Bestandsschutz	308
6. Entgeltumwandlung	309
7. Vorgezogenes Ausscheiden	309
8. Altersteilzeit	309
IV. Betriebskrankenkasse	310
J. Betriebliche Einrichtungen	**310**
I. Verbesserungsvorschläge	310
II. Gesundheit und Sicherheit	310
III. Familie und Beruf	312
K. Personalarbeit und Umstrukturierungen in Zeiten der Globalisierung	**312**
I. Unternehmenserwerb durch Wechsel des Anteilsinhabers (Share Deal)	313
II. Veräußerung von Betrieben und Betriebsteilen (Asset Deal)	313
1. Betriebsübergang	313
2. Beteiligungsrechte der Arbeitnehmervertretungen	314
3. Betriebsratsmandate	315
III. Maßnahmen nach dem Umwandlungsgesetz	315
1. Folgen für die Arbeitsverhältnisse	315
2. Beteiligung der Arbeitnehmervertretungen	315
3. Bestandsschutz für die unternehmerische Mitbestimmung	315
L. Schlussbemerkung	**316**

§ 9 AG in der Krise und Insolvenz

1. Der Begriff „Krise"	317
2. Krisenursachen und Krisenverlauf	318
3. Frühwarnsysteme	321
a) Verpflichtung zur Einrichtung eines Risikofrühwarnsystems	321
b) Ausgestaltung eines Risikomanagementsystems	323
4. Krisenbewältigung im fortgeschrittenen Stadium	325
a) Leistungswirtschaftliche Sanierung	325
b) Finanzwirtschaftliche Sanierung	330
5. Pflichten des Vorstands als Krisenmanager	332
a) Laufende Beobachtung der wirtschaftlichen Lage	332
b) Verlustanzeige und Einberufung der Hauptversammlung	332
c) Zahlungsverbot	332

Inhaltsverzeichnis

	Seite
d) Kapitalmarktrechtliche Pflichten	333
e) Insolvenzantragsrecht	333
f) Insolvenzantragspflicht	334
g) Vorschusspflicht bei Masseamut	334
6. Die AG in der Insolvenz	335
a) Insolvenzfähigkeit der AG	335
b) Insolvenzantragsgründe	335
7. Sanierung im Rahmen einer Insolvenz	341
a) Rahmenbedingungen einer Insolvenz	341
b) Übertragende Sanierung	342
c) Der Insolvenzplan als Sanierungsinstrument	343
d) Eigenverwaltung	345
e) Schutzschirmverfahren	345
f) Debt-Equity-Swap	346
8. Die Entscheidung über die Verfahrenseröffnung und ihre Konsequenzen	347
a) Ablehnung mangels Masse	347
b) Auswirkungen einer Verfahrenseröffnung auf den Rechtsträger	347
c) Auswirkungen auf die Gesellschaftsorgane	348
d) Auswirkungen der Insolvenzverfahrenseröffnung auf Kapital und Anleihen	351
e) Bedeutung der Verfahrenseröffnung für die Mitteilungspflichten einer AG	352
f) Die Insolvenzmasse	352
9. Die Auswirkungen einer Insolvenz auf den Kapitalmarkt	353
a) Börsennotierte Aktiengesellschaft	353
b) Kapitalmarktorientierte AG	355
c) Zulassung zum Freiverkehr	356
d) Übernahmerecht	356
10. Beendigung des Insolvenzverfahrens	357

§ 10 Rechenschaftslegung

A. Einführung	361
B. Instrumente der Rechenschaftslegung	364
I. Einführung	364
II. Berichterstattung an den Aufsichtsrat	364
III. Buchführung	365
1. Organisations- und Überwachungspflicht	365
a) Dokumentation	365
b) Dokumentation im Konzern	365
c) Organisation und Überwachung	365
2. Ressortmäßige Aufgabenverteilung	366
3. Qualifizierte Vermögensbetreuungspflicht	367
4. Gesamtverantwortung	367
IV. Jahresabschluss/Lagebericht – Konzernabschluss/Konzernlagebericht	367
1. Aufstellungspflicht	367
a) Grundsatz	367
b) Fristen	368
2. Kompetenzzuweisung innerhalb des Vorstands und Kompetenzverlagerung auf Mitarbeiter	369
a) Zulässigkeit	369
b) Sorgfalts- und Überwachungspflichten des Vorstands	370

Inhaltsverzeichnis

Seite

        c) Unternehmensinterne Bilanzierungsregeln 372
        d) Vorbehaltsbereich des Vorstands 373
        e) Unterzeichnungspflicht des Gesamtvorstands und Gesamtverantwortung 373
     3. Darstellung des Abschlusses nach HGB und/oder nach internationalen Rechnungslegungsgrundsätzen 376
        a) Einzelabschluss 376
        b) Konzernabschluss 377
        c) Ausübung der Wahlrechte 377
        d) Befreiung 377
     4. Bilanz, GuV und Anhang 378
     5. Lagebericht 378
        a) Inhalt 378
        b) Aufstellungskompetenz 381
     6. Geschäftsbericht 382
     7. Abhängigkeitsbericht 383
     8. Entwurf und Entwurfsänderungen 383
  V. Ablauforganisation („compliance") 385
  VI. Risikomanagement und Controlling 387
     1. Zuordnung und Abgrenzungen 387
     2. Internes Kontrollsystem (IKS) 388
     3. Risikomanagement 388
        a) Inhalt 388
        b) Risikofrüherkennungssystem 389
        c) Risikomanagement im Konzern 390
        d) Risikomanagement bei USA-Notierung 391
  VII. Corporate Governance 391
     1. Corporate Governance als Bestandteil der Rechnungslegung 391
     2. Corporate Governance-Berichterstattung 391
     3. Entsprechenserklärung 392

C. Adressaten der Rechenschaftslegung 393
  I. Bedeutung des Adressatenkreises für die Rechenschaftslegung 393
  II. Aufsichtsrat 394
     1. Aufsichtsratsberichte 394
     2. Jahresabschluss/Konzernabschluss 394
  III. Aktionäre und Hauptversammlung 394
     1. Jahresabschluss/Konzernabschluss 394
     2. Entlastung 395
     3. Auskunftspflicht des Vorstands innerhalb und außerhalb der Hauptversammlung 395
     4. Verlustanzeige 396
  IV. Gläubiger und andere Unternehmensbeteiligte 396
     1. Kapitalaufbringung und Kapitalerhaltung 396
     2. Offenlegungspflichten 397
        a) Allgemeine Offenlegungspflichten 397
        b) Besondere Offenlegungspflichten 398
  V. Teilnehmer des Kapitalmarkts 399
     1. Allgemeines 399
     2. Zulassung zum Börsenhandel 400
     3. Regelpublizität 400
     4. Ad hoc-Publizität 401

Inhaltsverzeichnis

	Seite
VI. Finanzverwaltung	402
1. Zuständigkeit	402
2. Mitwirkungs- und Auskunftspflichten	403
a) Mitwirkung	403
b) Auskunft	404
3. Buchführungs- und Aufbewahrungsfristen	405
4. Steuererklärungspflicht	405
5. Straf- und Bußgeldtatbestände	405
6. Steuerliche Gewinnermittlung	406
a) Steuermanagement	406
b) Steuerbilanzpolitik	407
D. Jahresabschluss/Einzelabschluss	**408**
I. Zweck des Einzelabschlusses	408
II. Grundsätze für die Erstellung des Einzelabschlusses nach HGB	409
1. Gestaltungsmöglichkeiten	409
2. Sachverhaltsgestaltungen	409
a) Jahresabschlussrelevanz	409
b) Beispiele	410
c) Ursachen	410
3. Wahlrechte	410
a) Kategorien	410
b) Ausübung	411
4. Nutzung von Ermessensspielräumen	412
E. Jahresabschluss/Konzernabschluss	**412**
I. Informationsabschluss nach IAS/IFRS	412
1. Zweck des IAS/IFRS-Abschlusses	412
2. Anwendungsbereich	413
II. Wesentliche Unterschiede zwischen IAS/IFRS- und HGB-Bilanzierung	414
III. Ermessensspielräume und Wahlrechte	415
F. Bestandteile der jährlichen Rechnungslegung	**415**
I. Rechnungslegung nach HGB	415
1. Einzelabschluss	415
2. Konzernabschluss	416
II. Rechnungslegung nach IAS/IFRS	418
III. Geschäftsbericht	418
G. Prüfung durch externe Prüfer	**419**
I. Gegenstand der Abschlussprüfung	419
II. Positionierung des Vorstands im Pflichtprüfungsverfahren	420
1. Stellung des Vorstands zum Abschlussprüfer	420
2. Mitwirkungs- und Auskunftspflichten des Vorstands	421
3. Prüfungsfeststellungen außerhalb des Prüfungsberichts	422
H. Feststellung und Billigung von Jahresabschluss und Konzernabschluss	**422**
I. Sanktionen	**423**
I. Überblick	423
1. Straf- und Ordnungswidrigkeitenrecht	423
2. Bußgeldvorschriften und Zwangsgelder	424
3. Externe Überprüfung	424
4. Aktienrechtliche Instrumente	425
5. Zivilrechtliche Schadensersatzansprüche	425

Inhaltsverzeichnis

	Seite
II. Nichtigkeit des Jahresabschlusses	425
III. Sonderprüfung	427
IV. Enforcement	427

§ 11 Haftung der Vorstandsmitglieder

	Seite
A. Arten der Haftung	431
B. Innenhaftung	431
I. Entwicklung der Regelungen zur Innenhaftung	432
II. Steigende Bedeutung der Innenhaftung	433
III. Geltendmachung der Innenhaftung	434
1. Geltendmachung durch den Aufsichtsrat	434
2. Geltendmachung durch die Hauptversammlung	435
3. Geltendmachung durch Aktionäre als Prozessstandschafter	436
4. Ersatzansprüche der Gläubiger der Gesellschaft und Geltendmachung	438
IV. Innenhaftung nach § 93 AktG	438
1. § 93 Abs. 2 AktG im Überblick	439
2. Haftungsadressat	439
3. Pflichtwidrigkeit	439
a) Sorgfaltspflicht	440
b) § 93 Abs. 3 AktG	440
4. Verschulden	443
5. Schaden	444
6. Regressreduzierung	445
7. Darlegungs- und Beweislast	446
8. Wegfall und Undurchsetzbarkeit der Ersatzpflicht	447
a) Keine Ersatzpflicht bei ordnungsgemäßem Hauptversammlungsbeschluss	447
b) Verzicht und Vergleich	447
c) Verjährung	448
d) Mehrheit von in Anspruch genommenen Vorstandsmitgliedern	449
V. Weitere Anspruchsgrundlagen neben § 93 AktG und Konkurrenzen	449
C. Außenhaftung	451
I. Ansprüche des Aktionärs	451
1. Aktienrechtliche Ansprüche	451
2. Deliktische Ansprüche	452
II. Ansprüche eines Dritten	452
1. Aktienrechtliche Ansprüche	453
2. Haftung aus culpa in contrahendo	453
3. Deliktische Ansprüche	453
4. Nichtabführen von Arbeitnehmeranteilen zur Sozialversicherung	455
5. Steuerliche Pflichten	455
6. Weitere wichtige spezialgesetzliche Ersatzansprüche	455
III. Haftung wegen unrichtiger Kapitalmarktinformationen	456
1. Entwurf eines Kapitalmarktinformationshaftungsgesetzes (KapInHaG)	456
2. Haftung für Falschinformationen nach Rechtsprechung und Gesetz	456
a) Falschinformationen im Bereich des Primärmarkts	456
b) Falschinformationen im Bereich des Sekundärmarkts	457
3. Kapitalanleger-Musterverfahrensgesetzes (KapMuG)	459

Inhaltsverzeichnis

	Seite
D. D&O-Versicherung	460
I. Entwicklung der D&O-Versicherung	461
II. Rechtliche Grundlagen	462
III. Ausgestaltung der Versicherung	462
1. Zeitlicher Umfang des Versicherungsschutzes	462
2. Grenzen des Versicherungsschutzes	463
IV. Zuständigkeit für den Abschluss der Versicherung	463
V. Keine Pflicht zum Abschluss einer Versicherung	464
VI. Selbstbehalt	464

§ 12 Strafrechtliche Haftung von Vorstandsmitgliedern

A. Das Verhältnis von Strafrecht zu Gesellschaftsrecht und Zivilrecht	468
I. Die gesellschaftsrechtlichen Verpflichtungen und Befugnisse von Vorständen	468
II. Die Akzessorietät des Strafrechts	470
III. Begrenzung der Akzessorietät auf schwerwiegende Pflichtverletzungen	470
B. Grundlagen strafrechtlicher Haftung von Vorständen	471
I. Handeln als Person mit besonderen rechtlichen Pflichten	471
II. Organ- und Vertreterhaftung	472
III. Haftung innerhalb von Unternehmensorganen	473
1. Gremien- und Kollegialentscheidungen	473
2. Kausalitätsnachweis bei Kollegialentscheidungen	474
3. Strafrechtliche Verantwortlichkeit und Ressortzuständigkeit	474
4. Täterschaft kraft Organisationsherrschaft	475
5. Ende der strafrechtlichen Verantwortlichkeit als Organmitglied	476
IV. Strafrechtliche Verantwortlichkeit für Straftaten von Mitarbeitern	476
V. Strafrechtliche Produkthaftung – Kausalitätsnachweis bei gefährlichen Produkten	478
C. Spezialgesetzliche Strafvorschriften	479
I. Bilanzdelikte, Falschangabedelikte	479
1. Unrichtige Darstellung und Verschleierung von Unternehmensverhältnissen	479
a) Unrichtige Wiedergabe oder Verschleierung der Verhältnisse der Kapitalgesellschaft	480
b) Unrichtige Wiedergabe oder Verschleierung der Verhältnisse des Konzerns	480
c) Offenlegung eines unrichtigen Konzernabschlusses oder Konzernlageberichts	481
d) Unrichtiger „Bilanzeid"	481
e) Unrichtige Wiedergabe oder Verschleierung der Verhältnisse der Gesellschaft	482
2. Unrichtige Angaben gegenüber Prüfern	482
a) Unrichtige Angaben gegenüber Abschlussprüfer	483
b) Falsche Angaben gegenüber Abschlussprüfer	483
3. Strafbewehrte Pflichtverletzungen bei Verlust, Überschuldung oder Zahlungsunfähigkeit (§ 401 AktG)	484
4. Unterlassener Antrag auf Eröffnung des Insolvenzverfahrens (§ 15a Abs. 4 InsO)	485
a) Zahlungsunfähigkeit	485
b) Überschuldung	485

Inhaltsverzeichnis

	Seite
c) Antragstellung	486
d) Antragsfrist	486
e) Fehlerhafte Antragstellung	486
II. Steuerhinterziehung	487
1. Voraussetzungen des § 370 AO	487
a) Begehungsformen	487
b) Steuerverkürzung	488
c) Vorsatz zur Steuerhinterziehung	488
2. Straffreiheit durch Selbstanzeige nach § 371 AO	488
3. Verhältnis der Berichtigungspflicht nach § 153 AO und der Selbstanzeige nach § 371 AO	490
III. Delikte zum Schutz des Kapitalmarkts	490
1. Verbot von Insidergeschäften	490
a) Allgemeine Voraussetzungen	491
b) Einzelne Begehungsformen	493
2. Verbot der Marktmanipulation	494
a) Machen unrichtiger kursrelevanter Angaben	495
b) Pflichtwidriges Verschweigen unrichtiger oder irreführender kursrelevanter Angaben	495
c) Sonstige Täuschungshandlungen	497
d) Safe Harbour Regelung	498
3. Kapitalanlagebetrug	498
a) Das Machen unrichtiger Angaben	499
b) Das Verschweigen nachteiliger Tatsachen	499
c) In Prospekten, Darstellungen oder Übersichten über den Vermögensstand	499
d) Gegenüber einem größeren Kreis von Personen	499
e) Im Zusammenhang mit dem Vertrieb von Wertpapieren oder dem Erhöhungsangebot	499
f) Erheblichkeit für die Anlageentscheidung	500
IV. Untreue	500
1. Voraussetzungen	500
a) Vermögensbetreuungspflicht	501
b) Missbrauchs- und Treubruchstatbestand	501
c) Schwerwiegende Pflichtverletzung	501
d) Vermögensnachteil	502
2. Wichtige Leitentscheidungen zur strafbaren Untreue	502
a) Untreue durch Sponsoring	502
b) Untreue durch riskante Kreditvergabe	504
c) GmbH-Untreue	505
d) Konzernuntreue	506
e) Untreue durch die Festsetzung von Vorstandsvergütungen	507
f) Untreue durch „schwarze Kassen"	508
g) Untreue wegen fehlender oder mangelhafter Risikomanagementsysteme	508
D. Straf- und ordnungswidrigkeitsrechtliche Haftungsrisiken	**509**
I. Haftungsrisiken für den Vorstand	509
1. Begehung von Straftaten	509
2. Aufsichtspflichtverletzung	510
II. Haftungsrisiken für das Unternehmen	510
1. Grundsatz individueller Verantwortlichkeit	510

Inhaltsverzeichnis

	Seite
2. Unternehmens-/Verbandsgeldbuße	510
3. Verfall nach §§ 73 ff. StGB	511
a) Voraussetzungen	512
b) Neuere Entwicklungen	512

E. Ablauf von Ermittlungs- und Strafverfahren, insbesondere bei Unternehmen ... 513
    I. Einleitung von Ermittlungsverfahren ... 513
    II. Ziele des Ermittlungsverfahrens ... 515
    III. Durchführung von Ermittlungen ... 516
    IV. Ermittlungsmöglichkeiten ... 516
        1. Zeugenvernehmungen ... 516
        2. Beschuldigtenvernehmungen ... 517
        3. Durchsuchungen und Beschlagnahmen ... 518
            a) Voraussetzungen ... 518
            b) Verhaltensempfehlungen ... 519
        4. Beauftragung von Sachverständigen ... 519
    V. Abschluss des Ermittlungsverfahrens durch die Staatsanwaltschaft ... 519
        1. Einstellung wegen fehlenden Tatnachweises ... 520
        2. Einstellung trotz fortbestehenden Tatverdachts ... 520
        3. Anklageerhebung ... 520
    VI. Gerichtliches Zwischenverfahren ... 520
    VII. Hauptverhandlung in Strafsachen ... 521
    VIII. Verständigungen im Strafverfahren ... 521
    IX. Sanktionsmöglichkeiten von Staatsanwaltschaft und Gericht ... 522

§ 13 Compliance als Vorstandsaufgabe

A. Bedeutungsgehalt des Begriffs „Compliance" ... 525
B. Compliance als Leitungsaufgabe des Vorstands ... 526
    I. Sonderregelungen als Grundlage der Compliance-Pflicht? ... 527
        1. § 91 Abs. 2 AktG ... 527
        2. Vorgaben des DCGK ... 527
    II. Compliance-Pflicht als Ausfluss der Leitungsverantwortung des Vorstands ... 527
        1. Die Legalitätspflicht des Vorstands ... 528
            a) Pflicht des Vorstands zur Einhaltung des Organisationsrechts der AG ... 528
            b) Interne und externe Legalitätspflicht des Vorstands ... 528
            c) Zulässigkeit nützlicher Pflichtverletzungen? ... 529
        2. Pflicht zur Überwachung der Unternehmensorganisation ... 530
            a) Vertikale Überwachung ... 530
            b) Horizontale Überwachung ... 531
        3. Compliance-Zuständigkeit des Vorstands als Gesamtorgan ... 531
        4. Compliance-Pflichten im Konzern ... 531
C. Generelle Pflicht zum Aufbau eines Compliance-Systems? ... 532
    I. Spezialgesetzliche Regelungen ... 532
    II. Risikoanalyse und unternehmerisches Ermessen beim Aufbau eines Compliance-Systems ... 533
        1. Compliance-System und Business Judgement Rule ... 533
        2. Risikoanalyse als Grundlage der Ermessensausübung ... 533
            a) Ermittlung des spezifischen Risikos ... 533
            b) Ermittlung der Eintrittswahrscheinlichkeit ... 534
            c) Kosten-Nutzen-Analyse ... 534

Inhaltsverzeichnis

	Seite
D. Rechtliche Anforderungen an ein Compliance-System	534
I. Unternehmerisches Ermessen bei der Ausgestaltung eines Compliance-Systems	535
II. Vorgaben des IDW-Standard PS 980	535
E. Vier Stufen effizienter Compliance-Organisationen	536
I. Compliance-Kommunikation („tone from the top")	536
II. Maßnahmen, um Rechtsverstößen vorzubeugen („prevent")	537
1. Pflichtendelegation auf Compliance-Vorstand und Compliance-Officer	537
a) Möglicher Umfang der Delegation	537
b) Rechtsposition des Compliance-Officers	538
2. Compliance-Richtlinien („Code of Conduct")	538
a) Leitlinien bei der Einführung von Compliance-Richtlinien	539
b) Beachtung der Mitbestimmungsrechte des Betriebsrats	539
3. Unterrichtung und Schulung der Belegschaft	539
4. Die wichtigsten Compliance-Bereiche	540
a) Arbeitsrecht	540
b) Außenwirtschaftsrecht und Exportkontrolle	542
c) Verhaltensregeln im Geschäftsverkehr	543
d) Geldwäsche	543
e) Kartellrecht	543
f) Produktsicherheit und -haftung	544
g) Krise und Insolvenz	545
h) Wirtschaftsstraftaten (Korruption, Insiderhandel)	546
i) Steuerrecht	547
j) Umweltrecht	548
5. Compliance-Pflichten des ausländischen Rechts	548
III. Maßnahmen zur Aufdeckung von Regelverstößen („detect")	549
1. Meldesystem bei Verstößen	549
a) Whistleblowing-Hotline	549
b) Einrichtung einer Beschwerdestelle	550
2. Überprüfung der Funktionsfähigkeit der Compliance-Organisation („Compliance Audits")	551
IV. Reaktion auf Verstöße („react")	552
1. Aufklärung der Verstöße und Internal Investigations	552
2. Mitarbeiterbefragungen und Amnestieprogramme	553
3. Pflicht zur Sanktionierung von Verstößen	554
F. Haftung der Vorstandsmitglieder für mangelhafte Compliance	555
I. Strafrechtliche Haftung	555
II. Zivilrechtliche Haftung	555
1. Pflichtverletzung des Vorstands	556
2. Beweislast	556
3. Schuldhaftes Handeln des Vorstands	556
4. Kausalität der Pflichtverletzung für den Schaden	557
5. Offene Fragen	557
III. Ordnungswidrigkeitenrechtliche Haftung	557
G. Zusammenfassung	558
§ 14 Verbundene Unternehmen	
A. System der Unternehmensverbindungen	562
I. Einheitsgesellschaft versus Konzern	563

Inhaltsverzeichnis

	Seite
II. Begriffsbestimmungen	564
1. Mehrheitsbeteiligungen	564
2. Abhängige und herrschende Unternehmen	565
3. Konzernunternehmen	565
4. Wechselseitig beteiligte Unternehmen	566
5. Vertragsteile eines Unternehmensvertrags	566
B. Beherrschungs- und Gewinnabführungsvertrag	**567**
I. Allgemeines	567
II. Vertragsabschluss	568
III. Inhalt des Vertrags	569
1. Zwingender Inhalt	569
2. Weiterer zulässiger Vertragsinhalt	570
3. Angemessener Ausgleich	571
a) Beherrschungs- und Gewinnabführungsvertrag	571
b) Alleiniger Beherrschungsvertrag	575
c) Alleiniger Gewinnabführungsvertrag	576
4. Gerichtliche Bestimmung von Ausgleich oder Abfindung	576
IV. Unternehmensführung im Vertragskonzern	577
1. Leitungsmacht	577
a) Gesetzliche Regelung	577
b) Konzernleitungspflicht	580
2. Konzernorganisation und -führung	580
a) Personalpolitik und -entscheidungen	581
b) Planung/Controlling	583
c) Konzernweites Cash-Management	584
d) Jahresabschluss	585
e) Risikomanagement	586
f) Zustimmungspflichtige Geschäfte	587
3. Haftung	589
V. Beendigung des Vertrags/Gläubigerschutz	590
C. Faktischer Konzern	**591**
I. Zulässigkeit	591
II. Unternehmensführung im faktischen Konzern	592
1. Leitungsmacht oder -ohnmacht?	592
2. Schranken des Einflusses	593
3. Konzernorganisation und -führung	596
a) Information im Konzern	596
b) Personalpolitik und -entscheidungen	597
c) Konzernkoordinierung	598
d) Konzernweites Cash-Management	600
e) Jahresabschluss	601
f) Risikomanagement	601
g) Zustimmungspflichtige Geschäfte	601
4. Haftung	603
5. Abhängigkeitsbericht	604
a) Begriffsbestimmung	604
b) Rechtsgeschäfte und Maßnahmen	604
c) Einzelangaben	605
d) Schlusserklärung	605
e) Prüfung Abschlussprüfer	606

Inhaltsverzeichnis

	Seite
f) Prüfung Aufsichtsrat	606
g) Haftung	607
D. Sonstige Unternehmensverbindungen	607
I. Eingegliederte Gesellschaft	608
1. Bedeutung	608
2. Verfahren	609
a) 100%-ige Tochtergesellschaft	609
b) Mindestens 95%-ige Tochtergesellschaft	609
3. Gläubigerschutz	610
a) Sicherheitsleistung	610
b) Haftung der Hauptgesellschaft	611
II. Gleichordnungskonzern	611
1. Begriffsbestimmung	611
2. Vertraglicher Gleichordnungskonzern	612
3. Faktischer Gleichordnungskonzern	614
4. Haftung	614
III. Wechselseitig beteiligte Unternehmen	615
1. Begriffsbestimmung	615
2. Rechtsfolgen	615
a) Einfache wechselseitige Beteiligung	615
b) Einseitig qualifizierte wechselseitige Beteiligung	616
c) Beidseitig qualifizierte wechselseitige Beteiligung	616
IV. Andere Unternehmensverträge	617
1. Gewinngemeinschaft	617
2. Teilgewinnabführungsvertrag	617
3. Betriebspacht und Betriebsüberlassung	618
4. Betriebsführungsvertrag	619
E. Veränderungen im Beteiligungsbesitz	619
I. Entscheidungsvoraussetzungen und -notwendigkeiten	620
1. Grenzen der Geschäftstätigkeit	620
2. Beschlussfassung der Hauptversammlung	620
3. Abwehr- und Beseitigungsanspruch	621
II. Mitteilungspflichten	622
1. Nicht börsennotierte Gesellschaften	622
2. Börsennotierte Gesellschaften	622
III. Ausschluss von Minderheitsaktionären	623
1. Allgemeines	623
2. Barabfindung	624
3. Hauptversammlung	625
4. Prozessuale Aktionärsrechte	626
a) Gerichtliche Nachprüfung der Abfindung	626
b) Anfechtungsklage	626

§ 15 Geschäftsführung in der SE

A. Grundlagen	631
I. Besonderheiten der SE	631
II. Vorteile einer SE	632
B. Vorbemerkung zur Führungsstruktur	632
C. Dualistische Führung	633

Inhaltsverzeichnis

	Seite
D. Monistische Führung	634
I. Anzahl/Bestellung/Zusammensetzung des Verwaltungsrats	635
1. Größe des Verwaltungsrats	635
2. Stellvertretung/Ersatzmitgliedschaft	636
3. Bestelldauer	636
4. Gesetzliche Vorgaben	636
5. Statusverfahren	637
6. Auswirkungen der Mitbestimmung auf die Besetzung des Verwaltungsrats	638
7. Entsendungsrechte	639
8. Fehlerhafte Bestellung	639
9. Persönliche Voraussetzungen	640
II. Abberufung	641
III. Innere Ordnung des Verwaltungsrats	642
IV. Beschlussfassung im Verwaltungsrat	643
V. Einberufung der Sitzungen	643
VI. Vergütung	644
VII. Geschäftsführende Direktoren	645
1. Bestellung	645
2. Abberufung	646
3. Vertretungsbefugnis	646
4. Geschäftsauftritt/Briefkopf	647
5. Geschäftsordnung für die Geschäftsführung	647
VIII. Höchstdauer	648
IX. Aufgaben der Geschäftsführung/Abgrenzung zum Verwaltungsrat	648
X. Überwachungspflicht des Verwaltungsrats	649
XI. Sorgfaltsmaßstab/Haftung/Business Judgement Rule	650
XII. Treuepflicht	651
XIII. D&O-Versicherung	652
XIV. Aufgaben der Leitung durch den Verwaltungsrat/Abgrenzung Tagesgeschäft	653
XV. Spezielle Rechte und Pflichten des Verwaltungsrats	655
1. Einberufung der Hauptversammlung	656
2. Einsichts- und Prüfungsrecht	657
3. Insolvenzbezogene Pflichten	658
4. Generalverweisung des § 22 Abs. 6 SEAG	658
5. Vorrang spezieller Kompetenznormen	658
Autorenverzeichnis	661
Sachverzeichnis	665

Abkürzungsverzeichnis

aA	anderer Ansicht
ABl.	Amtsblatt
abl.	ablehnend
ABl.	Amtsblatt
Abs.	Absatz (Absätze)
abw.	abweichend
AcP	Archiv für die civilistische Praxis (Zeitschrift)
ADHGB	Allgemeines Deutsches Handelsgesetzbuch
aE	am Ende
AEUV	Vertrag über die Arbeitsweise der Europäischen Union
aF	alte Fassung
AfA	Absetzung für Abnutzung
AG	Aktiengesellschaft; Die Aktiengesellschaft (Zeitschrift); Amtsgericht
AGB	Allgemeine Geschäftsbedingungen
AGV	Arbeitgeberverband
AktG	Aktiengesetz
allgM	allgemeine Meinung
Alt.	Alternative
AltTZG	Altersteilzeitgesetz
amtl.	amtlich
Amtl. Begr.	Amtliche Begründung
Anh.	Anhang
Anm.	Anmerkung(en)
AnSVG	Anlegerschutzverbesserungsgesetz
AnwBl.	Anwaltsblatt
AnzV	Anzeigenverordnung
AO	Abgabenordnung
AöR	Archiv des öffentlichen Rechts
AP	Arbeitsrechtliche Praxis
AR	Aufsichtsrat
ArbG	Arbeitsgericht
ArbGG	Arbeitsgerichtsgesetz
ArbN	Arbeitnehmer
ArbnErfG	Gesetz über Arbeitnehmererfindungen
ArbPlSchG	Arbeitsplatzschutzgesetz
ArbSchG	Arbeitsschutzgesetz
ArbZG	Arbeitszeitgesetz
arg.	argumentum
Art.	Artikel
ASiG	Arbeitssicherheitsgesetz
AT	Allgemeiner Teil
AÜG	Arbeitnehmerüberlassungsgesetz
Aufl.	Auflage
AuR	Arbeit und Recht
ausf.	ausführlich

Abkürzungsverzeichnis

AusfG	Ausführungsgesetz
AZG	Arbeitszeitgesetz
BABl.	Bundesarbeitsblatt
BaFin	Bundesanstalt für Finanzdienstleistungsaufsicht
BAG	Bundesarbeitsgericht
BAGE	Entscheidungen des Bundesarbeitsgerichts
BAnz.	Bundesanzeiger
BausparkG	Bauspargesetz
BAV	Bundesaufsichtsamt für das Versicherungswesen
Bay.	Bayern, bayerisch
BayObLG	Bayerisches Oberstes Landesgericht
BayObLGZ	Entscheidungen des Bayerischen Obersten Landesgerichts in Zivilsachen
BB	Betriebs-Berater (Zeitschrift)
BBiG	Berufsbildungsgesetz
BBK	Buchführung, Bilanz, Kostenrechnung, Zeitschrift für das gesamte Rechnungswesen
Bd. (Bde.)	Band (Bände)
BDSG	Bundesdatenschutzgesetz
BeckRS	Rechtsprechungssammlung in Beck-Online (Jahr, Nummer)
Begr.	Begründung
betr.	betreffend
BetrAV	Betriebliche Altersversorgung (Zeitschrift)
BetrAVG	Gesetz zur Verbesserung der betrieblichen Altersversorgung (Betriebsrentengesetz)
BetrR	Betriebsrat
BetrVG	Betriebsverfassungsgesetz
BewG	Bewertungsgesetz
BFH	Bundesfinanzhof
BFM	Bundesfinanzminister/ium
BGB	Bürgerliches Gesetzbuch
BGBl.	Bundesgesetzblatt
BGH	Bundesgerichtshof
BGHSt.	Entscheidungen des Bundesgerichtshofs in Strafsachen
BGHZ	Entscheidungen des Bundesgerichtshofs in Zivilsachen
BiRiLiG	Bilanzrichtliniengesetz
BMA	Bundesminister/ium für Arbeit und Sozialordnung
BMF	Bundesminister/ium der Finanzen
BMJ	Bundesminister/ium der Justiz
BNotO	Bundesnotarordnung
BörsG	Börsengesetz
BörsenZulV	Börsenzulassungsverordnung
BPersVG	Bundespersonalvertretungsgesetz
BR	Bundesrat
BRD	Bundesrepublik Deutschland
BR-Drs.	Bundesrats-Drucksache
BReg.	Bundesregierung
BStBl.	Bundessteuerblatt
BT	Bundestag
BT-Drs.	Bundestags-Drucksache
Buchst.	Buchstabe
BUrlG	Bundesurlaubsgesetz

Abkürzungsverzeichnis

BuW	Betrieb und Wirtschaft
BVerfG	Bundesverfassungsgericht
BVerfGE	Entscheidungen des Bundesverfassungsgerichts
BVerfGG	Bundesverfassungsgerichtsgesetz
BVerwG	Bundesverwaltungsgericht
BVerwGE	Entscheidungen des Bundesverwaltungsgerichts
bzgl.	bezüglich
bzw.	beziehungsweise
CC	Code Civil
CEO	Chief Executive Officer
CFO	Chief Financial Officer, neudeutsch für Finanzvorstand und – sofern nicht Vorstand – Chef der Finanzabteilung (Head of Treasury-Department)
dh	das heißt
DAV	Deutscher Anwaltverein eV
DB	Der Betrieb (Zeitschrift)
DBA	Doppelbesteuerungsabkommen
DBW	Die Betriebswirtschaft (Zeitschrift)
DCF	Discounted Cash-flow
DCGK	Deutscher Corporate Governance Kodex
DepotG	Depotgesetz
ders.	derselbe
dies.	dieselbe(n)
DiskE	Diskussionsentwurf
Diss.	Dissertation
DJ	Deutsche Justiz (Zeitschrift)
DJT	Deutscher Juristentag
DMBilG	D-Markbilanzgesetz
DNotI	Deutsches Notarinstitut
DNotZ	Deutsche Notar-Zeitschrift
DR	Deutsches Recht (Zeitschrift)
DrittelbG	Gesetz über die Drittelbeteiligung der Arbeitnehmer im Aufsichtsrat
DRiZ	Deutsche Richterzeitung
DRpfl.	Der deutsche Rechtspfleger
DRS	Deutscher Rechnungslegungs Standard
DSR	Deutscher Standardisierungsrat
DStBl.	Deutsches Steuerblatt (Zeitschrift)
DStR	Deutsches Steuerrecht (Zeitschrift)
DStZ	Deutsche Steuer-Zeitung (Zeitschrift)
DVBl.	Deutsches Verwaltungsblatt (Zeitschrift)
DWiR	Deutsche Zeitschrift für Wirtschaftsrecht
eV	eingetragener Verein
E	Entwurf
EBIT	Earnings before Interest and Taxes
EBITDA	Earnings before Interest, Taxes, Depreciation, and Amortization
ED	Exposure Draft
EDV	Elektronische Datenverarbeitung
EBRG	Gesetz über Europäische Betriebsräte
EFG	Entscheidungen der Finanzgerichte

Abkürzungsverzeichnis

EG	Europäische Gemeinschaften; Einführungsgesetz
eG	eingetragene Genossenschaft
EGAktG	Einführungsgesetz zum Aktiengesetz
EGBGB	Einführungsgesetz zum Bürgerlichen Gesetzbuch
EGHGB	Einführungsgesetz zum Handelsgesetzbuch
EGInsO	Einführungsgesetz zur Insolvenzordnung
Einf.	Einführung
Einl.	Einleitung
EK	Eigenkapital
EMRK	Europäische Menschenrechtskonvention
entspr.	entsprechend
ErbStG	Erbschaftsteuergesetz
ErgBd.	Ergänzungsband
Erl.	Erlass; Erläuterung(en)
EStDV	Einkommensteuer-Durchführungsverordnung
EStG	Einkommensteuergesetz
EStR	Einkommensteuer-Richtlinien
etc	et cetera
EU	Europäische Union
EuGH	Europäischer Gerichtshof
EuZW	Europäische Zeitschrift für Wirtschaftsrecht
EV	Einigungsvertrag
EVA	Economic Value Added
evtl.	eventuell
EWG	Europäische Wirtschaftsgemeinschaft
EWGV	Vertrag zur Gründung der Europäischen Wirtschaftsgemeinschaft
EWiR	Entscheidungen zum Wirtschaftsrecht
EWIV	Europäische Wirtschaftliche Interessenvereinigung
EWR	Europäischer Wirtschaftsraum
f., ff.	folgende
FamFG	Gesetz über das Verfahren in Familiensachen und in den Angelegenheiten der freiwilligen Gerichtsbarkeit
FAZ	Frankfurter Allgemeine Zeitung
FG	Finanzgericht; Freiwillige Gerichtsbarkeit
Fn.	Fußnote
FR	Finanz-Rundschau (Zeitschrift)
FS	Festschrift
FTD	Financial Times Deutschland
G	Gesetz
GA	Goltdammer's Archiv für Strafrecht
GbR	Gesellschaft bürgerlichen Rechts
GenG	Gesetz betreffend die Erwerbs- und Wirtschaftsgenossenschaften – Genossenschaftsgesetz
GesR	Gesellschaftsrecht
GesRZ	Der Gesellschafter, Zeitschrift für Gesellschaftsrecht
GewA	Gewerbearchiv
GewO	Gewerbeordnung
GewSt.	Gewerbesteuer
GewStG	Gewerbesteuergesetz
GewStR	Gewerbesteuer-Richtlinien
GG	Grundgesetz

Abkürzungsverzeichnis

ggf.	gegebenenfalls
GK	Gemeinschaftskommentar
GmbH	Gesellschaft mit beschränkter Haftung
GmbHG	Gesetz betreffend die Gesellschaften mit beschränkter Haftung
GmbHR	GmbH-Rundschau (Zeitschrift)
GNotKG	Gerichts- und Notarkostengesetz
GO	Gemeindeordnung
GoB	Grundsätze ordnungsmäßiger Buchführung
grds.	grundsätzlich
GrS	Großer Senat
GRUR	Gewerblicher Rechtsschutz und Urheberrecht
GuV	Gewinn- und Verlustrechnung
GVBl.	Gesetz- und Verordnungsblatt
GVG	Gerichtsverfassungsgesetz
GWB	Gesetz gegen Wettbewerbsbeschränkungen
HdB	Handbuch
HFA	Hauptfachausschuss des Instituts der Wirtschaftsprüfer in Deutschland e. V.
HGB	Handelsgesetzbuch
hL	herrschende Lehre
hM	herrschende Meinung
HRA	Handelsrechtsausschuss des Deutschen Anwaltvereins eV
HRefG	Handelsrechtsreformgesetz
HRR	Höchstrichterliche Rechtsprechung (Zeitschrift)
Hrsg.	Herausgeber
hrsg.	herausgegeben
HRV	Handelsregisterverfügung
Hs.	Halbsatz
HV	Hauptversammlung
IAS	International Accounting Standards
IASC	International Accounting Standards Committee
idF	in der Fassung
idR	in der Regel
IdW	Institut der Wirtschaftsprüfer
iE	im Einzelnen
IFRS	International Financial Reporting Standards
IHK	Industrie- und Handelskammer
INF	Die Information über Steuer und Wirtschaft (Zeitschrift)
InsO	Insolvenzordnung
IPO	International Public Offering – Eigenkapitalaufnahme durch Publikumsöffnung
IPR	Internationales Privatrecht
iS	im Sinne
iSd	im Sinne des (der)
IStR	Internationales Steuerrecht
iSv	im Sinne von
iVm	in Verbindung mit
IWB	Internationale Wirtschaftsbriefe
Jb.	Jahrbuch
JMBl.	Justizministerialblatt

Abkürzungsverzeichnis

JR	Juristische Rundschau (Zeitschrift)
JuS	Juristische Schulung (Zeitschrift)
JW	Juristische Wochenschrift (Zeitschrift)
JZ	Juristenzeitung (Zeitschrift)
KAG	Kapitalanlagegesellschaft
KAGB	Kapitalanlagegesetzbuch
KapErhG	Kapitalerhöhungsgesetz
KapErhStG	Gesetz über steuerrechtliche Maßnahmen bei Erhöhung des Nennkapitals aus Gesellschaftsmitteln
KapGesR	Kapitalgesellschaftsrecht
KG	Kammergericht; Kommanditgesellschaft
KGaA	Kommanditgesellschaft auf Aktien
KMU	Kleines und Mittleres Unternehmen (betriebswirtschaftlicher und industriesoziologischer Fachausdruck für Mittelständische Industrie)
Komm.	Kommentar
krit.	kritisch
KSchG	Kündigungsschutzgesetz
KSt	Körperschaftsteuer
KStG	Körperschaftsteuergesetz
KStR	Körperschaftsteuer-Richtlinien
KWG	Kreditwesengesetz
LAG	Landesarbeitsgericht
Lfg.	Lieferung
LG	Landgericht
Lit.	Literatur
Ls.	Leitsatz
M&A	Mergers and Acquisitions
MarkenG	Markengesetz
MBl.	Ministerialblatt
MDR	Monatsschrift für deutsches Recht (Zeitschrift)
mE	meines Erachtens
Mio.	Million(en)
MitbestErgG	Mitbestimmungs-Ergänzungsgesetz
MitbestG	Mitbestimmungsgesetz
MittBayNotK	Mitteilungen der Bayerischen Notarkammer
MittBayNot	Mitteilungen des Bayerischen Notarvereins, der Notarkasse und der Landesnotarkammer Bayern
MittRhNotK	Mitteilungen der Rheinischen Notarkammer
mN	mit Nachweisen
MontanMitbestErgG	Montanmitbestimmungsergänzungsgesetz
MontanMitbestG	Montanmitbestimmungsgesetz
Mrd.	Milliarde(n)
mwH	mit weiteren Hinweisen
mwN	mit weiteren Nachweisen
nv	nicht veröffentlicht
NachhBG	Nachhaftungsbegrenzungsgesetz
NaStraG	Namensaktiengesetz
NB	Neue Betriebswirtschaft (Zeitschrift)

Abkürzungsverzeichnis

nF	neue Fassung
NJW	Neue Juristische Wochenschrift (Zeitschrift)
NJW-RR	NJW-Rechtsprechungs-Report Zivilrecht (Zeitschrift)
Nr.	Nummer(n)
NStZ	Neue Zeitschrift für Strafrecht
NWB	Neue Wirtschaftsbriefe (Zeitschrift), Loseblattsammlung
NZ	Notariatszeitung (Österreich)
NZA	Neue Zeitschrift für Arbeitsrecht
NZG	Neue Zeitschrift für Gesellschaftsrecht
OECD	Organisation für wirtschaftliche Zusammenarbeit und Entwicklung
OFD	Oberfinanzdirektion
OHG	Offene Handelsgesellschaft
OLG	Oberlandesgericht
OLGE/OLGR	Die Rechtsprechung der Oberlandesgerichte auf dem Gebiete des Zivilrechts
OLGZ	Entscheidungen der Oberlandesgerichte in Zivilsachen einschließlich der freiwilligen Gerichtsbarkeit
OR	Obligationenrecht
OVG	Oberverwaltungsgericht
OWiG	Gesetz über Ordnungswidrigkeitengesetz
ParteiG	Parteiengesetz
PSV	Pensions-Sicherungsverein
RdA	Recht der Arbeit (Zeitschrift)
RdW	Recht der Wirtschaft
RefE	Referentenentwurf
RegE	Regierungsentwurf
RG	Reichsgericht
RGBl.	Reichsgesetzblatt
RGZ	Entscheidungen des Reichsgerichts in Zivilsachen
RIW	Recht der internationalen Wirtschaft (Zeitschrift)
rkr.	rechtskräftig
RL	Richtlinie
Rn.	Randnummer(n)
ROA	Return on Assets
ROCE	Return on Capital Employed
ROE	Rate of Return on Equity
ROI	Return on Investment
RPflG	Rechtspflegergesetz
Rpfleger	Der deutsche Rechtspfleger (Zeitschrift)
Rs.	Rechtssache
Rspr.	Rechtsprechung
RStV	Rundfunkstaatsvertrag
RVG	Rechtsanwaltsvergütungsgesetz
S.	Satz (Sätze)
SE	Societas Europaea, Europäische Gesellschaft
SEAG	SE-Ausführungsgesetz
SEBG	Gesetz über die Beteiligung der Arbeitnehmer in einer Europäischen Gesellschaft

Abkürzungsverzeichnis

SEC	Securities and Exchange Commission – USA
SEEG	Gesetz zur Einführung der Europäischen Gesellschaft
SeuffA	Seufferts Archiv für Entscheidungen der obersten Gerichte in den deutschen Staaten
SGB	Sozialgesetzbuch
SIC	Standing Interpretations Committee
Slg.	Sammlung
SOA	Sarbanes Oxley Act
SPE	„special purpose entities"
SparkG	Sparkassengesetz (iVm Bundesland)
SprAuG	Sprecherausschussgesetz
SpruchG	Spruchgesetz
Stb	Steuerberater, Der Steuerberater (Zeitschrift)
StbG	Steuerberatungsgesetz
StEntlG	Steuerentlastungsgesetz
StGB	Strafgesetzbuch
StPO	Strafprozessordnung
str.	streitig
StuW	Steuer und Wirtschaft (Zeitschrift)
StV	Strafverteidiger
TV	Tarifvertrag
TVG	Tarifvertragsgesetz
TzBfG	Gesetz über Teilzeitarbeit und befristete Arbeitsverträge
ua	und andere; unter anderem
uÄ	und Ähnliche(s)
uam	und andere mehr
UmwG	Umwandlungsgesetz
unstr.	unstreitig
UR	Umsatzsteuer-Rundschau
UrhG	Urheberrechtsgesetz
Urt.	Urteil
USt.	Umsatzsteuer
UStR	Umsatzsteuer-Rundschau (Zeitschrift)
usw.	und so weiter
uU	unter Umständen
uvam	und viele andere mehr
uvm	und vieles mehr
UVV	Unfallverhütungsvorschriften
UWG	Gesetz gegen den unlauteren Wettbewerb
VAG	Gesetz über die Beaufsichtigung von Versicherungsunternehmen (Versicherungsaufsichtsgesetz)
vBP	vereidigte Buchprüfer
Verf.	Verfasser
VerfGH	Verfassungsgerichtshof
VerkProspG	Verkaufsprospektgesetz
VersR	Versicherungsrecht (Zeitschrift)
Vfg.	Verfügung
VG	Verwaltungsgericht
vgl.	vergleiche
VO	Verordnung

Abkürzungsverzeichnis

Vorb.	Vorbemerkung(en)
VVaG	Versicherungsverein auf Gegenseitigkeit
VVG	Versicherungsvertragsgesetz
VW	Versicherungswirtschaft
VwGO	Verwaltungsgerichtsordnung
VwVfG	Verwaltungsverfahrensgesetz
WACC	Weighted Average Capital Costs
WG	Wechselgesetz
WiB	Wirtschaftsrechtliche Beratung
WiR	Wirtschaftsrecht
wistra	Zeitschrift für Wirtschaft, Steuer, Strafrecht
WM	Wertpapier-Mitteilungen (Zeitschrift)
WO	Wahlordnung
WP	Wirtschaftsprüfer; Das Wertpapier (Zeitschrift)
WpAIV	Wertpapierhandelsanzeige- und Insiderverzeichnisverordnung
WPg	Die Wirtschaftsprüfung (Zeitschrift)
WP-HdB	Wirtschaftsprüfer-Handbuch
WpHG	Wertpapierhandelsgesetz
WpÜG	Gesetz zur Regelung von öffentlichen Angeboten zum Erwerb von Wertpapieren und von Unternehmensübernahmen
WpÜG-AV	Verordnung über öffentliche Angebote zum Erwerb von Wertpapieren und über Unternehmensübernahmen
WRP	Wettbewerb in Recht und Praxis (Zeitschrift)
WuB	Entscheidungssammlung zum Wirtschafts- und Bankrecht
WuW	Wirtschaft und Wettbewerb (Zeitschrift)
ZAP	Zeitschrift für die Anwaltspraxis
zB	zum Beispiel
ZBB	Zeitschrift für Bankrecht und Bankwirtschaft
ZEV	Zeitschrift für Erbrecht und Vermögensnachfolge
ZfA	Zeitschrift für Arbeitsrecht
ZfbF	Schmalenbachs Zeitschrift für betriebswirtschaftliche Forschung
ZfgK	Zeitschrift für das gesamte Kreditwesen
ZG	Zeitschrift für Unternehmens- und Gesellschaftsrecht
ZHR	Zeitschrift für das gesamte Handelsrecht und Wirtschaftsrecht
Ziff.	Ziffer(n)
ZIP	Zeitschrift für Wirtschaftsrecht
ZNotP	Zeitschrift für die Notarpraxis
ZPO	Zivilprozessordnung
ZRP	Zeitschrift für Rechtspolitik
zT	zum Teil
zust.	zustimmend
zutr.	zutreffend
ZVersWiss.	Zeitschrift für die gesamte Versicherungswissenschaft
ZZP	Zeitschrift für Zivilprozess

Allgemeines Literaturverzeichnis

Assmann/Schneider, WpHG, 6. Aufl. 2012, *Bearbeiter* in Assmann/Schneider WpHG
Baumbach/Hopt, Handelsgesetzbuch, 36. Aufl. 2014, *Baumbach/Hopt* HGB
Baums, Bericht der Regierungskommission Corporate Governance, 2001, *Baums*
Beck'scher Bilanz-Kommentar, Handels- und Steuerrecht, 9. Aufl. 2014, *Bearbeiter* in BeckBil-Komm.
Beck'sches Formularbuch, Beck'sches Formularbuch Bürgerliches, Handels- und Wirtschaftsrecht, 8. Aufl. 2003, *Bearbeiter* in BeckFormB
Beck'sches Handbuch der AG, mit KGaA, Gesellschaftsrecht, Steuerrecht, Börsengang, 2. Aufl. 2009, *Bearbeiter* in BeckHdB AG
Emmerich/Habersack, Aktien- und GmbH-Konzernrecht, Kommentar, 7. Aufl. 2013, *Bearbeiter* in Emmerich/Habersack AktG
Fabricius, Gemeinschaftskommentar zum MitbestG, 3. Teillieferung, Loseblatt, *Bearbeiter* in GK-MitbestG
Wlotzke/Wißmann/Koberski/Kleinsorge, Mitbestimmungsrecht, Kommentar, begründet von Fitting, 4. Aufl. 2011, *Bearbeiter* in Wlotzke/Wißmann/Koberski/Kleinsorge
Geibel/Süßmann, WpÜG, Kommentar, 2. Aufl. 2008, *Bearbeiter* in Geibel/Süßmann
Geßler/Hefermehl/Eckardt/Kropff, Aktiengesetz, Kommentar, 1973 ff. (Folgeauflagen siehe MüKoAktG), *Bearbeiter* in Geßler/Hefermehl
Großkommentar zum Aktiengesetz, 4. Aufl. 1992 ff., *Bearbeiter* in GroßkommAktG
Grunewald, Gesellschaftsrecht, 9. Aufl. 2014, *Grunewald* GesR
Hanau/Ulmer, MitbestG, 1981, *Hanau/Ulmer*
Henn/Frodermann/Janott, Handbuch des Aktienrechts, 8. Aufl. 2009, Bearbeiter in Henn/Frodermann/Janott
Henze, Managerhaftung, Pflichtenstellung und Haftung der Organmitglieder in der Kapitalgesellschaft, 2002, *Henze*
ders., Höchstrichterliche Rechtsprechung zum Aktienrecht, 5. Aufl. 2002, *Henze* HRR AktienR
Höfer/Reinhard/Reich, Betriebsrentenrecht (BetrAVG), Gesetz zur Verbesserung der betrieblichen Altersversorgung, Kommentar, Bd. I, Arbeitsrecht, 15. Aufl. 2014, Loseblatt, *Bearbeiter* in Höfer/Reinhard/Reich
Hommelhoff/Hopt/v. Werder, Handbuch Corporate Governance, 2. Aufl. 2010, *Bearbeiter* in Hommelhoff/Hopt/v. Werder
Hüffer, Aktiengesetz, 11. Aufl. 2014, bearbeitet von Koch, *Hüffer*
Kölner Kommentar zum Aktiengesetz, 3. Aufl. 2011 1986 ff., *Bearbeiter* in KK-AktG
Kölner Kommentar zum WpÜG, Kommentar, 2. Aufl. 2010, *Bearbeiter* in KK-WpÜG
Kropff, Aktiengesetz, Textausgabe des Aktiengesetzes vom 6.9.1965 mit Begründung des Regierungsentwurfs und Bericht des Rechtsausschusses des Deutschen Bundestags, 1965, RegBegr. AktG *Kropff* bzw. AusschussB AktG *Kropff*
Kübler/Assmann, Gesellschaftsrecht, 6. Aufl. 2006, *Kübler/Assmann* GesR
Lutter, Umwandlungsgesetz, 5. Aufl. 2014, *Bearbeiter* in Lutter UmwG
Lutter, Holding-Handbuch, Recht – Management – Steuern, 4. Aufl. 2004, *Bearbeiter* in Lutter Holding-HdB
Lutter, Information und Vertraulichkeit im Aufsichtsrat, 1979, *Lutter*
Lutter/Krieger/Verse, Rechte und Pflichten des Aufsichtsrats, 6. Aufl. 2014, *Bearbeiter* in Lutter/Krieger/Verse
Lutter/Scheffler/U.H. Schneider, Handbuch der Konzernfinanzierung, 1998, *Lutter/Scheffler/Schneider*

Literaturverzeichnis

Münchener Handbuch des Gesellschaftsrechts, Bd. 4 Aktiengesellschaft, 3. Aufl. 2007, *Bearbeiter* in MHdB AG
Münchener Kommentar zum Aktiengesetz Band 2, 3. Aufl. 2008 ff., 4. Aufl. 2014; *Bearbeiter* in MüKoAktG
Münchener Kommentar zum Bürgerlichen Gesetzbuch, 4. Aufl. 2000 ff., *Bearbeiter* in MüKoBGB
Münchener Kommentar zum Handelsgesetzbuch, 1997 ff., *Bearbeiter* in MüKoHGB
Münchener Kommentar zur Insolvenzordnung, 3. Aufl. 2013 f., *Bearbeiter* in MüKoInsO
Münchener Kommentar zum Strafgesetzbuch, 2. Aufl. 2011 ff., *Bearbeiter* in MüKoStGB
Münchener Vertragshandbuch, Band 1: Gesellschaftsrecht, 5. Aufl. 2000, *Bearbeiter* in MVHdB I
Ossola-Haring/Wissmann, Das Unternehmenshandbuch der kleinen Aktiengesellschaft, 2001, *Ossola-Haring/Wissmann*
Palandt, Bürgerliches Gesetzbuch, 73. Aufl. 2014, *Bearbeiter* in Palandt
Peltzer, Deutsche Corporate Governance, 2. Aufl. 2004, *Peltzer*
Raiser/Veil, Mitbestimmungsgesetz und Drittelbeteiligungsgesetz, 5. Aufl. 2009
dies., Recht der Kapitalgesellschaften, 5. Aufl. 2010, *Raiser/Veil* KapGesR
Ringleb/Kremer/Lutter/v. Werder, Kommentar zum Deutschen Corporate Governance Kodex, 5. Aufl. 2014, *Bearbeiter* in Ringleb/Kremer/Lutter/v. Werder
Schaub, Arbeitsrechts-Handbuch, 15. Aufl. 2013, *Bearbeiter* in Schaub ArbR HdB
K. Schmidt/Lutter, Aktiengesetz, 2. Aufl. 2010, *Bearbeiter* in K. Schmidt/Lutter
J. Semler, Leitung und Überwachung der Aktiengesellschaft, Die Leitungsaufgabe des Vorstands und die Überwachungsaufgabe des Aufsichtsrats in der Aktiengesellschaft, 2. Aufl. 1996, *Semler* Leitung
J. Semler/v. Schenck, Arbeitshandbuch für Aufsichtsratsmitglieder, 4. Aufl. 2013, *Bearbeiter* in Semler/v. Schenck AR HdB
J. Semler/Volhard/Reichert, Arbeitshandbuch für die Hauptversammlung, 3. Aufl. 2011, *Bearbeiter* in Semler/Volhard/Reichert HV HdB
J. Semler/Volhard, Arbeitshandbuch für Unternehmensübernahmen, Bd. 1 2001, Bd. 2 2003, *Bearbeiter* in Semler/Volhard ÜN HdB
Semler/Stengel, Umwandlungsgesetz, 3. Aufl. 2012, *Bearbeiter* in Semler/Stengel
Staudinger, Kommentar zum Bürgerlichen Gesetzbuch mit Einführungsgesetz und Nebengesetzen, 13. Bearbeitung 1993 ff.; *Bearbeiter* in Staudinger
Ulmer/Habersack/Henssler, Mitbestimmungsgesetz, 3. Aufl. 2013, *Ulmer/Habersack/Henssler*
Wojtek/Mitzkus, AG Handbuch, Praxis und Haftung von Vorstand und Aufsichtsrat der Aktiengesellschaft, 1998 ff., Loseblattausgabe, Stand März 2013, *Wojtek/Mitzkus*

§ 1 Die Kompetenzen des Vorstands und der Vorstandsmitglieder

Inhaltsübersicht

	Rn.
A. Allgemeines	1
I. Grundsätze des deutschen Gesellschaftsrechts	2
II. Einfluss des europäischen Rechts	7
1. Verordnungen	8
2. Richtlinien	9
3. Europäische AG	10
B. Die materielle Unternehmensverfassung der AG	12
I. Rechtsgrundlagen	12
1. Gesetzliche Regelungen	12
2. Regelungen der Satzung	16
3. Regelungen einer Geschäftsordnung	18
a) Allgemeine Regelungen	19
b) Regelungen der Geschäftsverteilung	22
4. Der Deutsche Corporate Governance Kodex	23
a) Bedeutung des Kodex	25
b) Inhalt	26
c) Ziel	27
d) Die Entsprechenserklärung	28
II. Die Organe der Aktiengesellschaft	34
1. Überblick	34
2. Die Hauptversammlung	37
3. Der Aufsichtsrat	42
4. Der Vorstand	46
5. Der Abschlussprüfer	50
6. Weitere Organe und sonstige Gremien	63
a) Keine weiteren Gremien mit organschaftlichen Befugnissen	64
b) Sonstige Gremien	65
7. Das Verhältnis des Vorstands zu anderen Organen	66
a) Zur Hauptversammlung	67
b) Zum Aufsichtsrat	70
c) Unterschiedliche tatsächliche Machtverteilung	87
III. Allgemeine Handlungsmaximen für unternehmerisches Handeln in der AG	89
1. Verfolgen des Unternehmensgegenstands	91
a) Verstoß gegen die Begrenzung des Unternehmensgegenstands	92
b) Heilung des Verstoßes	93
c) Unterschreitung des Unternehmensgegenstand	95
2. Beachtung des Unternehmensinteresses	96
3. Erzielung eines angemessenen Gewinns	101
4. Social Sponsoring	108
5. Eigenverantwortlichkeit und unternehmerisches Ermessen	114
a) Überblick	116
b) Feststellung der tatsächlichen Entscheidungsgrundlagen	119
c) Unternehmerischer Ermessensspielraum	123
d) Beurteilungsspielraum	125
e) Abwägungsbereiche	126
f) Neutralitätspflicht	127
6. Gegenseitige Förderpflicht	128

	Rn.
IV. Besondere Grundsätze für eine ordnungsmäßige Geschäftsführung	130
1. Ordnungsmäßigkeit	133
2. Rechtmäßigkeit	136
a) Grundsatz	136
b) Schmiergeldzahlungen	138
c) Vergleichszahlungen an räuberische Aktionäre	139
d) Rechtsgutachten	140
e) Rechtsfolgen	141
3. Zweckmäßigkeit	142
4. Wirtschaftlichkeit	145
V. Bildung und Arbeit von Ausschüssen	148
1. Allgemeines	149
2. Ausschüsse mit zentraler Bedeutung	153
VI. Das Verhältnis der einzelnen Organmitglieder zueinander	155
1. Gegenseitige Treuepflicht	160
2. Gegenseitige Förderpflicht	162
VII. Organstreitigkeiten	163
1. Allgemeines	163
2. Streitigkeiten zwischen Vorstand und Aufsichtsrat	166
3. Streitigkeiten innerhalb eines Organs	168
4. Streitigkeiten zwischen Organmitgliedern und einem anderen Organ	172
VIII. Kontrolle des Aufsichtsrats durch den Vorstand	175
IX. Rechte des Aktionärs gegenüber dem Vorstand	177
C. Die Leitungsaufgabe des Vorstands	179
I. Leitung und Geschäftsführung	179
II. Originäre Führungsfunktionen	181
1. Unternehmensplanung	184
2. Unternehmenskoordinierung	186
a) Koordinierung der Vorstandstätigkeit	187
b) Koordinierung der dem Vorstand nachgeordneten Führungskräfte	199
3. Unternehmenskontrolle	201
4. Führungsstellenbesetzung	207
5. Konzernbestimmung	209
III. Leitungsentscheidungen	211
1. Personelle Fragen	211
2. Inhaltliche Fragen	217
IV. Wissenserklärungen	220
V. Handelsrechtliche Grund- oder Mindestzuständigkeiten	221
1. Buchführungspflicht	222
2. Pflicht zur Risikoüberwachung und zur Risikovorsorge	223
3. Weitere Mindestzuständigkeiten	229
VI. Laufende Geschäftsführung im eigenständigen Unternehmen (Erledigung des Tagesgeschäfts)	233
VII. Geschäftsführung im Unternehmensverbund	242
VIII. Berichterstattung und Rechenschaftslegung	243
1. Berichts- und Informationspflichten nach dem AktG	250
2. Berichts- und Informationspflichten nach dem WpHG und nach dem WpÜG	254
3. Berichts- und Informationspflichten nach anderen Gesetzen	261
D. Die Überwachungsaufgabe des Vorstands	263
I. Laufende Überwachung des Geschehens in der Gesellschaft und im Unternehmensverbund (im Konzern)	266
1. Überwachung von Lage und Entwicklung der Gesellschaft und des Unternehmensverbunds	267
2. Überwachung von operativen Maßnahmen	270

	Rn.
3. Überwachung von Vermögensanlagen	273
4. Überwachung der Administrationsleistung	280
II. Gegenseitige Überwachung der Vorstandsmitglieder	288
E. Die Stellung des einzelnen Vorstandsmitglieds	290
I. Allgemeines	291
II. Mitwirkung an der Leitung des Unternehmens	295
III. Delegation und ihre Grenzen	303
1. Kernbereich der Leitungsentscheidungen	305
2. Zuweisung von Einzelaufgaben an den Gesamtvorstand	309
3. Sorgfalts- und Aufsichtspflicht	310
IV. Leitung eines Ressorts	314
V. Interne Überwachung	320
VI. Diversity im Vorstand	324
1. Allgemeines	324
2. Legitimation des Gesetzgebers	325
3. Legislatorische Strömungen	326
4. Praktische Hindernisse	327

F. Anlage § 1–1: Deutscher Corporate Governance Kodex (idF vom 24.6.2014)

G. Anlage § 1–2: Muster einer Geschäftsordnung für den Vorstand

H. Anlage § 1–3: Muster eines Geschäftsverteilungsplans für den Vorstand

Schrifttum (übergreifend): *Abeltshauser,* Leistungshaftung im Kapitalgesellschaftsrecht, 1998; *Albach* (Hrsg.), Konzernmanagement, 2001; *Arnold,* Steuerung des Vorstandhandelns, 2007; *Beckert,* Personalisierte Leitung von Aktiengesellschaften, 2009; *Böttcher/Blasche,* Die Grenzen der Leistungsmacht des Vorstands, NZG 2006, 569; *Dose,* Die Rechtsstellung der Vorstandsmitglieder einer Aktiengesellschaft, 3. Aufl. 1975; *Druey,* Verantwortlichkeit aus der Leitung, FS Zöllner, 1998, 129; *Fleischer,* Ungeschriebene Hauptversammlungszuständigkeiten im Aktienrecht: Von „Holzmüller" zu „Gelatine", NJW 2004, 2335; *ders.,* Zur Leitungsaufgabe des Vorstands im Aktienrecht, ZIP 2003, 1; *ders.,* Zum Grundsatz der Gesamtverantwortung im Aktienrecht, NZG 2003, 449; *ders.,* Unternehmensspenden und Leitungsermessen des Vorstands im Aktienrecht, AG 2001, 171; *ders.,* Die „Business Judgement Rule" im Spiegel von Rechtsvergleichung und Rechtsökonomie, FS Wiedemann, 2002, 827; *ders.,* Aktienrechtliche Legalitätspflicht und „nützliche" Pflichtverletzungen von Vorstandsmitgliedern, ZIP 2005, 141; *Frels,* Die Geschäftsverteilung im Vorstand der Aktiengesellschaft, ZHR 122 (1959), 8; *Gehrlein,* Strafbarkeit von Vorständen wegen leichtfertiger Vergabe von Unternehmensspenden, NZG 2002, 463; *Goette,* Leitung, Aufsicht, Haftung – zur Rolle der Rechtsprechung bei der Sicherung einer modernen Unternehmensführung, FS 50 Jahre Bundesgerichtshof, 2000, 123; *Heinrich Götz,* Zur Binnenstruktur der Vorstandsgruppe, FS Semler, 2004, 375; *ders.,* Persönliche Haftung von Vorstandsmitgliedern für fehlerhafte Ad hoc-Mitteilungen, DStR 2004, 1486; *Henze,* Entscheidungen und Kompetenzen der Organe in der AG: Vorgaben der höchstrichterlichen Rechtsprechung, BB 2001, 53; *ders.,* Leitungsverantwortung des Vorstands – Überwachungspflicht des Aufsichtsrats, BB 2000, 209; *ders.,* Prüfungs- und Kontrollaufgaben des Aufsichtsrats in der Aktiengesellschaft, NJW 1998, 3309; *ders.,* Sachsenmilch: Ordnungsgemäße Besetzung eines nach zwingender gesetzlicher Vorgabe zweigliedrigen Vorstands nach Wegfall eines Mitglieds, BB 2002, 847; *Hoffmann-Becking,* Strukturen und Verantwortlichkeiten, insbesondere im monistischen System, ZGR 2004, 355; *ders.,* Zur rechtlichen Organisation der Zusammenarbeit im Vorstand einer AG, ZGR 1998, 497; *Hüffer,* Das Leitungsermessen des Vorstands in der Aktiengesellschaft, FS Raiser, 2005, 163; *Kessler,* Leitungskompetenz und Leitungsverantwortung im deutschen, US-amerikanischen und englischen Aktienrecht, RIW 1998, 602; *ders.,* Die Leitungsmacht des Vorstands einer Aktiengesellschaft, AG 1995, 61 und 120; *Kiem,* Investorenvereinigung im Lichte des Aktien- und Übernahmerechts, AG 2009, 301; *Kindler,* Unternehmerisches Ermessen und Pflichtbindung, ZHR 162 (1998), 101; *Kinzl,* Wie angemessen muss „angemessene Information" als Grundlage für Vorstandsentscheidungen sein?, DB 2004, 1653; *Kretschmer/Karakaya,* Zur Berichtspflicht des Vorstandes beim Delisting von Aktiengesellschaften, WM 2002, 2494; *Laub,* Grenzen der Spendenkompetenz des Vorstands, AG 2002, 308; *Leisch,* Vorstandshaftung für falsche Ad hoc-Mitteilungen – ein höchstrichterlicher Beitrag zur Stärkung des Finanzplatzes Deutschland, ZIP 2004, 1573; *Leuering,* Die Vertretung der Aktiengesellschaft durch Aufsichtsrat und Hauptversammlung, FS Kollhosser, 2004, 361; *Lutter,* Corporate Governance und ihre aktuellen Probleme, vor allem: Vorstandsvergütung und ihre Schranken, ZIP 2003, 737; *ders., Focus,* ZGR 1998, 589; *Lutter/Leinekugel,* Der Ermächtigungsbeschluss der Hauptversammlung zu grundlegenden Strukturmaßnahmen – zulässige Kompetenzübertragung oder unzulässige Selbstentmachtung, ZIP 1998, 805; *Martens,* Der Grundsatz gemeinsamer Vorstandsverantwortung, FS Fleck, 1988, 191; *Mielke,* Die Leitung der unverbundenen Aktiengesellschaft, 1990; *Neye,* Die Europäische Aktiengesellschaft, 2005; *Paefgen,* Unternehmerische Entscheidungen und Rechtsbindung der Organe in der AG, 2002; *Peltzer,* Vorstand und

Geschäftsführung als Leitungs- und gesetzliches Vertretungsorgan der Gesellschaft, JuS 2003, 348; *Priester,* Aufstellung und Feststellung des Jahresabschlusses bei unterbesetzten Vorstand, FS Kropff, 1997, 591; *ders.,* Satzungsvorgaben zum Vorstandshandeln – Satzungsautonomie contra Leitungsautonomie, FS Hüffer, 2010, 777; *Preußner/Zimmermann,* Risikomanagement als Gesamtaufgabe des Vorstandes, AG 2002, 657; *Raiser,* Organklagen zwischen Aufsichtsrat und Vorstand, AG 1989, 185; *Rittner,* Zur Verantwortung des Vorstands nach § 76 Abs. 1 AktG, FS Geßler, 1971, 139; *Roth,* Unternehmerisches Ermessen und Haftung des Vorstands, 2001; *Schiessl,* Gesellschafts- und mitbestimmungsrechtliche Probleme der Spartenorganisation (Divisionalisierung), ZGR 1992, 64; *Rottnauer,* Konstituierung der Hauptversammlung durch einen unterbesetzten Vorstand, NZG 2000, 414; *Säcker/Rehm,* Grenzen der Mitwirkung des Aufsichtsrats an unternehmerischen Entscheidungen in der Aktiengesellschaft, DB 2008, 2814; *Schäfer,* Beschlußanfechtung bei Beschlußvorschlägen durch einen unterbesetzten Vorstand, ZGR 2003, 147; *Schmidt-Leithoff,* Die Verantwortung der Unternehmensleitung, 1989; *Schürnbrand,* Organschaft im Recht der privaten Verbände, 2007; *Seibert,* Im Blickpunkt: Der Deutsche Corporate Governance Kodex ist da, BB 2002, 581; *Seibt,* Deutscher Corporate Governance Kodex und Entsprechenserklärung, AG 2002, 249; *Seibt/Wünsch,* Investorenvereinbarungen bei öffentlichen Übernahmen, Der Konzern 2009, 195; *Johannes Semler,* Die Rechte und Pflichten des Vorstands einer Holdinggesellschaft im Lichte der Corporate Governance Diskussion ZGR 2004, 631; *ders.,* Die Effizienzprüfung des Aufsichtsrats, FS Raiser, 2005, 399; *ders.,* Entscheidungen und Ermessen im Aktienrecht, FS Ulmer, 2003, 627; *ders.,* Rechtsvorgabe und Realität der Organzusammenarbeit in der Aktiengesellschaft, FS Lutter, 2000, 721; *Johannes Semler/Wagner,* Deutscher Corporate Governance Kodex – Die Entsprechenserklärung und Fragen der gesellschaftsinternen Umsetzung, NZG 2003, 553; *Servatius,* Strukturmaßnahmen als Unternehmensleitung, 2004; *Sünner,* Effizienz von Unternehmensorganen als Grundsatz der Corporate Governance, AG 2000, 492; *Thamm,* Die rechtliche Verfassung des Vorstands der AG, 2008; *Roderich C. Thümmel,* Organhaftung nach dem Referentenentwurf des Gesetzes zur Unternehmensintegrität und Modernisierung des Anfechtungsrechts, DB 2004, 471; *v. Werder,* Management: Mythos oder regelgeleitete Kunst des Möglichen, DB 1995, 2177; *ders.,* Grundsätze ordnungsmäßiger Unternehmensführung, zfbf Sonderheft 36, 1996, 1; *ders.,* Vorstandsentscheidungen nur auf der Grundlage „sämtlicher relevanter Informationen"?, ZfB 1997, 901; *ders.,* Management: Mythos oder regelgeleitete Kunst des Möglichen?, DB 1995, 2177; *v. Werder/Talaulicar/Kolat,* Kodex Report 2004 – Die Akzeptanz der Empfehlungen und Anregungen des Deutschen Corporate Governance Kodex, DB 2004, 1377; *Wettich,* Vorstandsorganisation in der Aktiengesellschaft, 2008; *H. Westermann,* Die unternehmerische Leitungsmacht des Vorstands der Genossenschaft nach geltendem und zukünftigen Genossenschaftsrecht im Vergleich zur Leitungsmacht des Vorstands der AG, FS Reinhardt, 1972, 359; *ders.,* Die Verantwortung des Vorstands der Aktiengesellschaft, Freundesgabe Vits, 1963, 251; *Wiedemann,* Unternehmerische Verantwortlichkeit und formale Unternehmensziele in einer zukünftigen Unternehmensverfassung, FS Barz, 1974, 561; *Zöllner,* Unternehmensinnenrecht. Gibt es das?, AG 2003, 2.

Schrifttum (speziell zur Diversity): *Bayer,* Grundsatzfragen der Regulierung der aktienrechtlichen Corporate Governance, NZG 2013, 1; *Heidemann/Landherr/Müller,* Berichterstattung über Frauen in Führungspositionen – eine Analyse der DAX 30-Unternehmen, zfbf 2013, 488; *Henze/Rosch,* Diversity – Praktische Umsetzung der Vorgaben des DCGK für die Besetzung von Aufsichtsräten, Vorständen und Führungsfunktionen, ArbRAktuell 2010, 573; *Kort,* Gemeinwohlbelange beim Vorstandshandeln, NZG 2012, 926; *Lindau,* Verhandelte Vielfalt – Die Konstruktion von Diversity in Organisationen, 2010, *Sünner,* Diversity bei den Organen einer Aktiengesellschaft, CCZ 2009, 185; *Weber-Rey/Handt,* Vielfalt/Diversity im Kodex – Selbstverpflichtung, Bemühenspflicht und Transparenz, NZG 2011, 1; *Windbichler,* Dienen staatliche Eingriffe guter Unternehmensführung?, NJW 2012, 2625.

A. Allgemeines

1 Die **Kompetenzen (Aufgaben und Rechte)** des Vorstands sind im AktG umfassend geregelt. Allerdings ergeben sich eine Reihe von Kompetenzen auch aus anderen Gesetzen.

I. Grundsätze des deutschen Gesellschaftsrechts

2 Das **AktG** regelt in §§ 76–94 AktG die Kompetenzen des Vorstands und behandelt allgemeine Grundlagen seiner Tätigkeit. Das **Mitbestimmungsgesetz** ergänzt die aktienrechtlichen Vorschriften über den Vorstand in §§ 30–33 MitbestG.

3 Im **Handelsgesetzbuch** finden sich vor allem die Vorschriften über die Rechnungslegung, aber auch andere für die AG bedeutsame Bestimmungen.

4 Besondere Bedeutung für die Struktur von Aktiengesellschaften hat das **Umwandlungsgesetz.** Es regelt die Verschmelzung, die Spaltung, die Vermögensübertragung und den Formwechsel von Gesellschaften bei den im Gesetz erfassten Gesellschaftstypen. Akti-

A. Allgemeines

engesellschaften können regelmäßig aktive oder passive Teilnehmer der Vorschriften des UmwG sein.[1]

Für **börsennotierte Aktiengesellschaften**[2] legen verschiedene Gesetze besondere Vorschriften fest, die insgesamt als Kapitalmarktrecht bezeichnet werden.[3] Hier sind besonders das Wertpapierhandelsgesetz (WpHG), das Anlegerschutzverbesserungsgesetz (AnSVG) und das Wertpapiererwerbs- und Übernahmegesetz (WpÜG), aber auch das Börsengesetz (BörsG) zu nennen.

Für börsennotierte Aktiengesellschaften gilt die Vorschrift des AktG über die **Entsprechenserklärung** (§ 161 AktG; → Rn. 28 ff.). Danach haben Vorstand und Aufsichtsrat jährlich zu erklären, ob sie den Empfehlungen des Deutschen Corporate Governance Kodex[4] (nachfolgend Kodex) nachkommen oder nicht.

II. Einfluss des europäischen Rechts

Weite Teile des Gesellschaftsrechts in Deutschland sind heute bereits **europäisch beeinflusst**. Dieser Einfluss wird in unterschiedlicher Weise wahrgenommen. „Für die Ausübung der Zuständigkeiten der Union nehmen die Organe Verordnungen, Richtlinien, Beschlüsse, Empfehlungen und Stellungnahmen an." (Art. 288 Abs. 1 AEUV).

1. Verordnungen

Durch Verordnungen (Art. 288 Abs. 2 AEUV) wird von den europäischen Institutionen unmittelbar geltendes Recht gesetzt.

2. Richtlinien

Durch Richtlinien (Art. 288 Abs. 3 AEUV) werden von den europäischen Institutionen Grundsätze festgelegt, die innerhalb bestimmter Fristen von den einzelnen Mitgliedstaaten in nationales Recht umgesetzt werden müssen. In den Richtlinien gibt es meist verschiedene Wahlrechte für die Befolgung oder Nichtbefolgung festgelegter Grundsätze. Innerhalb der bestehenden Alternativen muss eine Umsetzung der Richtlinienbestimmungen in deutsches Recht erfolgen.

3. Europäische AG

Nach langen und intensiven Bemühungen ist es dem Rat der Europäischen Union am 8.10.2001 gelungen, die Verordnung über das Statut der Europäischen Gesellschaft (SE-VO)[5] und eine Richtlinie zur Ergänzung des Statuts der Europäischen Gesellschaft hinsichtlich der Beteiligung der Arbeitnehmer[6] zu verabschieden. Die Bestimmungen der Richtlinie stellen eine untrennbare Ergänzung der Verordnung dar.[7] Die Verordnung trat am 8.10.2004 in Kraft (Art. 70 SE-VO, Art. 14 RL 2001/86/EG).

Auf nationaler Ebene dauerte die Umsetzung der SE-VO noch einmal fast drei Monate. Am 28.12.2004 trat schließlich das **Einführungsgesetz zur SE** (SEEG) vom 22.12.2004

---

[1] *J. Semler* in Semler/Stengel UmwG § 1 Rn. 26 ff.
[2] Börsennotiert sind „Gesellschaften, deren Aktien zu einem Markt zugelassen sind, der von staatlich anerkannten Stellen geregelt und überwacht wird, regelmäßig stattfindet und für das Publikum mittelbar oder unmittelbar zugänglich ist", vgl. § 3 Abs. 2 AktG.
[3] *Spindler* in MüKoAktG Vor § 76 Rn. 59 ff.
[4] Dazu *W. Goette* in MüKoAktG § 161 Rn. 1 ff.; *Spindler* in MüKoAktG Vor § 76 Rn. 72 ff.; s. Anlage § 1–1.
[5] VO (EG) Nr. 2157/2001 vom 8.10.2001, ABl. EG L 294, 1.
[6] RL 2001/86/EG vom 8.10.2001, ABl. EG L 294, 22.
[7] Erwägungsgrund 19 der VO (EG) Nr. 2157/2001.

in Kraft (BGBl. I S. 3675), dessen integrierte Bestandteile das **SE-Ausführungsgesetz** (SEAG) sowie das **Gesetz über die Beteiligung der Arbeitnehmer** (SEBG) sind.

B. Die materielle Unternehmensverfassung der AG

I. Rechtsgrundlagen

1. Gesetzliche Regelungen

12   Die maßgeblichen Bestimmungen für den Vorstand einer AG finden sich vor allem im **AktG**. Dieses ist in den letzten Jahren mehrfach geändert worden. Bedeutsam waren insbesondere das KonTraG,[8] das TransPuG,[9] das UMAG[10] sowie das ARUG.[11]

13   Die materiellen Vorschriften zur Rechnungslegung einer AG finden sich im **HGB**. Neben den Vorschriften über die Rechnungslegung (§§ 238–339 HGB) sind auch andere Bestimmungen des HGB für die AG von Bedeutung (Teile der Vorschriften über den Handelsstand, vor allem über das Handelsregister, die Handelsfirma sowie über Prokura und Handlungsvollmacht).

14   Die Regelungen des **MitbestG** gelten für Aktiengesellschaften, die in der Regel mehr als 2000 Arbeitnehmer beschäftigen und nicht im Montanbereich tätig sind. Für im Montanbereich tätige Gesellschaften gilt das MontanMitbestG. Keine Mitbestimmung gibt es in Tendenzbetrieben.[12] Aktiengesellschaften, die weniger als 2000 Arbeitnehmer beschäftigen, unterliegen einer Regelung des **Drittelbeteiligungsgesetzes,** das im Sommer 2004 ohne materielle Änderungen die noch geltenden Bestimmungen des BetrVerfG 1952 abgelöst hat. Diese Gesellschaften haben ein Drittel ihrer Aufsichtsratsmitglieder aus dem Kreis der Arbeitnehmer oder, wenn es mehr als sechs Aufsichtsratsmitglieder gibt, auch der Gewerkschaften zu wählen. Aktiengesellschaften, die nach dem 9.8.1994 entstanden sind und weniger als 500 Arbeitnehmer beschäftigen, oder die zwar vor dem 9.8.1994 eingetragen, aber Familienunternehmen sind, unterliegen keiner Mitbestimmung im Aufsichtsrat.

15   Der **Corporate Governance Kodex** (Anlage § 1–1) wird zwar vielfach als eine besondere Art geltenden Rechts angesehen. In der Praxis genießt der Kodex bisweilen sogar einen höheren Stellenwert als „richtige" gesetzliche Regelungen. Dabei hat der Kodex gar keinen formalrechtlichen Stellenwert – auch nicht für börsennotierte Gesellschaften. Daran ändert auch die Bezeichnung als „soft law" nichts. Der Kodex gibt rechtlich unverbindlich und nicht abschließend eine Übersicht über gute unternehmerische Übung beim Verhalten von Vorstand und Aufsichtsrat. Er empfiehlt bestimmte Verhaltensweisen, deren Befolgung oder (teilweise) Nichtbefolgung jedoch der einzelnen AG überlassen ist. Seine eigentliche Bedeutung erhält er durch § 161 AktG, demzufolge die AG publizieren muss, wie sie sich an den Maßstäben des Kodex verhalten hat bzw. wie sie sich in Zukunft verhalten will.

2. Regelungen der Satzung

16   Jede AG ergänzt die Regelungen des Gesetzes in gewissem Umfang durch eigenverfasste **Satzungsbestimmungen.** Diese werden zunächst von den Gründern und später von den

---

[8] Gesetz vom 27.4.1998, BGBl. I 786.
[9] Gesetz vom 19.7.2002, BGBl. I 2681.
[10] Gesetz vom 22.9.2005, BGBl. I 2802.
[11] Gesetz vom 30.7.2009, BGBl. I 2479.
[12] Nach § 1 Abs. 4 MitbestG ist das Gesetz nicht auf Unternehmen anzuwenden, die unmittelbar und überwiegend politischen, koalitionspolitischen, konfessionellen, karitativen, erzieherischen, wissenschaftlichen oder künstlerischen Bestimmungen oder Zwecken der Berichterstattung oder Meinungsäußerung, auf die Art. 5 Abs. 1 S. 2 GG anzuwenden ist, dienen; das Gesetz ist ferner – ungeachtet der Rechtsform – nicht auf Religionsgemeinschaften und ihre karitativen und erzieherischen Einrichtungen anzuwenden.

Aktionären in einer Hauptversammlung der Gesellschaft beschlossen. Dabei ist die Möglichkeit, Angelegenheiten der Gesellschaft durch die Satzung zu regeln, allerdings von Gesetzes wegen inhaltlich begrenzt. Die Satzung kann von den Vorschriften des AktG nur abweichen, wenn dies ausdrücklich durch das Gesetz zugelassen ist (§ 23 Abs. 5 S. 1 AktG). Ergänzende Bestimmungen kann die Satzung nur treffen, wenn das AktG keine abschließende Regelung enthält (§ 23 Abs. 5 S. 2 AktG).

Im Allgemeinen werden in der Satzung folgende **Einzelfragen** geregelt:[13]   17
– Firma, Sitz und Geschäftsjahr;
– Gegenstand des Unternehmens;
– Bekanntmachungen;
– Grundkapital und Aktien;
– Zusammenwirken der Organe;
– Einzelfragen des Vorstands;
– Einzelfragen des Aufsichtsrats;
– Einzelfragen der Hauptversammlung;
– Rechnungslegung und Gewinnverwendung.

3. Regelungen einer Geschäftsordnung

Sowohl für den Vorstand einer AG als auch für den Aufsichtsrat werden regelmäßig Geschäftsordnungen erstellt.[14] Während Fragen der Vorstandsgeschäftsordnung ausdrücklich im Gesetz geregelt sind (§ 77 Abs. 2 AktG; s. auch Ziff. 4.2.1 DCGK), enthalten die Vorschriften über den Aufsichtsrat keine entsprechenden Vorgaben. Das Gesetz geht aber ausweislich des § 82 Abs. 2 AktG davon aus, dass es eine Geschäftsordnung für den Aufsichtsrat gibt.[15]   18

a) Allgemeine Regelungen

In den Geschäftsordnungen wird vornehmlich das **gebotene Verhalten der Mitglieder** des jeweiligen Organs und ihr Zusammenwirken im Organ geregelt. Auch werden Bestimmungen getroffen, die das Verhältnis des einen Organs zum anderen Organ betreffen. Wenn in der Geschäftsordnung für den Vorstand Fragen behandelt werden, die das Verhältnis des Vorstands zum Aufsichtsrat betreffen, bestehen dagegen regelmäßig keine Bedenken. Der Aufsichtsrat ist letztlich für die Vorstandsgeschäftsordnung zuständig und hat jedenfalls von ihrem Inhalt Kenntnis (→ Rn. 20). Vom umgekehrten Verfahren (Bestimmungen für das Verhalten des Vorstands in der Geschäftsordnung für den Aufsichtsrat) ist dagegen eher abzuraten.[16]   19

Das **Recht zum Erlass einer Geschäftsordnung für den Vorstand** (Erlasskompetenz) liegt beim Vorstand selbst, sofern nicht die Satzung den Erlass der Geschäftsordnung dem Aufsichtsrat übertragen hat oder der Aufsichtsrat von sich aus eine Geschäftsordnung für den Vorstand erlässt.[17] Auch die Aktionäre können durch die Satzung Einzelfragen der Geschäftsordnung bindend regeln (§ 77 Abs. 2 S. 2 AktG).[18] An solche Bestimmungen ist   20

---

[13] *Wiesner* in MHdB AG § 6 Rn. 6.
[14] Das Muster einer Vorstandsgeschäftsordnung findet sich in Anlage § 1–2. Der Kodex empfiehlt ausdrücklich die Verabschiedung einer Geschäftsordnung, durch die die Geschäftsverteilung im Vorstand geregelt wird (Ziff. 4.2.1 S. 2 DCGK).
[15] Vgl. dazu *Habersack* in MüKoAktG § 107 Rn. 161 ff.; *Hoffmann-Becking* in MHdB AG § 31 Rn. 1 ff.
[16] Die Geschäftsordnung für den Aufsichtsrat wendet sich an die Aufsichtsratsmitglieder und nicht an die Vorstandsmitglieder. Regelmäßig wird der Aufsichtsrat dem Vorstand allerdings die festgelegte Geschäftsordnung zur Kenntnis geben. Auch sollte der Vorstand die in der Aufsichtsratsgeschäftsordnung festgelegten Formen und Fristen für Einladungen, Vorlagen und Tagesordnungspunkte kennen.
[17] Zur Letztverantwortlichkeit des Aufsichtsrats *Wiesner* in MHdB AG § 22 Rn. 20; *Fleischer* in Spindler/Stilz AktG § 77 Rn. 62 ff.
[18] Die Betonung innerhalb dieser Vorschrift liegt auf „Einzelfragen"; weder darf die Satzung eine gesamte Geschäftsordnung festlegen noch die Freiheit der Verwaltungsorgane zur Selbstorganisation im Ergebnis beseitigen; *Kort* in GroßkommAktG § 77 Rn. 72; *Spindler* in MüKoAktG § 77 Rn. 52.

auch der Aufsichtsrat gebunden, der ansonsten Einzelheiten der Geschäftsordnung für den Vorstand auch gegen den Willen des Vorstands regeln darf. Beschlüsse des Vorstands über die Geschäftsordnung müssen nach § 77 Abs. 2 S. 3 AktG einstimmig gefasst werden. Bereits durch eine einzige Gegenstimme wird die Kompetenz des Vorstands zum Erlass einer Geschäftsordnung aufgehoben. Stimmenthaltungen sind dagegen ohne Bedeutung; sie hindern das Inkrafttreten einer ansonsten vom Vorstand ohne Gegenstimmen verabschiedeten Geschäftsordnung nicht.

21 Auch bei einem **Wechsel von Vorstandsmitgliedern,** ja sogar bei einem Austausch aller Vorstandsmitglieder bleibt die Geschäftsordnung in Kraft.[19] Sie verliert ihre Gültigkeit nur, wenn sie **geändert oder aufgehoben** worden ist. Hierfür ist, wenn der Vorstand die Geschäftsordnung erlassen hat, der Vorstand zuständig. Seine Entscheidung bedarf – ebenso wie beim Erlass (→ Rn. 20) der Einstimmigkeit. Der Aufsichtsrat ist hingegen zur Änderung einer vorhandenen Geschäftsordnung nicht befugt.[20] Allerdings erreicht der Aufsichtsrat das gewünschte Ziel dadurch, dass er die bestehende Geschäftsordnung aufhebt und aufgrund seiner Erlasskompetenz eine neue Geschäftsordnung mit den von ihm gewollten (geänderten) Inhalten erlässt.

b) Regelungen der Geschäftsverteilung

22 Die üblicherweise in einem Geschäftsverteilungsplan[21] (Geschäftsverteiler) vorgenommene **Aufteilung der Geschäfte unter den Vorstandsmitgliedern** ist ebenfalls eine Frage der Geschäftsordnung.[22] Alle Bestimmungen über die Geschäftsordnung des Vorstands gelten auch für den Geschäftsverteilungsplan. Wenn nicht der Aufsichtsrat die Geschäftsverteilung vornimmt, muss der Vorstand über die Geschäftsverteilung und spätere Änderungen einstimmig entscheiden. Das Gesetz will verhindern, dass einem Vorstandsmitglied gegen seinen Willen das ihm zugewiesene Ressort von den anderen Vorstandsmitgliedern entzogen oder sein Inhalt gegen seinen Willen verändert wird.[23] Bei der Regelung der Geschäftsverteilung ist auf etwaige Festlegungen in den Vorstandsverträgen zu achten, soweit diese nicht ein einseitiges Änderungsrecht des Aufsichtsrats vorsehen.

4. Der Deutsche Corporate Governance Kodex

23 Der DCGK wurde in seiner ersten Fassung am 26.2.2002 veröffentlicht. Er war von einer Regierungskommission erarbeitet worden, deren Mitglieder – durchweg angesehene Vertreter von Wirtschaft, Arbeitnehmerschaft und Wissenschaft – von der damaligen Bundesministerin der Justiz ernannt worden waren. Der Kodex soll eine Übersicht über die Grundsätze guter Unternehmensführung und Unternehmensüberwachung aufzeigen. Der Text ist seit der ersten Veröffentlichung mehrfach geändert worden. Zur Zeit gilt die Fassung vom 13.5.2013,[24] die in der Anlage abgedruckt ist (Anlage § 1–1).

24 Der Kodex enthält drei verschiedene Kategorien wichtiger Verhaltensnormen (vgl. Präambel zum DCGK):
– **Grundsätze,** die sich auf eine **Wiedergabe geltenden Rechts** beschränken. Diese Regeln sind schon kraft Gesetzes verbindlich. Ihre Befolgung liegt daher nicht im Belieben der einzelnen Unternehmen. Nicht bindend ist hingegen die von der Kommission vorgenommene Auslegung von Gesetzesbestimmungen, die gelegentlich nicht mit der sonst herrschenden Meinung im Schrifttum übereinstimmt.

---

[19] *Hüffer* AktG § 77 Rn. 22; *Hoffmann-Becking* ZGR 1998, 497, 500; Einschränkungen gelten unter Umständen für die Geschäftsverteilung, vgl. *Hoffmann-Becking* ZGR 1998, 497, 500.
[20] Ganz hM; wie hier *Hüffer* AktG § 77 Rn. 22; *Fleischer* in Spindler/Stilz AktG § 77 Rn. 69; *Spindler* in MüKoAktG § 77 Rn. 50; anders noch Voraufl. Rn. 23.
[21] Das Muster eines Geschäftsverteilungsplans findet sich in Anlage § 1–3; → § 5 Rn. 20 ff.
[22] Ziff. 4.2.1 DCGK: „Eine Geschäftsordnung soll die Geschäftsverteilung und Zusammenarbeit im Vorstand regeln."; vgl. *Hoffmann-Becking* ZGR 1998, 497, 499.
[23] *Kropff* AktG § 77.
[24] Veröffentlicht im BAnz. AT Nr. 130610 B3 S. 1.

– **Empfehlungen.** Die Empfehlungen enthalten Wohlverhaltensregeln, die nach Auffassung der Kommission als gute unternehmerische Praxis anzusehen sind. Rechtliche Verbindlichkeit kommt ihnen nicht zu. Sie sollten von einem gut geführten Unternehmen dennoch befolgt werden. Im Text des Kodex werden Empfehlungen durch Verwendung des Wortes „soll" gekennzeichnet. Jede börsennotierte Gesellschaft muss nach § 161 Abs. 1 AktG einmal jährlich berichten, ob oder in welchem Umfang sie die Empfehlungen des Kodex befolgt hat und wie sie zukünftig hiermit verfahren wird.
– **Anregungen.** Der Kodex schildert Verhaltensweisen, die zwar (noch) nicht als allgemein akzeptiert angesehen werden können, aber doch eine unternehmerisch gute Handlungsweise darstellen. Dabei wird die Formulierung „sollte" oder „kann" verwendet. Die Unternehmen können frei entscheiden, ob sie diese Anregungen befolgen wollen, ohne über ihre Entscheidungen berichten zu müssen.

a) Bedeutung des Kodex

Der Kodex als solcher kann kein zusätzliches bindendes Recht schaffen.[25] Er zeigt einerseits auf, welches bindende Recht besteht und auf jeden Fall zu beachten ist. Andererseits verweist der Kodex auf gute Unternehmensorganisation und gute Führungspraxis, die zu beachten ein gut geführtes Unternehmen bestrebt sein sollte, ohne dass es dazu gezwungen ist. Aus diesem Grunde werden die Kodexempfehlungen gelegentlich als **„soft law"** bezeichnet[26] – eine Kategorie ohne juristische Aussagekraft.[27] Weitaus gewichtiger sind die **verfassungsrechtlichen Bedenken,** die sich aus dem demokratischen Legitimationsdefizit des Zusammenwirkens einer Regierungskommission mit den gesetzlichen(!) Folgen aus § 161 AktG ergeben.[28] Hierzu steht eine höchstrichterliche Positionierung allerdings noch aus.

b) Inhalt

Der Kodex legt **Verhaltensgrundsätze für Vorstand und Aufsichtsrat** fest. Er behandelt das Zusammenwirken von Vorstand und Aufsichtsrat (= Verwaltung der AG) und deren Verhältnis zu den Aktionären und zur Hauptversammlung. Außerdem enthält der Kodex Empfehlungen und Anregungen zur Transparenz der Verwaltungstätigkeit, zur Rechenschaftslegung der Verwaltung und zur Abschlussprüfung. Die einzelnen Empfehlungen und Anregungen werden jeweils im Zusammenhang mit den Erläuterungen zu den in diesem Buch konkreten beschriebenen Vorstandstätigkeiten dargestellt.

c) Ziel

Der Kodex soll zum einen den mit deutschem Aktienrecht nicht vertrauten Anlegern einen **Überblick** über die im jeweiligen Unternehmen geübte Corporate Governance geben. Zum anderen soll er den Mitgliedern der Verwaltungsorgane **Maßstäbe für ihr Handeln** vorgeben. Es steht den Organmitgliedern frei, ob sie von den Empfehlungen des Kodex Gebrauch machen oder nicht. In börsennotierten Unternehmen müssen sie allerdings sagen, ob sie es tun wollen oder nicht, und sich an die abgegebenen Erklärungen entweder halten oder diese widerrufen („comply or explain").

d) Die Entsprechenserklärung

Das Gesetz überlässt es in § 161 AktG jeder einzelnen börsennotierten AG, ob und ggf. in welchem Umfang sie die Grundsätze des Kodex anwendet oder nicht. In einer **jährlich abzugebenden Erklärung** haben die beiden Verwaltungsorgane der Gesellschaft (Vorstand und Aufsichtsrat) übereinstimmend oder voneinander abweichend in einer Wissens-

---

[25] Dazu *Goette* in MüKoAktG § 161 Rn. 22 ff.; *Seibt* AG 2002, 249, 250.
[26] So zB von *Lutter* ZGR 2000, 1 ff.
[27] Ebenso *Goette* in MüKoAktG § 161 Rn. 23; *Ulmer* ZHR 166 (2002), 150, 161.
[28] Dazu *Wernsmann/Gatzka* NZG 2011, 1001; *Spindler* NZG 2011, 1007 ff.; *Hoffmann-Becking* ZIP 2011, 1173 ff.

erklärung²⁹ zu berichten, ob sie den Empfehlungen des Kodex folgen oder nicht. Einer Stellungnahme zu den Anregungen bedarf es dagegen nicht. Ebenso wenig brauchen sich die Organe zu den im Kodex wiedergegebenen Rechtsgrundsätzen zu äußern. Diese gelten zwingend, unabhängig davon, ob sie der Gesellschaft gefallen oder nicht, und unabhängig davon, ob sie diese anwendet oder nicht.

29 Gleichzeitig haben die Verwaltungsorgane in einer Willenserklärung zu bekunden, ob sie auch **zukünftig die Grundsätze des Kodex anwenden** werden oder nicht. Bei der Erklärung des Vorstands handelt es sich um eine Leitungsentscheidung, eine gesetzmäßige Zusammensetzung des Vorstands bei der Beschlussfassung wird daher vorausgesetzt. Auch hier ist keine Gesellschaft gezwungen, den Empfehlungen des Kodex zu folgen. Wenn eine Gesellschaft aber eine bestimmte Verhaltensweise angekündigt hat, darf sie sich nicht abweichend davon verhalten, es sei denn, sie ändert ihre Absichtserklärung umgehend in einer von außen erkennbaren Weise.³⁰

30 In der Unternehmenspraxis veröffentlichen Vorstand und Aufsichtsrat gleichzeitige und **inhaltlich gleichförmige Erklärungen.** Zwingend ist dies allerdings nicht. Vielmehr kann jedes Organ seine Entsprechenserklärung nach § 161 AktG individuell formulieren.³¹ Organintern hat die Willensbildung ohnehin den Verfahrensregeln für das jeweilige Organ zu folgen. Daher sind in Vorstand und Aufsichtsrat formalisierte Beschlüsse mit den dafür geltenden Mehrheiten zu fassen.³² Sofern die Empfehlungen des Kodex an den Vorstand insgesamt gerichtet sind, kann auch nur dieser als Organ hierzu verbindlich Stellung beziehen. Folglich können in diesem Rahmen Erklärungen nach § 161 AktG nicht von einzelnen Vorstandsmitgliedern – auch nicht vom Vorstandsvorsitzenden oder von ressortmäßig zuständigen Vorstandsmitgliedern – ohne vorherigen Beschluss verbindlich abgegeben werden.

31 Nicht bei der Absichtsbekundung für die Zukunft (→ Rn. 29), wohl aber hinsichtlich der Abweichungen vom Kodex in der Vergangenheit (→ Rn. 28) bedarf es nach § 161 Abs. 1 S. 1 aE AktG einer **Begründung für die Abweichung.** Über Art und Umfang der Begründung sagt das Gesetz nichts. Es dürfte jedoch ausreichend – wenngleich auch erforderlich – sein, die Begründung so zu gestalten, dass die von der Entsprechenserklärung adressierten Kreise die Begründung rational nachvollziehen können. Hierzu reicht es beispielsweise aus, auf eine individuell andersartige Unternehmenskultur oder auf langjährige abweichend Standards zu verweisen.³³

32 Nach § 161 Abs. 2 AktG muss die Entsprechenserklärung **auf der Internetseite der Gesellschaft** dauerhaft öffentlich **zugänglich** gemacht werden. Im Anhang zum Jahresabschluss muss zudem **als Pflichtangabe** bekannt gemacht werden, „dass die nach § 161 des Aktiengesetzes vorgeschriebene Erklärung abgegeben und den Aktionären zugänglich gemacht worden ist" (§ 285 Nr. 16 HGB). Eine entsprechende Angabe ist im Konzernanhang für jede in den Konzernabschluss einbezogene börsennotierte AG zu machen. Anfänglich war streitig, ob es sich hierbei nur um die ursprünglich abgegebene Erklärung handelt oder ob aus der Erklärung der neueste Stand der Selbstbindung erkennbar werden sollte. Letzteres ist zutreffend und inzwischen durchweg anerkannt. Im Fall einer dauerhaften Zugänglichkeit der Erklärung zur Unternehmensführung nach § 289a Abs. 1 S. 2 HGB ist die Verpflichtung nach § 161 Abs. 2 AktG automatisch miterfüllt.³⁴

33 Die **Folgen eines Verstoßes** gegen § 161 AktG sind noch weitgehend ungeklärt. Klar ist, dass die fehlende oder inhaltlich unrichtige Abgabe einer Entsprechenserklärung zur Schadensersatzpflicht der insoweit handelnden Organmitglieder gegenüber der Gesellschaft

---

[29] Dazu *Hüffer* AktG § 161 Rn. 14; *Semler/Wagner* NZG 2003, 553, 554.
[30] Vgl. BGHZ 180, 9 Rn. 19 – Kirch/Deutsche Bank; zum Widerruf individueller Erklärungen von Organmitgliedern *Lutter*, GS M. Winter, 2011, 450 f.
[31] HM; dagegen zB *Seibt* AG 2002, 249, 252; jüngst auch wieder *Goette* in MüKoAktG § 161 Rn. 47.
[32] Zum Inhalt der Bek. bei opponierenden Organmitgliedern s. *Semler/Wagner* NZG 2003, 553, 555.
[33] *Goette* in MüKoAktG § 161 Rn. 54.
[34] *Kuthe/Geiser* NZG 2008, 172, 175.

nach §§ 93 Abs. 2, 116 S. 1 AktG führt.[35] Allerdings wird ein (Vermögens-)schaden auf Seiten der Gesellschaft nur selten vorliegen oder jedenfalls nicht zu quantifizieren sein. Gravierender ist dagegen die drohende **Anfechtung des Entlastungsbeschlusses** gegenüber Vorstand und/oder Aufsichtsrat wegen unvollständiger oder unrichtiger Entsprechenserklärung. Anders als bei sonstigen Verletzungen muss der Fehler allerdings ein gravierender mit der Folge sein, dass es durch die Falscherklärung zu einem relevanten Informationsdefizit bei den Aktionären kommt.[36] Neben diesen zivilrechtlichen Sanktionen droht vor allem eine strafrechtliche Verfolgung wegen Verstoßes gegen § 400 Abs. 1 Nr. 1 AktG.

II. Die Organe der Aktiengesellschaft

1. Überblick

Vorstand und Aufsichtsrat sind rechtlich **gleichberechtigte Organe.** Kein Organ ist dem anderen vorgesetzt.[37] Der Vorstand übt seine Tätigkeit in eigener Verantwortung aus. Seine Tätigkeit unterliegt nicht den Weisungen anderer Organe oder einzelner (Groß-) Aktionäre.[38] In der Praxis kann es vorkommen, dass eines der beiden Organe faktisch ein Übergewicht im Verhältnis zum anderen Organ gewinnt.[39] Dies ändert nichts an den gesetzlichen Handlungspflichten und Verantwortlichkeiten. Derartige Machtverschiebungen können ungewollte Veränderungen in der Verantwortlichkeit zur Folge haben. Es ist Sache des jeweiligen anderen Organs, für die eigene Gleichberechtigung zu sorgen.

Die Gleichberechtigung der Organe schließt nicht aus, dass der Vorstand ein **Rechtmäßigkeitsgarant** der AG hinsichtlich ihrer Verfassung und Organbesetzung ist.[40] Die unmittelbare Verpflichtung des Vorstands wird auch darauf zurückzuführen sein, dass er der gesetzliche Vertreter der Gesellschaft ist (§ 78 Abs. 1 AktG).

– Ihm ist als Organ zunächst einmal die Befugnis übertragen worden, **Beschlüsse der Hauptversammlung anzufechten,** wenn ein Anfechtungsgrund gegeben ist (§ 245 Nr. 4 AktG). Es ist ohne Bedeutung, dass das Gesetz ihm nur das Recht zur Anfechtung einräumt. Wenn das Gesetz einem Organ im Gesellschaftsrecht ein Recht ausdrücklich gewährt, dann ist damit stillschweigend die Pflicht verbunden, von einem solchen Recht bei Bedarf auch Gebrauch zu machen.[41]

– Der Vorstand ist **für die richtige Zusammensetzung des Aufsichtsrats verantwortlich.** Er ist verpflichtet, bekannt zu geben, wenn nach seiner Ansicht der Aufsichtsrat nicht nach den für ihn maßgebenden gesetzlichen Vorschriften zusammengesetzt ist (§ 97 Abs. 1 AktG) Er ist berechtigt – und dementsprechend verpflichtet – eine gerichtliche Entscheidung über die Zusammensetzung des Aufsichtsrats herbeizuführen, wenn dem Aufsichtsrat die zur Beschlussfähigkeit nötige Zahl von Mitgliedern nicht angehört (§ 98 Abs. 2 Nr. 1 AktG). Der Vorstand ist berechtigt – und hier sogar ausdrücklich verpflichtet – fehlende Aufsichtsratsmitglieder durch das Gericht bestellen zu lassen (§ 104 Abs. 1 AktG).

---

[35] Dasselbe wird bisweilen für den Fall angenommen, dass – ungeachtet der Entsprechenserklärung – gegen den Kodex verstoßen wird; vgl. dazu *Spindler* in K. Schmidt/Lutter AktG § 161 Rn. 66; *Hüffer* AktG § 161 Rn. 26.

[36] Vgl. BGHZ 180, 9 Rn. 19 – Kirch/Deutsche Bank; BGHZ 182, 272 Rn. 16 ff. – Umschreibungsstopp; ausführlich dazu *Goette,* FS Hüffer, 2012, 225 ff.

[37] *Spindler* in MüKoAktG Vor § 76 Rn. 38.

[38] *Hüffer* AktG § 76 Rn. 10.

[39] *J. Semler,* FS Lutter, 2000, 721.

[40] Vgl. hierzu *Peltzer,* FS Lutter, 2000, 571. Auch im laufenden Geschäft und bei der Leitung der Gesellschaft ist die Rechtmäßigkeit des Handelns zu beachten. Hier obliegt die Beurteilung der Rechtmäßigkeit zunächst dem handelnden Organ (regelmäßig dem Vorstand), die Kontrolle dem anderen Organ (regelmäßig dem Aufsichtsrat); *Lutter* ZIP 2003, 737, 741 li. Sp.

[41] Zu den „Pflichtrechten" das Vorstands *Fleischer* ZIP 2003, 1, 2.

- Ebenso ist der Vorstand verpflichtet, für eine dem Gesetz und der Satzung entsprechende **Zusammensetzung des Geschäftsleitungsorgans** Sorge zu tragen. Wenn der Aufsichtsrat nicht rechtzeitig die erforderliche Zahl von Vorstandsmitgliedern bestellt, muss der Vorstand bei Gericht eine gerichtliche Ergänzung beantragen (§ 104 Abs. 1 AktG). Diese Pflicht trifft ihn vor allem dann, wenn eine Leitungsentscheidung ansteht. Sie kann nur von einem ordnungsgemäß besetzten Vorstand getroffen werden. Der Vorstand muss für seine eigene Handlungsfähigkeit sorgen. Die Verpflichtung des Aufsichtsrats, einen gesetzmäßigen Vorstand zu bestellen, besteht daneben fort.
- Die Vorstandsmitglieder sind **zum Ersatz verpflichtet,** wenn entgegen dem AktG bestimmte, im Einzelnen aufgeführte Leistungen der Gesellschaft gewährt werden (§ 93 Abs. 3 AktG). Darunter fallen auch unautorisierte Vergütungen an Aufsichtsratsmitglieder (§ 93 Abs. 3 Nr. 7 AktG).

36 Zwar wird auch der **Aufsichtsrat** jedenfalls mittelbar **zur Rechtswahrung verpflichtet.** In seine Überwachungsaufgabe fällt auch die Pflicht, dafür zu sorgen, dass der Vorstand seine Pflichten erfüllt. Aber er ist unmittelbar nicht in der Weise verpflichtet wie der Vorstand.

- Ein Anfechtungsrecht gegen Hauptversammlungsbeschlüsse hat der Aufsichtsrat nicht. Jedes Aufsichtsratsmitglied und jedes Vorstandsmitglied ist allerdings in Sonderfällen zur Anfechtung befugt. Dies ist der Fall, wenn das Organmitglied mit der Ausführung des Beschlusses eine strafbare Handlung oder eine Ordnungswidrigkeit begehen oder sich ersatzpflichtig machen würde.
- Das Recht, die fehlerhafte Zusammensetzung des Aufsichtsrats gerichtlich prüfen zu lassen (§ 97 Abs. 1 AktG), hat der Aufsichtsrat nicht. Allerdings ist jedes Aufsichtsratsmitglied – nicht aber das Organ Aufsichtsrat – berechtigt, eine Ergänzung des Aufsichtsrats durch die gerichtliche Bestellung eines weiteren Mitglieds zu verlangen (§ 104 Abs. 1 S. 1 AktG).
- Der Aufsichtsrat ist das primär für die ordnungsmäßige Besetzung des Vorstands zuständige Organ. Auch ein Aufsichtsratsmitglied kann nach § 85 Abs. 1 AktG eine gerichtliche Bestellung beantragen[42] und ist wohl auch dazu verpflichtet.
- Die besonderen Haftungsvorschriften des AktG betreffen auch Aufsichtsratsmitglieder. Die für Aufsichtsratsmitglieder geltenden Haftungsvorschriften (§ 116 S. 1 AktG) verweisen ausdrücklich auf die für den Vorstand einschlägigen § 93 AktG.

2. Die Hauptversammlung

37 Die Hauptversammlung ist das **Organ der Aktionäre.** Während der Vorstand die Aktiengesellschaft leitet (vgl. § 76 Abs. 1 AktG) und der Aufsichtsrat die Geschäftsführung durch den Vorstand überwacht (vgl. § 111 Abs. 1 AktG), fungiert die Hauptversammlung in dieser Organtrias als **Willensbildungsorgan.** Dabei bildet die Hauptversammlung ihren Willen durch Beschlüsse; der so formulierte Wille wird der Gesellschaft auf Grund der Organstellung der Hauptversammlung zugerechnet.[43] Als Handlungsorgan ist die Hauptversammlung hingegen weder berufen noch geeignet; die Vertretung der Gesellschaft ist vielmehr dem Vorstand (und nur in den Fällen des § 112 AktG dem Aufsichtsrat) zugewiesen (vgl. § 78 Abs. 1 AktG). Abgesehen von einigen dem einzelnen Aktionär zugebilligten Auskunfts- und Angriffsrechten (Individualrechte) können die Aktionäre ihre Rechte nur in der Hauptversammlung wahrnehmen.

38 Die Hauptversammlung **wählt die Anteilseignervertreter für den Aufsichtsrat.** Vorschläge für die Wahl muss nach § 124 Abs. 3 S. 1 AktG der bestehende Aufsichtsrat machen. Zu den Offenlegungsempfehlungen s. Ziff. 5.4.1 DCGK. Jedem Aktionär steht es frei, selbst Kandidaten für den Aufsichtsrat vorzuschlagen. Auch der **Abschlussprüfer**

---

[42] *Fleischer* in Spindler/Stilz AktG § 85 Rn. 8.
[43] *Hüffer* AktG § 118 Rn. 3; *ders.*, FS 100 Jahre GmbHG, 1992, 529; *Mülbert* in GroßkommAktG Vor §§ 118–147 Rn. 19; zuvor bereits RGZ 63, 203, 208.

wird von der Hauptversammlung bestellt. Das Vorschlagsrecht (und eine entsprechende Vorschlagspflicht) hat nach der genannten Vorschrift allein der Aufsichtsrat. Eine Mitwirkung des Vorstands am Wahlvorschlag des Aufsichtsrats kann den Wahlbeschluss der Hauptversammlung nichtig machen.[44]

Der Vorstand ist nicht verpflichtet, wohl aber nach § 119 Abs. 2 AktG berechtigt, der Hauptversammlung **Fragen der Geschäftsführung** zur Entscheidung vorzulegen. Voraussetzung ist dabei, dass der Vorstand – und nicht etwa der Aufsichtsrat oder gar die Hauptversammlung selbst – für die Geschäftsführungsmaßnahme originär zuständig ist.[45] Aus diesem Grunde ist auch ein **satzungsmäßiger Zustimmungsvorbehalt zugunsten des Aufsichtsrats** im Sinne des § 111 Abs. 4 S. 2 AktG kein Hindernis für eine Anrufung der Hauptversammlung nach § 119 Abs. 2 AktG.[46] Wenn sich der Vorstand für eine derartige Anrufung entschieden hat, ist er an die Entscheidung der Hauptversammlung gebunden; er muss sie nach § 83 Abs. 2 AktG ausführen.[47] Allerdings kann sich der Beschlussvorschlag und demgemäß die Entscheidung der Hauptversammlung auf eine Empfehlung beschränken. Sie braucht vom Vorstand (mit guter Begründung) nicht ausgeführt zu werden.

Für bestimmte **Geschäftsführungsmaßnahmen von besonderer Bedeutung** hat der BGH im Anschluss an die grundlegende „Holzmüller-Entscheidung" aus dem Jahr 1982[48] zwischenzeitlich bekräftigt, dass unter engen Voraussetzungen für bestimmte Maßnahmen im Innenverhältnis eine Zustimmung der Hauptversammlung erforderlich ist, wenn der Vorstand seiner Sorgfaltspflicht genügen will.[49] Allerdings setzt eine ungeschriebene Zuständigkeit der Hauptversammlung eine **eng zu fassende Ausnahmesituation** in gegenständlicher Nähe zur Satzungsänderung voraus; im Regelfall verbleibt es bei der geschriebenen Kompetenzverteilung zwischen den aktienrechtlichen Organen.[50] Der „Holzmüller"-Fall habe dagegen eine ganz besondere, normalerweise nicht vorkommende Konstellation betroffen. Die Zurückhaltung des BGH wird mit der These unterstützt, dass die Hauptversammlung aufgrund ihrer Unflexibilität nicht in der Lage sei, globalen Anforderungen rechtzeitig genug zu begegnen. Zur Begründung verweist der BGH nicht länger auf § 119 Abs. 2 AktG, sondern auf das Ergebnis seiner Überlegungen als Ergebnis einer „offenen Rechtsfortbildung".[51]

Nach dieser neuesten Rechtsprechung wird man folgende **gesicherte Erkenntnisse für eine ungeschriebene Hauptversammlungszuständigkeit** festhalten können. *Erstens:* Eine Zuständigkeit der Hauptversammlung in Geschäftsführungsangelegenheiten kann nur aus der mit der betreffenden Maßnahme verbundenen Schwächung der mitgliedschaftlichen Rechte (Mediatisierungseffekt) erfolgen,[52] wobei dieser auch bei Maßnahmen auf nachgelagerten Konzernstufen eintreten und somit ausnahmsweise eine Zuständigkeit der Hauptversammlung begründen kann. *Zweitens:* Obwohl der BGH **keine bezifferte Wesentlichkeitsschwelle** benannt hat, besteht im Schrifttum Einigkeit darüber, dass die Barriere für eine Zustimmungspflicht der Hauptversammlung bei einer Größenordnung jenseits der 80 % angesiedelt werden muss;[53] Bezugsgröße ist dabei richtigerweise die Bi-

---

[44] Vgl. BGH NJW 2003, 970.
[45] Dies ist bei der Zustimmung zur Übertragung vinkulierter Namensaktien nach § 68 Abs. 2 S. 2 nicht der Fall; ebenso *Hüffer* AktG § 119 Rn. 13; aA *Mülbert* in GroßkommAktG § 119 Rn. 40 Fn. 80.
[46] Ebenso *Mülbert* in GroßkommAktG § 119 Rn. 41; *Hoffmann* in Spindler/Stilz AktG § 119 Rn. 14.
[47] Dazu (und zu den Ausnahmen hiervon) *Kubis* in MüKoAktG § 119 Rn. 27.
[48] BGHZ 83, 122, 131.
[49] BGHZ 159, 30, 44 = NJW 2004, 1860, 1864 – Gelatine; dazu *Fuhrmann* AG 2004, 339 ff.; *Pentz* BB 2004, 1397 ff.; *Fleischer* NJW 2004, 2335 ff.; *Altmeppen* ZIP 2004, 999, 1000 ff.; *Götze* NZG 2004, 585 ff.; *Liebscher* ZGR 2005, 1 ff.
[50] BGHZ 159, 30, 44 = NJW 2004, 1860, 1864 – Gelatine.
[51] Zust. *Fleischer* NJW 2004, 2335, 2337; *Habersack* AG 2005, 137, 142 f. *Reichert* AG 2005, 150, 152 f.; kritisch dagegen *Arnold* ZIP 2005, 1573, 1575.
[52] BGHZ 159, 30, 44 = NJW 2004, 1860, 1862 f. – Gelatine.
[53] So zB bei *Emmerich/Habersack*, Aktien- und GmbH-Konzernrecht, 5. Aufl. 2008, AktG Vor § 311 Rn. 46; *Schlitt* in Semler/Stengel, 3. Aufl. 2012, UmwG Anh. § 173 Rn. 35; *Bungert* BB 2004, 1345, 1347; *Reichert* AG 2005, 150, 153; *Götze* NZG 2004, 585, 587; *Fleischer* NJW 2004, 2335, 2337; für eine Grenze

lanzsumme der Gesellschaft.⁵⁴ *Drittens:* Trotz Beschränkung der Grenzen des Vorstandshandelns auf das Innenverhältnis und Ablehnung jedweder Analogie zu den gesetzlich geregelten Strukturmaßnahmen reklamiert der BGH für die (ausnahmsweise) erforderliche Mitwirkung der Hauptversammlung eine **satzungsresistente Drei-Viertel-Kapitalmehrheit**.⁵⁵

3. Der Aufsichtsrat

42   In Gesellschaften, die einer Mitbestimmungsregelung unterfallen und keinem Tendenzschutz unterliegen, besteht der Aufsichtsrat nach § 96 Abs. 1 AktG aus den von der Hauptversammlung gewählten Mitgliedern **(Anteilseignervertreter)** und den von den Arbeitnehmern gewählten Mitgliedern **(Arbeitnehmervertreter)**. Für höchstens ein Drittel der Anteilseignervertreter kann die Satzung **Entsendungsrechte** begründen (§ 101 Abs. 2 AktG).

43   Die wichtigste Aufgabe des Aufsichtsrats in der tatsächlichen Unternehmenspraxis ist die Sorge um und für einen leistungsfähigen Vorstand.⁵⁶ Wenn diese Aufgabe ordnungsmäßig erfüllt wird, hat der Aufsichtsrat eine wesentliche der für ihn bedeutsamen Aufgaben erledigt. Der Aufsichtsrat übt gegenüber dem Vorstand nach § 84 AktG die **Personalhoheit** aus. Er bestellt den Vorstand, schließt die erforderlichen Anstellungsverträge für die Gesellschaft ab und trägt die Verantwortung für ein geordnetes Zusammenwirken der Vorstandsmitglieder. Er hat die Kompetenzkompetenz für den Erlass und den Inhalt einer Vorstandsgeschäftsordnung. Er kann die Zuständigkeit hierfür nicht auf einen Ausschuss übertragen (vgl. § 107 Abs. 3 S. 2 AktG).

44   Der Aufsichtsrat **überwacht die Geschäftsführung** des Vorstands. Dazu gehört sowohl die Kontrolle des Geschehens in der Vergangenheit als auch eine sachgerechte Beratung des Vorstands für zukünftige Vorhaben.⁵⁷ Der Aufsichtsrat übt hingegen selbst keinerlei Geschäftsführung aus; diese bleibt allein dem Vorstand vorbehalten. Auch ein Weisungsrecht gegenüber dem Vorstand gibt es in Geschäftsführungsangelegenheiten nicht.⁵⁸ Bei den hier angesprochenen Vorgängen ist seine Mitwirkung auf eine rechtlich verbindliche Stellungnahme (Zustimmung oder Ablehnung) zu Vorhaben des Vorstands begrenzt (vgl. § 111 Abs. 4 AktG).⁵⁹

45   Nur in wenigen Sonderfällen **entscheidet der Aufsichtsrat** in Angelegenheiten der Gesellschaft **allein** (zB Vorstandsbestellung, Entscheidung über den vom Vorstand aufgestellten Jahresabschluss).

4. Der Vorstand

46   Der Vorstand wird nach § 84 AktG vom Aufsichtsrat bestellt. Er übt die **originären Führungsfunktionen** aus, trifft die **Führungsentscheidungen** und nimmt die **handelsrechtlichen Mindestbefugnisse** wahr. Diese Aufgaben kann der Vorstand ebenso wenig auf nachgeordnete Stellen oder auf Personen außerhalb des Unternehmens übertragen⁶⁰ wie die Verpflichtung zur Überwachung von Lage und Entwicklung des Unternehmens und zur gegenseitigen Überwachung der Vorstandsmitglieder.

---

bereits bei 75%: *Hüffer* AktG § 119 Rn. 25; *Liebscher* ZGR 2005, 1, 15; *Fuhrmann* AG 2004, 339, 341; *Arnold* ZIP 2005, 1573, 1575; *Reichert* AG 2005, 150, 153; für eine Grenze bereits bei 70% *Hoffmann* in Spindler/Stilz AktG § 119 Rn. 27.
⁵⁴ Dazu ausführlich *Kubis* in MüKoAktG § 119 Rn. 50 mwN.
⁵⁵ BGHZ 159, 30 45f. = NJW 2004, 1860, 1864 – Gelatine; zust. *Götze* NZG 2004, 585, 588; *Fleischer* NJW 2004, 2335, 2339; *Reichert* AG 2005, 150, 152f.
⁵⁶ Vgl. *J. Semler* in Semler/v. Schenck AR HdB § 1 Rn. 48ff.; *Fonk* in Semler/v. Schenck AR HdB § 9 Rn. 1; *Bernhardt* ZHR 159 (1995), 311.
⁵⁷ *Hüffer* AktG § 111 Rn. 5; *Spindler* in Spindler/Stilz AktG § 111 Rn. 10.
⁵⁸ *Spindler* in Spindler/Stilz AktG § 111 Rn. 62; *Habersack* in MüKoAktG § 111 Rn. 13.
⁵⁹ *Habersack* in MüKoAktG § 111 Rn. 13; *Hüffer* AktG § 111 Rn. 33f.
⁶⁰ *Spindler* in MüKoAktG § 76 Rn. 18.

47 Der Vorstand leitet die Gesellschaft **unter eigener Verantwortung** (§ 76 Abs. 1 AktG). Nach § 78 Abs. 1 AktG vertritt er die Gesellschaft gerichtlich und außergerichtlich. Seine Kompetenzen (Rechte und Pflichten) entstehen kraft Gesetzes originär mit der Bestellung. Es bedarf keiner Übertragung durch irgendein anderes Organ der Gesellschaft. Seine gesetzlichen Befugnisse können einem bestellten Mitglied des Vorstands auch nicht von einem anderen genommen werden. Nur die Bestellung als solche kann widerrufen werden; mit einem solchen Widerruf verliert das bisherige Vorstandsmitglied automatisch seine bisherigen Vorstandskompetenzen.

48 „Der **Vorstand** soll **aus mehreren Personen bestehen** und einen Vorsitzenden oder Sprecher haben." (Ziff. 4.2.1 DCGK). In mitbestimmten Aktiengesellschaften fordert das Gesetz zudem die Bestellung eines Arbeitsdirektors (vgl. § 33 MitbestG). Große Unternehmen werden ohne einen besonderen Finanzvorstand nicht ordnungsmäßig geführt werden können. Manche Gesellschaften haben eine divisionale Vorstandsorganisation, andere bevorzugen funktionale Zuständigkeitszuweisungen. Rechtlich zulässig sind beide Formen und auch denkbare Mischformen (zB Matrixorganisation). Die Zweckmäßigkeit dieser oder jener Organisationsform müssen Vorstand und Aufsichtsrat im Einzelfall entscheiden.

49 Ein Vorstandsmitglied der Obergesellschaft kann rechtlich zugleich Vorstandsvorsitzender oder Vorstandsmitglied einer abhängigen Gesellschaft sein.[61] In der Praxis sind die Großunternehmen in letzter Zeit vielfach davon abgekommen, eine derartige Organisationsform des **Doppelmandatsverbunds** beizubehalten. Es hat sich als überaus schwierig erwiesen, dass Vorstandsvorsitzende abhängiger Tochtergesellschaften in Angelegenheiten, die diese Tochtergesellschaft betreffen, ausschließlich die Interessen (nur) der Obergesellschaft oder der Untergesellschaft wahrnehmen. Mit einer – an sich wohl gebotenen Enthaltung von Mitwirkung und Stimmabgabe – wird der Sinn dieser Organisationsform beseitigt.

5. Der Abschlussprüfer

50 Der Abschlussprüfer ist **kein Organ der Gesellschaft,** sondern **unabhängiger Sachverständiger.** In früherer Zeit wurde er allerdings auch als „Hilfsorgan" der Gesellschaft bezeichnet.[62] Tatsächlich nimmt der Abschlussprüfer aber keine Kompetenzen der Gesellschaft wahr. Er prüft und testiert als unabhängiger Sachverständiger lediglich die Ordnungsmäßigkeit und die Rechtmäßigkeit der Rechnungslegung der AG. Dies ist im Zuge der neueren Entwicklung immer deutlicher geworden.

51 Jahresabschlüsse (vgl. § 316 Abs. 1 HGB) und Konzernabschlüsse (vgl. § 316 Abs. 2 HGB) der Aktiengesellschaften **müssen** von einem Abschlussprüfer **geprüft werden.** Nach § 318 Abs. 1 HGB wird der Abschlussprüfer von der Hauptversammlung auf **Vorschlag des Aufsichtsrats** gewählt. Eine Delegation der Vorschlagsbildung an einen Aufsichtsratsausschuss ist zulässig.[63]

„Vor Unterbreitung des Wahlvorschlags soll der Aufsichtsrat bzw. der Prüfungsausschuss eine Erklärung des vorgesehenen Prüfers einholen, ob und ggf. welche geschäftlichen, finanziellen, persönlichen und sonstigen Beziehungen zwischen dem Prüfer und seinen Organen und Prüfungsleitern einerseits und dem Unternehmen und seinen Organmitgliedern andererseits bestehen, die Zweifel an seiner Unabhängigkeit begründen können. Die Erklärung soll sich auch darauf erstrecken, in welchem Umfang im vorangegangenen Geschäftsjahr andere Leistungen für das Unternehmen, insbesondere auf dem Beratungssektor, erbracht wurden bzw. für das folgende Jahr vertraglich vereinbart sind." (vgl. Ziff. 7.2.1 DCGK).

52 Der **Vorstand** ist **nicht befugt,** an der Auswahl des Abschlussprüfers mitzuwirken. Insbesondere die Ausklammerung des Vorstands beim Vorschlag an die Hauptversammlung nach § 124 AktG soll dessen Einflussnahme auf die Wahl solcher Personen vorbeugen,

---

[61] *Hüffer* AktG § 76 Rn. 53 f.
[62] So zB *Kropff* in Geßler/Hefermehl AktG § 162 Rn. 5.
[63] OLG Jena ZIP 2006, 1989, 1990; *F-J. Semler* in MHdB AG, 3. Aufl. 2007, § 35 Rn. 53; *Schlitt/Becker* in Semler/Volhard/Reichert ArbHdB HV § 4 Rn. 207;

die die Arbeit des Vorstands zu überwachen bzw. zu prüfen haben.[64] Tut er dies doch, läuft die Gesellschaft Gefahr, dass die Wahl des Abschlussprüfers für ungültig erklärt wird und eine bereits durchgeführte Abschlussprüfung damit ihre rechtliche Grundlage verliert. Rechtstechnisch geschieht dies dadurch, dass ein Verstoß gegen das exklusive Vorschlagsrecht (und die damit korrespondierende Pflicht) des Aufsichtsrat die Anfechtbarkeit des daraufhin gefassten Hauptversammlungsbeschluss begründet.[65] Allerdings darf der Vorstand seine Meinung über den in Aussicht genommenen Abschlussprüfer äußern. Dies darf aber nicht dazu führen, dass der Aufsichtsrat seine eigene Entschließungsfreiheit verliert.

53 Das rechtlich bestehende **Vorschlagsrecht eines jede Aktionärs** (vgl. § 127 AktG) hat praktisch keine Bedeutung. Die Hauptversammlung wird regelmäßig den vom Aufsichtsrat vorgeschlagenen Prüfer wählen.

54 Der **Vertrag mit dem Abschlussprüfer** wird für die Gesellschaft vom Aufsichtsrat geschlossen. Er umfasst auch die Honorarvereinbarung (Ziff. 7.2.2 DCGK). Der Aufsichtsrat ist nach § 111 Abs. 2 S. 3 AktG zu einem unverzüglichen Abschluss des Vertrags mit dem Abschlussprüfer nach Wahl durch die Hauptversammlung berechtigt und verpflichtet. Für den Aufsichtsrat kann ein Ausschuss dieses Organs handeln.[66] Der Aufsichtsrat sollte die wesentlichen Bedingungen des Prüfungsvertrags bereits vor der bestellenden Hauptversammlung verhandelt haben. Wenn die Bestellung nämlich erst einmal erfolgt ist, hat der Aufsichtsrat praktisch keinen Verhandlungsspielraum mehr: Er muss den Prüfungsvertrag mit dem von der Hauptversammlung beauftragten Prüfer abschließen, was dem Prüfer eine komfortable Verhandlungssituation für zuvor nicht geregelte Details einräumt.

55 Das beschriebene Kompetenzsystem führt dazu, dass
– der Vorschlag für die Wahl des Abschlussprüfers stets vom Aufsichtsrat stammen muss,
– die Wahl des Abschlussprüfers stets von einer ordnungsmäßigen Hauptversammlung vorzunehmen ist, und
– der Vertrag mit dem Abschlussprüfer vom Aufsichtsrat (vom Plenum oder auch von einem Ausschuss) abzuschließen ist.

56 Die **Rechtsbeziehungen zwischen AG und Abschlussprüfer** werden für die AG ausschließlich durch den Aufsichtsrat begründet und wahrgenommen.[67] Der Vorstand hat in diesem Zusammenhang keinerlei Rechte. Er ist ausschließlich Objekt der Prüfung. Allerdings ist der Vorstand gemäß § 320 HGB zu schrankenloser Auskunft an den Abschlussprüfer verpflichtet. Er hat gegenüber dem Abschlussprüfer kein Geheimhaltungsrecht. Er muss dem Abschlussprüfer auch von sich aus alle Umstände offenbaren, die für einen ordnungsmäßigen Jahres-/Konzernabschluss und eine einwandfreie Prüfung bedeutsam sein können.

57 Der Kodex empfiehlt, dass der Aufsichtsrat mit dem Abschlussprüfer beim Vertragsabschluss drei **besondere Vereinbarungen** trifft:
– Der Vorsitzende des Aufsichtsrats bzw. des Prüfungsausschusses wird über während der Prüfung auftretende mögliche Ausschluss- oder Befangenheitsgründe, unverzüglich unterrichtet wird, soweit diese nicht unverzüglich beseitigt werden (Ziff. 7.2.1 Abs. 2 DCGK).
– Der Abschlussprüfer berichtet dem Aufsichtsrat über alle für die Aufgaben des Aufsichtsrats wesentlichen Feststellungen und Vorkommnisse, die sich bei der Durchführung der Abschlussprüfung ergeben (Ziff. 7.2.3 Abs. 1 DCGK). Die Berichterstattung erfolgt im Regelfall im Prüfungsbericht. Wenn es sich um gefährdende oder sonst dringliche Angelegenheiten handelt, muss der Abschlussprüfer auch schon vorher und zwar an den Aufsichtsrat über den Aufsichtsratsvorsitzenden berichten.

---

[64] BGHZ 153, 32, 35 = NJW 2003, 970, 971 – HypoVereinsbank; *Kropff* BegrRegE AktG S. 174; *Schlitt/Becker* in Semler/Volhard/Reichert ArbHdb HV § 4 Rn. 212.
[65] BGHZ 153, 32, 35 ff. = NJW 2003, 970 f. – HypoVereinsbank; OLG München AG 2003, 645; OLG Hamm AG 1986, 260, 261 f.; *Schlitt/Becker* in Semler/Volhard/Reichert ArbHdb HV § 4 Rn. 208.
[66] *Habersack* in MüKoAktG § 111 Rn. 86; *Hüffer* AktG § 111 Rn. 12c.
[67] *Hüffer* AktG § 111 Rn. 27 ff.

– Der Abschlussprüfer informiert den Aufsichtsrat bzw. vermerkt im Prüfungsbericht, wenn er bei Durchführung der Abschlussprüfung Tatsachen feststellt, die eine Unrichtigkeit der vom Vorstand und Aufsichtsrat abgegebenen Erklärung zum Kodex ergeben (Ziff. 7.2.3 Abs. 2 DCGK).

Der Abschlussprüfer muss den Jahresabschluss und den Lagebericht sowie den Konzernabschluss und den Konzernlagebericht nach Maßgabe eingehender Gesetzesvorschriften **prüfen.** Er hat über Art und Umfang sowie über das Ergebnis der Prüfung schriftlich zu **berichten.** Einzelheiten regelt das Gesetz in § 321 HGB. Außerdem muss der Abschlussprüfer das Ergebnis der Prüfung in einer Bestätigung zum Jahresabschluss und zum Konzernabschluss zusammenfassen (§ 322 HGB). **58**

An den **Beratungen des Aufsichtsrats** über den Jahresabschluss und den Konzernabschluss hat der **Abschlussprüfer teilzunehmen.** Er berichtet über die wesentlichen Ergebnisse seiner Prüfung (§ 171 Abs. 1 S. 2 AktG). Von einer schriftlichen Abstimmung über die Feststellung des Jahresabschluss durch den Aufsichtsrat ist deswegen abzuraten. Sie wird gelegentlich auch für unzulässig gehalten. **59**

Seit Inkrafttreten der durch das KonTraG veranlassten Änderungen gibt es zwischen Vorstand und Abschlussprüfer **keine rechtsgeschäftliche Beziehung** mehr. Die zu prüfende Gesellschaft wird gegenüber dem Abschlussprüfer stets und ausschließlich vom Aufsichtsrat vertreten. Unberührt von den Änderungen ist allerdings die Auskunftspflicht des Vorstands gegenüber dem Abschlussprüfer nach § 320 HGB. Hierher gehört auch die Fühlungnahme zwischen Abschlussprüfer und Vorstand bei der Behandlung des Prüfungsberichts (Leseexemplar), die allerdings durch Übersendung des Entwurfs an den Aufsichtsrat einzuleiten ist. Wenn der Abschlussprüfer entgegen diesen Feststellungen den Vorstand in seine Arbeit einbezieht, besteht die Gefahr eines Verlusts der Unabhängigkeit des Abschlussprüfers und damit einer Unwirksamkeit von Prüfung und Testat. In der Praxis wird diese Trennung allerdings nicht gelebt. Vielmehr nimmt ein vernünftiger (Finanz-)Vorstand bei prüfungsrelevanten Fragen zur bevorstehenden Rechnungslegung rechtzeitig Kontakt zum Abschlussprüfer auf, damit etwaige Meinungsverschiedenheiten nicht erst in der Bilanzsitzung des Aufsichtsrats diskutiert werden. **60**

Wenn der Abschlussprüfer sich aus irgendwelchen Gründen veranlasst sieht, an die Gesellschaft einen so genannten **Management Letter** zu richten, muss dieser an den Aufsichtsrat gerichtet werden. Eine andere Handhabung bringt die Gefahr eines Verlusts der notwendigen Unabhängigkeit des Abschlussprüfers mit sich. Der Abschlussprüfer muss alles vermeiden, was den Eindruck erwecken könnte, der Vorstand hätte auf die Prüfung, die getroffenen Feststellungen oder das formulierte Prüfungsergebnis eingewirkt. **61**

Eine Ausnahme gilt für die Einholung der von § 321 Abs. 5 S. 2 HGB geforderten **Stellungnahme des Vorstands zum Prüfungsbericht.** Diese kann (und muss) vom Abschlussprüfer unmittelbar vom Vorstand eingeholt werden. Es wäre auch widersinnig, wenn man fordern würde, dass der Abschlussprüfer nach Zugang der Stellungnahme seinen Bericht nicht mehr ändern dürfte. Dies darf jedoch nur in einem offenen Verfahren geschehen. Zweckmäßigerweise wird der Abschlussprüfer seinerseits eine Stellungnahme zur Stellungnahme des Vorstands abfassen und darin vermerken, welche Änderungen er aufgrund der Stellungnahme des Vorstands im Prüfungsbericht vorgenommen hat. **62**

6. Weitere Organe und sonstige Gremien

Das Gesetz zählt die Organe einer AG abschließend auf. Es ist nicht zulässig, irgendwelche anderen Gremien mit organschaftlichen Befugnissen neu zu schaffen. **63**

a) Keine weiteren Gremien mit organschaftlichen Befugnissen

Neben Hauptversammlung, Aufsichtsrat und Vorstand kann eine AG keine weiteren Organe haben. Weder die Hauptversammlung oder der Aufsichtsrat noch der Vorstand haben allein oder gemeinsam die rechtliche Befugnis, weitere Organe oder Gremien mit Organ- **64** befugnissen zu schaffen. Weder durch die Satzung oder durch Beschlüsse eines der Organe (Hauptversammlung, Aufsichtsrat, Vorstand) können organschaftliche Pflichten oder Befugnisse, die durch Gesetz einem Organ zugewiesen sind, auf ein anderes Organ übertragen werden. Einige wenige Ausnahmen sind im Gesetz ausdrücklich und abschließend festgelegt.

b) Sonstige Gremien

65 Eine AG kann durch Satzungsbestimmung oder Vorstandsbeschluss **besondere Gremien** einrichten und deren Mitglieder bestellen, wenn und solange diesen besonderen Gremien keinerlei Kompetenzen übertragen werden, die den Organen der AG zustehen. Solche besonderen Gremien werden insbesondere bei Kreditinstituten, aber auch von anderen Gesellschaften bestellt. Zum einen dienen sie der Kundenpflege, zum anderen erwarten die Gesellschaften von solchen Gremien zusätzliche Beratung in der Geschäftspolitik. Die Bezeichnung solcher Gremien ist unterschiedlich. Sie werden als Beraterkreis, Beirat (Zentralbeirat, Regionalbeirat) oder auch Verwaltungsrat bezeichnet.[68] Der Begriff „Verwaltungsrat" sollte allerdings besser nicht gewählt werden, denn er bezeichnet das Verwaltungsorgan im monistischen Verwaltungssystem[69] der Europäischen AG.

7. Das Verhältnis des Vorstands zu anderen Organen

66 Der Vorstand ist nur eines von drei Organen einer AG. Sein Verhältnis zu den anderen Organen ist teilweise gesetzlich geregelt, teilweise aus den jeweiligen Funktionen abzuleiten.

a) Zur Hauptversammlung

67 Der Vorstand ist bei der Leitung der Gesellschaft **von der Hauptversammlung unabhängig.** Er kann allerdings nach § 119 Abs. 2 AktG von sich aus Fragen der Geschäftsführung der Hauptversammlung zur Entscheidung vorlegen; tut er dies, so muss er dem Beschluss der Hauptversammlung und damit ihrer Entscheidung folgen (§ 83 Abs. 2 AktG).[70] Der Vorstand kann von der Hauptversammlung auch lediglich eine Empfehlung für eine geschäftliche Entscheidung erbitten. An eine solche Empfehlung ist der Vorstand nicht gebunden.

68 Der Vorstand ist nach § 83 Abs. 1 S. 1 AktG verpflichtet, **Maßnahmen, die in die Zuständigkeit der Hauptversammlung fallen,** auf Verlangen der Hauptversammlung vorzubereiten und die im Rahmen ihrer Zuständigkeit beschlossenen Maßnahmen auszuführen. Gleiches gilt nach § 83 Abs. 1 S. 2 AktG für die Vorbereitung und den Abschluss von Verträgen, die nur mit Zustimmung der Hauptversammlung wirksam werden.

69 Zeitweise wurde angenommen, dass für strukturändernde Maßnahmen der Geschäftsführung aufgrund einer **ungeschriebenen Zuständigkeit der Hauptversammlung** eine organschaftliche Mitwirkungsbefugnis der Hauptversammlung bestünde („Holzmüller").[71] Eine derart weitgehende Interpretation seiner Entscheidung hat der BGH inzwischen abgelehnt. Nur in Ausnahmefällen, die in etwa die Tragweite des seinerzeitigen „Holzmüller"-Falls haben, kann eine organschaftliche Mitwirkungsbefugnis der Hauptversammlung in Betracht kommen (→ Rn. 40 f.). Allerdings bleibt die Außenwirkung entsprechender Beschlüsse und Handlungen des Vorstands von einer entsprechenden Hauptversammlungskompetenz unberührt. Ein Vorstand, der eine gebotene Mitwirkung nicht berücksichtigt, verletzt lediglich seine Sorgfaltspflicht gegenüber der Gesellschaft.

---

[68] Zum Beirat s. *Mertens* in KK-AktG Vor § 76 Rn. 28; *Hoffmann-Becking* in MHdB AG § 29 Rn. 18 ff.
[69] Verwaltung durch Board ohne Trennung zwischen Geschäftsführungs- und Überwachungsorgan.
[70] Dazu (und zu den Ausnahmen hiervon) *Kubis* in MüKoAktG § 119 Rn. 27.
[71] BGHZ 83, 122 = NJW 1982, 1703 – Holzmüller.

b) Zum Aufsichtsrat

„Vorstand und Aufsichtsrat arbeiten zum Wohle des Unternehmens eng zusammen." (Ziff. 3.1 DCGK). Eine solche enge Zusammenarbeit setzt gegenseitiges Vertrauen und ständige gegenseitige Hilfsbereitschaft, vor allem absolute Offenheit der Beziehung voraus. Allerdings wird eine Grenze zu beachten sein. Aus einer guten Beziehung darf keine Kumpanei werden. Wenn die Beziehung derart ausartet, muss einer der beiden „Kumpane" schleunigst seinen Platz räumen. Die notwendige Neutralität bei der Durchführung der Überwachungsaufgabe wäre sonst nicht mehr gewährleistet. **70**

Dem Aufsichtsrat können nach § 111 Abs. 4 S. 1 AktG **Maßnahmen der Geschäftsführung** nicht übertragen werden. Der Aufsichtsrat kann Geschäftsführungsmaßnahmen auch von sich aus nicht beschließen, selbst wenn der Vorstand dies zulassen oder sogar verlangen würde. Auch als „Schiedsrichter" über Meinungsverschiedenheit im Vorstand ist der Aufsichtsrat ungeeignet.[72] Als Überwachungsorgan kann – und dies ist der Grund der Funktionstrennung – kann der Aufsichtsrat wirkungsvoll und rechtlich einwandfrei vielmehr nur dann tätig werden, wenn er Maßnahmen, die seiner Überwachung unterliegen, nicht selbst angeordnet oder vorgenommen hat. Der Aufsichtsrat hat mithin **keinerlei Initiativrechte**. Einige Besonderheiten hierzu sind allerdings zu erwähnen. **71**

aa) Zustimmungsvorbehalte. Eine Ausnahme vom Geschäftsführungsverbot des Aufsichtsrats gilt nach § 111 Abs. 4 S. 2 AktG dann, wenn bestimmte Arten von Geschäften einem Zustimmungsvorbehalt des **Aufsichtsrats** unterworfen sind. Derartige Zustimmungsvorbehalte können und müssen in der Satzung oder durch Beschluss des Aufsichtsrats festgelegt werden. Sofern die Satzung den Katalog zustimmungsbedürftiger Maßnahmen unmittelbar vorgibt, kann und darf der Aufsichtsrat diesen nicht einfach per Beschluss abschaffen.[73] Umgekehrt entfaltet die Satzung keine Blockadewirkung. Wenn der Aufsichtsrat also weitere Maßnahmen durch Beschluss seiner Zustimmung unterwerfen will, so kann[74] er dies auch ohne entsprechende Satzungsregelung tun.[75] Dies gilt umso mehr, falls die Satzung nur völlig unerhebliche Vorgänge einer Aufsichtsratszustimmung zuweist. **72**

Wenn der Aufsichtsrat selbst Zustimmungsvorbehalte festlegt, kann er dies durch Beschluss oder durch Einfügen einer entsprechenden Anordnung in eine Geschäftsordnung des Vorstands oder des Aufsichtsrats tun. Vorzugsweise sollte die Geschäftsordnung des Vorstands solche Zustimmungsvorbehalte aufnehmen, da der Zustimmungsvorbehalt in erster Linie die Geschäftsführungsbefugnis des Vorstands einschränkt und nur im Ergebnis zusätzliche Rechte für den Aufsichtsrat schafft. **73**

Aktiengesellschaften sind in der Frage, ob Zustimmungsvorbehalte festgelegt werden oder nicht, keineswegs frei. Die Gesellschaft ist **zur Festlegung von Zustimmungsvorbehalten verpflichtet**. Das TransPuG hat in Abänderung früheren Rechts im § 111 Abs. 4 S. 2 AktG festgelegt, dass die Satzung oder der Aufsichtsrat bestimmen muss, dass bestimmte Arten von Geschäften nur mit Zustimmung des Aufsichtsrats vorgenommen werden dürfen. Damit steht zunächst fest, dass völlig unkontrolliertes Vorstandshandeln nicht länger zulässig ist. Dasselbe muss allerdings gelten, falls die Satzung nur einzelne[76] unbedeutende Maßnahmen einer Aufsichtsratszustimmung unterwirft.[77] **74**

Inhaltliche Vorgaben zur Mindest-Reichweite der Zustimmungspflicht enthält das Gesetz nicht. Der Kodex empfiehlt hierzu, dass **Geschäfte von grundlegender Bedeutung** sowie Entscheidungen oder Maßnahmen, die die Vermögens-, Finanz- oder Ertragslage des Unternehmens grundlegend verändern, einem ständigen Zustimmungsvorbehalt unterworfen werden (Ziff. 3.3 DCGK). Bis vor kurzem war es allgemein üblich, nur formale Vor- **75**

---

[72] *Habersack* in MüKoAktG § 111 Rn. 97; *Schiessl* ZGR 1992, 64, 71 f.
[73] *Hüffer* AktG § 111 Rn. 38.
[74] Zu einer entsprechenden Pflicht des Aufsichtsrats s. BGHZ 124, 111, 127 = NJW 1994, 520.
[75] *Spindler* in Spindler/Stilz AktG § 111 Rn. 70; *Hoffmann-Becking* in MHdB AG § 29 Rn. 40.
[76] Ebenso *Spindler* in Spindler/Stilz AktG § 111 Rn. 63.
[77] Ebenso *Hüffer* AktG § 111 Rn. 36.

gänge einem solchen Zustimmungsvorbehalt zu unterwerfen (Kreditgewährung und Kreditaufnahme, Immobiliengeschäfte, Ernennung von Prokuristen und Handlungsbevollmächtigten). Inzwischen wird dies anders gesehen: Zunächst wird allgemein die Unternehmensplanung einem Zustimmungsvorbehalt unterworfen. Sodann sind es Geschäfte von weittragender und nachhaltiger Bedeutung, die ein Mitspracherecht des Aufsichtsrats fordern. Der umsichtige Satzungs- oder Geschäftsordnungsgeber wird darauf achten, dass die explizit in einer (zustimmungsbedürftigen) **Planung** enthaltenen Maßnahmen nicht noch einmal separat zur Zustimmung gestellt werden müssen.

76 Eine besondere Problematik ergibt sich aus der Wirkung von **Zustimmungsvorbehalten im Konzern.** Da ein Aufsichtsrat keine konzernweiten Überwachungsbefugnisse hat, empfiehlt es sich, Zustimmungserfordernisse durch eine Konzernklausel auf alle Maßnahmen gleichen Inhalts und gleicher Wirkung bei Konzerngesellschaften auszudehnen. Grundsätzlich sollte auf diese Weise bei einer verbundenen Gesellschaft keine wesentliche Maßnahme ohne Mitwirkung des Aufsichtsrats der Obergesellschaft beschlossen werden, wenn eine solche Maßnahme in der Obergesellschaft einem Zustimmungsvorbehalt unterliegt (→ § 14 Rn. 88 ff., 134 ff.). Fehlt eine derartige Konzernklausel, so ist die Satzung oder die Geschäftsordnung hinsichtlich der Konzernreichweite einer Maßnahme auszulegen. Im Ergebnis einer solchen Auslegung wird man immer dann (aber auch nur dann!), wenn die Maßnahmen in einer Tochtergesellschaft einer identischen Maßnahme in der Obergesellschaft entspricht, ein Zustimmungsbedürfnis zugunsten des Aufsichtsrats der Konzernspitze bejahen müssen.[78]

77 Die in § 111 Abs. 4 S. 2 AktG geregelte Zustimmungsnotwendigkeiten sind **präventiver Natur.** Der Vorstand hat die Zustimmung folglich vor Ergreifen der betreffenden Maßnahme einzuholen. Bis zur Zustimmung hat die Maßnahme folglich zu unterbleiben. Schwierig ist die Beurteilung bei objektiv eilbedürftigen Maßnahmen. Hier wird es gelegentlich für ausreichend erachtet, wenn der **Vorstand eine nachträgliche Genehmigung** beim Aufsichtsrat einholt.[79] Allerdings trägt er dabei stets das Risiko der Genehmigungsverweigerung.

78 Die Zustimmung muss nicht unbedingt durch den **Gesamtaufsichtsrat** erteilt werden; eine **Delegation auf einen Ausschuss** ist zulässig, da § 107 Abs. 3 S. 3 AktG nicht für den Zustimmungsbeschluss selbst – sondern nur für die Installierung der Zustimmungsbedürftigkeit – gilt.[80] Außenwirkung hat die Zustimmung des Aufsichtsrats nicht. Vorstandshandeln ohne oder sogar gegen das Petitum des Aufsichtsrats ist daher wegen der unbeschränkbaren Vertretungsmacht des Vorstands wirksam. Im Übrigen kann der Vorstand nach § 111 Abs. 4 S. 3 AktG die verweigerte Zustimmung durch einen Zustimmungsbeschluss der Hauptversammlung überspielen lassen.

79 **bb) Ausschuss nach § 27 Abs. 3 MitbestG.** Im Zuge der Einführung einer **Mitbestimmung auf Unternehmensebene** sollten den Arbeitnehmern zusätzliche Mitwirkungsrechte eingeräumt werden. Sie sollten nach § 31 Abs. 3 MitbestG insbesondere mitwirken, wenn die vom Gesetz geforderte Mehrheit bei der Bestellung oder Abberufung eines zunächst vorgeschlagenen Vorstandsmitglieds endgültig nicht zustande gekommen ist und nun ein anderer Kandidat gesucht werden muss.

80 Dazu wurde in § 27 Abs. 3 MitbestG ein **besonderer Ausschuss** vorgesehen, der gelegentlich (und falsch) als Vermittlungsausschuss bezeichnet wird. Die Mitglieder dieses Ausschusses müssen, soweit sie dem Ausschuss nicht aufgrund ihres Amts angehören (Vorsitzender und stellvertretender Vorsitzender des Aufsichtsrats), unmittelbar nach der Wahl des Aufsichtsratsvorsitzenden und seines Stellvertreters vom Aufsichtsrat mit einfacher

---

[78] *Hoffmann-Becking* in MHdB AG § 29 Rn. 45; *Habersack* in MüKoAktG § 111 Rn. 119, *Drygala* in K. Schmidt/Lutter AktG § 111 Rn. 53.
[79] *Hoffmann-Becking* in MHdB AG § 29 Rn. 46; *J. Hüffer*, FS Hüffer, 2010, 374 ff.; einschr. *Spindler* in Spindler/Stilz AktG § 111 Rn. 76; *Hüffer* AktG § 111 Rn. 47.
[80] AllgM, vgl. OLG Hamburg AG 1996, 84; *Drygala* in K. Schmidt/Lutter AktG § 111 Rn. 48.

Mehrheit gewählt werden und zwar je ein Vertreter der Anteilseigner und der Arbeitnehmer.[81]

In der **Praxis** hat dieser Ausschuss seit Bestehen des MitbestG **nur geringe Bedeutung** gewonnen. Mitglieder des Vorstands werden in unterschiedlicher Art und Weise gesucht und gefunden, aber nicht mit Hilfe dieses Ausschusses. Ausnahmen bestätigen die Regel.

cc) Einschränkung der Befugnisse des Vorstands durch § 32 MitbestG. Eine AG, die dem MitbestG unterliegt, darf **bestimmte Rechte aus Beteiligungen** an anderen Unternehmen, die ebenfalls dem MitbestG unterliegen, nur aufgrund von Beschlüssen des Aufsichtsrats der Obergesellschaft ausüben. Die Vorschrift ist geschaffen worden, um eine Potenzierung von Mitbestimmungsrechten zu vermeiden. Der Vorbehalt des § 32 MitbestG gilt für die der Obergesellschaft zustehenden Rechte bei der Bestellung, dem Widerruf der Bestellung oder der Entlastung von Verwaltungsträgern sowie bei der Beschlussfassung über die Auflösung oder Umwandlung des anderen Unternehmens, den Abschluss von Unternehmensverträgen mit dem anderen Unternehmen und über dessen Fortsetzung nach seiner Auflösung oder die Übertragung seines Vermögens (→ § 6 Rn. 38). Der Aufsichtsrat der Obergesellschaft beschließt mit der Mehrheit der Anteilseignervertreter.

Nicht betroffen sind **Maßnahmen,** die **autonom** vom **Aufsichtsrat** der mitbestimmten abhängigen Gesellschaft getroffen werden. Es handelt sich dabei nicht um Maßnahmen der gesetzlichen Vertreter des beteiligten Unternehmens, sondern um Entscheidungen eines autonomen Organs der Beteiligungsgesellschaft. Dies gilt insbesondere für die Bestellung und Abberufung von Vorstandsmitgliedern der abhängigen Gesellschaft. Allerdings bestehen keine rechtlichen Bedenken gegen entsprechende Vorschläge des herrschenden Unternehmens, wenn diese sachlich begründet sind und nicht primär eigene Ziele des herrschenden Unternehmens verfolgt werden.

Die **Wahrnehmung der Beteiligungsrechte** in der Hauptversammlung des betroffenen Unternehmens kann durchaus durch ein Mitglied des Vorstands oder einen Angestellten erfolgen. Allerdings handelt dieser Vertreter nicht als Vertreter der Obergesellschaft, sondern als – weisungsgebundener – Bote des Aufsichtsrats der Obergesellschaft.[82]

dd) Prüfungsausschuss (Audit Committee). Der Aufsichtsrat vieler Unternehmen setzt aus seiner Mitte – entsprechend der Empfehlung in Ziff. 5.3.2 DCGK – einen Prüfungsausschuss (auch genannt Bilanzausschuss oder Audit Committee) ein.[83] Soweit es um die Prüfung des Jahresabschlusses und des Konzernjahresabschlusses geht, wird der Prüfungsausschuss vorbereitend tätig. Die Entscheidung über die Billigung oder Verwerfung des (Konzern-)Jahresabschlusses muss auf jeden Fall der Gesamtaufsichtsrat treffen.[84]

Der Prüfungsausschuss muss **von** den ihm zustehenden **Rechten umfassend Gebrauch machen.** Er muss feststellen, ob der Jahresabschluss und der Konzernabschluss in Ansätzen, Gliederung und Bewertung den gesetzlichen Vorschriften entsprechen. Er muss prüfen und empfehlend entscheiden, ob bei der Bilanzierung bestehende Wahlrechte im Unternehmensinteresse ausgeübt worden sind.[85] Aber es kann sich immer nur um Vorschläge an den Gesamtaufsichtsrat handeln. Nur dieser ist zu den erforderlichen organschaftlichen Beschlüssen befugt.

c) Unterschiedliche tatsächliche Machtverteilung

In der Unternehmenspraxis wird **von den rechtlichen Grundsätzen für die Zusammenarbeit** der Organe gelegentlich **abgewichen.**[86] Starke Aufsichtsratsvorsitzende

---

[81] *Hoffmann-Becking* in MHdB AG § 32 Rn. 12 ff.
[82] *Hoffmann-Becking* in MHdB AG § 29 Rn. 53.
[83] Der Kodex gibt auch Anregungen für dessen Besetzung; zur US-amerikanischen Praxis vgl. *Altmeppen* ZGR 2004, 390, 395.
[84] *Hoffmann-Becking* in MHdB AG § 32 Rn. 10.
[85] Zur Abgrenzung der Aufgaben von Abschlussprüfer und Aufsichtsrat vgl. öst. OGH vom 22.5.2003 RdW 2003, 448.
[86] S. dazu *J. Semler*, FS Lutter, 2000, 721, 727.

unterliegen der Versuchung, über ihre Überwachungsaufgabe hinaus aktiv ins Unternehmensgeschehen einzugreifen. Aber auch der umgekehrte Fall kommt vor. Der Aufsichtsratsvorsitzende (und in seinem Gefolge die anderen Aufsichtsratsmitglieder) sind zwar dankbare Zuhörer des Vorstands, nehmen die Darstellungen entgegen, verzichten aber auf jedwede kritische Auseinandersetzung. Weder in dem einen noch in dem anderen Fall kann das System der aktienrechtlichen „checks and balances" funktionieren. Die auf zwei Organen aufgebaute Verwaltung der AG wird zum Board-System, ohne dass die für ein Board-System notwendigen Vorkehrungen und Kautelen beachtet werden.

88 Die Verantwortung für diesen **Funktionswandel** liegt im Allgemeinen primär beim Aufsichtsrat und vor allem bei seinem Vorsitzenden. Wenn der Aufsichtsrat derartige Ungleichgewichte zulässt, haftet er für den daraus entstehenden Schaden. Aber vor allem muss er anstreben, ggf. unter einem neuen Vorsitzenden das Gleichgewicht der Organe wieder herzustellen.

III. Allgemeine Handlungsmaximen für unternehmerisches Handeln in der AG

89 Für das unternehmerische Handeln[87] einer AG gelten **allgemeine Grundsätze,** die für Vorstand und Aufsichtsrat übereinstimmen. „Der Vorstand leitet das Unternehmen in eigener Verantwortung im Unternehmensinteresse" (Ziff. 4.1.1 DCGK). Wenn der Aufsichtsrat die Geschäftsführung des Vorstands überwacht, hat er diese Maxime voll zu beachten und auch selbst zu befolgen. Was für das Handeln des Vorstands gilt, ist auch vom Aufsichtsrat bei seiner Überwachung zu beachten. Anders kann das Zusammenwirken der beiden Organe nicht funktionieren.

90 Für das Handeln der Verwaltungsorgane sind die nachfolgenden Überlegungen von **besonderer Bedeutung.**

1. Verfolgen des Unternehmensgegenstands

91 Der Vorstand ist nach außen hin frei, jedes ihm für das Unternehmen gut erscheinende Geschäft abzuschließen. Im Innenverhältnis unterliegt er allerdings Schranken. Er darf nur solche Geschäfte abschließen, die durch den von den Aktionären in der Satzung festgelegten Unternehmensgegenstand gedeckt sind.[88]

a) Verstoß gegen die Begrenzung des Unternehmensgegenstands

92 Schließt der Vorstand ein durch die Satzung nicht gedecktes Geschäft ab, bleibt dieses zwar im Verhältnis zu Dritten, insbesondere zum Geschäftspartner, wirksam. Aber der Vorstand begeht eine Pflichtwidrigkeit im Sinne des § 93 Abs. 2 AktG, weil er seine Geschäftsführungsbefugnis überschritten hat.[89] Etwas anderes gilt im Fall eines bewussten Zusammenwirkens mit dem Geschäftspartner in Kenntnis der Satzungsverletzung. Eine Unwirksamkeit des Geschäfts mag auch schon dann eintreten, wenn der Dritte die Beschränkung der Geschäftsführungsbefugnis kennt und sich nicht erkundigt, ob das mit ihm verhandelnde Vorstandsmitglied zu diesem nicht durch den Unternehmensgegenstand gedeckten Geschäft berechtigt ist.

b) Heilung des Verstoßes

93 Die Grenzen des Unternehmensgegenstands können nur im Rahmen einer Satzungsänderung durch Neufassung des Wortlauts des Unternehmensgegenstands erweitert werden. Eine solche Satzungsänderung wird aber erst mit Eintragung im Handelsregister wirksam. Sie hat keine heilende Rückwirkung. Das Verhalten des Vorstands bleibt pflichtwidrig, wenngleich nach außen regelmäßig wirksam.

---

[87] Zur betriebswirtschaftlichen Betrachtung *v. Werder* DB 1995, 2177; → § 4 Rn. 24 ff.
[88] AllgM, vgl. *Hüffer* AktG § 23 Rn. 21.
[89] Vgl. *Fleischer* in Spindler/Stilz AktG § 82 Rn. 37; *Seibt* in K. Schmidt/Lutter AktG § 83 Rn. 30

Die Pflichtwidrigkeit kann mittels einer nachträglichen Genehmigung des Geschäfts 94
durch einen die **Satzung durchbrechenden Beschluss der Hauptversammlung** beseitigt werden. Die Aktionäre sind berechtigt, mit der für eine Satzungsänderung erforderlichen Hauptversammlungsmehrheit ein solches Geschäft zu genehmigen. Vorauszusetzen ist allerdings, dass sich aus dem Geschäft bis zur Hauptversammlung noch keine Schäden für die Gesellschaft ergeben haben. Sonst hat der Pflichtenverstoß bereits Auswirkungen gehabt und kann deswegen nicht mehr geheilt werden. Dies ergibt sich aus dem Rechtsgedanken § 93 Abs. 4 S. 3 AktG, demzufolge auf einen Ersatzanspruch erst nach drei Jahren und nur unter bestimmten Voraussetzungen verzichtet werden darf.

c) Unterschreitung des Unternehmensgegenstand

Im Großen und Ganzen soll der satzungsmäßige Unternehmensgegenstand das **Tätig-** 95
keitsfeld der Gesellschaft **zutreffend beschreiben.** Es bestehen aber keine Bedenken, wenn die satzungsmäßige Tätigkeitsbeschreibung auch solche Arbeitsgebiete bezeichnet, die von der Gesellschaft (noch) nicht ausgeübt werden. Zwar darf der Vorstand Tätigkeiten, die vom Satzungsgegenstand nicht gedeckt sind, nicht ausüben. Umgekehrt ist er jedoch nicht verpflichtet, durchgängig alles das zu tun, was die Satzung erlaubt. Allerdings darf der Vorstand den satzungsmäßigen Unternehmensgegenstand nicht nachhaltig unterschreiten.[90] Die Grenzen zwischen (erlaubter) vorübergehender und (unerlaubter) nachhaltiger Unterschreitung des Unternehmensgegenstands sind häufig fließend;[91] sie werden dabei maßgeblich durch die Satzungsformulierung beeinflusst.[92]

2. Beachtung des Unternehmensinteresses

Der Vorstand hat sein Verhalten am Unternehmensinteresse auszurichten. Diese Forde- 96
rung entspricht der ständigen Rechtsprechung des BVerfG und des BGH.[93]

Allerdings hat keines dieser Gerichte definiert, was unter dem **Begriff des Unterneh-** 97
mensinteresses zu verstehen ist.[94] Während historisch die Eigentümerinteressen im Vordergrund standen und lediglich der Umfang der Sozialbindung der Aktie diskutiert wurde, hielten Arbeitnehmerinteressen mit Einführung der Mitbestimmung zunehmend Einzug in den Begriff des Unternehmensinteresses.[95] Heute werden mit dem erörterten Begriff überwiegend die **Interessen der Anteilseigner, der Arbeitnehmer und des Gemein-**
wohls genannt. Bei allgemeiner Betrachtung wird man der geforderten Verhaltensmaxime am besten gerecht, wenn man feststellt, dass bei einer bedeutsamen Entscheidung keines der genannten Interessen Vorrang vor einem anderen Interesse haben darf.[96]

Bei börsennotierten Unternehmen werden zusätzlich die **Anlegerinteressen** als Interes- 98
sen im Unternehmen angesehen werden können. Durch seine eigene Börsenzulassung, durch Prospekte verschiedener Art und durch kapitalmarktgerechtes Verhalten, insbesondere die Beachtung der kapitalmarktrechtlichen Vorschriften, zeigt das Unternehmen, dass es an einem Erwerb seiner Aktien an der Börse interessiert ist und diese Bestrebungen fördert. Die Pflege des Börsenkurses ist innerhalb des Unternehmensinteresses durchaus ein beachtenswerter Faktor **(Shareholder Value).**[97]

---

[90] Vgl. OLG Köln ZIP 2009, 1469, 1470f. – Strabag; OLG Stuttgart NZG 2003, 778, 783f. zur KGaA; *Krieger* in MHdB AG § 69 Rn. 5.
[91] Dazu *Fleischer* in Spindler/Stilz AktG § 82 Rn. 31; *Hüffer* AktG § 179 Rn. 9a.
[92] So auch OLG Köln ZIP 2009, 1469, 1470f. – Strabag.
[93] BVerfGE 50, 290, 347; BGH NJW 1979, 1823, 1826; für den Aufsichtsrat BGHZ 36, 296, 306, 310; *Hüffer* AktG § 76 Rn. 28ff.
[94] Krit. zu diesem Begriff auch *Zöllner* AG 2000, 145, 146f.; *Fleischer* AG 2001, 171, 177.
[95] Vgl. dazu *Raiser*, FS R. Schmidt, 1976, 114ff.; *Schilling* ZHR 144 (1980), 136, 143.
[96] *Hüffer* AktG § 76 Rn. 30ff.; *Habersack* in MüKoAktG § 76 Rn. 93; *Ulmer* AcP 202 (2002), 143, 159; für einen Vorrang der Anteilseignerinteressen dagegen *Fleischer* in Spindler/Stilz AktG § 76 Rn. 37; *Seibt* in K. Schmidt/Lutter AktG § 76 Rn. 12; *Groh* DB 2000, 2153, 2157; *Zöllner* AG 2003, 2, 7f.
[97] *Fleischer* in Spindler/Stilz AktG § 76 Rn. 34f.; *Hüffer* AktG § 76 Rn. 32.

99 Als **Träger der Interessen im Unternehmen** sind – wie schon erwähnt – die Anteilseigner und die Arbeitnehmer, bei börsennotierten Unternehmen auch die Anleger genannt. Diese Interessenträger sind für das Funktionieren eines Unternehmens unverzichtbar. Sie allein bewirken aber noch nicht das Entstehen und den erfolgreichen Fortbestand eines Unternehmens. Es gehört ebenso unverzichtbar auch die **Führungsfunktion,** das objektivierte Management dazu. Das Unternehmensinteresse wird nicht gewahrt, wenn diese objektivierte Führungsleistung und deren notwendigen Grundlagen nicht mit verfolgt werden. Ein solches Außerachtlassen der Führungsfunktion würde mit großer Wahrscheinlichkeit zur Beendigung des Unternehmens führen. Aus dieser These darf nicht gefolgert werden, dass es eine Art „Unternehmen an sich" gibt. Diese Auffassung vom „Unternehmen an sich"[98] ist wiederholt und zutreffend widerlegt worden.[99] Aber unternehmerische Entscheidungen dürfen nicht getroffen werden, wenn sie geeignet sind, die Führbarkeit eines Unternehmens ernsthaft und dauerhaft zu beeinträchtigen.

100 Rein semantischer Natur ist der Versuch einer **Abgrenzung zwischen Gesellschaftsinteresse und Unternehmensinteresse.** Zwar ist die Gesellschaft nur Träger des Unternehmens und insofern mit diesem nicht identisch. Welche beachtenswerten Interessen eine unternehmerisch tätige Gesellschaft daneben noch verfolgen soll, ist jedoch nicht ersichtlich. Insofern verwundert es nicht, dass auch die höchstrichterliche Rechtsprechung beide Begriffe synonym verwendet.[100]

3. Erzielung eines angemessenen Gewinns

101 Der Vorstand ist grundsätzlich gehalten, mit seiner Geschäftsführung einen angemessenen Gewinn zu erzielen.[101] Darum muss im Grundsatz auch jedes einzelne Geschäft der Gewinnerzielung dienen. Eine Ausnahme gilt nur, wenn die Satzung eine Gewinnerzielung ausdrücklich ausschließt. Die **Rechtspflicht zur Rentabilität** steht zwar nicht ausdrücklich im Gesetz, folgt aber mittelbar aus einer Reihe von Bestimmungen des Gesetzes. So hat der Vorstand zB nach § 90 Abs. 1 S. 1 Nr. 2 AktG über die Rentabilität der Gesellschaft, insbesondere die des Eigenkapitals zu berichten.

102 Auch **wirtschaftlich** ist die **Gewinnerzielung zwingend notwendig.**[102] Auf Dauer kann ein Unternehmen nicht betrieben werden, wenn es keine Gewinne erzielt. Notwendige Investitionen können nicht finanziert, Vorleistungen für die Zukunft nicht erbracht werden. Nur ein Unternehmen mit einer gesicherten Gewinnerwartung wird notwendige Fremdmittel aufnehmen können. Ein Unternehmen ohne Gewinne kann keine sicheren Arbeitsplätze anbieten. Gewinne sind die Grundlage für angemessene Steuerbeiträge, ohne die eine Gemeinschaft nicht bestehen kann.

103 Das Gesetz gibt **weder ein quantitatives noch ein qualitatives Gewinnziel** vor. Die Lage der Unternehmen und ihre Entwicklungsmöglichkeiten sind zu verschieden, als dass man hier schematische Größen festlegen könnte. Das Gewinnziel, das ein pflichtbewusster Vorstand anzustreben hat, ergibt sich aber aus allgemeinen wirtschaftlichen Überlegungen.

104 In quantitativer Hinsicht muss das Vorstandshandeln eine **substanzielle Kapitalerhaltung** und eine **angemessene Verzinsung des zur Verfügung gestellten Eigenkapitals** ermöglichen.[103] Die Höhe des landesüblichen Zinssatzes ist allgemein bekannt, von ihm ist auszugehen. Es genügt aber nicht, einen Gewinn in dieser Höhe zu erwirtschaften. Das privatwirtschaftlich betriebene Unternehmen muss einen zusätzlichen Gewinn erzie-

---

[98] *Haußmann,* Vom Aktienwesen und vom Aktienrecht, 1928, mit Hinweis auf *Rathenau,* Vom Aktienwesen, 1917.
[99] Statt vieler *Mestmäcker,* Verwaltung, Konzerngewalt und Rechte der Aktionäre, 1958, 13, 14.
[100] Vgl. einerseits BGHZ 64, 325, 331 (Unternehmensinteresse), andererseits BGHZ 136, 133, 139 (Gesellschaftsinteresse).
[101] OLG Hamm AG 1995, 512, 514 – Harpener; *Spindler* in MüKoAktG Vor § 76 Rn. 44.
[102] *Spindler* in MüKoAktG § 76 Rn. 75.
[103] *Spindler* in MüKoAktG Vor § 76 Rn. 44.

len, der ausreicht, um das allgemeine Unternehmensrisiko abzudecken und die Substanz des Unternehmens inflationsbereinigt zu erhalten und die Ertragskraft nachhaltig zu sichern. Fixe Mindestgrößen (gar mit justitiablem Charakter) gibt es jedoch nicht. Vielmehr sind das (satzungsmäßig) Geschäftsmodell und der risikolose Anlagezins die entscheidenden Parameter für die individuelle Renditeorientierung eines jeden Unternehmens.

In qualitativer Hinsicht ist der Gewinn als Unternehmensziel bis dato ebenfalls ohne jede brauchbare Definition geblieben. Zwar ist der rein bilanzielle Gewinn eines Geschäftsjahres noch immer der Maßstab für eine Ausschüttung an die Aktionäre (vgl. § 58 Abs. 4 AktG). Längerfristige Wertvorstellungen orientieren sich allerdings zunehmend am **nachhaltigen Cash Flow** eines Unternehmens.

Das Unternehmensziel angemessener Gewinnerzielung ist zu unterscheiden von **kurzfristiger Gewinnmaximierung**.[104] Diese mag anlegerseitig gelegentlich gefordert werden, gehört aber nicht zu den anerkannten Unternehmenszielen. Insofern ist das Unternehmen nicht daran gehindert, **Aufwendungen** zu machen, die **nicht unmittelbar** der **Gewinnerzielung dienen**.

Aufwendungen, die nicht unmittelbar der Gewinnerzielung dienen, bedürfen **besonderer Publizität**. Nur durch gegenständliche und betragsmäßige Beschreibung jeder Aufwendung kann dem Vorwurf sachwidriger Ausgaben begegnet werden. Diese besondere Publizität ist sowohl innerhalb des Vorstands als auch gegenüber dem Aufsichtsrat und gegenüber den Aktionären erforderlich, um dem Vorwurf einer Sorgfaltspflichtverletzung vorbeugend zu begegnen.[105]

4. Social Sponsoring

Eine AG darf im angemessenen Rahmen auch soziale, kulturelle, sportliche und staatsbürgerliche Zwecke fördern. Hierüber besteht im Grundsatz Einigkeit.[106] Dies gilt selbst dann, wenn hierdurch keinerlei argumentierbare (positive) Ergebniseffekte erzielt werden. Insofern ist diese Form der Zuwendung abzugrenzen von dem – renditegetriebenen und daher unzweifelhaft zulässigem – Sponsoring für Produkte oder für das Gesamtunternehmen der Gesellschaft.

Bei der **Bemessung von Zuwendungen** müssen die Lage und die Leistungsfähigkeit der Gesellschaft beachtet werden. Absolute Obergrenzen gibt es nicht.[107] Der Vorstand muss sich aber stets bewusst sein, dass er fremdes und nicht eigenes Geld ausgibt.[108] Hieraus folgt allerdings keine Verpflichtung, derartige Leistungen in Krisenzeiten völlig einzustellen.[109] Der Vorstand ist jedoch gut beraten, bei dauerhafter Ertragsschwäche seine Zuwendungspolitik zu überprüfen und eine etwaige Fortsetzung derselben nachvollziehbar zu begründen.

Hinsichtlich der **zulässigen Zuwendungsempfänger** besteht ein weitgehendes Ermessen des Vorstands. Kunst, Wissenschaft, Sozialwesen und Sport gehören zu den allgemein anerkannten Empfängern zulässiger Zuwendungen.[110] Dasselbe gilt im Grundsatz für politische Parteien.[111] Obwohl hier kein Neutralitätsgebot gilt, sollte der Vorstand bei

---

[104] *Hüffer* AktG § 76 Rn. 35; *Spindler* in MüKoAktG § 76 Rn. 75.
[105] BGHSt 47, 187; s. *Laub* AG 2002, 308, 313 mit Hinweis auf BGHSt NZG 2002, 471; dazu auch *Gehrlein* NZG 2002, 463 ff.; *Fleischer* AG 2001, 171, 178.
[106] Vgl. BGHZ 23, 150, 157; *Seibt* in K. Schmidt/Lutter AktG § 76 Rn. 13; *Laub* AG 2002, 308, 309; *Gehrlein* NZG 2002, 463.
[107] *Fleischer* in Spindler/Stilz AktG § 76 Rn. 47; aA *Kind* NZG 2000, 567, 570.
[108] Nach *Mertens* in KK-AktG § 76 Rn. 33 darf die Rentabilität des Unternehmens nicht gefährdet werden.
[109] So ausdrücklich BGH NJW 2002, 1585, 1587 li. Sp.
[110] BGH NJW 2002, 1585, 1586 li. Sp.; *Seibt* in K. Schmidt/Lutter AktG § 76 Rn. 13; *Fleischer* AG 2001, 171, 175.
[111] Vgl. BGH NJW 2002, 1585, 1586 li. Sp; *Fleischer* AG 2001, 171, 179; ausführlich *Kind* NZG 2000, 567 ff.

der Förderung ausgesuchter Parteien jedoch besonders zurückhaltend sein, sofern er weder einen unmittelbaren noch einen mittelbaren Nutzen (durch Zuwendung gerade an eine Partei) formulieren kann. Dies gilt analog für Spenden an Religionsgemeinschaften aller Art.

111 Leistungen an Einrichtungen, denen ein Mitglied des Vorstands **aus persönlichen Gründen nahesteht,** sollten unterbleiben. Dies gilt zB für Mitgliedschaften in Sportclubs, denen ein Vorstandsmitglied oder eines seiner Familienangehörigen angehört. Erfolgen solche Leistungen dennoch, sollte sich das betroffene Vorstandsmitglied an der Entscheidung und ihrer Abwicklung nicht beteiligen. Keinesfalls dürfen Leistungen erbracht werden, die in erster Linie das so genannte Sozialprestige eines Vorstandsmitglieds fördern. Hier liegt die Schadensersatzverpflichtung des betreffenden Vorstandsmitglieds auf der Hand.

112 Der Vorstand sollte die von ihm vorgenommenen Zuwendungen nicht als „Diskretionssache" einordnen. Im Gegenteil entgeht er mit höchstmöglicher Transparenz am ehesten dem Verdacht persönlicher Nähe zum Zuwendungsempfänger. Eine **Auskunftspflicht** besteht hierbei grundsätzlich auch **gegenüber den eigenen Aktionären.** Sowohl anlässlich der Vorlage des Jahresabschlusses als auch bei der Entlastungsentscheidung besteht nach § 131 Abs. 1 AktG ein Auskunftsrecht. Allerdings kann sich der Vorstand regelmäßig auf die Nennung des Gesamtbetrages aller Zuwendungen beschränken;[112] eine Pflicht zur namentlichen Benennung einzelner Empfänger besteht dagegen nur bei größeren Zuwendungen.[113]

113 Praktische Relevanz hat das Zuwendungsverhalten nicht nur in zivilrechtlicher, sondern auch in **strafrechtlicher Hinsicht.** Fehlallokationen von Unternehmensmitteln erfüllen unter Umständen den Tatbestand der Untreue (§ 266 StGB).[114] Gehört der Empfänger auch noch einem Hoheitsträger an, so stellt sich zusätzlich die Frage nach einer Vorteilsgewährung (§ 333 StGB).[115] Wer dieser Gefahr begegnen will, beschränkt sich von vornherein auf „unverdächtige" Zuwendungen für rein soziale Zwecke.

5. Eigenverantwortlichkeit und unternehmerisches Ermessen

114 Der Vorstand einer AG muss mit seinen Handlungen ständig Entscheidungsalternativen feststellen und die anstehenden Entscheidungen treffen.[116] Er muss unternehmerische Entscheidungen fällen, dh Entscheidungen, deren Ergebnisse häufig nicht oder jedenfalls doch nicht in allen Varianten vorausberechenbar sind. Die Rechtsprechung hat dazu festgestellt, dass dem Vorstand vom Gesetz ein breites unternehmerisches Ermessen eingeräumt ist.[117] Der Vorstand ist durchaus berechtigt, auch Entscheidungen zu treffen, mit denen das Unternehmen ein unternehmerisches Risiko eingeht. Ein Vorstandsmitglied kann für solche Folgen seiner Entscheidung nicht verantwortlich gemacht werden, wenn die Entscheidung den Geboten sorgfältiger Geschäftsführung entsprach (vgl. § 93 Abs. 1 S. 2 AktG).

115 Vielfach wird in diesem Zusammenhang auf die so genannte Business Judgement Rule des US-amerikanischen Rechts Bezug genommen.[118] Dies sollte man vermeiden. Der Grundsatz, dass ein Vorstand bei einer unternehmerischen Entscheidung **nur für ungenügende Sorgfalt,** aber **nicht für einen unvorhergesehenen negativen Verlauf** der Ereignisse **haftet,** ist seit je fester Bestandteil des deutschen Gesellschaftsrechts.[119]

---

[112] So LG Frankfurt AG 1994, 39.
[113] Dazu iE *Kubis* in MüKoAktG § 131 Rn. 229.
[114] Vgl. dazu BGH NJW 2002, 1585.
[115] Vgl. dazu BGH NJW 2008, 3580 zur Zuwendung von Tickets für Fussball-Länderspiele.
[116] *J. Semler,* FS Ulmer, 2003, 631.
[117] BGHZ 125, 239, 246; 135, 244, 253 – ARAG/Garmenbeck; *Wiesner* in MHdB AG § 19 Rn. 20.
[118] Hierzu ua *Fleischer,* FS Wiedemann, 2002, 827, 840.
[119] Vgl. RG NJW 1911, 223; *Brodmann* in Gewerbe- und Industrie-Kommentar, Aktienrecht, 1926, HGB § 241 Anm. 1c.

B. Die materielle Unternehmensverfassung der AG

a) Überblick

Voraussetzung einer jeden ordnungsmäßigen Entscheidung ist die **Unbefangenheit des entscheidenden Vorstandsmitglieds**.[120] Ein Vorstandsmitglied, das an einer Angelegenheit der Gesellschaft persönlich interessiert ist, darf nicht selbst entscheiden. Es muss ein anderes Mitglied des Vorstands um die Entscheidung bitten oder, wenn alle Mitglieder des Vorstands befangen sind, den Aufsichtsrat um Mitwirkung bitten.[121] Der Aufsichtsrat kann einen Zustimmungsvorbehalt festlegen und so seine Einwirkung sicherstellen.

Um eigenes Handeln bei Vorliegen einer Befangenheit auszuschließen, muss jedes betroffene Vorstandsmitglied seine **eigene Befangenheit** (genauer: das Fehlen der von der Rechtsordnung geforderten Unbefangenheit) seinen Kollegen und dem Aufsichtsrat **mitteilen**. Dies gebietet die jedem Vorstandsmitglied nach § 93 Abs. 1 AktG obliegende Sorgfaltspflicht.[122] Nur so wird sichergestellt, dass Vorstand und Aufsichtsrat die bei Befangenheit eines Vorstandsmitglieds notwendigen Maßnahmen treffen.

Der Vorstand eines in der Rechtsform einer AG betriebenen Unternehmens hat einen **weiten unternehmerischen Spielraum**.[123] Ohne einen solchen weiten Handlungsspielraum hat der Vorstand keine Möglichkeit, eine erfolgversprechende unternehmerische Tätigkeit auszuüben. „Dazu gehört neben dem bewussten Eingehen geschäftlicher Risiken grundsätzlich auch die Gefahr von Fehlbeurteilungen und Fehleinschätzungen, der jeder Unternehmer, mag er auch noch so verantwortungsbewusst handeln, ausgesetzt ist."[124]

b) Feststellung der tatsächlichen Entscheidungsgrundlagen

Vor jeder Entscheidung muss sich der Vorstand zunächst im notwendigen Ausmaß einen Überblick über die tatsächlichen Verhältnisse und die Handlungsalternativen verschaffen. Erst anschließend darf er seine Entscheidung treffen.[125] Das „notwendige Ausmaß" ist nicht gleichbedeutend mit dem Maximum an Erkenntnismöglichkeiten, zumal § 93 Abs. 1 S. 2 AktG nur eine „angemessene Information" verlangt.[126] Außerdem muss der Vorstand schon auf dieser entscheidungsvorbereitenden Ebene eine Kosten-/Nutzenanalyse anstellen.[127]

Maßgeblich für die Frage einer ausreichenden Information ist die **konkrete Entscheidungssituation**.[128] Hieran sind auch alle Stellen, die zur Nachprüfung und Bewertung von Vorstandsentscheidungen berufen sind (Aufsichtsräte, Sonderprüfer, Gerichte), bei der Feststellung des Sachverhalts gebunden. Die Gefahr, dass aus der Kenntnis späterer Entwicklung heraus übertriebene Anforderungen an die Informationsbeschaffung (oder -bewertung) gestellt werden, ist damit zwar juristisch beseitigt. Faktisch ist diese Gefahr jedoch allgegenwärtig und sicherlich ein hinreichend ergiebiges Forschungsgebiet für Psychologen.

Fraglich ist, ob die Einhaltung formeller Betrachtungsstandards, insbesondere die **Einschaltung von Gutachtern**, bei der Sachverhaltsermittlung enthaftend oder wenigstens entlastend wirkt. Dass sie routinemäßig nicht erforderlich sind, entspricht der herrschenden Meinung.[129] Richtigerweise sind sie für die Beurteilung der Tatsachengrundlagen aus-

---

[120] Vgl. das umfassende Wettbewerbsverbot für Vorstandsmitglieder § 88 AktG; zu Interessenkonflikten Ziff. 4.3 DCGK.
[121] Vgl. Ziff. 4.3.4 DCGK; stattdessen kommt eine intensivere Überwachung bzw. Abberufung durch den Aufsichtsrat in Betracht.
[122] So ausdrücklich auch *Fleischer* in Spindler/Stilz AktG § 93 Rn. 72.
[123] S. auch BGHZ 135, 244, 253 – ARAG/Garmenbeck; dazu *Kindler* ZHR 162 (1998), 101 ff.
[124] Vgl. BGHZ 135, 244, 253 – ARAG/Garmenbeck.
[125] BGHZ 135, 244, 253 – ARAG/Garmenbeck; *J. Semler*, FS Ulmer, 2003, 627, 631 ff.; *Kinzl* DB 2004, 1653; *v. Werder* DB 1995, 2177; *ders.* ZfB 1997, 901, primär aus betriebswirtschaftlicher Sicht.
[126] Ebenso *Fleischer* NJW 2009, 2337, 2339 li. Sp.
[127] Zutr. *Krieger/Sailer* in K. Schmidt/Lutter AktG § 93 Rn. 13; *Ulmer* DB 2004, 859, 860 ff.; *Ihrig* WM 2004, 2098, 2105 f.
[128] BGH NJW 2008, 3361 Rn. 11 zur GmbH; *Hüffer* AktG § 93 Rn. 20.
[129] Vgl. *Spindler* in MüKoAktG § 93 Rn. 72; *Dauner-Lieb*, FS Röhricht, 2005, 96.

nahmsweise auch nur dort ausreichend, wo die eigenen Erkenntnismöglichkeiten eines durchschnittlichen Vorstandsmitglieds beschränkt sind.[130]

122 Der Umfang der Feststellungslast ist kein absoluter. Neben der Kosten-/Nutzenanalyse (→ Rn. 119) kommt es auch maßgeblich auf die Risikosituation an. Entscheidungen von größerer Tragweite für das Unternehmen erfordern daher eine umfangreichere Informationsbeschaffung als Maßnahmen aus dem Tagesgeschäft.[131]

c) Unternehmerischer Ermessensspielraum

123 Ein Entscheidungsspielraum steht dem Vorstand nicht immer und nicht bei jeder Fallgestaltung zu. Nicht jede Entscheidung ist eine unternehmerische Entscheidung. Ein unternehmerischer Ermessensspielraum ist nur dann vorhanden, wenn es sich um eine Frage des Handlungsbereichs, nicht aber des Erkenntnisbereichs handelt. Für die Auslegung eines unbestimmten Rechtsbegriffs hat der Vorstand keinen unternehmerischen Ermessensspielraum, er darf nicht so oder so entscheiden. Anders, wenn ein Vorstand vor der Frage steht, wie er sich im konkreten Fall verhalten soll und dafür verschiedene Alternativen bestehen. Dann kann der Vorstand so oder so handeln.

124 Ein **Ermessensspielraum** lässt dem Vorstand eine weite Freiheit, die auch vom Aufsichtsrat und ggf. von den Gerichten zu respektieren ist.[132] Nur wenn die Grenzen des unternehmerischen Ermessens überschritten werden, muss sich der Vorstand mit einem Eingreifen der Aufsichtsorgane oder – bei der Klärung einer Schadensersatzfrage – der Gerichte abfinden. Eingriffsmöglichkeiten hat der BGH nur dann eingeräumt, „wenn die Grenzen, in denen sich ein von Verantwortungsbewusstsein getragenes, ausschließlich am Unternehmenswohl orientiertes, auf sorgfältiger Ermittlung der Entscheidungsgrundlagen beruhendes unternehmerisches Handeln bewegen muss, deutlich überschritten sind, die Bereitschaft, unternehmerische Risiken einzugehen, in unverantwortlicher Weise überspannt worden ist oder das Verhalten des Vorstandes aus anderen Gründen als pflichtwidrig gelten muss".[133]

d) Beurteilungsspielraum

125 Der Vorstand hat bei seinen Entscheidungen in seine Überlegungen häufig **unbestimmte Rechtsbegriffe** einzubeziehen. Er muss entscheiden, ob sein Verhalten „im Unternehmensinteresse" liegt und ob es „einer angemessenen Gewinnerzielung" dient. Auch hier gibt es zumeist nicht nur eine Auslegungsmöglichkeit. Der Vorstand muss entscheiden, ob er den jeweiligen Begriff so oder so auslegt. Ihm steht dabei zwar kein Ermessensspielraum, aber ein **Beurteilungsspielraum** zur Verfügung. Diesen kann der Vorstand voll ausschöpfen, ohne dass dem Aufsichtsrat oder einem Gericht die Möglichkeit gegeben ist, die Beurteilung des Vorstands durch eine eigene Beurteilung zu ersetzen, solange sich die Auslegung des Vorstands im gesetzlichen Rahmen hält.[134] Dies ist nicht der Fall, wenn der Vorstand im konkreten Fall bei der Definition des Unternehmensinteresses einen Interessenträger völlig unbeachtet lässt, also zB das Interesse der Anteilseigner vernachlässigt und allein das Interesse der Arbeitnehmer berücksichtigt oder umgekehrt allein vom Aktionärsinteresse ausgeht. Eine fehlerhafte Beurteilung liegt auch dann vor, wenn der Vorstand beim Ansatz der Arbeitnehmerinteressen ausschließlich das Interesse der deutschen Arbeitnehmer beachtet, das Interesse von im Ausland tätigen Arbeitnehmern aber vollständig vernachlässigt.

---

[130] So wohl auch BGH NJW 2007, 2118, 2119 zur Frage der Insolvenzreife.
[131] *Hüffer* AktG § 93 Rn. 20; *Baums* ZGR 2011, 218, 235 f.
[132] BGHZ 135, 244, 253 – ARAG/Garmenbeck; BGHZ 136, 133, 140 – Siemens/Nold.
[133] BGHZ 135, 244, 253 f. – ARAG/Garmenbeck; vgl. auch *Henze* BB 2001, 53, 57.
[134] S. dazu *J. Semler*, FS Ulmer, 2003, 634.

B. Die materielle Unternehmensverfassung der AG

e) Abwägungsbereiche

Wenn die Gesellschaft **gegen ein Organmitglied Schadensersatzansprüche** geltend machen kann, müssen sie von dem dafür zuständigen Organ geltend gemacht werden.[135] Dieses Organ hat in der Frage, ob es einen Ersatzanspruch geltend macht, weder einen Ermessensspielraum noch einen Beurteilungsspielraum. Allerdings ist kein Organ verpflichtet, durch sein Handeln das Unternehmen zu schädigen. Wenn die Geltendmachung der bestehenden Schadensersatzansprüche zugleich das Unternehmen schädigt, weil mit der Verfolgung des Schadensersatzanspruchs zB eine erhebliche negative Publizität verbunden ist, darf das zuständige Organ den geltend zu machenden Anspruch gegen die etwa eintretenden Schadensfolgen abwägen. Übersteigt der zu erwartende Schaden die Höhe des Schadensersatzanspruchs oder ist er vergleichsweise von außerordentlichem Gewicht, darf das zuständige Organ von der Geltendmachung des Schadensersatzanspruchs absehen. Aber nur die Einflüsse auf die Gesellschaft dürfen in die Abwägung einbezogen werden; etwaige Einflüsse auf die Lage des zum Schadensersatz verpflichteten Organmitglieds müssen unberücksichtigt bleiben.[136] Auch langjährige Verdienste eines Organmitglieds rechtfertigen keinen Verzicht auf die Durchsetzung rechtmäßig bestehender Schadensersatzansprüche.

f) Neutralitätspflicht

Der Vorstand unterliegt bei seinem Handeln grundsätzlich einem – aus § 53a AktG abgeleiteten – Neutralitätsgebot.[137] Insbesondere darf er sich keinen ihm genehmen Gesellschafterkreis schaffen.[138] Aus diesem Grunde darf er insbesondere das Mittel der Kapitalerhöhung (womöglich mit Bezugsrechtsausschluss) nicht ohne unternehmerische Veranlassung zum Einstieg bzw. zur Abwehr bestimmter Gesellschafter einsetzen. Dieses aktienrechtliche Neutralitätsgebot wird allerdings für **Übernahmefälle** kapitalmarktrechtlich relativiert.[139]

6. Gegenseitige Förderpflicht

Jedes Organ muss die Arbeit der anderen Organe fördern und unterstützen. Zur gegenseitigen Förderpflicht der Vorstandsmitglieder → Rn. 162. Dies gilt ganz besonders für das Organ Vorstand, weil dieser für die laufende Geschäftsführung und für die Leitung des Unternehmens zuständig ist und damit als einziges Organ Handlungen und Unterlassungen im Unternehmen unmittelbar veranlassen kann.

Die Förderpflicht besteht sowohl als **aktive** wie auch als **passive Verpflichtung.** Der Vorstand muss **aktiv** unaufgefordert alles tun, um die Tätigkeit des Aufsichtsrats zu erleichtern und ihre Effizienz zu verstärken. Der Vorstand darf aber auch nicht **passiv** im Wege stehen, wenn andere Organe ihrem gesetzlichen oder satzungsmäßigen Auftrag nachkommen wollen.

IV. Besondere Grundsätze für eine ordnungsmäßige Geschäftsführung

Der Vorstand kann sich nicht darauf beschränken, die allgemeinen Grundsätze für ordnungsmäßiges Handeln zu beachten. Er muss bei jedem Geschäft und bei jeder Maßnahme, also bei allen seinen Handlungen **einzelfallbezogene Regeln beachten.** Die Befolgung dieser Regeln ist Voraussetzung für eine die gehörige Sorgfalt beachtende Geschäftsfüh-

---

[135] BGHZ 135, 244, 253 – ARAG/Garmenbeck.
[136] Zu diesem Spannungsfeld *Jäger/Trölitzsch* ZIP 1995, 1157, 1162; *Götz* NJW 1997, 3275, 3277; *Paefgen* AG 2008, 761, 768 f.; *Goette,* Liber Amicorum M. Winter, 2011, 159 ff.
[137] LG Düsseldorf WM 2000, 528, 530; *Hopt* in GroßkommAktG § 93 Rn. 122 ff.; *ders.,* FS Lutter, 2000, 1361, 1375 ff.
[138] *Spindler* in MüKoAktG § 76 Rn. 32; *Kort* in GroßkommAktG § 76 Rn. 100.
[139] Vgl. dazu ausführlich *Spindler* in MüKoAktG § 76 Rn. 31 ff.

rung. Allerdings werden die für ordnungsmäßiges Handeln geltenden Maßstäbe nicht bei allen Unternehmen einheitlich sein.

131 Bei **großen** Unternehmen wird das formale Gestalten wichtiger sein als bei **mittleren und kleinen Unternehmen.** Auch ist von Bedeutung, **wer** der **Entscheidungsträger** ist. Entscheidungen des Gesamtvorstands müssen durchweg allen Anforderungen genügen, solche eines einzelnen Vorstandsmitglieds im Rahmen seiner Zuständigkeit können schon einmal weniger formal getroffen werden. Dies gilt noch mehr, wenn ein Mitarbeiter entscheidet, dem die Entscheidungsbefugnis übertragen worden ist. Welche Formerfordernisse beachtet werden müssen, hängt von dem Gewicht und der Bedeutung der Entscheidung für das Unternehmen ab.

132 Es geht um die **Befolgung folgender Grundsätze** bei jeder einzelnen Handlung:[140]
– die Ordnungsmäßigkeit,
– die Rechtmäßigkeit,
– die Zweckmäßigkeit und
– die Wirtschaftlichkeit.

1. Ordnungsmäßigkeit

133 Jeder Geschäftsvorfall muss ordnungsmäßig geplant, vorbereitet, durchgeführt und aufbereitet werden. Die Intensität dieser einzelnen Schritte hängt von der Bedeutung des Vorgangs ab. Im **Tagesgeschäft** werden viele Vorfälle routinemäßig abgewickelt werden können, ohne dass es einer eingehenden Ausarbeitung jedes dieser Schritte bedarf. Bei **gewichtigen Entscheidungen** müssen das Ergebnis des Entscheidungsprozesses, in besonderen Fällen auch die vorbereitenden Schritte sorgfältig durchgeführt und schließlich in Textform festgehalten werden. Es sollte möglich sein, auch nach längerer Zeit den Entscheidungsvorgang nachzuvollziehen.

134 Der Vorstand muss im Entscheidungsprozess regelmäßig **mehrere Handlungsalternativen** prüfen und auf ihre Eignung für die Entscheidung des anstehenden Vorgangs untersuchen. Die Entscheidung, eine Handlung durchzuführen oder nicht durchzuführen, ist im Allgemeinen keine zureichende Alternative. Natürlich muss nicht jede Alternative bis ins letzte Detail geprüft werden. Eingehende Kosten/Nutzen-Analysen werden meist erst erforderlich sein, wenn sich im Grundsatz die für das Unternehmen günstigste Alternative herausgestellt hat.

135 Die Notwendigkeit, einen **Entscheidungsvorgang später nachvollziehen** zu können, ist nicht nur bedeutsam, wenn die Sorgfalt der Geschäftsführung in Frage steht. Häufig wird der Entscheidungsträger selbst nach einer gewissen Zeit interessiert sein, sich seine Überlegungen noch einmal in Erinnerung zurückzurufen, um die besonderen Gründe für Erfolg oder Misserfolg eines Vorgangs herauszuarbeiten. Nur derjenige wird auf Dauer erfolgreich sein, der aus seinen Fehlern lernt. Ein solches Lernen aus eigenem Verhalten ist aber nur möglich, wenn der Gang der Überlegungen vom Erkennen der Entscheidungsnotwendigkeit bis zur Durchführung einer getroffenen Entscheidung sorgfältig nachvollzogen werden kann.

2. Rechtmäßigkeit

a) Grundsatz

136 Die Geschäftsführung des Vorstands muss insgesamt und in ihren einzelnen Entscheidungen rechtmäßig sein. Alle für das jeweilige Verhalten im Einzelfall bedeutsamen **gesetzlichen Vorschriften** müssen beachtet werden. Auch noch so große Vorteile für das Unternehmen rechtfertigen nicht, gesetzliche Verbote zu übertreten oder entsprechende Gebote nicht zu befolgen. Dies gilt auch dann, wenn es in einer Branche allgemein üblich

---

[140] Hierzu *Spindler* in MüKoAktG Vor § 76 Rn. 48.

geworden ist, sich über Gesetzesvorschriften hinwegzusetzen. Zuwiderhandlungen anderer Unternehmen rechtfertigen niemals eigene Zuwiderhandlungen.

Der Vorstand muss als Vorgesetzter **in seinem gesamten Verantwortungsbereich** für rechtmäßiges Verhalten sorgen. Er ist dafür verantwortlich, dass sich seine Mitarbeiter an Recht und Gesetz halten. Dies bedingt keine ständige Prüfungs- und Überwachungstätigkeiten. Der Vorstand muss die organisatorischen Maßnahmen getroffen haben, die eine Verwirklichung dieser Maxime mit zureichender Wahrscheinlichkeit sichern.

b) Schmiergeldzahlungen

Rechtsvorschriften „zweiter Klasse", die weniger oder gar nicht zu beachten sein, gibt es nicht.[141] Der Vorstand muss daher alle Rechtsnormen beachten. Insbesondere können **„nützliche Pflichtverletzungen"** nicht als Ausnahme vom Legalitätsprinzip akzeptiert werden. Dies gilt vor allem für **Schmiergeldzahlungen** – und zwar unabhängig davon, ob diese strafbar oder nur ordnungswidrig oder gar straffrei sind, weil diese unabhängig von strafrechtlichen Erwägungen kaum im Interesse der Gesellschaft liegen dürften.[142] Eine andere Frage ist, ob derartige Zahlungen nach § 93 Abs. 2 AktG immer zu einer (betragsgleichen) Erstattungspflicht gegenüber der Gesellschaft führen. Nach jüngsten Äußerungen des BGH[143] dürfte die Frage eher zu verneinen sein, weil der wirtschaftliche Nutzen von Schmiergeldzahlungen von der eigentlichen Zahlung bei der Schadensberechnung unter dem Aspekt der Vorteilsausgleichung abzuziehen ist.

c) Vergleichszahlungen an räuberische Aktionäre

Noch nicht abschließend geklärt ist die Akzeptanz von Vergleichszahlungen an räuberische Aktionäre. Anlass hierfür sind in der Regel Beschlussanfechtungsklagen, die ausschließlich auf wirtschaftlich nachteilhafte Verzögerungen bestimmter Unternehmensprozesse zielen und auf diese Weise einen oft beachtlichen „Rückkaufswert" besitzen. Derartige Zahlungen verstoßen regelmäßig sowohl gegen § 57 Abs. 1 AktG (verbotene Einlagenrückgewähr) als auch gegen den Gleichbehandlungsgrundsatz des § 53a AktG. Daher genügt die bloße wirtschaftliche Nützlichkeit solcher Zahlung zu deren Rechtfertigung nicht.[144] Vielmehr ist es unter notstandsähnlichen Aspekten erforderlich, dass die Vergleichs- oder Klagrückkaufszahlungen nur dann erfolgen, wenn der Gesellschaft ansonsten ein **schwerer und irreparabler Schaden** drohen würde.[145]

d) Rechtsgutachten

Bei der **Rechtsfindung** darf sich der Vorstand **sachverständiger Hilfe** bedienen. Dies ist unstreitig. Schwieriger ist die Beantwortung der Frage, wann sich der Vorstand juristischen Rat einholen *muss*. Dies ist immer dann der Fall, wenn er an seine eigenen intellektuellen Grenzen stößt, was wiederum von der eigenen Ausbildung und der personellen Ausstattung der Gesellschaft abhängt. Ob sich ein Vorstandsmitglied (oder der Gesamtvorstand) auf den eingeholten Rechtsrat verlassen darf, hängt vom Vorliegen mehrerer Voraussetzungen ab. Zunächst bedarf es – insbesondere bei Spezialfragen – der Auswahl eines fachkundigen und sorgfältigen Rechtsberaters.[146] Weiterhin besteht die Verpflichtung, den Rechtsberater über sämtliche beurteilungserheblichen Tatsachen aufzuklären.[147] Schließlich

---

[141] Ebenso *Spindler* in MüKoAktG § 93 Rn. 64; *Ihrig* WM 2004 2098, 2105.
[142] Vgl. *Kort* in GroßkommAktG § 76 Rn. 77; *Spindler* in MüKoAktG § 76 Rn. 89; *Fleischer* ZIP 2005, 141, 145.
[143] Vgl. BGH AG 2013, 259.
[144] *Fleischer* ZIP 2005, 141, 145; *Poelzig* WM 2008, 1009, 1011.
[145] Ebenso *Seibt* in K. Schmidt/Lutter AktG § 76 Rn. 13; *Spindler* in MüKoAktG § 76 Rn. 90; ausführlich *Diekgräf*, Sonderzahlungen an opponierende Kleinaktionäre im Rahmen von Anfechtungs- und Spruchstellenverfahren, 1990, 150 ff., 339 f.
[146] Vgl. OLG Stuttgart NZG 2010, 141, 144 zur ungeprüften Befolgung einer Anwaltsempfehlung des Aufsichtsratsvorsitzende durch den Vorstand.
[147] BGH NJW 2007, 2118; OLG Stuttgart NZG 2010, 141, 144; *Fleischer* NZG 2010, 121, 124.

darf der Vorstand nicht jedes sachverständig ermittelte Ergebnis ungeprüft übernehmen; er muss vielmehr (auf seiner Laienebene) eine Plausibilitätskontrolle vornehmen.[148] **Reine Gefälligkeitsgutachten** können daher keine enthaftende Wirkung zugunsten des Vorstands erzeugen.[149]

e) Rechtsfolgen

141 Ein Verstoß gegen den Grundsatz rechtmäßigen Handelns führt nach § 93 Abs. 2 AktG regelmäßig zur **Schadensersatzpflicht** des Vorstandsmitglieds. Dagegen zieht nicht jeder Rechtsverstoß automatisch eine **Entlastungsverweigerung** nach sich. Vielmehr hat der BGH seit 2003 den Standpunkt eingenommen, dass nur bei „eindeutig schwerwiegenden Verstößen gegen Gesetz oder Satzung" eine Anfechtbarkeit des Entlastungsbeschlusses gegeben sei.[150] Nur unter dieser Voraussetzung begründe eine mit Mehrheit beschlossene Entlastung ihrerseits einen Gesetzesverstoß im Sinne des § 243 Abs. 1 AktG.[151]

3. Zweckmäßigkeit

142 Die vom Vorstand eingeleiteten Handlungen müssen zweckmäßig sein. Zweckmäßig heißt, auf bestimmte Ziele hin ausgerichtet zu sein und dem Erreichen dieser Ziele zu dienen. Die Geschäfte und Maßnahmen müssen geeignet sein, für das Unternehmen die Erzielung eines angemessenen Gewinns zu sichern und Gefahren für den Bestand und die Entwicklung des Unternehmens abzuwenden.

143 Es gibt regelmäßig **verschiedene** Wege und Mittel, also verschiedene unternehmerische **Strategien,** um ein bestimmtes Ziel zu erreichen. Dem Vorstand steht es frei, unter verschiedenen Strategien diejenige auszuwählen, die ihm am geeignetsten erscheint. Er muss weder die kostengünstigsten noch die raschesten Wege beschreiten, um das angestrebte Ziel zu erreichen. Verschiedene, häufig auch unwägbare Gesichtspunkte können für die Wahl der einzuschlagenden Strategie bedeutsam sein. Das Vertrauen des Vorstandsmitglieds in die Eignung der gewählten Strategie ist vor allem wichtig. Wer einen Weg nur zögernd und ohne Überzeugung in die Erfolgswirksamkeit beschreitet, wird selten das Ziel erreichen.

144 Unverzichtbar ist allerdings, dass der Vorstand seine Entscheidung erst **nach gehöriger Sachaufklärung** trifft (→ Rn. 119 ff.). Eine ausreichende Kenntnis aller entscheidungserheblichen Umstände ist unerlässlich. Dies gilt in kleinen und großen Unternehmen in gleicher Weise. Ungenügende Sachaufklärung macht die Entscheidung zum Glücksspiel und damit womöglich zum Haftungsfall.

4. Wirtschaftlichkeit

145 Unternehmerische Handlungen müssen dem Ziel des **Erwirtschaftens eines angemessenen Gewinns** dienen. Jedem Unternehmen ist die Maxime angemessener Gewinnerzielung vorgegeben, wenn nicht die Satzung ausnahmsweise etwas anderes bestimmt (→ Rn. 101 ff.). Das Ziel angemessener Gewinnerzielung gebietet keine Gewinnmaximierung. Es kommt darauf an, nachhaltig, dh langfristig eine Gewinnerzielung zu sichern.

146 **Welcher Gewinn** als **angemessen** angesehen werden kann, ist von Unternehmen zu Unternehmen und von Zeitraum zu Zeitraum verschieden. Es ist Sache des Vorstands, die Höhe des angestrebten Gewinns festzulegen. Allgemeine Überlegungen zur Angemessenheit des Gewinns wurden bereits oben dargestellt (→ Rn. 103 ff.).

147 Das jedem Unternehmen vorgegebene Ziel der Gewinnerzielung verbietet dem Vorstand nicht, in angemessenem Rahmen auch **allgemeine wohltätige Zwecke** zu berück-

---

[148] OLG Stuttgart NZG 2010, 141, 143; *Fleischer* NZG 2010, 121, 124.
[149] Vgl. dazu *Bayer,* FS K. Schmidt, 2009, 92.
[150] BGHZ 153, 47, 50 f. – Macrotron; ebenso BGHZ 160, 385, 388 ff. – ThyssenKrupp; kritisch zur Rechtsfigur des „eindeutig und schwerwiegenden Verstoßes" *Kubis* NZG 2005, 791, 793 ff.
[151] BGHZ 153, 47, 50 f. – Macroton.

sichtigen.¹⁵² In diesem Rahmen sind sowohl **Spenden** für soziale und gemeinnützige Zwecke als auch Aufwendungen für allgemeines **Sponsoring** zulässig. Unzulässig ist dagegen **Freigebigkeit im eigenen Interesse** oder im Interesse eines anderen Vorstandsmitglieds. Wer am Gedeihen einer wohltätigen Einrichtung persönlich interessiert ist, darf von Rechts wegen über eine beabsichtigte Zuwendung weder entscheiden noch mitentscheiden. Er darf eine solche Zuwendung – genau genommen – noch nicht einmal anregen, wenn davon auszugehen ist, dass der oder die Kollegen einer solchen Anregung folgen. Jedes andere Verhalten würde dem Gebot sauberer Unternehmensführung widersprechen. In der Praxis wird – bedauerlicherweise – oft anders verfahren.

V. Bildung und Arbeit von Ausschüssen

Jedes Organ – also auch der Vorstand – kann zur besseren Wirksamkeit seiner Arbeit Ausschüsse einsetzen. Diese Ausschüsse können rein vorbereitende oder nachvollziehende Aufgaben haben, aber auch zur unmittelbaren Erledigung bestimmter Angelegenheiten eingesetzt werden. **148**

1. Allgemeines

Das Gesetz schweigt zur Frage von Vorstandsausschüssen. Auch der Kodex behandelt – im Gegensatz zu Aufsichtsratsausschüssen – Vorstandsausschüsse nicht. Dennoch haben sie **in der Praxis** durchaus **ihre Bedeutung**.¹⁵³ **149**

Vorstandsausschüsse werden **vom Gesamtvorstand** für bestimmte Aufgaben **eingesetzt und besetzt**. Aber auch der Aufsichtsrat kann aufgrund seiner Geschäftsordnungskompetenz Vorstandsausschüsse vorsehen und wohl auch auf deren Besetzung einwirken. Wenn sich der Aufsichtsrat seiner Mitwirkung enthält, muss der Vorstand die erforderlichen Beschlüsse fassen. Sie bedürfen, da es sich auf jeden Fall um eine Geschäftsordnungsfrage handelt, der Einstimmigkeit. **150**

Für das **Verfahren** in Vorstandsausschüssen gibt es naturgemäß keine besonderen Gesetzesvorschriften. Es gelten die allgemeinen Grundsätze für die Zusammenarbeit der Vorstandsmitglieder. Grundsätze, die ggf. in der jeweiligen Ordnung für Vorstandssitzungen festgelegt sind, sollten für Ausschusssitzungen entsprechend gelten. Fehlt es an einer solchen Anlehnungsmöglichkeit, wird Folgendes zu gelten haben: **151**
– Jeder Ausschuss bedarf eines **Vorsitzenden,** der die geschäftsleitenden Funktionen wahrnimmt. Für die Arbeit des Ausschusses sollte vom Gesamtvorstand einstimmig eine Geschäftsordnung beschlossen werden. Wenn diese Geschäftsordnung nicht in die Rechte und Pflichten der nicht dem Ausschuss angehörenden Vorstandsmitglieder eingreift, kann sie auch vom Ausschuss selbst beschlossen werden.
– Zu jeder Ausschusssitzung müssen alle Ausschussmitglieder rechtzeitig unter Bekanntgabe der **Tagesordnung eingeladen** werden. Zu Angelegenheiten, die nicht rechtzeitig auf die Tagesordnung gesetzt worden sind, können ohne Zustimmung aller Ausschussmitglieder keine Beschlüsse gefasst werden.
– Zu jedem Punkt der Tagesordnung von besonderer Bedeutung sollten **schriftliche Vorlagen** vorbereitet werden. Dies gilt jedenfalls, wenn der Ausschuss einen Beschluss anstelle des Gesamtvorstands fassen soll. Tischvorlagen oder „hand-outs" sollten die Ausnahme bilden. Wenn es lediglich um vorbereitende Diskussionen in bekannten Angelegenheiten geht, kann auf die vorherige Verteilung schriftlicher Unterlagen oft verzichtet werden. Dagegen sollten Beratungen über die ordnungsmäßige Erledigung einer

---

¹⁵² Vgl. BGHZ 23, 150, 157; *Seibt* in K. Schmidt/Lutter AktG § 76 Rn. 13; *Laub* AG 2002, 308, 309; *Gehrlein* NZG 2002, 463.
¹⁵³ Hierzu auch *J. Semler* ZGR 2004, 631; mit großer Zurückhaltung *Kort* in GroßkommAktG § 76 Rn. 42 ff.

vom Gesamtvorstand oder dem Ausschuss durch Beschluss zur Erledigung freigegebenen Angelegenheit nur auf der Grundlage einer schriftlichen Information erfolgen.
– **Beschlüsse im Ausschuss** werden, wenn die Geschäftsordnung nicht ausdrücklich etwas anderes bestimmt, mit derselben Mehrheit gefasst, die für Beschlüsse des Gesamtvorstands gilt. Die Geschäftsordnung kann dagegen auch Einstimmigkeit verlangen und ggf. eine Verweisung an den Gesamtvorstand vorsehen, wenn keine einstimmige Entscheidung zustande kommt.
– Über die Verhandlungen im Ausschuss muss eine **Niederschrift** angefertigt werden, die der Leiter der Sitzung (also der Ausschussvorsitzende) zu unterzeichnen hat. Die Niederschrift sollte keine bloße Wiedergabe der gefassten Beschlüsse sein, sondern auch den wesentlichen Gang der Verhandlungen erkennen lassen. Jedes Ausschussmitglied ist berechtigt, eine Abschrift der Niederschrift zu verlangen.
– Die nicht dem Ausschuss angehörenden Mitglieder des Vorstands müssen alsbald über die Sitzung und die dort gefassten Beschlüsse unterrichtet werden. Dies kann mündlich in der folgenden Sitzung des Gesamtvorstands, aber auch durch Übersendung von Abschriften der Niederschrift geschehen.

152 Jedes Vorstandsmitglied ist berechtigt, an den Sitzungen eines Ausschusses teilzunehmen. Es gibt keine rechtliche Basis für den **Ausschluss von Vorstandsmitgliedern von der Teilnahme** an der Sitzung.[154] Auch eine besondere Vertraulichkeit rechtfertigt kein Teilnahmeverbot. Was ein Vorstandsmitglied weiß, dürfen auch alle anderen Vorstandsmitglieder wissen, zur gleichen Zeit und im gleichen Umfang. Eine Ausnahme ist denkbar: Bei Vorliegen eines Interessenkonflikts kann ein Vorstandsmitglied von der Teilnahme ausgeschlossen werden. Dazu ist allerdings nicht der Vorsitzende des Ausschusses (oder des Aufsichtsrats), sondern nur das Plenum des Ausschusses befugt; im Übrigen ist dies kein Spezifikum eines Vorstandsausschusses.

2. Ausschüsse mit zentraler Bedeutung

153 In manchen Unternehmen wird im Vorstand eine einschneidende Aufteilung vorgenommen. Die Behandlung wesentlicher Angelegenheiten der Vorstandskompetenz wird in einen besonderen Ausschuss verlagert, dem nur einige Vorstandsmitglieder angehören. Die Bedeutung dieses Ausschusses wird aus seiner Bezeichnung deutlich. In der Praxis finden wir die Bezeichnungen Zentralausschuss, Strategieausschuss, Vorstandspräsidium, Synergieausschuss, Konzernausschuss etc.[155]

154 Schon die größere Tagungsdichte verleitet dazu, dringende Fragen „der Einfachheit halber" im Ausschuss zu bearbeiten. Gelegentlich ist dies sogar ausdrücklich im Einsetzungsbeschluss vorgesehen. Indes gibt es **rechtliche Grenzen** für die Verlagerung von Entscheidungen in Vorstandsausschüsse. Zum einen dürfen diesen Ausschüssen wegen des Grundsatzes der Gesamtverantwortung im Vorstand **keine Leitungsaufgaben übertragen** werden.[156] Zum andern darf die Ausschussbildung nicht zu einer **Umgehung des Verbotes der Majorisierung** (vgl. § 77 Abs. 1 S. 2 Hs. 2 AktG) im Vorstand führen.[157] Beide Grenzen sind auch zu beachten, falls der Aufsichtsrat Vorstandsausschüsse einsetzt.

VI. Das Verhältnis der einzelnen Organmitglieder zueinander

155 Weder für den Aufsichtsrat noch für den Vorstand ist die **Gleichberechtigung der Organmitglieder** gesetzlich festgelegt. Aus dem Charakter der Organe als Kollegialgre-

---

[154] § 109 Abs. 2 AktG findet auch nicht entsprechende Anwendung. Es bedürfte einer ausdrücklichen Gesetzesermächtigung.
[155] *Schiessl* ZGR 1992, 64, 77.
[156] *Wiesner* in MHdB AG § 22 Rn. 17; *Hoffmann-Becking* ZGR 1998, 497, 509 ff.
[157] *Kort* in GroßkommAktG § 77 Rn. 44; *Fleischer* in Spindler/Stilz AktG § 77 Rn. 41; *Wiesner* in MHdB AG § 22 Rn. 17.

mium folgt jedoch, dass kein Vorstandsmitglied einem anderen vorgesetzt ist oder selbst den Weisungen eines Kollegen unterliegt.[158]

Der Gleichberechtigungsgrundsatz gilt nicht nur formal. Auch materiell ist die **Gleichberechtigung** der **Vorstandsmitglieder** sinnvoll, denn die notwendige gegenseitige Überwachung ist nur dann wirksam oder überhaupt durchsetzbar, wenn sie von rechtlich und möglichst auch faktisch weitgehend gleichberechtigten Personen ausgeübt wird. In der Praxis wird allerdings – bisweilen gestützt auf zweifelhafte Rechtsgutachten – vielfach anders verfahren. Vor allem die Hervorhebung des Vorstandsvorsitzenden grenzt nicht selten an Personenkult. Zur Rechtsstellung des Vorstandsvorsitzenden → § 2 Rn. 60 ff. Es bleibt abzuwarten, welchen Standpunkt die Gerichte zur Entwicklung unterschiedlicher Wertigkeiten im Vorstand einnehmen werden; bis dato liegen noch keinerlei höchstrichterliche Entscheidungen hierzu vor. 156

Der **Aufsichtsrat** ist grundsätzlich verpflichtet, die Erhaltung der Gleichberechtigung der Vorstandsmitglieder sicherzustellen. Dies ist Teil seiner Aufgaben als Träger der Personalhoheit auf Vorstandsebene.[159] Er muss für Gleichberechtigung sorgen, wenn der Gesamtvorstand dies nicht von sich aus erreicht. Setzt der Aufsichtsrat den Grundsatz der Gleichberechtigung der Vorstandsmitglieder nicht durch oder billigt er eine Organisation, die zu Ungleichgewichten führt, übernimmt er selbst gewollt oder ungewollt die eigentlich den anderen Vorstandsmitgliedern obliegende Verantwortung für die gegenseitige Überwachung der Vorstandsmitglieder. 157

Vor allem entsteht eine derartige Verantwortung des Aufsichtsrats, wenn dieser durch einen von ihm verfassten oder doch gebilligten **Geschäftsverteilungsplan** ein entstehendes Ungleichgewicht überhaupt erst ermöglicht oder sogar herbeigeführt hat. Da von ihm eingehende Kenntnisse vom Unternehmen erwartet werden müssen, kann für ihn das Argument, er habe die aus der Geschäftsverteilung entstehende Gewichtsungleichheit der Ressorts nicht voraussehen können, nicht gelten. 158

Die organschaftlichen Pflichten müssen von einem ernannten Vorstandsmitglied **persönlich ausgeübt** werden. Das Vorstandsmitglied ist nur persönlich zur Wahrnehmung seiner Rechte berechtigt. Keine der bestehenden Kompetenzen kann an andere nicht dem Vorstand angehörende Personen delegiert werden. Allerdings ist es zulässig, dass ein verhindertes Vorstandsmitglied eigene organschaftliche Pflichten und Rechte auf ein anderes Vorstandsmitglied mit dessen Einverständnis überträgt. Unabhängig hiervon ist die Übertragung vorbereitender oder ausführender Aufgaben auf Mitarbeiter oder Dritte zu sehen. 159

1. Gegenseitige Treuepflicht

Die Vorstandsmitglieder sind untereinander **zu gegenseitiger Treue verpflichtet.** Entgegen der in der Vorauflage[160] geäußerten Ansicht besteht diese Treuepflicht allerdings nicht originär zwischen den einzelnen Vorstandsmitgliedern, sondern ist Teil der Treuepflicht gegenüber der Gesellschaft. Die Treuepflicht beginnt im Zeitpunkt der Bestellung zum Mitglied des Vorstands und endet im Allgemeinen mit dem Ausscheiden aus dem Vorstand.[161] Sie ist nicht rechtsgeschäftlich begründet.[162] Vielmehr entsteht sie als organschaftliche Verpflichtung durch den Bestellungsakt und unabhängig vom Abschluss eines Anstellungsvertrags. Sie kann aber durch Abschluss des Anstellungsvertrags rechtsgeschäftlich verstärkt werden. 160

Diese Treuebindung gebietet jedem Vorstandsmitglied, alles zu unterlassen, was die Arbeit eines anderen Vorstandsmitglieds behindert oder erschwert. Umgekehrt ist jedes 161

---

[158] *Hoffmann-Becking* ZGR 1998, 497, 514; s. auch *Fleischer* ZIP 2003, 1, 8.
[159] *Spindler* in MüKoAktG Vor § 76 Rn. 3.
[160] Vorauf. § 1 Rn. 166.
[161] Im Rahmen einer nachwirkenden Treuepflicht kommt ihre Fortdauer aus Gründen der Rechtssicherheit und zum Schutz der Gesellschaft in Betracht. Insbesondere die Schweigepflicht dauert regelmäßig fort; vgl. *Fleischer* in Spindler/Stilz AktG § 93 Rn. 158.
[162] AA *Hüffer* AktG § 84 Rn. 10.

Vorstandsmitglied verpflichtet, seine Kollegen und zwar jeden einzeln zu unterstützen und ihm bei der Wahrnehmung seiner Belange zu helfen. Zu den Pflichten jedes Vorstandsmitglieds gehört auch die Wahrnehmung der **gegenseitigen Überwachungspflicht.** Jedes Vorstandsmitglied ist verpflichtet, seine(n) Kollegen über wesentliche von ihm unternommene oder unterlassene Geschäfte und Maßnahmen zu unterrichten, auf Verlangen die Gründe für sein Verhalten darzulegen und ggf. auch Unterlagen zur Einsicht zur Verfügung zu stellen. Diese gegenseitige Unterrichtung erfolgt im Allgemeinen in den regelmäßigen Vorstandssitzungen. Bei Bedarf müssen die Kollegen aber auch außerhalb der Sitzungen mündlich oder in Textform informiert werden.

2. Gegenseitige Förderpflicht

162   Jedes Vorstandsmitglied ist verpflichtet, die **Führung anderer Ressorts** oder Bereiche durch seine Vorstandskollegen zu fördern und zu unterstützen (zur gegenseitigen Förderpflicht der Organe → Rn. 128 f.). Dazu gehört es, den Kollegen auf von diesem nicht oder nicht in vollem Umfang erkannte Risiken hinzuweisen. Ebenso muss jedes Vorstandsmitglied von ihm erkannte Geschäftschancen eines anderen Ressorts seinem Kollegen deutlich machen und ihm behilflich sein, die Chancen im Interesse des Unternehmens zu nutzen. Die Entscheidung über die Wahrnehmung einer solchen Chance hat allerdings allein das zuständige Vorstandsmitglied zu treffen. Es darf durchaus auf die Wahrnehmung solcher Chancen verzichten, wenn in der Geschäftspolitik seines Ressorts liegende Gründe dies erforderlich machen oder zumindest rechtfertigen.

VII. Organstreitigkeiten

1. Allgemeines

163   Gelegentlich entstehen in den Organen einer AG Meinungsverschiedenheiten über die Rechte und Pflichten eines Organs zu einem anderen Organ (sog. **Interorganstreitigkeiten**) oder über die Rechte und Pflichten eines Organmitglieds zu „seinem" Organ (sog. **Intraorganstreitigkeiten**). Fragen des Rechtsschutzes bei Kompetenzstreitigkeiten oder Ansprüchen zwischen den Organen sowie zwischen Organmitgliedern und Organen werden vom AktG weitgehend offen gelassen. Das Schrifttum zu diesen Fragen ist sehr umfangreich, eine einheitliche Meinung hat sich (noch) nicht entwickelt.[163] In der Praxis hat diese Meinungsverschiedenheit allerdings, nur eine geringe Bedeutung. Im Übrigen steht auch bei den wissenschaftlichen Abhandlungen über Organstreitigkeiten eher der Aufsichtsrat – und weniger der Vorstand – im Fokus.

164   Nicht in den Bereich der Organstreitigkeiten gehört die **Geltendmachung von Ansprüchen eines Organmitglieds,** insbesondere von Zahlungsansprüchen gegen die Gesellschaft.[164] Ansprüche der Organmitglieder auf Vergütung oder Auslagenersatz richten sich allein gegen die Gesellschaft. Bei Ansprüchen von Mitgliedern des Vorstands sind diese gegen die Gesellschaft, vertreten durch den Aufsichtsrat (vgl. § 112 AktG), bei Ansprüchen von Mitgliedern des Aufsichtsrats gegen die Gesellschaft, vertreten durch den Vorstand (vgl. § 78 AktG), zu richten. Mit einer Organstreitigkeit haben derartige Rechtsverhältnisse nichts zu tun.

165   Eigenen Grundsätzen folgen auch Klagen von Aufsichtsratsmitgliedern gegen die **Gültigkeit von Aufsichtsratsbeschlüssen** und dementsprechend auch Klagen von Vorstandsmitgliedern gegen die **Gültigkeit von Vorstandsbeschlüssen.** Gegen große Teile des Schrifttums[165] hat der BGH[166] entschieden, dass in solchen Fällen eine **entsprechende**

---

[163] Vgl. die Literaturübersicht bei *Spindler* in MüKoAktG Vor § 76 vor Rn. 49.
[164] *Hüffer* AktG § 90 Rn. 16; *Hoffmann-Becking* in MHdB AG § 33 Rn. 70.
[165] Vgl. *Baums* ZGR 1983, 300, 305 ff.; *Kindl* AG 1993, 151, 155; *Rellermeyer* ZGR 1993, 77, 101; *Paefgen* ZIP 2004, 145, 149 ff.
[166] BGHZ 122, 342, 347 f., 124, 111, 115.

Anwendung der Vorschriften über die Nichtigkeit und die Anfechtung von Hauptversammlungsbeschlüssen nicht in Frage kommt. Organbeschlüsse sind entweder gültig oder nichtig.[167] Allerdings kann die Nichtigkeit bei leichten Verstößen gegen Verfahrensvorschriften, vor allem bei verzichtbaren Verfahrensregeln, nach einer gewissen Zeit nicht mehr geltend gemacht werden. Über die Nichtigkeit oder die Gültigkeit eines Organbeschlusses entscheiden die Gerichte aufgrund einer gegen die Gesellschaft gerichteten Feststellungsklage.

2. Streitigkeiten zwischen Vorstand und Aufsichtsrat

Die Fragen rund um den sog. Interorganstreit sind wenig praktisch. Immerhin hat sich der BGH mit der Zulässigkeit von Interorganstreitigkeiten bereits befasst und diese Frage ausdrücklich offen gelassen.[168] Das Schrifttum steht dagegen Interorganklagen überwiegend aufgeschlossen gegenüber.[169] Der gelegentlich hiergegen eingewandte Hinweis auf die üblichen aktienrechtlichen Mittel (notfalls auch die Abberufung des Vorstands)[170] überzeugt nicht, denn schließlich sollte nicht jede Meinungsverschiedenheit zwischen Vorstand und Aufsichtsrat gleich mit einer Abberufung dissentierender Vorstandsmitglieder gelöst werden.[171]

Wenn ein Rechtsstreit geführt werden soll, muss sehr viel Zeit zur Verfügung stehen. Dringende Angelegenheiten sind hierfür folglich ungeeignet. Regelmäßig wird in solchen Fällen sogar das Rechtsschutzinteresse für eine Klage fehlen. Allerdings kann sich nach Sachlage ein Interesse an einem einstweiligen Rechtsschutz ergeben.

3. Streitigkeiten innerhalb eines Organs

Zwischen den Mitgliedern desselben Organs können durchaus **unterschiedliche Auffassungen** über Handlungsbedarf und Unterlassungspflichten bestehen. Diese sind im Wege eines sog. Intraorganstreits zu lösen. Beispielhaft hierfür steht die Frage, ob ein beabsichtigtes Vorstandshandeln zweckmäßig oder unternehmensschädigend ist.

Auch und wohl häufiger kann es vorkommen, dass ein **Vorstandsbeschluss** (oder auch ein Aufsichtsratsbeschluss) wegen eines Verstoßes gegen Bestimmungen des Gesetzes oder der Satzung **nichtig** ist. Nach höchstrichterlicher Rechtsprechung,[172] der sich das Schrifttum weitgehend angeschlossen hat,[173] gibt es in der AG keine Anfechtbarkeit von Beschlüssen der Verwaltungsorgane. Sie sind entweder gültig oder nichtig. Allerdings kann die Angreifbarkeit nichtiger Organbeschlüsse, deren Nichtigkeit auf heilbaren Mängeln beruht, nach Ablauf einer gewissen Zeit (etwa eines Monats) entfallen. Sie erwerben Bestandskraft, wenn das Recht zur Berufung auf die Nichtigkeit **durch Zeitablauf verwirkt** ist.[174] Hat aber ein Vorstandsmitglied den Mangel zeitgerecht gerügt und mit seinem Hinweis auf die Beschlussnichtigkeit im Vorstand keinen Erfolg, kann es die Nichtigkeit des Beschlusses mittels einer Feststellungsklage gegen die Gesellschaft, vertreten durch den Aufsichtsrat, gerichtlich feststellen lassen. Entsprechend muss ein betroffenes Aufsichtsratsmitglied sein

---

[167] Ebenso zB *Habersack* in MüKoAktG § 108 Rn. 81; *Hüffer* AktG § 108 Rn. 28.
[168] Vgl. BGHZ 106, 54, 60 ff.
[169] Für die Zulassung einer Klage in diesem Verhältnis zB *Fleischer* in Spindler/Stilz AktG § 90 Rn. 70; *Lutter*, Information und Vertraulichkeit im Aufsichtsrat, 2. Aufl. 1984, 69 f.; *K. Schmidt* ZZP 92 (1979), 212, 214 ff.; *Bork* ZGR 1989, 1 ff.; *Bauer*, Organklagen zwischen Vorstand und Aufsichtsrat der Aktiengesellschaft, 1986, 49 ff.; *Steinbeck*, Überwachungspflicht und Einwirkungsmöglichkeit des Aufsichtsrats in der Aktiengesellschaft, 1992, 191 ff., 196 ff.; dagegen zB *Hüffer* AktG § 90 Rn. 18 f.; *Werner* AG 1990, 1, 16.
[170] In diese Richtung *Hüffer* AktG § 90 Rn. 19.
[171] Ebenso *Spindler* in MüKoAktG Vor § 76 Rn. 49; *Fleischer* in Spindler/Stilz AktG § 90 Rn. 70.
[172] BGHZ 122, 341, 346 ff.; 124, 111, 115; 135, 244, 247.
[173] Vgl. *Hoffmann-Becking* in MHdB AG § 31 Rn. 106 ff.; *Habersack* in MüKoAktG § 108 Rn. 81; *Hüffer* AktG § 108 Rn. 28.
[174] BGHZ 122, 341, 351 f.; BayObLG NZG 2003, 691, 693 f.; *Habersack* in MüKoAktG § 108 Rn. 82.

Feststellungsinteresse durch eine Klage gegen die Gesellschaft, vertreten durch den Vorstand, vorbringen. In beiden Fällen handelt es sich nicht um einen Organstreit.

170 Wenn ein Vorstandsmitglied einen gültigen **Vorstandsbeschluss** als **rechtswidrig** betrachtet, kann es ihm nicht verwehrt werden, sein durch das Haftungsrisiko gegebenes Feststellungsinteresse gerichtlich nachprüfen zu lassen. Aber auch sonst kann ein Vorstandsmitglied durchaus daran interessiert sein, die Rechtswidrigkeit eines Beschlusses gerichtlich feststellen zu lassen. Das Interesse an einer rechtmäßigen Amtsführung des Vorstands begründet regelmäßig ein entsprechendes gerichtlich zu beachtendes Feststellungsinteresse.

171 In der Praxis wird ein solches gerichtliches Verfahren kaum durchgeführt werden. Wenn die Vorstandsmitglieder sich trotz dieser Meinungsverschiedenheiten gut verstehen, würde ein **Sachverständigengutachten** den Streit ebenso beilegen können. Dies gilt vor allem dann, wenn sich die Vorstandsmitglieder darauf geeinigt haben, das Ergebnis anerkennen zu wollen. Schließlich könnte auch ein **Schiedsverfahren** in Betracht kommen.

4. Streitigkeiten zwischen Organmitgliedern und einem anderen Organ

172 Derartige Streitigkeiten sind in der Praxis nicht so selten wie die zuvor aufgeführten Konstellationen. Sie bergen verschiedenste Rechtsprobleme – insbesondere Kompetenzprobleme und Verfahrensfragen – in sich. In der Praxis finden sich hierbei vornehmlich Klagen einzelner Aufsichtsratsmitglieder gegen den Vorstand, die überwiegend Informationsdefizite betreffen.

173 Sofern einzelne Mitglieder mit ihrer Klage die Rechte des Gesamtorgans oder gar der Gesellschaft geltend machen wollen, handelt es sich um eine **actio pro socio** (das Vorstandsmitglied will einen Anspruch der Gesellschaft geltend machen). In diesen Konstellationen besteht keine Klagemöglichkeit. Da es bereits an einem Rechtsschutzinteresse fehlt, wenn das betreffende Organ als Gremium klagen würde, kann ein (vermeintlicher) Anspruch erst recht nicht von einem einzelnen Vorstandsmitglied geltend gemacht werden. Selbst wenn man Interorganstreitigkeiten grundsätzlich zulassen wollte, müsste das klagende Organmitglied erst einmal die innerorganschaftlichen Rechtsbehelfe ausschöpfen, bevor es Organrechte gegenüber einem anderen Organ geltend machen will.[175]

174 Sofern – wie im Falle des § 90 Abs. 3 S. 2 und Abs. 5 AktG – dem einzelnen Organmitglied ein **Individualrecht** zusteht, kann er dieses problemlos im eigenen Namen gegen das verpflichtete Organ (richtigerweise: gegen die Gesellschaft) geltend machen. Anders liegt der Fall, in dem ein Organmitglied einen dem Organ in toto zustehenden Anspruch geltend machen möchte. Hier gibt es keine Möglichkeit, dies aus eigenem Recht zu betreiben; eine entsprechende Klage wäre unzulässig.

VIII. Kontrolle des Aufsichtsrats durch den Vorstand

175 Die Mitglieder des Vorstands haben die Regeln ordnungsmäßiger Unternehmensführung zu beachten (Ziff. 3.8 DCGK). Darunter fällt auch die **Rechtmäßigkeitskontrolle im Verhältnis zum Aufsichtsrat**. Wenn sich ein Mitglied des Aufsichtsrats pflichtwidrig verhält und dadurch einen Schadensersatzanspruch verursacht, ist der Vorstand von Rechts wegen gehalten, den bestehenden Ersatzanspruch der Gesellschaft geltend zu machen.[176] Es wird nicht verkannt, dass derartige Ansprüche in der Praxis kaum geltend gemacht werden. Aber es ist seit langem unbestritten, dass ein langjährig geübter Schlendrian bestehende Rechtspflichten nicht beseitigt.

176 Der Vorstand ist auch verpflichtet, die **Einhaltung der Verschwiegenheitspflicht seitens der Aufsichtsratsmitglieder** zu kontrollieren und durchzusetzen. Er muss auf Ver-

---

[175] Ebenso *Fleischer* in Spindler/Stilz AktG § 90 Rn. 72 aE.
[176] Die Grundsätze des „ARAG"-Urteils (BGHZ 135, 244, 253) gelten nicht nur im Verhältnis des ansprucherhebenden Aufsichtsrats gegenüber einem Mitglied des Vorstands, sondern genauso umgekehrt.

stöße aufmerksam machen und die Täter ermahnen. Auch ist ein gerichtlicher Ausschluss aus dem Aufsichtsrat in Erwägung zu ziehen. Wenn mit diesen Mitteln nichts erreicht worden ist, muss er den nach dem Gesetz für eine Strafverfolgung notwendigen Strafantrag für die Gesellschaft stellen (vgl. § 404 Abs. 3 AktG). Allerdings kann der Vorstand in Sonderfällen abwägen, ob die Gesellschaft durch ein solches Strafverfahren Schaden erleidet und ggf. von einem Strafantrag absehen. Dies sollte aber in geeigneter Weise, zB durch Berichterstattung im Geschäftsbericht, publik gemacht werden. Andernfalls läuft der Vorstand Gefahr, wegen Zulassung eines Bruchs der Verschwiegenheitspflicht seinerseits mit Schadensersatzforderungen überzogen zu werden.

IX. Rechte des Aktionärs gegenüber dem Vorstand

Der Aktionär hat nur wenig Rechte gegenüber dem Vorstand. Es sind versammlungsgebundene und nicht versammlungsgebundene Rechte zu unterscheiden.[177] Die ihm zustehenden **versammlungsgebundenen Rechte** kann der Aktionär nur in der Hauptversammlung geltend machen, wie zB das Stimmrecht oder das Auskunftsrecht. Vor allem zur Auskunftserteilung in der Hauptversammlung ist der Vorstand primärverpflichtetes Gesellschaftsorgan.[178]

Die **nicht versammlungsgebundenen Rechte** des Aktionärs sind vor allem die Vermögensrechte (wie zB der Dividendenanspruch). Aber auch einzelne Kontrollbefugnisse und Informationsrechte des Aktionärs können außerhalb der Hauptversammlung geltend gemacht werden; sie richten sich allerdings durchweg gegen die Gesellschaft und nicht gegen den Vorstand.

C. Die Leitungsaufgabe des Vorstands

I. Leitung und Geschäftsführung

Nach § 76 Abs. 1 AktG hat der Vorstand die Gesellschaft **unter eigener Verantwortung zu leiten.** Daneben setzt § 77 AktG voraus, dass dem Vorstand auch die Geschäftsführung in der Aktiengesellschaft obliegt. Während es bei der Geschäftsführung um jedwede Art rechtlicher und tatsächlicher Tätigkeit für das Unternehmen geht, betrifft die Leitung die Führungsfunktion.[179] Die Leitung der Gesellschaft ist mithin ein Ausschnitt aus den Geschäftsführungsaufgaben, wenngleich der wichtigste. Seine besondere Erwähnung in § 76 Abs. 1 AktG bedeutet zugleich einen Ausschluss anderer Organe von ebendieser Leitungsfunktion.

Die in § 76 Abs. 1 AktG erwähnte Leitungskompetenz umfasst sowohl die Wahrnehmung der originären Führungsfunktionen (→ Rn. 181 ff.) als auch das Treffen von Führungsentscheidungen Daneben gehören auch die Erledigung der so genannten handelsrechtlichen Grund- oder Mindestzuständigkeiten (→ Rn. 221 ff.) sowie die laufende Geschäftsführung, also die Erledigung des Tagesgeschäfts (→ Rn. 233 ff.), dazu. Anders als die Geschäftsführung ist die Leitungsaufgabe weder teilbar noch delegierbar.[180] Sie verkörpert die Unternehmerfunktion des Vorstands[181] und bedarf deswegen mehr als nur die Beachtung von Gesetzen und vorformulierten Führungsgrundsätzen. Sie bedarf der schöpferischen Ideen und des Gestal-

---

[177] Vgl. zu dieser Unterscheidung *Kubis* in MüKoAktG § 118 Rn. 35 ff.
[178] Vgl. *F.-J. Semler* in MHdB AG § 37 Rn. 5.
[179] AllgM, vgl. nur *Wiesner* in MHdB AG § 19 Rn. 13; *Hüffer* AktG § 76 Rn. 8; *Spindler* in MüKoAktG § 76 Rn. 16 f.
[180] *Spindler* in MüKoAktG § 77 Rn. 63; *Hüffer* AktG § 76 Rn. 8.
[181] Ebenso *Fleischer* ZIP 2003, 1, 2.

tungswillens durchsetzungsfähiger Menschen. Ihre Verwirklichung beinhaltet Risiken, ohne die eine unternehmerische Leistung nicht vollbracht werden kann.

II. Originäre Führungsfunktionen

181 Als originäre Führungsfunktionen werden Funktionen bezeichnet, die in jeder AG ausgeübt werden müssen. Wenn diese Funktionen nicht ausgeübt werden, können weder die Gesellschaft noch das Unternehmen „funktionieren". Um die Funktionsfähigkeit des Unternehmens abzusichern, sieht das Gesetz den Vorstand als das exklusive Leitungsorgan der AG vor. Er formt den Willen der Gesellschaft und bringt ihn durch tatsächliches oder rechtsgeschäftliches Handeln zum Ausdruck. Nur der Vorstand ist von Rechts wegen dazu befugt und in der Lage.

182 Der Vorstand kann und darf auf die Wahrnehmung der originären Führungsfunktionen **nicht verzichten.** Er muss sie selbst ausüben und darf sie weder an nachgeordnete Stellen delegieren noch Dritten (Beratern) zur Wahrnehmung übertragen. Tut er dies doch, so kommt dies einer (rechtlich unzulässigen) Selbstentmündigung gleich. Der Vorstand kann seine organschaftliche Leitungskompetenz nicht wahrnehmen, wenn er die Entscheidung über die originären Führungsfunktionen aus der Hand gibt.

183 Im Einzelnen umfassen die originären Führungsfunktionen in einem Unternehmen[182] folgende **Aufgabenbereiche:**[183]

1. Unternehmensplanung

184 Ohne eine sachgerechte Unternehmensplanung kann eine gesunde Entwicklung des Unternehmens nicht erwartet werden. Dabei kommt es nicht darauf an, ein wirklichkeitsnahes Zahlenbild zu entwickeln. Es geht vielmehr darum, die **„beabsichtigte Geschäftspolitik und andere grundsätzliche Fragen der Unternehmensplanung"** (insbesondere die Finanz-, Investitions- und Personalplanung; § 90 Abs. 1 S. 1 Nr. 1 AktG) darzustellen und die Auswirkungen der geplanten Vorhaben auf Umsatz, Ertrag und Finanzierung aufzuzeigen. Die Verpflichtung zur Unternehmensplanung folgt nicht nur formal aus dem Gesetz, das eine entsprechende Berichterstattung an den Aufsichtsrat vorsieht und damit eine entsprechende Planung durch den Vorstand voraussetzt, sondern auch daraus, dass eine erfolgreiche Unternehmensentwicklung, die der Vorstand anzustreben hat, ohne eine entsprechende langfristige Unternehmensplanung nicht erreicht werden kann.

185 Der Kodex legt die **Verpflichtung zur Entwicklung einer langfristigen Geschäftspolitik** besonders fest: „Der Vorstand entwickelt die strategische Ausrichtung des Unternehmens, stimmt sie mit dem Aufsichtsrat ab und sorgt für ihre Umsetzung."

2. Unternehmenskoordinierung

186 Mit der Unternehmenskoordinierung müssen die dem Unternehmen zur Verfügung stehenden **Ressourcen zu optimaler Wirkung gebracht** werden. Der Vorstand muss darauf hinwirken, dass alle Kräfte sachgerecht gebündelt und gezielt zum Einsatz gebracht werden. Die Unternehmenskoordinierung muss regelmäßig auf zwei verschiedenen Ebenen erfolgen:

a) Koordinierung der Vorstandstätigkeit

187 Die Koordinierung muss zunächst innerhalb des Vorstands in ihren Grundsätzen festgelegt und im Tagesgeschehen gesichert werden. Die grundsätzliche Koordinierung geschieht

---

[182] Zu den entsprechenden Aufgaben im Konzern → § 14 Rn. 54 ff., 112 ff.
[183] Ähnlich die hM, vgl. *Seibt* in K. Schmidt/Lutter AktG § 76 Rn. 9; *Spindler* in MüKoAktG § 76 Rn. 16; einen anderen Ansatz mit entsprechend abweichender Kategorisierung verfolgt *Fleischer* ZIP 2003, 1, 5 f.

C. Die Leitungsaufgabe des Vorstands

durch eine „Geschäftsordnung für den Vorstand" (Anlage § 1–2) und einen entsprechenden „Geschäftsverteilungsplan" (Anlage § 1–3). Die laufende Koordinierung erfolgt durch **regelmäßige Vorstandssitzungen.**

Der Vorstand ist verpflichtet, regelmäßig **Vorstandssitzungen** abzuhalten. In diesen Sitzungen müssen die in die Zuständigkeit des Gesamtvorstands fallenden Vorgänge vorgetragen, erörtert und ggf. zur Behandlung erforderliche Beschlüsse gefasst werden. Jedes Vorstandsmitglied muss über die sein Ressort betreffenden wesentlichen Vorgänge berichten und Fragen der Kollegen beantworten.

In Zuständigkeitsfragen sind zahlreiche **Konfliktfälle** denkbar. Wenn die Geschäftsordnung und der Geschäftsverteilungsplan nichts dazu bestimmen und nicht die gesetzlich im Prinzip vorgesehene Gesamtgeschäftsführung durch alle Vorstandsmitglieder (vgl. § 77 Abs. 1 AktG) gilt, wird wie folgt zu verfahren sein:

– **Jedes Vorstandsmitglied** ist berechtigt und verpflichtet, Vorgänge seines eigenen Ressorts in der Vorstandssitzung vorzutragen und eine Entscheidung des Gesamtvorstands zu fordern.
– Vorgänge, die an und für sich in die Ressortzuständigkeit eines Vorstandsmitglieds fallen, deren Behandlung im Gesamtvorstand **von einem anderen Vorstandsmitglied** gefordert wird, müssen in der Vorstandssitzung erörtert werden.
– Der **Gesamtvorstand** kann die Behandlung eines jeden Vorgangs mit einfacher Mehrheit an sich ziehen.

Angelegenheiten, die in irgendeiner Weise in die **Zuständigkeit des Gesamtvorstands** gebracht worden sind, können von diesem in folgender Weise erledigt werden:
– Der Gesamtvorstand kann in der Angelegenheit eine endgültige Entscheidung treffen.
– Wenn Unklarheit über die Zuständigkeit nach der Geschäftsordnung besteht, kann der Gesamtvorstand klärend die Erledigung einem nach seiner Auffassung zuständigen Vorstandsmitglied zuweisen.
– Der Gesamtvorstand ist nicht befugt, ohne Einwilligung des ressortzuständigen Vorstandsmitglieds die Erledigung einem anderen Vorstandsmitglied zuzuweisen. Dies kann der Vorstand ohne Mitwirkung des Aufsichtsrats nur durch Änderung der von ihm erlassenen Geschäftsordnung erreichen. Willigt das Vorstandsmitglied ein, liegt darin kein unzulässiger Eingriff in das Recht des Aufsichtsrats zur Festlegung der Ressortzuständigkeit, sondern die zulässige ausnahmsweise Übertragung einer Zuständigkeit im Einzelfall.
– Der Gesamtvorstand kann den Aufsichtsrat um Klärung der Zuständigkeit bitten, wenn keine vorstandsinterne Einigung zu erreichen ist.

Wenn der Aufsichtsrat die Geschäftsordnung erlassen hat, kann nur dieser über eine Änderung beschließen.

Ob eine die **Kompetenzen regelnde Geschäftsordnungsbestimmung,** nach der der Vorstand durch Mehrheitsentscheidung gegen den Willen des ressortzuständigen Vorstandsmitglieds die Behandlung einer Angelegenheit einem an und für sich nicht zuständigen Vorstandsmitglied mit rechtlicher Wirkung zuweisen kann, ist zweifelhaft, richtigerweise aber wohl unzulässig. Es handelt sich rechtlich gesehen um eine Änderung der Geschäftsverteilung und damit der Geschäftsordnung, die der Vorstand nur einstimmig beschließen kann. Keine Bedenken bestehen gegen eine Bestimmung, nach der der Vorstand eine Angelegenheit, für deren Behandlung sich niemand als zuständig erklärt (negativer Kompetenzkonflikt) oder für deren Behandlung sich mehrere Vorstandsmitglieder als zuständig betrachten (positiver Kompetenzkonflikt), durch Mehrheitsbeschluss einem einzelnen Vorstandsmitglied zur Erledigung zuweisen kann.

Angelegenheiten, die in die **Zuständigkeit mehrerer Vorstandsmitglieder** fallen, müssen von diesen gemeinsam entschieden werden. Einigen sich die betroffenen Vorstandsmitglieder nicht, muss der Gesamtvorstand entscheiden. Jedes betroffene Vorstandsmitglied ist berechtigt, die Angelegenheiten auf die Tagesordnung der nächsten Vorstandssitzung zu setzen. Dies zwingt die mitzuständigen Vorstandsmitglieder in gewichtigen Fällen zur Anfertigung und Verteilung einer entsprechenden Vorstandsvorlage.

Kubis

193 Es gibt **keine gesetzlichen Vorgaben für die Vorstandssitzung.** Umso wichtiger sind Grundsätze, die aus der jedem Vorstandsmitglied obliegenden Sorgfaltspflicht folgen. Ein auf die Einhaltung der gesetzlich gebotenen Sorgfaltspflicht bedachter Vorstand wird Folgendes beachten:
- Zu jeder Vorstandssitzung werden sämtliche Vorstandsmitglieder unter Wahrung einer regelmäßig in der Geschäftsordnung festgelegten Frist unter Angabe der zu behandelnden Tagesordnungspunkte **eingeladen.** Fehlt es an einer solchen Festlegung, ist eine Frist von fünf Werktagen angemessen, die in Eilfällen auf drei Tage abgekürzt werden kann. Intern zuständig für die Einladung ist der Vorstandsvorsitzende.
- Allen Vorstandsmitgliedern sind zu jedem bedeutsamen Tagesordnungspunkt rechtzeitig vor der Sitzung **schriftliche Vorlagen** zu übermitteln, in denen der Vorgang geschildert, Handlungsalternativen aufgezeigt und ein Beschluss vorgeschlagen werden. Tischvorlagen und so genannte „hand-outs" sollten nur in Ausnahmefällen Grundlage der Beratung sein; im Zweifel kann jedes Vorstandsmitglied der Beschlussfassung in einer solchen nicht ordnungsgemäß vorbereiteten Angelegenheit mit der Wirkung widersprechen, dass in dieser Sitzung nicht beschlossen werden darf.
- In der Vorstandssitzung wird der **Vorgang** vom zuständigen Vorstandsmitglied (zusätzlich) mündlich **erläutert.** Dabei wird insbesondere auf die Auswirkungen auf die Ertrags-, Vermögens- und Finanzlage des Unternehmens hingewiesen.
- Allen Vorstandsmitgliedern wird Gelegenheit zu weiteren Fragen gegeben. Das vorbefasste Vorstandsmitglied oder die vorbefassten Vorstandsmitglieder sollen entsprechende **weitere Erläuterungen** geben.
- Nach Abschluss der Diskussion wird über den vorgeschlagenen, ggf. in der Diskussion abgeänderten Beschluss **abgestimmt;** die Abstimmungsleitung obliegt dem Vorstandsvorsitzenden. Eine Vertagung kann – vorbehaltlich abweichender Geschäftsordnung – nur einstimmig beschlossen werden; ein gegen den Willen des einbringenden Vorstandsmitglieds gefasster (mehrheitlicher) Vertagungsbeschluss ist nur bei Informationsdefiziten oder aus besonderen sachlichen Gründen zulässig.
- Der Beschluss wird unter Wiedergabe der wesentlichen in der Sitzung vorgetragenen Überlegungen **in eine Niederschrift aufgenommen,** die vom Leiter der Sitzung (in der Regel der Vorstandsvorsitzende) unterzeichnet wird. Die Niederschrift soll entsprechend den für die Niederschrift über Aufsichtsratssitzungen geltenden Grundsätzen (vgl. § 107 Abs. 2 AktG) abgefasst werden.
- Beschlüsse des Vorstands in Vorstandssitzungen werden **mit einfacher Mehrheit** gefasst, es sei denn, die Regelung des Gesetzes über die gemeinschaftliche Geschäftsführung des Vorstands (§ 77 Abs. 1 AktG) ist, weil nicht in der Satzung oder einer Geschäftsordnung durch andere Regelungen außer Kraft gesetzt, anzuwenden. Dann bedarf ein Vorstandsbeschluss der Einstimmigkeit.

194 Die Beschlüsse des Vorstands bedürfen der **Bekanntgabe an die betroffenen Personen** im Unternehmen. Dies ist keine aktienrechtliche Wirksamkeitsvoraussetzung, aber notwendig, um das Beschlossene praktisch wirksam werden zu lassen. Rechtsgeschäftlich bedeutsame Erklärungen gegenüber Dritten gibt die Gesellschaft (nicht der Vorstand) nach Maßgabe der bestehenden rechtsgeschäftlichen Vertretungsbefugnisse bekannt. Ganz allgemein empfiehlt es sich, die Ergebnisse einer Vorstandssitzung durch das zuständige Vorstandsmitglied alsbald auch im Kreis der oberen und ggf. der mittleren Führungskräfte des jeweiligen Ressorts bekannt zu geben, soweit es sich nicht um geheim zu haltende Vorgänge handelt. Vertraulich zu behandelnde Vorgänge sollten, wenn nicht ausdrücklich etwas anderes festgelegt worden ist, in diesem Kreis mit entsprechendem Vertraulichkeitshinweis vorgetragen werden. Unnötigen Gerüchten im Unternehmen wird am besten durch weite Offenheit entgegengewirkt.

195 Ob Vorstandsmitglieder fordern können, dass in einer ordnungsmäßig angekündigten und vorbereiteten Angelegenheit die Beschlussfassung ausgesetzt wird, dass vor einer Beschlussfassung die Meinung des Aufsichtsrats(-vorsitzenden) erkundet werden soll oder

C. Die Leitungsaufgabe des Vorstands

sonstige **Modalitäten** zu beachten sind, sind Fragen, die ggf. **in der Geschäftsordnung zu regeln** sind.

Weder Satzung noch Geschäftsordnung können einem einzigen Vorstandsmitglied (auch nicht dem Vorstandsvorsitzenden) das Recht einräumen, einen positiven Beschluss gegen die Mehrheit seiner Kollegen durchzusetzen; ein derartiges **Alleinentscheidungsrecht** wäre wegen Verstoßes gegen § 77 Abs. 1 S. 2 AktG unzulässig.[184] Dagegen bestehen gegen Bestimmungen der Geschäftsordnung, mit denen besondere Rechte einzelner Vorstandsmitglieder geschaffen werden, keine Bedenken. Unzulässig sind allerdings Gestaltungen, die ein Vorstandsmitglied mit seinen Rechten derart aus der Reihe der anderen Vorstandsmitglieder herausheben, dass von einer annähernden Gleichberechtigung aller Vorstandsmitglieder nicht mehr gesprochen werden kann.

Es ist auch zulässig, einem Vorstandsmitglied das Recht einzuräumen, allgemein oder in bestimmten Fällen durch **Abgabe einer Nein-Stimme** einen Beschluss zu verhindern **(Veto-Recht).**[185] Dies kann zumindest in Unternehmen, auf die das MitbestG anzuwenden ist, zweifelhaft sein. Die Stellung des Arbeitsdirektors mit seiner alleinigen Zuständigkeit im Kernbereich der Personal- und Sozialfragen würde dadurch nämlich beeinträchtigt.[186]

Allgemein ist zu empfehlen, alle diese Fragen in der Geschäftsordnung für den Vorstand zu regeln. Dort wäre auch festzulegen, unter welchen Voraussetzungen die **Vertagung einer Beschlussfassung** verlangt werden kann. Auch sollte festgelegt werden, ob und wann über eine Angelegenheit, die in das Ressort eines abwesenden Kollegen fällt, Entscheidungen des Vorstands getroffen werden können.

b) Koordinierung der dem Vorstand nachgeordneten Führungskräfte

Der Vorstand muss dafür sorgen, dass alle ihm nachgeordneten Führungskräfte einen klaren **Aufgabenbereich zugeordnet** erhalten und der Aufgabenzuweisung[187] entsprechend tätig werden. Er muss zum einen Impulse und Anregungen für die Entwicklung der Aufgabenbereiche geben und sich zum anderen ständig einen Überblick über die Entwicklung dieser Bereiche verschaffen. Dabei gehört es zu seiner Aufgabe, sich ständig zu vergewissern, dass die jeweilige Führungskraft in der Lage ist, die ihr zugewiesenen Aufgaben sachgerecht zu erfüllen.[188] Dazu ist nicht nur das erforderliche Fachwissen notwendig, sondern auch ein hohes und der jeweiligen Aufgabe entsprechendes Maß an eigener Kreativität.

Wenn der Vorgesetzte feststellt, dass die beobachtete **Führungskraft nicht (mehr) in der Lage** ist, die mit ihrer Aufgabe verbundenen Arbeiten sachgerecht zu erledigen, muss er um eine andere Führungskraft besorgt sein. Wer keine volle Leistungsfähigkeit aufweist, kann keinen vollen Erfolg erzielen. Wenn sich ein Vorstandsmitglied mit mittelmäßigen Leistungen der ihm nachgeordneten Führungskräfte begnügt, wird auch sein Ressort insgesamt nur mittelmäßige Leistungen erbringen und nicht erfolgreich arbeiten können. Der Aufsichtsrat wird in derartigen Fällen zu prüfen haben, ob das Vorstandsmitglied abgelöst werden muss.

3. Unternehmenskontrolle

Die Verpflichtung zur Unternehmenskontrolle besteht in verschiedenartiger Weise.

Der Vorstand insgesamt muss sich ständig ein zutreffendes Bild von der **Lage und der Entwicklung des Unternehmens** verschaffen. Er muss die neuesten Daten mit den Plandaten abgleichen, Abweichungen zwischen Soll und Ist feststellen und die Gründe für

---

[184] Zu Historie vgl. *Fleischer* in Spindler/Stilz AktG § 77 Rn. 14 f.
[185] OLG Karlsruhe AG 2001, 93, 94; *Hüffer* AktG § 77 Rn. 12; kritisch *Hoffmann-Becking* NZG 2003, 745, 748.
[186] BGHZ 59, 48 58; *Hoffmann-Becking* ZGR 1998, 497, 519; *Mertens* in KK-AktG § 77 Rn. 10.
[187] Es dürfen nur einzelne Aufgaben (oder auch ein Bündel von Aufgaben) – nicht aber die Leitungsmacht selbst – an nachgeordnete Ebenen delegiert werden; vgl. *Fleischer* ZIP 2003, 1, 8.
[188] Dazu *Froesch* DB 2009, 722, 725.

203 Jedes Vorstandsmitglied muss sich ständig ein Bild von der **Lage und der Entwicklung seines eigenen Ressorts** machen. Es muss auch hier die neuesten Daten mit den Plandaten abgleichen und Abweichungen zwischen Soll und Ist analysieren. Bei positiven Abweichungen muss es feststellen, ob sich zusätzlicher oder sogar neuer Ressourcenbedarf ergibt und die entsprechende Bereitstellung – unter Umständen durch einen von ihm anzuregenden Vorstandsbeschluss – veranlassen. Bei negativen Abweichungen ist aktives und kreatives Handeln ganz besonders gefragt. Das zuständige Vorstandsmitglied muss die Entwicklung sorgfältig analysieren und bemüht sein, durch neue alternative Maßnahmen negative Entwicklungen zu bremsen, und zugleich versuchen, den beeinträchtigten Erfolg durch neue Vorhaben im Ergebnis doch noch zu verwirklichen. Wem in einer solchen Lage „nichts mehr einfällt", ist fehl am Platze und sollte seinen Stuhl freiwillig räumen.

204 Der Vorstand insgesamt[189] und jedes Vorstandsmitglied für das von ihm geleitete Ressort müssen bemüht sein, mit Hilfe des vom Gesamtvorstand und von ihm innerhalb des eigenen Ressorts eingerichteten **Risikoüberwachungssystems** negative Entwicklungen und sich anbahnende Bedrohungen frühzeitig zu erkennen (vgl. auch Ziff. 4.1.4 DCGK). Dabei ist dieser Erkenntnisbedarf nicht auf existenzbedrohende Entwicklungen beschränkt. Wenn das Gesetz sich darauf beschränkt, in § 91 Abs. 2 AktG ein besonderes System zur Erkennung von existenzbedrohenden Risiken vorzuschreiben, dann wird damit die aus der Sorgfaltspflicht (vgl. § 93 Abs. 1 AktG) folgende Verpflichtung jedes Vorstandsmitglieds, **alle Risiken** frühzeitig zu erkennen und den Folgen in geeigneter Weise zu begegnen, nicht beseitigt.[190] Der Vorstand muss jeden Schaden und alle Risiken – nicht nur existenzbedrohende Gefährdungen – von der Gesellschaft abwenden.

205 Jedem Vorstandsmitglied obliegt im Verhältnis zu seinen Kollegen eine **gegenseitige Überwachungspflicht**.[191] Die Anforderungen dürfen allerdings nicht überspannt werden.[192] In vertrauensvoller Zusammenarbeit müssen alle Vorstandsmitglieder darauf achten, dass die Kollegen ihre Aufgaben ordnungsmäßig erfüllen und mit einem Höchstmaß an Einsatzbereitschaft zur Entwicklung der Gesellschaft beitragen. Bestehende Schwächen müssen gemeinsam erkannt und erforderlichenfalls ausgeglichen werden. Dies ist schwierig, wenn sich in einem Vorstand Führungspersönlichkeiten entwickelt haben, die sich von einer kollegialen Zusammenarbeit praktisch entfernt haben. Es ist keineswegs eine verwerfliche „Meuterei", wenn sich in solchen Fällen mehrere Vorstandsmitglieder zusammenfinden, um dem „abgehobenen" Vorstandsmitglied eine engere Verbindung mit den Kollegen zu empfehlen. Aufgabe des Aufsichtsrats ist es, diese Bemühungen der zusammenarbeitswilligen Kollegen zu unterstützen und nicht etwa „Sanktionen" des übermächtigen Vorstandsmitglieds zu dulden.

206 Jedes Vorstandsmitglied ist verpflichtet, darauf zu achten, dass es selbst **keine vom Anstellungsvertrag** oder von Auslagenerstattungsordnungen **nicht gedeckten Leistungen** der Gesellschaft erhält und dass auch Kollegen keine solchen in Anspruch nehmen. Es empfiehlt sich im Interesse einer **kollegialen Hygiene und Integrität,** entsprechende Prüfungen durch dritte Sachverständige vornehmen zu lassen und nur die schriftlichen Prüfungsergebnisse gemeinsam zu erörtern. Häufig erhält nur der Vorstandsvorsitzende einen solchen Prüfungsbericht. Ein solches Verfahren sollte der Aufsichtsrat nicht dulden; er muss dafür sorgen – und sei es nur durch mündliche Fragen –, dass die einzelnen Vorstandsmitglieder jedenfalls in dieser eingeschränkten Form ihren Pflichten nachkommen können.

---

[189] Vgl. LG Berlin AG 2002, 682; *Krieger/Sailer* in K. Schmidt/Lutter AktG § 91 Rn. 6.
[190] *Spindler* in MüKoAktG § 91 Rn. 3; für die Konkretisierung einer bereits bestehenden Organpflicht durch § 91 Abs. 2 AktG auch *Preußner/Becker* NZG 2002, 846, 847.
[191] OLG Jena NZG 2010, 236, 238 für die GmbH; *Kort* in GroßkommAktG § 77 Rn. 37.
[192] *Hüffer* AktG § 77 Rn. 15.

4. Führungsstellenbesetzung

207 Es ist Sache des Gesamtvorstands und nicht Angelegenheit eines Ressortleiters, über die Besetzung von Führungsstellen, die einem Vorstandsmitglied in leitender Position unmittelbar nachgeordnet sind, zu entscheiden.[193] Dies folgt aus der Leitungskompetenz des Gesamtvorstands im Unternehmen.[194] Zwar wird normalerweise der Gesamtvorstand dem Besetzungsvorschlag des zuständigen Ressortleiters folgen. Er kennt den Bedarf und die in seinem Ressort vorhandenen Nachwuchskräfte am besten. Aber gerade diese obersten Führungsstellen müssen allen geeigneten Führungskräften offen stehen und dürfen nicht zu einem Besetzungsmonopol des Ressortleiters führen. Die derzeit noch gegenteilige Realität bedarf dringend einer Korrektur.

208 Die Führungsstellenbesetzung muss langfristig geplant werden. Dazu müssen sowohl der anstehende **Bedarf** als auch das **Reservoir** an werdenden Führungskräften erfasst werden. Unter der Leitung eines Vorstandsmitglieds, entweder des Personalvorstands oder des Vorstandsvorsitzenden, werden die für die nächsten Jahre anstehenden und geplanten Veränderungen zusammengestellt und idealerweise einmal im Jahr in einer besonderen Vorstandssitzung besprochen.

5. Konzernbestimmung

209 Bei herrschenden Unternehmen eines Konzernverbunds kommt eine weitere Führungsfunktion hinzu. Die üblichen Führungsfunktionen entstehen originär mit der Einsetzung eines Vorstands. Es bedarf keiner Maßnahme des Vorstands, um diese Funktionen zugeordnet zu erhalten. Anders verhält es sich mit der **Konzernbestimmungsfunktion.** Ein Konzern entsteht nicht durch den bloßen Erwerb einer herrschenden Beteiligungsposition und wohl auch nicht durch bloße Einflussnahme auf ein abhängiges Unternehmen von selbst. Es bedarf eines besonderen Beschlusses des Vorstands im herrschenden Unternehmen, das eigene mit einem anderen Unternehmen unter einheitlicher Leitung zusammenzufassen und so einen Konzernverbund zu schaffen.[195] Allerdings kann ein solcher Beschluss wohl auch durch entsprechendes Handeln zustande kommen, wenn der Vorstand sich über die Auswirkungen einer Einflussnahme klar ist. Die Konzernbestimmungsfunktion gehört zu den nicht delegierbaren Aufgaben des Vorstands. Der entsprechende Beschluss muss vom Gesamtvorstand gefasst werden.

210 Der **Inhalt des Konzernbestimmungsbeschlusses** hängt von der Art der Konzernverbindung ab.
– Wenn ein **Unternehmensvertrag** geschlossen werden soll, wird im Abschluss dieses Vertrags schon der Entschluss zur Einbeziehung des abhängigen Unternehmens in die einheitliche Leitung gesehen werden können. Es empfiehlt sich jedoch, im Vorstandsbeschluss über den Abschluss des Unternehmensvertrags auch die internen Zuständigkeiten, das Ausmaß der gewollten Einflussnahme und Dergleichen zu regeln.
– Bei einer **faktischen Abhängigkeit** gewinnt die Festlegung der vom herrschenden Unternehmen gewollten Einflussnahme besonderes Gewicht. Die Vermutungskette der §§ 15 ff. AktG trägt dazu nichts bei. Der Vorstand sollte bestimmen, wer im herrschenden Unternehmen zur Einflussnahme berechtigt ist und in welchem Maße Einfluss ausgeübt werden darf. Dies ist im Hinblick auf die gesetzlichen Folgen einer Einflussnahme von besonderer Bedeutung.

---

[193] Dieser Grundsatz gilt nur für die Besetzung von Führungsstellen, nicht aber für Büroleiter, Sekretärinnen, Assistenten und dergleichen.
[194] *Spindler* in MüKoAktG § 76 Rn. 17; *Henze* BB 2000, 209, 210.
[195] HM, vgl. *Seibt* in K. Schmidt/Lutter AktG § 76 Rn. 18.

III. Leitungsentscheidungen

1. Personelle Fragen

211 Im Gegensatz zu mit den mehr ökonomisch herausgehobenen Führungsentscheidungen stehen die **rechtlich bedeutsamen Leitungsentscheidungen**. Es handelt sich um Entscheidungen, die rechtswirksam nur vom ordnungsgemäß besetzten Gesamtvorstand getroffen werden können, weil sie Ausfluss des Leitungsprinzips sind.[196]

212 Das **Gesetz** schreibt vor, dass bei Gesellschaften mit einem Grundkapital von mehr als 3 Mio. Euro der Vorstand aus mindestens zwei Personen zu bestehen hat, es sei denn, die Satzung bestimmt, dass er nur aus einer Person besteht (§ 76 Abs. 2 AktG). Wenn in einer Gesellschaft mit einem Grundkapital von mehr als 3 Mio. Euro die Satzung keine Ausnahmeregelung getroffen hat und nur ein Vorstandsmitglied bestellt worden ist, können in dieser Gesellschaft so lange keine Leitungsentscheidungen getroffen werden, bis der Vorstand wieder ordnungsmäßig besetzt ist.

213 Die **Satzung** kann bestimmen, dass der Vorstand aus mehr als zwei Personen zu bestehen hat. Sie kann entweder selbst die höhere Zahl festlegen oder den Aufsichtsrat ermächtigen, die Zahl der Vorstandsmitglieder festzulegen. Auch in derartigen Fällen kann die Zahl der bestellten Vorstandsmitglieder unter der Zahl der in der Satzung genannten Zahl der Vorstandsmitglieder oder unter der vom Aufsichtsrat festgelegten Zahl liegen. Für die allgemeine, insbesondere die rechtsgeschäftliche Vertretungsbefugnis hat die Zahl der effektiv ernannten Vorstandsmitglieder regelmäßig keine Bedeutung, da die Satzung fast stets eine Vertretung durch zwei Vorstandsmitglieder oder – bei unechter Gesamtvertretung – durch ein Vorstandsmitglied und einen Prokuristen ausreichend sein lässt.[197] Wie aber ist die Rechtslage bei Leitungsentscheidungen?

214 Bei dieser Frage wird zu **unterscheiden** sein, ob die Zahl der notwendigen Vorstandsmitglieder von der **Satzung** festgelegt ist oder aufgrund einer Satzungsermächtigung **vom Aufsichtsrat bestimmt** wurde. Wenn die **Satzung** die Zahl der notwendigen Vorstandsmitglieder festgelegt hat und die Ist-Zahl darunter liegt, ist der Vorstand nicht ordnungsgemäß besetzt. Der Aufsichtsrat kann den Mangel nur dadurch heilen, dass er ein weiteres Vorstandsmitglied oder mehrere weitere Vorstandsmitglieder bestellt. Der unzureichend besetzte Vorstand kann mit rechtlicher Wirkung keine Leitungsentscheidungen treffen.

215 Anders wird die Rechtslage zu beurteilen sein, wenn der **Aufsichtsrat** weniger Vorstandsmitglieder bestellt hat als er **selbst festgelegt** hat. Der Aufsichtsrat kann den Mangel jederzeit dadurch heilen, dass er durch einfachen Beschluss die von ihm festzusetzende Zahl ändert. Natürlich kann er den Mangel auch durch eine Bestellung der fehlenden Vorstandsmitglieder heilen. In jedem Fall aber hat es der Aufsichtsrat in der Hand, den gesetzmäßigen Zustand allein herbeizuführen. Es wäre unnötige Förmelei, wenn man auch hier von einer Nichtigkeit der Leitungsentscheidung ausgehen würde.

216 Ein Mittel, die ordnungsmäßige Besetzung des Vorstands sehr rasch herbeizuführen, kann die **kurzfristige Bestellung eines Aufsichtsratsmitglieds** zum Vorstandsmitglied nach § 105 Abs. 2 AktG sein. Wenn es wirklich nur um eine ganz kurzfristige Ausfüllung einer Vakanz im Vorstand geht, kann der Aufsichtsrat die für das Treffen von Leitungsentscheidungen notwendige Ergänzung des Vorstands durch die Abordnung eines seiner Mitglieder herbeiführen. Die im Schrifttum[198] befürchteten Auswirkungen auf die Zusammenarbeit im Aufsichtsrat werden in solchen Fällen nicht eintreten oder jedenfalls vermeidbar sein.

---

[196] Vgl. BGHZ 149, 158, 161 f.; BGH NZG 2002, 817, 818; *Kubis* in MüKoAktG § 121 Rn. 16 und § 124 Rn. 31; gegen diese Begr. zB *Spindler* in MüKoAktG § 76 Rn. 98.

[197] Für die Gesamtvertretung *Spindler* in MüKoAktG § 78 Rn. 27 ff.; für die Gesamtgeschäftsführung *Spindler* in MüKoAktG § 77 Rn. 9 ff.

[198] Vgl. *Heidbüchel* WM 2004, 2317.

C. Die Leitungsaufgabe des Vorstands

2. Inhaltliche Fragen

Wann handelt es sich bei Entscheidungen des Vorstands um Leitungsentscheidungen im Rechtssinn? Die Frage, **welche Entscheidungen Leitungsentscheidungen** sind, ist streitig. Früher wurden alle Entscheidungen, die der Vorstand als Kollegialorgan treffen muss, als Leitungsentscheidungen qualifiziert. Neuerdings wird der Begriff enger ausgelegt. Richtigerweise wird man alle vom Gesamtvorstand zu entscheidenden Vorgänge weiterhin als Leitungsentscheidungen zu qualifizieren haben, die nicht nur innergesellschaftliche Realakte oder Verfahrenshandlungen sind.[199] Auch die Berichterstattung des Vorstands an den Aufsichtsrat nach § 90 AktG sollte nicht als Leitungsentscheidung qualifiziert werden. Der Vorstand muss dem Aufsichtsrat auch dann berichten können, wenn er (durch Unterlassung des Aufsichtsrats) nicht ordnungsmäßig besetzt ist. Im Einzelnen werden folgende Entscheidungen als Leitungsentscheidungen zu qualifizieren sein:

- Vorstandspflichten bei Verlust, Überschuldung oder Zahlungsunfähigkeit;[200]
- Vorlage der Abschlussunterlagen an den Aufsichtsrat (§ 170 Abs. 1 AktG);[201]
- Vorlage des Gewinnverwendungsvorschlags an den Aufsichtsrat (§ 171 Abs. 2 AktG);
- Einberufung der Hauptversammlung (§ 121 Abs. 2 AktG);[202]
- Verpflichtung, Vorschläge zu Tagesordnungspunkten zu machen (§ 124 Abs. 3 AktG);[203]
- Anfechtung eines Hauptversammlungsbeschlusses (§ 245 Nr. 4 AktG);
- Entsprechenserklärung zum Kodex (§ 161 S. 1 AktG);
- Zustimmung zu einem Unternehmensvertrag, seiner Aufhebung und seiner Änderung (§§ 293, 295, 296 AktG) (unbeschadet der Mitwirkungskompetenzen der Hauptversammlung);
- Bericht des Vorstands über Beziehungen zu verbundenen Unternehmen (§ 312 AktG).

Nicht zu diesen gesetzlich festgelegten Zuständigkeiten mit Außenwirkung gehören die **internen Maßnahmen** Unternehmensplanung, Unternehmenskontrolle, Unternehmenskoordinierung, Überwachung der Geschäftsentwicklung, Geschäfte mit außergewöhnlichem Risiko und Führungspostenbesetzung.[204] Auch die Sorge für die Funktionsfähigkeit des Risikomanagementsystems nach § 91 Abs. 2 AktG ist eine interne Maßnahme und kann daher richtigerweise keine Leitungsentscheidung sein.

Schwierigkeiten können sich ergeben, wenn **Aufgaben im öffentlichen Interesse** zu erfüllen sind und rechtlich mangels ordnungsmäßiger Besetzung des Vorstands nicht erfüllt werden können. Auch hierauf ist der BGH eingegangen.[205] Er verweist auf die Möglichkeit einer unverzüglichen gerichtlichen Bestellung fehlender Vorstandsmitglieder nach § 85 Abs. 1 AktG auf Antrag des Vorstands. Dieser ist als Rechtmäßigkeitsgarant der Gesellschaft dazu verpflichtet (→ Rn. 136 f.).

IV. Wissenserklärungen

Eine Mitwirkung sämtlicher und nicht nur der vertretungsberechtigten Mitglieder des Vorstands ist schließlich auch dann geboten, wenn die Mitglieder des Vorstands eine **Wissenserklärung** abzugeben haben. Wer versichern soll, dass er eine Tatsache gekannt oder nicht gekannt hat, kann diese Versicherung nur selbst abgeben. Der Vorstand kann nicht als Organ erklären, dass alle oder einige seiner Mitglieder etwas gewusst oder nicht gewusst haben. Erklärungen des Vorstands, die als Wissenserklärungen zu qualifizieren sind, müssen

---

[199] So *Hüffer* AktG § 76 Rn. 9; *Seibt* in K. Schmidt/Lutter AktG § 76 Rn. 21; *Fleischer* in Spindler/Stilz AktG § 76 Rn. 116.
[200] *Seibt* in K. Schmidt/Lutter AktG § 76 Rn. 21.
[201] *Seibt* in K. Schmidt/Lutter AktG § 76 Rn. 21.
[202] *Kubis* in MüKoAktG § 121 Rn. 16.
[203] BGHZ 149, 158, 161 f.; dazu *Schäfer* ZGR 2003, 147 ff.; *Götz* ZIP 2002, 1745 ff.
[204] *Fleischer* NZG 2003, 449, 450; *Henze* BB 2001, 53, 57.
[205] Vgl. BGH NJW 2002, 1128.

von allen Vorstandsmitgliedern unterzeichnet werden. Hierzu gehören beispielsweise die Versicherung nach § 37 Abs. 2 S. 1 AktG oder die Entsprechenserklärung nach § 161 Abs. 1 AktG.

V. Handelsrechtliche Grund- oder Mindestzuständigkeiten

221 Diese Zuständigkeiten haben äußerlich gesehen im Einzelnen keine besonders große Bedeutung. Es handelt sich durchweg um Funktionen, die im öffentlich-rechtlichen Interesse festgelegt worden sind. Vielfach wird es sich um die vorstehend aufgeführten Leitungsentscheidungen handeln, die nur ein gesetzmäßig besetzter Vorstand treffen kann. Jedenfalls müssen die handelsrechtlichen Mindestbefugnisse stets vom Gesamtvorstand vorgenommen bzw. verantwortet werden.[206] Dies schließt nicht aus, dass der Gesamtvorstand eines seiner Mitglieder mit der Wahrnehmung dieser Aufgaben beauftragt. Dennoch bleibt der Gesamtvorstand verantwortlich.

1. Buchführungspflicht

222 Das Gesetz schreibt in § 91 Abs. 1 AktG vor, dass der Vorstand für die **Führung der erforderlichen Handelsbücher** zu sorgen hat. Dies bedeutet nicht, dass jedes Vorstandsmitglied mit den Detailfragen zum Rechnungswesen vertraut sein und die Ordnungsmäßigkeit der Belegerfassung beurteilen können muss. Dafür sind Mitarbeiter verantwortlich, die dem für das Rechnungswesen verantwortlichen Vorstandsmitglied nachgeordnet sind. Die Gesamtverantwortung des Vorstands[207] begründet jedoch die Verpflichtung, mehr als in der üblichen gegenseitigen Überwachung das Vorhandensein und die Funktionsfähigkeit eines Buchführungssystems zu hinterfragen. Er muss insbesondere etwaigen Beanstandungen des Abschlussprüfers auch persönlich nachgehen und die Beanstandungen in der Vorstandssitzung ansprechen. Es ist dann Sache des für das Rechnungswesen zuständigen Vorstandsmitglieds, den beanstandeten Vorgang zu erläutern und die eingeleiteten Abhilfemaßnahmen darzustellen. Im Hinblick auf diese besondere Verantwortung ist jedes Vorstandsmitglied verpflichtet, die Abschlussprüfungsberichte sorgfältig zu studieren.

2. Pflicht zur Risikoüberwachung und zur Risikovorsorge

223 Der Vorstand hat gemäß § 91 Abs. 2 AktG sorgfältig **auf entstehende Risiken,** die für die Gesellschaft gefährlich werden können, zu **achten** (vgl. Ziff. 4.1.1. DCGK; ausführlich → § 9 Rn. 20 ff.). Dabei kann es sich um seit langer Zeit schwebende, aber auch um neue Risiken handeln. Die Risiken können zu Entwicklungen führen, die den Fortbestand der Gesellschaft gefährden oder in geringerem Maße Schäden auslösen, die die Ertragslage der Gesellschaft beeinträchtigen können. Die Verpflichtung zur Beobachtung solcher Risiken folgt aus der Verpflichtung jedes Vorstandsmitglieds, bei seiner Geschäftsführung die Sorgfalt eines ordentlichen und gewissenhaften Geschäftsleiters anzuwenden (§ 93 Abs. 1 AktG)

224 Der Vorstand hat rechtzeitig und systematisch **Maßnahmen** zu planen und vorzubereiten, **mit denen das Unternehmen eintretenden Risiken begegnen** kann. Es genügt nicht, dass ein Vorstandsmitglied begründet sagen kann: „Das habe ich kommen sehen." Das Vorstandsmitglied hat seine Aufgabe nicht, um Schäden vorauszusehen, sondern um den Eintritt von Schäden nach Möglichkeit zu verhindern und tunlichst alles vorzubereiten, was geeignet sein kann, eingetretene Schäden auszugleichen.

---

[206] Hierzu *Schiessl* ZGR 1992, 64, 67, der die Fälle der Gesamtzuständigkeit nach solchen, in denen das AktG den Vorstand ausdrücklich als Träger von Pflichten anspricht, und nach den vom Schrifttum herausgearbeiteten Führungsaufgaben unterscheidet.

[207] Dazu *Fleischer* NZG 2003, 449 ff.; *Hoffmann-Becking* ZGR 1998, 497, 507.

C. Die Leitungsaufgabe des Vorstands

Das **Gesetz** verpflichtet seit dem Inkrafttreten des KonTraG den Vorstand zusätzlich, geeignete Maßnahmen zu treffen, insbesondere ein Überwachungssystem einzurichten, damit den Fortbestand der Gesellschaft gefährdende Entwicklungen früh erkannt werden (§ 91 Abs. 2 AktG). Der Vorstand muss im Lagebericht auf die Risiken der künftigen Entwicklung eingehen (vgl. § 289 Abs. 1 Hs. 2 HGB). Der Abschlussprüfer muss bei börsennotierten Gesellschaften beurteilen, ob der Vorstand die ihm nach dem Gesetz obliegenden Maßnahmen in einer geeigneten Form getroffen hat und ob das danach einzurichtende Überwachungssystem seine Aufgaben erfüllen kann (vgl. § 317 Abs. 4 HGB). Der Abschlussprüfer muss, wenn er die vorstehend erwähnte Beurteilung abgegeben hat, in seinem Prüfungsbericht ferner darauf eingehen, ob Maßnahmen erforderlich sind, um das interne Überwachungssystem zu verbessern (vgl. § 322 Abs. 4 HGB).[208] Schließlich muss der Abschlussprüfer in seinem Bestätigungsvermerk darauf eingehen, ob die Risiken der künftigen Entwicklung zutreffend dargestellt worden sind (vgl. § 322 Abs. 3 HGB).

225

Die durch das KonTraG eingeführten Gesetzesbestimmungen sind **eher dazu geeignet, Verwirrung zu stiften, als Klarheit zu schaffen.**[209] Verwirrend sind daher auch die Auswirkungen in der Praxis. Dies liegt teilweise an den völlig überzogenen Vorstellungen der Abschlussprüfer über die Notwendigkeit der Berichterstattung. Wenn man als Unbefangener die Geschäftsberichte mancher börsennotierter Gesellschaften und die dazugehörigen Prüfungsberichte liest, hat man gelegentlich den Eindruck, Gegenstand des betreffenden Unternehmens sei der Betrieb eines Risikoerkennungssystems. Dabei sollte das frühzeitige Erkennen von Risiken eine Selbstverständlichkeit sein. Tatsächlich geht es um Folgendes:

226

Der Vorstand muss **Risiken für das Unternehmen rechtzeitig erkennen.** Dies folgt aus seiner Sorgfaltspflicht (§ 93 AktG). Gesetzlich besonders hervorgehoben ist die Notwendigkeit von Maßnahmen, die eine Früherkennung von Entwicklungen sicherstellen, wenn derartige Entwicklungen geeignet sind, den Fortbestand der Gesellschaft zu gefährden. Um dies zu erreichen, wird ein Überwachungssystem in § 91 Abs. 2 AktG gesetzlich vorgeschrieben. Die Risikolage der Gesellschaft muss der Vorstand im Lagebericht erläutern. Der Abschlussprüfer muss feststellen, ob der Vorstand alles Erforderliche getan hat und erforderlichenfalls Verbesserungsvorschläge machen.

227

Damit ist es aber nicht getan. Es genügt nicht, dass der Vorstand Risiken erkennt. Aufgrund seiner Sorgfaltspflicht ist der Vorstand gehalten, **Maßnahmen vorzubereiten,** die geeignet sind, eintretenden Risiken zu begegnen und Schaden von der Gesellschaft abzuwenden. Ein Abwarten des Risikoeintritts kann für die Vorbereitung geeigneter Risikoabwehrmaßnahmen zu spät sein.

228

3. Weitere Mindestzuständigkeiten

Daneben gibt es eine ganze Reihe von Mindestzuständigkeiten, über die der Gesamtvorstand und nicht der Vorstand in vertretungsberechtigter Zahl zu entscheiden hat.[210] Folgende (nicht erschöpfende) Aufzählung möge dies zeigen:
– Prüfung der Gründung einer AG (§ 33 Abs. 1 AktG);
– Buchführungs- und Steuerpflichten (§ 91 AktG);
– Vorstandspflichten bei Verlust, Überschuldung und Zahlungsunfähigkeit (§ 92 Abs. 1 AktG);
– Berichterstattung an den Aufsichtsrat (§ 90 AktG);

229

---

[208] Die Gesetzesbestimmung birgt die Gefahr mit sich, dass die Prüfung der Risikovorsorge zum Selbstzweck wird; vgl. dazu *Pollanz* DB 2001, 1317.
[209] Kritisch auch *Hoffmann-Becking* ZGR 1998, 497, 513 f.
[210] *Fleischer* ZIP 2003, 1, 6, vergleicht diese Zuständigkeiten mit den verwaltungsrätlichen Kardinalpflichten des schweizerischen OR und fasst zusammen: Vorstandspflichten, die der verbandsinternen Funktionsfähigkeit dienen, ihm im öffentlichen Interesse aufgegeben sind oder vornehmlich Gläubigerinteressen sichern.

- Aufstellung der Abschlussunterlagen und Vorlage an den Aufsichtsrat (§§ 242, 264 Abs. 1 HGB);
- Vorlage des Gewinnverwendungsvorschlags an den Aufsichtsrat (§ 170 Abs. 2 AktG);
- Verlangen einer Entscheidung der Hauptversammlung in einer Geschäftsführungsfrage (§ 119 Abs. 2 AktG);
- Vorschläge zu den Tagesordnungspunkten der Hauptversammlung (§ 124 Abs. 3 S. 1 AktG);
- Pflicht zur Vorbereitung und Ausführung von Hauptversammlungsbeschlüssen (§ 83 Abs. 2 AktG);
- Anfechtung eines Hauptversammlungsbeschlusses (§ 245 Nr. 4 AktG);
- Entsprechenserklärung zum Kodex (§ 161 AktG).

230 In einigen Fällen handelt es sich um Vorgänge, die **zunächst als Geschäftsführungsmaßnahmen** beschlossen werden müssen. Ihre Umsetzung kann jedoch vom vertretungsberechtigten Vorstand (je nach Satzung in Gesamtvertretung oder unechter Gesamtvertretung) vorgenommen werden.

231 Das Gesetz kennt darüber hinaus Vorgänge, zu deren Vornahme **alle Mitglieder des Vorstands gemeinsam** verpflichtet sind, wie die Anmeldung der neu gegründeten Gesellschaft zum Handelsregister (§ 36 Abs. 1 AktG). Auch stellvertretende Vorstandsmitglieder müssen sich an der Anmeldung beteiligen.

232 Regelmäßig genügt allerdings eine gesetzliche Vertretung der Gesellschaft[211] durch die satzungsmäßig vorgesehene **echte oder unechte Gesamtvertretung**.
- So ist zB eine Veränderung in der Zusammensetzung des Vorstands oder der Vertretungsbefugnis seiner Mitglieder vom Vorstand in vertretungsberechtigter Zahl anzumelden (§ 81 AktG).
- Entsprechendes gilt für die Anmeldung einer Satzungsänderung (§ 181 AktG).
- Erforderlich und genügend ist eine Anmeldung der Auflösung der Gesellschaft durch den Vorstand in vertretungsberechtigter Zahl (§ 263 AktG).

VI. Laufende Geschäftsführung im eigenständigen Unternehmen (Erledigung des Tagesgeschäfts)

233 Eine wesentliche Aufgabe des Vorstands einer AG besteht in der **Sorge um die Führung der laufenden Geschäfte** des Unternehmens. Der überwiegende Teil der Aufgaben des Vorstands fällt im Tagesgeschäft an, auch wenn dies nicht so spektakulär ist wie das Treffen von Führungsentscheidungen oder von Entscheidungen im Bereich der aktienrechtlichen Mindestzuständigkeiten. Solche Entscheidungen fallen nur von Fall zu Fall und meist in größeren Zeitabständen an. Nicht einmal in jeder Vorstandssitzung sind welche zu treffen.

234 Das Tagesgeschäft ist täglich, im Grunde 24 Stunden pro Tag oder jedenfalls Tag für Tag acht bis zehn Stunden lang zu erledigen. Kein Vorstandsmitglied kann und muss alles, was im Tagesgeschäft anfällt, selbst tun. Aber es muss sich letztlich **um alles kümmern, was mehr als eine Routineangelegenheit ist.** Es muss sich in schwierigen Fällen von den ihm nachgeordneten Verantwortungsträgern Vorschläge für die Erledigung anfallender Geschäftsvorfälle machen lassen und die Erledigung dieser Geschäftsvorfälle überwachen. Wenn etwas in seinem Ressort schief geht, kann das Vorstandsmitglied sich nicht mit der Entschuldigung, dies habe es nicht gewusst, herausreden.

235 Im Allgemeinen wird ein Vorstandsmitglied nur **mit Problemen behaftete Vorgänge** vorgetragen erhalten. Problemlose Vorgänge erledigen Mitarbeiter im Allgemeinen allein. Sie freuen sich am Erfolgserlebnis, das dem Vorstandsmitglied wegen der Eigenart der ihm vorgetragenen Geschäfte (ausschließliche Befassung mit problembehafteten Vorgängen) seltener zuteil wird.

---

[211] Hierzu *Leuering*, FS Kollhosser, 2004, 361, 363.

C. Die Leitungsaufgabe des Vorstands

236 Eine Aufgabe des Vorstandsmitglieds ist es, **in ressortbedeutsamen Angelegenheiten** zwar seine **Mitwirkungskompetenz** zu bewahren, aber dennoch ein weitgehend selbstständiges Handeln des Mitarbeiters zu erreichen. Hier hat sich ein Grundsatz des alten preußischen Beamtenrechts bewährt: Der Referent hat das Recht der ersten Entscheidung, aber auch die Pflicht zum ersten Entscheidungsvorschlag. Wenn der nachgeordnete Mitarbeiter einfach nur den Sachverhalt vorträgt und mit den Worten endet „Was sollen wir machen?", wird der Vorgesetzte das Tagesgeschäft bald allein abwickeln müssen. Brauchbare Führungskräfte wird er so nicht heranziehen können. Richtigerweise muss der Mitarbeiter in gewichtigen Fällen mitteilen, was er zu tun gedenkt und den Vorgesetzten um Zustimmung zu einem solche Vorschlag bitten. Bei einem guten Mitarbeiter wird sie regelmäßig erteilt werden, wenn nicht im Einzelfall dem Mitarbeiter unbekannte Entscheidungen des Gesamtvorstands entgegenstehen.

237 Die Vorgänge des Tagesgeschäfts sind naturgemäß in jedem Unternehmen unterschiedlich. Dennoch lassen sich auch insoweit **ungeschriebene rechtliche Vorgaben** festhalten. Diese müssen beachtet werden, wenn die Führungskraft ihrer Führungsaufgabe gerecht werden will. Im Grunde entsprechen sie inhaltlich den originären Führungsaufgaben im Vorstand. Allerdings sind sie nicht originär, sondern rechtsgeschäftlich durch Einsetzung der Führungsperson und Übertragung des Aufgabengebiets entstanden. Sie sind auch nicht undelegierbar. In einem Vorstandsressort können nachgeordnete Zuständigkeiten beliebig „nach unten oder wieder nach oben" verschoben werden, solange sie nur überhaupt in festgelegter Zuständigkeit wahrgenommen werden. Inhaltlich entsprechend angepasst muss jede Führungskraft
– ihre, dh die von ihr zu verantwortenden Aktivitäten planen;
– die Arbeit ihrer Mitarbeiter sachgerecht koordinieren;
– ihre eigene Tätigkeit ebenso wie die ihrer Mitarbeiter zweckgerichtet organisieren;
– die Lage und die Entwicklung ihres Ressorts laufend überwachen;
– die Leistungsfähigkeit nachgeordneter Führungskräfte stets im Auge behalten, beurteilen und bei Bedarf personelle Änderungen vornehmen oder anregen;
– dem zuständigen Vorstandsmitglied über Lage und Entwicklung ihres Ressorts sowie über Geschäfte von erheblicher Bedeutung regelmäßig berichten.

238 Zur eigenen Information und um in der Lage zu sein, über die Entwicklung seines Ressorts an den Gesamtvorstand zu berichten, der aus den einzelnen Ressortberichten dann die gesetzlich geforderten Berichte an den Aufsichtsrat gemäß § 90 AktG fertigt, muss sich der einzelne Ressortleiter (also jedes mit der Leitung eines Ressorts beauftragte Vorstandsmitglied) die **Lage und die Entwicklung der einzelnen Untergliederungen seines Ressorts** laufend **berichten** lassen. Im Zweifel wird unternehmensweit ein EDV-gestütztes Informationssystem vorhanden sein. Ein Zahlenüberblick allein genügt aber nicht. Die Berichterstattung muss eine verbale Schilderung besonderer Ereignisse umfassen. Sie muss eine gedrängte Darstellung der eingeleiteten und weiter vorgesehenen Maßnahmen und deren eingetretenen sowie erwarteten Erfolg enthalten. Nur so ist der Ressortleiter in der Lage, die von ihm rechtlich geschuldete Information seiner Kollegen und über einen Gesamtvorstandsbeschluss den Aufsichtsrat zeitnah über die Lage und die Entwicklung des Unternehmens zu unterrichten. Ob für eine solche Darstellung die Methode des Fließtextes oder der Chart-Präsentation gewählt wird, ist Geschmackssache, aber keine Rechtsfrage.

239 Diese Überlegungen zeigen, dass auch **unterhalb des Vorstands Führungsgrundsätze** gelten, die nicht nur betriebswirtschaftlich sinnvoll, sondern auch **rechtlich bedeutsam** sind. Führungsmaßnahmen, die zwingend erforderlich sind, um rechtliche Vorgaben an den Vorstand zu erfüllen, werden damit zu rechtlich bedeutsamen Führungsgrundsätzen.

240 Auch im einzelnen Ressort muss geplant werden. Die **Planungen** der Abteilungen, Bereiche und Ressorts bilden die Grundlage des Wechselspiels der Planung zwischen „bottom up" und „top down". Zunächst müssen die untersten Führungseinheiten die geplanten Geschäftsvorhaben, die von ihnen vorgesehenen Maßnahmen, die angestrebten Ziele und die benötigten Ressourcen ermitteln. Sie müssen ihre Planung mit dem Leiter des Ressorts – also mit dem für sie zuständigen Vorstandsmitglied – abstimmen. Dieses Vorstandsmitglied wird dann die für sein Ressort ermittelten Daten selbst überarbeiten und miteinander abgleichen. Nach zufriedenstellender Zusammenfassung wird er die Daten seines Ressorts konsolidiert dem für die Unternehmensplanung zuständigen Kollegen übermitteln. Dieser prüft die Vorlage und stellt vor allem fest, ob sich die geplanten Geschäftsvorhaben und die vorgesehenen Maßnahmen mit denen anderer Ressorts vertragen, ob die angestrebten Ziele insgesamt zu einer für das Gesamtunternehmen akzeptablen Zielsetzung führen und – last but not least – ob der insgesamt geplante Ressourceneinsatz vom Unternehmen aufgebracht werden kann und sich als sinnvoll darstellt. Nach diesem Prozess wird der Finanzvorstand die Detailplanung der unteren Einheit entweder als Vorstandsvorlage freigeben oder mit Auflagen versehen zur nochmaligen Überarbeitung zurückgeben.

241 Mit der **Billigung der Planung** (regelmäßig unter Zustimmung des Aufsichtsrats) sind die Eckdaten für das laufende Geschäft aller Ressorts, Bereiche und Abteilungen (häufig unter Auflagen) genehmigt. Die Führungskräfte des Unternehmens können und dürfen auf der Grundlage der genehmigten Planung tätig werden. Allerdings werden durch die Genehmigung der Planung nicht nur die beabsichtigte Geschäftsführung und der damit verbundene Ressourceneinsatz genehmigt, sondern zugleich auch der gewünschte Ressourceneinsatz auf die Planwerte beschränkt.

VII. Geschäftsführung im Unternehmensverbund

242 Die Geschäftsführung im Unternehmensverbund ist in weitem Maße von der Rechtsnatur der Verbindung und von der praktischen Handhabung des Verbunds abhängig.[212]

VIII. Berichterstattung und Rechenschaftslegung

243 Die Berichterstattung des Vorstands an den Aufsichtsrat und an die Hauptversammlung ist **gesetzlich geregelt.** Hierauf wird an anderer Stelle ausführlich eingegangen (→ § 10 Rn. 135 ff., Rn. 141 ff.).

244 Unabhängig von allen gesetzlichen Vorschriften hat der Vorstand als Ausgleich für die ihm zustehenden Kompetenzen den Aufsichtsrat von Rechts wegen **zeitnah und umfassend über sämtliche für die Lage und die Entwicklung der Gesellschaft bedeutsamen Vorgänge zu unterrichten.** Dies gilt in gleicher Weise für Vorgänge im Unternehmen wie für Vorgänge außerhalb des Unternehmens, die nach Auffassung des Vorstands für die Lage und die Entwicklung des Unternehmens bedeutsam sind. Der Vorstand muss den Aufsichtsrat in die Lage versetzen, seiner Aufgabe auf der Grundlage gesicherter Informationen pflichtgemäß nachzukommen. Dies kann der Aufsichtsrat nur, wenn er von allen Angelegenheiten, die zur Beurteilung des Vorstandsverhaltens wesentlich sind, in erforderlichem Ausmaß erfährt. Dies gilt gleichermaßen für Vorgänge der Vergangenheit, die den Aufsichtsrat zur Kontrolle eines pflichtmäßigen Verhaltens des Vorstands in Stand setzen, als auch für geplante Vorhaben in der Zukunft, die dem Aufsichtsrat eine vorausschauende Überwachung und eine Beratung des Vorstands hinsichtlich beabsichtigter Vorhaben ermöglichen. Wenn die zur Verfügung gestellten Informationen und Unterlagen dem Aufsichtsrat nicht genügen, muss er weitere Berichte anfordern und erforderliche Fragen stellen. Dieses Verfahren mag dazu führen, dass die ausreichende Informationsversorgung eine gemeinsame Aufgabe von Vorstand und Aufsichtsrat ist (vgl. auch Ziff. 3.4 DCGK).

245 Ein Vorstand, der dieser Informationspflicht nicht oder nicht vollständig nachkommt, verletzt eine seiner **wesentlichen Pflichten.** Dabei ist es nicht so entscheidend, dass er ge-

---

[212] Aus vorwiegend betriebswirtschaftlicher Sicht dazu *Mellewig/Matiaske,* Konzernmanagement in Albach Konzernmanagement, 107; ausführlich → § 14 Rn. 54 ff., 112 ff.

setzlich bestehende Vorgaben für sein Verhalten und seine Tätigkeit verletzt. Viel bedeutsamer und entscheidend ist, dass das Organ Vorstand mit einem solchen Verhalten dem Organ Aufsichtsrat die Grundlagen für dessen Tätigkeit vorenthält, obwohl es kraft gesetzlicher und organschaftlicher Vorgaben dazu verpflichtet ist. Nur bei ausreichender Information durch den Vorstand kann der Aufsichtsrat seiner gesetzlichen Aufgabe nachkommen,[213] auch wenn § 90 Abs. 3 AktG dem Aufsichtsrat ein eigenes Berichtsanforderungsrecht und § 111 Abs. 2 AktG ein eigenes Einsichts- und Prüfungsrecht einräumt. Diese Rechte sollen dem Aufsichtsrat die Gewinnung zusätzlicher Erkenntnisse ermöglichen, aber nicht die originäre Berichtspflicht des Vorstands entbehrlich machen.

Ebenso ist der Vorstand verpflichtet, im Rahmen der gesetzlichen Vorgaben die **Aktionäre und ggf. die zukünftigen Anleger,** also die Öffentlichkeit, so umfassend zu **informieren,** dass diese ihre Rechte sachgerecht wahrnehmen und ihre berechtigten Interessen verfolgen können. Sachgerechte Entscheidungen können von Aktionären und von Personen, die evtl. Aktien des betreffenden Unternehmens erwerben wollen, nur getroffen werden, wenn sie vollständige Kenntnis von allen entscheidungserheblichen Umständen haben. Dies gilt für alle Vorgänge, die in die Kompetenz der Hauptversammlung fallen.

Über eine **Entlastung** des Vorstands kann nur diskutiert und sachgerecht entschieden werden, wenn den Aktionären alle Umstände bekannt sind, die Personen kennen müssen, die über eine gesetzmäßige und sorgfaltsgerechte Vorstandstätigkeit im Entlastungszeitraum pflichtgemäß entscheiden sollen. Der Vorstand muss alle Fragen ordnungsmäßig beantworten, auf die ein Aktionär eine für seine Entscheidung bedeutsame Antwort haben möchte. Dabei ist es in erster Linie Sache des Aktionärs, über die Zweckdienlichkeit seiner Fragen zu entscheiden. Nur in Ausnahmefällen darf der Vorstand eine Antwort verweigern, weil er die Frage entweder als nicht von der Tagesordnung gedeckt oder als nicht beurteilungserheblich ansieht (vgl. § 131 Abs. 1 S. 1 AktG). Ein Vorstand, der seine Entlastung beantragt, ohne ein solches umfassendes Bild von seiner Tätigkeit zu geben, erschleicht seine Entlastung in rechtswidriger Weise. Insofern kann die Informationsverweigerung ihrerseits eine Entlastungsverweigerung rechtfertigen. In der gerichtlichen Praxis sind diese Fälle der Nicht-Entlastung sogar in der Mehrheit.

Wenn **rechtlich bedeutsame Strukturvorhaben** auf der Tagesordnung einer Hauptversammlung stehen, müssen die Aktionäre bereits vor Beginn der Hauptversammlung so eingehend über das Vorhaben und seine Wirkungen informiert werden, dass sie
– entscheiden können, ob eine Teilnahme an der Hauptversammlung angeraten ist;
– überlegen können, ob sie durch Gegenanträge auf das Stimmverhalten ihrer Mitaktionäre einwirken sollen.

Grundsätzlich müssen die vor der Hauptversammlung erteilten Informationen so beschaffen sein, dass ein Aktionär schon **aufgrund seines dadurch erreichten Wissensstandes zu einer sachgerechten Entscheidung in der Lage** ist. Unzureichende Informationen vor der Hauptversammlung können durch noch so eingehende Informationen in der Hauptversammlung nicht mit rechtlicher Wirkung ergänzt werden. Zwar mag den in der Hauptversammlung erschienenen Aktionären damit versagt sein, einen trotz unzureichender Vorinformation gefassten Beschluss anzugreifen. Aber das Anfechtungsrecht nicht erschienener Aktionäre bleibt bestehen, weil der Beschluss auf einer Verletzung des Gesetzes (nämlich der Vorschriften über die Einberufung und Bekanntmachung) beruht (vgl. § 243 Abs. 1 AktG).

1. Berichts- und Informationspflichten nach dem AktG

Das AktG legt in § 90 Abs. 2 AktG fest, welche Berichte der Vorstand an den Aufsichtsrat wann zu erstatten hat. Berichtsempfänger ist regelmäßig der gesamte Aufsichtsrat, in Sonderfällen nur der Aufsichtsratsvorsitzende (§ 90 Abs. 1 S. 3 AktG). Dieser erhält die Be-

---

[213] *Lutter* ZGR 1998, 589.

richte aber nicht zur beschränkten eigenen Information, sondern um entscheiden zu können, ob und wie der Gesamtaufsichtsrat über die ihm berichteten Vorgänge zu unterrichten ist. Seiner eigenen Entscheidung folgend muss der Aufsichtsratsvorsitzende weiter verfahren. Der Vorstand hat seine Pflicht mit der Information des Aufsichtsratsvorsitzenden jedenfalls erfüllt.[214]

251   Weitere Berichtspflichten sind im Zusammenhang mit dem **Jahresabschluss** festgelegt. Der Vorstand hat innerhalb bestimmter Fristen jährlich einen Jahresabschluss und ggf. einen Konzernabschluss aufzustellen (§§ 242, 290 HGB). Auf eine Erläuterung der Abschluss- und Vorlage-Vorschriften wird an dieser Stelle verzichtet (→ § 10 Rn. 23 ff.).

252   Die aktienrechtlich vorgeschriebenen Berichte an den Aufsichtsrat und an die Aktionäre (Hauptversammlung) bedürfen einer **Verabschiedung im Plenum** des Vorstands. Der Vorstand muss bei der Beschlussfassung über Berichte an die Hauptversammlung rechtmäßig besetzt sein, es handelt sich bei der Verabschiedung dieser Berichte um **Leitungsentscheidungen**.

253   Dagegen bedarf der **mündliche Bericht** des Vorstands **an die Hauptversammlung** keiner vorangehenden Verabschiedung durch das Plenum des Vorstands. Die Berichte sollen zeitnah erstattet werden, bedürfen daher möglicherweise einer Aktualisierung noch kurz vor Beginn der Hauptversammlung. Für diese Aufgabe ist das Plenum zu schwerfällig. Auch werden unter Umständen Vorgänge behandelt werden, deren Berichtsbedürftigkeit erst im letzten Augenblick (durch Gespräche mit erschienenen Aktionären) aufscheint. Allerdings ist jedes Vorstandsmitglied verpflichtet, in wesentlichen Fragen seine vom Bericht des Vorsitzenden abweichende Sachkenntnis in geeigneter Weise in die Verhandlung der Hauptversammlung einzubringen. Der Vorsitzende des Aufsichtsrats als Versammlungsleiter ist rechtlich verpflichtet, eine entsprechende berichtigende Darstellung den Aktionären zur Kenntnis zu bringen.

2. Berichts- und Informationspflichten nach dem WpHG und nach dem WpÜG

254   Das in den letzten Jahren **legislativ formalisierte Kapitalmarktrecht** hat für die börsennotierten Aktiengesellschaften zusätzliche Berichtspflichten entstehen lassen, die zwar durchweg der Gesellschaft auferlegt sind, aber vom Vorstand erfüllt werden müssen. Durch ihre Erfüllung sollen die Interessen der Anleger, also der gegenwärtigen und der potentiellen zukünftigen Aktionäre geschützt werden. Das Kapitalmarktrecht soll Vertrauen in den Kapitalmarkt und in seine dauernde Funktionsfähigkeit sichern und verhindern, dass einzelne durch ihr Agieren auf dem Kapitalmarkt ungerechtfertigte Vorteile erzielen können. Dabei wird vor allem eine umfassende Publizität angestrebt. Die maßgeblichen Vorschriften können hier nicht im Einzelnen wiedergegeben und erläutert werden. Wenn allerdings eine börsennotierte Gesellschaft von einer der kurz geschilderten Vorschriften betroffen sein könnte, empfiehlt sich die unverzügliche Einholung von Rechtsrat.[215]

255   Das **WpHG** legt fest, welche Finanzinstrumente wann als Insiderpapiere zu betrachten sind und welche Informationen Insiderinformationen sind. Für das Verständnis der Regelungen bedarf es zunächst einiger Begriffsbestimmungen:
– **Finanzinstrumente** sind nach § 2 Abs. 2b WpHG:
  – Wertpapiere;
  – Geldmarktinstrumente;
  – Derivate;
  – Rechte auf Zeichnung von Wertpapieren;
  – bestimmte Namensschuldverschreibungen.
– **Insiderpapiere** sind nach § 12 WpHG Finanzinstrumente,

---

[214] Dies folgt aus § 90 Abs. 5 S. 3 AktG (der versehentlich auf Abs. 1 S. 2 statt auf Abs. 1 S. 3 verweist; vgl. nur *Hüffer* AktG § 90 Rn. 14).

[215] Angesichts der Tatsache, dass das WpHG seit 2010 bereits über ein Dutzend Veränderungen erfahren hat, ist der Rückgriff auf fachlich spezialisierte Anwälte dringend anzuraten.

C. Die Leitungsaufgabe des Vorstands

– die an einer inländischen Börse zum Handel zugelassen oder in den regulierten Markt oder in den Freiverkehr einbezogen sind;
– die in einem anderen Mitgliedstaat der Europäischen Union oder einem anderen Vertragsstaat des Abkommens über den Europäischen Wirtschaftsraum zum Handel an einem organisierten Markt zugelassen sind, oder
– deren Preis unmittelbar oder mittelbar von Finanzinstrumenten nach Nr. 1 oder Nr. 2 abhängt.
– Auch Finanzinstrumente, deren Zulassung zu einem relevanten Markt erst beantragt ist, gelten nach § 12 S. 2 WpHG als Insiderpapiere.
– **Insiderinformationen** sind gemäß § 13 Abs. 1 S. 1 WpHG konkrete Informationen über nicht öffentlich bekannte Umstände, die sich auf einen oder mehrere Emittenten von Insiderpapieren oder auf die Insiderpapiere selbst beziehen und die geeignet sind, im Fall ihres öffentlichen Bekanntwerdens den Börsen- oder Marktpreis der Insiderpapiere erheblich zu beeinflussen.

Der Emittent von börsengängigen Finanzinstrumenten muss Insiderinformationen, die ihn unmittelbar betreffen, nach § 15 Abs. 1 S. 2 WpHG **unverzüglich veröffentlichen** (§ 15 Abs. 1, 3 WpHG). Der Emittent ist von der Pflicht zur Veröffentlichung jedoch solange befreit, **256**
– wie es der Schutz seiner berechtigten Interessen erfordert,
– keine Irreführung der Öffentlichkeit zu befürchten ist und
– der Emittent die Vertraulichkeit der Insiderinformation gewährleisten kann.

Vor einer Veröffentlichung muss der Emittent die zu veröffentlichende Information der Bundesanstalt für Finanzdienstleistungsaufsicht (BaFin) und den Geschäftsführungsorganen der jeweiligen Börsen, an denen die Finanzinstrumente zum Handel zugelassen sind, mitteilen.

Das WpHG begründet für die **Eigner von Anteilen** an börsennotierten Gesellschaften **Mitteilungspflichten,** weil diese Gesellschaften von der Mitteilungspflicht des AktG ausgenommen worden sind. Die Gesellschaften müssen ihnen zugegangene Mitteilungen über die Veränderung von Stimmrechtsanteilen unverzüglich veröffentlichen (§§ 21, 25 WpHG; im AktG vgl. § 20 Abs. 8 AktG). Ausführlich zu Mitteilungspflichten → § 14 Rn. 204 ff. Vorstandsmitglieder und andere Führungspersonen eines börsennotierten Unternehmens müssen nach § 15a WpHG **eigene Geschäfte mit Finanzinstrumenten** dieses Unternehmens innerhalb von fünf Werktagen der BaFin und der Emittentin mitteilen, sobald ein bestimmter Freibetrag[216] überschritten wird. Das Unternehmen muss die Mitteilung unverzüglich veröffentlichen und die Veröffentlichung der BaFin durch Übersendung eines Belegs nachweisen (§ 15a WpHG). **257**

Das **WpÜG** legt sowohl dem Bieter als auch der Zielgesellschaft Informations-, Bekanntmachungs- und Veröffentlichungspflichten auf. Einzelheiten dieses eingehend regulierten Verfahrensgesetzes können hier nicht dargestellt werden. Es muss der Hinweis genügen, dass im konkreten Fall eine sorgfältige Beachtung des Gesetzes unabdingbar ist. **258**

Für die laufende **Geschäftsführung** des Vorstands einer Zielgesellschaft **nach** Veröffentlichung der Entscheidung eines Bieters zur Abgabe eines **Übernahmeangebots** unterliegt der Vorstand der Zielgesellschaft gewissen Beschränkungen seiner Geschäftsführung. § 33 Abs. 1 S. 1, Abs. 2 WpÜG befindet, dass der Vorstand in dieser Zeit keine Handlungen vornehmen darf, durch die der Erfolg des Angebots verhindert werden könnte, wenn er dazu nicht von der Hauptversammlung ermächtigt ist oder der Aufsichtsrat zugestimmt hat. Nach § 33 Abs. 1 S. 2 WpÜG sind allerdings Maßnahmen, die objektiv geeignet sind, eine Übernahme zu verhindern, auch ohne Ermächtigung durch die Hauptversammlung und ohne Zustimmung des Aufsichtsrats zulässig, wenn es sich um Maßnahmen handelt, die **259**

---

[216] Eine Mitteilungspflicht besteht nach § 15a Abs. 1 S. 3 WpHG nicht, solange die Gesamtsumme der Geschäfte einer Person mit Führungsaufgaben und der mit dieser Person in einer engen Beziehung stehenden Personen insgesamt einen Betrag von 5000 Euro bis zum Ende des Kalenderjahrs nicht erreicht.

auch ein ordentlicher und gewissenhafter Geschäftsleiter einer Gesellschaft, die nicht von einem Übernahmeangebot betroffen ist, vorgenommen hätte. Das Gesetz hat sich also nicht auf Maßnahmen des gewöhnlichen Geschäftsverkehrs beschränkt (so jetzt auch Ziff. 3.7 Abs. 2 DCGK, die im Jahr 2012 an das Gesetz angepasst wurde).

260 Die Freistellung des Gesetzes gilt insbesondere für alle Geschäfte und Maßnahmen, die **auf der Linie einer** von der Gesellschaft **schon vorher verfolgten Geschäftspolitik** liegen. Eine Zustimmung des Aufsichtsrats ist nicht erforderlich, es sei denn, das betreffende Geschäft oder die betreffende Maßnahme unterliegen nach intern bestehenden Zustimmungsvorbehalten der Zustimmung des Aufsichtsrats.

3. Berichts- und Informationspflichten nach anderen Gesetzen

261 Die nach anderen Gesetzen zumeist im öffentlichen Interesse abzugebenden Berichte können hier nicht im Einzelnen aufgeführt und erläutert werden. Selbstverständlich muss die Gesellschaft diese Berichte abgeben, wobei im Allgemeinen eine Unterzeichnung der Berichte durch die vertretungsberechtigten Personen genügt. Weder eine vorangehende Verabschiedung im Plenum des Vorstands noch eine ordnungsmäßige Besetzung dieses Organs ist für diese Berichterstattung nötig. Es handelt sich nicht um organschaftliche Pflichten des Vorstands.

262 Eine besondere Bedeutung haben die **Berichte in Umweltangelegenheiten.** Diesen vorgelagert sind allerdings einschlägige Organisations- und Kontrollpflichten, deren Verletzung schwerer wiegt als ein dazugehöriger Informationsmangel.

D. Die Überwachungsaufgabe des Vorstands

263 Die **Unternehmenskontrolle** gehört zu den vier originären Führungsfunktionen, die wahrzunehmen der Vorstand selbst berufen ist. Er kann die notwendigen Einzelerhebungen von nachgeordneten Stellen im Unternehmen vornehmen lassen. Unter besonderen Umständen darf er auch Sachverständige, die nicht dem Unternehmen angehören, mit der Durchführung der notwendigen Ermittlungen beauftragen. Aber er darf nie auf die eigene Wahrnehmung der Funktion ganz verzichten. Der Vorstand muss die Lage und die Entwicklung im Unternehmen stets selbst unter Kontrolle haben. Das Organ **Vorstand ist das Kontrollzentrum** einer AG.[217]

264 In einem **Unternehmensverbund** geht es aber nicht nur um die Kontrolle des herrschenden Unternehmens und der einzelnen Konzernunternehmen. Viel wichtiger ist es, die **Lage und die Entwicklung des gesamten Verbunds** unter Kontrolle zu halten. Es hängt von der Lage des Einzelfalls ab, ob zu diesem Zweck einzelne Konzerngesellschaften besonders sorgfältiger Überwachung bedürfen. Die Schwerpunkte der Überwachung sind aufgrund der jeweiligen Zeitumstände vom Vorstand zu bestimmen. Diese Festlegungen sind Teil seiner Überwachungsaufgabe im Konzern.

265 Die Funktion „Unternehmenskontrolle" wird **in verschiedenen Organisationseinheiten** und auf verschiedenen Organisationsebenen vollzogen. Es geht um
– die Überwachung von Lage und Entwicklung der Gesellschaft;
– die Erfassung von Lage und Entwicklung des Unternehmensverbunds (des Konzerns);
– die Überwachung operativer Maßnahmen;
– die Überwachung der Vermögensanlagen in der Form von Unternehmensbeteiligungen;
– die Überwachung der Administrationsleistung in der eigenen Gesellschaft;
– die konzernweite Erfassung und unternehmerische Behandlung vorhandener und entstehender Risiken.

---

[217] *Hoffmann-Becking* ZGR 1998, 497, 513; *Martens,* FS Fleck, 1998, 191, 201.

D. Die Überwachungsaufgabe des Vorstands

I. Laufende Überwachung des Geschehens in der Gesellschaft und im Unternehmensverbund (im Konzern)

Der Vorstand muss die Lage und die Entwicklung der Gesellschaft sowie des Unternehmensverbunds in allen Facetten **unter ständiger Kontrolle** halten. Er darf die Lage und die Entwicklung des Unternehmens und des Unternehmensverbunds sich nicht unkontrolliert entwickeln lassen. Dabei muss nicht notwendig stets der gesamte Vorstand sogleich in diese Überwachungstätigkeit eingebunden sein. Er muss nur sicherstellen, dass ihm wesentliche Erkenntnisse so rechtzeitig und so sorgfältig untersucht zur Kenntnis kommen, dass er über die notwendigen Maßnahmen zur Steuerung der Entwicklung selbst wirksam entscheiden kann. Dabei ist es nicht bedeutsam, dass er stets selbst die erforderlichen Maßnahmen plant und ergreift. Im Allgemeinen werden auch Vorgänge, die dem Gesamtvorstand zur Kenntnis gebracht werden, zunächst im zuständigen Ressort oder Bereich abgewickelt. Aber der Vorstand muss in der Lage sein, erforderlichenfalls die Zuständigkeit an sich zu ziehen und bei Bedarf selbst unternehmerisch tätig zu werden. 266

1. Überwachung von Lage und Entwicklung der Gesellschaft und des Unternehmensverbunds

Eine sachgerechte Überwachung der Lage und Entwicklung kann nur auf der Grundlage einer entsprechenden **Berichterstattung** erfolgen. Dies bedeutet, dass der Vorstand nach Sachlage zunächst verpflichtet ist, für eine zeitnahe ordnungsmäßige Berichterstattung zu sorgen. Dabei können die Berichtserfordernisse für die Vorstandsberichte an den Aufsichtsrat (vgl. § 90 AktG) als Untergrenze für eine sachgerechte Berichterstattung innerhalb des Vorstands dienen. Alles, was dem Aufsichtsrat berichtet wird und was damit die Grundlage der Aufsichtsratsüberwachung darstellt, muss zunächst vom Vorstand gedanklich erfasst, kritisch gewürdigt und abschließend unternehmerisch beurteilt werden. 267

Aber damit ist es nicht getan. Der **Vorstand muss alles überwachen,** was er selbst „planend und gestaltend bewirkt".[218] Aber er muss auch das beobachtend verfolgen, was ohne sein Zutun aus dem Markt, aus der Produktions- und Produkttechnik, aus dem finanziellen Umfeld und aus den gesellschaftlichen Rahmenbedingungen auf das Unternehmen einwirkt. Dabei ist das Ziel der Überwachung, negative Einflüsse auf das Unternehmen abzuwehren und positive Einflüsse in die selbst gesteuerte Lage und Entwicklung einzubeziehen. 268

Der Vorstand ist **kein politisches Organ** der Bundesrepublik Deutschland. Aber er ist berechtigt und sogar dazu berufen, selbst und über die bestehenden Organisationen in politischen Fragen den Standpunkt des Unternehmens darzulegen und die eigenen Interessen im Rahmen der bestehenden Rechtsordnung durchzusetzen zu versuchen. Allerdings darf er sich dabei keiner unlauteren Mittel bedienen. Die Förderung der eigenen Interessen darf nur durch Überzeugungsarbeit, keinesfalls aber durch Vorteilszuwendung erreicht werden. 269

2. Überwachung von operativen Maßnahmen

Schon das Gesetz macht deutlich, dass **Geschäfte, die für die Rentabilität oder die Liquidität** der Gesellschaft von erheblicher **Bedeutung** sein können, einer Überwachung durch den Aufsichtsrat bedürfen. Entsprechendes gilt für dem Vorstand bekannt gewordene geschäftliche Vorgänge bei einem verbundenen Unternehmen, die auf die Lage des herrschenden Unternehmens von erheblichem Einfluss sein können (§ 90 Abs. 1 S. 3 AktG analog). Das Gesetz fordert eine besondere Berichterstattung über solche Geschäfte an den Aufsichtsrat (im Falle der berichtspflichtigen Vorgänge bei verbundenen Unternehmen 270

---

[218] *Kort* in GroßkommAktG § 77 Rn. 37.

über dessen Vorsitzenden)[219] und begründet damit eine spezielle Überwachungspflicht. Selbstverständlich bedürfen solche Geschäfte damit auch einer eingehenden (vorangehenden) Prüfung durch den Vorstand.

271 Aber damit ist es nicht getan, wenn ein pflichtbewusster Vorstand seiner rechtlich bestehenden Überwachungspflicht ordnungsmäßig nachkommen will. Der Vorstand muss zunächst einmal alle **„Führungsentscheidungen"**, gleichgültig ob Geschäfte oder Maßnahmen, selbst treffen. Er darf sie nicht nachgeordneten Stellen im Unternehmen überlassen. Bei diesen Entscheidungen involviert die Pflicht zur Entscheidung zugleich die Pflicht zur sorgfältigen Kontrolle aller Entscheidungsgrundlagen und einer vollständigen Erfassung alternativer Entscheidungsmöglichkeiten. Jedes Vorstandsmitglied ist zu dem Verlangen berechtigt, eine anstehende Entscheidung als Führungsentscheidung zu behandeln.

272 Der Vorstand muss alle Entscheidungen überprüfen oder sogar selbst treffen, bei denen dies **von einem Mitglied des Vorstands verlangt** wird, gleichgültig ob die Entscheidung als Führungsentscheidung qualifiziert wird oder nicht. In jedem Fall hat jedes Vorstandsmitglied bei einem solchen Vorgang alle für die Kompetenzfeststellung entscheidungserheblichen Umstände sorgfältig zu prüfen, weil sonst eine sachgerechte Entscheidung nicht getroffen werden kann.

3. Überwachung von Vermögensanlagen

273 Alle Vermögensanlagen der Gesellschaft, gleichgültig ob im Anlagevermögen gebunden oder Teil des Umlaufvermögens, bedürfen einer **besonderen Obhut.** Sie müssen zum einen gegen Beschädigungen oder sonstige Wertminderungen, vor allem gegen Verlust geschützt werden und zum anderen für den Unternehmenszweck gewinnbringend oder eine Gewinnerzielung unterstützend eingesetzt werden.

274 In jeder Gesellschaft wird es stets Vermögenswerte geben, die **nicht dem Unternehmenszweck dienen.** Sie müssen ebenfalls sorgfältig behandelt, gegen Verluste geschützt und für eine weitere Verwendung vorbereitet werden. Vermögensgegenstände, die endgültig nicht für die Erfüllung des Unternehmenszwecks herangezogen werden können oder sollen, sollten im Allgemeinen veräußert werden.

275 Mit besonderer Sorgfalt sind **bestehende Beteiligungen** zu verwalten, unabhängig davon, wie sie unternehmerisch in den Unternehmensverbund eingegliedert werden (→ § 14 Rn. 6 ff.). Hier gilt es, alle Maßnahmen zu treffen, die mit einer Eigentümerstellung verbunden sind. Die regelmäßig anfallenden Aufgaben eines Anteilseigners – wie die Wahrnehmung der Gesellschafterrechte in den Hauptversammlungen (damit auch die Bestellung der Aufsichtsratsmitglieder und die Bestellung des Abschlussprüfers) – gehören dazu. Die Jahresabschlüsse müssen in Gesellschaften mit beschränkter Haftung festgestellt und Aktiengesellschaften entgegengenommen werden. Über die Ergebnisverwendung ist zu entscheiden. Die Finanzierung der Gesellschaften muss kritisch verfolgt und, wenn nötig, durch Kapitalmaßnahmen optimiert werden.

276 Bei einer größeren Zahl bestehender Unternehmensbeteiligungen wird die **Verwaltung der Beteiligungen** regelmäßig in einer besonderen Beteiligungsabteilung geschehen. Diese Beteiligungsabteilung sollte organisatorisch getrennt vom Leitungszentrum des Konzerns zugeordnet werden. Es kommt darauf an, dass die Rechtmäßigkeit der Konzerneinflussnahme und ihre Folgen ständig unter Kontrolle bleiben.

277 **Beteiligungen,** die für die Erfüllung der unternehmerischen Ziele **nicht mehr benötigt** werden, sollten im Allgemeinen veräußert oder in sonstiger Weise verwertet werden. Dabei werden regelmäßig Investmentbanken eingeschaltet werden. Die Erfüllung von Ver-

---

[219] Die Pflicht zur Berichterstattung an den Vorsitzenden schränkt nicht die Berichterstattung an den Gesamtaufsichtsrat ein, sondern gibt nur dem Vorsitzenden die Möglichkeit, über die Art und Weise der Information des Gesamtaufsichtsrats zu entscheiden. Im Einzelfall kann zB wegen einer bereits geplanten Aufsichtsratssitzung eine besondere Information unterbleiben.

tragspflichten, die durch einen Veräußerungsvertrag begründet werden, muss sorgfältig beachtet werden.

Jede erforderliche Sorgfalt ist bei dem **Erwerb neuer Beteiligungen** anzuwenden. Eine falsche oder unzulängliche Vorbereitung des Beteiligungserwerbs lässt sich nachträglich nicht mehr korrigieren. Die Auswirkungen auf die Ertrags-, Finanz- und Vermögenslage der erwerbenden Gesellschaft und des Unternehmensverbunds müssen auch durch eine „worst case"-Betrachtung überprüft werden. Keinesfalls darf ein solcher Beteiligungserwerb und die Einbindung des erworbenen Unternehmens in den Unternehmensverbund auf längere Zeit zu einer Vermögens- oder Ertragsminderung führen. Auch kurzfristige Nachteile sollten tunlichst vermieden werden. Die möglichen **Auswirkungen auf den Börsenkurs** des herrschenden Unternehmens müssen sorgfältig vorbedacht werden. Für den Erwerb ist die Zuziehung einer erfahrenen Anwaltskanzlei durchweg unerlässlich, die Beratung durch eine Investmentbank jedenfalls bei größeren Erwerbsvorhaben dringend anzuraten. Die voraussichtliche Reaktion der Ratingagenturen muss unbedingt erkundet werden. Der ganze Erwerb muss sorgfältig geplant und durchgeführt werden. Auf eine sachgerechte Abfassung des Erwerbsvertrags ist vor allem zu achten. Durch den Erwerb dürfen keine unerwarteten Risiken für das erwerbende Unternehmen begründet werden. 278

Eine große Bedeutung kommt einer regelmäßigen nachträglichen Überprüfung des Eintritts von vor dem Erwerb gemachten Prämissen und Voraussagen zu **(Investitionsnachkontrolle)**. Zwar können damit Erwerbsfehler nicht beseitigt oder gemindert werden, aber in jedem Fall werden die richtigen Schlussfolgerungen für die Zukunft gezogen. 279

4. Überwachung der Administrationsleistung

Der Gesamtvorstand muss die Tätigkeit der Gesellschaft bei der eigenen Administration überwachen. Dabei kann es sich sowohl um die Funktionen im Zusammenhang mit der **Verwaltung der eigenen Gesellschaft** als auch um **Dienstleistungen** handeln, die **für die Gesamtheit der verbundenen Unternehmen** erbracht werden sollen. Alle diese Aufgaben müssen zielgerichtet, effizient und vor allem wirtschaftlich günstig erledigt werden. Die erbrachten Leistungen müssen der Aufgabenstellung genügen und dem Angebot Dritter überlegen sein oder doch mindestens entsprechen. 280

Im Zusammenhang mit der **Verwaltung der eigenen Gesellschaft** werden regelmäßig folgende Verwaltungsleistungen erbracht werden: 281
– allgemeine Verwaltung;
– Beschaffung;
– Finanzierung;
– Investors Relations;
– Öffentlichkeitsarbeit;
– Personalverwaltung;
– Rechnungslegung (einschl. Konzernrechnungslegung);
– Risikomanagement;
– Steuern;
– Versicherungen, ua.

Ob und in welchem Ausmaß eigene Vorstandsressorts für die Wahrnehmung dieser Aufgaben geschaffen werden, muss für jede herrschende Gesellschaft nach Sachlage entschieden werden.

Bei der Überwachung der eigenen Verwaltungsfunktionen gilt alles das, was in einem **eigenständigen Unternehmen** zu kontrollieren ist. Sorgfältig erstellte Budgets sind ebenso notwendig wie regelmäßige Soll/Ist-Vergleiche im Kostenbereich. Dabei reicht es nicht, nur die Überschreitung oder Unterschreitung von Kosten festzustellen. Monatlich muss geprüft werden, ob im Hinblick auf festgestellte Budgetabweichungen neue, bisher nicht geplante Maßnahmen zu ergreifen sind. 282

283 Nicht jede **Dienstleistung,** die von der herrschenden Gesellschaft **für abhängige Unternehmen** erbracht werden kann, eignet sich in jedem Fall zur zentralen Wahrnehmung. Der Vorstand der Obergesellschaft muss sorgfältig prüfen, ob er mit einer Zentralisierung von Dienstleistungen in seiner Gesellschaft wirklich vorteilhaft verfährt oder ob lediglich Kosten konzentriert werden. Aus der Erfahrung lässt sich sagen, dass vieles für eine dezentrale Wahrnehmung der Funktionen spricht. Insbesondere die Fungibilität einzelner Konzerngesellschaften auf dem Markt für Unternehmenskäufe leidet unter der Zentralisierung insofern, als eine eigenständige Administration bei derartigen Konzerngesellschaften vom Käufer erst aufgebaut werden müsste. Nur sehr bedeutsame, nachhaltig zu erwartende Kostenvorteile oder Effizienzverbesserungen rechtfertigen daher eine Zentralisierung von Dienstleistungen.

284 Für eine **Zentralisierung** kommen folgende Funktionen in Betracht:
– gemeinsamer Einkauf;
– gemeinsamer Vertrieb;
– gemeinsames Cash Management;
– gemeinsame Werbung;
– gemeinsame Personalpolitik (eventuell nur für Führungskräfte);
– gemeinsame Altersversorgungseinrichtung;
– gemeinsame Sozialeinrichtungen, ua.

285 Auch hier ist gesondert zu prüfen, ob und in welchem Umfang organisatorisch **eigene Vorstandsressorts** für diese Dienstleistungen geschaffen werden sollen. Durch sorgfältige Untersuchungen ist nicht nur die Vorteilhaftigkeit bei Einführung der Zentralisierung zu prüfen. Auch eine bereits erfolgte Zusammenfassung darf nur beibehalten werden, wenn das Preis/Leistungs-Verhältnis bei zentraler Wahrnehmung der Funktion nachhaltig überzeugend günstiger ist als bei dezentraler Bearbeitung. Dies ist fortdauernd zu prüfen.

286 Zur **Sicherung der Vorteilhaftigkeit** hat sich eine Befragung der Nutzer bewährt. So können – zweckmäßig auf der Grundlage von Fragebogen – beispielsweise erfragt werden:
– fachliche Qualifikation des Dienstleisters;
– Zuverlässigkeit der Ausführung;
– Innovationsstärke;
– Schnelligkeit und Pünktlichkeit;
– Praxisnähe;
– Wirtschaftlichkeit.

287 Auch die Festlegung von Honoraren oder anderweitige **Formen der Entgeltlichkeit** fördern die kritische Beurteilung der Leistungen durch die Leistungsempfänger.

II. Gegenseitige Überwachung der Vorstandsmitglieder

288 Neben der in der Gesellschaft vorzunehmenden Überwachung von Lage und Entwicklung des Unternehmens **obliegt den Vorstandsmitgliedern die gegenseitige Überwachung des Verhaltens aller Vorstandsmitglieder untereinander**[220] (→ Rn. 205). Auch wenn in einer Gesellschaft, die einen Vorstandsvorsitzenden oder einen Sprecher des Vorstands hat, diese Überwachung primär bei diesen besonders hervorgehobenen Vorstandsmitgliedern liegt, ist kein Vorstandsmitglied von der Überwachungsaufgabe entbunden. Allerdings dürfen nicht zu große Anforderungen gestellt werden. Jedes Vorstandsmitglied muss die Berichte der anderen Vorstandsmitglieder zur Kenntnis nehmen und kritisch prüfen. Unklarheiten müssen durch Fragen aufgeklärt werden. Wenn sich Unstimmigkeiten herausstellen, müssen die Vorstandsmitglieder zunächst gemeinsam versuchen, sie zu beseitigen. Wenn dies nicht gelingt, muss der Aufsichtsrat verständigt werden.[221]

---

[220] *Wiesner* in MHdB AG § 22 Rn. 15; *Hoffmann-Becking* ZGR 1998, 497, 512; vgl. auch BGH DB 1996, 2483 zur GmbH.
[221] *Hüffer* AktG § 77 Rn. 15 a.

Der **Aufsichtsrat** hat die besondere Aufgabe, laufend zu **prüfen,** ob diese gegenseitige 289
Überwachung funktioniert. Dies gilt besonders, wenn ein sehr starker Vorstandsvorsitzender die Leitungsaufgaben koordiniert. Zweckmäßigerweise wird der Aufsichtsrat in einer Aufsichtsratssitzung die Mitglieder des Vorstands fragen, wie sie diese gegenseitige Überwachungspflicht handhaben. Eine einmalige Fehlreaktion des Vorstandsvorsitzenden (Disziplinierung eines seiner Überwachungsaufgabe nachkommenden Vorstandsmitglieds) kann die gegenseitige Überwachungsfunktion nachhaltig außer Kraft setzen. Der Aufsichtsrat muss sich darüber im Klaren sein, dass seine eigene Überwachungsaufgabe erheblich zu verschärfen ist, wenn er die Außerkraftsetzung der internen gegenseitigen Überwachung der Vorstandsmitglieder nicht verhindert.

E. Die Stellung des einzelnen Vorstandsmitglieds

Ergänzend und vertiefend → § 5 Rn. 12 ff. Das AktG weist Pflichten und Rechte 290
(Kompetenzen) im Allgemeinen dem Vorstand als Kollegialorgan zu. Dieses **Kollegialorgan Vorstand** besteht regelmäßig **aus mehreren natürlichen Personen,** in Ausnahmefällen aus einer Person. Die Vorstandsmitglieder nehmen die dem Organ Vorstand zugewiesenen Kompetenzen wahr. Sie handeln im Allgemeinen als Rechtsvertreter der Gesellschaft, in besonderen Fällen auch als Einzelpersonen.

I. Allgemeines

Die Mitglieder des Vorstands haben ihrerseits eine (eingeschränkte) **Organqualität.**[222] 291
Kenntnisse, die sie haben, werden dem Organ zugerechnet. Kenntnisse, die ihnen fehlen, fehlen auch dem Organ, wenn nicht ein anderes Vorstandsmitglied diese Kenntnisse hat. Tatsächliche Zustände (zB Besitz) werden der Gesellschaft zugerechnet.[223] Etwas anderes gilt nur dann, wenn das Gesetz dies ausdrücklich sagt, zB mit festgelegten Rechten oder Pflichten auf die einzelnen Mitglieder des Vorstands abstellt.

Erklärungen, die ein Vorstandsmitglied in Angelegenheiten der Gesellschaft abgibt, 292
werden regelmäßig **für die Gesellschaft abgegeben.** Es ist – wenn das Vorstandsmitglied dies nicht ausdrücklich sagt – nicht von einer privaten Äußerung auszugehen. Allerdings kann eine vorsätzlich falsche Erklärung zusätzlich eine sittenwidrige Schädigung bedeuten und damit eine persönliche Haftung des Vorstandsmitglieds nach § 826 BGB zur Folge haben.[224]

Die einzelnen Vorstandsmitglieder haben sich in ihrer Tätigkeit gegenseitig zu unterstüt- 293
zen, aber auch zu überwachen. Dazu müssen sie **formal und materiell in etwa gleichberechtigt** sein.[225] Dies bedeutet nicht Gleichheit der Vergütungen. Aber die Spreizung der Bezüge darf nicht so groß sein, dass daraus eine völlig unterschiedliche Verantwortlichkeit abgeleitet werden muss. Dies ist in letzter Zeit nur ungenügend beachtet worden. Durch außerordentlich hohe Vergütungen an den Vorstandsvorsitzenden ist dessen Gleichberechtigung und Gleichwertigkeit praktisch außer Kraft gesetzt worden.[226] Für etwaige Fehlfolgen aus dieser gesetzlich wohl nicht vorgesehenen Vergütungspraxis hat der Aufsichtsrat einzustehen.

---

[222] *Spindler* in MüKoAktG § 76 Rn. 11; kritisch *Hüffer* AktG § 76 Rn. 7; aA *Kort* in GroßkommAktG § 76 Rn. 19.
[223] Unstr.; vgl. *Mertens* in KK-AktG § 76 Rn. 60 ff.; *Spindler* in MüKoAktG § 76 Rn. 11; *Hüffer* AktG § 76 Rn. 7.
[224] Vgl. BGH NZG 2004, 811, 816; dazu *Goette* DStR 2004, 1486; *Leisch* ZIP 2004, 1573.
[225] *Hoffmann-Becking* ZGR 1998, 498, 514.
[226] *Hoffmann-Becking* sieht für den Vorsitzenden eine Ausnahme vom Gebot der Gleichberechtigung, ZGR 1998, 497, 514.

294 Vorstandsmitglieder können nach § 76 Abs. 3 S. 1 AktG nur **unbeschränkt geschäftsfähige natürliche Personen** sein. Sie sind selbstständig unternehmerähnlich tätig und müssen bei ihrer Tätigkeit den Interessen des Unternehmens stets den Vorrang vor eigenen Interessen geben. Dies gilt in weitem Umfang auch für den privaten Bereich.

II. Mitwirkung an der Leitung des Unternehmens

295 Der Vorstand **leitet die Gesellschaft unter eigener Verantwortung,** nimmt die originären Führungsfunktionen wahr und trifft die Führungsentscheidungen. Hieran wirken die einzelnen Vorstandsmitglieder mit, überwachen und ergänzen sich. Kein Vorstandsmitglied darf sich der Mitwirkung an der Leitung der Gesellschaft entziehen. Insbesondere in den Vorstandssitzungen kommt es zu einem Meinungsaustausch unter den Vorstandsmitgliedern, der sich auf die Führung der Gesellschaft durch den Gesamtvorstand auswirkt.

296 Die Leitung der AG ist zwingend dem (Gesamt-)Vorstand zugewiesen (vgl. § 76 Abs. 1 AktG). Die **Geschäftsführung** ist hingegen sowohl auf einzelne Vorstandsmitglieder als auch mit Einschränkungen auf nachgeordnete Ebenen und in Teilen sogar auf Dritte **übertragbar.** Doch stets muss ein Vorstandsmitglied verantwortlich bleiben.

297 In größeren Gesellschaften lässt sich die **Führung der Geschäfte nicht stets gemeinschaftlich** durchführen. Regelmäßig wird die Vorstandsarbeit nach bestimmten Strukturen organisiert. Einzelne Vorstandsmitglieder werden mit besonderen Aufgaben betraut. Den Vorstandsmitgliedern können Bereiche zugewiesen werden, für die sie allein oder mit anderen geschäftsführungsbefugt sind.

298 Durch die Geschäftsordnung kann die **Geschäftsverteilung** unter den einzelnen Vorstandsmitgliedern geregelt werden. Ressorts mit Primärzuständigkeit eines Vorstandsmitglieds können geschaffen werden.

299 Für die Bildung von **Ressorts** können verschiedene Gesichtspunkte bedeutsam sein. So können für bestimmte Sachgebiete, wie Recht, Finanzen, Steuern, Personal, Forschung, Einkauf, Absatz usw., bestimmte Verantwortungen verteilt werden **(funktionale Aufteilung).** Die Aufteilung kann auch nach bestimmten Produktgruppen oder Tochtergesellschaften bzw. Zweigniederlassungen erfolgen **(Spartenorganisation bzw. Divisionalisierung).**[227] Letztlich muss jedes Ressort einem Vorstandsmitglied zugeordnet sein. „Freischwebende Ressorts" (Unterstellung unter den Gesamtvorstand) sollten vermieden werden. Die rechtliche Zulässigkeit derartiger Freiräume erscheint überdies zweifelhaft, weil die Geschäftsführung unter die Vorstandsmitglieder aufgeteilt werden muss und auch nicht teilweise Personen überlassen werden darf, die nicht dem Vorstand angehören.

300 In der Praxis werden einem Vorstandsmitglied häufig **neben der Zuweisung eines zentralen Ressorts,** wie zB Produktion, zusätzlich ein örtlich oder produktmäßig abgegrenzter Produktbereich zugewiesen.[228] Der Leiter des Finanzressorts sollte keine zusätzliche divisionale Verantwortung tragen. Die für den Finanzvorstand notwendige Neutralität könnte beeinträchtigt werden.

301 Einem Vorstandsmitglied (zB dem Vorstandsvorsitzenden) oder einem Ausschuss kann die **Koordinierung und Überwachung der Arbeit** der verschiedenen Ressorts übertragen werden (Zentralausschuss). Allerdings ist eine gewisse Zurückhaltung geboten. Die Ausschussarbeit darf nicht so angelegt sein, dass der Gesamtvorstand praktisch bedeutungslos wird und der Appell eines Vorstandsmitglieds an den Gesamtvorstand von vornherein aussichtslos ist.[229]

302 In der Geschäftsordnung sollten die **Aufgaben- und Verantwortungsbereiche** der verschiedenen Vorstandsmitglieder klar werden, um eine eindeutige Aufgabenzuweisung zu gewährleisten. Der Arbeitsdirektor ist beispielsweise für die Bereiche Personal, Lohn und

---

[227] *Wiesner* in MHdB AG § 22 Rn. 15; *Fleischer* NZG 2003, 449, 451 f.
[228] *Mertens* in KK-AktG § 77 Rn. 15.
[229] *Hoffmann-Becking* ZGR 1998, 497, 516.

III. Delegation und ihre Grenzen

Die Verteilung von Geschäftsführungszuständigkeiten auf einzelne Vorstandsmitglieder erfolgt, weil sich insbesondere bei größeren Gesellschaften nicht alle Maßnahmen gemeinschaftlich vornehmen lassen. Soweit Aufgaben an einzelne Vorstandsmitglieder übertragen werden können, kann auch ein aus Vorstandsmitgliedern bestehender **Ausschuss** mit ihrer Erledigung betraut werden.[231]

Die Geschäftsverteilung besonderer Aufgaben auf einzelne oder mehrere Vorstandsmitglieder hat **Grenzen**. Diese ergeben sich im Hinblick auf das Prinzip der Gesamtverantwortung aus dem Kernbereich der Leitungsentscheidungen, der Zuweisung von Einzelaufgaben an den Gesamtvorstand und der Sorgfaltspflicht einzelner Vorstandsmitglieder.

1. Kernbereich der Leitungsentscheidungen

Die gesetzliche Festlegung der Gesamtverantwortung (vgl. § 76 Abs. 1 AktG)[232] soll den ihr zugewiesenen Bereich von unzulässigen Einzelzuständigkeiten abgrenzen. Die dem Gesamtvorstand zugewiesene **Leitung** der Gesellschaft ist als solche auf einzelne Vorstandsmitglieder **nicht übertragbar.**[233] Übertragbar sind nur Einzelaufgaben.

Der Gesamtvorstand bleibt für grundsätzliche, bedeutende und ressortübergreifende Fragen zuständig.[234] Welche Fragen so bedeutend sind, dass sie nicht ohne Billigung durch den Gesamtvorstand behandelt werden dürfen, ist auch abhängig von Art und Größe des Unternehmens.[235] Jedenfalls müssen die **originären Führungsfunktionen** (Unternehmensplanung, Unternehmenskontrolle, Unternehmenskoordination und Führungsstellenbesetzung) in der Verantwortung des Gesamtvorstands verbleiben.[236] Wird zB die Durchführung der Prüfung aller Leistungen an und für Vorstandsmitglieder einem Vorstandsmitglied (etwa dem Vorsitzenden oder dem Finanzvorstand) übertragen, bleibt dennoch die Verantwortung für diese Maßnahme der Unternehmenskontrolle beim Gesamtvorstand.

Die **funktionale** oder die an **Sparten** orientierte Organisation ist grundsätzlich mit dem Prinzip der Gesamtverantwortung vereinbar, soweit sie sich in deren Grenzen hält. So darf eine große und bedeutsame Sparte nicht ohne weiteres an nur ein Vorstandsmitglied delegiert werden, während die Zuweisung einer von vielen Sparten eines weitverzweigten Konzerns an ein Vorstandsmitglied durchaus zulässig sein kann.[237] Auch eine Unternehmensorganisation, die weitgehend autonome Einheiten schafft (**„profit-center"**), ändert nichts am Prinzip der Gesamtverantwortung und ist grundsätzlich zulässig.[238]

---

[230] § 13 MontanMitbestG, § 13 MitbestErgG, § 33 MitbestG; die Zuweisung ist gesetzlich zwingend der Entscheidung des Gesamtaufsichtsrats zugewiesen, vgl. *Hoffmann-Becking* ZGR 1998, 497, 505.

[231] Ausf. zu Vorstandsausschüssen, Bereichsvorständen und „Boards" *Hoffmann-Becking* ZGR 1998, 497, 509.

[232] *Fleischer* in Spindler/Stilz AktG § 76 Rn. 8; vgl. aber *Hoffmann-Becking* ZGR 1998, 497, 506, wonach die Vorschrift die Eigenverantwortlichkeit des Vorstands gegenüber Aufsichtsrat und Hauptversammlung betrifft.

[233] *Hüffer* AktG § 76 Rn. 8; *Kort* in GroßKomm AktG § 76 Rn. 2, 33; *Fleischer* in Spindler/Stilz AktG § 76 Rn. 8; *ders.* NZG 2003, 449, 450.

[234] Ähnlich *Wiesner* in MHdB AG § 22 Rn. 15.

[235] *Mertens* in KK-AktG § 77 Rn. 18.

[236] Sie können auch nicht auf Dritte, zB Dienstleister, übertragen werden, dies ist nur für Hilfsfunktionen möglich, vgl. *Spindler* in MüKoAktG § 76 Rn. 19; *Fleischer* in Spindler/Stilz AktG § 76 Rn. 66.

[237] *Spindler* in MüKoAktG § 77 Rn. 67; *Götz* ZGR 1998, 524, 535.

[238] Zurückhaltend *Spindler* in MüKoAktG § 77 Rn. 68; *Hoffmann-Becking* NZG 2003, 745, 747.

308 Das Modell eines **Chief Executive Officer (CEO),** der sämtliche Befugnisse innehat und weisungsbefugt gegenüber anderen Vorstandsmitgliedern wäre, ist nach deutschem Recht nicht zulässig.²³⁹ Dies ergibt sich neben Bedenken hinsichtlich des Prinzips der Gesamtverantwortung bereits aus der bei einem solchen Fall nicht gewährleisteten Gleichberechtigung der Vorstandsmitglieder. Zudem kennt das deutsche Recht keine Weisungsbefugnis eines Vorstandsmitglieds gegenüber anderen Vorstandsmitgliedern.

2. Zuweisung von Einzelaufgaben an den Gesamtvorstand

309 Einzelaufgaben, die das Gesetz ausdrücklich dem Gesamtvorstand zuweist (zB §§ 83, 90, 91, 93, 110 Abs. 1, 118 Abs. 2, 119 Abs. 2, 121 Abs. 2, 124 Abs. 3, 161, 170, 245 Nr. 4 AktG), können von einzelnen Mitgliedern vorbereitet und durchgeführt werden. Die Verantwortung für diese **unübertragbaren Aufgaben,** insbesondere die Entscheidungskompetenz, bleibt beim Vorstand als Kollegialorgan.²⁴⁰ Dazu gehören insbesondere Aufgaben, die der Vorstand im Verhältnis zu einem anderen Organ zu erledigen hat.²⁴¹

3. Sorgfalts- und Aufsichtspflicht

310 Hat eine zulässige Delegation bestimmter Aufgaben auf ein Vorstandsmitglied stattgefunden, ist zu beachten, dass Vorstandsmitglieder sich nicht allein um den Bereich kümmern müssen, für den sie spezifisch verantwortlich sind. Es bleibt bei jedem Vorstandsmitglied die **Verantwortung für die Leitung des Unternehmens und die nicht delegierbaren Aufgaben der Geschäftsführung.**

311 Aus der Sorgfaltspflicht der Vorstandsmitglieder ergibt sich zwar, dass kein eigenmächtiges Eingreifen in die Geschäftsbereiche anderer zulässig ist. Andererseits besteht eine allgemeine **Aufsichtspflicht** dergestalt, dass der Geschäftsbetrieb als Ganzes beobachtet werden muss. Der Sorgfaltspflicht wird grundsätzlich genügt, wenn ein Vorstandsmitglied sich in den Sitzungen über Vorgänge in anderen Bereichen informiert. Erst wenn der Verdacht von Missständen besteht, muss es sich auch von sich aus kontrollierend einschalten.²⁴²

312 Aus der fortbestehenden Sorgfalts- und Überwachungspflicht folgt, dass jedes Vorstandsmitglied unabdingbar berechtigt und bei Bestehen besonderer Anhaltspunkte für Missstände verpflichtet ist, Angelegenheiten, die ein anderes Ressort betreffen, einer Entscheidung durch den Gesamtvorstand zuzuführen. Dies wird als **Interventionsrecht** bezeichnet. Die Entscheidung durch den Gesamtvorstand erfolgt, wenn die Geschäftsordnung oder Satzung nichts anderes bestimmt, nach dem Mehrheitsprinzip.

313 Die Satzung oder Geschäftsordnung kann auch das **Widerspruchsrecht** eines Vorstandsmitglieds vorsehen. Eine Maßnahme der ressortbezogenen Einzelgeschäftsführung darf zB nicht vorgenommen werden, wenn eine festgelegte Anzahl von Mitgliedern widerspricht.²⁴³ Besonderheiten sind in mitbestimmten Gesellschaften zu beachten.

IV. Leitung eines Ressorts

314 Die Leitung eines Ressorts erfolgt, abhängig von dessen Größe und Bedeutung, durch ein **einzelnes Vorstandsmitglied** oder in Ausnahmefällen durch mehrere Vorstandsmitglieder.

315 Das Vorstandsmitglied, dem ein Ressort zur Leitung übertragen wurde, führt diesen zugewiesenen Bereich selbständig in eigener **Ressortverantwortung** mit Wirkung für den

---

[239] *Kort* in GroßKomm AktG § 76 Rn. 52 ff.; *Spindler* in MüKoAktG § 77 Rn. 69; *J. Semler,* FS Lutter, 2000, 728.
[240] *Hüffer* AktG § 77 Rn. 17, *Fleischer* NZG 2003, 449, 450.
[241] *Hoffmann-Becking* ZGR 1998, 497, 508.
[242] *Fleischer* in Spindler/Stilz AktG § 77 Rn. 52; *Wiesner* in MHdB AG § 22 Rn. 15.
[243] *Spindler* in MüKoAktG § 77 Rn. 17.

Gesamtvorstand. Soweit Satzung oder Geschäftsordnung keine Beschränkungen vorsehen, können Maßnahmen durch das betreffende Vorstandsmitglied allein vorgenommen werden. Es hat regelmäßig begrenzte Einzelgeschäftsführungsbefugnis für einen bestimmten Kreis von Geschäften.

Ein Vorstandsmitglied muss bei Leitung seines Ressorts **wie der Gesamtvorstand bei Leitung der Gesellschaft** den Unternehmensgegenstand verfolgen, sein Handeln auf angemessene Gewinnzielung ausrichten, das Unternehmensinteresse beachten, unternehmerisches Ermessen ausüben und dabei den Geboten von Ordnungsmäßigkeit, Rechtmäßigkeit, Zweckmäßigkeit und Wirtschaftlichkeit Rechnung tragen. 316

Der Leiter eines Ressorts ist berechtigt und im Fall der Betroffenheit grundsätzlicher Fragen der Unternehmenspolitik oder Berührung fremder Sachbereiche verpflichtet, eine Angelegenheit aus seinem Ressort **dem Gesamtvorstand zur Entscheidung vorzulegen.** Er muss die Geschäftsführung dann am getroffenen Vorstandsbeschluss ausrichten. Vorbehaltlich anderer Regelungen in der Satzung gilt für einen solchen Beschluss das Mehrheitsprinzip.[244] 317

Ein Vorstandsmitglied, das ein Ressort leitet, hat dem Gesamtvorstand bzw. anderen Vorstandsmitgliedern über bedeutende Angelegenheiten in seinem Ressort zu **berichten.**[245] Anderenfalls wäre es den anderen Vorstandsmitgliedern nicht möglich, ihre auf der Gesamtverantwortung beruhende Aufsichtspflicht wahrzunehmen. Sie haben daher Anspruch auf Berichterstattung aus anderen Ressorts. 318

Umgekehrt darf sich das ressortleitende Vorstandsmitglied nicht allein auf Angelegenheiten seines Ressorts beschränken. Vorstandsmitglieder müssen die Aktivitäten der anderen Ressortleiter zumindest im Rahmen regelmäßiger Vorstandssitzungen kontinuierlich verfolgen. Kollegen anderer Ressorts müssen ggf. sowohl auf Geschäftschancen als auch auf offenbar werdende Missstände aufmerksam gemacht werden. Hinsichtlich der anderen Ressorts bleibt jedem Vorstandsmitglied stets eine **Restverantwortung.**[246] 319

V. Interne Überwachung

Die Vorstandsmitglieder sind die **„primär zuständigen Kontrolleure"** der gesamten Vorstandsarbeit. Sie sind mit der Führung des Unternehmens am engsten verbunden, erfahren offiziell (aber mindestens ebenso wichtig auch inoffiziell) mehr als irgendeine andere dem Unternehmen verbundene Person. Sie können am besten erkennen, ob etwas „aus dem Ruder läuft" oder ob es sich um unbedeutende, korrigierbare Abweichungen handelt. 320

Auch bei der internen Überwachungsaufgabe der Vorstandsmitglieder kommt es vor allem darauf an zu **erkennen, was geschieht** und wie sich die Lage entwickelt. Auch hier hat der Finanzvorstand (oder ein anderer für das Controlling zuständiger Kollege) zuallererst die Aufgabe, das Zahlenwerk zu erstellen, zu analysieren und sachgerecht zu kommentieren. Er muss die Ergebnisse seiner Arbeit unverzüglich seinen Kollegen zugänglich machen. Jeder Kollege muss sogleich erkennen können, was im Unternehmen – und zwar in allen Ressorts – geschieht. Er muss Erfolge ebenso wie Misserfolge erfahren. 321

Insbesondere in Angelegenheiten, die nicht glatt laufen, sollte das zuständige Vorstandsmitglied **seinen Vorstandskollegen unverzüglich mitteilen,** wie es nach seiner Auffassung zu der negativen Entwicklung gekommen ist und was es zu unternehmen gedenkt. Wenn die Kollegen erst nachfragen müssen, kommt das betroffene Vorstandsmitglied seinen Pflichten nicht hinreichend nach. Einer oft zu beobachtenden Tendenz, Schwierigkeiten in einem kleinen Kreis zu behandeln und einzelne Vorstandsmitglieder an der Problemlösung nicht zu beteiligen, muss unbedingt entgegengewirkt werden. Dies ist auch eine der Aufgaben eines Vorstandsvorsitzenden oder eines Vorstandssprechers. 322

---

[244] *Spindler* in MüKoAktG § 77 Rn. 61; *Hoffmann-Becking* ZGR 1998, 497, 512.
[245] *Hüffer* AktG § 77 Rn. 15; *Mertens* in KK-AktG § 77 Rn. 20; *Hoffmann-Becking* ZGR 1998, 497, 512.
[246] *Fleischer* NZG 2003, 449, 452.

323 Auch dann, wenn ein Kollege seinen Informationspflichten nicht so nachkommt wie es eigentlich geschehen sollte, ist **nicht sogleich ein Anlass zu formalem Handeln** gegeben. Zumeist liegt die Suche nach einem persönlichen Gespräch näher als ein formales Ansuchen um Aufnahme eines entsprechenden Punkts in die Tagesordnung der nächsten Vorstandssitzung. Wenn Vorstandsmitglieder miteinander harmonieren – und das sollten sie tunlichst –, ergeben sich aus der Verpflichtung zur gegenseitigen internen Überwachung keine Schwierigkeiten und keine Misshelligkeiten. Je mehr die einzelnen Vorstandsmitglieder das Gefühl haben, bei ihren Kollegen Verständnis und Hilfe zu finden, desto erfolgreicher funktioniert die Führung des Unternehmens.

VI. Diversity im Vorstand

1. Allgemeines

324 Mit dem Begriff „Diversity" (Vielfalt) wird im Allgemeinen eine Reihe von persönlichen Differenzierungsmerkmalen beschrieben, in deren Vordergrund immer wieder Geschlecht, Alter und Nationalität stehen. Mit Bezug auf den Vorstand geht es also um dessen persönliche Zusammensetzung anhand der vorstehenden (und ggf. einiger weiterer) Merkmale. In der aktuellen Diskussion herausragend ist immer wieder die Geschlechterfrage, die regelmäßig in der Frage nach einer **Frauenquote im Vorstand** endet. Sie gehört zu den aktuell beliebtesten Aktionärsfragen auf deutschen Hauptversammlungen, obwohl sie bei strenger Auslegung des Auskunftstatbestands (§ 131 Abs. 1 S. 1 AktG) wohl nur selten beantwortet werden müsste.

2. Legitimation des Gesetzgebers

325 Es ist gesellschaftspolitisch unbestritten, dass Diversity – und hier insbesondere ein angemessener Anteil an Frauen – in der Unternehmensführung eine wünschenswerte Zielstellung darstellt. Für den Aufsichtsrat formuliert Ziff. 5.4.1 DCGK dieses Ziel ausdrücklich; für den Vorstand gilt generell nichts anderes. Auch unter betriebswirtschaftlichen Aspekten hat Diversity einen – zumindest statistischen – Wert per se.[247] Eine gänzlich andere Frage betrifft jedoch die **Legitimation des Gesetzgebers, gesellschaftspolitisch wünschenswerte Ziele in zwingende aktienrechtliche Regelungen umzusetzen.** Diese Frage betrifft nicht nur Diversity-Aspekte. Sie stellt sich in gleicher Weise zum Beispiel für exzessive Managervergütung oder für die Haftungsreihenfolge bei Banken-Insolvenzen. Hier wie dort wird sie überwiegend verneint.[248] Insbesondere die gesetzliche Verankerung einer Frauenquote wird als „bedenklicher Fremdkörper" im Aktiengesetz überwiegend abgelehnt.[249] In der Tat sollte sich der Gesetzgeber derartiger Vorgaben schon aus verfassungsrechtlichen Gründen (Art. 14 GG) enthalten. Dies gilt umso mehr, als er mit der Einführung der zwingenden Mitbestimmung für Großunternehmen seine Legitimationsgrenzen bereits ausgereizt hat.

3. Legislatorische Strömungen

326 Aktuell befasst sich der Gesetzgeber bei der Installierung von Frauenquoten mehr mit dem Aufsichtsrat als mit dem Vorstand. So sollen **auf nationaler Ebene** bereits bei Neuwahlen zum Aufsichtsrat mitbestimmter[250] und börsennotierter Unternehmen ab 2016 zu

---

[247] Vgl. dazu die Studie von *Erste Group/Roland Berger* in wirtschaftsblatt.at vom 14.11.2013.
[248] Grundlegend *Habersack,* Staatliche und nichtstaatliche Eingriffe in die Unternehmensführung, 69. DJT, Gutachten E, 2012, E 33; ebenso *Mülbert* ZHR 174 (2010), 375, 384.
[249] So *Habersack,* Staatliche und nichtstaatliche Eingriffe in die Unternehmensführung, 69. DJT, Gutachten E, 2012, E 36; zust. *Windbichler* NJW 2012, 2625, 2627; dagegen zB *Möllers/Hailer* JZ 2012, 847.
[250] Die Sinnhaftigkeit dieser Einschränkung erschließt sich nur dann, wenn man – wie der RegE zum BGleiG – diesen Unternehmen eine „zwingende Sozialbindung" zuweist; vgl. RegE BGleiG, BT-Drs. 18/3784, 120.

mindestens 30 Prozent geschlechterspezifisch besetzt werden.[251] **Auf EU-Ebene** sieht der Kommissionsvorschlag für eine Gleichstellungsrichtlinie bis 2020 sogar einen 40%igen Frauenanteil in den Aufsichtsräten börsennotierter Unternehmen vor.[252] Wenn der Vorstand bei derartigen Vorstößen noch in zweiter Reihe steht, so deshalb, weil sich die Initiatoren über eine quotale Besetzung des Aufsichtsrats als Bestellungsgremium offenbar eine mittelbare Quotierung bei den Leitungsgremien erhoffen.

4. Praktische Hindernisse

Quotenregelungen sind in der Praxis weitgehend unerprobt. Dementsprechend zahlreich sind die Auslegungsprobleme, wie sie beispielsweise in den ersten Jahren nach Einführung der gesetzlichen Mitbestimmung zu Tage traten und regelmäßig nur mit einem – sachlich nicht begründbaren – Primat der Arbeitnehmerbeteiligung gelöst werden konnten. Ähnliches droht einer Einführung von Frauenquoten im Vorstand. So ist auf der Tatbestandsseite zum Beispiel völlig offen, welche Funktionen im Vorstand quotiert werden können bzw. sollen oder ob mit der **Schaffung nichtssagender Ressorts** („Vertrieb Polynesien") allen gesetzlichen Anforderungen Genüge getan sein wird. Auf der Rechtsfolgenseite stellt sich exemplarisch die Frage, ob **Beschlüsse fehlbesetzter Vorstände** (zB aufgrund einer kurzfristigen Amtsniederlegung) ebenso unwirksam sein sollen wie die Beschlüsse unterbesetzter Vorstände. Schon diese zwei Beispiele zeigen, dass der Gesetzgeber gut beraten ist, gesellschaftspolitische Überzeugungsarbeit zu leisten, damit die Mehrheit der Aktionäre über den Aufsichtsrat ohne legislatorischen Zwang zu vernünftigen Personalentscheidungen im Vorstand gelangt.

F. Anlage § 1–1: Deutscher Corporate Governance Kodex (idF vom 24.6.2014)

1   Präambel

Der Deutsche Corporate Governance Kodex (der „Kodex") stellt wesentliche gesetzliche Vorschriften zur Leitung und Überwachung deutscher börsennotierter Gesellschaften (Unternehmensführung) dar und enthält international und national anerkannte Standards guter und verantwortungsvoller Unternehmensführung. Der Kodex hat zum Ziel, das deutsche Corporate Governance System transparent und nachvollziehbar zu machen. Er will das Vertrauen der internationalen und nationalen Anleger, der Kunden, der Mitarbeiter und der Öffentlichkeit in die Leitung und Überwachung deutscher börsennotierter Gesellschaften fördern.

Der Kodex verdeutlicht die Verpflichtung von Vorstand und Aufsichtsrat, im Einklang mit den Prinzipien der sozialen Marktwirtschaft für den Bestand des Unternehmens und seine nachhaltige Wertschöpfung zu sorgen (Unternehmensinteresse).

Deutschen Aktiengesellschaften ist ein duales Führungssystem gesetzlich vorgegeben.

Der Vorstand leitet das Unternehmen in eigener Verantwortung. Die Mitglieder des Vorstands tragen gemeinsam die Verantwortung für die Unternehmensleitung. Der Vorstandsvorsitzende koordiniert die Arbeit der Vorstandsmitglieder.

Der Aufsichtsrat bestellt, überwacht und berät den Vorstand und ist in Entscheidungen, die von grundlegender Bedeutung für das Unternehmen

---

[251] Vgl. Art. 3 Nr. 4b RegE BGleiG, BT-Drs. 18/3784, 28.
[252] Vgl. KOM (2012), 614.

sind, unmittelbar eingebunden. Der Aufsichtsratsvorsitzende koordiniert die Arbeit im Aufsichtsrat.

Die Mitglieder des Aufsichtsrats werden von den Aktionären in der Hauptversammlung gewählt. Bei Unternehmen mit mehr als 500 bzw. 2000 Arbeitnehmern im Inland sind auch die Arbeitnehmer im Aufsichtsrat vertreten, der sich dann zu einem Drittel bzw. zur Hälfte aus von den Arbeitnehmern gewählten Vertretern zusammensetzt. Bei Unternehmen mit mehr als 2000 Arbeitnehmern hat der Aufsichtsratsvorsitzende, der praktisch immer ein Vertreter der Anteilseigner ist, ein die Beschlussfassung entscheidendes Zweitstimmrecht. Die von den Aktionären gewählten Anteilseignervertreter und die Arbeitnehmervertreter sind gleichermaßen dem Unternehmensinteresse verpflichtet.

Alternativ eröffnet die Europäische Gesellschaft (SE) die Möglichkeit, sich auch in Deutschland für das international verbreitete System der Führung durch ein einheitliches Leitungsorgan (Verwaltungsrat) zu entscheiden.

Die Ausgestaltung der unternehmerischen Mitbestimmung in der SE wird grundsätzlich durch eine Vereinbarung zwischen der Unternehmensleitung und der Arbeitnehmerseite festgelegt. Die Arbeitnehmer in den EU-Mitgliedstaaten sind einbezogen.

Die Rechnungslegung deutscher Unternehmen ist am True-and-fair-view-Prinzip orientiert und hat ein den tatsächlichen Verhältnissen entsprechendes Bild der Vermögens-, Finanz- und Ertragslage des Unternehmens zu vermitteln.

Empfehlungen des Kodex sind im Text durch die Verwendung des Wortes „soll" gekennzeichnet. Die Gesellschaften können hiervon abweichen, sind dann aber verpflichtet, dies jährlich offenzulegen und die Abweichungen zu begründen („comply or explain"). Dies ermöglicht den Gesellschaften die Berücksichtigung branchen- oder unternehmensspezifischer Bedürfnisse. Eine gut begründete Abweichung von einer Kodexempfehlung kann im Interesse einer guten Unternehmensführung liegen. So trägt der Kodex zur Flexibilisierung und Selbstregulierung der deutschen Unternehmensverfassung bei. Ferner enthält der Kodex Anregungen, von denen ohne Offenlegung abgewichen werden kann; hierfür verwendet der Kodex den Begriff „sollte". Die übrigen sprachlich nicht so gekennzeichneten Teile des Kodex betreffen Beschreibungen gesetzlicher Vorschriften und Erläuterungen.

In Regelungen des Kodex, die nicht nur die Gesellschaft selbst, sondern auch ihre Konzernunternehmen betreffen, wird der Begriff „Unternehmen" statt „Gesellschaft" verwendet.

Der Kodex richtet sich in erster Linie an börsennotierte Gesellschaften und Gesellschaften mit Kapitalmarktzugang im Sinne des § 161 Absatz 1 Satz 2 Aktiengesetz. Auch nicht kapitalmarktorientierten Gesellschaften wird die Beachtung des Kodex empfohlen.

Der Kodex wird in der Regel einmal jährlich vor dem Hintergrund nationaler und internationaler Entwicklungen überprüft und bei Bedarf angepasst.

2 Aktionäre und Hauptversammlung

2.1 Aktionäre

2.1.1 Die Aktionäre nehmen im Rahmen der satzungsmäßig vorgesehenen Möglichkeiten ihre Rechte vor oder während der Hauptversammlung wahr und üben dabei ihr Stimmrecht aus.

F. Anlage § 1–1: Deutscher Corporate Governance Kodex § 1

2.1.2 Jede Aktie gewährt grundsätzlich eine Stimme. Aktien mit Mehrstimmrechten oder Vorzugsstimmrechten („golden shares") sowie Höchststimmrechte bestehen nicht.

2.2 Hauptversammlung

2.2.1 Der Vorstand legt der Hauptversammlung den Jahresabschluss, den Lagebericht, den Konzernabschluss und den Konzernlagebericht vor. Sie entscheidet über die Gewinnverwendung sowie die Entlastung von Vorstand und Aufsichtsrat und wählt in der Regel die Anteilseignervertreter im Aufsichtsrat und den Abschlussprüfer.

Darüber hinaus entscheidet die Hauptversammlung über die Satzung und den Gegenstand der Gesellschaft, über Satzungsänderungen und über wesentliche unternehmerische Maßnahmen wie insbesondere Unternehmensverträge und Umwandlungen, über die Ausgabe von neuen Aktien und von Wandel- und Optionsschuldverschreibungen sowie über die Ermächtigung zum Erwerb eigener Aktien. Sie kann über die Billigung des Systems der Vergütung der Vorstandsmitglieder beschließen.

2.2.2 Bei der Ausgabe neuer Aktien haben die Aktionäre grundsätzlich ein ihrem Anteil am Grundkapital entsprechendes Bezugsrecht.

2.2.3 Jeder Aktionär ist berechtigt, an der Hauptversammlung teilzunehmen, das Wort zu Gegenständen der Tagesordnung zu ergreifen und sachbezogene Fragen und Anträge zu stellen.

2.2.4 Der Versammlungsleiter sorgt für eine zügige Abwicklung der Hauptversammlung. Dabei sollte er sich davon leiten lassen, dass eine ordentliche Hauptversammlung spätestens nach 4 bis 6 Stunden beendet ist.

2.3 Einladung zur Hauptversammlung, Briefwahl, Stimmrechtsvertreter

2.3.1 Die Hauptversammlung der Aktionäre ist vom Vorstand mindestens einmal jährlich unter Angabe der Tagesordnung einzuberufen. Aktionärsminderheiten sind berechtigt, die Einberufung einer Hauptversammlung und die Erweiterung der Tagesordnung zu verlangen. Die Einberufung sowie die vom Gesetz für die Hauptversammlung verlangten Berichte und Unterlagen einschließlich des Geschäftsberichts sind für die Aktionäre leicht erreichbar auf der Internetseite der Gesellschaft zusammen mit der Tagesordnung zugänglich zu machen, sofern sie den Aktionären nicht direkt übermittelt werden. Das Gleiche gilt, wenn eine Briefwahl angeboten wird, für die Formulare, die dafür zu verwenden sind.

2.3.2 Die Gesellschaft soll den Aktionären die persönliche Wahrnehmung ihrer Rechte und die Stimmrechtsvertretung erleichtern. Der Vorstand soll für die Bestellung eines Vertreters für die weisungsgebundene Ausübung des Stimmrechts der Aktionäre sorgen; dieser sollte auch während der Hauptversammlung erreichbar sein.

2.3.3 Die Gesellschaft sollte den Aktionären die Verfolgung der Hauptversammlung über moderne Kommunikationsmedien (z. B. Internet) ermöglichen.

3 Zusammenwirken von Vorstand und Aufsichtsrat

3.1 Vorstand und Aufsichtsrat arbeiten zum Wohle des Unternehmens eng zusammen.

3.2 Der Vorstand stimmt die strategische Ausrichtung des Unternehmens mit dem Aufsichtsrat ab und erörtert mit ihm in regelmäßigen Abständen den Stand der Strategieumsetzung.

3.3 Für Geschäfte von grundlegender Bedeutung legen die Satzung oder der Aufsichtsrat Zustimmungsvorbehalte zugunsten des Aufsichtsrats fest.

Hierzu gehören Entscheidungen oder Maßnahmen, die die Vermögens-, Finanz- oder Ertragslage des Unternehmens grundlegend verändern.

3.4 Die ausreichende Informationsversorgung des Aufsichtsrats ist gemeinsame Aufgabe von Vorstand und Aufsichtsrat.
Der Vorstand informiert den Aufsichtsrat regelmäßig, zeitnah und umfassend über alle für das Unternehmen relevanten Fragen der Strategie, der Planung, der Geschäftsentwicklung, der Risikolage, des Risikomanagements und der Compliance. Er geht auf Abweichungen des Geschäftsverlaufs von den aufgestellten Plänen und Zielen unter Angabe von Gründen ein.
Der Aufsichtsrat soll die Informations- und Berichtspflichten des Vorstands näher festlegen. Berichte des Vorstands an den Aufsichtsrat sind in der Regel in Textform zu erstatten. Entscheidungsnotwendige Unterlagen werden den Mitgliedern des Aufsichtsrats möglichst rechtzeitig vor der Sitzung zugeleitet.

3.5 Gute Unternehmensführung setzt eine offene Diskussion zwischen Vorstand und Aufsichtsrat sowie in Vorstand und Aufsichtsrat voraus. Die umfassende Wahrung der Vertraulichkeit ist dafür von entscheidender Bedeutung.
Alle Organmitglieder stellen sicher, dass die von ihnen zur Unterstützung einbezogenen Mitarbeiter die Verschwiegenheitspflicht in gleicher Weise einhalten.

3.6 In mitbestimmten Aufsichtsräten können die Vertreter der Aktionäre und der Arbeitnehmer die Sitzungen des Aufsichtsrats jeweils gesondert, gegebenenfalls mit Mitgliedern des Vorstands, vorbereiten.
Der Aufsichtsrat soll bei Bedarf ohne den Vorstand tagen.

3.7 Bei einem Übernahmeangebot müssen Vorstand und Aufsichtsrat der Zielgesellschaft eine begründete Stellungnahme zu dem Angebot abgeben, damit die Aktionäre in Kenntnis der Sachlage über das Angebot entscheiden können.
Der Vorstand darf nach Bekanntgabe eines Übernahmeangebots bis zur Veröffentlichung des Ergebnisses keine Handlungen vornehmen, durch die der Erfolg des Angebots verhindert werden könnte, soweit solche Handlungen nicht nach den gesetzlichen Regelungen erlaubt sind. Bei ihren Entscheidungen sind Vorstand und Aufsichtsrat an das beste Interesse der Aktionäre und des Unternehmens gebunden.
Der Vorstand sollte im Falle eines Übernahmeangebots eine außerordentliche Hauptversammlung einberufen, in der die Aktionäre über das Übernahmeangebot beraten und gegebenenfalls über gesellschaftsrechtliche Maßnahmen beschließen.

3.8 Vorstand und Aufsichtsrat beachten die Regeln ordnungsgemäßer Unternehmensführung. Verletzen sie die Sorgfalt eines ordentlichen und gewissenhaften Geschäftsleiters bzw. Aufsichtsratsmitglieds schuldhaft, so haften sie der Gesellschaft gegenüber auf Schadensersatz. Bei unternehmerischen Entscheidungen liegt keine Pflichtverletzung vor, wenn das Mitglied von Vorstand oder Aufsichtsrat vernünftigerweise annehmen durfte, auf der Grundlage angemessener Information zum Wohle der Gesellschaft zu handeln (Business Judgement Rule).
Schließt die Gesellschaft für den Vorstand eine D&O-Versicherung ab, ist ein Selbstbehalt von mindestens 10 % des Schadens bis mindestens zur Höhe des Eineinhalbfachen der festen jährlichen Vergütung des Vorstandsmitglieds zu vereinbaren.

In einer D&O-Versicherung für den Aufsichtsrat soll ein entsprechender Selbstbehalt vereinbart werden.

3.9 Die Gewährung von Krediten des Unternehmens an Mitglieder des Vorstands und des Aufsichtsrats sowie ihre Angehörigen bedarf der Zustimmung des Aufsichtsrats.

3.10 Über die Corporate Governance sollen Vorstand und Aufsichtsrat jährlich berichten (Corporate Governance Bericht) und diesen Bericht im Zusammenhang mit der Erklärung zur Unternehmensführung veröffentlichen. Dabei sollte auch zu den Kodexanregungen Stellung genommen werden. Die Gesellschaft soll nicht mehr aktuelle Entsprechenserklärungen zum Kodex fünf Jahre lang auf ihrer Internetseite zugänglich halten.

4 Vorstand

4.1 Aufgaben und Zuständigkeiten

4.1.1 Der Vorstand leitet das Unternehmen in eigener Verantwortung im Unternehmensinteresse, also unter Berücksichtigung der Belange der Aktionäre, seiner Arbeitnehmer und der sonstigen dem Unternehmen verbundenen Gruppen (Stakeholder) mit dem Ziel nachhaltiger Wertschöpfung.

4.1.2 Der Vorstand entwickelt die strategische Ausrichtung des Unternehmens, stimmt sie mit dem Aufsichtsrat ab und sorgt für ihre Umsetzung.

4.1.3 Der Vorstand hat für die Einhaltung der gesetzlichen Bestimmungen und der unternehmensinternen Richtlinien zu sorgen und wirkt auf deren Beachtung durch die Konzernunternehmen hin (Compliance).

4.1.4 Der Vorstand sorgt für ein angemessenes Risikomanagement und Risikocontrolling im Unternehmen.

4.1.5 Der Vorstand soll bei der Besetzung von Führungsfunktionen im Unternehmen auf Vielfalt (Diversity) achten und dabei insbesondere eine angemessene Berücksichtigung von Frauen anstreben.

4.2 Zusammensetzung und Vergütung

4.2.1 Der Vorstand soll aus mehreren Personen bestehen und einen Vorsitzenden oder Sprecher haben. Eine Geschäftsordnung soll die Arbeit des Vorstands, insbesondere die Ressortzuständigkeiten einzelner Vorstandsmitglieder, die dem Gesamtvorstand vorbehaltenen Angelegenheiten sowie die erforderliche Beschlussmehrheit bei Vorstandsbeschlüssen (Einstimmigkeit oder Mehrheitsbeschluss) regeln.

4.2.2 Das Aufsichtsratsplenum setzt die jeweilige Gesamtvergütung der einzelnen Vorstandsmitglieder fest. Besteht ein Ausschuss, der die Vorstandsverträge behandelt, unterbreitet er dem Aufsichtsratsplenum seine Vorschläge. Das Aufsichtsratsplenum beschließt das Vergütungssystem für den Vorstand und überprüft es regelmäßig.

Die Gesamtvergütung der einzelnen Vorstandsmitglieder wird vom Aufsichtsratsplenum unter Einbeziehung von etwaigen Konzernbezügen auf der Grundlage einer Leistungsbeurteilung festgelegt. Kriterien für die Angemessenheit der Vergütung bilden sowohl die Aufgaben des einzelnen Vorstandsmitglieds, seine persönliche Leistung, die wirtschaftliche Lage, der Erfolg und die Zukunftsaussichten des Unternehmens als auch die Üblichkeit der Vergütung unter Berücksichtigung des Vergleichsumfelds und der Vergütungsstruktur, die ansonsten in der Gesellschaft gilt. Hierbei soll der Aufsichtsrat das Verhältnis der Vorstandsvergütung zur Vergütung des oberen Führungskreises und der Belegschaft insgesamt auch in der zeitlichen Entwicklung berücksichtigen, wobei der Aufsichtsrat für

§ 1 § 1 Die Kompetenzen des Vorstandes und der Vorstandsmitglieder

den Vergleich festlegt, wie der obere Führungskreis und die relevante Belegschaft abzugrenzen sind.

Soweit vom Aufsichtsrat zur Beurteilung der Angemessenheit der Vergütung ein externer Vergütungsexperte hinzugezogen wird, soll auf dessen Unabhängigkeit vom Vorstand bzw. vom Unternehmen geachtet werden.

4.2.3 Die Gesamtvergütung der Vorstandsmitglieder umfasst die monetären Vergütungsteile, die Versorgungszusagen, die sonstigen Zusagen, insbesondere für den Fall der Beendigung der Tätigkeit, Nebenleistungen jeder Art und Leistungen von Dritten, die im Hinblick auf die Vorstandstätigkeit zugesagt oder im Geschäftsjahr gewährt wurden.

Die Vergütungsstruktur ist auf eine nachhaltige Unternehmensentwicklung auszurichten. Die monetären Vergütungsteile sollen fixe und variable Bestandteile umfassen. Der Aufsichtsrat hat dafür zu sorgen, dass variable Vergütungsteile grundsätzlich eine mehrjährige Bemessungsgrundlage haben. Sowohl positiven als auch negativen Entwicklungen soll bei der Ausgestaltung der variablen Vergütungsteile Rechnung getragen werden. Sämtliche Vergütungsteile müssen für sich und insgesamt angemessen sein und dürfen insbesondere nicht zum Eingehen unangemessener Risiken verleiten. Die Vergütung soll insgesamt und hinsichtlich ihrer variablen Vergütungsteile betragsmäßige Höchstgrenzen aufweisen. Die variablen Vergütungsteile sollen auf anspruchsvolle, relevante Vergleichsparameter bezogen sein. Eine nachträgliche Änderung der Erfolgsziele oder der Vergleichsparameter soll ausgeschlossen sein.

Bei Versorgungszusagen soll der Aufsichtsrat das jeweils angestrebte Versorgungsniveau - auch nach der Dauer der Vorstandszugehörigkeit - festlegen und den daraus abgeleiteten jährlichen sowie den langfristigen Aufwand für das Unternehmen berücksichtigen.

Bei Abschluss von Vorstandsverträgen soll darauf geachtet werden, dass Zahlungen an ein Vorstandsmitglied bei vorzeitiger Beendigung der Vorstandstätigkeit einschließlich Nebenleistungen den Wert von zwei Jahresvergütungen nicht überschreiten (Abfindungs-Cap) und nicht mehr als die Restlaufzeit des Anstellungsvertrages vergüten. Wird der Anstellungsvertrag aus einem von dem Vorstandsmitglied zu vertretenden wichtigen Grund beendet, erfolgen keine Zahlungen an das Vorstandsmitglied. Für die Berechnung des Abfindungs-Caps soll auf die Gesamtvergütung des abgelaufenen Geschäftsjahres und gegebenenfalls auch auf die voraussichtliche Gesamtvergütung für das laufende Geschäftsjahr abgestellt werden.

Eine Zusage für Leistungen aus Anlass der vorzeitigen Beendigung der Vorstandstätigkeit infolge eines Kontrollwechsels (Change of Control) soll 150 % des Abfindungs-Caps nicht übersteigen.

Der Vorsitzende des Aufsichtsrats soll die Hauptversammlung einmalig über die Grundzüge des Vergütungssystems und sodann über deren Veränderung informieren.

4.2.4 Die Gesamtvergütung eines jeden Vorstandsmitglieds wird, aufgeteilt nach fixen und variablen Vergütungsteilen unter Namensnennung offen gelegt. Gleiches gilt für Zusagen auf Leistungen, die einem Vorstandsmitglied für den Fall der vorzeitigen oder regulären Beendigung der Tätigkeit als Vorstandsmitglied gewährt oder die während des Geschäftsjahres geändert worden sind. Die Offenlegung unterbleibt, wenn die Hauptversammlung dies mit Dreiviertelmehrheit anderweitig beschlossen hat.

4.2.5 Die Offenlegung erfolgt im Anhang oder im Lagebericht. In einem Vergütungsbericht als Teil des Lageberichtes werden die Grundzüge des Ver-

F. Anlage § 1–1: Deutscher Corporate Governance Kodex § 1

gütungssystems für die Vorstandsmitglieder dargestellt. Die Darstellung soll in allgemein verständlicher Form erfolgen.

Der Vergütungsbericht soll auch Angaben zur Art der von der Gesellschaft erbrachten Nebenleistungen enthalten.

Ferner sollen im Vergütungsbericht für die Geschäftsjahre, die nach dem 31.12.2013 beginnen, für jedes Vorstandsmitglied dargestellt werden:

die für das Berichtsjahr gewährten Zuwendungen einschließlich der Nebenleistungen, bei variablen Vergütungsteilen ergänzt um die erreichbare Maximal- und Minimalvergütung,

der Zufluss im bzw. für das Berichtsjahr aus Fixvergütung, kurzfristiger variabler Vergütung und langfristiger variabler Vergütung mit Differenzierung nach den jeweiligen Bezugsjahren,

bei der Altersversorgung und sonstigen Versorgungsleistungen der Versorgungsaufwand im bzw. für das Berichtsjahr.

Für diese Informationen sollen die als Anlage beigefügten Mustertabellen verwandt werden.

4.3 Interessenkonflikte

4.3.1 Vorstandsmitglieder unterliegen während ihrer Tätigkeit für das Unternehmen einem umfassenden Wettbewerbsverbot.

4.3.2 Vorstandsmitglieder und Mitarbeiter dürfen im Zusammenhang mit ihrer Tätigkeit weder für sich noch für andere Personen von Dritten Zuwendungen oder sonstige Vorteile fordern oder annehmen oder Dritten ungerechtfertigte Vorteile gewähren.

4.3.3 Die Vorstandsmitglieder sind dem Unternehmensinteresse verpflichtet. Kein Mitglied des Vorstands darf bei seinen Entscheidungen persönliche Interessen verfolgen und Geschäftschancen, die dem Unternehmen zustehen, für sich nutzen.

4.3.4 Jedes Vorstandsmitglied soll Interessenkonflikte dem Aufsichtsrat gegenüber unverzüglich offen legen und die anderen Vorstandsmitglieder hierüber informieren. Alle Geschäfte zwischen dem Unternehmen einerseits und den Vorstandsmitgliedern sowie ihnen nahe stehenden Personen oder ihnen persönlich nahe stehenden Unternehmungen andererseits haben branchenüblichen Standards zu entsprechen. Wesentliche Geschäfte sollen der Zustimmung des Aufsichtsrats bedürfen.

4.3.5 Vorstandsmitglieder sollen Nebentätigkeiten, insbesondere Aufsichtsratsmandate außerhalb des Unternehmens, nur mit Zustimmung des Aufsichtsrats übernehmen.

5 Aufsichtsrat

5.1 Aufgaben und Zuständigkeiten

5.1.1 Aufgabe des Aufsichtsrats ist es, den Vorstand bei der Leitung des Unternehmens regelmäßig zu beraten und zu überwachen. Er ist in Entscheidungen von grundlegender Bedeutung für das Unternehmen einzubinden.

5.1.2 Der Aufsichtsrat bestellt und entlässt die Mitglieder des Vorstands. Bei der Zusammensetzung des Vorstands soll der Aufsichtsrat auch auf Vielfalt (Diversity) achten und dabei insbesondere eine angemessene Berücksichtigung von Frauen anstreben. Er soll gemeinsam mit dem Vorstand für eine langfristige Nachfolgeplanung sorgen. Der Aufsichtsrat kann die Vorbereitung der Bestellung von Vorstandsmitgliedern sowie der Behandlung der Bedingungen des Anstellungsvertrages einschließlich der Vergütung Ausschüssen übertragen.

Kubis

Bei Erstbestellungen sollte die maximal mögliche Bestelldauer von fünf Jahren nicht die Regel sein. Eine Wiederbestellung vor Ablauf eines Jahres vor dem Ende der Bestelldauer bei gleichzeitiger Aufhebung der laufenden Bestellung soll nur bei Vorliegen besonderer Umstände erfolgen. Eine Altersgrenze für Vorstandsmitglieder soll festgelegt werden.

5.1.3 Der Aufsichtsrat soll sich eine Geschäftsordnung geben.

5.2 Aufgaben und Befugnisse des Aufsichtsratsvorsitzenden

Der Aufsichtsratsvorsitzende koordiniert die Arbeit im Aufsichtsrat, leitet dessen Sitzungen und nimmt die Belange des Aufsichtsrats nach außen wahr.

Der Aufsichtsratsvorsitzende soll nicht den Vorsitz im Prüfungsausschuss (Audit Committee) innehaben.

Der Aufsichtsratsvorsitzende soll zwischen den Sitzungen mit dem Vorstand, insbesondere mit dem Vorsitzenden bzw. Sprecher des Vorstands, regelmäßig Kontakt halten und mit ihm Fragen der Strategie, der Planung, der Geschäftsentwicklung, der Risikolage, des Risikomanagements und der Compliance des Unternehmens beraten. Der Aufsichtsratsvorsitzende wird über wichtige Ereignisse, die für die Beurteilung der Lage und Entwicklung sowie für die Leitung des Unternehmens von wesentlicher Bedeutung sind, unverzüglich durch den Vorsitzenden bzw. Sprecher des Vorstands informiert. Der Aufsichtsratsvorsitzende soll sodann den Aufsichtsrat unterrichten und erforderlichenfalls eine außerordentliche Aufsichtsratssitzung einberufen.

5.3 Bildung von Ausschüssen

5.3.1 Der Aufsichtsrat soll abhängig von den spezifischen Gegebenheiten des Unternehmens und der Anzahl seiner Mitglieder fachlich qualifizierte Ausschüsse bilden. Die jeweiligen Ausschussvorsitzenden berichten regelmäßig an den Aufsichtsrat über die Arbeit der Ausschüsse.

5.3.2 Der Aufsichtsrat soll einen Prüfungsausschuss (Audit Committee) einrichten, der sich insbesondere mit der Überwachung des Rechnungslegungsprozesses, der Wirksamkeit des internen Kontrollsystems, des Risikomanagementsystems und des internen Revisionssystems, der Abschlussprüfung, hier insbesondere der Unabhängigkeit des Abschlussprüfers, der vom Abschlussprüfer zusätzlich erbrachten Leistungen, der Erteilung des Prüfungsauftrags an den Abschlussprüfer, der Bestimmung von Prüfungsschwerpunkten und der Honorarvereinbarung sowie – falls kein anderer Ausschuss damit betraut ist – der Compliance, befasst. Der Vorsitzende des Prüfungsausschusses soll über besondere Kenntnisse und Erfahrungen in der Anwendung von Rechnungslegungsgrundsätzen und internen Kontrollverfahren verfügen. Er soll unabhängig und kein ehemaliges Vorstandsmitglied der Gesellschaft sein, dessen Bestellung vor weniger als zwei Jahren endete.

5.3.3 Der Aufsichtsrat soll einen Nominierungsausschuss bilden, der ausschließlich mit Vertretern der Anteilseigner besetzt ist und dem Aufsichtsrat für dessen Wahlvorschläge an die Hauptversammlung geeignete Kandidaten vorschlägt.

5.4 Zusammensetzung und Vergütung

5.4.1 Der Aufsichtsrat ist so zusammenzusetzen, dass seine Mitglieder insgesamt über die zur ordnungsgemäßen Wahrnehmung der Aufgaben erforderlichen Kenntnisse, Fähigkeiten und fachlichen Erfahrungen verfügen. Der Aufsichtsrat soll für seine Zusammensetzung konkrete Ziele benennen, die unter Beachtung der unternehmensspezifischen Situation die internationale Tätigkeit des Unternehmens, potentielle Interessenkonflikte, die Anzahl der unabhängigen Aufsichtsratsmitglieder im Sinn von Nummer 5.4.2, eine festzulegende Altersgrenze für Aufsichtsratsmitglieder und Vielfalt (Diversity) berücksichtigen. Diese konkreten Ziele sollen insbesondere eine angemessene Beteiligung von Frauen vorsehen.

Vorschläge des Aufsichtsrats an die zuständigen Wahlgremien sollen diese Ziele berücksichtigen. Die Zielsetzung des Aufsichtsrats und der Stand der Umsetzung sollen im Corporate Governance Bericht veröffentlicht werden.

Der Aufsichtsrat soll bei seinen Wahlvorschlägen an die Hauptversammlung die persönlichen und die geschäftlichen Beziehungen eines jeden Kandidaten zum Unternehmen, den Organen der Gesellschaft und einem wesentlich an der Gesellschaft beteiligten Aktionär offen legen.

Die Empfehlung zur Offenlegung beschränkt sich auf solche Umstände, die nach der Einschätzung des Aufsichtsrats ein objektiv urteilender Aktionär für seine Wahlentscheidung als maßgebend ansehen würde.

Wesentlich beteiligt im Sinn dieser Empfehlung sind Aktionäre, die direkt oder indirekt mehr als 10% der stimmberechtigten Aktien der Gesellschaft halten.

5.4.2 Dem Aufsichtsrat soll eine nach seiner Einschätzung angemessene Anzahl unabhängiger Mitglieder angehören. Ein Aufsichtsratsmitglied ist im Sinn dieser Empfehlung insbesondere dann nicht als unabhängig anzusehen, wenn es in einer persönlichen oder einer geschäftlichen Beziehung zu der Gesellschaft, deren Organen, einem kontrollierenden Aktionär oder einem mit diesem verbundenen Unternehmen steht, die einen wesentlichen und nicht nur vorübergehenden Interessenkonflikt begründen kann. Dem Aufsichtsrat sollen nicht mehr als zwei ehemalige Mitglieder des Vorstands angehören. Aufsichtsratsmitglieder sollen keine Organfunktion oder Beratungsaufgaben bei wesentlichen Wettbewerbern des Unternehmens ausüben.

5.4.3 Wahlen zum Aufsichtsrat sollen als Einzelwahl durchgeführt werden. Ein Antrag auf gerichtliche Bestellung eines Aufsichtsratsmitglieds soll bis zur nächsten Hauptversammlung befristet sein. Kandidatenvorschläge für den Aufsichtsratsvorsitz sollen den Aktionären bekannt gegeben werden.

5.4.4 Vorstandsmitglieder dürfen vor Ablauf von zwei Jahren nach dem Ende ihrer Bestellung nicht Mitglied des Aufsichtsrats der Gesellschaft werden, es sei denn ihre Wahl erfolgt auf Vorschlag von Aktionären, die mehr als 25% der Stimmrechte an der Gesellschaft halten. In letzterem Fall soll der Wechsel in den Aufsichtsratsvorsitz eine der Hauptversammlung zu begründende Ausnahme sein.

5.4.5 Jedes Aufsichtsratsmitglied achtet darauf, dass ihm für die Wahrnehmung seiner Mandate genügend Zeit zur Verfügung steht. Wer dem Vorstand einer börsennotierten Gesellschaft angehört, soll insgesamt nicht mehr als drei Aufsichtsratsmandate in konzernexternen börsennotierten Gesellschaften oder in Aufsichtsgremien von konzernexternen Gesellschaften wahrnehmen, die vergleichbare Anforderungen stellen.

Die Mitglieder des Aufsichtsrats nehmen die für ihre Aufgaben erforderlichen Aus- und Fortbildungsmaßnahmen eigenverantwortlich wahr. Dabei sollen sie von der Gesellschaft angemessen unterstützt werden.

5.4.6 Die Vergütung der Aufsichtsratsmitglieder wird durch Beschluss der Hauptversammlung oder in der Satzung festgelegt. Dabei sollen der Vorsitz und der stellvertretende Vorsitz im Aufsichtsrat sowie der Vorsitz und die Mitgliedschaft in den Ausschüssen berücksichtigt werden.

Die Mitglieder des Aufsichtsrats erhalten eine Vergütung, die in einem angemessenen Verhältnis zu ihren Aufgaben und der Lage der Gesellschaft steht. Wird den Aufsichtsratsmitgliedern eine erfolgsorientierte Vergütung zugesagt, soll sie auf eine nachhaltige Unternehmensentwicklung ausgerichtet sein.

Die Vergütung der Aufsichtsratsmitglieder soll im Anhang oder im Lagebericht individualisiert, aufgegliedert nach Bestandteilen ausgewiesen werden. Auch die vom Unternehmen an die Mitglieder des Aufsichtsrats gezahlten Vergütungen oder gewährten Vorteile für persönlich erbrachte Leistungen, insbesondere Beratungs- und Vermittlungsleistungen, sollen individualisiert angegeben werden.

5.4.7 Falls ein Mitglied des Aufsichtsrats in einem Geschäftsjahr an weniger als der Hälfte der Sitzungen des Aufsichtsrats teilgenommen hat, soll dies im Bericht des Aufsichtsrats vermerkt werden.

5.5 Interessenkonflikte

5.5.1 Jedes Mitglied des Aufsichtsrats ist dem Unternehmensinteresse verpflichtet. Es darf bei seinen Entscheidungen weder persönliche Interessen verfolgen noch Geschäftschancen, die dem Unternehmen zustehen, für sich nutzen.

5.5.2 Jedes Aufsichtsratsmitglied soll Interessenkonflikte, insbesondere solche, die auf Grund einer Beratung oder Organfunktion bei Kunden, Lieferanten, Kreditgebern oder sonstigen Dritten entstehen können, dem Aufsichtsrat gegenüber offenlegen.

5.5.3 Der Aufsichtsrat soll in seinem Bericht an die Hauptversammlung über aufgetretene Interessenkonflikte und deren Behandlung informieren. Wesentliche und nicht nur vorübergehende Interessenkonflikte in der Person eines Aufsichtsratsmitglieds sollen zur Beendigung des Mandats führen.

5.5.4 Berater- und sonstige Dienstleistungs- und Werkverträge eines Aufsichtsratsmitglieds mit der Gesellschaft bedürfen der Zustimmung des Aufsichtsrats.

5.6 Effizienzprüfung
Der Aufsichtsrat soll regelmäßig die Effizienz seiner Tätigkeit überprüfen.

6 Transparenz

6.1 Die Gesellschaft wird die Aktionäre bei Informationen gleich behandeln. Sie soll ihnen unverzüglich sämtliche neuen Tatsachen, die Finanzanalysten und vergleichbaren Adressaten mitgeteilt worden sind, zur Verfügung stellen.

6.2 Informationen, die die Gesellschaft im Ausland aufgrund der jeweiligen kapitalmarktrechtlichen Vorschriften veröffentlicht, sollen auch im Inland unverzüglich bekannt gegeben werden.

6.3 Über die gesetzliche Pflicht zur unverzüglichen Mitteilung und Veröffentlichung von Geschäften in Aktien der Gesellschaft hinaus soll der Besitz von Aktien der Gesellschaft oder sich darauf beziehender Finanzinstrumente von Vorstands- und Aufsichtsratsmitgliedern angegeben werden, wenn er direkt oder indirekt größer als 1 % der von der Gesellschaft ausgegebenen Aktien ist. Übersteigt der Gesamtbesitz aller Vorstands- und Aufsichtsratsmitglieder 1 % der von der Gesellschaft ausgegebenen Aktien, soll der Gesamtbesitz getrennt nach Vorstand und Aufsichtsrat im Corporate Governance Bericht angegeben werden.

6.4 Im Rahmen der laufenden Öffentlichkeitsarbeit sollen die Termine der wesentlichen wiederkehrenden Veröffentlichungen (u. a. Geschäftsbericht,

Zwischenfinanzberichte) und der Termin der Hauptversammlung in einem „Finanzkalender" mit ausreichendem Zeitvorlauf publiziert werden.

7 Rechnungslegung und Abschlussprüfung

7.1 Rechnungslegung

7.1.1 Anteilseigner und Dritte werden vor allem durch den Konzernabschluss und den Konzernlagebericht informiert. Während des Geschäftsjahres werden sie zusätzlich durch den Halbjahresfinanzbericht sowie im ersten und zweiten Halbjahr durch Zwischenmitteilungen oder Quartalsfinanzberichte unterrichtet. Der Konzernabschluss und der verkürzte Konzernabschluss des Halbjahresfinanzberichts und des Quartalsfinanzberichts werden unter Beachtung der einschlägigen internationalen Rechnungslegungsgrundsätze aufgestellt.

7.1.2 Der Konzernabschluss wird vom Vorstand aufgestellt und vom Abschlussprüfer sowie vom Aufsichtsrat geprüft. Halbjahres- und etwaige Quartalsfinanzberichte sollen vom Aufsichtsrat oder seinem Prüfungsausschuss vor der Veröffentlichung mit dem Vorstand erörtert werden. Zusätzlich sind die Prüfstelle für Rechnungslegung bzw. die Bundesanstalt für Finanzdienstleistungsaufsicht befugt, die Übereinstimmung des Konzernabschlusses mit den maßgeblichen Rechnungslegungsvorschriften zu überprüfen (Enforcement). Der Konzernabschluss soll binnen 90 Tagen nach Geschäftsjahresende, die Zwischenberichte sollen binnen 45 Tagen nach Ende des Berichtszeitraums, öffentlich zugänglich sein.

7.1.3 Der Corporate Governance Bericht soll konkrete Angaben über Aktienoptionsprogramme und ähnliche wertpapierorientierte Anreizsysteme der Gesellschaft enthalten, soweit diese Angaben nicht bereits im Jahresabschluss, Konzernabschluss oder Vergütungsbericht gemacht werden.

7.1.4 Die Gesellschaft soll eine Liste von Drittunternehmen veröffentlichen, an denen sie eine Beteiligung von für das Unternehmen nicht untergeordneter Bedeutung hält. Handelsbestände von Kredit- und Finanzdienstleistungsinstituten, aus denen keine Stimmrechte ausgeübt werden, bleiben hierbei unberücksichtigt. Es sollen angegeben werden: Name und Sitz der Gesellschaft, Höhe des Anteils, Höhe des Eigenkapitals und Ergebnis des letzten Geschäftsjahres.

7.1.5 Im Konzernabschluss sollen Beziehungen zu Aktionären erläutert werden, die im Sinn der anwendbaren Rechnungslegungsvorschriften als nahe stehende Personen zu qualifizieren sind.

7.2 Abschlussprüfung

7.2.1 Vor Unterbreitung des Wahlvorschlags soll der Aufsichtsrat bzw. der Prüfungsausschuss eine Erklärung des vorgesehenen Prüfers einholen, ob und gegebenenfalls welche geschäftlichen, finanziellen, persönlichen oder sonstigen Beziehungen zwischen dem Prüfer und seinen Organen und Prüfungsleitern einerseits und dem Unternehmen und seinen Organmitgliedern andererseits bestehen, die Zweifel an seiner Unabhängigkeit begründen können. Die Erklärung soll sich auch darauf erstrecken, in welchem Umfang im vorausgegangenen Geschäftsjahr andere Leistungen für das Unternehmen, insbesondere auf dem Beratungssektor, erbracht wurden bzw. für das folgende Jahr vertraglich vereinbart sind.

Der Aufsichtsrat soll mit dem Abschlussprüfer vereinbaren, dass der Vorsitzende des Aufsichtsrats bzw. des Prüfungsausschusses über während der Prüfung auftretende mögliche Ausschluss- oder Befangenheitsgründe unverzüglich unterrichtet wird, soweit diese nicht unverzüglich beseitigt werden.

7.2.2 Der Aufsichtsrat erteilt dem Abschlussprüfer den Prüfungsauftrag und trifft mit ihm die Honorarvereinbarung.
7.2.3 Der Aufsichtsrat soll vereinbaren, dass der Abschlussprüfer über alle für die Aufgaben des Aufsichtsrats wesentlichen Feststellungen und Vorkommnisse unverzüglich berichtet, die sich bei der Durchführung der Abschlussprüfung ergeben.
Der Aufsichtsrat soll vereinbaren, dass der Abschlussprüfer ihn informiert bzw. im Prüfungsbericht vermerkt, wenn er bei Durchführung der Abschlussprüfung Tatsachen feststellt, die eine Unrichtigkeit der von Vorstand und Aufsichtsrat abgegebenen Erklärung zum Kodex ergeben.
7.2.4 Der Abschlussprüfer nimmt an den Beratungen des Aufsichtsrats über den Jahres- und Konzernabschluss teil und berichtet über die wesentlichen Ergebnisse seiner Prüfung.

G. Anlage § 1–2: Muster einer Geschäftsordnung für den Vorstand

Diese Geschäftsordnung ist am ... vom Aufsichtsrat/vom Vorstand (mit der am ... erfolgten Zustimmung des Aufsichtsrats) beschlossen worden.

§ 1

1. Die Mitglieder des Vorstands haben die Geschäfte der Gesellschaft unter Beachtung der Sorgfalt eines ordentlichen und gewissenhaften Geschäftsleiters nach Maßgabe der Gesetze, der Satzung, dieser Geschäftsordnung, des Geschäftsverteilungsplans und der in den Dienstverträgen enthaltenen Bestimmungen zu führen.
2. Die Mitglieder des Vorstands tragen gemeinschaftlich die Verantwortung für die gesamte Geschäftsführung. Sie arbeiten kollegial zusammen und haben sich gegenseitig über wichtige Geschäftsvorgänge ihrer Geschäftsbereiche unterrichtet zu halten. Jedes Vorstandsmitglied nimmt seine Aufgaben im engsten Einvernehmen mit dem Gesamtvorstand wahr.

§ 2

1. Der Gesamtvorstand beschließt in allen Angelegenheiten von grundsätzlicher oder wesentlicher Bedeutung. Er beschließt namentlich
   a) über Angelegenheiten, die dem Aufsichtsrat oder der Hauptversammlung zur Beschlussfassung vorzulegen sind;
   b) bei Meinungsverschiedenheiten zwischen Vorstandsmitgliedern nach Maßgabe von Abs. 2 und 3;
   c) über die in Anlage A aufgeführten Geschäfte.
2. Maßnahmen der Geschäftsführung, die die im Geschäftsverteilungsplan bestimmten Tätigkeitsbereiche mehrerer Vorstandsmitglieder betreffen, bedürfen der vorherigen Zustimmung aller beteiligten Vorstandsmitglieder. Wird eine hiernach erforderliche Zustimmung nicht eingeholt oder erteilt, so kann jedes beteiligte Vorstandsmitglied eine Beschlussfassung durch den Gesamtvorstand verlangen.
3. Jedes Vorstandsmitglied kann jeder Geschäftsführungshandlung eines anderen Vorstandsmitglieds durch ausdrückliche Erklärung gegenüber dem oder den betroffenen anderen Vorstandsmitgliedern widersprechen. Erfolgt ein Widerspruch gegen die Vornahme einer Handlung, so muss diese bis zur Entscheidung des Gesamtvorstands unterbleiben.

G. Anlage § 1–2: Muster einer Geschäftsordnung für den Vorstand §1

4. In Angelegenheiten gemäß Abs. 2 und 3 darf ein beteiligtes Vorstandsmitglied selbstständig handeln, wenn dies nach seinem pflichtgemäßen Ermessen zur Vermeidung unmittelbar drohender schwerer Nachteile für die Gesellschaft erforderlich erscheint. Die Maßnahme darf nicht weiter gehen als dies zur Vermeidung der Nachteile notwendig ist. Über ein solches selbstständiges Handeln ist der Gesamtvorstand unverzüglich zu unterrichten.
5. Der Gesamtvorstand oder der Vorsitzende des Vorstands kann einzelne Mitglieder des Vorstands mit der Vorbereitung von dem Gesamtvorstand vorbehaltenen Angelegenheiten und mit der Durchführung der so getroffenen Entscheidungen sowie mit der Ausführung von Maßnahmen beauftragen, die vom Gesamtvorstand beschlossen sind.

§ 3

Der Geschäftsverteilungsplan wird vom Aufsichtsrat beschlossen. Mit Zustimmung des Aufsichtsrats kann der Geschäftsverteilungsplan auch vom Gesamtvorstand durch einstimmigen Beschluss festgestellt, abgeändert oder aufgehoben und zugleich durch einen neuen Geschäftsverteilungsplan ersetzt werden.

§ 4

1. Beschlüsse des Gesamtvorstands werden in Sitzungen gefasst. Auf Antrag eines Vorstandsmitglieds können Beschlüsse auch außerhalb von Sitzungen durch schriftliche oder durch Fax oder E-Mail übermittelte oder fernmündliche Stimmabgabe gefasst werden, wenn kein Mitglied des Vorstands diesem Verfahren unverzüglich widerspricht.
2. Sitzungen des Gesamtvorstands sollen in regelmäßigen Abständen stattfinden, und zwar mindestens einmal im Monat. Sie müssen stets dann stattfinden, wenn das Wohl der Gesellschaft es erfordert.
3. Jedes Vorstandsmitglied ist berechtigt, die Einberufung einer Sitzung des Gesamtvorstands zu verlangen.
4. Der Gesamtvorstand beschließt mit einfacher Mehrheit, soweit die Gesetze, die Satzung oder diese Geschäftsordnung nichts anderes vorsehen. Abwesende Vorstandsmitglieder können ein an der Sitzung teilnehmendes Vorstandsmitglied in Textform bevollmächtigen, ihre Stimme abzugeben.
5. Ist ein Vorstandsmitglied der Auffassung, dass durch einen gegen seine Stimme gefassten Beschluss die Belange des Unternehmens erheblich verletzt werden, so kann es verlangen, dass die Ausführung des Beschlusses ausgesetzt und dem Aufsichtsrat zur Kenntnisnahme vorgelegt wird. Durch vorstehende Regelung wird die Anordnung dringender Maßnahmen zur Abwendung von Schäden und Gefahren für das Unternehmen im Einzelfall nicht ausgeschlossen.
6. Über jede Sitzung des Gesamtvorstands ist eine Niederschrift anzufertigen, in der der Ort und der Tag der Sitzung, die Teilnehmer, die Gegenstände der Tagesordnung, der wesentliche Inhalt der Verhandlungen und die Beschlüsse des Vorstands festgehalten werden. Die Niederschrift ist von dem benannten Schriftführer zu unterzeichnen und allen Vorstandsmitgliedern in Textform auszuhändigen. Über wesentliche Sitzungsergebnisse unterrichtet der Vorsitzende des Vorstands unmittelbar nach der Sitzung in Textform den Vorsitzenden des Aufsichtsrats.

§ 5

1. Sämtliche Vorstandsmitglieder haben den Gesamtvorstand über wichtige Maßnahmen und Entscheidungen innerhalb ihres Tätigkeitsbereichs auch bereits vor ihrer Durchführung und über wesentliche Geschäftsvorfälle, Risiken und Verluste ihres Tätigkeitsbereichs unverzüglich zu unterrichten.
2. Über Geschäftsführungsmaßnahmen von wesentlicher Bedeutung haben die Vorstandsmitglieder vor deren Durchführung untereinander zu beraten.

§ 6

1. Die Verpflichtung zur Berichterstattung an den Aufsichtsrat obliegt dem Gesamtvorstand unter Federführung seines Vorsitzenden.
2. Der Vorstand hat den Vorsitzenden des Aufsichtsrats regelmäßig über den Gang der Geschäfte und die Lage des Unternehmens einschließlich der verbundenen Unternehmen mündlich und – wenn dieser es wünscht – auch in Textform zu unterrichten.
3. In allen Angelegenheiten, die für die Gesellschaft von besonderem Gewicht sind, hat der Vorstand dem Vorsitzenden des Aufsichtsrats unverzüglich mündlich oder in Textform Bericht zu erstatten.

§ 7

1. Der Vorstand legt dem Aufsichtsrat alljährlich in Textform eine Unternehmensplanung vor. Übt die Gesellschaft Leitungsbefugnisse über verbundene Unternehmen aus, so ist die Planung auch auf diese zu erstrecken.
2. Die Unternehmensplanung besteht aus
   a) einer Darstellung der langfristigen strategischen Ziele; sie ist alle 3 Jahre und bei einer wesentlichen Veränderung der Rahmenbedingungen aufzustellen und dem Aufsichtsrat zur Zustimmung vorzulegen;
   b) einer revolvierenden mittelfristigen Unternehmensplanung für 3 Jahre einschließlich Umsatz-, Investitions-, Finanz-, Personal- und Ergebnisplanung; sie soll dem Aufsichtsrat jährlich zur Information vorgelegt werden;
   c) einer Budgetplanung (Umsatz-, Investitions-, Finanz-, Personal- und Ergebnisplanung) für das kommende Geschäftsjahr; sie soll in der letzten Sitzung des Aufsichtsrats im laufenden Geschäftsjahr vorgelegt werden und bedarf der Zustimmung des Aufsichtsrats.
3. Der Vorstand hat spätestens in der Sitzung über den Jahresabschluss über die Durchführung der Unternehmensplanung für das vergangene Geschäftsjahr (Soll/Ist-Vergleich) in Textform zu berichten.

§ 8

1. Die Vorstandsmitglieder sollen Zeit und Dauer von Dienstreisen und Urlaub mit dem Vorsitzenden des Vorstands abstimmen. Über eine längere Erkrankung ist der Vorsitzende des Aufsichtsrats zu unterrichten.
2. Über eine Abwesenheit des Vorstandsvorsitzenden von mehr als einer Woche ist der Vorsitzende des Aufsichtsrats vorher zu unterrichten.

§ 9

1. Die in Anlage B aufgeführten Handlungen bedürfen der vorherigen Zustimmung des Aufsichtsrats.
2. In Eilfällen, in denen die vorherige Einholung der Zustimmung des Aufsichtsrats oder des für Eilfälle zuständigen Ausschusses nicht möglich ist, kann der

G. Anlage § 1–2: Muster einer Geschäftsordnung für den Vorstand § 1

Vorstand auch ohne diese Zustimmung handeln. Er hat den Aufsichtsrat dann unverzüglich über die vorgenommenen Handlungen und die Gründe zu unterrichten, aus denen die Zustimmung des Aufsichtsrats nicht rechtzeitig eingeholt werden konnte.

3. Die Zustimmungsvorbehalte der Anlage B gelten sinngemäß auch für Tochtergesellschaften des Unternehmens. Der Vorstand ist gehalten, diese Vorbehalte in diesen Gesellschaften durchzusetzen.

Durch diese Zustimmungsvorbehalte werden unabdingbare gesetzliche Verpflichtungen zu eigenverantwortlichem Handeln in den Aufsichtsorganen dieser Gesellschaften nicht eingeschränkt.

Anlage A. Angelegenheiten, die der Beschlussfassung des Gesamtvorstands bedürfen

Die nachfolgenden Geschäfte dürfen nur mit Zustimmung des Gesamtvorstands vorgenommen werden (Zustimmungserfordernisse des Aufsichtsrats oder der Hauptversammlung bleiben unberührt):

1. Bestellung von Führungskräften der zweiten Führungsebene und von Geschäftsleitungsmitgliedern von Beteiligungsgesellschaften, ggf. Verabschiedung eines Vorschlags bei Gesellschaften mit einem eigenen Bestellungsorgan;
2. Entscheidungen und Maßnahmen mit erheblicher Bedeutung für die Ertrags-, Finanz- oder Vermögenslage oder die Belegschaft der Gesellschaft;
3. Investitionsentscheidungen mit einem Einzelvolumen von mehr als ... Euro;
4. Abschluss, Änderung oder Aufhebung von Leasingverträgen mit einer Jahresvergütung von mehr als ... Euro oder einem Investitionsvolumen von über ... Euro;
5. Abschluss, Änderung oder Aufhebung von Miet- und Pachtverträgen mit einer Laufzeit von mehr als 1 Jahr und einem Miet- oder Pachtzins p. a. von mehr als ... Euro;
6. Einrichtung oder Auflösung von Zweigniederlassungen;
7. Gewährung von Darlehen an Mitarbeiter, soweit sie den Betrag eines Brutto-Monatsgehalts übersteigen.

Anlage B. Angelegenheiten, die der Zustimmung des Aufsichtsrats bedürfen

1. Zustimmung zur Unternehmensplanung, bestehend aus den Teilen gemäß § 7 Abs. 2;
2. Aufnahme neuer und Aufgabe bestehender Geschäftszweige (Sparten), Fabrikationsprogramme und von Verträgen mit strategischer Bedeutung;
3. Wesentliche Änderungen der Organisation des Unternehmens;
4. Verträge über die Gewährung oder Übernahme von Lizenzen, Gebrauchsmustern und ähnlichen Rechten und deren Änderung;
5. Investitionen, die im Einzelfall einen Betrag von ... Euro übersteigen. Mehrere zusammengehörige Einzelinvestitionen sind als Gesamtheit zu behandeln;
6. Erwerb, Veräußerung oder Belastung von Grundstücken, grundstücksgleichen Rechten und Rechten an Grundstücken;
7. Errichtung, Erwerb und teilweise oder vollständige Veräußerung von Betrieben und Beteiligungen; Abschluss, Änderung und Aufhebung von Unternehmensverträgen;
8. Aufnahme und außerplanmäßige Rückzahlung von Krediten mit einer Laufzeit von über 1 Jahr, Vereinbarung von Kreditlinien für kurzfristige Kredite

sowie Änderung einer solchen Vereinbarung, soweit die Kredite einen vom Aufsichtsrat festzulegenden Betrag überschreiten. Gewährung von Krediten außerhalb des normalen Geschäftsverkehrs;

9. Gewährung von Sicherheiten für Dritte, insbesondere Übernahme von Bürgschaften, Garantien, Patronatserklärungen aller Art und ähnlichen Versprechen außerhalb des laufenden Liefer- und Leistungsverkehrs, ausgenommen die Gewährung von Sicherheiten für Arbeitnehmer bis zum Doppelten ihrer monatlichen Bruttobezüge, Belastung von Beteiligungen;
10. Abschluss, wesentliche Änderung und Beendigung von Dienstverträgen mit Gesamt-Jahresvergütungen einschließlich Sondervergütungen, die ... Euro übersteigen oder eine längere Laufzeit oder Kündigungsfrist als 1 Jahr haben;
11. Verträge zwischen der Gesellschaft und Aktionären, Aufsichtsratsmitgliedern oder Vorstandsmitgliedern außerhalb des normalen Geschäftsverkehrs, deren Ehegatten oder Abkömmlingen sowie Gesellschaften, die von solchen Personen abhängig sind, soweit sie nicht für die Gesellschaft vom Aufsichtsrat abgeschlossen werden;
12. Verträge über Sponsoring und ähnliche Maßnahmen, die nicht im genehmigten Budget oder Mehrjahresplan enthalten sind;
13. Alle Angelegenheiten, die erhebliche Auswirkungen auf das Erscheinungsbild der Gruppe oder ihrer Marken haben;
14. Erteilung von Prokuren und Generalvollmachten in der Gesellschaft (Tochtergesellschaften sind ausgenommen);
15. Über Angelegenheiten gemäß Pkt. 2., 4., 5., 8., 9., 10., 12. und 13. kann ein dafür zuständiger Ausschuss des Aufsichtsrats entscheiden.

H. Anlage § 1–3: Muster eines Geschäftsverteilungsplans für den Vorstand

Die Verteilung der Geschäfte unter die Mitglieder des Vorstands wird gemäß § 3 der Geschäftsordnung durch diesen Geschäftsverteilungsplan wie folgt geregelt:
1. Durch diesen Geschäftsverteilungsplan bleiben die Rechte und Pflichten der Mitglieder des Vorstands aus Gesetz, Satzung, Geschäftsordnung und Anstellungsverträgen sowie die Gesamtverantwortlichkeit des Vorstands und die Verpflichtung der einzelnen Vorstandsmitglieder zur Zusammenarbeit und gegenseitigen Unterrichtung und Überwachung unberührt.
2. Dem Vorsitzenden des Vorstands obliegt die Koordinierung aller Arbeitsgebiete des Vorstands und der Beteiligungsgesellschaften, die nicht dem Arbeitsgebiet eines Vorstandsmitglieds zugewiesen sind. Er hat auf eine einheitliche Ausrichtung der Geschäftsführung auf die durch die Beschlüsse des Vorstands festgelegten Ziele hinzuwirken. Von allen Mitgliedern des Vorstands kann er jederzeit Auskünfte über Angelegenheiten ihrer Bereiche verlangen. Er kann bestimmen, dass er über bestimmte Arten von Geschäften im vorhinein zu unterrichten ist.
Dem Vorsitzenden des Vorstands obliegt die Federführung im mündlichen und schriftlichen Verkehr mit dem Aufsichtsrat und dessen Mitgliedern.
3. Für die Wahrnehmung der Aufgaben eines durch Geschäftsverteilung zugewiesenen Arbeitsgebiets ist das betreffende Vorstandsmitglied nach Maßgabe und im Rahmen der Geschäftsordnung und dieses Geschäftsverteilungsplans

H. Anlage § 1–3: Muster eines Geschäftsverteilungsplans für den Vorstand § 1

allein befugt und verpflichtet, soweit nicht ein anderes Vorstandsmitglied mit beteiligt ist oder der Gesamtvorstand für eine Entscheidung nach der Geschäftsordnung zuständig ist.

Das Informationsrecht aller Vorstandsmitglieder im ganzen Unternehmen und gegenüber allen Mitarbeitern wird dadurch nicht berührt.

Zum Arbeitsgebiet eines durch Geschäftsverteilung zugewiesenen Arbeitsgebiets gehören auch auf diesem Arbeitsgebiet tätige Beteiligungsgesellschaften, sofern sie nicht als eigenes Arbeitsgebiet geführt werden.

4. Folgende Vorstandsbereiche werden gebildet:
   a) Vorstandsvorsitz
      – Strategische Planung/Unternehmensentwicklung
      – Marketing incl. Lizenzmarketing, Werbung und Sponsoring
      – Revision auf Unternehmensebene (auch extern)
      – Personal (Führungskräfte)
      – Public Relation
      – Corporate Identity
      – Recht & Compliance
   b) Vorstand Vertrieb
      – Vertrieb Inland
      – Vertrieb International
      – Vertriebssteuerung
      – Kundenservice
      – Handelsmarketing
      – Ausländische Vertriebs-Tochtergesellschaften und Joint Ventures
   c) Vorstand Finanzen
      – Finanz- und Rechnungswesen
      – Operative Planung
      – Controlling
      – Risikoerfassung
      – Revision in den operativen Bereichen
      – Kalkulation
      – EDV
      – Verwaltung
      – Personal (ohne Führungskräfte)
   d) Vorstand Produktion/Logistik
      – Zentral-Einkauf
      – Technik/Produktion
      – Logistik (Beschaffung, Warenwirtschaft, Distribution)
      – Qualitätssicherung
      – In- und ausländische Produktions-Tochtergesellschaften
   e) Vorstand Geschäftseinheit X
      – ...

Die Zuständigkeit eines funktional zuständigen Vorstandsmitglieds erstreckt sich auch auf die funktionale Wahrnehmung der entsprechenden Funktionen in den Tochtergesellschaften des Unternehmens.

Die Zuständigkeit eines für eine Geschäftseinheit zuständigen Vorstandsmitglieds erstreckt sich auch auf die Wahrnehmung der Führung entsprechender Einheiten in den Tochtergesellschaften des Unternehmens.

5. Führung einer Geschäftseinheit als divisionales Vorstandsressort
   Das strategische Konzept der Geschäftseinheit wird auf Vorschlag des mit der Führung der Geschäftseinheit betrauten Vorstandsmitglieds vom Vorstand festgelegt. In diesem strategischen Rahmen führt der Leiter der Geschäftsein-

heit das operative Geschäft. In grundsätzlichen Fragen ist Einvernehmen mit dem funktional zuständigen Vorstandsmitglied herzustellen.

Meinungsverschiedenheiten zwischen der Geschäftseinheit und einem Funktionsbereich werden von den zuständigen Vorstandsmitgliedern gemeinsam entschieden. Kommt ausnahmsweise auch nach Einschaltung des Vorstandsvorsitzenden eine Einigung nicht zustande, entscheidet auf Antrag eines der beteiligten Vorstandsmitglieder der Gesamtvorstand.

6. Innerhalb seines Geschäftsbereichs ist jedes Vorstandsmitglied für die Durchsetzung und Beachtung der Beschlüsse des Gesamtvorstands, für die Organisation und Dokumentation, für die Durchführung gemeinsam beschlossener Maßnahmen, für die Ausarbeitung von Detailplänen zur Vorbereitung der Unternehmensplanung sowie für die Erfolgs- und Kostenkontrolle seines Bereichs verantwortlich. Die Geschäftsführungsbefugnis ist auf die genehmigten Budgets beschränkt.

7. Soweit die Vorstandsmitglieder nicht in Routineangelegenheiten durch einen ihrer Mitarbeiter vertreten werden, wird die Vertretung der Vorstandsmitglieder untereinander durch Beschluss des Vorstands geregelt.

8. Die Vertretung des Unternehmens nach außen in Angelegenheiten, die das Unternehmen insgesamt oder in mehreren Ressorts betreffen, obliegt dem Vorsitzenden des Vorstands; er entscheidet, ob ein solcher Anlass vorliegt. Er kann für bestimmte Angelegenheiten im Einzelfall oder allgemein ein anderes Mitglied des Vorstands mit der Wahrnehmung der Vertretung beauftragen.

In seinem Ressort vertritt jedes Vorstandsmitglied das Unternehmen nach außen, insbesondere in Verbänden und in deren Ausschüssen.

9. Gegenüber den Arbeitnehmervertretungen wird das Unternehmen durch das für das Personal- und Sozialwesen zuständige Vorstandsmitglied vertreten. Die Entscheidung über Betriebsvereinbarungen trifft der Gesamtvorstand.

§ 2 Die Bestellung von Vorstandsmitgliedern

Inhaltsübersicht

	Rn.
A. Bestellung von Vorstandsmitgliedern	1
I. Die Bestellungsvorbereitungen	1
1. Bestellung durch wen? Diskrepanz zwischen Gesetz und Praxis	1
2. Bestellung von innen oder von außen?	6
3. Bestellung von außen	7
a) Eigensuche durch den Aufsichtsrat	7
b) Einschaltung eines Personalberaters	10
4. Vorbereitung des Plenums auf den Bestellungsbeschluss	14
II. Der Bestellungsbeschluss	16
1. Alleinzuständigkeit des Aufsichtsrats	16
2. Beschlussverfahren	18
3. Beschlussinhalt	20
4. Beschlussmehrheit	22
III. Wirksamkeit und Annahme der Bestellung	28
1. Bestellungswirksamkeit	28
2. Annahme der Bestellung	30
IV. Anforderungen an ein Vorstandsmitglied	32
1. Anforderungsprofil für ein Vorstandsmitglied	32
2. Gesetzliche Anforderungen an Vorstandsmitglieder	36
3. Satzungsmäßige Anforderungen an Vorstandsmitglieder	42
V. Anfang, Dauer und Ende der Bestellung	46
1. Anfang der Bestellung	46
2. Dauer der Bestellung	48
3. Ende der Bestellung	52
VI. Wiederbestellung	53
1. Zulässigkeit wiederholter Bestellung	53
2. Probleme der Wiederbestellung	54
3. Form der Wiederbestellung	56
4. Vertragliche Wiederbestellungsrechte	57
5. Aufhebung und vorzeitige Wiederbestellung	58
VII. Die verschiedenen Arten von Vorstandsmitgliedern und Besonderheiten bei ihrer Bestellung	60
1. Vorsitzender des Vorstands	60
2. Stellvertretender Vorsitzender	71
3. Sprecher des Vorstands	73
4. CEO	77
5. Stellvertretendes Vorstandsmitglied	78
6. Arbeitsdirektor	83
7. In den Vorstand entsandtes Aufsichtsratsmitglied	91
8. „Bereichsvorstand"	96
VIII. Fehlerhafte Bestellung und deren Folgen	98
1. Häufigste Ursachen fehlerhafter Bestellung	98
2. Rechtsfolgen fehlerhafter Bestellungen	99
B. Widerruf der Bestellung (Abberufung)	101
I. Die Widerrufsmöglichkeit	101
II. Formale Anforderungen an den Widerrufsbeschluss	106
III. Vorliegen eines „wichtigen Grundes"	112
IV. Typologie der wichtigen Gründe	114
1. Grobe Pflichtverletzung	114

	Rn.
2. Unfähigkeit zur ordnungsgemäßen Geschäftsführung	115
3. Vertrauensentzug durch die Hauptversammlung	116
4. Fehlverhalten	117
5. Ethisches Fehlverhalten	118
6. Notorische Erfolglosigkeit	119
7. Zerstrittenheit im Vorstand	120
8. Verstöße gegen das Wettbewerbsverbot	121
9. Verletzung der Informationspflicht	122
10. Pflichtverletzung bei drohender Insolvenz	123
11. Verstöße gegen die Verschwiegenheitspflicht	125
12. Verkleinerung des Vorstands	126
13. „Druck-Abberufung"	127
V. Sofortige Wirksamkeit des Abberufungsbeschlusses	128
C. Suspendierung	130
I. Zuständigkeit und Verfahren	130
II. Suspendierungsgründe	133
III. Wirkungen der Suspendierung	135

A. Bestellung von Vorstandsmitgliedern

I. Die Bestellungsvorbereitungen

1. Bestellung durch wen? Diskrepanz zwischen Gesetz und Praxis

1 Nach § 84 Abs. 1 S. 1 AktG bestellt der Aufsichtsrat den Vorstand auf höchstens fünf Jahre. Diese Vorschrift gehört zu den wichtigsten und bedeutungsvollsten Aussagen des AktG. Der Aufsichtsrat hat das **Bestellungsmonopol** für den Vorstand. Die Vorstandsbestellung ist eine Aufgabe, die sogar fundamentaler und wichtiger ist als die begleitende und kritische Beratung und die „Aufsicht",[1] der dieses Organ der AG seinen Namen verdankt. Sorgfalt und auch eine „glückliche Hand" bei der Bestellung der Vorstandsmitglieder sind die notwendige Voraussetzung für einen unternehmerischen Erfolg. Überspitzt ausgedrückt: Mit einem befähigten Vorstand kann eine Gesellschaft auch längere Zeit ohne einen fähigen Aufsichtsrat auskommen – umgekehrt wäre dies unmöglich.

2 Das **Bestellungsmonopol** des Aufsichtsrats **ist gesetzlich eindeutig fixiert.** Dennoch gibt es kaum einen Sachverhalt, bei dem **Lebenswirklichkeit und Praxis** einerseits und **gesetzliche Norm** andererseits so **voneinander abweichen** wie bei der Bestellung des Vorstands.[2] Dies liegt bei großen Gesellschaften, die ein entsprechendes Nachwuchsreservoir vorhalten können, auf der Hand. Wer soll denn die begabten Nachwuchskräfte besser beurteilen können als der Vorstand, der sie aufgespürt und in ihrer beruflichen Entwicklung von Station zu Station im In- und Ausland beobachtet und begleitet hat?[3] Zwar soll der Aufsichtsrat nach dem Willen des Kodex in die langfristige Nachfolgeplanung einbezogen werden (Ziff. 5.1.2 Abs. 3.2 DCGK). Jedoch ist eine persönliche Vorstellung des Nachwuchses am Rande einer Aufsichtsratssitzung, verbunden mit einem Fachvortrag der potentiellen Kandidaten, als Beurteilungsgrundlage nicht vergleichbar mit jahrelanger beruflicher Zusammenarbeit. So gesehen ist eine **Prärogative des Vorstands bei der Auswahl des Kandidaten nicht nur unvermeidbar, sondern durchaus gewollt.** Im Übrigen kann ja nur der Vorstand beurteilen, wer überhaupt aus der bei Großunternehmen

---

[1] BGHZ 122, 342, 359; zur Rangfolge der unterschiedlichen Aufgaben des Aufsichtsrats vgl. auch BGHZ 114, 127, 129.
[2] Zum Grundsatz gemeinsamer Vorstandsverantwortung *Martens*, FS Fleck, 1988, 191, 202, 203.
[3] *Peltzer*, FS J. Semler, 1993, 261, 264.

A. Bestellung von Vorstandsmitgliedern

und ihren Tochtergesellschaften sehr großen Zahl von Nachwuchskräften überhaupt **Vorstandsformat hat.**

Die Frage reduziert sich also bei Großunternehmen und einer Bestellung von innen auf die Frage, ob der Aufsichtsrat sich mit einer mehr oder minder ritualisierten Bestätigung der Kooptationsentscheidung des Vorstands – oder der Meinungsmacher innerhalb des Vorstands – zufrieden geben darf. Das ist eindeutig zu verneinen.[4] Die Einbeziehung sämtlicher Aufsichtsratsmitglieder in diese Personalangelegenheiten stößt in der Praxis allerdings auf Schwierigkeiten. Zumindest der **Aufsichtsratsvorsitzende** und – wenn möglich – auch der **Personalausschuss** sollten aber die **Nachwuchspolitik des Vorstands aktiv begleiten** und sich auch über ihre systematische Richtigkeit ein Bild machen.

Letztlich wird das Votum des Aufsichtsrats in vielen Fällen nicht mehr sein können als das Ergebnis einer **Plausibilitätsüberprüfung,** die nicht zuletzt auf dem **Vertrauen** auf die Menschenkenntnis, das Urteilsvermögen und die Integrität derjenigen Vorstandsmitglieder beruht, die die Vorauswahl getroffen haben. Dies ist ein Vorgang, der sich gar nicht so sehr von mancher Zustimmung zu einer Sachentscheidung des Vorstands unterscheidet.

Eine Besonderheit weist die Bestellung eines **Nachfolgers** für den **ausscheidenden Vorstandsvorsitzenden** aus. Hier ist der Kreis der wichtigen Entscheidungsträger noch enger und meist auf den ausscheidenden Vorstandsvorsitzenden, den Aufsichtsratsvorsitzenden und – falls ein Großaktionär vorhanden ist – auf dessen Vertreter beschränkt.[5] Den gesamten Vorstand einzubeziehen, verbietet sich schon deswegen, weil bei einer Bestellung von innen der Kandidat praktisch nur aus den Reihen der aktiven Vorstandsmitglieder kommen kann und es hier durchaus mehrere geben mag, die sich Hoffnungen machen.

2. Bestellung von innen oder von außen?

Die **Bestellung von innen** ist zweifellos der **sicherere Weg** – nicht zuletzt deswegen, weil das Vorstandsgremium „den Neuen" seit langem kennt, und es deswegen kaum je Probleme mit der „Chemie", jenen Unwägbarkeiten im Zusammenleben und -wirken von Menschen geben wird. Gleichwohl gibt es eine Reihe von **Situationen,** bei deren Vorliegen eine **Bestellung von außen unumgänglich** ist:
- Die Gesellschaft ist zu klein, um ein wirkliches Nachwuchsreservoir vorzuhalten, dh einen Kreis von Personen, die jetzt schon in verantwortungsvollen Positionen sind, aber das Zeug zu weiterem Aufstieg haben.
- Die Nachwuchspolitik hat versagt oder ist aus anderen Gründen nicht in der Lage, eine plötzlich aufgetretene Vakanz im Vorstand aufzufüllen.[6]
- Auf dem Markt ist plötzlich eine besondere unternehmerische Begabung verfügbar, die sich die Gesellschaft sichern will.
- Die Gesellschaft ist in eine bedrohliche Schieflage geraten und man verspricht sich eine Wende von der Berufung eines von außen kommenden Vorsitzenden.
- Der Aufsichtsrat hält eine „Blutauffrischung" von außen für notwendig, um neuen Schwung in die Gesellschaft zu bringen.

Gerade der letzte Fall zeigt, dass es durchaus Situationen geben mag, in denen eine Berufung von außen vorzuziehen ist, obwohl die Bestellung von innen **in der Regel** der bessere Weg ist.

3. Bestellung von außen

a) Eigensuche durch den Aufsichtsrat

Bei einer Berufung von außen ist der Vorstand im Allgemeinen erheblich weniger – oder auch gar nicht – in den Berufungsvorgang eingebunden. Auf dem **Aufsichtsrat las-**

---
[4] *Lutter/Krieger,* Rechte und Pflichten des Aufsichtsrats, § 7 Rn. 336.
[5] Nachweise bei *Peltzer,* FS J. Semler, 1993, 261.
[6] Vgl. hierzu *Fonk* in Semler, AR HdB, 1999, Rn. I 6.

tet eine sehr viel direktere und auch genuinere Verantwortung, da die Entscheidung ausschließlich seine eigene, von keiner Seite vorgezeichnete ist. Die Situation ist zuweilen dadurch zusätzlich erschwert, dass die Vakanz plötzlich aufgetreten ist und die Neubesetzung keinen Aufschub duldet.

8   Die Berufung von außen ist die Stunde des Aufsichtsratsvorsitzenden. Derartige Situationen vermögen die Aufsichtsratstätigkeit über Tage und Wochen zu einer Hauptbeschäftigung werden zu lassen, die ausgefüllt ist mit Besprechungen mit den Kollegen aus dem Personalausschuss, mit Headhuntern und eventuell sogar schon mit Kandidaten. Natürlich kann man eine solche Situation nicht voraussehen oder gar vorausplanen, aber gleichwohl empfiehlt es sich für den Aufsichtsrat (und hier insbesondere für den Aufsichtsratsvorsitzenden), den möglichen Wegfall von Schlüsselpersonen und die dann notwendigen Maßnahmen antizipativ zu durchdenken. Die Qualität des amtierenden Vorstands wird nämlich ua daran gemessen, wie sorgfältig er jederzeit seine **Nachfolgeplanung** betreibt.

9   Die Aufgabenstellung für den Aufsichtsratsvorsitzenden klingt zunächst einfach: Den Besten zu finden, der für diese Aufgabe gefunden werden kann. Aber wie definiert man „den Besten"? Es muss also zunächst ein **Anforderungsprofil erarbeitet werden.** Hierfür ist es dringend zu empfehlen ist, dass sich der Aufsichtsratsvorsitzende der Hilfe (mindestens) eines anderen Aufsichtsratsmitglieds bedient, um wirklich Vollständigkeit und Genauigkeit zu erreichen.

b) Einschaltung eines Personalberaters

10 Die notwendige Markttransparenz zur Findung der gewünschten Person gewinnt man nur mit professioneller Hilfe.[7] Im Idealfall bestehen schon **vertrauensvolle Beziehungen zu einem Personalberater.** Ist dies nicht der Fall, empfiehlt sich ein sog. „beauty contest", bei dem vor allem nach Erfahrungen und Erfolgen bei vergleichbaren Projekten gefragt werden sollte. Bei einem derartigen „beauty contest" sollte auch das bereits ohne professionelle Hilfe erarbeitete schriftliche Anforderungsprofil erörtert werden. Aus den Reaktionen und Vorschlägen der sich bewerbenden Personalberater können wichtige Rückschlüsse auf deren Eignung gezogen werden. Allerdings sollte man von den Ergebnissen eines „beauty contest" auch nicht zuviel erwarten. Die meisten Personalberater versprechen dem **Aufsichtsrat als Vertreter der Gesellschaft (Auftraggeberin)** fast alles, um dann doch möglichst schnell einen Abschluss herbeizuführen, der die Fälligkeit des Honorars auslöst. Insofern besteht kein Unterschied zur Unternehmensberatung in Sachfragen. Schon gar nicht sollten sich die Entscheidungsträger im Aufsichtsrat von pseudopsychologischen Auswahlmethoden beeindrucken lassen.

11 Ist die Auswahl getroffen und sind die Einzelheiten verabredet, wird der Aufsichtsratsvorsitzende engen Kontakt mit dem Personalberater halten. Im Allgemeinen wird der Personalberater nach einiger Zeit mehrere schriftliche Vorschläge machen, die schon ein detailliertes Bild des Kandidaten und seines Lebenswegs enthalten sollten. Die hiermit befassten Mitglieder – idealerweise **der Personalausschuss** – muss sich Zeit nehmen und die Vorschläge sorgfältig prüfen. Er wird sich mindestens **die zwei oder drei in die engste Wahl gezogenen Kandidaten „ansehen",** dh intensive Gespräche mit ihnen führen, um zu einem abschließenden Entscheidungsvorschlag an den Aufsichtsrat zu gelangen.

12 Die Vorarbeiten eines Personalberaters entheben den Aufsichtsratsvorsitzenden nicht der Pflicht, sich ein eigenes Urteil über den Kreis der ausgewählten Kandidaten zu bilden und hierzu Informationen aus allen verfügbaren Quellen einzuholen. Es ist auch durchaus denkbar, dass sich eine Auskunftsperson eher dem Aufsichtsratsvorsitzenden als einem Personalberater gegenüber öffnet. Schließlich ist zu bedenken, dass ein Personalberater einen Vermittlungserfolg haben will, auch wenn es ihm nicht gelungen sein sollte, einen vollständig überzeugenden Kandidaten zu präsentieren, und dieser Umstand der Wiedergabe einer Auskunft durchaus eine gewisse Färbung zu geben vermag.

---

[7] *Peltzer,* FS J. Semler, 1993, 261, 270 ff.

A. Bestellung von Vorstandsmitgliedern

Kritisch ist die Situation, wenn der von außen kommende Kandidat Vorstandsmitglied einer anderen Gesellschaft ist und sich die Arbeitnehmervertreter im Aufsichtsrat, die von der Kandidatur unterrichtet werden, **bei den Arbeitnehmerkollegen** der Gesellschaft, deren Vorstand der Kandidat noch angehört, nach diesem **erkundigen.** Eine solche Situation sollte vom Aufsichtsratsvorsitzenden, wenn möglich, antizipiert und den Arbeitnehmervertretern eindringlich klar gemacht werden, dass ein solches Verhalten strafbarer Geheimnisverrat wäre (vgl. § 404 AktG). Im Übrigen ist es während des Auswahlstadiums immer richtig, den Kreis der Mitwissenden eher klein zu halten.

4. Vorbereitung des Plenums auf den Bestellungsbeschluss

Die Vorbereitung der Personalentscheidung obliegt dem Aufsichtsratsvorsitzenden und dem Personalausschuss. Eine derartige Vorbereitung empfiehlt auch Ziff. 5.1.2 DCGK. Die Bestellung selbst ist dagegen wegen des Delegationsverbots des § 107 Abs. 3 S. 2 AktG dem Plenum des Aufsichtsrats vorbehalten, das nunmehr einzuschalten ist. Dies erfordert Fingerspitzengefühl. Es ist dabei in der Praxis ausgeschlossen, den gesamten Aufsichtsrat am Auswahlverfahren teilhaben zu lassen.[8] Das verbietet schon die Diskretionsverpflichtung gegenüber den Kandidaten, die möglicherweise in einem ungekündigten Dienstverhältnis stehen. Letztlich wird die Entscheidung des Plenums in aller Regel nichts anderes sein, als **die Bestätigung des Votums des Personalausschusses** für eine Person, wobei der Personalausschuss durch die Herbeiführung der Entscheidung des Plenums faktisch „schon im Wort" ist.[9] Im Allgemeinen wird der Aufsichtsratsvorsitzende die Auswahl mit den Meinungsführern im Aufsichtsrat – soweit diese nicht schon durch die Zugehörigkeit zum Personalausschuss eingebunden sind – vorbesprechen, um eine einstimmige Abstimmung sicherzustellen.

Die beabsichtigte Bestellung ist ordnungsgemäß (insbesondere fristgemäß) **in der Tagesordnung anzukündigen.** Es genügt also nicht ein Tagesordnungspunkt „Vorstandsangelegenheiten", geschweige denn wäre es ausreichend, eine Bestellung unter dem Tagesordnungspunkt „Verschiedenes" abzuwickeln. Eine Mindestankündigung wäre also „Bestellung eines neuen Vorstandsmitglieds". Fehlt es an einer ordnungsgemäßen Ankündigung und widerspricht ein Aufsichtsratsmitglied der Bestellung, kann diese nicht wirksam vorgenommen werden.

II. Der Bestellungsbeschluss

1. Alleinzuständigkeit des Aufsichtsrats

Gemäß § 108 Abs. 1 AktG entscheidet der Aufsichtsrat über die Bestellung durch Beschluss. Die Beschlussfassung erfolgt **zwingend im Aufsichtsratsplenum;** eine Delegation an einen Ausschuss – auch an den Personalausschuss – ist nicht zulässig (§ 107 Abs. 3 S. 2 AktG). Schon gar nicht statthaft ist eine Übertragung der Beschlussgewalt auf den Aufsichtsratsvorsitzenden oder – gar um die Zustimmung bestimmter Großaktionäre einzuholen – auf die Hauptversammlung.[10] Auch eine **Delegation der Beschlusskompetenz** auf den Vorstand ist nicht möglich.[11] Selbst Vetorechte, wie zum Beispiel seitens des Mehrheitsaktionärs,[12] akzeptiert das Gesetz nicht.

Fraglich ist, ob sich der ausgewählte Kandidat gegen eine Wahlverweigerung durch das Aufsichtsratsplenum rechtlich absichern kann. Denkbar wäre eine Vereinbarung mit dem Aufsichtsratsvorsitzenden, die zumindest eine finanzielle Absicherung des Kandidaten bein-

---

[8] Anders noch *Krieger,* Personalentscheidungen des Aufsichtsrats, 1981, 60 ff.
[9] BGHZ 122, 342, 359 f.
[10] *Spindler* in MüKoAktG § 84 Rn. 12.
[11] *Fleischer* in Spindler/Stilz AktG § 84 Rn. 9.
[12] Vgl. dazu BGH NZG 2009, 744, 745 f.

halten könnte. Indes sind derartige Wahlvereinbarungen immer dann nach § 134 BGB nichtig, wenn sie irgendwie **die Entscheidungsfreiheit des Aufsichtsrats** (unmittelbar oder mittelbar) **beeinträchtigen.**[13] Reine Personalvorschläge aus den Reihen des Aufsichtsrats sollen dagegen zulässig sein. Indes ist die Grenze zur (unzulässigen) Einflussnahme fließend, sofern die „Vorschläge" vom Mehrheitsaktionär stammen. Vorauseilender Gehorsam einzelner Aufsichtsratsmitglieder ist in derartigen Fällen völlig unangebracht.

2. Beschlussverfahren

18 Neben den Einberufungsformen und -fristen (→ Rn. 15) bedarf es auch für die Vorstandsbestellung einer ordnungsgemäßen Beschlussfassung im Aufsichtsrat. Diese erfolgt regelmäßig im Rahmen einer Aufsichtsratssitzung. Zwingend erforderlich ist dies allerdings nicht. Wie jede andere (Sach-)Entscheidung kann auch die Vorstandsbestellung **im Rahmen eines Beschluss-Umlaufverfahrens oder einer Telefonkonferenz** erfolgen. Hierfür gelten die in der Satzung oder in der Geschäftsordnung vorgeschriebenen Präliminarien, hilfsweise das Konsensprinzip des § 108 Abs. 4 AktG.

19 Eher zum außerrechtlichen Bereich gehört die Frage, wie man den zur Wahl vorgeschlagenen Kandidaten in den Bestellungsbeschluss einbindet. Zumindest bei kleineren Aufsichtsräten oder solchen mit einem höheren Diskretionsgehalt empfiehlt es sich, **den Kandidaten persönlich vorzustellen.** Wie die Praxis zeigt, ist ein derartiger persönlicher Kurzauftritt dazu angetan, die Akzeptanz bei den Aufsichtsratsmitgliedern zu steigern. Außerdem besteht durch unmittelbare Befragung letztmals die Möglichkeit, etwaige Missverständnisse auszuräumen. Eine Anwesenheit des Kandidaten vor der Wahl (nicht während der Wahl!) hat überdies den Vorteil, dass man ihn unmittelbar anschließend den übrigen Vorstandskollegen vorstellen kann, bevor diese aufgrund einer Pressemeldung des Unternehmens in diversen Internet-Suchmaschinen nach dem persönlichen oder fachlichen Hintergrund ihres zukünftige Kollegen fahnden müssen.

3. Beschlussinhalt

20 Zum notwendigen Beschlussinhalt gehört in jedem Fall die namentliche Benennung der bestellten Person sowie die Tatsache, dass diese Mitglied des Vorstands sein soll. Sofern der Aufsichtsrat keinen ausdrücklichen **Zeitpunkt für den Beginn der Bestellung** beschließt, ist dieser Zeitpunkt durch Auslegung (insbesondere durch Rückgriff auf die Sitzungsunterlagen) zu ermitteln. Ergibt sich auch hierbei kein Anhaltspunkt, gilt die Bestellung ab sofort, sobald diese angenommen wurde.[14]

21 Sofern in der Gesellschaft unter mehreren Vorstandsmitgliedern eine Ressortverteilung besteht, sollte der Aufsichtsrat gleichzeitig mit dem Bestellungsbeschluss auch **über die Ressortzuweisung beschließen.** Rechtlich zwingend ist dies allerdings nicht, weil die Ressortzuweisung nicht notwendiger Bestellungsbestandteil, sondern eine Geschäftsordnungsentscheidung ist.[15] Damit wäre die Bestellung zwar wirksam, ohne gleichzeitige Ressortzuweisung hätte das neu bestellte Vorstandsmitglied jedoch eine allumfassende Leitungszuständigkeit – ein Zustand, der den Kollegen mit jeweils eigenem Ressort sicherlich nicht behagen kann.

4. Beschlussmehrheit

22 Vorstandsmitglieder werden bei guter Vorbereitung durch den Aufsichtsratsvorsitzenden in aller Regel einstimmig durch das Plenum bestellt. Ist dies nicht der Fall, gelten die **folgenden Regeln** für eine **Mehrheitsentscheidung:**

---

[13] *Hüffer* AktG § 84 Rn. 5; *Spindler* in MüKoAktG § 84 Rn. 15.
[14] So auch *Weber* in Hölters AktG § 84 Rn. 16.
[15] Ebenso die überwiegende Meinung; vgl. *Hüffer* AktG § 84 Rn. 3; *Spindler* in MüKoAktG § 84 Rn. 21; relativierend *Lutter/Krieger,* Rechte und Pflichten des Aufsichtsrats, § 7 Rn. 449.

A. Bestellung von Vorstandsmitgliedern

Bei Gesellschaften ohne Arbeitnehmervertreter und bei Gesellschaften, die **dem Drittelbeteiligungsgesetz unterliegen**,[16] genügt die **einfache Mehrheit**. Da es sich um einen Beschluss handelt, den der Aufsichtsrat von Gesetzes wegen zu treffen hat, kann insoweit auch die Satzung nicht wirksam eine qualifizierte Mehrheit vorschreiben.[17]

Bei Gesellschaften, die dem MitbestG 1976 unterliegen, wird die Bestellung ebenfalls nach den aktienrechtlichen Regeln vorgenommen (vgl. § 31 MitbestG), wobei für den eigentlichen Bestellungsvorgang ein (selten angewandtes) **Drei-Stufen-Verfahren vorgesehen** ist.

– **Erste Stufe:** Eine Zweidrittelmehrheit des Aufsichtsrats kommt zustande.
– **Zweite Stufe:** Kommt die Zweidrittelmehrheit nicht zustande (in aller Regel, weil die Arbeitnehmerbank geschlossen gegen die Anteilseignerbank stimmt), wird die Frage an den so genannten „27er Ausschuss"[18] verwiesen, der seinerseits innerhalb eines Monats einen Vorschlag an das Plenum für die Bestellung zu unterbreiten hat. In einer zweiten Abstimmung genügt dann die einfache Mehrheit nicht zustande und kommt es in einer
– **Dritte Stufe:** Kommt auch diese einfache Mehrheit nicht zustande, kann (nicht: muss) der Aufsichtsratsvorsitzende, der regelmäßig Anteilseignervertreter ist,[19] eine Zweitstimme einsetzen, die – anders als die Zweitstimme bei anderen Aufsichtsratsbeschlüssen (vgl. § 29 Abs. 2 MitbestG) – sofort (also nicht erst bei einer weiteren Abstimmung) eingesetzt werden kann.[20]

Zu beachten ist die Basis, von der aus bei den verschiedenen Stufen zu rechnen ist, nämlich die **Ist-Zahl der Aufsichtsratsmitglieder** (und nicht die Soll-Zahl). Ist also zB bei einem zwölfköpfigen mitbestimmten Aufsichtsrat ein Mitglied verstorben und die Vakanz noch nicht aufgefüllt, beträgt die Basis der Berechnung elf Mitglieder, und für eine einfache Mehrheit würden sechs Mitglieder[21] genügen.

Die drei Stufen bedeuten keineswegs, dass sich das Verfahren lange hinziehen muss. Denkbar ist, die zweite und dritte Abstimmung in einer Sitzung abzuwickeln. Zu beachten ist allerdings, dass das Vermittlungsverfahren sich einen Monat hinziehen kann, jedoch nicht muss, denn der Vermittlungsausschuss (27er Ausschuss) kann sofort einen Vorschlag machen. Unzulässig wäre allerdings, die Monats-Höchstfrist durch Satzung oder Aufsichtsratsbeschluss abzukürzen.

Glücklicherweise kommt es nur selten zu der zweiten und dritten Stufe, da **bei richtiger Vorarbeit** der Bestellungsbeschluss in Stufe 1 **schon einstimmig** oder mindestens mit der notwendigen Mehrheit **zustande kommt**. Dies liegt letztlich auch daran, dass sich die Anteilseignerseite im dritten Schritt stets durchsetzen kann, was der Arbeitnehmerseite natürlich bewusst ist, und somit ein Beharren darauf, die Stufen zwei und drei abzuwickeln, in aller Regel nur Zeitverzögerung bedeutet.

---

[16] Dies sind Aktiengesellschaften und Gesellschaften mit beschränkter Haftung, die mehr als 500, aber weniger als 2000 Arbeitnehmer haben. Das Drittelbeteiligungsgesetz (BGBl. 2004 I 974) hat das zuvor einschlägige BetrVG 1952 abgelöst.
[17] Vgl. *Hoffmann-Becking* in MHdB AG § 31 Rn. 65; *Hüffer* AktG § 108 Rn. 8; *Habersack* in MüKoAktG § 108 Rn. 24.
[18] Der nach § 27 Abs. 3 MitbestG zu bildende Ausschuss, der aus dem Vorsitzenden und seinem Stellvertreter als „geborenen Mitgliedern" und einem weiteren Anteilseigner- und einem weiteren Arbeitnehmervertreter als „gekorenen" Mitgliedern besteht, tritt nur in den seltenen Fällen in Aktion, wenn eine Personalentscheidung gemäß § 31 Abs. 3 MitbestG in die zweite Phase tritt. Er ist nicht zu verwechseln mit einem Personalausschuss, der auch ganz andere Aufgaben hat. Eine teilweise Personenidentität des 27er Ausschusses und des Personalausschusses ist allerdings in der Regel meist insoweit gegeben, als die beiden „geborenen" Mitglieder, nämlich der Aufsichtsratsvorsitzende und sein Stellvertreter, in der Regel auch Mitglieder des Personalausschusses sind.
[19] Vgl. die Regel über die Konstituierung des Aufsichtsrats in § 27 Abs. 2 S. 2 MitbestG, die sicherstellt, dass ein Anteilseignervertreter Aufsichtsratsvorsitzender wird (und nur der Aufsichtsratsvorsitzende hat die Zweitstimme; vgl. § 31 Abs. 4 S. 3 MitbestG).
[20] *Ulmer/Habersack/Henssler* MitbestG § 31 Rn. 22.
[21] *Ulmer/Habersack/Henssler* MitbestG § 31 Rn. 22; *Wlotzke/Wißmann/Koberski/Kleinsorge* MitbestG § 31 Rn. 15.

III. Wirksamkeit und Annahme der Bestellung

1. Bestellungswirksamkeit

28 Da der Bestellungsbeschluss ein reines Aufsichtsratsinternum ist, kann er allein den Vorstandsstatus des Gewählten nicht begründen. Vielmehr bedarf es einer Übermittlung der Aufsichtsratsentscheidung an die betroffene Person. Zuständig hierfür ist von Gesetzes wegen der Aufsichtsratsvorsitzende als organschaftlicher Vertreter des Aufsichtsrats. Selbstverständlich kann der Aufsichtsrat durch Beschluss auch ein anderes Mitglied oder einen Dritten (auch den Vorstandsvorsitzenden) mit der Übermittlung betrauen. Erst mit dem **Zugang der Übermittlung des Aufsichtsratsbeschlusses beim Gewählten** ist die Bestellung wirksam.

29 Das Übermittlungserfordernis bedeutet umgekehrt nicht, dass die Erklärung den Beschluss überspielen könnte. Sollte jemals ein Aufsichtsratsvorsitzender einen Bestellungsbeschluss übermitteln, der in Wahrheit nicht oder nicht mit dem übermittelten Inhalt gefasst wurde, löst diese Mitteilung im Hinblick auf die Bestellung keine Rechtswirkungen aus.

2. Annahme der Bestellung

30 Da niemand gegen seinen Willen zum Vorstand einer Aktiengesellschaft bestellt werden kann, bedarf die Bestellung einer Annahme durch die bestellte Person. Ebenso wie die Übermittlung muss auch die **Annahmeerklärung des Bestellten** dem Aufsichtsrat (vertreten durch den Vorsitzenden oder – ausnahmsweise – durch eine hierzu bestimmte Person) zugehen. Die Annahmeerklärung kann auch bereits vor der Bestellung erfolgen, was in der Praxis sogar der Regelfall ist.[22] Sie muss auch nicht ausdrücklich erfolgen. Vielmehr genügt eine **konkludente Annahmeerklärung;** diese ist im Abschluss eines Anstellungsvertrages oder in der Aufnahme der Vorstandsarbeit zu sehen.[23]

31 Mit der Annahme der Bestellung wird diese wirksam. Hat die betroffene Person die Bestellung (für den Fall ihrer Wahl) bereits im Voraus angenommen, so wird die Bestellung mit der Feststellung des Bestellungsbeschlusses im Aufsichtsrat wirksam. Eines irgendwie gearteten Vertrages, wie zum Beispiel eines Anstellungsvertrages) bedarf es für die Wirksamkeit nicht. **Das rechtliche Schicksal von Bestellung und Anstellung** ist vielmehr von Gesetzes wegen strikt zu trennen (dazu und zu den vertraglichen Verknüpfungsmöglichkeiten → § 3 Rn. 18 f.).

IV. Anforderungen an ein Vorstandsmitglied

1. Anforderungsprofil für ein Vorstandsmitglied

32 Wie soll ein Kandidat für den Vorstand beschaffen sein? Es liegt auf der Hand, dass bei dem Versuch, diese Frage durch eine Beschreibung zu beantworten, die Gefahr besteht, sich in Gemeinplätzen zu verlieren. **Die wichtigste Voraussetzung ist immer noch der Charakter.**[24] Die ganzen Wirtschaftsskandale sowohl in den USA als auch in Europa haben ihre Wurzeln letztlich darin, dass es bei den Führungspersonen der betroffenen Unternehmen hieran gefehlt hat. Ohne charakterliche Integrität der Vorstandsmitglieder kann der Aufsichtsrat kaum Vertrauen in die Berichterstattung und ordnungsmäßige und sorgfältige Geschäftsführung haben. Teamfähigkeit und der bewusste Wille, im Interesse der Syn-

---

[22] Ein erfahrener Aufsichtsratsvorsitzender wird diese Erklärung schon deshalb im Voraus beim Kandidaten einholen, weil er nicht riskieren will, ein Vorstandsmitglied zu bestellen, das das Amt dann nicht annehmen will.
[23] Vgl. dazu *Spindler* in MüKoAktG § 84 Rn. 2; *Hüffer* AktG § 84 Rn. 4.
[24] Dem hoch angesehenen Frankfurter Bankier Albert v. Metzler wird der Ausspruch nachgesagt: „Ich suche mir meine Partner immer nach drei Kriterien aus: Charakter, Charakter, Charakter."

ergie und Teamleistung des Vorstands auch einmal zurückzustehen, müssen hinzutreten. Auch die glänzendste Begabung hat in einem Vorstand nichts zu suchen, wenn es an der Teamspielereigenschaft gebricht: Geltungsgierige und überehrgeizige Einzelkämpfer können großes Unheil anrichten.[25]

Daneben sind erforderlich Beharrungsvermögen, Führungsfähigkeit und Intelligenz unabdingbare Fähigkeiten eines Vorstandsmitglieds. In dieses „Triumvirat" gehört auch die Fähigkeit, einem Großaktionär oder womöglich dem Mehrheitsaktionär im Sinne der Sache (also im Sinne des Unternehmens) zu widersprechen. Nicht zuletzt benötigt ein Vorstandsmitglied jene Eigenschaft, die in der englischen Sprache als „judgement" bezeichnet wird. **„Judgement"** heißt unter anderem, mit bestimmten Leuten keine Geschäfte zu machen und bestimmte Sachen einfach nicht zu tun („it isn't done") bzw. in bestimmten Situationen „das Richtige" zu tun.

Würden sich die Aufsichtsräte auf die vorstehend skizzierten Eigenschaften konzentrieren und allen künstlich aufgebauten „heilsbringerartigen" Fähigkeiten eine Absage erteilen, wären große Enttäuschungen nahezu ausgeschlossen. Um auch kleinere Enttäuschungen auszuschließen, bedarf es der vielzitierten „glücklichen Hand".

Was die fachlichen Voraussetzungen angeht, ist die Vielfalt der Anforderungsprofile zu groß, um hierzu etwas sagen zu können. Akademische Ausbildung, dort wo eine solche nicht ohnehin unbedingt fachlich notwendig ist, kann ein Vorteil sein. Auf der anderen Seite waren in der jüngeren Vergangenheit viel zu viele Spitzenpositionen mit erfolgreichen Praktikern besetzt, um eine akademische Ausbildung als unbedingt notwendig erscheinen zu lassen.[26]

2. Gesetzliche Anforderungen an Vorstandsmitglieder

Das Gesetz begnügt sich mit wenigen positiven bzw. negativen Vorgaben für ein Vorstandsmitglied. Vorstandsmitglied kann nach § 76 Abs. 3 S. 1 AktG nur eine natürliche, unbeschränkt geschäftsfähige Person sein. Ausgeschlossen ist also die Bestellung einer juristischen Person oder eines Minderjährigen als Vorstandsmitglied.

Bei Vorliegen bestimmter negativer Merkmale kann der Betreffende nicht zum Vorstandsmitglied bestellt werden (vgl. § 76 Abs. 3 AktG). Ein Betreuter (vgl. §§ 1896 ff. BGB) kann nicht Vorstandsmitglied sein, wenn er zu Willenserklärungen der vorherigen Zustimmung seines Betreuers bedarf. Weiterhin kann nicht Vorstandsmitglied sein, wer wegen einer Insolvenzstraftat (vgl. §§ 283–283d StGB) rechtskräftig verurteilt worden ist. Dieses Bestellungsverbot gilt für einen Zeitraum von fünf Jahren, gerechnet ab Rechtskraft des Urteils. Von einer Bestellung ausgeschlossen ist auch derjenige, der von einer **Verwaltungsbehörde mit einem Berufsverbot** belegt worden ist, für die Dauer des Berufsverbots, wenn und soweit sich dieses Berufsverbot mit der Betätigung als Vorstandsmitglied deckt oder überschneidet; das ist dann der Fall, wenn der Gegenstand des Unternehmens ganz oder teilweise mit dem Gegenstand des Verbots übereinstimmt.

Darüber hinaus gibt es berufsspezifische Anforderungen, bei deren Nichtvorliegen die Bestellung zum Vorstandsmitglied ausscheidet,[27] sowie politische Ämter, die mit einer Vorstandsposition unvereinbar sind.[28]

Rechtlich nicht erforderlich für die Bestellung zum Vorstand ist die **deutsche Staatsangehörigkeit**[29] oder der Wohnsitz im Inland. Im Gegenteil kann die Staatsangehörigkeit

---

[25] *Fonk* in Semler AR HdB Rn. I 13.
[26] *Fonk* in Semler AR HdB Rn. I 11.
[27] So für Wirtschaftsprüfungsgesellschaften § 28 Abs. 1 WPO; für Steuerberatungsgesellschaften § 32 Abs. 3 StBerG.
[28] ZB der Bundespräsident und die Mitglieder der Bundesregierung nach den Art. 55 Abs. 2 bzw. Art. 66 GG. Ähnliche Vorschriften finden sich auch für Regierungsmitglieder der Landesregierungen in den Länderverfassungen.
[29] OLG Stuttgart NZG 2006, 785; ausführlich – auch zu ausländerrechtlichen Aspekten – *Fleischer* in Spindler/Stilz AktG § 84 Rn. 122.

aus dem Sitzstaat des Mutterunternehmens bei Konzerngesellschaften ebenso nützlich sein, wie ein Vorstandsmitglied aus dem Herkunftsstaat des größten Kunden der Gesellschaft. Allerdings ist der Aufsichtsrat im Allgemeinen gut beraten, eine Residenzpflicht in der Nähe des Arbeitsorts zu verlangen, um zu gewährleisten, dass die gesetzlichen Vertreter durch Integration in das gesellschaftliche und kulturelle Leben dafür sorgen, dass die Gesellschaft in ihrer Heimatgemeinde als „good corporate citizen" wahrgenommen wird.

40 Die unter → Rn. 39 geschilderten Vorzüge ausländischer Vorstandsmitglieder gelten im Allgemeinen nicht für den Vorstandsvorsitzenden. Hierbei spielt allerdings weniger die Staatsangehörigkeit als der Kulturkreis, aus dem der Vorstandsvorsitzende stammt, eine Rolle. Welche Vorzüge der Aufsichtsrat einer konzernfreien deutschen Aktiengesellschaft einem Vorstandsvorsitzenden aus dem anglo-amerikanischen Umfeld zuschreibt, wird sich niemals feststellen lassen. Derartige Trends sollten daher auf die Vereine des europäischen Spitzenfußballs beschränkt bleiben.

41 Eine gesetzlich vorgeschriebene **Komposition des Vorstands nach Herkunft, Geschlecht, Religion** oÄ gibt es nicht. Zwar soll der Aufsichtsrat nach den Empfehlungen des Kodex bei der Zusammensetzung des Vorstands auch auf Vielfalt (Diversity) achten und dabei insbesondere eine angemessene Berücksichtigung von Frauen anstreben (Ziff. 5.1.2 S. 2 DCGK). Indes führt ein – ohnehin nicht nachweisbarer – Verstoß gegen diese Empfehlung nicht zur Unwirksamkeit des Bestellungsbeschlusses.

3. Satzungsmäßige Anforderungen an Vorstandsmitglieder

42 **Fraglich ist, inwieweit die Satzung ein Anforderungs- oder Persönlichkeitsprofil für den Vorstand festlegen kann.** Das ist problematisch, da die Bestellungskompetenz für den Vorstand eindeutig beim Aufsichtsrat liegt (§ 84 Abs. S. 1 AktG), während nur die Hauptversammlung in der Lage ist, ein derartiges Anforderungsprofil in die Satzung aufzunehmen § 179 AktG). Es entsteht die Frage, ob hier nicht in aktienrechtlich unzulässiger Weise (vgl. § 23 Abs. 5 AktG) in die Kompetenz des Aufsichtsrats eingegriffen wird.

43 Die Kommentarliteratur hält satzungsmäßige Voraussetzungen überwiegend für zulässig, sofern dem Aufsichtsrat noch eine angemessene Auswahlmöglichkeit verbleibt.[30] Satzungsmäßige Voraussetzungen – in diesem Zusammenhang beispielhaft erwähnt – sind deutsche Staatsangehörigkeit, Wohnsitz im Inland, Höchst- oder Mindestalter, eine bestimmte Ausbildung oder Auslandserfahrung. Die Gegenmeinung führt ins Feld, dass der Aufsichtsrat im Moment der Bestellung wesentlich besser als die Satzung entscheiden könne, welche Führungspersönlichkeit die Gesellschaft brauche.[31]

44 Unterschieden wird auch noch zwischen Gesellschaften, **die dem MitbestG 1976 unterliegen, und solchen, bei denen dies nicht der Fall ist**. Bei Gesellschaften, bei denen Vorstandsmitglieder nach den Regeln des § 31 MitbestG bestellt werden, wird die Zulässigkeit von satzungsmäßigen Eignungsvorgaben teilweise sehr zurückhaltend beurteilt oder gar gänzlich abgelehnt.[32]

45 Der Frage **kommt nur eine geringe praktische Bedeutung zu, da derartige satzungsmäßige Vorgaben sehr selten sind.**[33] Ist gegen eine derartige Vorgabe verstoßen worden, kann dies ein Grund für den Widerruf der Bestellung sein, allerdings ist das Ermessen des Aufsichtsrats insoweit durch die Satzung nicht einschränkbar. Dies ergibt sich schon daraus, dass selbst bei einem Vertrauensentzug durch die Hauptversammlung der

---

[30] *Hefermehl* in Geßler/Hefermehl AktG § 84 Rn. 19; *Kort* in GroßkommAktG § 76 Rn. 223; *Hüffer* AktG § 76 Rn. 26 und § 23 Rn. 38; *Wiesner* in MHdB AG § 20 Rn. 5, 7.
[31] *Lutter/Krieger*, Rechte und Pflichten des Aufsichtsrats, § 7 Rn. 340.
[32] Vgl. die Übersicht über den Meinungsstreit bei *Ulmer/Habersack/Henssler* MitbestG § 31 Rn. 10 ff.; *Wlotzke/Wißmann/Koberski/Kleinsorge* MitbestG § 31 Rn. 11 ff.; aA *Wiesner* in MHdB AG § 20 Rn. 6; gegen jede Einschränkung der Auswahlfreiheit schon aus verfassungsrechtlichen Gründen *Lutter/Krieger*, Rechte und Pflichten des Aufsichtsrats, § 7 Rn. 340; großzügig zB *Spindler* in MüKoAktG § 84 Rn. 27 ff.
[33] *Ulmer/Habersack/Henssler* MitbestG § 31 Rn. 11.

Aufsichtsrat eigenverantwortlich prüfen muss, ob ein wichtiger Grund für eine Abberufung vorliegt, und sich bei einer solchen Sachverhaltsgestaltung die Frage der Unzumutbarkeit der Fortführung der Bestellung viel dringlicher stellt. Bei der Frage, ob auch der Anstellungsvertrag aus wichtigem Grund kündbar ist, wenn bei der Bestellung eine satzungsmäßige Voraussetzung unbeachtet geblieben ist, wird auch darauf zu achten sein, ob der Aufsichtsrat sich nicht mit seinem eigenen vorangegangenen Verhalten in Widerspruch setzt, und die durch ihn vertretene Gesellschaft sich ggf. nach Treu und Glauben an dem Dienstvertrag muss festhalten lassen.[34]

V. Anfang, Dauer und Ende der Bestellung

1. Anfang der Bestellung

46 Die Bestellung beginnt mit dem Datum, das im Bestellungsbeschluss benannt ist. Ist kein solches Datum benannt, beginnt die Bestellung sofort, jedoch nicht vor Übermittlung des Beschlussinhalts an den Betroffenen (→ Rn. 28 f.) und vor Annahme durch das bestellte Vorstandsmitglied (→ Rn. 30).

47 Ein verständiger Aufsichtsrat wird kein „schräges" Datum für den Beginn der Amtszeit auswählen. Schon wegen der regelmäßigen zeitlichen Verknüpfung mit dem Anstellungsvertrag empfiehlt es sich, einen **Kalendermonatsanfang** zu wählen. Noch besser ist der Beginn eines Quartals oder eines Kalenderjahres, damit sich die Ergebnisse des Unternehmens der Amtszeit zuordnen lassen können.

2. Dauer der Bestellung

48 Die höchst zulässige Dauer der Bestellung eines Vorstandsmitglieds beträgt nach § 84 Abs. 1 S. 1 AktG fünf Jahre.[35] Das AktG trägt damit der Erfahrung Rechnung, dass der Mensch sich im Laufe des Lebens verändert, Lebenskraft, Tüchtigkeit und Durchsetzungsvermögen nachlassen können und somit eine periodische Überprüfung des Fortbestands der Eignung erforderlich ist. Hinzu kommt: Die automatische, von Zeit zu Zeit erfolgende Überprüfung ist auch Ansporn – eine Wiederbestellung muss eben verdient werden.

49 In der Praxis ist die **zulässige Höchst-Bestellungsdauer zur Regel-Bestellungsdauer** geworden. Lediglich bei der Erstbestellung sind dreijährige Amtsperioden zu beobachten. Nach Ziff. 5.1.2 DCGK sollte bei Erstbestellungen „die maximal mögliche Bestelldauer von fünf Jahren nicht die Regel sein",[36] Die Praxis verfährt allerdings überwiegend anders. Angesichts der unvermeidlichen gelegentlichen Fehlgriffe bei Bestellungen von außen wurde sogar schon eine Gesetzes-Höchstdauer von drei Jahren gefordert.[37] Dagegen spricht allerdings, dass ein Wechsel erfahrener Vorstandsmitglieder mit bereits fünfjähriger Bestellungsdauer in ein anderes Unternehmen unnötig erschwert würde. Begrüßenswert wäre dagegen eine nach dem Kodex bei Abweichung meldepflichtige **Empfehlung**.[38]

50 Umgekehrt sind **zu kurze Bestellungszeiten** wiederum **bedenklich,** da ja die Bestellungszeit für eine bestimmte Dauer dem Vorstand Unabhängigkeit geben soll. Für einen nicht zu kurz bemessenen Zeitraum soll er sich darauf verlassen können, im Amt zu bleiben und wirtschaftlich abgesichert zu sein. Eine kurze Bestellungszeit von höchstens einem

---

[34] Nach dem aus § 242 BGB entwickelten Institut des „venire contra factum proprium", dh dem Verbot, sich treuwidrig mit seinem eigenen vorhergehenden Verhalten in Widerspruch zu setzen; vgl. *Grüneberg* in Palandt § 242 BGB Rn. 55 ff.
[35] Wird ein Aufsichtsratsmitglied in den Vorstand entsandt, beträgt die höchstzulässige Bestellungsdauer ein Jahr (§ 105 Abs. 2 AktG).
[36] Aufgrund der Formulierung („sollte") handelt es sich nur um eine Anregung, und eine Abweichung ist nicht meldepflichtig nach § 161 AktG.
[37] So Voraufl. Rn. 77 *(Peltzer).*
[38] Ebenso *Fleischer* AG 2006, 429, 436.

Jahr ist nach § 105 Abs. 2 S. 1 AktG vorgeschrieben, wenn in einem Ausnahmefall ein Mitglied des Aufsichtsrats in den Vorstand entsandt wird. Im Regelfall wird ein Jahr als die kürzest zulässige Bestellungsdauer angesehen.[39] Vorstandsbestellungen für (jeweils) ein Jahr vor allem dort üblich geworden, wo ein Vorstandsmitglied bei Auslaufen der Bestellung bereits älter als 60 Jahre ist oder ein **Interims-Vorstand** bestellt wird.

51 Die Dauer der Bestellung ergibt sich aus dem Bestellungsbeschluss. Definiert dieser keinen kalendarischen Amtsbeginn, sondern nur die Dauer einer Amtsperiode, so beginnt dieselbe mit Zugang und Annahme der Bestellung. Ist die **Fixierung der Bestellungsdauer versäumt** worden, gilt nach hM eine Bestellungsdauer von fünf Jahren als beschlossen.[40] Dies ist in dieser Pauschalität unzutreffend. Zunächst einmal ist nach anderweitigen Anhaltspunkten (zB Beschlussvorschlägen in den sitzungsvorbereitenden Aufsichtsratsunterlagen, vertragliche Vereinbarungen etc) zu suchen. Nur wenn solche Anhaltspunkte völlig fehlen, ist die Annahme einer fünfjährigen Bestellungsdauer zulässig. Ist versehentlich oder in Unkenntnis der gesetzlichen Höchstdauer von fünf Jahren eine längere Bestelldauer festgelegt worden, gilt nur die Höchstdauer von fünf Jahren.[41]

3. Ende der Bestellung

52 Die Bestellung endet mit bloßem Zeitlauf, ohne dass es einer Erklärung des Vorstandsmitglieds oder des Bestellungsorgans bedarf. Enthält der Bestellungsbeschluss eine bloße Amtsperiode, so gilt für die exakte Berechnung § 187 BGB.

VI. Wiederbestellung

1. Zulässigkeit wiederholter Bestellung

53 **Wiederbestellungen erklärt das Gesetz ausdrücklich für zulässig** (vgl. § 84 Abs. 1 S. 2 AktG). **Scheinbar** ist die **Wiederbestellung** gegenüber der Erstbestellung die **leichtere Aufgabe**. Dies ist gewiss der Fall bei einer überzeugenden Einzelleistung des Vorstandsmitglieds verbunden mit hoher Teamplayerqualität. Umgekehrt wird es dem Aufsichtsrat ebenso leicht fallen, bei erkennbaren Leistungsdefiziten von einer Widerbestellung abzusehen. Schwierig wird es dagegen in einer Grauzone, in der nicht so recht festzumachen ist, wo genau diese Defizite liegen. Oft hat man sich aneinander gewöhnt; und sogar freundschaftliche Beziehungen zum betreffenden Vorstandsmitglied, dessen Bestellung ausläuft, sind zu beobachten. In diesen Fällen ist eine Nichtwiederbestellung menschlich schwierig;[42] eine klare Entscheidung im Interesse der Gesellschaft ist indessen unausweichlich.

2. Probleme der Wiederbestellung

54 Der Aufsichtsrat wird schon zur Festlegung der Vergütung eine **regelmäßige Leistungsbeurteilung** vornehmen (vgl. Ziff. 4.2.2 Abs. 2 DCGK) bzw. nach Delegation auf den Personalausschuss von diesem vornehmen lassen. Die dort zu berücksichtigenden Kriterien, nämlich die persönliche Leistung (des zu beurteilenden Vorstandsmitglieds), die Leistung des Vorstands sowie die wirtschaftliche Lage, der Erfolg und die Zukunftsaussichten des Unternehmens unter Berücksichtigung seines Vergleichsumfelds sind durchaus auch **taugliche Kriterien für die Entscheidung für die Wiederbestellung**. Allerdings sind sie um ein prognostisches Element zu ergänzen: Während die Vergütungsentscheidung im Wesentlichen die Vergangenheit berücksichtigt, muss sich die Entscheidung über die Wie-

---

[39] Vgl. OLG Karlsruhe AG 1973, 310, 311; noch strenger *Heidbüchel* WM 2004, 1318, 1318.
[40] *Hüffer* AktG § 84 Rn. 7; *Seibt* in K. Schmidt/Lutter AktG § 84 Rn. 14.
[41] *Fleischer* in Spindler/Stilz AktG § 84 Rn. 13.
[42] *Peltzer*, FS J. Semler, 1993, 261, 273.

derbestellung vor allem mit der Wahrscheinlichkeit befassen, ob das bisherige Leistungsbild auch für die Dauer der vorgesehenen Wiederbestellung anhalten oder gar gesteigert werden wird.

Selbstverständlich sind menschliche Rücksichten nicht zu vernachlässigen, aber der **Personalausschuss ist** – wie der gesamte Aufsichtsrat – **nur dem Unternehmenswohl verpflichtet**. Wenn die finanzielle Situation der Gesellschaft dies erlaubt, sollten ggf. soziale Härten einer verweigerten Wiederbestellung[43] auch durch ein Unternehmensdarlehen abgefedert werden. Dies ist allemal besser als ein Vorstandsmitglied, dessen Leistung nicht überzeugt, im Amt zu belassen. Naturgemäß fehlt jede Statistik darüber, wie viele Unternehmen im Wettbewerb zurückgefallen sind, weil der Aufsichtsrat halbherzig und ohne wahre innere Überzeugung eine Wiederbestellung vorgenommen hat – vor allem auch, weil in einer derartigen Situation nicht rechtzeitig und entschlossen genug eine Nachfolge vorbereitet wurde. Es dürften aber nicht wenig Unternehmen sein, die in dieses Verhaltensmuster passen.

3. Form der Wiederbestellung

Die Wiederbestellung erfordert einen **ausdrücklichen Beschluss** des Plenums des Aufsichtsrats mit der erforderlichen Mehrheit; ungenügend wäre also eine bloße Aussprache über eine Wiederbestellung verbunden mit einem Belassen im Amt.[44] Auch alle Arten von **Beschlussfiktionen,** etwa dergestalt, dass eine Wiederbestellung mangels gegenteiliger Beschlussfassung als beschlossen gilt, sind unwirksam. Beides gilt nicht, sofern die Addition beider Amtszeiten fünf Jahre nicht übersteigt (vgl. § 84 Abs. 1 S. 4 AktG), weil der Aufsichtsrat in diesem Fall von vornherein eine fünfjährige Bestellung hätte wirksam beschließen können.

4. Vertragliche Wiederbestellungsrechte

Selbstverständlich hat kein Vorstandsmitglied Anspruch auf eine Wiederbestellung. Fraglich ist aber, ob sich die Gesellschaft **vertraglich zu einer Wiederbestellung verpflichten** kann. Diese Frage hat die Rechtsprechung schon früh verneint.[45] Auch hier gilt die zu → Rn. 56 beschriebene Ausnahme für den Fall einer kumulierten Amtszeit von maximal fünf Jahren. Jenseits dieser zeitlichen Grenzen sind alle Arten von Verpflichtungen der Gesellschaft – auch solche mittelbarer Art – wegen Verstoßes gegen § 134 BGB nichtig. Zulässig bleiben dagegen Weiterbeschäftigungszusagen unterhalb der Vorstandsebene, zB als Prokurist oder als Berater.[46]

5. Aufhebung und vorzeitige Wiederbestellung

Nach § 84 Abs. 1 S. 3 AktG ist eine Wiederbestellung erst frühestens ein Jahr vor Ablauf der bisherigen Amtszeit zulässig. Der Aufsichtsrat soll sich mit seiner Entscheidung Zeit lassen und eine möglichst lange Beobachtungsperiode zur Verfügung haben. Auch wenn diese Erwägung entfällt, weil es sich um eine zweite oder gar dritte Wiederbestellung handelt, hat diese Vorschrift, die eine Schutzvorschrift zugunsten der Gesellschaft ist, ihren guten Sinn. Sind in einer Bestellungsperiode einige Jahre verstrichen und tritt dann ein Ereignis ein, das den Aufsichtsrat dazu veranlasst, die Bestellung zu widerrufen, ist die finanzielle Verpflichtung gegenüber dem betreffenden Vorstandsmitglied eben sehr viel geringer, als wenn nach einer Neubestellung während der Amtszeit die Bestellung, und regelmäßig damit einhergehend der Dienstvertrag, erneut um fünf Jahre zu laufen begonnen hat. Im Üb-

---

[43] Praxisbeispiel: Die Kinder des betreffenden Vorstandsdsmitglieds studieren an teuren ausländischen Universitäten und stehen dort vor dem Abschluss.
[44] *Hüffer* AktG § 84 Rn. 6.
[45] Vgl. BGHZ 10, 184, 194 f.
[46] Ebenso OLG Nürnberg AG 1991, 446, 447; *Fleischer* in Spindler/Stilz AktG § 84 Rn. 16.

rigen ist durchaus denkbar, **dass während einer Bestellungsperiode die Leistung abfällt,** ohne dass ein wichtiger Grund zur Abberufung gegeben wäre,[47] und die Gesellschaft, wenn dieser Leistungsabfall nach der rechtswidrigen Neubestellung eintritt, den unbefriedigenden Zustand sehr viel länger hinnehmen muss.

59 Die beschriebenen Überlegungen haben über viele Jahre hinweg dazu geführt, dass gewichtige Stimmen eine **einvernehmliche Niederlegung mit anschließender Wiederbestellung** vor Anlauf der Jahresfrist des § 84 Abs. 1 S. 3 AktG als Umgehung dieser Vorschrift ansahen[48] oder – im Einklang mit Ziffer 5.1.2 DCGK – wenigstens das Vorliegen besondere Gründe für die Anerkennung eines solchen Vorgehens forderten.[49] Dem hat sich der BGH in einer jüngeren Grundsatzentscheidung[50] entgegengestellt. Danach ist eine Niederlegung mit anschließender Wiederbestellung zu jedem erdenklichen Zeitpunkt der Amtsperiode ohne Vorliegen besonderer Umstände möglich und zulässig. Insbesondere führe ein solches Verhalten nicht zu einer – gemessen an der gesetzlichen Maximalregelung – verlängerten Bindungsfrist.[51] Im Übrigen sei das Beschlussprocedere mit dem in § 84 Abs. 1 S. 3 AktG vorgesehen Verfahren identisch. Die Entscheidung hat überwiegend Zustimmung gefunden[52] und dürfte daher die bisherige Diskussion jedenfalls für die Praxis beendet haben.

VII. Die verschiedenen Arten von Vorstandsmitgliedern und Besonderheiten bei ihrer Bestellung

Schrifttum: *T. Bezzenberger,* Der Vorstandsvorsitzende der Aktiengesellschaft, ZGR 1996, 661; *Heidbüchel,* Das Aufsichtsratsmitglied als Vorstandsvertreter, WM 2004, 1317; *v. Hein,* Vom Vorstandsvorsitzenden zum CEO, ZHR 166 (2002), 464; *Martens,* Allgemeine Grundsätze zur Anwendbarkeit des Mitbestimmungsgesetzes, AG 1976, 113; *Hoffmann-Becking,* Zur rechtlichen Organisation der Zusammenarbeit im Vorstand, ZGR 1998, 497; *J. Semler,* Rechtsvorgabe und Realität der Organzusammenarbeit in der Aktiengesellschaft, FS Lutter, 2000, 721; *Wicke,* Der CEO im Spannungsverhältnis zum Kollegialprinzip, NJW 2007, 3755.

1. Vorsitzender des Vorstands

60 Werden mehrere Personen zu Vorstandsmitgliedern bestellt, so kann der Aufsichtsrat nach § 84 Abs. 2 AktG ein Mitglied zum Vorsitzenden des Vorstands bestellen. Lässt man die Gesamtheit der Vorschriften des AktG über die Zusammenarbeit des Vorstands auf sich wirken (also insbesondere §§ 76 Abs. 1, 77 Abs. 1, 78 Abs. 2 AktG), so gewinnt man den Eindruck, dass dem Gesetzgeber eher eine kollegiale Führungsstruktur vorgeschwebt hat. Dazu passt auch, dass der Aufsichtsrat einen Vorstandsvorsitzenden bestellen „kann", was als Wahlfreiheit zwischen Tun und Unterlassen auszulegen ist.[53]

61 Die **Tendenz in der jüngeren Vergangenheit** geht eindeutig zu einem Vorstandsvorsitzenden mit möglichst weitgehenden exekutiven Befugnissen. Hierfür gibt es wohl im Wesentlichen zwei Gründe. Die Usancen der **anglo-amerikanischen Unternehmensführung haben einen sehr starken Einfluss** auf das deutsche Bestellungswesen. In der US-amerikanischen und englischen Gesellschaft hat der Chief Executive Officer (CEO) eine außerordentlich starke Stellung bis hin zur faktischen Besetzung des „board", dessen „non-executive" Mitglieder ihn ja gerade beaufsichtigen sollen. Hinzu kommt der **Einfluss der Medien,** die ja ein Unternehmen allzu gern mit einem „Vorstandsvorsitzenden zum Anfassen" verknüpfen wollen. Derartige Tendenzen kulminieren bisweilen in der ernstge-

---

[47] Der vorliegen muss, um den Widerruf der Bestellung zu rechtfertigen, vgl. § 84 Abs. 3 S. 1 AktG.
[48] Vgl. nur Voraufl. Rn. 87 f. *(Peltzer); Götz* AG 2002, 305, 306.
[49] So zB *Lutter/Krieger,* Rechte und Pflichten des Aufsichtsrats, Rn. 358.
[50] BGH NZG 2012, 1027 Rn. 21 ff.
[51] BGH NZG 2012, 1027 Rn. 28.
[52] So bei *Hüffer* AktG § 84 Rn. 8; *Bürgers/Theusinger* NZG 2012, 1218, 1220 f.; *Paschos/von der Linden* AG 2012, 736, 738 ff.
[53] *Spindler* in MüKoAktG § 84 Rn. 112.

meinten Benutzung eines Possessivpronomens bei der Verknüpfung zwischen Vorstandsvorsitzendem und Aktiengesellschaft („mein Unternehmen").

Der **Deutsche Corporate Governance Kodex** spricht sich für einen Vorstandsvorsitzenden (oder einen Sprecher) und dafür aus, diesem eine starke Stellung einzuräumen (Ziff. 4.2.1 und 5.2 Abs. 3 DCGK), und zwar insbesondere dadurch, dass eine besonders intensive Informationsaustauschschiene zwischen dem Vorstandsvorsitzenden und dem Aufsichtsratsvorsitzenden empfohlen wird. Indes ist diese Empfehlung insofern ohne Aussagekraft, als sie keinerlei Befugnisse vorschlägt oder gar vorgibt. **62**

Die beschriebene Entwicklung ist nicht unproblematisch: Sicherlich ist in größeren Vorständen eine Koordinierung der Arbeit des Gremiums notwendig. Auf der anderen Seite kann eine **Informationsmonopolisierung zwischen Aufsichtsratsvorsitzendem und Vorstandsvorsitzendem** sehr **gefährlich** sein Die vom Kodex geforderte enge Informationsschiene darf auch nicht zu einer Monopolisierung in dem Sinne führen, dass der Aufsichtsratsvorsitzende die Vorstandsmitglieder durch die Brille des Vorstandsvorsitzenden sieht.[54] Die Beurteilung der Vorstandsmitglieder ist für den Aufsichtsratsvorsitzenden eine nicht delegierbare Aufgabe, der er sich nicht zuletzt durch einen unmittelbaren Gedankenaustausch mit ihnen stellen muss. **63**

Die überwiegende Auffassung der Lehre, dass der Vorstandsvorsitzende letztlich ein Vorstandsmitglied wie jedes andere sei,[55] ist zwar im Grundsatz richtig, aber auch hier hat sich die Praxis vom Gesetz entfernt. Vielerorts werden Vorstandsmitglieder durch den Vorstandsvorsitzenden regelrecht mediatisiert, dh sie haben überhaupt **keinen direkten Zugang zum Aufsichtsratsvorsitzenden.**[56] Dies ist nicht nur gegen das Gesetz, das den Vorstand als Gremium von (im Wesentlichen) Gleichen angelegt hat. Es ist darüber hinaus ein Fehler in der organisatorischen Führungsstruktur und zwar aus mehreren Gründen: **64**
– Bei einem so strukturierten Vorstand kann sich keine wirksame Queraufsicht entwickeln.[57]
– Dem Aufsichtsratsvorsitzenden wird eine wesentliche Erkenntnisquelle für die Beurteilung der einzelnen Vorstandsmitglieder verschlossen, wenn er nicht gelegentlich unter vier Augen oder im kleinsten Kreis mit diesen spricht.
– Der Aufsichtsratsvorsitzende begibt sich auch der Chance, im Vieraugengespräch mit dem Vorstandsmitglied Dinge zu erfahren, die in der Aufsichtsratsitzung aus einer Vielzahl von Gründen – nicht zuletzt wegen der Teilnahme der Arbeitnehmervertreter – nicht zur Sprache kommen.
– Der Aufsichtsratsvorsitzende sollte sich auch fragen, ob eine derartige Handhabung nicht das Risiko in sich birgt, Kandidaten für den Vorstand abzuschrecken, die für diesen wegen ihrer Tüchtigkeit und Unabhängigkeit besonders geeignet wären.

Die anerkanntermaßen **ungeschriebenen Aufgaben des Vorstandsvorsitzenden** umfassen ein **breites Spektrum.**[58] Regelmäßig sind ihm die administrativen Aufgaben innerhalb des Vorstands, wie die Einberufung und Leitung der Vorstandssitzungen, übertragen.[59] Weiterhin gehören hierzu die Repräsentation nach außen und die Verbindung zum Aufsichtsrat,[60] wobei diese – wofür der Aufsichtsratsvorsitzende zu sorgen hat – keine ausschließliche sein darf. Der Vorstandsvorsitzende vertritt außerdem die Gesellschaft nach außen gegenüber der Öffentlichkeit und den Medien. Zu diesem Zweck untersteht ihm regelmäßig auch die Abteilung für Öffentlichkeitsarbeit. **65**

---

[54] *J. Semler*, FS Lutter, 2000, 721, 728; ähnlich *Wicke* NJW 2007, 3755, 3757.
[55] *Fonk* in Semler/v. Schenck AR HdB § 9 Rn. 54 Fn. 121; *Lutter/Krieger*, Rechte und Pflichten des Aufsichtsrats, Rn. 456; *Fleischer* in Spindler/Stilz AktG § 84 Rn. 89.
[56] *Fonk* in Semler/v. Schenck AR HdB § 9 Rn. 53; *Wicke* NJW 2007, 3755, 3757.
[57] *J. Semler*, FS Lutter, 2000, 721, 731.
[58] Dazu *Fonk* in Semler/v. Schenck AR HdB § 9 Rn. 53; *Simons/Hanloser* AG 2010, 641, 642 ff.
[59] Vgl. *Seibt* in K. Schmidt/Lutter AktG § 84 Rn. 41; *Hüffer* AktG § 84 Rn. 29; *T. Bezzenberger* ZGR 1996, 661, 662 ff.
[60] *Fleischer* in Spindler/Stilz AktG § 84 Rn. 89; *Spindler* in MüKoAktG § 84 Rn. 114.

66 Einen **ungeschriebenen Kompetenzzuschlag** genießt der Vorstandsvorsitzende weder bei der Geschäftsführung noch bei der Vertretung der Gesellschaft. Bei Abstimmungen hat er von Gesetzes **kein Vetorecht** und bei Pattsituationen auch **keinen Stichentscheid**. Außerdem besteht keinerlei Privileg hinsichtlich der Unternehmensvertretung. Sieht die Satzung eine Doppelvertretung vor, gilt diese auch für den Vorstandsvorsitzenden.

67 Da das häufig stark ausgeprägte Geltungsbedürfnis eines Vorstandsvorsitzenden mit dem Kollegialitätsprinzip nur schwer vereinbar ist, stellt sich die Frage nach der **Dispositivität der genannten (Gleichstellungs-)regelungen**. Hier gilt: Die Satzung (oder der Bestellungsbeschluss bei entsprechender Satzungsermächtigung) kann sowohl einen Stichentscheid bei Pattsituationen im Vorstand[61] als auch ein Vetorecht vorsehen. Die Einräumung eines **Mehrfachstimmrechts** ist hingegen mit dem Kollegialitätsprinzip nicht vereinbar.[62] Ein Vetorecht gegen eine Entscheidung des Vorstands darf allerdings bei Gesellschaften, die dem MitbestG 1976 unterliegen, wegen § 33 Abs. 1 MitbestG, wenn überhaupt, nur mit kurzer Aufschubwirkung versehen sein, da sonst die vom MitbestG sorgsam gehütete Gleichberechtigung des Arbeitsdirektors in Frage gestellt sein könnte.

68 In **formeller Hinsicht** erfährt der Vorstandsvorsitzende eine spärliche Sonderstellung. Er ist nach § 80 Abs. 1 S. 2 AktG als solcher auf den Geschäftsbriefen der Gesellschaft zu bezeichnen und nach § 285 Nr. 10 S. 2 HGB im Anhang zu benennen. Eine Anmeldung zur **Eintragung des Vorstandsvorsitzes in das Handelsregister** ist zwar nicht erforderlich; erfolgt sie gleichwohl, so ist die Eintragung vorzunehmen.[63]

69 Ungleich wichtiger als die administrativen und instrumentellen Befugnisse eines Vorstandsvorsitzenden sind seine **menschlichen und Führungsqualitäten**. Ist er allseits menschlich anerkannt? Hat er die Führungsqualitäten, die notwendig sind, um aus einer Schar von Solisten ein Orchester zu machen, das mit großem Wohlklang spielt?[64] Ist seine Autorität so beschaffen, dass er Spannungen zwischen Vorstandsmitgliedern abbauen und Streitigkeiten fair beenden kann? Einen Vorstandsvorsitzenden mit diesen Qualitäten zu finden, ist naturgemäß noch schwieriger als ein „normales" Vorstandsmitglied.

70 Eine Besonderheit der Bestellung zum Vorstandsvorsitzenden gilt für eine Gesellschaft, die dem MitbestG 1976 unterliegt. Die besonderen Mehrheitserfordernisse und das ggf. notwendige dreistufige Verfahren nach § 31 MitbestG gelten nur bei der Bestellung zum Vorstandsmitglied, nicht aber bei der Ernennung zum Vorstandsvorsitzenden.[65]

2. Stellvertretender Vorsitzender

71 Im Gegensatz zum Aufsichtsrat, bei dem nach § 107 Abs. 1 S. 1 AktG sogar „mindestens" ein stellvertretender Vorsitzender gewählt werden muss, ist beim Vorstand ein stellvertretender Vorsitzender vom Gesetz nicht vorgesehen, kommt in der Praxis aber gelegentlich vor. Die Konstellationen, die zu der Berufung eines stellvertretenden Vorsitzenden führen können, sind vielfältig.
– Der Aufsichtsrat sieht den stellvertretenden Vorsitzenden als einen echten Stellvertreter an, der an die Stelle des Vorsitzenden treten soll, wenn dieser ausfällt.
– Innerhalb eines Gremiums zeichnet sich ein Mitglied durch besondere Leistung aus, so dass es auch mit Außenwirkung innerhalb des Vorstands hervor gehoben werden soll.
– Bei einer Fusion oder Übernahme ist einer der beiden Firmenchefs nur dadurch zu halten, dass man ihm die Position des stellvertretenden Vorsitzenden einräumt.
– Der Aufsichtsrat sieht in zwei sich besonders ergänzenden Personen die Führungsspitze des Vorstands und dies soll auch nach außen dokumentiert werden, wobei die Ergänzung

---

[61] Nach hM kann dies sogar eine einfache Geschäftsordnung für den Vorstand regeln; vgl. *Fleischer* in Spindler/Stilz AktG § 84 Rn. 89. Zum Stichentscheid speziell im zweiköpfigen Vorstand vgl. *Bürkle* AG 2012, 232 ff.
[62] *Spindler* in MüKoAktG § 84 Rn. 114; *T. Bezzenberger* ZGR 1996, 661, 665 f.
[63] *Hüffer* AktG § 81 Rn. 3.
[64] Vgl. *Fonk* in Semler/v. Schenck AR HdB § 9 Rn. 55.
[65] *Hüffer* AktG § 84 Rn. 28; *Simons/Hanloser* AG 2010, 641, 642.

sowohl in unterschiedlichen Begabungen als auch in unterschiedlichen beruflichen Spezialisierungen oder Erfahrungshintergründen liegen mag.[66]

Die Ernennung folgt den gleichen Regeln wie die Ernennung zum Vorsitzenden, dh auch im Aufsichtsrat, der dem MitbestG 1976 unterliegt, ist das Drei-Stufen-Verfahren des § 31 MitbestG nicht anzuwenden. Es genügt vielmehr die einfache Mehrheit. **72**

3. Sprecher des Vorstands

Der Sprecher des Vorstands ist ebenso wenig wie der stellvertretende Vorsitzende im Gesetz vorgesehen. Ein Sprecher wird anstelle eines Vorsitzenden ernannt, wenn beispielsweise eine zu starke Hierarchisierung des Vorstands vermieden werden soll und es ausreichend erscheint, dass ein Mitglied die administrativen Funktionen übernimmt, die allgemein mit dem Vorsitz verbunden sind, zB Einberufung und Leitung der Vorstandssitzungen und ggf. noch Vertretung nach außen. Eine weitere wichtige Erwägung, einen Sprecher statt eines Vorsitzenden zu ernennen, ist eine sonst bestehende Gefahr, dass wichtige „stakeholder" – wie insbesondere Großkunden – sich ausschließlich an den Vorstandsvorsitzenden wenden und dieser damit überfordert wird. Hiermit ist auch gleichzeitig die **wechselseitige Exklusivität von Vorstandsvorsitzendem und Vorstandssprecher** impliziert: Ein und dasselbe Unternehmen kann nicht beides haben. **73**

Die **Ernennung des Sprechers** folgt etwas anderen Regeln als denen, die für die Ernennung eines Vorsitzenden oder stellvertretenden Vorsitzenden gelten. Zunächst liegt auch hier die primäre Kompetenz beim Aufsichtsrat. Dieser kann bei der Bestellung eines Vorstandsmitglieds oder auch zu einem späteren Zeitpunkt eine Person aus den Reihen des Vorstands **per Beschluss mit einfacher Aufsichtsratsmehrheit** zum Vorstandssprecher ernennen. Der Aufsichtsrat kann (nicht: muss) gleichzeitig die Kompetenzen des Vorstandssprechers definieren. **74**

Wenn und soweit der Aufsichtsrat es dem Vorstand nach § 77 Abs. 2 S. 1 AktG überlässt, sich selbst eine Geschäftsordnung zu geben, darf der Vorstand in dieser Geschäftsordnung auch einen Sprecher ernennen und (qua Geschäftsordnung) dessen Kompetenzen bestimmen.[67] Insofern ist die **Sprecherernennung eine Geschäftsordnungsangelegenheit.** Dies hat zur Konsequenz, dass der Aufsichtsrat (ggf. durch Änderung der Geschäftsordnung) die Sprecherernennung revidieren kann. Zum andern bedeutet die **Ernennung eines Vorstandsvorsitzenden das automatische Ende einer Sprecherfunktion.**[68] **75**

Die **inhaltliche Ausgestaltung der Sprecherbefugnisse** ist gesetzlich völlig ungeregelt. Fest steht lediglich, dass die Kompetenzen des Vorstandssprechers hinter denjenigen des Vorstandsvorsitzenden zurückbleiben müssen. Als Faustregel gilt: Der Vorstandssprecher hat die gremienüblichen Leitungsbefugnisse und Außenauftrittsfunktionen, aber keinerlei sachliche Führungsfunktion.[69] **76**

4. CEO

Immer häufiger werden vor allem im kapitalmarktrelevanten und im internationalen Unternehmensumfeld Vorstandsvorsitzende als CEO (Chief Executive Officer) bezeichnet.[70] Rein juristisch ist diese Bezeichnung unter dem Aktiengesetz **ohne jede Aussagekraft.** Sofern es sich um einen Vorstandsvorsitzenden im aktienrechtlichen Sinne handelt, sind die Befugnisse mit und ohne die Zusatzbezeichnung CEO identisch. Der Aufsichtsrat hat auch nicht die Kompetenz, die äußeren Grenzen der Befugnisse eines Vorstandsvorsit- **77**

---

[66] Vgl. dazu auch *Fonk* in Semler/v. Schenck AR HdB § 9 Rn. 59.
[67] *Hüffer* AktG § 84 Rn. 30; *Simons/Hanloser* AG 2010, 641, 642.
[68] Vgl. *Spindler* in MüKoAktG § 84 Rn. 115.
[69] HM, vgl. nur *Fleischer* in Spindler/Stilz AktG § 84 Rn. 91; *Seibt* in K. Schmidt/Lutter AktG § 84 Rn. 41; *Hoffmann-Becking* ZGR 1998, 497, 517.
[70] Nach den Praxiserfahrungen des Autors sind die Betroffenen überwiegend selbst die Urheber dieser Bezeichnung, die nicht selten eine Äußerungsform überzogener Eitelkeit darstellt.

zenden zugunsten eines CEO auszudehnen. Insbesondere ist die **Zuordnung eines Weisungsrechts gegenüber anderen Vorstandskollegen unzulässig.**[71]

5. Stellvertretendes Vorstandsmitglied

78 Das stellvertretende Vorstandsmitglied erwähnt das Gesetz nur an einer einzigen Stelle, nämlich in § 94 AktG. Die Bezeichnung des „stellvertretenden Vorstandsmitglieds" ist dabei reichlich irreführend Das stellvertretende Vorstandsmitglied ist nämlich nicht „Stellvertreter" irgendeines ordentlichen Vorstandsmitglieds in dem Sinne, dass er nur bei dessen Verhinderung in Aktion träte. Es handelt sich vielmehr um ein ordentliches („normales") Vorstandsmitglied mit allen Rechten und Pflichten eines solchen. **Stellvertretende Vorstandsmitglieder stehen ordentlichen Vorstandsmitgliedern in jeder Hinsicht gleich.**

79 In der Praxis tritt das stellvertretende Vorstandsmitglied in zwei Ausprägungen auf. Beiden Erscheinungen ist gemeinsam, dass im Außenverhältnis eine gewisse hierarchische Abstufung gegenüber ordentlichen Vorstandmitgliedern deutlich werden soll.

80 In einem Fall ist die Stellung des „stellvertretenden Vorstandsmitglieds" ein **Übergangsstadium,** das gewöhnlich nur während der Erstbestellung oder sogar nur während eines Teils der Erstbestellung andauert, und nach diesem Übergangsstadium – wie von vornherein geplant – **in die Stellung des ordentlichen Vorstandsmitglieds einmündet.** Diesbezüglich wäre etwa auch ein Aufsichtsratsbeschluss folgenden Inhalts zulässig:

N. N. wird ab ... für die Dauer von zwei Jahren zum stellvertretenden und im Anschluss daran für weitere zwei Jahre zum ordentlichen Vorstandsmitglied bestellt.

In dieser Kategorie werden vor allem sehr junge Kandidaten zu stellvertretenden Vorstandsmitgliedern bestellt, meist auch ohne dass die Dauer dieses Übergangsstadiums von vornherein festgelegt wird – nicht zuletzt auch als Anreiz für das Vorstandsmitglied dazu beizutragen, das Übergangsstadium möglichst abzukürzen. Die faktische hierarchische Abstufung drückt sich meistens **in geringeren Bezügen des stellvertretenden Vorstandsmitglieds aus.**

81 Die zweite Kategorie betrifft **stellvertretende Vorstandsmitglieder, deren Status auf Dauer angelegt ist.** In einem solchen Fall ist die hierarchische Abstufung viel deutlicher ausgeprägt als bei der ersten Kategorie. Es handelt sich meist um Ressortinhaber, deren Arbeitsgebiete es nicht rechtfertigen, ein ordentliches Vorstandsmitglied damit zu betrauen, wie etwa Öffentlichkeitsarbeit oder gehobener Lobbyismus. Die Zugehörigkeit zum Vorstand – und sei es auch nur als stellvertretendes Mitglied – soll den Gesprächspartnern vor allem signalisieren, es hier mit einem Mitglied des Entscheidungsgremiums zu tun zu haben. Die Kategorie stellvertretender Vorstandsmitglieder ist bei der Tendenz, die Vorstände zu verkleinern, seltener geworden.

82 Juristische Besonderheiten für stellvertretende Vorstandsmitglieder ergeben sich nur in dreierlei Hinsicht: Dies betrifft zunächst die Frage, ob der Zusatz „stellvertretend" im Handelsregister eintragungsfähig ist.[72] Weiterhin ist es fraglich, ob bei der Umqualifizierung der Bestellung des stellvertretenden Vorstandsmitglieds in die eines ordentlichen Vorstandsmitglieds durch Aufsichtsratsbeschluss in einer mitbestimmten Gesellschaft der dreistufige Bestellungsmechanismus nach § 31 MitbestG Anwendung findet oder ob die einfache Mehrheit genügt.[73] Schließlich ist es umstritten, ob ein „stellvertretendes Vorstandsmitglied" zum Arbeitsdirektor bestellt werden kann.[74]

---

[71] Zutr. *Spindler* in MüKoAktG § 84 Rn. 116.
[72] Verneinend BGH NJW 1998, 1071, 1072; *Mertens/Cahn* in KK-AktG § 94 Rn. 6.
[73] Für die letztgenannte Alternative *Mertens/Cahn* in KK-AktG § 94 Rn. 7; *Krieger/Sailer* in K. Schmidt/Lutter AktG § 94 Rn. 4; *Fleischer* in Spindler/Stilz AktG § 94 Rn. 5; dagegen *Wiesner* in MHdB AG § 24 Rn. 26.
[74] Für den Regelfall von der hM bejaht; vgl. *Hüffer* AktG § 94 Rn. 4.

6. Arbeitsdirektor

Nach §§ 33 Abs. 1 S. 1 MitbestG wird als gleichberechtigtes Mitglied des zur gesetzlichen Vertretung des Unternehmens befugten Organs ein Arbeitsdirektor bestellt. Dieser Satz hat eine konfliktreiche Entstehungsgeschichte und enthält mehrere wichtige Aussagen zur Bestellung und zur Position des Arbeitsdirektors. **83**

Der **Arbeitsdirektor und seine Stellung** waren bei der Entstehung des MitbestG einer der **Hauptkonfliktpunkte** zwischen den Gewerkschaften und dem Lager der Aktionäre und Arbeitgeberverbände. Die Gewerkschaften strebten ein Modell an, bei dem die Stellung des Arbeitsdirektors möglichst derjenigen des Arbeitsdirektors nach dem MontanMitbestG angepasst werden sollte.[75] Hiermit haben sich die Gewerkschaften allerdings nicht durchsetzen können. Der Arbeitsdirektor nach dem MitbestG 1976 ist von Gesetzes wegen ein Vorstandsmitglied wie jedes andere. Die Besonderheit liegt darin, dass er **notwendiges Mitglied des Vorstands** ist, sein Geschäftsbereich wenigstens **umrisshaft vom Gesetz festgelegt wird** und auch die **Bestellung zum Arbeitsdirektor** nach den gleichen Regeln vorgenommen werden muss wie die Bestellung zum Vorstandsmitglied.[76] Die Arbeitnehmerseite hat aber weder bei der Bestellung zum Vorstandsmitglied noch bei der Bestellung zum Arbeitsdirektor – beide Bestellungen werden in der Praxis in einem Beschluss regelmäßig verbunden – irgendeine Prärogative. **84**

Allerdings sind bezüglich des Arbeitsdirektors zwei Aussagen zu beachten, nämlich dass er ein „**gleichberechtigtes Mitglied**" ist und Mitglied „**des zur gesetzlichen Vertretung befugten Organs**", also des Vorstands, sein muss. Fallen Bestellung (oder Wiederbestellung) zum Vorstand und Bestellung zum Arbeitsdirektor zusammen, so ist nur **ein** Beschluss notwendig. Die Beschlussformel würde etwa lauten: **85**

N. N. wird ab ... für die Dauer von fünf Jahren zum Mitglied des Vorstands und zum Arbeitsdirektor bestellt.

Ist der zum Arbeitsdirektor zu Bestellende bereits Vorstandsmitglied und soll er zusätzlich (oder anstelle seines bisherigen Ressorts) das Aufgabengebiet des Arbeitsdirektors übernehmen, **bedarf diese Bestellung zum Arbeitsdirektor eines ausdrücklichen Aufsichtsratsbeschlusses,** der denselben Regeln unterliegt wie die Bestellung zum Vorstandsmitglied.[77] Das Gleiche gilt für den **Widerruf der Bestellung als Arbeitsdirektor,** auch wenn die Vorstandsbestellung als solche nicht widerrufen wird.[78] **86**

Das Erfordernis der Gleichberechtigung impliziert ein **Diskriminierungsverbot gegenüber dem Arbeitsdirektor.** Dieses Diskriminierungsverbot bedeutet allerdings nicht, dass der Vorstand völlig kollegial strukturiert sein muss. Vielmehr können ein Vorstandsvorsitzender und ein stellvertretender Vorsitzender bestellt werden und lediglich der Arbeitsdirektor hiervon ausgenommen werden. Weiter ist es möglich, dass der Arbeitsdirektor nur stellvertretendes Vorstandsmitglied ist.[79] **87**

Andererseits würde es dem Gebot der Gleichbehandlung zuwiderlaufen, wenn in einem **zweigliedrigen Vorstand** ein Mitglied zum Vorsitzenden bestellt und diesem bei **Pattsituationen der Stichentscheid zuerkannt** würde, weil dies praktisch das Alleinentscheidungsrecht des Vorstandsvorsitzenden bedeuten und dieser sich **immer** gegenüber seinem Kollegen, dem Arbeitsdirektor, würde durchsetzen können.[80] Ebenfalls unzulässig wäre ein Vetorecht des Vorstandsvorsitzenden bei mehrköpfigen Vorständen, da damit eben auch regelmäßig das Votum des Arbeitsdirektors (neben den Voten seiner Kollegen) abgelehnt **88**

---

[75] Nach § 13 Abs. 1 S. 2 und 3 MontanMitbestG konnte dieser gegen die Stimmen der Arbeitnehmervertreter im Aufsichtsrat weder bestellt noch abberufen werden.
[76] *Ulmer/Habersack/Henssler* MitbestG § 33 Rn. 3 ff.
[77] *Raiser/Veil* MitbestG § 33 Rn. 7.
[78] *Raiser/Veil* MitbestG § 33 Rn. 7.
[79] *Hüffer* AktG § 94 Rn. 4.
[80] *Wlotzke/Wißmann/Koberski/Kleinsorge* MitbestG § 33 Rn. 43.

werden könnte und dies ebenfalls gegen den Gleichberechtigungsgrundsatz verstoßen würde.[81]

89 Nach der Formulierung des **BVerfG** müssen dem Arbeitsdirektor **„im Schwerpunkt zumindest auch Zuständigkeiten in Personal- und Sozialfragen übertragen sein"**.[82] Im Übrigen verweist § 33 Abs. 2 letzter Satz MitbestG selbst auf die Geschäftsordnung, die das Nähere regelt. Demgemäß ist es sowohl möglich, dass bestimmte Bereiche des Personal- und Sozialwesens nicht zur Zuständigkeit des Arbeitsdirektors gehören, wie auch, dass ihm zusätzlich zum Personal- und Sozialwesen auch noch andere Zuständigkeiten zugewiesen werden.[83] Häufig ist zB der Vorstandsvorsitzende für die leitenden Angestellten zuständig, während der Arbeitsdirektor noch andere Verantwortungsbereiche hat.

90 **Der Arbeitsdirektor muss Mitglied** des „zur gesetzlichen Vertretung des Unternehmens befugten Organs", also des **Vorstands sein**.[84] Es wäre in einer dem MitbestG 1976 unterliegenden Gesellschaft nicht zulässig, das Personalressort etwa durch einen Generalbevollmächtigten wahrnehmen zu lassen, ohne eine besondere Zuständigkeit im Vorstand festzulegen. Umgekehrt ist es natürlich zulässig, dass unter dem Arbeitsdirektor ein (oder mehrere) leitende(r) Angestellte(r) diesen von der Tagesarbeit weitgehend entlasten.

7. In den Vorstand entsandtes Aufsichtsratsmitglied

91 Ungeachtet des Grundsatzes des § 105 Abs. 1 AktG, demzufolge ein Aufsichtsratsmitglied nicht gleichzeitig Vorstandsmitglied sein kann **(Grundsatz der Funktionstrennung),** darf der **Aufsichtsrat** nach § 105 Abs. 2 AktG unter bestimmten Voraussetzungen doch ein **Mitglied aus seinen Reihen in den Vorstand entsenden.** Diese Bestellung darf nur erfolgen, um „fehlende oder verhinderte Vorstandsmitglieder" vorübergehend zu ersetzen. Sie ist eine Übergangslösung in einer **Notsituation,** bei der eine Vakanz im Vorstand plötzlich eingetreten und das „Schiff am Schlingern" ist und nur im Aufsichtsrat eine überzeugende Führungspersönlichkeit zur Verfügung steht, die bereit ist, sofort in die Bresche zu springen.

92 Die **Bestellung** muss auf eine **bestimmte Zeit,** die höchstens ein Jahr betragen darf, begrenzt sein. Zulässig wäre auch eine erste Bestellung für sechs Monate, die nach Ablauf durch weiteren ausdrücklichen Beschluss noch einmal um weitere sechs Monate verlängert werden kann. Während der Dauer der Bestellung zum Vorstandsmitglied **ruht die Tätigkeit als Aufsichtsratsmitglied** und das Vorstandsmitglied hat sich jeder Tätigkeit für das ruhende Amt zu enthalten. Die Bestellung des Aufsichtsratskollegen zum Vorstandsmitglied kann – anders als die „normale" Bestellung – mangels Erwähnung dieses Falles in § 107 Abs. 3 S. 3 AktG auch durch einen Ausschuss erfolgen,[85] wobei der zu Bestellende mitstimmen darf.[86]

93 Eines der **unschärfsten** Tatbestandsmerkmale und das in der Praxis wohl auch am wenigsten beachtete ist die Beschränkung auf die Funktion als **„Stellvertreter(n) von fehlenden oder verhinderten Vorstandsmitgliedern"** (§ 105 Abs. 2 S. 1 AktG). Das „Fehlen" eines Vorstandsmitglieds resultiert regelmäßig aus der **Unterschreitung einer Mindest-Soll-Stärke** nach dem Gesetz (vgl. § 76 Abs. 2 S. 2 AktG), der Satzung oder der Geschäftsordnung.[87] „Verhindert" ist ein Vorstandsmitglied, das nicht nur vorübergehend

---

[81] BGHZ 89, 48, 58 f. für die GmbH; *Spindler* in MüKoAktG § 84 Rn. 115.
[82] BVerfGE 50, 290, 378.
[83] *Martens* AG 1976, 113, 116 re. Sp. unten und 117 li. Sp.
[84] *Martens* AG 1976, 113, 117.
[85] Bestritten, aber wohl hM; vgl. *Hüffer* AktG § 105 Rn. 9; *Mertens/Cahn* in KK-AktG § 105 Rn. 18; *Wiesner* in MHdB AG § 24 Rn. 26; dagegen *Spindler* in Spindler/Stilz AktG § 105 Rn. 31; *Drygala* in K. Schmidt/Lutter AktG § 105 Rn. 15.
[86] *Drygala* in K. Schmidt/Lutter AktG § 105 Rn. 15.
[87] Seltsamerweise setzt das Schrifttum den Fall der Unterschreitung einer sazungsmäßigen Höchstzahl gleich; vgl. dazu *Hüffer* AktG § 105 Rn. 7; *Habersack* in MüKoAktG § 105 Rn. 24; einschränkend *Heidbüchl* WM 2004, 1317, 1318.

außerstande ist, seine Amtsgeschäfte wahrzunehmen. § 105 Abs. 2 AktG soll dem Aufsichtsrat also nicht die Möglichkeit verschaffen, kurzfristig abwesende Vorstandsmitglieder durch eine „Tagesbestellung" zu ersetzen. Auch die Tatsache, dass es genügend stellvertretende Vorstandsmitglieder gibt, spricht nicht gegen eine „Verhinderung";[88] denn trotz der irreführenden Bezeichnung sind diese ja gerade keine Stellvertreter.

Die Rechtsstellung des entsandten Vorstandsmitglieds entspricht regelmäßig derjenigen des fehlenden oder verhinderten Mitglieds. Dies gilt insbesondere für den Umfang der Geschäftsführungs- und der Vertretungsbefugnis.[89] Allerdings bleibt es dem Aufsichtsrat vorbehalten, hiervon anlässlich des Bestellungsbeschlusses abzuweichen. Eine Ausnahme formuliert das Gesetz in § 105 Abs. 2 S. 4 AktG selbst. Danach gelten gesetzliche Wettbewerbsverbote (vgl. § 88 AktG) nicht für entsandte Aufsichtsratsmitglieder.

Die Bestellung eines Vorstandsmitglieds aus den Reihen **endet spätestens nach Ablauf der Jahresfrist** des § 105 Abs. 2 S. 1 AktG. Vor Ablauf dieser Frist endet das Amt durch Niederlegung oder durch Abberufung, für die allerdings eines wichtigen Grundes bedarf.[90] Da das entsandte Vorstandsmitglied während der Entsendung weiterhin Aufsichtsratsmitglied – wenngleich ohne Stimmrecht – bleibt, muss der Verlust des Aufsichtsratsamtes automatisch auch zum Verlust der Vorstandseigenschaft führen.[91] Hier kann der Aufsichtsrat allerdings durch einen anderslautenden Bestellungsbeschluss („... unabhängig von der fortdauernden Mitgliedschaft im Aufsichtsrat ...") abhelfen.

8. „Bereichsvorstand"

In den letzten Jahren hat sich die früher weitgehend **unbekannte Bezeichnung „Bereichsvorstand" eingebürgert,** mit der – besonders bei Großbanken – leitende Angestellte mit einem im Allgemeinen besonders großen Verantwortungsbereich bezeichnet werden. Rechtlich handelt es sich meist um Prokuristen, die Bezeichnung „Bereichsvorstand" ist reine Titulatur. Der Vorgang erinnert daran, dass die Bezeichnung „Direktor" im 19. Jahrhundert im Wesentlichen für Vorstandsmitglieder verwandt wurde, dann aber später mit Abstufungen wie „Abteilungsdirektor", „stellvertretender Direktor" etc. immer mehr dazu diente, hierarchische Abstufungen innerhalb eines Großunternehmens zu kennzeichnen.

Einen **präzisen juristischen Aussagewert** hinsichtlich der Vertretungsmacht, der Geschäftsführungsbefugnis oder auch nur hinsichtlich der hierarchischen Einstufung haben weder die Bezeichnung „Direktor" noch die Bezeichnung „Bereichsvorstand" noch Titulaturen wie **„Mitglied der Geschäftsleitung"** oder für die US-getriebene Bezeichnung **„Vice President".** Der Zustimmungskatalog des Aufsichtsrats wird im Allgemeinen die Bestellung von Prokuristen und dann natürlich erst recht von Bereichsvorständen umfassen. Es steht zu befürchten, dass die Eitelkeit als Motor für weitere nichtssagende Titularien dienen wird.

VIII. Fehlerhafte Bestellung und deren Folgen

1. Häufigste Ursachen fehlerhafter Bestellung

Fehlerhafte Bestellungen sind selten, denn die Regeln sind relativ einfach, leicht zu befolgen und auch bei aktienrechtlich nicht versierten Aufsichtsratsmitgliedern weitgehend bekannt. Dennoch sind Fehler möglich. Häufigste Ursache ist ein **Fehler beim Bestel-**

---

[88] So auch *Habersack* in MüKoAktG § 105 Rn. 23.
[89] Nach *Spindler* in Spindler/Stilz AktG § 105 Rn. 35 soll dies sogar für die Vergütung gelten. Indes wird man in dieser Frage allenfalls einen Anspruch auf Abschluss eines vergütungspflichtigen Vertrages – nicht aber eine Übernahmeautomatik – bejahen können.
[90] Unstr.; vgl. nur *Spindler* in Spindler/Stilz AktG § 105 Rn. 36.
[91] So auch *Habersack* in MüKoAktG § 105 Rn. 23

lungsbeschluss, wie zum Beispiel die Bestellung durch einen Aufsichtsratsausschuss[92] oder die Bestellung durch das Aufsichtsratsplenum, dem nicht wirksam gewählte Mitglieder angehören. Möglich ist auch **das Fehlen notwendiger persönlicher Eigenschaften** eines Vorstandsmitglieds (→ Rn. 36 ff.). Denkbar ist schließlich, dass in einem mitbestimmten Aufsichtsrat entgegen § 31 Abs. 2 MitbestG bei der ersten Abstimmung eine Bestellung nur mit einfacher Mehrheit vorgenommen wird.

2. Rechtsfolgen fehlerhafter Bestellungen

99 Mögen die Bestellungsakte als solche auch unwirksam sein, so würde es zu einer **unerträglichen Rechtsunsicherheit** führen, wenn diese Unwirksamkeit auch für die Vergangenheit geltend gemacht werden könnte und beispielsweise die von dem betreffenden Vorstandsmitglied im Namen der Gesellschaft abgegebenen Erklärungen und vorgenommenen Rechtshandlungen unwirksam wären. Die **Rechtsunwirksamkeit** kann also nur **für die Zukunft** geltend gemacht werden, vorausgesetzt die Tätigkeit des Vorstandsmitglieds hat bereits begonnen.[93] Diese faktische Organstellung gilt vornehmlich gegenüber Dritten (Außenverhältnis); es wirkt jedoch auch in gleicher Weise intern.

100 Die faktische Organstellung kann grundsätzlich nur nach den Regeln über die Beendigung einer ordnungsgemäßen Bestellung wieder beseitigt werden. Dies geht natürlich durch Amtsniederlegung. Auch eine Abberufung durch den Aufsichtsrat ist möglich (und erforderlich). Anders als bei einem rechtmäßig bestellten Vorstandsmitglied ist ein **wichtiger Grund für die Abberufung nicht erforderlich**.[94] Im Übrigen sind hier zahlreiche Detailfragen ungeklärt.

B. Widerruf der Bestellung (Abberufung)

I. Die Widerrufsmöglichkeit

101 § 84 Abs. 3 S. 1 AktG („Der Aufsichtsrat kann die Bestellung zum Vorstandsmitglied und die Ernennung zum Vorsitzenden des Vorstands widerrufen, wenn ein wichtiger Grund vorliegt"), demonstriert das **Gegenstück des Gesetzes zur Bestellungskompetenz des Aufsichtsrats**. Der Widerruf der Bestellung ist dabei häufig ebenso schwierig und verantwortungsvoll wie die Berufung selbst. Der Widerruf ist im Spannungsfeld der beiden Organe Vorstand und Aufsichtsrat und ihrer Rechte und Pflichten angesiedelt. Die Bestellung ist nach AktG bis zu einer Dauer von fünf Jahren zulässig. Während der Zeit seiner Bestellung soll der Vorstand ungestört und unabhängig arbeiten können, wobei er zwar vom Aufsichtsrat beraten wird, aber abgeschirmt von jedweden unzulässigen Einmischungsversuchen arbeiten soll. Der Vorstand leitet schließlich die Gesellschaft unter eigener Verantwortung. Beide Institute, nämlich (die in der Regel mehrjährige) Bestellung und das Vorliegen eines wichtigen Grundes als Voraussetzung für einen Widerruf, sollen eben jener Unabhängigkeit des Vorstands dienen.

102 Allerdings muss hinterfragt werden, ob diese Institutionen heute noch ihren Zweck erfüllen. Managementtalente sind begehrt und knapp, so dass oft umgekehrt der Aufsichtsrat sich sorgen muss, dass ein talentierter Manager aus dem eigenen Unternehmen abgeworben wird, den zu ersetzen, erhebliche Schwierigkeiten bereiten kann. Monatelang andauernde Vakanzen zeugen davon, wie schwierig es ist, begabte Manager „aus dem Hut zu zaubern". So gesehen bedarf der fähige, selbstbewusste und erfolgreiche Vorstand nicht so

---

[92] Dem steht die zwingende Alleinzuständigkeit des Aufsichtsrats entgegen, § 84 Abs. 1 S. 1 AktG.
[93] *Hüffer* AktG § 84 Rn. 13 mwN.
[94] *Spindler* in MüKoAktG § 84 Rn. 245; *Fleischer* in Spindler/Stilz AktG § 84 Rn. 21.

sehr des Schutzes vor sachlich nicht gerechtfertigten oder gar willkürlichen Abberufungen – einmal abgesehen von Sondersituationen wie nach einer feindlichen Übernahme

Aus der Sicht der Gesellschaft gesehen, ist der Tatbestand des „wichtigen Grundes", der nach § 84 Abs. 3 S. 1 AktG eine Abberufung überhaupt erst ermöglicht, oft unscharf, so dass Rechtsunsicherheit entstehen kann, ob denn nun ein bestimmtes Tun oder Unterlassen eines Vorstandsmitglieds als „wichtiger Grund" im Sinne der Vorschrift anzusehen ist oder nicht. Der Aufsichtsrat hat hier einen gewissen Beurteilungsspielraum. Wird – was aus praktischen Gründen sehr selten ist – gegen einen Abberufungsbeschluss von dem abberufenen Vorstandsmitglied das Gericht angerufen, so ist die Gesellschaft in der stärkeren Position. Der Beschluss hat nach § 84 Abs. 3 S. 4 AktG nämlich **Bestand bis zu einer rechtskräftigen gerichtlichen Entscheidung,** mit der der Beschluss des Aufsichtsrats als rechtswidrig aufgehoben wird; es ist überdies sehr schwierig, innerhalb der Restlaufzeit der Berufung des abberufenen Vorstandsmitglieds eine derartige rechtskräftige Entscheidung herbeizuführen.

Der vorläufige Bestand einer Abberufung aus wichtigem Grund bis zu einer rechtskräftigen Entscheidung (sog. Suspensiveffekt) lässt die Frage aufkommen, ob ein Vorstandsmitglied gegen seine Abberufung vorläufigen Rechtsschutz durch **Erwirkung einer einstweiligen Verfügung** in Anspruch nehmen kann. Hier differenziert die herrschende Ansicht wie folgt: Einstweiliger Rechtsschutz ist möglich, außer wenn sich der Fehler der Abberufungsentscheidung auf das (angebliche) Fehlen eines „wichtigen Grundes" konzentriert.[95]

Insgesamt werden die Wirkungen eines Bestellungswiderrufs dadurch abgemildert, dass das Anstellungsverhältnis hiervon unbehelligt weiterläuft und die Einkommenssituation des Vorstandsmitglieds dadurch unverändert bleibt. Nur in schwerwiegenden Fällen kann die Abberufung auch mit einer **Kündigung des Anstellungsvertrages** kombiniert werden.

II. Formale Anforderungen an den Widerrufsbeschluss

Der Abberufungsbeschluss folgt den **gleichen formalen Regeln wie der Bestellungsbeschluss.** Zuständig ist nach § 84 Abs. 3 S. 1 AktG ausschließlich das Plenum des Aufsichtsrats.[96] Erforderlich ist bei **nicht** dem MitbestG unterliegenden Gesellschaften die einfache Mehrheit der anwesenden Aufsichtsratsmitglieder – vorausgesetzt die Zahl der anwesenden Aufsichtsratsmitglieder reicht aus, um die gesetzlichen (vgl. § 108 Abs. 1 S. 2 AktG) oder ggf. weiterreichenden satzungsmäßigen Beschlussfähigkeitserfordernisse zu erfüllen.

Bei mitbestimmten Gesellschaften folgt das **Abberufungsverfahren nach denselben Regeln, die bei der Berufung gelten,** dh wenn in einer ersten Abstimmung über die Abberufung die erforderliche Zweidrittelmehrheit nicht erreicht wird, ist nach § 31 Ab. 3 S. 1 MitbestG der Vermittlungsausschuss anzurufen.[97] In einer zweiten Abstimmung entscheidet die einfache Mehrheit, kommt diese nicht zustande, hat der Vorsitzende in einer dritten Abstimmung nach § 31 Abs. 4 S. 1 MitbestG zwei Stimmen.

Das **Zeiterfordernis für eine derartige Prozedur** – vor allem die Zeitspanne von einem Monat, die dem Vermittlungsausschuss eingeräumt ist – kann bei Abberufungen zu erheblichen Misshelligkeiten führen, denn die Abberufung setzt ja einen wichtigen Grund im Sinne des § 84 Abs. 3 S. 1 AktG voraus. Dieser „wichtige Grund" kann (muss nicht) – die

---

[95] Vgl. OLG Stuttgart AG 1985, 193; *Spindler* in MüKoAktG § 84 Rn. 150; *Hüffer* AktG § 84 Rn. 40.
[96] Wie bei der Bestellung, verbietet ein Umkehrschluss aus § 107 Abs. 3 AktG auch bei der Abberufung die Entscheidung durch einen Ausschuss.
[97] Die Funktion des Vermittlungsausschusses bei einer Abberufung ist allerdings ein wenig rätselhaft, denn er kann ja gewiss dem Aufsichtsrat nicht „einen Vorschlag für die Bestellung machen". Im Allgemeinen ist die Abberufungsentscheidung des Aufsichtsrats eine entweder/oder-Entscheidung, so dass Zwischenlösungen allenfalls den Zeitpunkt der Beendigung der Vorstandstätigkeit betreffen können oder im Sinne einer einvernehmlichen Aufhebung der Bestellung statt einer Abberufung denkbar sind.

Anforderungen für den wichtigen Grund im Sinne des Dienstvertragsrechts sind höher – gleichzeitig ein wichtiger Grund sein, der zur außerordentlichen Kündigung des Dienstvertrags berechtigt, wobei die Kündigung des Dienstvertrags innerhalb von zwei Wochen seit Bekanntwerden des Sachverhalts vorzunehmen ist, der als wichtiger Grund angesehen wird.

109 Es gilt also, die **Inkonsistenz zwischen der Monatsfrist** des § 31 Abs. 3 MitbestG für die Entscheidung des Vermittlungsausschusses einerseits und der **Zweiwochenfrist** des § 626 Abs. 2 BGB für die außerordentliche Kündigung des Anstellungsvertrages andererseits zu beseitigen. Dafür bietet sich der Weg an, die Zweiwochenfrist für die außerordentliche Kündigung des Anstellungsvertrages erst beginnen zu lassen, wenn das Abberufungsverfahren beendet ist.[98] Nach einer anderen Meinung ist das Abberufungsverfahren komprimiert derartig durchzuführen, dass die Monatsfrist für die Beratung des Vermittlungsausschusses nicht gilt und es sogar gerechtfertigt ist, alle drei Abstimmungen, die nach dem MitbestG auch für die Abberufung erforderlich sind, in **einer** Aufsichtsratssitzung durchzuführen.[99] Eine uneingeschränkt befriedigende Lösung, die außerordentliche Kündigung des Dienstvertrags innerhalb der Zweiwochenfrist auszusprechen, unbeschadet dessen, ob das Abberufungsverfahren schon beendet ist, scheidet aus, da die Kündigung des Anstellungsvertrags natürlich Rückwirkungen auf das Organverhältnis hat und der Zweck des ggf. dreistufigen Abberufungsverfahrens hierbei unterlaufen würde.[100]

110 Für die praktische Handhabung kann nur empfohlen werden, alles daranzusetzen, das Abberufungsverfahren innerhalb der Zweiwochenfrist zu beenden, so dass eine außerordentliche Kündigung des Anstellungsvertrags innerhalb der Zweiwochenfrist ausgesprochen werden kann. Zu beachten ist dabei vor allem, dass **die Kündigung** dem Kündigungsempfänger **innerhalb der Zweiwochenfrist auch zugehen muss.**[101]

111 Handelt es sich um die **Abberufung des Vorstandsvorsitzenden,** ist zu entscheiden, ob er nur als Vorsitzender oder (wie fast immer) gleichzeitig als Mitglied des Vorstands abberufen werden soll. Letzterenfalls gelten die allgemeinen Regeln für die Abberufung von Vorstandsmitgliedern in mitbestimmten Aufsichtsräten, während bei einer Abberufung nur als Vorsitzender die einfache Mehrheit der anwesenden Aufsichtsratsmitglieder genügt.[102] Bei der isolierten Abberufung eines Vorstandsmitglieds vom Amt des Vorstandsvorsitzenden ist überdies zu beachten, dass sich der „wichtige Grund" genau auf dieses Amt beziehen muss.

III. Vorliegen eines „wichtigen Grundes"

112 Der **Widerruf der Bestellung** eines Vorstandsmitglieds erfordert nach § 84 Abs. 3 S. 1 AktG einen **wichtigen Grund** (§ 84 Abs. 3 S. 1 AktG); für die Beurteilung der Frage, ob ein bestimmter Sachverhalt einen „wichtigen Grund" im Sinne des Gesetzes darstellt, kommt es nicht darauf an, ob die betreffende Gesellschaft dem MitbestG oder dem Drittelbeteiligungsgesetz unterliegt oder ob sie gar keine Arbeitnehmervertreter im Aufsichtsrat hat.

113 Die gängige Faustformel, dass der Gesellschaft auf Grund des Sachverhalts, der den wichtigen Grund darstellt, eine weitere Fortführung der Bestellung bis zum planmäßigen Ende der Amtszeit nicht zuzumuten sei,[103] hilft dem Aufsichtsrat in der Praxis allerdings kaum weiter. Die infrage kommenden Sachverhalte sind außerordentlich vielgestaltig. Das

---

[98] *Hüffer* AktG § 84 Rn. 33; *Wiesner* in MHdB AG § 20 Rn. 41; *Spindler* in MüKoAktG § 84 Rn. 121; *Martens*, FS Werner, 1984, 495 ff., 509 ff.: teleologische Reduktion des § 626 Abs. 2 BGB auf Grund höherrangiger, die Organstellung regelnder Normen.
[99] LG Ravensburg EWiR 1985, 415; *Ulmer/Habersack/Henssler* MitbestG § 31 Rn. 33.
[100] So im Ergebnis auch *Spindler* in MüKoAktG § 84 Rn. 150.
[101] OLG Stuttgart AG 2003, 211, 212; OLG Düsseldorf AG 2004, 321, 322.
[102] *Ulmer/Habersack/Henssler* MitbestG § 31 Rn. 28.
[103] So BGH AG 2007, 125 Rn. 2; OLG Stuttgart AG 2003, 211, 212; *Seibt* in K. Schmidt/Lutter AktG § 84 Rn. 49.

B. Widerruf der Bestellung (Abberufung) 114–116 § 2

Gesetz selbst liefert **drei Beispiele** (vgl. § 84 Abs. 3 S. 2 AktG: „namentlich"), die ganz unterschiedlich zu beurteilen sind.

IV. Typologie der wichtigen Gründe

1. Grobe Pflichtverletzung

Das erste Beispiel eines Sachverhalts, der nach § 84 Abs. 3 AktG einen „wichtigen Grund" darstellt, die „grobe Pflichtverletzung", erfordert zunächst einmal die Feststellung, was denn die Pflichten eines Vorstandsmitglieds sind. Pflichten des Vorstands sind beispielsweise aus dem Schadensersatzrecht des Aktienrechts (§ 93 Abs. 2 und 3 AktG) herzuleiten,[104] wobei in § 93 Abs. 3 AktG naturgemäß nur die **Pflichtverletzung** beschrieben wird und dies teilweise in einer so generellen Form, dass eine genaue Gesetzeskenntnis notwendig ist, um das Pflichtpostulat zu verstehen. Wenn es dort zB in § 93 Abs. 3 Nr. 7 AktG heißt, dass eine Schadensersatzpflicht der Vorstandsmitglieder eintritt, wenn entgegen dem AktG „Vergütungen an Aufsichtsratsmitglieder gewährt werden", so gilt dies nicht, wenn die Vergütung in der Satzung festgelegt oder von der Hauptversammlung beschlossen wurde (vgl. § 113 AktG). Bisweilen ist die Feststellung einer groben Pflichtverletzung auch einfach. So genügt nach der Rechtsprechung bisweilen schon ein Verstoß gegen „Jedermann-Gesetze", wie zum Beispiel Bilanzfälschung,[105] Bestechlichkeit[106] oder Steuerhinterziehung.[107] Ein **Verschulden ist nicht erforderlich.**[108]

114

2. Unfähigkeit zur ordnungsgemäßen Geschäftsführung

Ein weiteres Beispiel für einen Sachverhalt, der einen wichtigen Grund darstellt, nennt § 83 Abs. 3 AktG „Unfähigkeit zur ordnungsmäßigen Geschäftsführung". Dieser Sachverhalt setzt ebenfalls kein Verschulden voraus. Die Unfähigkeit zur ordnungsmäßigen Geschäftsführung kann **auf tatsächlichen Gründen,** etwa auf gesundheitlichen Beeinträchtigungen beruhen. Sie kann auch **rechtliche Ursachen** haben; hierzu gehört beispielsweise der Entzug einer Konzession beim Vorstandsmitglied für erlaubnispflichtige Tätigkeiten der Gesellschaft.[109] Entscheidend ist, dass es sich bei der Unfähigkeit um eine dauerhafte (und nicht nur um einen vorübergehenden Zustand) handelt.

115

3. Vertrauensentzug durch die Hauptversammlung

Das dritte Beispiel für einen Sachverhalt, der nach § 84 Abs. 3 AktG einen wichtigen Grund darstellt, ist der „Vertrauensentzug durch die Hauptversammlung", es sei denn, so fügt das Gesetz vorsichtig hinzu, „das Vertrauen (sei) aus offenbar unsachlichen Gründen entzogen worden". Dieser dritte Beispielsfall ist aus mehreren Gründen bemerkenswert. Er scheint ein wenig inkonsistent mit der Rolle, die das Gesetz den drei Organen der AG ansonsten zuweist. Die Hauptversammlung kann nämlich aus eigener Initiative kaum tätig werden und ist darauf angewiesen, dass der Vorstand ihr Tätigwerden verlangt (vgl. § 119 Abs. 2 AktG). Für Vorstandsbestellung und Abberufung ist formal ausschließlich der Aufsichtsrat zuständig, obwohl hier faktisch ein sehr starker Einfluss des Vorstands selbst besteht (→ Rn. 2). Entzieht die Hauptversammlung dem Vorstandsmitglied das Vertrauen, übt sie damit auch faktisch einen sehr starken Druck auf den Aufsichtsrat aus, den Betreffenden

116

---

[104] Dies ergibt sich aus dem Zusammenspiel von § 93 Abs. 2 und 3 AktG. § 93 AktG zählt eine Reihe von Tatbeständen auf, bei deren Erfüllung eine Pflichtwidrigkeit vorliegt, wenn auch noch nicht notwendigerweise eine grobe.
[105] Vgl. OLG Düsseldorf WM 1992, 14, 19.
[106] Vgl. OLG München NZG 2007, 361.
[107] LG Köln AG 2004, 570.
[108] HM; vgl. nur *Spindler* in MüKoAktG § 84 Rn. 129.
[109] Vgl. OLG Stuttgart AG 2003, 211, 212f.

abzuberufen. Allerdings ist der Aufsichtsrat nach der ganz herrschenden Meinung nicht gezwungen, sich diesem Votum der Hauptversammlung anzuschließen.[110] Vielmehr muss er in eigener Verantwortung prüfen, ob der Tatbestand des „wichtigen Grundes" vorliegt und bejahendenfalls, ob darauf eine Abberufung gestützt werden sollte, denn er **„kann"** die Bestellung widerrufen, wenn ein wichtiger Grund vorliegt, **muss es aber nicht.** Streitig ist, ob die bloße Nichtentlastung nach § 120 AktG durch die Hauptversammlung als „Vertrauensentzug" im Sinne des § 84 Abs. 3 S. 2 AktG anzusehen ist.[111]

4. Fehlverhalten

117 Im Allgemeinen wird der wichtige Grund ein Fehlverhalten des Vorstandsmitglieds sein, wobei sowohl ein Tun als auch ein Unterlassen infrage kommt. Gemeint ist dabei ein Abweichen von einer Sollvorstellung, wie ein Vorstandsmitglied sich in einer bestimmten gegebenen Situation pflichtmäßig verhalten soll. Bei der Vielfalt des unternehmerischen Geschehens kann man nur typische Situationen erfassen. Die Abweichung von der Sollvorstellung muss schwerwiegend und gravierend sein, um einen wichtigen Grund darzustellen. Beispiele aus der Rechtsprechung sind tätliche Angriffe gegen Aktionäre[112] oder hohe Privatverschuldung.[113]

5. Ethisches Fehlverhalten

118 Bei ethischem Fehlverhalten des Vorstandsmitglieds ist die Entscheidung des Aufsichtsrats im Allgemeinen klar vorgezeichnet und unausweichlich. Jegliche bewusste und eigennützige Schädigung der Gesellschaftsinteressen, gar noch durch strafbare Handlungen, muss zur sofortigen Trennung führen. Dazu gehören neben allen (auch straflosen) Erscheinungsformen der Korruption eigennützige Untreuehandlungen aller Art bis zum unberechtigten Bezug von Vergütungen.[114] Die „Grauzone" beginnt bei weniger gravierendem Fehlverhalten, das zudem wechselnden gesellschaftlichen Wertungen unterliegt. Hierzu gehören beispielsweise die „Schwarzbeschäftigung" von Reinigungskräften im Privathaushalt oder Liebesbeziehungen zu Minderjährigen. Hier hat der Aufsichtsrat hinreichend Diskussionsstoff.

6. Notorische Erfolglosigkeit

119 Auch bei notorischer Erfolglosigkeit des Vorstandsmitglieds ist ein Abberufungsgrund gegeben.[115] Für die Erfolglosigkeit mag es noch so viele Erklärungen geben, aber ein Vorstandsmitglied muss auch – genau wie Friedrich II. dies von seinen Generälen verlangte – „fortune" haben. Zu warnen ist allerdings vor einer vorschnellen „Aburteilung" des Vorstandsmitglieds; insbesondere das Quartal als Messgröße bei der Vorlage von Unternehmenskennzahlen ist für einen Widerruf der Bestellung zumeist kein hinreichender Maßstab.

7. Zerstrittenheit im Vorstand

120 Bei Zerstrittenheit im Vorstand, die sich auf andere Weise nicht beseitigen lässt (und die bei Vorhandensein eines Vorstandsvorsitzenden in aller Regel dessen Versagen indiziert), ist der Aufsichtsrat nicht zwingend gehalten, dasjenige Vorstandsmitglied abzuberufen, von dem der Streit ausgeht. Vielmehr hat der Aufsichtsrat hier unter Abwägung aller Umstände diejenige Lösung zu wählen, die für die Gesellschaft die beste ist und eine möglichst dauer-

---

[110] Vgl. BGHZ 13, 188, 193; *Seibt* in K. Schmidt/Lutter AktG § 84 Rn. 51.
[111] Dagegen die hM; vgl. *Kubis* in MüKoAktG § 120 Rn. 37 mwN.
[112] Vgl. BGH DStR 1994, 1746.
[113] Vgl. OLG Hamburg BB 1954, 978.
[114] Vgl. BGHZ 20, 234, 246.
[115] BGHZ 135, 244, 253.

hafte Befriedigung im Sinne einer künftig möglichst reibungslosen Zusammenarbeit des Vorstands gewährleistet.

8. Verstöße gegen das Wettbewerbsverbot

Bei Verstößen gegen das Wettbewerbsverbot kann ein wichtiger Grund vorliegen, der zur Abberufung berechtigt. Das Wettbewerbsverbot ist in § 88 AktG gesetzlich fixiert und wird auch in kursorischer Form vom Kodex eingefordert (Ziff. 4.3.1 DCGK). Das Vorstandsmitglied darf auch nach seinem Ausscheiden Verträge, die die Gesellschaft vor seinem Ausscheiden abgeschlossen hat, nicht an sich ziehen.[116] Es darf als Vorstandsmitglied einer Bauträger AG nicht gleichzeitig ähnliche Bauvorhaben wie seine Gesellschaft für eigene Rechnung verwirklichen – womöglich noch mit den gleichen Architekten und Bauhandwerkern und den damit verbundenen Missbrauchsmöglichkeiten.[117] Tritt zum Wettbewerbsverstoß noch Untreue hinzu, indem das Vorstandsmitglied für seine eigenen Bauvorhaben **Leistungen der Gesellschaft heimlich unentgeltlich in Anspruch nimmt**, spielt es keine Rolle, dass der Aufsichtsrat ihm das vielleicht sogar zugestanden hätte, wenn er denn Kenntnis von der Angelegenheit gehabt hätte.[118]

9. Verletzung der Informationspflicht

Ein Grundpfeiler der Zusammenarbeit zwischen Vorstand und Aufsichtsrat ist die Informationspflicht des Vorstands (§ 90 AktG), die dem Aufsichtsrat erst seine Beratungs- und Überwachungsaufgabe ermöglicht. Verstößt der Vorstand hiergegen, indem er den Aufsichtsrat nicht, unrichtig oder unvollständig informiert, kann ein wichtiger Grund für eine Abberufung gegeben sein. Die Pflicht trifft zwar grundsätzlich das Kollegium, also den Gesamtvorstand,[119] aber auch jedes einzelne Vorstandsmitglied.[120]

10. Pflichtverletzung bei drohender Insolvenz

Der Vorstand hat nach § 15a Abs. 1 InsO bei **Zahlungsunfähigkeit oder Überschuldung** unverzüglich, „spätestens aber nach 3 Wochen" die Einleitung eines Insolvenzverfahrens zu beantragen. Die eingeräumte Dreiwochenfrist dient der Ergreifung von Rettungsmaßnahmen, wobei im Nachhinein geschädigte Gläubiger geltend machen können, ein derartiger Versuch sei aussichtslos gewesen und bei pflichtgemäßem Verhalten des Vorstands wären sie nicht zu Schaden gekommen. Für den Tatbestand der Überschuldung liefert § 19 Abs. 2 InsO eine Legaldefinition vor, die lautet: „Überschuldung liegt vor, wenn das Vermögen des Schuldners die bestehenden Verpflichtungen nicht mehr deckt".

Ob eine Überschuldung vorliegt, kann nur anhand von Vermögensbilanzen festgestellt werden, wobei es darauf ankommt, ob die Gesellschaft trotz dieses (anzunehmenden) Befundes der Überschuldung fortgeführt werden soll oder nicht. Je nach dem ist eine Bilanz mit „going concern"-Werten aufzustellen, die auch die Hebung stiller Reserven erlaubt, oder eine Bilanz, bei der die Vermögensgegenstände mit den im Zweifelsfall niedrigeren Zerschlagungswerten einzustellen sind. Steht Zahlungsunfähigkeit oder Überschuldung fest, sind Zahlungen des Vorstands nach § 92 Abs. 2 S. 1 iVm § 93 Abs. 3 Nr. 6 AktG Pflichtverstöße, die zur sofortigen Abberufung berechtigen können. In der Praxis können jedoch Überlegungen bestehen, die Aufgabe des Insolvenzverwalters nicht weiter dadurch zu erschweren, dass ein eingearbeiteter Vorstand ausgewechselt wird.

---

[116] BGH WM 1977, 194 zur GmbH.
[117] BGH WM 1979, 1328, 1330 li. Sp. und das 2. Revisionsurteil in derselben Sache WM 1981, 940, 941 re. Sp. unten und 942 li. Sp. oben.
[118] BGH WM 1976, 77 zur GmbH.
[119] Die Beschränkung der Informationspflicht auf den Vorstandsvorsitzenden bzw. Vorstandssprecher, soweit es um die außerordentliche Berichterstattung an den Aufsichtsratsvorsitzenden geht, die in Ziff. 5.2 Abs. 3 S. 2 DCGK enthalten ist, findet im Gesetz keine Stütze.
[120] BGHZ 20, 239, 246; 47, 341, 352.

11. Verstöße gegen die Verschwiegenheitspflicht

125 Die Verschwiegenheitspflicht des Vorstandsmitglieds rangiert im Gesetz ganz oben (vgl. § 93 Abs. 1 S. 3 AktG). Praktisch haben Verstöße gegen die Verschwiegenheitspflicht in der Vergangenheit allerdings keine große Rolle gespielt. Erst in jüngster Zeit ist der Verschwiegenheitspflicht wieder mehr Aufmerksamkeit zuteil geworden. In einem medienwirksamen Fall äußerte sich der Vorstandssprecher einer Bank öffentlich über die Kreditwürdigkeit eines Kunden, der alsbald danach in die Insolvenz fiel. Die vom Gericht[121] im Grundsatz festgestellte Schadensersatzpflicht ruft die Bedeutung der Verschwiegenheitsverpflichtung nachdrücklich ins Gedächtnis. Ihre – nicht nur unerhebliche – Verletzung stellt ebenfalls einen „wichtigen Grund" für eine Abberufung dar.

12. Verkleinerung des Vorstands

126 Zur unternehmerischen Dynamik gehört die Veränderung des Ressortzuschnitts im Vorstand, der auch zum Wegfall eines kompletten Vorstandsamtes führen kann. Der Aufsichtsrat ist hieran zwar nicht gehindert; einen „wichtigen Grund" für die Abberufung des hiervon betroffenen Vorstandsmitglieds bildet eine solche Maßnahme jedoch nicht.

13. „Druck-Abberufung"

127 Schwierig zu beurteilen sind die Fälle der sog. Druck-Abberufung, dh der Abberufung von Vorstandsmitgliedern auf Druck Dritter. Richtschnur des Handelns durch den Aufsichtsrat muss in diesen Fällen zum einen die **Leitungssouveränität des Vorstands** sein, die nicht einfach von außer überspielt werden darf.[122] Auf der anderen Seite muss der Aufsichtsrat das **Wohl der Gesellschaft** im Auge behalten, das in bestimmten Fällen einen Widerruf der Bestellung gebietet.[123] In diesem Spannungsfeld hat die Rechtsprechung einen „wichtigen Grund" für eine Abberufung bejaht bei der Forderung der **Hausbank** mit Kündigungsdrohung in der Insolvenzsituation[124] oder der **Aufsichtsbehörden**.[125] Dagegen sind Abberufungsforderungen von **Analysten, Ratingagenturen** oder **Politikvertretern** wegen des Leitungsprivilegs des Vorstands eher unbeachtlich.[126] Kompliziert sind **arbeitnehmerseitige Abberufungsforderungen** insbesondere dann, wenn hiermit eine Streikdrohung verbunden ist; hier ist ein Bestellungswiderruf nur als ultima ratio statthaft.[127]

V. Sofortige Wirksamkeit des Abberufungsbeschlusses

128 Von sehr großer Bedeutung für die Abberufung eines Vorstandsmitglieds ist § 84 Abs. 3 S. 4 AktG, demzufolge der Widerruf wirksam ist, **bis seine Unwirksamkeit rechtskräftig festgestellt ist.** In diesen Fällen ist für das abberufene Vorstandsmitglied in der Praxis kaum ein wirksamer Rechtsschutz gegeben. In aller Regel wird es unmöglich sein, eine rechtskräftige Entscheidung zu erstreiten, die die Unwirksamkeit des Abberufungsbeschlusses feststellt, bevor die Restlaufdauer der Bestellung abgelaufen und der Rechtsstreit damit in der Hauptsache erledigt ist.

129 **Voraussetzung** ist allerdings, dass es sich um einen **wirksamen Beschluss handelt.** Ist beispielsweise die Abberufung fälschlich vom Personalausschuss vorgenommen worden oder erfüllt der Beschluss nicht die gesetzlichen oder satzungsmäßigen Voraussetzungen ei-

---

[121] OLG München WM 2004, 74, 80 ff.
[122] Zutr. *Fleicher* DStR 2006, 1507, 1510.
[123] Vgl. *Spindler* in MüKoAktG § 84 Rn. 136.
[124] BGH NZG 2006, 189.
[125] Dazu *Dreher* AG 2006, 213, 221 f.
[126] *Spindler* in MüKoAktG § 84 Rn. 136.
[127] Vgl. dazu *Fleischer* in Spindler/Stilz AktG § 84 Rn. 120.

C. Suspendierung

nes wirksamen Abberufungsbeschlusses, so greift § 84 Abs. 3 S. 4 AktG nicht ein. Außerdem kann ein solcher Mangel des Abberufungsbeschlusses durchaus mit einer einstweiligen Verfügung geltend gemacht und das Verbleiben im Amt gefordert werden.[128]

I. Zuständigkeit und Verfahren

Die Suspendierung von der Bestellung folgt **den gleichen Verfahrensregeln wie die Abberufung.** Sie erfordert also einen Beschluss des Plenums des Aufsichtsrats, der bei mitbestimmten Gesellschaften – wenn nicht bereits in der ersten Abstimmung mindestens eine Zweidrittelmehrheit zustande kommt – das dreistufige Verfahren des § 31 MitbestG erforderlich macht.[129] Auch diese Entscheidung ist dem Plenum vorbehalten und kann nicht auf einen Ausschuss delegiert werden. 130

Nachdem eine Suspendierung zeitlich begrenzt sein und einen Monat in der Regel nicht überschreiten soll,[130] zeigt sich bereits hier die ganze Problematik des Instituts, das im AktG nicht erwähnt ist, für das es aber in der Praxis ein Bedürfnis gibt. Ein weiteres Bedenken gegen die einseitige, in aller Regel gegen den Willen des betroffenen Vorstandsmitglieds erfolgende Suspendierung besteht darin, dass sich der Suspendierungsbeschluss ja kaum geheim halten lässt und somit die Autorität des Vorstandsmitglieds bei den Mitarbeitern in aller Regel schweren Schaden nehmen wird. 131

Vorzuziehen ist eine **einvernehmliche Lösung,** bei der sich das Vorstandsmitglied für einen kurzen Zeitraum verpflichtet, von seiner Vertretungsmacht für die Gesellschaft keinen Gebrauch zu machen und sich jeder Tätigkeit für die Gesellschaft zu enthalten. Dies ist am einfachsten zu verwirklichen, wenn das Vorstandsmitglied der Gesellschaft für die vereinbarte kurze Frist völlig fernbleibt. Auch hierbei muss die Gesellschaft durch den gesamten Aufsichtsrat vertreten werden, obgleich eine Vertretung durch den Personalausschuss sehr viel interessengerechter wäre, da es sich um eine vorläufige Maßnahme handelt, die entweder in eine endgültige Abberufung einmündet (so dass dann ohnehin der gesamte Aufsichtsrat einzuschalten ist) oder wieder aufgehoben wird. Diesfalls liegt die Diskretion im Interesse aller Beteiligten und wäre besser zu wahren, wenn nur die wenigen Mitglieder des Personalausschusses mit der Angelegenheit befasst wären. 132

II. Suspendierungsgründe

Als ein Minus zur Abberufung kann das **Vorliegen eines „wichtigen Grundes"** im Sinne des § 84 Abs. 3 AktG **nicht verlangt** werden,[131] weil der Aufsichtsrat dann zu einer sofortigen Abberufung schreiten dürfte und zumeist auch müsste. Als Grund für die Beurlaubung ist daher der Verdacht, es könnte ein „wichtiger Grund" und damit möglicherweise die Notwendigkeit der Abberufung vorliegen, hinreichend, aber auch erforderlich.[132] Dabei hat sich der Verdacht regelmäßig schon so weit verfestigt, dass eine Belassung im Amt problematisch erscheint, andererseits aber noch nicht so verdichtet, dass eine Abberufung ohne weiteres möglich wäre. In diesem „Zwielicht" besteht ein unabweisbares Bedürfnis für eine Beurlaubung. Sie kann auch im Interesse des Betroffenen selbst liegen, 133

---

[128] Vgl. OLG Stuttgart AG 1985, 193; *Spindler* in MüKoAktG § 84 Rn. 150; *Hüffer* AktG § 84 Rn. 40.
[129] *Mertens/Cahn* in KK-AktG § 84 Rn. 194; *Fonk* in Semler/v. Schenck AR HdB § 9 Rn. 284.
[130] *Wiesner* in MHdB AG § 20 Rn. 62; *Mertens/Cahn* in KK-AktG § 84 Rn. 189; *Fonk* in Semler/v. Schenck AR HdB § 9 Rn. 284; wohl auch *Fleischer* in Spindler/Stilz AktG § 84 Rn. 137.
[131] So aber *Spindler* in MüKoAktG § 84 Rn. 155; wohl auch LG München I AG 1986, 142.
[132] Ebenso *Mertens/Cahn* in KK-AktG § 84 Rn. 189; *Fleischer* in Spindler/Stilz AktG § 84 Rn. 136; *Fonk* in Semler/v. Schenck AR HdB § 9 Rn. 299.

denn die während der Beurlaubung mit Nachdruck und zügig vorzunehmende Sachaufklärung kann zur Entlastung bzw. Rehabilitierung führen und verhindert eine Abberufung auf der Grundlage eines ungenügend aufgeklärten Sachverhalts.

134 Als **vorläufige Maßnahme** erfüllt die Beurlaubung natürlich nur dann ihren Zweck, wenn sie auch **einigermaßen diskret** und ohne dauernden Rufschaden für den Betroffenen wieder aufgehoben werden kann. In der Praxis sollte bei Einvernehmen in derartigen Situationen und bei Vertrauen des Personalausschusses, dass das betreffende Vorstandsmitglied sich während der Beurlaubung jeglicher dienstlicher Handlung enthalten wird, geeignetenfalls über Urlaubs- oder Kurgesuche des Betroffenen nachgedacht werden, die zu bewilligen allemal der Personalausschuss, wenn nicht sogar der Aufsichtsratsvorsitzende allein in der Lage ist. Als Selbstverständlichkeit muss die Maßnahme **zeitliche Befristung** einer solchen Maßnahme **vor dem planmäßigen Amtsende enden.**[133]

III. Wirkungen der Suspendierung

135 Während der Beurlaubung bleibt der Betroffene Mitglied des Vorstands und setzt auch sein Anstellungsverhältnis mit der Gesellschaft fort; ihm sind lediglich vorübergehend die **Vertretungs- und Geschäftsführungsbefugnisse** für die Gesellschaft **entzogen.**[134] Richtigerweise wird man den Betroffenen während dieser Zeit auch von seinen organschaftlichen Pflichten suspendieren müssen, was den Aufsichtsrat zu einer vorübergehenden Ressort-Umverteilung zwingt, um kein Pflichtenvakuum entstehen zu lassen. Eine **Publizierung der Suspendierung** – etwa durch Eintragung in das Handelsregister – ist weder notwendig noch möglich.

---

[133] Zutr. *Lutter/Krieger,* Rechte und Pflichten des Aufsichtsrats, Rn. 379; *Fleischer* in Spindler/Stilz AktG § 84 Rn. 137.
[134] *Seibt* in K. Schmidt/Lutter AktG § 84 Rn. 59; *Wiesner* in MHdB AG § 20 Rn. 62.

§ 3 Das Anstellungsverhältnis des Vorstandsmitglieds

Inhaltsübersicht

	Rn.
A. Bestellung/Anstellung und Widerruf/Kündigung	1
B. Anstellungsvertrag	10
I. Vertragsabschluss und -inhalt	10
1. Vertragsparteien	10
2. Vertretung der Gesellschaft, Bezugnahme auf die Bestellung	15
3. Aufgaben und Pflichtenkreis des Vorstandsmitglieds	20
4. Vergütung	22
5. Verschwiegenheit	23
6. Arbeitsmittel, Unterlagen und deren Rückgabe	25
7. Dienstwagen und dessen private Nutzung	27
8. Weitere Sachbezüge?	31
9. Urlaub	33
10. Nebentätigkeiten	34
11. Wettbewerbsverbot während der Vertragsdauer	39
12. Wettbewerbsverbot nach Vertragsbeendigung	42
13. Dauer des Vertrages	51
II. Vergütung	53
1. Allgemeines und Rechtsentwicklung	53
a) Grundsätze	53
b) Rechtsentwicklung	54
2. Detailregelungen	55
a) FMStFG	55
b) VorstAG	56
c) DCGK	58
3. Angemessenheit der Gesamtvergütung	59
a) Bezugspunkte	59
b) Kollisionsregel	63
4. Vergütungskomponenten	64
a) Fixum	64
b) Variable Vergütung	67
c) Gewährung von Unternehmensaktien mit Behaltenspflicht	71
d) Ermessenstantiemen	77
e) Sonderzahlungen	78
f) Aktienoptionen	79
g) Nebenleistungen	95
5. Ruhegeld/Pension	96
a) Allgemeines	96
b) Der Tatbestand der Ruhegeldberechtigung	98
c) Gesetzliche und vertragliche Unverfallbarkeit des Ruhegeldanspruchs	101
d) Übergangsgeld zwischen Ausscheiden und Erreichung des Pensionsalters.	105
e) Anrechnung anderweitiger Bezüge auf die Pension	108
f) Anknüpfungspunkt für das Ruhegeld	112
g) Hinterbliebenenpensionen für die Witwe und die Waisen	114
h) Wettbewerbsverbote im Ruhegeldvertrag	119
i) Widerruf der Ruhegeldzusage	121
j) Indexierung und gesetzliche turnusmäßige Überprüfung der Höhe der Pensionszusage.	124
6. Change of Control-Klausel	126

Schrifttum: *Dreher,* Die Abfindung beim Wechsel vom Vorstand in den Aufsichtsrat einer Aktiengesellschaft, FS K. Schmidt, 2009, 233; *ders.,* Die selbstbeteiligungslose D&O-Versicherung in der Aktiengesellschaft, AG 2008, 429; *Dreher/Görner,* Der angemessene Selbstbehalt in der D&O-Versicherung, ZIP 2003, 2321; *Fleck,* Das Organmitglied – Unternehmer oder Arbeitnehmer?, FS Hilger und Stumpf, 1983, 197; *Fleck,* Die Drittanstellung des GmbH-Geschäftsführers, ZHR 149 (1985), 387; *Fleck,* Das Dienstverhältnis der Vorstandsmitglieder und Geschäftsführer in der Rechtsprechung des BGH, WM 1994, 1975; *Fonk,* Zur Vertragsgestaltung bei Vorstandsdoppelmandaten, NZG 2010, 368; *Hohenstatt/Naber,* Die D&O-Versicherung im Vorstandsvertrag, DB 2010, 2321; *Ihlas,* Organhaftung und Haftpflichtversicherung, 1997; *Koch,* Das Abmahnungserfordernis bei der außerordentlichen Kündigung von Organmitgliedern; ZIP 2005, 1621; *Köhler,* Fehlerhafte Vorstandsverträge, NZG 2008, 161; *Kort,* Voraussetzungen der Zulässigkeit einer D&O-Versicherung von Organmitgliedern, DStR 2006, 799; *Krieger,* Interim Manager im Vorstand der AG, FS Hoffmann-Becking, 2013, 711; *Reuter,* Die aktienrechtliche Zulässigkeit von Konzernanstellungsverträgen, AG 2011, 274; *Säcker,* Kompetenzstrukturen bei Bestellung und Anstellung von Mitgliedern des unternehmerischen Leitungsorgans, BB 1979, 1321; *Theobald,* Drittanstellung von Vorstandsmitgliedern in der Aktiengesellschaft, FS Raiser, 2005, 421; *Tschöpe/Wortmann,* Abberufung und außerordentliche Kündigung von geschäftsführenden Organmitgliedern – Grundlagen und Verfahrensfragen, NZG 2009, 85; *Uffmann,* Interim Management in Zeiten nachhaltiger Unternehmensführung, ZGR 2013, 273; *Ulmer,* Strikte aktienrechtliche Organhaftung und D&O-Versicherung – zwei getrennte Welten?, FS Canaris, 2007, 451; *E. Vetter,* Drittanstellung von Vorstandsmitgliedern und aktienrechtliche Kompetenzordnung, FS Hoffmann-Becking, 2013, 1297; *Wiesner,* Zum Beginn der Ausschlußfrist des § 626 Abs. 2 BGB bei Kenntniserlangung durch Organmitglieder, BB 1981, 1533; *Zimmermann,* Aktienrechtliche Grenzen in der Freistellung des Vorstands von kartellrechtlichen Bußgeldern, DB 2008, 687.

A. Bestellung/Anstellung und Widerruf/Kündigung

1 **Bestellung und Abschluss des Dienstvertrags** (oder des Anstellungsvertrags, beide Begriffe werden synonym verwendet) sind ebenso wie Widerruf der Bestellung und Kündigung des Dienstvertrags **verschiedene Rechtsakte,** die aber unmittelbar ineinander greifen. Dieses Ineinandergreifen erfordert hohe Aufmerksamkeit, da sich die Rechtsakte voneinander unterscheiden, verschiedenen Regeln folgen und dadurch eine gewisse Fehlergeneigtheit entsteht.

2 **Für Bestellung und Abberufung ist das Plenum des Aufsichtsrats ausschließlich zuständig.** Für den Abschluss des Dienstvertrags und dessen Kündigung genügt hingegen eine Vertretung der Gesellschaft durch den Personalausschuss. Natürlich bleibt eine Vertretung durch das Plenum (als ein Mehr) jederzeit zulässig, denn das Plenum kann Aufgaben, die es an einen Ausschuss delegiert hat, jederzeit wieder an sich ziehen.

3 **Die Abberufung soll unverzüglich erfolgen,** nachdem der „wichtige Grund" im Sinne des § 84 Abs. 3 S. 1 AktG dem Aufsichtsrat bekannt geworden ist, aber es gibt keine diesbezüglichen gesetzlich fixierten Fristen. Bei der außerordentlichen. Kündigung des Dienstvertrages muss hingegen die **Zweiwochenfrist** des § 626 BGB zwischen dem Bekanntwerden des wichtigen Grundes und dem Zugang der Kündigung an den Kündigungsempfänger gewahrt sein. Diese Frist ist eine so genannte „Ausschlussfrist", die durch Vereinbarung der Parteien nicht zu verlängern und bei deren Nichteinhaltung die Kündigung unwirksam ist.[1]

4 Der Sachverhalt muss dem Aufsichtsrat **bekannt sein, ein Kennenmüssen genügt nicht.**[2] Der Sachverhalt muss in aller Regel in einer Aufsichtsratssitzung bekannt geworden sein, die Kenntnis von nur einzelnen Aufsichtsratsmitgliedern genügt nicht.[3] Dies gilt auch für den Fall, dass der Aufsichtsratsvorsitzende derjenige ist, der Kenntnis hat.[4]

5 Die Pflicht, die aus der sorgfältigen Amtsführung resultiert, und die Fürsorgepflicht des Aufsichtsrats gegenüber dem Vorstand verbieten es, dass die außerordentliche. Kündigung

---

[1] *Müller-Glöge* in ErfK BGB § 626 Rn. 221 ff.
[2] BGH NZG 2013, 615, 616 für die GmbH; *Spindler* in MüKoAktG § 84 Rn. 171.
[3] BGH NZG 1998, 634, 635.
[4] BGH WM 2001, 2118, 2119; *Spindler* in MüKoAktG § 84 Rn. 171; aA noch *Mertens* in KK-AktG § 84 Rn. 144.

vorschnell oder gar auf der Grundlage einer **ungenügend recherchierten Faktenlage** ausgesprochen wird. Vielmehr muss der Sachverhalt zwar sehr zügig, aber gleichzeitig gründlich aufgeklärt werden. Bis dahin läuft die Zweiwochenfrist nicht,[5] weil eben so lange keine sichere Kenntnis vorliegt. Auf Grund dieses Erfordernisses ist der Aufsichtsrat jedoch nicht gezwungen, nur um die Zweiwochenfrist einzuhalten, eine Verdachtskündigung auszusprechen.

Bei der kurzen Frist für eine a. o. Kündigung des Dienstvertrags ist wichtig, dass der Kündigende, also die Gesellschaft, (im Allgemeinen) vertreten durch den Personalausschuss, sich darüber im Klaren ist, **dass zur Kündigung auch deren Zugang beim Kündigungsempfänger gehört** (vgl. § 130 Abs. 1 BGB) und auch dieser Zugang innerhalb der Frist bewirkt sein muss. Falls eine Kündigung unter Anwesenden durch persönliche Übergabe des Kündigungsschreibens nicht möglich ist, gilt der Zugang als bewirkt, wenn die Kündigung in den Briefkasten des Kündigungsempfängers geworfen wurde und er unter normalen Verhältnissen innerhalb der Frist die Möglichkeit hatte, hiervon Kenntnis zu nehmen.[6]

Schwierigkeiten ergeben sich in der Praxis immer wieder daraus, dass die Kündigung vom Aufsichtsratsvorsitzenden unterschrieben wird und das (anwaltlich beratene) Vorstandsmitglied **die Kündigung** mit der Behauptung **zurückweist, der Aufsichtsratsvorsitzende sei nicht** vom Personalausschuss bevollmächtigt gewesen (§ 174 S. 1 BGB).[7] Gelegentlich wird auch behauptet, es habe an der Delegation der Befugnisse vom Plenum auf den Personalausschuss gefehlt. Eine derartige Zurückweisung auf Grund der angeblich fehlenden Bevollmächtigung des Aufsichtsratsvorsitzenden ist dann nicht möglich, wenn die Bevollmächtigung dem Vorstandsmitglied als Kündigungsempfänger bekannt ist, etwa dadurch, dass sich dies aus einer Geschäftsordnung ergibt (vgl. § 174 S. 2 BGB). Falls sich insoweit Zweifel ergeben, empfiehlt es sich, dass die Mitglieder des Personalausschusses eine Vollmacht für den Aufsichtsratsvorsitzenden unterzeichnen und diese Vollmacht dem Kündigungsschreiben **im Original**[8] beigefügt wird.

Schließlich ist der **Begriff des „wichtigen Grundes"**, der für die Abberufung erforderlich ist, **nicht deckungsgleich** mit dem „wichtigen Grund", der Voraussetzung einer außerordentlichen Kündigung ist. Die Anforderungen an den wichtigen Grund im Sinne des vertraglichen Kündigungsrechts sind höher, so dass es sein kann, dass ein bestimmter Sachverhalt für eine Abberufung ausreicht, nicht aber für eine außerordentliche Kündigung des Dienstvertrags, während umgekehrt jede berechtigte Vertragskündigung auch eine Abberufung rechtfertigt.[9]

Es ist aber zulässig – und aus der Sicht der Gesellschaft zu empfehlen – Abberufung und außerordentliche Kündigung des Dienstvertrags dergestalt zu verknüpfen, dass die Abberufung stets als wichtiger Grund gelten soll.[10] Dies muss im Dienstvertrag vereinbart werden. Diesenfalls kann bei einer Abberufung die Kündigung des Dienstvertrags zum gesetzlich nächstzulässigen Termin (vgl. § 621 BGB) erfolgen und unter Umständen eine wesentlich kürzere Bindungswirkung für die Gesellschaft erreicht werden.

---

[5] Vgl. dazu BGH NJW 1996, 1403, 1404; im Fall BGH NJW 1981, 166 war allerdings der Zeitraum von drei Monaten zu lang, um den Sachverhalt aufzuklären. Die Kündigung war verfristet und unwirksam.
[6] BGHZ 67, 271, 275.
[7] Vgl. OLG Düsseldorf DB 2004, 920.
[8] Vgl. BGH NJW 1981, 1210; 1994, 1472; *Bauer/Krieger* ZIP 2004, 1247, 1248.
[9] *Fleischer* in Spindler/Stilz AktG § 84 Rn. 152.
[10] Vgl. BGH NJW 1989, 2683 f.; *Hüffer* AktG § 84 Rn. 52.

B. Anstellungsvertrag

I. Vertragsabschluss und -inhalt

1. Vertragsparteien

10 Auf der einen Seite des Vertragsverhältnisses steht regelmäßig das Vorstandsmitglied in persona. Zwingend ist dies allerdings nicht. Zulässig – und in der Praxis durchaus üblich – sind auch Vertragsabschlüsse mit solchen Gesellschaften, die in der alleinigen oder mehrheitlichen Inhaberschaft des Vorstands stehen. Hierbei handelt es sich regelmäßig um **Beraterverträge**. Allerdings sind derartige Verträge nur eine (schlechte) Ersatzlösung für Vorstands-Anstellungsverträge, weil alle personenbezogenen Eigenschaften oder Verhaltensweisen nicht unmittelbar am Vorstandsmitglied gemessen werden können. Dementsprechend gestaltet sich auch eine außerordentliche Kündigung derartiger Verträge durch die Gesellschaft schwierig.

11 Auf der anderen Vertragsseite steht regelmäßig die Aktiengesellschaft als Vertragspartner. In Konzernen werden Dienstverträge mit Vorstandsmitgliedern von Tochtergesellschaften allerdings nicht immer mit diesen, sondern gelegentlich auch mit der Muttergesellschaft abgeschlossen. Diese Handhabung findet insbesondere dort Anwendung, wo das betreffende Vorstandsmitglied neben seiner Funktion als Vorstand bei der Tochtergesellschaft auch andere Aufgaben im Konzern wahrzunehmen hat. Die Fragestellung ist unter dem **Stichwort „Konzernanstellungsvertrag" oder „Drittanstellung"** bekannt.

12 Nach § 84 Abs. 1 AktG ist der Aufsichtsrat sowohl für die Bestellung als auch für den Abschluss des Anstellungsvertrags zwischen der Gesellschaft und dem Vorstandsmitglied zuständig. Dieser zwingenden Zuständigkeitsordnung würde es widersprechen, wenn man erlauben würde, dass der Anstellungsvertrag mit einem Dritten zustande kommt. Problematisch ist weiterhin, dass durch die Bestellung bei der Tochtergesellschaft eine ausschließliche Treuepflicht gegenüber dieser besteht, andererseits aber durch den Dienstvertrag mit der Muttergesellschaft möglicherweise divergierende Loyalitätspflichten entstehen. Schwierigkeiten können hier bei Entscheidungen im Konzerninteresse entstehen, die auf die Interessen der Tochtergesellschaft nicht genügend Rücksicht nehmen. Insofern ist die aktienrechtliche Anerkennung zwar im Schrifttum voranschreitend;[11] aber höchstrichterlich noch nicht geklärt. Auch Personalleasing-Gesellschaften als Anstellungskörperschaft für **Interims-Manager im Vorstandsrang** haben eine erste Anerkennung erfahren.[12] Abzuraten ist hingegen von **Anstellungsverträgen mit Mehrheitsaktionären**.[13]

13 Die vorstehenden Grundsätze dürften allerdings **in der Konzernpraxis etwas aufgeweicht sein**. Wenn und sofern Vorstandsmitglieder in der Obergesellschaft gleichzeitig Geschäftsführer oder Vorstandsmitglieder in einer Untergesellschaft sind, fehlt es häufig an einem ausdrücklichen (schriftlichen) Geschäftsführer- oder Vorstandsdienstvertrag mit der Untergesellschaft, da die Vorstandsmitglieder der Obergesellschaft eben Managementaufgaben im Konzern als Ausfluss ihrer Vorstandstätigkeit bei der Obergesellschaft wahrnehmen. Dies ist grundsätzlich bedenkenfrei, sofern es sich bei der Untergesellschaft um eine GmbH handelt.[14] Ist die Untergesellschaft eine AG, führt das Fehlen eines (schriftlichen) Dienstvertrags mit dieser aber noch nicht dazu, dass damit der Dienstvertrag mit der Obergesellschaft für die Untergesellschaft „mit gilt" und damit der Tatbestand der Drittanstellung ge-

---

[11] Für die Zulässigkeit derartiger Drittverträge zB *Seibt* in K. Schmidt/Lutter AktG § 84 Rn. 26; *Wiesner* in MHdB AG § 21 Rn. 2 ff.; *Lutter/Krieger*, Rechte und Pflichten des Aufsichtsrats, Rn. 431; abratend dagegen zB *Hüffer* AktG § 84 Rn. 18.
[12] So durch OLG Celle AG 2012, 41, 42; KG AG 2011, 758, 759.
[13] Dazu *Theobald*, FS Raiser, 2005, 421, 422.
[14] *Fleck* ZHR 149 (1985), 387, 411 ff.

geben wäre. Vielmehr ist ein Dienstvertrag nicht formgebunden, so dass von einem konkludent abgeschlossenen Dienstvertrag mit der Untergesellschaft auszugehen ist.

Das Vorstandsmitglied, das in Ober- und Untergesellschaft Vorstandsfunktionen hat, muss im Übrigen – sofern kein Beherrschungsvertrag besteht – für **mögliche Interessenkonflikte** und daraus resultierende Haftungsgefahren ein **wachsames Auge haben.** Dies gilt besonders, wenn die Tochtergesellschaft Minderheitsaktionäre hat oder die Möglichkeit besteht, dass die Tochtergesellschaft veräußert wird und ein neuer Großaktionär somit im Nachgang die Amtsführung des Vorstands überprüft.

2. Vertretung der Gesellschaft, Bezugnahme auf die Bestellung

Die Gesellschaft wird im Allgemeinen gegenüber dem Vorstand durch den (gesamten) Aufsichtsrat vertreten (vgl. § 112 AktG). Beim Abschluss von Dienstverträgen genügt aber, wie sich aus einem Umkehrschluss aus § 107 Abs. 3 S. 2 AktG ergibt, die **Vertretung durch den Personalausschuss.** Für diesen handelt wiederum der Aufsichtsratsvorsitzende in Vollmacht. Der Personalausschuss muss dabei vermeiden, störend in die Kompetenz des Plenums einzugreifen, dh er darf vor der Bestellung keinen Anstellungsvertrag abschließen (und einen Anstellungsvertrag auch nicht vor der Abberufung kündigen), es sei denn, dass dies in Abstimmung mit dem Plenum geschieht und dieses somit nicht präjudiziert wird.

Seit der Änderung des § 107 Abs. 3 S. 3 AktG durch das VorstAG im Jahr 2009 ist die **Kompetenz des Personalausschusses amputiert.** Durch den Verweis in § 107 Abs. 3 S. 3 AktG auf § 87 Abs. 1 AktG kann der Personalausschuss keine Vergütungsentscheidungen mit Bindung für und gegen die Gesellschaft mehr treffen; diese ist vielmehr dem Plenum vorbehalten.[15] Für den Ausschuss bleibt damit nur noch eine Empfehlung, die sich aber jedweden präjudiziellen Charakters enthalten muss.[16]

Es ist üblich, den Vertrag mit der **Benennung der Parteien** beginnen zu lassen, wobei festgestellt wird, dass die Gesellschaft durch den Aufsichtsrat bzw. dessen Personalausschuss vertreten wird, für den der Aufsichtsratsvorsitzende handelt. Die Anstellung erfolgt typischerweise unmittelbar nach der Bestellung und es wird am Anfang des Vertrags auf sie Bezug genommen, etwa mit einer Formulierung wie

N. N. ist am ... zum ordentlichen Vorstandsmitglied bestellt worden und zwar auf die Dauer von fünf Jahren, dh bis zum ..., daher wird der folgende Anstellungsvertrag mit ihm abgeschlossen.

Denkbar ist auch, den **Anstellungsvertrag vor der Bestellung abzuschließen,** wobei dies allerdings die Ausnahme sein sollte. In einem solchen Fall muss in den Vertrag die nachfolgende Bestellung als aufschiebende Bedingung für dessen Wirksamkeit aufgenommen werden.[17] In der Praxis muss weiterhin bei den Mitgliedern des Personalausschusses und dem Aufsichtsratsvorsitzenden die Gewissheit bestehen, dass der gesamte Aufsichtsrat die vorgesehene Bestellung billigt und vornehmen wird.

Es darf nicht sein, dass der Aufsichtsrat vom Abschluss des Anstellungsvertrags überrascht wird und die Bestellung nur halbherzig vornimmt, um den Aufsichtsratsvorsitzenden und die übrigen Mitglieder des Personalausschusses nicht zu desavouieren, oder gar die Bestellung nur vornimmt, weil die Gesellschaft bereits durch den Anstellungsvertrag gebunden ist. Zu rechtfertigen dürfte eine derartige Handhabung nur dann sein, wenn der Kandidat eine ihm angebotene anderweitige berufliche Chance kurzfristig annehmen oder ausschlagen muss und gewiss sein will, den ihm angebotenen Vorstandsposten auch zu bekommen, der Aufsichtsrat auch einverstanden ist, aber nicht so schnell zu einer Sitzung zusammenkommen kann und eine fernmündliche oder schriftliche Abstimmung untunlich erscheint oder undurchführbar ist, weil ein Mitglied widerspricht.

---

[15] Vgl. dazu nur *Hüffer* AktG § 84 Rn. 15.
[16] Dazu *Fonk,* FS Hoffmann-Becking, 2013, 347 ff.
[17] Zu derartigen Koppelungsklauseln zB *Spindler* in MüKoAktG § 84 Rn. 80.

3. Aufgaben und Pflichtenkreis des Vorstandsmitglieds

20 Dieser in der Regel erste Paragraph eines Vorstandsanstellungsvertrags ist häufig nichtssagend, kurz und formelhaft. Er erschöpft sich gelegentlich in Wendungen wie „N.N. ist verpflichtet, die Geschäfte nach Gesetz, Satzung und der Geschäftsordnung des Vorstands zu führen ..." oÄ. In der Tat liegt hier wegen der Vielfältigkeit der Aufgaben eines Vorstandsmitglieds ein gewisses Dilemma für den Vertragsautor vor. **Eine vollständige detaillierte Aufzählung der Pflichten und Aufgaben verbietet sich im Allgemeinen.** Es ist eine durchaus gängige Methode, die einzelnen Vorstandsressorts und ihre Abgrenzung voneinander in einer Geschäftsordnung für den Vorstand festzuhalten und dann im Anstellungsvertrag darauf zu verweisen bzw. die Vorstandsgeschäftsordnung zum Bestandteil des Anstellungsvertrags zu machen. Da der Aufsichtsrat nach § 77 Abs. 2 S. 1 letzte Alt. AktG jederzeit nicht nur eine Geschäftsordnung erlassen, sondern auch eine vorhandene Geschäftsordnung abändern kann, ist auch ausreichend Flexibilität gegeben, wenn die Ressorts einmal anders zugewiesen werden sollen.

21 Wie erwähnt wird die **Aufgabenstellung im Dienstvertrag** meist **nur sehr kursorisch** dargestellt. Dies schließt es nicht aus, dass der Dienstvertrag – auch wenn die Pflichten nur sehr summarisch beschrieben werden – als Quelle von Pflichten des Vorstandsmitglieds und als Haftungsgrundlage bei deren Verletzung dienen kann. Es ist dabei **nicht ganz richtig**, dass § 93 AktG als aktiengesetzliche Haftungsnorm die Haftung des Vorstandsmitglieds aus dem Dienstvertrag völlig verdrängt.[18] Diese Verdrängungswirkung, die auf der Satzungsstrenge nach § 23 Abs. 5 S. 1 AktG beruht, verbietet zwar sowohl Abmilderungen als auch Verschärfungen der Vorstandshaftung gegenüber der Gesellschaft.[19] Allerdings gibt es daneben durchaus Pflichten, die ausschließlich auf dem Dienstvertrag beruhen, so dass deren Verletzung außerhalb des 93 AktG zu beurteilen ist.[20] Daneben kann der Dienstvertrag auch dazu dienen, die aktienrechtlichen Pflichten des Vorstandsmitglieds näher zu konkretisieren.

4. Vergütung

22 Zur Vergütung verhält sich in aller Regel die zweite Bestimmung in einem Anstellungsvertrag, ausführlich → Rn. 53 ff.

5. Verschwiegenheit

23 Die Verschwiegenheitspflicht des Vorstandsmitglieds **ergibt sich aus dem Gesetz** (§ 93 Abs. 1 S. 3 AktG), wird aber regelmäßig darüber hinaus als Verpflichtung in den Dienstvertrag aufgenommen. Die Geltung der Verschwiegenheitspflicht wird dabei auch fast immer **auf die Zeit nach Ablauf des Vertrags ausgedehnt.** Dies ist insofern nicht ganz unproblematisch, als das Vorstandsmitglied ja nach seinem Ausscheiden aus dem Vorstand der Gesellschaft – je nach Lebensalter – andere berufliche Aufgaben übernehmen kann, bei denen die in der vorherigen Position erworbenen Kenntnisse und Erfahrungen natürlich verwertet werden dürfen, soweit kein nachvertragliches Wettbewerbsverbot vorliegt.

24 Es kann also durchaus sein, dass es hier zu schwierigen Abgrenzungsfragen kommt. Im Allgemeinen wird es keine Probleme geben, soweit das ausgeschiedene Vorstandsmitglied seine erworbenen Erfahrungen ohne Hinweis auf deren Herkunft und ohne Schädigungsabsicht für die Gesellschaft, wo diese Kenntnisse erworben wurden, verwendet. Keinesfalls darf ein nachvertragliches Verschwiegenheitsgebot, das im Allgemeinen zeitlich nicht limitiert ist, als **verkapptes nachvertragliches Wettbewerbsverbot** verstanden werden.

---

[18] So aber noch *Mertens* in KK-AktG § 93 Rn. 3: „In jedem Falle richtet sich die Schadensersatzpflicht nach § 93 AktG."
[19] Vgl. *Fleischer* in Spindler/Stilz AktG § 93 Rn. 3 ff.; *Spindler* in MüKoAktG § 93 Rn. 27 f.
[20] S. *Fleischer* in Spindler/Stilz AktG § 93 Rn. 5 aE.

6. Arbeitsmittel, Unterlagen und deren Rückgabe

Zur Erfüllung sämtlicher dienstlicher Aufgaben werden dem Vorstandsmitglied in der Regel **Arbeitsmittel zur Verfügung gestellt** wie Dienstwagen, Laptop, Handy und ggf. weitere elektronische Hilfsmittel. Diese Gegenstände sind bei Beendigung der Bestellung und – meist damit zusammenfallend – bei Beendigung des Dienstvertrags herauszugeben. In diesem Zusammenhang werden bei einem streitig betriebenen Vertragsende häufig **Zurückbehaltungsrechte** an derartigen Gegenständen geltend gemacht. Um dies zu vermeiden, sollte der Dienstvertrag einen Ausschluss derartiger Rechte ausdrücklich vorsehen.

Weiter sind herauszugeben Unterlagen der Gesellschaft, die das Vorstandsmitglied im Besitz hat. War dies schon früher kaum zu kontrollieren, als die Unterlagen noch ausschließlich in Papierform vorlagen, ist dies im Zeitalter der elektronischen Datenspeicherung nahezu unmöglich geworden, so dass die Gesellschaft bei diesem Anspruch in besonderem Maße auf die Vertrauenswürdigkeit des ausscheidenden Vorstandsmitglieds angewiesen ist. Naturgemäß hängt die Verpflichtung, Unterlagen der Gesellschaft bei Beendigung der Tätigkeit herauszugeben, eng mit der **nachvertraglichen Verschwiegenheitsverpflichtung** zusammen.

7. Dienstwagen und dessen private Nutzung

Es ist allgemein üblich, dem Vorstandsmitglied einen Dienstwagen zur Verfügung zu stellen. Der Dienstwagen wird mehr denn je als Prestige verleihendes Objekt angesehen, so dass Verhandlungen über diesen Punkt oft schwieriger sind, als es dem Objekt angemessen ist. Üblich ist ein Dienstwagen der Oberklasse von einem Premiumhersteller, wobei sich der Dienstvertrag auf diese Angaben beschränkt oder zusätzlich eine betragsmäßige Begrenzung des Anschaffungspreises (inklusive des Zubehörs) vornimmt. Im Allgemeinen wird es aus der Sicht der Gesellschaft zu empfehlen sein, nur die Automobile **eines** Herstellers als Dienstwagen zur Verfügung zu stellen, weil sich so Kostenvorteile bei Anschaffung und Wartung erzielen lassen, wobei sich dieses Prinzip nicht immer wird durchhalten lassen.

Der **Dienstwagen** wird dem Vorstandsmitglied im Allgemeinen auch zur **privaten Nutzung** zur Verfügung gestellt, wobei die Versteuerung dieses Sachbezugs zu regeln ist. Nahezu immer ist die steuerliche Belastung vom Vorstandsmitglied selbst zu tragen, wobei der Sachbezug nach § 8 Abs. 2 S. 2 iVm § 6 Abs. 1 Nr. 4, S. 2 EStG 1 % des Listenpreises (inklusive des Zubehörs) pro Monat beträgt. Die Vereinbarung dieser 1 %-Klausel ist insofern dringend anzuraten, als eine Besteuerung des Sachbezugs ohne diese Pauschale zu erheblichen Mehrbelastungen beim Empfänger führen wird. Wegen der politischen Labilität dieser Regelung sollte der Anstellungsvertrag zugleich einen „Ersatzmaßstab" für den Fall der Änderung oder des Fortfalls dieses Steuerprivilegs enthalten.

Wegen des hohen Prestigewertes kann der Dienstvertrag bei der Beschreibung des **Umfangs der privaten Nutzung** gar nicht präzise genug sein. So gehören die Erstattung von Tankkosten im Ausland sowie die Belastung von Tunnel- und Mautgebühren zu denjenigen Themen, die zahlreiche deutsche Vorstandsmitglieder übergebührlich zu beschäftigen vermögen.

Weil der Dienstwagen zur privaten Nutzung als ein allseits sichtbares Insignium von Macht und Würde eingestuft wird, sollte die **Fortgeltung dieses Sachbezugs im Falle einer vorzeitigen Vertragsbeendigung** unbedingt geregelt werden. Bei durchdachter Vertragsgestaltung kann eine Aktiengesellschaft viel Geld sparen, wenn sie ihrem Ex-Vorstandsmitglied zu Lasten anderer Vertragsleistungen den Dienstwagen zur privaten Nutzung auch nach (vorzeitigem) Vertragsende eine Weile belässt. Die hierdurch gelinderte Erklärungsnot im privaten Umfeld des ehemaligen Vorstandsmitglieds lässt sich beispielsweise für Einsparungen bei der Abfindungszahlung fruchtbar machen.

8. Weitere Sachbezüge?

31 Früher war es üblich – zumindest in einzelnen Branchen – weitere Sachbezüge zur Verfügung zu stellen. Dies begann bereit mit der Umzugshilfe für die Familie. Vielfach wohnten Vorstandsmitglieder in **Dienstwohnungen** (meistens großzügigen Häusern) und die Gesellschaft kam von der Schönheitsreparatur bis zur Gartenpflege für alles auf. Selbstverständlich wurden die Heizungs- und Stromkosten von der Gesellschaft gezahlt. Dies hatte historische Gründe. An den Standorten der Gesellschaften gab es vielfach keinen Wohnungsmarkt; und eine gewisse patriarchalische Fürsorge – zB im Bergbau – erstreckte sich sogar auf Vorstandsmitglieder.

32 Die Verhältnisse haben sich inzwischen geändert. Güter- und Dienstleistungen sind nahezu überall gegen Geld beschaffbar, so dass schon aus diesem Grund die Notwendigkeit von Sachbezügen entfällt. Hinzu kommt, dass die Gesellschaften festgestellt haben, wie teuer es für sie ist, eigene Häuser, Handwerker und Gärtner vorzuhalten, und wieviel günstiger es ist, dem Vorstandsmitglied an Stelle eines Sachbezugs einen angemessenen Geldbetrag zur Verfügung zu stellen. Schließlich kommt hinzu, dass auch die **Finanzverwaltung** Sachbezügen zunehmend Aufmerksamkeit zugewandt hat. Dies alles hat dazu geführt, dass außer der Privatnutzung des Dienstwagens Sachbezüge fast völlig verschwunden sind.

9. Urlaub

33 In jeder dienstvertraglichen Urlaubsregelung geht es um die **Dauer des Jahresurlaubs** und um die **Abstimmungsnotwendigkeiten, wann der Urlaub genommen werden kann.** Standard sind etwa 30 Arbeitstage Urlaub, wobei oft genug der volle Urlaub wegen der Arbeitsbelastung nicht genommen werden kann. Üblicherweise wird vereinbart, dass der Urlaub nach Abstimmung mit den Vorstandskollegen oder dem Vorstandsvorsitzenden genommen werden soll und der Aufsichtsratsvorsitzende zu verständigen ist. Aktive Aufsichtsratsvorsitzende behalten sich gelegentlich auch vertraglich eine Genehmigung des Urlaubs vor.

10. Nebentätigkeiten

34 Nebentätigkeiten können höchst unterschiedlicher Ausprägung und unterschiedlich zeitaufwendig sein. Zu unterscheiden sind hierbei private Nebentätigkeiten oder dienstliche bzw. dienstlich veranlasste Aufgaben.

35 **Private Nebentätigkeiten** (dazu gehören auch Aufsichtsmandate außerhalb des Konzerns) werden vertraglich regelmäßig untersagt oder von einer vorherigen Zustimmung des Aufsichtsrats – zumeist verbunden mit einer Ermächtigung zugunsten des Aufsichtsratsvorsitzenden – abhängig gemacht. Dies ist im Grundsatz zulässig, da ein Vorstandsmitglied auch ohne ausdrückliche Vertragsregelung seine gesamt Arbeitskraft in den Dienst der Gesellschaft stellen muss.[21] Allerdings sind ehrenamtliche Aufgaben mit überschaubarem Aufwand im sozialen, kulturellen oder auch politischen Bereich genehmigungsfrei, da keine „Tätigkeiten".[22] Hier besteht eher die Gefahr, dass das Vorstandsmitglied seinen unternehmerischen Einfluss für derartige Privataktivitäten geltend macht oder – noch schlimmer, da nach § 266 StGB strafbar – Personal und/oder Sachmittel aus dem Unternehmen hierfür einsetzt.

36 **Dienstliche Nebentätigkeiten** sind solche, die zwar nicht Vertragsgegenstand sind, wohl aber mit der Vorstandsaufgabe verbunden sind. Hierzu gehören vor allem Aufsichtsmandate in Konzernunternehmen, aber auch die Vertretung der Gesellschaft in Fachverbänden. Derartige Tätigkeiten sind nicht nur genehmigungsfrei, sondern teilweise sogar

---

[21] AllgM, vgl. nur *Fonk* in Semler/v. Schenck AR HdB § 9 Rn. 94.
[22] Vgl. nur *Fleischer* in Spindler/Stilz AktG § 84 Rn. 80.

Bestandteil der Vorstandsaufgaben mit der Folge, dass das Vorstandsmitglied derart einschlägige Tätigkeiten auch ohne Vertragsbestimmung sogar wahrnehmen *muss*.[23]

Dienstlich veranlasste Nebentätigkeiten bilden die rechtliche Grauzone zwischen der Verpflichtung zur Arbeitskraftkonzentration und betrieblichem Nutzen. Vor allem ehrenamtliche Arbeiten in Verbänden, in kulturellen, sportlichen oder kirchlichen Organisationen oder Vereinigungen sind unterschiedlich zu beurteilen. Allen gemeinsam ist, dass sie Zeit erfordern, die dann für die Bewältigung von Aufgaben in der Gesellschaft nicht mehr zur Verfügung steht. Andererseits trägt eine gewisse Aktivität in kulturellen Institutionen der Stadt, in der die Firma ihren Sitz hat, dazu bei, dass die Gesellschaft als „good corporate citizen" wahrgenommen wird. Letztlich hängt die Sinnhaftigkeit – und damit auch die Zulässigkeit – eines derartigen Engagements von der konkreten Vorstandsaufgabe ab. In Zweifelsfällen ist die **Einholung einer förmlichen Zustimmung** ratsam.

Die **Zustimmungskompetenz** zur Aufnahme privater Nebentätigkeiten liegt beim Aufsichtsratsvorsitzenden oder beim Personalausschuss. Es hat sich als zweckmäßig erwiesen, die Zustimmung zur Aufnahme ehrenamtlicher Tätigkeiten (Verbände und kulturelle Institutionen) dem Aufsichtsratsvorsitzenden zu überlassen, während die Zustimmung zur Aufnahme bezahlter Nebentätigkeiten, wie konzernexterne Aufsichtsratsmandate, dem Personalausschuss vorbehalten bleiben sollte. Bei der Übernahme konzernexterner Aufsichtsratsmandate tritt die Gefahr möglicher Interessenkonflikte hinzu.

11. Wettbewerbsverbot während der Vertragsdauer

Ein **gesetzliches Wettbewerbsverbot** wird bereits durch das Gesetz in § 88 Abs. 1 AktG vorgesehen, wobei die gesetzliche Bestimmung relativ grobmaschig ist und beispielsweise nicht verhindern kann, dass ein Vorstandsmitglied Prokurist einer anderen Handelsgesellschaft würde. Es ist daher notwendig und üblich, in den Dienstvertrag ein feinmaschigeres oder umfassenderes Wettbewerbsverbot aufzunehmen. Zweckmäßig ist es zu vereinbaren, dass das Vorstandsmitglied der Gesellschaft seine **ganze Arbeitskraft zur Verfügung zu stellen hat** und hierdurch Nebentätigkeiten unterbunden oder zumindest unter Erlaubnisvorbehalt durch den Aufsichtsrat oder Personalausschuss gestellt werden. In diesem Fall stellt sich erst gar nicht die Konkurrenzfrage.

Zum Wettbewerbsverbot gehört auch, dass sog. **„corporate opportunities"** nicht eigensüchtig wahrgenommen werden. Solche „corporate opportunities" muss das Vorstandsmitglied vielmehr ausschließlich für die Gesellschaft wahrnehmen.[24] Auch jede indirekte oder mittelbare Wahrnehmung von Geschäftschancen der Gesellschaft ist verboten, wie beispielsweise die Wahrnehmung durch nahestehende Personen[25] oder durch eine Gesellschaft, an der das Vorstandsmitglied beteiligt ist.

„Geschäftschance der Gesellschaft" ist ein **weiter Begriff**[26] und umfasst jedes Geschäft im eigenen Geschäftsbereich der Gesellschaft oder jedes Geschäft, an dem die Gesellschaft ein Interesse hat, wobei es nicht darauf ankommt, ob die Gesellschaft nun ein Angebot gemacht worden oder die Gesellschaft schon ihrerseits Interesse geäußert hat.

12. Wettbewerbsverbot nach Vertragsbeendigung

Das nachvertragliche Wettbewerbsverbot der **§§ 74 ff. HGB** (für den kaufmännischen Angestellten) **gilt nicht direkt für das Vorstandsmitglied**.[27] Allerdings sind bestimmte Grundsätze, die sich diesbezüglich im HGB finden, auch auf ein nachvertragliches Wett-

---

[23] Dies dürfte allerdings nicht für die Übernahme (vertraglich ungeregelter) organschaftlicher Aufgaben gelten, da diese stets mit einer Haftungsausweitung verbunden sind.
[24] *Krieger/Sailer* in K. Schmidt/Lutter AktG § 93 Rn. 16; ausführlich *Schiessl* GmbHR 1988, 53; *Kübler*, FS Werner, 1984, 437.
[25] BGH BB 1986, 486.
[26] Ausführlich *Fleischer* in Spindler/Stilz AktG § 93 Rn. 136 ff.
[27] Vgl. BGHZ 91, 1, 3 zur GmbH.

bewerbsverbot für das Vorstandsmitglied anzuwenden, und gelegentlich werden einzelne Bestimmungen des HGB insoweit auch vertraglich für anwendbar erklärt.

43 Unbedenklich ist allerdings ein **nachvertragliches Wettbewerbsverbots kraft Vereinbarung.** Diese ist jederzeit möglich, sollte aber zweckmäßigerweise schon bei Abschluss des Anstellungsvertrages getroffen werden. Eine solche Vereinbarung muss die Interessen der Gesellschaft einerseits und diejenigen des ausscheidenden oder auch schon ausgeschiedenen Vorstandsmitglieds andererseits sorgfältig gegeneinander abwägen. Hierbei ist im Hinblick auf die § 138 BGB, § 1 GWB eine **Zusammenschau aus räumlicher, gegenständlicher und zeitlicher Betrachtung** erforderlich, um im Wege einer Gesamtbeurteilung die (Un-)Wirksamkeit des nachvertraglichen Wettbewerbsverbots feststellen zu können.[28]

44 In **räumlicher Hinsicht** hängt der Umfang des Wettbewerbsverbotes von der Verbreitung der Kundenstruktur und der Herkunft des Wettbewerbs ab. Grundsätzlich ist gegen eine weltweite Geltung des Wettbewerbsverbots bei global agierenden Unternehmen nichts einzuwenden.[29] Allerdings muss auch die Aufgabe des betroffenen Vorstandsmitglieds derart weitreichend sein, so dass sich beispielsweise für einen Personalvorstand geringere räumliche Ausdehnungen ergeben, als dies bei einem Vertriebsvorstand der Fall wäre.

45 In **sachlicher Hinsicht** bilden die unternehmerischen Aktivitäten der Gesellschaft die äußerste Grenze des nachvertraglichen Wettbewerbsverbots. Hierbei ist die Einbeziehung der Aktivitäten von Konzerngesellschaften zulässig.[30] Maßgeblich sind stets die tatsächlichen (und nicht die satzungsmäßig eröffneten!) Aktivitäten.

46 Die meisten Streitfälle in der Praxis entzünden sich an der **zeitlichen Geltung eines nachvertraglichen Wettbewerbsverbots.** Hier bietet § 74a Abs. 1 S. 3 HGB eine gewisse Orientierung mit der Folge, dass eine zweijährige Gültigkeitsdauer einerseits grundsätzlich unbedenklich ist.[31] Anderseits dürfte hier zugleich die Höchstgrenze eines zulässigen Wettbewerbsverbots liegen, weil jede weitere Ausdehnung einen Konflikt mit Art. 12 GG hervorruft.

47 Der entscheidende Unterschied zwischen dem nachvertraglichen Wettbewerbsverbot des kaufmännischen Angestellten einerseits und dem nachvertraglichen Wettbewerbsverbot des Vorstandsmitglieds andererseits besteht darin, dass im Fall des kaufmännischen Angestellten das Wettbewerbsverbot nur verbindlich ist, wenn eine **Wettbewerbsentschädigung (Karenzentschädigung)** mindestens in Höhe „der Hälfte der zuletzt bezogenen vertragsmäßigen Leistungen gezahlt wird" (vgl. § 74 Abs. 2 HGB). Das nachvertragliche Wettbewerbsverbot des Vorstandsmitglieds ist zwar in der Praxis häufig ebenfalls mit einer solchen Entschädigung verbunden; jedoch ist ein nachvertragliches Wettbewerbsverbot grundsätzlich auch ohne Entschädigung verbindlich.[32] Wegen der unsicheren Rechtslage und der **Zuweisung des Überdehnungsrisikos an die Gesellschaft** wird jedoch die Vereinbarung einer Karenzzahlung dringend empfohlen. Hinsichtlich der Höhe bietet § 74 Abs. 2 HGB einen brauchbaren Anhaltspunkt, so dass 50% der letzten Fixvergütung angemessen sind.

48 **Die Vereinbarung eines nachvertraglichen Wettbewerbsverbots sollte sorgfältig überlegt werden.** Es spricht im Allgemeinen mehr dagegen als dafür. Seine Einhaltung, die auf jeden Fall mit einer Vertragsstrafe abgesichert werden sollte, ist sehr schwer zu überwachen. Die schützenswerte Sphäre des Unternehmens, dh das Gebiet, bei dem die Weitergabe von Einzelheiten an die Konkurrenz dem Unternehmen wirklich schaden

---

[28] Dazu *Seibt* in K. Schmidt/Lutter AktG § 88 Rn. 16; *Krämer*, FS Röhricht, 2005, 336 ff.
[29] So auch OLG Celle NZG 2001, 131 zur GmbH.
[30] *Spindler* in MüKoAktG § 88 Rn. 51; *Thüsing* NZG 2004, 9, 10.
[31] Ebenso *Wiesner* in MHdB AG § 21 Rn. 67; *Fleischer* in Spindler/Stilz AktG § 88 Rn. 46; einschränkend *Thüsing* NZG 2004, 9, 11.
[32] Sehr str., wie hier zB BGHZ 91, 1, 5 und BGH NZG 2002, 475, 476, beide zum Kunden- und Mandantenschutz in der GmbH; *Hüffer* AktG § 88 Rn. 10; dagegen zB *Wiesner* in MHdB AG § 21 Rn. 71; *Fleischer* in Spindler/Stilz AktG § 88 Rn. 47

würde, ist meistens kleiner als angenommen. Die Konkurrenz ist darüber hinaus häufig auf anderem Wege sehr genau über Produkte und Entwicklung des eigenen Unternehmens unterrichtet, so dass ein Wettbewerbsverbot im Allgemeinen, wenn überhaupt, nur in Ausnahmefällen sinnvoll ist.

Wenn die Gesellschaft sich aber schon zu dem Abschluss eines nachvertraglichen Wettbewerbsverbots entschließt und das Vorstandsmitglied sich darauf einlässt – immerhin bedeutet die regelmäßig vereinbarte Entschädigung ja auch eine gewisse Absicherung für die Zeit nach Beendigung des Vorstandsmandats –, so sollte das Wettbewerbsverbot auch Umgehungsmöglichkeiten umfassen. Hinzu gehören etwa direkte oder indirekte (mittels einer zu diesem Zweck gegründeten Gesellschaft) Beratung, Beteiligung an einem anderen Konkurrenzunternehmen oder Unterstützung eines Konkurrenzunternehmens in jeglicher Form. Weiter sollte die Konkurrenzklausel so ausgestaltet sein, dass etwa eine **Vertragsstrafe für eine definierte Zeiteinheit** (zB pro angefangene Woche) des Andauerns des Verstoßes gegen das Wettbewerbsverbot vereinbart wird. 49

In Ruhegeldverträgen finden sich gelegentlich sehr breit angelegte und zeitlich nicht limitierte Wettbewerbsverbote, die regelmäßig mit der Androhung der Suspendierung oder gar völligen Einstellung der Zahlung des Ruhegelds verbunden sind. Solche Wettbewerbsverbote sind als so genannte **verdeckte Wettbewerbsverbote** regelmäßig unwirksam.[33] Schließlich dient das Ruhegeld der Alimentierung und nicht der Konkurrenzentsagung. Daher ist eine Einstellung der Zahlung des Ruhegelds aus Gründen, die in der Person des Ruhegeldempfängers liegen, regelmäßig nur in extremen Ausnahmesituationen denkbar.[34] Anders verhält es sich, wenn Übergangsgeld gezahlt wird, mit dessen Hilfe die Zeit bis zum Eintritt des eigentlichen Versorgungsfalls überbrückt werden soll. Hier darf die Zahlung von der Bedingung abhängig gemacht werden, dass sich der Empfänger des Übergangsgelds einer Konkurrenz zu der (zahlenden) Gesellschaft enthält.[35] 50

13. Dauer des Vertrages

Die Dauer der Anstellung ist mit der Dauer der Bestellung eng verzahnt und darf wie diese fünf Jahre nicht überschreiten. Üblich und von § 84 Abs. 1 S. 5 Hs. 2 AktG auch vorgesehen sind Dienstverträge mit automatischer Verlängerungsklausel, die etwa wie folgt lautet: 51

Dieser Vertrag läuft bis zum ... und verlängert sich automatisch im Fall einer Verlängerung der Bestellung für deren Dauer.

Wie in → Rn. 9 erwähnt, ist es möglich, Bestellung und Anstellungsvertrag noch enger zu verknüpfen, indem der Widerruf der Bestellung, der nur aus wichtigem Grund möglich ist, gleichzeitig als wichtiger Grund gilt, der zur Kündigung des Anstellungsvertrags berechtigt.

Der Vorstand hat die Gesellschaft nach § 76 Abs. 1 AktG in eigener Verantwortung zu leiten. Dieser Aufgabenverteilung erfordert eine gewisse Unabhängigkeit des Vorstands, die durch eine gewisse Mindestdauer der Bestellung – und damit auch des Anstellungsvertrags – abgesichert wird. Es wäre somit beispielsweise unzulässig, einen Anstellungsvertrag mit ganz kurzen Kündigungszeiten zu vereinbaren, weil ein solcher Vertrag dem Aufsichtsrat die Möglichkeit geben würde, den Vertrag jederzeit alsbald zu beenden und so das vom Gesetz vorgesehene Gleichgewichtsverhältnis zwischen beiden Organen zu konterkarieren. 52

---

[33] Vgl. *Spindler* in MüKoAktG § 88 Rn. 50.
[34] BGHZ 55, 274, 280; BGH DB 2002, 1207; ZIP 2000, 380 mit Anm. *Blomeyer*; *Hoffmann-Becking*, FS Quack, 1991, 273, 282.
[35] BGH ZIP 2000, 1452.

II. Vergütung

Schrifttum: *Achleitner/Wollmert* (Hrsg.), Stock Options, 2. Aufl. 2002; *Bauer/Arnold,* Mannesmann und die Folgen für Vorstandsverträge, DB 2006, 546; *dies.,* Abfindungs-Caps in Vorstandsverträgen – gute Corporate Governance?, DB 2007, 1793; *dies.,* Festsetzung und Herabsetzung der Vorstandsvergütung nach dem VorstAG, 2009, 717; *Bauer/Baeck/v. Medem,* Altersversorgung und Übergangsgelder in Vorstandsanstellungsverträgen, NZG 2010, 721; *Baums,* Aktienoptionen für Vorstandsmitglieder, FS Claussen, 1997, 3; *ders.,* Anerkennungsprämien für Vorstandsmitglieder, FS Huber, 2006, 655; *de Beauregard/Schwimmbeck/Gleich,* Variable Vergütung im Trennungsprozess mit Geschäftsführern und Vorständen, DB 2012, 2792 (Teil 1), 2853 (Teil 2); *Beiner,* Der Vorstandsvertrag, 2006; *Bork,* Change of Control-Klauseln in Anstellungsverträgen von Vorstandsmitgliedern, 2009; *Brandes,* Rückzahlung überhöhter Vorstandsgehälter, ZIP 2013, 1107; *Cascante/Topf/Friedrich,* Zur Reichweite des § 87 II AktG – Rückgängigmachung der Kürzung nach Erholung der Lage der Gesellschaft?, NFG 2010, 688; *Diekmann,* Die Drittvergütung von Mitgliedern des Vorstands einer Aktiengesellschaft, FS Maier-Reimer, 2010, 75; *Doetsch,* Veränderte Anforderungen an Gestaltung und Publizität von Vorstands-Pensionszusagen, AG 2010, 465; *Dreher,* Change of control-Klauseln bei Aktiengesellschaften, AG 2002, 214; *Drygola,* Die neue Pflicht des Vorstands zur Bescheidenheit, FS Schneider, 2011, 275; *Dzida/Naber,* Risikosteuerung durch variable Vergütung, BB 2011, 2613; *Feddersen,* Aktienoptionsprogramme für Führungskräfte aus kapitalmarktrechtlicher und steuerlicher Sicht, ZHR 161 (1997), 269; *Feudner,* Regeln für Vorstandsbezüge, NFG 2007, 779; *Fleck,* Die Drittanstellung des GmbH-Geschäftsführers, ZHR 149 (1985), 387; *Fleischer,* Das Gesetz zur Angemessenheit der Vorstandsvergütung (VorstAG), NZG 2009, 801; Aufsichtsratsverantwortlichkeit für die Vorstandsvergütung und Unabhängigkeit der Vergütungsberater, BB 2010, 67; *ders.,* Vergütungsrelevante Zielvereinbarungen und -vorgaben versus Leistungsbefugnis des Vorstands, NZG 2011, 321; *Goette,* Zur Orientierung der Vorstandsvergütung an der Lage der Muttergesellschaft, FS Hopt, 2010, 689; *Kelle,* Die Bilanzierung von Stock Options, 2002; *Hoffmann-Becking/Krieger,* Leitfaden zur Anwendung des Gesetzes zur Angemessenheit der Vorstandsvergütung (VorstAG), Beilage zu NZG 2009, Heft 26; *Köhler,* Fehlerhafte Vorstandsverträge, NZG 2008, 161; *Kort,* Zivilrechtliche Folgen unangemessen hoher Vorstandsvergütung – eine Mannesmann-Spätlese, DStR 2007, 1127; *Liebers/Hoefs,* Anerkennungs- und Abfindungszahlungen an ausscheidende Vorstandsmitglieder, ZIP 2004, 97; *Marsch-Barner,* Aktuelle Rechtsfragen zur Vergütung von Vorstands- und Aufsichtsratsmitgliedern, FS Röhricht, 2005, 401; *ders.,* Zum Begriff der Nachhaltigkeit in § 87 Abs. 1 AktG, ZHR 175 (2011), 737; *Reichert/Balke,* Die Berücksichtigung von Konzernzielen bei der variablen Vergütung des Vorstands einer abhängigen Gesellschaft im faktischen Konzern, FS Hellwig, 2010, 285; *Roth,* Versorgungszusagen an Vorstandsmitglieder, Der Aufsichtsrat, 2004, 6; *Röttgen/Kluge,* Nachhaltigkeit bei Vorstandsvergütungen, NJW 2013, 900; *Schäfer,* Variable Vorstandsvergütung als unzulässiges Mittel der Einflussnahme des Aufsichtsrats auf die Unternehmensleitung?, Liber Amicorum Winter, 2011, 557; *Schuster,* Clawback-Klauseln – probates Mittel zukunftsgerechter Gestaltung von Bonus-Vereinbarungen?, FS Bauer, 2010, 973; *Spindler,* Konzernbezogene Anstellungsverträge und Vergütungen von Organmitgliedern, FS K. Schmidt, 2009, 1529; *ders.,* Rechtsfolgen einer unangemessenen Vorstandsvergütung, AG 2011, 725; *Thüsing,* Das Gesetz zur Angemessenheit der Vorstandsvergütung, AG 2009, 517; *Waldenberger/Kaufmann,* Nachträgliche Herabsetzung der Vorstandsvergütung: Vermeidung von Haftungsrisiken für den Aufsichtsrat, BB 2010, 2257; *Waldhausen/Schüller,* Variable Vergütung von Vorständen und weiteren Führungskräften im AG Konzern, AG 2009, 179; *Weppner,* Vergütungsherabsetzung gemäß § 87 II AktG – Leitlinien für die Praxis, NZG 2010, 1056; *Wilsing/van der Linden,* Vorstandsvergütung und ihre Transparenz – Gedanken zur Kodexnovelle 2013, DStR 2013, 1291; *Wittuhn/Hamann,* Herabsetzung von Vorstandsvergütung in der Krise, ZGR 2009, 847.

1. Allgemeines und Rechtsentwicklung

a) Grundsätze

53 Die zentrale Vergütungsnorm ist § 87 AktG. Die Vorschrift beinhaltet eine Vefahrenskomponente, indem sie dem Aufsichtsrat die Alleinkompetenz für die Festsetzung und Anpassung der Vergütung zuweist. Bedeutender ist hingegen die sachliche Regelung, die in der Sicherung der Angemessenheit der Vergütung besteht (vgl. § 87 Abs. 1 S. 1 AktG). In dieser Funktion soll die Regelung den Interessen der Aktionäre und der Gläubiger dienen.[36]

b) Rechtsentwicklung

54 Die Höhe der Vorstandsvergütung ist seit langem nicht nur Gegenstand zahlreicher gesetzlicher Detailregelungen, sondern auch – dieser Normierungsflut oft vorgelagert – Brennpunkt unzähliger politischer und gesellschaftlicher Debatten. Ausgelöst durch mehre-

---

[36] Vgl. *Fonk* in Semler/v. Schenck AR HdB § 9 Rn. 121; *Hüffer* AktG § 87 Rn. 1.

re völlig überhöhte Zahlungen an einzelne Vorstandsvorsitzende (noch dazu in Zeiten schwacher wirtschaftlicher Entwicklungen) hat sich die Politik, vornehmlich im Wahlkampf, des Themas angenommen. In der Schweiz stimmte im Herbst 2013 gar die Bevölkerung über eine Deckelung der Vorstandsvergütung beim Zwölffachen eines Arbeiterlohns im selben Unternehmen ab – im Ergebnis allerdings dagegen.

2. Detailregelungen

a) FMStFG

Der erste nennenswerte Eingriff des Gesetzgebers erfolgte anlässlich der Finanzkrise im Jahr 2008 in Gestalt des Finanzmarktstabilisierungsfondsgesetzes (FMStFG) vom 17.10.2008 (BGBl. I 1982). Das Gesetz betrifft ausschließlich Unternehmen aus dem Finanzsektor, die sich staatlicher Hilfe bedienen. Die zentrale (und populärste) Vorschrift regelt die Begrenzung der jährlichen Fixvergütung für Vorstandsmitglieder auf 500 000 Euro.

b) VorstAG

Auch das Gesetz zur Angemessenheit der Vorstandsvergütung (VorstAG) vom 31.7.2009 (BGBl. I 2509) stellt eine Reaktion auf die Finanzkrise dar.[37] Kernstück des Gesetzes war die Änderung des § 87 Abs. 1 S. AktG in zweierlei Hinsicht: Zum einen wurde die Leistung des Vorstands als Bezugspunkt für seine Vergütung erstmals ausdrücklich aufgeführt.[38] Zum andern wurde die „übliche Vergütung" als regelmäßige Obergrenze der Vorstandsvergütung in das Gesetz aufgenommen. Zusätzlich sieht ein neuer § 87 Abs. 1 S. 2 vor, dass die Vergütungsstruktur (und insbesondere variable Vergütungsbestandteile; vgl. dazu § 87 Abs. 1 S. 3 AktG) bei börsennotierten Gesellschaften auf eine nachhaltige Unternehmensentwicklung auszurichten ist. Eher als „Beruhigungspille für Aktionäre" ist die Einfügung eines § 120 Abs. 4 AktG zu bewerten, demzufolge der Hauptversammlung das Recht zusteht, das Vergütungssystem (nicht jedoch individuelle Vergütungsregelungen!) zu (miss-)billigen, ohne allerdings dadurch irgendeine Rechtsfolge auszulösen.

§ 87 AktG gilt in der aktuellen Fassung für alle nach dem 5.8.2009 geschlossenen Anstellungsverträge. **Übergangsregelungen** hat der Gesetzgeber nicht geschaffen. Damit bleiben Altverträge auch dann unverändert gültig, wenn sie sich nach dem 5.8.2009 automatisch verlängern.[39] Eine neue Vergütungsentscheidung des Aufsichtsrats nach diesem Datum (mit oder ohne Vertragsverlängerung) hat sich dagegen an der Neufassung des § 87 AktG zu orientieren.

c) DCGK

Schließlich hat sich auch der Deutsche Corporate Governance Kodex (DCGK) der Vorstandsvergütung in ausführlicher Form angenommen. Als maßgebliche Triebfeder für das VorstAG sind zahlreiche Regelungen des Kodex zwischenzeitlich rein gesetzeswiederholender Natur. Eine Eigenbedeutung haben nach wie vor die Regelungen in Ziff. 4.2.3 Abs. 2 S. 6 DCGK (Ausweis einer betragsmäßigen Gesamtvergütungs-Höchstgrenze) sowie in Ziff. 4.2.5 DCGK, die einen inhaltlich näher definierten Vergütungsbericht als Teil des Lageberichts vorsieht.

3. Angemessenheit der Gesamtvergütung

a) Bezugspunkte

Die Angemessenheit der Vergütung ist keine absolute Größe, sondern eine Bandbreite, die sich an verschiedenen Bezugspunkten orientiert und vom Aufsichtsrat zu beachten ist.

---

[37] Diese (offizielle) Begr. ist insofern nicht ganz schlüssig, als auch nicht-börsennotierte Gesellschaften unter § 87 Abs. 1 AktG fallen; vgl. dazu *Seibert* WM 2009, 1489.
[38] Zuvor waren es nur die Aufgaben des Vorstandsmitglieds und die Lage der Gesellschaft.
[39] AA *Fleischer* in Spindler/Stilz AktG § 87 Rn. 38; *Hoffmann-Becking/Krieger* Beilage zu NZG 26/2009 Rn. 28; wie hier dagegen *Lingemann* BB 2009, 1918, 1920; *Bauer/Arnold* AG 2009, 717, 724.

Das Gesetz nennt hier zunächst die **Aufgaben des Vorstands**, meint aber auch (und in der Praxis vor allem!) die hiermit verbundene Verantwortung.[40] Diese Kriterium erlaubt durchaus größere Abstufungen und insbesondere eine deutlich herausgehobene **Vergütung des Vorstandsvorsitzenden**.[41]

60 Die **Leistungen des Vorstandsmitglieds** als weiterer Bezugspunkt sind erst durch das VorstAG in § 87 Abs. 1 AktG eingefügt worden; der Kodex hat diese Regelung jedoch schon zuvor in Ziff. 4.2.2 Abs. 2 DCGK beinhaltet. Bei einer Erstbesetzung wird der Aufsichtsrat dieses Kriterium allerdings höchstens im Rahmen der variablen Vergütung berücksichtigen können. Ansonsten ist der Aufsichtsrat bei der Ausgestaltung dieses Merkmals weitgehend autark. Er muss allerdings berücksichtigen, dass das Gesetz die **individuellen Leistungen** zugrunde legt. Leistungen des Vorstands als Gesamtorgan sind dagegen nicht gemeint.[42] Dagegen ist die Teamfähigkeit eines einzelnen Mitglieds im Gesamtvorstand ein individuelles Leistungsmerkmal und daher bei der Vergütungsbemessung relevant.[43]

61 § 87 Abs. 1 AktG nennt weiterhin die **Lage der Gesellschaft** als Bezugspunkt für die Angemessenheit. Gemeint sind die wirtschaftliche Lage (Vermögen-, Finanz- und Ertragslage) sowie die Zukunftsaussichten des Unternehmens.[44] Für die Vorstände in der Konzernobergesellschaft darf hierbei auch auf die **Lage des Konzerns** abgestellt werden.[45] In der Praxis erfährt dieses Merkmal allerdings gelegentlich eine Umkehrung. Gerade in wirtschaftlich schwierigen Situationen lässt sich nicht leicht ein kompetenter Vorstand für die **Übernahme von Sanierungsaufgaben** finden, wenn damit auch noch eine geringere Vergütung einhergeht. Daher wird in diesen Fällen ein Vergütungsabschlag weitgehend abgelehnt.[46]

62 Nach der Neuregelung des § 87 Abs. 1 AktG soll die Vorstandsvergütung die „übliche Vergütung" nicht ohne besondere Gründe übersteigen. Hierin steckt zunächst die Aufforderung zu einem **Vertikalvergleich**, demzufolge die Vorstandsvergütung die ansonsten im Unternehmen bestehende Vergütung berücksichtigen soll (vgl. auch Ziff. 4.2.2 S. 1 DCGK). Hiermit soll ein allzu großer Abstand der Vorstandsvergütung zum allgemeinen Gehaltsgefüge im Unternehmen – insbesondere bei den Spitzenkräften unterhalb der Vorstandsebene – vermieden werden. Daneben ist die Üblichkeit im Weg eines **Horizontalvergleichs** zu überprüfen. Die Vergütung ist daher an branchen- und größengleichen Unternehmen zu messen. Während sich der Gesetzgeber hierbei noch an nationale Maßstäbe gehalten hat,[47] besteht inzwischen Einigkeit darüber, dass im Falle eines Wettbewerbes mit ausländischen Unternehmen mit denselben Führungskräften internationale Üblichkeitsmaßstäbe angelegt werden dürfen.[48] Allerdings sollten hier nur floskelhafte Hinweise auf (abstrakte) höhere Vergütungsstrukturen im Ausland vermieden werden. Bei näherer Betrachtung sind die meisten Manager, die einen derartigen internationalen Vergleich für sich beanspruchen, für eine Spitzenposition im Ausland nämlich nur bedingt geeignet (und meist auch nur bedingt gewillt, eine solche anzutreten).

b) Kollisionsregel

63 Kommt es ausnahmsweise einmal zu einem **Konflikt zwischen Vertikalvergleich und Horizontalvergleich**, so setzt sich der Horizontalvergleich bei der Vergütung durch.[49]

---

[40] *Fleischer* in Spindler/Stilz AktG § 87 Rn. 10.
[41] Vgl. *Spindler* in MüKoAktG § 87 Rn. 10; *Kort* NJW 2005, 333.
[42] Abw. *Bauer/Arnold* AG 2009, 717, 718 f.
[43] Vgl. *Annuß/Theusinger* BB 2009, 2434; *Fleischer* NZG 2009, 801, 802.
[44] LG Düsseldorf NJW 2004, 3275, 3278.
[45] Vgl. dazu *Spindler* DStR 2004, 36, 39.
[46] So zB *Wiesner* in MHdB AG § 21 Rn. 40; *Spindler* in MüKoAktG § 87 Rn. 53.
[47] So Rechtsausschuss, BT-Drs. 16/433, 15: „Üblichkeit im Geltungsbereich des Gesetzes".
[48] Ebenso *Hoffmann-Becking/Krieger* Beilage zu NZG 2009, Heft 26 Rn. 5; *Lingemann* BB 2009, 1918; *Fleischer* NZG 2009, 801, 802.
[49] HM, vgl. *Fleischer* in Spindler/Stilz AktG § 87 Rn. 18; *Hoffmann-Becking/Krieger* Beilage zu NZG 2009, Heft 26 Rn. 8.

4. Vergütungskomponenten

a) Fixum

Das Fixgehalt ist im Allgemeinen der unproblematischste Teil der Gesamtbezüge. Während früher das Fixgehalt den weitaus größten Bestandteil der Bezüge darstellte, hat sich dies in den letzten Jahren geändert. Variable Bestandteile und die seit einigen Jahren hinzu getretenen Stock Options und ähnliche Gestaltungen stehen nunmehr im Vordergrund.

Die **Vereinbarung eines reinen Festgehalts** ist möglich und mit dem Gesetz (nicht aber mit Ziffer 4.2.3 Abs. 2 S. 2 DCGK) vereinbar.[50] Häufig ist die Definition fairer und berechenbarer variabler Vergütungsanteile sogar derart schwierig, dass sich eine Beschränkung auf das Fixgehalt regelrecht empfiehlt. Gerade bei bevorstehenden Übernahmen stellen Anknüpfungen des variablen Gehalts an Ergebniskennzahlen die falschen Anreize dar.

Beim Fixgehalt ist eine periodische Überprüfung durch den Aufsichtsrat üblich, es empfiehlt sich aber **nicht eine automatische Anpassung,** etwa eine Indexierung durch den Lebenshaltungskostenindex oder durch eine bestimmte Tarifgruppe. Eine derartige Regelung läuft wegen des Automatismus und der „compound"-Wirkung[51] leicht aus dem Ruder.

b) Variable Vergütung

Bei der Vereinbarung der variablen Vergütung sind Konflikte mit den gesetzlichen Vorgaben am ehesten denkbar. Insbesondere die Vereinbarkeit der variablen Vergütung mit dem **Postulat der nachhaltigen Unternehmensentwicklung** nach § 87 Abs. 1 S. 2 AktG[52] bereitet hier die meisten Probleme. Im Kern geht es darum, ein unternehmerisches „Strohfeuer" zu verhindern, das alsbald wieder erlischt.[53] Der Aufsichtsrat soll daher nach § 87 Abs. 1 S. 3 AktG für die variable Vergütung eine mehrjährige[54] Bemessungsgrundlage wählen und Auswüchse aufgrund außerordentlicher Entwicklungen deckeln. Hiermit soll gleichzeitig das **Eingehen unverantwortlicher Risiken** verhindert werden.[55]

Die „klassische" variable Vergütung knüpft an **das Ergebnis des Geschäftsjahres** an. **Anknüpfungspunkt** war hier **früher** oft die **Dividende.**[56] Hiervon ist man aber mit Recht abgekommen, da die Ausschüttungspolitik mit der Leistung des Vorstands in keinem direkten Zusammenhang steht. Der geeignetste Anknüpfungspunkt ist das **operative Ergebnis,** wobei Zinsen, Abschreibungen und Steuern allerdings zu berücksichtigen sind und somit EBIT und EBITDA ausscheiden.

Problematisch ist die Einbeziehung des Gewinns aus der Aufdeckung stiller Reserven, also aus der Differenz zwischen Buchwert und Verkaufserlös beim Verkauf von Vermögensgegenständen des Anlagevermögens.[57] Hier wird man zu unterscheiden haben, ob die Wertsteigerung durch reinen Zeitablauf erfolgt ist oder ob die Unternehmensführung zB durch Entwicklung von Grundstücken die Wertsteigerung maßgeblich mit herbeigeführt hat. Im ersten Fall ist der Gewinnbestandteil bei der Tantiemenberechnung nicht mit zu berücksichtigen, im zweiten Fall aber mindestens in dem Verhältnis, in dem unternehmerische Leistung und Zeitablauf zueinander stehen, wobei bei dieser Betrachtung die persönliche Leistung des jeweiligen Vorstandsmitglieds für die Wertsteigerung zu berücksichtigen ist.

---

[50] Vgl. *Spindler* in MüKoAktG § 87 Rn. 81; *Thüsing* AG 2009, 517, 519.
[51] Die Wirkung, die sich daraus ergibt, dass die Berechnungsgrundlage für die prozentuale Erhöhung der jeweils durch die letzte Erhöhung bereits angestiegene Betrag ist.
[52] Die Vorschrift gilt ausdrücklich nur für börsennotierte Unternehmen, hat aber darüber hinaus allgemeine Signalwirkung; vgl. nur *Spindler* in MüKoAktG § 87 Rn. 93.
[53] Das Bild stammt von *Fleischer* NZG 2009, 801, 802 f.
[54] Hierunter wird in Anlehnung an § 193 Abs. 2 Nr. 4 AktG überwiegend eine mindestens vierjährige Bemessungsperiode verstanden; vgl nur *Hoffmann-Becking/Krieger* Beilage zu NZG 2009, Heft 26 Rn. 20 mwN.
[55] Vgl. *Bauer/Arnold* AG 2009, 717, 721; *Annuß/Theusinger* BB 2009, 2434, 2435.
[56] Vgl. (freilich für den Aufsichtsrat) *Mutter* ZIP 2002, 1230.
[57] Vgl. *Peltzer*, FS Lutter, 2000, 571.

70 Um der „mehrjährigen Bemessungsgrundlage" im Sinne des § 87 Abs. 1 S. 3 AktG[58] zu genügen, genügt es in der Regel nicht, die variable Vergütung am **isolierten Ergebnis eines einzigen Geschäftsjahres** zu messen. Hierfür gibt es zwei grundsätzliche Alternativen. In der einen Variante werden die Ergebnisse mehrerer Geschäftsjahre aggregiert und hieraus eine Durchschnittsformel entwickelt (Bonus-Malus-System). Der DCGK formuliert dies mit der Berücksichtigung sowohl positiver als auch negativer Entwicklungen (Ziff. 4.2.3, Abs. 2 S. 3 DCGK). In der anderen Variante wird zwar ein einziges Geschäftsjahr als Messlatte zugrunde gelegt, jedoch die Fälligkeit der daraus resultierenden variablen Zahlung deutlich (zB um zwei Jahre) hinausgeschoben. Ob dies den Anforderungen des § 87 Abs. 1 S. 3 AktG genügt, erscheint zweifelhaft.[59] Jedenfalls muss bei einer Mischung von kurzfristigen und langfristigen Anreizsystemen die letztgenannte Variante überwiegen.[60]

c) Gewährung von Unternehmensaktien mit Behaltenspflicht

71 Hierbei handelt es sich um eine Sachtantieme, deren langfristige Anreizwirkung unbestreitbar ist. Eine solche Vergütungskomponente ist sicherlich diejenige, mit denen sich die gewünschte Motivation am zielgenauesten erreichen lässt, weil Aktionäre und Führungskräfte in genau derselben Situation sind. Die Gesellschaft kann sich dabei die Aktien auf dieselbe Art beschaffen wie bei Stock Options (→ Rn. 79 ff.).

72 Die Aktien sind ein **„Vergütungsbestandteil"**, müssen also für das Vorstandsmitglied günstiger erhältlich sein als an der Börse. Welcher Abschlag (in Prozent vom Börsenkurs) gewährt wird, hängt davon ab, wie hoch der Vorteil sein soll, der dem Vorstandsmitglied gewährt wird. Dieser ist leicht zu errechnen, indem man das Delta zwischen Börsenkurs und dem Kurs nimmt, der dem Vorstandsmitglied in Rechnung gestellt werden soll, und mit der Zahl der auf diese Weise verbilligt erwerbbaren Aktien multipliziert. Dieser Ansatz empfiehlt sich, da **alle** Vergütungsbestandteile „für sich und insgesamt" angemessen sein sollen.[61] Als Richtgröße könnte sich etwa anbieten, dem Vorstandsmitglied einen Vorteil einzuräumen, der in einer Beziehung zu den beiden anderen Vergütungsbestandteilen steht, nämlich dem Fixgehalt und der Tantieme.

73 Dem einzubauenden Risikocharakter wird es nur gerecht, wenn das Vorstandsmitglied für den Aktienerwerb eigenes Geld in die Hand nehmen muss. Es würde also dem Kodex nicht entsprechen, wenn zwar der einzuräumende Vorteil noch „für sich" und die Vergütungsbestandteile auch in der Summe angemessen wären, dies aber dadurch erreicht würde, dass eine nur sehr kleine Zahl von Aktien der Gesellschaft nahezu unentgeltlich oder mit einem so hohen Rabatt gewährt würde, dass die finanzielle Eigenleistung und damit das wirklich spürbare Risiko für das Vorstandsmitglied gar nicht ins Gewicht fällt.

74 Bei allem ist in die Erwägungen mit einzubeziehen, dass der **finanzielle Vorteil versteuert werden muss,** ohne dass dieser steuerlichen Verpflichtung des Vorstandsmitglieds ein Liquiditätszufluss gegenüberstünde. In **Ausnahmefällen** sollte die Gesellschaft zur Überbrückung ein Darlehen gewähren, wenn sich dies sonst als Ausübungshürde darstellen würde.

75 Diese Form der variablen Vergütung mit Langzeitcharakter hat neben ihrer Zielgenauigkeit weitere Vorteile. Sie ist ausgesprochen einfach und präzise darzustellen, was bei einem Aktienoptionsplan wegen der Ungewissheit des zukünftigen Kursverlaufs nie gelingen wird. Eine so ermöglichte einfache und klare Darstellung wird das ihre dazu beitragen, das verloren gegangene Vertrauen in die Redlichkeit der Verwaltungen deutscher Aktiengesellschaften wieder herzustellen.

76 Eine **entscheidende Frage** ist die **Dauer der mehrjährigen Veräußerungssperre.** Hier muss mit Augenmaß gearbeitet werden. An sich gilt: je länger desto besser. Allerdings muss der Aufsichtsrat in besonderen Lebenssituationen, die hohen Liquiditätsbedarf verur-

---

[58] → Rn. 67 Fn. 54.
[59] Abl. *Hoffmann-Becking/Krieger* Beilage zu NZG 2009, Heft 26 Rn. 23.
[60] *Spindler* in MüKoAktG § 87 Rn. 83; *Mertens* AG 2011, 57, 62.
[61] Vgl. dazu *Hüffer* ZHR 161 (1997), 214, 234.

sachen, Ausnahmen zu gewähren in der Lage sein. „Je länger desto besser" bedeutet: Idealerweise würden auch die Vorstandspensionäre als Aktionäre ihren ehemaligen Kollegen noch auf die Finger sehen. Die Vorstandsbezüge wären möglicherweise nicht so „ins Kraut geschossen", wenn die pensionierten Kollegen jeweils einen namhaften Aktienbestand gehabt hätten – vorausgesetzt natürlich, die Vorstandspensionen sind nicht an die Entwicklung der Bezüge der aktiven Vorstandsmitglieder geknüpft. Es gibt hier sicherlich nicht eine absolut richtige Zahl, jedoch sollte die Ausübungsfrist für Stock Options nach § 193 Abs. 2 Nr. 4 AktG von **mindestens vier Jahren** auch hier gelten.[62]

d) Ermessenstantiemen

Ermessenstantiemen sind sowohl bei nicht-börsennotierten Unternehmen[63] als auch bei börsennotierten Gesellschaften weiterhin zulässig.[64] Voraussetzung ist ihre vertragliche Fixierung wenigstens dem Grunde nach. Über deren Höhe muss der Aufsichtsrat anhand nachvollziehbarer Kriterien beschließen.

e) Sonderzahlungen

Auch die Gewährung von Sonderzahlungen ist nach wie vor zulässig.[65] Zur Vermeidung des strafrechtlichen Untreuevorwurfs hat der BGH in seiner „Mannesmann/Vodafone-Entscheidung"[66] zwei Voraussetzungen aufgestellt, die kumulativ vorliegen müssen. Zum einen muss die Sonderzahlung im Anstellungsvertrag wenigstens rudimentär vorgesehen sein; eine rein freiwillige Sonderzahlung ist dagegen nicht zulässig.[67] Zum andern muss die Sonderzahlung geeignet sein, für das Unternehmen einen künftigen Nutzen zu generieren.[68] Die Abgeltung historischer Erfolge für ausgeschiedene Vorstandsmitglieder erfüllt dieses Kriterium nicht. Trotz der beschriebenen Hürden sollte man die Sonderzahlung nicht verteufeln; sie kann durchaus erwartete (und noch mehr unerwartete) Erfolge kompensieren, die sich vorab nicht digital definieren lassen.

f) Aktienoptionen

aa) Allgemeines. Aktienoptionen **(Stock Options)** galten in Deutschland seit Mitte der 90er Jahre als das neue **Wundermittel zur Motivierung des Managements.** Es wurde dabei vielfach übersehen, dass dieses aus der US-amerikanischen und englischen Kapitalmarktkultur stammende Instrument in seinen Herkunftsländern eben nicht – wie in Deutschland allgemein üblich – verbunden ist mit langjährigen Dienstverträgen und Pensionsvereinbarungen. Zu diesen Vergütungsbestandteilen noch – im Allgemeinen additiv und ohne jede Anrechnung auf die bereits vorher gezahlte variable Vergütung – Stock Options hinzuzufügen, war reines „cherry picking" der jeweils günstigsten Vergütungsbestandteile aus verschiedenen Kapitalmarktkulturen.

Die **grundsätzliche Konzeption** von Aktienoptionen ist einfach: Der Führungskraft wird eine Kaufoption (einseitiges Ankaufsrecht ohne Kaufverpflichtung) eingeräumt, zu einem späteren Zeitpunkt (genauer: während eines in der Zukunft liegenden Zeitraums, der Ausübungsperiode) Aktien der Gesellschaft zu kaufen. Der Ankaufspreis soll dabei so bemessen sein, dass die Führungskraft motiviert wird, auf eine Kurssteigerung der Aktien der Gesellschaft hinzuwirken, damit die Option „ins Geld kommt", dh dass während der Ausübungsperiode der Börsenkurs über dem Bezugskurs liegt und so die Option mit Gewinn ausgeübt werden kann.

Stock Options hatten in Deutschland einen **schlechten Start,** der sie als Vergütungsbestandteil diskreditiert hat. Dies hat eine Vielzahl von Gründen:

---

[62] Ebenso *Hoffmann-Becking/Krieger* Beilage zu NZG 2009, Heft 26 Rn. 24.
[63] Mangels unmittelbarer Geltung des § 87 Abs. 1 S. 3 AktG völlig unstr.
[64] Vgl. BGH NJW 2006, 522 Rn. 24 – Mannesmann/Vodafone.
[65] Ebenso *Fleischer* NZG 2009, 801, 803; *Thüsing* AG 2009, 517, 520.
[66] BGH NJW 2006, 522.
[67] Vgl. BGH NJW 2006, 522 Rn. 19 ff.
[68] Vgl. BGH NJW 2006, 522 Rn. 26 f.

- Die ersten bekannten **Stock Options-Pläne** bei der Deutschen Bank und bei Daimler/Chrysler waren mit viel zu niedrigen Ausübungshürden ausgestattet und erwiesen sich als Selbstbedienungsveranstaltungen.[69]
- Das **Börsenumfeld** war **bei Einführung** in Deutschland denkbar **ungünstig.** Von Mitte der 90er Jahre bis zum Frühjahr 2000 ging die Börse steil nach oben, von da an bis zum März 2003 stark nach unten. Im ersten Teil dieser Periode war der Kursanstieg der Aktien der Gesellschaft auch bei mittelmäßiger Leistung des Managements gegeben; im zweiten Abschnitt konnten auch exzellente Leistungen eines Vorstands den Kursverfall nicht bremsen. Vor dem Hintergrund eines derartigen Börsenverlaufs begannen grundsätzliche Zweifel an der Sinnhaftigkeit von Stock Options aufzukommen.[70]
- **Stock Options** haben erheblich dazu beigetragen, dass die Vorstandsbezüge steil in die Höhe schossen, weil sie – wie erwähnt – **additiv zu anderen Vergütungskomponenten hinzutraten.** Vor dem Hintergrund fallender Kurse verriet dies nicht nur mangelnde Sensibilität, sondern darüber hinaus mangelnden Anstand und Weitblick für die Notwendigkeit eines funktionierenden Kapitalmarkts von Seiten des Managements und der Verantwortlichen in den Aufsichtsräten.
- **Stock Options,** auch für Aufsichtsräte, waren ein **Kernelement des Neuen Markts.** Jene gewaltige Blase, die Viele arm und Wenige reich gemacht hat, wäre ohne sie in dieser Form nicht denkbar gewesen.

82   Stock Options-Programme setzen gedanklich drei Bausteine voraus:[71]
- Der Vorstand bzw. die mit Stock Options versehenen Führungskräfte sind selbst in der **Lage, den Kurs positiv zu beeinflussen.**
- Das Stock Options-Programm setzt **Motivationskräfte** frei, die ohne das Programm nicht freigesetzt würden.
- Die so geschaffene Lage führt zu einer **überproportionalen Kurssteigerung,** die den Nachteil der Aktionäre überkompensiert, nämlich die Verwässerung der Börsenkapitalisierung, die dadurch entsteht, dass Führungspersonen (weit) unter Börsenkurs Aktien erwerben.

83   **bb) Zuständigkeit.** Die für die Bedienung echter Stock Options erforderlichen Aktien können auf verschiedene Arten bereitgestellt werden, nämlich in Form bedingten Kapitals (vgl. § 192 Abs. 2 Nr. 3 AktG) oder durch Erwerb eigener Aktien mit dem Zweck der späteren Weiterveräußerung an Bezugsberechtigte (§ 71 Abs. 1 Nr. 8 S. 5 AktG).

84   Bei der **bedingten Kapitalerhöhung** kann die Hauptversammlung nach § 192 Abs. 1 AktG eine Erhöhung des Grundkapitals beschließen, die nur so weit durchgeführt werden soll, wie Stock Options eben für die neuen Aktien gewährt werden (bedingtes Kapital). Bei dem Hauptversammlungsbeschluss, der sich mit der Gewährung von Stock Options für Vorstandsmitglieder befasst, kann dieser in Form einer (vorhergehenden) Ermächtigung oder als (nachfolgende) Zustimmung erfolgen. Das **Volumen einer bedingten Kapitalerhöhung zur Einräumung von Stock Options** für Vorstandsmitglieder und Arbeitnehmer ist nach § 192 Abs. 3 AktG auf 10 % des Grundkapitals der Gesellschaft, das zur Zeit der Beschlussfassung vorhanden ist, begrenzt. Im Beschluss der Hauptversammlung müssen auch der Zweck der Kapitalerhöhung, der Kreis der Bezugsberechtigten und der Ausgabebetrag oder die Grundlagen, wie dieser Ausgabebetrag errechnet wird, festgelegt werden (§ 192 Abs. 2 Nr. 1–3 AktG). Unter Ausgabebetrag ist dabei der Bezugskurs zu verstehen, zu dem der Berechtigte die Aktien erwerben kann.

85   Die Gesellschaft kann sich die Aktien zur Bedienung des Stock Options Programm auch auf andere Weise besorgen, nämlich durch den **Erwerb eigener Aktien,** der einen Beschluss der Hauptversammlung voraussetzt, mit dem die Verwaltung ermächtigt wird, eige-

---

[69] *Rudolph* BB 2003, 2053, 2058 li. Sp.; zu der Selbstbedienung bei deutschen Stock Options-Plänen vgl. S. *Winter* in Hommelhoff/Hopt/v. Werder, Handbuch Corporate Governance, 2003, 335, 350.
[70] Vgl. *Peltzer* Börsenzeitung vom 28.6.2002, 14 und vom 31.8.2002, 8.
[71] Vgl. *Baums*, FS Claussen, 1997, 3 ff., 6 ff.

ne Aktien der Gesellschaft zu erwerben. Die Ermächtigung ist nach § 71 Abs. 1 Nr. 8 AktG auf einen Zeitraum von 18 Monaten begrenzt und muss den höchsten und niedrigsten Preis angeben. Es dürfen auch hier höchstens 10 % des Grundkapitals erworben werden.

In beiden Fällen, dh der Schaffung des bedingten Kapitals und dem Erwerb eigener Aktien, muss der jeweilige Beschluss der Hauptversammlung nach § 193 Abs. 2 Nr. 4 AktG auch enthalten die Aufteilung der Bezugsrechte auf Vorstandsmitglieder einerseits und – wenn auch Arbeitnehmer begünstigt werden sollen – auf diese andererseits. Weiter sind anzugeben die für die Ausübung der Optionen vorgängig zu erreichenden Erfolgsziele sowie die Erwerbs- und Ausübungszeiträume und die Wartezeit bis zu der erstmaligen Ausübungsmöglichkeit (mindestens zwei Jahre). **86**

Mit den im Gesetz erwähnten Erwerbs- und Ausübungszeiträumen hat es Folgendes auf sich: Die Laufzeit einer Aktienoption wird im Allgemeinen unterteilt in den Leistungszeitraum (auch genannt Sperrfrist), der mindestens zwei Jahre betragen muss, und den Ausübungszeitraum, innerhalb dessen die Option ausgeübt werden kann. Die Ausübung ist natürlich nur dann sinnvoll, wenn der Börsenkurs über dem Ausgabebetrag oder Bezugskurs liegt, da sich ja sonst kein finanzieller Vorteil ergibt. Als Beispiel für die Erfolgsziele, die nach dem Gesetz im Hauptversammlungsbeschluss enthalten sein müssen, sei die Entwicklung des Aktienkurses im Verhältnis zu spezifischen Vergleichsparametern genannt. Nach Möglichkeiten sollten die Erfolgsziele „windfall profits" ausschließen, also solche Kurssteigerungen, die völlig unabhängig von irgendwelchen Leistungen des Vorstands eintreten. **87**

Nun kann es nicht Aufgabe der Hauptversammlung sein, dem Vorstand oder einzelnen Vorstandsmitgliedern oder leitenden Mitarbeitern Stock Options zuzuteilen. Dies bleibt nach wie vor dem Aufsichtsrat für die Vorstandsmitglieder und dem Vorstand für die leitenden Mitarbeiter vorbehalten.[72] Die Hauptversammlung muss aber schon bei der Zurverfügungstellung der Aktien genau wissen, in welchem Umfang und wann das Kapital der Aktionäre verwässert wird. Es obliegt also der Hauptversammlung festzusetzen, wieviel Optionen unter welchen (genauen) Bedingungen insgesamt ausgegeben werden. Aus dieser Manövriermasse können dann die jeweils zuständigen Organe, nämlich der Aufsichtsrat für die Vorstandsmitglieder und der Vorstand für die leitenden Mitarbeiter, Stock Options einräumen. **88**

cc) Steuerliche Behandlung. Die wesentliche Frage bei der Besteuerung[73] von Aktienoptionen ist, **wann** der **Zufluss** besteuert wird. Infrage kommen
– der Zeitpunkt der Gewährung („granting date");
– der Zeitpunkt der erstmaligen Ausübbarkeit („vesting date");
– der Zeitpunkt der Ausübung („exercise date").
Das Steuerrecht nimmt die **Besteuerung im Moment der Ausübung** vor und nimmt dabei in Kauf, dass der Zeitpunkt, zu dem der Vorteil aus der Aktienoption dem Berechtigten zufließt und versteuert werden muss, auseinanderfallen.[74] Die Besteuerung im Moment der Ausübung der Option entspricht gefestigter Rechtsprechung des BFH.[75] **89**

Ist die Aktienoption Entgelt für eine mehrjährige Tätigkeit und hat der **Optionsberechtigte während dieses Zeitraums im Ausland gearbeitet** und war das Entgelt für diese Tätigkeit nach Abkommensrecht steuerfrei, so gilt dies zeitanteilig auch für die Besteuerung des Zuflusses aus der Aktienoption.[76] **90**

Die **Finanzverwaltung** hat den Zeitpunkt des Zuflusses darüber hinaus **dahingehend präzisiert,** dass „als Zuflusszeitpunkt des geldwerten Vorteils aus der Ausübung eines **91**

---

[72] Vgl. *Spindler* in MüKoAktG § 87 Rn. 99 f.
[73] Vgl. *Feddersen* ZHR 161 (1997), 269 ff.; *Jacobs/Portner* in Achleitner/Wollmert, Stock Options, 215, 224 ff.
[74] BFH vom 24.1.2001, BStBl. II 2001, 512, hier 515 re. Sp. unten.
[75] BFH vom 12.7.1999, BStBl. II 1999, 684; BFH vom 24.1.2001, BStBl. II 2001, 509; BFH vom 24.1.2001, BStBl. II 2001, 512; BFH vom 20.6.2001, BStBl. II 2001, 689.
[76] BFH BStBl. II 2001, 512 ff.

Aktienoptionsrechts der Tag der Ausbuchung der Aktien aus dem Depot des Überlassenden oder dessen Erfüllungsgehilfen maßgebend (ist)".[77]

92 **dd) Phantom Stocks.** In der Diskussion über Stock Options wurde sehr bald gerügt, dass dem (zu versteuernden) Vorteil des Begünstigten keine entsprechende steuerliche Entlastung bei der Gesellschaft gegenüberstehe.[78] Da eine Zahlung von Seiten der Gesellschaft ja gerade nicht erbracht wird, sondern sich der Vorgang auf der Gesellschafter (Aktionärs)-Ebene abspielt, kann ein solcher Entlastungseffekt natürlich nicht eintreten.

93 Der Ausweg liegt darin, den Begünstigten nicht echte Erwerbsrechte für Aktien einzuräumen (Stock Options), sondern die **Kurssteigerung gewissermaßen nur als Messlatte für eine Sonderzahlung zu nehmen.**[79] Der Begünstigte wird fiktiv so behandelt, als ob er Erwerbsrechte für X Aktien zu einem Kurs von Y hätte, wobei Y in aller Regel über dem Börsenkurs zum Zeitpunkt der Einräumung der Rechte liegen wird. Kommt der Zeitpunkt, zu dem das Recht ausgeübt werden kann, und ist der Kursverlauf so, dass es ausgeübt wird, so wird die Sonderzahlung berechnet als ob das Geschäft ausgeführt worden wäre, dh der Begünstigte bekommt die Differenz ausgezahlt, die bei der Gesellschaft steuermindernde Betriebsausgabe und beim Begünstigten steuerpflichtiges Einkommen ist. Da alle Vorgänge ohne Berührung der Kapitalebene stattfinden, hat sich der Begriff der Phantom Shares oder Phantom Stocks etabliert.

94 Der eigentliche Vorteil dieser Phantom Stocks liegt in der GmbH, weil hier die Bewegung von Anteilsrechten mit dem Beurkundungserfordernis des § 15 GmbHG vermieden wird. Aber auch bei der Aktiengesellschaft haben Phantom Stocks ihre Vorzüge. Sie vermeiden nicht nur die steuerlichen Nachteile bei der Ausgabe „echter" Aktienoptionen (→ Rn. 89 ff.), sondern vermeiden auch jede Art von Verwässerung mit allen damit verbundenen Problemen auf der Aktionärsebene. Aus diesem Grund gibt es hierfür auch **keine Hauptversammlungszuständigkeit**.[80] Stattdessen hat der Aufsichtsrat gegenüber den Vorstandsmitgliedern und der Vorstand gegenüber den Arbeitnehmern die ausschließliche Zuteilungskompetenz. Vor allem bei unvorhergesehenen Ereignissen (zB bei Übernahme des Unternehmens durch Dritte) ist die Änderung bzw. die Abgeltung von Zuteilungsprozeduren unproblematisch.

g) Nebenleistungen

95 Nebenleistungen bestehen regelmäßig aus Sach- oder Dienstleistungen gegenüber dem Vorstandsmitglied und bedürfen selbstverständlich einer anstellungsvertraglichen Grundlage. Klassisches Beispiel hierfür ist die **Zurverfügungstellung eines Firmenfahrzeugs** (auch) zur privaten Nutzung, die vor allem wegen der recht attraktiven Pauschalbesteuerung nach § 8 Abs. 2 S. 2 iVm § 6 Abs. 1 Nr. 4, S. 2 EStG (1 % vom Listenpreis) gern vereinbart wird. Ebenso häufig ist die Gestellung von Kommunikationsgeräten (Mobiltelefon, Laptop). Eher seltener geworden ist die Gestellung von Dienstwohnungen, die Übernahme von Vereinsgebühren (Golfclub) oder gar die Überlassung von Personal für reine Privatangelegenheiten (Chauffeur, Hausgärtner). In allen Fällen hat der Aufsichtsrat auch hier die Angemessenheit nach § 87 AktG zu beachten.

5. Ruhegeld/Pension

a) Allgemeines

96 **Pensionsverträge** für Vorstandsmitglieder sind in Deutschland immer noch Standard, wenngleich mit abnehmender Tendenz. Es wird geschätzt, dass 90 % der Pensionszusagen in Form von **Direktzusagen** im Sinne des § 1 Abs. 1 BetrAVG gegeben worden

---

[77] Schreiben des BMF vom 10.3.2003, BStBl. I 2003, 234; Finanzministerium NRW vom 27.3.2003.
[78] *Feddersen* ZHR 161 (1997), 269, 285.
[79] *Max Weber* in Achleitner/Wollmert, Stock Options, 25 ff.
[80] Vgl. *Fonk* in Semler/v. Schenck AR HdB § 9 Rn. 153; *Spindler* in MüKoAktG § 87 Rn. 112.

sind,[81] dh die Gesellschaft (vertreten durch den Aufsichtsrat) macht die Zusage und bildet dafür Rückstellungen. Die steuerlich zulässigen Rückstellungen sind aufgrund der gestiegenen Lebenserwartung zu niedrig, so dass sich zwischen dem Altersrentenbarwert (dem Barwert der Rückstellungen) und dem Betrag, den ein Versicherungsunternehmen benötigen würde, um die Pensionsverpflichtung eines Unternehmens abzudecken, regelmäßig eine erhebliche Lücke auftut.[82]

Zunehmend gehen die Gesellschaften deswegen von einer Direktzusage (ausgedrückt in einem Festbetrag oder in einem Prozentsatz des Festgehalts) ab und stellen auf ein System der **Entgeltumwandlung/beitragsorientierten Leistungszusage** nach §§ 1a und 2 Abs. 5a BetrAVG um. Dieses Prinzip bedeutet, dass der Pensionsanspruch sich durch Entgeltumwandlung (zB des Tantiemenanspruchs) oder durch beitragsorientierte Leistungszusagen aufbaut. Eine **Deckungslücke kann nicht entstehen,** da der Pensionsanspruch eine Funktion der Ansparleistungen ist und nicht auf einer summenmäßig festen Zusage beruht, für die die Rückstellungen unzureichend sind.

b) Der Tatbestand der Ruhegeldberechtigung

Kernstück jeder Ruhegeldregelung ist die Definition des Tatbestands, bei dessen Erfüllung ein Ruhegeldanspruch entsteht. Regelmäßig sind solche Tatbestände
– Invalidität/Arbeitsunfähigkeit oder
– Erreichen eines bestimmten Alters in den Diensten der Gesellschaft.

Zur **Invalidität** kann auf sozialrechtliche Definition verwiesen werden oder im Vertrag selbst wird der Tatbestand definiert, wobei meist die Bescheinigung eines Vertrauens- oder Amtsarztes verlangt wird.

Die **Altersgrenze für die Pensionsberechtigung** von Vorstandsmitgliedern ist in den letzten Jahrzehnten erheblich herabgesetzt worden. Betrug sie früher regelmäßig 65 Jahre, sind Pensionierungen von Vorstandsmitgliedern bei Vollendung des 60. Lebensjahrs – ausländischen Vorbildern folgend – inzwischen nicht unüblich. Jedenfalls ist eine feste Altersgrenze notwendig, da Vorstandsmitglieder auf der Spitze einer hierarchischen Pyramide stehen und der Führungsnachwuchs wissen muss, wann seine Chance kommt – mag diese sich im Einzelfall verwirklichen oder nicht.

c) Gesetzliche und vertragliche Unverfallbarkeit des Ruhegeldanspruchs

Pensionszusagen bedeuten für jede Gesellschaft eine erhebliche Belastung und deshalb muss erst einmal eine gewisse Betriebstreue bewiesen werden, bevor der Anspruch von Gesetzes wegen unverfallbar wird, dh auch dann erhalten bleibt, wenn das Vorstandsmitglied die Firma verlässt. Diese Wartefrist betrug früher zehn Jahre[83] und ist inzwischen auf fünf Jahre herabgesetzt worden.[84] Im Falle der Entgeltumwandlung ist die Wartezeit sogar völlig abgeschafft worden (vgl. § 1b Abs. 5 BetrAVG).

Die gesetzliche **Unverfallbarkeit** ist **unabdingbar** in dem Sinne, dass sie nicht zu Ungunsten des Vorstandsmitglieds abgeändert werden kann. Es ist aber ohne weiteres möglich, sie zu Gunsten des Vorstandsmitglieds abzuändern, also die Unverfallbarkeit **vertraglich** schon sofort eintreten zu lassen oder die zehnjährige Wartefrist zu verkürzen.

Eine derartige **vertragliche** Unverfallbarkeitsregel ist vor Eintritt der gesetzlichen Unverfallbarkeit allerdings **nicht insolvenzgesichert.** Wird die Gesellschaft insolvent, sind nur solche Ansprüche insolvenzgesichert, die **gesetzlich** unverfallbar sind; die vertragliche Unverfallbarkeit vermag keine Insolvenzsicherung herbeizuführen.[85] Wird die Gesellschaft **insolvent,** entsteht ein Anspruch des Pensionsberechtigten gegen den **Pensionssiche-**

---

[81] *Roth* Der Aufsichtsrat, 2004, 6 ff.
[82] Vgl. das Beispiel bei *Roth* Der Aufsichtsrat, 2004, 6.
[83] Nach § 1 Abs. 1 BetrAVG in der bis zum 31.12.2000 geltenden Fassung.
[84] Nach § 1b Abs. 1 BetrAVG in der ab 1.1.2001 geltenden Fassung.
[85] *Steinmeyer* in ErfK BetrAVG § 7 Rn. 36.

rungsverein,[86] der allerdings betragsmäßig begrenzt ist, so dass der Anspruch eines Vorstandsmitglieds im Allgemeinen **nicht in voller Höhe abgesichert** sein wird. Der Anspruch beträgt nach § 7 Abs. 3 BetrAVG höchstens das Dreifache der Bezugsgröße nach § 18 SGB IV, also dem Durchschnittsentgelt der gesetzlichen Rentenversicherung im vorvergangenen Kalenderjahr, ist. Der so abgesicherte Betrag liegt derzeit bei ca. € 8.300 monatlich.

104 Die **Wirkung der Unverfallbarkeit einer Pensionszusage** zeigt sich, wenn der Anwartschaftsberechtigte die Gesellschaft nach Eintritt der Unverfallbarkeit verlässt oder wenn die Gesellschaft insolvent wird. In beiden Fällen wird der Pensionsanspruch quotiert, dh im Verhältnis der wirklich abgeleisteten Dienstzeit zur erreichbaren Dienstzeit verkürzt (§ 2 Abs. 1 BetrAVG und für den Fall der Insolvenz § 7 Abs. 2 S. 3 BetrAVG).

d) Übergangsgeld zwischen Ausscheiden und Erreichung des Pensionsalters.

105 Beispiel: In älteren Pensionsvereinbarungen finden sich gelegentlich Formulierungen wie

„Scheidet N. N. aus den Diensten der X AG aus, so hat er Anspruch auf lebenslängliches Ruhegehalt, wenn eine der folgenden Voraussetzungen gegeben ist (es folgen dann zunächst die Fälle
a) der Invalidität und
b) der Erreichung des 65. Lebensjahres).
c) Wenn N. N. gekündigt wird, ohne dass er dazu durch schuldhaftes Verhalten Anlass gegeben hat. Als Kündigung gilt auch die Nichtverlängerung der Bestellung mit Ausnahme der Nichtverlängerung nach Ablauf der ersten Bestellung, die am ... endet.
d) Wenn N. N. selbst kündigt und diese Kündigung auf einem nicht von ihm zu vertretenden wichtigen Grund beruht.
e) Wenn N. N. im Einverständnis mit dem Aufsichtsrat aus seinem Dienstverhältnis ausscheidet, ohne dass einer der bezeichneten Fälle vorliegt."

Es folgt dann allenfalls ein Abschlag von 1 % oÄ für jedes Jahr unter 65 Lebensjahren zum Zeitpunkt des Ausscheidens.

106 **Derartige Verträge** gingen **von gänzlich anderen Verhältnissen** aus, nämlich dass ein Vorstandsposten eine „Lebensstellung" war und vorzeitiges Ausscheiden kaum vorkam. Solche Vertragsklauseln sind heutzutage nicht mehr gebräuchlich.

107 **Übergangsgelder** sind indessen **auch heute noch angemessen,** um eine kurze Übergangsperiode nach einer Nichtverlängerung der Bestellung und des Dienstvertrags durch die Gesellschaft zu überbrücken. Dies gilt besonders, wenn die Nichtverlängerung zeitlich in der Nähe des vertraglich vorgesehenen Pensionsalters erfolgt und das Vorstandsmitglied kaum eine Chance hat, eine neue Aufgabe zu finden. Solche Übergangsgelder dürfen aber die Entscheidungsfreiheit des Aufsichtsrats, eine Wiederbestellung vorzunehmen oder nicht, nicht beeinflussen, dh sie sollen eine gewisse Grundabsicherung geben (auf die anderweitige Bezüge ganz oder teilweise anzurechnen sind), ohne aber die Gesellschaft nennenswert zu belasten.

e) Anrechnung anderweitiger Bezüge auf die Pension

108 Vorstandsmitglieder nehmen nach ihrer Pensionierung noch häufig **Aufsichts- oder Beiratsmandate** wahr oder übernehmen Beratungsaufgaben. Nicht nur die allgemeine Lebenserwartung nimmt ständig zu. Vielmehr geht damit auch die Tatsache einher, dass der Mensch bei Erreichung des „Pensionsalters" noch häufig frisch und voller Tatendrang ist und es nur vernünftig erscheint, die Erfahrungen eines langen Arbeitslebens für andere Bereiche nutzbar zu machen. Bei Abwägung der gegenseitigen Interessen ist es im Allgemeinen angemessen, einen Teil derartiger **anderweitiger Einkünfte auf die Pension** anzurechnen.

109 Für eine derartige Anrechnung gibt es eine Fülle von Formeln, etwa dass

---

[86] Einzelheiten hierzu vgl. *Höfer* Betriebsrentengesetz § 7 Rn. 4306.

– Einkünfte aus selbstständiger und unselbstständiger Arbeit zur Hälfte angerechnet werden;
– wie zuvor, aber mit der zusätzlichen Begrenzung, dass die Anrechnung höchstens die Hälfte der Pension erfasst;
– eine Anrechnung (ganz oder zum Teil) erst erfolgt, wenn Pension und anderweitige Einkünfte aus selbstständiger und unselbstständiger Arbeit zusammen das letzte Festgehalt vor der Pensionierung übersteigen.

Die Grundidee jeder Anrechnung muss sein, dass dem Pensionär auch genügend Anreize verbleiben, Geld zu verdienen. Andererseits soll die Gesellschaft, die ohnehin bei einer Direktzusage wegen der ständig steigenden Lebenserwartung nicht genügend Rückstellungen bilden konnte, entsprechend und angemessen entlastet werden. Wenn und soweit die Pensionszahlungen allerdings auf **eigenen Beitragsleistungen** des Pensionärs beruhen, muss eine Anrechnungsklausel dies berücksichtigen, dh eine Anrechnung sollte nicht oder nur in dem Umfang erfolgen, in dem die Gesellschaft zu der Versorgungsleistung beigetragen hat (vgl. § 5 Abs. 2 S. 1 BetrAVG). Die Pension beruht insoweit auf den eigenen Leistungen des Pensionsempfängers, so dass einer Verminderung durch Anrechnung die Rechtfertigung fehlt.

Selbstverständlich bedarf die Anrechnung anderweitiger Einkünfte einer vertraglichen Regelung. Bei der Anrechnung anderweitiger Pensionsbezüge sind die außerdem die **gesetzlichen Einschränkungen** des § 5 BetrAVG zu beachten. Wenn und soweit anderweitige Renten indexiert sind, um steigende Lebenshaltungskosten zu berücksichtigen, darf insbesondere eine dadurch verursachte Erhöhung einer anderen Rente nicht berücksichtigt werden (§ 5 Abs. 1 BetrAVG). Ebenfalls dürfen nach § 5 Abs. 1 BetrAVG solche Renten nicht angerechnet werden, die auf eigenen Beiträgen des Vorstandsmitglieds beruhen. Hiervon gibt es aber wieder eine Unterausnahme: Angerechnet werden dürfen die Rente aus der gesetzlichen Rentenversicherung und Versorgungsbezüge, die mindestens zur Hälfte auf Beiträgen oder Zuschüssen des Arbeitgebers beruhen (vgl. § 5 Abs. 2 S. 2 BetrAVG).

f) Anknüpfungspunkt für das Ruhegeld

Die Frage nach dem richtigen Anknüpfungspunkt für das Ruhegeld stellt sich nur für die Direktzusage durch die Gesellschaft. Die Ruhegeldzusage kann hier sowohl in einem Prozentsatz des Festgehalts als auch in einem vom Festgehalt unabhängigem Betrag dargestellt werden. Wird die Zusage als Prozentsatz des Festgehalts abgegeben, sind 50–60 % üblich, wobei mit einem niedrigeren Prozentsatz angefangen werden kann, der jährlich um 1–2 % steigt. Wird die Form des Prozentsatzes des Festgehalts gewählt, nimmt das **Ruhegehalt an der Entwicklung des Festgehalts** teil, das üblicherweise periodisch in Ein- oder Zweijahresabständen vom Personalausschuss überprüft wird. Der Nachteil ist, dass bei starker Steigerung des Festgehalts die Ruhegeldzusage leicht „aus dem Ruder laufen" kann. Die Praxis hilft sich gelegentlich mit einer Aufteilung des Festgehalts in ein solches und in eine „garantierte Tantieme" und lässt nur das eigentliche Festgehalt als prozentuale Basis der Pension zu.

Ein gewisses Problem kann die Pensionszusage für den Fall der Invalidität und die Pensionszusage zugunsten der Hinterbliebenen im Fall des Todes des Vorstandsmitglieds in den ersten Jahren der Laufzeit der Zusage darstellen. Gerade bei kleineren Gesellschaften kann es eine erhebliche Belastung sein, wenn der Pensionsfall eintritt, zumal wenn es noch – wie häufig in den ersten Jahren – an der unternehmerischen Leistung des Vorstandsmitglieds als Gegenleistung fehlt und der Pensionsanspruch dementsprechend eigentlich noch nicht „verdient" ist. Es gibt hier verschiedene Lösungen: Beispielsweise kann man mit einem relativ geringen Pensionsbetrag beginnen, der erst allmählich ansteigt. Einer bestehenden Versorgungslücke in den ersten Jahren kann mit einer Risikolebensversicherung begegnet werden, wobei man gut beraten ist, Angebote auch außerdeutscher Versicherer einzuholen. Schließlich ist zu erwägen, die Altersversorgung und Lebensrisikoabsicherung, die mit einer Pensionszusage erreicht werden soll, ganz oder teilweise durch eine Lebensversicherung übernehmen zu lassen.

g) Hinterbliebenenpensionen für die Witwe und die Waisen

114   Die **Hinterbliebenenpensionen,** meist ausgedrückt in Prozentsätzen der Vorstandspension, sind **breitflächig standardisiert.** Die Witwenpension[87] beträgt durchgängig 60 % der Mannespension und die Halbwaisenpensionen betragen im Allgemeinen zwischen 10 und 20 % der Mannespension pro Kind, wobei aber die Summe aus Witwen- und Waisenpensionen die Mannespension nicht übersteigen darf. Vollwaisenpensionen betragen im Allgemeinen 20–25 % der Mannespension und die Summe der Vollwaisenpensionen darf im Allgemeinen die Witwenpension nicht übersteigen. Wird eine der Grenzen – Mannespension oder Witwenpension – erreicht, erfolgt eine entsprechende Kürzung der Witwen- bzw. Waisenpensionen.

115   Die **Waisenpension** wird im Allgemeinen gewährt **bis zur Volljährigkeit** und im Fall einer Universitäts- oder Berufsausbildung bis zu deren Beendigung, regelmäßig aber höchstens bis zur Vollendung des 27. Lebensjahres.

116   Die Witwenpension wird **lebenslänglich** gewährt, **endet** aber regelmäßig im **Fall einer Wiederverheiratung** der Witwe, wobei sich gelegentlich Übergangsregelungen finden dergestalt, dass die Witwenpension im Fall der Wiederverheiratung noch eine Zeitlang weitergewährt oder **abgefunden** wird.

117   Ein Problem der Witwenpension ist ein bisweilen **großer Altersunterschied** zwischen der Witwe und ihrem verstorbenen Mann[88] und **eine Eheschließung im fortgeschrittenen Alter des Mannes,** so dass es nicht auszuschließen ist, dass die Eheschließung erfolgt, um der Ehefrau (und alsbaldigen Witwe) die Versorgung zu verschaffen. Diesem Problem ist beizukommen, indem die Witwenpension gekürzt wird um einen bestimmten Prozentsatz pro Jahr des Altersunterschieds, den der wirkliche Altersunterschied einen noch als „normal" empfundenen Altersunterschied von 10–15 Jahren übersteigt. Der Abschlag kann sich dann orientieren an dem versicherungsmathematisch zu erwartenden Mehraufwand durch den ein Normalmaß überschreitenden Altersunterschied und dürfte – je nachdem, wo das „Normalmaß" festgelegt wird – zwischen einer Minderung der Pension von 1–3 % pro Jahr der Differenz zwischen noch toleriertem Normalmaß und wirklichem Altersunterschied liegen.

118   Ein weiteres Problem ist das, was ein bekannter Aufsichtsratsvorsitzender einmal bezeichnete als **„die Heirat eines Greises auf Abbruch",** dh die Eheschließung mit dem (nie nachweisbaren und sich einer Beweisführung auch schlechthin entziehenden) Motiv, der zukünftigen Ehefrau vor dem biologisch alsbald zu erwartenden Ende des zukünftigen Ehemannes noch eine Versorgung zukommen zu lassen. Diese Situation kann nur mit Indizien gemeistert werden. Eheschließungen etwa nach dem 65. Lebensjahr des Ehemannes oÄ schließen eine Witwenpension aus. Dieses möglicherweise zu grobe Raster kann man verfeinern mit Vereinbarungen etwa dergestalt, dass eine Pensionsberechtigung doch eintritt, wenn die Ehe etwa zehn Jahre oder länger bestanden hat, oder man bringt auch hier den Altersunterschied zwischen den Ehegatten als weiteres Kriterium ins Spiel. Insgesamt handelt es sich um eine **delikate Materie** im Grenzbereich zwischen sehr persönlichen Entscheidungen des Menschen, die von dritter Seite nicht beurteilt werden können und sollen, und dem notwendigen Schutz der Gesellschaft vor Ausbeutung.

h) Wettbewerbsverbote im Ruhegeldvertrag

119   Ein Pensionsvertrag beinhaltet **nicht per se** ein Wettbewerbsverbot. Für die Beurteilung dieses Sachverhalts kann auch die einschlägige **arbeitsrechtliche Rechtsprechung**

---

[87] Nur aus Gründen der sprachlichen Vereinfachung bezieht sich die Hinterbliebenenversorgung in diesem Kapitel durchgängig auf „die Witwe". Die Ausführungen gelten selbstverständlich analog für „den Witwer".

[88] Fn. 87 gilt hier entsprechend.

herangezogen werden, auch wenn das Dienstverhältnis zwischen der Gesellschaft und dem Vorstandsmitglied, auf dem die Pensionszusage beruht, kein Arbeitsverhältnis ist. Der Pensionär oder Inhaber einer Pensionsanwartschaft mag seinem Pensionsschuldner oder zukünftigem Pensionsschuldner Loyalität schulden, aber diese geht nicht so weit, dass bereits wegen der Tatsache der Pensionszahlungen ein Wettbewerb vom Pensionsschuldner untersagt werden kann und zwar schon deswegen nicht, weil das Ruhegehalt Entgelt für bereits geleistete Dienste ist.[89] Im Allgemeinen wird die Treuepflicht des Pensionsempfängers nur „in extremis" dazu führen, dem Pensionsschuldner ein Leistungsverweigerungsrecht zu geben, dann nämlich, wenn der Pensionär durch seine Konkurrenztätigkeit die wirtschaftlichen Grundlagen des Pensionsschuldners bedroht.[90]

Wenn und soweit ein **Pensionsvertrag ausdrücklich ein Wettbewerbsverbot** enthält, gelten dafür die allgemeinen Regeln (→ Rn. 42 ff.), dh insbesondere, dass es nicht über die Dauer von zwei Jahren hinaus ausgedehnt werden kann. Ein zu aktiver Dienstzeit ausdrücklich vereinbartes Wettbewerbsverbot endet im Übrigen nicht allein deshalb, weil das verpflichtete (ehemalige) Vorstandsmitglied nunmehr ein Ruhegehalt bezieht.

i) Widerruf der Ruhegeldzusage

Selbst vor Inkrafttreten des Betriebsrentengesetzes war eine Aberkennung der Pension nur unter extremen Bedingungen möglich.[91] Seit Inkrafttreten des Betriebsrentengesetzes haben sich die Bedingungen, unter denen ein Widerruf möglich ist, noch verschärft.[92] Voraussetzung für die so geschützte Position des pensionsberechtigten Vorstandsmitglieds ist allerdings die Unverfallbarkeitszusage. Werden Verfehlungen erst später aufgedeckt, die nicht so schwerwiegend sind, dass sie zu einem Widerruf der gesamten Zusage berechtigen, ist es möglich, eine Teilanwartschaft aufrecht zu erhalten, nämlich für den Zeitraum vom Beginn der Unverfallbarkeit bis zum Beginn der Verfehlungen. Schließlich soll die bis zum Treubruch begangene Betriebstreue nicht entschädigungslos bleiben.[93] Um den Widerruf der Pension zu rechtfertigen, muss sich die **Berufung des Vorstandsmitglieds auf Weiterzahlung als missbräuchlich** erweisen; dh der Umstand, wegen dessen die Versorgungszusage nicht eingehalten werden soll, ist so schwerwiegend, dass sich die vom Vorstandsmitglied erbrachte Leistung und Betriebstreue im Nachhinein als wertlos erweisen.[94] Entscheidend bei einer entsprechenden Würdigung ist immer eine **Gesamtschau des Sachverhalts** inklusive der subjektiven Seite, so dass ein Einzelumstand, wie Schadenshöhe oder Dauer des zu missbilligenden Verhaltens etc, nicht allein entscheidend sein kann.[95]

Der Widerruf einer Ruhegeldzusage kann auf der Person oder dem Verhalten des Empfängers beruhen. Grundlage ist hierbei die **Störung der Geschäftsgrundlage** (vgl. § 313 BGB) und die daraus resultierende Unzumutbarkeit für den Pensionsschuldner, weiterhin leisten zu müssen. Ein **vertraglicher Widerrufsvorbehalt** ändert kaum etwas daran, dass ein personen- oder verhaltensbedingter Widerruf nur in extremen Fällen möglich ist.[96] Gleichwohl wird aus Sicht des Pensionsschuldners empfohlen, einen Widerrufsvorbehalt in den Pensionsvertrag aufzunehmen, um das Argument des Vertrauensschutzes besser entkräften zu können.[97]

Der teilweise Widerruf einer Ruhegeldzusage kann seit Einführung des VorstAG im Jahr 2009 (→ Rn. 56) auch aufgrund einer **Verschlechterung der wirtschaftlichen Unternehmenssituation** erfolgen. § 87 Abs. 2 S. 2 AktG regelt dies durch einen Verweis auf die

---

[89] BGHZ 55, 274, 278; 108, 330, 335; BGH ZIP 2002, 364.
[90] BGHZ 55, 274; BGH ZIP 1981, 1016.
[91] Vgl. BGHZ 15, 71; *Fleck* WM 1968, Sonderbeilage 3, 18.
[92] Vgl. auch BAGE 32, 1399; BAG ZIP 1990, 1612, 1614 li. Sp.; *Steinmeyer* in ErfK BetrAVG Vorbem. Rn. 25 ff.
[93] BAG ZIP 1990, 1615, 1616 li. Sp. unten; vgl. auch *Wiesner* in MHdB AG § 21 Rn. 56.
[94] BAG ZIP 1990, 1615, 1616 li. Sp.; BAGE 41, 338, 343.
[95] BAG DB 1982, 2411, 2412.
[96] Vgl. BGH NJW 1984, 1529, 1530.
[97] *Höfer* Betriebsrentengesetz ART Rn. 543.

Möglichkeit zur Herabsetzung von Bezügen aktiver Mitglieder gemäß S. 1. Genau dieser Verweis hat jedoch im Schrifttum zu recht heftige Kritik ausgelöst.[98] Ruhegeld ist nämlich die Abgeltung von Diensten in der **Vergangenheit**, die nicht aufgrund wirtschaftlicher Schieflagen der Gesellschaft in der **Gegenwart** einfach wieder entzogen werden können. Hieraus wird bisweilen sogar auf einen Verstoß des § 87 Abs. 2 S. 2 AktG gegen Art. 14 GG geschlossen,[99] jedenfalls aber eine restriktivere Anwendung als bei S. 1 gefordert.[100] In jedem Fall endet die Herabsetzungsmöglichkeit nach dem ausdrücklichen Wortlaut der Vorschrift drei Jahre nach dem Ausscheiden[101] des Versorgungsempfängers.

j) Indexierung und gesetzliche turnusmäßige Überprüfung der Höhe der Pensionszusage

124 Die Pension ist die Lebensgrundlage des Pensionärs und sollte deswegen inflationsgesichert sein, zumal der Pensionär ja gegenüber dem Pensionsschuldner keinerlei „bargaining power" mehr hat, um sich durchzusetzen. Dementsprechend enthalten die meisten Pensionsverträge ausdrücklich Indexierungsklauseln, die sich an Inflationsindices oder an der Entwicklung bestimmter Tarifgruppen orientieren. Aus der Sicht des Pensionsschuldners empfiehlt sich dabei eine Gestaltung zu wählen, die die Inflationswirkung kompensiert, aber nicht zu einer realen Kaufkraftsteigerung der Pension führt. Das bedeutet, dass bei einer Anlehnung an ein Tarifgehalt eine möglichst hohe Tarifstufe genommen werden sollte, weil diese sich im Zweifelsfall weniger stark erhöht als eine niedrigere Tarifstufe. Die Anpassung sollte auch **nicht laufend** erfolgen, sondern immer nur, wenn der Index sich um einen **bestimmten Prozentsatz,** etwa 10 %, **erhöht**. Zu bedenken ist auch, dass die Anpassung immer „compound" erfolgt, dh die vorherige Anpassung, die den Gesamtbetrag erhöht hat (zB auf 110 %), nimmt immer an der nächsten Anpassung teil.

125 Wenn der Pensionsvertrag keine Anpassungsklausel an die Geldentwertung enthält oder die Anpassung hinter der gesetzlich vorgeschriebenen periodischen Anpassung zurückbleibt, schreibt § 16 BetrAVG eine alle drei Jahre periodisch vorzunehmende Überprüfung der betrieblichen Altersrente durch den Pensionsschuldner vor. Diese **Überprüfungspflicht** bezieht sich nur auf laufend ausgezahlte Renten und **nicht auf Anwartschaften.**[102] Die Prüfungspflicht gilt nach § 16 Abs. 2 BetrAVG als erfüllt, wenn die Steigerung der Rente nicht geringer ist als der Verbraucherpreisindex für Deutschland oder die **Nettolöhne vergleichbarer Arbeitnehmergruppen** des Unternehmens. An letzterem Vergleichsmaßstab dürfte es bei Vorstandsmitgliedern fehlen, so dass vor allem auf den Verbraucherpreisindex für Deutschland zurück zu greifen ist. Die Verpflichtung zur Anpassung entfällt, wenn eine Mindestanpassung vorgenommen oder im Fall der betrieblichen Altersversorgung über Dritte die Überschüsse in einem bestimmten Sinne verwandt werden (vgl. § 16 Abs. 3 BetrAVG).

6. Change of Control-Klausel

126 Change of Control-Klauseln gibt es in Deutschland erst seit Beginn der 90er Jahre. Sie sind ein Import aus den USA. Übernahmen, auch Übernahmen gegen den Willen des Managements, gibt es in Deutschland seit einer Reihe von Jahren. Die Fälle Thyssen-Krupp und mehr noch Mannesmann/Vodafone haben gezeigt, dass selbst Ikonen der Deutschland AG vor Übernahmen nicht sicher sind.

---

[98] Vgl. *Hüffer* AktG § 87 Rn. 28; *Hohenstatt* ZIP 2009, 1349, 1353; *Hoffmann-Becking/Krieger* Beilage zu NZG 2009, Heft 26 Rn. 42; *Martens*, FS Hüffer, 2010, 653.
[99] *Hoffmann-Becking/Krieger* Beilage zu NZG 2009, Heft 26 Rn. 42; dagegen *Fleischer* ZIP 2009, 801, 804.
[100] *Hüffer* AktG § 87 Rn. 28; *Spindler* in MüKoAktG § 87 Rn. 189; *Hoffmann-Becking/Krieger* Beilage zu NZG 2009, Heft 26 Rn. 42.
[101] Umstr. ist, ob diese Frist an das Ende der Bestellung oder der Anstellung anknüpft; vgl. dazu *Spindler* in MüKoAktG § 87 Rn. 186 mwN.
[102] *Wiesner* in MHdB AG § 21 Rn. 53 aE.

B. Anstellungsvertrag

Nun zeigt die Erfahrung, dass die Manager der Zielgesellschaft einen Einfluss auf den Erfolg eines Übernahmeversuchs oder zumindest auf den vom Bieter zu zahlenden Preis haben oder wenigstens haben können. Sie beeinflussen das Ergebnis durch ihre Haltung bei einer Due Diligence[103] und durch ihre gesetzlich vorgeschriebene (vgl. § 27 WpÜG) Stellungnahme. Für den Bieter kann es darauf ankommen, ob das Management bleibt oder umgekehrt, ob er den amtierenden Vorstand der Zielgesellschaft rasch durch seine eigenen Leute ersetzen kann. Aber auch für die Vorstandsmitglieder ist eine Übernahme ein meist nicht vorhersehbares Ereignis, das erheblichen Einfluss auf die eigene Berufsausübung und Lebensplanung haben kann.[104]

127

Entsprechend soll eine **gute Change of Control-Klausel mehreren Zwecken dienen:**[105] Sie soll die Vorstandsmitglieder motivieren, sich bei Übernahmen so zu verhalten, dass das Interesse der Aktionäre gewahrt wird, und andererseits muss auch das – nicht in allen Fällen voll deckungsgleiche – Unternehmensinteresse im Auge behalten werden.

128

Die Change of Control-Klausel darf andererseits auch nicht so beschaffen sein, dass eine Übernahme als ein für das Vorstandsmitglied finanziell so attraktives Ziel ausgestaltet ist, dass sich daraufhin zu arbeiten lohnt. Es sollen aber die legitimen Interessen der Vorstandsmitglieder an einer finanziellen Abfederung bei einer Übernahme und einer damit wahrscheinlich verbundenen völligen Neubesetzung des Aufsichtsrats und den damit verbundenen Unwägbarkeiten berücksichtigt werden.

129

Zunächst einmal muss das auslösende Ereignis, also die Change of Control in einer derartigen Klausel definiert werden. Es ist denkbar, sich an die gesetzlichen Meldepflichten bei Erreichung einer Beteiligungsschwelle[106] anzulehnen, wobei allerdings zu bedenken ist, dass die Wahl und Abberufung von Aufsichtsratsmitgliedern, also die bei Übernahmen besonders wichtigen Entscheidungen, nach §§ 101, 103 AktG an die **Mehrheit bezogen auf die Hauptversammlungspräsenz** anknüpfen (Mehrheit der abgegebenen Stimmen). Andererseits können auch schon Schwellen unterhalb der Mehrheit aufgrund der Präsenzen bei den Hauptversammlungen der großen deutschen börsennotierten Gesellschaften schon eine Hauptversammlungsmehrheit bedeuten. Hinzu kommt, dass die für die Abberufung von Aufsichtsratsmitgliedern geforderte Dreiviertelmehrheit nach § 103 Abs. 1 S. 3 AktG abdingbar ist und in den Satzungen häufig durch die einfache Mehrheit ersetzt wird. So gesehen kann die „Kontrolle" über eine Gesellschaft schon (lange) einsetzen, bevor die 30 % der Stimmrechte erreicht sind, bei denen nach dem WpÜG ein Übernahmeangebot gemacht werden muss.

130

Die Change of Control-Klausel muss aber nicht nur einen präzisen Tatbestand der Change of Control enthalten, sondern es kommt hier besonders auf den Zeitpunkt an. Die Change of Control-Klausel sollte erst greifen, wenn etwa noch ausstehende kartellrechtliche oder andere Hindernisse beseitigt, der dingliche Rechtswechsel an den Aktien vollzogen und sämtliche aufschiebenden Bedingungen eingetreten oder auflösende Bedingungen weggefallen sind.[107]

131

Entscheidend bei einer Change of Control-Klausel ist die **sorgfältige Abwägung der Interessen** der Gesellschaft und ihrer Aktionäre einerseits und der Interessen des Vorstandsmitglieds andererseits bei gleichzeitiger Berücksichtigung gesetzlicher Schranken. Dies ist leichter gesagt als getan, denn bei Abfassung der Klausel ist ein Kontrollwechsel meist noch gar nicht in Sicht und dementsprechend ist die Interessenlage des Übernehmers noch völlig ungewiss.

132

---

[103] Als die mg technologies (früher Metallgesellschaft, Frankfurt) die AGIV übernehmen wollte, scheiterte das Vorhaben an der Weigerung des Vorstands der Zielgesellschaft, dem Bieter die notwendigen Informationen zu geben.
[104] Im Fall Vodafone/Mannesmann wurde praktisch der gesamte Vorstand nach der Übernahme ausgewechselt.
[105] Vgl. zum Thema allgemein *Dreher* AG 2002, 214.
[106] ZB nach § 20 Abs. 4 AktG (Mehrheitsbeteiligung) oder nach §§ 21 ff. WpHG.
[107] *Dreher* AG 2002, 214, 219.

133 Eine gut durchdachte Change of Control-Klausel wird also **alternativ unterschiedliche Szenarien** einbeziehen:
– Will der Übernehmer, dass das Management für eine Übergangszeit an Bord bleibt?
– Oder soll das Management möglichst schnell seine Stühle räumen?
– Oder will der Übernehmer mit dem Management auf Dauer weiter arbeiten?

134 Für jede einzelne Variante sollte eine Change of Control-Klausel finanzielle Anreize bereithalten. Soll der Vorstand nur eine Übergangszeit an Bord bleiben, soll ihm für diese Übergangszeit, die erfahrungsgemäß arbeitsreich und schwierig ist, eine Sondervergütung zugestanden werden. Wünscht der Übernehmer Bestellung und Dienstvertrag möglichst schnell zu beenden, soll der Dienstvertrag voll ausgezahlt werden ohne Abzinsung und Anrechnung anderweitigen Verdienstes während der Restlaufdauer.[108] Im Übrigen ist in einem solchen Fall zu überlegen, das Einsetzen der Pensionszahlungen vorzuziehen, dann aber für die Zeit bis zur Erreichung des regulären Pensionsalters anderweitigen Verdienst anrechnen zu lassen.

135 Bei allen Gestaltungen sind zwei Schranken im Blick zu halten. Zum einen ist auch bei einer Change of Control-Klausel das **Angemessenheitserfordernis** nach § 87 Abs. 1 AktG zu beachten;[109] dieses dürfte verletzt sein, sobald die versprochene Zahlung über das kumulierte Festgehalt der Rest-Bestellungsdauer hinausgeht.[110] Daneben muss die **Entschließungsfreiheit des Aufsichtsrats** im Hinblick auf die Alternative, eine Wiederbestellung des Vorstandsmitglieds vorzunehmen oder dies zu unterlassen, beachtet werden.[111] Eine Nichtwiederbestellung darf der Gesellschaft nicht solche Lasten aufbürden, dass der Aufsichtsrat (möglicherweise der bereits neue Aufsichtsrat, dessen Anteilseignerseite vom Übernehmer eingesetzt wurde) in seiner Entscheidungsfreiheit eingeengt wird.

136 Aus der Sicht des die Gesellschaft bei der Vereinbarung vertretenden Aufsichtsrats (vgl. § 112 AktG) bzw. Personalausschusses ist immer im Auge zu behalten, dass die Change of Control-Klausel auch – und vor allem – dem Interesse der Gesellschaft zu entsprechen hat. In Situationen, in denen eine Übernahme zu befürchten ist, gerät nämlich leicht aus dem Blick, dass die AG als juristische Person und ihre Organpersonen als Menschen von Fleisch und Blut etwas durchaus Verschiedenes sind. Es mag dementsprechend einen Zielkonflikt geben zwischen dem Bestreben, dem Vorstandsmitglied eine Absicherung zu geben einerseits, und dem Interesse, die Gesellschaft vor allzu hohen finanziellen Lasten zu schützen andererseits.

---

[108] Die Anrechnung anderweitigen Verdiensts ist ansonsten gesetzlich vorgesehen, vgl. § 615 S. 2 BGB.
[109] *Hüffer* AktG § 87 Rn. 9; *Dauner-Lieb* DB 2008, 567, 570 ff.
[110] So auch *Martens* ZHR 169 (2005), 124, 141.
[111] *Spindler* in MüKoAktG § 87 Rn. 155; *Ziemons*, FS Huber, 2006, 1035, 1042.

§ 4 Leitung als Vorstandsaufgabe

Inhaltsübersicht

	Rn.
A. Der Begriff der Leitung	1
B. Der Inhalt der Leitung	15
I. Einzelne Tätigkeiten	15
1. Gesetzliche Leitungsaufgaben	15
2. Ungeschriebene Leitungsaufgaben	17
II. Organisation	18
C. Maßstäbe für die Ausübung der Leitung	24
I. Leitungsaufgabe des Vorstands als Organ	26
II. Leitung des von der Gesellschaft betriebenen Unternehmens – Handlungsmaximen	27
1. Gesellschaftsinteresse	28
2. Unternehmensinteresse	35
3. Weites Ermessen	39
4. Handlungsanforderungen in Einzelfällen	43
a) Unternehmenserwerbe	43
b) Gesellschaft als Zielgesellschaft	47
c) Börsennotierte Gesellschaften	55
III. Leitungsaufgabe bei verbundenen Unternehmen	60
1. Abhängige Gesellschaft	60
a) Bestehen eines Beherrschungsvertrags	61
b) Fehlen eines Beherrschungsvertrags	64
2. Herrschende Gesellschaft	68
3. Besonderheiten bei Doppelorganschaft	69

Schrifttum: *Altmeppen,* Neutralitätspflicht und Pflichtangebot nach dem neuen Übernahmerecht, ZIP 2001, 1073; *Baudisch/Götz,* Nochmals: Neutralitätspflicht des Vorstands und Entscheidungsbefugnis der Hauptversammlung im Übernahmerecht, AG 2001, 251; *Bayer,* Legalitätspflicht der Unternehmensleitung, nützliche Gesetzesverstöße und Regress bei verhängten Sanktionen, FS K. Schmidt, 2009, 85; *Buck-Heeb,* Notwendigkeit einer Legal Judgement Rule, BB 2013, 2247; *Cahn,* Aufsichtsrat und Business Judgement Rule, WM 2013, 1293; *Dimke/Heiser,* Neutralitätspflicht, Übernahmegesetz und Richtlinienvorschlag 2000, NZG 2001, 241; *Fleischer,* Expertenrat und Organhaftung, KSzW 2013, 3; *ders.,* Rechtsrat und Organwalterhaftung im Gesellschafts- und Kapitalmarktrecht, FS Hüffer, 2010, 187; *ders.,* Aktienrechtliche Legalitätspflicht und „nützliche" Pflichtverletzungen von Vorstandsmitgliedern, ZIP 2005, 141; *ders.,* Zur Leitungsaufgabe des Vorstands im Aktienrecht, ZIP 2003, 1; *Grunewald,* Europäisierung des Übernahmerechts, AG 2001, 288; *Hauschka/Roth,* Übernahmeangebote und deren Abwehr im deutschen Recht, AG 1988, 181; *Hegnon,* Aufsicht als Leitungspflicht, CCZ 2009, 57; *Hemeling,* Organisationspflichten des Vorstands zwischen Rechtspflicht und Opportunität, ZHR 175 (2011), 368; *Henze,* Leitungsverantwortung des Vorstands – Überwachungspflicht des Aufsichtsrats, BB 2000, 209; *Hoffmann-Becking,* Vorstands-Doppelmandate im Konzern, ZHR 150 (1986), 570; *Hopt,* Verhaltenspflichten des Vorstands der Zielgesellschaft bei feindlichen Übernahmen, FS Lutter, 2000, 1361; *ders.,* Aktionskreis und Vorstandsneutralität, ZGR 1993, 534; *Hüffer,* Der Vorstand als Leitungsorgan und die Mandats- und Haftungsbeziehungen seiner Mitglieder, in Habersack/Bayer, Aktienrecht im Wandel, Band 2, 2007, 334; *ders.,* Die Leitungsverantwortung des Vorstands in der Managementholding, Festgabe Happ, 2006, 93; *ders.,* Das Leitungsermessen des Vorstands in der Aktiengesellschaft, FS Raiser, 2005, 163; *Kirchner,* Neutralitäts- und Stillhaltepflicht des Vorstands der Zielgesellschaft im Übernahmerecht, AG 1999, 481; *Klahold/Kremer,* Compliance-Programme in Industriekonzernen, ZGR 2010, 113; *Kock/Dinkel,* Die zivilrechtliche Haftung von Vorständen für unternehmerische Entscheidungen, NZG 2004, 441; *Kort,* Vorstandshandeln im Spannungsverhältnis zwischen Unternehmensinteresse und Aktionärsinteressen, AG 2012, 605; *ders.,* Rechte und Pflichten des Vorstands der Zielgesellschaft bei Übernahmeversuchen, FS Lutter, 2000, 1421; *Lutter,* Die Business Judgement Rule und ihre praktische Anwendung, ZIP 2007, 841; *Mülbert,* Soziale Verantwortung von Unternehmen im Gesellschaftsrecht, AG 2009, 766; *ders.,* Marktwertmaximierung als Unternehmensziel der Aktiengesellschaft, FS Röhricht, 2005,

421; *Priester*, Aktionärsentscheid zum Unternehmenserwerb, AG 2011, 654; *Schneider/Burgard*, Übernahmeangebote und Konzerngründung – Zum Verhältnis von Übernahmerecht, Gesellschaftsrecht und Konzernrecht, DB 2001, 421; *Strohn*, Pflichtenmaßstab und Verschulden bei der Haftung von Organen einer Kapitalgesellschaft, CCZ 2013, 177; *Thümmel*, Haftungsrisiken von Vorständen und Aufsichtsräten bei der Abwehr von Übernahmeversuchen, DB 2000, 461; *Vetter*, Interessenkonflikte im Konzern – vergleichende Betrachtungen zum faktischen Konzern und zum Vertragskonzern, ZHR 171 (2007), 342; *Wirth*, Vorstands-Doppelmandate im faktischen Konzern, FS Bauer, 2010, 1147.

A. Der Begriff der Leitung

1 Die Rechte und Pflichten des Vorstands zur Führung des Unternehmens sind im AktG an verschiedenen Stellen und terminologisch uneinheitlich geregelt.

2 Der Vorstand hat unter eigener Verantwortung die Gesellschaft zu leiten (§ 76 Abs. 1 AktG). Genauer betrachtet wird weniger die Gesellschaft als eine juristische Person, zu der sich die Gesellschafter zusammengeschlossen haben, geleitet, als vielmehr das Unternehmen,[1] dessen Rechtsträger die Gesellschaft ist. Zu Unterschieden in der Betrachtungsweise und den praktischen Folgen daraus → Rn. 27 ff.

3 Das **AktG** enthält **keine Bestimmung** des Begriffs der Leitung der Gesellschaft.[2] Ebenso wenig grenzt das Gesetz den Begriff der Leitung vom Begriff der Geschäftsführung (§§ 77 Abs. 1, 93 Abs. 1, 111 Abs. 1 und Abs. 4, 119 Abs. 2 AktG) ab. Die herrschende Meinung verwendet den Begriff der **Geschäftsführung** als **Oberbegriff** und behandelt die **Leitung** als deren **herausgehobenen Teil**, soweit es um besondere Führungsaufgaben des Vorstands geht.[3] Vereinzelt werden Leitung und Geschäftsführung als (nahezu) identische[4] oder sich teilweise überschneidende[5] Begriffe verstanden. Andere sehen den Begriff der Leitung des Unternehmens als Oberbegriff und unterteilen ihn in die Geschäftsführung einerseits und die Vertretung der Gesellschaft andererseits.[6]

4 Für die Praxis ist weniger eine abstrakte Definition als die **funktionale Begriffsbestimmung** von Bedeutung. Je nach dem Zusammenhang der einzelnen Bestimmungen des AktG lässt sich der für den Rechtsanwender maßgebliche Bedeutungsgehalt des Begriffs der Leitung ermitteln.[7]

5 Indem das AktG die Leitung des Unternehmens dem Vorstand zuweist (§ 76 AktG), trifft es zunächst eine **Kompetenzzuweisung.** Sie ist **umfassend.** Danach ist ausschließlich der Vorstand berechtigt, das Unternehmen zu leiten. Die **anderen Gesellschaftsorgane,** also der Aufsichtsrat und die Hauptversammlung, sind von der Leitung des Unternehmens **ausgeschlossen.** Dies gilt freilich auch für die Geschäftsführung.[8] Daraus allein lässt sich folglich kein Kriterium für die Abgrenzung gewinnen.

6 Die Kompetenzzuweisung richtet sich an den **Vorstand als Organ,** also in seiner Gesamtheit, nicht an die einzelnen Mitglieder des Vorstands. Hieraus und aus dem Zusammenhang mit der Bestimmung über die Geschäftsführung (§ 77 AktG) wird die Beziehung der Begriffe Leitung und Geschäftsführung deutlich: Weist § 76 AktG die Leitung der Gesellschaft dem Gesamtvorstand zu, ohne Abweichungen von dieser Regel zuzulassen, so

---

[1] Im Grundsatz besteht wohl Einigkeit, dass sich die Leitungsaufgabe nicht nur auf die AG als solche bezieht; vgl. *Henze* BB 2000, 209; *Fleischer* ZIP 2003, 1; *Mertens/Cahn* in Kölner Komm. AktG § 76 Rn. 6; *Spindler* in MüKoAktG § 76 Rn. 15; *Kort* in Großkomm. AktG § 76 Rn. 39 f.
[2] Im Folgenden „Leitung des Unternehmens", weil sich die Leitungsaufgabe – wie dargelegt – nicht nur auf die Gesellschaft, sondern in erster Linie auf das Unternehmen bezieht.
[3] *Spindler* in MüKoAktG § 76 Rn. 17 f.; *Mertens/Cahn* in Kölner Komm. AktG § 76 Rn. 4; *Hüffer* § 76 AktG Rn. 8; *Wiesner* in MHdB AG § 19 Rn. 13.
[4] *Geßler/Hefermehl* in Geßler/Hefermehl § 76 AktG Rn. 10; *Johannes Semler* Leitung Rn. 3 ff.
[5] *Henze* BB 2000, 209, 209.
[6] *Frodermann/Schäfer* in Henn/Frodermann/Janott § 7 Rn. 155 f.
[7] Dazu *Fleischer* ZIP 2003, 1.
[8] Dem Aufsichtsrat können Maßnahmen der Geschäftsführung nicht übertragen werden, § 111 Abs. 4 S. 1 AktG; die Hauptversammlung kann über Fragen der Geschäftsführung nur entscheiden, wenn der Vorstand es verlangt, § 119 Abs. 2 AktG.

A. Der Begriff der Leitung 7–12 § 4

muss die Leitung **Maßnahmen von besonderer Qualität** betreffen. Dies folgt daraus, dass auch die Geschäftsführung Aufgabe des gesamten Vorstands ist (§ 77 Abs. 1 S. 1 AktG), es dort aber nicht zwingend bei der Gesamtgeschäftsführung bleiben muss. Dieses Zusammenspiel der gesetzlichen Regelungen lässt sich am besten mit dem Bild verdeutlichen, wonach die **Geschäftsführung der umfassende Begriff,** die **Leitung** ein **herausgehobener Teil** der Geschäftsführung ist.[9]

Das Gesetz formuliert die Leitungsaufgabe des Vorstands als **Leitungspflicht,** wie sich aus der Formulierung „hat zu leiten" in § 76 Abs. 1 AktG ergibt. 7

Soweit diese Leitungspflicht reicht, ist der **Kernbereich der Vorstandstätigkeit** betroffen. Der Vorstand muss diese Aufgaben selbst erfüllen.[10] Dem steht nicht entgegen, dass der Aufsichtsrat wegen der ausdrücklichen Pflicht des Vorstands, aus § 90 Abs. 1 Nr. 1 AktG, dem Aufsichtsrat Berichte zu erstatten, besonders eng etwa in die Unternehmensplanung einbezogen ist. Kommt der Vorstand seiner Leitungspflicht nicht nach, kann er sich schadensersatzpflichtig machen (§ 93 Abs. 2 S. 1 AktG). 8

Das AktG gestaltet die Pflicht des Vorstands zur Leitung der Gesellschaft als **Gesamtverantwortung** (→ § 5 Rn. 15 f.) aus. Soweit diese Gesamtverantwortung besteht, darf der Vorstand die entsprechende Leitungsaufgabe weder auf andere Organe – etwa den Aufsichtsrat oder die Hauptversammlung – abwälzen, noch einzelnen Vorstandsmitgliedern übertragen.[11] 9

Die in § 76 Abs. 1 AktG angesprochene Leitung der Gesellschaft ist also die zwingend vom Gesamtvorstand und unabhängig von Weisungen anderer Gesellschaftsorgane wahrzunehmende **Führungsaufgabe** im Unternehmen. 10

Durch den Zusatz „unter eigener Verantwortung" stellt das Gesetz in § 76 Abs. 1 AktG klar, dass der Vorstand bei seiner Tätigkeit **keinen Weisungen** des Aufsichtsrats oder der Hauptversammlung unterworfen ist.[12] Erst recht gilt dies im Verhältnis zu einzelnen Aktionären, etwa einem Großaktionär, oder Dritten. Die Satzung kann diese vom Gesetz vorgegebene Kompetenzordnung nicht abändern.[13] Eine **Ausnahme** erleidet dieser Grundsatz nur, falls ein **Beherrschungsvertrag** besteht[14] oder eine Eingliederung vorliegt. Der Pflicht zur weisungsfreien Leitung widersprechen rechtsgeschäftliche Vereinbarungen, in denen der Vorstand Leitungsmaßnahmen (organisatorische Maßnahmen, Besetzung von Führungspositionen, künftige Geschäftspolitik) an künftige Entscheidungen eines Dritten bindet.[15] Darüber hinaus darf der Vorstand Leitungsentscheidungen nicht an eine nachrangige Führungsebene delegieren.[16] 11

An dem Recht und der Pflicht des Vorstands zur eigenverantwortlichen Leitung des Unternehmens ändern auch **Kontrollrechte des Aufsichtsrats** nichts. Der Aufsichtsrat muss 12

---

[9] *Hüffer* § 76 AktG Rn. 8; *Spindler* in MüKoAktG § 76 Rn. 17; *Mertens/Cahn* in Kölner Komm. AktG § 76 Rn. 4; *Wiesner* in MHdB AG § 19 Rn. 13; *Kort* in Großkomm. AktG § 76 Rn. 29.
[10] *Fleischer* ZIP 2003, 1, 2.
[11] *Mertens/Cahn* in Kölner Komm. AktG § 76 Rn. 4 f., 42 ff.; *Kort* in Großkomm. AktG § 76 Rn. 34; der Vorstand darf auch die Leitung der Gesellschaft in den Kernbereichen nicht auf Dritte verlagern (Outsourcing), vgl. dazu *Hefermehl/Spindler* in MüKoAktG § 76 Rn. 18, 19; *Fleischer* in Spindler/Stilz § 76 AktG Rn. 9, 66.
[12] *Mertens/Cahn* in Kölner Komm. AktG § 76 Rn. 44; *Spindler* in MüKoAktG § 76 Rn. 22 f., 25 f.; *Kort* in Großkomm. AktG § 76 Rn. 2 ff.
[13] *Hüffer* § 76 AktG Rn. 4.
[14] § 308 Abs. 1 S. 1 AktG; die Vorschrift ändert aber nichts an der Leitungskompetenz des Vorstands der abhängigen Gesellschaft. Zu Besonderheiten bei verbundenen Unternehmen → Rn. 60 ff.
[15] Ausführlich dazu *Spindler* in MüKoAktG § 76 Rn. 25; *Mertens/Cahn* in Kölner Komm. AktG § 76 Rn. 47 ff.; *Mertens/Cahn* in Kölner Komm. AktG § 76 Rn. 47 ff.; *Hüffer* § 76 AktG Rn. 27. So ist etwa nach LG München I NZG 2012, 1152, 1153 f. ein Business Combination Agreement, in dem sich der Vorstand verpflichtet, bestimmte Leitungsaufgaben wie die Ausübung genehmigten Kapitals oder einer Ermächtigung zum Erwerb eigener Aktien nicht ohne die Zustimmung eines Aktionärs durchzuführen, wegen Verstoßes gegen die aktienrechtliche Kompetenzordnung gemäß § 134 BGB nichtig. Das OLG München hat im parallelen Freigabeverfahren die Rechtsauffassung des LG München I bestätigt, vgl. OLG München NZG 2013, 459,462.
[16] *Fleischer* in Spindler/Stilz § 76 AktG Rn. 65; *Mertens/Cahn* in Kölner Komm. AktG § 76 Rn. 4.

sich darauf beschränken, die Leitung des Unternehmens durch den Vorstand zu überwachen (§ 111 Abs. 1 AktG).[17] Auch soweit der Vorstand für einzelne Maßnahmen nach der Satzung der Gesellschaft, der Geschäftsordnung des Vorstands oder des Aufsichtsrats oder aufgrund eines einzelfallbezogenen Aufsichtsratsbeschlusses der Zustimmung des Aufsichtsrats bedarf, handelt es sich um eine bloße Kontrollfunktion des Aufsichtsrats. In keinem Fall darf der Aufsichtsrat seine Kontrolle in der Weise ausüben, dass er dem Vorstand die eigenverantwortliche Leitung des Unternehmens teilweise oder gar weitgehend aus der Hand nimmt.[18] Die Wahrnehmung der Leitungsaufgabe des Vorstands wird nicht beeinträchtigt, sondern gefördert, soweit der Aufsichtsrat die Tätigkeit beratend begleitet und damit seine eigene **Beratungsaufgabe** erfüllt.

13   Auch der **Hauptversammlung** ist es **verwehrt,** auf die Leitung des Unternehmens durch den Vorstand **Einfluss zu nehmen.** Zu Maßnahmen der Geschäftsführung kann die Hauptversammlung nur dann Beschlüsse fassen, wenn der Vorstand sie darum ersucht hat (§ 119 Abs. 2 AktG).[19] Diese Einschränkung gilt nicht, soweit der Vorstand zu einzelnen Maßnahmen schon kraft Gesetzes einer Zustimmung der Hauptversammlung bedarf.[20] Außerdem steht der Hauptversammlung das Recht zu, durch Beschluss den Vorstand dazu anzuweisen, Maßnahmen, die in ihre Zuständigkeit fallen, oder Verträge, die zur Wirksamkeit ihrer Zustimmung bedürfen, vorzubereiten (§ 83 Abs. 1 AktG).

14   Darüber hinaus verlangt die **Rechtsprechung**[21] unter bestimmten engen Voraussetzungen, dass der Vorstand einen **Beschluss der Hauptversammlung** herbeiführt. Die Maßnahme muss so bedeutsam sein, dass sie vergleichbar stark in das Mitgliedsrecht der Aktionäre und deren im Anteilseigentum verkörpertes Vermögensinteresse eingreift wie Vorgänge, für die das Gesetz eine Mitwirkung der Hauptversammlung ausdrücklich verlangt. Der Vorstand kann in solchen Fällen nicht vernünftigerweise annehmen, dass er die Maßnahme ohne Beteiligung der Hauptversammlung umsetzen kann. Dies ist für sehr erhebliche Fälle der sog. „Mediatisierung" anerkannt. Hier werden die Rechte der Aktionäre durch Verlagerung ganz wesentlicher Unternehmensteile in eine Tochtergesellschaft geschmälert. Insbesondere bei Beteiligungsveräußerungen darf inzwischen als geklärt angesehen werden, dass der Hauptversammlung von seltenen Ausnahmefällen abgesehen keine ungeschriebene Zuständigkeit zur Mitwirkung zukommt, solange die Grenzen des § 179a AktG nicht überschritten sind.[22] Ebenso wenig unterliegen Beteiligungserwerbe der Zustimmung der Hauptversammlung.[23] Anders ist die Rechtslage (ungeachtet der Frage nach ungeschriebenen Zuständigkeiten der Hauptversammlung), wenn eine Beteiligungsveräu-

---

[17] Hier erweist sich erneut die uneinheitliche Terminologie des Gesetzes als irreführend: zutreffend ist in § 111 Abs. 1 AktG nur die Leitung des Unternehmens betroffen, nicht dagegen die Geschäftsführung im oben erläuterten weiteren Sinn. Entscheidungen im Tagesgeschäft hat der Aufsichtsrat nicht zu überwachen; zutreffend *Kort* in Großkomm. AktG § 76 Rn. 32; *Hüffer* § 111 AktG Rn. 2; § 111 Abs. 4 AktG betrifft dagegen die Geschäftsführung allgemein.

[18] *Fleischer* in Spindler/Stilz § 76 AktG Rn. 58; *Spindler* in MüKoAktG § 76 Rn. 22.

[19] Der Begriff der Geschäftsführung wird hier im weiten Sinne des § 77 AktG verwandt; vgl. *Hüffer* § 119 AktG Rn. 13.

[20] Es handelt sich dabei um Satzungsänderungen, Kapitalmaßnahmen (zB §§ 71, 221 AktG), bei denen nicht zugleich eine Satzungsänderung erforderlich ist, Abschluss von Unternehmensverträgen, Strukturmaßnahmen nach dem UmwG. Für solche Maßnahmen mag der Begriff der Grundlagengeschäfte verwandt werden. Er darf aber nicht zu der irrigen Vorstellung verleiten, es gäbe Maßnahmen, die schon deshalb der Zustimmung der Hauptversammlung bedürften, weil sie „über die gewöhnliche Geschäftsführung" hinausgingen (eingehend → § 5 Rn. 5 ff.).

[21] BGHZ 83, 122 – Holzmüller; restriktiver in Bezug auf das Zustimmungserfordernis der Hauptversammlung BGHZ 159, 30 – Gelatine I; BGH ZIP 2004, 1001 – Gelatine II; in Abkehr von seiner bisherigen Rechtsprechung hält der BGH nunmehr einen Beschluss der Hauptversammlung beim Delisting nicht mehr für erforderlich, vgl. BGH DStR 2013, 2526, 2528; anders noch BGHZ 153, 47 – Macrotron.

[22] BGH DStR 2007, 586; *Mertens/Cahn* in Kölner Komm. AktG § 76 Rn. 63; *Spindler* in Schmidt/Lutter § 119 AktG Rn. 34; kritisch *Kubis* in MüKoAktG § 119 AktG Rn. 66 ff.; *Hoffmann* in Spindler/Stilz § 119 AktG Rn. 30 f.; vgl. BVerfG NZG 2011, 1379.

[23] OLG Frankfurt NZG 2011, 62; *Kubis* in MüKoAktG § 119 Rn. 70 f.; kritisch etwa *Priester* AG 2011, 654, 657 ff. mwN.

ßerung zu einer Satzungsunterschreitung oder ein Beteiligungserwerb zu einer Satzungsüberschreitung führen würde.[24]

B. Der Inhalt der Leitung

I. Einzelne Tätigkeiten

1. Gesetzliche Leitungsaufgaben

Um die Leitung des Unternehmens im soeben beschriebenen Sinne handelt es sich zunächst immer dort, wo bereits das Gesetz dem Gesamtvorstand eine Leitungsaufgabe zuweist. Das Gesetz nennt an verschiedenen Stellen solche Leitungsaufgaben:[25]
– Vorbereitung und Ausführung von Beschlüssen der Hauptversammlung (§ 83 AktG);
– Berichterstattung an den Aufsichtsrat (§ 90 AktG);
– Buchführung (§ 91 Abs. 1 AktG);
– Errichtung eines Risikofrüherkennungs- und Überwachungssystems (§ 91 Abs. 2 AktG);
– Verlustanzeige und Insolvenzantrag (§ 92 AktG bzw. § 15a InsO);
– Einberufung des Aufsichtsrats in besonderen Fällen (§ 110 Abs. 1 AktG);
– Verlangen an die Hauptversammlung, über eine Frage der Geschäftsführung zu entscheiden (§ 119 Abs. 2 AktG);
– Einberufung der Hauptversammlung (§§ 121 Abs. 2, 175 Abs. 1 S. 1 AktG);
– Vorschläge des Vorstands zu jedem Punkt der Tagesordnung einer Hauptversammlung (§ 124 Abs. 3 S. 1 AktG);
– Abgabe der Entsprechenserklärung (§ 161 AktG);
– Aufstellung von Jahresabschluss und Lagebericht sowie deren Vorlage an den Aufsichtsrat (§ 170 Abs. 1 AktG);
– Erteilung von Auskünften auf der Hauptversammlung (§ 131 Abs. 1 S. 1 AktG);
– Anfechtung von Beschlüssen der Hauptversammlung (§ 245 Nr. 4 und 5 AktG).

Bei all diesen Aufgaben unterscheidet das Gesetz nicht nach der Art des Unternehmens – etwa ob es als produzierendes Unternehmen oder aber im Finanzsektor tätig ist – oder danach, ob die betreffende Gesellschaft börsennotiert oder nicht börsennotiert ist.[26] Solche Differenzierungen gewinnen indes zunehmend an Bedeutung, weil der Gesetzgeber beispielsweise für den Finanzsektor oder im Kapitalmarktrecht vielfältige Vorstandspflichten schafft. Solche **kapitalmarktrechtlichen Pflichten** des Vorstands sind etwa:
– Mitteilungen an den Kapitalmarkt oder Aktionäre, Veröffentlichung von Insiderinformationen („ad hoc-Mitteilungen"; § 15 Abs. 1 WpHG (siehe auch → Rn. 57 f.), Führung von Insiderverzeichnissen (§ 15b Abs. 1 WpHG), Stimmrechtsmitteilungen (§§ 21 ff. WpHG), Informationspflichten für die Wahrung von Rechten aus Wertpapieren (§§ 30a ff. WpHG), Veröffentlichung und Übermittlung von Finanzberichten (§§ 37v ff. WpHG);
– Stellungnahme zu einem Angebot nach dem WpÜG (§ 27 Abs. 1 S. 1 WpÜG).

2. Ungeschriebene Leitungsaufgaben

Darüber hinaus gibt es ungeschriebene Leitungsaufgaben, die weniger einzelne Handlungspflichten des Vorstands als vielmehr die unternehmerische Tätigkeit insgesamt betreffen. Der Gesamtvorstand ist zwingend für folgende Leitungsaufgaben zuständig:[27]

---

[24] *Priester* AG 2011, 654, 657.
[25] *Spindler* in MüKoAktG § 76 Rn. 16; *Kort* in Großkomm. AktG § 76 Rn. 35.
[26] Eingehend *Bayer*, Empfehlen sich besondere Regelungen für börsennotierte und für geschlossene Gesellschaften, Gutachten E zum 67. Deutschen Juristentag.
[27] *Henze* BB 2000, 209, 210; *Spindler* in MüKoAktG § 76 Rn. 17; *Kort* in Großkomm. AktG § 76 Rn. 36; *Hüffer* § 76 AktG Rn. 10.

– Unternehmensplanung (Zielsetzung sowie mittel- und langfristige Festlegung der Unternehmenspolitik);
– Unternehmensstruktur (Festlegung der Grundzüge der Markt-, Produkt-, Finanz-, Investitions- und Personalpolitik);
– Unternehmenskontrolle (laufende und nachträgliche Kontrolle von Durchführung und Erfolg delegierter Geschäftsführungsaufgaben);
– Überwachung der Geschäfts- und Ergebnisentwicklung;
– sonstige Maßnahmen und Geschäfte, die für die Gesellschaft von außergewöhnlicher Bedeutung sind oder mit denen ein außergewöhnliches Risiko verbunden ist;
– Besetzung der oberen Führungspositionen;
– angemessene Vorbereitung auf (unerwünschte) Übernahmeversuche.

II. Organisation

18 Ebenfalls zu den Leitungsaufgaben gehört die angemessene Organisation des Unternehmens und seiner Teilbereiche. Dies betrifft zunächst ganz allgemein die gesetzmäßige Organisation des Unternehmens, um den Unternehmenszweck bestmöglich erfüllen zu können.[28] In jüngerer Zeit und insbesondere im Anschluss an die Finanzkrise ist eine Leitungsaufgabe besonders in den Blick gerückt: Die angemessene Organisation des Unternehmens zur **Einschätzung und Behandlung von Risiken,**[29] wenngleich aktienrechtlich (§ 91 Abs. 2 AktG, Ziff. 4.1.4 DCGK) schon lange eine entsprechende Pflicht bestand.[30]

19 Der Vorstand muss durch geeignete Organisation sicherstellen, dass eine den Fortbestand des Unternehmens gefährdende Entwicklung frühzeitig und eine damit verbundene mögliche Krise alsbald erkannt wird (§ 91 Abs. 2 AktG). Er hat ein sog. **Frühwarnsystem** einzurichten. Zu den den Fortbestand der Gesellschaft gefährdenden Entwicklungen gehören vor allem risikoträchtige Geschäfte, Unrichtigkeiten der Rechnungslegung und Rechtsverstöße, die sich auf die Vermögens-, Finanz- und Ertragslage der Gesellschaft wesentlich auswirken.[31]

20 Als Teil eines Frühwarnsystems sollte der Vorstand für den Aufbau eines angemessenen **Risikomanagementsystems** (ausführlich → § 1 Rn. 223 ff.) und für eine angemessene **interne Revision** sorgen. Er darf sich dabei nicht darauf beschränken, einzelne ihm bekannt werdende risikoträchtige Geschäftsvorfälle zu überwachen. Vielmehr muss der Vorstand das Unternehmen intern so organisieren, dass ihm die frühzeitige Kenntnisnahme und Kontrolle von Umständen, von denen eine Gefährdung ausgehen kann, möglich sind. Nur dann kann er frühzeitig weitere **Maßnahmen zur Risikominimierung** einleiten.[32] Der Vorstand muss dabei alle ihm zur Verfügung stehenden Informationsquellen berücksichtigen.[33] Zu diesem Zweck sollte der Vorstand ein systematisches und kontinuierliches **Prüfungssystem** aufbauen, das alle Unternehmensbereiche erfasst. Hierzu bedarf es zumindest eines **geordneten Rechnungswesens** und eines **Finanzplans.** Zudem sollte die interne Revision in alle Gesellschaftsprozesse einbezogen und auf die Unternehmensziele und Unternehmensrisiken ausgerichtet werden. Das Prüfungssystem muss außerdem sicherstellen, dass unternehmensinterne und -externe **Informationen richtig und rechtzeitig verfügbar** sind, damit Risiken unverzüglich aufgedeckt werden können.

21 Der Vorstand muss außerdem prüfen, ob dieses System **tatsächlich umgesetzt** wird. Der **Abschlussprüfer** muss dem Aufsichtsrat oder einem entsprechenden Ausschuss über

---

[28] *Mertens/Cahn* in Kölner Komm. AktG § 76 Rn. 5; *Spindler* in MüKoAktG § 76 Rn. 17.
[29] Überblick über die Entwicklung bei *Hemeling* ZHR 175 (2011), 368.
[30] *Mertens/Cahn* in Kölner Komm. AktG § 91 Rn. 14.
[31] *Liebscher* in BeckHdB AG § 6 Rn. 115.
[32] *Hefermehl/Spindler* in MüKoAktG § 91 Rn. 2; *Hüffer* § 91 AktG Rn. 6 ff.; *Liebscher* in BeckHdB AG § 6 Rn. 115; *Endres* ZHR 163 (1999), 441, 451 f.
[33] BGHZ 134, 244, 253 f.

wesentliche Schwächen des internen Kontroll- und Risikomanagementsystems bezogen auf den Rechnungslegungsprozess **berichten** (§ 171 Abs. 1 S. 2 AktG). Ein **umfassendes „Risikomanagementsystem"** ist dagegen rechtlich **nicht vorgeschrieben**.[34]

Ebenso bedeutsam ist die Aufgabe des Vorstands, für die **Beachtung von Compliance Regeln** sowie eine angemessene **Compliance Organisation** zu sorgen.[35] Die Ausgestaltung im Einzelnen liegt allerdings im Ermessen des Vorstands.[36] **22**

Im Rahmen der Organisationspflichten muss der Vorstand auch geeignete Vorkehrungen treffen, damit er gegebenenfalls bestehende **kapitalmarktrechtliche Pflichten** zeitgerecht – häufig unverzüglich – **erfüllen** kann. **23**

C. Maßstäbe für die Ausübung der Leitung

Das Gesetz enthält **keine ausdrücklichen Vorgaben,** nach welchen Grundsätzen der Vorstand seine Leitungsfunktion ausüben soll. **24**

Maßstäbe für die Ausübung der Leitungsfunktion lassen sich am ehesten **aus der Funktion des Vorstands ableiten** sowie daraus, für welche rechtliche oder tatsächliche Einheit er dies tut und welchen Interessen er dabei zu dienen hat. Klar ist jedenfalls, dass der Vorstand bei der Wahrnehmung seiner Leitungspflicht **nicht im eigenen Interesse** tätig wird und nicht werden darf. **25**

I. Leitungsaufgabe des Vorstands als Organ

Der Vorstand ist Organ der Gesellschaft. Damit bezieht sich die Leitungsaufgabe zunächst auf die Gesellschaft.[37] Als Organ der Gesellschaft muss der Vorstand (mindestens) dafür sorgen, dass die Gesellschaft die ihr nach **Gesetz und Satzung auferlegten Pflichten** erfüllt, so etwa, ein geordnetes kaufmännisches Rechnungswesen zu schaffen und aufrechtzuerhalten, Jahresabschlüsse aufzustellen, jährlich die ordentliche Hauptversammlung mit den gesetzlich vorgegebenen Beschlussgegenständen[38] abzuhalten, den Verlust der Hälfte des Grundkapitals anzuzeigen und rechtzeitig Insolvenzantrag zu stellen. Aus dieser beispielhaften Aufzählung ist ersichtlich, dass das Gesetz für diese Leitungsaufgaben keinerlei inhaltliche Vorgaben macht. Solche Vorgaben sind aber auch entbehrlich, weil es um das rein organisatorische, formale Funktionieren der Gesellschaft als AG geht. **26**

II. Leitung des von der Gesellschaft betriebenen Unternehmens – Handlungsmaximen

Die Leitungsaufgabe kann sich aber **nicht** darauf **beschränken,** das (formale) **Funktionieren** der AG nach Gesetz und Satzung zu gewährleisten. Der Vorstand ist in seiner Eigenschaft als Organ der Gesellschaft zugleich **Leiter des** von der Gesellschaft betriebenen **Unternehmens.**[39] Mit der Leitung des Unternehmens sind aber vor allem inhaltliche Ent- **27**

---

[34] *Mertens/Cahn* in Kölner Komm. AktG § 91 Rn. 14, 20; *Kort* ZGR 2010, 440, 451 ff.
[35] *Mertens/Cahn* in Kölner Komm. AktG § 91 Rn. 34 ff.; *Klahold/Kremer* ZGR 2010, 113, 125.
[36] *Mertens/Cahn* in Kölner Komm. AktG § 91 Rn. 36.
[37] *Kort* in Großkomm. AktG § 76 Rn. 39.
[38] Entgegennahme des festgestellten Jahresabschlusses sowie Beschlussfassung über die Verwendung des Bilanzgewinns (§§ 175 Abs. 1 S. 1, 119 Abs. 1 Nr. 2 AktG), Entlastung der Mitglieder des Vorstands und des Aufsichtsrats (§ 119 Abs. 1 Nr. 3 AktG), Bestellung (besser: Wahl) des Abschlussprüfers (§ 119 Abs. 1 Nr. 4 AktG).
[39] *Mertens/Cahn* in Kölner Komm. AktG § 76 Rn. 6; *Spindler* in MüKoAktG § 76 Rn. 642; *Kort* in Großkomm. AktG § 76 Rn. 39.

scheidungen, etwa zur Unternehmensplanung oder in wichtigen Einzelfällen (Produktentwicklung und -einführung, Erwerb oder Veräußerung strategischer Beteiligungen, größere Investitionen in Anlagen etc.), gefordert. Hier bedarf es auch inhaltlicher Vorgaben für das Leitungshandeln des Vorstands.

1. Gesellschaftsinteresse

28 Bei der **Leitung des Unternehmens,** also der Wahrnehmung der Unternehmerfunktion, ist der Vorstand zunächst dem Gesellschaftsinteresse verpflichtet; denn er leitet das Unternehmen für dessen Rechtsträger, die Gesellschaft (§ 76 Abs. 1 AktG spricht von Leitung der „Gesellschaft"). Aus gesellschaftsrechtlicher Sicht ist die Gesellschaft ein Verband der Kapitalgeber, dessen Zweck allein darin besteht, die Interessen der Aktionäre zu verwirklichen.[40]

29 Weitere inhaltliche Anhaltspunkte bietet die Überlegung, dass sich die Aktionäre in der Gesellschaft zusammengeschlossen haben, um dauerhaft einen erwerbswirtschaftlichen Zweck zu verfolgen. Zwar stünde es den Gesellschaftern jederzeit frei, die Gesellschaft zu beenden und aufzulösen. Solange dies aber nicht geschehen ist, besteht das **Gesellschaftsinteresse** im Wesentlichen darin, den **Bestand des** in der Gesellschaft verfassten **Unternehmens** zu sichern. Voraussetzung dafür ist eine **dauerhafte Rentabilität des Unternehmens.**[41]

30 Damit ist indes nicht gesagt, dass die Gesellschaft ohne jegliche **rechtliche Bindung zur Außenwelt** dasteht. Als Rechtssubjekt unterliegt sie den Bindungen der Rechtsordnung, als Verband von Eigentumsinteressen unterliegt sie der eigentumsrechtlichen Sozialbindung.[42] Anforderungen der Rechtsordnung daran, wie ein Unternehmen zu führen sei, können sich immer nur an dessen Rechtsträger, also die Gesellschaft, richten[43] und damit das Handeln des Vorstands beeinflussen. Solche Anforderungen enthalten etwa das Recht der unternehmerischen und betrieblichen Mitbestimmung, das Kapitalmarktrecht, das Wettbewerbsrecht oder das Arbeitsrecht. Sie begrenzen das Streben der Gesellschaft, ausschließlich ihre Erwerbsinteressen durchzusetzen.

31 Würde der Vorstand das Unternehmen in einer Weise leiten, dass die Gesellschaft, der die Handlungen des Vorstands zugerechnet werden, gegen die geltende Rechtsordnung verstieße, so wäre die Grenze zulässiger Leitungsmacht überschritten. Aus diesen Überlegungen lässt sich freilich nicht viel mehr ableiten, als dass der Vorstand das **Unternehmen im Einklang mit Gesetz und Recht** leiten muss.

32 Eine darüber hinausgehende **Bindung der Leitungsmacht an das Gemeinwohl** oder andere abstrakte Maßstäbe wird zu Recht ganz überwiegend **abgelehnt.**[44] Zumindest ließen sich aus der Behauptung einer Gemeinwohlbindung keine konkreten Handlungsanweisungen ableiten. Im Rahmen seines Leitungsermessens darf der Vorstand Gemeinwohlinteressen angemessen fördern.[45] Eine Pflicht freilich, die Geschäftspolitik umfassend an der sogenannten „Corporate Social Responsibility" auszurichten, gibt es nicht.[46]

33 Die **dauerhafte Rentabilität** des Unternehmens als vorrangiges Gesellschaftsinteresse und damit wichtigste Vorgabe für die Tätigkeit des Vorstands darf **nicht gleichgesetzt** werden mit **Gewinnmaximierung.**[47] Nicht allein ist der Gewinn kein eindeutiger Be-

---

[40] *Spindler* in MüKoAktG § 76 Rn. 68; *Kort* in Großkomm. AktG § 76 Rn. 53.
[41] *Spindler* in MüKoAktG § 76 Rn. 74.
[42] *Spindler* in MüKoAktG § 76 Rn. 68.
[43] *Spindler* in MüKoAktG § 76 Rn. 65.
[44] *Spindler* in MüKoAktG § 76 Rn. 54; *Mertens/Cahn* in Kölner Komm. AktG § 76 Rn. 33; *Kort* in Großkomm. AktG § 76 Rn. 62.
[45] *Mertens/Cahn* in Kölner Komm. AktG § 76 Rn. 33 ff.; *Mülbert* AG 2009, 766, 772; zu Einzelfällen und Grenzen des Ermessens *Fleischer* in Spindler/Stilz § 76 AktG Rn. 45 ff.
[46] *Mülbert* AG 2009, 766, 769 f.
[47] *Spindler* in MüKoAktG § 76 Rn. 62; näher zum potentiellen Konflikt zwischen Gewinnmaximierung und langfristiger Entwicklung *Mertens/Cahn* in Kölner Komm. AktG § 76 Rn. 21, 24.

griff,⁴⁸ es mag bisweilen im (langfristigen) Gesellschaftsinteresse liegen, zugunsten langfristiger Rentabilität auf (kurzfristige) Gewinne zu verzichten.

In engem Zusammenhang stehen das **Gesellschaftsinteresse** und der Gedanke der Steigerung des **Shareholder Value**. Versteht man das Gesellschaftsinteresse im Wesentlichen als die in der Gesellschaft gebündelten Interessen der Aktionäre,⁴⁹ so gibt es einen **weitgehenden Gleichlauf** zwischen dem **langfristigen Rentabilitätsziel** und dem Interesse der Anteilseigner an einer **Steigerung des Wertes ihrer Anteile**.⁵⁰ Dabei darf Shareholder Value freilich nicht mit der kurzfristigen Steigerung des Börsenkurses der Aktie der Gesellschaft verwechselt werden.⁵¹ Ebenso wenig dürfen die Interessen einzelner Aktionärsgruppen das Handeln des Vorstands leiten.⁵² Mit diesen Vorbehalten lässt sich aber festhalten, dass der Vorstand im Gesellschaftsinteresse handelt, wenn er sich bei der Wahrnehmung seiner Leitungsaufgabe am Shareholder Value orientiert.⁵³ Eine solche Orientierung ist sogar geboten.⁵⁴

2. Unternehmensinteresse

Von dem Gesellschaftsinteresse wird vielfach das Unternehmensinteresse unterschieden.⁵⁵ Üblicherweise wird gesagt, das Unternehmensinteresse setze sich aus den Interessen der verschiedenen am Unternehmen beteiligten oder mit ihm in Kontakt tretenden Gruppen zusammen. Die **zum Teil widerstreitenden Interessen** der Aktionäre, der Arbeitnehmer, der Gläubiger und nicht zuletzt der Öffentlichkeit müssten jeweils **zu einem Ausgleich** gebracht werden. Das Ergebnis dieses Prozesses stelle das Unternehmensinteresse dar (→ § 1 Rn. 96 ff.).⁵⁶

Der Deutsche Corporate Governance Kodex verwendet ebenfalls den Begriff des Unternehmensinteresses.⁵⁷ Die verwendeten Formulierungen dürften als Versuch einer Wie-

---

⁴⁸ Das AktG verwendet den Begriff „Gewinn" nur an wenigen Stellen (zB §§ 60 Abs. 1 und 2, 254 Abs. 1, 291 Abs. 1 AktG) und meint bei § 60 Abs. 1 und 2 AktG den Teil des „Bilanzgewinns", der sich als Ausschüttungsbetrag ergibt (*Hüffer* § 60 AktG Rn. 1) oder – bei § 254 Abs. 1 AktG – ergeben könnte. § 291 Abs. 1 AktG meint den „Bilanzgewinn", wie er sich ohne Gewinnabführung ergäbe (*Hüffer* § 291 AktG Rn. 26). Überwiegend verwendet das AktG die technischen Begriffe „Jahresüberschuss" und „Bilanzgewinn".
⁴⁹ *Kort* in Großkomm. AktG § 76 Rn. 53, der allerdings zutreffend darauf hinweist, dass die Interessen der konkreten einzelnen Aktionäre nicht gleichlaufen müssen; ähnlich *Spindler* in MüKoAktG § 76 Rn. 73 und Rn. 77 mit besonderer Betonung des Unterschieds von Gesellschafts- und individuellen Aktionärsinteressen.
⁵⁰ *Kort* in Großkomm. AktG § 76 Rn. 54; eigenartig schillernd *Spindler* in MüKoAktG § 76 Rn. 77, der von einem Gegensatz zwischen Shareholder Value und dem Gesellschaftsinteresse als „einem von den einzelnen Aktionärsinteressen losgelösten Rentabilitätsziel" spricht; andererseits wird aber in Rn. 73 auf das „erwerbswirtschaftliche Interesse" der Gesellschaft abgestellt.
⁵¹ *Spindler* in MüKoAktG § 76 Rn. 76.
⁵² *Mertens/Cahn* in Kölner Komm. AktG § 76 Rn. 18; *Kort* in Großkomm. AktG § 76 Rn. 54.
⁵³ *Kort* in Großkomm. AktG § 76 Rn. 54; zweifelnd und in der Argumentation schwankend *Spindler* in MüKoAktG § 76 Rn. 76, 79, 81.
⁵⁴ *Kort* in Großkomm. AktG § 76 Rn. 54; eingehend zur Entwicklung und zur Interessenbindung *Fleischer* in Spindler/Stilz § 76 AktG Rn. 21 ff.
⁵⁵ Zur Unterscheidung zwischen „Gesellschaftsinteresse" und „Unternehmensinteresse" *Kort* in Großkomm. AktG § 76 Rn. 39 mwN; *Mertens/Cahn* in Kölner Komm. AktG § 76 Rn. 6 ff. mwN. Zu einer Bindung an das „Gesellschaftsrecht" in Abgrenzung zum „Unternehmensinteresse" *Wiedemann* ZGR 2011, 183, 195 f. Zur Frage, ob der Vorstand das Unternehmensinteresse gar selbst bestimmen könne, *Kort* in Großkomm. AktG § 76 Rn. 46 mwN.
⁵⁶ *Spindler* in MüKoAktG § 76 Rn. 69; terminologisch scheint sich inzwischen eher der Begriff „Unternehmensinteresse" als der umfassendere Begriff durchzusetzen. Diesem Sprachgebrauch wird hier gefolgt.
⁵⁷ Gemäß Präambel Abs. 2 DCGK werden Vorstand und Aufsichtsrat als verpflichtet angesehen, „im Einklang mit den Prinzipien der sozialen Marktwirtschaft für den Bestand des Unternehmens und seine nachhaltige Wertschöpfung zu sorgen (Unternehmensinteresse)", während in Ziff. 4.1.1 DCGK von Leitung des Unternehmens „im Unternehmensinteresse, also unter Berücksichtigung der Belange der Aktionäre, seiner Arbeitnehmer und der sonstigen dem Unternehmen verbundenen Gruppen (Stakeholder) mit dem Ziel nachhaltiger Wertschöpfung" die Rede ist.

dergabe der Rechtslage anzusehen sein,[58] zeigen aber zugleich die Schwierigkeit einer Begriffsbestimmung, denn nicht einmal innerhalb des DCGK wird der Begriff einheitlich gefasst.

37 Aus den üblicherweise genannten Elementen des Unternehmensinteresses ist ohne weiteres ersichtlich, dass sich aus dem Begriff des **Unternehmensinteresses keine konkreten Handlungsanweisungen** für den Vorstand **ableiten** lassen.[59] Der Begriff des Unternehmensinteresses ist also eher ein Sammelbegriff für Interessen, die der Vorstand **eigenverantwortlich** berücksichtigen kann. Der Vorstand ist einerseits berechtigt, bei seinen Entscheidungen auch **andere Interessen als diejenigen der Aktionäre** zu berücksichtigen, er kann sich aber andererseits auch ohne Rechtsverstoß auf den Standpunkt stellen, die Interessen von Arbeitnehmern, Gläubigern und der Allgemeinheit würden bereits durch eine Vielzahl gesetzlicher Bestimmungen, an die sich auch die AG halten muss, geschützt, so dass er sein unternehmerisches Handeln im Rahmen dieser Gesetze **allein am Gesellschaftsinteresse** – dh am Interesse einer nachhaltigen Rentabilität – ausrichten könne.[60] In den meisten Fällen wird es ohnehin eher zu einem Gleichlauf zwischen Gesellschaftsinteresse und dem Interesse anderer mit dem Unternehmen in Verbindung stehender Gruppen kommen. Ein Unternehmen, das die Interessen von Arbeitnehmern, Gläubigern oder Öffentlichkeit stetig missachtet, wird sich kaum längerfristig behaupten können. Festzuhalten ist aber auch, dass der Vorstand im Konflikt zwischen den verschiedenen Interessen dem **Rentabilitätsinteresse** der Gesellschaft den **Vorrang geben** muss.[61]

38 **Abzulehnen** sind Auffassungen, die die AG und das Unternehmen gleichsetzen und darin „die in einer juristischen Person inkorporierte, als Aktiengesellschaft verfasste soziale und wirtschaftliche Zweck-, Handlungs- und Wirkungseinheit des Unternehmens"[62] sehen. Diese **Lehre vom Aktienunternehmen**[63] verwischt die Verantwortungsbezüge. Die Feststellung, der Vorstand sei nur der AG selbst verantwortlich, nicht aber dem tatsächlichen oder hypothetischen Willen der Aktionäre,[64] ist im Ansatz richtig. Sie erfordert aber gerade die gedankliche Unterscheidung von Unternehmen und Gesellschaft. Anderenfalls wäre der Vorstand bei der Leitung des Unternehmens nur wieder dem Unternehmen (gleichgesetzt mit der Gesellschaft) verantwortlich, dessen Interessen er in einem weiten Rahmen selbst bestimmen kann und soll. Nicht zuletzt gerät die Lehre vom Aktienunternehmen in Widerspruch[65] zu dem unbestrittenen Bestandsinteresse der Gesellschaft einerseits und dem Recht der Aktionäre andererseits, die Gesellschaft jederzeit in ihren Grundlagen (Unternehmensgegenstand, Kapitalverbindung mit anderen Unternehmen, Umwandlungen) zu verändern oder aufzulösen.[66]

3. Weites Ermessen

39 Die Wahrnehmung der Leitungsaufgabe des Vorstands wird – wie gezeigt – zunächst (nur) durch rechtliche Vorgaben in Gesetz und Satzung, das Gesellschaftsinteresse sowie – möglicherweise – das Unternehmensinteresse inhaltlich eingegrenzt. Innerhalb dieser Grenzen übt der Vorstand die Leitungsfunktion im Unternehmen eigenverantwortlich aus, dh, dem Vorstand steht ein **weites unternehmerisches Ermessen** zu.[67] Es dürfte **schwer fallen,** ohne Bezug zu einem konkreten Sachverhalt weitere **inhaltliche Vorgaben** dafür zu finden, wie

---

[58] *Spindler* in MüKoAktG § 76 Rn. 72.
[59] *Spindler* in MüKoAktG § 76 Rn. 71.
[60] *Mertens/Cahn* in Kölner Komm. AktG § 76 Rn. 18.
[61] *Kort* in Großkomm. AktG § 76 Rn. 52, 58, 59, 64; zurückhaltender *Spindler* in MüKoAktG § 76 Rn. 93.
[62] *Mertens/Cahn* in Kölner Komm. AktG § 76 Rn. 6.
[63] *Mertens/Cahn* in Kölner Komm. AktG § 76 Rn. 7.
[64] *Mertens/Cahn* in Kölner Komm. AktG § 76 Rn. 8.
[65] Zutr. *Spindler* in MüKoAktG § 76 Rn. 70.
[66] Ausdrücklich auch *Mertens/Cahn* in Kölner Komm. AktG § 76 Rn. 7.
[67] *Mertens/Cahn* in Kölner Komm. AktG § 76 Rn. 9.

C. Maßstäbe für die Ausübung der Leitung

der Vorstand sein Leitungsermessen ausüben muss. Soweit „ermessensleitende Gesichtspunkte"[68] angeführt werden, enthalten sie doch im Kern nicht vielmehr als den allgemeinen Hinweis, dass unternehmerisches Handeln eine Vielzahl von Interessen berücksichtigen muss[69] oder zumindest darf.[70] Im Kern wird das unternehmerische Handeln nur durch die Verpflichtung gebunden, den **langfristigen Erfolg des Unternehmens** zu gewährleisten.[71] Berücksichtigt der Vorstand also andere Interessen in einem Maße, dass der langfristige Unternehmenserfolg gefährdet scheint, so dürfte er damit die Grenzen ermessensfehlerfreien unternehmerischen Handelns überschreiten.[72] Das dem Vorstand zustehende unternehmerische Ermessen ist kein freies Ermessen, sondern **pflichtgebunden.** Der Vorstand muss die Sorgfalt eines ordentlichen und gewissenhaften Geschäftsleiters anwenden (§ 93 Abs. 1 S. 1 AktG). Stellt sich eine unternehmerische Entscheidung nachträglich als Fehler heraus, so ist das unternehmerische Handeln des Vorstands nach der gesetzlichen Regelung in § 93 Abs. 1 S. 2 AktG (sog. **„Business Judgement Rule"**) nur pflichtgemäß, wenn
– eine unternehmerische Entscheidung vorliegt,
– das Handeln zum **Wohl der Gesellschaft**[73] geschieht,
– der Vorstand ohne Eigeninteresse oder sachfremde Einflüsse[74] handelt,
– der Vorstand **gutgläubig** annimmt, zum Wohl der Gesellschaft zu handeln,
– dem Handeln **angemessene Informationen** zugrunde liegen.

40 Sachfremde Einflüsse, die eine Anwendung der Business Judgement Rule ausschließen können, liegen möglicherweise bei **konzerninternen Doppelmandaten** vor. Soweit Interessenskonflikte zwischen den beiden Gesellschaften bestehen, deren Organ der betroffene Vorstand ist, kommt ihm die Business Judgement Rule nicht zugute.[75]

41 Besondere Aufmerksamkeit erfährt das Vorstandshandeln häufig dann, wenn sich eine Entscheidung im Rückblick als Fehlschlag erweist. Festzuhalten ist deshalb besonders, dass die Business Judgement Rule voraussetzt, einen **Standpunkt „ex ante"** einzunehmen. Gleichwohl dürfen die Anforderungen keinesfalls unterschätzt werden.

42 Die eigentliche **Schwierigkeit** für den Vorstand besteht bei Entscheidungen, die nicht unternehmerische Sachverhalte, sondern sonstige Pflichten betreffen, insbesondere die Auslegung und **Anwendung unbestimmter Rechtsvorschriften.**[76] Beispiele[77] sind etwa Unsicherheiten bei der Anwendung der Ad hoc-Publizitätspflichten nach § 15 WpHG, bestimmter kartellrechtlicher Vorschriften[78] oder auch bei der Umsetzung von Beschlüssen der Hauptversammlung. Der Gesetzgeber hatte die Vorstellung, bezüglich der **„Legalitätspflicht"**[79] könne es **keinen „safe harbour"** geben.[80] Die Folge wäre, dass der Vorstand bei ungewisser Rechtslage immer den rechtlich sichersten Weg gehen müsste. Das ist sachfremd und führt in der Praxis zu einer erheblichen Einschränkung des Handlungsspielraums des Vorstands, insbesondere angesichts der Neigung des Gesetzgebers zur Verwendung unbestimmter Rechtsbegriffe.[81] Auch wenn dem Vorstand bei solchen Entscheidungen das gesetzliche Privi-

---

[68] *Mertens/Cahn* in Kölner Komm. AktG § 76 Rn. 15 ff.
[69] *Mertens/Cahn* in Kölner Komm. AktG § 76 Rn. 15; *Hüffer* § 76 AktG Rn. 28.
[70] Für einen weiten Ermessensspielraum *Spindler* in MüKoAktG Vor § 76 Rn. 20.
[71] *Hüffer* § 76 AktG Rn. 34.
[72] *Mertens/Cahn* in Kölner Komm. AktG § 76 Rn. 18.
[73] BGHZ 135, 244, 253 sprach von „Unternehmenswohl" und meinte wohl das Unternehmensinteresse im → Rn. 35 ff. beschriebenen Sinn.
[74] Dieses Merkmal ist im § 93 Abs. 1 S. 2 AktG nicht genannt, bildet aber das negative Abgrenzungsmerkmal zum Handeln zum Wohle der Gesellschaft; dazu *Mertens/Cahn* in Kölner Komm. AktG § 93 Rn. 25 mwN auch zur entsprechenden Regierungsbegründung.
[75] *Mertens/Cahn* in Kölner Komm. AktG § 76 Rn. 38 mwN.
[76] *Spindler* in MüKoAktG § 93 Rn. 65.
[77] Näher dazu *Buck-Heeb* BB 2013, 2247 ff.
[78] Zur Haftung eines Unternehmens bei Fehleinschätzung der Reichweite des Kartellverbots aus § 101 AEUV *Fleischer* EuZW 2013, 326.
[79] Vgl. *Buck-Heeb* BB 2013, 2247, 2248.
[80] Begr. RegE zum UMAG, BT-Drs. 15/5092, 11.
[81] Zur Entwicklung in der Gesetzgebung *Buck-Heeb* BB 2013, 2247, 2248 f.

leg der Business Judgement Rule zu versagen sein soll, sind doch die darin enthaltenen **materiellen Kriterien** sorgfältigen und damit pflichtgemäßen Handelns **auch auf rechtlich gebundene Handlungen anzuwenden.** Der Vorstand muss sich eine eigene Rechtsauffassung bilden. Wenn ihm die erforderlichen (rechtlichen) Kenntnisse fehlen, muss er sich von einem unabhängigen, für die zu klärende Frage fachlich qualifizierten Berufsträger beraten lassen.[82] Dazu muss er ihm die Verhältnisse umfassend darstellen und sämtliche erforderlichen Unterlagen offen legen.[83] Die (schriftliche) Rechtsauskunft des Beraters hat er sorgfältig auf Plausibilität zu überprüfen.[84] Auf eine nur mündliche Beratung darf er sich allenfalls in erkennbar einfach gelagerten oder besonders eilbedürftigen Fällen verlassen.[85] Sind verschiedene, jeweils überzeugende Rechtsauffassungen möglich, so hat er abzuwägen, welche Rechtsauffassung für das Unternehmen günstiger ist und welche Folgen es hätte, wenn sich letztlich eine andere Rechtsauffassung (gerichtlich) durchsetzen würde. Bei dieser Einschätzung muss dem Vorstand der **gleiche Ermessensspielraum** wie bei unternehmerischen Entscheidungen zugebilligt werden.[86]

4. Handlungsanforderungen in Einzelfällen

a) Unternehmenserwerbe

43 Ein besonders häufig diskutierter Gegenstand einer möglichen (haftungsrelevanten) Entscheidung sind Akquisitionen, die sich nachträglich als Fehlschlag erweisen. Zunächst kommt es vor allem auf die angemessene Ermittlung des der Entscheidung zugrunde liegenden Sachverhalts an. Außerdem ist gerade bei größeren Vorhaben die Hinzuziehung **unternehmensexterner Berater und Gutachter**[87] nicht nur ratsam, sondern in den meisten Fällen sogar zwingend. Auch wenn externe Berater eingeschaltet werden, bleibt der Vorstand aber alleiniger Entscheidungsträger. Eine **Delegation** der zu treffenden unternehmerischen Entscheidung an außenstehende Dritte, insbesondere die hinzugezogenen Berater und Prüfer, ist **unzulässig.**[88] Um eine sachgerechte und abschließende Entscheidung treffen zu können, muss der Vorstand darauf hinwirken, dass er von Beratern umfassend und lückenlos unterrichtet wird. Auch hat der Vorstand die seine Entscheidung unterstützenden Berater sorgfältig auszuwählen. Zu beachten hat er dabei ua ein eigenes wirtschaftliches Interesse der Berater und deren institutionelle und persönliche Kompetenz.[89] Außerdem ist die **Unabhängigkeit der Berater** in ihren Entscheidungen und Empfehlungen von entscheidender Bedeutung.

44 Naturgemäß stellt die **Höhe des Kaufpreises** des Zielunternehmens für eine erfolgreiche Unternehmensübernahme einen wesentlichen Faktor dar,[90] dessen **angemessene** Bestimmung und Vereinbarung dem Vorstand obliegt. Auch hier wird sich der Vorstand zweckmäßigerweise qualifizierter Berater, etwa einer Investmentbank, bedienen, die in einer sog. **Fairness-Opinion** bestätigen, dass der vereinbarte Kaufpreis angemessen ist. Dies hilft dem Vorstand, Haftungsrisiken zu vermeiden.

45 Eine wesentliche Aufgabe des Vorstands im Rahmen einer Unternehmensübernahme ist die Prüfung der damit einhergehenden **rechtlichen und wirtschaftlichen Chancen und Risiken.** Innerhalb einer Gesamtwürdigung hat er alle wesentlichen Chancen und Risiken **sorgfältig abzuwägen.**

---

[82] BGH NJW-RR 2011, 1670, 1672 mwN; zur GmbH BGH NZG 2012, 672, 673 mwN; ausführlich zur Einholung Expertenrats *Fleischer* KSzW 2013, 13 ff.; *Strohn* CCZ 2013, 177 ff.
[83] BGH NJW-RR 2011, 1670, 1672.
[84] BGH NJW-RR 2011, 1670, 1672.
[85] BGH NJW-RR 2011, 1670, 1672.
[86] *Cahn* WM 2013, 1293, 1295; *Fleischer* in Spindler/Stilz § 93 AktG Rn. 30; zu möglichen dogmatischen Ableitungen *Buck-Heeb* BB 2013, 2247, 2250 ff. mwN.
[87] Zur Beauftragung externer Berater näher *Gasteyer* in Semler/Volhard ÜN HdB § 4.
[88] LG Darmstadt ZIP 1986, 1389, 1391 f.; *Stein* ZGR 1988, 163, 168 f.; *Johannes Semler* Leitung Rn. 23 f.
[89] *Gasteyer* in ÜN HdB § 4 Rn. 16 ff.
[90] *Herden/Seeger/Richter*, Optionsmodelle für die Unternehmens-Bewertung sind noch eine Sache für Spezialisten, FAZ v. 25.10.2000.

C. Maßstäbe für die Ausübung der Leitung   46–49 § 4

Die Erwerbergesellschaft muss anstreben, mittels einer **Due Diligence-Prüfung** umfassend Einblick in die wirtschaftlichen und rechtlichen Verhältnisse der Zielgesellschaft zu erlangen. Auch für die **Preisverhandlungen** muss der Vorstand versuchen, **umfassende Hintergrundinformationen** zu gewinnen, um Risiken angemessen berücksichtigen zu können. Zu Tage getretene oder vermutete Risiken müssen durch angemessene Gewährleistungen erfasst oder im Kaufpreis berücksichtigt werden. 46

b) Gesellschaft als Zielgesellschaft

Von besonderer Bedeutung ist die Bestimmung des **Unternehmensinteresses** für den Vorstand einer Gesellschaft – „Zielgesellschaft" –, die Gegenstand eines Verkaufsprozesses oder einer Übernahme nach dem WpÜG ist. Im Zusammenhang mit allgemeinen Unternehmensakquisitionen, also dem Erwerb von Unternehmen außerhalb der Anwendung des WpÜG, bestimmen sich die Verhaltenspflichten mangels besonderer Regelungen nach den **allgemeinen aktienrechtlichen Regeln** (§ 76 Abs. 1 AktG). 47

Handeln im Unternehmensinteresse bedeutet hier, die verschiedenen Interessen gegeneinander abzuwägen und hiernach eine unternehmerische Entscheidung zu treffen. Kommt es zu einem Konflikt zwischen Einzelinteressen und dem **Unternehmensinteresse,** hat der Vorstand letzterem den **Vorrang** einzuräumen. In erster Linie wird er dafür Sorge tragen, dass die Gesellschaft im Übernahmeverfahren ihren konkreten Rechtspflichten nachkommt. 48

Aus den allgemeinen aktienrechtlichen Regeln ergibt sich eine weitgehende **Pflicht** des Vorstands der Zielgesellschaft zur **Neutralität** bei Unternehmenserwerben.[91] In aller Regel ist dem Vorstand verwehrt, Einfluss auf die Zusammensetzung des Aktionärskreises zu nehmen,[92] weil das **Unternehmensinteresse** fast immer **unabhängig** von der Zusammensetzung des **Aktionärskreises** ist. Er muss die Entscheidung darüber in der Regel entweder dem Markt überlassen oder aber – etwa sofern Kapitalmaßnahmen erforderlich sind – der Entscheidung der Hauptversammlung. In **Ausnahmefällen** kann es allerdings **im Unternehmensinteresse** gerechtfertigt sein, **Einfluss auf die Zusammensetzung des Aktionärskreises** zu nehmen. Solche Fälle werden angenommen, wenn mit nicht unerheblichen und mit der Übernahme in Zusammenhang stehenden **Gesetzesverstößen des Erwerbers**[93] zu rechnen ist.[94] Erfasst hiervon ist beispielsweise eine rechtswidrige Finanzierung des Erwerbs.[95] Teilweise wird auch auf die **persönlichen Eigenschaften des Erwerbers** abgestellt.[96] Hingegen begründet die Absicht des Erwerbers, die Zielgesellschaft aufzulösen, nicht von vornherein eine Ausnahme vom Neutralitätsgebot, da die Auflösung der Gesellschaft immer zu den Rechten der Aktionäre gehört.[97] Auch ist keine 49

---

[91] *Mertens/Cahn* in Kölner Komm. AktG § 76 Rn. 26; *Hopt* ZGR 1993, 534, 545 ff.; *Hirte* in Kölner Komm. AktG § 33 WpÜG Rn. 27; *Merkt* ZHR 165 (2001), 224, 236 ff.; *Thümmel* DB 2000, 461, 462; aA *Hüffer* § 76 AktG Rn. 40 f.; *Martens*, FS Beusch, 1993, 529, 542 ff.; *Kirchner* AG 1999, 481, 483 ff.
[92] *Mertens/Cahn* in Kölner Komm. AktG § 76 Rn. 26; *Grunewald* in Baums/Thoma § 33 WpÜG Rn. 6; *Hauschka/Roth* AG 1988, 181; *Peltzer* DB 1987, 973.
[93] Die Literatur bezieht sich vielfach auf Fälle öffentlicher Übernahme vor Inkrafttreten des WpÜG und spricht daher vom „Bieter".
[94] *Hirte* in Kölner Komm. AktG § 33 WpÜG Rn. 27; *Hopt* in Großkomm. AktG § 93 Rn. 125; *ders.* ZGR 1993, 534, 553 f.; *Mertens/Cahn* in Kölner Komm. AktG § 76 Rn. 26; *Winter/Harbarth* ZIP 2002, 1, 2; *Grunewald*, WM 1989, 1233, 1237; aA *Altmeppen* ZIP 2001, 1073, 1075 f.; *Dimke/Heiser* NZG 2001, 241, 247 f.; *Ebenroth/Daum* DB 1991, 1157, 1160.
[95] *Hirte* in Kölner Komm. AktG § 33 WpÜG Rn. 27; *Hopt* in Großkomm. AktG § 93 Rn. 125; *Mertens/Cahn* in Kölner Komm. AktG § 76 Rn. 26; aA *Assmann/Bozenhardt* ZGR-Sonderheft 9, 1990, 1, 114.
[96] *Hirte* in Kölner Komm. AktG § 33 WpÜG Rn. 27; *Mertens/Cahn* in Kölner Komm. AktG § 76 Rn. 26; *Kort*, FS Lutter, 2000, 1421, 1434; aA *Assmann/Bozenhardt* ZGR-Sonderheft 9, 1990, 1, 114; *Adams* AG 1990, 243, 246. AG 1990, 243, 246.
[97] *Hopt* in Großkomm. AktG § 93 Rn. 125; *ders.* ZGR 1993, 534, 553 f.; BGHZ 33, 175, 186; diese Position wurde allerdings vom BGH dahingehend aufgegeben, dass er auch eine Treuepflicht der Aktionäre anerkannt hat, BGHZ 103, 184, 189 ff.; nach *Hirte* in Kölner Komm. AktG § 33 WpÜG Rn. 27 folgt aus diesem Ansatz nicht zwingend die Anerkennung der Neutralitätspflicht; *Dimke/Heiser* NZG 2001, 241, 246 f.; *Hauschka/Roth* AG 1988, 181, 192; *Mülbert* IStR 1999, 83, 89.

Ausnahme vom Neutralitätsgebot gegeben, wenn der Erwerber beabsichtigt, ein Unternehmen umzustrukturieren, oder die Absicht besteht, ein Abhängigkeitsverhältnis mit einem anderen Unternehmen zu begründen.[98] Dies gilt unabhängig von Arbeitnehmerinteressen oder Interessen der Allgemeinheit.[99]

50 Teilweise wird angenommen, dass dem Vorstand im Fall einer **beabsichtigten Zerschlagung** des Unternehmens durch den Erwerber gar die Pflicht zur Verteidigung obliege.[100] Dem ist in dieser Allgemeinheit nicht zu folgen. Jedenfalls sind **Verteidigungsmaßnahmen unzulässig,** die jenseits des Gesellschaftsinteresses liegen, wie zB die Sicherung der eigenen Position als Mitglied des Vorstands.[101] In aller Regel wird es in der **Praxis kaum Fälle** geben, in denen der Vorstand der zu erwerbenden Gesellschaft überhaupt eine Möglichkeit erhält, auf die Veräußerung Einfluss zu nehmen. Am ehesten mag dies noch gelingen durch Gewährung oder Verweigerung von **Zugang zu Unternehmensinformationen.**

51 Im **Falle der Anwendbarkeit des WpÜG** enthält dieses Gesetz spezielle Verpflichtungen der Zielgesellschaft.

52 Die Diskussion über die Pflichten der Zielgesellschaft ist geprägt von den **unterschiedlichen Auffassungen** darüber, ob und in welchem Umfang der Vorstand der Zielgesellschaft berechtigt ist, **Abwehrmaßnahmen** gegen Übernahmegebote zu ergreifen. Klar hingegen sind die Auskunftspflichten (§ 14 Abs. 4 WpÜG, Weiterleitung an Betriebsrat oder Arbeitnehmer) und Stellungnahmepflichten (§ 27 Abs. 1 WpÜG).

53 Nach überwiegender, jedoch umstrittener Meinung obliegt dem Vorstand und dem Aufsichtsrat der Zielgesellschaft bereits nach den allgemeinen aktien- und kapitalmarktrechtlichen Grundsätzen eine **Neutralitätspflicht** (→ Rn. 49).[102] Deren dogmatische Grundlage, Art und Ausmaß der hieraus abzuleitenden Gebote und Verbote, der Rechtsschutz der Aktionäre und sogar die Bezeichnung „Neutralitätspflicht" selbst sind umstritten.[103]

54 Der Gesetzgeber hat sich jedenfalls im **WpÜG** grundsätzlich für eine **Neutralitätspflicht** entschieden. Der Vorstand der Zielgesellschaft darf von der Ankündigung des Angebots bis zur Veröffentlichung des Ergebnisses im Grundsatz **keine Handlungen** vornehmen, durch die der Erfolg des Angebots **verhindert** werden könnte (§ 33 WpÜG).[104] **Unzulässig** sind also bereits Handlungen, die objektiv geeignet sind, ein Übernahmeangebot zu verhindern, auf eine konkrete Gefährdung kommt es nicht an.[105] Die **Neutralitätspflicht** greift jedoch **nicht umfassend.** Vielmehr ist der Vorstand weiterhin unter bestimmten Voraussetzungen befugt, alle nach dem allgemeinen Aktienrecht in seine Geschäftsführungskompetenz fallenden Maßnahmen vorzunehmen, auch wenn sie geeignet sind, das Übernahmeangebot zu vereiteln.[106]

---

[98] *Spindler* in MüKoAktG § 76 Rn. 32; *Mertens/Cahn* in Kölner Komm. AktG § 76 Rn. 27; *Hopt* in Großkomm. AktG § 93 Rn. 125; *ders.* ZGR 1993, 534, 553 f.; *ders.,* FS Lutter, 2000, 1361, 1392; *Dimke/Heiser* NZG 2001, 241, 247; aA *Schwennicke* in Geibel/Süßmann § 33 WpÜG Rn. 14.
[99] *Hopt* in Großkomm. AktG § 93 Rn. 124; *Schneider/Burgard* DB 2001, 963, 967; *Krieger* RWS-Forum Gesellschaftsrecht 2001, 289, 303 f.
[100] *Kort,* FS Lutter, 2000, 1421, 1434; *Schneider/Burgard* DB 2001, 963, 967; *Krieger* RWS-Forum Gesellschaftsrecht 2001, 289, 303 f.; aA *Dimke/Heiser* NZG 2001, 241, 247 ff.
[101] *Krieger* RWS-Forum Gesellschaftsrecht 2001, 289, 304.
[102] *Mertens/Cahn* in Kölner Komm. AktG § 76 Rn. 26; *Spindler* in MüKoAktG § 76 Rn. 32; *Hopt* ZGR 1993, 534; *Altmeppen* ZIP 2001, 1073; *Baudisch/Götz* AG 2001, 251; *Dimke/Heiser* NZG 2001, 241; *Grunewald* AG 2001, 288; aA *Kirchner* AG 1999, 481; *Schneider/Burgard* DB 2001, 963, 967; *Thümmel* DB 2000, 461, 462 ff.
[103] Näher zur Diskussion *Krause/Pötzsch/Stephan* in Assmann/Pötzsch/Schneider § 33 WpÜG Rn. 46 ff.
[104] Näher *Richter* in Semler/Volhard ÜN HdB § 52 Rn. 38 ff.
[105] Begr. RegE, BT-Drs. 14/7034, 57.
[106] Näher *Richter* in Semler/Volhard ÜN HdB § 52 Rn. 39; *Noak/Zetzsche* in Schwark/Zimmer § 33 WpÜG Rn. 14 ff.; *Schlitt/Ries* in MüKoAktG § 33 WpÜG Rn. 127 ff.; *Krause/Pötzsch/Stephan* in Assmann/Pötzsch/Schneider § 33 WpÜG Rn. 16 ff.

C. Maßstäbe für die Ausübung der Leitung 55–57 § 4

c) Börsennotierte Gesellschaften

In jüngerer Zeit tritt verstärkt ins Bewusstsein, dass börsennotierte Gesellschaften besonderen **Bindungen durch den Kapitalmarkt** unterliegen. Das Aktienrecht selbst differenziert häufiger zwischen Vorschriften, die für alle Aktiengesellschaften gelten, und solchen für börsennotierte Gesellschaften (Definition in § 3 Abs. 2 AktG; Beispiele: §§ 110 Abs. 3, 124 Abs. 3, 130 Abs. 1 S. 3, 134 Abs. 1 S. 2, 171 Abs. 2 S. 2, 328 Abs. 3 AktG). Börsennotierte Gesellschaften werden höheren Anforderungen unterworfen als nicht-börsennotierte Gesellschaften, oder ihnen stehen bestimmte Erleichterungen nicht zur Verfügung.[107] Ständig wächst der Bestand an **Rechtsvorschriften außerhalb des Aktienrechts,** die das Handeln des Vorstands einer börsennotierten Gesellschaft beeinflussen (→ Rn. 16). Die Inanspruchnahme des **Kapitalmarkts beeinflusst** zugleich die **Leitung des Unternehmens.** Eine börsennotierte Gesellschaft wird nur dann längerfristig im Kapitalmarkt erfolgreich sein, wenn der Vorstand sein unternehmerisches Handeln in besonderer Weise an den Erwartungen des Kapitalmarkts orientiert.[108] Der Kapitalmarkt dürfte vor allen Dingen folgende **Maßstäbe** an das unternehmerische Handeln des Vorstands anlegen: langfristige **Ertragsorientierung, Verlässlichkeit** des Handelns und offene **Unternehmenskommunikation.** Den Vorstand einer **börsennotierten AG** treffen besondere Pflichten, die er bei Ausübung seiner Tätigkeit berücksichtigen muss, weil neben die Interessen der Gesellschaft auch diejenigen der Teilnehmer am Kapitalmarkt treten. Als Folge des Zugangs zum Kapitalmarkt muss die Gesellschaft besonderen Anforderungen, vor allem dem **Anlegerschutz,** genügen. Der Schutz der Anleger wird insbesondere durch eine **erhöhte Publizität** erreicht.[109] Solche Publizitätspflichten finden sich vorwiegend im WpHG, teilweise aber auch in anderen handels- und gesellschaftsrechtlichen Bestimmungen, wie etwa die handelsrechtliche Pflicht zur Veröffentlichung des Jahresabschlusses (§ 325 Abs. 1 HGB).

Zwar bestehen diese **Pflichten** in der Regel für die AG selbst als **der Emittentin** der Wertpapiere. Der Vorstand muss diese Pflichten als handelndes Organ aber bei seiner Tätigkeit für die Gesellschaft beachten. Zudem kann der Vorstand für durch von ihm verursachte Schäden unter bestimmten Voraussetzungen von der Gesellschaft oder sogar von Dritten in Anspruch genommen werden.

aa) Ad hoc-Publizität. Hervorzuheben ist besonders die Ad hoc-Publizität. Ad hoc-Publizität bedeutet, dass der **Inlandsemittent von Finanzinstrumenten** ihn unmittelbar betreffende **Insiderinformationen** unverzüglich **veröffentlichen** muss (§ 15 Abs. 1 WpHG). Ein allgemeinverbindlicher und **abschließender Katalog** publizitätspflichtiger Insiderinformationen **existiert nicht** und kann auch nicht aufgestellt werden. Der Emittentenleitfaden der BaFin[110] nennt beispielhaft einige Sachverhalte, die zu einer Publizitätspflicht führen können:
– Veräußerung von Kerngeschäftsfeldern, Rückzug aus oder Aufnahme von neuen Kerngeschäftsfeldern;
– Verschmelzungsverträge, Eingliederungen, Ausgliederungen, Umwandlungen, Spaltungen sowie andere wesentliche Strukturmaßnahmen;
– Beherrschungs- und/oder Gewinnabführungsverträge;
– Erwerb oder Veräußerung von wesentlichen Beteiligungen;
– Übernahme- und Abfindungs-/Kaufangebote;
– Kapitalmaßnahmen (inkl. Kapitalberichtigung);
– wesentliche Änderung der Ergebnisse der Jahresabschlüsse oder Zwischenberichte gegenüber früheren Ergebnissen oder Marktprognosen;
– wesentliche Änderung des Dividendensatzes;

---

[107] Dazu *Hüffer* § 3 AktG Rn. 5.
[108] *Spindler* in MüKoAktG Vor § 76 Rn. 63.
[109] Ausführlich zu den besonderen Pflichten bei börsennotierten Aktiengesellschaften *Spindler* in MüKoAktG Vor § 76 Rn. 65–67.
[110] Emittentenleitfaden 2013, Kap. IV, 53.

§ 4   58–60   § 4 Leitung als Vorstandsaufgabe

- bevorstehende Zahlungseinstellung/Überschuldung, Verlust nach § 92 AktG/kurzfristige Kündigung wesentlicher Kreditlinien;
- Verdacht auf Bilanzmanipulation, Ankündigung der Verweigerung des Jahresabschlusstestats durch den Wirtschaftsprüfer;
- erhebliche außerordentliche Aufwendungen (zB nach Großschäden oder Aufdeckung krimineller Machenschaften) oder erhebliche außerordentliche Erträge;
- Ausfall wesentlicher Schuldner;
- Abschluss, Änderung oder Kündigung besonders bedeutender Vertragsverhältnisse (einschließlich Kooperationsabkommen);
- Restrukturierungsmaßnahmen mit erheblichen Auswirkungen auf die künftige Geschäftstätigkeit;
- bedeutende Erfindungen; Erteilung bedeutender Patente und Gewährung wichtiger (aktiver/passiver) Lizenzen;
- maßgebliche Produkthaftungs- oder Umweltschadensfälle;
- Rechtsstreitigkeiten von besonderer Bedeutung;
- überraschende Veränderungen in Schlüsselpositionen des Unternehmens (zB Vorstandsvorsitzender, Aufsichtsratsvorsitzender, überraschender Ausstieg des Unternehmensgründers);
- überraschender Wechsel des Wirtschaftsprüfers;
- Antrag des Emittenten auf Widerruf der Zulassung zum organisierten Markt, wenn nicht noch an einem anderen inländischen organisierten Markt eine Zulassung aufrechterhalten wird;
- Lohnsenkungen oder Lohnerhöhungen, die nur den Emittenten betreffen;
- Beschlussfassung des Vorstandes, von der Ermächtigung der Hauptversammlung zur Durchführung eines Rückkaufprogramms Gebrauch zu machen.

58   Die genannten Umstände führen aber **nicht automatisch** zu einer **Publizitätspflicht**. Das Unternehmen sollte im Fall eines solchen Sachverhalts vielmehr unter Berücksichtigung der konkreten Gegebenheiten im Unternehmen prüfen, ob die Information veröffentlicht werden muss.

59   **bb) Deutscher Corporate Governance Kodex.** Börsennotierte Gesellschaften betrifft auch der Deutsche Corporate Governance Kodex (DCGK), auf den sich die gesetzliche Pflicht gemäß § 161 AktG zur Abgabe einer Entsprechenserklärung bezieht. Der Kodex selbst hat **keine** gesetzliche **Bindungswirkung** und entfaltet auch keine unmittelbare Bindungswirkung für die Frage, wie der Vorstand sein unternehmerisches Leitungsermessen ausüben muss. Mit Ausnahme der Bezugnahme auf das Unternehmensinteresse in Präambel Abs. 2 und Ziff. 4.1.1 DCGK enthält der Kodex ohnehin **keine inhaltlichen Vorgaben** für die **Unternehmensführung**. Der Kodex enthält allerdings Regeln, die an den Erwartungen des Kapitalmarkts an gute Unternehmensführung orientiert sind. Unterwirft sich die Gesellschaft den Regeln des Kodex, so kann das unternehmerische Handeln dadurch aber beeinflusst werden.

III. Leitungsaufgabe bei verbundenen Unternehmen

1. Abhängige Gesellschaft

60   Auch der Vorstand einer abhängigen Gesellschaft ist verpflichtet, die Gesellschaft im oben beschriebenen Sinn zu leiten (→ Rn. 15 ff.). In Abweichung von der allgemeinen gesetzlichen Regelung in § 76 Abs. 1 AktG leitet der Vorstand der abhängigen Gesellschaft das Unternehmen aber nicht in jedem Fall in eigener Verantwortung.

a) Bestehen eines Beherrschungsvertrags

Bei Bestehen eines Beherrschungsvertrags unterstellt die AG die Leitung ihrer Gesellschaft einem anderen Unternehmen (§ 291 Abs. 1 S. 1 AktG). In diesem Fall ist das **herrschende Unternehmen berechtigt,** dem Vorstand der abhängigen Gesellschaft **Weisungen** hinsichtlich der Leitung der Gesellschaft zu erteilen (§ 308 Abs. 1 S. 1 AktG). Der Begriff der Leitung ist hier im weiten Sinne zu verstehen und umfasst sowohl die Führungsfunktion der abhängigen Gesellschaft als auch den Gesamtbereich der Geschäftsführung.[111] Der **Vorstand** der abhängigen Gesellschaft ist **verpflichtet,** die **Weisungen** des herrschenden Unternehmens zu **befolgen** (§ 308 Abs. 2 S. 1 AktG). In gleicher Weise ist der **Vorstand einer eingegliederten Gesellschaft** dem Weisungsrecht der Hauptgesellschaft unterworfen (§§ 323, 308 Abs. 2 S. 1 AktG).

Soweit das herrschende Unternehmen dem Vorstand der abhängigen oder eingegliederten Gesellschaft Weisungen erteilt, ist die allgemeine gesetzliche Regelung (§ 76 Abs. 1 AktG), wonach der Vorstand die Gesellschaft unter eigener Verantwortung zu leiten hat, nicht anwendbar.[112]

Die Pflicht, den Weisungen Folge zu leisten, entfällt, wenn die **Grenzen des Weisungsrechts** überschritten werden. Solche Grenzen sind bisweilen im Beherrschungsvertrag selbst enthalten. Unzulässig sind Weisungen, die selbst gegen gesetzliche Regeln verstoßen oder deren Befolgung gesetzliche Regeln verletzen würde.[113] Auch der Inhalt des Beherrschungsvertrags kann nicht Gegenstand einer Weisung sein.[114] Unzulässig sind schließlich existenzgefährdende Weisungen.[115] Für die beherrschte Gesellschaft **nachteilige Weisungen** muss der Vorstand dagegen **befolgen,** sofern die Weisung Belangen des herrschenden Unternehmens oder konzernverbundener Unternehmen dient (§ 308 Abs. 1 S. 2 AktG; dabei gilt ein Vorrang für die Sichtweise der herrschenden Gesellschaft, § 308 Abs. 2 S. 2 AktG).

b) Fehlen eines Beherrschungsvertrags

Bei Fehlen eines Beherrschungsvertrags, also im lediglich **faktischen Konzern,** bleibt es **uneingeschränkt** bei der Pflicht des Vorstands der abhängigen Gesellschaft, die Gesellschaft **eigenverantwortlich** zu leiten. **Weisungen** des herrschenden Unternehmens braucht der Vorstand der abhängigen Gesellschaft **nicht zu befolgen.** Andererseits ist der Vorstand der abhängigen Gesellschaft **berechtigt,** die abhängige Gesellschaft in einer Weise zu leiten, die **den Bedürfnissen des Konzerns** Rechnung trägt, sofern der abhängigen Gesellschaft dadurch kein Nachteil entsteht.[116] Sollten der abhängigen Gesellschaft doch **Nachteile** entstehen, so **sind** sie nach den konzernrechtlichen Regeln gemäß §§ 311 ff. AktG **auszugleichen.**

Der Vorstand der abhängigen Gesellschaft muss im **Abhängigkeitsbericht** die Beziehungen zu verbundenen Unternehmen darstellen (§ 312 Abs. 1 S. 1 AktG). Insbesondere muss der Abhängigkeitsbericht Geschäfte mit verbundenen Unternehmen und Maßnahmen auf Veranlassung oder im Interesse dieser Unternehmen aufführen und Leistung und Gegenleistung sowie Vor- und Nachteile für die Gesellschaft beschreiben (§ 312 Abs. 1 S. 2 und S. 3 AktG). Hat die Gesellschaft aus der Einflussnahme der herrschenden

---

[111] *Hüffer* § 308 AktG Rn. 12.
[112] Ob die weitergehende Aussage zutrifft, dass für den Vorstand der abhängigen Gesellschaft im Vertragskonzern und den Vorstand der eingegliederten Gesellschaft § 76 AktG generell nicht anwendbar sei, so *Spindler* in MüKoAktG § 76 Rn. 46 mwN, kann wohl dahinstehen, weil die Leitungsaufgabe des Vorstands gerade die wesentlichen Entscheidungen der abhängigen oder eingegliederten Gesellschaft betreffen wird, für die in der Regel eine Weisung vorliegen wird.
[113] *Hüffer* § 308 AktG Rn. 14.
[114] *Hüffer* § 308 AktG Rn. 12; näher dazu *Emmerich* in Emmerich/Habersack § 302 AktG Rn. 61 f.
[115] *Hüffer* § 308 AktG Rn. 19.
[116] *Spindler* in MüKoAktG § 76 Rn. 47; *Kort* in Großkomm. AktG § 76 Rn. 150; *Hüffer* § 76 AktG Rn. 52.

Gesellschaft Nachteile erlitten, so ist darzulegen, wie die Nachteile ausgeglichen wurden (§ 312 Abs. 1 S. 4 AktG). Der Abhängigkeitsbericht soll eine **Warn- und Schutzfunktion** entfalten.[117]

66 Dieses Regelungsgefüge ist auf **Einwirkungen auf die abhängige Gesellschaft** ausgelegt, die sich einzeln dokumentieren und erforderlichenfalls ausgleichen lassen. Dafür hat sich der Begriff des einfach faktischen Konzerns herausgebildet. Die Einwirkung kann aber aufgrund vielfältiger Verbindungen und Maßnahmen des herrschenden Unternehmens einen Umfang erreichen, der nicht mehr die Bewertung einzelner Maßnahmen und deren Wirkung anhand des Gesellschaftsinteresses erlaubt.[118] Gleichwohl ändert sich an der rechtlichen Forderung an den Vorstand der abhängigen Gesellschaft nichts, seine Leitungsverantwortung im Interesse der Gesellschaft auszuüben. Maßnahmen, bei denen das für den (einfachen) faktischen Konzern geltende Instrumentarium des finanziellen (Einzel-)Ausgleichs versagt, muss der Vorstand der abhängigen Gesellschaft als unzulässig zurückweisen oder verweigern.[119]

67 Im faktischen Konzern kommt dem **Aufsichtsrat** der abhängigen Gesellschaft eine **besondere Rolle** zu. Er muss im Rahmen seiner Überwachungsaufgabe besonders darauf achten, dass der Vorstand seine Leitungsaufgabe am **Interesse der Gesellschaft** ausrichtet.[120] Man wird die Erwartungen an den Aufsichtsrat allerdings nicht zu hoch schrauben dürfen, weil die Anteilseignervertreter im Aufsichtsrat meist vom herrschenden Unternehmen stammen, jedenfalls aber das herrschende Unternehmen über die Hauptversammlung die Zusammensetzung des Aufsichtsrats maßgeblich beeinflusst.

2. Herrschende Gesellschaft

68 Der **Vorstand** der herrschenden Gesellschaft ist uneingeschränkt **berechtigt und verpflichtet,** das **Unternehmen** zu leiten. Aus der Stellung als Vorstand der herrschenden Gesellschaft lässt sich aber **nicht** (uneingeschränkt) die **Pflicht** ableiten, **auch Einfluss auf abhängige Gesellschaften** im Sinne einer Konzernleitung zu nehmen.[121] Im Rahmen seines Leitungsermessens muss der Vorstand jeweils entscheiden, in welchem Umfang es dem Gesellschaftsinteresse der herrschenden Gesellschaft dient, in stärkerem oder weniger starkem Maß auf die Leitung der abhängigen Gesellschaft einzuwirken. Der Vorstand der herrschenden Gesellschaft hat dabei auch zu berücksichtigen, dass eine **intensive Einflussnahme** auf die abhängige Gesellschaft unzulässig sein und deshalb **Unterlassenspflichten**[122] auslösen kann. Dies gilt dann, wenn die **Einwirkung** auf die abhängige Gesellschaft **so intensiv** ist, dass das im (einfachen) faktischen Konzern geltende Instrumenta-

---

[117] *Altmeppen* in MüKoAktG § 312 AktG Rn. 1, 4.
[118] *Kort* in Großkomm. AktG Vor § 76 Rn. 51. Für diese Situation hat sich der Begriff des qualifiziert faktischen Konzerns eingebürgert. Nach dem „Bremer Vulkan"-Urteil (BGHZ 149, 10) verbleibt jedoch kein Raum mehr für die Lehre vom qualifizierten faktischen Konzern im Aktienrecht, vgl. *Hüffer* § 1 AktG Rn. 29 mwN; aA *Habersack* in Emmerich/Habersack § 317 Anh. AktG Rn. 5f., 23, 26 mwN. Die neue Rechtsprechung hat dies bisher nicht ausdrücklich für die AG entscheiden müssen, tendiert jedoch dazu, die Lehre vom qualifizierten faktischen Konzern generell als überholt anzusehen, vgl. BGH NZG 2008, 831, 832; OLG Stuttgart AG 2007, 633, 636; 2007, 873, 875.
[119] *Hüffer* § 311 AktG Rn. 48.
[120] *Habersack* in Emmerich/Habersack § 311 AktG Rn. 81; *Spindler* in Spindler/Stilz § 111 AktG Rn. 89; *Kort* in Großkomm. AktG Vor § 76 Rn. 52.
[121] So auch *Spindler* in MüKoAktG § 76 Rn. 49–52; *Altmeppen* in MüKoAktG § 309 Rn. 51; *Kort* in Großkomm. AktG Vor § 76 Rn. 139; *Hüffer* § 309 AktG Rn. 10; *Kropff* ZGR 1984, 112, 126; *Schiessl* ZGR 1992, 64, 83; aA aber *Schneider* BB 1981, 249, 256; *Lutter* ZGR 1987, 324, 349.
[122] Solche Unterlassungspflichten folgen aus der mitgliedschaftlichen Treuepflicht und dem Gebot der Rücksichtnahme und können sowohl gegenüber der Gesellschaft als auch gegenüber einzelnen Vorstandsmitgliedern auf Grundlage der §§ 823 Abs. 1, 1004 BGB geltend gemacht werden, ausführlich dazu *Habersack* in Emmerich/Habersack Vor § 311 AktG Rn. 54. Eine Haftung nach den Grundsätzen des qualifiziert faktischen Konzerns (§§ 302 ff. AktG analog) kommt nicht mehr in Betracht (→ Rn. 66 mwN). Es käme nur Haftung für existenzvernichtenden Eingriff in Frage; vgl. BGHZ 151, 181 – KBV; aA *Habersack* in Emmerich/Habersack § 317 Anh. AktG Rn. 5.

C. Maßstäbe für die Ausübung der Leitung

rium des finanziellen (Einzel-) **Ausgleichs negativer Einwirkung versagt**.[123] Solche Maßnahmen sind nur auf der Grundlage eines Beherrschungsvertrags oder einer Eingliederung zulässig.[124] Bei grundsätzlich zulässigen, für die abhängige Gesellschaft aber nachteiligen Maßnahmen greifen ggf. Pflichten zum Nachteilsausgleich (§ 311 Abs. 1 AktG) oder Schadensersatz (§ 317 Abs. 1 S. 1 AktG; die Schadensersatzpflicht trifft auch die Vorstandsmitglieder der herrschenden Gesellschaft, § 317 Abs. 3 AktG).

3. Besonderheiten bei Doppelorganschaft

In faktischen Konzernverhältnissen sind Mitglieder des Vorstands der Obergesellschaft nicht selten zugleich Vorstände der abhängigen Gesellschaft. Eine solche sog. Doppelorganschaft ist zulässig.[125] Die Rechte und Pflichten des betroffenen Vorstandes ergeben sich dabei jeweils aus den Verhältnissen zu der Gesellschaft, für die der Vorstand im konkreten Fall tätig wird.[126] Es gelten die oben beschriebenen Grenzen des Handelns (→ Rn. 60 ff., 68). Zu beachten ist aber, dass bei Doppelorganschaft dem Vorstand unter Umständen die Business Judgement Rule nicht zugutekommt (→ Rn. 40).[127]

---

[123] *Habersack* in Emmerich/Habersack § 317 Anh. AktG Rn. 27 f. mwN.
[124] BVerfG NZG 2011, 1379, 1380.
[125] *Mertens/Cahn* in Kölner Komm. AktG § 76 Rn. 70 mwN.
[126] BGH NZG 2009, 744, 745.
[127] *Mertens/Cahn* in Kölner Komm. AktG § 93 Rn. 28 mwN.

§ 5 Geschäftsführung/Geschäftsverteilung

Inhaltsübersicht

	Rn.
A. Der Begriff der Geschäftsführung	1
B. Maßstäbe für die Geschäftsführung	9
C. Organisation des Vorstands	12
I. Gleichberechtigung der Vorstandsmitglieder und Gesamtverantwortung	13
1. Gleichberechtigung	13
2. Gesamtverantwortung	15
II. Gesamtleitung	16
1. Pflicht zur Gesamtleitung	16
2. Gültigkeit der Entscheidungen unterbesetzter Vorstände	17
III. Geschäftsverteilung	20
1. Funktionale Organisation	24
2. Divisionale Organisation	25
3. Matrixorganisation	27
4. Management-Holding	32
5. CEO-Modell nach US-amerikanischem Vorbild	33
a) Ausgangspunkt der Diskussion	34
b) Stellung des CEO	35
c) Rechtliche Grenzen einer CEO-Struktur	36
IV. Geschäftsordnung	41
1. Zuständiges Organ	41
2. Pflicht zum Erlass einer vollständigen Geschäftsordnung	42
3. Inhalt der Geschäftsordnung	43
4. Form	46
5. Wirkung der Geschäftsordnung und Folgen bei Pflichtverstößen	47
V. Pflicht zur gegenseitigen Überwachung	48
1. Informationsrecht und -pflicht	50
2. Interventionsrecht und -pflicht	51
3. Widerspruchsrecht	52
4. Folgen bei Verstoß gegen die Überwachungspflicht	53
VI. Vorstandsmitglieder	54
1. Einfache Vorstandsmitglieder	54
2. Vorstandsvorsitzender	57
3. Vorstandssprecher	60
4. Arbeitsdirektor	62
5. Stellvertretende Vorstandsmitglieder	66
6. Delegierte Aufsichtsratsmitglieder	70
7. Bereichsvorstand	72
VII. Ehrenvorsitzender der Gesellschaft	74
D. Willensbildung im Vorstand	75
I. Gesamtgeschäftsführung und Einstimmigkeit	75
II. Einzelgeschäftsführung und Durchbrechung des Einstimmigkeitsprinzips	77
III. Beschlussfassung	80
1. Einstimmigkeitsgrundsatz und Mehrheitsentscheidungen	80
2. Formale Anforderungen an die Beschlussfassung im Vorstand	84

Schrifttum: *Bachmann,* Der Verwaltungsrat der monistischen SE, ZGR 2008, 779; *Bürkle,* Der Stichentscheid im zweiköpfigen AG-Vorstand, AG 2012, 232; *Dreher,* Ausstrahlungen des Aufsichtsrechts auf das Aktienrecht, ZGR 2010, 496; *Fleischer,* Zum Grundsatz der Gesamtverantwortung im Aktienrecht, NZG 2003,

449; *ders.,* Zur Leitungsaufgabe des Vorstands im Aktienrecht, ZIP 2003, 1; *Götz,* Corporate Governance multinationaler Konzerne und deutsches Unternehmensrecht, ZGR 2003, 1; *ders.,* Gesamtverantwortung des Vorstands bei vorschriftswidriger Unterbesetzung, ZIP 2002, 1745; *v. Hein,* Vom Vorstandsvorsitzenden zum CEO?, ZHR 166 (2002), 464; *Henze,* Leitungsverantwortung des Vorstands – Überwachungspflicht des Aufsichtsrats, BB 2000, 209; *Hoffmann-Becking,* Vorstandsvorsitzender oder CEO?, NZG 2003, 745; *ders.,* Zur rechtlichen Organisation der Zusammenarbeit im Vorstand der AG, ZGR 1998, 497; *ders.,* Vorstands-Doppelmandate im Konzern, ZHR 150 (1986), 570; *Hüffer,* Der Vorstand als Leitungsorgan und die Mandats- und Haftungsbeziehungen seiner Mitglieder, in Habersack/Bayer, Aktienrecht im Wandel, Band 2, 2007, 334; *Lange/Peters,* Rechtliche Möglichkeiten einer unterschiedlichen Kompetenzzuweisung an einzelne Vorstandsmitglieder, BB 2012, 2575; *Leumann,* Die Matrix-Organisation, 1978; *Schäfer,* Beschlussanfechtbarkeit bei Beschlussvorschlägen durch einen unterbesetzten Vorstand, ZGR 2003, 147; *Nietsch,* Überwachungspflichten bei Kollegialorganen, ZIP 2013, 1449; *Schiessl,* Gesellschafts- und mitbestimmungsrechtliche Probleme der Spartenorganisation (Divisionalisierung), ZGR 1992, 64; *Karsten Schmidt,* Abhängigkeit, faktischer Konzern, Nichtaktienkonzern und Divisionalisierung im Bereich der Unternehmensrechtskommission, ZGR 1981, 455; *Siegfried Schneider,* Matrixorganisation – Gestaltungsmöglichkeiten und Gestaltungsprobleme einer mehrdimensionalen teamorientierten Organisation, 1974; *U. H. Schneider,* Stimmverbote im GmbH-Konzern, ZHR 150 (1986), 609; *Schwark,* Spartenorganisation in Großunternehmen und Unternehmensrecht, ZHR 142 (1978), 203; *Johannes Semler,* Die Rechte und Pflichten des Vorstands einer Holdinggesellschaft im Lichte der Corporate Governance-Diskussion, ZGR 2004, 631; *ders.,* Rechtsvorgabe und Realität der Organzusammenarbeit in der Aktiengesellschaft, FS Lutter, 2000, 721; *Simons/Hanloser,* Vorstandsvorsitzender und Vorstandssprecher, AG 2010, 641; *Velte,* Wechsel vom Vorstand in den Aufsichtsrat mit oder ohne Cooling Off als „gute" Corporate Governance?, WM 2012, 537; *Weber-Rey,* Ausstrahlungen des Aufsichtsrechts (insbesondere für Banken und Versicherungen) auf das Aktienrecht – oder die Infiltration von Regelungssätzen?, ZGR 2010, 543; *Wicke,* Der CEO im Spannungsverhältnis zum Kollegialprinzip, NJW 2007, 3755; *Ziemons/Binnewies,* Handbuch Aktiengesellschaft, Losebl. Stand November 2014.

A. Der Begriff der Geschäftsführung

1 Das AktG weist dem Vorstand die Geschäftsführung in der Gesellschaft zu.[1]

2 Das AktG verwendet den **Begriff der Geschäftsführung** an verschiedenen Stellen (§§ 77 Abs. 1 S. 1, 93 Abs. 1 S. 1, 111 Abs. 1, 111 Abs. 4 S. 1, 119 Abs. 2 AktG). Er wird nicht definiert, sondern vielmehr **vorausgesetzt**.[2] Das Gesetz benutzt den Begriff der Geschäftsführung außerdem in unterschiedlichen Zusammenhängen mit **unterschiedlich weitem Inhalt**.

3 Ähnlich wie bei dem Begriff der Leitung des Unternehmens ist der Begriff der Geschäftsführung weniger abstrakt, sondern eher aus dem jeweiligen **Funktionszusammenhang** zu bestimmen.

4 Im Zusammenhang mit der Bestimmung der Aufgaben des Vorstands ist der Begriff der Geschäftsführung sehr weit zu verstehen. Er umfasst **jedes tatsächliche oder rechtliche Handeln** des Vorstands für die Gesellschaft[3] unter dem Gesichtspunkt seiner gesellschaftsinternen Zulässigkeit.[4] Unerheblich ist dabei, ob sich das Vorstandshandeln nur auf die Gesellschaft auswirkt, wie etwa bei organisatorischen Maßnahmen, oder auch auf das Außenverhältnis. Davon zu trennen ist, dass der Vorstand für Rechtshandlungen im Außenverhältnis der Vertretungsmacht bedarf.[5] Damit ist der Begriff der Geschäftsführung der umfassende Begriff, der jeweils auch alle als Leitung der Gesellschaft beschriebenen Handlungen umfasst.[6] Zur Abgrenzung der Begriffe → § 4 Rn. 6. Als **Kompetenzbestimmung** ist die gesetzliche Zuweisung der Geschäftsführung in § 77 Abs. 1 S. 1 AktG an den Vorstand umfassend. Entsprechend weit sind diejenigen Regeln für Aufsichtsrat (§ 111

---

[1] § 77 Abs. 1 S. 1 AktG erklärt mehrere Vorstandsmitglieder für gemeinschaftlich geschäftsführungsbefugt. Dies setzt voraus, dass der Vorstand als solcher ebenfalls geschäftsführungsbefugt ist. Terminologisch schwierig ist eine Ableitung aus § 76 Abs. 1 AktG, da dort von „Leitung" die Rede ist, die einen eigenen Bedeutungsgehalt aufweist (→ § 4 Rn. 3 ff.).
[2] *Kort* in Großkomm. AktG § 77 Rn. 3.
[3] *Spindler* in MüKoAktG § 77 Rn. 6; *Kort* in Großkomm. AktG § 77 Rn. 3.
[4] *Mertens/Cahn* in Kölner Komm. AktG § 77 Rn. 2.
[5] *Kort* in Großkomm. AktG § 77 Rn. 3.
[6] *Hüffer* § 77 AktG Rn. 3; *Kort* in Großkomm. AktG § 77 Rn. 3.

A. Der Begriff der Geschäftsführung

Abs. 4 S. 1 AktG) und Hauptversammlung (§ 119 Abs. 2 AktG) auszulegen, in denen die Kompetenz zur Geschäftsführung negativ abgegrenzt wird. Soweit der Aufsichtsrat dagegen zur Überwachung der Geschäftsführung berufen ist (§ 111 Abs. 1 AktG), kann nur die Überwachung der Leitungsmaßnahmen und wesentlicher Einzelmaßnahmen des Vorstands gemeint sein, nicht dagegen jegliches Handeln im Tagesgeschäft des Unternehmens.[7]

Strittig ist, ob von Geschäftsführungsmaßnahmen einerseits sog. **Grundlagengeschäfte** andererseits zu unterscheiden sind. Ansichten, die diese Unterscheidung im Aktienrecht für entbehrlich halten,[8] verweisen darauf, dass es im Aktienrecht nicht von vornherein Geschäftsführungsakte gebe, die der Vorstand nur mit Zustimmung der Hauptversammlung vornehmen dürfe. Andererseits schreibt das AktG durchaus vor, dass bestimmte Maßnahmen, die für die Gesellschaft von besonderer Bedeutung sind, nur mit Zustimmung der Hauptversammlung[9] getroffen werden dürfen.[10] Anerkannt ist auch, dass es Maßnahmen gibt, die im AktG nicht ausdrücklich benannt sind, die jedoch für die Aktionäre der betroffenen Gesellschaft von so entscheidender Bedeutung sind, dass der Vorstand sie nicht ohne Zustimmung der Hauptversammlung vornehmen darf.[11]

Ungeachtet der begrifflichen Einordnung einzelner Maßnahmen als Grundlagengeschäft (wegen einer notwendigen Zustimmung der Hauptversammlung) oder als Geschäftsführungsmaßnahme (trotz einer notwendigen Zustimmung der Hauptversammlung) lässt sich folgende Abstufung der Maßnahmen und dafür bestehender Kompetenzen erkennen:
– Außerhalb der Kompetenz des Vorstands liegen Maßnahmen, die einem anderen Organ zugewiesen sind, also etwa der **Hauptversammlung** bei Satzungsänderungen. Hier handelt es sich um Grundlagengeschäfte, aber eben **nicht** um Maßnahmen der **Geschäftsführung.**
– Auf der nächsten Stufe stehen Maßnahmen, die der Vorstand vornimmt, die aber kraft Gesetzes der **Zustimmung der Hauptversammlung** bedürfen. Da die Zustimmung der Hauptversammlung dabei Wirksamkeitsvoraussetzung für die Maßnahme ist – etwa bei strukturändernden Maßnahmen nach dem UmwG oder beim Abschluss von Unternehmensverträgen –, wird man ebenfalls schwerlich von reinen Geschäftsführungsmaßnahmen sprechen können.
– Schließlich gibt es Maßnahmen, die der Vorstand **ohne** weitere **Mitwirkung** anderer Gesellschaftsorgane **wirksam** treffen kann, bei denen er jedoch nur rechtmäßig handelt, wenn er die Zustimmung der Hauptversammlung einholt. Hier ist es eine eher untergeordnete begriffliche Frage, ob man solche Maßnahmen als Grundlagengeschäfte von der Geschäftsführung einschließlich der Leitung ausnimmt[12] oder zwar der **Geschäftsführung** zurechnet, mit der Eigenschaft als Grundlagengeschäft aber nur die Vorlagepflicht an die Hauptversammlung umschreibt.[13]

---

[7] Die genauen Kompetenzen des Aufsichtsrats zur Überwachung der Geschäftsführung werden in § 111 Abs. 1 AktG nicht aufgezählt; ein Überblick findet sich bei *Habersack* in MüKoAktG § 111 AktG Rn. 20.
[8] *Mertens/Cahn* in Kölner Komm. AktG § 77 Rn. 5.
[9] Zustimmungsvorbehalte zu Gunsten des Aufsichtsrats gibt es – wie sich aus § 82 Abs. 2 AktG schließen lässt – nur bei Geschäftsführungsmaßnahmen.
[10] *Spindler* in MüKoAktG § 77 Rn. 7, der sich aber im Grundsatz der Meinung anschließen will, wonach eine Unterscheidung zwischen Geschäftsführungsmaßnahmen und Grundlagengeschäften entbehrlich sei.
[11] BGH NZG 2004, 571; 2004, 575 – Gelatine: „Ungeschriebene Mitwirkungsbefugnisse der Hauptversammlung bei Maßnahmen, die das Gesetz dem Vorstand als Leitungsaufgabe zuweist, sind nur ausnahmsweise und in engen Grenzen anzuerkennen. Sie kommen allein dann in Betracht, wenn eine vom Vorstand in Aussicht genommene Umstrukturierung der Gesellschaft an die Kernkompetenz der Hauptversammlung, über die Verfassung der AG zu bestimmen, rührt, weil sie Veränderungen nach sich zieht, die denjenigen zumindest nahekommen, welche allein durch Satzungsänderung herbeigeführt werden können".
[12] So anscheinend *Kort* in Großkomm. AktG § 76 Rn. 83.
[13] So *Spindler* in MüKoAktG § 77 Rn. 6, der allerdings nicht unterscheidet, ob die Zustimmung Wirksamkeitsvoraussetzung oder nur Rechtmäßigkeitserfordernis ist.

7 Für Zwecke der Praxis scheint es sinnvoll, die **Unterscheidung von Geschäftsführungsmaßnahmen und Grundlagengeschäften lediglich beschreibend** zu nutzen. Es sollte damit jedenfalls kein ungewollter Bezug zu rechtlichen Einschränkungen der Geschäftsführungsbefugnis bei anderen Gesellschaftsformen hergestellt werden. Die entscheidende Frage für den Vorstand ist also nicht, ob es sich um eine allgemeine Geschäftsführungsmaßnahme oder ein Grundlagengeschäft handelt, weil sich daraus keine weiteren Erkenntnisse für seine Befugnis ableiten lassen. Bei Wahrnehmung seiner Geschäftsführungsaufgabe muss sich der Vorstand vielmehr umgekehrt fragen, ob er die jeweils anstehende Maßnahme ohne Zustimmung der Hauptversammlung vornehmen darf. Ist dies nicht der Fall, ist seine Geschäftsführungsbefugnis insofern beschränkt.[14] Besonders bedeutsame Maßnahmen aus dieser Gruppe mag man dann als Grundlagengeschäfte bezeichnen.

8 Von erheblicher praktischer Bedeutung ist somit, wann der Vorstand – abgesehen von den ohnehin gesetzlich geregelten Fällen – **nur mit Zustimmung der Hauptversammlung handeln** darf. Einen allgemeinen Zustimmungsvorbehalt zugunsten der Hauptversammlung bei wichtigen Maßnahmen des Vorstands gibt es nicht. Damit umfasst die Geschäftsführungskompetenz des Vorstands jedenfalls auch solche Maßnahmen, die erhebliche – insbesondere wirtschaftliche – Auswirkungen auf die Gesellschaft haben.[15] Für eine ganz ausnahmsweise anzunehmende Pflicht des Vorstands, eine Maßnahme der Hauptversammlung zur Zustimmung vorzulegen, bleiben nur solche Maßnahmen, die den gesetzlich geregelten Fällen entsprechen oder die Aktionäre in ihrer mitgliedschaftlichen Position in vergleichbarer Weise treffen (→ § 4 Rn. 13 f.).[16]

B. Maßstäbe für die Geschäftsführung

9 Die Vorstandsmitglieder haben bei ihrer Geschäftsführung die **Sorgfalt eines ordentlichen und gewissenhaften Geschäftsleiters** anzuwenden (§ 93 Abs. 1 S. 1 AktG). Anerkannt ist, dass der Begriff der Geschäftsführung hier in einem sehr weiten Sinn zu verstehen ist,[17] also sowohl die Leitungsaufgabe im oben (→ § 4 Rn. 15 ff.) beschriebenen Sinn als auch das alltägliche Handeln umfasst. Nach diesem sehr allgemeinen Sorgfaltsmaßstab muss der Vorstand zunächst einerseits jedes Verhalten vermeiden, das der Gesellschaft schaden kann, andererseits aber auch positiv im Interesse der Gesellschaft und im Unternehmensinteresse (→ § 4 Rn. 28 ff., 35 ff.) handeln und Schädigungen durch Dritte abwehren.[18] Bei unternehmerischen Entscheidungen steht dem Vorstand die Haftungserleichterung der Business Judgement Rule zur Verfügung (→ § 4 Rn. 39 ff.).

10 Konkretere Anforderungen ergeben sich aus der oben behandelten Pflicht des Vorstands, **im Unternehmensinteresse zu handeln** (→ § 4 Rn. 28 ff., 35 ff.). Der Vorstand ist verpflichtet, die **Organisation** und die Entscheidungsprozesse in der Gesellschaft so zu gestalten, dass dabei die **gesetzlichen Vorschriften** und die **Satzungsbestimmungen** der Gesellschaft **eingehalten** werden und so eine Haftung vermieden wird.[19] Die Organisation der Gesellschaft soll aber nicht nur **rechtmäßig**, sondern darüber hinaus auch **zweckmäßig** sein.[20] Beide Aspekte können sich beispielsweise bei der Verteilung der Aufgaben an die einzelnen Vorstandsmitglieder auswirken, aber auch bei der Beschlussfassung der Orga-

---

[14] So wohl *Kort* in Großkomm. AktG § 76 Rn. 79.
[15] *Kort* in Großkomm. AktG § 76 Rn. 83.
[16] *Kort* in Großkomm. AktG § 76 Rn. 83; s. auch BGHZ 83, 122 – Holzmüller; BGH NZG 2004, 571; 2004, 575 – Gelatine.
[17] *Hüffer* § 93 AktG Rn. 6 f.; für ein weites Verständnis der Sorgfaltspflichten der Vorstandsmitglieder *Spindler* in MüKoAktG § 93 Rn. 24.
[18] Ähnlich BGHZ 21, 354, 357: „Pflicht, den Vorteil der Gesellschaft zu wahren und den Schaden von ihr zu wenden"; *Hopt* in Großkomm. AktG § 93 Rn. 72. Zu den Maßstäben ausführlich → § 4 Rn. 24 ff.
[19] Dazu *Mertens/Cahn* in Kölner Komm. AktG § 93 Rn. 67; *Hopt* in Großkomm. AktG § 93 Rn. 89.
[20] *Hopt* in Großkomm. AktG § 93 Rn. 107.

ne.[21] Der Vorstand muss nicht nur Vorgaben für die Organisation der Gesellschaft machen, sondern auch dafür sorgen, dass diese auf den ausführenden Ebenen eingehalten werden.[22] Zudem ist der Vorstand verpflichtet, die **Finanzierung der Gesellschaft** ordnungsgemäß zu organisieren.[23] Dazu gehört, dass die Gesellschaft **keine Risiken** eingeht, die den **Bestand** des Unternehmens **gefährden,** oder keine sinnlosen Aufwendungen tätigt. Vor allem muss der Vorstand auch die Einhaltung von Gläubigerschutzvorschriften überwachen.[24] Der Vorstand muss die wirtschaftliche Rentabilität des Unternehmens überprüfen und gegebenenfalls Maßnahmen zu ihrer Verbesserung entwickeln. Insgesamt muss der Vorstand also das Unternehmen sowohl rechtmäßig als auch zweckmäßig führen.[25]

Zudem treffen den Vorstand auch **Treuepflichten** gegenüber der Gesellschaft, deren **11** besondere Ausprägung die **Schweigepflicht** der Vorstandsmitglieder ist (§ 93 Abs. 1 S. 3 AktG). Die Vorstandsmitglieder haben gemäß ihrer Treuepflicht in Angelegenheiten, die das Gesellschaftsinteresse berühren, diesem **Vorrang vor Eigeninteressen** zu geben.[26]

C. Organisation des Vorstands

Das Gesetz stellt für den mehrköpfigen Vorstand die **Regel der Gesamtgeschäftsfüh-** **12** **rung** auf. Danach sind sämtliche Vorstandsmitglieder nur gemeinschaftlich zur Geschäftsführung befugt (§ 77 Abs. 1 S. 1 AktG). Dies ist wenig praxisgerecht. Das Gesetz erlaubt allerdings, den Grundsatz der Gesamtgeschäftsführung durch **Sonderregelungen in der Satzung oder der Geschäftsordnung** des Vorstands zu durchbrechen (§ 77 Abs. 1 S. 2 Hs. 1 AktG). Aktiengesellschaften mit mehrköpfigem Vorstand machen **regelmäßig** von der Ermächtigung zur **individuellen Regelung** der Geschäftsführung Gebrauch, so dass die **Gesamtgeschäftsführung in der Praxis** die selten anzutreffende **Ausnahme** ist.[27]

I. Gleichberechtigung der Vorstandsmitglieder und Gesamtverantwortung

1. Gleichberechtigung

Das gesetzliche Leitbild ist die Gleichberechtigung der Vorstandsmitglieder. Der Grund- **13** satz der Gleichberechtigung der Vorstandsmitglieder ist zwar nicht ausdrücklich im Gesetz genannt, ergibt sich aber aus dem Charakter des **Vorstands als Kollegialorgan,**[28] dem gesetzlichen Leitbild der Gesamtgeschäftsführung (§ 77 Abs. 1 S. 1 AktG) sowie aus dem Umkehrschluss zu Sonderregelungen, die eine Ungleichbehandlung der Vorstandsmitglieder erlauben (etwa § 84 Abs. 2 AktG, wonach der Aufsichtsrat einen Vorstandsvorsitzenden ernennen kann).

Aus dem Grundsatz der Gleichberechtigung folgt, dass es **kein allzu starkes Un-** **14** **gleichgewicht** der Leitungskompetenzen der einzelnen Vorstandsmitglieder geben darf.[29] Die Anforderungen daran sind aber nicht zu überspannen, da es – wegen des Bedürfnisses, den Vorstandsmitgliedern einzelne Zuständigkeitsbereiche zuzuordnen – praktisch kaum

---

[21] *Hopt* in Großkomm. AktG § 93 Rn. 89.
[22] *Fleischer* in Spindler/Stilz § 93 AktG Rn. 54 ff.; ausführlich zu den Organisationspflichten *Mertens/Cahn* in Kölner Komm. AktG § 93 Rn. 67 ff.; *Hopt* in Großkomm. AktG § 93 Rn. 107.
[23] *Fleischer* in Spindler/Stilz § 93 AktG Rn. 57; *Hopt* in Großkomm. AktG § 93 Rn. 96.
[24] Darunter fällt insbesondere der Bereich der Kapitalerhaltung der Gesellschaft.
[25] Sehr ausführlich und mit weiterführenden Beispielen *Mertens/Cahn* in Kölner Komm. AktG § 93 Rn. 64 ff.; *Hopt* in Großkomm. AktG § 93 Rn. 78–143.
[26] Ausführlich zu den Treuepflichten *Mertens/Cahn* in Kölner Komm. AktG § 93 Rn. 95 ff.; *Hopt* in Großkomm. AktG § 93 Rn. 144.
[27] *Kort* in Großkomm. AktG § 77 Rn. 7.
[28] *Spindler* in MüKoAktG Vor § 76 Rn. 39; *Hoffmann-Becking* ZGR 1998, 497, 514.
[29] *Hoffmann-Becking* ZGR 1998, 497, 514.

möglich sein wird, jedem Vorstandsmitglied genau oder annähernd gleich viel Kompetenz zu geben.[30] Es sollte nur darauf geachtet werden, dass kein zu großes Ungleichgewicht zwischen den Kompetenzen der einzelnen Vorstandsmitglieder besteht.[31] Es darf also keine Vorstandsmitglieder „zweiter Klasse" geben.[32] Eine Untergliederung des Vorstands in verschiedene – unterschiedlich bedeutende – Geschäftsführungsbereiche kann aber in der Geschäftsordnung festgelegt werden und ist zulässig (→ Rn. 20ff.). Letztlich ist es auch nicht erforderlich, den Vorstandsmitgliedern gleiche Bezüge zu gewähren. Dies folgt bereits aus § 87 Abs. 1 AktG.[33]

2. Gesamtverantwortung

15 Der Grundsatz der Gesamtverantwortung besagt, dass bei einem mehrköpfigen Vorstand jedes Vorstandsmitglied zur Geschäftsführung im Ganzen verpflichtet und damit umfassend für die Belange der Gesellschaft verantwortlich ist.[34] Dieser Grundsatz ist zwar im Gesetz nicht ausdrücklich genannt,[35] wird aber von der Rechtsprechung und der Rechtslehre aus § 76 Abs. 1 AktG abgeleitet[36] oder als **allgemeiner Rechtsgrundsatz für Kollegialorgane** zugrunde gelegt.[37] Er gilt auch dann, wenn im Rahmen der Geschäftsverteilung einzelnen Vorstandsmitgliedern Geschäftsführungsbefugnisse zur eigenständigen Wahrnehmung übertragen werden.

II. Gesamtleitung

1. Pflicht zur Gesamtleitung

16 Der Vorstand ist in vielen Fällen zur Gesamtleitung verpflichtet und darf seine **Leitungsaufgaben** (→ § 4 Rn. 15ff.) nicht auf einzelne Vorstandsmitglieder übertragen.[38] Umgekehrt dürfen Vorstandsmitglieder keine Kompetenzen an sich ziehen, die dem Vorstand in seiner Gesamtheit zustehen und die er durch Gesamtleitung wahrnehmen muss.[39] Zu dem **nicht übertragbaren Kern** der Aufgaben der Vorstands (→ § 4 Rn. 15ff.) können zum einen die dem Vorstand durch das Gesetz ausschließlich zugewiesenen Aufgaben gezählt werden,[40] zum anderen die Bereiche Unternehmensplanung, Unternehmenskoordinierung und Unternehmenskontrolle sowie die Besetzung von Führungsposten.[41] Maßnahmen oder Geschäfte, die für die Gesellschaft von besonderer Bedeutung sind oder ein

---

[30] Ähnlich auch *Hoffmann-Becking* ZGR 1998, 497, 515.
[31] Beispiele bei *Hoffmann-Becking* ZGR 1998, 497, 515.
[32] Zu diesem Begriff *Lange/Peters* BB 2012, 2575, 2577; *Hoffmann-Becking* ZGR 1998, 497, 515.
[33] Ausdrücklich auch *Hoffmann-Becking* ZGR 1998, 497, 515.
[34] BGHZ 133, 370, 376 allerdings in Bezug auf die GmbH; *Spindler* in MüKoAktG § 77 Rn. 59; *Hüffer* § 77 AktG Rn. 14ff.; *Mertens/Cahn* in Kölner Komm. AktG § 77 Rn. 18; *Kort* in Großkomm. AktG § 77 Rn. 35; *Fleischer* NZG 2003, 449.
[35] Hingegen folgt aus § 77 Abs. 1 S. 1 AktG der Grundsatz der Gesamtgeschäftsführung und aus § 78 Abs. 2 S. 1 AktG der Grundsatz der Gesamtvertretung.
[36] *Fleischer* in Spindler/Stilz § 77 AktG Rn. 45; *Kort* in Großkomm. AktG § 77 Rn. 31; *Wicke* NJW 2007, 3755, 3756; *Schiessl* ZGR 1992, 64, 67; *Schwark* ZHR 142 (1978), 203, 214; differenzierend *Fleischer* NZG 2003, 449, 450.
[37] *Lange/Peters* BB 2012, 2575, 2577ff.; *Hoffmann-Becking* ZGR 1998, 497, 507.
[38] *Mertens/Cahn* in Kölner Komm. AktG § 77 Rn. 23; *Hüffer* § 76 AktG Rn. 8; *Kort* in Großkomm. AktG § 77 Rn. 31; *Liebscher* in BeckHdB AG § 6 Rn. 112; *Fleischer* NZG 2003, 449, 450; *Hoffmann-Becking* ZGR 1998, 497, 508.
[39] *Hüffer* § 77 AktG Rn. 18; *Fleischer* NZG 2003, 449, 450.
[40] Ebenso *Spindler* in MüKoAktG § 77 Rn. 64; *Mertens/Cahn* in Kölner Komm. AktG § 77 Rn. 24; *Liebscher* in BeckHdB AG § 6 Rn. 112; *Fleischer* NZG 2003, 449, 450; *Schiessl* ZGR 1992, 64, 67.
[41] *Hüffer* § 76 AktG Rn. 8f.; *Mertens/Cahn* in Kölner Komm. AktG § 76 Rn. 5; *Kort* in Großkomm. AktG § 77 Rn. 31, 32; *Liebscher* in BeckHdB AG § 6 Rn. 112; *Henze* BB 2000, 209, 210; grundsätzlich zustimmend *Fleischer* NZG 2003, 449, 450, der aber eine „modernere" Unterteilung nach Planungs- und Steuerungs-, Organisations-, Finanz- und Informationsverantwortung vornimmt.

2. Gültigkeit der Entscheidungen unterbesetzter Vorstände

Für die Praxis bedeutsam ist die Frage, ob die in die Kompetenz des Gesamtvorstands fallende Entscheidung eines unvollständigen, dh nicht vorschriftsmäßig besetzten, Vorstands gültig ist, etwa wenn ein Vorstandsmitglied einer Gesellschaft mit einem Grundkapital von mehr als drei Millionen Euro (§ 76 Abs. 2 S. 2 AktG) aus einem zweiköpfigen Vorstand ausscheidet[43] und das verbleibende Vorstandsmitglied daraufhin allein handelt. Der **BGH** hält dies für unzulässig.[44] 17

Bei Gesellschaften mit einem Grundkapital von mehr als drei Millionen Euro muss der Vorstand aus mindestens zwei Personen bestehen, wenn nicht die Satzung etwas anderes bestimmt (§ 76 Abs. 2 S. 2 AktG). Bei Ausscheiden eines Vorstandsmitglieds darf das verbleibende Mitglied daher keine Aufgaben ausführen, die dem Gesamtvorstand zugewiesen sind. Dies ist hinnehmbar, denn das Gesetz sorgt für den Fall der drohenden **Handlungsunfähigkeit** des Vorstands vor. Den Aufsichtsrat trifft die Pflicht, ein neues Vorstandsmitglied zu bestellen (§ 84 Abs. 1 AktG). Ist ihm dies nicht mit der erforderlichen Schnelligkeit möglich, so eröffnet das Gesetz in § 85 Abs. 1 S. 1 AktG jedem, der daran ein schutzwürdiges Interesse hat, die Möglichkeit, bei dem zuständigen Amtsgericht einen Antrag auf Bestellung eines Vorstandsmitglieds durch das Gericht zu stellen.[45] 18

Ein **unterbesetzter Vorstand** ist für in die Kompetenz des Gesamtvorstands fallende Maßnahmen also **nicht handlungsfähig.** Zu beachten ist allerdings, dass der handlungsunfähige Vorstand noch in gewissem Maße verpflichtet sein kann, etwa zur Buchführung oder zur Stellung eines Insolvenzantrags.[46] Zudem ist er verpflichtet, den Aufsichtsrat über das Ausfallen des Vorstandsmitglieds zu unterrichten, damit der Aufsichtsrat ein neues Vorstandsmitglied bestellen kann.[47] Um das Problem der Handlungsunfähigkeit des Vorstands bei Unterbesetzung zu vermeiden, empfiehlt es sich, in der **Satzung** eine Regelung vorzusehen,[48] dass der Vorstand nur aus einer Person bestehen kann (dies ist nach § 76 Abs. 2 S. 2 aE AktG möglich). 19

III. Geschäftsverteilung

Das **gesetzliche Leitbild,** wonach die Gesellschaft von allen Vorstandsmitgliedern gemeinsam geleitet wird, ist in aller Regel **nicht praxisgerecht.**[49] Viele Geschäftsführungsmaßnahmen bei größeren Gesellschaften können nicht von allen Vorstandsmitgliedern gemeinsam getroffen werden. Eine Aufteilung der Aufgaben unter den Vorstandsmitgliedern ist daher in vielen Fällen erforderlich und in der Praxis üblich. 20

Eine solche **Aufgabenaufteilung** unter den Vorstandsmitgliedern können **Satzung oder Geschäftsordnung des Vorstands** vornehmen (§ 77 Abs. 1 S. 2 AktG). Eine Regelung der Geschäftsverteilung in der **Satzung** ist allerdings **nicht empfehlenswert,** da die Aufgaben schwerlich bereits im Voraus verteilt werden können und eine nachträgliche 21

---

[42] *Mertens/Cahn* in Kölner Komm. AktG § 76 Rn. 5; *Fleischer* in Spindler/Stilz § 76 AktG Rn. 18; *Fleischer* NZG 2003, 449, 450; *Henze* BB 2000, 209, 210.
[43] BGHZ 149, 158.
[44] BGHZ 149, 158, 160; so auch *Spindler* in MüKoAktG § 76 Rn. 18; *Meyer-Landrut* in Großkomm. AktG 3. Aufl. § 76 Rn. 5; differenzierend *Schäfer* ZGR 2003, 147, 150; *Hüffer* § 76 AktG Rn. 56; aA aber *Mertens/Cahn* in Kölner Komm. AktG § 76 Rn. 110 ff.; *Kort* in Großkomm. AktG § 76 Rn. 199; *Götz* ZIP 2002, 1745, 1748.
[45] BGHZ 149, 158, 160.
[46] So auch *Fleischer* NZG 2003, 449, 451.
[47] So auch *Fleischer* NZG 2003, 449, 451.
[48] *Fleischer* NZG 2003, 449, 451.
[49] *Fleischer* in Spindler/Stilz § 77 AktG Rn. 10 mwN.

Änderung jeweils eine aufwendige Satzungsänderung nach sich ziehen würde.[50] **Üblich** ist vielmehr, die Geschäftsverteilung in der **Geschäftsordnung** für den Vorstand zu regeln. Die Geschäftsordnung wird in der Regel vom Aufsichtsrat erlassen oder vom Vorstand, sofern der Aufsichtsrat keinen Gebrauch von seiner allgemeinen Kompetenz zum Erlass der Geschäftsordnung gemacht hat (§ 77 Abs. 2 S. 1 AktG). Überträgt die Satzung dem Aufsichtsrat die Kompetenz zum Erlass einer Geschäftsordnung, kann sie sich der Vorstand auch dann nicht selbst geben, wenn der Aufsichtsrat seine Kompetenz nicht ausübt.[51] Zu beachten ist, dass eine Regelung in der Geschäftsordnung des Vorstands durch eine Satzungsbestimmung verdrängt wird.

22 Die in dem ihm durch die Geschäftsordnung zugewiesenen Bereich liegenden Aufgaben kann das jeweilige Vorstandsmitglied selbständig wahrnehmen.[52] Dem Vorstandsmitglied kommt in diesem Bereich **Einzelgeschäftsführungsbefugnis**[53] zu. Es muss dabei allerdings mögliche Einschränkungen seiner Einzelgeschäftsführungsbefugnis in der Geschäftsordnung beachten, ebenso wie die Unübertragbarkeit der grundsätzlichen Leitungsaufgaben der Gesellschaft (→ § 4 Rn. 15 ff.). Mit der Vertretungsregelung braucht die Regelung der Geschäftsverteilung nicht übereinzustimmen.[54]

23 In der Praxis haben sich **verschiedene Organisationsformen** für die Aufgabenaufteilung unter den Vorstandsmitgliedern herausgebildet. Diese sind die funktionale und die divisionale Organisation, aber auch verschiedene Mischformen dieser beiden Grundformen.

1. Funktionale Organisation

24 Lange Zeit war in Deutschland eine Organisation der Vorstandsaufgaben nach funktionalen Gesichtspunkten vorherrschend. Dabei werden **Ressorts** für verschiedene unternehmerische Teilbereiche gebildet, beispielsweise jeweils für Einkauf, Forschung, Technik, Produktion, Absatz und Finanzen.[55] Dadurch wird eine **Arbeitsteilung** zwischen den Vorstandsmitgliedern erreicht und eine Besetzung der jeweiligen Ressorts mit **Spezialisten** ermöglicht. Ein Nachteil dieser Organisationsform ist aber, dass eine Vernetzung zwischen den einzelnen Ressorts erschwert wird.

2. Divisionale Organisation

25 Zahlreiche Unternehmen organisieren die Aufgaben nach **Sparten**.[56] Dies bedeutet, dass den einzelnen Vorstandsmitgliedern die Verantwortung für bestimmte Produkt- oder Dienstleistungsbereiche des Unternehmens übertragen wird.[57] Möglich ist es auch, Sparten für bestimmte Regionen zu bilden.[58] Innerhalb einer solchen Sparte ist das Vorstandsmitglied für alle Ressortaufgaben (also etwa Einkauf, Produktion, Absatz, Finanzen) zuständig. Die divisionale Organisation wird besonders von Unternehmen gewählt, die klar unterschiedene Geschäftsfelder aufweisen.[59]

26 Teilweise wurden Bedenken[60] gegen die **Zulässigkeit der Spartenorganisation**[61] geäußert, weil es zu einer Beeinträchtigung der Gesamtverantwortung der Vorstandsmitglieder

---

[50] *Spindler* in MüKoAktG § 77 Rn. 40; *Lange/Peters* BB 2012, 2575, 2576.
[51] *Mertens/Cahn* in Kölner Komm. AktG § 77 Rn. 58 mwN.
[52] *Spindler* in MüKoAktG § 77 Rn. 58 mwN.
[53] Weniger gebräuchlich ist es, zwei Vorstandsmitglieder mit einer Aufgabe gemeinsam zu betrauen und sie damit gemeinsam geschäftsführungsbefugt zu machen. Rechtlich zulässig wäre dies freilich.
[54] *Spindler* in MüKoAktG § 77 Rn. 12.
[55] *Spindler* in MüKoAktG § 77 Rn. 66; *Kort* in Großkomm. AktG § 76 Rn. 154; *Schiessl* ZGR 1992, 64; *Fleischer* NZG 2003, 449, 451; *ders.* ZIP 2003, 1, 7.
[56] *Spindler* in MüKoAktG § 77 Rn. 67; *Kort* in Großkomm. AktG § 76 Rn. 155; ausführlich *Schiessl* ZGR 1992, 64; *Schwark* ZHR 142 (1978), 203.
[57] *Kort* in Großkomm. AktG § 76 Rn. 155; *Schiessl* ZGR 1992, 64, 65.
[58] Dazu *Schiessl* ZGR 1992, 64, 65.
[59] Vgl. früher Daimler-Benz-Konzern.
[60] *Schwark* ZHR 142 (1978), 203, 207; *Karsten Schmidt* ZGR 1981, 455, 479 ff.
[61] Für Zulässigkeit die ganz hM, *Mertens/Cahn* in Kölner Komm. AktG § 76 Rn. 60 mwN.

oder auch der Kompetenzen des Arbeitsdirektors kommen könnte. Richtig daran ist, dass in jeder Form der Geschäftsverteilung der **Grundsatz** der **Gesamtverantwortung** zu **beachten** bleibt. Eine Verteilung der Aufgaben auf verschiedene Vorstandsmitglieder ist daher auch im Rahmen der Spartenorganisation nur mit der Maßgabe zulässig, dass sie die Gesamtleitung durch den Vorstand insgesamt unangetastet lässt.[62] Insbesondere die dem Gesamtvorstand ausschließlich zugewiesenen Aufgaben (→ § 4 Rn. 15 ff.) müssen ihm verbleiben.

3. Matrixorganisation

27 Häufig sind in der Praxis nicht rein funktionale oder divisionale Organisationsformen anzutreffen, sondern Mischformen. Eine häufige Organisationsform ist die Matrixorganisation. Eine allgemein anerkannte Definition der Matrixorganisation existiert nicht. Charakteristisch für diese Organisationsform ist aber, dass gleichzeitig und gleichberechtigt zwei oder mehrere Gliederungsmerkmale Berücksichtigung finden.[63] Solche Gliederungsmerkmale können etwa die Verrichtung (Aufgliederung nach Funktionen, Ressorts), Objekte (Aufgliederung nach Produkten oder Sparten), Regionen oder Projekte sein.[64] Charakteristisch ist auch, dass sich diese verschiedenen Gliederungsmerkmale überschneiden.[65]

28 Das Unternehmen kann beispielsweise nach Sparten gegliedert werden, **gleichzeitig aber auch funktionale Bereiche,** etwa für Finanzen und Personal, vorsehen.[66] Aufgabe der funktionalen Ressorts ist es, verschiedene fachbezogene Ressourcen den einzelnen Sparten zugänglich zu machen.

29 Darüber hinaus kann eine weitere Vernetzung der verschiedenen Bereiche durch **regionale Zuständigkeiten** erreicht werden. Dabei kann einem Vorstandsmitglied die Leitung der gesamten Geschäfte des Unternehmens in einer Region übertragen werden, während ein anderes Vorstandsmitglied eine bestimmte Sparte – in allen Regionen – leitet. Beide Zuständigkeiten überschneiden sich somit, so dass durch diese Organisation ein Austausch unter den Vorstandsmitgliedern gefördert wird.

30 In der Praxis sind verschiedentlich auch einzelne Vorstandsmitglieder für **bestimmte Marken oder Produkte** des Unternehmens zuständig, andere Vorstandsmitglieder übernehmen beispielsweise **unternehmensinterne Aufgaben.**[67] Bei Ersteren wird zB von Markenvorständen oder Produktvorständen, bei Letzteren von Bereichsvorständen gesprochen.[68] Die einzelnen Bezeichnungen sind aber weder rechtlich vorgegeben, noch sollten aus Begriffen falsche Folgerungen gezogen werden. Einzelne Unternehmen bezeichnen als „Bereichsvorstände" Personen, die im rechtlichen Sinn nicht dem Vorstand angehören, sondern (General-)Bevollmächtigte sind. Sie verantworten einen bestimmten Tätigkeitsbereich des Unternehmens und nehmen unter Umständen an Vorstandssitzungen teil. Organmitglieder der Gesellschaft sind sie aber nicht.

31 Eine andere Abgrenzung ergibt sich, wenn **strategische Aufgaben** von einem kleineren Kreis von Vorstandsmitgliedern übernommen werden, während Aufgaben des operativen Geschäfts durch andere Vorstandsmitglieder, sogenannte operative Vorstände, wahrgenommen werden. Die rechtliche Grenze der Zulässigkeit der vielfältigen denkbaren Mischformen ist, wie dargelegt, das Prinzip der **Gesamtverantwortung** des Vorstands. Es darf also keine Vorstandsmitglieder im rechtlichen Sinn geben, die faktisch von der Leitung im Unternehmen ausgeschlossen sind.[69]

---

[62] *Mertens/Cahn* in Kölner Komm. AktG § 77 Rn. 15, 27; *Fleischer* in Spindler/Stilz § 77 AktG Rn. 38; *Kort* in Großkomm. AktG § 76 Rn. 156; *Fleischer* NZG 2003, 449, 452; *ders.* ZIP 2003, 1, 7; *Schiessl* ZGR 1992, 64, 67.
[63] *Leumann* Matrix-Organisation 5; *Schneider* Matrixorganisation 5.
[64] Ausführlich *Leumann* Matrix-Organisation 5.
[65] *Schneider* Matrixorganisation 5.
[66] Dazu *Kort* in Großkomm. AktG § 76 Rn. 155; *Schiessl* ZGR 1992, 64, 65.
[67] *Spindler* in MüKoAktG § 77 Rn. 68.
[68] Zu den verschiedenen Gliederungsmerkmalen *Leumann* Matrix-Organisation 3.
[69] *Spindler* in MüKoAktG § 77 Rn. 68; *Kort* in Großkomm. AktG § 76 Rn. 156.

4. Management-Holding

32 Soweit Geschäftsbereiche rechtlich verselbstständigt und auf Tochtergesellschaften ausgegliedert werden, **spalten** sich die **Leitungsfunktionen** zwischen der entstehenden Holdinggesellschaft und den Tochtergesellschaften auf. Die sogenannte Management-Holding[70] nimmt nur noch strategische Aufgaben war, während die Tochtergesellschaften das operative Geschäft abwickeln. Der Vorstand der Holdinggesellschaft hat, sofern sie AG ist, die **Gesamtverantwortung** für die Leitung der Holding. Wie sehr die Leitungsaufgabe auch die aktive Einflussnahme auf das in den Tochtergesellschaften abgewickelte operative Geschäft umfasst, hängt davon ab, welche Funktion die Holdinggesellschaft zu erfüllen hat. Auch hierbei gilt, dass die Grundsätze der Gesamtverantwortung des Vorstands beachtet werden müssen.

5. CEO-Modell nach US-amerikanischem Vorbild

33 In den letzten Jahren wurde immer wieder die Frage aufgeworfen, ob ein Vorstand einer deutschen AG nach angelsächsischem Vorbild gestaltet und dem Vorstandsvorsitzenden eine dem CEO vergleichbare Position eingeräumt werden könne.[71]

a) Ausgangspunkt der Diskussion

34 Ausgangspunkt für Überlegungen, **die Unternehmensführung bei Bedarf nach dem CEO-Vorbild zu organisieren,** mögen Erwartungen internationaler Investoren sein, die klare Führungsstrukturen und die Übernahme der Verantwortung durch Einzelpersonen verlangen.[72] Zudem besteht bei der Organisation entsprechend dem US-amerikanischen Vorbild die Möglichkeit, wirtschaftlich wichtigen Bereichen eine stärkere Stellung zu geben sowie die Organisation nach Unternehmenssparten autonomer zu gestalten.[73]

b) Stellung des CEO

35 In den USA und in Großbritannien herrscht im Gegensatz zum deutschen Aktienrecht das **Board-System** vor.[74] Es unterscheidet sich von der Organisation der deutschen AG vor allem dadurch, dass die Gesellschaft neben der Gesellschafterversammlung mit dem Board of Directors nur ein weiteres Organ anstelle von Vorstand und Aufsichtsrat hat.[75] Der CEO hat innerhalb des Board of Directors **keine Weisungs- oder Alleinentscheidungsrechte** gegenüber den anderen Mitgliedern des Board, ist also selbst nur ein gleichberechtigtes Mitglied.[76] Gegenüber den ihm nachgeordneten „officers" ist der CEO dagegen weisungs- und alleinentscheidungsbefugt. Die „officers" gehören nicht notwendig dem Board of Directors an, können aber Mitglieder sein. Insofern hat der CEO zwar einen starken Einfluss auf die Führungskräfte der Gesellschaft,[77] ist dabei aber immer an die Entscheidungen des Board of Directors als Kollegialorgan gebunden.[78] Darüber hinaus ist der

---

[70] *Schiessl* ZGR 1992, 64, 65; *Götz* ZGR 2003, 1, 11; ausführlich zu Rechten und Pflichten des Vorstands einer Holdinggesellschaft *Johannes Semler* ZGR 2004, 631 ff.
[71] Diese Frage wurde insbesondere anlässlich der Neuorganisation des Vorstands der deutschen Bank diskutiert: *Berger* FAZ v. 17.1.2002, 17; inzwischen ist die Deutsche Bank jedoch zu einem eher traditionellen Vorstandsmodell zurückgekehrt; vgl. Hinweis bei *Ringleb* in Ringleb/Kremer/Lutter/v. Werder DCGK Rn. 678; zur Diskussion insbesondere *Ziemons* in Ziemons/Binnewies, HdB der Aktiengesellschaft, Rn. 8.42 ff.; *Kort* in Großkomm. AktG § 77 Rn. 52; *Wicke* NJW 2007, 3755, 3757 f.; *v. Hein* ZHR 166 (2002) 464; *Hoffmann-Becking* NZG 2003, 745; *Fleischer* ZIP 2003, 1, 8.
[72] *Berger* FAZ v. 17.1.2002, 17; kritisch *v. Hein* ZHR 166 (2002), 464, 469.
[73] *v. Hein* ZHR 166 (2002), 464, 471.
[74] Ausführlich *Kort* in Großkomm. AktG Vor § 76 Rn. 2; *Hoffmann-Becking* NZG 2003, 745, 746.
[75] *Kort* in Großkomm. AktG Vor § 76 AktG Rn. 2; *Hoffmann-Becking* NZG 2003, 745, 746.
[76] *Hoffmann-Becking* NZG 2003, 745, 746.
[77] *v. Hein* ZHR 166 (2002) 464.
[78] Ausführlich *Hoffmann-Becking* NZG 2003, 745, 746; *Wicke* NJW 2007, 3755, 3757.

CEO häufig zugleich Chairman of the Board und verbindet damit die im zweistufigen deutschen System des Aktienrechts notwendigen Funktionen des Vorstandsvorsitzenden und des Aufsichtsratsvorsitzenden.[79] In einer monistisch verfassten SE könnte ein solches Modell ohne weiteres nachgebildet werden.[80]

c) Rechtliche Grenzen einer CEO-Struktur

36 Die Übernahme der CEO-Struktur aus dem angloamerikanischen Recht in das deutsche Recht unterliegt Grenzen im Hinblick auf das Prinzip der Gesamtverantwortung des Vorstands.[81]

37 Entgegen einer zuweilen anzutreffenden Auffassung ist festzuhalten, dass der CEO auch im angloamerikanischen Recht gegenüber den Mitgliedern des Board of Directors **keinerlei Weisungsrechte** hat.[82] Eine Weisungsbefugnis hat er nur gegenüber den Führungskräften der Gesellschaft ohne Organstellung. Sofern also gefordert würde, dem Vorstandsvorsitzenden einer deutschen AG müsse ein umfassendes Weisungsrecht gegenüber den anderen Vorstandsmitgliedern zustehen, wäre dies nicht nur aktienrechtlich unzulässig (dies ergibt sich aus § 77 Abs. 1 S. 2 Hs. 2 AktG),[83] sondern ginge auch weit über die Rechtsstellung hinaus, die der CEO innehat.

38 Bei der konkreten Organisation des Vorstands ist es aber möglich, dem Vorstandsvorsitzenden eine **große Machtposition** einzuräumen. Zulässig ist es beispielsweise, dem Vorstandsvorsitzenden ein Recht zum Stichentscheid einzuräumen (→ Rn. 59).[84] Im Rahmen der Geschäftsverteilung können ihm besonders wichtige Bereiche zugewiesen werden. Möglich ist es auch, dass der Vorstandsvorsitzende allein über das operative Geschäft zu entscheiden hat, während den weiteren Vorstandsmitgliedern (nur) funktionale Bereiche (Finanzen, Recht, Personalmanagement) zugewiesen sind. Zu den Mischformen zwischen der funktionalen und divisionalen Organisation des Vorstands (→ Rn. 27 ff.). Die Bezeichnung des Vorstandsvorsitzenden einer deutschen AG als CEO im Rechtsverkehr ist zulässig, da sich dieser Begriff mittlerweile auch in Deutschland eingebürgert hat.[85]

39 Die **Grenze der Machtverschiebung** zugunsten des Vorstandsvorsitzenden bildet wieder der Grundsatz der **Gesamtverantwortung des Vorstands.** Es ist demnach unzulässig, eine äußerst unverhältnismäßige Ressortaufteilung vorzunehmen, nach der dem Vorstandsvorsitzenden übermäßig viele Aufgaben zukämen, während die Tätigkeitsbereiche anderer Vorstandsmitglieder auf untergeordnete Hilfstätigkeiten herabgestuft würden.[86] Die Vorstandsmitglieder müssen in der Lage sein, alle ihnen nicht zugewiesenen Ressorts zu überwachen und gegebenenfalls von ihrem Interventions- oder Widerspruchsrecht Gebrauch zu machen (→ Rn. 50, 51, 52).

40 Eine andere Frage ist es, ob der **Gesetzgeber** eine gegenüber dem CEO-Modell noch weitergehende Regelung treffen und dem Vorstandsvorsitzenden ein Alleinentscheidungsrecht zuerkennen sollte.[87] Ein Alleinentscheidungsrecht des Vorsitzenden könnte den Vorteil einer schnelleren Entscheidungsfindung haben. Zu beachten ist aber, dass § 70 Abs. 2 S. 2 AktG 1937 ursprünglich ein Alleinentscheidungsrecht des Vorstandsvorsitzenden vor-

---

[79] Dazu *Velte* WM 2012, 537, 541.
[80] *Velte* WM 2012, 537, 541; *Bachmann* ZGR 2008, 779, 789.
[81] *Spindler* in MüKoAktG § 77 Rn. 69; *Mertens/Cahn* in Kölner Komm. AktG § 77 Rn. 18; *Kort* in Großkomm. AktG § 77 Rn. 54.
[82] Das Argument, dass ein Weisungsrecht des Vorstandsvorsitzenden gegenüber den anderen Vorstandsmitgliedern unzulässig wäre, wird aber immer als Argument gegen die Übernahme der CEO-Struktur genannt, etwa *Fleischer* ZIP 2003, 1, 8.
[83] *Ziemons* in Ziemons/Binnewies, HdB der Aktiengesellschaft, Rn. 8.43 mwN; *Fleischer* in Spindler/Stilz § 77 AktG Rn. 42; *Weber* in Hölters § 84 AktG Rn. 61.
[84] *Mertens/Cahn* in Kölner Komm. AktG § 77 Rn. 18; *Kort* in Großkomm. AktG § 77 Rn. 56; *Hoffmann-Becking* ZGR 1998, 497, 517.
[85] *Fleischer* in Spindler/Stilz § 77 AktG Rn. 42; *Kort* in Großkomm. AktG § 77 Rn. 52.
[86] So auch *Hoffmann-Becking* NZG 2003, 745, 749; *Mertens/Cahn* in Kölner Komm. AktG § 77 Rn. 18; *Fleischer* in Spindler/Stilz § 77 AktG Rn. 42.
[87] Zurückhaltend *v. Hein* ZHR 166 (2002), 464, 501; ablehnend *Hoffmann-Becking* NZG 2003, 745, 749.

sah. Der Gesetzgeber schaffte es 1965 mit der Begründung ab, dadurch gebe es keine hinreichende Kontrolle und Absprache der Vorstandsmitglieder untereinander.[88] Eine Kontrolle der Geschäftsführung in einer Gesellschaft ist wichtig, wie sich an der Diskussion über den Aufsichtsrat zeigt. Daher erscheint es zweckmäßig, die gegenseitige Kontrolle der Vorstandsmitglieder im Grundsatz beizubehalten, den Gesellschaften aber die Freiheit zu lassen, dem Vorstandsvorsitzenden im Rahmen der Geschäftsverteilung größtmögliche Kompetenzen einzuräumen, sofern dies im **Interesse** der **bestmöglichen Geschäftsführung** angezeigt erscheint. In der Praxis erreicht allerdings schon jetzt der Vorstandsvorsitzende vielfach eine herausragende Machtstellung im Vorstand, die nicht zuletzt darauf beruht, dass er meist als einziges Vorstandsmitglied in ständigem Kontakt mit dem Aufsichtsratsvorsitzenden steht. Ob es zweckdienlich ist, diese faktisch starke Stellung noch formell zu untermauern, erscheint zumindest bedenkenswert.[89]

IV. Geschäftsordnung

1. Zuständiges Organ

41 Zuständig für den Erlass einer Geschäftsordnung ist im Regelfall der **Aufsichtsrat.** Eine Zuständigkeit des Vorstands besteht nur, soweit der Aufsichtsrat untätig geblieben ist und die Satzung keine Zuständigkeit des Aufsichtsrats vorschreibt (§ 77 Abs. 2 S. 1 AktG). Umgekehrt kann aber die Satzung **nicht** die **ausschließliche Zuständigkeit des Vorstands** zum Erlass der Geschäftsordnung vorsehen. § 77 Abs. 2 S. 1 AktG ist insoweit zwingend.[90] Dies gilt selbst dann, wenn die Satzung eine Zustimmung des Aufsichtsrats zu einer vom Vorstand selbst erlassenen Geschäftsordnung verlangt.[91] Zulässig ist lediglich eine Bestimmung, die den Erlass der Geschäftsordnung durch den Aufsichtsrat und alternativ durch den Vorstand mit Zustimmung des Aufsichtsrats vorsieht. Zuständig für den Erlass der Geschäftsordnung ist jeweils das Gesamtorgan. Einzelnen Aufsichtsratsmitgliedern, oder – bei Zuständigkeit des Vorstands – einzelnen Vorstandsmitgliedern kann die Zuständigkeit nicht überlassen werden.[92]

2. Pflicht zum Erlass einer vollständigen Geschäftsordnung

42 Aufsichtsrat oder Vorstand sind zum Erlass einer vollständigen Geschäftsordnung verpflichtet. Es ist nicht zulässig, lediglich einzelne Fragen der Geschäftsordnung zu regeln, ohne dass sich ein Gesamtkonzept wenigstens im Hinblick auf Fragen der Geschäftsführung und Geschäftsverteilung ergäbe.[93] Zulässig ist es allerdings, dass der Aufsichtsrat eine Art Rahmengeschäftsordnung erlässt und dabei einzelne Fragen dem Vorstand zur Konkretisierung überlässt.[94]

3. Inhalt der Geschäftsordnung

43 In der **Satzung** können Einzelfragen der Geschäftsordnung geregelt werden, die eine bindende Wirkung für den Aufsichtsrat oder den Vorstand beim Erlass der Geschäftsordnung entfalten (§ 77 Abs. 2 S. 2 AktG). Durch die gesetzliche Formulierung „**Einzelfragen**" ist aber klargestellt, dass in der Satzung nicht bereits umfassend die Regelungen der Geschäftsordnung enthalten sein dürfen. Anderenfalls ergäbe sich eine Kompetenzverlage-

---

[88] Begr. RegE AktG 1965 *Kropff* 99.
[89] Dazu *Semler,* FS Lutter, 2000, 721, 728 ff.
[90] *Fleischer* in Spindler/Stilz § 77 AktG Rn. 65; *Kort* in Großkomm. AktG § 77 Rn. 66.
[91] *Mertens/Cahn* in Kölner Komm. AktG § 77 Rn. 59; *Kort* in Großkomm. AktG § 77 Rn. 66.
[92] *Fleischer* in Spindler/Stilz § 77 AktG Rn. 66; *Kort* in Großkomm. AktG § 77 Rn. 67.
[93] *Fleischer* in Spindler/Stilz § 77 AktG Rn. 65; *Kort* in Großkomm. AktG § 77 Rn. 69.
[94] *Fleischer* in Spindler/Stilz § 77 AktG Rn. 65; *Kort* in Großkomm. AktG § 77 Rn. 68.

C. Organisation des Vorstands

rung vom Aufsichtsrat oder Vorstand zur Hauptversammlung, die dem Recht des Vorstands und des Aufsichtsrats zur Selbstorganisation widerspräche.[95]

Die Geschäftsordnung kann die **gesetzlich zwingend festgelegten Aufgabenbereiche der Organe** nicht verändern.[96] Eine von dem gesetzlichen Grundsatz der Gesamtgeschäftsführung abweichende Regelung ist aber zulässig, soweit nicht zwingend die Gesamtleitung zu beachten ist (§ 77 Abs. 1 S. 2 AktG). Die Geschäftsordnung weist auch den einzelnen Vorstandsmitgliedern ihren Aufgabenbereich zu. Zu den verschiedenen Organisationsformen des Vorstands (→ Rn. 23 ff.).

In der Geschäftsordnung können **Fragen der Geschäftsführung** geregelt werden. Dabei muss aber die Geschäftsführungsautonomie des Vorstands beachtet werden. Der Vorstand darf daher in seinen Entscheidungen nicht von der Teilnahme oder gar der Zustimmung von Aufsichtsratsmitgliedern abhängig gemacht werden. In der Geschäftsordnung werden zumeist Regeln über die Zusammenarbeit innerhalb des Vorstands festgelegt, beispielsweise die Sitzungsmodalitäten oder die Ausschussbildung innerhalb des Vorstands.[97]

4. Form

Sämtliche Beschlüsse über die Geschäftsordnung bedürfen der Einstimmigkeit der Vorstandsmitglieder (§ 77 Abs. 2 S. 3 AktG). Dies gilt auch für Änderungen der Geschäftsordnung. Die Geschäftsordnung sowie Änderungen der Geschäftsordnung müssen schriftlich niedergelegt werden.[98]

5. Wirkung der Geschäftsordnung und Folgen bei Pflichtverstößen

Die Geschäftsordnung gilt zwingend **für alle Vorstandsmitglieder.** Im Einzelfall darf ein Vorstandsmitglied davon nur mit Zustimmung des Aufsichtsrats – oder bei einer vom Vorstand erlassenen Geschäftsordnung – mit Zustimmung aller Vorstandsmitglieder – abweichen.[99] Anderenfalls können sich die Vorstandsmitglieder schadensersatzpflichtig machen (§ 93 Abs. 2 AktG). In einem besonders schwerwiegenden Fall ist der Aufsichtsrat sogar berechtigt, die Bestellung des Vorstandsmitglieds zu widerrufen.[100]

V. Pflicht zur gegenseitigen Überwachung

Das Gesetz geht vom **Grundsatz der Gesamtverantwortung** der Vorstandsmitglieder aus, insbesondere von der gemeinsamen Geschäftsführung durch die Vorstandsmitglieder. In der **Praxis** wird diese Gesamtgeschäftsführung aber regelmäßig in der Geschäftsordnung zugunsten der **Einzelgeschäftsführungsbefugnis** einzelner Vorstandsmitglieder für bestimmte Bereiche abbedungen. Bei der Aufgabenverteilung nach verschiedenen Bereichen – ob als funktionale oder divisionale Organisation oder als Mischform[101] – wird jedes Vorstandsmitglied zunächst nur in seinem Bereich tätig. Daraus folgt aber nicht, dass es für die anderen Bereiche nicht mehr verantwortlich wäre. Vielmehr wandelt sich seine ursprüngliche Pflicht zur Gesamtgeschäftsführung in eine **Pflicht zur Überwachung und Kontrolle** der anderen Vorstandsmitglieder.[102] Jedes Vorstandsmitglied bleibt also voll verant-

---

[95] *Spindler* in MüKoAktG § 77 Rn. 52; *Kort* in Großkomm. AktG § 77 Rn. 72.
[96] *Spindler* in MüKoAktG § 77 Rn. 36.
[97] *Hüffer* § 77 AktG Rn. 21; *Wiesner* in MHdB AG § 23 Rn. 17.
[98] *Spindler* in MüKoAktG § 77 Rn. 54.
[99] *Spindler* in MüKoAktG § 77 Rn. 57.
[100] *Spindler* in MüKoAktG § 77 Rn. 57.
[101] *Kort* in Großkomm. AktG § 77 Rn. 35.
[102] Zur Überwachungs- und Kontrollpflicht der Vorstandsmitglieder *Fleischer* in Spindler/Stilz § 77 AktG Rn. 49; *Kort* in Großkomm. AktG § 77 Rn. 35; *Liebscher* in BeckHdB AG § 6 Rn. 110; *Fleischer* NZG 2003, 449, 450; *Hoffmann-Becking* ZGR 1998, 497, 512; *ders.* NZG 2003, 745, 747; *Schiessl* ZGR 1992, 64, 68.

wortlich auch für die grundlegenden Entscheidungen in den ihm nicht zugewiesenen Bereichen. Einzelne Vorstandsmitglieder können sich ihrer Verantwortung auch nicht etwa dadurch entledigen, dass sie ein anderes Vorstandsmitglied mit Kontrollaufgaben betrauen.[103]

49 Aus der Pflicht zur gegenseitigen Überwachung ergeben sich verschiedene Rechte und Pflichten der Vorstandsmitglieder, die in der Praxis bei einer weitreichenden Aufgabenverteilung oft nicht genug beachtet werden.

1. Informationsrecht und -pflicht

50 Zunächst hat jedes einzelne Vorstandsmitglied das Recht, von den anderen Vorstandsmitgliedern Informationen über deren Tätigkeiten einzuholen.[104] Da jedes Vorstandsmitglied zur Erfüllung seiner Überwachungsaufgabe die erforderlichen Informationen benötigt, kann sich sogar die Pflicht des einzelnen Vorstandsmitglieds ergeben, erforderliche Informationen einzuholen.[105] Die Anforderungen sollten aber nicht zu hoch angesetzt werden. Es reicht regelmäßig aus, wenn die Vorstandsmitglieder sich in den Vorstandssitzungen gegenseitig über ihre Tätigkeiten informieren.[106]

2. Interventionsrecht und -pflicht

51 Sind die Vorstandsaufgaben nach Ressorts aufgeteilt, so darf ein Vorstandsmitglied grundsätzlich nicht in das Ressort eines anderen Vorstandsmitglieds eingreifen. Dies kann aber ausnahmsweise doch zulässig sein, wenn ein Vorstandsmitglied seinen **Bereich sorgfaltswidrig führt**, etwa bei mangelhafter Buchführung.[107] Ein Interventionsrecht besteht auf jeden Fall bei grundlegend wichtigen Maßnahmen, jedoch unter Umständen auch bei weniger bedeutenden Tagesgeschäften, sofern diese nicht ordnungsgemäß geführt wurden. Das Interventionsrecht muss angemessen ausgeübt werden, um die vertrauensvolle Zusammenarbeit im Vorstand nicht unnötig zu belasten. Dies bedeutet, dass ein Vorstandsmitglied, das einen Missstand sieht, zunächst ein **Gespräch** mit dem Vorstandskollegen führen oder eine **Vermittlung** durch den Vorstandsvorsitzenden versuchen sollte. Die schärfste Form der Intervention besteht darin, dass ein Vorstandsmitglied den Verdacht der sorgfaltswidrigen Geschäftsführung vor dem Gesamtvorstand vorträgt.[108] In **schwerwiegenden** Fällen ist das einzelne Vorstandsmitglied sogar **verpflichtet,** von seinem Interventionsrecht Gebrauch zu machen.[109] Vorstandsmitgliedern ist anzuraten, in begründeten Fällen von ihrem Interventionsrecht Gebrauch zu machen, um sich nicht dem Vorwurf auszusetzen, ihre Kontrollpflicht verletzt zu haben.

3. Widerspruchsrecht

52 Dem einzelnen Vorstandsmitglied steht ein Widerspruchsrecht gegen bestimmte Maßnahmen der Geschäftsführung eines anderen Vorstandsmitglieds zu,[110] sofern dies ausdrück-

---

[103] *Spindler* in MüKoAktG § 77 Rn. 63; *Kort* in Großkomm. AktG § 77 Rn. 35; *Fleischer* NZG 2003, 449, 452; *Hoffmann-Becking* NZG 2003, 745, 747; *Schiessl* ZGR 1992, 64, 69; aA *Martens*, FS Fleck, 1988, 191, 200.
[104] *Kort* in Großkomm. AktG § 77 Rn. 40; *Fleischer* NZG 2003, 449, 452.
[105] *Hoffmann-Becking* ZGR 1998, 497, 512.
[106] So auch *Kort* in Großkomm. AktG § 77 Rn. 40; *Liebscher* in BeckHdB AG § 6 Rn. 110; etwas weitreichender *Schiessl* ZGR 1992, 64, 69; *Fleischer* in Spindler/Stilz § 77 AktG Rn. 54.
[107] *Frodermann/Schäfer* in Henn/Frodermann/Jannott § 7 Rn. 159; *Liebscher* in BeckHdB AG § 6 Rn. 111; zu Beispielen s. weiterführend *Kort* in Großkomm. AktG § 77 Rn. 38; *Hoffmann-Becking* ZGR 1998, 497, 512, *Schiessl* ZGR 1992, 64, 68.
[108] *Kort* in Großkomm. AktG § 77 Rn. 38.
[109] *Kort* in Großkomm. AktG § 77 Rn. 38; *Liebscher* in BeckHdB AG § 6 Rn. 111; *Schiessl* ZGR 1992, 64, 68.
[110] *Spindler* in MüKoAktG § 77 Rn. 17 und Rn. 61.

lich in der Satzung oder in der Geschäftsordnung vorgesehen ist.[111] Die Ausübung des Widerspruchsrechts hat zur Folge, dass die beanstandete **Geschäftsführungsmaßnahme zu unterbleiben** hat.[112] Allerdings muss auch die Ausübung des Widerspruchsrechts den Anforderungen an eine ordnungsgemäße Geschäftsführung genügen. Ein Widerspruch kann daher **nicht ohne sachlichen Grund** ausgesprochen werden. Zumindest auf Nachfrage muss das Vorstandsmitglied seinen Widerspruch begründen.[113] Damit das einzelne Vorstandsmitglied tatsächlich in der Lage ist, von seinem Widerspruchsrecht Gebrauch zu machen, besteht für alle Vorstandsmitglieder eine Berichtspflicht über ihren Geschäftsbereich.[114] Ein endgültig wirkendes **Vetorecht** ist in mitbestimmten Gesellschaften allerdings **unzulässig.**[115]

4. Folgen bei Verstoß gegen die Überwachungspflicht

Wegen ihrer Gesamtverantwortung sind die einzelnen **Vorstandsmitglieder umfassend** für die Belange der Gesellschaft **verantwortlich** und können sich von dieser Verantwortung grundsätzlich auch nicht befreien. Wenn ein Vorstandsmitglied seiner Kontroll- und Überwachungspflicht hinsichtlich der ihm nicht zugewiesenen Ressorts nicht nachkommt oder keinen Gebrauch von seinem Interventionsrecht macht, ändert dies nichts daran, dass es **für eine fehlerhafte Entscheidung eines anderen Vorstandsmitglieds einzustehen** hat.[116] Vorstandsmitglieder sollten dieses Haftungsrisiko auch im Fall der Annäherung der Vorstandsorganisation an eine **CEO-Struktur** beachten. Sie **schwächt** faktisch die Möglichkeit anderer Vorstandsmitglieder zur effektiven **Queraufsicht** (→ § 7 Rn. 37f.). Ob damit aber auch die **rechtlichen Anforderungen** an das einzelne Vorstandsmitglied **geringer** werden, die Queraufsicht auszuüben, erscheint **fraglich.** Eine rechtlich bedeutsame Ausnahme von der Verantwortlichkeit des Vorstands insgesamt besteht nur, wenn er der Hauptversammlung eine Frage der Geschäftsführung zur Entscheidung vorlegt und die Handlung auf einem gesetzmäßigen Beschluss der Hauptversammlung beruht (§ 119 Abs. 2 AktG und § 93 Abs. 4 S. 1 AktG); allerdings ist zu beachten, dass die Hauptversammlung eine bindende Entscheidung ablehnen kann und es in diesem Fall bei der Verantwortung des Vorstands bleibt.[117]

VI. Vorstandsmitglieder

1. Einfache Vorstandsmitglieder

Der Vorstand einer größeren AG mit einem Grundkapital von mehr als 3 Millionen Euro besteht nach dem gesetzlichen Leitbild in § 76 Abs. 2 S. 2 AktG in der Regel **aus zwei oder mehr Mitgliedern,** die grundsätzlich die gleichen Rechte und Pflichten haben. Die Satzung kann allerdings auch bestimmen, dass nur eine Person zum Vorstand bestellt wird.[118] Fehlt eine solche Bestimmung in der Satzung, ist ein Ein-Personen-Vorstand bei einer größeren AG unzulässig. Die Praxis verzichtet überwiegend darauf, auch bei größeren Gesellschaften die Möglichkeit vorzusehen, nur ein Vorstandsmitglied zu bestellen.

---

[111] *Mertens/Cahn* in Kölner Komm. AktG § 77 Rn. 29; *Kort* in Großkomm. AktG § 77 Rn. 39; *Schiessl* ZGR 1992, 64, 73.
[112] *Mertens/Cahn* in Kölner Komm. AktG § 77 Rn. 29; *Kort* in Großkomm. AktG § 77 Rn. 39.
[113] *Mertens/Cahn* in Kölner Komm. AktG § 77 Rn. 30; *Kort* in Großkomm. AktG § 77 Rn. 39.
[114] *Fleischer* in Spindler/Stilz § 77 AktG Rn. 54; *Kort* in Großkomm. AktG § 77 Rn. 35; *Partikel* AG-Handbuch Kap. 5/3.3; *Frodermann/Schäfer* in Henn/Frodermann/Janott § 7 Rn. 165 f.
[115] *Mertens/Cahn* in Kölner Komm. AktG § 77 Rn. 14; *Kort* in Großkomm. AktG § 77 Rn. 59.
[116] So auch *v. Hein* ZHR 166 (2002), 464, 487.
[117] Vgl. *Hüffer* § 119 AktG Rn. 15.
[118] *Spindler* in MüKoAktG § 76 Rn. 5.

55 Üblich sind in der Praxis vielmehr **zwei oder mehr Vorstandsmitglieder**,[119] da schon das Erfordernis eines Arbeitsdirektors (→ Rn. 62 ff.; § 8 Rn. 279 ff.) in mitbestimmten Gesellschaften mindestens zwei Vorstandsmitglieder bedingt. Zudem lassen sich die Aufgabengebiete und auch die Arbeitsbelastung besser auf mehrere Vorstandsmitglieder verteilen.

56 Vorstandsmitglieder können nur **natürliche und unbeschränkt geschäftsfähige Personen** sein (§ 76 Abs. 3 S. 1 AktG). Eine juristische Person oder auch eine Personengesellschaft ist daher von einer Tätigkeit als Vorstand ausgeschlossen.[120] Dies gilt auch ohne Einschränkung für beschränkt geschäftsfähige Personen, unabhängig von der Zustimmung des gesetzlichen Vertreters.[121] An die Eignung eines Vorstandsmitglieds können in der **Satzung weitere Anforderungen** gestellt werden (etwa Mindestalter, bestimmte Berufsausbildung),[122] soweit sie sachbezogen sind. Dem Aufsichtsrat muss aber ein gewisses Maß an Auswahlermessen verbleiben. Die Auswahl darf also nicht durch die Satzung vorgegeben sein.[123] In der Praxis sind **Satzungsbestimmungen** über Anforderungen an die Qualifikation von Vorstandsmitgliedern allerdings **unüblich**. Allerdings soll der Aufsichtsrat bei der Zusammensetzung des Vorstands auf Vielfalt, insbesondere die **angemessene Berücksichtigung von Frauen** achten (Ziff. 5.1.2 DCGK). Darüber hinaus sehen das Banken- und das Versicherungsaufsichtsrecht spezielle Anforderungen an die Qualifikation der Geschäftsleiter vor (§ 33 KWG, § 7a VAG). Insoweit überlagern diese Spezialregelungen das allgemeine Aktienrecht.[124]

2. Vorstandsvorsitzender

57 Bei einem aus mehreren Personen bestehenden Vorstand **kann** der Aufsichtsrat – nicht hingegen der Vorstand von sich aus – ein Vorstandsmitglied zum Vorstandsvorsitzenden ernennen (§ 84 Abs. 2 AktG),[125] muss es aber nicht.[126] Sofern ein Vorstandsvorsitzender ernannt wurde, ist er auf den Geschäftsbriefen der Gesellschaft als solcher zu bezeichnen (§ 80 Abs. 1 S. 2 AktG), ebenso wie im Anhang des Jahresabschlusses der Gesellschaft (§ 285 Nr. 10 S. 2 HGB).

58 Die **Aufgaben** des Vorstandsvorsitzenden sind **gesetzlich nicht festgelegt**. Grundsätzlich ist der Vorstandsvorsitzende ein **gleichberechtigtes Vorstandsmitglied,** allerdings mit einigen Sonderaufgaben.[127] Es gehört vor allem zu seinen Aufgaben, den Vorstand als Kollegialorgan zu repräsentieren.[128] Er ist damit auch vorrangiger Ansprechpartner des Aufsichtsrats.[129] Zudem beruft er die Vorstandssitzungen ein und leitet sie.[130] Er koordiniert allgemein die Vorstandsarbeit.[131] Der Vorstandsvorsitzende ist auch häufig zuständig für die Öffentlichkeitsarbeit und ist Gesprächspartner für wichtige Kunden oder Aktionäre.[132] Zu-

---

[119] So auch *Spindler* in MüKoAktG § 76 Rn. 5.
[120] *Spindler* in MüKoAktG § 76 Rn. 103.
[121] *Spindler* in MüKoAktG § 76 Rn. 104.
[122] *Spindler* in MüKoAktG § 76 Rn. 108.
[123] *Spindler* in MüKoAktG § 76 Rn. 108.
[124] Ausführlich *Weber-Rey* ZGR 2010, 543; *Dreher* ZGR 2010, 496.
[125] Dazu ist der Beschluss des Gesamtaufsichtsrats notwendig, eine Delegation auf einen Aufsichtsratsausschuss ist nach § 107 Abs. 3 S. 2 AktG nicht zulässig. Ein Verfahren nach § 31 MitbestG ist nicht erforderlich; aA aber *Spindler* in MüKoAktG § 84 Rn. 19.
[126] *Fleischer* in Spindler/Stilz § 84 AktG Rn. 87; *Mertens/Cahn* in Kölner Komm. AktG § 84 AktG Rn. 101; *Kort* in Großkomm. AktG § 77 Rn. 49.
[127] *Simons/Hanloser* AG 2010, 641, 642 ff.
[128] *Mertens/Cahn* in Kölner Komm. AktG § 84 Rn. 102; *Spindler* in MüKoAktG § 84 Rn. 102; *Kort* in Großkomm. AktG § 77 Rn. 50; *Liebscher* in BeckHdB AG § 6 Rn. 18.
[129] *Fleischer* in Spindler/Stilz § 84 AktG Rn. 89; *Schmidt/Lutter/Seibt* § 84 AktG Rn. 41; *Spindler* in MüKoAktG § 84 Rn. 102; vgl. auch Ziff. 5.2 Abs. 2 DCGK.
[130] *Mertens/Cahn* in Kölner Komm. AktG § 84 Rn. 102; *Spindler* in MüKoAktG § 84 Rn. 102; *Kort* in Großkomm. AktG § 77 Rn. 50.
[131] *Liebscher* in BeckHdB AG § 6 Rn. 18; *Simons/Hanloser* AG 2010, 641, 643.
[132] *Kort* in Großkomm. AktG § 77 Rn. 50.

C. Organisation des Vorstands

dem ist es üblich, dass der Vorstandsvorsitzende die Personalplanung für die Führungskräfte vornimmt.[133]

Sofern die Satzung keine anderen Bestimmungen enthält, stehen dem Vorstandsvorsitzenden die gleichen Rechte und Pflichten wie den übrigen Vorstandsmitgliedern zu. Umfang der Geschäftsführungsbefugnis und Stimmrecht sind denen der anderen Vorstandsmitglieder gleich.[134] Allerdings kann die **Satzung** dem Vorstandsvorsitzenden **weitergehende Befugnisse** im Vergleich zu den anderen Vorstandsmitgliedern einräumen, beispielsweise unbeschränkte Einzelgeschäftsführungsbefugnis.[135] Zudem kann dem Vorstandsvorsitzenden in der Satzung das Recht zum **Stichentscheid** eingeräumt werden.[136] Nach überwiegender Ansicht ist es in **nicht mitbestimmten** Gesellschaften auch zulässig, dem Vorstandsvorsitzenden ein **Vetorecht** gegen Vorstandsbeschlüsse einzuräumen.[137] Im Rahmen der Gesamtverantwortung des Vorstands hat der Vorstandsvorsitzende verstärkt das Recht und die Pflicht, die übrigen Vorstandsmitglieder zu überwachen.[138] Dabei hat er jedoch Grenzen einzuhalten: Sein Überwachungsrecht darf nicht so weit gehen, dass er die Bereiche anderer Vorstandsmitglieder maßgebend bestimmt.[139] Diese weitergehenden Befugnisse des Vorstandsvorsitzenden verstoßen nicht gegen den Grundsatz der Gleichberechtigung der Vorstandsmitglieder. Dieser Grundsatz verbietet nicht jegliche Differenzierung zwischen den Vorstandsmitgliedern, sondern nur ein grobes Missverhältnis der Befugnisse und Aufgaben der Vorstandsmitglieder.[140] Nur noch vereinzelt anzutreffen ist die Bezeichnung „Generaldirektor". Sie wird zum Teil als mit dem Verkehrsschutz unvereinbar und daher unzulässig angesehen.[141] In seiner Funktion dürfte der Generaldirektor am ehesten dem Vorstandsvorsitzenden vergleichbar sein.[142]

3. Vorstandssprecher

Vom Vorstandsvorsitzenden zu unterscheiden ist der Vorstandssprecher. Sofern kein Vorstandsvorsitzender gewählt wurde, kann der Vorstand aus seiner Mitte im Rahmen der **Geschäftsführungskompetenz** ein Vorstandsmitglied zum Sprecher ernennen (§ 77 Abs. 2 S. 1 AktG). Sofern allerdings der Aufsichtsrat eine Geschäftsordnung für den Vorstand erlassen hat (§ 77 Abs. 2 S. 1 Var. 2 AktG) und sie Regelungen für einen Vorstandssprecher enthält, liegt das Recht, einen Vorstandssprecher zu ernennen, beim Aufsichtsrat.[143] Die Ernennung eines Vorstandssprechers ist nur möglich, wenn die Gesellschaft keinen Vorstandsvorsitzenden bestimmt hat.[144] Da dem Vorstandsvorsitzenden besondere Aufgaben und Befugnisse zukommen, widerspräche das gleichzeitige Bestehen eines Vorstandssprechers der besonderen Stellung des Vorstandsvorsitzenden.

Der Vorstandssprecher hat **weniger Befugnisse** als der Vorstandsvorsitzende. Ihm dürfen auch durch den Vorstand nicht die Befugnisse eines Vorstandsvorsitzenden übertragen werden. Der Vorstandssprecher nimmt lediglich Repräsentations- und Organisationsaufga-

---

[133] *Kort* in Großkomm. AktG § 77 Rn. 51.
[134] *Fleischer* in Spindler/Stilz § 84 AktG Rn. 89; *Kort* in Großkomm. AktG § 77 Rn. 51.
[135] *Kort* in Großkomm. AktG § 77 Rn. 56.
[136] *Spindler* in MüKoAktG § 84 Rn. 102; *Mertens/Cahn* in Kölner Komm. AktG § 84 AktG Rn. 102; *Kort* in Großkomm. AktG § 77 Rn. 56; *Liebscher* in BeckHdB AG § 6 Rn. 18; *Hoffmann-Becking* ZGR 1998, 497, 517; *ders.* NZG 2003, 745, 738.
[137] *Mertens/Cahn* in Kölner Komm. AktG § 84 AktG Rn. 102; *Kort* in Großkomm. AktG § 77 Rn. 56; *Liebscher* in BeckHdB AG § 6 Rn. 18; *v. Hein* ZHR 166 (2002), 464, 482; aA *Hoffmann-Becking* NZG 2003, 745, 738.
[138] *Spindler* in MüKoAktG § 84 Rn. 102; *Kort* in Großkomm. AktG § 77 Rn. 51.
[139] *Kort* in Großkomm. AktG § 77 Rn. 51.
[140] *Kort* in Großkomm. AktG § 77 Rn. 56; zu der Problematik der Organisation des Vorstands entsprechend dem US-amerikanischen CEO → Rn. 33 ff.
[141] *Wiesner* in MHdB AG § 24 Rn. 5.
[142] *Kort* in Großkomm. AktG § 77 Rn. 57 meint umgekehrt, nur der Vorstandssprecher dürfe als Generaldirektor bezeichnet werden.
[143] *Spindler* in MüKoAktG § 84 Rn. 103; *Kort* in Großkomm. AktG § 77 Rn. 57.
[144] *Fleischer* in Spindler/Stilz § 84 AktG Rn. 91; *Kort* in Großkomm. AktG § 77 Rn. 57.

ben wahr, etwa die Sitzungsleitung.[145] Auch wenn sich zwischen dem Aufgabenbereich eines Vorstandsvorsitzenden und dem eines Vorstandssprechers Überschneidungen ergeben, darf der Vorstandssprecher nicht die Aufgaben eines Vorstandsvorsitzenden ausüben.[146] Insbesondere kommen ihm **keine** besonderen **Befugnisse zur Überwachung** der **anderen Vorstandsmitglieder** zu.[147] Sofern der Vorstandssprecher seine Kompetenzen überschreitet, kann er sich schadensersatzpflichtig machen. Gegen ein rechtswidriges Verhalten des Vorstandssprechers kann auch der Aufsichtsrat einschreiten. Will der Aufsichtsrat dagegen das Handeln des Vorstandssprechers nicht unterbinden, müsste er ihn zum Vorstandsvorsitzenden bestellen.[148] Aus Gründen der Rechtssicherheit darf der Vorstandssprecher nicht als Vorstandsvorsitzender bezeichnet werden.

4. Arbeitsdirektor

62 In einer mitbestimmten Gesellschaft muss dem Vorstand zusätzlich zu den übrigen Vorstandsmitgliedern als gleichberechtigtes Mitglied ein Arbeitsdirektor angehören (§ 33 Abs. 1 MitbestG, § 13 Abs. 1 S. 1 Montan-MitbestG, § 13 S. 2 Montan-MitbestErgG; → § 8 Rn. 279 ff.). Der Arbeitsdirektor darf nicht weniger Rechte als die anderen Vorstandsmitglieder haben. Dem Arbeitsdirektor muss grundsätzlich die gleiche Geschäftsführungsbefugnis zukommen wie den übrigen Vorstandsmitgliedern. Es ist aber zulässig, ihm außerhalb seines Zuständigkeitsbereichs (→ Rn. 64 f.) nur Gesamtgeschäftsführungsbefugnis einzuräumen, soweit dies generell – also auch für andere Vorstandsmitglieder – üblich ist.[149]

63 Auch in einem nur aus zwei Personen bestehenden Vorstand kann neben dem Arbeitsdirektor ein Vorstandsvorsitzender ernannt werden.[150] Dieser darf dann in Abweichung von den allgemeinen Regeln allerdings **kein Recht zum Stichentscheid** haben.[151] Auch darf in mitbestimmten Gesellschaften keinem Vorstandsmitglied – auch nicht dem Arbeitsdirektor – ein endgültig wirkendes Vetorecht eingeräumt werden.[152]

64 Die Aufgaben des Arbeitsdirektors sind nicht ausdrücklich gesetzlich vorgeschrieben.[153] Es entspricht aber der überwiegenden Auffassung, dass der Arbeitsdirektor in erster Linie **für personelle und soziale Angelegenheiten** zuständig ist.[154] Dazu werden in der Regel die Bereiche Personalplanung und -entwicklung, Personalverwaltung, Löhne, Arbeitsschutz und Altersfürsorge gezählt.[155] Daneben hat der Arbeitsdirektor auf die Einhaltung des Betriebsverfassungsrechts und des Tarifrechts zu achten. Insbesondere hat der Arbeitsdirektor die Belange der Arbeitnehmer bei der Entscheidungsfindung im Vorstand zu vertreten.[156] Der Arbeitsdirektor ist auch Ansprechpartner für Arbeitgeberverbände, Gewerkschaften sowie Betriebsräte.

---

[145] *Liebscher* in BeckHdB AG § 6 Rn. 18; *Hoffmann-Becking* ZGR 1998, 497, 517; *Simons/Hanloser* AG 2010, 641, 644 f.
[146] Dazu *Spindler* in MüKoAktG § 84 Rn. 103; *Kort* in Großkomm. AktG § 77 Rn. 57.
[147] *Kort* in Großkomm. AktG § 77 Rn. 57.
[148] *Fleischer* in Spindler/Stilz § 84 AktG Rn. 91; *Kort* in Großkomm. AktG § 77 Rn. 57.
[149] *Mertens/Cahn* in Kölner Komm. AktG § 77 Rn. 67; *Kort* in Großkomm. AktG § 77 Rn. 59.
[150] *Kort* in Großkomm. AktG § 77 Rn. 59.
[151] *Mertens/Cahn* in Kölner Komm. AktG § 77 Rn. 66; *Kort* in Großkomm. AktG § 77 Rn. 59.
[152] *Kort* in Großkomm. AktG § 77 Rn. 59; weniger streng *Mertens/Cahn* in Kölner Komm. AktG § 77 Rn. 66.
[153] *Gach* in MüKoAktG § 33 MitbestG Rn. 29; ungenau deshalb *Liebscher* in BeckHdB AG § 6 Rn. 19, der von einem „gesetzlich zugewiesenen Kompetenzbereich" spricht.
[154] *Raiser* in Raiser/Veil § 33 MitbestG Rn. 16; *Gach* in MüKoAktG § 33 MitbestG Rn. 29; *Liebscher* in BeckHdB AG § 6 Rn. 19; *Hoffmann-Becking* ZGR 1998, 497, 505; *Schiessl* ZGR 1992, 64, 72; BVerfGE 50, 290, 378 leitet dies aus dem Begriff des „Arbeitsdirektors" ab.
[155] Ausführlich mit weiteren Beispielen *Raiser* in Raiser/Veil § 33 MitbestG Rn. 16; *Kort* in Großkomm. AktG § 77 Rn. 60; *Schiessl* ZGR 1992, 64, 73.
[156] *Raiser* in Raiser/Veil § 33 MitbestG Rn. 16; *Gach* in MüKoAktG § 33 MitbestG Rn. 29; *Schiessl* ZGR 1992, 64, 73.

C. Organisation des Vorstands 65–68 § 5

Der Kernbereich des Personal- und Sozialwesens steht dem Arbeitsdirektor als **Mindest-** 65
ressort zu und darf ihm nicht entzogen werden.[157] Ihm können aber darüber hinaus weitere Aufgaben und Befugnisse zugewiesen werden, solange der Arbeitsaufwand nicht so hoch wird, dass er sein eigenes Aufgabengebiet nicht mehr bewältigen kann.[158] Einschränkungen des Aufgabenbereichs der Arbeitgeberfunktion können sich bei einer Organisation der Gesellschaft nach Sparten (Divisionalisierung; → Rn. 26f.) ergeben. Es ist zwar zulässig, dass in einer divisional gegliederten Gesellschaft bestimmte Aufgaben aus dem dem Arbeitsdirektor zugewiesenen Bereich auch von einem anderen Vorstandsmitglied, also etwa dem betreffenden Vorstandsmitglied für die jeweilige Sparte, wahrgenommen werden oder dass eine gemeinsame Zuständigkeit besteht. Auch könnten einzelne Aufgaben aus dem Ressort des Arbeitsdirektors einer Gesamtzuständigkeit des Vorstands unterliegen.[159] Das Ressort der personellen und sozialen Angelegenheiten des Arbeitsdirektors muss aber auch bei einer divisionalen Gliederung der Gesellschaft erhalten bleiben.[160]

5. Stellvertretende Vorstandsmitglieder

Neben den ordentlichen Vorstandsmitgliedern können stellvertretende Vorstandsmitglie- 66
der bestellt werden. Stellvertretende Vorstandsmitglieder haben die gleichen Rechte und Pflichten wie ordentliche Vorstandsmitglieder (§ 94 AktG). Das stellvertretende Vorstandsmitglied ist kein Vertreter des ordentlichen Vorstandsmitglieds und wird nicht etwa nur bei dessen Verhinderung tätig. Vielmehr ist das stellvertretende Vorstandsmitglied ein **echtes Vorstandsmitglied,** also selbst Organwalter. Dies ergibt sich schon aus § 94 AktG. Nur im Innenverhältnis hat das stellvertretende Vorstandsmitglied eine hierarchisch niedrigere Stellung, etwa durch Ausübung eines kleineren Ressorts.[161]

Die **organschaftlichen Befugnisse** des stellvertretenden Vorstandsmitglieds dürfen ge- 67
genüber denen des ordentlichen Vorstandsmitglieds **nicht beschränkt** werden.[162] Zulässig ist aber eine Beschränkung der Geschäftsführungsbefugnis des stellvertretenden Vorstandsmitglieds durch die Satzung, soweit dies auch für ordentliche Vorstandsmitglieder möglich ist.[163] Das stellvertretende Vorstandsmitglied kann nicht von Aufgaben ausgeschlossen werden, für die der Gesamtvorstand zuständig ist, also den Leitungsaufgaben (→ § 4 Rn. 15ff.). Ein Ausschluss von der Vertretungsbefugnis ist nicht möglich, auch wenn in der Satzung bestimmt sein kann, dass stellvertretende Vorstandsmitglieder nur gemeinsam mit einem anderen stellvertretenden oder ordentlichen Vorstandsmitglied zur Vertretung befugt sind und gleichzeitig einem anderen Vorstandsmitglied Einzelvertretungsbefugnis gegeben werden kann.[164]

Durch die hierarchische Aufgabenverteilung im Innenverhältnis (kleineres Ressort) än- 68
dert sich nichts an der **Verantwortung im Außenverhältnis.** Auch ein stellvertretendes Vorstandsmitglied ist für die Entscheidungen des Vorstands voll verantwortlich.[165] Stellvertretende Vorstandsmitglieder können daher auch von ihrer Pflicht zur Überwachung der anderen Vorstandsmitglieder nicht entbunden werden.[166] Einer etwaigen Haftung kann sich das stellvertretende Vorstandsmitglied nicht mit dem Hinweis auf sein kleines Ressort und seine geringeren Informations- und Einflussmöglichkeiten im Innenverhältnis entziehen.[167]

---

[157] *Gach* in MüKoAktG § 33 MitbestG Rn. 30; *Kort* in Großkomm. AktG § 77 Rn. 60.
[158] *Mertens/Cahn* in Kölner Komm. AktG § 77 Rn. 66; *Kort* in Großkomm. AktG § 77 Rn. 60.
[159] *Kort* in Großkomm. AktG § 77 Rn. 61.
[160] *Mertens/Cahn* in Kölner Komm. AktG § 77 Rn. 67; *Kort* in Großkomm. AktG § 77 Rn. 62.
[161] *Spindler* in MüKoAktG § 94 Rn. 1; *Habersack* in Großkomm. AktG § 94 Rn. 1.
[162] Das folgt aber schon aus § 94 AktG, wonach die Vorschriften für die Vorstandsmitglieder auch für ihre Stellvertreter gelten; s. auch die Ausführungen bei *Spindler* in MüKoAktG § 77 Rn. 2.
[163] *Habersack* in Großkomm. AktG § 94 Rn. 5; *Hüffer* § 94 AktG Rn. 3.
[164] *Spindler* in MüKoAktG § 94 Rn. 6 f.; *Habersack* in Großkomm. AktG § 94 Rn. 11.
[165] *Habersack* in Großkomm. AktG § 94 Rn. 4.
[166] *Mertens/Cahn* in Kölner Komm. AktG § AktG Rn. 4; *Spindler* in MüKoAktG § 94 Rn. 8.
[167] Ausführlich dazu *Habersack* in Großkomm. AktG § 94 Rn. 8; aA *Spindler* in MüKoAktG § 94 Rn. 11.

69 Sofern es im Gesetz oder in Bestimmungen der Satzung auf die Mindest- oder Höchstzahl der Vorstandsmitglieder ankommt, werden die stellvertretenden Vorstandsmitglieder mitgezählt.[168]

6. Delegierte Aufsichtsratsmitglieder

70 Vorherrschendes Prinzip des Aktienrechts ist die Trennung der Kompetenz des Vorstands zur Geschäftsführung von der des Aufsichtsrats zur Überwachung der Geschäftsführung. Daraus ergibt sich das **Verbot der Doppelmitgliedschaft**[169] in beiden Organen. Ein Aufsichtsratsmitglied kann deshalb grundsätzlich nicht gleichzeitig Vorstandsmitglied oder dauerhafter Stellvertreter eines Vorstandsmitglieds sein (§ 105 Abs. 1 AktG).

71 Von diesem Grundsatz besteht eine gesetzliche Ausnahme: Einzelne Aufsichtsratsmitglieder können für einen Zeitraum von höchstens einem Jahr als **Stellvertreter für fehlende oder verhinderte Vorstandsmitglieder** bestellt werden (§ 105 Abs. 2 S. 1 AktG). Während der Zeit der Delegation in den Vorstand darf das Aufsichtsratsmitglied aber seiner Tätigkeit im Aufsichtsrat nicht nachgehen (§ 105 Abs. 2 S. 3 AktG). Für die Dauer der Entsendung in den Vorstand besitzt das Aufsichtsratsmitglied die gleiche **organschaftliche Vertretungsmacht** wie die anderen Vorstandsmitglieder. Das vom Aufsichtsrat in den Vorstand delegierte Aufsichtsratsmitglied darf trotz der gesetzlichen Bezeichnung als „Stellvertreter" nicht mit dem vorstehend erläuterten stellvertretenden Vorstandsmitglied verwechselt werden.

7. Bereichsvorstand

72 Als Bereichsvorstand wird zuweilen ein Gremium von mehreren Vorstandsmitgliedern oder leitenden Angestellten bezeichnet, das für die einheitliche Leitung eines Geschäftsbereichs (einer Sparte) zuständig ist.[170] Sofern im Rahmen der Geschäftsverteilung vorgesehen wird, dass mehrere Vorstandsmitglieder für einen Geschäftsbereich zuständig sind, ist dies **zulässig**. Es ist insbesondere auch zulässig, die Zusammenarbeit der Vorstandsmitglieder innerhalb der Sparte entsprechend den Regeln zwischen einem einzelnen Vorstandsmitglied und dem Gesamtvorstand zu gestalten.[171] Es können innerhalb der Sparte auch Teilressorts gebildet und einzelnen Vorstandsmitgliedern zugewiesen werden.[172] Diese können Einzelgeschäftsführungsbefugnis hinsichtlich bestimmter Fragen haben, während wichtige Entscheidungen alle Vorstandsmitglieder der Sparte gemeinsam zu treffen haben. Allerdings muss darauf geachtet werden, dass Vorstandsmitglieder, die keinem Bereichsvorstand angehören, ausreichende Mitwirkungsbefugnisse im Gesamtvorstand haben.[173]

73 Problematisch ist demgegenüber, wenn dem Bereichsvorstand als Vorsitzender ein Vorstandsmitglied, im Übrigen aber **nur leitende Angestellte** angehören.[174] Im Außenverhältnis wird dadurch möglicherweise der Eindruck erweckt, es bestünde ein weiteres Organ der Gesellschaft mit Gesamtverantwortung seiner Mitglieder. Tatsächlich ist im Außenverhältnis aber **nur der Vorsitzende der Sparte als Vorstandsmitglied verantwortlich,** während sich die leitenden Angestellten im Hinblick auf ihre arbeitsrechtliche Weisungsabhängigkeit der Verantwortung entledigen können. Es empfiehlt sich daher, bei einer solchen Organisation unter Einbeziehung von leitenden Angestellten im Außenverhältnis

---

[168] *Mertens/Cahn* in Kölner Komm. AktG § 94 Rn. 2; *Habersack* in Großkomm. AktG § 94 Rn. 5.
[169] *Hoffmann-Becking* in MHdB AG § 29 Rn. 12.
[170] Ausführlich zu der Erscheinungsform des Bereichsvorstands *Hoffmann-Becking* ZGR 1998, 497, 509.
[171] *Schiessl* ZGR 1992, 64, 78; *Hoffmann-Becking* ZGR 1998, 497, 509.
[172] *Schiessl* ZGR 1992, 64, 78; *Hoffmann-Becking* ZGR 1998, 497, 509.
[173] *Kort* in Großkomm. AktG § 77 Rn. 43, der die Bildung von Bereichsvorständen unter dem Gesichtspunkt der Gleichberechtigung der Vorstandsmitglieder allgemein kritisch betrachtet.
[174] Dazu *Hoffmann-Becking* ZGR 1998, 497, 510.

nicht die Bezeichnung Bereichsvorstand zu verwenden. Besser wäre beispielsweise eine Bezeichnung als Spartenausschuss[175] oder Bereichsausschuss.

VII. Ehrenvorsitzender der Gesellschaft

74 Zulässig, aber nicht weit verbreitet ist es, einen **Ehrenvorsitzenden** der Gesellschaft zu ernennen.[176] Er ist kein Organ der Gesellschaft. Die Ernennung einer Person zum Ehrenvorsitzenden der Gesellschaft ist vielmehr die Verleihung eines Ehrentitels.[177] Umstritten ist, welches Organ für die **Ernennung** eines Ehrenvorsitzenden der Gesellschaft **zuständig** ist.[178] Überwiegend wird der **Aufsichtsrat** für zuständig gehalten.[179] Der Ehrenvorsitzende der Gesellschaft nimmt in der Regel nicht an Vorstandssitzungen teil. Es ist aber zulässig, wenn der Vorstand ihn als **Gast zu Vorstandssitzungen** einlädt. Eine ständige Teilnahme erscheint unzulässig. Für die Teilnahme an Aufsichtsratssitzungen entspricht dies einer verbreiteten Auffassung.[180] Für Vorstandssitzungen sollte die Frage aber in gleicher Weise entschieden werden, weil der Ehrenvorsitzende der Gesellschaft eben kein Organ oder Organmitglied ist.

D. Willensbildung im Vorstand

I. Gesamtgeschäftsführung und Einstimmigkeit

75 Dem gesetzlichen Leitbild der Gesamtgeschäftsführung im mehrköpfigen Vorstand entspricht, dass **alle Vorstandsmitglieder** über Geschäftsführungsmaßnahmen **einvernehmlich entscheiden.** Einer Maßnahme müssen demnach sämtliche Vorstandsmitglieder zustimmen, nicht etwa nur diejenigen, die an der Willensbildung teilnehmen.[181] Um wirksames gemeinschaftliches Handeln zu ermöglichen, muss jedes Vorstandsmitglied auch ausdrücklich zustimmen. Es kann nicht verlangt werden, dass ein Vorstandsmitglied von sich aus ausdrücklich widerspricht, um eine Maßnahme zu verhindern.

76 Zulässig wäre, zwar an der Gesamtgeschäftsführungsbefugnis festzuhalten, die Willensbildung im Vorstand aber nach dem Mehrheitsprinzip vorzunehmen.[182]

II. Einzelgeschäftsführung und Durchbrechung des Einstimmigkeitsprinzips

77 Die Praxis weicht üblicherweise von dem gesetzlichen Leitbild der Gesamtgeschäftsführung und einvernehmlichen Entscheidung ab.

78 **Satzung und Geschäftsordnung** können einzelnen Vorstandsmitgliedern jeweils **allein** oder **gemeinschaftlich** mit anderen Vorstandsmitgliedern **Einzelgeschäftsführungsbefugnisse** einräumen. Mit der Befugnis des betreffenden Vorstandsmitglieds zur Wahrnehmung der ihm speziell zugewiesenen Geschäftsführungsaufgaben ist es zugleich von der Geschäftsführung in anderen Bereichen ausgeschlossen, soweit nicht Aufgaben des Gesamtvorstands betroffen sind.[183] Soweit die jeweilige Geschäftsführungsbefugnis des Vor-

---
[175] So die Bezeichnung bei *Schiessl* ZGR 1992, 64, 78, allerdings sogar im Hinblick auf die ausschließliche Zusammensetzung aus Vorstandsmitgliedern.
[176] Gängige Meinung, s. nur *Spindler* in MüKoAktG § 76 Rn. 3 mwN.
[177] *Spindler* in MüKoAktG § 76 Rn. 3; *Kort* in Großkomm. AktG § 76 Rn. 17.
[178] Zum Streitstand s. nur die Ausführungen bei *Spindler* in MüKoAktG § 76 Rn. 3.
[179] *Spindler* in MüKoAktG § 76 Rn. 3; *Kort* in Großkomm. AktG § 76 Rn. 17.
[180] *Spindler* in MüKoAktG § 76 Rn. 3 mwN.
[181] *Fleischer* in Spindler/Stilz § 77 AktG Rn. 8; *Kort* in Großkomm. AktG § 77 Rn. 10.
[182] *Fleischer* in Spindler/Stilz § 77 AktG Rn. 12; *Kort* in Großkomm. AktG § 77 Rn. 21.
[183] *Kort* in Großkomm. AktG § 77 Rn. 23.

standsmitglieds oder einzelner Vorstandsmitglieder reicht, wird auch das **Einstimmigkeitsprinzip bei der Willensbildung im Vorstand durchbrochen.** Denn es ist kaum sachgerecht, einem Vorstandsmitglied einen Bereich zur Geschäftsführung zuzuweisen, ihn aber an die Zustimmung seiner Vorstandskollegen zu binden.

79 Die **Praxis** verfährt vielmehr in der Weise, dass Vorstandsmitglieder, denen **Einzelgeschäftsführungsbefugnis** für ein bestimmtes Aufgabengebiet zugewiesen ist, in diesem Rahmen **keines Vorstandsbeschlusses** bedürfen, sondern allein entscheiden können. Gleiches gilt, wenn mehreren Vorstandsmitgliedern für einen bestimmten Bereich die Geschäftsführungsbefugnis zusteht. Eines Beschlusses im Vorstand bedarf es nur bei ausdrücklich vorbehaltenen Geschäften oder solchen Geschäften, die auch andere Ressorts betreffen. Immer bedarf es einer **Entscheidung des Vorstands,** wenn es um Maßnahmen geht, die zu den **Leitungsaufgaben** gehören.

III. Beschlussfassung

1. Einstimmigkeitsgrundsatz und Mehrheitsentscheidungen

80 Das Gesetz sieht als Regelfall für den mehrköpfigen Vorstand die Beschlussfassung durch einstimmigen Beschluss vor. Dies entspricht dem Leitbild der gemeinschaftlichen Geschäftsführung (§ 77 Abs. 1 S. 1 AktG). Für die **Einberufung der Hauptversammlung** genügt allerdings schon nach der gesetzlichen Regelung in § 121 Abs. 2 AktG ein mit **einfacher Mehrheit** gefasster Beschluss des Vorstands. Die **Praxis** macht umfassend von der in § 77 Abs. 1 S. 2 Hs. 1 AktG eröffneten Möglichkeit, in **Satzung oder Geschäftsordnung** für den Vorstand abweichende **Regelungen** zu treffen, Gebrauch. Solche Regelungen können auch nur in der Satzung oder der Geschäftsordnung getroffen werden. Nicht ausreichend wären eine ständige Übung im Vorstand oder entsprechende Vorstandsbeschlüsse.[184] Üblicherweise sehen Satzungen oder Geschäftsordnungen vor, dass der Vorstand seine Entscheidungen mit **einfacher oder qualifizierter Stimmenmehrheit** fasst. Hier sind weite Gestaltungsmöglichkeiten eröffnet, etwa eine Abstufung nach der Bedeutung des Beschlussgegenstands.[185] Auch bei Geltung des Mehrheitsprinzips für Vorstandsentscheidungen bleibt es für **Beschlüsse** des Vorstands **über die Geschäftsordnung** zwingend bei dem **Gebot der Einstimmigkeit** (§ 77 Abs. 2 S. 3 AktG).

81 **Nicht zulässig** wäre es vorzusehen, dass eine Minderheit von Vorstandsmitgliedern oder gar der Vorstandsvorsitzende allein befugt wäre, **Entscheidungen gegen den Willen der Mehrheit** zu treffen (§ 77 Abs. 1 S. 2 Hs. 2 AktG). Dieser Grundsatz gilt freilich nur, wenn der Vorstand als Kollegialorgan entscheidet. Soweit es gar nicht zu einer Vorstandsentscheidung kommt, weil die betroffene Maßnahme unter die Geschäftsführungsbefugnis eines einzelnen Vorstandsmitglieds fällt, entscheidet dieses allein.

82 **Zulässig** ist es, dem **Vorsitzenden** eines mindestens aus drei Personen bestehenden[186] Vorstands bei Stimmengleichheit einen **Stichentscheid** einzuräumen.[187] Demgegenüber können Satzung oder Geschäftsordnung nicht vorsehen, dass die Letztentscheidung dem Aufsichtsrat oder gar der Hauptversammlung zustehen soll, wenn im Vorstand Meinungsverschiedenheiten bestehen.[188]

83 Differenziert ist die Frage zu beantworten, ob einem Mitglied des Vorstands oder dem Vorsitzenden ein **Vetorecht** eingeräumt werden kann. Der Berechtigte könnte damit Vor-

---

[184] *Kort* in Großkomm. AktG § 77 Rn. 20; nach *Spindler* in MüKoAktG § 77 Rn. 12 kann eine ständige Übung jedoch auch als konkludente Zustimmung zu den einzelnen Beschlussgegenständen interpretiert werden.
[185] *Mertens/Cahn* in Kölner Komm. AktG § 77 Rn. 11; *Kort* in Großkomm. AktG § 77 Rn. 21.
[186] Bei zweigliedrigem Vorstand ist der Stichentscheid unzulässig; *Spindler* in MüKoAktG § 77 Rn. 14; *Säcker* DB 1977, 1993, 1999 Fn. 52.
[187] *Kort* in Großkomm. AktG § 77 Rn. 26.
[188] *Spindler* in MüKoAktG § 77 Rn. 12.

standsbeschlüsse verhindern. Die ganz überwiegende Meinung hält ein Vetorecht in Gesellschaften, die der Montan-Mitbestimmung oder der **Mitbestimmung** nach dem MitbestG 1976 unterliegen, für **unzulässig** (→ Rn. 63).[189] Ein Vetorecht würde die gleichberechtigte Stellung des Arbeitsdirektors infrage stellen. Zulässig ist dagegen ein Vetorecht in Gesellschaften, die nicht den genannten Mitbestimmungsregeln unterliegen (→ Rn. 59).[190] Ohne Unterscheidung nach dem Bestehen von Mitbestimmungsrechten ist ein **aufschiebendes Vetorecht zulässig.**[191]

2. Formale Anforderungen an die Beschlussfassung im Vorstand

Satzung und Geschäftsordnung haben einen weiten Spielraum, die Formalien einer Beschlussfassung im Vorstand zu regeln. **Grundvoraussetzung** einer ordnungsgemäßen Beschlussfassung ist, dass alle Vorstandsmitglieder zur Beschlussfassung – nicht notwendigerweise zu einer Vorstandssitzung – **ordnungsgemäß geladen** wurden.[192] Ein Vorstandsbeschluss, den ein Teil der Vorstandsmitglieder gefasst hat, ohne dass die anderen Vorstandsmitglieder von der anstehenden Beschlussfassung Kenntnis hatten, ist nichtig.[193] Nehmen alle Mitglieder des Vorstands an der Beschlussfassung teil, so **können** sie auf die **Einhaltung von Form- und Fristvorschriften** für die Beschlussfassung im Vorstand **verzichten.**[194] Der Verzicht ist auch konkludent dadurch möglich, dass die Vorstandsmitglieder in Kenntnis des Einberufungsmangels der Beschlussfassung nicht widersprechen.[195]

Bestehen keine Regelungen in der Satzung oder der Geschäftsordnung, so ist für die Frage der Beschlussfähigkeit des Vorstands zu unterscheiden: Soweit allgemein oder für bestimmte Beschlussgegenstände das Einstimmigkeitsprinzip gilt, müssen auch **alle Vorstandsmitglieder** an der Beschlussfassung **teilnehmen.** Für die Beschlussfähigkeit genügt also nicht, wenn nur einzelne Vorstandsmitglieder an der Beschlussfassung teilnehmen[196] und einstimmig entscheiden. Demgegenüber kommen mit **Mehrheit zu fassende Vorstandsbeschlüsse** zustande, wenn sich eine **Mehrheit** der an der Beschlussfassung **teilnehmenden Vorstandsmitglieder** für den Beschluss ausspricht. Voraussetzung ist allerdings, dass alle anderen Vorstandsmitglieder ordnungsgemäß zur Teilnahme an der Beschlussfassung aufgefordert wurden und nicht etwa einer Beschlussfassung wegen Verstoßes gegen Einberufungsregeln widersprochen haben.

Satzung oder Geschäftsordnung können vorsehen, dass für die Beschlussfassung im Vorstand ein **Quorum**, also die Teilnahme einer Mindestzahl von Vorstandsmitgliedern, **erforderlich, aber auch ausreichend** ist. Dies gilt auch, wenn im Grundsatz Einstimmigkeit für den Beschluss erforderlich ist.[197] Häufig anzutreffen ist die Regelung, dass mindestens die Hälfte der Mitglieder des Vorstands und unter ihnen der Vorstandsvorsitzende an der Beschlussfassung teilnehmen muss.[198]

Die **Stimmabgabe** im Rahmen der Beschlussfassung ist eine empfangsbedürftige Willenserklärung. Sie muss den anderen Vorstandsmitgliedern zugegangen – dh zur Kenntnis

---

[189] *Mertens/Cahn* in Kölner Komm. AktG § 77 Rn. 14; *Kort* in Großkomm. AktG § 77 Rn. 29; *Hüffer* § 77 AktG Rn. 13.
[190] Strittig; wie hier *Kort* in Großkomm. AktG § 77 Rn. 28; *Liebscher* in BeckHdB AG § 6 Rn. 18; *v. Hein* ZHR 166 (2002), 464, 482; aA *Hoffmann-Becking* NZG 2003, 745, 738.
[191] Strittig; wie hier *Kort* in Großkomm. AktG § 77 Rn. 29; *Mertens/Cahn* in Kölner Komm. AktG § 77 Rn. 13 f.; leicht abweichend *Säcker* DB 1977, 1993, 1999 Fn. 52.
[192] *Spindler* in MüKoAktG § 77 Rn. 25.
[193] *Spindler* in MüKoAktG § 77 Rn. 25; *Kort* in Großkomm. AktG § 77 Rn. 9.
[194] *Spindler* in MüKoAktG § 77 Rn. 25.
[195] *Spindler* in MüKoAktG § 77 Rn. 25.
[196] *Spindler* in MüKoAktG § 77 Rn. 28; *Mertens/Cahn* in Kölner Komm. AktG § 77 Rn. 45.
[197] So ausdrücklich *Mertens/Cahn* in Kölner Komm. AktG § 77 Rn. 11.
[198] Zur Möglichkeit der abweichenden Regelung *Kort* in Großkomm. AktG § 77 Rn. 20; *Spindler* in MüKoAktG § 77 Rn. 44.

gelangt – sein. Vorher ist sie jederzeit widerruflich.[199] Nach Zugang soll die Stimmabgabe bis zur Vornahme der Geschäftsführungsmaßnahme,[200] jedenfalls aber aus wichtigem Grund, etwa bei grundlegender Veränderung der zur Stimmabgabe führenden Verhältnisse,[201] widerruflich sein. Aus Gründen der Rechtssicherheit ist für die Praxis nur die letztere einschränkende Ansicht vertretbar.[202] Die Stimmabgabe eines einzelnen Vorstandsmitglieds ist als Willenserklärung nach den allgemeinen Regeln gemäß §§ 119 ff. BGB anfechtbar.[203] In der **Praxis** wird es freilich in vielen Fällen **gar nicht** zur förmlichen **Abstimmung** kommen. Nach der Aussprache im Vorstand kann der Vorsitzende feststellen, dass der Vorstand zu einer einheitlichen, oft der vom Vorsitzenden befürworteten Auffassung gelangt ist.[204] Lediglich im **Protokoll** wird dann ein förmlich gefasster **Beschluss festgehalten**.

88 **Allgemeine Stimmverbote** für ein Vorstandsmitglied, etwa im Fall von Interessenkonflikten oder Pflichtenkollisionen, **bestehen nicht**.[205] Ein Vorstandsmitglied wird allerdings als nicht stimmberechtigt anzusehen sein, wenn es um die Einleitung eines Rechtsstreits oder um ein Rechtsgeschäft zwischen ihm und der Gesellschaft geht.[206] Da in diesen Fällen die Gesellschaft ohnehin vom Aufsichtsrat vertreten wird (§ 112 AktG), ist hier die Frage eines Stimmverbots von geringer praktischer Bedeutung.

89 Die Wahrnehmung einer Aufgabe als Vorstandsmitglied ist eine **höchstpersönliche** Aufgabe. Ein Vorstandsmitglied kann sich bei der Beschlussfassung also **nicht durch** einen **Stellvertreter** vertreten lassen.[207] Demgegenüber ist es **zulässig**, die Stimme durch einen **Boten** überbringen zu lassen, weil hier das Vorstandsmitglied selbst die Entscheidung trifft, sie allerdings durch einen anderen übermitteln lässt.[208] Zu verlangen dürfte aber sein, dass der **Bote selbst Mitglied des Vorstands** ist, da regelmäßig Dritte nicht befugt sind, an Vorstandssitzungen teilzunehmen.

90 Das Gesetz trifft keine Bestimmungen darüber, in welcher Weise Beschlüsse gefasst werden. Weder ist es erforderlich, dass sich der Vorstand zu einer Sitzung trifft, noch ist Schriftlichkeit vorgeschrieben. Meist regelt die Geschäftsordnung des Vorstands die Art und Weise, in der Vorstandsbeschlüsse zustande kommen.

91 Anders als bei Aufsichtsratsbeschlüssen sieht das Gesetz keine ausdrückliche Pflicht vor, Vorstandsbeschlüsse in einer Niederschrift festzuhalten. Die **allgemeine Sorgfaltspflicht** des Vorstands **gebietet** es aber, **aussagekräftige Niederschriften** über Entscheidungen des Vorstands anzufertigen. Insbesondere sollten den Vorstandsbeschlüssen auch die zugrunde liegenden Unterlagen (Entscheidungsvorlagen etc.) beigefügt werden, damit später **nachvollziehbar** wird, auf welcher **Grundlage** der Vorstand einen **Beschluss** gefasst hat. Dies ist nicht zuletzt vor dem Hintergrund einer Verschärfung der Innen- und Außenhaftung der Vorstandsmitglieder erforderlich.[209] Einzelne Vorstandsmitglieder werden das Privileg der „Business Judgement Rule" nur in Anspruch nehmen können, wenn sie darle-

---

[199] *Mertens/Cahn* in Kölner Komm. AktG § 77 Rn. 35; *Kort* in Großkomm. AktG § 77 Rn. 13.
[200] *Mertens/Cahn* in Kölner Komm. AktG § 77 Rn. 8.
[201] *Spindler* in MüKoAktG § 77 Rn. 21; *Kort* in Großkomm. AktG § 77 Rn. 13.
[202] Anderenfalls würde die Umsetzung eines Beschlusses auf praktische Schwierigkeiten stoßen. Die Vorstandsmitglieder, die den Beschluss gefasst haben, wüssten nicht mit Sicherheit, ob ein Vorstandsmitglied inzwischen – wohl am ehesten gegenüber dem Vorstandsvorsitzenden – seine Zustimmung widerrufen hat. Umgekehrt müsste ein einzelnes Vorstandsmitglied, das zur Durchführung eines Beschlusses ermächtigt und damit beauftragt wurde, vor Umsetzung des Beschlusses noch einmal nachfragen, ob der Beschluss immer noch gültig ist. Allenfalls denkbar wäre also, wenn das betroffene Vorstandsmitglied allen Vorstandsmitgliedern mitteilen müsste, wenn es eine Zustimmung widerrufen wollte. All dies wäre wenig praktikabel und sollte deshalb vermieden werden.
[203] *Spindler* in MüKoAktG § 77 Rn. 21; *Kort* in Großkomm. AktG § 77 Rn. 17.
[204] *Johannes Semler*, FS Lutter, 2000, 721, 728.
[205] *Spindler* in MüKoAktG § 77 Rn. 23; *Mertens/Cahn* in Kölner Komm. AktG § 77 Rn. 38; *Fleischer* in Spindler/Stilz § 77 AktG Rn. 26; *Kort* in Großkomm. AktG § 77 Rn. 14; *Hüffer* § 77 AktG Rn. 8; aA *Hoffmann-Becking* ZHR 150 (1986), 570, 579; *Schneider* ZHR 150 (1986), 609, 623.
[206] *Mertens/Cahn* in Kölner Komm. AktG § 77 Rn. 38; *Kort* in Großkomm. AktG § 77 Rn. 14.
[207] *Kort* in Großkomm. AktG § 77 Rn. 16.
[208] *Kort* in Großkomm. AktG § 77 Rn. 16; *Spindler* in MüKoAktG § 77 Rn. 21.
[209] *Spindler* in MüKoAktG § 77 Rn. 26.

D. Willensbildung im Vorstand

gen, dass sie ihre Entscheidung auf der Grundlage eines ausreichend gründlich aufbereiteten Tatsachenmaterials getroffen haben.

Mängel bei der Stimmabgabe wirken sich auf das Ergebnis einer Beschlussfassung nur aus, wenn der Beschluss bei mangelfreier Stimmabgabe mit einem anderen Inhalt zustande gekommen wäre.[210] Der **Beschluss** selbst kann an formalen und inhaltlichen Mängeln leiden. **Formale Mängel**, also etwa die Verletzung von Mitwirkungsrechten einzelner Vorstandsmitglieder, können nur von den Betroffenen, nicht von anderen Vorstandsmitgliedern geltend gemacht werden.[211] Eine Pflicht dazu besteht freilich nicht. Macht das betroffene Vorstandsmitglied den Mangel nicht unverzüglich geltend, so liegt darin eine konkludente Zustimmung. Wird ein Mangel des Beschlusses geltend gemacht, so ist der **Beschluss nichtig.**[212] Bei **schwerwiegenden Verfahrensfehlern,** bei denen die Vorstandsmitglieder nicht auf die Einhaltung der verletzten Vorschrift verzichten können, ist der **Beschluss ebenfalls nichtig.**[213] Bei leichten Verfahrensmängeln oder Verstößen gegen disponible Vorschriften ist der Beschluss wirksam, sofern kein Vorstandsmitglied den Verfahrensfehler rügt und damit die Unwirksamkeit des Beschlusses geltend macht.[214] **Inhaltliche Mängel** bestehen etwa, wenn ein Vorstandsmitglied trotz Stimmrechtsausschlusses über einen Beschlussvorschlag abstimmt. Es gibt zwar kein allgemeines Stimmverbot für Vorstandsmitglieder im Fall einer Interessen- oder Pflichtenkollision, aber ein Vorstandsmitglied ist von seinem Stimmrecht ausgeschlossen, wenn über ein Rechtsgeschäft der Gesellschaft mit ihm abgestimmt werden soll (entsprechende Anwendung der §§ 28, 34 BGB).[215] Zu beachten ist, dass **weder Satzung noch Geschäftsordnung** weitergehende **Stimmrechtsausschlüsse** vorsehen können, weil sonst die gesetzlich garantierte Beteiligung des Vorstandsmitglieds an der Willensbildung im Vorstand unzulässig beschränkt würde.[216] Hält ein Vorstandsmitglied einen Beschluss für inhaltlich rechtswidrig, so muss es dessen Umsetzung zu verhindern suchen. Inhaltlich rechtswidrige Beschlüsse sind **nichtig.**

---

[210] *Kort* in Großkomm. AktG § 77 Rn. 17; *Mertens/Cahn* in Kölner Komm. AktG § 77AktG Rn. 46.
[211] *Spindler* in MüKoAktG § 77 Rn. 29; *Kort* in Großkomm. AktG § 77 Rn. 18.
[212] *Kort* in Großkomm. AktG § 77 Rn. 18; *Mertens/Cahn* in Kölner Komm. AktG § 77 Rn. 48 mit Verweis auf die vergleichbare Rechtslage bei Aufsichtsratsbeschlüssen; zur Rechtslage bei Aufsichtsratsbeschlüssen *Habersack* in MüKoAktG § 108 Rn. 73.
[213] Zur Rechtslage bei Aufsichtsratsbeschlüssen *Habersack* in MüKoAktG § 108 Rn. 77; für bloße Vernichtbarkeit *Mertens/Cahn* in Kölner Komm. AktG § 108 AktG Rn. 83.
[214] Zur Rechtslage bei Aufsichtsratsbeschlüssen *Habersack* in MüKoAktG § 108 Rn. 77, 257; *Mertens/Cahn* in Kölner Komm. AktG § 108 Rn. 83.
[215] *Mertens/Cahn* in Kölner Komm. AktG § 77 Rn. 38.
[216] So auch *Mertens/Cahn* in Kölner Komm. AktG § 77 Rn. 44.

§ 6 Vertretung der Gesellschaft

Inhaltsübersicht

	Rn.
A. Organschaftliche Vertretungsmacht des Vorstands	1
I. Wesen der organschaftlichen Vertretung	1
II. Grenzen der Vertretungsmacht	2
III. Formen der Aktivvertretung	7
1. Gesamtvertretung	7
2. Unechte Gesamtvertretung	10
3. Einzelvertretung	11
4. Einzelermächtigung	12
IV. Passivvertretung	13
V. Einräumung und Änderung der Vertretungsmacht	14
VI. Handelsregister und Rechtsschein	15
VII. Verhinderung oder Wegfall eines Vorstandsmitglieds	16
B. Rechtsgeschäftliche Vertretungsmacht Dritter	19
I. Prokuristen	20
II. Handlungsbevollmächtigte	25
III. Generalbevollmächtigte	29
IV. Besondere Vertreter	30
C. Rechtsfolgen fehlender Vertretungsmacht	31
I. Handeln außerhalb der objektiven Grenzen der Vertretungsmacht	32
II. Handeln außerhalb der subjektiven Grenzen der Vertretungsmacht	35
D. Sonderfälle der Vertretung	38
I. Ausübung von Beteiligungsrechten bei mitbestimmten Unternehmen	38
II. Verbot von Insichgeschäften	43
III. Widersprüchliches Verhalten mehrerer zur Vertretung befugter Stellen	48
IV. Missbrauch der Vertretungsmacht	49
V. Vertretung bei fehlerhafter Bestellung	53
VI. Vertretung der Gesellschaft gegenüber Vorstandsmitgliedern	54
VII. Vertretung der Gesellschaft vor Gericht	59
VIII. Vertretung der Vor-AG	65
IX. Vertretung der Gesellschaft nach Auflösung	66

Schrifttum: *Bärwaldt,* Mitwirkung des Prokuristen bei der Handelsregisteranmeldung der ihm erteilten Prokura, NJW 1997, 1404; *Behr/Kindl,* Zur Vertretung der Aktiengesellschaft gegenüber ehemaligen Vorstandsmitgliedern, DStR 1999, 119; *Beuthien,* Kommentar zum Genossenschaftsgesetz, 15. Aufl. 2011; *ders.,* Gibt es eine organschaftliche Stellvertretung, NJW 1999, 1142; *ders.,* Vertretungsmacht bei der Vor-GmbH – erweiterbar oder unbeschränkbar?, NJW 1997, 565; *Brandner,* Zur gerichtlichen Vertretung der Gesellschaft gegenüber ausgeschiedenen Vorstandsmitgliedern/Geschäftsführern, FS Quack, 1991, 201; *Fischer,* Vertretung einer Aktiengesellschaft durch den Aufsichtsrat, ZNotP 2002, 297; *Heidinger,* Die Rechtsgeschäfte der Vor-AG mit Dritten, ZNotP 2000, 182; *Kästner,* Aktienrechtliche Probleme der D&O-Versicherung, AG 2000, 113; *Peltzer,* Vorstand und Geschäftsführung als Leitungs- und gesetzliches Vertretungsorgan, JuS 2003, 348; *Philipp,* Die Ausübung von Beteiligungsrechten nach § 32 des Mitbestimmungsgesetzes, DB 1976, 1622; *Säcker,* Die Geschäftsordnung für das zur gesetzlichen Vertretung eines mitbestimmten Unternehmens befugte Organ, DB 1977, 1993; *Karsten Schmidt,* § 42 Abs. 2 AktG: eine gegenstandslose und verfehlte Bestimmung, FS Kraft, 1998, 573; *Schwarz,* Vertretungsregelung durch den Aufsichtsrat (§ 78 Abs. 3 S. 2 AktG) und durch Vorstandsmitglieder (§ 78 Abs. 4 S. 1 AktG), ZHR 166 (2002), 625; *ders.,* Die Gesamtvertreterermächtigung – Ein zivil- und gesellschaftsrechtliches Rechtsinstitut, NZG 2001, 529; *ders.,* Rechtsfragen der Vorstandsermächtigung nach § 78 Abs. 1 AktG, ZGR 2001, 745; *Johannes Semler,* Stimmverbote im Zusammenhang mit § 32 MitbestG, FS Kropff, 1997, 301; *ders.,* Geschäfte einer Aktiengesellschaft mit Mitgliedern ihres Vorstands – Gedanken zu § 112 AktG –, FS Rowedder, 1994, 441; *Servatius,* Zur Eintragung organschaftlicher Vertretungsmacht ins Handelsregister, NZG 2002, 456; *Stein,* Die Grenzen vollmachtloser Vertretung der Gesellschaft gegenüber Vorstandsmitgliedern und Geschäftsführern, AG

1999, 28; *Weiss,* Mitbestimmung im Konzern – zur praxisgerechten Anwendung und Reform des § 32 MitbestG, Der Konzern 2004, 590; *Werner,* Vertretung der Aktiengesellschaft gegenüber Vorstandsmitgliedern, ZGR 1989, 369.

A. Organschaftliche Vertretungsmacht des Vorstands

I. Wesen der organschaftlichen Vertretung

1 Zu den Aufgaben des Vorstands als Organ der Gesellschaft gehört neben der Leitung der Gesellschaft (§ 76 Abs. 1 AktG; zum Begriff der Leitung → § 4 Rn. 1 ff.) auch ihre gerichtliche und außergerichtliche Vertretung (§ 78 Abs. 1 AktG). Es handelt sich um Vertretung als Fremdorgan, dh der Vertreter braucht selbst nicht Gesellschafter zu sein.[1] Die **Vertretung** der Gesellschaft umfasst die Vornahme von **Prozesshandlungen** für die Gesellschaft und jedes nach außen gerichtete **rechtsgeschäftliche Handeln** in ihrem Namen.[2] Das Handeln des Vorstands wird dabei der Gesellschaft als ihr eigenes Handeln zugerechnet,[3] vorausgesetzt der Vorstand handelt mit Vertretungsmacht oder die Vertretungsmacht wird mittels Zurechnung fingiert.[4] **Vertretungsmacht** bedeutet die Fähigkeit, Handlungen mit Rechtswirkung nach außen vornehmen zu **können.** Von diesem rechtlichen Können des Vorstands zu **trennen** ist sein **rechtliches Dürfen,**[5] das die Vertretungsmacht grundsätzlich unberührt lässt und hauptsächlich im Zusammenhang mit haftungsrechtlichen Fragen Bedeutung gewinnt. Zu ausnahmsweisen Beschränkungen der Vertretungsmacht → Rn. 2 ff. Die **Vertretungsmacht** des Vorstands ist grundsätzlich **unbeschränkt** (§ 78 Abs. 1 AktG) und **unbeschränkbar** (§ 82 Abs. 1 AktG). Das deutsche Aktienrecht kennt keine „ultra-vires"-Doktrin und stellt damit den Schutz des Rechtsverkehrs über den des Vertretenen. Auch die Lehre des BGH,[6] wonach der Vorstand bei bestimmten grundlegenden Entscheidungen die Hauptversammlung anrufen muss (nicht kann), hat keine Beschränkung der Vertretungsmacht zur Folge.[7]

II. Grenzen der Vertretungsmacht

2 Die im Grundsatz unbeschränkte Vertretungsmacht des Vorstands unterliegt von Gesetzes[8] wegen einigen objektiven und subjektiven Grenzen.

3 **Keine Vertretungsmacht (objektive Grenze)** hat der Vorstand in einer Reihe von Fällen, in denen das Gesetz andere Organe zur Vertretung der Gesellschaft beruft. Dies gilt bei der Vertretung der Gesellschaft **gegenüber Vorstandsmitgliedern.** Hier obliegt die Vertretung dem Aufsichtsrat (§§ 84, 112 AktG). Auch soweit die Hauptversammlung einen besonderen Vertreter zur Geltendmachung von Ersatzansprüchen der Gesellschaft bestellt hat (§ 147 Abs. 2 AktG), vertritt dieser die Gesellschaft anstelle des Vorstands.[9] § 32 MitbestG enthält eine mitbestimmungsrechtliche Begrenzung der Vertretungsmacht bei der Beteiligungsverwaltung.[10]

---

[1] *Spindler* in MüKoAktG § 78 Rn. 1; *Habersack* in Großkomm. AktG § 78 Rn. 13.
[2] *Hüffer* § 78 AktG Rn. 3.
[3] *Spindler* in MüKoAktG § 78 Rn. 5; *Beuthien* NJW 1999, 1142, 1145.
[4] Anscheins- oder Duldungsvollmacht, s. *Ellenberger* in Palandt BGB § 172 Rn. 6 ff.
[5] Interne Beschränkungen ergeben sich aus der Satzung, den Geschäftsordnungen des Vorstands und des Aufsichtsrats, Aufsichtsratsbeschlüssen sowie, soweit zulässig, aus Hauptversammlungsbeschlüssen und dem Anstellungsvertrag.
[6] BGHZ 83, 122 – Holzmüller; BGH NZG 2004, 571; 2004, 575 – Gelatine.
[7] So ausdrücklich BGHZ 83, 122, 133 – Holzmüller; bestätigt in BGH NZG 2004, 571; 2004, 575 – Gelatine; *Peltzer* JuS 2003, 348, 351.
[8] Satzungen oder gar Geschäftsordnungen können solche Grenzen nicht schaffen.
[9] *Hüffer* § 147 AktG Rn. 8.
[10] HM, *Hüffer* § 78 AktG Rn. 8a; *Raiser* in Raiser/Veil § 32 MitbestG Rn. 23; *Johannes Semler,* FS Kropff, 1997, 301, 305 mwN.

A. Organschaftliche Vertretungsmacht des Vorstands   4, 5 § 6

Darüber hinaus hat der Vorstand bei folgenden Maßnahmen **keine alleinige Vertre-** 4
tungsmacht, sondern bedarf jeweils der Mitwirkung eines anderen Gesellschaftsorgans
(**subjektive Grenze**):

Geschäftsvorfall/Maßnahme	Mitwirkungspflichtiges Organ (Mitwirkungshandlung)
Verzicht auf Ersatzansprüche gegen Gründer und Organmitglieder (§§ 50 S. 1, 53 S. 1, 93 Abs. 4 S. 3, 116, 117 Abs. 4 AktG)	Hauptversammlung (Hauptversammlungsbeschluss)
Nachgründungsvertrag (§ 52 Abs. 1 AktG)	Hauptversammlung (Hauptversammlungsbeschluss)
Übertragung des ganzen Vermögens (§ 179a AktG)	Hauptversammlung (Hauptversammlungsbeschluss)
Unternehmensvertrag (§§ 293 Abs. 1, 295 Abs. 1 AktG)	Hauptversammlung (Hauptversammlungsbeschluss)
Alle Maßnahmen nach dem UmwG, zB Verschmelzungsvertrag (§§ 4 Abs. 1, 13 Abs. 1, 65 UmwG)	Hauptversammlung (Hauptversammlungsbeschluss)
Kreditgewährung an Vorstandsmitglieder (§ 89 AktG)	Aufsichtsrat (Aufsichtsratsbeschluss)
Beraterverträge mit Aufsichtsratsmitgliedern (§ 114 Abs. 1 AktG)	Aufsichtsrat (Aufsichtsratsbeschluss)
Festlegung der Bedingungen der Aktienausgabe (§ 204 Abs. 1 S. 2 AktG)[11]	Aufsichtsrat (Aufsichtsratsbeschluss)
Abwehrmaßnahmen des Vorstands gegen Übernahmeangebote (§ 33 Abs. 1 S. 2 WpÜG)[12]	Aufsichtsrat (Aufsichtsratsbeschluss)
Handelsregisteranmeldung von Beschlüssen über Kapitalerhöhungen und -herabsetzungen (§§ 184, 188 Abs. 1, 195 Abs. 1, 207 Abs. 2, 223, 229 Abs. 3, 237 Abs. 4 S. 5 AktG)	Aufsichtsrat (Doppelvertretung durch Vorstand und Vorsitzenden des Aufsichtsrats)
Anfechtungs- und Nichtigkeitsprozess gegen: Hauptversammlungsbeschlüsse (§§ 246 Abs. 2 S. 2, 249 Abs. 1 S. 1 AktG), Wahl von Aufsichtsratsmitgliedern (§§ 250 Abs. 3, 251 Abs. 3 AktG), Verwendung des Bilanzgewinns (§§ 253 Abs. 2, 254 Abs. 2 AktG), Kapitalerhöhung gegen Einlagen (§ 255 Abs. 3 AktG), Jahresabschluss (§§ 256 Abs. 7, 257 Abs. 2 S. 1 AktG) und Gesellschaft (§ 275 Abs. 4 S. 1 AktG)	Aufsichtsrat (Doppelvertretung durch Vorstand und Aufsichtsrat)

Von diesen Maßnahmen, die der Vorstand nicht oder nicht ohne Mitwirkungshandlung 5
eines anderen Organs wirksam vornehmen kann, sind diejenigen Maßnahmen zu trennen,
welche unter einem **Zustimmungsvorbehalt** gemäß **Satzungsbestimmung oder Regelung in der Geschäftsordnung** des Vorstands oder Aufsichtsrats (§ 111 Abs. 4 S. 2
AktG) stehen, da sich diese Vorbehalte regelmäßig nicht auf die Vertretungsmacht auswir-

---

[11] Die Wirksamkeit der Kapitalerhöhung wird von der fehlenden Zustimmung des Aufsichtsrats allerdings nicht berührt (§ 202 Abs. 3 S. 2 AktG).
[12] Dies gilt nicht für Handlungen, die auch ein ordentlicher und gewissenhafter Geschäftsleiter einer Gesellschaft, die nicht von einem Übernahmeangebot betroffen ist, vorgenommen hätte, sowie für die Suche nach einem konkurrierenden Angebot (§ 33 Abs. 1 S. 2 WpÜG).

Richter

ken (zu Ausnahmen → Rn. 49 ff.). Ein Handeln des Vorstands ohne oder sogar trotz ausdrücklich verweigerter Zustimmung ist zwar pflichtwidrig, weil es außerhalb der Geschäftsführungsbefugnis liegt, aber grundsätzlich dennoch rechtswirksam, weil es von der Vertretungsmacht umfasst ist. Dies gilt auch bei Geschäftsführungsmaßnahmen, die nach der Lehre des BGH[13] der Zustimmung der Hauptversammlung bedürfen.[14]

6 Bei der Vertretung der Gesellschaft sind die Aktiv- und die Passivvertretung zu unterscheiden.

III. Formen der Aktivvertretung

1. Gesamtvertretung

7 Nach dem **gesetzlichen Leitbild** der Gesamtvertretung vertreten bei einem aus mehreren Vorstandsmitgliedern bestehenden Vorstand **sämtliche Vorstandsmitglieder** die Gesellschaft **gemeinschaftlich** (§ 78 Abs. 2 S. 1 AktG). Ist nur ein einzelnes Vorstandsmitglied vorhanden, so hat es zwingend Einzelvertretungsbefugnis. Werden oder sind weitere Vorstandsmitglieder bestellt und trifft die Satzung oder der durch die Satzung dazu ermächtigte Aufsichtsrat keine anderweitigen Regelungen, dann ist zur wirksamen Vertretung der Gesellschaft die **Mitwirkung jedes** einzelnen **Vorstandsmitglieds** erforderlich. Zwar bewirkt der Grundsatz der Gesamtvertretung den **größtmöglichen Schutz** der Gesellschaft vor übereilten oder treuwidrigen Maßnahmen und die Nutzung der Kompetenz aller Vorstandsmitglieder, die Gesellschaft büßt aber erheblich an Beweglichkeit im Handeln ein.

8 Das Gesetz eröffnet in § 78 Abs. 3 S. 1 AktG die Möglichkeit, **Abweichungen von der Gesamtvertretung** vorzusehen. Davon macht die **Praxis durchweg** Gebrauch. Es empfiehlt sich bei einem mehrgliedrigen Vorstand, eine Vertretung durch zwei Vorstandsmitglieder zu ermöglichen. Eine vom Grundsatz der Gesamtvertretung **abweichende Regelung** muss entweder in der **Satzung selbst** enthalten sein oder vom **Aufsichtsrat** aufgrund einer **ausdrücklichen Ermächtigung** in der Satzung beschlossen werden (§ 78 Abs. 3 S. 1 und 2 AktG). Die Satzung legt, wenn sie von der gesetzlichen Ermächtigung Gebrauch machen will, jeweils nur die abstrakte Vertretungsregel fest. Demgegenüber kann der Aufsichtsrat gestützt auf eine entsprechende Satzungsermächtigung nicht nur die abstrakte Vertretung bestimmen, sondern auch konkret festlegen, welche Form der Vertretung für einzelne Vorstandsmitglieder gelten soll.[15] Möglich ist auch, Vorstandsmitgliedern **Einzelvertretungsbefugnis** einzuräumen (§ 78 Abs. 3 S. 1 AktG). Bei der ebenfalls zulässigen, aber weniger üblichen sog. halbseitigen Gesamtvertretung erhält ein Vorstandsmitglied Einzelvertretungsbefugnis, während ein anderes nur unter dessen Mitwirkung vertreten kann. Eine Vertretung durch sämtliche Vorstandsmitglieder ist dann zwar möglich, aber grundsätzlich nicht erforderlich. Eine Ausnahme von der im Gesetz eingeräumten Gestaltungsfreiheit bildet die Anmeldung der Gesellschaft zur Eintragung in das Handelsregister, die nur durch alle Vorstandsmitglieder gemeinschaftlich erfolgen kann (§ 36 Abs. 1 AktG).

9 Soweit im Übrigen nach dem Gesetzeswortlaut „der Vorstand" die Gesellschaft vertreten muss, wie etwa bei einer Anmeldung zum Handelsregister (zB nach § 184 Abs. 1 AktG) oder der Anfechtung eines Hauptversammlungsbeschlusses (§ 246 Abs. 2 S. 2 AktG), müssen nicht sämtliche Vorstandsmitglieder, sondern muss lediglich eine zur Vertretung berechtigte Zahl von Vorstandsmitgliedern handeln.[16] Wenn das Gesetz oder die Satzung der Gesellschaft bestimmt, dass die Vertretung durch mehrere Vorstandsmitglieder **„gemeinschaftlich"** erfolgt, so wird damit **kein gleichzeitiges Handeln** verlangt.[17] Die Vor-

---

[13] BGHZ 83, 122 – Holzmüller; BGH NZG 2004, 571; 2004, 575 – Gelatine.
[14] *Mertens/Cahn* in Kölner Komm. AktG § 78 Rn. 15.
[15] *Habersack* in Großkomm. AktG § 78 Rn. 43.
[16] Ganz hM, *Hüffer* § 184 AktG Rn. 3, *Spindler* in MüKoAktG § 78 Rn. 47.
[17] RGZ 81, 325, 325.

standsmitglieder müssen zur wirksamen Vertretung nicht zur gleichen Zeit und am gleichen Ort handeln.[18] Es ist vielmehr ausreichend, wenn sie einzeln nacheinander tätig werden.[19] Auch genügt es, wenn die Willensäußerung gegenüber dem Geschäftspartner nur ein zur Gesamtvertretung berechtigtes Vorstandsmitglied erklärt, wenn und soweit die übrigen Gesamtvertreter vorher bei der Willensbildung mitgewirkt haben, etwa „intern" dem Abschluss des Rechtsgeschäfts zugestimmt haben, und dieses Einverständnis dem Erklärungsempfänger gegenüber irgendwie zum Ausdruck kommt.[20] Dies muss für formbedürftige Rechtsgeschäfte (zB Grundstückskauf) ebenfalls gelten.[21]

2. Unechte Gesamtvertretung

Bei der unechten Gesamtvertretung vertritt üblicherweise **ein Vorstandsmitglied zusammen mit einem Prokuristen** die Gesellschaft. Andere Gestaltungen müssen den Grundsatz der selbständigen Vertretungsmacht des Vorstands beachten. Unwirksam ist daher eine Bestimmung, nach der die Vertretung der Gesellschaft stets an die Mitwirkung eines Prokuristen gebunden ist, da die Anordnung unechter Gesamtvertretung nur zu einer Erleichterung, nicht zu einer Erschwerung der Vertretung führen darf.[22] Deshalb scheidet unechte Gesamtvertretung auch beim Alleinvorstand von vornherein und beim mehrköpfigen Vorstand in der Form aus, dass sämtliche Vorstandsmitglieder an die Mitwirkung eines Prokuristen gebunden sind.[23]

3. Einzelvertretung

Ein **Alleinvorstand hat notwendig Einzelvertretungsbefugnis.** Bei einem mehrköpfigen Vorstand ist eine Einzelvertretung durch jedes oder durch einzelne Vorstandsmitglieder möglich (§ 78 Abs. 3 S. 1 Alt. 1 AktG). Die Praxis macht von dieser Möglichkeit allerdings nur vereinzelt Gebrauch. Ausnahmsweise kann beim mehrgliedrigen Vorstand jedes Vorstandsmitglied allein einen Insolvenzantrag stellen (§ 15 Abs. 1 InsO).

4. Einzelermächtigung

Um die Handlungsfähigkeit der Gesellschaft zu steigern, können die Gesamtvertreter (Vorstandsmitglieder und gegebenenfalls auch Prokuristen) im Rahmen einer Einzelermächtigung **einzelne Gesamtvertreter** (Vorstandsmitglieder/Prokuristen)[24] zur **alleinigen Vornahme** bestimmter Rechtsgeschäfte oder bestimmter Arten von Rechtsgeschäften (sog. Artermächtigung)[25] ermächtigen (§ 78 Abs. 4 AktG). Ein Prokurist kann über den gesetzlichen Umfang der Prokura hinaus zu allen Geschäften ermächtigt werden, die ein gewillkürter Vertreter für die Gesellschaft vornehmen kann.[26] So können bei unechter Gesamtvertretung Vorstandsmitglied und Prokurist gemeinsam eine Ermächtigung des Vor-

---

[18] HM, *Mertens/Cahn* in Kölner Komm. AktG § 78 Rn. 49; *Schramm* in MüKoBGB § 164 Rn. 86; *Schilken* in Staudinger § 167 BGB Rn. 53a; *Spindler* in MüKoAktG § 78 Rn. 58.
[19] *Spindler* in MüKoAktG § 78 Rn. 58.
[20] BAG NJW 1996, 2594, 2595; *Habersack* in Großkomm. AktG § 78 Rn. 33 f.; bei formbedürftigen Rechtsgeschäften sollte die Zustimmung, um dem Schutzzweck der Formvorschrift zu genügen, deren Form beachten; diese Frage ist in der Lit. allerdings umstritten: vgl. *Spindler* in MüKoAktG § 78 Rn. 58 Fn. 4 mwN.
[21] RGZ 101, 342, 343; 116, 116, 118; 118, 168, 171; BGH WM 1976, 1053, 1054; *Meyer-Landrut* in Großkomm. AktG 3. Aufl. § 78 Rn. 12; *Spindler* in MüKoAktG § 78 Rn. 58; aA *Hillmann* in EBJS § 125 HGB Rn. 8.
[22] BGHZ 26, 330, 333; allgM, vgl. nur *Spindler* in MüKoAktG § 78 Rn. 45 mwN.
[23] Unstr., vgl. nur *Hüffer* § 78 AktG Rn. 16 mwN.
[24] Ganz hM, vgl. nur *Mertens/Cahn* in Kölner Komm. AktG § 78 Rn. 61; *Schwarz* NZG 2001, 529, 538.
[25] *Mertens/Cahn* in Kölner Komm. AktG § 78 Rn. 57.
[26] *Habersack* in Großkomm. AktG § 78 Rn. 46; *Spindler* in MüKoAktG § 78 Rn. 82; *Mertens/Cahn* in Kölner Komm. AktG § 78 Rn. 61.

standsmitglieds oder des Prokuristen aussprechen.[27] Der zu Ermächtigende kann an der Ermächtigung mitwirken;[28] seine Mitwirkung ist erforderlich, wenn der Vorstand anderenfalls nicht vertretungsbefugt wäre.[29] Die Ermächtigung muss hinreichend bestimmt und auf gewisse Geschäftsgegenstände beschränkt sein. Eine lediglich betragsmäßige Begrenzung ist nicht ausreichend.[30] Die nachträgliche Beschränkung der Ermächtigung in gegenständlicher Hinsicht ist möglich.[31] Zum Widerruf sind alle an der Erteilung mitwirkenden Gesamtvertreter berechtigt. Dem Rechtsgedanken des § 116 Abs. 3 S. 2 HGB (Vertrauensverlust auch nur eines Ermächtigenden ausreichend) entsprechend sind die Ermächtigenden auch einzeln zum Widerruf befugt. Im Fall der unechten Gesamtvertretung kann also ein Prokurist die Einzelermächtigung eines Vorstandsmitglieds widerrufen.[32] Widerrufen kann auch eine zur Gesamtvertretung befugte Zahl von nicht-ermächtigenden Vorstandsmitgliedern.[33] Der Widerruf ist jederzeit, formlos und ohne nähere Begründung möglich.[34] Die **Einzelermächtigung** ist **nicht eintragungspflichtig**, weder als Artermächtigung noch als Ermächtigung zum Alleinhandeln, das nur Einzelfälle betrifft oder zeitlich begrenzt ist.[35]

IV. Passivvertretung

13 Die **Entgegennahme von Willenserklärungen** Dritter (Passivvertretung) kann auch bei einem mehrgliedrigen Vorstand durch ein **einzelnes Vorstandsmitglied** erfolgen (§ 78 Abs. 2 S. 2 AktG). Gleiches gilt für alle Rechtshandlungen mit rechtsgeschäftsähnlichem Charakter (zB Mahnung oder Mängelrüge).[36]

V. Einräumung und Änderung der Vertretungsmacht

14 Mit der Bestellung eines Vorstandsmitglieds **regelt** der **Aufsichtsrat** üblicherweise auch die **Vertretungsmacht**. Ausnahmsweise kann in dringenden Fällen ein Vorstandsmitglied auch auf Antrag eines anderen Organmitglieds oder sonstiger Beteiligter (zB Gläubiger) gerichtlich bestellt werden (§ 85 Abs. 1 S. 1 AktG). Enthält die Satzung **keine abweichende Bestimmung** und enthält der Aufsichtsratsbeschluss keine aufgrund einer Satzungsermächtigung getroffene abweichende Regelung der Vertretungsmacht, so ist das Vorstandsmitglied, wenn es sich nicht um den Alleinvorstand handelt, dem gesetzlichen Grundsatz entsprechend nur **gesamtvertretungsbefugt** (§ 78 Abs. 2 S. 1 AktG). Für eine spätere Änderung der Vertretungsbefugnis ist entweder eine Satzungsänderung oder, wenn die Satzung eine entsprechende Ermächtigung enthält, ein **Aufsichtsratsbeschluss** erforderlich, aber auch ausreichend. Die Änderung der Vertretungsbefugnis sowie die Änderung der Zusammensetzung des Vorstands (Bestellung eines neuen und Abberufung eines bisherigen Vorstandsmitglieds) sind beim Handelsregister anzumelden (§ 81 Abs. 1 AktG).

---

[27] *Schwarz* NZG 2001, 529, 539.
[28] Ganz hM: BGHZ 64, 72, 75; RGZ 80, 180, 182; 103, 417, 418; 108, 405, 407; RG JW 1913, 51; *Hüffer* § 78 AktG Rn. 19; *Mertens/Cahn* in Kölner Komm. AktG § 78 Rn. 55; aA *Schwarz* ZGR 2001, 745, 753.
[29] *Spindler* in MüKoAktG § 78 Rn. 68; *Hefermehl* in Geßler/Hefermehl § 78 AktG Rn. 46; aA *Beuthien* § 25 GenG Rn. 11.
[30] *Hüffer* § 78 AktG Rn. 21; möglich: „Einkaufsgeschäfte bis zum Betrag von 10 000 Euro"; nicht möglich: „Geschäfte bis zum Betrag von 10 000 Euro".
[31] *Schwarz* ZGR 2001, 745, 774.
[32] *Habersack* in Großkomm. AktG § 78 Rn. 56; *Mertens/Cahn* in Kölner Komm. AktG § 78 Rn. 62; aA *Spindler* in MüKoAktG § 78 Rn. 65.
[33] Ganz hM, *Hüffer* § 78 AktG Rn. 22; *Mertens/Cahn* in Kölner Komm. AktG § 78 Rn. 62 mwN; aA *Schwarz* ZGR 2001, 745, 777.
[34] *Hüffer* § 78 AktG Rn. 22; *Spindler* in MüKoAktG § 78 Rn. 71.
[35] Vgl. *Spindler* in MüKoAktG § 78 Rn. 69, allerdings für eine Offenlegungspflicht; so auch *Schwarz* ZHR 166 (2002), 625, 653 f.; aA *Servatius* NZG 2002, 456, 458.
[36] *Hüffer* § 78 AktG Rn. 13; *Wiesner* in MHdB AG § 23 Rn. 12.

VI. Handelsregister und Rechtsschein

Der Vorstand in vertretungsberechtigter Zahl sollte der **Pflicht zur Anmeldung** von Veränderungen der Zusammensetzung des Vorstands möglichst rasch nach dem Aufsichtsratsbeschluss nachkommen. Zwar sind die **Änderungen** in der Zusammensetzung **des Vorstands** oder in der Vertretungsbefugnis bereits **vor Eintragung** im Handelsregister und Bekanntgabe **wirksam.** Sie können aber wegen der Publizität des Handelsregisters Dritten nur bei positiver Kenntnis entgegengehalten werden (§ 15 Abs. 1 HGB). Solange also das Ausscheiden eines Vorstandsmitglieds oder das Erlöschen einer Prokura nicht im Handelsregister eingetragen ist, können die eingetragenen Personen rechtsgeschäftliche Verpflichtungen der Gesellschaft noch wirksam begründen. Dies gilt wegen der sog. Schonfrist bei Unkenntnis und fahrlässiger Nichtkenntnis des Dritten noch bis zu 15 Tage nach Bekanntmachung der anmeldepflichtigen Tatsache (§ 15 Abs. 2 S. 2 HGB). Die Bekanntmachung erfolgt durch das Gericht (§ 10 Abs. 1 HGB). Bei verspäteter oder unrichtiger Bekanntmachung und auch bei **falscher Eintragung** bleibt es bei dem Schutz des Rechtsverkehrs. Allenfalls sind **Amtshaftungsansprüche** der Gesellschaft gegen das Gericht denkbar,[37] deren Durchsetzung allerdings im Einzelfall schwierig sein kann.[38]

VII. Verhinderung oder Wegfall eines Vorstandsmitglieds

Ist ein Vorstandsmitglied vorübergehend verhindert (zB wegen Krankheit oder Urlaub) oder fällt es endgültig weg (zB durch Widerruf der Bestellung, Amtsniederlegung oder Tod), dann sind folgende Fallgruppen zu unterscheiden:

Beim **Alleinvorstand** führen Verhinderung oder Wegfall des Vorstandsmitglieds zur Handlungsunfähigkeit der Gesellschaft, solange die Verhinderung andauert oder bis der Aufsichtsrat oder das Gericht einen neuen Vorstand bestellt hat.

Beim **mehrgliedrigen Vorstand** führt die Verhinderung eines Gesamtvertreters ebenfalls zur Handlungsunfähigkeit der Gesellschaft, soweit nicht andere Vorstandsmitglieder allein oder gemeinsam die Gesellschaft wirksam vertreten können. Es tritt grundsätzlich keine automatische Erweiterung der Vertretungsbefugnis des oder der verbleibenden Vorstandsmitglieder ein.[39] Die Gesellschaft kann so lange nicht organschaftlich vertreten werden, bis die Verhinderung behoben ist.[40] Fällt ein Vorstandsmitglied weg, dann kommt es darauf an, ob Satzung oder Gesetz (§ 76 Abs. 2 S. 2 AktG) eine Mindestzahl von Vorstandsmitgliedern vorsehen und ob diese durch den Wegfall unterschritten wird oder nicht. Ist eine Mindestzahl bestimmt und wird sie nicht mehr erreicht, führt dies zur Vertretungsunfähigkeit des Vorstands und damit zur Handlungsunfähigkeit der Gesellschaft.[41] Ist hingegen keine Mindestzahl bestimmt, kann die Gesellschaft weiterhin wirksam vom verbleibenden Vorstand vertreten werden, es sei denn, er war nur mit dem weggefallenen Vorstandsmitglied gemeinschaftlich, also gesamtvertretungsbefugt. Eine automatische Erweiterung der Vertretungsbefugnis verbleibender Vorstandsmitglieder tritt ohne entsprechende Satzungsbestimmung nicht ein, insbesondere erweitert sich bei Wegfall eines von zwei gesamtvertretungsberechtigten Vorstandsmitgliedern die Vertretungsmacht des verbliebenen nicht zu einer Alleinvertretungsbefugnis.[42]

---

[37] RGZ 131, 12, 14; BayObLG BB 1989, 1009; *Hopt* in Baumbach/Hopt § 15 HGB Rn. 23.
[38] *Preuß* in Oetker § 15 HGB Rn. 73 unter Verweis auf die Eintragungsmitteilung gemäß § 383 Abs. 1 FamFG.
[39] RGZ 103, 417; BGHZ 34, 27, 29; BGH WM 1975, 157, 158; *Mertens/Cahn* in Kölner Komm. AktG § 78 Rn. 65.
[40] *Wiesner* in MHdB AG § 23 Rn. 9.
[41] LG Münster NZG 1998, 352; *Hüffer* § 78 AktG Rn. 11; aA *Mertens/Cahn* in Kölner Komm. AktG § 76 Rn. 110 ff.
[42] OLG Hamburg DNotZ 1988, 331; *Spindler* in MüKoAktG § 78 Rn. 25; aA *Wiesner* in MHdB AG § 23 Rn. 9; *Mertens/Cahn* in Kölner Komm. AktG § 78 Rn. 23, 65; Beispiel: war A nur zusammen mit B

B. Rechtsgeschäftliche Vertretungsmacht Dritter

19 Von der gesetzlichen Vertretung der Gesellschaft durch ihren Vorstand zu unterscheiden ist die rechtsgeschäftliche Vertretung durch **Prokuristen,** Handlungsbevollmächtigte, Generalbevollmächtigte und besondere Vertreter. Im Gegensatz zur organschaftlichen Vertretungsmacht der Vorstandsmitglieder ist die rechtsgeschäftliche Vertretungsmacht **beschränkbar und wird in der Regel beschränkt.**

I. Prokuristen

20 Für die Erteilung der Prokura ist der Vorstand nach den allgemeinen Regeln über die Vertretung der Gesellschaft zuständig.[43] Er kann sie nur ausdrücklich (§ 48 Abs. 1 HGB) und nur an natürliche Personen[44] erteilen. Für die Erteilung ist im Innenverhältnis ein Beschluss des Vorstands ratsam, weil sie eine bedeutende Personalmaßnahme ist, die in die Leitungskompetenz des Gesamtvorstands fällt.[45] Eine hierzu gegebenenfalls erforderliche **Zustimmung des Aufsichtsrats** gemäß § 111 Abs. 4 S. 2 AktG ist **keine Wirksamkeitsvoraussetzung** für die Erteilung der Prokura.[46]

21 Der Prokurist ist zur Vornahme von gerichtlichen und außergerichtlichen Geschäften befugt, die der Betrieb eines Handelsgewerbes (§ 49 Abs. 1 HGB) oder, wenn die Gesellschaft kein Handelsgewerbe betreibt, eines Unternehmens der betreffenden Art mit sich bringt. Auch der Vorstand einer Gesellschaft, deren Gegenstand nicht im Betrieb eines Handelsgewerbes besteht, kann daher einen Prokuristen bestellen.[47]

22 Der Prokurist kann beispielsweise Anstellungsverträge mit Angestellten schließen, anderen Angestellten Handlungsvollmacht erteilen oder Darlehen aufnehmen und einräumen.[48] Zu Grundstücksgeschäften muss er besonders befugt werden (§ 49 Abs. 2 HGB). Dies betrifft nicht Erwerb und Entlastung (zB Löschung von Hypotheken) von Grundstücken, Vermietung, Verpachtung und Verfügung über Grundpfandrechte.[49] Darüber hinausgehende sog. Grundlagengeschäfte (zB Verkauf des Handelsunternehmens[50] oder Umfirmierung) liegen grundsätzlich außerhalb der Vertretungsmacht eines Prokuristen. Bei Vereinbarung unechter **Gesamtvertretung** erweitert sich die Vertretungsmacht des Prokuristen auf die des Vorstandsmitglieds.[51] In diesem Fall gelten also die **gesetzlichen Beschränkungen der Vertretungsmacht eines Prokuristen für die Mitwirkung nicht.**

23 Der Vorstand kann Prokura in mehreren Formen erteilen, etwa gemeinschaftlich an mehrere Prokuristen (Gesamtprokura; gemäß § 48 Abs. 2 HGB), als Kombination aus Einzel- und Gesamtprokura (halbseitige Prokura) oder in Bindung der Prokuristen an ein Vorstandsmitglied (gemischte Gesamtprokura).[52]

24 **Erteilung und Erlöschen** der Prokura sind **eintragungspflichtige** Tatsachen gemäß § 53 Abs. 1 und 3 HGB, die aus Gründen des Vertrauensschutzes mit den oben

---

und C nur zusammen mit D vertretungsberechtigt, dann ist, wenn B wegfällt, weder allein noch zusammen mit C oder D zur Vertretung befugt. Die Gesellschaft kann aber weiterhin durch C und D wirksam vertreten werden.

[43] *Mertens/Cahn* in Kölner Komm. AktG § 78 Rn. 79; *Habersack* in Großkomm. AktG § 78 Rn. 58.
[44] Ganz hM, *Hopt* in Baumbach/Hopt § 48 HGB Rn. 2.
[45] *Kort* in Großkomm. AktG § 77 Rn. 32; *Mertens/Cahn* in Kölner Komm. AktG § 77 Rn. 22.
[46] *Spindler* in MüKoAktG § 78 Rn. 101.
[47] *Spindler* in MüKoAktG § 78 Rn. 102; *Mertens/Cahn* in Kölner Komm. AktG § 78 Rn. 80.
[48] Weitere Beispiele bei *Hopt* in Baumbach/Hopt § 49 HGB Rn. 1; *Krebs* in MüKoHGB § 49 Rn. 16 ff.
[49] *Krebs* in MüKoHGB § 49 Rn. 45 ff.; § 49 Abs. 2 HGB ist auf solche Geschäfte nicht analog anwendbar.
[50] BGH BB 1965, 1373, 1374; *Krebs* in MüKoHGB § 49 Rn. 24.
[51] RGZ 134, 303, 306; BGHZ 13, 61, 64; 62, 166, 170; *Hopt* in Baumbach/Hopt § 49 HGB Rn. 3; *Hüffer* § 78 AktG Rn. 17.
[52] *Hopt* in Baumbach/Hopt § 48 HGB Rn. 6.

II. Handlungsbevollmächtigte

Handlungsvollmacht können sowohl der **Vorstand** als auch ein **Prokurist** gegenüber dem zu Bevollmächtigenden selbst (Innenvollmacht), gegenüber einem Dritten (Außenvollmacht gemäß § 167 Abs. 1 BGB) oder durch öffentliche Bekanntmachung gemäß § 171 BGB **erteilen.**[54] Die Handlungsvollmacht kann – anders als die Prokura – auch schlüssig und an juristische Personen erteilt werden.[55] Auch ein Handlungsbevollmächtigter kann entweder Untervollmacht erteilen, wenn und soweit dies von seiner Vollmacht umfasst ist, oder aber mit Zustimmung des Bevollmächtigenden (Vorstand/Prokurist) seine eigene Handlungsvollmacht übertragen (§ 58 HGB). 25

Handlungsvollmacht wird erteilt zum Betrieb eines Handelsgewerbes (Generalhandlungsvollmacht), zur Vornahme einer bestimmten zum Handelsgewerbe gehörenden Art von Geschäft (Arthandlungsvollmacht) oder zur Vornahme einzelner zum Handelsgewerbe gehöriger Geschäfte (Spezialhandlungsvollmacht gemäß § 54 Abs. 1 HGB). 26

Wie bei der Prokura sind auch bei der Handlungsvollmacht sowohl Gesamthandlungsvollmacht als auch halbseitige und gemischte Handlungsvollmacht, auch unter Einbindung eines Prokuristen, möglich.[56] 27

Erteilung und Widerruf der **Handlungsvollmacht** sind **nicht** beim Handelsregister **anzumelden.** 28

III. Generalbevollmächtigte

Die in der **Wirtschaftspraxis weit verbreitete** Generalvollmacht geht über den gesetzlich begrenzten Rahmen einer Prokura und einer Generalhandlungsvollmacht hinaus. Durch sie ermächtigt der Vorstand den Generalbevollmächtigten, der nicht Vorstandsmitglied sein darf, zur Vornahme sämtlicher Rechtsgeschäfte und -handlungen, die auch der Vorstand vornehmen kann.[57] Die Einräumung einer Generalvollmacht ist **zulässig,**[58] insbesondere weil der Generalbevollmächtigte keine organschaftliche, sondern eine rechtsgeschäftliche Vertretungsmacht erhält. Wegen ihres sachlichen Umfangs ist allerdings eine **unwiderrufliche Generalvollmacht,** die faktisch der Bestellung eines weiteren Vorstandsmitglieds gleichkäme, nicht mit dem alleinigen Recht des Aufsichtsrats zur Bestellung von Vorstandsmitgliedern (§ 84 Abs. 1 AktG) vereinbar und daher **nichtig.**[59] Die Generalvollmacht muss deshalb so erteilt oder gegebenenfalls zur Generalhandlungsvollmacht mit Befreiung von den Beschränkungen des § 54 Abs. 2 HGB umgedeutet (§ 140 BGB) werden, dass der Vorstand sie jederzeit widerrufen kann. 29

---

[53] BayObLG BB 1973, 912, 912; *Hopt* in Baumbach/Hopt § 53 HGB Rn. 1; aA *Bärwaldt* NJW 1997, 1404, 1407: Mitwirkung eines Einzel- und/oder Gesamtprokuristen zusammen mit einem unecht gesamtvertretungsberechtigten Organ möglich.
[54] *Spindler* in MüKoAktG § 78 Rn. 100.
[55] *Hopt* in Baumbach/Hopt § 54 HGB Rn. 7 f.
[56] *Hopt* in Baumbach/Hopt § 54 HGB Rn. 2.
[57] *Spindler* in MüKoAktG § 78 Rn. 108.
[58] BGHZ 36, 292, 295; BGH NJW 1982, 877, 878; NJW 1982, 2495 (beide letztgenannten Entscheidungen zur vergleichbaren Problematik bei Personenhandelsgesellschaften); *Wiesner* in MHdB AG § 23 Rn. 23; *Spindler* in MüKoAktG § 78 Rn. 108; aA *Mertens/Cahn* in Kölner Komm. AktG § 78 Rn. 78; ohne nähere Begründung *Henn* in Henn/Frodermann/Janott § 18 Rn. 585.
[59] *Spindler* in MüKoAktG § 78 Rn. 109.

IV. Besondere Vertreter

30 Ob der Vorstand kraft statutarischer Ermächtigung für bestimmte Aufgaben auch an seine Weisungen gebundene besondere Vertreter nach § 30 BGB bestellen und abberufen kann, ist in der Literatur umstritten und wegen der abschließend geregelten Vertretungszuständigkeit wohl **abzulehnen**.[60] Der organisationsrechtliche Grundsatz, dass besondere Vertreter mit beschränkter organschaftlicher Vertretungsmacht bestellt werden können, kann nur für den Verein, die Genossenschaft und die GmbH, nicht jedoch für die AG gelten.[61] Ein praktisches Bedürfnis dafür, solche besonderen Vertreter für die AG anzuerkennen, besteht nicht.

C. Rechtsfolgen fehlender Vertretungsmacht

31 Vorstandshandeln ohne Vertretungsmacht führt nicht zwangsläufig zur Unwirksamkeit des Rechtsgeschäfts. Zu unterscheiden sind vielmehr folgende Fallgruppen:

I. Handeln außerhalb der objektiven Grenzen der Vertretungsmacht

32 Strittig ist noch immer, ob Handlungen des Vorstands, für die ihm gänzlich die Vertretungsmacht fehlt, nichtig oder genehmigungsfähig sind.[62] Richtigerweise wird zu **differenzieren** sein, welchem Belang nach Sinn und Zweck der betroffenen Vorschrift der Vorrang gebührt: der Handlungsfähigkeit der Gesellschaft oder der Kompetenzordnung.

33 In Fällen des **§ 112 AktG** sollte an der strengen Rechtsfolge der **Nichtigkeit** festgehalten werden.[63] Gegen eine nur schwebende Unwirksamkeit eines unter Verstoß gegen § 112 AktG abgeschlossenen Rechtsgeschäfts spricht vor allem der **Schutzzweck der Norm,** der eine unbefangene Wahrung der Gesellschaftsbelange und eine unvoreingenommene (Erst-) Befassung des Aufsichtsrats sicherstellen soll.[64] An dieser strengen Sichtweise ist in der Praxis sicherheitshalber festzuhalten. Entscheidungen,[65] nach denen ein Vertragsabschluss durch den nicht zur Vertretung berufenen Vorstand nicht zur Nichtigkeit, sondern nur zur schwebenden Unwirksamkeit und **Genehmigungsfähigkeit** des Rechtsgeschäfts führt, ist **nicht zu folgen.** Das Rechtsgeschäft ist nichtig und kann nicht durch nachträgliche Genehmigung des Aufsichtsrats wirksam werden.[66] In gleicher Weise unwirksam[67] ist eine Stimmabgabe des Vorstands in der Hauptversammlung einer Beteiligungsgesellschaft,

---

[60] *Mertens/Cahn* in Kölner Komm. AktG § 78 Rn. 11; *Kästner* AG 2000, 113, 121; *Ellenberger* in Palandt § 30 BGB Rn. 2; aA *Spindler* in MüKoAktG § 78 Rn. 18; zur von dieser Streitfrage zu trennenden Einordnung eines besonderen Vertreters als verfassungsmäßigen Vertreter iSd § 31 BGB vgl. BGHZ 49, 19, 21.

[61] *Ellenberger* in Palandt § 30 BGB Rn. 2.

[62] *Mertens/Cahn* in Kölner Komm. AktG § 78 Rn. 20 mwN zum Streitstand.

[63] Ebenso OLG Hamburg WM 1986, 972, 974; OLG Stuttgart BB 1992, 1669; *Mertens/Cahn* in Kölner Komm. AktG § 78 Rn. 20, § 112 AktG Rn. 11; *Johannes Semler,* FS Rowedder, 1994, 441, 455 f.; *Hüffer* § 82 AktG Rn. 5; nach aA ist das Rechtsgeschäft nur schwebend unwirksam, vgl. OLG Celle BB 2002, 1438; OLG Karlsruhe WM 1996, 161; *Sack* in Staudinger § 134 BGB Rn. 5; *Spindler* in Spindler/Stilz § 112 AktG Rn. 42; *ders.* in MüKoAktG § 78 Rn. 111, 122; differenzierend *Stein* AG 1999, 28, 36 ff.

[64] Vgl. *Mertens/Cahn* in Kölner Komm. AktG § 78 Rn. 20, § 112 AktG Rn. 11; *Johannes Semler,* FS Rowedder, 1994, 441, 456.

[65] OLG Celle BB 2002, 1438; OLG Karlsruhe WM 1996, 161; zustimmend *Sack* in Staudinger § 134 BGB Rn. 33; *Ellenberger* in Palandt § 134 BGB Rn. 5; *Spindler* in Spindler/Stilz § 112 AktG Rn. 42; *Spindler* in MüKoAktG § 78 Rn. 111, 122: Rechtsgeschäft nur schwebend unwirksam und Genehmigung durch Aufsichtsrat möglich; differenzierend *Stein* AG 1999, 28, 36 ff.

[66] OLG Hamburg WM 1986, 972, 974; OLG Stuttgart BB 1992, 1669; *Hüffer* § 82 AktG Rn. 5; *Johannes Semler,* FS Rowedder, 1994, 441, 455 f.; aA OLG Celle BB 2002, 1438; OLG Karlsruhe WM 1996, 161.

[67] *Mertens/Cahn* in Kölner Komm. AktG § 78 Rn. 18 mwN.

sofern § 32 MitbestG, § 15 MontanMitbestErgG anwendbar sind (→ Rn. 38). Auch hier handelt es sich um eine zwingende Kompetenzregelung. Demgegenüber erscheint es sachgerecht, eine von der Beschlussfassung des Aufsichtsrats **abweichende Stimmabgabe** als **genehmigungsfähig** zu behandeln, solange der Versammlungsleiter in der Hauptversammlung der Untergesellschaft die Stimmabgabe nicht zurückweist.[68] Denn insoweit handelt der Vorstand aufgrund der Beschlussfassung des Aufsichtsrats, also im Rahmen seiner Kompetenz, wenngleich inhaltlich abweichend. In den anderen Fällen, in denen die Vertretungsbefugnis nicht dem Vorstand zukommt,[69] ist das Vorstandshandeln ebenfalls unwirksam, weil wiederum zwingende Kompetenzregeln verletzt würden.

Anders verhält es sich aus Gründen der Prozessökonomie bei der **gerichtlichen Vertretung** durch den Vorstand **außerhalb** der **objektiven Grenzen** seiner Vertretungsmacht. Handelt in einem solchen Fall der Vorstand, ist die Klage zwar unzulässig,[70] der Aufsichtsrat kann aber den Vertretungsmangel heilen, indem er in den Prozess eintritt und die Prozesshandlungen des Vorstands genehmigt.[71]

II. Handeln außerhalb der subjektiven Grenzen der Vertretungsmacht

Handelt der Vorstand hingegen außerhalb der subjektiven Grenzen seiner Vertretungsmacht (→ Rn. 4), so ist das Rechtsgeschäft schwebend unwirksam (§§ 177 ff. BGB) und kann durch Genehmigung des mitwirkungspflichtigen Organs (Hauptversammlung/Aufsichtsrat) wirksam werden (§§ 182 ff. BGB).[72] Zwar wird auch in diesen Fällen eine Handlung entgegen den aktienrechtlichen Bestimmungen – also fehlerhaft – vorgenommen, aber vom Vorstand als – neben einem anderen – zuständigem Organ.[73]

Gleiches gilt für **Alleinhandeln** eines **nicht** durch Einzelermächtigung **berechtigten Gesamtvertreters** oder Handeln einer nicht zur Gesamtvertretung befugten Zahl von Vorstandsmitgliedern. Durch die **nachträgliche Genehmigung** entweder eines Einzelvertreters oder der übrigen Gesamtvertreter wird das zunächst schwebend unwirksame Rechtsgeschäft **wirksam** (§§ 177 ff., 182 ff. BGB).[74]

Das von einem ohne Vertretungsmacht handelnden rechtsgeschäftlichen Vertreter (Prokurist, Handlungsbevollmächtigter, Generalbevollmächtigter) geschlossene Rechtsgeschäft kann ebenfalls durch Genehmigung wirksam werden. Zuständig für die Genehmigung ist hier der Vorstand, nicht der Aufsichtsrat oder die Hauptversammlung.[75]

D. Sonderfälle der Vertretung

I. Ausübung von Beteiligungsrechten bei mitbestimmten Unternehmen

Bei der Ausübung von bestimmten Rechten gegenüber oder an einem unter das MitbestG fallenden Unternehmen (§ 1 oder § 5 MitbestG), an dem das eigene, ebenfalls mitbestimmte Unternehmen mit mehr als 25% beteiligt ist, kann der **Vorstand** der Obergesellschaft nur

---

[68] *Mertens/Cahn* in Kölner Komm. AktG § 78 Rn. 19; *Fleischer* in Spindler/Stilz § 78 AktG Rn. 18.
[69] § 147 Abs. 2 AktG (besonderer Vertreter zur Geltendmachung von Ersatzansprüchen); §§ 269, 265 Abs. 1 AktG (Liquidator).
[70] BGHZ 130, 108, 111 f.; BGH NJW 1987, 254; AG 1990, 359; 1991, 269; NJW 1997, 318; BAG AG 2002, 458, 459; *Hüffer* § 112 AktG Rn. 13.
[71] BAG AG 2002, 458, 460; BGH NJW 1987, 254; 1989, 2055 f.; 1999, 3263; *Brandner*, FS Quack, 1991, 201, 202; *Hüffer* § 112 AktG Rn. 13.
[72] *Mertens/Cahn* in Kölner Komm. AktG § 78 Rn. 20; *Fleischer* in Spindler/Stilz § 78 AktG Rn. 17; *Spindler* in MüKoAktG § 78 Rn. 9.
[73] *Johannes Semler*, FS Roweder, 1994, 441, 456.
[74] *Spindler* in MüKoAktG § 78 Rn. 75.
[75] *Spindler* in MüKoAktG § 78 Rn. 100.

aufgrund eines **Aufsichtsratsbeschlusses,** den allein die Anteilseignervertreter im Aufsichtsrat fassen, und nur weisungsabhängig **handeln** (§ 32 MitbestG).[76] Diese **objektive Grenze der Vertretungsmacht** betrifft (Personal-)Entscheidungen über Aufsichtsratsmitglieder (Bestellung, Widerruf, Entlastung) und Strukturmaßnahmen bei der Untergesellschaft (Unternehmensverträge, Umwandlung oder Auflösung, Fortsetzung nach Auflösung, Übertragung des Vermögens).[77] Der Vorstand kann in diesen Fällen nur handeln, wenn und soweit der **Aufsichtsrat** zuvor eine **Entscheidung** getroffen und den Vorstand damit gebunden hat.[78] Er ist als **Beauftragter** allerdings – auch im Außenverhältnis[79] – berechtigt, von den Weisungen des Aufsichtsrats abzuweichen, wenn dieser die Abweichung bei Kenntnis der Sachlage billigen würde (§ 665 S. 1 BGB).[80] Durch eine unberechtigte Abweichung kann sich der Vorstand aber gegenüber der Gesellschaft schadensersatzpflichtig machen.[81]

39 Hinsichtlich der Rechtsfolgen ist ein Handeln des Vorstands ohne und gegen vorherigen Aufsichtsratsbeschluss zu unterscheiden:[82]

40 Handelt der Vorstand **ohne Aufsichtsratsbeschluss,** ist seine **Stimmabgabe nichtig** (→ Rn. 33).[83] Der Hauptversammlungsleiter der Untergesellschaft darf sie zurückweisen.[84] Zur Kontrolle der Legitimation kann er vom Vorstand einen schriftlichen, vom Vorsitzenden des Aufsichtsrats der Obergesellschaft unterzeichneten Nachweis der entsprechenden Stimmberechtigung verlangen, muss dies aber nicht.[85] Kommt es zur Stimmabgabe durch den Vorstand ohne Vertretungsmacht, kann der Aufsichtsrat der Obergesellschaft diese nicht, zumindest nicht mit Außenwirkung, nachträglich genehmigen.[86] Der gleichwohl gefasste **Hauptversammlungsbeschluss** ist jedoch nicht nichtig, sondern nur nach den allgemeinen Regeln gemäß §§ 243 ff. AktG **anfechtbar.**[87]

41 **Gleiches** muss gelten, wenn der Vorstand der Obergesellschaft **entgegen einer ausdrücklichen Weisung** des Aufsichtsrats handelt, weil es ihm dann ebenfalls an der erforderlichen Vertretungsmacht fehlt.[88]

42 Ist der **Vorstand** dagegen vom Aufsichtsrat **gehörig zur Vertretung ermächtigt,** die Stimme für die Obergesellschaft in der Hauptversammlung der Untergesellschaft abzugeben, ist die Stimmabgabe selbst dann **wirksam,** wenn sie inhaltlich vom Beschluss des Aufsichtsrats **abweicht.** Der Leiter der Hauptversammlung darf die Stimmabgabe nicht zurückweisen, auch wenn ihm die inhaltliche Abweichung bekannt ist.[89] Der **Hauptversammlungsbeschluss** ist **wirksam** und nicht anfechtbar.[90] Der Vorstand darf von dem Beschluss des Aufsichtsrats allerdings nur abweichen, sofern er nach den Umständen an-

---

[76] *Hüffer* § 78 AktG Rn. 8a.
[77] Zu den erfassten Rechten eingehend *Weiss* Der Konzern 2004, 590, 591 ff.
[78] *Johannes Semler,* FS Kropff, 1997, 301, 306.
[79] *Johannes Semler,* FS Kropff, 1997, 301, 306; aA *Mertens/Cahn* in Kölner Komm. AktG § 78 Rn. 19.
[80] *Philipp* DB 1976, 1622, 1625; *Johannes Semler,* FS Kropff, 1997, 301, 306; *Gach* in MüKoAktG § 32 MitbestG Rn. 16.
[81] *Mertens/Cahn* in Kölner Komm. AktG Anh. § 117 B, § 32 MitbestG Rn. 24; *Gach* in MüKoAktG § 32 MitbestG Rn. 14.
[82] Gegen diese Differenzierung allerdings *Ulmer/Habersack* in Ulmer/Habersack/Henssler § 32 MitbestG Rn. 19.
[83] *Johannes Semler,* FS Kropff, 1997, 301, 305; *Weiss* Der Konzern 2004, 590, 596 mwN; aA *Gach* in MüKoAktG § 32 MitbestG Rn. 13.
[84] *Johannes Semler,* FS Kropff, 1997, 301, 305; *Hüffer* § 78 AktG Rn. 8b.
[85] *Gach* in MüKoAktG § 32 MitbestG Rn. 13; *Mertens/Cahn* in Kölner Komm. AktG Anh. § 117 B, § 32 MitbestG Rn. 14; *Raiser* in Raiser/Veil § 32 MitbestG Rn. 26; *Ulmer/Habersack* in Ulmer/Habersack/Henssler § 32 MitbestG Rn. 22.
[86] *Philipp* DB 1976, 1622, 1626; *Koberski* in Fitting/Wlotzke/Wissmann § 32 MitbestG Rn. 24; *Johannes Semler,* FS Kropff, 1997, 301, 305; aA *Hüffer* § 78 AktG Rn. 8b; *Mertens/Cahn* in Kölner Komm. AktG Anh. § 117 B § 32 MitbestG Rn. 14; *Gach* in MüKoAktG § 32 MitbestG Rn. 13; *Raiser* in Raiser/Veil § 32 MitbestG Rn. 24 für den Fall, dass der Hauptversammlungsleiter die Stimmen nicht zurückgewiesen hat.
[87] *Johannes Semler,* FS Kropff, 1997, 301, 305; *Raiser* in Raiser/Veil § 32 MitbestG Rn. 24.
[88] *Gach* in MüKoAktG § 32 MitbestG Rn. 14; *Weiss* Der Konzern 2004, 590, 596 mwN.
[89] *Johannes Semler,* FS Kropff, 1997, 301, 306.
[90] *Johannes Semler,* FS Kropff, 1997, 301, 306; *Gach* in MüKoAktG § 32 MitbestG Rn. 14; aA *Ulmer/Habersack* in Ulmer/Habersack/Henssler § 32 MitbestG Rn. 19; *Raiser* § 32 MitbestG Rn. 26.

II. Verbot von Insichgeschäften

Das Verbot von Insichgeschäften gilt auch für Organe von juristischen Personen des Privatrechts.[92] Somit sind **Selbstkontrahieren und Mehrvertretung** durch den Vorstand einer Gesellschaft, und zwar auch durch den Alleinvorstand, der zugleich Alleinaktionär ist,[93] **unzulässig**. Abzugrenzen ist allerdings für das Aktienrecht, wann die allgemeine Regel in § 181 BGB mit der dort vorgesehenen Möglichkeit der Befreiung und wann spezielle aktienrechtliche Regeln eingreifen. **Selbstkontrahieren** liegt vor, wenn ein Vorstandsmitglied **im Namen der Gesellschaft mit sich im eigenen Namen** ein Rechtsgeschäft vornimmt. Das AktG schreibt in § 112 AktG zwingend vor, dass die Gesellschaft Vorstandsmitgliedern gegenüber durch den Aufsichtsrat vertreten wird. Eine Befreiung wie im Rahmen des § 181 BGB ist nicht möglich. Ein **Selbstkontrahieren** durch Vorstandsmitglieder ist damit **ausgeschlossen**.[94] Es kann demnach ein Vorstandsmitglied nicht im Namen der Gesellschaft einen Vertrag mit sich selbst abschließen,[95] weil ihm dazu wegen einer objektiven Grenze seiner Vertretungsmacht die rechtliche Fähigkeit fehlt. Ein gleichwohl **abgeschlossenes Geschäft** wäre nicht bloß schwebend unwirksam, sondern **nichtig** (str., → Rn. 33). 43

Bei der **Mehrvertretung** handelt ein Vertreter im **Namen der Gesellschaft** mit sich **als Vertreter eines Dritten**. Auf Fälle der Mehrvertretung ist die allgemeine gesetzliche Regelung (§ 181 BGB) anwendbar. In folgenden Konstellationen liegt **keine Mehrvertretung** vor: 44
– Das Vorstandsmitglied A schließt im Namen eines Dritten mit der Gesellschaft ein Rechtsgeschäft ab, die durch ihre übrigen Vorstandsmitglieder B und C vertreten wird, wobei die Gesellschaft auch ohne A wirksam vertreten werden kann.[96]
– Die gesamtvertretungsbefugten Vorstandsmitglieder A und B ermächtigen A zur Einzelvertretung der Gesellschaft (§ 78 Abs. 4 S. 1 AktG) und A schließt im Namen der Gesellschaft mit dem für einen Dritten handelnden B das Geschäft ab.[97]
– Das Vorstandsmitglied A schließt das Geschäft als Vertreter eines Dritten mit einem für die Gesellschaft handelnden Prokuristen P ab (keine Untervertretung des Vorstandsmitglieds).[98]
– Das Vorstandsmitglied A vertritt mehrere Konzernunternehmen beim Abschluss einer Verrechnungsvereinbarung mit einem Dritten.[99]

Um eine **Mehrvertretung** handelt es sich hingegen in folgenden Fällen: 45
– Das Vorstandsmitglied A schließt im Namen eines Dritten mit der Gesellschaft, die durch ihre übrigen Vorstandsmitglieder B und C vertreten wird, ein Rechtsgeschäft ab, wobei die Gesellschaft nur gemeinschaftlich mit A wirksam vertreten werden kann.[100]
– Das Vorstandsmitglied A schließt das Geschäft mit einem von ihm Unterbevollmächtigten U ab, der für die Gesellschaft oder den vom Vorstand vertretenen Dritten handelt.[101]

---

[91] *Johannes Semler*, FS Kropff, 1997, 301, 306.
[92] BGHZ 33, 189, 190; 56, 97, 101; *Ellenberger* in Palandt § 181 BGB Rn. 3.
[93] *Hüffer* § 78 AktG Rn. 6.
[94] *Hüffer* § 78 AktG Rn. 6; *Mertens/Cahn* in Kölner Komm. AktG § 78 Rn. 71; *Spindler* in MüKoAktG § 78 Rn. 111; *Wiesner* in MHdB AG § 23 Rn. 21.
[95] BGH BB 1960, 754, 754; *Schilken* in Staudinger § 181 BGB Rn. 19.
[96] OLG Saarbrücken AG 2001, 483, 483; *Spindler* in MüKoAktG § 78 Rn. 114.
[97] RGZ 103, 417, 418; BGHZ 64, 72, 75; *Schramm* in MüKoAktG § 181 BGB Rn. 22; aA *Hüffer* § 78 AktG Rn. 6; *Mertens/Cahn* in Kölner Komm. AktG § 78 Rn. 72 mwN.
[98] BGHZ 91, 335, 336 für die GmbH; *Wiesner* in MHdB AG § 23 Rn. 22.
[99] *Wiesner* in MHdB AG § 23 Rn. 22.
[100] RGZ 89, 367, 373; *Spindler* in MüKoAktG § 78 Rn. 114; *Wiesner* in MHdB AG § 23 Rn. 22.
[101] BGHZ 64, 72, 76; BGH NJW 1991, 691; OLG Hamm NJW 1982, 1105; OLG Frankfurt OLGZ 74, 347; BayObLG Rpfleger 93, 441; KG NJW-RR 1999, 168; *Spindler* in MüKoAktG § 78 Rn. 121; *Wiesner* in MHdB AG § 23 Rn. 22; aA noch RGZ 108, 405, 407.

– Die Vorstandsmitglieder A und B sind sowohl im Vorstand der X-AG als auch der Y-AG (sog. Personalunion oder Vorstandsdoppelmandat) und beide schließen das Geschäft zwischen den Gesellschaften ab.[102]

– Die Vorstandsmitglieder A und B sind gesamtvertretungsberechtigte Vertreter der X-AG und der Y-AG und der von beiden Gesellschaften als Vertreter bestellte A schließt das Rechtsgeschäft zwischen den Gesellschaften ab.[103]

46 Eine **(Mehr-)Vertretung ist zulässig, wenn** dem Vorstandsmitglied die Mehrvertretung ausdrücklich **gestattet** ist oder das Rechtsgeschäft ausschließlich in der **Erfüllung einer Verbindlichkeit** besteht.[104] Eine Gestattung der Mehrvertretung, die auch nur für bestimmte Rechtsgeschäfte erteilt werden kann, ist insbesondere in Konzernsituationen zu empfehlen, in denen häufig die gleichen Personen agieren.[105] Nur die **Satzung** selbst oder der hierzu durch Satzungsbestimmung ermächtigte[106] **Aufsichtsrat** kann die Mehrvertretung gestatten, nicht hingegen die Hauptversammlung oder gar ein Alleinaktionär.[107] Die in der Satzung vorgesehene Befreiung von dem Verbot der Mehrvertretung ist zum Handelsregister anzumelden.[108] Die in der Satzung enthaltene Ermächtigung zur abweichenden Vertretungsregelung hingegen ist nicht eintragungsfähig.[109]

47 Für die **Rechtsfolgen** einer **unzulässigen Mehrvertretung** ist zwischen einseitigen Rechtsgeschäften und mehrseitigen Rechtsgeschäften zu unterscheiden: **Mehrseitige Rechtsgeschäfte** (zB Arbeits- oder Gesellschaftsvertrag, Bevollmächtigung) sind **schwebend unwirksam (§§ 177 ff. BGB)**.[110] Sie können durch Genehmigung aller Vertretenen und nachträgliche Befreiung des Vertreters vom Verbot der Mehrvertretung wirksam werden.[111] **Einseitige Rechtsgeschäfte** hingegen sind grundsätzlich **nichtig** (§ 180 S. 1 BGB analog). Einseitige Rechtsgeschäfte, die durch annahmebedürftige Willenserklärungen vorzunehmen sind (zB Kündigung oder Stimmabgabe),[112] können ausnahmsweise wirksam werden, wenn und soweit alle Vertretenen diese nachträglich genehmigen[113] und der Vertreter nachträglich vom Verbot der Mehrvertretung befreit wird (§ 180 S. 2 BGB iVm §§ 177 ff. BGB analog).

III. Widersprüchliches Verhalten mehrerer zur Vertretung befugter Stellen

48 Wenn mehrere vertretungsberechtigte Teile des Vorstands widersprüchliche Willenserklärungen abgeben, kommt es für deren Wirksamkeit auf den sachlichen und zeitlichen Zusammenhang ihrer Abgabe an: Wenn die sich widersprechenden Erklärungen dem Dritten in unmittelbarem sachlichen und zeitlichen Zusammenhang zugehen, dann sind sie

---

[102] *Spindler* in MüKoAktG § 78 Rn. 116.
[103] OLG Celle SJZ 1948, 311, 313; *Spindler* in MüKoAktG § 78 Rn. 116.
[104] *Spindler* in MüKoAktG § 78 Rn. 118.
[105] *Liebscher* in BeckHdB AG § 6 Rn. 12.
[106] *Spindler* in MüKoAktG § 78 Rn. 118; *Hüffer* § 78 AktG Rn. 7; *Wiesner* in MHdB AG § 23 Rn. 22; *Liebscher* in BeckHdB AG § 6 Rn. 12; aA iE BGHZ 33, 189, 192; BFH WM 1975, 455, 457 für die GmbH; *Hübner*, Interessenkonflikt und Vertretungsmacht, 1977, 251: gegen das Erfordernis einer statutarischen Ermächtigung und für die uneingeschränkte Zuständigkeit des Aufsichtsrats.
[107] HM, *Spindler* in MüKoAktG § 78 Rn. 118; *Hüffer* § 78 AktG Rn. 7; *Wiesner* in MHdB AG § 23 Rn. 22; aA *Hefermehl* in Geßler/Hefermehl § 78 AktG Rn. 91; *Ekkenga* AG 1985, 40, 42.
[108] *Ellenberger* in Palandt § 181 BGB Rn. 21.
[109] OLG Frankfurt NJW-RR 1994, 165; OLG Hamm DB 1996, 2272; *Ellenberger* in Palandt § 181 BGB Rn. 21.
[110] BayObLG NJW-RR 2003, 663; *Ellenberger* in Palandt § 181 BGB Rn. 15.
[111] OLG Düsseldorf DB 1999, 578; *Ellenberger* in Palandt § 181 BGB Rn. 15; *Schramm* in MüKoBGB § 181 Rn. 41 Fn. 2.
[112] OLG Frankfurt NZG 2003, 438 für Stimmabgabe durch vollmachtlosen Vertreter in der Gesellschafterversammlung bei Ein-Personen-GmbH.
[113] BayObLG NJW-RR 2003, 663; LG Leipzig NJW-RR 1999, 1183, 1184; *Ellenberger* in Palandt § 181 BGB Rn. 8.

nichtig, da der Wille der Gesellschaft nicht eindeutig geäußert bzw. vernommen worden ist.[114] Fehlt ein unmittelbarer sachlicher oder zeitlicher Zusammenhang, ist die **erste Erklärung gültig,** es sei denn, die Gesellschaft konnte diese durch eine spätere entgegengesetzte Erklärung einseitig und rechtzeitig widerrufen.[115]

IV. Missbrauch der Vertretungsmacht

Die Vertretungsmacht des Vorstands ist **grundsätzlich unbeschränkt,** dh er kann die Gesellschaft auch dann wirksam vertreten, wenn er dies aufgrund interner Beschränkungen seiner Geschäftsführungsbefugnis eigentlich nicht dürfte. Handelt der Vorstand im Außenverhältnis unter Verletzung seiner Geschäftsführungsbefugnis, macht er sich der Gesellschaft gegenüber unter Umständen schadensersatzpflichtig, handelt aber grundsätzlich wirksam. Die unbeschränkte Vertretungsmacht findet allerdings ihre Grenzen in Fällen eines Missbrauchs der Vertretungsmacht. In diesen Fällen können die **internen Beschränkungen der Geschäftsführungsbefugnis** des Vorstands dazu führen, dass sich die **vertretene Gesellschaft an dem Vertreterhandeln** und der externen Vertretungsmacht **des Vorstands nicht festhalten lassen muss.**[116] Schwerwiegendster Fall ist die sog. **Kollusion.** Dabei wirken der Vorstand und der Geschäftsgegner arglistig zum Nachteil der Gesellschaft zusammen.[117] Das abgeschlossene Geschäft ist aber ohnehin nichtig,[118] so dass es eigentlich eines Rückgriffs auf die ausnahmsweise Beschränkung der Vertretungsmacht gar nicht bedürfte.[119] Die Grundsätze über den Missbrauch der Vertretungsmacht finden außerdem Anwendung, wenn der Vorstand pflichtwidrig die Grenzen seiner Geschäftsführungsbefugnis überschreitet[120] und
– der Geschäftspartner positive Kenntnis von der internen Pflichtwidrigkeit des Vorstandshandelns hat[121] oder
– der Geschäftspartner die evidente interne Pflichtwidrigkeit des Vorstandshandelns grob fahrlässig verkennt.[122]

Nach richtiger Ansicht ist nicht erforderlich, dass der Gesellschaft auch ein Nachteil entstanden sein muss,[123] weil Schutzgut nicht das Vermögen der Gesellschaft ist, sondern die Kompetenzordnung in der Gesellschaft.[124] Ebenso wenig ist ein subjektives Schädigungsbewusstsein erforderlich.[125]

Einem unter Missbrauch der Vertretungsmacht abgeschlossenen Rechtsgeschäft kann die Gesellschaft die Einrede der unzulässigen Rechtsausübung (§ 242 BGB) entgegenhalten.[126]

---

[114] *Mertens/Cahn* in Kölner Komm. AktG § 78 Rn. 67; *Spindler* in MüKoAktG § 78 Rn. 86.
[115] *Mertens/Cahn* in Kölner Komm. AktG § 78 Rn. 67; *Spindler* in MüKoAktG § 78 Rn. 86.
[116] *Wiesner* in MHdB AG § 23 Rn. 19.
[117] *Fleischer* in Spindler/Stilz § 82 AktG Rn. 13; *Hüffer* § 78 AktG Rn. 9, § 82 AktG Rn. 6; *Spindler* in MüKoAktG § 78 Rn. 99, § 82 Rn. 59.
[118] *Hüffer* § 82 AktG Rn. 6; *Fleischer* in Spindler/Stilz § 82 AktG Rn. 13 mwN.
[119] *Hüffer* § 78 AktG Rn. 9, § 82 AktG Rn. 6; *Spindler* in MüKoAktG § 78 Rn. 99, § 82 Rn. 59.
[120] *Fleischer* in Spindler/Stilz § 82 AktG Rn. 14.
[121] *Hüffer* § 78 AktG Rn. 9, § 82 AktG Rn. 7; *Hefermehl/Spindler* in MüKoAktG § 78 Rn. 99, § 82 Rn. 61.
[122] RGZ 145, 311, 314 f.; BGHZ 50, 112, 114; 113, 315, 320; BGH NJW 1966, 1911; DB 1988, 2357; NJW 1990, 384, 385; 1994, 2082; 1995, 250, 251; 1999, 2883; *Hüffer* § 78 AktG Rn. 9, § 82 AktG Rn. 7; *Spindler* in MüKoAktG § 78 Rn. 99, § 82 Rn. 61.
[123] *Fleischer* in Spindler/Stilz § 82 AktG Rn. 14 mwN.
[124] "Selbstbestimmungsrecht" der vertretenen Gesellschaft: *Fleischer* in Spindler/Stilz § 82 AktG Rn. 14 mwN.
[125] *Fleischer* in Spindler/Stilz § 82 AktG Rn. 14 mwN.
[126] *Spindler* in MüKoAktG § 82 Rn. 65; *Mertens/Cahn* in Kölner Komm. AktG § 82 Rn. 49; *Fleischer* in Spindler/Stilz § 82 AktG Rn. 16; *Weber* in Hölters § 82 AktG Rn. 10, jeweils mwN; BGH NZG 2004, 139,140 zur GmbH. Zum Teil wird auch die Auffassung vertreten, das Rechtsgeschäft sei bloß gemäß § 177 BGB (analog) schwebend unwirksam. Näher zum Streitstand *Spindler* in MüKoAktG § 82 Rn. 65.

52 In gleicher Weise kann der **Grundsatz** der unbeschränkten Vertretungsmacht bei **wirtschaftlicher Identität** der Vertretenen **durchbrochen sein,** etwa wenn der Vorstand das Rechtsgeschäft mit einer 100%igen Tochtergesellschaft der Gesellschaft schließt und es um die Vertretungsmacht bei der Tochtergesellschaft geht, da sich der vom Gesetz in § 82 Abs. 1 AktG gewährte Verkehrsschutz dann erübrigen kann.[127] Gleiches gilt bei Vorstandsdoppelmandaten.[128] Dabei ist jedoch stets zu beachten, dass schutzwürdiges Vertrauen nicht am eigentlichen Rechtsgeschäft Beteiligter oder des allgemeinen Rechtsverkehrs bestehen kann.[129]

V. Vertretung bei fehlerhafter Bestellung

53 Im Falle einer fehlerhaften Bestellung eines Vorstandsmitglieds, etwa mangels wirksamen Aufsichtsratsbeschlusses, kann das Vorstandsmitglied gleichwohl organschaftlich vertretungsberechtigt sein. Voraussetzung einer solchen faktischen Organschaft ist aber, dass das (fehlerhafte) Organverhältnis in Vollzug gesetzt wurde.[130] Dritte sind in ihrem Vertrauen auf die Organstellung geschützt (§ 15 Abs. 1 und 3 HGB).

VI. Vertretung der Gesellschaft gegenüber Vorstandsmitgliedern

54 Die Gesellschaft wird gegenüber ihren Vorstandsmitgliedern gerichtlich und außergerichtlich durch den Aufsichtsrat vertreten (§ 112 AktG). Eine Vertretung der Gesellschaft durch den Vorstand ist nicht nur gegenüber amtierenden Vorstandsmitgliedern (zB beim Abschluss von Anstellungs- und Pensionsverträgen),[131] sondern darüber hinaus auch gegenüber ausgeschiedenen Vorstandsmitgliedern[132] und deren Hinterbliebenen[133] ausgeschlossen. Des Weiteren obliegt die Vertretung dem Aufsichtsrat und nicht dem Vorstand bei Geschäften im Vorfeld der Bestellung zum Vorstandsmitglied[134] und im Rahmen einer Kündigungsschutzklage des Vorstandsmitglieds aus ruhendem Arbeitsverhältnis.[135] Die Vertretungszuständigkeit des Vorstands ist restriktiv zu handhaben, weil dadurch eine unbefangene Wahrung der Gesellschaftsbelange gewährleistet und eine abstrakte Gefährdung der Gesellschaftsinteressen vermieden wird.[136]

55 Die zwingende Kompetenzzuweisung an den Aufsichtsrat ist eine **objektive Grenze der Vertretungsmacht** des Vorstands. Diese Grenze ist im praktischen Wirtschaftsleben – vor allen Dingen hinsichtlich ihrer Anwendbarkeit auch auf Geschäfte des täglichen Lebens (zB Softwaredienstleistungen und wirtschaftliche, steuerrechtliche oder rechtliche Beratung)[137] **weithin unbekannt.**[138] Das ist bedenklich, denn Rechtsgeschäfte, die der Vor-

---

[127] Je nach konkreter Fallkonstellation im Einzelnen strittig; zum Streitstand und zu Einzelfällen *Fleischer* in Spindler/Stilz § 82 AktG Rn. 21 ff.
[128] *Fleischer* in Spindler/Stilz § 82 AktG Rn. 23.
[129] BGH NJW 1982, 1703, 1705 – Holzmüller; OLG Celle NZG 2001, 409, 410.
[130] *Hüffer* § 84 AktG Rn. 13 mwN; *Fleischer* in Spindler/Stilz § 84 AktG Rn. 20 ff.; ausführlich zum fehlerhaft bestellten Vorstandsmitglied *Spindler* in MüKoAktG § 84 Rn. 225 ff.
[131] Weitere Beispiele bei *Habersack* in MüKoAktG § 112 Rn. 10 ff.
[132] HM, BGH NZG 2013, 297; 2009, 466, 467, jeweils mwN; BAG AG 2002, 458, 459; *Hüffer* § 112 AktG Rn. 2; *Johannes Semler,* FS Rowedder, 1994, 441, 448; *Habersack* in MüKoAktG § 112 Rn. 12; aA noch BGHZ 13, 188; BGHZ 41, 223, 227; *Behr/Kindl* DStR 1999, 119, 122 f., 125.
[133] BGH NZG 2007, 31; LG München I AG 1996, 38; *Spindler* in Spindler/Stilz § 112 AktG Rn. 17; *Hüffer* § 112 AktG Rn. 3; *Henn* in Henn/Frodermann/Janott § 18 Rn. 585 Fn. 341; aA OLG München AG 1996, 327, 328 f.
[134] BGHZ 26, 236, 238.
[135] BAG BB 2002, 692; LAG Köln NZA 2000, 833, 834; *Spindler* in Spindler/Stilz § 112 AktG Rn. 12.
[136] BGH WM 1997, 1657, 1658; DB 1997, 1455; WM 1991, 941; BAG BB 2002, 692; OLG Karlsruhe WM 1996, 161, 165; *Habersack* in MüKoAktG § 112 Rn. 1, 13; *Hüffer* § 78 AktG Rn. 2.
[137] Weitere Beispiele bei *Johannes Semler* in MüKoAktG 2. Aufl. § 112 Rn. 11.
[138] *Johannes Semler* in MüKoAktG 2. Aufl. § 112 Rn. 7.

D. Sonderfälle der Vertretung

stand unter Verstoß gegen § 112 AktG anstelle des Aufsichtsrats vornimmt, sind nicht nur schwebend unwirksam, sondern nichtig. Zur Nichtigkeit des Rechtsgeschäfts wegen Verstoßes gegen ein gesetzliches Verbot (§ 134 BGB) → Rn. 33.

Dem **Aufsichtsrat** fällt die **Vertretungskompetenz** allerdings nur dann zu, wenn eine **abstrakte Verletzung** der Interessen der Gesellschaft **droht.** Deshalb bleibt es bei der Vertretung durch den Vorstand etwa bei Feststellungsklagen von Aktionären, die nicht gleichzeitig Vorstandsmitglied sind, auch wenn Klagegegenstand die Vorstandsbesetzung ist,[139] bei einem Rechtsgeschäft der Gesellschaft mit einer anderen Gesellschaft, an der das Vorstandsmitglied eine maßgebliche[140] oder unmaßgebliche[141] Beteiligung hält, und beim Abschluss einer D&O-Versicherung.[142]

Bei neutralen Geschäften, die von einer (früheren) Vorstandstätigkeit völlig unabhängig sind, ist eine Vertretung durch Vorstandsmitglieder zulässig,[143] da auch hier eine abstrakte Gefährdung des Gesellschaftsinteresses ausgeschlossen ist.

Der **Aufsichtsrat** übt seine Aktivvertretungsmacht gegenüber dem Vorstand aufgrund eines **Beschlusses des Gesamtaufsichtsrats oder** eines **Ausschusses** aus, nicht aber durch einzelne Aufsichtsratsmitglieder.[144] Ein einzelnes Mitglied eines Aufsichtsrats kann aber zur Vertretung gegenüber dem Vorstandsmitglied ermächtigt werden, sofern der Aufsichtsrat zuvor über den Inhalt des Geschäfts und die Ermächtigung Beschluss gefasst hat.[145] Zur Passivvertretung ist jedes Aufsichtsratsmitglied befugt, dh der Vorstand kann sich auch gegenüber einem einzelnen Aufsichtsratsmitglied erklären (§ 112 S. 2 AktG).

VII. Vertretung der Gesellschaft vor Gericht

Die Gesellschaft wird in Prozessen vor Gericht grundsätzlich vom Vorstand vertreten (§ 78 AktG, § 51 ZPO). Die in der Praxis häufigsten Fälle sind die Vertretung bei der Anmeldung zum Handelsregister und die Vertretung in Zivilprozessen.[146] Ausnahmen bilden:
– Rechtsstreitigkeiten der Gesellschaft mit Vorstandsmitgliedern;
– Klagen auf Anfechtung eines Hauptversammlungsbeschlusses;
– Klagen gegen die Feststellung des Jahresabschlusses;
– Klagen auf Nichtigerklärung der Gesellschaft;
– Klagen zur Geltendmachung von Ersatzansprüchen aus Gründung, Geschäftsführung oder Verschmelzung.

Bei **Rechtsstreitigkeiten mit** amtierenden oder ausgeschiedenen **Vorstandsmitgliedern** obliegt die Vertretung der Gesellschaft grundsätzlich dem Aufsichtsrat (§ 112 AktG). Gleiches gilt bei vollzogenem Formwechsel der Gesellschaft, etwa bei der gerichtlichen Vertretung gegenüber dem ehemaligen Geschäftsführer einer in eine AG umgewandelten GmbH.[147] Nicht zuständig hingegen ist der Aufsichtsrat, wenn eine durch einen Prozessbevollmächtigten vertretene GmbH während des Rechtsstreits mit einem Geschäftsführer auf

---

[139] BGH NJW 1997, 318, 318 f.; *Spindler* in Spindler/Stilz § 112 AktG Rn. 9.
[140] OLG Saarbrücken AG 2001, 483; OLG München NZG 2012, 706, 707; offengelassen in BGH NZG 2013, 496; str., zur aA *Spindler* in Spindler/Stilz § 112 AktG Rn. 8.
[141] *Fischer* ZNotP 2002, 297, 300 f.; anders bei wirtschaftlicher Identität des Vorstands mit Vertretenem, vgl. OLG Saarbrücken NZG 2012, 1348, 1349 f.; *Mertens/Cahn* in Kölner Komm. AktG § 112 Rn. 14; *Habersack* in MüKoAktG § 112 Rn. 9.
[142] *Mertens/Cahn* in Kölner Komm. AktG § 112 Rn. 7, § 93 Rn. 246; *Kästner* AG 2000, 113, 121; *Habersack* in MüKoAktG § 112 Rn. 8, 17; aA *Hüffer* § 84 AktG Rn. 22.
[143] *Fischer* ZNotP 2002, 297, 301; *Werner* ZGR 1989, 369, 382; *Hüffer* § 112 AktG Rn. 5; *Habersack* in MüKoAktG § 112 Rn. 15.
[144] BGH NZG 2013, 297, 298 mwN; BGHZ 41, 282, 285; OLG Stuttgart BB 1992, 1669; OLG Karlsruhe WM 1996, 161, 164; *Wiesner* in MHdB AG § 23 Rn. 7.
[145] *Mertens/Cahn* in Kölner Komm. AktG § 112 Rn. 37 ff. mwN.
[146] Vgl. *Wiesner* in MHdB AG § 23 Rn. 4.
[147] BGH DStR 1997, 1174; 2004, 366, 367.

eine AG verschmolzen wird.[148] In diesem Sonderfall tritt die AG ohne Unterbrechung des Verfahrens in den Prozess ein (§ 246 Abs. 1 ZPO analog).[149] Einen weiteren Ausnahmefall bildet die Gesellschaft in der Abwicklung, die gegen einen früheren Vorstand durch den vom Gericht bestellten Abwickler vertreten wird (§ 264 Abs. 2 AktG).[150]

61 Bei **Anfechtungsklagen** gegen einen Hauptversammlungsbeschluss ist danach zu differenzieren, wer die Klage erhebt: **Gegenüber dem Aktionär** vertreten **Vorstand und Aufsichtsrat** (§§ 246 Abs. 2 S. 2, 249 Abs. 1, 250 Abs. 3, 253, 254 Abs. 2, 255 Abs. 3 AktG), gegenüber dem Vorstand vertritt der Aufsichtsrat und gegenüber dem Aufsichtsrat der Vorstand (§ 246 Abs. 2 S. 3 AktG). Demgegenüber bleibt es bei Klagen von Aufsichtsratsmitgliedern auf Feststellung der Nichtigkeit eines Aufsichtsratsbeschlusses bei der Vertretung durch den Vorstand.[151]

62 Bei Klagen auf Nichtigerklärung der Gesellschaft (§§ 246 Abs. 2 S. 2, 275 Abs. 4 AktG) oder gegen die Feststellung des Jahresabschlusses (§§ 246 Abs. 2 S. 2, 256 Abs. 7, 257 Abs. 2 AktG) wird die Gesellschaft von Aufsichtsrat und Vorstand gemeinsam vertreten (Doppelvertretung).

63 Zur gerichtlichen Geltendmachung von Ersatzansprüchen aus der Gründung, der Geschäftsführung oder der Verschmelzung kann die Hauptversammlung einen besonderen Vertreter bestellen (§ 147 Abs. 2 AktG; § 26 Abs. 1 S. 1 UmwG).

64 In dem praktisch, zumindest beim mehrgliedrigen Vorstand, wohl eher seltenen Fall, dass alle Vorstandsmitglieder wegfallen und keine Vorstandmitglieder mehr zur Vertretung der Gesellschaft vorhanden sind, kann ein besonderer Vertreter bestellt werden (§ 57 ZPO). Der Wegfall eines Vorstandsmitglieds führt nur zur Unterbrechung des Rechtsstreits gemäß § 241 ZPO, wenn Gesamtvertretung besteht und die verbleibenden Vorstandsmitglieder nicht mehr zur Vertretung befugt sind.[152]

VIII. Vertretung der Vor-AG

65 Für die Vertretung der Gesellschaft **vor** ihrer **Eintragung** in das Handelsregister (sog. Vor-AG) ist der **Vorstand** zuständig.[153] Die Vertretungsmacht des Vorstands ist bei Sachgründung umfassend,[154] bei Bargründung hingegen zweifelhaft. Insbesondere wenn man davon ausgeht, dass es sich bei der Vor-AG und der späteren AG um identische Rechtsträger handelt,[155] sprechen gute Gründe auch hier für eine umfassende Vertretungsmacht.[156] Jedoch ist in der Praxis wegen der Unterbilanzhaftung und Verlustdeckungspflicht der Gründungsgesellschafter – zumindest bei einer Bargründung – vorsichtshalber von einer der Geschäftsführungsbefugnis entsprechenden **Beschränkung der Vertretungsmacht** des Vorstands auf solche Maßnahmen auszugehen, die zur Gründung der Gesellschaft notwendig, von der Satzung gestattet oder durch Ermächtigung der Gründer gedeckt sind.[157]

---

[148] BGH DStR 2004, 366.
[149] BGH DStR 2004, 366; BGHZ 121, 263, 265; BFH NJW-RR 2001, 243f.; BAG MDR 2000, 781.
[150] OLG Köln NZG 2002, 1062; OLG Brandenburg OLG-NL 2002, 103.
[151] BGHZ 122, 342, 345; LG Frankfurt ZIP 1996, 1661, 1662; *Hüffer* § 78 AktG Rn. 4.
[152] *Spindler* in MüKoAktG § 78 Rn. 21.
[153] BGHZ 80, 129, 139; *Hüffer* § 41 AktG Rn. 11.
[154] AllgM, vgl. nur *Heidinger* ZNotP 2000, 182, 183.
[155] *Pentz* in MüKoAktG § 41 Rn. 107.
[156] *Arnold* in Kölner Komm. AktG § 41 Rn. 29 ff.; *Pentz* in MüKoAktG § 41 Rn. 34; *Karsten Schmidt*, FS Kraft, 1998, 573, 582; *Beuthien* NJW 1997, 565, 567: allerdings nur, wenn die AG in vollkaufmännischem Umfang ein Grundhandelsgewerbe betreibt (§ 1 Abs. 2 HGB).
[157] BGHZ 80, 129, 139; *Hüffer* § 41 AktG Rn. 6, 11; *Hommelhoff/Freytag* DStR 1996, 1376, 1368; *Wiedenmann* ZIP 1997, 2029, 2032; *Heidinger* ZNotP 2000, 182, 183 und 188; in diese Richtung auch *Spindler* in MüKoAktG § 78 Rn. 1.

IX. Vertretung der Gesellschaft nach Auflösung

Die **Vorstandsmitglieder als Abwickler** vertreten die Gesellschaft nach ihrer Auflösung grundsätzlich weiterhin gerichtlich und außergerichtlich (§§ 265 Abs. 1, 269 AktG). Ausnahmsweise können andere natürliche und auch juristische Personen durch Satzungsbestimmung, Hauptversammlungsbeschluss oder durch von Aufsichtsrat oder Minderheitsaktionären zu beantragenden Gerichtsbeschluss bestellt werden (§ 265 Abs. 2 und 3 AktG). Die ersten Abwickler und ihre Vertretungsbefugnis sind vom Vorstand, eine Änderung ihrer Vertretungsbefugnis und alle weiteren Abwickler sind von den Abwicklern beim Handelsregister anzumelden (§ 266 Abs. 1 AktG).

§ 7 Organpflichten

Inhaltsübersicht

	Rn.
A. Allgemeines	1
B. Sorgfaltspflicht	2
I. Überblick über die Sorgfaltspflicht des Vorstands	2
II. Legalitätspflicht	8
1. Wesentliche Legalitätspflichten nach deutschem Recht	9
2. Unklare oder umstrittene Rechtslage	16
3. Herausforderungen bei der Anwendung ausländischen Rechts	17
4. Keine Ausnahme für „nützliche Pflichtverletzungen"	19
5. Deutscher Corporate Governance Kodex	21
6. Legalitätspflichten aus Satzung und Geschäftsordnung	22
III. Business Judgment Rule	23
C. Organisations- und Überwachungspflicht	35
I. Überwachungspflichten innerhalb des Vorstands	36
II. Überwachung nachgeordneter Organisationsebenen	39
III. Pflicht zur Implementierung eines Systems zur Erkennung bestandsgefährdender Risiken	43
IV. Pflicht zur Implementierung einer Compliance-Organisation	44
V. Überwachung anderer Organe	45
1. Aufsichtsrat	45
2. Hauptversammlung	48
D. Treuepflicht	49
I. Allgemeines	49
II. Besondere Ausprägungen der Treuepflicht	50
1. Loyaler Einsatz für die Gesellschaft	50
2. Vermeidung und Offenlegung von Interessenkonflikten	52
3. Ausnutzung der Organstellung/Eigengeschäfte mit der Gesellschaft	54
4. Wettbewerbsverbot/Geschäftschancenlehre	57
5. Verschwiegenheitspflicht	61
a) Geheimnisse der Gesellschaft und vertrauliche Angaben	62
b) Grenzen der Verschwiegenheitspflicht	66
6. Nachvertragliche Treuepflicht	79
7. Treuepflicht im Konzern	80
8. Kreditgewährung an Vorstandsmitglieder	84
E. Kapitalerhaltungspflicht	87
F. Publizitätspflichten	93
I. Anmeldungen zur Eintragung in das Handelsregister	94
II. Anmeldungen und Einreichungen zum Handelsregister	98
III. Bekanntmachungen in den Gesellschaftsblättern	100
IV. Übermittlungen an das Unternehmensregister	101
V. Veröffentlichungen auf der Internetseite	102
VI. Angaben auf Geschäftsbriefen	104
VII. Beteiligungspublizität	107
1. Andere halten Beteiligungen an der Gesellschaft	108
a) Gesellschaft ist nicht börsennotiert	108
b) Gesellschaft ist börsennotiert	110
2. Gesellschaft hält Beteiligungen	112
3. Rechtsfolgen bei Verstößen	115
a) Verstoß gegen Bekanntmachungspflichten	115
b) Verstoß gegen Mitteilungspflichten	116

§ 7

§ 7 Organpflichten

	Rn.
4. Pflichten des Vorstands im Hinblick auf Rechte aus Aktien	119
VIII. Ad-Hoc-Publizität	120
IX. Directors' Dealings	125
X. Rechnungslegung und kapitalmarktrechtliche Finanzberichterstattung	130

Schrifttum: *Arnold,* Verantwortung und Zusammenwirken des Vorstands und Aufsichtsrats bei Compliance Untersuchungen, ZGR 2014, 76; *Arnold/Aubel,* Einlagenrückgewähr, Prospekthaftung und Konzernrecht bei öffentlichen Angeboten von Aktien, ZGR 2012, 113; *Arnold/Gärtner,* Konzerninterne Unternehmensveräußerungen im Spannungsfeld von § 311 Abs. 2 AktG und Beschlussmängelrecht, FS Stilz, 2014, 7; *Bachmann,* Der „Deutsche Corporate Governance Kodex": Rechtswirkungen und Haftungsrisiken, WM 2002, 2137; *Balthasar/Hamelmann,* Finanzkrise und Vorstandshaftung nach § 93 Abs. 2 AktG: Grenzen der Justiziabilität unternehmerische Entscheidungen, WM 2010, 589; *Bayer,* Legalitätspflicht der Unternehmensleitung, nützliche Gesetzesverstöße und Regress bei verhängten Sanktionen, FS K. Schmidt, 2009, 85; *Berg/Stöcker,* Anwendungs- und Haftungsfragen zum Deutschen Corporate Governance Kodex, WM 2002, 1569; *Bicker,* Legalitätspflicht des Vorstands – ohne Wenn und Aber?, AG 2014, 8; *ders.,* Compliance – organisatorische Umsetzung im Konzern, AG 2012, 542; *Böttcher,* Organpflichten beim Unternehmenskauf, NZG 2007, 481; *Buck-Heeb,* Die Haftung von Mitgliedern des Leitungsorgans bei unklarer Rechtslage-Notwendigkeit einer Legal Judgment Rule?, BB 2013, 2247; *Cahn/Müchler,* Produktinterventionen nach MiFID II Eingriffsvoraussetzungen und Auswirkungen auf die Pflichten des Vorstands von Wertpapierdienstleistungsunternehmen, BKR 2013, 45; *Cichy/Cziupka,* Compliance-Verantwortung der Geschäftsleiter bei Unternehmenstätigkeit mit Auslandsbezug, BB 2014, 1482; *Claussen/Bröcker,* Corporate-Governance-Grundsätze in Deutschland – nützliche Orientierungshilfe oder regulatorisches Übermaß?, AG 2000, 481; *Drescher,* Die Rechtsprechung des Bundesgerichtshofs zur Aktiengesellschaft, WM Sonderbeilage 2/2013, 2; *v. Falkhausen,* Die Haftung außerhalb der Business Judgment Rule, NZG 2012, 644; *Fleischer* (Hrsg.), Handbuch des Vorstandsrechts, 1. Aufl. 2006; *ders.,* Vorstandsverantwortlichkeit und Fehlverhalten von Unternehmensangehörigen – Von der Einzelüberwachung zur Errichtung einer Compliance-Organisation, AG 2003, 291; *ders.,* Zur Leitungsaufgabe des Vorstands im Aktienrecht, ZIP 2003, 1; *ders.,* Aktienrechtliche Legalitätspflicht und „nützliche" Pflichtverletzungen von Vorstandsmitgliedern, ZIP 2005, 141; *ders.,* Kartellrechtsverstöße und Vorstandsrecht, BB 2008, 1070; *ders.,* Aktuelle Entwicklungen der Managerhaftung, NJW 2009, 2337; *ders.,* Vertrauen von Geschäftsleitern und Aufsichtsratsmitgliedern auf Informationen Dritter, ZIP 2009, 1397; *Gärtner,* BB-Rechtsprechungsreport zur Organhaftung 2010/2011, BB 2012, 1745; *Habersack,* Managerhaftung, Karlsruher Forum 2009, 2010, 5; *ders.,* Die Legalitätspflicht des Vorstandes der AG, FS U.H. Schneider, 2011, 429; *Haertlin,* Vorstandshaftung wegen (Nicht-)Ausführung eines Gewinnverwendungsbeschlusses mit Dividendenausschüttung, ZHR 168 (2004), 437; *Hasselbach/Nawroth/Rödding* (Hrsg.), Beck'sches Holding Handbuch, 1. Aufl. 2011; *Hefermehl,* Zur Haftung der Vorstandsmitglieder bei Ausführung von Hauptversammlungsbeschlüssen, FS Schilling, 1973, 159; *Herrmann/Olufs/Barth,* Haftung des Vorstands und des Aufsichtsrats in der Staatsschuldenkrise, BB 2012, 1935; *Hoffmann-Becking,* Vorstands-Doppelmandate im Konzern, ZHR 150 (1986), 570; *Holle,* Rechtsbindung und Business Judgment Rule, AG 2011, 778; *Hüffer,* Die Leitungsverantwortung des Vorstands in der Managementholding, FS Happ, 2006, 93; *ders.,* Compliance im Innen- und Außenrecht der Unternehmen, FS Roth, 2011, 299; *Ihrig/Wagner,* Die Reform geht weiter: Das Transparenz- und Publizitätsgesetz kommt, BB 2002, 789; *Kiethe,* Falsche Erklärung nach § 161 AktG – Haftungsverschärfung für Vorstand und Aufsichtsrat?, NZG 2003, 559; *Kindler,* Vorstands- und Geschäftsführungshaftung mit Augenmaß – Über einige neuere Grundsatzentscheidungen des II. Zivilsenats des BGH zu §§ 93 AktG und 43 GmbHG, FS Goette, 2011, 231; *Knierim/Rübenstahl/Tsambikakis* (Hrsg.), Internal Investigations, 1. Aufl. 2013; *Koch,* Die Anwendung der Business Judgment Rule bei Interessenkonflikten innerhalb des Vorstands, FS Säcker, 2011, 403; *Kocher,* Zur Reichweite der Business Judgment Rule, CCZ 2009, 215; *Kort,* Compliance – Pflichten von Vorstandsmitgliedern und Aufsichtsratsmitgliedern, FS Hopt, 2010, 983; *Krieger/U.H. Schneider* (Hrsg.), Handbuch Managerhaftung, 2. Aufl. 2010; *Lohse,* Schmiergelder als Schaden? Zur Vorteilsausgleichung im Gesellschaftsrecht, FS Hüffer, 2010, 581; *Loritz/Wagner,* Haftung von Vorständen und Aufsichtsräten, DStR 2012, 2189; *Lutter/Krieger/Verse,* Rechte und Pflichten des Aufsichtsrats, 6. Aufl. 2014; *Lutter,* Information und Vertraulichkeit im Aufsichtsrat, 3. Aufl. 2006; *ders.,* Vergleichende Corporate Governance – Die deutsche Sicht, ZGR 2001, 224; *ders.,* Die Erklärung zum Corporate Governance Kodex gemäß § 161 AktG, ZHR 166 (2002), 523; *ders.,* Interessenkonflikte und Business Judgment Rule, FS Canaris, 2007, 245; *ders.,* Business Judgment Rule und ihre praktische Anwendung, ZIP 2007, 841; *Lücke/Schaub* (Hrsg.), Vorstand der AG, 2. Aufl. 2010; *Nauheim/Goette,* Managerhaftung im Zusammenhang mit Unternehmenskäufen, DStR 2013, 2520; *Nodoushani,* Das Doppelmandat-Urteil des BGH aus der konzernrechtlichen Perspektive, GWR 2009, 309; *Peltzer,* Wider den „greed" – Betrachtungen zu §§ 86 und 87 AktG, FS Lutter, 2010, 571; *Reichert/Ott,* Non Compliance in der AG – Vorstandspflichten im Zusammenhang mit der Vermeidung, Aufklärung und Sanktionierung von Rechtsverstößen, ZIP 2009, 2173; *Schiessl,* Gesellschafts- und mitbestimmungsrechtliche Probleme der Spartenorganisation (Divisionalisierung), ZGR 1992, 64; *Schneider,* Die Wahrnehmung öffentlich-rechtlicher Pflichten durch den Geschäftsführer, FS 100 Jahre GmbH-Gesetz, 1992, 473; *U.H. Scheider,* Die Haftung von Mitgliedern des Vorstands und der Geschäftsführer bei Vertragsverletzungen der

Gesellschaft, FS Hüffer, 2010, 965; *Seibert,* Im Blickpunkt: Der Deutsche Corporate Governance Kodex ist da, BB 2002, 581; *Spindler,* Die Haftung von Vorstand und Aufsichtsrat für fehlende Auslegung von Rechtsbegriffen, FS Canaris, Bd. II, 2007, 403; *Steffek,* Die Innenhaftung von Vorständen und Geschäftsführern – Ökonomische Zusammenhänge und rechtliche Grundlagen, JuS 2010, 295; *Turiaux/Knigge,* Vorstandshaftung ohne Grenzen? – Rechtssichere Vorstands- und Unternehmensorganisation als Instrument der Risikominimierung, DB 2004, 2199; *Ulmer,* Der deutsche Corporate Governance Kodex – ein neues Regulierungsinstrument für börsennotierte Aktiengesellschaften, ZHR 166 (2002), 150; *ders.,* Aktienrecht im Wandel, ACP 202 (2002), 150; *Wagner,* Die Rolle der Rechtsabteilung bei fehlenden Rechtskenntnissen der Mitglieder von Vorstand und Geschäftsführung; BB 2012, 651; *Wellhöfer/Peltzer/Müller,* Haftung von Vorstand, Aufsichtsrat, Wirtschaftsprüfer, 1. Aufl. 2008; *v. Werder/Bartz,* Corporate Governance Report 2013: Abweichungskultur und Unabhängigkeit im Lichte der Akzeptanz und Anwendung des aktuellen DCGK, DB 2013, 885; *Werner,* Die zivilrechtliche Haftung des Vorstands einer AG für gegen die Gesellschaft verhängte Geldbußen gegenüber der Gesellschaft, CCZ 2010, 143; *Wicke,* Der CEO im Spannungsverhältnis zum Kollegialprinzip – Gestaltungsüberlegungen zur Leitungsstruktur der AG, NJW 2007, 3755.

A. Allgemeines

Die zentrale Norm, aus der sich die Organpflichten der Vorstandsmitglieder – und dazu korrespondierend ihre Haftung – ergeben, ist § 93 AktG. § 93 Abs. 1 AktG regelt in den S. 1 und 2 die allgemeine Sorgfaltspflicht der Vorstandsmitglieder (→ Rn. 2 ff.) und in S. 3 deren Verschwiegenheitspflicht (→ Rn. 61 ff.). Die Verschwiegenheitspflicht ist eine Ausprägung der Treuepflicht der Vorstandsmitglieder, die sich aus der Organstellung des Vorstands ergibt (→ Rn. 49). § 93 Abs. 3 AktG enthält einen Pflichtenkatalog im Zusammenhang mit der Kapitalerhaltung (→ § 11 Rn. 49 ff.). Neben § 93 AktG gibt es sowohl im Aktiengesetz als auch in zahlreichen anderen Gesetzen weitere Vorschriften, die einzelne Pflichten des Vorstands festlegen. Diese Vorschriften begründen häufig auch Publizitätspflichten (→ Rn. 93 ff.). Pflichten der Vorstandsmitglieder können sich darüber hinaus aus ihrem Anstellungsvertrag und der Satzung ergeben.

1

B. Sorgfaltspflicht

I. Überblick über die Sorgfaltspflicht des Vorstands

Der Vorstand leitet die Gesellschaft nach § 76 Abs. 1 AktG **unter eigener Verantwortung** (→ § 4 Rn. 2, 7). Das bedeutet, dass er grundsätzlich keinen Weisungen unterliegt, und zwar weder von anderen Organen der Gesellschaft noch von Aktionären.[1] Der Vorstand muss die in der AG zusammentreffenden Interessen sachgerecht wahrnehmen. Dazu zählen insbesondere die Interessen der Aktionäre, der Arbeitnehmer und des Gemeinwohls. Ausgehend von diesem Grundsatz umschreibt § 93 Abs. 1 S. 1 AktG als Generalklausel die Verhaltenspflichten der Vorstandsmitglieder.

2

Die Vorschrift lautet:

3

„Die Vorstandsmitglieder haben bei ihrer Geschäftsführung die Sorgfalt eines ordentlichen und gewissenhaften Geschäftsleiters anzuwenden."

Die **Sorgfalt eines ordentlichen und gewissenhaften Geschäftsleiters** bemisst sich danach, wie ein pflichtbewusster Leiter eines Unternehmens der konkreten Art, der nicht mit eigenen Mitteln wirtschaftet, sondern ähnlich wie ein Treuhänder fremden Vermögensinteressen verpflichtet ist, zu handeln hat.[2] Einen einheitlichen Maßstab für die Sorg-

4

---

[1] BGH NJW-RR 2008, 1134 Rn. 13.
[2] BGHZ 129, 30, 34. Vgl. auch OLG Düsseldorf AG 1997, 231, 235; *Spindler* in MüKoAktG § 93 Rn. 25; Hüffer/*Koch* AktG § 93 AktG Rn. 6.

faltspflicht eines Vorstandsmitglieds gibt es nicht. Wie ein „pflichtbewusster Leiter eines Unternehmens der konkreten Art zu handeln hat", ist je nach Größe, Art und Bedeutung eines Unternehmens sehr unterschiedlich. Ein mittelständisches Unternehmen ist anders zu leiten als ein Großkonzern. Weitere Kriterien für die notwendige Sorgfalt eines Geschäftsleiters sind zB die Anzahl der Mitarbeiter und die wirtschaftliche Lage der Gesellschaft.[3]

5 Teilweise wird versucht, allgemeingültige Standards für die Sorgfaltspflicht eines Geschäftsleiters aufzustellen. So werden etwa bestimmte Management- oder Organisationsmodelle empfohlen. Wirtschaftsprüfungsgesellschaften und andere Organisationen, wie zB der TÜV Rheinland, bieten an, die Implementierung bestimmter Compliancemanagementsysteme oder Risikomanagementsysteme zu zertifizieren. Ein solcher Zertifizierungsprozess kann bei der Identifizierung konkreter Handlungspflichten und für das jeweilige Unternehmen relevanter Risiken sehr hilfreich sein. Der Vorstand darf sich jedoch aufgrund eines solchen Zertifikats nicht in falscher Sicherheit wiegen. Vielmehr hat er sorgfältig zu prüfen, ob das System tatsächlich für das von ihm geleitete Unternehmen in seiner spezifischen Situation geeignet ist. Auch nach der Einführung des Systems muss er fortlaufend seine Handlungspflichten im Blick behalten. Umgekehrt ist der Vorstand aber auch nicht verpflichtet, ein bestimmtes System einzuführen. Selbst wenn ein System in der Praxis weit verbreitet ist, steht seine Einführung im Ermessen des Vorstands. Gibt es auch andere geeignete Systeme oder Maßnahmen, kann der Vorstand sie ebenfalls wählen.[4]

6 Gelegentlich wird auch diskutiert, ob die Empfehlungen des Deutschen Corporate Governance Kodex (**„DCGK"**)[5] die allgemeinen Sorgfaltspflichten des Vorstands konkretisieren.[6] Diese Empfehlungen werden von der Regierungskommission Deutscher Corporate Governance Kodex bekanntgemacht, regelmäßig überprüft und ggf. angepasst. Sie sind rechtlich nicht bindend.[7] Allerdings sind börsennotierte Gesellschaften nach § 161 AktG verpflichtet, jährlich zu erklären, welche Empfehlungen sie nicht anwenden und warum nicht („comply or explain"). In der Praxis werden die meisten Empfehlungen von der weit überwiegenden Anzahl der Gesellschaften befolgt.[8] Da ihre Anwendung aber gerade nicht verpflichtend ist, sind sie nach zutreffender Ansicht nicht geeignet, verbindliche Sorgfaltsstandards für alle börsennotierten Gesellschaften zu begründen.[9] Für nicht börsennotierte Gesellschaften können sie erst recht nicht zur Konkretisierung der Sorgfaltspflicht herangezogen werden. Dennoch sind Empfehlungen jedenfalls dann, wenn sie nahezu flächendeckend befolgt werden, für den Vorstand nicht völlig irrelevant. Möchte der Vorstand entgegen der üblichen Praxis von einer Empfehlung abweichen, wird er die Vorteile der Abweichung sorgfältig gegen mögliche negative Folgen abwägen müssen. Dabei hat er zu beachten, dass die Abweichung als Zeichen schlechter Corporate Governance wahrgenommen werden und unter Umständen dem Ansehen des Unternehmens bei Investoren, Kunden und Mitarbeitern schaden könnte.

7 Die Sorgfaltspflicht kann **sowohl positives Tun als auch ein Unterlassen** gebieten. So kann ein Vorstandsmitglied zB sorgfaltspflichtwidrig handeln, wenn es gegen pflichtwidrige Maßnahmen eines anderen Vorstandsmitglieds oder von Mitarbeitern nicht einschreitet.[10]

---

[3] *Spindler* in MüKoAktG § 93 Rn. 24; *Herrmann/Olufs/Barth* BB 2012, 1935, 1939.
[4] *Spindler* in MüKoAktG § 93 Rn. 29.
[5] Die jeweils aktuelle Fassung des DCGK (derzeit vom 13.5.2013) ist abrufbar unter www.dcgk.de.
[6] Für eine Rückwirkung des durch § 161 gesetzlich anerkannten Corporate Governance-Kodex auf die Auslegung des AktG OLG Schleswig NZG 2003, 176, 179; vorsichtig in diese Richtung *Lutter* ZGR 2001, 224 ff.; *ders.* ZHR 166 (2002), 523, 536; *ders.* in KK-AktG § 161 Rn. 119, 122; *Ulmer* ZHR 166 (2002), 150, 166 f.; *ders.* AcP 202 (2002) 143, 170; *Berg/Stöcker* WM 2002, 1569, 1575 ff.; für umfassende Haftung plädierend *Kiethe* NZG 2003, 559, 562 ff.; aA *Claussen/Bröcker* AG 2000, 481, 483 f.
[7] Hüffer/*Koch* AktG § 161 Rn. 3.
[8] Vgl. *v. Werder/Bartz* DB 2013, 885 ff.
[9] *Spindler* in MüKoAktG § 93 Rn. 32; *Lutter* ZHR 166 (2002), 523, 533; *Ihrig/Wagner* BB 2002, 789, 791; *Seibert* BB 2002, 581, 583; aA wohl *Ulmer* ZHR 166 (2002), 150, 167.
[10] *Drescher* WM Sonderbeilage 2/2013, 2, 3 mwN.

II. Legalitätspflicht

Der Vorstand ist im Rahmen seiner Tätigkeit verpflichtet, die Gesetze, die Satzung und unternehmensinterne Richtlinien einzuhalten, sog. Legalitätspflicht.[11] Verstößt er dagegen, handelt er pflichtwidrig. Die Legalitätspflicht des Vorstands ist nicht auf eigene Rechtstreue beschränkt. Im Sinn einer „Legalitätskontrollpflicht" muss der Vorstand auch dafür Sorge tragen, dass sich die Gesellschaft und ihre Mitarbeiter rechtskonform verhalten (zu den daraus folgenden Organisations- und Überwachungspflichten → Rn. 35 ff.).[12] Die Legalitätspflicht umfasst die Einhaltung aller Rechtsnormen, die für das Handeln des Vorstands relevant sind.

1. Wesentliche Legalitätspflichten nach deutschem Recht

Die gesetzlichen Pflichten, die der Vorstand bei der Leitung der Gesellschaft zu beachten und zu wahren hat, sind vielfältig. Zu den wesentlichen **ausdrücklich festgelegten Pflichtaufgaben** des Vorstands nach deutschem Recht zählen **beispielsweise:**[13]

Aus dem Aktien-, Kapitalmarkt- und Handelsrechtrecht:
- Berichtspflichten gegenüber dem Aufsichtsrat (§ 90 AktG):
  Um dem Aufsichtsrat zu ermöglichen, die Geschäftsführung effizient zu überwachen, ist der Vorstand verpflichtet, dem Aufsichtsrat **periodisch Bericht zu erstatten.** Er hat dem Aufsichtsrat Auskunft über die künftige Geschäftspolitik und Unternehmensplanung sowie die Rentabilität der Gesellschaft, den Gang der Geschäfte und wesentliche Einzelmaßnahmen zu berichten (§ 90 Abs. 1 AktG). Die Frequenz dieser regelmäßigen Berichte regelt § 90 Abs. 2 AktG. Zusätzlich zu dieser periodischen Berichterstattung ist der Vorstand verpflichtet, auf Verlangen des Aufsichtsrats über Angelegenheiten, die auf die Lage der Gesellschaft erheblichen Einfluss haben können, zu berichten (**Anforderungsberichterstattung,** § 90 Abs. 3 AktG). Schuldner der Berichtspflicht ist der Vorstand als Kollegialorgan.[14] Die Pflicht, dem Aufsichtsrat den Jahresabschluss vorzulegen, ergibt sich aus §§ 170, 171 AktG.
- Pflichten im Zusammenhang mit der Hauptversammlung (§§ 121 Abs. 2, 83, 131, 175 Abs. 2, 176 AktG):
  Der Vorstand hat die **Hauptversammlung einzuberufen** (§ 121 Abs. 2 AktG) und Maßnahmen, die in den Zuständigkeitsbereich der Hauptversammlung fallen, **vorzubereiten** (§ 83 AktG). Er hat der Hauptversammlung insbesondere den Jahresabschluss, den Lagebericht, den Bericht des Aufsichtsrats und einen Vorschlag zur Gewinnverwendung **zugänglich** zu machen (§§ 175 Abs. 2, 176 AktG) und den Aktionären in der Hauptversammlung **Auskunft zu erteilen** (§ 131 AktG).
- die **Kapitalerhaltungspflicht** (§ 57 AktG; → Rn. 87 ff.);
- Buchführungs- (§ 91 Abs. 1 AktG) und Rechnungslegungspflichten (§§ 242, 264 ff. HGB; → Rn. 130, § 10);
- die Pflichten zur Verlustanzeige (§ 92 Abs. 1 AktG) und zur Stellung eines Antrags auf Eröffnung des Insolvenzverfahrens (§ 15a InsO):
  Deckt das Gesellschaftsvermögen nur noch die Hälfte des Nennkapitals,[15] hat der Vorstand die Hauptversammlung unverzüglich, das heißt ohne schuldhaftes Zögern (§ 121 Abs. 1

---

[11] Vgl. *Fleischer* in Spindler/Stilz AktG § 93 Rn. 14 ff.; *Spindler* in MüKoAktG § 93 Rn. 73 f.; *Bicker* AG 2012, 542, 543 f.; *ders.* AG 2014, 8 ff.; *Arnold* ZGR 2014, 76, 78 f.; *Hopt/Roth* in GroßkommAktG § 93 Rn. 98 ff.; *Bunting* ZIP 2012, 1542, 1543.
[12] Vgl. *Fleischer* in Spindler/Stilz AktG § 91 Rn. 47; *ders.* BB 2008, 1070, 1071; *Bicker* AG 2012, 542, 543.
[13] Vgl. auch *Schiessl* ZGR 1992, 64, 67 f.; *Hüffer*, FS Happ, 2006, 93, 99 f.; *Nawroth* in Beck'sches Holding Handbuch, Kap. B Rn. 103.
[14] *Hüffer/Koch* AktG § 90 Rn. 1.
[15] *Hüffer/Koch* AktG § 92 Rn. 2.

S. 1 BGB), einzuberufen und ihr diesen Verlust anzuzeigen. Die Verlustanzeige ist in der Tagesordnung unmissverständlich anzukündigen (§ 124 Abs. 1 AktG).[16] Es gelten die Ansatz- und Bewertungsregeln der Jahresbilanz, um den Verlust festzustellen.[17] Hat der Vorstand gemäß § 15a InsO einen **Insolvenzantrag** gestellt muss die Hauptversammlung nach herrschender Auffassung nicht mehr einberufen werden.[18] Der Insolvenzantrag ist zu stellen, wenn die Gesellschaft **zahlungsunfähig** oder **überschuldet** ist. Überschuldung liegt nach § 19 Abs. 2 InsO vor, wenn das Vermögen des Schuldners die bestehenden Verbindlichkeiten nicht mehr deckt und die Fortführung des Unternehmens nach den Umständen nicht überwiegend wahrscheinlich ist. Der Antrag ist dann ohne schuldhaftes Zögern, spätestens innerhalb von drei Wochen, zu stellen. Ein Verstoß führt zur Schadensersatzpflicht gegenüber der Gesellschaft und ihren Gläubigern (→ § 11 Rn. 105).
– die Pflicht, die Entsprechenserklärung zum Deutschen Corporate Governance Kodex (§ 161 AktG; → Rn. 21) abzugeben sowie
– umfassende Publizitätspflichten (→ Rn. 93 ff.).

14 Aus dem Steuerrecht:
– die Pflicht, die steuerlichen Pflichten der Gesellschaft zu erfüllen (§ 34 AO; zur Haftung bei Verstoß → § 11 Rn. 103).

15 Aus dem Sozialversicherungsrecht:
– die Pflicht, Sozialversicherungsbeiträge abzuführen (zur Haftung bei Verstoß → § 11 Rn. 102).[19]

Aus dem Umweltrecht:
– Bei Betrieben, die genehmigungsbedürftige Anlagen betreiben, ist der Vorstand verpflichtet, einen Immissionsschutzbeauftragten (§ 53 BImSchG), bei Betrieben mit hoher und gefährlicher Störanfälligkeit einen Störfallbeauftragten (§ 58a BImschG) oder einen Gefahrenbeauftragten (§ 3 Abs. 1 Nr. 14 Gefahrgutbeförderungsgesetz) zu benennen.

2. Unklare oder umstrittene Rechtslage

16 Der Vorstand muss die Rechtslage stets kennen. Besitzt er diese Kenntnis nicht, muss er sich fachkundiger und unabhängiger Hilfe bedienen. Hierzu dürfte es grundsätzlich ausreichen, sich durch fachlich qualifizierte Mitarbeiter der eigenen Rechtsabteilung beraten zu lassen (→ § 11 Rn. 52).[20] Lässt sich der Vorstand fachkundig und unabhängig beraten, wählt einen danach zulässigen Weg und verstößt dennoch gegen ein Gesetz, verstößt er gegen die Legalitätspflicht und handelt pflichtwidrig. Er kann sich aber nach Auffassung der Rechtsprechung unter bestimmten Voraussetzungen auf einen **schuldausschließenden Rechtsirrtum** berufen (→ § 11 Rn. 51). Fraglich ist, wie sich der Vorstand ordnungsgemäß verhält, wenn die **Rechtslage weiter unklar** ist, nachdem er fachkundigen und unabhängigen Rat eingeholt hat (zB weil es zu der interessierenden Frage keine höchstrichterliche Rechtsprechung gibt und die Auffassungen im Schrifttum geteilt sind). In einem solchen Fall kann sich der Vorstand wegen der Legalitätspflicht nicht auf die Business Judgment Rule (vgl. dazu → Rn. 23 ff.) berufen. Die Business Judgment Rule ist nur bei rechtmäßigen Handlungsoptionen anwendbar.[21] Der Vorstand läuft deshalb Gefahr, sich für eine Handlungsalternative zu entscheiden, die später durch ein Gericht als rechtsfehlerhaft angesehen wird. Ob der Rechtsgedanke der Business Judgment Rule oder der „ARAG/Garmeneck"-Entscheidung (→ Rn. 24) analog[22] herangezogen werden kann oder ob ggf.

---

[16] Hüffer/*Koch* AktG § 92 Rn. 5.
[17] Hüffer/*Koch* AktG § 92 Rn. 3.
[18] Hüffer/*Koch* AktG § 92 Rn. 2; *Fleischer* in Spindler/Stilz AktG § 92 Rn. 11; *Krieger/Sailer-Coceani* in K. Schmidt/Lutter AktG § 92 Rn. 9; *Mertens/Cahn* in KK-AktG § 92 Rn. 15.
[19] Werden Arbeitnehmeranteile nicht abgeführt, erfüllt dies den Straftatbestand des § 266a StGB.
[20] *Bicker* AG 2014, 8, 10 f.; *Loritz/Wagner* DStR 2012, 2189, 2190 ff.
[21] Zur aA vgl. die Nachweise bei *Holle* AG 2011, 778, 779 (Fn. 8).
[22] *Cahn/Müchler* BKR 2013, 45, 52; *Mertens/Cahn* in KK-AktG § 116 Rn. 68 f.; *Spindler*, FS Canaris, Bd. 2, 2007, 403, 413 ff.

B. Sorgfaltspflicht

ein entschuldbarer Rechtsirrtum[23] vorliegt, ist in der Literatur umstritten und bislang gerichtlich nicht geklärt.[24] Viel spricht dafür, dass die Rechtsprechung auch in diesen Fällen, in denen die Rechtslage nach fachkundiger und unabhängiger Beratung aus Sicht des Vorstands weiter unklar ist, unter bestimmten Voraussetzungen einen schuldausschließenden Rechtsirrtum annehmen wird. Die wohl überwiegende Meinung in der Literatur billigt dem Vorstand jedenfalls einen Beurteilungs- oder Ermessensspielraum zu.[25] Der Vorstand muss hierfür allerdings auf Grundlage angemessener Information die Chancen und Risiken der verschiedenen Handlungsmöglichkeiten für die Gesellschaft abwägen. Dabei ist er nicht verpflichtet, den rechtssichersten Weg zu wählen.[26] Vielmehr darf sich der Vorstand grundsätzlich auf einen **für die Gesellschaft günstigen Rechtsstandpunkt** stellen. In die Abwägung des Vorstands muss aber einfließen, mit welcher Wahrscheinlichkeit ein Gericht eine Handlungsmöglichkeit später als rechtswidrig ansehen könnte.

3. Herausforderungen bei der Anwendung ausländischen Rechts

Zu den einzuhaltenden Rechtsnormen zählen grundsätzlich auch solche ausländischen Rechts, wenn die Gesellschaft im Ausland aktiv ist. Die diesen Sachverhalten innewohnenden Haftungsrisiken wurden jüngst im **„Siemens/Neubürger"-Urteil** deutlich: Das Landgericht München I verurteilte das frühere Vorstandsmitglied von Siemens, Schadensersatz in Höhe von ca. 15 Millionen Euro zu zahlen. Das Compliance-System bei Siemens hätte nicht verhindert, dass „schwarze Kassen" gebildet und grenzüberschreitende Schmiergeldzahlungen vorgenommen wurden.[27] Das LG München forderte, dass sich der Vorstand über die örtlichen Regeln informiert und sie einhält.

Eine Ausnahme vom Grundsatz, dass der Vorstand auch Rechtsnormen ausländischen Rechts einhalten muss, kann allenfalls bestehen, wenn die **ausländische Rechtsnorm** in der örtlichen Praxis **nicht gelebt** wird oder gegen wesentliche Grundsätze der deutschen Rechtsordnung verstößt.[28] Allerdings besteht auch dann die Gefahr, dass örtliche Behörden bei ausländischen Gesellschaften die lokalen Gesetze vollziehen.[29] Holt sich der Vorstand aber ordnungsgemäß Rechtsrat über die lokale Praxis ein und richtet sein Verhalten danach aus, dürfte er regelmäßig **nicht schuldhaft** handeln.[30]

4. Keine Ausnahme für „nützliche Pflichtverletzungen"

Die Pflicht, sich an Gesetze zu halten, gilt absolut. Das gilt auch dann, wenn ein gesetzwidriges Verhalten des Vorstands für die Gesellschaft objektiv wirtschaftlich vorteilhaft ist. Das kommt zB bei Kartellrechtsverstößen oder Bestechungszahlungen, um an Aufträge zu gelangen, in Betracht. **„Nützliche Pflichtverletzungen"** erkennt die Rechtsordnung im Grundsatz nicht an.[31] Diskutiert wird, ob dies auch für Verstöße gegen reine Ordnungsvorschriften oder bei Bagatellverstößen gelten soll.[32] Hierzu könnten beispielsweise Regelungen zu Arbeitszeiten, straßenverkehrsrechtliche Ordnungswidrigkeiten, Fristen zur

---

[23] *Wagner* BB 2012, 651, 653; *Haertlin* ZHR 168 (2004), 437, 461 f.; im Ergebnis auch *Buck-Heeb* BB 2013, 2247, 2257.
[24] Ausf. zum Meinungsstand *Buck-Heeb* BB 2013, 2247 ff.
[25] *Bicker* AG 2014, 8, 10; *Buck-Heeb* BB 2013, 2247; *Hopt* in GroßkommAktG § 93 Rn. 99; *Spindler* in MüKoAktG § 93 Rn. 75 ff.; *Fleischer* ZIP 2005, 141, 149 f.; *Habersack*, FS U.H. Schneider, 2011, 429, 436; *Bayer*, FS K. Schmidt, 2009, 85, 92.
[26] *Bicker* AG 2014, 8, 10 mwN.
[27] LG München I DB 2014, 766 ff.
[28] *Bicker* AG 2014, 8, 12; *Spindler* in MüKoAktG § 93 Rn. 97. Krit. hingegen *Cichy/Cziupka* BB 2014, 1482, 1485.
[29] *Bicker* AG 2014, 8, 12; *Cichy/Cziupka* BB 2014, 1482, 1485.
[30] *Bicker* AG 2014, 8, 12.
[31] Näher *Fleischer* in Fleischer, Handbuch des Vorstandsrechts, § 7 Rn. 22; *Lohse*, FS Hüffer, 2010, 581, 589 ff.; *v. Falkhausen* NZG 2012, 644, 646 f. Vgl. auch *Bicker* AG 2014, 8, 9 zur Diskussion in den USA.
[32] *U. H. Schneider*, FS Hüffer, 2010, 905, 909 f.; *Habersack*, FS U. H. Schneider, 2011, 429, 438.

20 **Vertragsverletzungen** sind grundsätzlich kein Verstoß gegen die Legalitätspflicht.[35] Das bedeutet allerdings nicht, dass sie zulässig sind. Nur in seltenen Ausnahmefällen liegt ein Vertragsbruch im Unternehmensinteresse.[36] Die Nichterfüllung vertraglicher Pflichten zieht aber möglicherweise unmittelbar negative Folgen – zB Schadensersatzpflichten oder Vertragsstrafen – nach sich. Sie begründet ferner die Gefahr, dass die Gesellschaft ihren Ruf als zuverlässiger Vertragspartner verliert. Das wiederum kann die Geschäftsbeziehung zu Vertragspartnern belasten und zu schlechteren Konditionen bei künftigen Verträgen führen. Im Übrigen kann die Verletzung vertraglicher Pflichten in bestimmten Fällen zugleich ein Gesetzesverstoß sein und sogar eine Strafbarkeit begründen. Letzteres kommt insbesondere in Betracht, wenn ein Vorstandsmitglied von vornherein geplant hatte, den Vertrag nicht zu erfüllen. Dann könnte sich es wegen Betrugs nach § 263 StGB strafbar machen.

5. Deutscher Corporate Governance Kodex

21 Verstöße gegen den DCGK führen grundsätzlich nicht zu einem Verstoß gegen die Legalitätspflicht. Allerdings ist zu differenzieren: Der DCGK enthält einerseits die **Wiedergabe geltenden (Aktien)Rechts.** Ein Verstoß gegen solche Bestimmungen ist gleichzeitig ein Verstoß gegen die parallele gesetzliche Vorschrift und somit pflichtwidrig. Andererseits enthält der DCGK **Empfehlungen.** Sie sind im Text des Kodex durch die Verwendung des Worts „soll" gekennzeichnet. Ihre Nichtbefolgung ist in der Entsprechenserklärung nach § 161 AktG zu erklären. Da es sich bei den Empfehlungen des DCGK nicht um zwingendes Recht handelt,[37] ist es nicht pflichtwidrig, von ihnen abzuweichen. Die Abgabe der Entsprechenserklärung nach § 161 AktG ist allerdings eine gesetzliche Pflicht. Erfüllt der Vorstand sie nicht, handelt er pflichtwidrig. Ferner enthält der DCGK bloße **Anregungen,** die durch das Wort „sollte" gekennzeichnet sind. Von Anregungen können Vorstand und Aufsichtsrat abweichen, ohne das offen zu legen. Es ist also nicht pflichtwidrig, Anregungen nicht zu befolgen.

6. Legalitätspflichten aus Satzung und Geschäftsordnung

22 Es gehört zur Legalitätspflicht des Vorstands, die Satzung sowie die Geschäftsordnungen der Gesellschaft zu beachten und einzuhalten. Insbesondere hat er sich an den Unternehmensgegenstand (§ 23 Abs. 3 Nr. 2 AktG) zu halten. Er darf keine Geschäfte tätigen, die außerhalb dieses abgesteckten Tätigkeitsfelds liegen. Hierfür fehlt ihm die Kompetenz: Den Unternehmensgegenstand legt allein die Hauptversammlung fest.[38] Verstöße gegen die Satzung kommen insbesondere in Form der Überschreitung des Unternehmensgegenstands in Betracht. Der Unternehmensgegenstand darf aber auch nicht unterschritten werden: Der Vorstand darf keine Tätigkeitsfelder aufgeben, die in der Satzung **verbindlich und abschließend** festgelegt sind und in denen eine erwerbswirtschaftliche Betätigung noch möglich ist.[39] Soll ein in der Satzung festgelegtes Tätigkeitsfeld dauerhaft nicht weiter ver-

---

[33] *Bicker* AG 2014, 8, 11.
[34] Vgl. *Bicker* AG 2014, 8, 11; *Fleischer* ZIP 2005, 141, 149 f.; *Kocher* CCZ 2009, 215, 218; *Werner* CCZ 2010, 143, 144.
[35] Vgl. *Fleischer* in Spindler/Stilz AktG § 93 Rn. 33 mwN.
[36] Vgl. zu denkbaren Fällen *Bicker* AG 2014, 8, 10.
[37] Vgl. *Hüffer/Koch* AktG § 93 Rn. 16; *Bachmann* WM 2002, 2137, 2138.
[38] *Fleischer* in Spindler/Stilz AktG § 93 Rn. 21; ausnahmsweise können branchenfremde Hilfsgeschäfte und vorübergehende Erwerbschancen zulässig sein.
[39] Vgl. zur Satzungsunterschreitung OLG Köln CCZ 2009, 72; *Fleischer* in Spindler/Stilz AktG § 93 Rn. 21.

folgt werden, muss zuvor die Hauptversammlung die Satzung ändern.[40] Auch sonst hat der Vorstand die Zuständigkeitsordnung zu wahren: Er muss die ungeschriebenen Mitwirkungsbefugnisse der Hauptversammlung bei Strukturmaßnahmen genauso wie ggf. satzungsmäßig vorgesehene Zustimmungsvorbehalte des Aufsichtsrats (§ 111 Abs. 4 S. 2 AktG) beachten.[41] Auch darf sich ein Vorstandsmitglied nicht in ein Ressort einmischen, das nach der Geschäftsverteilung innerhalb des Vorstands einem anderen Vorstandsmitglied zugeordnet ist.[42] Dies entbindet die Vorstandsmitglieder aber nicht von ihren ressortübergreifenden Überwachungspflichten (→ Rn. 36 ff.).

III. Business Judgment Rule

23 Bei der Leitung der Gesellschaft muss der Vorstand regelmäßig Entscheidungen treffen, deren Folgen unsicher sind. In die Zukunft gerichtetes unternehmerisches Handeln ist stets mit prognostischen Elementen verbunden. Die *eine* richtige Entscheidung gibt es häufig nicht. Es ist nicht zu vermeiden, dass sich manche Entscheidungen im Nachhinein (expost) als für die Gesellschaft ungünstig erweisen. Warum zB das Auto des Automobilherstellers A ein Kultauto wird und sich das zeitgleich auf den Markt kommende Auto des Herstellers B als Flop erweist, vermag manchmal niemand zu erklären. Gerade in **komplexen Entscheidungssituationen** ist es aber häufig erforderlich, dass der Vorstand ein wirtschaftliches Risiko eingeht. Wäre jede risikobehaftete Entscheidung, die sich in einer Rückschau als für die Gesellschaft ungünstig erweist, pflichtwidrig, wäre es dem Vorstand praktisch unmöglich, seine Aufgaben wahrzunehmen.

24 Deshalb ist anerkannt, dass dem Vorstand bei der Leitung der Gesellschaft ein weiter Ermessensspielraum zusteht. Schon in der „ARAG/Garmenbeck"-Entscheidung bestätigte der BGH im Jahr 1997, dass eine Sorgfaltspflichtverletzung erst vorliegt, wenn die Ermessensgrenzen deutlich überschritten werden, da unternehmerische Tätigkeit ohne weiten Handlungsspielraum **„schlechterdings undenkbar"** sei.[43] Im Rahmen des Gesetzes zur Unternehmensintegrität und Modernisierung des Anfechtungsrechts (UMAG)[44] hat der Gesetzgeber das Geschäftsleiterermessen, sog. **Business Judgment Rule,** in § 93 Abs. 1 S. 2 AktG kodifiziert:

„Eine Pflichtverletzung liegt nicht vor, wenn das Vorstandsmitglied bei einer unternehmerischen Entscheidung vernünftigerweise annehmen durfte, auf der Grundlage angemessener Information zum Wohle der Gesellschaft zu handeln."

25 Der Ermessensspielraum des Vorstands besteht daher nur unter bestimmten Voraussetzungen. Das ist sinnvoll: Nicht jede Entscheidung, die für die Gesellschaft ungünstig ist, darf haftungsfrei sein. Das persönliche Haftungsrisiko stellt auch die Qualität der Leistung sicher.[45] Handelt der Vorstand bei einer Entscheidung aber unter den Voraussetzungen der Business Judgment Rule, handelt er auch dann nicht pflichtwidrig, wenn sich die Entscheidung später als für die Gesellschaft ungünstig erweist. Damit wird auch der Gefahr begegnet, dass Gerichte, die aus der ex-post-Perspektive ein Handeln des Vorstands bewerten, wegen des eingetretenen Schadens überhöhte Anforderungen an die Sorgfaltspflichten ex ante stellen (sog. **Rückschaufehler** oder hindsight-bias).[46]

26 Nach den **fünf Tatbestandsvoraussetzungen** der Business Judgment Rule handelt ein Vorstandsmitglied nicht pflichtwidrig, wenn es

---

[40] *Fleischer* in Spindler/Stilz AktG § 93 Rn. 21.
[41] *Fleischer* in Spindler/Stilz AktG § 93 Rn. 20.
[42] *Fleischer* in Spindler/Stilz AktG § 93 Rn. 20.
[43] BGHZ 135, 244, 253 – ARAG/Garmenbeck.
[44] Vom 22.9.2005, BGBl. I 2802, in Kraft getreten am 1.11.2005.
[45] So *Steffek* JuS 2010, 295, 296.
[46] *Fleischer* NJW 2009, 2337, 2338 f.; *Spindler* in Spindler/Stilz AktG § 93 Rn. 60; *Kocher* CCZ 2009, 215.

(a) bei einer unternehmerischen Entscheidung
(b) sachlich unbefangen, insbesondere frei von Eigeninteresse, entscheidet und dabei
(c) auf Grundlage angemessener Information vernünftigerweise annehmen darf,
(d) zum Wohle der Gesellschaft zu handeln.
(e) Außerdem muss das Vorstandsmitglied hinsichtlich der sachlichen Unbefangenheit und der Angemessenheit der Informationen in gutem Glauben handeln.

27 **Im Einzelnen:**

28 Erste Voraussetzung der Business Judgment Rule ist eine unternehmerische Entscheidung. **Unternehmerische Entscheidungen** sind Entscheidungen, die „infolge ihrer Zukunftsbezogenheit durch Prognosen und nicht justiziable Einschätzungen geprägt" sind und unter Unsicherheit getroffen werden.[47] Eine unternehmerische Entscheidung liegt nicht vor, wenn Ermessensspielräume ausscheiden, weil gesetzliche oder statuarische Pflichten nur eine richtige Entscheidung zulassen. Der Gesetzgeber wollte den Vorstandsmitgliedern einen „sicheren Hafen" nur insoweit gewähren, als die Entscheidung nicht durch Gesetz oder Satzung – insbesondere den satzungsmäßigen Unternehmensgegenstand[48] – vorgezeichnet ist.[49] Entscheidungen, die gegen die Legalitätspflicht verstoßen, sind daher keine unternehmerischen Entscheidungen und fallen nicht unter die Business Judgment Rule. Der Vorstand hat auch kein Ermessen, soweit er gesetzlich verpflichtet ist, bestimmte Entscheidungen zu treffen,[50] zB nach § 91 Abs. 2 AktG ein Risikomanagementsystem einzurichten, gemäß § 93 Abs. 3 AktG die Kapitalerhaltung sicherzustellen oder nach § 15a InsO einen Antrag auf Eröffnung eines Insolvenzverfahrens zu stellen.

29 Häufig geht es bei unternehmerischen Entscheidungen um **betriebswirtschaftliche Fragen,** zB einen möglichen Personalabbau, Investitionen wie den Erwerb von Beteiligungen an anderen Gesellschaften oder um die Aufnahme neuer Geschäftszweige. Ein Musterfall einer unternehmerischen Entscheidung ist die Teilnahme der Deutschen Telekom AG an der Versteigerung der UMTS-Lizenzen.[51] Nach Auffassung des BGH sei es in diesem Fall trotz unsicherer Erfolgsaussichten nicht pflichtwidrig gewesen, in neue Technologien zu investieren, um eine Verdrängung vom Markt zu verhindern.[52] Auch **Unternehmenskäufe** sind regelmäßig von Prognoseentscheidungen geprägt, die unter die Business Judgment Rule fallen. Der Kaufpreis bemisst sich häufig nach den prognostizierten künftigen Erträgen, die naturgemäß unsicher sind. Ob Belegschaft, Sortiment, Endkunden etc. der an einem Unternehmenskauf beteiligten Gesellschaften zusammenpassen, kann ex-ante meist nicht mit Sicherheit gesagt werden.[53]

30 Zweite Voraussetzung der Business Judgment Rule ist, dass das Vorstandsmitglied vernünftigerweise annehmen durfte, zum **Wohle der Gesellschaft** zu handeln. Der Begriff „handeln" ist weit zu verstehen. Er umfasst die Entscheidung sowie ihre Umsetzung.[54] Ein Vorstandsmitglied handelt zum Wohle der Gesellschaft, wenn die Entscheidung der langfristigen Ertragsstärke und Wettbewerbsfähigkeit des Unternehmens dient.[55] Maßgeblich ist ein kombiniert subjektiv/objektiver Maßstab, was sich aus der Wendung „annehmen durfte" ergibt. Das subjektive Vorstellungsbild des betreffenden Geschäftsleiters wird daher am Maßstab des „vernünftigerweise" noch zulässigen Handelns gemes-

---

[47] RegE UMAG, BT-Drs. 15/5092, 22; Fleischer in Spindler/Stilz AktG § 93 Rn. 68.
[48] BGH ZIP 2013, 455 Ls.1, 2 – Corealcredit Bank zur Pflichtwidrigkeit von Abschlüssen über Zinsderivatgeschäfte durch eine Hypothekenbank.
[49] Vgl. Hüffer/Koch AktG § 93 Rn. 16; ferner RegE UMAG, BT-Drs. 15/5092, 21: „Die unternehmerische Entscheidung steht im Gegensatz zu rechtlich gebundenen Entscheidungen."
[50] Vgl. Krieger/Sailer-Coceani in K. Schmidt/Lutter AktG Rn. 12; Fleischer in Spindler/Stilz AktG § 93 Rn. 67; Gärtner BB 2012, 1745.
[51] BGHZ 175, 365; hierzu Fleischer NJW 2009, 2337, 2338: Der spätere Fehlschlag ändere nichts an der ex-ante Betrachtung.
[52] So zusammenfassend Balthasar/Hamelmann WM 2010, 589, 590.
[53] Böttcher NZG 2007, 481, 482.
[54] RegE UMAG, BT-Drs. 15/5092, 11.
[55] RegE UMAG, BT-Drs. 15/5092, 11; vgl. auch Hüffer/Koch AktG § 93 Rn. 23.

sen.⁵⁶ Da den Vorstandsmitgliedern ein weiter Ermessensspielraum bleiben soll, ist diese Grenze erst überschritten, wenn die Entscheidung **schlechthin unvertretbar** ist.⁵⁷ Insbesondere, wenn der Vorstand ohne Not bestandsgefährdende Risiken eingeht, dürfte der Ermessensspielraum häufig überschritten sein.⁵⁸ Denn der Vorstand ist grundsätzlich verpflichtet, für den Bestand und die dauerhafte Rentabilität der Gesellschaft zu sorgen.⁵⁹ Dagegen kann ein Handeln zum Wohle der Gesellschaft den Interessen der Aktionäre – seien diese auch Haupt- oder Alleinaktionäre – entgegenstehen.⁶⁰

Aus dem Merkmal „Handeln zum Wohle der Gesellschaft" wird außerdem abgeleitet, **31** dass die Vorstandsmitglieder im Rahmen der Business Judgment Rule **sachlich unbefangen,** insbesondere frei von Eigeninteressen, entscheiden müssen. Entscheidungen, die im Interessenkonflikt getroffen wurden, sind nicht von der Business Judgment Rule privilegiert. Wer bei seiner Entscheidung Sonderinteressen verfolgt oder sachfremden Einflüssen unterliegt, kann nicht annehmen, zum Wohle der Gesellschaft zu handeln. Ein unbefangenes Handeln liegt jedenfalls bei einem Handeln zum eigenen Nutzen oder zum Nutzen von dem Geschäftsleiter nahestehenden Personen oder Gesellschaften nicht vor.⁶¹

Noch nicht abschließend geklärt ist, ob die Business Judgment Rule für die übrigen **32** Mitglieder des Vorstands, der als **Kollektivorgan** tätig wird, anwendbar bleibt, wenn einzelne Mitglieder nicht frei von Eigeninteressen handeln. Jedenfalls sollte das befangene Organmitglied den übrigen Organmitgliedern den Interessenkonflikt offenlegen.⁶² Nach der wohl herrschenden Auffassung bleibt die Business Judgment Rule für die übrigen Mitglieder der Geschäftsleitung **nur anwendbar,** wenn das befangene Mitglied weder an der **Vorbereitung der Entscheidung** noch an der **Beschlussfassung** teilnimmt.⁶³ Dafür spricht, dass das befangene Mitglied durch seine Teilnahme an der Diskussion und der Beschlussfassung die übrigen Vorstandsmitglieder beeinflussen kann mit der Folge, dass sie auch nicht mehr unbefangen entscheiden können. Deshalb empfiehlt es sich grundsätzlich, dass das befangene Vorstandsmitglied bei der Diskussion und Beschlussfassung über die Entscheidung, bei der es einem Interessenkonflikt unterliegt, noch nicht einmal anwesend ist. Dies gilt jedenfalls dann, wenn der Vorstand nach den Regelungen der Satzung oder Geschäftsordnung auch ohne Anwesenheit des befangenen Vorstandsmitglieds noch beschlussfähig ist.

Eine weitere Voraussetzung der Business Judgment Rule ist, dass der Geschäftsleiter an- **33** nehmen darf, er handle auf der **Grundlage angemessener Information.** Ohne sorgfältige Ermittlung der Entscheidungsgrundlagen gibt es kein schutzwürdiges unternehmerisches Ermessen.⁶⁴ Unschädlich ist, wenn sich die Beurteilung im Nachhinein als unrichtig herausstellt – die mögliche Sorgfaltswidrigkeit bestimmt sich nicht aus nachträglicher Sicht, sondern ex-ante.⁶⁵ Ein Handeln auf Grundlage angemessener Information erfordert nicht, dass das Vorstandsmitglied alle verfügbaren Informationsquellen rechtlicher und tatsächli-

---

⁵⁶ Hüffer/*Koch* AktG § 93 Rn. 23; vgl. auch RegE UMAG, BT-Drs. 15/5092, 22: „Das Merkmal der „Annahme" zwingt zu einem Perspektivwechsel in der Beurteilung, die Voraussetzungen der Entscheidungsfindung sind also aus der Sicht des betreffenden Organs zu beurteilen. Diese Sichtweise wird durch das „annehmen Dürfen" begrenzt und objektiviert. Als Maßstab für die Überprüfung, ob die Annahme des Vorstandes nicht zu beanstanden ist, dient das Merkmal ‚vernünftigerweise'. Auch insofern wird auf Ausführungen der höchstrichterlichen Rspr. im ARAG/Garmenbeck-Urteil Bezug genommen."
⁵⁷ BGHZ 135, 244, 253 – ARAG/Garmenbeck; BGHZ 175, 365 – UMTS. Vgl. auch *Lutter,* FS Canaris, 2007, 245, 246.
⁵⁸ *Balthasar/Hamelmann* WM 2010, 589, 590.
⁵⁹ Hüffer/*Koch* AktG § 76 Rn. 34
⁶⁰ OLG Frankfurt BB 2011, 2771; *Spindler* in MüKoAktG § 93 Rn. 47.
⁶¹ *Krieger/Sailer-Coceani* in K. Schmidt/Lutter AktG § 93 Rn. 15; *Lutter* ZIP 2007, 841.
⁶² *Habersack,* Karlsruher Forum 2009, Managerhaftung, 2010, 5, 22f.; *Haas/Ziemons* in Michalski GmbHG § 43 Rn. 71c; aA *Mertens/Cahn* in KK-AktG § 93 Rn. 29; *Spindler* in MüKoAktG § 93 Rn. 64.
⁶³ Zum Streitstand umfassend *Koch,* FS Säcker, 2011, 403, 404 f.
⁶⁴ BGH NJW 2008, 3361 Rn. 11; Hüffer/*Koch* AktG § 93 Rn. 20.
⁶⁵ Vgl. BGH NZG 2011, 549, 550; NJW 2008, 1583 – UMTS; vgl. ferner BGH NZG 2011, 549 zur erfolglosen Gründung einer Niederlassung.

cher Art nutzt.[66] Ausreichend ist eine in der konkreten Entscheidungssituation unter Berücksichtigung des Faktors Zeit und unter Abwägung der Kosten und Nutzen weiterer Informationsgewinnung **angemessene Tatsachenbasis**.[67] Teilweise wird vertreten, dass der Vorstand bei einem **Unternehmenskauf** stets zum Erhalt möglichst umfangreicher Informationen über die Zielgesellschaft (vornehmlich im Rahmen einer Due Diligence) verpflichtet sei. Dies diene der Prüfung der Erforderlichkeit und Finanzierbarkeit der Unternehmensübernahme und der Chancen und Risiken des Erwerbs.[68] Nach zutreffender Ansicht kann der Vorstand aber auch beim Unternehmenskauf Schwerpunkte bilden, indem er sich beispielsweise im Besonderen auf betriebswirtschaftliche Parameter wie Rentabilität, Vermögens-, Ertrags- und Finanzlage, Wettbewerbsfähigkeit, Investitionsvolumen, Finanzierung oder Risikobewertung konzentriert.[69] Bei einem Unternehmenskauf, über den unter hohem Zeitdruck entschieden werden muss (etwa wegen des Vorliegens eines konkurrierenden Angebots), kann – abhängig von den Risiken – auch eine dünnere Tatsachengrundlage „angemessen" sein. Entsprechendes gilt, wenn der Vorstand aus tatsächlichen oder rechtlichen Gründen schlicht nicht in der Lage ist, detaillierte Informationen über das Unternehmen zu erhalten (etwa bei einer feindlichen Übernahme) oder wenn die Vertragskonditionen so sind, dass sie (zB über umfangreiche Garantien) mögliche Risiken aus fehlenden Informationen über das Kaufobjekt abfedern. Erhält der Vorstand – wie es der Regelfall sein dürfte – die seiner Entscheidung zugrundeliegenden Informationen von Mitarbeitern des Unternehmens, für das er tätig ist, oder von Dritten, darf er sich grundsätzlich auf diese Informationen verlassen. Voraussetzung ist, dass der Vorstand die Auskunftsperson sorgfältig ausgesucht hat und die Auskunft plausibilisiert (sog. **Vertrauensgrundsatz**).[70] Es gelten die Delegationsregeln.

34 Letzte Voraussetzung der Business Judgment Rule ist, dass der Geschäftsleiter bei den vorgenannten Punkten **in gutem Glauben** handelt. Fehlt es hieran, verdient der Geschäftsleiter keinen Schutz.[71] In solchen Fällen fehlt aber idR schon eine der vorgenannten Tatbestandsvoraussetzungen der Business Judgment Rule.[72]

C. Organisations- und Überwachungspflicht

35 Aus der Leitungsaufgabe des Vorstands und der Legalitätspflicht folgt eine Pflicht des Vorstands, durch organisatorische Maßnahmen und Überwachung sicherzustellen, dass Gesetze und Regeln sowie interne Richtlinien von den Unternehmensangehörigen eingehalten werden.[73] Die Überwachungspflichten des Vorstands sind mehrdimensional: Sie bestehen zum einen innerhalb des Vorstands selbst („horizontal"), zum anderen im Verhältnis zu nachgeordneten Unternehmensebenen („vertikal"). Schließlich hat der Vorstand auch die anderen Organe der AG, den Aufsichtsrat und die Hauptversammlung, zu überwachen.

---

[66] Vgl. *Fleischer* NJW 2009, 2337, 2339; *Kindler*, FS Goette, 2011, 231, 232 f. mwN; Anders aber noch BGH NJW 2008, 3361 für den Geschäftsführer einer GmbH.
[67] *Krieger/Sailer-Coceani* in K. Schmidt/Lutter AktG § 93 Rn. 13; *Fleischer* in Spindler/Stilz AktG § 93 Rn. 60; vgl. auch *Böttcher* NZG 2007, 481, 482.
[68] *Wellhöfer* in Wellhöfer/Peltzer/Müller, Haftung von Vorstand, Aufsichtsrat, Wirtschaftsprüfer, § 12 Rn. 1.
[69] *Nauheim/Goette* DStR 2013, 2520, 2525 mwN für den Unternehmenskauf.
[70] BGH NJW 2007, 2118, 2119; *Fleischer* NJW 2009, 2337, 2339; *ders.* ZIP 2009, 1397 ff.
[71] *Dauner-Lieb* in Henssler/Strohn AktG § 93 Rn. 25.
[72] Vgl. *Fleischer* in Spindler/Stilz AktG § 93 Rn. 76.
[73] Vgl. *Fleischer* in Spindler/Stilz AktG § 91 Rn. 47; *Reichert/Ott* ZIP 2009, 2173.

I. Überwachungspflichten innerhalb des Vorstands

Soweit Aufgaben nicht zwingend dem Gesamtvorstand übertragen sind, können sie – zB durch einen Geschäftsverteilungsplan – auf einzelne Mitglieder des Vorstands übertragen werden. Regelmäßig sind Vorstandsmitgliedern Aufgaben zugewiesen, die in einem bestimmten Ressort anfallen. Jedes Vorstandsmitglied trägt die **Handlungsverantwortung** für die ihm aufgrund der Geschäftsverteilung zugewiesenen Aufgaben. Er muss in seinem Verantwortungsbereich durch geeignete organisatorische Maßnahmen für die ordnungsgemäße Erfüllung seiner Aufgaben sorgen. 36

Die Ressortverantwortung des zuständigen Vorstandsmitglieds entbindet die übrigen Vorstandsmitglieder aber nicht von ihrer **Gesamtverantwortung.** Sie bleiben verpflichtet, den Gang der Geschäfte über Ressortgrenzen hinweg fortlaufend zu beobachten. Sonst können sie für **eigenes Fehlverhalten bei ihren Überwachungspflichten** haften. Die Reichweite der Überwachungspflicht ist einzelfallabhängig und lässt sich nicht abstrakt bestimmen. Grundsätzlich darf jedes Vorstandsmitglied darauf vertrauen, dass seine Vorstandskollegen die ihnen übertragenen Aufgaben ordnungsgemäß erfüllen.[74] Die Vorstandsmitglieder müssen die **Überwachungsintensität** an der Art, Größe, Organisation und wirtschaftlichen Lage des Unternehmens sowie an der Bedeutung der übertragenen Aufgaben ausrichten. Hinzu kommen Umstände in der Person des jeweiligen Vorstandskollegen, wie dessen Erfahrung und dessen Aufgabenbewältigung in der Vergangenheit.[75] Darüber hinaus besteht Einvernehmen, dass ein Vorstandsmitglied Hinweisen auf Unregelmäßigkeiten in einem fremden Ressort unverzüglich nachgehen[76] und ggf. eine Befassung durch den Gesamtvorstand herbeiführen muss.[77] Die erforderliche Kontrolldichte erhöht sich in Sondersituationen, etwa in der Krise des Unternehmens.[78] Die Überwachungspflicht entfällt nicht, wenn eine Controlling-Einheit oder ein Controlling-Ressort innerhalb des Vorstands besteht.[79] Der Vorstandsvorsitzende trägt eine gesteigerte Verantwortung und dementsprechend eine erhöhte Überwachungspflicht.[80] 37

Die Vorstandsmitglieder müssen sich die zur Überwachung nötigen **Informationen** aus den anderen Ressorts beschaffen, die Informationen auswerten und plausibilisieren.[81] Deshalb ist jedes Vorstandsmitglied verpflichtet, den anderen Vorstandsmitgliedern über die Vorgänge in seinem Ressort Bericht zu erstatten. Jedes Vorstandsmitglied hat insoweit einen Informationsanspruch gegen seine Vorstandskollegen.[82] Allerdings können sich die Vorstandsmitglieder unter gewöhnlichen Umständen darauf verlassen, dass ihre Vorstandskollegen sie gewissenhaft und umfassend über die wesentlichen Vorkommnisse innerhalb der Ressorts unterrichten.[83] 38

II. Überwachung nachgeordneter Organisationsebenen

Von der Überwachung innerhalb des Vorstands ist die Überwachung dem Vorstand nachgeordneter Unternehmensebenen zu unterscheiden. Der Vorstand ist verpflichtet, sicherzustellen, dass Gesetze und Regeln sowie interne Richtlinien von den Unternehmensangehörigen eingehalten werden. Da der Vorstand nicht alle Aufgaben im Unternehmen 39

---

[74] *Weber* in Hölters AktG § 77 Rn. 36.
[75] *Weber* in Hölters AktG § 77 Rn. 36; LG Düsseldorf ZIP 1995, 1985, 1993.
[76] *Mertens/Cahn* in KK-AktG § 93 Rn. 92; *Spindler* in MüKoAktG § 93 Rn. 154; vgl. auch BGHZ 133, 370, 378 f.
[77] *Wicke* NJW 2007, 3755, 3756.
[78] *Fleischer* in Fleischer, Handbuch des Vorstandsrechts, § 8 Rn. 38; ferner BGHZ 133, 370, 379.
[79] *Vetter* in Krieger/U. H. Schneider, Handbuch Managerhaftung, § 18 Rn. 20 mwN.
[80] *Mertens/Cahn* in KK-AktG § 84 Rn. 102.
[81] Vgl. *Weber* in Hölters AktG § 93 Rn. 84.
[82] *Fleischer* in Fleischer, Handbuch des Vorstandsrechts, § 8 Rn. 3.
[83] *Vetter* in Krieger/U. H. Schneider, Handbuch Managerhaftung, § 18 Rn. 20.

selbst erfüllen kann, ist er unter bestimmten Voraussetzungen berechtigt, Aufgaben an nachgeordnete Mitarbeiter zu delegieren. Die gesetzlichen Pflichtaufgaben und wesentlichen Leitungsaufgaben des Vorstands **(Kernaufgaben)** muss er jedoch selbst erledigen.[84] Im Hinblick auf diese nicht delegierbaren Aufgaben dürfen nachgeordnete Mitarbeiter nur mit **Vorbereitungs- und Ausführungsmaßnahmen** betraut werden, sofern der Vorstand die derart vorbereitete Entscheidung in eigener Verantwortung selbst trifft.[85]

40 Aufgaben, die **nicht zu den Kernaufgaben** gehören, darf der Vorstand grundsätzlich an die Unternehmensmitarbeiter **delegieren.** Begehen Mitarbeiter einen Gesetzesverstoß, kann der Vorstand einer Haftung entgehen, indem er nachweist, die ihm obliegende Aufgabe **ordnungsgemäß delegiert** zu haben. Eine Delegation von Aufgaben ist nur unter bestimmten Voraussetzungen möglich:[86]

– Zunächst muss der Vorstand den ihm übertragenen Geschäftsbereich abstrakt so **organisieren,** dass die Aufgabenerfüllung grundsätzlich möglich ist. Es muss sichergestellt sein, dass die notwendigen Kapazitäten vorhanden sind und die Kompetenzzuweisungen klar geregelt sind.
– Der Vorstand muss für die zu übertragenden Aufgaben Mitarbeiter **auswählen,** die die erforderlichen **persönlichen und fachlichen Qualifikationen** besitzen, um die zugewiesenen Aufgaben ordnungsgemäß zu erfüllen.[87]
– Die ausgewählten Mitarbeiter muss der Vorstand ausreichend **instruieren** (zB durch Schulungen).[88] Die Mitarbeiter müssen wissen, welchen Verantwortungsbereich sie haben und an wen sie berichten müssen. Auf besondere **Gefahrenmomente** – dazu gehört auch die in bestimmten Unternehmensbereichen unter Umständen verstärkt auftretende **Missachtung von Compliance-Vorschriften oder Unternehmensrichtlinien** – ist hinzuweisen.[89]
– Die Mitarbeiter sind laufend zu **überwachen.**[90] Der Vorstand muss die Überwachungsmaßnahmen an der Art, Größe, Organisation und finanziellen Lage des Unternehmens ausrichten.[91] Der Vorstand muss die **Überwachungsintensität verstärken,** wenn dazu **Anlass** besteht.[92] Dies ist insbesondere der Fall, wenn der Vorstand Anhaltspunkte für gesetzwidriges Verhalten der Mitarbeiter hat oder in der Vergangenheit schon Gesetzesverstöße vorgekommen sind. Eine gesteigerte Überwachungspflicht besteht auch gegenüber Mitarbeitern, denen gefahrgeneigte und bedeutende Aufgaben übertragen worden sind, ebenso, wenn besondere Umstände in der Person des jeweiligen Mitarbeiters dies verlangen.
– Üben die Vorstandsmitglieder nicht selbst die Überwachungsfunktion aus, müssen sie die Überwachung so delegieren, dass eine effektive Überwachung gesichert ist.[93]

41 Hat der Vorstand eine delegierbare Aufgabe ordnungsgemäß delegiert, haftet er für Fehler seiner Mitarbeiter nicht. Da ihm jedoch der Nachweis entlastender Umstände obliegt, sollte er die Erfüllung der Organisationspflichten so weit wie möglich schriftlich dokumentieren.

---

[84] Vgl. *Hüffer,* FS Happ, 2006, 93, 99; *Nawroth* in Beck'sches Holding Handbuch, Kap. B Rn. 103; *Kort* in GroßkommAktG § 76 Rn. 37.
[85] Vgl. *Fleischer* in Spindler/Stilz, AktG § 76 Rn. 20; *ders.* ZIP 2003, 1, 6; ferner *Seibt* in K. Schmidt/Lutter AktG § 76 Rn. 8.
[86] *Fleischer* in Fleischer, Handbuch des Vorstandsrechts, § 8 Rn. 29 ff.; *ders.* AG 2003, 291, 292; *Turiaux/Knigge* DB 2004, 2199, 2204 ff.
[87] *Hopt* in Großkomm AktG, § 93 Rn. 59; *Fleischer* in Fleischer, Handbuch des Vorstandsrechts, § 8 Rn. 30.
[88] *Fleischer* in Fleischer, Handbuch des Vorstandsrechts, § 8 Rn. 31.
[89] *Schneider,* FS 100 Jahre GmbH-Gesetz, 1992, 473, 486; *Fleischer* in Fleischer, Handbuch des Vorstandsrechts, § 8 Rn. 31.
[90] *Fleischer* in Fleischer, Handbuch des Vorstandsrechts, § 8 Rn. 32 ff.
[91] *Freyschmidt* in Lücke/Schaub, Vorstand der AG, § 7 Rn. 65; *Fleischer* in Fleischer, Handbuch des Vorstandsrechts, § 8 Rn. 33.
[92] *Fleischer* in Fleischer, Handbuch des Vorstandsrechts, § 8 Rn. 35, 38.
[93] *Fleischer* in Fleischer, Handbuch des Vorstandsrechts, § 8 Rn. 39.

Verletzt der Vorstand seine gesellschaftsrechtlichen Organisations- und Überwachungspflichten, begeht er dadurch unter Umständen eine Ordnungswidrigkeit. Die Verletzung betrieblicher Aufsichtspflichten ist gemäß § 130 OWiG bußgeldbewehrt. Die Geldbuße kann sowohl gegenüber Vorstandsmitgliedern als auch gegenüber der Gesellschaft verhängt werden (§ 30 OWiG). **42**

III. Pflicht zur Implementierung eines Systems zur Erkennung bestandsgefährdender Risiken

§ 91 Abs. 2 AktG verpflichtet den Vorstand, „geeignete Maßnahmen zu treffen, insbesondere ein Überwachungssystem einzurichten, damit den **Fortbestand der Gesellschaft gefährdende Entwicklungen früh erkannt werden**". Der Vorstand ist aber nach überwiegender Ansicht grundsätzlich nicht dazu verpflichtet, ein umfassendes Risikomanagement zu etablieren.[94] Kapitalmarktorientierte Unternehmen haben seit der Reform der Rechnungslegung durch das Gesetz zur Modernisierung des Bilanzrechts (**BilMoG**)[95] im Lagebericht über ihr internes Kontroll- und Risikomanagementsystems bezogen auf die Rechnungslegung zu berichten (§ 289 Abs. 5 HGB). Die dortigen Angaben werden vom Abschlussprüfer geprüft. Die Berichtspflicht baut zwar faktischen Druck auf, ein Risikomanagementsystem einzuführen. Dennoch liegt es weiterhin im pflichtgemäßen Ermessen des Vorstands zu entscheiden, ob die Struktur der konkreten Gesellschaft ein zentrales Risikomanagement benötigt.[96] Daneben empfiehlt auch Ziff. 4.1.4 DCGK für börsennotierte Gesellschaften, ein angemessenes Risikomanagement und Risikocontrolling zu etablieren. Der DCGK stellt jedoch kein verbindliches Recht dar (→ Rn. 21). **43**

IV. Pflicht zur Implementierung einer Compliance-Organisation

Darüber hinaus ist der Vorstand aus seiner Leitungsaufgabe und der Legalitätspflicht verpflichtet sicherzustellen, dass Gesetze und Regeln sowie interne Richtlinien von den Unternehmensangehörigen eingehalten werden. Hierzu muss der Vorstand **organisatorische Maßnahmen** ergreifen („**Compliance-Organisation**").[97] In Betracht kommen zahlreiche Maßnahmen, wie zB der Erlass von Richtlinien, das Einführen zusätzlicher Berichtslinien, die Errichtung einer Compliance-Abteilung, das Einstellen eines Compliance-Officers, Compliance-Schulungen, eine Whistleblower-Hotline etc. Dem Vorstand steht ein Ermessensspielraum zu, wie er die Compliance-Organisation ausgestaltet.[98] Die konkreten Anforderungen an die Compliance-Organisation hängen von den Umständen des Einzelfalls ab, insbesondere vom Gefahrenpotential der Gesellschaft. Die Anforderungen sind höher, wenn bereits in der Vergangenheit erhebliche Compliance-Verstöße in der Gesellschaft aufgetreten sind. Das Landgericht München I hat in seiner „Siemens/Neubürger"-Entscheidung vom 10.12.2013[99] bestätigt, dass es in die Gesamtverantwortung des Vorstands falle, ein Compliance-System in der Gesellschaft zu errichten. Die konkrete Ausgestaltung des Compliance-Systems hänge von der Art, Größe und der geografischen Präsenz des Unternehmens sowie davon ab, ob in der Vergangenheit Verdachtsfälle vorgelegen hätten. Zu den Aufgaben des Vorstands im Zusammenhang mit Compliance → § 13. **44**

---

[94] *Bürgers/Israel* in Bürgers/Körber AktG § 91 Rn. 12; *Hüffer/Koch* AktG § 91 Rn. 8 ff., jeweils mwN.
[95] Vom 25.5.2009, BGBl. I 1102, in Kraft getreten am 29.5.2009.
[96] *Hüffer/Koch* AktG § 91 Rn. 8 ff.; *Bürgers/Israel* in Bürgers/Körber AktG § 91 Rn. 12.
[97] Vgl. *Fleischer* in Spindler/Stilz AktG § 91 Rn. 50 mwN.
[98] *Spindler* in MüKoAktG § 91 Rn. 66; *Hüffer*, FS Roth, 2011, 299, 305; *Kort*, FS Hopt, 2010, 983, 991.
[99] LG München I DB 2014, 766.

V. Überwachung anderer Organe

1. Aufsichtsrat

45 Verletzen Aufsichtsratsmitglieder ihre Pflichten und entsteht der Gesellschaft dadurch ein Schaden, ist es Aufgabe des Vorstands, Ansprüche der Gesellschaft gegen die betroffenen Aufsichtsratsmitglieder zu prüfen und ggf. durchzusetzen. Insoweit gelten die vom BGH in der „ARAG-Garmenbeck"-Entscheidung für den Aufsichtsrat entwickelten Grundsätze entsprechend.[100] Der Vorstand muss also Ansprüche der Gesellschaft gegen Aufsichtsratsmitglieder prüfen und grundsätzlich verfolgen, sofern nicht überwiegende Interessen der Gesellschaft entgegenstehen (ausführlich zum „ARAG/Garmenbeck"-Urteil → § 11 Rn. 14).

46 Aus dieser Aufgabe des Vorstands folgt in gewissem Maß eine vorgelagerte Pflicht zu prüfen, ob der Aufsichtsrat seine Aufgaben ordnungsgemäß erfüllt. **Vorstand und Aufsichtsrat überwachen sich also gegenseitig.**[101] Gegen rechtswidrige Beschlüsse und sonstiges pflichtwidriges Verhalten des Aufsichtsrats muss der Vorstand mit den ihm zur Verfügung stehenden Mitteln vorgehen.[102] Nach § 124 Abs. 3 S. 1 AktG muss zB (nur) der Aufsichtsrat der Hauptversammlung Beschlussvorschläge für die Wahl von Aufsichtsratsmitgliedern und Prüfern machen. Ist ein solcher Wahlvorschlag rechtswidrig, weil etwa ein Aufsichtsratsmitglied nicht die persönlichen Voraussetzungen des § 100 AktG erfüllt oder künftig der Wahlvorschlag insgesamt die gesetzliche Geschlechterquote[103] nicht erfüllt, muss der Vorstand den Aufsichtsrat und, wenn der Aufsichtsrat gleichwohl an seinem Vorschlag festhält, ggf. auch die Hauptversammlung auf die Rechtswidrigkeit des Beschlussvorschlags hinweisen. Wird der rechtswidrige Beschluss gefasst, kann der Vorstand nach §§ 245 Nr. 4, 246 AktG unter Umständen zur Erhebung einer Anfechtungsklage verpflichtet sein (→ Rn. 48).

47 Nach § 93 Abs. 3 Nr. 7 AktG muss der Vorstand insbesondere auch prüfen, ob die an die Aufsichtsratsmitglieder geleistete Vergütung rechtmäßig ist. Auf der anderen Seite sind die Vorstandsmitglieder auch bei Verhandlungen mit dem Aufsichtsrat über ihr eigenes Gehalt nicht völlig frei: Sie dürfen zwar ihre eigenen wirtschaftlichen Interessen vertreten, haben aber auch sicherzustellen, dass ihre Vergütung „angemessen" im Sinne des § 87 AktG bleibt.[104]

2. Hauptversammlung

48 Der Vorstand muss dafür sorgen, dass in der Gesellschaft rechtmäßige Entscheidungen getroffen werden. Deshalb ist er verpflichtet zu **prüfen,** ob die von der Hauptversammlung gefassten Beschlüsse rechtmäßig sind.[105] Grundsätzlich ist der Vorstand nach § 83 Abs. 2 AktG verpflichtet, die Beschlüsse der Hauptversammlung auszuführen. Diese Pflicht beschränkt sich aber auf gesetzmäßige Beschlüsse.[106] Sind die Beschlüsse der Hauptversammlung nichtig oder anfechtbar, darf der Vorstand sie **nicht ausführen.**[107] Im Schrifttum wird diskutiert, ob und in welchen Fällen der Vorstand Beschlüsse der Hauptversammlung, die er nicht für rechtmäßig hält, anfechten (§ 245 Nr. 4 AktG) oder gegen sie eine Nichtig-

---

[100] *Spindler* in Spindler/Stilz AktG § 116 Rn. 119.
[101] Vgl. auch *Arnold* ZGR 2014, 76, 86; *Potinecke/Block* in Knierim/Rübenstahl/Tsambikakis, Internal Investigations, Kap. 2 Rn. 11.
[102] Vgl. auch *Spindler* in MüKoAktG § 93 Rn. 99.
[103] Gesetz für die gleichberechtigte Teilhabe von Frauen und Männern an Führungspositionen in der Privatwirtschaft und im öffentlichen Dienst, vom Bundestag verabschiedet am 6.3.2015.
[104] *Peltzer*, FS Lutter, 571, 573 ff.
[105] *Hölters* in Hölters AktG § 93 Rn. 66; *Fleischer* in Spindler/Stilz AktG § 83 Rn. 10; *Hefermehl*, FS Schilling, 1973, 159, 166.
[106] *Spindler* in MüKoAktG § 83 Rn. 18 f.
[107] *Hölters* in Hölters AktG § 93 Rn. 66; *Mertens/Cahn* in KK-AktG § 83 Rn. 9.

keitsklage (§ 249 AktG) erheben muss.[108] Eine solche Pflicht ist jedenfalls zu bejahen, wenn Beschlüsse für die Gesellschaft nachteilhaft sind[109] oder den Vorstand zu unrechtmäßigem Handeln verpflichten.[110] Entscheidend für die Pflicht des Vorstands, Beschlüsse nach § 83 Abs. 2 AktG auszuführen oder ggf. sogar anzufechten, ist die objektive Rechtslage.[111] Hat der Vorstand Zweifel, ob ein Beschluss rechtmäßig ist, muss er sachverständigen Rechtsrat einholen (zu den dabei zu beachtenden Grundsätzen ausführlich → § 11 Rn. 51 ff.).

D. Treuepflicht

I. Allgemeines

49 Die Vorstandsmitglieder schulden aufgrund ihrer Organstellung und ihrer Eigenschaft als Treuhänder fremden Vermögens loyalen Einsatz für die Gesellschaft. Diese **organschaftliche Treuepflicht** geht über die Pflichten der Vorstandsmitglieder aus dem Anstellungsvertrag hinaus und verlangt, ihre persönlichen Interessen und die Interessen Dritter dem Gesellschaftsinteresse unterzuordnen.[112] Die Verletzung der organschaftlichen Treuepflicht kann nicht nur zu einer Haftung der Vorstandsmitglieder gegenüber der Gesellschaft auf Schadensersatz führen (§ 93 Abs. 2 AktG; → § 11 Rn. 32 ff.), sondern auch strafrechtlich relevant sein (insbesondere im Zusammenhang mit einer möglichen Strafbarkeit wegen Untreue gemäß § 266 StGB).[113]

II. Besondere Ausprägungen der Treuepflicht

1. Loyaler Einsatz für die Gesellschaft

50 Vorstandsmitglieder sind verpflichtet, ihre Fähigkeiten, Kenntnisse und Erfahrungen vorbehaltlos in den **Dienst der Gesellschaft** zu stellen.[114] Sofern es die Interessen der Gesellschaft erfordern, haben Vorstandsmitglieder daher Überstunden zu leisten. In besonderen Situationen kann sich aus der Treuepflicht ergeben, dass der Vorstand seinen Urlaub verschieben bzw. einen bereits angetretenen Urlaub abbrechen muss.[115] Vorstandsmitglieder dürfen ihr Amt nicht willkürlich zur Unzeit niederlegen.

51 Die Treuepflicht endet auch im **Privatleben** der Vorstandsmitglieder nicht vollständig. Auch hier dürfen die Vorstandsmitglieder ihre Organstellung nicht zum Nachteil der Gesellschaft einsetzen. Sie sind vielmehr grundsätzlich verpflichtet, herabsetzende Äußerungen über die Gesellschaft und ihre Organe zu unterlassen. Es gehört zB zur organschaftlichen Treuepflicht, dass die Mitglieder der Organe der Gesellschaft es unterlassen, durch öffentliche pointierte Meinungsäußerungen im Rahmen eines unternehmensinternen Konflikts die Kreditwürdigkeit der Gesellschaft zu gefährden.[116] Im Übrigen stößt die Treuepflicht im Privatleben der Vorstandsmitglieder aber häufig an Grenzen, etwa des Persönlichkeitsrechts und des Rechts auf freie Entfaltung. Vorstandsmitglieder haben ihr Pri-

---

[108] Vgl. die Nachw. bei *Spindler* in MüKoAktG § 83 Rn. 100 f.
[109] *Spindler* in MüKoAktG § 83 Rn. 24; *Hüffer/Koch* AktG § 243 Rn. 50; *Hölters* in Hölters AktG § 93 Rn. 66.
[110] *Hölters* in Hölters AktG § 93 Rn. 66; *Hopt* in GroßkommAktG § 93 Rn. 92.
[111] *Fleischer* in Spindler/Stilz AktG § 83 Rn. 11 mwN.
[112] *Spindler* in MüKoAktG § 93 Rn. 108 ff.
[113] S. hierzu ausf. *Spindler* in Fleischer, Handbuch des Vorstandsrechts, § 15 Rn. 33 ff.
[114] *Mertens/Cahn* in KK-AktG § 93 Rn. 96 mwN.
[115] Vgl. *Hölters* in Hölters AktG § 93 Rn. 115, der allerdings zutr. darauf hinweist, dass in heute üblichen Anstellungsverträgen ohnehin keine Arbeitszeitregelungen getroffen würden.
[116] OLG Stuttgart ZIP 2012, 625 – Piech.

vatleben der Gesellschaft nicht völlig unterzuordnen. So ist es ihnen zB nicht verwehrt, politische Mandate oder Leitungsaufgaben in einem Verein zu übernehmen, solange diese Mandate oder Leitungsaufgaben nicht zu Interessenkollisionen führen.[117] Ein Interessenkonflikt liegt zB vor, wenn das Vorstandsmitglied die Vermögensverwaltung eines Großaktionärs übernimmt.[118] An die Grenzen des Persönlichkeitsrechts und des Rechts auf freie Entfaltung stößt die Treuepflicht häufig auch, wenn es um die Pflicht der Vorstandsmitglieder geht, ihre Arbeitskraft zu erhalten. Deshalb verstoßen Vorstandsmitglieder nicht gegen ihre Treuepflicht, wenn Sie ungesund leben oder gefährliche Sportarten ausüben. Sofern der Ausfall eines Vorstandsmitglieds allerdings für die Gesellschaft existenzbedrohend wäre, ist ihm die Vermeidung außergewöhnlicher Gefahrsituationen zuzumuten.[119]

2. Vermeidung und Offenlegung von Interessenkonflikten

52   Vorstandsmitglieder haben der Gesellschaft mögliche Interessenkonflikte **offenzulegen.** Das gilt auch dann, wenn das in Aussicht genommene Verhalten oder Geschäft letztlich zulässig sein sollte.[120] Die Vorstandsmitglieder müssen der Gesellschaft eine angemessene Kontrolle darüber ermöglichen, dass sie ihrer Treuepflicht genügen.[121] Hierfür ist außerdem erforderlich, dass Vorstandsmitglieder Belege, Abrechnungen und Aufzeichnungen aufbewahren und der Gesellschaft ggf. vorlegen.[122]

53   Auch der DCGK empfiehlt in Ziff. 4.3.4 DCGK, dass Vorstandsmitglieder Interessenkonflikte unverzüglich gegenüber dem Aufsichtsrat offenlegen und die anderen Vorstandsmitglieder hierüber informieren.

3. Ausnutzung der Organstellung/Eigengeschäfte mit der Gesellschaft

54   Bei **Geschäften zwischen Vorstandsmitgliedern und der Gesellschaft** ist die Gefahr eines Interessenkonflikts besonders augenfällig. Dennoch sind solche Geschäfte nicht grundsätzlich verboten. Daraus ergibt sich, dass Vorstandsmitglieder aus Geschäften mit der Gesellschaft auch Gewinn machen dürfen. Voraussetzung eines Geschäfts der Gesellschaft mit einem Vorstandsmitglied ist aber stets, dass die Konditionen des Geschäfts einem Drittvergleich standhalten *(at arm's length).*[123] Dieser Grundsatz hat in Ziff. 4.3.4 S. 2 DCGK Ausdruck gefunden.

55   Vorstandsmitglieder dürfen ihre **Organstellung auch nicht zum eigenen Vorteil auf Kosten der Gesellschaft ausnutzen.** Das wäre zB der Fall, wenn Vorstandsmitglieder Bestechungsgelder annehmen oder Leistungen der Gesellschaft in Anspruch nehmen, die ihnen nicht zustehen. Die Entgegennahme von Bestechungsgeldern und Provisionen ist auch dann unzulässig, wenn der Gesellschaft daraus im Ergebnis kein Schaden entsteht. Ein Vorstandsmitglied handelt in solchen Fällen regelmäßig bereits deshalb pflichtwidrig, weil es gegen ein Gesetz und damit gegen die Legalitätspflicht verstößt. Entsprechend dem Rechtsgedanken des § 667 BGB müssen Vorstandsmitglieder auf diese Weise erlangte Vermögensvorteile an die Gesellschaft herausgeben.[124]

56   Aufwendungen für die **persönliche Sicherheit** von Vorstandsmitgliedern sind von der Gesellschaft zu tragen, wenn und soweit die Gefährdung mit der Stellung der Vorstandsmitglieder im Unternehmen zusammenhängt.[125] Unter den gleichen Voraussetzungen – Zusammenhang mit dem Vorstandsamt – sind auch **Repräsentationsaufwendungen**

---

[117] *Hopt* in GroßkommAktG § 93 Rn. 157.
[118] *Mertens/Cahn* in KK-AktG § 93 Rn. 97.
[119] *Mertens/Cahn* in KK-AktG § 93 Rn. 96.
[120] *Hopt* in GroßkommAktG § 93 Rn. 185 f.
[121] *Mertens/Cahn* in KK-AktG § 93 Rn. 110.
[122] *Hopt* in GroßkommAktG § 93 Rn. 185 f. mwN; *Mertens/Cahn* in KK-AktG § 93 Rn. 110.
[123] *Hölters* in Hölters AktG § 93 Rn. 123; *Hopt* in GroßkommAktG § 93 Rn. 159.
[124] *Fleischer* in Fleischer, Handbuch des Vorstandsrechts, § 9 Rn. 43.
[125] *Mertens/Cahn* in KK-AktG § 93 Rn. 102; *Hölters* in Hölters AktG § 93 Rn. 120.

D. Treuepflicht

gerechtfertigt, sofern sie im Hinblick auf die wirtschaftliche Lage der Gesellschaft verhältnismäßig sind.[126]

4. Wettbewerbsverbot/Geschäftschancenlehre

Das **Wettbewerbsverbot** nach § 88 AktG ist eine gesetzliche Ausprägung der Treuepflicht. Danach dürfen Vorstandsmitglieder ohne Einwilligung des Aufsichtsrats weder ein Handelsgewerbe betreiben noch Geschäfte im Geschäftszweig der Gesellschaft machen noch als Geschäftsführungsorgan in einer anderen Handelsgesellschaft tätig sein. Die Vorschrift soll die Gesellschaft nicht nur vor Wettbewerbshandlungen schützen, sondern auch davor, dass ihre Vorstandsmitglieder ihre Arbeitskraft anderweitig einsetzen.[127] Für das Wettbewerbsverbot kommt es nicht darauf an, ob der Gesellschaft tatsächlich Konkurrenz erwächst oder ob ihr konkrete Schäden drohen.[128] Der DCGK gibt die Regelung des § 88 AktG in Ziff. 4.3.1 DCGK wieder.

Geschäftschancen werden von § 88 AktG nicht unmittelbar erfasst.[129] Aus der Treuepflicht der Vorstandsmitglieder wird jedoch die – weitgehend aus dem amerikanischen Gesellschaftsrecht übernommene – **Geschäftschancenlehre** *(corporate opportunity doctrine)* hergeleitet. Auch Ziff. 4.3.3 DCGK untersagt Vorstandsmitgliedern, Geschäftschancen, die dem Unternehmen zustehen, für sich selbst zu nutzen. Die Bestimmung ist nicht als Empfehlung formuliert, sondern dem Wortlaut nach („darf") als Wiedergabe einer gesetzlichen Regelung. Dies spiegelt das Verständnis der Regierungskommission Corporate Governance Kodex wider, dass die Geschäftschancenlehre Bestandteil des geltenden Aktienrechts ist. Nach der Geschäftschancenlehre dürfen die Vorstandsmitglieder Geschäftschancen, die sich der Gesellschaft bieten, nicht an sich ziehen. Vorstandsmitglieder dürfen solche Geschäftschancen weder auf eigene Rechnung nutzen noch durch nahestehende Personen wahrnehmen lassen. Vielmehr müssen sie die Geschäftschance für die Gesellschaft wahrnehmen.[130] Das gilt nach der Rechtsprechung des BGH auch dann, wenn dem Vorstandsmitglied das Geschäft als Privatperson angetragen wurde. Die Treuepflicht sei unteilbar.[131] Diese weite Ausdehnung des Geschäftschancenbegriffs ist im Schrifttum auf Kritik gestoßen, weil dadurch dem Vorstand „jede Privatsphäre genommen" werde.[132] Andererseits ist aber die Abgrenzung, ob die Geschäftschance dem Vorstandsmitglied als Privatperson angetragen wurde oder ob sie Bezug zu seinem Vorstandsamt hat, häufig schwierig. Ein weites Verständnis des Begriffs der Geschäftschance dient daher der Rechtssicherheit. Ist die Grundlage der Geschäftschance durch das Vorstandsmitglied schon vor Beginn des Organverhältnisses geschaffen worden, besteht aber jedenfalls keine Pflicht, das Geschäft an die Gesellschaft weiterzureichen.

Der Begriff der Geschäftschance ist weit zu verstehen. Eine **Geschäftschance** in diesem Sinn liegt jedenfalls vor, wenn ein Geschäftsabschluss von der Gesellschaft intern beschlossen wurde, wenn sie Vertragsverhandlungen aufgenommen oder auch nur Interesse an einem Geschäft geäußert hat.[133] Darüber hinaus liegt eine Geschäftschance auch dann vor, wenn das Geschäft im Bereich des tatsächlich wahrgenommenen Unternehmensgegenstands der Gesellschaft liegt oder wenn die Gesellschaft ein konkretes Interesse an einem solchen Geschäft hat.[134] Ein solches Interesse kann auch außerhalb des Unternehmensgegenstands liegen. Geht es zB um den Erwerb eines Betriebsgrundstücks, ist unerheblich, ob Immobiliengeschäfte zum Unternehmensgegenstand der Gesellschaft gehö-

---

[126] *Hopt* in GroßkommAktG § 93 Rn. 177; *Hölters* in Hölters AktG § 93 Rn. 121.
[127] Vgl. Hüffer/*Koch* AktG § 88 Rn. 1.
[128] *Fleischer* in Spindler/Stilz AktG § 88 Rn. 5.
[129] *Spindler* in MüKoAktG § 88 Rn. 61.
[130] *Mertens/Cahn* in KK-AktG § 93 Rn. 105; *Spindler* in MüKoAktG § 88 Rn. 61.
[131] Vgl. BGH WM 1985, 1442, 1444 für die GmbH.
[132] *Spindler* in MüKoAktG § 88 Rn. 66.
[133] *Hopt* in GroßkommAktG § 93 Rn. 169 mwN.
[134] *Mertens/Cahn* in KK-AktG § 93 Rn. 105.

ren.¹³⁵ Da die Treuepflicht eines Vorstandsmitglieds nur gegenüber der Gesellschaft besteht, bei der es Organmitglied ist, sind Geschäftschancen einer **Konzerngesellschaft** grundsätzlich nicht von der Treuepflicht umfasst. Etwas anderes gilt, wenn die entgangene Geschäftschance auf Ebene der Konzerngesellschaft zugleich zu einem unmittelbaren Verlust auf Ebene der Gesellschaft des Vorstandsmitglieds führt – es sich also faktisch auch um eine eigene Geschäftschance der Gesellschaft des Vorstandsmitglieds handelt.¹³⁶

60 Der Vorstand darf eine Geschäftschance auch nicht mit der Begründung selbst ergreifen, die Gesellschaft sei nicht willens oder in der Lage, sie zu nutzen. Die Gesellschaft könnte ein berechtigtes Interesse haben, dass auch ein anderer das Geschäft nicht abschließt. Hat die Gesellschaft an der Wahrnehmung einer Geschäftschance aber kein Interesse, kann der Aufsichtsrat **entsprechend § 88 AktG zustimmen,** dass das Vorstandsmitglied die Geschäftschance selbst nutzt.¹³⁷

5. Verschwiegenheitspflicht

61 Auch bei der in § 93 Abs. 1 S. 3 AktG geregelten Verschwiegenheitspflicht der Vorstandsmitglieder handelt es sich um eine besondere gesetzliche Ausprägung der Treuepflicht. Danach haben Vorstandsmitglieder „über vertrauliche Angaben und Geheimnisse der Gesellschaft, namentlich Betriebs- oder Geschäftsgeheimnisse, die den Vorstandsmitgliedern durch ihre Tätigkeit im Vorstand bekannt geworden sind, (...) Stillschweigen zu bewahren." Auch nach dem Ausscheiden aus dem Vorstand besteht die Verschwiegenheitspflicht hinsichtlich vertraulicher Angaben und Geheimnisse, die während der Amtszeit bekannt wurden, fort. Das gilt auch dann, wenn dies nicht ausdrücklich vertraglich vereinbart ist.¹³⁸

a) Geheimnisse der Gesellschaft und vertrauliche Angaben

62 Geheimnisse der Gesellschaft sind Tatsachen, die nur einem eng begrenzten Personenkreis bekannt, also nicht offenkundig sind, wenn sie nach dem geäußerten oder aus dem Gesellschaftsinteresse ableitbaren mutmaßlichen Willen der AG auch nicht offenkundig werden sollen, und wenn ein objektives Geheimhaltungsbedürfnis der Gesellschaft besteht.¹³⁹ Betriebs- oder Geschäftsgeheimnisse sind Unterfälle von Geheimnissen und werden in § 93 Abs. 1 S. 3 AktG lediglich beispielhaft genannt.¹⁴⁰ Tatsachen im Sinn der aktienrechtlichen Geheimhaltungsvorschriften sind alle objektiven Daten, aber auch geäußerte Absichten, Ansichten, Meinungen und Wertungen. Nicht offenkundig sind Tatsachen, die nur einem eng begrenzten Personenkreis bekannt sind und zu denen Dritte nicht problemlos Zugang haben.¹⁴¹

63 **Beispiele für Geheimnisse** der Gesellschaft sind Informationen über den Zustand und die Tätigkeit der Gesellschaft, über die Finanzsituation, Fertigungsverfahren, Produktionsvorhaben, Erfindungsleistungen, Konstruktionen, Kalkulationen, Geschäftspartner, Kundenlisten, Personalentscheidungen, Planungen wie Forschungsvorhaben, Investitionen, Absatzplanung, Produkt- und allgemeine Unternehmensplanung etc.¹⁴² Zu den wichtigsten Geheimnissen der Gesellschaft gehören Kenndaten, die erhoben werden, um die eigene Leistung und Stärke bzw. Schwäche zu kontrollieren.¹⁴³ Auch Informationen im Zusammenhang mit M&A-Verhandlungen, der Verlauf und Ergebnisse von Stimmabgaben und

---

[135] *Spindler* in MüKoAktG § 88 Rn. 62.
[136] Vgl. *Spindler* in MüKoAktG § 88 Rn. 63.
[137] Vgl. *Spindler* in MüKoAktG § 88 Rn. 67.
[138] *Fleischer* in Spindler/Stilz AktG § 93 Rn. 161.
[139] Vgl. RGZ 149, 329, 334 zu § 17 UWG; BGHZ 64, 325, 329; *Spindler* in MüKoAktG § 93 Rn. 117.
[140] Hüffer/Koch AktG § 93 Rn. 30.
[141] *Lutter/Krieger/Verse*, Rechte und Pflichten des Aufsichtsrats, Rn. 259.
[142] Zahlreiche Beispiele bei *Hopt* in GroßkommAktG § 93 Rn. 191.
[143] Vgl. *Lutter/Krieger/Verse*, Rechte und Pflichten des Aufsichtsrats, Rn. 269.

D. Treuepflicht

Meinungsäußerungen in Vorstands- und Aufsichtsratssitzungen sind grundsätzlich Gesellschaftsgeheimnisse.[144]

Vertrauliche Angaben sind Angelegenheiten, bei denen – selbst wenn sie kein Geheimnis (mehr) sind – die Gesellschaft ein objektives Interesse daran hat, dass sie nicht weiterverbreitet werden.[145] Das ist der Fall, wenn aufgrund objektiver Beurteilung davon auszugehen ist, dass es für die Gesellschaft nachteilig ist, wenn die Information weitergegeben wird.[146]

Ob ein **Geheimhaltungsbedürfnis** besteht, beurteilt sich grundsätzlich nach dem objektiven Unternehmensinteresse.[147] Das Unternehmensinteresse wird von den Organen der Gesellschaft konkretisiert. Grundsätzlich kann daher der Vorstand im Rahmen seines Leitungsermessens entscheiden, ob die Geheimhaltung einer Tatsache im Interesse der AG liegt.[148] Gibt der Vorstand eine Information ausdrücklich frei, ist sie nicht vertraulich. Die Information ist in diesem Fall auch von anderen (etwa vom Aufsichtsrat) nicht vertraulich zu behandeln, es sei denn, die Freigabe der Information durch den Vorstand ist erkennbar pflichtwidrig.[149] Hat ein Vorstandsmitglied Zweifel, ob eine Information vertraulich ist, kann es eine klärende Entscheidung des Gesamtvorstands herbeiführen.[150] Betreffen Informationen die Sphäre des Aufsichtsrats, entscheidet hingegen der Aufsichtsrat.[151] Die Sphäre des Aufsichtsrats betreffende Informationen sind insbesondere solche im Zusammenhang mit der Bestellung und Abberufung von Vorstandsmitgliedern sowie Aufsichtsratsprotokolle.[152]

b) Grenzen der Verschwiegenheitspflicht

Die Verschwiegenheitspflicht hat verschiedene Grenzen.

aa) Auskunftspflichten. Die Verschwiegenheitspflicht besteht nicht, soweit Auskunftspflichten bestehen. § 93 Abs. 1 S. 4 AktG regelt ausdrücklich, dass die Verschwiegenheitspflicht nicht gegenüber der **Prüfstelle für Rechnungslegung** (§ 342b HGB) gilt.[153] Die Verschwiegenheitspflicht besteht ferner nicht **innerhalb des Vorstands.**

Der Vorstand hat nach § 90 AktG umfassende Berichtspflichten gegenüber dem Aufsichtsrat. Diesen Berichtspflichten kann er sich grundsätzlich nicht mit einem Verweis auf seine Verschwiegenheitspflicht entziehen.[154] Die Mitglieder des Aufsichtsrats sind ihrerseits gemäß §§ 116 S. 1, 93 Abs. 1 S. 3 AktG zur Verschwiegenheit verpflichtet. § 116 S. 2 AktG betont zudem die Verschwiegenheitspflicht von Aufsichtsratsmitgliedern besonders. Gelegentlich gibt es Situationen, in denen der Vorstand eine Information für **besonders geheimhaltungsbedürftig** hält. Dies kann etwa vorkommen, wenn der Vorstand im Rahmen von Compliance-Untersuchungen konkrete Anhaltspunkte für Gesetzesverstöße entdeckt hat. In solchen Situationen ist fraglich, ob sich der Vorstand gegenüber dem Aufsichtsrat auf seine Verschwiegenheitspflicht berufen kann, wenn er befürchtet, dass der Aufsichtsrat die Vertraulichkeit nicht wahren wird. Besteht die **konkrete Gefahr,** dass die Informationen von Aufsichtsratsmitgliedern **nicht vertraulich behandelt** oder in anderer Weise **missbräuchlich zum Nachteil der AG genutzt** werden, muss der Vorstand dem Aufsichtsrat nicht berichten. Eine solche konkrete Gefahr ist aber nur in Ausnahmefällen

---

[144] *Spindler* in MüKoAktG § 93 Rn. 117 aE.
[145] *Spindler* in MüKoAktG § 93 Rn. 120.
[146] S. OLG Stuttgart AG 2007, 218, 219.
[147] *Spindler* in Spindler/Stilz AktG § 116 Rn. 90.
[148] BGHZ 64, 325, 329 – der Vorstand ist „Herr der Gesellschaftsgeheimnisse"; *Spindler* in MüKoAktG § 93 Rn. 118, 141 aE.
[149] *Spindler* in Spindler/Stilz AktG § 116 Rn. 90.
[150] *Spindler* in MüKoAktG § 93 Rn. 121.
[151] *Hopt/Roth* in GroßkommAktG § 116 Rn. 240.
[152] *Hopt/Roth* in GroßkommAktG § 116 Rn. 240.
[153] Gemäß § 342c HGB trifft dafür die bei der Prüfstelle Beschäftigten eine nachgelagerte Verschwiegenheitspflicht.
[154] Vgl. *Mertens/Cahn* in KK-AktG § 90 Rn. 14.

anzunehmen, zB wenn ein Aufsichtsratsmitglied zugleich Organmitglied eines konkurrierenden Unternehmens ist und die Information für dieses von Bedeutung sein kann.[155] Eine bloß **abstrakte Gefahr,** dass Aufsichtsratsmitglieder Informationen nicht vertraulich behandeln oder sonst missbräuchlich verwenden, genügt dagegen nicht, um die Informationspflicht des Vorstands einzuschränken.[156] Zulässig ist es allerdings, dass der Vorstand dem Aufsichtsrat im Rahmen seiner Berichtspflichten **nur mündlich** über Sachverhalte berichtet, wenn diese Sachverhalte besonders geheimhaltungsbedürftig sind. Die Vertraulichkeit von Informationen im Zusammenhang mit Compliance-Untersuchungen kann auch dadurch gestärkt werden, dass sich ein **Ausschuss des Aufsichtsrats** mit Compliance befasst. In einem solchen Fall hat der Vorstand Aufsichtsratsmitgliedern, die nach § 90 Abs. 3 AktG Informationen über dem Ausschuss übertragene Angelegenheiten verlangen, Informationen nur zu erteilen, soweit kein besonderes Geheimhaltungsbedürfnis besteht.[157]

69 Auch gegenüber dem **Abschlussprüfer** besteht keine Verschwiegenheitspflicht, soweit dieser gemäß § 320 Abs. 2 HGB Informationen für seine Prüfung verlangen kann. Gegenüber dem **Betriebsrat,**[158] dem **Wirtschaftsausschuss**[159] und der **Belegschaft**[160] bestehen ebenfalls Auskunftspflichten, hinter denen die Verschwiegenheitspflicht zurücktritt. Auch das **Auskunftsrecht der Aktionäre** gemäß § 131 Abs. 1, Abs. 4 AktG geht der Verschwiegenheitspflicht vor. Aktionäre können danach aber grundsätzlich nur in der Hauptversammlung Auskunft über Angelegenheiten der Gesellschaft verlangen, und zwar nur, soweit die Auskunft zur Beurteilung eines Gegenstands der Tagesordnung erforderlich ist. Zudem bestehen gegenüber dem Auskunftsrecht der Aktionäre die in § 131 Abs. 3 AktG aufgezählten Auskunftsverweigerungsgründe. Besonders relevant ist der Auskunftsverweigerungsgrund des § 131 Abs. 3 Nr. 1 AktG. Danach darf der Vorstand die Auskunft verweigern, soweit die Erteilung der Auskunft nach vernünftiger kaufmännischer Beurteilung geeignet ist, der Gesellschaft oder einem verbundenen Unternehmen einen nicht unerheblichen **Nachteil zuzufügen.** Der Vorstand muss im Einzelfall pflichtgemäß prüfen, ob ein Auskunftsverweigerungsgrund besteht und ob er danach eventuell verpflichtet ist, die Auskunft zu verweigern.

70 Ist die Gesellschaft als Tochterunternehmen in den Konzernabschluss ihres Mutterunternehmens einzubeziehen, muss das Tochterunternehmen dem **Mutterunternehmen** seine Rechnungslegungsunterlagen einreichen (§ 294 Abs. 3 S. 1 HGB). Zudem kann das Mutterunternehmen alle Aufklärungen und Nachweise verlangen, die die Aufstellung des Konzernabschlusses und des Konzernlageberichts erfordert (§ 294 Abs. 3 S. 2 HGB).[161] Im Übrigen besteht die Verschwiegenheitspflicht nicht gegenüber (insbesondere wirtschafts- und steuerrechtlichen) Auskunftsrechten von **Behörden** und bei **kapitalmarktrechtlichen Informationspflichten.**[162] Kapitalmarktrechtliche Informationspflicht ist insbesondere die Pflicht, Informationen, die geeignet sind, den Börsenpreis erheblich zu beeinflussen, un-

---

[155] Vgl. *Kort* in GroßkommAktG § 90 Rn. 109 f.; ferner *Mertens/Cahn* in KK-AktG § 90 Rn. 16.
[156] Vgl. *Kort* in GroßkommAktG § 90 Rn. 109 f.; ferner *Mertens/Cahn* in KK-AktG § 90 Rn. 14.
[157] So auch *Mertens/Cahn* in KK-AktG § 90 Rn. 26; aA *Lutter,* Information und Vertraulichkeit im Aufsichtsrat, Rn. 377.
[158] § 90 BetrVG (arbeitsplatzbezogene Planung), § 92 BetrVG (Personalplanung), § 99 BetrVG (personelle Einzelmaßnahmen), § 111 BetrVG (Betriebsänderungen).
[159] § 106 Abs. 2, Abs. 3 BetrVG (Unterrichtung über wirtschaftliche Angelegenheiten des Unternehmens, soweit dadurch nicht die Betriebs- und Geschäftsgeheimnisse des Unternehmens gefährdet werden), § 108 Abs. 5 BetrVG (Erläuterungen des Jahresabschlusses).
[160] § 110 BetrVG (schriftlicher Bericht über wirtschaftliche Lage und Entwicklung des Unternehmens).
[161] Das Auskunftsrecht des § 294 Abs. 3 S. 2 HGB wird sehr weit verstanden. Es erstreckt sich auf alle direkt oder indirekt notwendigen Informationen. Jeder auch nur mittelbare Zusammenhang mit der Aufstellung des Konzernabschlusses und des Konzernlageberichts genügt, um das Auskunftsverlangen zu rechtfertigen (*Pfaff* in MüKoHGB § 294 Rn. 37 f.). Die Einschätzungsprärogative, ob ein solcher Zusammenhang besteht, hat unseres Erachtens der Vorstand des Tochterunternehmens.
[162] *Spindler* in MüKoAktG § 93 Rn. 129.

D. Treuepflicht

verzüglich zu veröffentlichen (§ 15 WpHG – „Ad-hoc-Publizitätspflicht"). Die berechtigten (Geheimhaltungs-)Interessen der Gesellschaft können hier unter den Voraussetzungen des § 15 Abs. 3 WpHG durch eine Selbstbefreiung gewahrt werden (näher dazu → Rn. 122).

bb) Überwiegendes Offenbarungsinteresse. Die Verschwiegenheitspflicht besteht auch **71** nicht, wenn das Interesse der Gesellschaft an der Offenbarung einer Tatsache das Geheimhaltungsinteresse überwiegt. Danach kann es zulässig sein, Arbeitnehmer der Gesellschaft in Geheimnisse einzuweihen[163] und sachverständige Berater (Rechtsanwälte, Steuerberater, Wirtschaftsprüfer etc) hinzuzuziehen, insbesondere – aber nicht nur – wenn die Berater ihrerseits einer beruflichen Verschwiegenheitspflicht unterliegen.[164] Auch kann es zulässig sein, mit dem Betriebsrat oder dem Großaktionär über geheime Pläne zu sprechen.[165] In diesen Fällen ist aber grundsätzlich ein Vorstandsbeschluss erforderlich.[166] Im Übrigen ist vor der Informationsweitergabe an den Großaktionär zu bedenken, ob ein Risiko besteht, dass die Information über ein erweitertes Auskunftsverlangen von Minderheitsaktionären gemäß § 131 Abs. 4 AktG öffentlich wird.

Auch im Rahmen einer **Due-Diligence-Prüfung** dürfen Informationen an Kaufinte- **72** ressenten weitergegeben werden, wenn der Verkauf des Unternehmens oder einer Beteiligung im Interesse der Gesellschaft liegt. Darüber muss der Vorstand nach pflichtgemäßem Ermessen entscheiden.[167] Bedeutsam sind dabei insbesondere die Lage der Gesellschaft, die Person des potenziellen Erwerbers, das Stadium, in dem sich die Beteiligungsveräußerung befindet, sowie Art und Umfang der begehrten Informationen und ihre Bedeutung für das Zustandekommen des Verkaufs. Ist die Gestattung der Due Diligence zwingende Voraussetzung für das Zustandekommen des Verkaufs und ist der Verkauf Voraussetzung für das Überleben der Gesellschaft, muss der Vorstand die Due Diligence gestatten. Ist hingegen evident, dass der Verkauf nicht zustande kommen wird, muss der Vorstand die Due Diligence verweigern.[168] Im Übrigen muss der Vorstand prüfen, ob die Gefahr besteht, dass weitergegebene Informationen zum Nachteil der Gesellschaft verwendet würden. Gegebenenfalls muss er Schutzvorkehrungen treffen, insbesondere etwa darauf bestehen, dass sich Kaufinteressenten zur Vertraulichkeit verpflichten.[169]

Grundsätzlich kann jedes Vorstandsmitglied im Rahmen seines Geschäftsbereichs **allein** **73** **entscheiden,** ob ein Geheimnis offenbart werden soll. Ist das Geheimnis von entscheidender Bedeutung für die Gesellschaft, ist aber ein **Beschluss des Vorstands** erforderlich. Auch wenn ein Geheimnis gegenüber Personen offenbart werden soll, die nicht ihrerseits einer Verschwiegenheitspflicht unterliegen, wird idR ein Beschluss des Vorstands einzuholen sein.[170]

cc) Unzumutbarkeit. Die Verschwiegenheitspflicht besteht nicht, wenn es Vorstands- **74** mitgliedern unzumutbar ist, Stillschweigen über eine an sich geheimhaltungsbedürftige Tatsache zu bewahren, also das Geheimhaltungsinteresse der Gesellschaft ausnahmsweise gegenüber dem Eigeninteresse des Vorstandsmitglieds zurücktritt. Das kann insbesondere in Konfliktsituationen der Fall sein, also beispielsweise wenn sich das Vorstandsmitglied gegen seine Abberufung, gegen eine Inanspruchnahme durch die Gesellschaft oder sonst gegen Vorwürfe nur dadurch wehren kann, dass es Geheimnisse offenbart. In engen Grenzen

---

[163] *Hopt* in GroßkommAktG § 93 Rn. 210. Arbeitnehmer unterliegen während ihrer Tätigkeit für die Gesellschaft ihrerseits einer arbeitsvertraglichen Verschwiegenheitspflicht. Diese Pflicht ist auch durch § 17 Abs. 1 UWG sanktioniert. Der Vorstand muss pflichtgemäß entscheiden, ob er versucht, Arbeitnehmer auch über das Ende des Beschäftigungsverhältnisses hinaus zur Geheimhaltung zu verpflichten.
[164] *Hopt* in GroßkommAktG § 93 Rn. 211.
[165] *Fleischer* in Spindler/Stilz AktG § 93 Rn. 169.
[166] *Hopt* in GroßkommAktG § 93 Rn. 212.
[167] *Fleischer* in Spindler/Stilz AktG § 93 Rn. 170.
[168] Vgl. *Fleischer* in Spindler/Stilz AktG § 93 Rn. 170.
[169] *Fleischer* in Spindler/Stilz AktG § 93 Rn. 171.
[170] *Spindler* in MüKoAktG § 93 Rn. 141.

kann es auch gerechtfertigt sein, die Verschwiegenheitspflicht aufzuheben, wenn das Vorstandsmitglied Ansprüche gegen die Gesellschaft durchsetzen möchte.[171]

75 **dd) Informationsweitergabe im Konzern.** Besteht ein **Beherrschungsvertrag,** ist der Vorstand verpflichtet, alle vom herrschenden Unternehmen durch Weisung angeforderten Informationen weiterzugeben, es sei denn, die Informationsweitergabe dient offensichtlich nicht Konzerninteressen.

76 Besteht ein **faktisches Abhängigkeitsverhältnis** oder ein **faktischer Konzern** (§§ 311 ff. AktG), ist der Vorstand nicht verpflichtet, er kann aber berechtigt sein, Informationen an das herrschende Unternehmen weiterzugeben. Informationen dürfen weitergegeben werden, wenn sie einen Funktionsbezug zur Beteiligungsverwaltung oder zur Konzernleitung haben und die Informationsweitergabe für die faktisch abhängige AG nicht nachteilig ist oder etwaige Nachteile gemäß § 311 AktG ausgeglichen werden. Nachteile können beispielsweise Kosten sein, die für die Beschaffung und Aufbereitung der erbetenen Informationen entstehen. Daneben können dadurch Nachteile entstehen, dass das herrschende Unternehmen Informationen zur Förderung eigener unternehmerischer Zwecke (etwa zu Wettbewerbszwecken) verwendet. Verpflichtet sich das herrschende Unternehmen, Informationen ausschließlich zur konzerninternen Kontrolle und nicht zur Förderung eigener unternehmerischer Interessen zu verwenden, ist der Vorstand idR berechtigt, Informationen, die der Konzernleitung, der Konzernplanung und der Früherkennung bestandsgefährdender Risiken dienen, an das herrschende Unternehmen weiterzugeben.[172] In der Praxis bietet sich unter Umständen an, den Informationsaustausch im Konzern vertraglich zu regeln, um für die Beteiligten Klarheit zu schaffen.

77 **ee) Straf- und Zivilprozess.** Die Verschwiegenheitspflicht begründet **kein Zeugnisverweigerungsrecht im Strafprozess** und vor parlamentarischen Untersuchungsausschüssen.[173]

78 **Amtierende Vorstandsmitglieder** können im **Zivilprozess** nur als Partei vernommen werden und können ihre Vernehmung nach § 446 ZPO unter Berufung auf ihre organschaftliche Verschwiegenheitspflicht ablehnen. **Ausgeschiedene Vorstandsmitglieder** sind im **Zivilprozess** als Zeugen zu vernehmen und haben wegen ihrer fortdauernden Verschwiegenheitspflicht grundsätzlich ein Zeugnisverweigerungsrecht gemäß § 383 Abs. 1 Nr. 6 ZPO.[174]

6. Nachvertragliche Treuepflicht

79 Die organschaftliche Treuepflicht bindet das Vorstandsmitglied in gewissem Umfang auch **nach Ende des Organverhältnisses.** Dem Vorstandsmitglied ist es verwehrt, Geschäftschancen „mitzunehmen" und nach seinem Ausscheiden auszunutzen. Die nachvertragliche Pflichtenbindung betrifft aber nur solche Interessen der Gesellschaft, die auf Ereignissen oder Umständen aus der Amtszeit des Vorstandsmitglieds basieren. Zur Rücksichtnahme auf sonstige, gegenwärtige Interessen ist das ausgeschiedene Organmitglied nicht verpflichtet.[175]

7. Treuepflicht im Konzern

80 Innerhalb des Konzerns sind drei verschiedene Konstellationen zu unterscheiden. Bei Vorstandsmitgliedern der Obergesellschaft stellt sich die Frage, ob ihre organschaftliche Treuepflicht sich auch auf abhängige Gesellschaften oder den Gesamtkonzern erstreckt. Auf der Ebene der abhängigen Gesellschaft ist zu klären, ob der Vorstand (auch) die Belange

---

[171] *Spindler* in MüKoAktG § 93 Rn. 133.
[172] Vgl. *Habersack* in Emmerich/Habersack AktG § 311 Rn. 51a.
[173] *Fleischer* in Spindler/Stilz AktG § 93 Rn. 173.
[174] *Fleischer* in Spindler/Stilz AktG § 93 Rn. 174.
[175] *Hopt* in GroßkommAktG § 93 Rn. 183.

des herrschenden Unternehmens in den Blick nehmen muss. Schließlich können Vorstandsmitglieder auch Doppelmandate wahrnehmen.

Für den **Vorstand der herrschenden AG** ergeben sich aus der Konzernstruktur keine Besonderheiten: Die Treuepflicht des Vorstands der herrschenden AG gebietet es ihm, die Beteiligungen „seiner" Gesellschaft in deren Interesse und zu ihrem Nutzen zu verwalten.[176] Eine Treuepflicht unmittelbar gegenüber den Konzerngesellschaften besteht dagegen nicht. Vorstandsmitglieder unterliegen auch keiner Treuepflicht für den Gesamtkonzern (sie unterliegen auch keiner Konzernleitungspflicht; → § 11 Rn. 37).[177] Auch die **Vorstandsmitglieder einer abhängigen AG** sind nur dieser gegenüber unmittelbar zur Treue verpflichtet.

Die Gefahr von Interessenkonflikten ist besonders groß, wenn ein Vorstandsmitglied ein **Doppelmandat** wahrnimmt, also sowohl in der herrschenden als auch in einer beherrschten Gesellschaft ein Geschäftsleiteramt bekleidet. Solche Doppelmandate lässt das Aktienrecht dennoch ausdrücklich zu (vgl. § 88 Abs. 1 S. 2 AktG). Sie sind in der Praxis weit verbreitet. Ein Vorstandsmitglied, das in einer Konzerngesellschaft ein weiteres Geschäftsleiteramt ausübt, ist in zwei Pflichtenkreise eingebunden: Er ist beiden Gesellschaften gegenüber zur Leitung und zur Treue verpflichtet. Dabei kann sich das Vorstandsmitglied nicht darauf berufen, eine Verletzung seiner Organpflichten sei gerechtfertigt, weil er damit seine Organpflichten gegenüber der anderen Gesellschaft erfülle.[178] Der Vorstand muss sich also jeweils nach den Interessen der Gesellschaft richten, für die er gerade tätig ist.[179]

Fraglich ist, wie sich ein Vorstandsmitglied bei **unausweichlichen Interessenkollisionen** zu verhalten hat. Zu solchen unausweichlichen Interessenkollisionen kann es insbesondere im faktischen Konzern kommen. Im **Vertragskonzern** kann der Vorstand der Obergesellschaft den Vorstand der abhängigen Konzerngesellschaft anweisen. Der Vorstand der abhängigen Konzerngesellschaft ist dann gemäß § 308 Abs. 1 S. 2 AktG grundsätzlich verpflichtet, für das beherrschte Unternehmen nachteilige Weisungen auszuführen.[180] Im **faktischen Konzern** kommt ein Stimmverbot des Doppelmandatsträgers im Vorstand der Obergesellschaft analog § 34 BGB in Betracht. Entgegen einer älteren Auffassung im Schrifttum wird ein solches Stimmverbot aber überwiegend abgelehnt.[181] Nach der zutreffenden Auffassung dürfen Doppelmandatsträger auf der Ebene der abhängigen Gesellschaft nachteilige Maßnahmen (mit-)beschließen, wenn der entstehende Nachteil durch das herrschende Unternehmen gemäß § 311 AktG ausgeglichen wird. Daraus folgt die Pflicht des Vorstandsmitglieds zu prüfen, ob die Obergesellschaft zum Ausgleich bereit und in der Lage ist.[182] Kommt es regelmäßig zu unausweichlichen Interessenskonflikten, sollte das betreffende Vorstandsmitglied sein Doppelmandat niederlegen.[183]

8. Kreditgewährung an Vorstandsmitglieder

Eine weitere gesetzliche Ausprägung der organschaftlichen Treuepflicht ist die Regelung zur Kreditgewährung an Vorstandsmitglieder in § 89 AktG. Im Gegensatz zu anderen Rechtsordnungen[184] verbietet das deutsche Aktienrecht die Vergabe von Darlehen an Organmitglieder nicht. Eine Kreditgewährung ist gemäß § 89 Abs. 1 AktG aber nur auf Grundlage eines Aufsichtsratsbeschlusses zulässig, der die Modalitäten des Darlehens, insbe-

---

[176] *Spindler* in Fleischer, Handbuch des Vorstandsrechts, § 15 Rn. 41.
[177] *Spindler* in Fleischer, Handbuch des Vorstandsrechts, § 15 Rn. 42.
[178] *Spindler* in Fleischer, Handbuch des Vorstandsrechts, § 18 Rn. 128; *Hoffmann-Becking* ZHR 150 (1986), 570, 576 f.; *Kort* in GroßkommAktG § 76 Rn. 182.
[179] BGH NZG 2009, 744, 745; *Weber* in Hölters AktG § 76 Rn. 58.
[180] *Weber* in Hölters AktG § 76 Rn. 58.
[181] Vgl. *Weber* in Hölters AktG § 76 Rn. 59 mwN. Das *Recht* des Vorstands zur Stimmenthaltung soll nach einhelliger Auffassung unberührt bleiben.
[182] *Nodoushani* GWR 2009, 309, 310 f.
[183] Vgl. *Weber* in Hölters AktG § 76 Rn. 60.
[184] Vgl. die Nachweise bei *Fleischer* in Fleischer, Handbuch des Vorstandsrechts, § 9 Rn. 50 f.

sondere Verzinsung und Rückzahlung, regelt. Der Beschluss kann außerdem nur für bestimmte Kreditgeschäfte gefasst werden und muss Angaben über Grund und Höhe des Kredits enthalten.

85   Der in § 89 AktG verwendete Begriff des Kredits ist weit auszulegen. Er umfasst nicht nur den Grundtyp des Darlehens nach §§ 488 ff. BGB, sondern jede zeitweilige Überlassung von Geld- oder Sachmitteln.[185] Unter den Kreditbegriff im Sinne des § 89 AktG fallen daher auch Garantien, Bürgschaften, Schuldübernahmen und andere Personalsicherheiten.[186] Unter den Kreditbegriff fallen auch Ratenzahlungsgeschäfte und Stundungsabreden, jedenfalls soweit diese nicht völlig branchenüblich sind.[187] Ob das Geschäft für die Gesellschaft vorteilhaft ist, ist dabei unerheblich.[188] Die Entnahme von Vorschüssen auf die Bezüge des Vorstands wird durch § 89 Abs. 1 S. 4 AktG ausdrücklich einbezogen. Ausgenommen sind dagegen Kleinkredite, die ein Monatsgehalt nicht übersteigen (§ 89 Abs. 1 S. 5 AktG).

86   Ein verbotswidrig ohne Aufsichtsratsbeschluss abgeschlossener Darlehensvertrag ist nach ganz herrschender Auffassung nicht gemäß § 134 BGB nichtig,[189] da der Zweck des § 89 AktG dem Geschäft – der Kreditvergabe – nicht seinen wirtschaftlichen Erfolg nehmen, sondern Transparenz herstellen will.[190] Der ausgereichte Kredit ist aber nach § 89 Abs. 5 AktG sofort zurück zu gewähren, sofern der Aufsichtsrat der Kreditvergabe nicht nachträglich zustimmt.

E. Kapitalerhaltungspflicht

87   Nach § 57 Abs. 1 S. 1 AktG ist grundsätzlich jede Zuwendung der Gesellschaft an einen Aktionär außerhalb der Verteilung des Bilanzgewinns, die nicht durch eine besondere gesetzliche Regelung gestattet ist, unzulässig (sog. verbotene Einlagenrückgewähr).[191] § 57 AktG verbietet der AG aber nicht, mit Aktionären Geschäfte zu machen. Leistungen der AG an Aktionäre müssen jedoch durch einen vollwertigen Gegenleistungs- oder Rückgewähranspruch gedeckt sein (§ 57 Abs. 1 S. 3 Alt. 2 AktG). Bei **Austauschgeschäften** hat der Vorstand daher dafür zu sorgen, dass die AG eine Gegenleistung erhält, die **nicht in einem objektiven Missverhältnis** zu ihrer Leistung steht.[192] Dabei ist im Ausgangspunkt auf eine sog. „bilanzielle Betrachtungsweise" abzustellen: Die Gegenleistung, die die AG erhält, muss zumindest dem **bilanziellen Wert** der Leistung entsprechen, die sie an den Aktionär erbringt. Daneben ist der **Marktwert** der ausgetauschten Leistungen zu berücksichtigen: Ist etwa der bilanzielle Wert der von der AG erbrachten Leistung geringer als ihr Marktwert, muss die Gegenleistung des Aktionärs auch den höheren Marktwert abdecken.[193] Der Vorstand darf sich gegenüber Aktionären nicht auf Konditionen einlassen, die die AG Dritten nicht gewährt hätte, also zB eine Leistung über dem Marktpreis ein- oder unter dem Marktpreis verkaufen. Werden Gegenstände des Anlagevermögens veräußert, für die kein Marktpreis besteht, können Wiederbeschaffungswerte angesetzt werden. Veräußert oder erwirbt die AG ein **Unternehmen** oder einen Unternehmensteil, ist der nach aner-

---

[185] *Spindler* in MüKoAktG § 89 Rn. 9.
[186] *Fleischer* in Fleischer, Handbuch des Vorstandsrechts, § 9 Rn. 53.
[187] *Hüffer/Koch* AktG § 89 AktG Rn. 2.
[188] *Spindler* in MüKoAktG § 89 Rn. 62.
[189] *Spindler* in MüKoAktG § 89 Rn. 51.
[190] *Fleischer* in Fleischer, Handbuch des Vorstandsrechts, § 9 Rn. 66.
[191] Es spielt insofern keine Rolle, ob das offen (zB als Vorauszahlung auf die Dividende, die nicht von § 59 AktG gedeckt ist) oder verdeckt geschieht, vgl. Hüffer/*Koch* AktG § 57 Rn. 7 f.
[192] Dazu und zum Folgenden insgesamt *Bayer* in MüKoAktG § 57 Rn. 31 ff.; Hüffer/*Koch* AktG § 57 Rn. 8 ff.
[193] Das betrifft insbesondere die Veräußerung von Vermögensgegenständen, deren Bilanzwert stille Reserven enthält.

kannten Bewertungsmethoden ermittelte Wert des Unternehmens oder Unternehmensteils maßgeblich (insbesondere Bewertung nach IDW S 1 und – falls vorhanden – Börsenkurs).[194] Der Unternehmenswert entspricht dabei einer **Bandbreite:** Einzelne Bewertungsmethoden sind durch Spielräume und Prognosen geprägt, so dass sich bereits im Rahmen einzelner Bewertungsmethoden (etwa der Bewertung nach IDW S 1) nicht ein „exakter Unternehmenswert" ergibt, sondern eine Bandbreite, in der das Unternehmen vertretbar bewertet ist. Zudem gibt es mehrere anerkannte Bewertungsmethoden, die regelmäßig zu unterschiedlichen Ergebnissen hinsichtlich des Unternehmenswerts kommen. Die unterschiedlichen Ergebnisse mehrerer Bewertungsmethoden erweitern die Bandbreite, in der das Unternehmen vertretbar bewertet ist. Der Vorstand wird idR gut beraten sein, ein Bewertungsgutachten einzuholen.[195]

Möchte die AG Aktionären **Kredit gewähren,** hat der Vorstand zu prüfen, ob die AG im Zeitpunkt, in dem sie ihre Leistung erbringt (also etwa ein Darlehen valutiert), einen nach bilanziellen Grundsätzen vollwertigen, das heißt durchsetzbaren, Rückgewähranspruch hat. Zweifeln an der Bonität des Aktionärs kann etwa durch eine werthaltige Sicherheit Rechnung getragen werden.[196] Auch nach der Kreditgewährung hat der Vorstand fortlaufend zu überwachen, ob der Rückgewähranspruch durchsetzbar ist.[197] Die Intensität der Überwachungspflicht hängt von den Umständen des Einzelfalls ab (insbesondere Umfang des Kredits, Bonität des Aktionärs etc). Bei umfangreichen langfristigen Darlehen oder bei einem Cash-Management kann es erforderlich sein, ein Informations- oder „Frühwarnsystem" einzurichten.[198] Übernimmt die AG im Rahmen eines vom Großaktionär veranlassten Börsengangs das Prospekthaftungsrisiko, hat der Vorstand darauf zu achten, dass das Prospekthaftungsrisiko durch einen werthaltigen Freistellungsanspruch oder andere bilanziell wirksame Vorteile ausgeglichen wird.[199]

§ 57 AktG erfasst über seinen Wortlaut hinaus auch Konstellationen, in denen statt der AG ein Dritter leistet oder in denen statt eines Aktionärs ein Dritter Leistungsempfänger ist (Leistung durch oder an Dritte). Leistungen **durch Dritte** an Aktionäre sind etwa dann erfasst, wenn der Dritte für Rechnung der AG handelt.[200] Leistungen der AG **an Dritte** sind insbesondere dann erfasst, wenn die AG auf Veranlassung eines Aktionärs leistet.[201] Leistungen der AG an Ehegatten oder minderjährige Kinder von Aktionären sollen ohne weitere Voraussetzungen von § 57 AktG erfasst sein (§§ 89 Abs. 2 S. 1, 115 Abs. 2 AktG analog).[202]

Im **Konzern** gelten Besonderheiten: Bei **Bestehen eines Beherrschungs- oder Gewinnabführungsvertrags** ist § 57 AktG grundsätzlich nicht anwendbar (§§ 57 Abs. 1 S. 3 Alt. 1, 291 Abs. 3 AktG). Der Vorstand hat stattdessen insbesondere zu überwachen, ob das herrschende Unternehmen in der Lage ist, seine Verlustausgleichspflicht (§ 302 AktG) zu erfüllen.[203] Ist die AG lediglich **faktisch abhängig im Sinne der §§ 311 ff. AktG,** ist § 57 AktG soweit und solange aufgehoben, als eine an sich gegen § 57 AktG verstoßende Maßnahme gemäß § 311 AktG ausgeglichen werden kann (Nachteilsausgleich, indem bis zum Ende des Geschäftsjahrs anderweitige Vorteile oder ein Rechtsanspruch auf künftigen Nachteilsausgleich eingeräumt wird).[204]

---

[194] Hüffer/*Koch* AktG § 57 Rn. 10; *Drygala* in KK-AktG § 57 Rn. 64; *Bayer* in MüKoAktG § 57 Rn. 40.
[195] *Arnold/Gärtner,* FS Stilz, 2014, 7, 21 mwN.
[196] Hüffer/*Koch* AktG § 57 Rn. 25.
[197] Die Pflicht, fortlaufend zu überwachen, ob der Rückerstattungsanspruch durchsetzbar ist, ergibt sich nach herrschender Ansicht allerdings nicht aus § 57 AktG, sondern aus der allgemeinen Sorgfaltspflicht, § 93 Abs. 1 S. 1 AktG, vgl. *Laubert* in Hölters AktG § 57 Rn. 21.
[198] BGHZ 179, 71 Rn. 14 – MPS.
[199] BGHZ 190, 7 Rn. 15 – Telekom III; dazu etwa *Arnold/Aubel* ZGR 2012, 113, 132 ff.
[200] Hüffer/*Koch* AktG § 57 Rn. 17.
[201] Dazu allg. Hüffer/*Koch* AktG § 57 Rn. 17 ff.
[202] Hüffer/*Koch* AktG § 57 Rn. 19.
[203] Hüffer/*Koch* AktG § 57 Rn. 21.
[204] BGHZ 179, 71 Rn. 11 – MPS. Zum Nachteilsausgleich bei „Veranlassungen" durch Hauptversammlungsbeschluss eingehend *Arnold/Gärtner,* FS Stilz, 2014, 7 ff.

91 Wurde gegen § 57 AktG verstoßen, hat die AG grundsätzlich gemäß **§ 62 AktG** einen **Erstattungsanspruch**.[205] Anspruchsgegner ist der Aktionär, der die verbotene Leistung empfangen hat, oder dem die Leistung an einen Dritten zuzurechnen ist.[206] Ansprüche gemäß § 62 AktG sind besonders geschützt und unverzichtbar (§ 66 Abs. 2 iVm Abs. 1 S. 1 AktG). Der Vorstand **muss** sie daher grundsätzlich geltend machen. Er darf nur ausnahmsweise davon absehen, wenn tatsächliche oder rechtliche Ungewissheit über den Bestand oder Umfang der Ansprüche besteht.[207] Besteht tatsächliche oder rechtliche Ungewissheit über den Bestand oder Umfang der Ansprüche, darf der Vorstand für die Gesellschaft auch einen Vergleich über die Ansprüche abschließen.

92 Neben dem Aktionär, der die verbotene Leistung erhielt, haften unter den Voraussetzungen des § 93 Abs. 3 AktG auch Vorstandsmitglieder, die am Verstoß gegen § 57 AktG mitwirkten, auf Schadensersatz (→ § 11 Rn. 39 ff.).

F. Publizitätspflichten

93 Das Aktiengesetz regelt zahlreiche Publizitätspflichten des Vorstands:

I. Anmeldungen zur Eintragung in das Handelsregister

94 Eine Pflicht des Vorstands, Maßnahmen zur Eintragung in das Handelsregister anzumelden, regelt das Aktiengesetz insbesondere für Maßnahmen, die **erst mit Eintragung in das Handelsregister wirksam werden**. Grundsätzlich genügt es, wenn Vorstandsmitglieder dabei in vertretungsberechtigter Zahl handeln. Zur Eintragung anzumelden sind insbesondere:
– die Gesellschaft (§ 36 Abs. 1 AktG). Bei der Anmeldung der Gesellschaft zur Eintragung müssen ausnahmsweise sämtliche Mitglieder des Vorstands handeln, zudem alle Gründer und alle Mitglieder des Aufsichtsrats);
– eine Sitzverlegung (§ 45 Abs. 1 AktG);
– eine Satzungsänderung (§ 181 Abs. 1 AktG);
– Beschlüsse zu Kapitalmaßnahmen und die Durchführung von Kapitalmaßnahmen (vgl. etwa Beschluss und Durchführung einer Kapitalerhöhung gegen Einlagen nach §§ 184 Abs. 1, 188 Abs. 1 AktG; Beschluss einer bedingten Kapitalerhöhung nach § 195 Abs. 1 AktG; Beschluss und Durchführung einer Kapitalherabsetzung nach §§ 223, 227 Abs. 1 AktG)
– die Auflösung der Gesellschaft (§ 263 AktG);
– das Bestehen eines Unternehmensvertrags, die Art des Unternehmensvertrags (vgl. §§ 291 f. AktG) sowie den Namen des anderen Vertragsteils (§ 294 AktG), ebenso die Änderung (§ 295 Abs. 1 AktG) und die Beendigung eines Unternehmensvertrags einschließlich des Grunds und des Zeitpunkts der Beendigung (§ 298 AktG);
– ein Übertragungsbeschluss im Rahmen eines Ausschlusses von Minderheitsaktionären („Squeeze-Out", § 327e AktG).[208]

95 Die meisten der genannten Anmeldepflichten können vom Registergericht nicht durch ein Zwangsgeld erzwungen werden. § 407 Abs. 2 AktG regelt insofern für die aktienrechtlichen Anmeldepflichten eine Ausnahme zu § 14 HGB.

---

[205] Ansprüche nach § 62 AktG sind grds. auf gegenständliche Rückgewähr des unter Verstoß gegen § 57 AktG Geleisteten gerichtet, vgl. BGHZ 196, 312 Rn. 19.
[206] Vgl. Hüffer/*Koch* AktG § 62 Rn. 5.
[207] Vgl. BGHZ 191, 364 Rn. 20 ff. (zum kapitalaufbringungsrechtlichen Differenzhaftungsanspruch, der ebenfalls nach § 66 Abs. 1 AktG unverzichtbar ist).
[208] Auch aus anderen Gesetzen kann sich die Pflicht des Vorstands ergeben, Maßnahmen zur Eintragung in das Handelsregister anzumelden – s. etwa die sich aus § 16 Abs. 1 S. 1 UmwG ergebende Pflicht des Vorstands der an einer Verschmelzung beteiligten AG, die Verschmelzung zur Eintragung in das Register der AG anzumelden.

F. Publizitätspflichten 96–100 § 7

Daneben verpflichtet das Aktiengesetz den Vorstand, auch solche Maßnahmen zur Eintragung in das Handelsregister anzumelden, bei denen die **Eintragung lediglich deklaratorisch wirkt.** Das betrifft insbesondere Änderungen innerhalb des Vorstands oder der Vertretungsbefugnis eines Vorstandsmitglieds (§ 81 AktG) sowie die ersten Abwickler und ihre Vertretungsbefugnis (§ 266 Abs. 1 AktG). 96

Die Einzelheiten zur Anmeldung sind in den jeweiligen Vorschriften näher geregelt. Allgemein gilt, dass Anmeldungen zur Eintragung in das Handelsregister elektronisch in öffentlich beglaubigter Form und Dokumente elektronisch einzureichen sind (§ 12 Abs. 1 S. 1, Abs. 2 S. 1 HGB). Öffentliche Beglaubigung verlangt, dass die Erklärung schriftlich abgefasst und die Unterschrift des Erklärenden von einem Notar beglaubigt wird (§ 129 Abs. 1 S. 1 BGB). 97

II. Anmeldungen und Einreichungen zum Handelsregister

Manche Informationen sind zum Handelsregister anzumelden oder einzureichen, werden aber nicht in das Handelsregister eingetragen. Für die Anmeldung genügt in diesen Fällen die gewöhnliche Schriftform; eine öffentliche Beglaubigung ist nicht erforderlich.[209] Lediglich zum Handelsregister anzumelden sind insbesondere der Vorsitzende des Aufsichtsrats und der oder die Stellvertreter (§ 107 Abs. 1 S. 2 AktG). 98

Eingereichte Unterlagen können grundsätzlich beim Handelsregister eingesehen werden. Einzureichen sind insbesondere: 99
– wenn alle Aktien allein oder neben der Gesellschaft einem Aktionär gehören eine entsprechende Mitteilung unter Angabe von Name, Vorname, Geburtsdatum und Wohnort des alleinigen Aktionärs (§ 42 AktG);
– bei jeder Änderung in den Personen der Aufsichtsratsmitglieder eine Liste der Mitglieder des Aufsichtsrats, aus der Name, Vorname, ausgeübter Beruf und Wohnort der Mitglieder ersichtlich ist (§ 106 AktG);
– bei börsennotierten Gesellschaften eine öffentlich beglaubigte, bei nichtbörsennotierten Gesellschaften eine vom Vorsitzenden des Aufsichtsrats unterzeichnete Abschrift des Protokolls der Hauptversammlung einschließlich der Anlagen (§ 130 Abs. 5 AktG);
– der Beschluss der Hauptversammlung über die Ausgabe von Wandelschuldverschreibungen sowie eine Erklärung über die Ausgabe der Wandelschuldverschreibungen (§ 221 Abs. 2 S. 2 AktG);
– ein Urteil, das einer Anfechtungs- oder Nichtigkeitsklage gegen Hauptversammlungsbeschlüsse oder einer positiven Beschlussfeststellungsklage[210] stattgibt (§ 248 Abs. 1 S. 2 AktG). War der für nichtig erklärte Beschluss in das Handelsregister eingetragen, trägt das Registergericht von Amts wegen[211] auch das Urteil ein, das den Beschluss für nichtig erklärt. Betraf der Beschluss eine Satzungsänderung, muss der Vorstand auch den vollständigen Wortlaut der Satzung unter Berücksichtigung des Urteils und aller bisherigen Satzungsänderungen sowie einer Notarbescheinigung einreichen (§ 248 Abs. 2 AktG);
– eine beglaubigte Abschrift einer Klage auf Nichtigerklärung der Gesellschaft und das rechtskräftige Urteil (§ 275 Abs. 4 S. 2 AktG).

III. Bekanntmachungen in den Gesellschaftsblättern

Manche Informationen muss der Vorstand in den Gesellschaftsblättern – also jedenfalls im Bundesanzeiger (§ 25 S. 1 AktG) – bekanntmachen. Das sind insbesondere: 100
– wenn die Gesellschaft **nicht börsennotiert** ist, mitgeteilte Minderheits- und Mehrheitsbeteiligungen (§ 20 Abs. 6 AktG; → Rn. 109);

---

[209] Vgl. Hüffer/*Koch* AktG § 107 Rn. 11.
[210] Hüffer/*Koch* AktG § 248 Rn. 10.
[211] Hüffer/*Koch* AktG § 248 Rn. 11.

- dass der Aufsichtsrat nach Ansicht des Vorstands nicht nach den maßgebenden gesetzlichen Vorschriften zusammengesetzt ist (§ 97 Abs. 1 S. 1 AktG; vgl. ferner §§ 30 Abs. 3 S. 2, 31 Abs. 3 S. 1 AktG);
- die Aufforderung an die Aktionäre, ausstehende Einlagen zu leisten (§ 63 Abs. 1 S. 2 AktG);
- die Aufforderung an die Aktionäre, im Rahmen einer Kapitalerhöhung aus Gesellschaftsmitteln entstandene neue Aktien abzuholen (§ 214 Abs. 1 AktG);
- ein Hinweis auf den Beschluss der Hauptversammlung über die Ausgabe von Wandelschuldverschreibungen sowie die Erklärung über die Ausgabe der Wandelschuldverschreibungen (§ 221 Abs. 2 S. 2 AktG);
- bei **börsennotierten** Gesellschaften nach rechtskräftiger Zulassung einer Haftungsklage gemäß § 148 AktG der Antrag auf Zulassung und die Verfahrensbeendigung sowie Vereinbarungen, die zur Vermeidung eines Prozesses geschlossen werden (§ 149 Abs. 1, Abs. 3 AktG);
- die Erhebung einer Anfechtungs- oder Nichtigkeitsklage und der Termin zur mündlichen Verhandlung (§§ 246 Abs. 4, 249 Abs. 1 S. 1 AktG), bei börsennotierten Gesellschaften auch die Verfahrensbeendigung (§§ 248a, 249 Abs. 1 S. 1 AktG);
- die abschließenden Feststellungen der Sonderprüfer zu einer Prüfung wegen behaupteter unzulässiger Unterbewertung (§ 259 Abs. 5 AktG);
- die Erhebung einer Klage auf Nichtigerklärung der Gesellschaft und der Termin zur mündlichen Verhandlung (§ 275 Abs. 4 S. 1 iVm § 246 Abs. 4 AktG), bei **börsennotierten** Gesellschaften auch die Verfahrensbeendigung (§ 275 Abs. 4 S. 1 iVm § 248a AktG).

IV. Übermittlungen an das Unternehmensregister

101 Das Unternehmensregister (§ 8b HGB) ist kein originäres Veröffentlichungsmedium. Es agiert als sog. Metaregister[212] und soll einen einheitlichen Zugang zu wesentlichen Informationen über Unternehmen ermöglichen *("one stop shop")*[213]. Das Unternehmensregister selbst hat deshalb keine Publizitätswirkung nach § 15 HGB.[214] Neben den Handelsregisterdaten und den Informationen aus dem elektronischen Bundesanzeiger finden sich dort insbesondere auch von börsennotierten Unternehmen veröffentlichte Ad-hoc-Mitteilungen (§ 15 Abs. 1 S. 1 Hs. 2, Abs. 1 S. 4 und 5 WpHG; → Rn. 120 ff.) und die kapitalmarktrechtliche Finanzberichterstattung (§§ 37v ff. WpHG; → Rn. 130, § 10 Rn. 157 ff.). Die kapitalmarktrechtlichen Veröffentlichungen sind von der Gesellschaft selbst an das Unternehmensregister zu übermitteln (§ 8b Abs. 3 S. 1 Nr. 2 HGB; die übrigen Inhalte werden durch das Handelsregister bzw. den Betreiber des Bundesanzeigers übermittelt).

V. Veröffentlichungen auf der Internetseite

102 Bei **börsennotierten** Gesellschaften muss der Vorstand Informationen im Zusammenhang mit der Hauptversammlung auf der *Internetseite der Gesellschaft* veröffentlichen. Das betrifft insbesondere den Inhalt der Einberufung und die der Hauptversammlung zugänglich zu machenden Unterlagen (also beispielsweise Jahresabschluss und Lagebericht, vgl. § 124a AktG) sowie die festgestellten Abstimmungsergebnisse der Hauptversammlung (§ 130 Abs. 6 AktG). Auch kapitalmarktrechtliche Informationen, wie zB Ad-hoc-Mitteilungen,

---

[212] *Krafka* in MüKoHGB § 8b Rn. 4.
[213] *Hopt* in Baumbach/Hopt HGB § 8b HGB Rn. 1.
[214] *Hopt* in Baumbach/Hopt HGB § 8b HGB Rn. 3.

müssen auf der Internetseite der Gesellschaft veröffentlicht werden (zu den kapitalmarktrechtlichen Veröffentlichungspflichten → § 10 Rn. 157 ff.).

Vorstand und Aufsichtsrat börsennotierter Gesellschaften müssen ferner die **Erklärung zum Corporate Governance Kodex** dauerhaft auf der Internetseite der Gesellschaft zugänglich machen (§ 161 Abs. 2 AktG). Das Gleiche gilt für die Erklärung zur Unternehmensführung, sofern diese nicht innerhalb des Lageberichts veröffentlich wird (vgl. § 289a Abs. 1 HGB; die Publizitätspflichten im Zusammenhang mit der Rechnungslegung werden unter → § 10 ausführlich dargestellt).

VI. Angaben auf Geschäftsbriefen

Auf Geschäftsbriefen der Gesellschaft müssen die Rechtsform, der Sitz, das Registergericht des Sitzes der Gesellschaft und die Nummer, unter der die Gesellschaft in das Handelsregister eingetragen ist, sowie alle Vorstandsmitglieder und der Vorsitzende des Aufsichtsrats mit dem Familiennamen und mindestens einem ausgeschriebenen Vornamen angegeben werden (§ 80 Abs. 1 S. 1 AktG). Ist ein Vorstandsvorsitzender ernannt, ist dieser als solcher zu bezeichnen (§ 80 Abs. 1 S. 2 AktG). Angaben zum Gesellschaftskapital sind nicht vorgeschrieben, aber zulässig. Werden Angaben zum Gesellschaftskapital gemacht, müssen das Grundkapital und etwa ausstehende Bareinlagen angegeben werden (§ 80 Abs. 1 S. 3 AktG).

Der Begriff des Geschäftsbriefs ist **weit auszulegen.** Erfasst sind sämtliche schriftlichen oder elektronischen (zB E-Mail-)Mitteilungen der Gesellschaft, die sich an einen bestimmten außenstehenden Empfänger richten. Dazu gehören beispielsweise Preislisten, Rechnungen, Quittungen und Lieferscheine.[215] Auch Bestellscheine gelten ausdrücklich als Geschäftsbriefe (§ 80 Abs. 3 AktG).

Nicht erforderlich sind die für Geschäftsbriefe vorgeschriebenen Angaben, wenn im Rahmen bestehender Geschäftsbeziehungen üblicherweise Vordrucke verwendet werden, in denen lediglich die im Einzelfall erforderlichen besonderen Angaben einzufügen sind (§ 80 Abs. 2 AktG). Eine bestehende Geschäftsbeziehung setzt voraus, dass der Adressat die nach § 80 Abs. 1 AktG geforderten Angaben zumindest einmal bereits schriftlich erhalten hat. Ob üblicherweise Vordrucke verwendet werden, ist branchenspezifisch und einzelfallbezogen zu ermitteln.[216]

VII. Beteiligungspublizität

Nach den §§ 20 ff. AktG, §§ 21 ff. WpHG bestehen Pflichten, Beteiligungen an Gesellschaften mitzuteilen. Dabei ist zum einen danach zu unterscheiden, ob es um Beteiligungen geht, die andere an der Gesellschaft halten, oder um Beteiligungen, die die Gesellschaft selbst an anderen Gesellschaften hält. Zum anderen ist danach zu unterscheiden, ob die Gesellschaft, an der Beteiligungen bestehen, börsennotiert ist oder nicht:

1. Andere halten Beteiligungen an der Gesellschaft

a) Gesellschaft ist nicht börsennotiert

Halten andere Beteiligungen an der Gesellschaft und ist die Gesellschaft nicht börsennotiert, müssen andere Unternehmen der Gesellschaft unverzüglich Folgendes mitteilen:
– einem anderen **Unternehmen** gehören **mehr als 25 % der Aktien.** Dabei werden dem Unternehmen Aktien zugerechnet, die abhängigen Unternehmen gehören (§ 20 Abs. 1 AktG), ferner Aktien, deren Übereignung das Unternehmen verlangen kann oder

---

[215] Hüffer/*Koch* AktG § 80 Rn. 2.
[216] Hüffer/*Koch* AktG § 80 Rn. 5.

zu deren Abnahme das Unternehmen verpflichtet ist (§ 20 Abs. 2 AktG; dem Unternehmen stehen abhängige Unternehmen und solche natürlichen oder juristischen Personen gleich, die für Rechnung des Unternehmens handeln);
– einer anderen **Kapitalgesellschaft** gehören mehr als 25% der Aktien, **ohne** dass ihr gemäß § 20 Abs. 2 AktG Aktien zugerechnet werden (§ 20 Abs. 3 AktG);
– einem anderen **Unternehmen** gehört eine **Mehrheitsbeteiligung** an der Gesellschaft (§ 20 Abs. 4 AktG);
– einem anderen **Unternehmen** gehören **nicht länger mehr als 25% der Aktien;**
– einer anderen **Kapitalgesellschaft** gehören nicht länger mehr als 25% der Aktien, **ohne** dass ihr gemäß § 20 Abs. 2 AktG Aktien zugerechnet werden;
– einem anderen **Unternehmen** gehört **nicht länger eine Mehrheitsbeteiligung** (§ 20 Abs. 4 AktG).

109 Der **Vorstand** der Gesellschaft ist **verpflichtet,** unverzüglich in den Gesellschaftsblättern bekannt zu machen, dass ihm mitgeteilt wurde, dass eine Beteiligung von mehr als 25% oder eine Mehrheitsbeteiligung besteht, oder dass nicht länger eine Beteiligung von mehr als 25% oder eine Mehrheitsbeteiligung besteht (§ 20 Abs. 6 AktG).

b) Gesellschaft ist börsennotiert

110 Ist die Gesellschaft börsennotiert und ist die Bundesrepublik Deutschland ihr Herkunftsstaat, treffen „jedermann" – nicht nur andere Unternehmen – Mitteilungspflichten, und zwar bereits bei geringen Beteiligungsschwellen: Eine Mitteilungspflicht hat, wer unmittelbar oder mittelbar 3%, 5%, 10%, 15%, 20%, 25%, 30%, 50% oder 75% der Stimmrechte erreicht, überschreitet oder unterschreitet (§ 21 Abs. 1 S. 1 WpHG; die Mitteilungspflichten gemäß § 20 AktG gelten daneben nicht, § 20 Abs. 8 AktG). Zudem besteht eine Mitteilungspflicht, wenn die Aktien der Gesellschaft erstmalig zum Handel zugelassen werden und dem Mitteilungspflichtigen in diesem Zeitpunkt bereits 3% oder mehr der Stimmrechte zustehen (§ 21 Abs. 1a WpHG). Zu berücksichtigen sind ferner §§ 22ff. WpHG, die die Zurechnung und Nichtberücksichtigung von Stimmrechten und Mitteilungspflichten beim Halten von Finanzinstrumenten und sonstigen Instrumenten regeln.

111 Der **Vorstand** der börsennotierten AG ist **verpflichtet,** zugegangene Mitteilungen unverzüglich in im EU- und EWR-Raum weit verbreiteten Medien (vgl. § 3a Abs. 1, Abs. 2 WpAIV) zu veröffentlichen, dem Unternehmensregister zu übermitteln und die Veröffentlichung der Bundesanstalt für Finanzdienstleistungsaufsicht **(BaFin)** mitzuteilen (§ 26 Abs. 1 S. 1, Abs. 2 WpHG).

2. Gesellschaft hält Beteiligungen

112 Hält die Gesellschaft Beteiligungen an **nicht börsennotierten** Kapitalgesellschaften oder Unternehmen mit Sitz im Inland, muss der Vorstand diesen gegenüber unverzüglich die unter → Rn. 108 dargestellten Mitteilungspflichten nach § 20 AktG erfüllen. Hält die Gesellschaft Beteiligungen an **börsennotierten** Gesellschaften, für die die Bundesrepublik Deutschland der Herkunftsstaat ist, treffen den Vorstand die Mitteilungspflichten nach §§ 21ff. WpHG.

113 Ist die Gesellschaft **selbst börsennotiert** und erreicht, überschreitet oder unterschreitet durch Erwerb, Veräußerung oder auf sonstige Weise **in Bezug auf eigene Aktien** die Schwellen von 3%, 5% oder 10%, muss der Vorstand dies ebenfalls unverzüglich in im EU- und EWR-Raum weit verbreiteten Medien (vgl. § 3a Abs. 1, Abs. 2 WpAIV) veröffentlichen, dem Unternehmensregister übermitteln und die Veröffentlichung der BaFin mitteilen (§ 26 Abs. 1 S. 2, Abs. 2 WpHG).

114 Sind die Gesellschaft und eine andere AG oder KGaA **wechselseitig beteiligt,** das heißt gehören jedem Unternehmen mehr als 25% der Anteile des anderen Unternehmens (§ 19 Abs. 1 AktG), müssen sie einander unverzüglich die Höhe ihrer Beteiligung und jede Änderung schriftlich mitteilen (§ 328 Abs. 4 AktG).

3. Rechtsfolgen bei Verstößen

a) Verstoß gegen Bekanntmachungspflichten

Bislang ist noch ungeklärt, ob es **Schadensersatzansprüche** auslöst, wenn eine nicht börsennotierte Gesellschaft eine ihr mitgeteilte Beteiligung nicht in den Gesellschaftsblättern bekanntmacht.[217] Verstößt die börsennotierte Gesellschaft gegen die **Publizitätspflichten gemäß § 26 Abs. 1 S. 1, S. 2 WpHG,** ist die BaFin zur **Ersatzvornahme** befugt (§ 4 Abs. 6 WpHG). Ein Verstoß ist daneben **ordnungswidrig** gemäß § 39 Abs. 2 Nr. 5c WpHG.

b) Verstoß gegen Mitteilungspflichten

Verstößt der Vorstand gegen Mitteilungspflichten gemäß **§§ 20 Abs. 1 und Abs. 4, 21 Abs. 1 und Abs. 2 AktG oder § 21 WpHG,** bestehen die Rechte der Gesellschaft aus den betroffenen Anteilen grundsätzlich für die Zeit nicht, für die Mitteilungspflichten verletzt wurden (§§ 20 Abs. 7, 21 Abs. 4 AktG, § 28 WpHG). Die Gesellschaft kann also insbesondere Stimmrechte nicht ausüben. Dividendenansprüche und Ansprüche auf den Abwicklungserlös ruhen jedoch nur dann, wenn sich die Gesellschaft hinsichtlich des Verstoßes vorsätzliches Handeln zurechnen lassen muss (§§ 20 Abs. 7 S. 2, 21 Abs. 4 S. 2 AktG, § 28 S. 2 WpHG).

Mit Blick auf diese scharfe Sanktion muss der Vorstand beim Erwerb und der Veräußerung, aber auch etwa beim konzerninternen „Umhängen" von Beteiligungen, stets sorgfältig prüfen, ob und welche Mitteilungspflichten bestehen. Auch wegen der komplizierten Zurechnungsregeln wird es häufig erforderlich sein, sachkundige Berater einzuschalten, sofern nicht in der Gesellschaft selbst ausreichende Kenntnisse verfügbar sind.

Werden **Mitteilungspflichten gemäß § 21 Abs. 1 WpHG** vorsätzlich oder leichtfertig nicht oder nicht ordnungsgemäß erfüllt, ist dies ferner **ordnungswidrig** gemäß § 29 Abs. 2 Nr. 2e WpHG. Ob Verstöße gegen Mitteilungspflichten zu einer **Schadensersatzpflicht** der Gesellschaft, an der die Beteiligung besteht, gegenüber ihren gegenwärtigen oder zukünftigen Aktionären führen können, ist noch nicht abschließend geklärt.[218]

4. Pflichten des Vorstands im Hinblick auf Rechte aus Aktien

Der Vorstand ist verpflichtet dafür zu sorgen, dass an der Hauptversammlung und insbesondere an der Beschlussfassung der Hauptversammlung nur **Aktionäre teilnehmen, die ein Stimmrecht haben.** Auch die Dividende darf der Vorstand nur an Aktionäre zahlen, die ein Dividendenrecht haben. Eine Pflicht des Vorstands, nachzuforschen, ob Aktionäre ihre Mitteilungspflichten gegenüber der Gesellschaft erfüllen, ist aber lediglich in Ausnahmefällen anzunehmen, etwa wenn konkrete Verdachtsmomente bestehen.[219] Besteht ausnahmsweise eine Nachforschungspflicht, haftet der Vorstand auf Schadensersatz, wenn er nicht verhindert, dass Aktionäre an der Beschlussfassung der Hauptversammlung teilnehmen, deren Stimmrechte ruhen. Das Gleiche gilt, wenn er eine Dividende an Aktionäre auszahlen lässt, deren Dividendenbezugsrechte ruhen.

---

[217] Vgl. zu § 20 Abs. 6 AktG *Emmerich* in Emmerich/Habersack AktG § 20 Rn. 64; zu § 26 Abs. 1 WpHG *U. H. Schneider* in Assmann/U. H. Schneider WpHG § 26 Rn. 70, jeweils mwN zum Meinungsstand.

[218] Vgl. zu § 20 Abs. 6 AktG *Emmerich* in Emmerich/Habersack AktG § 20 Rn. 64; zu § 21 WpHG *U. H. Schneider* in Assmann/U. H. Schneider WpHG § 28 Rn. 79 ff., jeweils mwN zum Meinungsstand.

[219] Vgl. *Bayer* in MüKoAktG § 20 Rn. 87; strenger offenbar *U. H. Schneider* in Assmann/U. H. Schneider WpHG § 28 Rn. 72 ff. (Vorstand und Aufsichtsrat müssen Ermittlungen anstellen, ob Stimm- und Dividendenbezugsrecht ruht).

VIII. Ad-Hoc-Publizität

120 Börsennotierte Gesellschaften sind verpflichtet, Insiderinformationen im Weg der **Ad-hoc-Publizität** nach § 15 WpHG zu veröffentlichen. § 15 WpHG verpflichtet die Gesellschaft („Inlandsemittent"), Insiderinformationen im Sinn des § 13 WpHG unverzüglich zu veröffentlichen. Durch diese Ad-hoc-Publizität soll der Kapitalmarkt unverzüglich kursrelevante Informationen erhalten, um diese Informationen unmittelbar einpreisen zu können. Zugleich soll die Regelung Insiderhandel, der nach § 14 WpHG verboten ist, verhindern.[220]

121 Gemäß § 13 WpHG ist eine **Insiderinformation** eine konkrete Information über nicht öffentlich bekannte Umstände, die sich auf einen oder mehrere Emittenten von Insiderpapieren oder die Insiderpapiere selbst beziehen und die geeignet sind, im Fall ihres öffentlichen Bekanntwerdens den Börsen- oder Marktpreis der Insiderpapiere erheblich zu beeinflussen. Wann eine Insiderinformation im Einzelfall vorliegt, ist nicht immer leicht zu bestimmen. Maßstab für die Beurteilung ist der „verständige Anleger" (§ 15 Abs. 1 S. 2 WpHG). Der Emittentenleitfaden der BaFin[221] enthält in Abschnitt IV.2.2 Definitionen und Beispiele für Insiderinformationen. In der Vergangenheit war es insbesondere bei sog. **mehrstufigen Entscheidungsprozessen** strittig, wann eine Insiderinformation entsteht. Der EuGH entschied zwischenzeitlich, dass auch ein Zwischenschritt zum jeweiligen Ereignis eine Insiderinformation sein kann, sofern die Information spezifisch genug ist, „dass sie einen Schluss auf die möglichen Auswirkungen der fraglichen Reihe von Umständen…auf die Kurse von Finanzinstrumenten zulässt".[222] Der Emittent kann in solchen Fällen prüfen, ob die Voraussetzungen für eine **Befreiung** gemäß § 15 Abs. 3 WpHG vorliegen.

122 Ob der Emittent von der Veröffentlichung **gemäß § 15 Abs. 3 WpHG absehen** kann, hat er selbst zu entscheiden; einer Befreiung durch die BaFin bedarf es nicht. Er kann die Veröffentlichung so lange aufschieben, wie es der Schutz seiner berechtigten Interessen erfordert, keine Irreführung der Öffentlichkeit zu befürchten ist und er die Vertraulichkeit der Insiderinformation gewährleisten kann. Der Emittentenleitfaden der BaFin gibt in Abschnitt IV.3 Richtlinien, wie § 15 Abs. 3 WpHG auszulegen ist. Liegen die Voraussetzungen einer Befreiung nicht mehr vor, ist die Veröffentlichung unverzüglich nachzuholen.

123 Insiderinformationen (Ad-hoc-Mitteilungen) sind über Medien, elektronische Informationsverbreitungssysteme, die Internetseite des Emittenten sowie durch Übermittlung an das Unternehmensregister, die Börse und die BaFin zu **veröffentlichen** (§ 15 WpHG, §§ 3a, 5 WpAIV). Inhalt, Art und Form der Veröffentlichung sind in §§ 8 und 9 WpAIV geregelt.

124 Verstößt die Gesellschaft gegen ihre Mitteilungspflichten, macht sie sich gemäß §§ 37b, 37c WpHG **schadensersatzpflichtig.** Zudem droht eine Geldbuße, da der Verstoß gegen die Mitteilungspflichten eine Ordnungswidrigkeit ist (§ 39 Abs. 2 Nr. 5a WpHG), die mit einem Bußgeld von bis zu einer Million Euro bewehrt ist. Die Geldbuße kann sich gegen **Vorstandsmitglieder** (vgl. § 130 OWiG) und die **Gesellschaft** (§ 30 OWiG) richten.[223] Zur strafrechtlichen Verantwortlichkeit des Vorstands → § 12.

IX. Directors' Dealings

125 § 15a WpHG richtet sich **unmittelbar an Führungspersonen** von Emittenten mit börsenzugelassenen Aktien. Diese Führungspersonen sind verpflichtet, eigene Geschäfte in

---

[220] *Assmann* in Assmann/U. H. Schneider WpHG § 15 Rn. 6.
[221] Der Emittentenleitfaden der BaFin (4. Aufl. 2013) ist abrufbar unter www.bafin.de.
[222] EuGH WM 2012, 1807.
[223] *Assmann* in Assmann/U. H. Schneider WpHG § 15 Rn. 291, 299; *Vogel* in Assmann/U. H. Schneider WpHG § 39 Rn. 70, 74.

F. Publizitätspflichten

den Aktien oder darauf bezogene Finanzinstrumente der Gesellschaft innerhalb von fünf Werktagen dem Emittenten und der BaFin zu melden sowie anschließend dem Unternehmensregister gemäß § 8b HGB zu übermitteln.

Zu den Führungspersonen zählen neben Vorstandsmitgliedern auch Aufsichtsratsmitglieder sowie sonstige Personen, die regelmäßig Zugang zu Insiderinformationen haben und zu wesentlichen unternehmerischen Entscheidungen ermächtigt sind (sog. **top executives**).[224] Zu den top executives können zB Generalbevollmächtigte zählen.[225] § 15a Abs. 1 S. 2 WpHG dehnt die Pflicht auf Personen aus, die mit einer Führungsperson **in einer engen Beziehung** stehen. Als Person, die in enger Beziehung zu einer Führungsperson steht, gelten **Ehegatten** und **eingetragene Lebenspartner** sowie **unterhaltsberechtigte Kinder** und **im selben Haushalt lebende Verwandte,** nicht aber geschiedene Ehegatten oder Partner einer nichtehelichen Lebensgemeinschaft.[226] Die Mitteilungspflicht besteht ausnahmsweise nicht, wenn der Wert der innerhalb eines Kalenderjahrs getätigten Geschäfte 5000 Euro nicht erreicht (§ 15a Abs. 1 S. 5 WpHG).

„Geschäft" meint jedes gewillkürte Geschäft, das nicht lediglich darauf gerichtet ist, dass ein Wertpapier vorübergehend übertragen wird.[227] Als eigenes Geschäft gilt der **Kauf und Verkauf** von Aktien und Finanzinstrumenten. Ein Geschäft liegt bereits mit Abschluss des schuldrechtlichen Vertrags, nicht erst mit der dinglichen Erfüllung vor.[228] Wertpapierleihen wie auch Übertragungen kraft Gesetzes oder kraft Hoheitsakt fallen zB nicht unter § 15a WpHG.[229] Bei Schenkungen ist dies umstritten.[230] Entsprechend der Verwaltungsrechtspraxis der BaFin soll auch der Erwerb von Finanzinstrumenten auf arbeitsvertraglicher Grundlage oder als Vergütungsbestandteil nicht in den Anwendungsbereich des § 15a WpHG fallen.[231] Praktische Hinweise zur Anwendung der Vorschrift enthält der Emittentenleitfaden.[232]

Der **Emittent** hat Informationen nach § 15a Abs. 1 WpHG unverzüglich zu veröffentlichen und der BaFin die Veröffentlichung zeitgleich mitzuteilen. Er hat die Informationen außerdem gemäß § 8b HGB unverzüglich, jedoch nicht vor ihrer Veröffentlichung, dem Unternehmensregister zu übermitteln. Die Informationen sind über Medien, elektronische Informationsverbreitungssysteme, die Internetseite des Emittenten sowie durch Übermittlung an das Unternehmensregister, die Börse und die BaFin zu veröffentlichen (§ 15a Abs. 4 WpHG, § 3a WpAIV). Welchen Inhalt die Veröffentlichung haben muss, ist § 12 WpAIV zu entnehmen.

Ob ein Verstoß gegen § 15a WpHG eine **Schadensersatzpflicht** nach allgemeinem Deliktsrecht auslöst, ist noch nicht geklärt.[233] §§ 37b und 37c WpHG gelten insoweit nicht. Eine Schadensersatzpflicht nach § 823 Abs. 2 BGB wird zwar abgelehnt, weil § 15a WpHG kein Schutzgesetz sei. Es kommt aber eine Haftung nach § 826 BGB in Betracht.[234] Im Einzelfall kann ein Verstoß auch als **Marktmanipulation** nach § 20a WpHG angesehen werden, der nach § 38 Abs. 1 und 2 WpHG **strafbewehrt** ist (zur strafrechtli-

---

[224] *Kumpan* in Baumbach/Hopt WpHG § 15a Rn. 1. So auch die Ansicht von CESR (Committee of European Securities Regulators – Ausschuss der Europäischen Aufsichtsbehörden für das Wertpapierwesen).
[225] *Assmann* in Assmann/U. H. Schneider WpHG § 15 Rn. 39.
[226] *Sethe* in Assmann/U. H. Schneider WpHG § 15a Rn. 46–50.
[227] *Sethe* in Assmann/U. H. Schneider WpHG § 15a Rn. 39.
[228] *Sethe* in Assmann/U. H. Schneider WpHG § 15a Rn. 71; *Heinrich* in Kölner Komm. WpHG § 15a Rn. 52.
[229] *Sethe* in Assmann/U. H. Schneider WpHG § 15a Rn. 80, 82.
[230] *Sethe* in Assmann/U. H. Schneider WpHG § 15a Rn. 78; *Heinrich* in Kölner Komm. WpHG § 15a Rn. 55.
[231] Emittentenleitfaden der BaFin 2013, Abschnitt V.3.7.11, S. 84; *Heinrich* in Kölner Komm. WpHG § 15a Rn. 62.
[232] Abschnitt V. des Emittentenleitfadens der BaFin 2013.
[233] *Sethe* in Assmann/U. H. Schneider WpHG § 15a Rn. 140.
[234] *Heinrich* in Kölner Komm. WpHG § 15a Rn. 84; *Sethe* in Assmann/U. H. Schneider WpHG § 15a Rn. 141.

chen Verantwortlichkeit → § 12 Rn. 160 ff.).²³⁵ Ein Verstoß gegen die Mittelungspflicht fällt außerdem unter den bußgeldbewehrten **Ordnungswidrigkeitstatbestand** des § 39 Abs. 2 Nr. 2d WpHG. Das Bußgeld kann bei Vorsatz bis zu 100 000 Euro (§ 39 Abs. 4 WpHG), bei Leichtfertigkeit bis zu 50 000 Euro (§ 17 Abs. 2 OWiG; einfache Fahrlässigkeit reicht nicht aus) betragen. Das Bußgeld kann im Einzelfall auch höher sein: § 17 Abs. 4 S. 2 OWiG ordnet an, dass durch die Geldbuße der wirtschaftliche Vorteil, den der Täter aus der Ordnungswidrigkeit gezogen hat, abgeschöpft werden soll. Verstößt der Emittent gegen seine Veröffentlichungspflicht, ist dies gemäß § 39 Abs. 2 Nr. 5b WpHG ebenfalls eine bußgeldbewehrte Ordnungswidrigkeit. Das Bußgeld wird in erster Linie gegen die **Verantwortlichen** festgesetzt. Es kann daneben aber auch gegen die **Gesellschaft** festgesetzt werden (§ 30 OWiG).²³⁶

X. Rechnungslegung und kapitalmarktrechtliche Finanzberichterstattung

130 Die Publizitätspflichten im Zusammenhang mit der Rechnungslegung werden eingehend unter → § 10 dargestellt. Den Vorstand einer börsennotierten Gesellschaft trifft über die handelsrechtliche Rechnungslegung hinaus die Pflicht zur unterjährigen kapitalmarktrechtlichen Finanzberichterstattung gemäß §§ 37v ff. WpHG. Zu beachten ist, dass es **strafbar** ist, die Verhältnisse der Gesellschaft in den Rechnungslegungsunterlagen und Finanzberichten unrichtig wiederzugeben oder zu verschleiern (§ 331 HGB bzw. § 400 AktG).

---

²³⁵ *Sethe* in Assmann/U. H. Schneider WpHG § 15a Rn. 136; *Heinrich* in Kölner Komm. WpHG § 15a Rn. 83.
²³⁶ *Vogel* in Assmann/U. H. Schneider WpHG § 39 Rn. 70, 74.

§ 8 Personal- und Sozialwesen

Inhaltsübersicht

	Rn.
A. Personalverantwortung im Unternehmen	1
I. Vorbemerkung	1
II. Führung	6
1. Führungsaufgabe der Vorgesetzten	6
2. Weisungs-/Direktionsrecht	9
3. Führungswille	11
4. Führungsfähigkeit	12
5. Fach- und Führungsaufgabe	15
6. Personalführung in Kooperation	17
III. Betreuungsverantwortung	23
1. Führungsgrundsätze	24
2. Mitarbeiterbetreuung	27
3. Unternehmenskultur	30
4. Unternehmensorganisation und Betreuung	33
5. Personalverwaltung	34
B. Aufgaben des Personal- und Sozialwesens	36
I. Verantwortlicher Personalleiter	36
1. Qualifikation des Personalleiters	37
2. Residenzpflicht	41
II. Aufgaben des Personalleiters	42
1. Personalbereitstellung/Personalstrategie	42
2. Personalentwicklung	45
3. Bedarfsplanung	49
4. Stellenbeschreibung	50
5. Fördersysteme	54
a) Inhalt	56
b) Beurteilungs- und Förderungsgespräche	65
6. Vorgesetztenbeurteilung	69
7. Personalcontrolling	70
III. Außenwirkung des Personalleiters innerhalb des Unternehmens	76
1. Unternehmenszeitung/-magazin	77
2. Kurzinformationen	78
3. Betriebsversammlung	79
4. Betriebsräteversammlung	80
5. Mitarbeiterversammlung	81
6. Tag der offenen Tür	82
IV. Aufgaben des Personalleiters außerhalb des Unternehmens	83
1. Bundesagentur für Arbeit	84
2. Verbände	85
3. Arbeits- und Sozialgerichtsbarkeit	87
4. Berufsgenossenschaften	88
5. Industrie- und Handelskammer	89
6. Sonstige	90
a) Berater	91
b) Versicherungsanstalten	92
c) Krankenkassen	93
d) Schulen	94
e) Hochschulen	95

	Rn.
f) Kommunale Einrichtungen	97
7. Aufgabenerweiterung	98

C. Führungskräfte ... 99
   I. Obere Führungskräfte ... 99
   II. Leitende Angestellte im Betriebsverfassungsrecht ... 108

D. Mitarbeiter im Unternehmen ... 118
   I. Berufsbildung ... 118
      1. Ausbildung ... 118
      2. Weiterbildung ... 121
   II. Anforderungen des Arbeitsverhältnisses ... 122
      1. Suche und Anwerbung ... 122
      2. Bewerbungsgespräch ... 129
      3. Assessment ... 131
      4. Arbeitseinführung ... 134
      5. Befristung ... 135
   III. Arbeitsverhältnis ... 136
      1. Arbeitsvertrag ... 136
      2. (Nachvertragliches) Wettbewerbsverbot ... 138
      3. Vertragsstrafe ... 139
      4. Formularverträge ... 140
      5. Versetzung ... 141
   IV. Ende des Arbeitsverhältnisses ... 143
      1. Vertrag ... 144
      2. Kündigung ... 145
         a) Allgemeine Grundsätze ... 145
         b) Hauptgruppen ... 152
         c) Außerordentliche Kündigung ... 159
         d) Änderungskündigung ... 160
         e) Altersgrenze ... 161
      3. Zeugnis ... 162
   V. Besonderheiten ... 163
      1. Krankheit ... 163
         a) Kurzerkrankung ... 164
         b) Betriebliches Eingliederungsmanagement ... 164a
         c) Suchtkranke ... 165
      2. Schwerbehinderung ... 166
   VI. Internationale Versetzung ... 167

E. Zusammenarbeit mit dem Betriebsrat ... 170
   I. Betriebsrat ... 173
      1. Wahlen ... 174
      2. Rechte und Pflichten ... 183
      3. Betriebsversammlungen ... 193
      4. Freigestellte Betriebsräte ... 195
      5. Ausschüsse ... 198
      6. Wirtschaftsausschuss ... 200
      7. Gesamtbetriebsrat ... 202
      8. Betriebsräteversammlung ... 203
      9. Konzernbetriebsrat ... 205
      10. Schwerbehindertenvertretung ... 206
      11. Vertretung der Jugendlichen und Auszubildenden ... 207
      12. Vertrauensleute ... 208
   II. Sprecherausschuss ... 210
   III. Zusammenarbeit ... 219
      1. Zusammenarbeit der Gremien ... 219
      2. Betriebsvereinbarungen ... 222
         a) Mit dem örtlichen Betriebsrat ... 222
         b) Mit dem Gesamt- oder Konzernbetriebsrat ... 226

	Rn.
3. Einigungsstelle	227
4. Regelungsabreden	229
IV. Europäische Unternehmen	230
1. Europäische Betriebsräte	230
2. Europäisches Arbeits- und Sozialrecht	236
V. Internationale Unternehmen	239
F. Zusammenarbeit mit Verbänden	240
I. Tarifvertragsgesetz	240
II. Verbände	241
1. Arbeitgeberverbände	241
2. Industriegewerkschaften	242
III. Tarife	244
1. Inhalte	244
2. Verhandlungen	251
IV. Arbeitskampf	258
1. Streik	260
2. Warnstreik	263
3. Maßnahmen	264
4. Aussperrung	271
5. Politischer Streik	273
6. Boykott, Sympatiestreik u. ä.	273 a
G. Mitbestimmung im Unternehmen	274
I. Mitbestimmung durch die Arbeitnehmer	274
1. Aufsichtsrat	274
2. Arbeitsdirektor	279
II. Beteiligungsrechte der Anteilseigner	288
III. Europäische Aktiengesellschaft – Societas Europaea (SE)	289
H. Gesamtregelungen im Unternehmen	294
I. Arbeitsordnung	295
II. Arbeitszeit	298
III. Arbeit Dritter	313
IV. Urlaub	316
V. Vergütung	322
1. Tarifliche/betriebliche Entgeltsysteme	322
2. Zusatzvergütungen	332
3. Reisekostenordnung	343
4. Dienstwagen	349
I. Soziale Vorsorge	353
I. Lebensrisiken	353
II. Altersvorsorge	362
III. Betriebliche Altersversorgung	365
1. Betriebsrentengesetz (BetrAVG)	367
2. Mitbestimmung	376
3. Insolvenzsicherung	381
4. Mobilitätserleichterung	382
5. Bestandsschutz	383
6. Entgeltumwandlung	385
7. Vorgezogenes Ausscheiden	388
8. Altersteilzeit	391
IV. Betriebskrankenkasse	393
J. Betriebliche Einrichtungen	394
I. Verbesserungsvorschläge	394
II. Gesundheit und Sicherheit	395
III. Familie und Beruf	403
K. Personalarbeit und Umstrukturierungen in Zeiten der Globalisierung	405
I. Unternehmenserwerb durch Wechsel des Anteilsinhabers (Share Deal)	406

	Rn.
II. Veräußerung von Betrieben und Betriebsteilen (Asset Deal)	408
1. Betriebsübergang	409
2. Beteiligungsrechte der Arbeitnehmervertretungen	414
3. Betriebsratsmandate	417
III. Maßnahmen nach dem Umwandlungsgesetz	420
1. Folgen für die Arbeitsverhältnisse	420
2. Beteiligung der Arbeitnehmervertretungen	421
3. Bestandsschutz für die unternehmerische Mitbestimmung	423
L. Schlussbemerkung	424

Schrifttum: *Ascheid/Preis/Schmidt*, Kündigungsrecht, 4. Aufl. 2012; *Bauer/Herzberg*, Arbeitsrechtliche Probleme in Konzernen mit Matrixstrukturen, NZA 2011, 713; *Blomeyer/Rolfs/Otto*, Gesetz zur Verbesserung der betrieblichen Altersversorgung, 5. Aufl. 2010; *Buchner*, Freiheit und Bindung des Arbeitgebers bei Einstellungsentscheidungen, NZA 1991, 577; *Büchting/Heussen*, Beck'sches Rechtsanwaltshandbuch, 10. Aufl. 2011; *Grobys*, Organisationsmaßnahmen des Arbeitgebers nach dem neuen Allgemeinen Gleichbehandlungsgesetz, NJW 2006, 2950; *Grundmann*, Shared Service Center und betriebliche Mitbestimmung – die juristische Sicht, AiB 2008, 198; *Hunold*, Die Rechtsprechung zum Direktionsrecht des Arbeitgebers, NZA-RR 2001, 337; *Hromadka*, Arbeitnehmer, Arbeitnehmergruppen und Arbeitnehmerähnliche im Entwurf eines Arbeitsvertragsgesetzes, NZA 2007, 838; *ders.*, Grenzen des Weisungsrechts, NZA 2012, 233; *Kissel*, Gedanken zum Verhältnis von moderner Technologie und Arbeitsrecht, NZA 1984, 1; *Küttner*, Personalbuch, 21. Aufl. 2014; *Löwisch/Rieble*, Tarifvertragsgesetz, 3. Aufl. 2012; *Lützeler*, Herausforderung für Arbeitgeber: Die psychische Gesundheit im Arbeitsverhältnis, BB 2014, 309; *Maschmann*, Abordnung und Versetzung im Konzern, RdA 1996, 24; *ders.*, Die mangelhafte Arbeitsleistung, NZA Beilage 2006, Nr. 1, 13; *ders.*, Betriebsrat und Betriebsvereinbarung nach einer Umstrukturierung, NZA Beilage 2009, Nr. 1, 32; *Moll*, Betriebsübergang und Betriebsänderung, RdA 2003, 129; *ders.*, Münchener Anwaltshandbuch Arbeitsrecht, 3. Aufl. 2012; *Lischka*, Führen und Entlohnen mit Zielvereinbarungen, BB 2007, 552; *Müller-Glöge/Preis/Schmidt*, Erfurter Kommentar zum Arbeitsrecht, 14. Aufl. 2014; *Olesch*, Schwerpunkte der Personalarbeit: Personalmanagement zur Jahrtausendwende, 1997; *Preis*, Der Arbeitsvertrag, 4. Aufl. 2011; *ders./Sagan*, Der Freiwilligkeitsvorbehalt im Fadenkreuz der Rechtsgeschäftslehre, NZA 2012, 697; *Richardi/Wißmann/Wlotzke/Oetker*, Münchener Handbuch zum Arbeitsrecht, 3. Aufl. 2009; *Reichold*, Die reformierte Betriebsverfassung 2001; *Reiserer*, Zielvereinbarung – ein Instrument der Mitarbeiterführung, NJW 2008, 609; *Richardi*, Betriebsverfassungsgesetz, 14. Aufl. 2014; *Rieble*, Die Betriebsratsvergütung, NZA 2008, 276; *Schaub*, Arbeitsrechts-Handbuch, 15. Aufl. 2012; *Schmidt-Leithoff*, Die Verantwortung der Unternehmensleitung, 1989; *Stolzenberg/Heberle*, Change Management, 2. Aufl. 2011; *Swoboda/Kinner*, Mitarbeitermotivation durch arbeitsvertragliche Sonderzahlungen; BB 2003, 418; *Winstel*, Unterrichtung der Belegschaftsvertretung der Tochtergesellschaft im (grenzüberschreitenden) Aktienkonzern, 2010.

A. Personalverantwortung im Unternehmen

I. Vorbemerkung

1 Der traditionelle Begriff Personal- und Sozialwesen ist genauso interpretationsbedürftig wie die heute vorherrschenden Anglizismen Human Resources, Human Relations oder Personalmanagement. Werden diese Begriffe aber von der **Aufgabe** her definiert, so geht es dabei immer darum, Menschen zu finden und zu betreuen, die jedes Unternehmen braucht, um seine Existenz zu sichern und seine Ziele zu erreichen. Diese Menschen sollen größtmögliche Effizienz in ihrer Aufgabe bei hoher Zufriedenheit auf zweckentsprechenden Arbeitsplätzen entwickeln. Im Gegenzug müssen sie dafür einen angemessenen Lohn erhalten – die Hauptpflicht des Arbeitgebers. Allen diesen **Anforderungen** muss das Personal- und Sozialwesen gerecht werden.

2 Arbeitgeber müssen die Menschen im Unternehmen gleich behandeln und dürfen sie nicht diskriminieren (sog. arbeitsrechtlicher Gleichbehandlungsgrundsatz).[1] Das bezieht sich auf alle Vereinbarungen und Maßnahmen, die ein Arbeitsverhältnis vorbereiten, begründen

---

[1] Vgl. etwa § 1 AGG, § 75 BetrVG sowie BAG, AP Nr. 210 zu § 242 BGB Gleichbehandlung; allgemein auch *Kania* in Küttner, Personalbuch, Gleichbehandlung Rn. 4.

und begleiten.² Die folgenden Ausführungen richten sich nicht direkt an Arbeitnehmerinnen und Arbeitnehmer. Deshalb sei die insoweit nicht immer exakte Wortwahl erlaubt, zur einfacheren Lesbarkeit – ohne Verzicht auf den Anspruch der **Gleichbehandlung**.

Von den vielen Kurzbeschreibungen der Personalaufgabe beeindruckt die wohl älteste Formulierung im Alten Testament: „Hast du nur einen Sklaven, behandle ihn wie einen Bruder, denn du brauchst ihn wie dich selbst! Wenn du ihn schlecht behandelst und er macht sich auf und davon, wie willst du ihn wiederfinden?" Diese Aufforderung – in archaischer Strenge und Kürze – gilt auch heute für ein modernes Unternehmen.

Die mannigfachen Aufgaben, die diese **Kurzformel** heute umfasst, können nur erfolgreich erledigt werden, wenn sie organisiert und gestaltet werden. Dafür gibt es den Unternehmensbereich Personal- und Sozialwesen.

Der für diesen Bereich Verantwortliche ist nicht **Personalleiter** in der eigentlichen Wortbedeutung. Dieser früher übliche Ausdruck kann zur irrigen Meinung führen, hier sei die Führung der Mitarbeiterschaft zusammengefasst. Nach heute geltender, richtiger Auffassung ist dem nicht so. Führung findet statt vor Ort, in unmittelbarer Beziehung zwischen dem, der führt und dem, der geführt wird.

II. Führung

1. Führungsaufgabe der Vorgesetzten

Führung soll ein Ziel vermitteln, das der Mitarbeiter, allein oder gemeinsam mit anderen erreichen soll. Der Vorgesetzte kommt beim Führen in eine unmittelbare und persönliche Beziehung zu seinem Mitarbeiter. **Räumliche Nähe** ist **nicht** entscheidend. Mit den heute verfügbaren Kommunikationsmitteln kann jede Entfernung überwunden werden.³

Die Organisation eines Unternehmens oder einer Unternehmensgruppe gibt vor, wie Vorgesetzte mit den ihnen zugeordneten Mitarbeitern und Sachmitteln zum **Unternehmenserfolg** beitragen können und sollen. Aus dieser unmittelbaren Zusammenarbeit ergibt sich die Pflicht des Vorgesetzten zur Führung. Sie macht ihn zur Führungskraft.

Zur Wahrnehmung der Führungsverantwortung des Vorgesetzten genügt es nicht, ein besseres Wissen oder Können aufzuweisen. Mit Führung verbunden ist **Verantwortung**. Sie nimmt mit der Zahl, aber auch mit den Unterschieden in der „Qualität" und den Fähigkeiten der Mitarbeiter zu, die einer Führungskraft zugeordnet sind. Besonders schwierig ist dabei, gegenüber der Führungskraft höher qualifizierte Fachspezialisten bei ihrer Arbeit zu begleiten und im Team zum Erfolg zu führen.

2. Weisungs-/Direktionsrecht

Das Direktionsrecht des Arbeitgebers nach § 106 Satz 1 GewO kann jede – vertretungsberechtigte⁴ – Führungskraft wahrnehmen, um ihren Führungsanspruch gegenüber Mitarbeitern umzusetzen. Das Direktionsrecht des Arbeitgebers erstreckt sich auf Inhalt, Ort und Zeit der Arbeitsleistung des Mitarbeiters wenngleich nur im Rahmen der arbeitsvertraglichen Pflichten oder bei Gefahr im Verzug.⁵ Obwohl der Arbeitgeber das Direktionsrecht immer nach billigem Ermessen⁶ ausüben muss, sollte diese eher befehlsartige Methode die Führungskraft aber unabhängig davon nur zurückhaltend – etwa bei offensichtlich unbegründeter Weigerung des Mitarbeiters – einsetzen.

---

² BAG AP Nr. 221 zu § 1 TVG Auslegung; BAG NZA 2007, 221 f.; *Kania* in Küttner, Personalbuch, Gleichbehandlung Rn. 5.
³ Grundlegend etwa *Kissel* NZA 1984, 1 ff. und auch LAG Köln BeckRS 2003, 31030562.
⁴ Umfassend, insbesondere auch zu den Grenzen des Direktionsrechts etwa *Hunold* NZA-RR 2001, 337 ff. m. eingeh. Nachw.
⁵ *Hunold* NZA-RR 2001, 337 ff. mzN.
⁶ BAG DB 1980, 1603, bestätigt durch BAG NZA 1990, 561.

10 Führung ist immer mit **Macht** verbunden. Wird sie nur aus der Hierarchie abgeleitet, ist sie nicht effizient. Ein Vorgesetzter muss sich als Führungskraft verstehen und führen wollen.

3. Führungswille

11 Der notwendige Führungswille des Vorgesetzten sollte nicht den Willen des Mitarbeiters brechen, sondern auf das gewünschte Ziel hin ausrichten. Eigene Einsicht oder gar Motivation sind dabei der Schlüssel zum Erfolg. Sie müssen aber oft erst durch **Überzeugungsarbeit** aufgebaut werden. Diese Mühe ist die Grundlage einer dauerhaft guten und verlässlichen Führungsbeziehung. Sie wird durch Vertrauen aufgebaut und geprägt.

4. Führungsfähigkeit

12 Die geforderte Führungsfähigkeit beruht nicht nur auf Charisma. Sie kann im Wesentlichen erlernt werden – durch viel Arbeit, insbesondere an sich selbst. Wie beim Erlernen anderer Fähigkeiten gehören dazu Begeisterung, Fleiß und Ausdauer, auch wenn dabei Fehler unterlaufen. Vor allem muss die Führungskraft sich ganz persönlich in diese Aufgabe einbringen; nicht als Bestätigung ihrer Position in der Unternehmens- oder Konzernhierarchie, sondern mit dem festen Willen, Verantwortung für die ihr Anvertrauten zu übernehmen.

13 Wer glaubt, nur mit „charismatischer Begabung" führen zu können, sollte nicht übersehen, dass Könner ohne Regeln eher Verwirrung oder Schlimmeres bewirken. Wenn man nur auf die „technische Machbarkeit" von Führung vertraut, wird man erkennen müssen, dass der dazu einladende Begriff **„Personal-Management"** nicht nur die technische, sondern zu allererst die personelle Ebene der Führungskraft einfordert.[7]

14 Mitarbeiter spüren, wenn die Führungsfähigkeit ihres Vorgesetzten nicht ausreicht, um eine kritische Situation zu lösen. Insbesondere haben sie aber ein sehr feines Gespür dafür, ob zumindest die Führungsanstrengung ihres Vorgesetzten einem wahrgenommenen menschlichen Anliegen entspringt. Gerade dies löst häufig **Einsicht und Nachsicht** bei den Mitarbeitern, teilweise sogar Mithilfe aus, darf aber nicht dazu verleiten, in dem Bemühen, sich zu verbessern, nachzulassen. Hier gilt die alte Weisheit, dass Erfahrung zum guten Teil auf überstandenen Misserfolgen beruht.

5. Fach- und Führungsaufgabe

15 Der qualifizierte Aufsteiger wird sich mit zunehmender Anforderung einer stetig wachsenden **Führungsaufgabe** stellen müssen, ohne seine Fachqualifikation dabei vernachlässigen zu können oder zu dürfen. Diese Umstellung fällt oft schwer. Mitunter ist hier der Rat eines erfahreneren Vorgesetzten sinnvoll. Viele hochqualifizierte Berufseinsteiger kommen ohne Vorbereitung oder gar Erfahrung zum Thema „Führung" in ein Unternehmen oder einen Konzern und werden sofort in ihrer Rolle gefordert. Die erhoffte Karriere können sie zwar als Fachkraft beginnen, ausbauen kann man sie aber nur als Führungskraft.

16 Es kommt immer wieder vor, dass Mitarbeiter, insbesondere hochqualifizierte, sich nicht als Führungskraft verstehen, auch wenn sie das gerne wollten. Wieder andere wollen einfach keine solche **Aufgabe bzw. Verantwortung** übernehmen. Eine „Zwangszuweisung" würde alle Beteiligten nur frustrieren, ggf. verbunden mit entsprechendem Schaden für das Unternehmen. Eine solche Einstellung designierter Führungskräfte muss das Unternehmen frühzeitig erkennen. Oft kann ein solcher Mitarbeiter seine Fähigkeiten nach einer organisatorischen Änderung– zum Nutzen des Unternehmens – besser entfalten.

---

[7] Dazu eingehend *Olesch*, Schwerpunkte der Personalarbeit: Personalmanagement zur Jahrtausendwende, 1997.

6. Personalführung in Kooperation

Das Personal- und Sozialwesen sollte mit den Führungskräften des Unternehmens klar vereinbaren – ggf. im Rahmen einer **„Führungsrichtlinie"** erarbeiten – wie die Führungskräfte ihre Verantwortung wahrnehmen sollen.[8] So führt nicht nur der „Personalchef", sondern in direkter Beziehung die Führungskraft vor Ort; dabei leistet das Personal- und Sozialwesen wertvolle Unterstützung. 17

Beispiel: 18
Das Unternehmen beabsichtigt, einen Mitarbeiter wegen mangelhafter Leistung zu kündigen.
– Welche Vorbereitungen müssen durch wen getroffen werden?[9]
– Ermittlung der Gründe, die die die Mangelhaftigkeit der Arbeitsleistung begründen soll; nicht als Werturteil, sondern in belegbaren Tatsachen?[10]
– Trägt der Vorwurf ggf. im Streitfall und kann der Arbeitgeber mit den vorliegenden Tatsachen seiner Darlegungs- und Beweislast genügen?[11]
– Könnte der Mitarbeiter unter Umständen eine andere Tätigkeit im Unternehmen (nicht nur im Betrieb) oder gar im Konzern übernehmen?[12]
– Wie – vollständig – muss der Betriebsrat informiert und angehört werden (§ 102 BetrVG)?
– Welche Folge zieht seine Reaktion nach sich?[13]
– Genießt der Mitarbeiter besonderen Schutz (zB Schwerbehinderteneigenschaft[14], Schwangerschaft[15], Betriebsratszugehörigkeit[16], Dienstalterskündigungsschutz,[17] Pflegezeit[18], etc.[19])?[20]

Diese Fragen können zum Teil nur der Vorgesetzte oder ein im Arbeitsrecht Erfahrener verlässlich klären – eine vom Vorgesetzten und dem Personalbereich gemeinsam zu lösende Aufgabe. Andernfalls wird es für das Unternehmen eine teure oder blamable Fehlleistung, die aufgrund der negativen **Signalwirkung** bei der Belegschaft meist das genaue Gegenteil auslöst. 19

Der beispielhafte Ablauf geht weiter. Die Kündigung kann ausgesprochen werden. 20
– Die Kündigung spricht der Vorgesetzte aus.[21]
– Was, wenn der Mitarbeiter nicht (mehr) da ist?
– Wie wird die – in jedem Fall[22] – schriftliche Kündigung nachgereicht?[23]
– Wie und an wen[24] wird sie sicher und wirksam zugestellt?
– Wenn der Mitarbeiter der Kündigung widerspricht:
– Wie muss auf den Widerspruch reagiert werden?

---

[8] Instruktiv zur Mitbestimmung des Betriebsrats bei der Einführung von Führungsrichtlinie BAG NZA 1985, 224 ff. sowie *Grobys* NJW 2006, 2950, 2952 ff. mit einer Musterformulierung für eine Führungsrichtlinie zum Thema „Gleichbehandlung der Mitarbeiter".
[9] Zur Kündigung als letztes Mittel (Ultima Ratio) eingehend *Oetker* in ErfK KSchG § 1 Rn. 74 ff.
[10] Zur auf den zweiten Blick sehr komplexen Frage, wann eine mangelhafte Arbeitsleistung vorliegt, eingehend *Maschmann* NZA-Beilage 2006, Nr. 1. 13 ff.
[11] *Berkowsky* in MHdB ArbR § 132 Rn. 23.
[12] Dies hat freilich in einem Prozess der Arbeitnehmer zu beweisen, vgl. *Berkowsky* in MHdB ArbR § 132 Rn. 40 mit eingehenden Darstellungen zur Substantiierungslast.
[13] Vgl. zu den Möglichkeiten eines betriebsverfassungsrechtlichen Weiterbeschäftigungsanspruchs § 102 Abs. 5 BetrVG sowie *Thüsing* in Richardi BetrVG § 102 Rn. 258.
[14] §§ 85 ff. SGB IX.
[15] § 9 MuSchuG.
[16] § 15 KSchG.
[17] § 34 Abs. 3 TVÖD/TV-L nach 15-jähriger Betriebszugehörigkeit.
[18] § 5 PflegeZG während der Elternzeit.
[19] § 22 Abs. 2 BBiG für Auszubildende; § 18 BEEG während der Elternzeit; für Immissionsschutzbeauftragte nach § 58 Abs. 2 BImSchG; für Abfallbeauftragte nach § 60 Abs. 3 KrWG und für Datenschutzbeauftragte nach § 4f Abs. 3 BDSG.
[20] Instruktiver Überblick bei *Michels* in BeckRAnwHdB § 8 Rn. 159 ff.
[21] Zur Kündigungsberechtigung eingehend *Hesse* in MüKoBGB Vor §§ 620–630 Rn. 74 ff.
[22] Zum Schriftformerfordernis für die Kündigung vgl. § 623 BGB.
[23] *Linck* in Schaub § 123 Rn. 34 ff. mit instruktiven Beispielen.
[24] Zum Zugang einer Kündigung gegenüber (unbekannt) Geschäftsunfähigen jüngst auch BAG NZA 2011, 340 f. und bei Minderjährigen etwa BAG NZA 2012, 495 f.

Wenn der Mitarbeiter das Arbeitsgericht anruft:
- Wer soll und darf den Prozess für das Unternehmen führen?
- Muss der Mitarbeiter weiter beschäftigt werden?[25]

21 Die Notwendigkeit **zuverlässiger Zusammenarbeit** der einzelnen Verantwortlichen im Unternehmen liegt auf der Hand. Eine vergleichbare Checkliste mit notwendigen Arbeitsschritten könnte etwa auch für die Behandlung von Disziplinarfällen entworfen werden.

22 Das führt zu der Erkenntnis, dass Führungskräfte das Personal- und Sozialwesen zur effektiven Bewältigung ihrer **direkten Führungspflicht** brauchen. Aber auch der einzelne Mitarbeiter braucht eine Instanz, die ihn berät, die hilft und ihm beisteht.

III. Betreuungsverantwortung

23 Diese Verantwortung führt zu den wesentlichen Aufgaben des Personal- und Sozialwesens: Einmal ist sicherzustellen, dass die Führungskräfte ihren Führungsauftrag auch erfüllen. Dabei sind sie zu unterstützen. Zum anderen sollen die Mitarbeiter die vorgegebenen Schritte zum **Unternehmensziel** mitgehen und sich dabei wohlfühlen. Beide Aufgaben sind eng miteinander verwoben und nur zusammen gut zu erledigen.

1. Führungsgrundsätze

24 Wesentliches Hilfs- und Gestaltungselement des Führungsauftrags sind die Führungsgrundsätze. Abgeleitet aus dem Selbstverständnis eines Unternehmens, zeigen sie auf, wie man miteinander umgehen soll. Das gilt nicht nur für eine strenge Hierarchie. Auch in flachen Hierarchien ist ohne Führung nichts zu bewirken. Unser **arbeitsteiliges System** verlangt, dass einzelne Arbeitsinhalte und -ergebnisse immer wieder zusammengeführt werden müssen. Hierbei sind zwingende Vorgaben zu beachten, die nicht jeder Führungskraft in Selbstkontrolle überlassen werden können. Daher müssen angemessene Regeln erstellt und gelebt werden. Das Personal- und Sozialwesen muss den Führungskräften zu diesem Zweck die nötigen Hilfsmittel bereitstellen, die sie brauchen.[26] Sie sind über das gesetzliche, tarifliche und betriebliche Regelwerk zu informieren, die das Führungsverhalten ausgestalten, aber auch begrenzen.[27]

25 Viele Unternehmen haben **interne Führungsrichtlinien** implementiert.[28] Sie unterscheiden sich kaum in ihren hehren Zielsetzungen. Der deutlich spürbare Unterschied liegt vielmehr in ihrer **Wahrnehmbarkeit und Akzeptanz** innerhalb des Unternehmens. Aus diesem Grund sollte man sich bei diesen Richtlinien weniger darauf konzentrieren, wie sie formuliert werden, sondern was sie umsetzen sollen. Es empfiehlt sich, Vorgaben anderer Unternehmen, auch Entwürfe des Personal- und Sozialwesens, in einer gemeinsam erarbeiteten Richtlinie zu konsolidieren. So können mitarbeiternahe Inhalte und betriebliche Akzeptanz eingebracht und die spezifischen unternehmenskulturellen Werte berücksichtigt werden.[29]

26 Auch solche Regeln haben aber eine Halbwerts- bzw. Verfallzeit. Nicht, dass ihr Kern obsolet geworden wäre. Oft geht es um Stilfragen, Abläufe etc, die heute die Akzeptanz erschweren können. Wenn solche Regelungen in **unternehmensinternen Gesprächs-**

---

[25] Zum betriebsverfassungsrechtlichen Weiterbeschäftigungsanspruch vgl. § 102 Abs. 5 BetrVG, zum (gesetzlich nicht geregelten) allgemeinen Weiterbeschäftigungsanspruch *Koch* in Ascheid/Preis/Schmidt, Kündigungsrecht, § 102 BetrVG Rn. 235 ff.
[26] *Schmidt-Leithoff*, Die Verantwortung der Unternehmensleistung, 1989, 313.
[27] Umfassend *Schmidt-Leithoff*, Die Verantwortung der Unternehmensleistung, 1989, 312 ff.
[28] Vgl. *Grobys* NJW 2006, 2950 ff.
[29] Zur Akzeptanz solcher Richtlinien bei den Vorgesetzten selbst *Schmidt-Leithoff*, Die Verantwortung der Unternehmensleistung, 1989, 313 unter Fn. 298.

oder **Arbeitsgruppen** – nicht nur in Führungszirkeln – erörtert werden, erhalten sie nicht nur eine neue Ausprägung, sondern ihr Inhalt wird in besonderer Weise verinnerlicht. Diese Regeln erfahren hierdurch Lebendigkeit, die ihre Verfasser meist selbst nicht erwarten konnten.

2. Mitarbeiterbetreuung

Die vordringliche Aufgabe des Personal- und Sozialwesens ist es, die Mitarbeiter zu betreuen. Sie sollen nicht nur angemessen entlohnt und fair behandelt werden. Auch ihnen müssen die **Unternehmensziele** und die sich daraus ergebende Aufgabe für jeden Einzelnen verdeutlicht werden. In einer Arbeitsordnung und in einigen anderen Regeln sind Rechte und Pflichten im Unternehmen und am Arbeitsplatz festzuhalten. Diese Regeln müssen – auf welchem Weg auch immer – allen Mitarbeitern verfügbar gemacht werden.

Darüber hinaus sind für alle Unternehmensangehörigen Rahmenbedingungen und Gesamtregelungen zu schaffen – von der Arbeitskleidung über den Verhaltenskodex bis zur betrieblichen Kinderbetreuung –, von denen die **Arbeitsverhältnisse im Unternehmen** begleitet werden und die die **betriebliche Ordnung** regeln.[30]

Dabei ist die persönliche Betreuung eines jeden Mitarbeiters wichtig. Das kann naturgemäß nicht bei jeder Frage und an jedem Tag möglich sein. Dem Mitarbeiter sollte aber durch offene Zuwendung vermittelt werden, dass er in der Personalabteilung interessierte und fähige Kollegen vorfindet, die mit ihm gute und schwierige Dinge erörtern und lösen können. Rat und Hilfe soll er erfahren, wenn er mit sich, seinen Kollegen oder seinem Vorgesetzten nicht zurechtkommt. Mit dem **betrieblichen oder gesetzlichen Regelwerk** soll er nicht „abgebügelt" werden – vielleicht löst aber eine zusätzliche Überlegung das Problem. Zeitnot ist ein schlechtes Argument für einen, der Rat sucht; es stößt ihn auch ab. Der Mitarbeiter darf Kompetenz beanspruchen, wenn es darum geht, seine Rechte und Pflichten zu klären. Genauso darf er Verständnis erwarten, wenn er ein persönliches Problem hat. Die Leistung solcher Fürsorge ist die ureigene **Aufgabe der Personalabteilung.**

3. Unternehmenskultur

Die **Betreuungsfunktion** gegenüber Vorgesetzten und Mitarbeitern darf aber nicht nur eine unterstützende Funktion sein. Hinzu kommt die Aufgabe, Mittler zwischen dem Unternehmen und seinen Menschen zu sein, seien es Führungskräfte oder Mitarbeiter. Das Abstraktum „Unternehmen" – jenseits seiner manifesten Ausprägung als Sachwert – teilt sich nicht von alleine mit, nicht einmal den Gutwilligen. Es können die **Unternehmensziele** erarbeitet und – etwa durch Zielvereinbarungen oder -vorgaben[31] – angestrebt werden, auch Unternehmenskultur kann ausgerufen werden.[32] Das Unternehmen und seine Kultur leben aber nur, wenn sie in den Mitarbeitern leben und von ihnen getragen werden.

Die in so vielen Reden beschworene und in Unternehmen so oft vermisste Menschlichkeit muss auch Verfechter haben, die sie immer wieder einfordern. Insbesondere Sachzwänge können nur sinnvoll und effektiv umgesetzt werden, wenn ein menschliches (Augen-)Maß angelegt wird. Diese **Unternehmenskultur** kann nur gelebt, dh vor allem vorgelebt, und nicht nur „verkündet" werden. Auch durch materielle Ausstattung ist diese Kultur nicht zu begründen; sie kann so allenfalls verfeinert werden. Geschaffen wird sie nur durch die Menschen im Unternehmen, und das vornehmlich von denjenigen an der Spitze, im Übrigen von jedem in seiner Aufgabe, besonders in der Führungsaufgabe.

---

[30] Zur Rolle des Betriebsrats bei der Regelung des Ordnungsverhaltens der Mitarbeiter im Betrieb vgl. § 87 Abs. 1 Nr. 1 BetrVG sowie *Matthes* in MHdB ArbR, § 243 Rn. 1 ff.
[31] Zur Abgrenzung zwischen Zielvereinbarungen und -vorgaben *Reiserer* NJW 2008, 609 ff.
[32] Grundlegend *Liscka* BB 2007, 552 ff.; *Kinner/Swoboda* BB 2003, 418 ff.

32 Auch wenn weniger schwere Einschnitte im Unternehmen zu verarbeiten sind, sollten nicht nur die unmittelbaren Funktionsträger die ständigen Änderungen im Unternehmen vorantreiben. Immer wieder müssen die so Betroffenen, nicht nur technisch, eingestimmt werden. Nicht alles, was technisch machbar, notwendig und sinnvoll ist, wird gleichermaßen von den Mitarbeitern verstanden oder gar akzeptiert. Die Personalleiter sollten dafür sorgen, dass eine möglichst große Zustimmung die Maßnahme erfolgreich werden lässt. So wird das **„Change Management"** von motivierten Mitarbeitern mitgetragen.[33]

4. Unternehmensorganisation und Betreuung

33 Die **Organisationsform des Unternehmens** beeinflusst auch die Organisation der Personalarbeit.[34] Die Leitung einer Sparte oder eines Geschäftsbereichs muss überlegen, ob und inwieweit sie sich von anderen Einheiten im Unternehmen unterscheidet und auch unterscheiden muss. Vielleicht ist nur ein anderer Auftritt nach außen – oder aber innen – wichtig. Dagegen wird die Zentrale feststellen, wo gemeinsame Aktivitäten auch eine gleiche Betreuung erfordern. Anhand dieser Maßstäbe ist zu unterscheiden, ob ein anderes **Führungssystem** erforderlich ist und insbesondere ob und inwieweit sich die Betreuung bzw. die dazu gehörenden Systeme unterscheiden müssen. Die Betreuung von Führungskräften und Mitarbeitern nach gleichen Leitlinien ist im Zweifel sinnvoll und praktisch. Welche Form auch gewählt wird, das Unternehmen sollte sich auch in Zeiten von „Shared Services Centern" bemühen, Personalbetreuer möglichst mitarbeiternah zu platzieren, um in „ihrem" Betrieb mitgestalten zu können. Die **Fachaufsicht** sollte vom zentralen Leiter des Personal- und Sozialwesens ausgeübt werden, zumindest so lange, wie sich das Unternehmen als Einheit und nicht nur als Konglomerat versteht. Die Verwaltung selbst wird von diesen Überlegungen kaum berührt.

5. Personalverwaltung

34 Schließlich gehört zur Betreuung der Personen und Systeme auch eine **effiziente Verwaltung,** dh. Vertragsgestaltung und -verwaltung, Aktenführung, Entgeltabrechnung, etc. Ordnungsmäßigkeit, Sicherheit und Diskretion sind Leitlinien. Auch wenn sie (nur) im Hintergrund arbeiten, darf den Mitarbeitern des Personalbereichs nie der Bezug zu den von ihnen Betreuten verloren gehen. Es ist zwar wichtig, einen Fall zu regeln. Selbstzweck darf dies indes nicht sein. Hinter dem Fall steht nämlich – fast immer – ein Individuum, ein Mitarbeiter. Das ist die große Verantwortung aller im Personal- und Sozialwesen. Auch wenn der Fall nicht im Sinne des Betroffenen zu regeln ist, muss sein Anliegen angemessen und verständlich behandelt werden. Dazu kann man sich im Personal- und Sozialwesen auch beraten und helfen lassen.

35 Verwaltungsvorgänge können im Firmenverbund in **Shared Services Centern**[35] zusammen gezogen werden, um sie mit höherer Fachkompetenz und Effizienz zu erledigen. Bei genügend kreativen Lösungen leidet die Betreuungsaufgabe vor Ort nicht, sie wird vielmehr entlastet. Eine solche Arbeitsbündelung wird nicht nur national, sondern auch global durchgeführt. Jeder Schritt einer solchen Konzentration sollte gut überdacht und auf seine Qualität – nicht nur seine Effizienz – überprüft werden. Die jeweils zuständigen Betriebsräte werden diese Vorgänge im Rahmen seiner Mitbestimmung – und darüber hinaus – kritisch verfolgen.[36]

---

[33] *Stolzenberg/Heberle,* Change Management, 2. Aufl. 2011, 27 ff.
[34] Zur Personalarbeit in sog. Matrixstrukturen vgl. *Bauer/Herzberg* NZA 2011, 713 ff.
[35] Vgl. dazu etwa *Grundmann* AiB 2008, 198 f.
[36] Zur betrieblichen Mitbestimmung in diesen Fällen *Grundmann* AiB 2008, 198 f.

B. Aufgaben des Personal- und Sozialwesens

I. Verantwortlicher Personalleiter

Wer soll diese Aufgabe übernehmen? Zunächst gilt für die **Grundanforderung** dasselbe wie für alle anderen Kandidaten für Vorstand und Geschäftsführung, die über die jeweils notwendigen Kenntnisse, Erfahrungen, Grundqualifikationen verfügen, aber auch die erforderliche Persönlichkeit und den nötigen Arbeitseinsatz und Ehrgeiz mitbringen müssen. Gibt es darüber hinaus beim verantwortlichen Leiter für das Personal- und Sozialwesen noch etwas Besonderes? 36

1. Qualifikation des Personalleiters

In der Praxis zeigt sich, dass nahezu alle Ausbildungen mit den verschiedensten Abschlüssen vertreten sind. In der **Aufgabenerledigung** und ihrer **Wertschätzung** sind Personalleiter – von ihrer Ausbildung und danach erworbener Fachqualifikation unabhängig – erfolgreich oder nicht. Natürlich hilft eine juristische Ausbildung beim Verständnis der außergewöhnlich umfangreichen Gesetzgebung und Rechtsprechung. Eine technische Ausbildung hilft zur besseren Einsicht in betriebliche Abläufe und Bedingungen, die kaufmännische erleichtert die Kostenorientierung usw. Eine spezifische fachliche Qualifikation für die Übernahme der Aufgabe kann deshalb zumeist nicht definiert werden. 37

Eine Voraussetzung ist nicht nur sinnvoll, sondern notwendig: Das erfolgreiche **Absolvieren** einer anspruchsvollen **betrieblichen Führungsaufgabe.** Dabei erscheint eine Aufgabe im Personal- und Sozialwesen besonders hilfreich – als Vorübung. Allerdings sollte niemand ohne eine ganz besondere Motivation in diese Aufgabe einsteigen, nämlich: sich um die Menschen im Unternehmen mit ihren vielfältigen Problemen sachlich und vor allem persönlich kümmern zu wollen. So erscheint diese Aufgabe von besonderem Interesse in der eigenen Personalentwicklung zum – allseits begehrten – Generalisten, als Schritt auf dem Weg in die **Spitzenfunktion** des Gesamtunternehmens oder -konzerns. 38

Die persönlichen Eigenschaften sind ein besonders wichtiges Kriterium. Man sollte den Kandidaten aber nicht nach allgemeinen Charakterbildern einordnen wollen. Eine aufgabenorientierte **Mischung** von **Fähigkeiten** und **Eigenschaften** ist nötig. Diese sind auch noch zu verbessern. Wünschenswert ist eine besondere Erkenntnisfähigkeit dafür, wie Menschen in ihrer Vielfalt mit den sachlichen Notwendigkeiten im Unternehmen zusammengeführt werden können. Das gilt für Probleme des Mitarbeiters mit sich selbst, seiner Aufgabe, seinem Vorgesetzten – egal auf welcher hierarchischen Ebene. Das Erkennen und Lösen dieser Probleme stärkt den Mitarbeiter, die Führungskraft und den Betrieb und schafft somit die Grundlagen für Erfolg. 39

Dies erfordert ein waches Auge und eine auf diese menschlichen Bedürfnisse geeichte Stressfähigkeit und -stabilität. Das setzt persönliche Reife und Erfahrung voraus, von einer klaren Wertvorstellung geprägt, für die dann auch eingestanden wird, möglichst ohne Schädigung Dritter bzw. Vernachlässigung der Unternehmenssicht. Der Personalleiter muss sich auch im Sinne dieser Zielsetzung selbst zurücknehmen können, weil letztlich kein Eigeninteresse dominieren darf, sondern die **Interessen des Unternehmens** mit den darin tätigen Menschen zu beachten sind. Das erfordert Toleranz. Andererseits muss der Personalleiter auch mit beharrlichem Eifer für eine nicht nur von ihm selbst für notwendig gehaltene Regelung nachhaltig eintreten können, weil er in erster Linie am Erfolg seiner eigenen Tätigkeit gemessen wird. Das bedeutet weniger Rhetorik als vielmehr Willenskraft und Überzeugungsfähigkeit aus persönlicher Stärke. Gleiches gilt für die dem Verantwortlichen für das Personal- und Sozialwesen zugeordneten Mitarbeiter seines Bereichs, vor allem für die verantwortlichen Führungskräfte. 40

2. Residenzpflicht

41 Auch wenn heute ein dichtes Kommunikationsnetz und optimale Verkehrsmittel die Notwendigkeit ständiger Präsenz der Organmitglieder relativieren, ist dies für den Personalleiter eine gesondert zu überlegende Frage. Die Frage, wo der Personalleiter seinen **Wohnsitz** haben sollte, muss an den örtlichen Gegebenheiten, soziologischen Strukturen etc gemessen und abgeprüft werden. Zumindest sollte darüber nachgedacht und geredet werden.[37]

II. Aufgaben des Personalleiters

1. Personalbereitstellung/Personalstrategie

42 Die Hauptaufgabe des Personalbereichs ist es, dem Unternehmen die Menschen zu beschaffen und vorzuhalten, die es braucht, um zu bestehen und zu überleben. Dafür ist eine – betriebsgerechte – **Personalentwicklung** einzurichten und zu betreiben. Richtig verstandene Personalentwicklung beginnt schon mit der Suche des geeigneten Mitarbeiters und begleitet ihn in allen Stadien seines Arbeitslebens im Unternehmen – und oft auch danach.

43 Die **Zukunftsplanung** des Unternehmens verlangt auch die Planung der zukünftig benötigten Qualifikationen, die sich mit dem Unternehmen ändern. Diese Bedürfnisse sind möglichst frühzeitig zu erkennen, um sie im richtigen Zeitpunkt befriedigen zu können. Gibt es diese Qualifikationen schon heute? Sind Schritte einzuleiten, um entsprechende Ausbildungen überhaupt anbieten zu können?

44 Ein sicherer Weg dahin führt über die interne wie externe Aus- und Fortbildung. Ihr Angebot wird sich in erster Linie auf die unternehmensspezifischen und die in größerer Zahl erforderlichen Berufsbilder und -qualifikationen beziehen. Für ganz **besondere Ausbildungsgänge** kann man vielleicht mit anderen Unternehmen zusammenarbeiten, im Austausch. So kann nachhaltige Personalentwicklung beginnen.

2. Personalentwicklung

45 Personalentwicklung ist auch für den Mitarbeiter selbst wichtig, für sein „Fortkommen". Die pflichtgetreue Erledigung der übertragenen Aufgaben, die Anreicherung von Wissen und Können über die im Zeitablauf gewonnene Erfahrung hinaus sind seine eigenen wichtigen Beiträge. Er bereichert damit nicht nur sein Arbeitsleben und die Erfolge darin, sondern auch sein Lebensgefühl überhaupt. Alle diese Beiträge führen nicht allein zu seiner **Weiterentwicklung im Unternehmen.** Sie müssen – möglichst zuverlässig, nicht zufällig – erkannt und für das Unternehmen wie für den Mitarbeiter optimiert und gefördert werden. Bei den vielen Komponenten und Beteiligten an diesem Vorgang bedarf es hierfür eines Systems, der Personalentwicklung.

46 Es gibt eine Vielzahl von Systemen der Personalentwicklung, die in Unternehmen, Seminaren etc vorgestellt werden. Manche leiden an **Übersystematisierung** und Kopflastigkeit im Hinblick auf die besonders relevanten Führungspositionen. So wichtig das Ausfiltern des Führungspersonals ist, das dem Unternehmen Inhalt und Ziel geben soll, so wichtig ist auch die Sorge um die vielen Mitarbeiter, die eine im Tagesgeschäft notwendige und erfolgreiche Arbeit verrichten.

47 Um das für das Unternehmen passende System der Personalentwicklung zu finden, muss ein vielfältiges Angebot überprüft werden; vielleicht sind auch Teilstücke für das Unternehmen, für seine Betriebe brauchbar. Besonders nützlich ist das selbst entwickelte System,

---

[37] Vgl. zur Zulässigkeit arbeits- bzw. tarifvertraglicher Residenz- oder Wohnsitzklauseln BAG NZA 2007, 343 sowie *Wagner* in Preis, Der Arbeitsvertrag, D.30 Rn. 244.

erarbeitet durch eine Projektgruppe. Ihr sollten alle angehören, die für die spätere **Umsetzung** zu sorgen haben: Management, Führungskräfte und Belegschaft, vertreten durch den Betriebsrat und den Sprecherausschuss. Professionelle Hilfe können Institute und Berater geben. Die Feinarbeit kann das Personal- und Sozialwesen leisten und den Rahmen für die Umsetzung im Unternehmen festlegen.

Der großen Mehrheit der für Personalentwicklung „selbstmotivierten" Mitarbeiter steht die kleinere Zahl derer gegenüber, die diese Entwicklung nicht wollen oder nicht meistern können. Für sie bleiben – gerade im größeren Unternehmen – immer Aufgaben, die weniger anspruchsvoll mit andauerndem Fleiß und Sorgfalt abgearbeitet werden können – oftmals sogar müssen. Diese geringere **Entwicklungsfähigkeit,** mit Loyalität und Treue kompensiert, wird gerade in einer modernen, schnelllebigen und fluktuierenden Arbeitswelt häufig, oft zu häufig zu gering geschätzt. In vielen Jubiläumsansprachen wird der langjährige, hingebungsvolle Einsatz am (gleichen) Arbeitsplatz hervorgehoben, als Stütze für die Stabilität des Unternehmens. Auch diese Mitarbeiter wollen ihrem Leben durch Arbeit einen wichtigen Inhalt geben und ihren Lebensunterhalt selbst verdienen. Dazu brauchen sie einen angemessenen Platz im Unternehmen und das Unternehmen braucht sie auch.

3. Bedarfsplanung

Zwingende Voraussetzung für eine sinnvolle Personalentwicklung ist eine Gesamtplanung des Unternehmens. Daraus ist – neben anderen Plänen – der Plan für den Personalbedarf zu entwickeln. Eine Grobplanung nach der **Organisationsstruktur,** den Mengenerwartungen etc ist erfahrenen Betriebsleitern ohne weiteres möglich. Die notwendige **Feinplanung** läuft aber eher von „unten nach oben". Die einzelnen Vorgesetzten müssen dazu die ihnen zugeordneten Gesamtaufgaben im Rahmen der Unternehmensorganisation in einzelne Schritte, dh hier in einzelne Arbeitsplätze, umzusetzen und die dafür jeweils erforderlichen Qualifikationen zu bestimmen. Daneben sind die Mitwirkungsrechte des Betriebsrats nach § 92 BetrVG bei der Personalplanung zu berücksichtigen.[38]

4. Stellenbeschreibung

Es existieren viele Systeme, die mit Aufwand eingerichtet bzw. betreut werden durch Vorgesetzte, durch Mitarbeiter selbst oder durch Dritte. Die Systeme leiden meist darunter, dass sie trotz hohem Aufwand mit dem lebendigen, sich immer wieder ändernden Unternehmen nicht Schritt halten können. Die Mitbestimmung des Betriebsrats macht dabei den Ablauf nicht einfacher. Der Betriebsrat hat zwar bei der Ausgestaltung von **Stellenanzeigen** kein Mitbestimmungsrecht[39], kann aber beispielsweise verlangen, dass bestimmte Stellen nach § 93 BetrVG (auch) intern ausgeschrieben werden. Wenn das Unternehmen in den Führungspositionen auch nur hinreichend gut besetzt ist, kann es auch ohne diese starren Eingrenzungen laufen. Absprachen – gleich welcher Form – sichern den Betriebsablauf. Sie werden unterstützt durch ein **Organisationshandbuch,** auch für kleinere Betriebseinheiten, das vor Ort oder im Intranet verfügbar und damit jedem Mitarbeiter zugänglich ist.

So werden die Grundlagen für eine Personalentwicklung gelegt, die zu einer arbeitsfähigen Unternehmensstruktur führen. Diese Überlegungen sind tägliche Aufgabe für vorausschauende Führungskräfte – auch, wenn sie erst zur konkreten **Unternehmensplanung** abgerufen werden. Viele Änderungen ergeben sich auch während und zwischen den Planungszyklen. Sie dürfen nicht übergangen oder verschoben werden. Gerade in schlechten

---

[38] Zu Zustandekommen und Inhalt dieser Vorschrift *Reichold* NZA 2001, 857, 863.
[39] Dazu grundlegend BAG NZA 1988, 551 f., wobei § 93 BetrVG den Arbeitgeber nicht in seiner Einstellungsfreiheit über die Gestaltung der Stellenbeschreibung oder gar in der Bewerberauswahl beschränkt, vgl. *Buchner* NZA 1991, 577 ff.

Zeiten ist es besonders wichtig und verpflichtend, schnell zu reagieren. Oft wäre eine engere Vorausplanung schonender als die Aussage, dass x Mitarbeiter zur Stabilisierung des Unternehmens „abgebaut" werden müssen. Wenn überdies auch noch kurz zuvor hoffnungsfrohe Ankündigungen für das Unternehmen verkündet wurden, wird Unsicherheit, ja Misstrauen erzeugt. Hätte man das nicht besser vorhersehen, planen können? Warum wurde – bis vor kurzem – noch eingestellt? Die oft recht schlicht – monokausal – formulierten Hinweise auf die Unvermeidlichkeit des (erheblichen) Personalabbaus zur Kostensenkung – ohne sonstige überzeugende Begründung – verstärken das Unverständnis beim Mitarbeiter – und auch bei Medien und Öffentlichkeit.

52 Bessere **Planung** und deren schnelle **Umsetzung** könnten vieles besser und einfacher gestalten. „Planungseinbrüche" sind nicht immer schicksalhafte Außeneinwirkungen, sondern oftmals schlicht die Folge vermeidbarer Fehler. **Planungsfehler** verursachen im Unternehmen Zusatzkosten, im Personalbereich sind aber ganz persönliche Schicksale davon betroffen.

53 Sind die betrieblichen Aufgaben nach Anzahl und Qualität definiert, muss erwogen werden, wem welche Aufgabe übertragen wird, wer diese Anforderung erfüllen wird. Schließlich ist die besonders wichtige Frage zu beantworten, wer welche Aufgabe – noch – besser erledigen könnte, wer hat welches Potential? Das sind die **Kernstücke** einer **Personalentwicklung**. Sie ist eine der größten Herausforderungen an die Führungskraft. Neben der Fähigkeit, unternehmensbezogene Fakten, ihre Ursachen und Wirkungen zu erkennen, gehört dazu das sichere Urteil über Menschen, in ihren Qualifikationen für die unternehmerischen bzw. betrieblichen Anforderungen. Diese besondere Urteilsfähigkeit ist die Hauptverantwortung einer Führungskraft. Ist sie (noch) nicht gut genug entwickelt, muss die oberste Priorität darauf liegen, sie einzuüben.

5. Fördersysteme

54 Die Förderung der beruflichen und – eingeschränkt – auch der persönlichen Entwicklung ist eine wesentliche Aufgabe der Mitarbeiterführung. Auch das Betriebsverfassungsgesetz räumt der **Berufsbildung** der Mitarbeiter in § 96 BetrVG einen besonderen Stellenwert ein.[40] Für jeden Vorgesetzten ist es hilfreich, wenn er sich bei dieser Aufgabe auf ein System des Unternehmens stützen kann. Die vielfältigen **Fördersysteme,** oftmals flankiert durch persönliche Zielvereinbarungen mit den Mitarbeitern, haben im Wesentlichen gleiche Inhalte und Ziele: Die Menschen im Unternehmen sollen so optimal wie möglich eingesetzt und in ihren Fähigkeiten gefördert und entwickelt werden.[41] Das ist gleichermaßen vorteilhaft für die Selbstverwirklichung der Mitarbeiter wie für die Produktivität im Unternehmen. Den Beteiligten sollte klar sein, dass „Förderung" nicht gleichbedeutend mit „Beförderung" sein kann – zunächst ist sie Teilstück in der Personalplanung und -führung.[42]

55 Bei Einführung eines **internen Fördersystems** wie auch während dessen laufender Anwendung ist es wichtig, die Betroffenen damit vertraut zu machen bzw. zu informieren. Damit werden Vorurteile abgebaut und Betroffene zu Beteiligten. Auch die Frage, was letztlich mit dem so erstellten Papier geschieht, beschäftigt viele. Einmal in der Personalakte angekommen, ruht es dort – nachdem es dem Vorgesetzten geholfen hat, seine Aufgabe zu erledigen. Der nächsthöhere Vorgesetzte hat einen besseren Überblick bekommen. Schließlich haben kompetente Personalentwickler sich Gedanken gemacht, um die passende, möglichst bessere Entwicklung des Mitarbeiters auf den Weg zu bringen. Zu beachten ist, dass die Beteiligten nicht nur rechtlich, sondern auch moralisch zum sorgfältigen Um-

---

[40] Dazu umfassend *Koch* in Schaub § 239 Rn. 1 ff., wobei darauf hinzuweisen ist, dass der Begriff der „Berufsbildung" in § 96 BetrVG weiter ist als derjenige der „Berufsausbildung" im Berufsbildungsgesetz (BBiG).
[41] Vgl. nur *Thüsing* in Richardi § 96 Rn. 16 ff.
[42] Vgl. nur *Thüsing* in Richardi § 96 Rn. 1.

gang mit den persönlichen Daten der Mitarbeiter verpflichtet sind. Kein Unternehmen kann es sich leisten, mit einem solchen System auszuspähen, abzuqualifizieren oder gar Kündigungen voranzutreiben.

a) Inhalt

Der sachliche Inhalt fast aller **Fördersysteme** ist notwendigerweise überwiegend gleich. Es geht um drei wesentliche Überlegungen:

aa) Ist-Zustand. Der Ist-Zustand ist festzuhalten – zum einen konkret an diesem Arbeitsplatz, mit diesem Mitarbeiter, aber auch abstrakt in Bezug auf die Situation im Betrieb und Unternehmen insgesamt.[43] Ein deskriptiver Vorgang in Stichworten, der die entsprechende Verabredung zwischen Vorgesetztem und Mitarbeiter dokumentiert.

bb) Bewertung. Wie sieht der Vorgesetzte die Erledigung dieser Aufgaben? Dabei ist nur die vorgegebene Verpflichtung zu bewerten – nicht irgendetwas anderes. Eine Ausflucht in Allgemeinplätze und schlagwortartige Kurzformeln ist hier sehr verführerisch. Sie sind aber oft nur Ausdruck ungenügender Reflektion und Erkenntnis. Leistung kommt weniger aus dem Charakter, sondern aus Fähigkeiten und ihrem Einsatz. Wer sich um eine nüchterne, **objektive Darstellung** bemüht, gestützt auf einzelne Tatsachen, braucht keine pauschalen Urteile.

Gerade bei Unterforderung besteht die Gefahr, dass der Arbeitswille und -einsatz abfallen und Fähigkeiten verkümmern. Meist geht das langsam und schleichend. Durch angemessene Führungshilfen sollte versucht werden, zumindest das aktuelle Leistungsniveau zu halten. Dieser Ansatz erscheint qualitativ bescheiden – er ist aber grundlegend für die Personalentwicklung. Er gilt für so viele in fast allen Positionen. Dabei soll nicht der „Durchschnitt" zum Ziel ausgerufen werden. Aber Personalentwicklung hat sich auch nicht nur bei den hehren Ambitionen für das Topmanagement zu beweisen, sondern in der Basisarbeit für alle, mit ihren Fähigkeiten und den Möglichkeiten im Unternehmen. Sie muss auch dem Abrieb durch das Gleichmaß der Tagesarbeit und dem daraus resultierenden Frust entgegenwirken. Darin liegt schon eine große Optimierung für den Mitarbeiter. Dazu kommen oft ungeahnte Leistungsschübe, die zu beachtlich höherer **Effizienzsteigerung** im Unternehmen führen kann – mit entsprechenden Folgen für die Kosten.

Überforderung ist (meist) weniger kritisch. Oft setzt sie bislang ungeahnte Fähigkeiten frei. Wird sie nicht bewältigt, so zeigen sich entsprechende Fehler, die entweder zu verbissenem Frust oder zur Ablehnung der Aufgabe führen. Dies offen zu legen und mit dem Vorgesetzten darüber zu sprechen, um die Situation zu verbessern, fällt oftmals leichter als bei einer **Unterforderung**.

Die **Überlastung** ist anders zu sehen. Sie sollte möglichst vermieden werden, weil sie selbst in Krisenzeiten keine Dauerlösung sein kann. Sie führt nicht selten zu Frust, ja Ineffizienz für Unternehmen und zu Stress bis hin zur Erkrankung des Mitarbeiters, gerade auch im oberen Management.[44] Ein verantwortungsbewusster Chef sollte das frühzeitig erkennen und gegensteuern.

Auch Lob und Tadel müssen zur Bewertung gehören. Der Mitarbeiter will wissen, ob und wie er den **Erwartungen** seines Vorgesetzten entspricht, um sich darauf einstellen zu können. Nicht selten neigen Mitarbeiter zu einer – meist im kritischen Bereich – verzerrten Selbsteinschätzung. Dies muss korrigiert werden – zum Wohl des Mitarbeiters. Sowohl bei Lob wie auch bei Tadel ist es sinnvoll, schnellstmöglich zu handeln und nicht erst eine turnusmäßige Beurteilungsrunde abzuwarten. Der Anlass für eine wertende Äußerung wird leicht vergessen. Ein kritischer Zustand kann eine noch kritischere Entwicklung nehmen. Umso schwieriger wird die spätere Korrektur. Der Beurteilende sollte sich gerade bei dem kritischen Befund immer fragen: Bin ich mitverantwortlich?

---

[43] *Thüsing* in Richardi § 96 Rn. 18; *Koch* in Schaub § 239 Rn. 1b, jeweils mzN.
[44] Vgl. dazu zuletzt etwa *Lützeler* BB 2014, 309 ff.

63   Die immer wieder gestellte Frage nach dem **objektiven Vergleichsmaßstab** bleibt offen. Wer kann überhaupt objektiv sein? Jeder Beteiligte ist eine eigene Persönlichkeit und damit subjektiv. Die Aufforderung, sich mit dem System auseinanderzusetzen, sich festzulegen und zu erklären, reduziert Willkür. Letztlich kann der nächst höhere Vorgesetzte ausgleichen.

64   **cc) Resumée.** Der dritte und wichtigste Schritt führt in die Zukunft. Was kann aus den im Gespräch gewonnenen Ergebnissen gemacht werden? Welchen Weg könnte oder sollte der Mitarbeiter einschlagen? Was will er selbst? Gibt es im Betrieb oder im Unternehmen bessere **Entwicklungsmöglichkeiten,** ist eine besondere Schulung angebracht? Diese Überlegungen und Empfehlungen sind Anstoß für die Maßnahmen der Personalentwicklung. Vielleicht findet der Vorgesetzte mit den Personalentwicklern schon ein angemessenes Angebot. Oder die Empfehlungen gehen weiter an ein besonderes Unternehmensgremium, um eine noch bessere Lösung zu finden und durchzusetzen.

b) Beurteilungs- und Förderungsgespräche

65   Auf **Zielvereinbarungen** stützen sich viele Förder- und Beurteilungsgespräche.[45] Dabei gibt es prinzipiell den gleichen Ablauf: Was war vereinbart, was ist erreicht, was folgt daraus für die Zukunft? Transparente Zielvereinbarungen sind nicht nur rechtlich geboten. Sie erleichtern auch die Führung und das Gespräch mit dem Mitarbeiter.[46] Nicht das ganze Aufgabengebiet, sondern nur die Vereinbarungen werden konzentriert durchgesprochen.

66   Das Beurteilungs- bzw. Förderungsgespräch sollten nur der direkte Vorgesetzte und sein Mitarbeiter miteinander führen. Andere Regelungen untergraben die **Führungsautorität.** Das Gespräch ist dann gut, wenn es mitmenschlicher **Verantwortung** und praktischer Unternehmensführung entspricht. Kein Vorgesetzter sollte sich dabei als Richter fühlen. Kein Mitarbeiter darf „vorgeführt" werden. Er kann sich – notfalls – beschweren, mit Hilfe von Sprecherausschuss oder Betriebsrat, und dann noch eine klärende Gegendarstellung zu seinen Akten geben (vgl. etwa § 83 Abs. 2 BetrVG).[47]

67   Am Ende des Gesprächs bzw. des **Protokolls** steht die Unterschrift des Beurteilenden auf dem Protokoll. Soll der Beurteilte auch unterzeichnen oder nur abzeichnen? Das würde diesem Gespräch letztlich einen Einigungszwang auferlegen. Förderung ist aber nicht notwendig Einigung. Natürlich soll der Mitarbeiter zu seiner Förderung beitragen, aber er braucht nur seine und nicht die Pflicht des Vorgesetzten zu übernehmen.

68   Können sich die Beteiligten überhaupt nicht auf eine Wertung oder Empfehlung einigen, so mag der Mitarbeiter dies festhalten auf dem Gesprächsbogen, notfalls durch eine Erklärung für die Personalakte. In letzter Konsequenz steht ihm der Weg zum Arbeitsgericht offen.[48] Viele Vorgesetzte meinen, dass ihr regelmäßiges Arbeitsgespräch eigentlich alles enthalte, was es zu besprechen gibt. Kaum ein Mitarbeiter sieht das so. Dieses Gespräch ist allenfalls als Vorarbeit zu einem **Mitarbeitergespräch** anzusehen, das viel intensiveren persönlichen Erwartungen unterliegt. Das eine kann als Feedback im üblichen Tagesablauf dienen, das andere sollte motivieren – beide Teilnehmer.

6. Vorgesetztenbeurteilung

69   Die Vorgesetztenbeurteilung, die Beurteilung durch Kollegen untereinander, „Surveys" etc, führen auch zu Aussagen und Wertungen, die **unterstützend** eingesetzt werden können. Sie sind aber nicht Personalentwicklung im Sinne verantworteter Führung, sondern eher **Gegenkontrollen.** Das ist wenig motivierend für eine engagierte Führungskraft.

---

[45] Zu den Folgen einer unterbliebenen Vereinbarung oder Vorgabe über konkrete Ziele trotz einer Zielvereinbarung vgl. BAG NZA 2008, 409, 415.
[46] Wobei es keine Pflicht für den Mitarbeiter gibt, an einem Personalgespräch teilzunehmen, das sich nicht auf seine Arbeitsleistung als solche bezieht, vgl. BAG NJW 2009, 3115 m. Anm. *Dzida*.
[47] *Küttner/Röller/Poeche/Windsheimer/Schlegel* in Küttner, Personalbuch, Personalakte Rn. 18.
[48] Lesenswert LAG Rheinland-Pfalz BeckRS 2004, 30800435.

7. Personalcontrolling[49]

Das Personalcontrolling soll mit ursprünglich für das Finanzcontrolling entwickelten Methoden den unternehmerischen Beitrag des Personal- und Sozialwesens für das Unternehmensziel ermitteln. Dazu müssen die Einzelvorgänge und Leistungen **in Wertzahlen umgesetzt** werden, um so die Ergebnisse innerhalb und auch außerhalb des Unternehmens darstellen zu können. Nur wenige Kennzahlen ergeben sich im Personalbereich aus sich heraus – meist muss das Unternehmen für einen bestimmten Faktor einen konkreten Wert festlegen. Kann zB der Wert der Einstellung eines Mitarbeiters am Preis des Headhunters ausgerichtet werden? Wie hoch sind die Vergleichswerte der Personalabteilung? Wie werden die Kosten der in beiden Fällen erforderlichen Vor- und Nachbereitung einer Einstellung eingebracht? Welchen Wert hat die „Erfolgszusage" des Headhunters? Soll auch das Betriebsklima als Wert eingebracht werden? Je exakter und umfassender die Wertigkeiten erfasst bzw. festgelegt werden, umso höher ist der zu leistende Aufwand des Unternehmens, insbesondere aber des Personalcontrollings. Dennoch bleibt die Rechnung eine vage. Viele Unternehmen haben Personalcontrolling-Systeme anhand ihrer **eigenen Bedürfnisse** entwickelt, um mit vertretbarem Aufwand zu aussagekräftigen Ergebnissen zu kommen.

Robert Kaplan und *David Norton* nehmen an, dass ca. 85% der Werte im Unternehmen sog. „intangible assets", also immaterielle Vermögenswerte, sind. Das hat sie dazu veranlasst, das System der **„Balanced Scorecard"** zu entwickeln. Dieses System fragt nicht „vorausschauend" danach, welche Maßnahme welche kausale Wirkung nach sich ziehen könnte. Es ermittelt vielmehr anhand eines sog. Pull-Push-Prinzips, welche Wirkung erzielt werden soll, um davon ausgehend die hierfür erforderlichen Maßnahme zu bestimmen. Das System der „Balanced Scorecard" wird damit vielmehr aus den Unternehmenszielen entwickelt. Diese Ziele werden bis zum Aufgabenbereich der einzelnen Abteilung und Arbeitsgruppe heruntergebrochen. In dem Umfang, in dem diese Vorgaben erreicht werden, liegt der Wert des Beitrags für das Unternehmen. Diese Methode will damit weniger den rechnerischen Vergleich erbrachter Leistung darstellen, sondern vor allem die **strategische Führung** und **Erreichung der Unternehmensziele** unterstützen. Kritisch gesehen wird dabei der hohe Gesprächsaufwand, um die erforderlichen Verabredungen zu ermitteln und zu treffen. Dem kann aber mit klaren Zielvorgaben und deren konsequenter Verfolgung begegnet werden.

Von den zahlreichen Weiterentwicklungen und Verfeinerungen des Systems der „Balanced Scorecard" erscheint die Überlegung von *Fink/Heineke*, die Balanced Scorecard mit dem Konzept des **„Management by Objectives",** also dem Führen mittels Zielvereinbarungen, zu verbinden, besonders erfolgversprechend. So können in einem weithin bekannten und geübten Verfahren, auch mit eigenen Sonderlösungen, strategische Ziele verfolgt und mit firmenspezifischen Erkenntnissen unterstützt werden.

Unabhängig von jeder Form systematischen Personalcontrollings fallen im Personal- und Sozialbereich **Kennzahlen** an, die zu nützlichen Erkenntnissen führen. Dazu gehören die Fluktuations- und Abwesenheits-/Fehlzeitenquoten. Beiden gemeinsam ist ein harter Kern, die unvermeidbaren und naturgegebenen Fälle. Dazu kommen die vermeidbaren Fälle, die diese Quoten in die Höhe treiben. Daraus resultieren beachtliche, oft vermeidbare Kosten. Schon innerhalb des Unternehmens wird es dabei ganz unterschiedliche Ergebnisse für einzelne Bereiche und Gruppen geben, die zum Vergleich einladen. Allerdings ist eine sorgfältige Analyse der Fälle voranzustellen. Unklare Fälle sind in entsprechend behut-

---

[49] Dazu umfassend *Tymister/Nuß* BC 2005, 76 ff. mit einem Beispiel zum Aufbau eines Kennzahlensystems.

sam geführten Gesprächen aufzuklären. Schnell wird man so erkennen, dass die Fluktuations- und Abwesenheits-/Fehlzeitenquoten oft auf Unzufriedenheit mit dem Unternehmen, dem Vorgesetzten oder dem Umfeld beruhen. Dem kann durch entsprechende **Gegensteuerung** abgeholfen werden.

74 Die auf das Entgelt zurückzuführende **Unzufriedenheit** ist oft einfach zu klären. Entweder wird der Betroffene von sich selbst oder von seinem Vorgesetzten falsch eingeschätzt, oder das Entgeltsystem ist nicht (mehr) marktgerecht. Die Erfahrung zeigt, dass in vielen Fällen, in denen zunächst auf das unzureichende Entgelt abgehoben wird, ein anderer, viel wichtigerer Grund hinter der Unzufriedenheit verborgen wird. Manch einer kann oder will nicht über falsche Einschätzungen, Meinungen oder **missliche Umstände** reden. Das ist sehr viel schwieriger als über das Gehalt zu reden. Auch gute Aufklärungsgespräche eröffnen nicht zuverlässig diesen innersten Bereich in einem Mitarbeiter, der mit Abwanderungsgedanken spielt; er protestiert letztlich mit seinem Verhalten nur gegen das Unternehmen. Sollte sich ergeben, dass die Führung für das Verhalten ursächlich war, sollte mit dem Vorgesetzten gesprochen werden. Vielleicht sind zukünftige Fehler, dh Fälle, vermeidbar. Ist das Umfeld ursächlich, so kann zwischen dem menschlichen und dem sachlichen unterschieden werden. Im menschlichen Bereich kann es um das – falsche – Verhalten von Vorgesetzten, Kollegen oder Mitarbeitern gehen. Ist der Vorwurf berechtigt, so wäre der ursächlich Aktive zu **disziplinieren,** um wieder eine verträgliche Situation herzustellen. Auch „Mobbing" gehört hier oft zu den berechtigten Vorwürfen. Liegt die Unzufriedenheit des Mitarbeiters am Arbeitsplatz – im sachlichen Bereich –, so ist zu fragen, ob Veränderungen erforderlich und sinnvoll sind.

75 Im Bereich der Produktion gehören auch Maßnahmen des **Arbeitsschutzes** zu diesen Bedingungen. In diesem Umfeld ergibt sich eine weitere, für die Unternehmensführung wichtige Zahl: die Unfallquote. Sie wird nach den Vorgaben der zuständigen Berufsgenossenschaft erhoben. Sie zeigt, wo umsichtig gearbeitet wird. Außerdem beeinflusst sie wesentlich die Höhe des zu leistenden Beitrags – ein bezifferbarer, den einzelnen Bereichen auch unmittelbar zuzurechnender Wert. Diese Quote zeigt auch, wie wichtig es ist, die einzelnen **Schadensfälle** genau in ihren Ursachen zu erforschen – waren sie vermeidbar oder nicht. So sind nicht nur Betriebskosten zu steuern. Vielmehr kann menschliches Leid verhindert oder verringert werden – ein besonders wichtiges, wenngleich nicht bezifferbares Ergebnis.

III. Außenwirkung des Personalleiters innerhalb des Unternehmens

76 Es ist nicht damit getan, die Personal- und Sozialfragen im Unternehmen gut zu regeln und dies auf die Mitarbeiter abzustrahlen, darüber zu reden und sorgfältig auf das Echo zu achten. Der Leiter des Personal- und Sozialwesens muss sein „Produkt" auf diesem **Markt,** im Unternehmen, immer wieder auf Güte und Tauglichkeit überprüfen.

1. Unternehmenszeitung/-magazin

77 Ein Unternehmensmagazin ist für die allgemeine Information über das Unternehmen – seinen Erfolg oder seine Probleme – gut geeignet, auch für den Quartalsbericht nach § 110 BetrVG. Es bedarf **sorgfältiger Recherche** nach den im Unternehmen wirklich interessierenden Fragen und Fakten.

2. Kurzinformationen

78 Diese „Kurzinfos" sind meist Nachrichten, die über die **Kommunikationssysteme** des Unternehmens – E-Mail, Intranet – bekanntgegeben werden können.[50] So können außer-

---

[50] Zu den (multi-)medienrechtlichen Implikationen vgl. *Elschner* in Hoeren/Sieber/Holznagel, Multimedia-Recht, Teil 22.1 Rn. 114.

gewöhnliche Vorkommnisse ad hoc angesprochen bzw. begleitet werden. Es kann auch erklärt werden, wie ein Tarifstreit sich entwickelt – damit sich der Mitarbeiter nicht nur durch die gewerkschaftlichen Flugblätter informieren muss. Allerdings muss dieses Instrument sicher beherrscht werden. Überzeugende Information fordert eine **klare, kurze Sprache.**

3. Betriebsversammlung

Die Betriebsversammlung ist die vom Betriebsrat einberufene Versammlung der Mitarbeiter, auf der auch der Arbeitgeber ein Recht hat vorzutragen (vgl. §§ 42 ff. BetrVG). Sie ist eine hervorragende Gelegenheit, viele Mitarbeiter **unmittelbar anzusprechen.** Deshalb sollte man sie auch entsprechend nutzen. Nicht nur die Regel-Berichte gehören hierher. Auch die Geschäftsleitung kann hier bestimmte Vorhaben erläutern, Probleme aufgreifen – ggf. in Abstimmung mit dem Betriebsrat – und die Mitarbeiter auffordern, dass und warum sie bei deren Lösung mithelfen sollen oder gar müssen.

4. Betriebsräteversammlung

Diese Versammlung bringt die Betriebsräte – Multiplikatoren des Gesamtunternehmens – zusammen (§ 53 BetrVG). Auf dieser Versammlung hat der Gesamtbetriebsrat einen **Tätigkeitsbericht** und der Unternehmer einen Bericht über das Personal- und Sozialwesen zu erstatten (§ 53 Abs. 2 BetrVG). Sie erscheint als eine besonders geeignete Plattform, um **Unternehmenssicht und -strategien** vorzustellen, vor allem dann, wenn solche Ziele ganz unterschiedliche Auswirkungen auf einzelne Unternehmens- oder Konzernbereiche haben.

5. Mitarbeiterversammlung

Diese Versammlung der Mitarbeiter wird vom Arbeitgeber einberufen, der sie vor allem dazu nutzen kann, die Arbeitnehmer über aktuelle Projekte und Entwicklungen unmittelbar zu **informieren.**[51] Im Gegensatz zur Betriebsversammlung hat der Betriebsrat hier nicht die Leitung und die Arbeitnehmer können zur Teilnahme verpflichtet werden.

6. Tag der offenen Tür

Diese Veranstaltung ist eine großartige Werbung nach außen und innen. Der Betrieb kann sich so der **interessierten Öffentlichkeit** zeigen und sein Wirken, die Art des Vorgehens etc erklären. So kann vielen Vorurteilen aufgrund von Unkenntnis, jedenfalls bei Gutwilligen, entgegengewirkt werden. Die Nachbarn, die unmittelbar vom Betrieb berührt sind (eventuell durch Lärm, etc), finden so oft zu mehr Toleranz – durch Offenheit. Dem Mitarbeiter wird Gelegenheit gegeben, den Angehörigen zu zeigen, wo und wie der Arbeitstag abläuft.

IV. Aufgaben des Personalleiters außerhalb des Unternehmens

Darüber hinaus muss der Leiter des Personal- und Sozialwesens aber in vielen anderen außerbetrieblichen Bereichen mitwirken. Viele **Institutionen** sind geradezu darauf angewiesen, dass „ehrenamtliche" Arbeitgeber-(wie auch Arbeitnehmer-)Vertreter ihr Wissen und ihre Erfahrung aus dem Unternehmen einbringen. Auch politische Parteien und staat-

---

[51] Hier ist zwischen der Betriebsversammlung, die der Betriebsrat auf Wunsch des Arbeitgebers einberuft (§ 43 Abs. 3 Satz 1 BetrVG) und der Mitarbeiterversammlung zu unterscheiden, die der Arbeitgeber selbst einberufen kann, vgl. *Joost* in MHdB ArbR § 223 Rn. 12, 17 ff. mwN.

liche Organisationen bedürfen der Mitwirkung qualifizierter, betrieblich und wirtschaftlich Erfahrener. Das kann sehr zeitraubend sein. Aber ohne diesen Einsatz können die Interessen der Unternehmen und ihrer Mitarbeiter nicht zum Tragen kommen. Wer sich nicht selbst gestaltend einbringt, kann „Fehlentwicklungen" nicht verhindern und nur sehr begrenzt kritisieren.

1. Bundesagentur für Arbeit

84　Die staatliche Arbeitsverwaltung **berät** in ihren Verwaltungsgremien wichtige Fragen aus ihrem Arbeitsauftrag. Dabei ist nicht zu vergessen, dass auch eine gute Beziehung zu den örtlich Zuständigen – in Leitung und den diversen Betreuungsgebieten – von großem Nutzen ist. Das Unternehmen sollte dort nicht nur als Adresse bekannt sein. Vielmehr sollte es durch Gespräche, Besuche etc bekanntgemacht werden. So kann eine Vermittlung und Ähnliches schneller und gezielter bearbeitet werden – oft auch bereitwilliger.

2. Verbände

85　Gehört das Unternehmen einem **Arbeitgeberverband** an, muss es sich mit seinen Bedürfnissen und Vorstellungen einbringen. Nur so können in diesem Gremium tarifpolitische und arbeitsrechtliche Linien und Instrumente entwickelt werden.

86　Wenn das Unternehmen keinem Verband angehört, muss sich der Personalleiter überlegen, wie er in anderen Organisationen seine „Arbeitsmittel" in Arbeitskreisen, Erfahrungskreisen, mit Beratern etc weiterentwickeln kann. Sonst kann er seine Entwicklung nur unabhängig und allein betreiben. Das reicht manchmal nicht aus.

3. Arbeits- und Sozialgerichtsbarkeit

87　In der Arbeitsgerichtsbarkeit wirken in allen Stufen ehrenamtliche Richter mit – je einer aus dem Arbeitgeber- und dem Arbeitnehmerlager (§ 16 Abs. 1 ArbGG). Sie sollen in der Arbeitsgerichtsbarkeit, die den besonderen Auftrag der Befriedung hat, sicherstellen, dass die Wirklichkeit, das tatsächliche Arbeitsleben, in Verhandlung, Beratung und Entscheidung einbezogen wird. Unser geltendes Arbeitsrecht ist in großem Umfang von der Rechtsprechung entwickelt worden; als Richterrecht bedarf es der Mitwirkung aus der Praxis – dringend. Gleiches gilt für die **Sozialgerichtsbarkeit** (§ 12 Abs. 2 SGG).

4. Berufsgenossenschaften

88　In den Berufsgenossenschaften, den allein durch Arbeitgeberbeiträge getragenen Versicherungen gegen die besonderen Risiken aus dem Arbeitsleben, muss auch im Selbstverwaltungsgremium mit beraten werden.

5. Industrie- und Handelskammer

89　Die Industrie- und Handelskammer ist unter anderem wichtig für die berufliche Aus- und Weiterbildung. Auch dort können Interessen und Bedürfnisse des Unternehmens eingebracht werden.

6. Sonstige

90　Schließlich gibt es noch eine Reihe weiterer Einrichtungen, die sich mit **Bildungsangeboten** beschäftigen – örtlich und überörtlich. Sie alle brauchen nicht nur (zahlende) Teilnehmer, sondern vielmehr den Beitrag aus den Unternehmen für ihre Ziele und Aufgabenfindung.

B. Aufgaben des Personal- und Sozialwesens   91–98 § 8

a) Berater

Beratende Organisationen für Fragen und Probleme aus der Personalarbeit, der Altersversorgung usw. können bei der Lösung betrieblicher Probleme helfen, und zwar aus der Sicht objektiver Dritter. Sie veröffentlichen praxisnahe **Arbeitshilfen und Broschüren**. Sie bieten auch **Weiterbildung** in Praktikerseminaren und Gesprächskreisen an. Mit einzelnen Beratern sollte ebenfalls zureichende Verbindung bestehen, um im Falle des Bedarfs zuverlässige Hilfe zu finden, zB für individuelles Training oder Einzelcoachings im Führungskreis. 91

b) Versicherungsanstalten

Ebenso sind in den Selbstverwaltungsorganen der **Deutschen Rentenversicherung** übergeordnete Arbeitgeberinteressen zu vertreten. 92

c) Krankenkassen

Für die Krankenkassen gilt das Gleiche. 93

d) Schulen

Mit Schulen ist ein guter Kontakt ebenfalls sehr nützlich. Gerade wo die Praxisferne im **Bildungsbetrieb** immer wieder beklagt wird, sollten Möglichkeiten angeboten werden, diesen Vorurteilen durch Besuche, Führungen, Praktika etc abzuhelfen. So können auch Lebensplanungen bei jungen Menschen angestoßen werden. Junge Menschen brauchen diese möglichst augenfällige Tatsacheninformation, um sich in der „Arbeitswelt" zu orientieren. Besondere, für manche Unternehmen ganz spezifische Berufe mit guten Arbeitsmöglichkeiten sind vielfach ganz unbekannt und werden ohne gezielte Ansprache als Lebensgrundlage nicht angestrebt. 94

e) Hochschulen

Eine gute Verbindung zu den Hochschulen ist nicht nur wegen des Know-how-Erwerbs oder -Austauschs mit verschiedenen Fachdisziplinen wichtig. Schon daraus ergeben sich viele Kontakte mit den insoweit schon vorbereiteten, spezialisierten Absolventen beim Übergang ins Berufsleben. Darüber hinaus gibt es heute an vielen Hochschulen, meist in eigener Initiative, einen „Firmen- oder Karrieretag". Dann können die interessierten Unternehmen sich dort mit einem Infostand oder Ähnlichem den Studenten und den Absolventen vorstellen. Es sollte nicht genügen, nur einen Geschäftsbericht auszulegen; persönliche Gespräche führen sehr viel weiter. Das **Stellenangebot** am schwarzen Brett der Hochschule oder des Instituts wird so um ein Vielfaches interessanter. 95

Nur wenige Unternehmen können eine eigene Hochschule betreiben. Es ist auch fraglich, ob diese Form der **konzentrierten Fachausbildung** dem Anspruch genügt, der an das zukünftige Management als Generalisten gestellt wird. Einfacher und effizienter erscheint es, den Schulterschluss mit örtlich bzw. fachlich nahen Hochschulen zu suchen. Gerade für die technischen und naturwissenschaftlichen Studiengänge müssen wieder mehr Interessenten gefunden werden. 96

f) Kommunale Einrichtungen

Schließlich darf keinesfalls vergessen werden, mit der Gemeinde, der Polizei, der Feuerwehr, den Verkehrsbetrieben etc **gute Verbindung** zu halten. Alle Stellen können und werden dem Unternehmen helfen, wenn sie nur angesprochen und regelmäßig informiert werden. 97

7. Aufgabenerweiterung

Im Allgemeinen führt die Aufgabe des Personalverantwortlichen eines größeren Unternehmens zu einem mehr als ausgefüllten, aber auch sehr erfüllten Tagesablauf. Es kann aber notwendig sein, die Führungsspitze klein zu halten, dh mehrere Aufgaben zusammenzufas- 98 sen. Andererseits gibt es Persönlichkeiten, die willens und fähig sind, mehrere, auch ganz unterschiedliche Felder zu bearbeiten. Auch kann überlegt werden, ob der **Personalleiter** durch eine zusätzliche Position eine vertiefte Einbindung in das unmittelbare unternehmerische Geschehen erfahren soll. Das kann auch ein Stück Personalentwicklung sein. Viele organisatorische und persönliche Gegebenheiten sind zu berücksichtigen. Andererseits gibt es eine Vielzahl von Kombinationen. Dazu finden sich genügend Beispiele, die erfolgreich praktiziert werden.

C. Führungskräfte

I. Obere Führungskräfte

99   Die personelle Betreuung der oberen Führungskräfte – gelegentlich als „Sonderkonto" bezeichnet – ist in vielen Unternehmen als **eigene Stabsstelle** gestaltet. Dieser besondere Aufwand ist im Gegenzug zu den besonderen Erwartungen zu sehen, die das Unternehmen an diesen Kreis stellt. Die oft ganz individuellen Verträge bedürfen nicht nur bei der Erstellung, sondern vor allem auch in der laufenden Betreuung eines recht großen Arbeits-, Gesprächs- und Zeitaufwands. Auch wenn die Grundsatz- und Gesamtregelungen entsprechend in die Verträge einfließen, sind in vielen Fällen Sonderlösungen unvermeidbar, um Fachkräfte zu binden. Allerdings sollte dieser Kreis es als selbstverständliche und vorbildliche Pflicht ansehen, sich den allgemeinen Betriebsregeln – in Verhaltens-, Ethik- und Sicherheitsfragen, bei der Torkontrolle usw. – zu unterwerfen. Damit unterstützt er nicht nur das – mitunter lästige – betriebliche Regelwerk in seinem Anspruch an alle, sondern er unterstreicht seine **Mitverantwortung**.

100   Eine organisatorische Doppelbindung des **Leiters dieser Stabsstelle** ist regelmäßig vernünftig, dh. hierarchisch an den Vorsitzenden des Vorstands, fachlich an den Leiter des Personal- und Sozialwesens. Fast wichtiger erscheint die besonders sorgfältige Auswahl bei der Besetzung dieser Stabsstelle, insbesondere des Leiters dieser Gruppe. Ein besonders hohes Maß an Integrität ist selbstverständliche Anforderung – neben absoluter Diskretion.

101   Im Allgemeinen werden an dieser Stelle auch die **Organmitglieder** betreut – in Absprache mit dem Aufsichtsratsvorsitzenden. Es erscheint überlegenswert, diese Aufgabe – zumindest sämtliche finanziellen Bewegungen – außerhalb des Unternehmens erledigen zu lassen. Damit werden Missverständnisse ausgeschlossen und die Vorgaben des Aufsichtsratsvorsitzenden neutral umgesetzt. Ganz einfach lässt sich das für die zugeordneten Inlandsgesellschaften gestalten. Deren obere Führungsriege wird in der Zentrale betreut. Für die Auslandsgesellschaften gilt dies grundsätzlich auch. Allerdings sind finanzielle, versicherungstechnische und ähnliche Dinge im Land selbst abzuwickeln, ggf. unter Inanspruchnahme **örtlicher Servicedienstleister**.

102   Die Aufnahme in diesen Betreuungskreis sollte sich nicht am Kriterium des „leitenden Angestellten" orientieren. Eine **individuelle Auswahl** ist zwar mühsamer, aber dennoch anzuraten. Die Schwierigkeit liegt darin, dass Definitionsmerkmale festgelegt werden müssen, die dem Gebot der Gleichbehandlung entsprechen. Die Auswahl muss begründbar sein. Es kann sonst in diesem besonders sensiblen Kreis leicht zu Frustrationen oder Ansprüchen auf Gleichbehandlung kommen.

103   Im Allgemeinen wird für diesen Kreis eine besondere Einkommenspolitik betrieben. Beim Monats- bzw. Grundeinkommen werden meist die unternehmenseinheitlichen Systeme, Abstufungen etc entsprechend weitergeführt. Für das Gesamteinkommen können die Systeme für Jahresprämien, Erfolgsbeteiligungen etc – meist mit entsprechenden Zuschlagsfaktoren versehen – angewandt werden. Die Zusatzfaktoren zeigen die besonders intensive Einwirkung dieses Kreises auf das Unternehmensergebnis – der Grundlage der Zusatzvergütungen. Oft wird dieser Kreis auch in Sonderzuwendungen einbezogen, die für die Or-

ganmitglieder entworfen wurden, zB „stock options". Damit wird ganz deutlich die **Teamorientierung** des Topmanagements unterstrichen.

Dienstwagen sind häufig eine regelmäßige Ausstattung in diesem Kreis. Von der Wagenklassenregelung abgesehen kann hier die allgemeine, im Unternehmen oder Konzern geltende Richtlinie angewandt werden. Für die **Reisekostenordnung** gilt Entsprechendes.

Ob **Versorgungs- und Versicherungssysteme** für diesen Kreis verändert werden müssen, hängt davon ab, ob die betrieblichen Systeme ausreichend erscheinen.

Die Unsicherheit im Hinblick auf **zivil- und strafrechtliche Haftungsrisiken** ist für diesen Kreis besonders belastend. Die Tendenz wird stärker, direkt auf den im Unternehmen Handelnden – als Träger der Verantwortung – zuzugreifen. Die Führungskräftehaftung erlebt dieser Tage eine Hochkonjunktur.[52] Es reicht nicht aus, vorsichtig und umsichtig zu handeln, um die haftungsrelevante „grobe Fahrlässigkeit" auszuschließen. Das Unternehmen sollte insoweit einheitliche **Compliance-Richtlinien** ausarbeiten – vorzugsweise mit den Betroffenen.[53] Darüber hinaus sollte Anleitung und Hilfe gewährt werden, damit die Verantwortungsinhalte – ggf. in ihrer organisatorischen Verflechtung – deutlich werden. Kontrollschritte sollten nicht zufällig, sondern im Rahmen eines Compliance-Systems geplant ablaufen und sorgfältig dokumentiert werden. Das gilt ausnahmslos für alle Bereiche des Unternehmens. Eine Vielzahl von Gesetzen und Regeln geben Pflichten vor, deren Nichtbeachtung zu empfindlichen Konsequenzen für das Unternehmen und die Führungskraft führen kann. Deshalb sollte das Unternehmen auch einheitliche Verhaltensleitlinien für die Führungskräfte und Mitarbeiter entwickeln – Compliance- und Ethikrichtlinien bzw. Codes of Conduct sind heute aus keinem Unternehmen und Konzern mehr hinwegzudenken.

Neben diesem Regelwerk ist der Kreis der oberen Führungshälfte für eine entsprechende Absicherung dankbar. Dazu gibt es von vielen Versicherungen vielfältige Angebote, die vom allgemein üblichen (Straf-)Rechtsschutz über die Vertrauensschadensversicherung[54] bis hin zur **D&O-Versicherung**[55] reichen. So können unter Umständen zumindest die Kosten abgedeckt und die finanziellen Folgen eines Verfahrens gemildert werden.

II. Leitende Angestellte im Betriebsverfassungsrecht

Leitende Angestellte sind im Betriebsverfassungsgesetz (§ 5 BetrVG) grob **definiert,** eine Vielzahl höchstrichterlicher Urteile gibt Klarheit für ebenso viele Einzelfälle.[56] Ein exaktes Maß liegt nicht vor. In jedem Unternehmen muss deshalb unter Beachtung von Gesetz und Gerichtsentscheidungen eine möglichst klare, für das Unternehmen insgesamt einleuchtende Trennlinie gezogen werden.

Das Kriterium **„Führungsaufgabe"** ist für die Abgrenzung wichtig.[57] Darunter fallen aber nicht nur die Leiter großer Sparten, Abteilungen oder Betriebe. Auch in einer kleineren Gruppe kann hervorragende Unternehmerleistung erbracht werden. Der immer wieder für die Begriffsbildung angesprochene „Gegnerbezug", also die Zugehörigkeit zum einen oder anderen „Lager"[58], ist keine akzeptable Forderung, weil er vom vernünftigen, kooperativen Führungsstil ablenkt. Die besondere Bedeutung einer spezifischen Berufs-

---

[52] Vgl. dazu umfassend → § 14 Rn. 1 ff.
[53] Dazu eingehend → § 14 Rn. 64 ff.
[54] Die Vertrauensschadensversicherung deckt Vermögensschäden des Unternehmens ab, die durch deliktische Handlungen der Organe und Mitarbeiter (zB Untreuehandlungen) entstanden sind. Versicherungsfall ist die vorsätzliche Schadensverursachung durch eine Vertrauensperson; vgl. dazu *Koch* VersR 2005, 1192 ff.
[55] Zu aktuellen Problemfeldern in diesem Bereich *Gleich/Melot de Beauregard* NJW 2013, 824 ff.
[56] Eingehend *Richardi* in Richardi § 5 Rn. 185 ff.
[57] Zuletzt BAG NJW 2010, 313; dazu *Kempf* ArbRAktuell 2009, 42.
[58] BAG AP Nr. 15 zu § 5 BetrVG 1972; *Hromadka* NZA 2007, 838, 840.

gruppe für ein Unternehmen – zB der Chemiker im Chemieunternehmen etc – kann Grundlage für eine entsprechende Managemententwicklung sein. Für die Abgrenzung nach dem Betriebsverfassungsgesetz ist sie nicht ausschlaggebend.

110 Die **Leitungsqualifikation** am Einkommen zu messen ist ebenfalls unbefriedigend. Leitende Angestellte gehören zum Kreis der „außertariflich Angestellten" (= AT-Angestellte), deren Aufgaben von den tariflichen Einstufungskriterien nicht mehr erfasst werden. In diesem Kreis gibt es auch höhere Einkommen aufgrund besonderer Qualifikationen oder Arbeitsergebnisse, ohne dass damit eine leitende Funktion verbunden wäre.

111 Der Trend hin zum hierarchiearmen Unternehmen macht die Abgrenzung nicht einfacher. Andererseits gibt es wenige Unternehmen, die ihre **Organisationsstruktur** am Betriebsverfassungsgesetz ausrichten wollen. Die besondere Bedeutung und Wichtigkeit der leitenden Angestellten liegt in ihrer herausgehobenen Pflicht und Aufgabe, für die Umsetzung der materiellen und ideellen Ziele des Unternehmens einzutreten – mehr als andere.

112 Das Unternehmen muss sich diesem Leitungs- und Leistungskreis mit besonderer **Fürsorge** annehmen. Das gilt nicht nur für die Bezahlung, sondern auch für andere – unternehmensspezifische – Formen der Wertschätzung, zB durch zielgerichtete Informations- und Weiterbildungsveranstaltungen. Vor allem hervorgehobene Bildungsangebote fördern die leitenden Angestellten, da deren Fach- und Führungswissen besonderen Ansprüchen entsprechen muss und stetiger Erneuerung bedarf.

113 In der jährlichen **Versammlung der leitenden Angestellten** ist der Arbeitgeber und damit in erster Linie der Vorstand eingeladen und berechtigt zu sprechen (§ 15 Abs. 1, 3 SprAuG). Nach den „Angelegenheiten der leitenden Angestellten" wird diesen Kreis ganz besonders die Situation des Unternehmens insgesamt interessieren. Diese Information sollte nicht als bloße Pflicht erledigt werden. Gerade hier kann sie Anreiz und Aufforderung sein, die Unternehmensaufgaben intensiv mit zu gestalten.

114 Durch die Einordnung als leitender Angestellter mag der Betreffende Anerkennung und Wertschätzung erfahren und so einen **Status** erreichen. Dieser Status kann jedoch nicht „verliehen" werden. Nicht „Ernennungsschreiben" oder ähnliche Akte, sondern allein die Erfüllung der gesetzlichen Kriterien sind deshalb konstitutive Bedingung für die Eigenschaft als leitender Angestellter.[59] Sie kann daher auch ohne entsprechende schriftliche Unterlage gegeben sein. Die – empfehlenswerte – schriftliche Fixierung kann nur eine Bestätigung sein, die einen gegebenen Sachverhalt feststellt. Das aber wird in vielen Fällen sehr wohl als Anerkennung gesehen und den so Herausgestellten besonders motivieren. Eine Verbindung mit materiellen Vorteilen erscheint zweifelhaft. Die Aufgabe mag sich ändern und ein – weiterhin wertvoller – geschätzter Mitarbeiter mag dann nicht mehr unter die Definition fallen.

115 Das Bestätigungsschreiben hat aber **juristische Konsequenzen:** Der leitende Angestellte kann weder aktiv noch passiv an den Betriebsratswahlen teilnehmen (§§ 7, 8 BetrVG). Er wählt mit zum Sprecherausschuss (§ 3 SprAuG). Diese – formale – Konsequenz kann wichtig werden. Der Betriebsrat wird zur Vorbereitung seiner Neuwahl eine Wählerliste verlangen und diese unter Umständen kritisch überprüfen. Einmal kann es ihm um grundsätzliche Differenzen über „Ernennungen" gehen. „Bestätigungen" haben meist einen festeren Grund. Wenn die Wählerliste sich in ihrer Gesamtzahl den Abstufungen des Betriebsverfassungsgesetzes nähert, kann ebenfalls eine kritische Durchsicht erwartet werden. Es ist dann sehr schwer, betroffene Angestellte von einer „Entleitung" zu überzeugen. Auch wenn die Frage gerichtlich geklärt werden sollte – was der Betroffene im Zweifel erwartet – bleiben Spannungen zwischen Unternehmen und Betriebsrat – und schließlich ein frustrierter Mitarbeiter. Durch überlegteres Handeln und Vorab-Klärungen wäre dies vielleicht vermeidbar gewesen.

116 Eine weitere Konsequenz ergibt sich aus dem **Arbeitszeitgesetz (ArbZG).** Der leitende Angestellte genießt nicht den Schutzanspruch dieser Regelung (§ 18 Abs. 1 Nr. 1

---

[59] *Eisemann/Koch* in ErfK BetrVG § 5 Rn. 42 mwN.

ArbZG). Das darf kein Grund oder Anlass sein, ihn – im quantitativen – Arbeitsanspruch zu überfordern.[60] Das gilt auch, wenn eine besondere Aufgabe oder eine schlanke Organisation Stellvertretungen und andere Lastverteilungen erschweren. Auch seine Gesundheit und seine persönliche Freiheit sind zu schützen, im Gleichmaß mit der höheren Erwartung an seine Mitwirkung und Effizienz im Unternehmen.

Manche Unternehmen definieren nur die Spitze der Führungsmannschaft als leitende Angestellte. Die kleine Zahl wird den Betriebsrat zufrieden stellen, sie gibt ihm größere Vertretungsmacht. Dem steht der Anspruch der anderen Führungskräfte entgegen, die gleichermaßen unternehmerische und personelle Verantwortung tragen. Sie dürfen erwarten, dass die Unternehmensleitung ihre besondere Loyalität anerkennt und erwidert. In ihren persönlichen Anliegen wollen auch sie eher im **Sprecherausschuss** beraten und vertreten werden. Betreut sie der Betriebsrat, so können Konflikte sowohl für die Unternehmensleitung, den Betriebsrat als auch vor allem für den Betroffenen nicht ausgeschlossen werden.

D. Mitarbeiter im Unternehmen

I. Berufsbildung

1. Ausbildung

Die eigene Ausbildung ist ein guter Weg, dem Unternehmen qualifizierte Mitarbeiter zuzuführen. Die soziale Verantwortung der Unternehmen gebietet auch, Jugendlichen einen Berufseinstieg anzubieten. Neue Technologien und Organisationsformen verändern ständig die Anforderungen im Betrieb. Neben Fachkompetenz werden berufsübergreifende Fähigkeiten, mehr Methoden- und Sozialkompetenz immer wichtiger. Die **Berufsausbildung** im Betrieb kann dem entsprechen. Die Arbeitswirklichkeit motiviert und fordert zudem den Lerneifer. Die praxisnahe Ausbildung setzt sich unmittelbar und vorteilhaft im späteren betrieblichen Einsatz um. Auch die Kosten-Nutzen-Betrachtung spricht für die eigene Ausbildung. Die Kosten eines Auszubildenden lagen einer statistischen Erhebung zufolge im Jahr 2007 bei durchschnittlich 15 288 Euro pro Jahr, in den neuen Bundesländern „nur" bei 12 133 Euro, in den alten bei 16 149 Euro. Seine wirtschaftlich verwertbare Arbeitsleistung kann mit durchschnittlich 11 692 Euro bewertet werden. Das heißt, die Nettokosten liegen bei 3696 Euro. Demgegenüber steht der beachtliche Aufwand, um einen neuen Mitarbeiter anzuwerben und einzuarbeiten. Der Vorteil bei unternehmensspezifischen Berufen ist deshalb besonders groß. Die nicht rechenbaren Vorteile der eigenen Ausbildung, insbesondere unter dem Aspekt der **Corporate Social Responsibility** und der Außendarstellung, müssen noch hinzugerechnet werden.

Die nach der Jahrtausendwende geführte Diskussion um mehr Ausbildungsplätze wandelt sich in jüngerer Zeit immer mehr in eine **Bildungsdebatte,** weil nicht wenige Plätze mangels ausreichend qualifizierter Bewerber nicht besetzt werden können. Dazu kommt, dass die Jugendlichen ihre Chancen einengen, weil sie sich auf wenige, ihnen interessant erscheinende Berufe einschränken. Dazu kommen mangelnde Kenntnis oder Akzeptanz anderer Möglichkeiten in anderen, weniger bekannten Feldern oder an anderen Orten.

Die **längerfristige Personalplanung** im Unternehmen dürfte kaum durch diese mittelfristig schwierige Situation beeinflusst werden. Die Vorsorge für den qualifizierten Mitarbeiter von morgen und übermorgen wird überwiegen, nicht zuletzt im Hinblick darauf, dass die vorhersehbare demographische Entwicklung das Problem umkehren wird.

---

[60] Zu den Folgen der Unanwendbarkeit für leitende Angestellte *Baeck/Deutsch* ArbZG § 18 Rn. 27.

2. Weiterbildung

121 Dem Mitarbeiter sollte angeboten werden, sich – auch im Unternehmen – fortzubilden. Oft führt diese Weiterbildung zur Spezialisierung als interessante **Berufsentwicklung**. Viele Arbeitsgebiete verbreitern sich immer weiter und fordern Spezialisten. Mehr und mehr verkürzen Systemwechsel oder Neuentwicklungen die Halbwertszeit einer Spezialisierung. Dann ist ein Grundwissen – auf neuem Stand gehalten – die Basis der weiteren Entwicklung. Die gesammelte Berufserfahrung behält ihren Wert. Sie hilft oft ganz entscheidend, Neues bei sich selbst und im Betrieb vorteilhaft umzusetzen.

II. Anforderungen des Arbeitsverhältnisses

1. Suche und Anwerbung

122 Bei der Suche nach Mitarbeitern sollte man sich von folgendem Spruch leiten lassen: Mitarbeiter gibt es – fast – immer und überall, auch in Zeiten, in denen die Unternehmen in einen regelrechten „**war for talents**" eingetreten sind und Millionen in geeignete **Recruitment-Plattformen** und -Projekte investieren. Aber wie findet man diese Mitarbeiter? Durch eine breit gestreute, aber in der Zielsetzung möglichst enge und direkte Ansprache der Gesuchten. Dazu gibt es viele Wege:

123 Die Ansprache der eigenen Mitarbeiter ist im Rahmen einer „Internen Stellenausschreibung" möglich. Diese Form wird meist von Betriebsräten favorisiert und auch von § 93 BetrVG verlangt. Sie hat den psychologischen Vorteil, dass sich die Mitarbeiter mit ihrem Wunsch nach beruflicher Entwicklung selbst einbringen können. Der „Bewerber" ist bereits bekannt und erleichtert so seine **Tauglichkeitsprüfung** für die gewünschte Aufgabe. Nachteilig ist allerdings, dass so die offene Stelle zu Lasten einer anderen besetzt wird. Das führt dazu, dass der Vorgang wiederholt werden muss.

124 Man kann die Mitarbeiter zur Mithilfe auffordern – im Familien- und Freundeskreis. Zufriedene Mitarbeiter sind gute Werber.

125 In den diversen **Medien** (Zeitungen, Fachzeitschriften, Internet, usw.) lassen sich Stellengesuche prüfen und Stellenangebote platzieren. Dabei sind insbesondere die Vorschriften des **Allgemeinen Gleichbehandlungsgesetzes** einzuhalten und diskriminierungsfreie Anzeigen zu gestalten.[61]

126 Headhunter und besondere **Personalagenturen** – insbesondere, wenn es um Spezialisten oder gehobenes Management geht – bieten sich in großer Zahl am Markt an.[62]

127 Für alle Formen der Anwerbung gilt eine wichtige Anforderung: Die an den Bewerber gestellte Aufgabe muss so exakt wie möglich beschrieben werden. Gleiches gilt für die Anforderungen an die Bewerber. Ziel muss sein, nicht viele, sondern möglichst nur die Bewerbungen zu bekommen, die den **Anforderungen** wirklich entsprechen.

128 Fachleute und Spezialisten werden in ihrem Fachjargon leichter und damit gezielter angesprochen. Ein so gerichtetes Vorgehen verringert den Aufwand aller Beteiligten. Es vermindert auch den Frust vieler Bewerber, die nicht angenommen werden können. Dabei sollten die Absagen die Mühen der Bewerber berücksichtigen und möglichst verbindlich und schnell erledigt werden. Vielleicht wäre der heute Abgelehnte morgen für eine andere offene Stelle interessant, vielleicht kann er in einer **Vormerkliste** aufgenommen werden. Viele – als Arbeitgeber besonders beliebte – Unternehmen können vielfach aus einem solchen Reservoir schöpfen – ohne weiteren Aufwand.

---

[61] Vgl. eingehend *Adomeit/Mohr* NJW 2007, 2522 ff.
[62] Zur Zurechnung von diskriminierenden Anzeigen von Personalvermittlern BAG NZA 2004, 540 sowie *Adomeit/Mohr* NJW 2007, 2522 ff.

2. Bewerbungsgespräch

Das Bewerbungsgespräch sollte in einem dem Bewerber angemessenen Rahmen geführt werden. Es ist noch immer der entscheidende Vorgang, der die Beteiligten zusammenführt. Tests, welcher Art auch immer, können das nur unterstützen – wenn die Beteiligten ganz sicher sind, mit dem Test auch richtig umgehen zu können.

Bei diesen Gesprächen gibt es eine große, immer wieder zu beobachtende Gefahr: Die notwendige Zeitspanne, die im Allgemeinen zur Verfügung steht, wird häufig unterschätzt. Es ist wichtig, dass ein zukünftiger Arbeitgeber sich vorstellt. Der besonders interessierte Bewerber hat sich im Zweifel schon vorab informiert, vielleicht durch Unterlagen, die seiner Einladung beigefügt waren, oder die **Darstellung des Unternehmens** im Internet. Eine zu intensive Selbstdarstellung des Unternehmens geht zu Lasten des Bewerbers. Er sollte sich möglichst eingehend über sich äußern können. Dabei sollte man nicht zulassen, dass nur vorgeübte Allgemeinplätze vorgetragen werden. Gezielte, nicht allgemeine Fragen sollen zum Wissen und Können und zu der Person des Bewerbers hinführen. So hat auch der weniger redegewandte und darstellungsbegabte Bewerber die Chance, sich selbst und seine Qualifikation als Fachkraft vorzustellen. Das bedeutet für die Gesprächsführer, dass sie sich auf das Gespräch vorbereiten, die besonders wichtigen und interessierenden Punkte der Bewerbung gelesen haben und somit hinterfragen können. Das kann viel Nacharbeit ersparen. Sie müssen aber auch die allgemeinen Grenzen beachten, die das Gesetz dem **Fragerecht** im Bewerbungsgespräch zieht.[63]

3. Assessment

Assessment-Verfahren sind bei Einstellungen recht hilfreich.[64] Sie erfordern einen hohen Zeitaufwand vieler Beteiligter. Das Bewerbungsgespräch mit demjenigen, der den Bewerber aufnehmen soll, ist dennoch nicht verzichtbar. So kann man Anfängern und Absolventen von Hoch- und Fachhochschulen beim entscheidenden Gespräch helfen. Die besonders Qualifizierten für Fach- und Führungsaufgaben wird man aber gelegentlich eher verprellen. Sie erwarten das auch für sie wichtige Einzelgespräch mit dem zukünftigen Chef, mit einem Arbeitskollegen und die Abklärung ihres – individuellen – Arbeitsvertrags in der Personalabteilung.

Mitunter werden **Assessment-Center** eingesetzt, um aus dem Führungskreis die Favoriten für die Spitzenpositionen herauszufiltern. Das muss aufwändig und gut vorbereitet werden. Dieser Bewerberkreis darf erwarten, möglichst direkt auch von Vorständen und Geschäftsführern interviewt zu werden. Auch das eigene Interesse gebietet es der Unternehmensspitze, sich am Auswahlverfahren zu beteiligen, um eine Übersicht über den Führungskader zu gewinnen. Die „Prüflinge" fühlen sich selten glücklich, in dieser Form der Auswahl unterworfen zu werden. Etwa eine gemeinsame Tageswanderung könnte auch interessante Kontakte und Eindrücke ergeben. Die Teilnehmer verhalten sich lockerer und offener.

Genauso eindrucksvoll kann eine intensiv geführte kontroverse **Diskussion** oder ein **Abendgespräch** sein. Diese beispielhaften Formen der Auswahl sind sehr viel persönlicher als ein formalisiertes Assessment-Verfahren. Damit wird diese besonders kritische Auswahl unmittelbar und persönlich verantwortet und nicht auf eine Gruppe übertragen. Dieser Weg führt auch direkter zum Ergebnis. Denn für die Spitzenpositionen werden Menschen gebraucht, die nicht nur ein hohes Maß an Wissen und Können vorführen können. Das noch höher einzuschätzende menschliche Format, die Persönlichkeit wird gebraucht.

---

[63] Eingehend *Thüsing*, Arbeitnehmerdatenschutz und Compliance, Rn. 386 ff.
[64] Zur Mitbestimmung des Betriebsrats bei Assessment-Centern *Schönfeld/Gennen* NZA 1989, 543 ff.

4. Arbeitseinführung

134   Je intensiver man die Arbeitseinführung des Neuen gestaltet, umso schneller wird er in seinem Aufgabenbereich wirksam. Es wird dann auch sehr bald klar, ob sich – beide Teile – richtig entschieden haben. Auch wenn das Fehlerrisiko durch Probezeit oder Befristung eingeschränkt wird, bleiben Zeitverlust, Kosten und die Mühe der Wiederholung. Auf den nicht bezifferbaren Schaden im Unternehmen sei nur hingewiesen, ebenso auf den Frust des Gescheiterten.

5. Befristung

135   Vielfach besteht nur **vorübergehend Bedarf** für einen oder mehrere Mitarbeiter. Dem kann durch befristete Arbeitsverträge abgeholfen werden, bei Fehlen eines sachlichen Grundes für höchstens zwei Jahre (§ 14 Abs. 2 TzBfG), bei Vorliegen eines sachlichen Grundes sogar für längere, grundsätzlich unbestimmte Zeit (§ 14 Abs. 1 TzBfG).

III. Arbeitsverhältnis

1. Arbeitsvertrag

136   Mit einem **schriftlichen** Arbeitsvertrag sollte das Arbeitsverhältnis beginnen, auch wenn das nicht zwingend ist.[65] Nur so sind spätere Missverständnisse zu vermeiden. Der Vertrag sollte alle den Parteien wichtigen Abreden möglichst exakt wiedergeben. Dazu gehören vor allem Arbeitsaufgabe, Arbeitszeit, Vergütung, Kündigungsfristen usw. (vgl. § 2 Abs. 1 NachwG). Für alle nicht klar geregelten Punkte gelten Gesetze oder Rechtsprechung. **Unklarheiten** gehen zulasten des Arbeitgebers (§ 305c BGB).

137   Der Vertrag begründet ein **Einzelarbeitsverhältnis,** das zur höchstpersönlichen, nicht vertretbaren Leistung der vereinbarten Arbeit verpflichtet (§ 613 BGB). Er ist als Dauerschuldverhältnis ein Unterfall des Dienstvertrags nach § 611 BGB.[66] Sowohl im tarif- als auch im nicht tarifgebundenen Unternehmen kann durch arbeitsvertragliche **Bezugnahmeklauseln** auf die umfangreichen tariflichen Regeln verwiesen werden.[67] So verkürzt sich der Vertrag auf wenige, spezifische Abreden. Allerdings sind diese dem gesetzlichen und tariflichen Regelwerk unterzuordnen. Die Arbeitsordnung, sonstige Betriebsvereinbarungen sowie Betriebsregeln ergänzen den Vertrag und sollten ihm beigefügt werden.

2. (Nachvertragliches) Wettbewerbsverbot

138   Bei Mitarbeitern mit besonderem Know-how oder wichtigen Kundenbeziehungen kann neben dem während der Vertragslaufzeit ohnehin bestehenden Wettbewerbsverbot (vgl. § 60 HGB) auch für die Zeit nach Vertragsbeendigung – aber nur bei einem **berechtigten Interesse** des Arbeitgebers[68] – ein Wettbewerbsverbot nötig sein (vgl. § 110 GewO). Diese Notwendigkeit wird häufig überbewertet. Die oft durch das Wettbewerbsverbot erschwerten Vertragsverhandlungen stehen meist in keinem Verhältnis zu den – vielleicht – eintretenden Fällen. Es ist nicht einfach, insbesondere vor dem Hintergrund des aus dem Recht der **Allgemeinen Geschäftsbedingungen** folgenden Transparenzgebots (§ 307 Abs. 1 BGB) ein Wettbewerbsverbot exakt zu formulieren und es ggf. zu erneu-

---

[65] Es gibt kein Schriftformerfordernis für den Abschluss eines Arbeitsvertrags, wenngleich das Nachweisgesetz (NachwG) den Arbeitgeber verpflichtet, dem Arbeitnehmer eine schriftliche Urkunde mit den wesentlichen Inhalten des Arbeitsverhältnisses auszustellen. Auf die Wirksamkeit des Arbeitsvertrags hat dies indes keine Auswirkungen, vgl. § 2 NachwG sowie *Preis* in ErfK NachwG § 2 Rn. 1 ff.
[66] *Vogelsang* in Schaub § 9 Rn. 1 mwN.
[67] Guter Überblick bei *von Vogel/Oelkers* NJW-Spezial 2006, 369 f.
[68] § 74a Abs. 1 Satz 1 HGB sowie Abs. 3 iVm § 138 BGB.

D. Mitarbeiter im Unternehmen

ern.[69] Aber nur dann ist es wirksam – und löst die Entschädigung dafür aus. Der Arbeitgeber muss dem Arbeitnehmer für die Dauer des Wettbewerbsverbots nämlich in der Regel mindestens die Hälfte der bei Vertragsbeendigung bezogenen **Vergütung fortzahlen** (§ 74 Abs. 2 HGB). Wird nur mit der abschreckenden Wirkung der Klausel spekuliert, kann man im kritischen Fall leicht „den Kürzeren ziehen". Ein Ausweg kann darin liegen, längere Kündigungsfristen und dabei anderen Arbeitseinsatz zu verabreden. So kann der allerletzte Entwicklungsstand geschützt werden.

3. Vertragsstrafe

Eine individuell verabredete Vertragsstrafe kann anstelle eines Wettbewerbsverbots überlegt werden. Sie wäre hilfreich, auch abschreckend bei laufendem Arbeitsvertrag. Sie findet sich in nahezu jedem vierten Arbeitsvertrag wieder.[70] Diese Abrede erspart nicht den Nachweis der Verletzung, aber die Strafsumme mag den aufwändigen Nachweis des Schadens ersetzen.[71] Eine in einem Formulararbeitsvertrag vorgesehene Vertragsstrafe ist aber nur dann wirksam, wenn sie den Arbeitnehmer nicht unangemessen belastet, insbesondere nicht unangemessen hoch ist.[72] 309 Nr. 6 BGB, wonach eine Vertragsstrafe in **Allgemeinen Geschäftsbedingungen** grundsätzlich unwirksam ist, gilt wegen der „im Arbeitsrecht geltenden Besonderheiten" des § 310 Abs. 4 Satz 2 BGB nicht.[73] Diese Besonderheit besteht insbesondere darin, dass ein Arbeitnehmer nach § 888 Abs. 3 ZPO nicht zur Arbeitsleistung gezwungen werden kann. Das Unternehmen muss sich deshalb die Möglichkeit einer anderweitigen Sanktion offenhalten etwa für den Fall, dass der Mitarbeiter das Arbeitsverhältnis nicht antritt oder vor Ablauf der Kündigungsfrist die Arbeitsleistung einstellt.[74]

4. Formularverträge

Die weit verbreiteten Formulararbeitsverträge genügen im Allgemeinen den arbeitsrechtlichen Ansprüchen im Normalfall. Aber auch Individualvereinbarungen müssen klar und präzise formuliert werden, damit auch sie wirksam sind und später auch Andere sie richtig interpretieren können. Die Formulare müssen nicht mit dem Betriebsrat abgestimmt werden, ratsam ist es allemal.[75] Vielleicht führt eine beachtete Einrede später zu höherer Akzeptanz. Das gilt auch für andere personenbezogene Formulare, insbesondere **Personalfragebögen** im Sinne des § 94 BetrVG. Das Recht der Allgemeinen Geschäftsbedingungen des BGB und das BetrVG sorgen auch hier für einen sehr hohen Schutzstandard des Arbeitnehmers und für erhebliche Rechtsunsicherheit auf Seiten des Unternehmens. Zumindest sind bei der Anwendung des sehr strengen AGB-Rechts die „im Arbeitsrecht geltenden Besonderheiten angemessen zu berücksichtigen" (§ 310 Abs. 4 Satz 2 BGB).

5. Versetzung

Versetzung ist die vereinbarte oder zugewiesene Übernahme einer anderen, dauerhaften Arbeitsaufgabe.[76] Es kann eine inhaltliche, eine beachtliche örtliche oder die Tätigkeit in einem anderen Betrieb sein. Der Betriebsrat ist zu unterrichten (§§ 95 Abs. 3, 99 Abs. 1

---

[69] Ausführlich *Thüsing* in Graf von Westphalen, Vertragsrecht und AGB-Klauselwerke, 34. EL 2013, Rn. 449.
[70] *Müller-Glöge* in MüKoBGB § 611 Rn. 1043.
[71] Dazu § 340 Abs. 2 BGB.
[72] *Müller-Glöge* in MüKoBGB § 611 Rn. 1048 mwN.
[73] BAG NZA 2004, 727 f.; NZA 2009, 1337 f.; NZA 2011, 89 f.; *Linck* in Schaub § 57 Rn. 9.
[74] *Linck* in Schaub § 57 Rn. 12 mit weiteren Beispielen.
[75] Das Mitbestimmungsrecht des Betriebsrats besteht nur für persönliche Angaben des Arbeitnehmers in Formularverträgen, also lediglich insoweit, als es sich um einen Personalfragebogen im Gewand eines Formularvertrags handelt, vgl. *Thüsing* in Richardi § 94 Rn. 52 mwN.
[76] Vgl. etwa *Dzida/Schramm* DB 2007, 1221 ff.

BetrVG). Er kann seine – notwendige – **Zustimmung** verweigern, aber nur aus den gesetzlich genannten Gründen (§ 99 Abs. 2 BetrVG). Bei vereinbarter Versetzung ist dies zwar nicht zwingend, aber sinnvoll, um ihn informiert zu halten – ggf. zur Auskunft gegenüber anderen interessierten Mitarbeitern.

142   Der Arbeitsplatz ist im **Arbeitsvertrag** meist nur generell beschrieben. Selbst nach längerer Tätigkeit auf einem bestimmten Arbeitsplatz konkretisiert sich das Arbeitsverhältnis jedoch nur unter engen Voraussetzungen auch vertraglich auf eine bestimmte Aufgabe.[77] Diese kann dann nur durch Versetzung oder Änderungskündigung geändert werden. Um diesen Vorgang zu erleichtern, sollte in keinem Vertrag ein **Versetzungsvorbehalt** fehlen, der zumindest den Transfer in gleichwertige Arbeitsaufgaben ermöglicht und erleichtert, dem Unternehmen aber auch Flexibilität beim örtlichen Einsatz des Mitarbeiters einräumt.[78] Nicht zuletzt sind in der heutigen Praxis auch **konzernweite Versetzungsklauseln** verbreitet, wenngleich deren rechtliche Zulässigkeit noch nicht abschließend geklärt ist.[79] Dieser Vorbehalt soll es dem Unternehmen ermöglichen, den Mitarbeiter auch zu anderen Konzernunternehmen zu versetzen, ermöglicht dem Arbeitgeber also den Austausch des Vertragsarbeitgebers.[80]

IV. Ende des Arbeitsverhältnisses

143   Ein Vertrag oder eine **Kündigung** – jeweils schriftlich (§ 623 BGB) – beenden die meisten Arbeitsverhältnisse.

1. Vertrag

144   Ein – wirksam – befristeter Arbeitsvertrag endet mit **Fristablauf** (§ 15 Abs. 1 TzBfG). Wird er dennoch tatsächlich fortgesetzt, so schlägt er in einen unbefristeten Vertrag mit erworbenem zeitlichen Besitzstand um (§ 15 Abs. 5 TzBfG). Wird ein schriftlicher **Aufhebungsvertrag** abgeschlossen, so endet das Arbeitsverhältnis zum darin vereinbarten Termin.

2. Kündigung

a) Allgemeine Grundsätze

145   Ein Arbeitgeber, der mehr als zehn regelmäßig Beschäftigte hat, unterliegt bei der Kündigung eines Arbeitnehmers den Vorgaben des **Kündigungsschutzgesetzes** und der dazu ergangenen, umfangreichen Rechtsprechung (§ 23 Abs. 1 KSchG).

146   Vor Ausspruch einer Kündigung ist der **Betriebsrat** anzuhören, sofern ein Betriebsrat im Betrieb gebildet ist § 102 Abs. 1 BetrVG). Alle Kündigungsgründe sind in diese Anhörung einzubringen (§ 102 Abs. 1 Satz 2 BetrVG).[81] Der Betriebsrat kann innerhalb einer Woche der Kündigung widersprechen (§ 102 Abs. 2 Satz 1 BetrVG). Die fünf möglichen Gründe sind im Gesetz aufgezählt. Der Widerspruch macht die Kündigung nicht unwirksam. Der Betriebsrat kann auch die Wochenfrist verstreichen lassen, ohne sich zu der beabsichtigten Kündigung zu äußern; in diesem Fall wird seine Zustimmung fingiert.

147   Der formale Ablauf dieser **Anhörung** ist unbedingt zu befolgen. Eine Absprache mit dem Betriebsratsvorsitzenden genügt nur, wenn er durch Beschluss entsprechend bevollmächtigt wurde. Kündigungsschutzprozesse können an diesem Punkt – ohne weitere

---

[77] BAG ZTR 2013, 155; NZA 2009, 1333; umfassend, insbesondere zu den Grenzen des Weisungsrechts, *Hromadka* NZA 2012, 233 ff.

[78] Vgl. etwa – auch zu den kündigungsrechtlichen Folgen für den Arbeitnehmer – *Dzida/Schramm* DB 2007, 1221 ff.

[79] Vgl. *Hromadka* NZA 2012, 233, 238; *Maschmann* RdA 1996, 24, 35.

[80] Vgl. umfassend *Tödtmann* in Maschmann, Rigidität und Flexibilität im Arbeitsrecht, 2011, 31 ff.

[81] Grundsatz der sog. subjektiven Determination, vgl. *Koch* in Ascheid/Preis/Schmidt BetrVG § 102 Rn. 88.

D. Mitarbeiter im Unternehmen

Sachprüfung zur Rechtmäßigkeit der Kündigung – scheitern.[82] Es empfiehlt sich deshalb, ein belegbares, „gerichtsfestes" Prozedere mit dem Betriebsrat abzustimmen und zu beachten.[83]

148 Die Kündigung muss schriftlich erfolgen (§ 623 BGB). Die **Kündigungsgründe** müssen im Kündigungsschreiben grundsätzlich nicht aufgeführt werden, es sei denn, Gesetz, Tarifvertrag, Betriebsvereinbarung oder Vertrag sehen das vor. Die Kündigungsfristen ergeben sich aus Gesetz, Tarif- oder Arbeitsvertrag. Während der ersten sechs Monate des Arbeitsverhältnisses gilt gesetzlich eine Frist von zwei Wochen (§ 622 Abs. 3 BGB). Diese sechs Monate laufen unabhängig von einer verabredeten „Probezeit". Der **Zugang** der Kündigung, auch ihre direkte Übergabe, sind – beweisbar – sicherzustellen. Hier empfiehlt sich die persönliche Übergabe; sollte dies praktisch nicht möglich sein, sollte aus Beweisgründen unbedingt das Einwurf-Einschreiben gewählt werden.

149 Der Gekündigte kann sodann beim zuständigen Arbeitsgericht innerhalb von drei Wochen ab Zugang der Kündigung **Kündigungsschutzklage** erheben. Tut er dies nicht, gilt die Kündigung unabhängig von der Rechtslage als wirksam (§§ 4, 7 KSchG).

150 Zudem kann ein **besonderer** individueller oder kollektiver **Kündigungsschutz** bestehen, etwa bei Schwerbehinderten, Schwangeren, Eltern in Elternzeit, Pflegezeit, etc. Das erfordert zusätzliche Überlegungen bzw. Maßnahmen zu Begründung und Ablauf der Kündigung, etwa weil eine vorherige Zustimmung einer Behörde erforderlich ist.[84]

151 Eine Kündigung, die nicht „sozial gerechtfertigt" ist, ist unwirksam (§ 1 Abs. 1 KSchG). Zur **sozialen Rechtfertigung** einer Kündigung hat ein Arbeitgeber drei allgemeine Grundsätze zu beachten:
– Das ultima ratio-Prinzip: Die Kündigung ist nur das letzte Mittel; alle anderen Maßnahmen wie Abmahnung, Versetzung etc müssen ergebnislos ausgeschöpft sein.[85]
– Das Prognose-Prinzip verlangt zukunftsbezogene Gründe, also zukunftsbezogene Beeinträchtigungen des Arbeitsverhältnisses.[86]
– In einer Interessenabwägung ist das Interesse des Arbeitnehmers am Fortbestand seines Arbeitsverhältnisses gegenüber dem Interesse des Arbeitgebers auf Beendigung zu bewerten.[87]

b) Hauptgruppen

152 Schließlich können die Kündigungen in **drei** systematische Hauptgruppen unterteilt werden. Jede Gruppe erfordert eigene Begründungen, um die Kündigung zu rechtfertigen (§ 1 Abs. 2 KSchG):
– die personenbedingte Kündigung, wichtige Sonderfälle: krankheitsbedingte (auch Sucht-)Kündigungen;
– die verhaltensbedingte Kündigung;
– die betriebsbedingte Kündigung.

153 Die **personenbedingte Kündigung** gründet darauf, dass der Gekündigte nach seinen persönlichen Voraussetzungen nicht oder nicht mehr fähig oder geeignet ist, seine Arbeitsleistung zu erbringen. Dieser Zustand ist von ihm – auch bei gutem Willen – nicht steuerbar. Das ist dann besonders tragisch, wenn dieser Zustand durch Krankheit, auch als Sucht, ausgelöst wird. Es ist zu prüfen, ob der Zustand zukünftig andauern wird, dh: Gibt es eine negative Zukunftsprognose? Die Vergangenheit kann nur als Indiz gelten. Dieser Befund muss sich, erheblich und ganz konkret, auf die betrieblichen Interessen schädlich auswirken, wenn er eine Kündigung rechtfertigen soll. Ein zumutbarer (leidensgerechter) anderer

---

[82] *Thüsing* in Richardi § 102 Rn. 111 ff.
[83] Eingehend *Thüsing* in Richardi § 102 Rn. 87 ff.
[84] → Rn. 18.
[85] Zur Kündigung als letztes Mittel (ultima ratio) eingehend *Oetker* in ErfK KSchG § 1 Rn. 74 ff.
[86] Die Kündigung ist demgegenüber – zumindest rechtstheoretisch – keine Sanktion des Verhaltens in der Vergangenheit, vgl. *Oetker* in ErfK KSchG § 1 Rn. 78 ff.
[87] Dazu *Dörner/Vossen* in Ascheid/Preis/Schmidt KSchG § 1 Rn. 274 mwN.

Arbeitsplatz darf nicht vorhanden sein, auch nicht nach Umschulung, Wiedergenesung, Entziehungskur etc.[88]

154 Die **verhaltensbedingte Kündigung** unterscheidet sich von der vorgenannten personenbedingten Kündigung dadurch, dass ein willensgesteuertes Verhalten des Arbeitnehmers die Störung des Arbeitsverhältnisses auslöst. Mangelhafte Arbeitsleistung, Verstöße gegen die betriebliche Ordnung, arbeits- oder betriebsrelevante Straftaten, Vertrauensmissbrauch, auch die Verletzung arbeitsvertraglicher Nebenpflichten (zB Geheimhaltungspflicht, Treuebruch etc) sind die wesentlichen Vorwürfe bei dieser Form der Kündigung. Sie müssen geeignet sein, das Arbeitsverhältnis zu beeinträchtigen. Das außerdienstliche – nicht betriebsrelevante – Verhalten darf grundsätzlich nicht herangezogen werden. Eine vorherige Abmahnung ist bei dieser Kündigung regelmäßig erforderlich. Sie ist nur überflüssig, wenn ein besonders grober Verstoß vorliegt.[89]

155 Eine **wirksame Abmahnung** muss gewissen Formerfordernissen[90] genügen:
– Das Fehlverhalten ist konkret zu beschreiben mit Orts- und Zeitangaben etc.
– Ein allgemeiner Vorwurf ist ungenügend (= Hinweisfunktion).
– Die Rüge ist deutlich auszusprechen.
– Die Warnung vor „arbeitsrechtlichen Konsequenzen" ist nicht ausreichend. Die Kündigung im Wiederholungsfall muss unmissverständlich angedroht werden (= Warnfunktion).
– Die Abmahnung sollte alsbald erfolgen, auch mündlich. Zur Beweissicherung ist die schriftliche Form – auch als Bestätigung – vorzuziehen.

156 Fühlt sich der Betroffene zu Unrecht gerügt, so kann er dagegen angehen durch eine Gegendarstellung oder durch Klage vor dem Arbeitsgericht auf **Entfernung der Abmahnung aus der Personalakte**.[91]

157 Die **betriebsbedingte Kündigung** gründet sich auf betriebliche und außerbetriebliche Ursachen. Betriebseinschränkung und -stilllegung, -verlagerung, Rationalisierung wie auch Auftrags- und Umsatzrückgang sind hier zu nennen. Die unternehmerische Entscheidung, daraus Kündigungen abzuleiten, kann gerichtlich überprüft werden. Das Gericht prüft, ob die notwendige Kausalität der unternehmerischen Entscheidung für die ausgesprochene Kündigung gegeben ist – nicht aber die sachliche Rechtfertigung oder Zweckmäßigkeit der Entscheidung des Unternehmens; es sei denn, es wird offenbar unsachlich, unvernünftig oder gar willkürlich entschieden. Fehlt damit die Möglichkeit, den oder die Arbeitnehmer weiter zu beschäftigen – auch nicht an einem anderen Platz – so kann gekündigt werden, wenn der Arbeitnehmer der sozial am wenigsten Schutzwürdigste unter allen vergleichbaren Arbeitnehmer ist. Es ist also eine **„Sozialauswahl"** vorzunehmen. Dabei gilt grundsätzlich: Der sozial Stärkere ist weniger geschützt als der sozial Schwächere. Von der Sozialauswahl ausgenommen werden können nur Arbeitnehmer, deren Weiterbeschäftigung, insbesondere wegen ihrer Qualifikationen oder zur Sicherung einer ausgewogenen Personalstruktur des Betriebes im berechtigten betrieblichen Interesse des Unternehmens liegt.[92]

158 Müssen mehrere Arbeitnehmer gekündigt werden, so kann es zu einer **Massenentlassung** kommen. Sie ist nach Betriebsgrößen gestaffelt und durch Mitteilung an die Arbeitsagentur meldepflichtig und meist auch interessenausgleichs- und sozialplanpflichtig (§ 17 KSchG, §§ 111, 112 BetrVG). Die Anzeige an die Arbeitsagentur ist sorgfältig zu begründen und mit dem Betriebsrat abzustimmen. Versäumnisse können zur Unwirksamkeit der Kündigungen führen.

---

[88] *Dörner/Vossen* in Ascheid/Preis/Schmidt KSchG § 1 Rn. 118 ff. mwN.
[89] *Dörner/Vossen* in Ascheid/Preis/Schmidt KSchG § 1 Rn. 265 ff. mwN.
[90] Hierzu *Hergenröder* in MüKoBGB KSchG § 1 Rn. 198 ff. mwN.
[91] BAG NZA 2011, 453 f.; NZA 2009, 842 f.; *Dörner/Vossen* in Ascheid/Preis/Schmidt KSchG § 1 Rn. 415 ff. mwN.
[92] Zum Vorstehenden *Linck* in Schaub § 134 Rn. 1 ff.

c) Außerordentliche Kündigung

Die außerordentliche, fristlose Kündigung bedarf eines besonders gewichtigen Grundes. Dabei geht es grundsätzlich um einen verschuldeten **Pflichtverstoß,** der das Arbeitsverhältnis erheblich beeinträchtigt. Diese Beeinträchtigung muss so gravierend sein, dass das Arbeitsverhältnis nicht bis zum Ablauf der ordentlichen Kündigungsfrist weitergeführt werden kann (§ 626 Abs. 1 BGB). Deshalb hat diese Kündigung auch innerhalb einer Ausschlussfrist von zwei Wochen ab Kenntnis vom Kündigungsgrund zu erfolgen (§ 626 Abs. 2 Satz 1 BGB). Die Kündigungsgründe sind – auf Verlangen des Arbeitnehmers – unverzüglich mitzuteilen.

d) Änderungskündigung

Die Änderungskündigung ist in § 2 KSchG geregelt und besteht aus zwei Komponenten: Sie ist eine Beendigungskündigung – wie bislang besprochen. Sie macht aber daneben gleich ein neues, verändertes Arbeitsangebot. Der Arbeitnehmer kann unter Vorbehalt annehmen und gegen die Kündigung klagen oder aber auch ablehnen und Kündigungsschutzklage erheben.[93] Allerdings sind die Erfolgschancen der Kündigungsschutzklage umso geringer je sinnvoller und zumutbarer das Änderungsangebot ist.

e) Altersgrenze

Auch wenn die Altersgrenze erreicht ist, hört das Arbeitsverhältnis nicht auf. Darin liegt auch kein beachtlicher Kündigungsgrund. Entsprechende Befristungen des Arbeitsverhältnisses, abgestellt auf den **Rentenbezug,** sind unmittelbar bzw. nach Maßgabe des Gesetzes möglich.[94]

3. Zeugnis

Endet das Arbeitsverhältnis, hat der Arbeitgeber auf Verlangen ein qualifiziertes, wohlwollend formuliertes schriftliches **Arbeitszeugnis** zu erteilen, das sich auf Leistung und Verhalten erstreckt (vgl. § 109 GewO).

V. Besonderheiten

1. Krankheit

Der Krankenstand ist in gewissem Umfang eine natürliche Gegebenheit. Die erkennbar schwierigen oder gar schicksalhaften Belastungen verdienen Aufmerksamkeit und Hilfe durch Kollegen, Vorgesetzte und Betriebsarzt. Zurückhaltung ist geboten, wenn die – gut gemeinte – Tat auch nur den Anschein von Kontrolle hat oder so empfunden werden kann.

a) Kurzerkrankung

Anders können Kurzerkrankungen angesehen werden. So ist beispielsweise eine Winter-/Sommer-Grippe oder Ähnliches nicht vermeidbar – aber nicht, wenn diese, gar gehäuft, ums Wochenende auftritt. Hier kann unter Umständen ein klärendes Gespräch – durch den zuständigen Vorgesetzten – helfen. Vielleicht können betriebliche Ursachen entdeckt und ausgeräumt werden. Oder es sind andere Probleme, bei denen der Betroffene um Mithilfe bei der Lösung sogar dankbar ist. In vielen Betrieben gibt es – mit dem Betriebsrat verabredet und von ihm aktiv mitgetragen – Regelungen für die Problematik bis hin zur „krankheitsbedingten" Trennung. Nach den Vorgaben des § 84 SGB IX ist es dabei Aufgabe des Arbeitgebers, die Arbeitsunfähigkeit der Beschäftigten möglichst zu überwinden,

---

[93] Zu den verschiedenen Reaktionsmöglichkeiten des Arbeitnehmers auf eine Änderungskündigung vgl. *Linck* in Schaub, § 137 Rn. 4 ff.
[94] *Backhaus* in Ascheid/Preis/Schmidt TzBfG § 14 Rn. 112.

erneuter Arbeitsunfähigkeit vorzubeugen und den Arbeitsplatz des betroffenen Beschäftigten möglichst zu erhalten.

b) Betriebliches Eingliederungsmanagement (BEM)

164a Zu einem „**Betrieblichen Eingliederungsmanagement (BEM)**" ist der Arbeitgeber verpflichtet, wenn ein Beschäftigter im Laufe des letzten Jahres länger als sechs Wochen ununterbrochen oder wiederholt arbeitsunfähig war (§ 84 Abs. 2 SGB IX). Gemeinsam mit betrieblichen (insb. Betriebsrat, Schwerbehindertenvertretung, Betriebsarzt, etc), aber auch externen Stellen sollen Lösungen ermittelt werden, wie diese Erkrankungen künftig vermieden und der Arbeitsplatz erhalten werden kann. Wird ein BEM unterlassen, kann dies unter Umständen auch zur Unwirksamkeit einer krankheitsbedingten Kündigung führen.

c) Suchtkranke[95]

165 Ein ganz schwieriger Fall begegnet uns bei dem Suchtkranken, insbesondere beim **Alkoholismus**. Maßnahmen sind hier nur sinnvoll, wenn sie zu einem frühen Zeitpunkt eingesetzt werden. Gewöhnlich dauert es aber zu lange, bis der Fall „erkannt" wird. Oft ist dies erst dann akut, wenn der Unwille der betroffenen Kollegen zur Beschwerde bzw. zur Forderung führt, diese „Belastung" zu entfernen. Dahinter steht oft eine lang gezeigte „Kollegialität" im Vertuschen der Situation, eine Toleranz des Vorgesetzten, oft über lange Zeit. In dieser Zeit fällt der Betroffene immer tiefer in seine Abhängigkeit – durch Zuwarten wird ihm also nicht geholfen, sondern geschadet. Durch Aufklärungsaktionen und Hilfsangebote von Vertrauenspersonen, zB Suchtbeauftragten, Werksarzt, muss allen klargemacht werden, dass nur frühes Eingreifen wirklich helfen kann. Ein sorgfältig vorgebrachter Hinweis eines Kollegen, Vorgesetzten oder Freundes ist kein unkollegiales „Anschwärzen", sondern Hilfe für einen Mitmenschen in Not. Die einzusetzende Hilfe in dieser Not wird – je länger es dauert – umso schmerzlicher, fast unmenschlich. Wie viel menschliches und familiäres Elend könnte so bei frühzeitigem Eingreifen gemildert werden.

2. Schwerbehinderung

166 Jeder Arbeitgeber ist verpflichtet, angemessene Arbeitsplätze für **Behinderte** einzurichten. Viele Behinderungen sind nicht augenfällig, aber dennoch schwer zu ertragen. Andere sind zwar im Leben beschwerlich, aber nicht bei der gewählten Arbeitsaufgabe. Die meisten Behinderten haben den Ehrgeiz des „dennoch", dh sie wollen mit Stolz und Eifer die ihnen übertragenen Aufgaben erledigen. Ein sozial engagierter Arbeitgeber kann diese – mitmenschliche – Pflicht erfüllen. Er braucht dann auch nicht die sog. **Ausgleichsabgabe** nach § 77 SGB IX zu leisten – sie entbindet ohnehin nicht von der Beschäftigungspflicht.

VI. Internationale Versetzung

167 International agierende Konzerne müssen Führungskräfte und besonders Fachleute zur Steuerung des Unternehmens, zur Weitergabe von Know-how etc in Tochtergesellschaften und Betriebe im **Ausland entsenden.** Neben diesen betrieblichen Erfordernissen erfüllt eine solche Versetzung auch eine außerordentlich wichtige Funktion in der Personalentwicklung für die so geforderten Mitarbeiter und insbesondere für die Führungskräfte. Diese Versetzung kann nur mit der allergrößten Sorgfalt überlegt und vorbereitet werden. Sie ist für die Mitarbeiter wie gleichermaßen für das Unternehmen eine ganz wesentliche Entscheidung. Für das Unternehmen: Wer vertritt uns „nach außen" in geeigneter Form? Für den Mitarbeiter bedeutet dies eine besondere Anforderung für sich und seine Familie. Hohe Kosten des Transfers begleiten ein noch höheres Erfolgsrisiko für Unternehmen und Mitarbeiter.

---

[95] Zum Suchtverhalten als Kündigungsgrund *Dörner/Vossen* in Ascheid/Preis/Schmidt KSchG § 1 Rn. 228 ff. mwN.

Werden im Unternehmen nur selten Mitarbeiter ins Ausland versetzt, so sollte auf jeden Fall ein kundiger Berater oder ein kundiges Institut beauftragt werden. Es gibt auch **Auslandsbetreuer** in Großfirmen, die für diese Aufgaben zertifiziert sind. Neben den finanziellen, sozialversicherungsrechtlichen und steuerlichen Fragen gibt es viele weitere Stolpersteine, die den Weg ins Ausland erschweren können.[96]

Mitarbeiter und Familie können das Umfeld der zukünftigen Tätigkeit in Vorbereitungskursen kennen lernen, die bei anerkannten Einrichtungen regelmäßig stattfinden. Ein intensiver „Probebesuch" kann auch Zweifel beheben und Anreiz sein. Die Bereitschaft, sich ins Ausland versetzen zu lassen, hängt ganz wesentlich von der Antwort auf die immer wieder gestellte Frage nach der „Rückkehr" ab. Diese Antwort erhärtet sich an der Art und Weise, wie Rückkehrer tatsächlich behandelt werden. Das registrieren die interessierten Mitarbeiter sehr genau. In Zeiten expandierender Unternehmen war und ist dieses Problem leichter zu lösen. Wenn die ausländischen Tochtergesellschaften größer – und selbstbewusster – werden, drängt der qualifizierte nationale Kader auch dort in die Führungspositionen. Das vermindert die Möglichkeiten für die **Expatriates,** schafft aber den Weg zu internationalen Unternehmen mit entsprechendem Management. Deshalb müssen auch die in den Auslandstöchtern tätigen Nachwuchsführungskräfte in die unternehmensweite Personalentwicklung einbezogen und gefördert werden. Ein Aufenthalt in der Zentrale ist empfehlenswert – wie bei den vergleichbaren Mitarbeitern aus den inländischen Tochtergesellschaften auch. Das dient dazu, die Arbeitsweise der Unternehmenszentrale von „innen" kennen zu lernen, um sie dann vor Ort anzupassen und umzusetzen. Die Versetzung der Ausländer hierher als **Inpatriates** verdient die gleiche Aufmerksamkeit und Sorge. Besonders interessierte Betreuer sollten dem Neuling – und seiner Familie – helfen, sich den hiesigen Lebens- und Arbeitsbedingungen anzupassen. Ein intensives Sprach- und Kulturtraining – vorab – sollte sicherstellen, dass eine wirkliche Kommunikation inner- und außerhalb des zugewiesenen Arbeitsbereichs möglich ist. Die junge Führungskraft wird in einem Durchlauf in verschiedenen Gebieten der Zentrale ihre Erfahrungen sammeln. Dem Erfahreneren erscheint es meist besser, mit einer angemessenen Aufgabe betraut zu werden und so weitere Erfahrungen zu sammeln.

E. Zusammenarbeit mit dem Betriebsrat

Das **Betriebsverfassungsgesetz** schränkt das Direktionsrecht der Arbeitgeber ein. Die Mitarbeiter sollen in ihren persönlichen und sozialen Rechten besonders geschützt werden. Betriebsräte treten insoweit als Garanten neben den sozial verpflichteten Arbeitgeber. Beide können sich durch ihre Verbände, Arbeitgeberverband oder Gewerkschaft, unterstützen bzw. vertreten lassen.

Wirtschaftliche Ziele und persönliche oder soziale Interessen sind mitunter gegenläufig und sind gegeneinander abzuwägen und abzugleichen. Um das zu erreichen, sind Arbeitgeber und Arbeitnehmer und ihre Vertreter zur **„vertrauensvollen Zusammenarbeit"** aufgerufen – zum Wohl der Arbeitnehmer und des Betriebs. Das ist Grundlage und Forderung des Betriebsverfassungsgesetzes (§§ 2, 74 BetrVG).

Der von § 1 Abs. 1 BetrVG vorausgesetzte **„Betrieb"** als wesentlicher Handlungsort wird im Gesetz nicht definiert. Nach geltender Meinung ist „Betrieb" ein allgemeiner Rechtsbegriff. Er tritt uns in unterschiedlicher Art und Struktur täglich gegenüber. Rechtsprechung und Lehre haben hierfür eine Definition entwickelt. Demnach ist als „Betrieb die organisatorische Einheit anzusehen, innerhalb derer der Unternehmer allein oder zusammen mit seinen Mitarbeitern mit Hilfe sächlicher und immaterieller Mittel bestimmte

---

[96] Überblick bei *Melms* in MAH ArbR § 11 Rn. 1 ff.

arbeitstechnische Zwecke fortgesetzt verfolgt".[97] „**Unternehmen**" als Begriff kommt im Betriebsverfassungsgesetz insbesondere bei den Regeln über den Gesamtbetriebsrat sowie den Wirtschaftsausschuss vor (§§ 47 ff., 106 ff. BetrVG). Das Betriebsverfassungsgesetz definiert den Begriff des Unternehmens nicht. Gemeint ist damit aber der Rechtsträger, der Arbeitgeber der in den Betrieben tätigen Arbeitnehmer ist; also eine natürliche Person oder eine Gesellschaft.[98] So kommt zum Ausdruck, dass diese Gremien für das Unternehmen und nicht für die Einzelbetriebe zuständig sind.

I. Betriebsrat

173 In Betrieben mit in der Regel fünf und mehr Arbeitnehmern wird ein Betriebsrat gewählt (§ 1 Abs. 1 BetrVG). Hierzu zählen auch Leiharbeitnehmer.[99] Die Wahl eines Betriebsrats ist indes keine Pflicht, aber der Arbeitgeber hat auf Verlangen der Arbeitnehmer zu gestatten, dass ein Betriebsrat eingerichtet wird. Der Betriebsrat ist Organ der Betriebsverfassung und Repräsentant der Belegschaft. Er vertritt sie in ihren personellen, sozialen und wirtschaftlichen Belangen. Dafür hat er besondere Rechte aus dem Betriebsverfassungsgesetz gegenüber dem Arbeitgeber auf Information, Mitwirkung und Mitbestimmung im Betrieb. In diesen Aufgaben kann er sich von der Gewerkschaft beraten, aber nicht vertreten lassen. Sie hat für ihn eine unterstützende, aber keine bestimmende Funktion. Der einzelne Mitarbeiter kann seine Interessen auch selbst, ohne den Betriebsrat, gegenüber dem Arbeitgeber wahrnehmen. Neben Gesetz und Tarif sind aber die Betriebsvereinbarungen auch für ihn verbindlich (§ 77 Abs. 4 BetrVG).

1. Wahlen

174 Wenn die dafür erforderliche Wahl vorbereitet und durchgeführt wird, hat der Arbeitgeber viele Regeln und Pflichten zu beachten. Es genügt nicht, dieses komplizierte und aufwändige Verfahren allein dem dafür einberufenen und verantwortlichen Wahlvorstand zu überlassen. Auch ein entsprechend geschulter Mitarbeiter des Personal- und Sozialwesens sollte dem **Wahlvorstand** – bei Bedarf – helfen und auftretende Fragen möglichst früh erkennen und abklären, um einen sicheren Ablauf zu erreichen.

175 Gerade in einem mehrgliedrigen Betrieb, einem Betrieb mit vielen Außenstellen etc, gibt es viele Erschwernisse für eine buchstabengerechte Durchführung der Wahl gemäß **Wahlordnung**. Die dabei aufgewandte Sorgfalt soll verhindern, dass sich **Fehler** – dh Anfechtungsgründe – einschleichen, ggf. verbunden mit der Nichtigkeit der Betriebsratswahl (§ 19 BetrVG).[100] Nicht selten werden formale Fehler zur Anfechtung genutzt, um eine fehlgeschlagene Wahlhoffnung zu retten oder zumindest um den so entstandenen Frust auszuleben. Eine Wahlwiederholung kostet noch einmal Zeit und Geld. Auch der mittelbare Aufwand – Gruppenfehden, Meinungsstreitigkeiten etc leben ggf. verstärkt wieder auf – kann recht störend sein.

176 Die vorzulegende **Wählerliste** ist abzustimmen, damit die Wahlberechtigten definiert sind. Vor allem ist abzuklären, wer als leitender Angestellter für die Wahlen zum Sprecherausschuss wahlberechtigt ist. Dies kann dann zu besonders genauen Prüfungen führen, wenn es darum geht, ob eine größere Zahl von Betriebsratsmitgliedern zu wählen ist. Unabhängig von der im Unternehmen gewählten Schichtung der Führungsmannschaft ist hier eine klare Definition des „leitenden Angestellten" nach der Vorgabe des BetrVG erforderlich und systematisch zu begründen.

177 Bei der **Wahlvorbereitung** ist abzuklären, ob der Betrieb in einem oder in mehreren Betriebsräten vertreten sein soll bzw. muss. Vielleicht will ein großer Außendienst eines

---

[97] Eingehend *Richardi* in Richardi § 1 Rn. 3 ff. mzN.
[98] Vgl. *Annuß* in Richardi § 47 Rn. 5 ff.
[99] BAG NZA 2013, 789; *Thüsing* in Richardi § 7 Rn. 10 ff.; *Maschmann* DB 2001, 2446, 2447.
[100] Zur Abgrenzung zwischen nichtiger und nur anfechtbarer Betriebsratswahl vgl. *Linck* in Ascheid/Preis/Schmidt KSchG § 15 Rn. 25.

E. Zusammenarbeit mit dem Betriebsrat

Betriebs eine eigene Vertretung küren, die diesen Kreis und seine Bedürfnissen besser kennt als der Betriebsrat in der fernen Zentralverwaltung oder Fabrik. Das ist nur ein Beispiel von vielen unterschiedlichen Situationen.

Alle **Sonderregelungen** für die Gestaltung dieser Organe sollten formalisiert und auf jeden Fall in einer exakten Betriebsvereinbarung niedergelegt werden. Das gilt in gleicher Weise für Arbeitsgremien oder Ausschüsse im Gesamt- und Konzernbetriebsrat. **178**

Die gewählten Betriebsräte treten mit der konstituierenden Sitzung ihr Amt an. Sie wählen einen Vorsitzenden, legen die **Geschäftsordnung** fest und bestimmen die Mitglieder der Ausschüsse. **179**

„Die Mitglieder des Betriebsrats führen ihr Amt unentgeltlich als **Ehrenamt**" aus (§ 37 Abs. 1 BetrVG). Sie dürfen – teilweise strafbewehrt – „in Ausübung ihrer Tätigkeit nicht gestört oder behindert werden" (§ 119 BetrVG). Die Mitgliedschaft in einem Betriebsrat darf aber auch nicht dazu führen, dass die Mitglieder – prominente Fälle sind bekannt – **begünstigt** oder **benachteiligt** werden, insbesondere nicht in ihrer beruflichen Entwicklung.[101] Schließlich sind Betriebsräte schon als Wahlbewerber und ein weiteres Jahr nach dem Ende ihrer Amtszeit nicht ordentlich kündbar. Unter besonderen Bedingungen ist eine außerordentliche **Kündigung** möglich (vgl. § 15 KSchG). **180**

Das soll dem Betriebsrat einen freien und unabhängigen Stand gegenüber dem Arbeitgeber als Verhandlungs- bzw. Betriebspartner sichern. **Behinderungen der Betriebsratsarbeit** sind unter Umständen mit Strafe oder Bußgeldern bedroht (§§ 119, 121 BetrVG). **181**

Der Betriebsrat ist ein **Kollegialorgan.** Er handelt im Wesentlichen durch Beschlüsse (§ 33 Abs. 1 BetrVG). In diesem Rahmen kann auch der Betriebsratsvorsitzende Erklärungen abgeben oder entgegennehmen, um sie einem Beschluss zuzuführen (§ 26 Abs. 2 BetrVG). Diese Grundsätze sind von beiden Seiten, dh vom Betriebsratsvorsitzenden und vom Arbeitgeber, einzuhalten, um wirksam verlässliche Verabredungen treffen zu können. Es mag mitunter sehr sinnvoll sein, auch ein einzelnes Betriebsratsmitglied zu Rate zu ziehen – wirksam handeln kann aber nur der Betriebsrat als Ganzes. Der Betriebsratsvorsitzende, der mit einer „Vorlage" in das Gremium geht, möchte im allgemeinen aber doch besonders gut informiert sein. Der **Vorsitzende des Betriebsrats,** vor allem der des Gesamtbetriebsrats, erwartet – wohl zu Recht –, dass auch der Vorsitzende des Vorstands bzw. der Geschäftsführung mit ihm von Zeit zu Zeit spricht – ohne Tagesordnung, aber doch mit besonderem Inhalt. **182**

2. Rechte und Pflichten

Die Betriebsräte haben für ihre Arbeit im Betrieb eine Vielzahl von Rechten, aber auch Pflichten. Die **Beteiligungsrechte** teilen sich in zwei großen Gruppen – jeweils mit gestaffelten Varianten – in Mitwirkungs- und Mitbestimmungsrechte. Die Rechte nach dem Betriebsverfassungsgesetz beziehen sich auf den Betrieb. Die Mitwirkung im Aufsichtsrat eines Unternehmens regeln die Mitbestimmungsgesetze (MitbestG; DrittelbG, etc). Allen Rechten liegt aber der Anspruch auf rechtzeitige und umfassende Information zum jeweiligen Tatbestand durch den Arbeitgeber zu Grunde, er ist das Grundrecht der Betriebsratstätigkeit. Informationen, die dem Betriebsrat auf andere Weise zufließen – zu Recht oder nicht – sind nicht die vom Arbeitgeber geschuldete Information für ein Tätigwerden bzw. eine Beteiligung am Vorgang. Information ist zwar „nicht alles", aber der Anfang für eine gedeihliche Arbeit, eben einer „vertrauensvollen" Zusammenarbeit (§§ 2, 74 BetrVG). **183**

Eine unterlassene oder nicht rechtzeitig gegebene **Information** ist für den Betriebsrat in jedem Fall erst einmal ein Misstrauensbeweis. Kann dieser Fehler – Bringschuld – nicht umgehend und offen bereinigt werden, wird die anschließend erwartete „Kooperation" nur zögerlich erfolgen, wenn Art und Umfang des Fehlers nicht gar zur Konfrontation führen. **184**

---

[101] LG Braunschweig CCZ 2008, 32; *Rieble* NZA 2008, 276 ff.

185 Um diesen Informationsfluss zu erleichtern, ist den Betriebsräten eine besondere **Verschwiegenheitspflicht** auferlegt (§ 79 BetrVG). Dadurch kann allerdings nicht in jedem Fall verhindert werden, dass etwas nach außen „diffundiert". Betriebsräte sind genauso schwache Schweiger wie andere im Unternehmen. Ungeeignete Entscheidungsvorbereitungen, lange Genehmigungsprozeduren und zögerliches Umsetzen strapazieren auch gutwillige Betriebsräte in dieser Pflicht.

186 Die Mitwirkungsrechte können in speziellen **Informations-, Einsichts- und Beratungsrechten** liegen. Mit stärkerem Wirkungsgrad sind die Mitbestimmungsrechte ausgestattet: **Initiativ-, Mitbestimmungs- und Widerspruchsrechte.**[102]

187 Deshalb ist jede Unternehmensentscheidung, die den Mitwirkungsbereich berührt, nicht nur inhaltlich vorzubereiten. Ein **Ablaufplan** für die Information bzw. Mitwirkung der Betriebsräte, des Wirtschaftsausschusses, unter Umständen auch der Belegschaft, ist wichtig für das weitere Vorgehen nicht nur in der Sitzung, sondern im Unternehmen und Betrieb.

188 Gerade Organmitglieder sollten sich hüten, mit unfertigen Absichtserklärungen – egal vor welchem Publikum – aufzutreten. Sie beweisen damit nicht „spontane Kreativität", sondern ungezügeltes und rücksichtsloses Vorpreschen. Vor allem sollten ihre Äußerungen zu besonders einschneidenden Sozial- bzw. Personalmaßnahmen eine **Begründung** enthalten. Diese Begründung sollte nicht nur ein wirtschaftliches Endziel vorstellen, sondern aufzeigen, dass gerade dieser Einschnitt notwendig ist, um den Betrieb und damit – andere – Arbeitsplätze zu erhalten. Die Begründung muss nach Art und Inhalt in angemessenem Verhältnis stehen zu dem Verlust für den Betroffenen.

189 Aber auch Pflichten sind dem Betriebsrat auferlegt. Dabei geht es nicht nur um die Pflicht zur ordentlichen Aufgabenerledigung für Mitarbeiter und Betrieb. Darüber hinaus hat er die besondere Pflicht, in den **sozialen Angelegenheiten** mitzuwirken. Das gilt nach § 89 BetrVG auch für den **Arbeits- und Umweltschutz** („... hat sich dafür einzusetzen"). Der Betriebsrat muss auch Beschwerden entgegennehmen und ggf. behandeln (§ 85 Abs. 1 BetrVG).[103] In Wahrnehmung dieser Pflichten hat der Betriebsrat eine beachtliche Möglichkeit, das Betriebsgeschehen mitzugestalten.

190 Eine besondere **Geheimhaltungspflicht** obliegt allen Mitgliedern des Betriebsrats und allen anderen in den Gremien beigezogenen Teilnehmern, besonders im Wirtschaftsausschuss (§ 79 BetrVG).[104] Dem ist die Erwartung unterlegt, dass auch Betriebs- und Geschäftsgeheimnisse im Rahmen des Besprechungsumfangs nach dem Betriebsverfassungsgesetz behandelt werden. Je delikater das Thema ist, umso intensiver sollte auch Hilfe zum wirklichen Problemverständnis angeboten werden. Werden die Gremien in Erfüllung formaler Pflicht nur mit abstrakter Information „zugeschüttet", ist nicht nur mit Unverständnis, sondern Misstrauen und Ablehnung zu rechen. Die Verletzung von Geheimnissen ist mit **Strafe** bedroht (§ 120 BetrVG).

191 Jeder Arbeitgeber ist gut beraten, wenn er seine Betriebsräte nicht nur an den im Betriebsverfassungsgesetz vorgegebenen, meist von den Gewerkschaften angebotenen **Schulungen** teilnehmen lässt. Er sollte durch eigene bzw. ihm geeignet erscheinende Angebote Dritter auch seine Sicht der Dinge vorführen und Erkenntnisse vermitteln. Die Gremien können dann objektiver, sachbezogener und betriebsorientierter arbeiten.

192 **Kosten und Aufwand** des Betriebsrats trägt der Arbeitgeber (§ 40 Abs. 1 BetrVG). Er hat die Arbeitsmöglichkeit des Gremiums und seiner Mitglieder im erforderlichen Maß sicherzustellen. Insbesondere der Anschluss an das Intranet, das Internet sowie E-Mail-Konten für Betriebsratsmitglieder sind heutzutage nicht mehr wegzudenken.[105]

---

[102] Zum System der Beteiligungsrechte des BetrVG *Matthes* in MHdB ArbR, §§ 236 ff.
[103] Dazu *Hunold* NZA 2006, 1025 ff.
[104] Vgl. dazu *Winstel*, Unterrichtung der Belegschaftsvertretung der Tochtergesellschaft im (grenzüberschreitenden) Aktienkonzern, 101 ff., 139 ff.
[105] Überblick über die dem Betriebsrat zur Verfügung zu stellenden Sachmittel, insbesondere in multimedialer Hinsicht bei *Kaufmann-Lauven* in MAH ArbR, § 62 Rn. 40 ff.

3. Betriebsversammlungen

In Betriebsversammlungen (auch Abteilungsversammlungen) hat der Betriebsrat den Mitarbeitern in jedem Quartal über seine Tätigkeit zu berichten (§ 43 Abs. 1 BetrVG). Ein Vertreter der Gewerkschaft kann auch auftreten – meist wenn Tarifrunden vor- oder nachzubereiten sind.[106] Der Arbeitgeber ist einzuladen und er kann ebenfalls vortragen (§ 43 Abs. 2 Satz 1 BetrVG). Er soll mindestens einmal jährlich über die **wirtschaftliche Lage** des Unternehmens sowie einige **Sonderthemen** wie Gleichstellung, Umweltschutz unter anderem berichten (§ 43 Abs. 2 Satz 2 BetrVG). Dabei sollte er es aber nicht belassen. Die wirtschaftliche Lage des Unternehmens sollte den Mitarbeitern auch in diesen Zusammenkünften immer wieder verständlich erläutert werden. Ihr Interesse daran ist hoch einzuschätzen, gerade wenn sie vom Verantwortlichen unmittelbar ins Geschehen einbezogen werden. Es ist auch Ausdruck von Wertschätzung und Dankbarkeit. Schließlich wirken die Mitarbeiter wie auch der Vorgesetzte an dieser Unternehmensentwicklung täglich mit, und sie sind gleichermaßen von ihr abhängig.

Das **Hausrecht** für diese Versammlungen liegt beim Betriebsrat, solange es um die vorgesehenen Themen geht, dh betriebliche, wirtschafts- und sozialpolitische. Kommt es zu politischer Agitation fällt das Hausrecht an den Unternehmer zurück.[107]

4. Freigestellte Betriebsräte

In Betrieben ab 200 Mitarbeitern werden die Aufgaben des Betriebsrats – das laufende Geschäft – durch freigestellte Betriebsräte übernommen (§ 38 Abs. 1 BetrVG). Auch wenn den freigestellten Betriebsräten ein breites Aktionsfeld offen steht, sind sie doch in die „Beschlusslage" des Kollegialorgans Betriebsrat eingebunden. Im Hinblick auf freizustellende Betriebsräte sollte der Arbeitgeber nicht nur mit beraten, sondern im einen oder anderen Fall auch seine Mithilfe anbieten. Dies kann nicht nur für das Gremium Betriebsrat, sondern vor allem für den betroffenen Mitarbeiter bedeutungsvoll sein.

Freistellung von der „beruflichen Tätigkeit" bedeutet, freistellen für eine andere Tätigkeit, nämlich die Arbeit für Mitarbeiter und Betrieb. Das ist eine überwiegend administrative Tätigkeit, mit der nicht jeder vertraut ist, sie unter Umständen bisher nicht einmal geschätzt hat. Jüngere können einen **Laufbahnbruch** nach Ende der Freistellung befürchten. Ältere, die meinen, dies könnte eine ruhige Zeit des Auslaufs werden, können frustrierende Enttäuschungen erleben, wenn sie in die mitunter hektischen Abläufe eintreten sollen. Für den einen oder anderen ist damit auch eine Umstellung verbunden, nämlich vom kritisch Beobachtenden zum verantwortlich Mitwirkenden in der betrieblichen Tätigkeit, zB durch die Mitbestimmung.

Freigestellte Betriebsräte haben deshalb einen besonderen Anspruch auf Teilnahme an inner- und außerbetrieblichen Maßnahmen der Berufsbildung, um die Nachteile einer Freistellung für den beruflichen Wiedereinstieg zu verringern.

5. Ausschüsse

Regelmäßige Gespräche mit dem gesamten Betriebsrat (monatlich) und dem einzurichtenden Betriebsausschuss sollten fest terminiert werden. Mit dem **Betriebsausschuss** sollte häufiger, möglichst wöchentlich, gesprochen werden. Falsch ist es, diese Gespräche nur „bei Bedarf" zu führen; es muss eine Routine sein. Informationen sollten nicht „nur" gegeben werden, sondern auch erfragt werden können, möglichst zwanglos.

Sofern ein Betriebsrat verlangt, dass für **Sonderthemen** Ausschüsse über die üblicherweise vorhandenen hinaus (zB für Personal, Sicherheit, Kantine etc) gebildet werden, sollte dieses Verlangen sorgfältig erörtert werden. Zur Erarbeitung eines Firmenprojekts kann ein

---

[106] Vgl. nur BAG NJW 1967, 1295 f.
[107] BAG AP Nr. 1, Nr. 2 zu § 42 BetrVG 1972.

Sonderausschuss die Begleitung durch den gesamten Betriebsrat vereinfachen und bei der späteren Umsetzung sehr hilfreich sein.

6. Wirtschaftsausschuss

200 Der Wirtschaftsausschuss – ggf. auch als „Gesamtwirtschaftsausschuss" für ein mehrgliedriges Unternehmen – ist zuständig für „Beratung und Information" über die **wirtschaftlichen Angelegenheiten** des „Unternehmens" (§ 106 Abs. 1 BetrVG).[108] Das BetrVG spricht hier – ausnahmsweise – nicht vom Betrieb und betont damit die überbetriebliche Funktion dieses Gremiums. Der Unternehmer ist verpflichtet, den Wirtschaftsausschuss „rechtzeitig und umfassend" zu informieren (§ 106 Abs. 2 BetrVG). Diese Pflicht wird durch § 106 Abs. 3 BetrVG in zwölf Punkten – als Mindestanforderung – „insbesondere" präzisiert. Sie ist in monatlicher Routine abzuarbeiten. Bestellung und Zusammensetzung des Ausschusses sollten sich an der Unternehmensorganisation orientieren. In mitbestimmten Gesellschaften gehören diesem Gremium meist auch die Arbeitnehmervertreter im Aufsichtsrat an. Sie erwarten, dass viele Themen in die Agenda des Aufsichtsrats münden, wenngleich der Wirtschaftsausschuss kein dem Aufsichtsrat vergleichbares Kontrollgremium ist. Je eingehender und verständlicher aber die Themen aufbereitet werden, desto einfacher können sie anschließend – auch im Aufsichtsrat – verhandelt bzw. abgearbeitet werden. Dafür ist dann der Betriebsrat zuständig, der vom Wirtschaftsausschuss informiert wird.

201 Um eine übereinstimmende Information zu sichern, empfiehlt es sich, ein Einvernehmen darüber zu erzielen, dass auch ein **Vertreter des Sprecherausschusses** – vorzugsweise das Aufsichtsratsmitglied – an den Sitzungen teilnimmt.

7. Gesamtbetriebsrat

202 Mehrere Betriebsräte eines Unternehmens bilden einen Gesamtbetriebsrat (§ 47 Abs. 1 BetrVG). Höchstens drei Vertreter kommen aus den einzelnen Betrieben; sie haben Stimmrechte nach der Anzahl der vertretenen Mitarbeiter (§ 47 Abs. 2, Abs. 7 BetrVG). Auch hier ist es zulässig und sinnvoll, bei der Zusammensetzung auf Besonderheiten einzelner Unternehmensteile zu achten.

8. Betriebsräteversammlung

203 Zu der jährlichen Betriebsräteversammlung lädt der Gesamtbetriebsrat die Vorsitzenden und deren Stellvertreter und die Betriebsausschussmitglieder der Betriebsräte ein (§ 53 Abs. 1 BetrVG). Nicht nur der Gesamtbetriebsrat gibt einen Tätigkeitsbericht, sondern auch „der Unternehmer" gibt einen Bericht über das Personal- und Sozialwesen (§ 53 Abs. 2 BetrVG).

204 In diesem Bericht sollten nicht nur die gesetzlich geforderten Einzelthemen behandelt werden. Vielmehr ist hier Gelegenheit, auf das Gesamtunternehmen einzugehen, auf seine Ziele und Maßnahmen, vor allem dann, wenn einzelne Gruppen oder Einheiten unterschiedlich betroffen sind. Die notwendigen Gespräche vor Ort, um Maßnahmen umzusetzen, können so vorbereitet werden.

9. Konzernbetriebsrat

205 In einem Konzern können die Gesamtbetriebsräte einen Konzernbetriebsrat bilden (§ 54 Abs. 1 BetrVG). Das BetrVG verweist für die Definition des Konzern in § 54 Abs. 1 BetrVG auf den aktenrechtlichen Konzernbegriff (vgl. § 14 Rn. 13). Zusammensetzung und Stimmgewicht im Konzernbetriebsrat entsprechen den Regeln beim Gesamtbetriebsrat. Seine Zuständigkeit bezieht sich auf Themen, die nur konzernweit interessieren und

---

[108] Eingehend vgl. dazu *Winstel*, Unterrichtung der Belegschaftsvertretung der Tochtergesellschaft im (grenzüberschreitenden) Aktienkonzern, 34 ff.

10. Schwerbehindertenvertretung

Betriebe mit mehr als fünf dauerhaft beschäftigten Schwerbehinderten wählen eine **Vertrauensperson** und ihren Stellvertreter aus in diesem Kreis (§ 94 Abs. 1 Satz 1 SGB IX). Der Vertreter soll die besonderen Belange dieser Gruppe wahrnehmen, insbesondere deren Eingliederung im Betrieb (§ 95 Abs. 1 SGB IX). In dieser Funktion hat er Rechte und Pflichten wie ein Betriebsrat. Entsprechend der Betriebsratsorganisation können Vertreter für eine Gesamt- und Konzernvertretung gebildet werden (§ 97 SGB IX). An Sitzungen der Betriebsratsgremien, auch ihrer Ausschüsse, kann der Vertreter teilnehmen; er hat auch ein suspendierendes Vetorecht gegen deren Beschlüsse (§ 95 Abs. 4 SGB IX). Zur Weiterverfolgung von Beschlüssen ist nur der Betriebsrat befugt.

11. Vertretung der Jugendlichen und Auszubildenden

Betriebe mit mehr als fünf Mitarbeitern unter 18 Jahren oder Auszubildenden unter 25 Jahren wählen eine Jugend- und Auszubildendenvertretung (§ 60 BetrVG). Je nach Mitarbeiterzahl besteht sie aus drei bis fünfzehn Mitgliedern (§ 62 BetrVG). Ihre besonderen Interessen, vor allem zu Fragen der Berufsausbildung, bringen sie mit Stimmrecht in die Betriebsratssitzungen ein. Sie nehmen auch an den Betriebsratsgesprächen mit dem Arbeitgeber teil, sofern ihre Probleme besprochen werden (§§ 67, 68 BetrVG). Wie die Betriebsräte können auch sie Gesamt- und Konzernvertretungen bilden (§§ 72 f.; 73 a f. BetrVG).

12. Vertrauensleute

Betriebliche Vertrauensleute können – in Absprache mit dem Betriebsrat – von der Belegschaft gewählt werden. Wahlmodus, Aufgaben etc sollten in einer **Betriebsvereinbarung** festgelegt werden. Sie haben die besondere Aufgabe, sich um Mitarbeiter zu kümmern, die selbst nicht auftreten können oder wollen. Neben dieser Mittlerrolle sind sie wichtige Informanten für Arbeitgeber und Betriebsrat. Sie sind vor allem hilfreich bei der Information bzw. Aufklärung der Belegschaft über betriebliche Vorgänge und Vorhaben. Dafür wird vielfach ein besonderer Informationsdienst, auch durch regelmäßige Versammlungen, unterhalten.

Gewerkschaftliche Vertrauensleute haben ihr Mandat aus ihrer Organisation. Sie sollen den unmittelbaren Kontakt zur Belegschaft halten und „gewerkschaftliche Aufgaben" wahrnehmen. Ihre Wahl findet außerhalb des Betriebs bzw. der Arbeitszeit statt. Ihr Mandat gibt ihnen im Betrieb keine Sonderstellung.[109]

II. Sprecherausschuss

In einem Unternehmen mit **mindestens zehn leitenden Angestellten** wird auf deren Wunsch ein Sprecherausschuss gewählt (§ 1 Abs. 1 SprAuG). Er hat mit dem Arbeitgeber „vertrauensvoll" zusammenzuarbeiten zum Wohl der leitenden Angestellten und des Betriebs (§ 2 Abs. 1 SprAuG).

Die **Aufgaben** des Sprecherausschusses liegen wesentlich in der Unterstützung bzw. Behandlung der Belange dieser Gruppe (§ 25 Abs. 1 SprAuG). Allerdings anerkennt das

---

[109] Weiterführend zu den gewerkschaftlichen Vertrauensleuten *Treber* in Schaub § 191 Rn. 44 ff.

Gesetz ausdrücklich die Selbstvertretung des leitenden Angestellten. Das ist wohl die Regel. Aber wenn Gruppeninteressen wahrzunehmen sind, ist der Einzelne doch überfordert, wenn „Grundsätze von Recht und Billigkeit" zu behandeln sind (§ 27 Abs. 1 SprAuG).

212 Auch wenn die **Beendigung der Anstellung** ansteht, sei es durch Gruppen- oder durch eine Einzelfreistellung, wird der Betroffene nach Unterstützung suchen – nicht nur in der Personalabteilung. Dazu gehören auch nachwirkende Vertragsfragen, wie zB Weiterbeschäftigung bis zum Vertragsende, die Karenz(entschädigung), etc.

213 Bestehen im Unternehmen mehrere Sprecherausschüsse, ist ein **Gesamtsprecherausschuss** zu bilden (§ 16 SprAuG). Auch ein Unternehmens- oder Konzernsprecherausschuss kann – nach dem Willen und mit Votum der leitenden Angestellten – gebildet werden (§§ 20 ff. SprAuG). Inwieweit diese übergreifenden Institutionen wünschenswert erscheinen, hängt nicht zuletzt von einer – der Gesamtunternehmensstruktur entsprechenden – Gestaltung des auf jeden Fall zu bildenden Gesamtsprecherausschusses ab.

214 Die Sprecher werden mit der Unternehmensleitung erörtern, ob und wie diese Gremien gewollt bzw. eingerichtet werden. Diese **Erörterung** wird nicht nur über einen Strukturvorschlag zu führen sein, sondern vor allem über die zukünftige Informationspolitik des Unternehmens gegenüber diesem Kreis. Diese Politik wird das Bedürfnis nach Gremien ganz wesentlich beeinflussen.

215 Auch gegenüber dem Sprecherausschuss ist seine **ordnungsmäßige Information** die wichtigste Pflicht des Unternehmens (§§ 30 ff. SprAuG). Nur so kann er am Unternehmensgeschehen beteiligt werden und mitwirken. Die Information kann noch verstärkt werden, wenn einer der Sprecher an den monatlichen Sitzungen des Wirtschaftsausschusses teilnehmen kann, um seine Kollegen entsprechend zu informieren (§ 32 SprAuG, § 108 Abs. 2 BetrVG).

216 Besonders interessiert an Information ist das von den leitenden Angestellten in den **Aufsichtsrat** gewählte Mitglied, um seiner Aufgabe entsprechen zu können. In dieser versteht es sich häufig als Mittler zwischen den Fronten. Es kennt die Nöte und Sorgen seiner Kollegen in der Führung des Unternehmens und in ihrer Pflicht, Entscheidungen umzusetzen. Seine Zugehörigkeit zur Arbeitnehmervertretung ändert nicht sein besonderes Verständnis für das Unternehmen, aber auch nicht den Anspruch seiner Gruppe als Arbeitnehmer des Unternehmens.

217 **Mitbestimmungsrechte** hat der Sprecherausschuss **nicht**. Er kann aber bindende Richtlinien über die Vertragsgestaltung der leitenden Angestellten mit dem Unternehmen vereinbaren (§ 28 Abs. 1, Abs. 2 SprAuG).

218 Eine besondere **Geheimhaltungspflicht** gilt auch für Mitglieder des Sprecherausschusses (§§ 29, 35 SprAuG).

III. Zusammenarbeit

1. Zusammenarbeit der Gremien

219 Das **Betriebsverfassungsgesetz** gibt die wichtigsten Rechte und Pflichten vor, die Unternehmensleitung und Betriebsrat gegeneinander und beide gegenüber den Mitarbeitern haben. Dabei sind sie erstrangig dem „Wohl der Arbeitnehmer und des Betriebs" verpflichtet (§§ 2, 74 BetrVG).

220 Gleiches gilt für die Zusammenarbeit mit dem **Sprecherausschuss.** Beide Belegschaftsvertretungen sollen kooperieren, zumindest zu gemeinsamen Sitzungen zusammenkommen (§ 2 Abs. 1 SprAuG). Der Personalverantwortliche – als Arbeitgebervertreter – sollte diese Kooperation durch faires und offenes Umgehen mit beiden Vertretungen vorleben. Mit diesem Bemühen sollen die – mitunter gegensätzlichen – Interessen der Beteiligten zusammengeführt werden, auch wenn nicht alle Erwartungen erfüllt werden können.

E. Zusammenarbeit mit dem Betriebsrat

Die Erfahrung lehrt, dass **klare Ziele** mit einsichtigen und schlüssigen Begründungen am besten zu einer Einigung führen. Eine tolerante Verhandlungsführung gehört dazu. Gespräche sollten durch die erforderliche Information vorbereitet und begleitet werden. Mitunter ist beharrliche Geduld anzuraten, um ein Verhandlungsziel zu erreichen. Auch die meist heterogene Zusammensetzung des Betriebsrats ist in schwierigen Verhandlungen zu berücksichtigen.

2. Betriebsvereinbarungen

a) Mit dem örtlichen Betriebsrat

Haben die Gespräche mit dem Betriebsrat ein grundlegendes Problem geklärt und zu einer arbeitsfähigen Lösung geführt, wird dies in einer **Betriebsvereinbarung** niedergelegt (§ 77 BetrVG). Auch bei konsensorientierter Einstellung aller Beteiligter ist ein Konflikt nicht immer zu vermeiden. Eine offen und fair geführte Auseinandersetzung kann eher zu einer Lösung führen. Sie ist besser als ein schlechter Kompromiss, der das Grundproblem vertuscht oder verlängert. Die Einigung ist schriftlich festzuhalten und im Betrieb auszulegen. Besonders wichtige Betriebsvereinbarungen werden über die betrieblichen Informationswege verbreitet, damit auch alle Notiz davon nehmen können, denn sie gelten unmittelbar und für alle Arbeitnehmer, für die sie abgeschlossen werden.

Die **Aufgabenerledigung** aus einer Betriebsvereinbarung obliegt dem Arbeitgeber. Der Betriebsrat darf nicht in die Leitung des Betriebs eingreifen.

Die **Kündigung** einer Betriebsvereinbarung ist möglich nach der festgelegten Kündigungsklausel bzw. in der gesetzlich vorgesehenen Frist von drei Monaten (§ 77 Abs. 5 BetrVG). Schriftform für die Kündigung ist vom Gesetz nicht vorgegeben, aber ratsam.

Die **Rechtsfolgen** einer Kündigung sind unterschiedlich: Betriebsvereinbarungen aus dem Themenkatalog der zwingenden Mitbestimmungsrechte sind erst dann beendet, wenn eine neue Einigung zu einer neuen Vereinbarung führt (sog. Nachwirkung, vgl. § 77 Abs. 6 BetrVG). Andere Betriebsvereinbarungen, die sog. freiwilligen Betriebsvereinbarungen, enden mit Ablauf der Kündigungsfrist.[110]

b) Mit dem Gesamt- oder Konzernbetriebsrat

Für diese Vereinbarungen gelten **gleiche Regeln.** Sie dienen dazu, einem Unternehmen eine Gesamtregelung für die so erfassten Einzelbetriebe aufzuerlegen. So werden zB Versorgungseinrichtungen, Grundsätze der Führungskultur, Richtlinien zum Arbeits- und Umweltschutz etc festgelegt.

3. Einigungsstelle

Die Einigungsstelle wird vom Arbeitsgericht **bestellt** (§ 98 ArbGG), wenn der Betriebsrat oder der Arbeitgeber sie anruft, um den Abschluss einer Betriebsvereinbarung zu erzwingen oder um andere Meinungsdifferenzen beizulegen. Sie kann auch in einer entsprechenden **Betriebsvereinbarung** festgelegt werden, mit Vorabbestimmung des anzurufenden Schlichters etc. (§ 76 Abs. 4 BetrVG). Sie löst mit ihrem – bindenden – Spruch den Konflikt der Parteien im freien Verfahren. Der Spruch kann vom Arbeitsgericht überprüft werden.

Dieses Verfahren ist eine teure Notlösung, von der man **nur abraten** kann. Eine taugliche und dauerhafte Lösung für den Betrieb ist meist nur im Betrieb zu finden. Deshalb sollten Betriebsrat und Arbeitgeber – bevor sie Streitparteien werden – angestrengt versuchen, auch unter Verzicht, sich zu einigen. Einigungsstellenverfahren brauchen häufig viel Zeit, so dass ein unter Umständen verspäteter Spruch einem meist zeitgebundenen Anlass hinterher hinkt. Die Verfahrenskosten – mitunter von beachtlicher Höhe – hat der Arbeit-

---

[110] Zum Sonderfall der Nachwirkung sog. teilmitbestimmter Betriebsvereinbarungen vgl. *Koch* in Schaub § 231 Rn. 61.

geber auf jeden Fall zu tragen. Dieser Posten kann einerseits als Druckmittel, andererseits als kalkulatorische Hilfe für eine betriebliche Einigung dienen.

4. Regelungsabreden

229 In Regelungsabreden können die Betriebspartner **einfachere Themen** des Tagesgeschäfts formlos vereinbaren (§ 77 Abs. 1 BetrVG). Zur besseren Klarheit ist dennoch Schriftform anzuraten. Auf diese Weise werden meist **interne Verfahrens- bzw. Ablaufregeln** festgelegt, ohne direkte Außenwirkung. So kann man den wechselnden betrieblichen Anforderungen einfacher und schneller gerecht werden.

IV. Europäische Unternehmen

1. Europäische Betriebsräte

230 Europäische Betriebsräte sind nach den Regelungen des **Gesetzes über Europäische Betriebsräte (EBRG)** in der im Inland belegenen Zentrale von gemeinschaftsweit tätigen Unternehmen mit über 1000 Mitarbeitern einzurichten (§ 3 Abs. 1 EBRG). Auch Vertreter von Drittstaaten können einbezogen werden. Bei der besonderen **Komplexität** dieser Einrichtung kann jedem Unternehmen, das in diese europäische Kategorie fällt, nur empfohlen werden, eine umfassende Vereinbarung abzuschließen, die den Umfang des Gremiums, seine Aufgaben etc regelt. So können auch die soziologischen und kulturellen Besonderheiten der einzelnen Mitglieder bzw. deren Betriebe angemessen berücksichtigt werden. Die sonst drohende Errichtung nach Gesetz ist im Zweifel weniger betriebsgerecht.

231 Die **vertrauensvolle Zusammenarbeit** mit der zentralen Leitung der Gesellschaften ist dem europäischen – wie dem nationalen – Betriebsrat als verpflichtender Grundsatz aufgegeben (§ 8 Abs. 3 EBRG). Er kann beanspruchen, von der Leitung unterrichtet und gehört zu werden. Der Abschluss von verpflichtenden Betriebsvereinbarungen ist im Gesetz nicht geregelt.

232 Die **jährliche Unterrichtung** dieses Gremiums und seine Anhörung (§ 29 EBRG) sind in vielerlei Hinsicht – auch vom Arbeitgeber – gut vorzubereiten. Es treffen nicht nur verschiedene Sprachen aufeinander. Auch verschiedene Sozialsysteme, unterschiedliche Formen der Zusammenarbeit im Betrieb sowohl zwischen Arbeitgeber- wie Arbeitnehmervertretern, wie auch zwischen den einzelnen Mitarbeitern und ihren Vorgesetzten. Die in internationalen Unternehmen verabredete Arbeitssprache gilt für dieses Gremium im Zweifel nicht. Dem ist durch den Einsatz von Dolmetschern abzuhelfen. Viel anspruchsvoller ist der Umgang mit den nationalen sozialpolitischen Rahmenbedingungen und den unterschiedlichen Landeskulturen. Im Hinblick auf die zum Teil deutlichen Unterschiede können Unternehmensrichtlinien eher Grundsätzliches als Einzelheiten regeln. Es gibt ganz wesentliche unterschiedliche Erwartungen und Vorstellungen. Zusätzlich ergeben sich oft widersprechende Interessen einzelner Landesvertreter, die miteinander konkurrieren.

233 Die Sorgfalt in der **Vorbereitung** optimiert nicht nur den Ablauf der Sitzung. Sie soll auch die Kosten in Grenzen halten (Dolmetscher etc). Im Zusammenhang mit den Sitzungen des Europäischen Betriebsrats erscheint es auch angezeigt, deren örtliche Gesprächspartner in gleicher Weise zu informieren.

234 Es ist auch sinnvoll – zumindest in einer „Kaffeerunde" – beide Gruppen (Arbeitnehmervertreter und Personalleiter) auch einmal zusammen zu bringen. Die örtlichen Personalleiter sind erfahren in der Art und Weise, wie ihre **lokalen Gesprächs- und Betriebspartner** die Informationen aufnehmen und zu Hause verbreiten bzw. umsetzen wollen.

Die **Grundsätze der Personalpolitik** werden so in die verschiedenen Niederlassungen hineingetragen. Rückmeldungen über Ergebnisse sollte die Zentrale einfordern – zumindest als Vorbereitung auf die nächste Sitzung. **235**

2. Europäisches Arbeits- und Sozialrecht

Unabhängig von der Entwicklung in den europäischen Betriebsräten wird **das europäische Arbeits- und Sozialrecht** immer stärker auf diese Gebiete einwirken. Dazu gehören besonders die im AEUV verankerten Grundsatzthemen: Freizügigkeit, Sozialpolitik, allgemeine und berufliche Bildung der Jugend, darunter besonders die Verbesserung der Arbeitsumwelt und Entgeltgleichheit für Männer und Frauen. **236**

Der **Europäische Gerichtshof (EuGH)** setzt in seiner Rechtsprechung Maßstäbe, die aus den Bestimmungen des AEUV als primäres Bild abgeleitet sind. Dabei berücksichtigt er nicht, ob die Materie schon in nationales Recht umgesetzt worden ist. So will er auch den – säumigen – nationalen Gesetzgeber verpflichten. **237**

Die europäischen Unternehmerverbände (UNICE), der Verband der öffentlichen Arbeitgeber (CEEP) sowie der Europäische Gewerkschaftsbund (EGB) bilden den sog. Tripartite Gipfel. Sie haben verabredet, die Europäische Kommission in einem gemeinsamen Arbeitsprogramm zu unterstützen, um weitere Regelwerke vorzubereiten zu den Themen: Stress am Arbeitsplatz, Umstrukturierung in Unternehmen, Gleichbehandlung, lebenslanges Lernen, Tele- und Zeitarbeit unter anderem So sollen europaweit gleiche Arbeitsbedingungen für Europäer und gleiche Wettbewerbsbedingungen für **Unternehmen im europäischen Verbund** geschaffen werden. **238**

V. Internationale Unternehmen

Internationale Unternehmen sind mit ihren inländischen Tochtergesellschaften und Betrieben dem deutschen Betriebsverfassungsrecht unterworfen **(Territorialitätsprinzip)**.[111] Es ist eine besondere Aufgabe der Personalverantwortlichen, der auswärtigen Firmenzentrale und den von dort entsandten Führungskräften die Besonderheiten der deutschen Betriebsverfassung zu vermitteln. Das ist oft recht schwierig, weil diese Vorgaben Ausländern meist unbekannt sind und sehr schwer verstanden werden. Die ausländischen Zentralen sollten ihre Führungskräfte, insbesondere soweit sie im Betriebsgeschehen aktiv werden, verpflichten, diese Regeln anzuerkennen, um ihnen – und sich selbst – vermeidbare Konflikte zu ersparen. **239**

F. Zusammenarbeit mit Verbänden

I. Tarifvertragsgesetz

Das Tarifvertragsgesetz (TVG) bestimmt, dass Tarifverträge „den Inhalt, den Abschluss und die Beendigung von Arbeitsverhältnissen sowie betriebliche und betriebsverfassungsrechtliche Fragen" mit dem Gewicht von Gesetzen regeln (§ 1 Abs. 1 TVG). Tarifpartner sind „Gewerkschaften, einzelne Arbeitgeber sowie Vereinigungen von Arbeitgebern" (§ 2 Abs. 1 TVG). **240**

---

[111] *Winstel,* Unterrichtung der Belegschaftsvertretung der Tochtergesellschaft im (grenzüberschreitenden) Aktienkonzern, 32.

II. Verbände

1. Arbeitgeberverbände

241 Es gibt über tausend rechtlich und wirtschaftlich selbstständige Arbeitgeberverbände, die in 51 Bundesfachspitzenverbände und 14 Landesvereinigungen in der Bundesvereinigung der deutschen Arbeitgeberverbände (BDA) zusammen gefasst sind. Die BDA kann in die tarifpolitische Selbstständigkeit dieser Verbände nicht eingreifen. Insgesamt sind so ca. 75 % der Unternehmen mit 60 % der Belegschaften erfasst. Es gibt über 50 000 Tarifverträge verschiedenster Art.

2. Industriegewerkschaften

242 Der Deutsche Gewerkschaftsbund (DGB) ist der **Dachverband** von acht nach Berufsgruppen orientierten Einzelgewerkschaften mit insgesamt ca. 6,24 Millionen Mitgliedern. Die Einzelgewerkschaften stehen den entsprechenden Arbeitgeberverbänden gegenüber. Sie sind die Partner für die Tarif- und Sozialpolitik in ihrem Bereich. Viele Betriebsräte lassen sich als Mitglieder von ihrer Gewerkschaft in ihrer Aufgabe unterstützen. Die Mitgliedschaft ist aber nicht zwingend, weder für Betriebsräte noch für Mitarbeiter. Die Einstellung, spätere betriebliche Maßnahmen, auch die Einschaltung des Betriebsrats für ein persönliches Anliegen dürfen davon nicht abhängen. Die **Koalitionsfreiheit** nach dem Grundgesetz (Art. 9 GG) sichert jedermann das Recht zu, sich anzuschließen oder auch nicht. Gewerkschaftsangehörige Betriebsräte sind in dieser Doppelrolle im Betrieb zur Neutralität verpflichtet. Sie sollen sich „im Kernbereich koalitionsmäßiger Betätigung halten". Das erlaubt zwar eine – zurückhaltende – **Mitgliederwerbung,** aber keine gewerkschaftliche oder gar politische Betätigung.

243 Mitarbeiter dürfen im Betrieb, außerhalb der Arbeitszeit, für ihre Gewerkschaft werben.[112] Die Beauftragten der Gewerkschaften haben **Zugangsrecht** in den Betrieb, allerdings in Abstimmung mit dem Hausherrn. Dieses Recht steht ihnen zu „zur Wahrnehmung ihrer im Betriebsverfassungsgesetz genannten Aufgaben und Befugnisse" (§ 2 Abs. 2 BetrVG).

III. Tarife

1. Inhalte

244 Die Tarifpartner bestimmen im Rahmen der **Tarifautonomie** und ihres Aufgabengebiets den räumlichen, fachlichen, zeitlichen und persönlichen Geltungsbereich der Tarifverträge. Sie sind dem Gesetz gegenüber nachrangig. Betriebsvereinbarungen gegenüber sind sie vorrangig, es sei denn, es sind Abweichungen oder Ergänzungen in Form sog. Öffnungsklauseln zu Gunsten der Arbeitnehmer im Tarifvertrag vorgesehen.[113] Der Abschluss von Tarifverträgen durch die Verbände schafft Sicherheit und Frieden für Arbeitgeber und Arbeitnehmer. Der einzelne Arbeitnehmer braucht seine Arbeitsbedingungen nicht allein auszuhandeln und dauerhaft festzulegen. Die Arbeitgeber haben sichere, innerhalb der Branche gleiche Arbeits- und Kalkulationsbedingungen.

245 Da in den Betrieben die Gleichbehandlung aller Mitarbeiter gewollt ist, auch der gewerkschaftlich nicht organisierten, wird die Tarifgeltung in den individuellen Arbeitsverträgen ergänzend verabredet. Eine **Allgemeinverbindlichkeit** der Tarifgeltung kann erwirkt werden, um nicht verbandsangehörigen Arbeitgebern ein Gleichmaß der Arbeitsbedingungen aufzuerlegen (§ 5 TVG).

---

[112] BAG NJW 1987, 2891; dazu eingehend *Treber* in Schaub § 190 Rn. 23 ff.
[113] Zur Rangfolge der Rechtsquellen vgl. *Moll/Altenburg* in MAH ArbR, § 1 Rn. 63 ff.

F. Zusammenarbeit mit Verbänden

Einen **Haustarif** können Unternehmen für sich mit der zuständigen Gewerkschaft abschließen. Er gilt für die Beteiligten wie ein Verbandstarif. So können die Besonderheiten des Unternehmens und seiner Betriebe stärker herausgestellt werden. Ein Arbeitgeber wird sich überlegen, ob er einem so mächtigen Verhandlungspartner gewachsen ist, und ob er das ggf. erforderliche Stehvermögen aufbringt. **246**

In den **Entgelttarifen** werden Löhne bzw. Gehälter festgelegt. Die Trennung zwischen Lohn und Gehalt entfällt zunehmend zu Gunsten eines durchgängigen Entgeltstufensystems für sämtliche Mitarbeiter, dh für Arbeiter und Angestellte. **247**

Die **Manteltarife** regeln eine Vielzahl wesentlicher Arbeitsbedingungen wie Arbeitszeit, Urlaub, Freistellungen, Krankheit etc. **248**

In **Sondertarifen** werden Themen behandelt, die von besonderer und allgemeiner Bedeutung sind wie Teilzeit, Altersteilzeit, Schlichtung etc. **249**

Daneben gibt es zwischen Tarifpartnern noch **„Außertarifliche Sozialpartner-Vereinbarungen"**. Sie haben nicht das Gewicht von Tarifverträgen, sind aber dennoch verbindlich. Ihre Themen sind unter anderem Gruppenarbeit, Drogenmissbrauch, Arbeits- und Umweltschutz. Es geht hier darum, Rahmenregeln oder gemeinsame Zielvorstellungen festzuschreiben.[114] **250**

2. Verhandlungen

Nach zeitlichem Ablauf bzw. Kündigung eines Vertrags kommen die Partner zu **Tarifverhandlungen** mit wechselndem Vorsitz zusammen. Eine Vielzahl lokaler Verhandlungsrunden wird heute meist durch einen Pilotabschluss mit einem „führenden" Branchenverband verkürzt. Der einmal, meist sehr intensiv verhandelte Tarifabschluss wird dann von den anderen Bezirken übernommen. Damit wird ein flächendeckendes Gleichmaß in der Branche erreicht. **251**

Der Tarifabschluss ist unmittelbar **verbindlich** für die beteiligten Verbände und ihre Mitglieder (§ 3 Abs. 1 TVG). Dieser Flächentarif wird heute vielfach als Fessel, als Einschränkung der unternehmerischen Freiheit und Selbstständigkeit empfunden. Einer Krisensituation, dem Druck des in- und ausländischen Wettbewerbs will man sich schneller anpassen können. Dieser Kritik stellen sich moderne Tarifpartner und kommen ihr mit Öffnungsklauseln entgegen. So wird den Betrieben in vielen Bereichen wie Arbeitszeit, Entgelt, etc Freiraum gegeben.[115] **252**

Diese **Flexibilisierung** im Rahmen des Tarifvertrags räumt die Grundsatzdebatte bzw. Kritik am Flächentarif und dem „Arbeitskartell" noch nicht aus. Immerhin sind „ergänzende", wenn auch keine selbstständigen Verabredungen im einzelnen Betrieb nach dessen speziellen Bedürfnissen möglich (§ 77 Abs. 3 BetrVG). Diese Möglichkeiten müssen aber die Betriebe in Anspruch nehmen und umsetzen. Das geschieht noch immer zu wenig. **253**

Neben der Forderung, diesen **Tarifvorbehalt im Betriebsverfassungsgesetz** ganz abzuschaffen, um eine ungebundene Gestaltung der besonderen Arbeitsbedingungen für den Einzelbetrieb zu schaffen, gibt es auch Überlegungen für seine Fortgeltung. Für beide Seiten würde die „freie Verhandlung" (wie beim Haustarif) bisher gewohnte Arbeits- und Organisationsstrukturen verändern. **254**

Eine **Tarifflucht** – durch Verbandsaustritt – aus einem einmal abgeschlossenen Tarif ist sehr schwierig. Die Tarifgebundenheit bleibt bestehen. Die zeitliche Nachwirkung ist unbegrenzt. Die Normen gelten „bis sie durch eine andere Abmachung ersetzt werden". Selbst einem einseitigen Verzicht müssen die Tarifpartner zustimmen. Dh der einmal erworbene Besitzstand bleibt, eine Auflösung erfolgt allenfalls für die Zukunft (vgl. §§ 3 Abs. 3, 4 Abs. 5 TVG). **255**

---

[114] Hierzu *Löwisch/Rieble*, TVG, 3. Aufl. 2012, § 1 Rn. 1149.
[115] Dazu *Hamacher* in MAH ArbR, § 70 Rn. 49 ff.

256 Das **Outsourcing** eines Nebenbetriebs, um ihn in einen günstigeren Tarifvertrag zu überstellen, geht – wenn überhaupt – nur im Wege des Betriebsübergangs (§ 613a BGB). Sieht ein Tarifvertrag eine Öffnungsklausel für sog. „Tarifkonkurrierende Betriebe" vor, kann das Entgeltniveau insoweit angepasst werden.

257 Will ein Unternehmen tariffrei sein oder bleiben, wird es seine Arbeitsbedingungen allein mit dem Betriebsrat verabreden. Die zuständige Gewerkschaft wird sich dann bemühen, die Belegschaft bzw. den Betriebsrat von der Sicherheit eines Tarifvertrags zu überzeugen.

IV. Arbeitskampf

258 Bleiben die Verhandlungen über Entgelt – oder Manteltarifmaterien – ergebnislos, wird einer der Partner deren „Scheitern" erklären. Wenn danach die – oft unzureichend geregelten – Schlichtungsprozeduren erschöpft sind, kann es zum Arbeitskampf kommen. Die **Rechtsprechung** bemüht sich, das Geschehen zu strukturieren. Dabei hat sie drei hauptsächliche Anforderungen an die **Rechtmäßigkeit** des Geschehens und seiner Einzelvorgänge entwickelt: Ein Arbeitskampf muss „ultima ratio" sein. Die Streikparteien begegnen sich in „Parität". Ihre Maßnahmen sind mit dem „Übermaßverbot" belegt.[116]

259 Die Tarifgebundenheit der Tarifpartner **erlischt** mit Ende des Tarifvertrags (§ 3 Abs. 3 TVG).

1. Streik

260 Streik ist eine ganz alte, wenngleich bis heute nicht gesetzlich geregelte Situation in der Auseinandersetzung von Arbeitgebern und Arbeitnehmern, um die finanzielle oder soziale Lage der Arbeitnehmer zu bessern. Streik kann nur zwischen den Tarifpartnern – jetzt Streikgegnern – stattfinden; das sind die Gewerkschaft und der Arbeitgeberverband, dh die in ihm zusammengefassten Unternehmen mit ihren Betrieben.

261 Eine **Streikandrohung** soll den Verhandlungspartner dazu bewegen, auf die Forderung des Streikführers einzugehen. Streikziel ist, den Betrieb lahm zu legen und durch den wirtschaftlichen Schaden den Druck auf den Verhandlungspartner zu erhöhen. Dieses Ziel wird nicht erreicht, wenn es gelingt, den Betrieb aufrecht zu erhalten oder auf andere Weise die Streikwilligen bzw. die Gewerkschaft dazu zu bringen, den Streik abzubrechen. Im Allgemeinen geht eine Urabstimmung der Gewerkschaftsmitglieder dem Streik voraus – eine ernste Warnung, eine erste Streik-Maßnahme.

262 Im Streik der Tarifpartner besteht für den Betriebsrat **Friedenspflicht.** Er darf sich in seiner Funktion nicht in die Auseinandersetzung einbringen (§ 74 Abs. 2 Satz 1 BetrVG). Seine Mitwirkungs- und Mitbestimmungsrechte gelten weiter, aber sie sind „arbeitskampfkonform auszulegen".[117] Gegen einen rechtswidrigen Streik muss er einschreiten. Bei vorbereitenden Notmaßnahmen, die für den Substanzerhalt des Betriebs erforderlich sind, kann er sich nicht versagen.

2. Warnstreik

263 Warnstreiks werden in vielen Variationen geführt und von der Rechtsprechung anerkannt. Mit geringem Aufwand soll demonstriert werden, dass man zur großen Auseinandersetzung bereit ist.[118]

3. Maßnahmen

264 Arbeitgeber sind im **Arbeitskampf** auf engem, wenig trittfestem Pfad. Kundiger Rat über die sich ändernde Rechtsprechung ist dringend geboten.

---

[116] Umfassend *Ricken* in MHdB ArbR, § 200 Rn. 47 ff.; *Otto* RdA 2010, 135 ff.
[117] Dazu *Richardi* in Richardi § 74 Rn. 16 ff. mzN.
[118] Vgl. zu den verschiedenen Arbeitskampfmitteln *Treber* in Schaub § 192 Rn. 7 ff.

Die Freiräume der **Streikführer** sind eher größer geworden, zu Lasten der direkt und indirekt betroffenen Unternehmen. Ein Streik wird jedoch vor Ort und nicht vor Gericht entschieden. Er kann vielleicht durch einstweilige Verfügungen eingegrenzt, aber im Wesentlichen nur nachgearbeitet werden. Die Zeit läuft schneller. Deshalb sollte alles versucht werden, einen Streik abzuwenden – oder ihn leer laufen zu lassen. 265

Ein Arbeitskampf hat immer eine Vorgeschichte bzw. einen zeitlichen Vorlauf. Die beteiligte Gewerkschaft nutzt diese Zeit, um Mitglieder in den Betrieben auf ihr Ziel einzustimmen, um ihre Unterstützung, ggf. **Streikbereitschaft** in den Betrieben auszuloten bzw. einzufordern. Genauso muss die Arbeitgeberseite versuchen, ihre Zielsetzung im Betrieb herauszustellen. Hierzu ist eine Informationslogistik mit hoher Reaktionsgeschwindigkeit erforderlich und spätestens dann in Gang zu setzen. Nicht nur „tarifpolitische", sondern betriebsbezogene Auswirkungen möglicher Tarifanhebungen sind darzustellen, ggf. auch in den örtlichen Medien. Dabei ist bei den Medien, bei ihrem Hang zu einer „publikumsnahen" Darstellung, besonderer Wert auf deren ganz sachliche und nüchterne **Vorabinformation** zu legen. 266

In dieser Vorlaufzeit sind auch betriebliche „als ob"-Szenarien – nicht nur theoretisch – durchzuarbeiten: nicht spielerisch, sondern realitätsnah. Das sollte sich nicht nur auf die echten betrieblichen **Notmaßnahmen** beziehen, die ohnehin mit dem Betriebsrat festzulegen sind. Diese Notmaßnahmen beziehen sich je nach Art des Betriebs auf Einrichtungen, die aus Gründen der Erhaltung des Betriebs in seiner Substanz, seiner Sicherheit etc weiterlaufen müssen. 267

In diesen Szenarien sollte bereits daran gedacht werden, welche Not- bzw. Hilfsbesatzungen erforderlich wären, um einen **Mindestbetrieb** sicher zu stellen. Wie kann gesichert werden, dass die nicht gewerkschaftlich organisierten Mitarbeiter in den Betrieb kommen können, um ihre – oder eine andere – Arbeit zu erledigen, um ihren Lohn zu verdienen? Wie können Torbesetzungen etc verhindert bzw. umgangen werden? Hier sind schnelle, praktische Ideen gefragt und entsprechendes Verhalten. 268

Sind besondere **Kommunikationsnetze** unter den „Streikbeauftragten" des Unternehmens etabliert? Kann, will man den Lautsprechern vor den Toren Paroli bieten? Auch wenn bei solchen Blockaden bewusst viele Betriebsfremde herangezogen werden – eigene Mitarbeiter sind auch dabei. Auch für die „leiblichen" Bedürfnisse der Arbeitswilligen bzw. der Notbesetzungen ist vorzusorgen. 269

Spontane, praktische Ideen sind gefragt – und entsprechender Einsatz – gerade von den Führungskräften. Das Vorstandsmitglied am Tor kann sich besonderer Aufmerksamkeit sicher sein, laut oder leise. Führungskräfte sollten an solchen Brennpunkten stehen – bereit zur Diskussion und als Stützpunkt für Arbeitswillige. Vielleicht muss mit dem Hausrecht eine Grenzlinie etabliert werden, der **Zugang zum Betrieb** muss mit allen Mitteln gesichert werden. Er ist auch von der streikführenden Gewerkschaft zu achten – zumindest in Form einer zureichenden „Gasse".[119] Mit diesen und möglichst vielen anderen Ideen und Maßnahmen kann das Unternehmen zumindest einen eingeschränkten Betrieb aufrechterhalten. Übertreibungen sind schädlich. 270

4. Aussperrung

Das **letzte Mittel** auf Arbeitgeberseite ist die Aussperrung. Sie bringt auch die Arbeitsverhältnisse der betriebsorientierten Arbeitswilligen zur Ruhe und setzt die Zahlungspflicht aus.[120] Vor diesem letzten Schritt sei gewarnt. Er entscheidet meist die Auseinandersetzung nicht. Aber er schadet dem Betrieb mehr als die Gewerkschaft mit ihren Maßnahmen erreichen kann. 271

Der aussperrende Arbeitgeber muss aber den Betrieb wieder weiterführen. Und das mit einer nunmehr mehrfach geteilten und vor allem frustrierten Belegschaft. Nicht nur Arbeitswillige, auch Streikende haben **Einkommensausfälle** zu verkraften (das „Streikgeld" 272

---

[119] Lesenswert LAG Köln NZA 1984, 402.
[120] Eingehend *Wolter* in Däubler Arbeitskampfrecht § 21 Rn. 56 mwN.

ist kein Volllohn). Es braucht lange, bis alle mit „ihrem Betrieb" wieder versöhnt sind. Die Gewerkschaftsmitglieder mögen den Erfolg ihrer Organisation schätzen, am betrieblichen Verlust tragen sie mit.

5. Politischer Streik

273 Ein politischer Streik, dh ein Streik, der auf nicht wirtschaftliche Ziele zwischen Arbeitnehmern und Arbeitgebern ausgerichtet ist, ist **unzulässig**.[121] Aufgrund der Entwicklung in den letzten Jahren steht zu befürchten, dass politische, sogar organisationspolitische Motivationen in Arbeitskampfmaßnahmen einfließen – für an sich soziale Zielvorgaben. Sie sind dann eher als Kampfmaßnahmen im Sinne von Public Relation denn als Arbeitskampf anzusehen.

6. Boykott, Sympathiestreik u. ä.

273a Als grundsätzlich zulässige Arbeitskampfmittel werden demgegenüber der Boykott des Arbeitgebers und der Sympathiestreik angesehen. Von einem Boykott spricht man, wenn Dritte aufgefordert werden, die geschäftlichen Beziehungen zum Arbeitgeber abzubrechen. Aber auch ein Boykottaufruf muss die Friedenspflicht und das Übermaßverbot beachten. Der Sympathiestreik dient gegenüber nicht der Erreichung eigener Ziele, sondern dem der Unterstützung eines fremden Arbeitskampfs. Er ist nach der Rechtsprechung des BAG nur dann unzulässig, wenn er zur Unterstützung des Hauptarbeitskampfs offensichtlich ungeeignet ist.[122]

G. Mitbestimmung im Unternehmen

I. Mitbestimmung durch die Arbeitnehmer

1. Aufsichtsrat

274 In der Nachkriegszeit wurde die **Mitbestimmung** zunächst in der Montanindustrie eingeführt. Das Betriebsverfassungsgesetz 1952 hat die Mitbestimmung in Form der sog. Drittelparität für Gesellschaften über 500 Mitarbeiter begründet. Die Arbeitnehmer belegen ein Drittel der Sitze im Aufsichtsrat, ein Arbeitsdirektor wird nicht vorgesehen (§ 1 DrittelbG). Das Mitbestimmungsgesetz 1976 wollte den „Faktor Arbeit" dem „Faktor Kapital" gleichstellen. Die Arbeitnehmer sollen nicht nur im alltäglichen Betriebsgeschehen durch ihre Vertreter im Betriebsrat und Sprecherausschuss mitwirken. Auch in den Leitungsgremien sollen sie bestimmend mitgestalten. Das gilt für Kapitalgesellschaften über 2000 Mitarbeiter (§ 1 MitbestG).

275 Das **Wahlverfahren** für die Vertreter der Arbeitnehmer ist in Wahlordnungen (WO) geregelt, es ist für die Betriebe kompliziert und aufwändig. Deswegen sind die Wahl und ihre Vorbereitung möglichst sach- und rechtskundig zu begleiten. Nur so sind Fehler und damit Anfechtungsgründe auszuschließen. Es ist auch sehr sinnvoll, darauf zu drängen, dass alle Kandidaten, auch die der Gewerkschaften, je ein Ersatzmitglied als Nachrücker wählen lassen. Oft kommt es zu Versetzungen oder anderen Anlässen, die eine Nachfolge erforderlich machen. Eine gerichtliche Bestellung kann Diskussionen in der entsendenden Gruppe auslösen, die bis zur wiederum aufwändigen Nachwahl führen können (vgl. § 104 AktG).

276 In paritätisch mitbestimmten Unternehmen entsenden die **Anteilseigner** und die **Arbeitnehmer** jeweils die **Hälfte** der Aufsichtsratsmitglieder. Die Anzahl der Sitze im Auf-

---

[121] Zum politischen Streik umfassend *Krichel* NZA 1987, 297 ff.
[122] Zum Boykott vgl. LAG Berlin-Brandenburg BeckRS 2010, 68201 und zum Sympathiestreik BAG NZA 2007, 1055.

sichtsrat richtet sich nach der Größe des Unternehmens (§ 7 MitbestG). Die Vertretung der Arbeitnehmer setzt sich zusammen aus Mitarbeitern des Unternehmens und den Beauftragten der im Unternehmen vertretenen Gewerkschaften (§ 7 Abs. 2 MitbestG). Die Arbeitnehmervertreter werden in Gesellschaften mit über 8000 Mitarbeitern grundsätzlich über Delegierte aus den Betrieben gewählt; in kleineren Gesellschaften wird grundsätzlich direkt gewählt (§ 9 Abs. 1 und Abs. 2 MitbestG). Die Wahl über Delegierte schafft besonderen Interessengruppen die Möglichkeit einer gezielteren Einflussnahme.

Nach ihrer Wahl rücken die **Arbeitnehmervertreter** als gleichberechtigte Mitglieder in den Aufsichtsrat ein. Sie genießen einen besonderen Schutz in der Wahrnehmung dieser Aufgabe, sie dürfen in ihrer beruflichen Entwicklung auch nicht benachteiligt werden (§ 26 MitbestG). Die Amtszeit ist für alle Mitglieder des Gremiums gleich. Der Vorsitzende des Aufsichtsrats und sein Stellvertreter werden mit Zweidrittelmehrheit im Gremium gewählt (§ 27 Abs. 1 MitbestG). Wird diese Mehrheit nicht erreicht, wählen in einem zweiten Wahlgang die Vertreter der Anteilseigner den Vorsitzenden, die der Arbeitnehmer den Stellvertreter (§ 27 Abs. 2 MitbestG). Die Position des Stellvertreters nimmt häufig der Vorsitzende des Gesamt- oder Konzernbetriebsrats ein, es sei denn, ein Gewerkschaftsvertreter kann sich in der Wahl durchsetzen. 277

Beschlüsse im Aufsichtsrat bedürfen einer **Mehrheit** (§ 29 Abs. 1 MitbestG). Kommt sie nicht zustande, kommt es zur Pattsituation. Sie kann in einer zweiten Abstimmung durch die Zweitstimme des Vorsitzenden aufgelöst werden (§ 29 Abs. 2 MitbestG). 278

2. Arbeitsdirektor

Eine weitere Vorgabe des **Mitbestimmungsgesetzes** soll sicherstellen, dass die Interessen der Arbeitnehmer durch einen eigens dafür Beauftragten in den Entscheidungen der Unternehmensleitung in angemessener Weise berücksichtigt werden. Dafür ist ein Arbeitsdirektor als **gleichberechtigtes Mitglied in den Vorstand bzw. die Geschäftsführung** aufzunehmen (§ 33 Abs. 1 MitbestG). Er ist zuständig für das Aufgabengebiet Personal- und Sozialwesen.[123] Er hat die gleichen Rechte und Pflichten, auch die Verantwortung, wie die anderen Organmitglieder (§ 33 Abs. 2 MitbestG). Die Besonderheit des Arbeitsdirektors liegt darin, dass seine Bestellung und seine Aufgabe im Gesetz vorgesehen bzw. benannt werden. Wie die anderen Organmitglieder hat er „im engstem Einvernehmen mit dem Gesamtorgan" zu handeln, im Rahmen der **Geschäftsordnung.** Da die Aufgabe des Arbeitsdirektors im Gesetz nicht weiter definiert wird, gab es zunächst Meinungsdifferenzen über dessen sog. „Kernbereich".[124] Dabei ging es im Wesentlichen um die Frage, ob die Betreuung der Führungskräfte notwendig zu diesem Ressort gehört. In den Unternehmen wurde diese Frage pragmatisch gelöst. Sie wird heute kaum noch gestellt. 279

Andere Aufgaben kann der Arbeitsdirektor auch übernehmen. Wichtig ist, dass er die Verantwortung für das Personal- und Sozialwesen voll und vordringlich wahrnimmt. 280

Die **Qualifikationsanforderungen** an den Arbeitsdirektor sind dieselben wie für den personal- und sozialverantwortlichen Vorstand nicht mitbestimmter Gesellschaften. Allerdings sollte ein Arbeitsdirektor nicht nur das Vertrauen der Mitarbeiter, sondern auch das deren Vertreter im Aufsichtsrat haben oder gewinnen. Die Hauptanforderung an den Arbeitsdirektor ist: Bestellung und nachfolgender Einsatz müssen dem Unternehmensinteresse gerecht werden. 281

Die **Bestellung** braucht im Aufsichtsrat keine qualifizierte Mehrheit.[125] Sie kann auch gegen das Votum der Arbeitnehmervertreter durchgesetzt werden. Allerdings wäre das für den so bestellten Arbeitsdirektor ein „hartes Brot". Der Aufsichtsratsvorsitzende bzw. der Personalausschuss wird sich in einer solchen Lage besonders überzeugende Argumente oder Kompromisse einfallen lassen, um einen so problembeladenen Einstieg zu vermeiden. 282

---

[123] *Gach* in MüKoAktG MitbestG § 33 Rn. 29.
[124] Zu diesem Kernbereich *Gach* in MüKoAktG MitbestG § 33 Rn. 32.
[125] *Gach* in MüKoAktG MitbestG § 33 Rn. 4.

283 Bei der inzwischen allseits anerkannten hohen Wertigkeit der Personalaufgabe und der Sorge für Mensch und Arbeit im Betrieb, kommen für diese Aufgabe nicht mehr nur verdiente Mitarbeiter oder bewährte Funktionäre in Betracht. Die heute vorgeschlagenen Kandidaten – egal von welcher Seite – zeichnen sich aus durch ein qualifiziertes Anforderungsprofil mit entsprechender Erfahrung.

284 Ein Arbeitsdirektor kann nicht aktives Mitglied oder Amtsinhaber bei einer **Gewerkschaft** sein.[126] Ein gewerkschaftsverbundener Arbeitsdirektor wird von den Arbeitgeberverbänden durch Satzung von der Teilnahme an ihren Gremien ausgeschlossen (Prinzip der Gegnerfreiheit).

285 Umfasst eine **Unternehmensgruppe** mehrere mitbestimmte Gesellschaften, so sind die Arbeitsfelder der Organmitglieder – auch des Arbeitsdirektors – auf ihre Gesellschaft ausgerichtet. Auch im Personal- und Sozialwesen sind dann die Aufgaben entsprechend den unterschiedlichen Bedürfnissen der Gesellschaften, ihrem Umfeld etc zu differenzieren.

286 Bilden mehrere paritätisch mitbestimmte Gesellschaften einen **Konzern** (§ 5 Abs. 1 MitbestG), so richten sich die Arbeitsaufgaben – auch die des Arbeitsdirektors – nach der Geschäftsordnung. Ist die Obergesellschaft als Holding ausgebildet, so ist, von der Mitarbeiterzahl unabhängig, ein Arbeitsdirektor zu bestellen.[127] Er ist dann aber nicht „Ober-Arbeitsdirektor" mit Vorgesetztenfunktion für die übrigen Arbeitsdirektoren, auch nicht Beschwerdeinstanz. Sein Wort wird im Kollegenkreis aber kaum überhört werden.

287 Im **Vertragskonzern** kann der Arbeitsdirektor, im Rahmen des Gesamtorgans, auf die Untergesellschaften einwirken. Nur auf diese Weise kann die „Leitung der Gesellschaft" Weisungen für ihre Arbeit erhalten, egal für welches Ressort. So können Rahmenbedingungen, Konzern-Einrichtungen und -ziele vorgegeben werden. Das sind für das Personal- und Sozialwesen zB Versorgungssysteme, Personalplanung und -entwicklung, Arbeits- und Umweltschutz, Führungsrichtlinien etc. Die beteiligten Arbeitsdirektoren werden die Feinarbeiten an solchen Vorgaben unter sich abzustimmen haben.

II. Beteiligungsrechte der Anteilseigner

288 Die Vorschrift des § 32 MitbestG soll die Anteilseigner mitbestimmter Kapitalgesellschaften in wesentlichen Beteiligungsrechten schützen. Die **Beteiligung** muss nicht als Konzern ausgeprägt sein; allerdings wird eine Mindestbeteiligung von 25% vorausgesetzt (§ 32 Abs. 2 MitbestG). Der Schutz besteht darin, dass eine Überparität verhindert wird, die durch Kumulation des Einflusses der Arbeitnehmervertreter in den Gesellschaften entstehen könnte. Es wäre sonst denkbar, dass durch Weisungen der Obergesellschaft an die abhängigen Beteiligungsgesellschaften die Grenzen des Mitbestimmungsrechts überschritten würden. Diesen besonderen Schutz räumt das Gesetz aber nur bei besonderen, grundsätzlichen **Strukturmaßnahmen** ein (§ 32 Abs. 1 MitbestG). Die Anteilseigner fassen die Beschlüsse in diesen Materien ohne die Mitwirkung der Vertreter der Arbeitnehmer. Ob diese damit vom Sitzungsablauf ausgeschlossen sind, erscheint mehr als eine Stilfrage in der Zusammenarbeit beider Gruppen. Materie, Ablauf und Wirkung dieser Beschlüsse sind verbindlich festgelegt, die Präsenz Unbeteiligter kann allenfalls atmosphärisch stören. Die Handlungsmacht der ohne diese Ausnahmeregelung zuständigen Organe der Gesellschaft ist in diesen Materien eingeschränkt. Sie sind verpflichtet, die Beschlüsse umzusetzen, sowohl im Innen- wie im Außenverhältnis.

III. Europäische Aktiengesellschaft – Societas Europaea (SE)

289 Ende 2004 trat nach mehr als 40-jähriger Vorarbeit das Gesetz zur Einführung der Europäischen Gesellschaft, der **Societas Europaea (SE),** in Kraft. Art. 2 dieses Gesetzes regelt die Arbeitnehmerbeteiligung in der SE, die im Gesetz über die Beteiligung der Arbeitnehmer in einer Europäischen Gesellschaft (SE-Beteiligungsgesetz – SEBG) ausgestaltet wurde.

---

[126] *Henssler* in Ulmer/Habersack/Henssler MitbestG § 33 Rn. 13 mwN.
[127] *Gach* in MüKoAktG MitbestG § 33 Rn. 41 mwN.

Das **Verwaltungs- bzw. Leitungsorgan** der SE besteht bei einem Grundkapital von mehr als 3 Mio. Euro aus mindestens zwei Personen (§ 16 SEAG). Eine davon ist zuständig „für den Bereich Arbeit und Soziales" (§ 38 Abs. 2 SEBG). Das entspricht der Aufgabe des Arbeitsdirektors nach deutschem Mitbestimmungsrecht.[128]

Die **betriebliche Mitbestimmung** der Arbeitnehmer in der SE ist in einer von dem Leitungsorgan und einem besonderen Verhandlungsgremium (Arbeitnehmervertretung aller beteiligten Gesellschaften) ausgehandelten Vereinbarung festzulegen. Ihr Mindestinhalt und der Ablauf des Verhandlungsverfahrens werden im SEBG geregelt. In sechs, aber höchstens zwölf Monaten sollen die Verhandlungsparteien eine Vereinbarung erarbeiten, die Art und Weise der Mitbestimmung der Arbeitnehmer festschreibt (§ 20 SEBG). Enden die Verhandlungen ergebnislos oder werden sie abgebrochen, tritt anstelle der Verhandlungslösung die gesetzliche Vorgabe; danach wird die betriebliche Mitbestimmung von einem „SE-Betriebsrat kraft Gesetzes" wahrgenommen (§ 16 SEBG). Dessen Kompetenzen entsprechen dann denjenigen eines Europäischen Betriebsrats nach dem EBRG, wenn dessen Anwendungsbereich eröffnet ist.[129] Die Mitbestimmungsrechte des Betriebsrats nach dem BetrVG bleiben dabei selbstverständlich unberührt.

In gleicher Weise wird die unternehmerische Mitbestimmung durch eine **Vereinbarung** zwischen dem Leitungsorgan und dem besonderen Verhandlungsgremium oder – bei deren Scheitern – durch eine gesetzliche Auffangregelung festgelegt. Das gesetzliche **Auffangmodell** überträgt das bei den Gründungsgesellschaften vorherrschende höchste Mitbestimmungsniveau auf die SE – und „konserviert" es für die Zukunft (§ 35 SEBG). Sofern beispielsweise auf keine der Gründungsgesellschaften der SE das DrittelbG oder das MitbestG anwendbar ist, gilt es auch nicht für die SE, selbst wenn diese zu einem späteren Zeitpunkt die maßgeblichen Schwellenwerte (500 bzw. 2000 Mitarbeiter) überschreitet.

Inzwischen haben sich zahlreiche Muttergesellschaften internationaler Großkonzerne (zB Allianz SE, BASF SE, etc), aber auch viele mittelständische Unternehmen für die Rechtsform der SE entschieden. Dies liegt neben dem damit erstrebten **Imagegewinn** und einem **„Bekenntnis zu Europa"** zu einem erheblichen Teil an der Möglichkeit, die unternehmerische Mitbestimmung der Arbeitnehmer in den Leitungsorganen flexibler zu gestalten. Derzeit sind etwa 270 SE im deutschen Handelsregister eingetragen. Die Betriebsräte deutscher Mutter- und Tochtergesellschaften beanspruchen – neben ihren selbstverständlichen Rechten nach dem BetrVG – auch ihre Mitwirkung im Leitungsgremium. Auch die Gewerkschaften fordern dabei ihre Position ein, nachdem der SE von dieser Seite aufgrund des genannten **„Zementierungseffekts"** eine „aggressive Mitbestimmungsfeindlichkeit" und „Umgehungsoffenheit für die deutsche Mitbestimmung" nachgesagt wird. Dem Vormarsch der SE wird dies indes keinen Abbruch tun.

H. Gesamtregelungen im Unternehmen

Gesamtregelungen sind im Allgemeinen in **Betriebsvereinbarungen** mit dem örtlichen oder dem Gesamtbetriebsrat niedergelegt. Dies ist nicht nur wichtig wegen des Mitwirkungsrechts nach dem Betriebsverfassungsgesetz. Die Betriebsräte haben sich auch aktiv an der Durchsetzung dieser Ordnungen zu beteiligen. Die leitenden Angestellten sind gehalten, diese Ordnungen anzuerkennen, sie vorzuleben bzw. durchzusetzen.

I. Arbeitsordnung

Die Arbeitsordnung ist die umfassende **„Hausordnung" im Unternehmen.** Sie regelt Verhalten und Abläufe, sie begründet eine Vielzahl von Rechten und Pflichten, sowohl für

---

[128] Zweifelnd *Jacobs* in MüKoAktG SEBG § 38 Rn. 3 mwN.
[129] *Jacobs* in MüKoAktG SEBG § 16 Rn. 4; *Oetker* BB-Special 1/2005, 10.

Mitarbeiter, Arbeitsgruppen, Vorgesetzte, Betrieb und Unternehmen.[130] Ist sie entsprechend ausgearbeitet, legt sie das Grundmuster für die Art, wie der Betrieb laufen und geführt werden soll, fest. Damit ist nicht die Disziplinierung Einzelner gemeint, sondern die Vorgabe für das mitmenschliche und umsichtige Miteinander im Betrieb.

296 Ein Exemplar der Arbeitsordnung wird allen Mitarbeitern mit dem Arbeitsvertrag **übergeben** und zur **Lektüre** empfohlen. Führungskräfte sollten diese Aufforderung besonders beherzigen. Sie sollten sich nicht durch Mitarbeiter oder Betriebsräte in schwieriger Situation aufklären lassen müssen.

297 **Betriebsbußen** sind noch in alten Arbeitsordnungen geregelt. Im modernen Unternehmen sollte eine gute Führung diese einfache Disziplinierung durch zielgerichtete Maßnahmen ersetzen.

II. Arbeitszeit

298 Die vorgesehene Arbeitszeit abzuleisten ist die Hauptpflicht des Arbeitnehmers. Deshalb ist sie besonders sorgfältig zu regeln und einzusetzen. Der **Umfang** der Arbeitszeit ist meist in den Tarifen verabredet. Spezialgesetze bestimmen das tägliche Maximum (zehn Stunden), die Pausen, Nachtarbeit etc und regeln den Schutz besonderer Personengruppen (zB das ArbZG). Wie detailliert die einzelnen Regelungen auch ausgearbeitet sein mögen, sie sind der Gefahr eines Missbrauchs unterworfen. Auch Nachlässigkeit reicht aus, um bei den disponierenden Vorgesetzten und den mitarbeitenden Kollegen Unmut zu erzeugen. Das führt oft zu notwendigen, wenngleich ärgerlichen Auseinandersetzungen bis hin zu Disziplinarmaßnahmen bzw. Kündigungen.

299 Man sollte aber immer vor Augen haben, dass alle **Arbeitszeitregelungen** und deren Kontrolle nur einen Rahmen bestimmen können. Entscheidend ist die Art und Weise, wie diese Zeiten genutzt werden, um Ergebnisse zu erzielen. Dies wird wesentlich bestimmt vom Leistungswillen der Mitarbeiter und ihrer Motivation durch gute Führung.

300 Verlorene Arbeitszeit ist teuer; sie multipliziert sich oft mit der Zeit anderer. Dazu kommt der Verlust an Aufwand und Energie – materiell wie immateriell. Arbeitszeit zu optimieren – **Zeitmanagement** – gehört zu den wichtigsten Aufgaben aller im Unternehmen – in aufsteigender Reihe mit zunehmender Wertigkeit.

301 Mehrarbeit kann durch sinnvolle und **flexible Arbeitszeitregelungen** verringert werden. Viele Tarifverträge bieten inzwischen Öffnungsklauseln an, die zum Vorteil für Betrieb und Mitarbeiter in Lösungen umgesetzt werden können, die sich am Arbeitsanfall orientieren. Überall gibt es bereitwillige Mitarbeiter und gütige Vorgesetzte, die gern Überstunden machen bzw. gewähren. Sie sind dann eine Lohnergänzung zum Nachteil anderer, sie sind auch kein Ersatz für ein Hobby, oder gar Strafe für Fehlverhalten. Auch Freiwilligkeit ändert nichts an der notwendigen Zustimmung des Betriebsrats, der meist ein sehr scharfes Auge auf die Anordnung – auch notwendiger – Überstunden wirft.

302 **Nebentätigkeiten** sollten als meldepflichtig im Arbeitsvertrag verabredet werden.[131] Sie sind zulässig, soweit sie mit den Anforderungen des Arbeitsplatzes und den Gesetzen vereinbar sind (Arbeitszeitgesetz, tägliches Maximum etc). Genehmigungspflichtig sollten sie in besonders wichtigen oder kritischen Positionen sein (Wettbewerbsabgrenzung, etc).

303 Die **Lage der Arbeitszeit** und der **Pausen** ist in jedem Betrieb nach den Erfordernissen auszurichten. So kann es auch innerhalb eines Betriebsstandorts zu mehreren unterschiedlichen Vereinbarungen über Arbeitszeiten, aber auch der Einführung von Vertrauensarbeitszeit oder sonstigen flexiblen Arbeitszeitmodellen kommen. Vertrauen ist eine der besten Grundlagen für die Einhaltung und Erfüllung von Arbeitszeit, nach dem Motto: Vertrauen verpflichtet. Nach diesem Anspruch haben viele Betriebe eine sog. „Vertrauens-

---

[130] Dazu *Matthes* in MHdB ArbR § 243 Rn. 17 mwN.
[131] Eingehend, auch zur Frage, ob ein Zustimmungsvorbehalt vereinbart werden kann *Küttner/Röller/Seidel/Schlegel* in Küttner, Personalbuch, Nebentätigkeit Rn. 1 ff.

arbeitszeit"[132] eingerichtet. Das spornt an und erspart viel Ärger im Betrieb und gegenüber Kollegen.

Viele Arbeitsplätze im Außendienst, bei Kraftfahrern, auch bei Home-Officetätigkeiten werden eher durch das Ergebnis als durch die Uhr in ihrem **Zeitaufwand** gestaltet. Allerdings müssen auch diese Mitarbeiter darauf verpflichtet werden, zum eigenen Schutz die Pausenzeiten etc zu beachten. 304

So genannte **„Gleitzeitregelungen"** geben den Mitarbeitern ein großes Maß eigener Dispositionsfreiheit über Beginn und Ende ihrer täglichen Arbeitszeit. Allerdings wird auch in vielen Varianten festgelegt, wie der Betrieb außerhalb der verbindlichen Kernarbeitszeit abzulaufen hat. Ebenso vielfältig sind die Bestimmungen über Zeiterfassung, Zeitkonten, Übertragbarkeit etc. Die Attraktivität dieser Modelle leidet darunter, dass viele Verabredungen und Kompromisse nötig sind, um effektiv arbeiten zu können. 305

Das „Flexi-Gesetz" von 1998[133] ermöglichte weitere Formen der **Flexibilisierung.** Umfassend reformiert wurden die **Zeitwertkonten** durch das Gesetz zur Verbesserung der Rahmenbedingungen für die Absicherung flexibler Arbeitszeitregelungen („Flexi II"), das Anfang 2009 in Kraft getreten ist. So können jetzt über ein Langzeitkonto Verteilzeiträume bis hin zur Lebensarbeit eingerichtet werden. Das geht weit über die bislang meist kurzfristig gestalteten Zyklen der Zeitabnahmen hinaus. Auch die Regelungen, die sich auf saisonale oder ähnliche Bedürfnisse beziehen, und die sog. „kapazitätsorientierte Arbeitszeit" können so noch attraktiver gestaltet werden – für die Betriebe wie für die Mitarbeiter. So können über das sog. Langzeitkonto Bildungsmaßnahmen ermöglicht oder das vorzeitige Ende der Lebensarbeitszeit vorbereitet werden. Nach einer Studie der Gothaer Lebensversicherungen werden in 21,1% der Unternehmen mit mehr als 20 Beschäftigten Zeitwertkonten verwendet.[134] 306

Teilzeitarbeit ist in ihren vielfältigen Möglichkeiten noch lange nicht ausgeschöpft. Vorurteile und Bedenken haben bislang verhindert, diese Arbeitsform zum Vorteil für Arbeitgeber und -nehmer einzusetzen. Dabei wollen immer mehr Menschen, auch mit hoher Qualifikation, aus unterschiedlichen Gründen einen Teilzeitjob. Nicht alle beschränken dies auf den Vormittag. Manche betriebliche Aufgabe ließe sich auch in weniger Arbeitsstunden bewältigen, wenn man die Abläufe entsprechend organisieren würde. Vorgesetzte müssten solche Optimierungsmöglichkeiten erkennen (wollen). Präsenznotwendigkeit über den Normalarbeitstag hinaus, zB Telefondienste, können mit Teilzeitkräften bewältigt werden. Selbst die immer wieder zitierte Personalstatistik braucht nicht aufgebläht zu werden, wenn die Teilzeit entsprechend ausgewiesen wird. In der langfristigen Personalplanung wird die schrumpfende Zahl der Erwerbsbevölkerung dazu zwingen, die vielfältigen Teilzeitvarianten auszuschöpfen. Das kann man schon jetzt vorbereiten und einüben. 307

Das im Jahre 2000 erlassene **Teilzeit- und Befristungsgesetz** (TzBfG) soll die Einrichtung von Arbeitsplätzen in Teilzeit fördern. Darin wird einem Mitarbeiter unter anderem ein Anspruch auf „Verringerung seiner Arbeitszeit", dh Teilzeitarbeit, eingeräumt, auch den Arbeitnehmern in „leitenden Positionen" (§ 8 Abs. 1 TzBfG). Dieser Forderung kann aus betrieblichen Gründen widersprochen werden (§ 8 Abs. 4 TzBfG). Das mag den Anspruch ausräumen, aber nicht den zukünftigen Unwillen dieses Mitarbeiters. Ein aufmerksamer Vorgesetzter hätte dem vielleicht durch ein anderes Angebot in seinem oder einem anderen Bereich vorbeugen können. 308

Schichtarbeit wird in den Betrieben nach technischen Bedürfnissen eingerichtet. Viele tarifliche Regeln ergänzen die gesetzlichen Mindestanforderungen. Die technischen Anforderungen sind der Gesundheit und dem Wohl der Mitarbeiter anzupassen. Diese vielfältigen Bedingungen können in einem großen Bewegungsspielraum gestaltet werden. Sind die Schichtpläne aber festgelegt und vereinbart, so ergibt sich ein strenger Ablauf. Dieser wird 309

---

[132] Zu den rechtlichen Implikationen der Vertrauensarbeitszeit vgl. *Vogelsang* in Schaub § 160 Rn. 33.
[133] Überblick bei *Diller* NZA 1998, 792 ff.
[134] Dazu *Cisch/Ulbricht* BB 2009, 550 ff.

von den Mitarbeitern untereinander genauso streng verfolgt wie vom Schichtmeister. Das gilt vor allem für Beginn und Ende der Schicht und der dabei erforderlichen Pünktlichkeit für die Übergabe der Arbeit bzw. der Anlage.

310 **Befristete Arbeitsverträge** helfen, einen nicht vorhergesehenen oder vorübergehenden Arbeitsanfall zu bewältigen. Liegt ein stichhaltiger sachlicher Grund des Arbeitgebers für eine befristete Beschäftigung vor, so können solche Verträge auch verlängert bzw. wiederholt abgeschlossen werden (§ 14 Abs. 1 TzBfG). Grundlose Verlängerungen, sog. Kettenverträge, sind nicht statthaft, dh sie führen dann in ein unbefristetes Arbeitsverhältnis mit Bestandsschutz (§ 14 Abs. 2 TzBfG). Vielfach wird die Befristung auch eingesetzt, um eine längere, über die übliche Probezeit hinausgehende Beobachtungszeit bei einer Neueinstellung zu haben. Das kann sinnvoll sein. Es ist aber, gerade für einen qualifizierten Bewerber, nur eine zweitbeste Lösung – er wird sich entsprechend verhalten.

311 **Kurzarbeit** kann einen vorübergehenden Auftrags- bzw. Arbeitsmangel überbrücken und dient in Krisenzeiten als Rettungspuffer. Sämtliche Möglichkeiten, eine Kurzarbeit abzuwenden, sollten vorab erschöpft sein. Die Regelungen hierzu finden sich im Sozialgesetzbuch III (§§ 95 ff.) sowie in Tarifverträgen, aber auch in Betriebsvereinbarungen. Diese Maßnahme ist sehr sorgfältig vorzubereiten und zu begründen, nicht nur für die Verhandlungen mit dem Betriebsrat, sondern auch für die Anzeige bei der Agentur für Arbeit (§ 99 Abs. 1 SGB III). Diese Anzeige ist Voraussetzung dafür, dass die betroffenen Mitarbeiter Kurzarbeitsgeld beziehen können. Der Anspruch auf den betrieblichen (Voll-)Lohn ruht solange.

312 Sofern leitende Angestellte im Sinne des Betriebsverfassungsgesetzes betroffen sind, gelten die individuellen Verträge oder entsprechende Verabredungen.

III. Arbeit Dritter

313 Zusätzliche Arbeitszeit mit besonderen Leistungen kann von dritten Anbietern übernommen werden. Dies geschieht vor allem durch **Leiharbeit** oder **Werkverträge**. Sie werden hier erwähnt, weil aus diesen Vertragsverhältnissen direkte Anstellungsverhältnisse als Mitarbeiter des Auftraggebers entstehen können (§ 10 Abs. 1 AÜG). Um das zu vermeiden, sind die Verträge formgerecht und zweckorientiert zu gestalten. Noch wichtiger ist es, beim Arbeitseinsatz der Mitarbeiter von Fremdfirmen darauf zu achten, dass dieser Wechsel des Arbeitsverhältnisses nicht eintritt.[135] Der „Leiharbeiter" kann schadlos in der Betriebsorganisation eingegliedert werden, um die verabredeten Aufgaben zu erfüllen. Es ist ratsam, sich nur mit einem soliden und seriösen Anbieter von Leiharbeit zu verbinden. Bei dauerhafter Zusammenarbeit wird er sich auf die besonderen Anforderungen seines Partners einstellen. Heute wird nicht nur einfaches, sondern auch hochqualifiziertes Personal angeboten, so dass eine gute Kenntnis des Unternehmens den Service verbessert. Das Angebot einer kompletten Service- oder Arbeitsgruppe, mit eigener Organisation, ist meist auf eine definierte Aufgabenerledigung ausgerichtet und damit als Werkvertrag zu betrachten.

314 Der Mitarbeiter einer **Fremdfirma**, die ein „Werk" zu erstellen hat, darf nicht aus seiner allein weisungsberechtigten **Firmenorganisation** ausgeklammert werden. Er unterliegt natürlich den Hausregeln für Sicherheit und Ordnung des Auftraggebers.

315 **Berater** erbringen Dienstleistungen, die der Betrieb nicht selbst erbringen kann oder will. Eine zu intensive Verbindung bzw. Auslastung sollte vermieden werden. Sonst wird alsbald die sog. „Scheinselbstständigkeit" vermutet und damit ein direktes Arbeitsverhältnis begründet.[136] Gleiches gilt für ähnliche Dienstleistungen durch Referenten.

---

[135] Hierzu *Schüren* in MHdB ArbR § 318 Rn. 1 ff.
[136] Vgl. extra LAG Baden-Württemberg NZA 2013, 1017.

IV. Urlaub

316 Im Urlaub ist die Arbeitspflicht des Arbeitnehmers auf Zeit ausgesetzt. Er soll sich entspannen und erholen von vollbrachter Anstrengung und er soll sich **regenerieren** für künftige Anforderungen (§ 1 BUrlG). Insoweit ist Urlaub nicht frei von der Pflicht aus dem Arbeitsverhältnis. Die Vergütung läuft weiter, andere Erwerbsarbeit ist grundsätzlich nicht statthaft.

317 Der Anspruch auf einen – möglichst zusammenhängenden – Urlaub ergibt sich aus dem **Bundesurlaubsgesetz** als Mindestregelung, dazu kommen Zusatzregelungen aus anderen Gesetzen. Erheblich umfangreichere Ansprüche ergeben sich aus Tarif- und Individualverträgen.

318 Ein zusätzliches **Urlaubsgeld** kann sich ebenfalls aus Tarif- und Einzelverträgen ergeben.

319 Als Urlaubsjahr ist das **Kalenderjahr** bestimmt. Die Aufbrauchfrist bis zum 31.3. sollte ganz besonderen Fällen vorbehalten bleiben (§ 7 Abs. 3 BUrlG). Der so erweiterte Anspruch macht die Abnahme im Folgejahr noch schwieriger, zumal diese Schwierigkeiten meist in denselben Bereichen und bei denselben Mitarbeitern auftreten.

320 Der Ausweg in Form einer **Urlaubsabgeltung** ist weder sinnvoll noch zulässig – außer bei Ende des Arbeitsvertrags (vgl. § 7 Abs. 4 BUrlG).

321 Urlaub sollte von anderen Freizeiten aus Arbeitszeitregelungen systematisch getrennt gehalten werden, auch wenn sich daraus vorteilhafte Kumulationen ergeben. Nach verschiedenen betrieblichen und tariflichen **Regelungen** ist das zwar möglich, aber bei Streitigkeiten ist es wichtig zu wissen, welcher Anspruch wie begründet ist, um ihn sachgerecht zu behandeln.

V. Vergütung

1. Tarifliche/betriebliche Entgeltsysteme

322 Die Vergütung des Arbeitnehmers für die abgeleistete Arbeitszeit ist die **Hauptpflicht** des Arbeitgebers.

323 Bei **Insolvenz** des Arbeitgebers ist der Vergütungsanspruch besonders geschützt. Arbeitnehmer haben einen Anspruch auf Insolvenzgeld (§ 165 SGB III). Dadurch werden im Wesentlichen die Nettobezüge der letzten drei Monate vor dem Insolvenzereignis gesichert. Er richtet sich gegen die Bundesagentur für Arbeit. Durch eine Umlage werden die so entstandenen Ausgaben auf die anderen Arbeitgeber umgeschichtet (Umlage U3, vgl. §§ 358 ff. SGB III).

324 Arbeitslohn ist grundsätzlich **Zeitlohn.** Um ein Ergebnis zu erzielen, muss der Arbeitgeber entsprechende Weisungen und Instruktionen geben, der Arbeitnehmer soll seine Kenntnisse, Erfahrungen und seinen Arbeitseifer dafür einsetzen.

325 Wird der Lohn am zählbaren Ergebnis der Arbeit gemessen, so handelt es sich um einen **Stück- oder Akkordlohn.** Im produzierenden Bereich ist diese Lohnform eher rückläufig. Die manuelle Arbeit, der persönliche Einsatz bestimmen immer weniger den Arbeitsausstoß. Vielmehr wird der steuernde und kontrollierende Einsatz an hochtechnischen Maschinen bzw. in komplexen Abläufen gefordert.

326 Im Vertriebsbereich wird häufig mit zusätzlichen **Verkaufsprämien** ein besonderer Anreiz gesetzt. Gleiches gilt für eine Vielzahl sog. „Incentives", die in verschiedensten Formen die Vertriebsleistungen von Einzelnen oder Teams honorieren.

327 Der Anspruch auf „**Lohngerechtigkeit**" – gleicher Lohn für gleichwertige Arbeit – wird in den Unternehmen unterschiedlich, entweder im freien oder systematischen Verfahren umgesetzt. In allen Fällen ist das ein Feld, für das sich die Betriebsräte besonders intensiv interessieren (vgl. § 87 Abs. 1 Nr. 10 BetrVG). Dabei können sie ihre umfangreiche

Kenntnis des Betriebs und seiner Abläufe hilfreich einsetzen. Mitarbeiter haben ein feines Gespür für die Vergleichbarkeit ihrer Arbeitsaufgabe mit der anderer, besonders der des Nachbarn. Die Toleranzschwelle für eine unterschiedliche Entlohnung gegenüber diesem – vergleichbaren – Nachbarn liegt sehr niedrig. Akzeptiert wird ein Unterschied gegenüber Vorgesetzten, auch Mitarbeitern, die anerkannt fähig und erfahren sind.

328 Die allgemein vereinbarte **Verschwiegenheitspflicht** über das Einkommen – nicht die Tarifeinstufung – kann den kollegialen Austausch in dieser Frage kaum verhindern.[137] Dies gilt im Zweifel für alle Hierarchiestufen. Deshalb ist es wichtig, dass sich Vorgesetzter und Personalabteilung nicht nur an einer eigenen Vorstellung zur Entgeltfestlegung orientieren, sondern sorgfältig analysieren und vergleichen, nach innen und außen. Mitarbeiter tun das auch.

329 Mit **Stellenbeschreibungen** wird oft versucht, die Vergleichbarkeit der Stellen zu objektivieren. Je analytischer und präziser diese Systeme sein sollen, umso aufwändiger werden sie. Dabei ist es mit einer einmaligen Erfassung nicht getan. Im aktiven Unternehmen ändert sich immer wieder etwas. Das bedeutet, dass ein System nicht nur erstellt werden muss, sondern ständig zu pflegen ist. Diese Aufgabe erfordert ausgebildete Spezialisten im dauerhaften Einsatz.

330 Eine **Aufgabenbewertung** kann die so erfassten Stellen einem Entgelt zuordnen. Von vielen anerkannten Institutionen werden solche Systeme angeboten, mit entsprechender Mithilfe oder Schulung für den Einsatz im Betrieb oder im ganzen Unternehmen. Auch hier gilt, je höher die Erwartung bzw. Forderung an das System ist, umso höher ist der Aufwand. Der Erfolg solcher Systeme hängt davon ab, wie gut sie eingeführt und gepflegt werden. Ein wichtiges Korrektiv liegt in der Erfahrung des Betreuers. Auch diese Systeme sind Fehlern und dem Missbrauch ausgesetzt. Der Vorwurf ist nicht selten, dass mit den vielen „objektiven" Komponenten eines Systems ein „subjektives" Ergebnis manipuliert wird.

331 Die allgemeine Veränderung des Entgelts durch **Tarifvertrag** gilt für die Tarifpartner unmittelbar. Die nicht organisierten Mitarbeiter sind im Allgemeinen in ihrem Anstellungsvertrag gleichgestellt.

2. Zusatzvergütungen

332 Mit – freiwilligen – persönlichen **Zulagen** über das Tarifentgelt hinaus können die besonderen Leistungen oder andere persönliche Merkmale honoriert werden. Die dafür eingesetzten Merkmale sollten erkennbar und begründbar sein.

333 Bei einer allgemeinen Tariferhöhung können diese individuellen Zulagen nur **verrechnet** werden, wenn das vereinbart ist.[138] Die generelle Verrechnung der Zulagen aller Mitarbeiter wird auf heftigen Widerstand des Betriebsrats stoßen.[139] Auch der Einzelne wird diese Maßnahme nicht verstehen und sich zurückgesetzt fühlen. Je höher seine Zulage war, umso höher wird sein Frust sein. Diese Sparmaßnahme kann zum „Bumerang" werden, was Leistung und Bereitschaft des bisher höher geschätzten Teils der Mitarbeiter betrifft.

334 **Zulagen** zum Entgelt sind in den Tarifverträgen für besondere Arbeitsumstände umfangreich geregelt (Nacht-, Mehrarbeit-, Sonn- und Feiertagszulagen etc).

335 **Sonderzulagen** für betriebsspezifische Einsätze bei besonderer Gefahr, Schmutz, Lärm etc werden im Allgemeinen nach den örtlichen Besonderheiten in Betriebsvereinbarungen festgelegt.

336 Mit **Einmal- oder Sonderprämien** werden besondere Arbeitseinsätze, Verkaufserfolge und Ähnliches honoriert. Das sollte möglichst schnell erfolgen, nicht nur mit Geld, sondern mit entsprechendem öffentlichem Lob. Das motiviert nicht nur den Prämierten, sondern auch sein Umfeld.

---

[137] Zur rechtlichen Dimension *Küttner/Röller/Kania/Seidel/Schlegel* in Küttner, Personalbuch, Verschwiegenheitspflicht Rn. 8.
[138] Ständige Rechtsprechung, vgl. etwa BAG NZA 2009, 49 mwN.
[139] Zu den Mitbestimmungsrechten des Betriebsrats *Richardi* NZA 1992, 961 ff.

H. Gesamtregelungen im Unternehmen

Jahresleistungen oder -prämien sind schon häufig in den Tarifen geregelt. Dabei sind auch Schwankungen nach der Ertragslage möglich. Will das Unternehmen, bei besonderem Erfolg, darüber hinaus ausschütten, so kann diese Tarifleistung nach dem Günstigkeitsprinzip auch erhöht werden. 337

Wird eine nicht tariflich oder vertraglich begründete Jahresprämie freiwillig und wiederholt vorgenommen, so kann sich ein **Anspruch** aus dieser Regelmäßigkeit entwickeln (sog. betriebliche Übung). Dem kann mit einem deutlich und wiederholt ausgesprochenen Freiwilligkeitsvorbehalt vorgebeugt werden.[140] So bleibt die Entscheidungsfreiheit erhalten. 338

Dazu gehören auch **vermögenswirksame Leistungen**, die häufig mit der sozialpolitisch erwünschten Eigentumsförderung durch Belegschaftsaktien kombiniert werden (→ § 3 Rn. 71, 79). 339

Erfolgsbeteiligungen und **Jahresboni** finden sich überwiegend im außertariflichen Bereich. Sie vervollständigen bzw. ergänzen die Monatsgehälter zum verabredeten oder erhofften Jahreseinkommen. In aufsteigender Hierarchie mit entsprechend höherem Einkommen wächst der variable Anteil in der Regel ganz erheblich. 340

Die für solche Vergütungssysteme einzusetzenden **Kennzahlen** und ihre Wertigkeit können einer Vielzahl von Mustern entnommen werden. Besser ist es, wenn sie im Unternehmen selbst – mit den Betroffenen, dh den Begünstigten – erarbeitet werden. So können die Spezifika des Unternehmens wirklich in die Systeme eingebaut und beachtet werden. Dem Vorwurf, Kennzahlen seien verflacht, nicht nahe genug am Betriebsgeschehen etc kann so begegnet werden. Viele Systeme weichen deshalb auch vom sog. „Gesamterfolg" als Bemessungsgrundlage ab, er wird zum Teilfaktor. Daneben treten die Sparten- und Gruppenleistungen und Ähnliches sowie die persönliche Leistung. Diese Dreiteilung kann im Unternehmen in ihrer Wertigkeit festgelegt werden. Der so notwendige höhere Betreuungs-, dh Führungsaufwand wird kompensiert durch höhere Akzeptanz. Auch für den Fall, dass schlechte Ergebnisse zu negativen Prämien führen, müssen die Systeme entsprechende Vorgaben enthalten. 341

Soll für den außertariflichen Bereich eine systematische, tarifähnliche Eingruppierung weiter verfolgt werden, so wird der **Betriebsrat** nach § 87 Nr. 10 BetrVG sowohl für die Rahmen- wie die Individualregelungen seine Mitwirkung fordern. 342

3. Reisekostenordnung

Gehört die Reisekostenordnung zu den Aufgaben des Personal- und Sozialwesens? Eine Ordnung dafür sollte es erstellen. Sie ist wichtig für die vom Mitarbeiter für das Unternehmen gemachten Ausgaben. Sie ist keine Vergütungsregel. 343

Bei einer im Wesentlichen ortsgebundenen Aktivität eines Unternehmens oder Betriebs ist die Abwicklung als Zahlungsvorgang – auch außerhalb des Personal- und Sozialwesens – zu erledigen. 344

Bei einem Unternehmen mit erheblicher **Reisetätigkeit** oder in einer Außendienstorganisation ist die Reisekostenordnung von ganz anderer Bedeutung. Ggf. ist sie für diese Gruppe mit besonderen Regelungen zu verfeinern. Sie wird in einer solchen Organisation zum direkten Führungsinstrument. 345

In Verbindung mit der Touren- und Besuchsplanung hat die Reisekostenordnung hier eine wichtige Funktion: Sie gestaltet wesentlich die Arbeitsbedingungen dieser Arbeitsplätze „unterwegs". Eine Gefahr für die „Ordnungsmäßigkeit" der **Abrechnung** liegt darin, dass Reisende, mit stiller Duldung des Vorgesetzten, hier eine Möglichkeit sehen, über den Kostenersatz hinaus in eine Art Zusatzvergütung überzuwechseln. Dabei ist der Versuchung vorzubeugen, dass ein Vorgesetzter durch eine gewisse Großzügigkeit für nur von ihm geschätztes Verhalten eine Art zusätzlichen Bonus gewährt. Dem ist durch klare Regelungen und durch disziplinarische Strenge gegenüber Mitarbeiter und Vorgesetztem vorzu- 346

---

[140] Überblick dazu bei *Preis/Sagan* NZA 2012, 697 ff.

beugen. Anderenfalls lösen sich die durch die Reisekostenordnung gemachten Vorgaben in Willkür und beachtliche Zusatzkosten auf. Außerdem erspart das ärgerliche Situationen beim nächsten Außendienst-Treffen und bei der Lohnsteuerprüfung.

347   Das **Gesamtreisebudget** nimmt oft einen beachtlichen Umfang ein. Somit verdient es besondere Beachtung. Vielleicht könnte man durch eine bessere Vorbereitung der Reisen sparen. Die technische Reisevorbereitung läge vielleicht besser in der Hand eines ständig beauftragten Reisebüros, unter Umständen mit Außenstelle im Haus? Auch die Frage nach den Bonusmeilen ist zu beantworten. Stehen sie wirklich für weitere Reisen den gestressten Reisenden oder dem Unternehmen zu?[141]

348   Schließlich ist ganz einfach zu fragen: Muss diese Reise sein? Viele Vorgänge sind ohne persönliche Kontakte nicht zu erledigen. Auch ein regelmäßiger Telefonkontakt muss durch ein persönliches Treffen mitunter aufgefrischt werden. Mit den heutigen Möglichkeiten kann man aber gut und schnell auch auf andere Weise kommunizieren. Viele zeitraubende Reisen sind so zu ersetzen. Das vermindert den immer beklagten Stress und schafft Zeit für ruhige Arbeit am Arbeitsplatz. Deswegen müssen die Vorgesetzten die Reiseanträge kritisch prüfen – zuerst ihre eigenen.

4. Dienstwagen

349   In vielen Unternehmen gehört immer noch der Dienstwagen zur begehrten Vertragsausstattung bzw. zum Arbeitsmittel. Die Dienstwagenregelung sollte **möglichst exakt** die Wagenmarken, Größenklassen und den Einsatz in einem schriftlichen Überlassungsvertrag regeln. Die Wagenmarke ist oft durch ein Kunden/Lieferanten-Verhältnis vorgegeben bzw. zwingend. Schließlich sind Vorgaben für Wartung und Pflege des Dienstwagens zu machen.

350   **Größenklassen bzw. Preisgrenzen** sind je nach Verwendungsnotwendigkeit (zB beim Außendienst oder technischen Vorführdienst) festzulegen. Bei den nur vertraglich zugesagten Dienstwagen, die nicht zur Verrichtung der Tätigkeit an sich dienen, ist es ebenfalls sinnvoll, klare Stufen bzw. Eingrenzungen vorzugeben, auch wenn Preisober- bzw. -richtgrenzen festliegen. Auch diese Wagen sind zunächst einmal eine betrieblich notwendige **Transportmöglichkeit** – nicht nur für den Begünstigten, sondern für dessen Kunden, Geschäftsfreunde etc. Den tiefer gelegten Sportwagen – auch bei Übernahme des Aufpreises durch den Mitarbeiter – sollte man ausschließen.

351   Auf einer **Dienstfahrt** empfiehlt es sich, dass der Berechtigte oder ein anderer Firmenangehöriger den Wagen lenkt (Haftungsfragen, etc). Eine klare Eingrenzung ist auch für die sonst zugelassenen Lenker zu finden, zB Familienangehörige, Geschäftsfreunde. Dazu gehört auch, ob derart Berechtigte allein oder nur im Beisein des Berechtigten fahren dürfen (mit Notfallregelungen).

352   Die **private Nutzung** ist konkret schriftlich zu vereinbaren. Wer trägt die dabei anfallenden Kosten, für welche Reparaturen, wann kann die Privatnutzung wieder entzogen werden, etc? Dafür gibt es vielerlei Regelungen: Kilometergrenzen, Zuzahlungen für laufende oder verschuldete Reparaturen, Widerrufsvorbehalte, usw. Daneben ist zu beachten, dass der Arbeitnehmer die Privatnutzung des Dienstwagens im Rahmen der Lohnsteuer als geldwerten Vorteil versteuern muss.

I. Soziale Vorsorge

1. Lebensrisiken

353   Über seine Lebensrisiken ist sich nicht jeder bewusst, auch nicht darüber, wie sie zu definieren und abzusichern sind. Jüngere Mitarbeiter schieben diese Überlegungen gern vor

---

[141] Nach dem Bundesarbeitsgericht stehen sie grundsätzlich dem Arbeitgeber zu, vgl. BAG NZA 2006, 1089 f.

I. Soziale Vorsorge

sich her. Die Risiken häufen sich zwar im Alter, sie können aber schon früher, ganz überraschend auftreten. Wer sein Leben, seine Karriere plant, muss auch deren Risiken abdecken. Versäumnisse sind nur schwer und meist sehr teuer zu kompensieren.

Unser System der **sozialen Sicherung,** lange geschätzt, erweist sich als nicht mehr ausreichend. Die Auseinandersetzungen über die notwendigen sozialpolitischen Änderungen werden sich hinziehen und die Menschen weiter verunsichern. 354

Dabei kann die Personalabteilung bei ihrer **Aufklärungskampagne** auf eines beruhigend hinweisen: Auf die Absicherung der Risiken aus dem Arbeitsleben. Die Berufsgenossenschaften, getragen von den Arbeitgebern, sichern einen großen Teil unseres aktiven Lebens ab. Dabei geht es nicht nur um finanzielle Entschädigungen für Betriebsunfälle. Es geht vor allem um Vor- und Nachsorge, um Krankheits-, Rehabilitations- und Pflegekosten bzw. entsprechende Maßnahmen. Diese umfassende Absicherung ist nicht hinreichend bekannt, sie wird deshalb in ihrem Wert nicht genügend geschätzt. 355

Das **Krankheitsrisiko** ist heute weder für Pflicht- noch für freiwillige Mitglieder der gesetzlichen Krankenkassen zureichend abgedeckt. Auch die Privatversicherten werden prüfen müssen, wie weit ihr Schutz reicht. Fast alle brauchen eine ergänzende Zusatzversicherung, auch wenn der Arbeitgeber eine über das gesetzliche oder tarifliche Minimum (Lohnfortzahlung) hinausgehende Zusage gegeben hat. Die im Notfall anfallenden Zusatzkosten sind damit nicht aufzufangen. 356

Ein Arbeitnehmer, vor allem wenn er Familie hat, wird sich überlegen, wie er den Risiken für sein Arbeitseinkommen begegnet. Gegen eine mögliche **Berufsunfähigkeit** muss er sich heute selbst schützen bzw. versichern. 357

Auch die Sicherung bei Erwerbsunfähigkeit ist jetzt auf eine **Erwerbsminderungsrente** zurück genommen. So soll die große Last verringert werden, die früher von der großen Zahl vorzeitiger Invalidenrentner verursacht wurde. Sie wird nur als Zeitrente gewährt und wird auch von der jeweiligen Arbeitsmarktsituation abhängig gemacht (Arbeitsmarktrente). 358

Das **private Unfallrisiko** darf nicht übersehen werden. Eine Reihe von Unternehmen bietet als besondere Nebenleistung diese ergänzenden Versicherungen an, zumindest dem Führungskreis. 359

Eine **Lebensversicherung** – je nach Vertragsgestaltung – kann zunächst den Hinterbliebenen weiter helfen und später ein zusätzliches Einkommen im Alter ergeben. 360

Die Personalabteilung kann den Mitarbeiter insoweit unterstützen, als sie **Gruppenversicherungsverträge** abschließt, die dem Einzelnen zu günstigen Konditionen für seinen Versicherungsvertrag verhelfen. 361

II. Altersvorsorge

Bei diesen Überlegungen überschätzen viele ihre gesicherte Vermögenssituation. Die Allermeisten haben bislang geglaubt, dass die Sozialversicherung ihre Altersversorgung im Wesentlichen trägt. Die Bedingungen der Sozialversicherung haben sich erheblich verschlechtert wegen der demographischen, wirtschaftlichen und sozialpolitischen Entwicklungen. Die angefangenen Reformen sind noch lange nicht abgeschlossen. Ganz sicher ist es schon heute, dass das Rentenniveau fühlbar absinkt, bei kaum rückläufigen Beiträgen. Es wird weder für die Pflichtversicherten noch für die Einkommen oberhalb der Pflichtversicherungsgrenzen ausreichen. Die sog. **Versorgungslücke** wird damit bei allen entstehen bzw. sich vergrößern. So bleibt es keinem erspart, vorzusorgen, wenn er seinen Lebensstandard auch im Alter in etwa halten will. 362

Neben einer Rente aus der Sozialversicherung erhält derzeit ungefähr die Hälfte der in der Wirtschaft Beschäftigten eine ergänzende betriebliche Altersversorgung. Um den Lebensstandard im Alter abzusichern, bedarf es darüber hinaus der privaten Eigenvorsorge durch Lebensversicherungen, Eigentumsbildung und anderes. Man spricht von einer **„Drei Säulen-Theorie"** der umfassenden Altersvorsorge. 363

364 Die **Eigenvorsorge** wird immer notwendiger. Die Mitarbeiter werden verstärkt nach der Zukunft und Sicherheit ihrer Betriebsrente fragen. Zukünftige Mitarbeiter werden – in einem voraussichtlich engeren Arbeitsmarkt – darauf drängen, eine zusätzliche Absicherung vom Unternehmen zu erhalten.

III. Betriebliche Altersversorgung

365 Die Personalabteilung hat eine unternehmerische **Grundsatzentscheidung** vorzubereiten: Soll ein vorhandenes **Altersvorsorgesystem** erhalten oder zukunftsorientiert umgestaltet, vielleicht ausgebaut werden? Soll ein neues System der Vorsorge eingerichtet werden? Welcher Mitarbeiterkreis soll diese Zusatzleistungen erwarten können, in welchem Umfang? Welche Risiken werden abgedeckt? Welche Form ist zu wählen? Noch eingehender wird zu klären sein: Kann das Unternehmen diese zunehmende Last tragen, heute und für lange Zeit? Kaum eine Unternehmensentscheidung wirkt sich so langfristig aus – bis zum Tod des Letztberechtigten. Das Unternehmen haftet für seine Zusage, auch wenn diese über Dritte durchgeführt wird.

366 Nur aus heutiger Sicht sind die Fragen zu beantworten nach der demographischen, der sozialen, der arbeits-, sozial- und steuerrechtlichen Entwicklung, der wirtschaftlichen Entwicklung insgesamt und vor allem der des Unternehmens. Die Antworten auf die Fragen sind nur mit intensiver professioneller Hilfe zu finden – am besten mit einem Gegengutachten. Allerletzte Sicherheit kann es kaum geben. Ein geheimer Vorbehalt, dass auch **Altersversorgungssysteme** geändert werden können, hilft nicht weiter. Anstehende Änderungen sind arbeits- und betriebsverfassungsrechtlich und besonders personalpolitisch schwierig. Dennoch sollte ein betriebliches Versorgungssystem in seinen wesentlichen Bedingungen regelmäßig überprüft werden. Eine solche Revision hätte manchem Unternehmen und vielen Anwärtern bzw. Rentnern bittere Enttäuschungen ersparen können.

1. Betriebsrentengesetz (BetrAVG)

367 Das Betriebsrentengesetz fasst die wesentlichen arbeitsrechtlichen Bestimmungen für die betriebliche Altersversorgung zusammen. Es gibt **fünf Grundformen,** die einzeln, meist aber kombiniert, von den Unternehmen eingesetzt werden. Grundlage ist die **Zusage des Arbeitgebers** auf eine betriebliche Altersversorgung, als Einzel- oder Kollektivzusage.
– Direktzusage/Unmittelbare Versorgungszusage (§ 1 Abs. 1 Satz 2 Alt. 1 BetrAVG): Die Direktzusage wird häufig gewählt. Für diese Zusage kommt der Arbeitgeber, das Unternehmen direkt und allein auf.
– Bei der Direktversicherung schließt das Unternehmen eine Lebensversicherung zugunsten der Berechtigten ab (§ 1 Abs. 2 Nr. 4 Var. 3 BetrAVG). So wird die Anwartschaft durch eine oder mehrere Versicherungsgesellschaften zusätzlich abgedeckt.
– Pensionskassen führen die Altersversorgung für ein oder mehrere Unternehmen durch (§ 1 Abs. 2 Nr. 4 Var. 2 BetrAVG). Sie sind selbstständige, rechtsfähige Einrichtungen und gewähren den Mitgliedern direkte Ansprüche. Leistungen und Beiträge, auch der Mitglieder, sind durch Satzung festgelegt. Die BaFin beaufsichtigt die Pensionskassen – wie Versicherungen.
– Unterstützungskassen sind ebenfalls rechtlich selbstständige Einrichtungen § 1b Abs. 4 Satz 1 BetrAVG). Sie werden durch Zuwendungen des Unternehmens gespeist, um ihre Aufgaben satzungsgemäß erfüllen zu können. Neben Vorsorgeleistungen übernehmen sie häufig auch Zuwendungen für Mitarbeiter aus besonderen Anlässen (sog. Freud- und Leid-Anlässe).
– Pensionsfonds können von einem oder mehreren Unternehmen gegründet werden, oft auch durch bzw. zusammen mit Banken oder Versicherungen (§ 1 Abs. 2 Nr. 4 Var. 1 BetrAVG). Sie sind rechtlich selbstständig und führen Versorgungsleistungen nach Pensionsplänen aus. Sie bieten Vorteile für das Unternehmen – auch im Verbund mit ande-

ren – und für die Mitarbeiter. Die Möglichkeit, potente und in der Verwaltung effiziente Träger zu beauftragen, die liberalen Anlagemöglichkeiten, die besonderen Förderungsmöglichkeiten, die bessere Portabilität der Ansprüche machen die Fonds zu einer geschätzten Versorgungseinrichtung.

Eine Versorgungsverpflichtung aus **„betrieblicher Übung"** wird wohl nur in ganz seltenen Fällen entstehen.[142] Die Bedeutung einer derartigen Verpflichtung verlangt eine schriftliche Zusage bzw. Vereinbarung.

Sterbegelder werden mitunter von Unterstützungskassen, auch Unternehmen, gezahlt. Sie richten sich nach Satzung bzw. Übung, ohne dass ihnen die Qualität einer Versorgungsleistung im Sinne einer betrieblichen Altersversorgung zukommt. Sie sind dazu bestimmt, einmalige durch den Todesfall verursachte Kosten (mit) zu decken.

Alle Versorgungsformen decken überwiegend die **Risiken** Invalidität, Alter und Tod (mit Hinterbliebenenversorgung) ab.

Da überwiegend Gruppen von Mitarbeitern versorgt werden, ist die **Gleichbehandlung** sicherzustellen. Bei den Übersehenen könnten sich sonst „schwarze Besitzstände" entwickeln, die eingeklagt werden können und zu unvorhergesehenen Mehrbelastungen führen.[143]

Es gibt eine **Vielzahl** von Versorgungsmodellen mit unterschiedlichen Zusagenarten, unter anderem dynamische und halbdynamische. Festbetragszusagen oder leistungsbezogene Zusagen, die sich am (End-)Gehalt orientieren, kommen sehr häufig vor. Dienstjahre steigern den Umfang des Anspruchs. Neuerdings wird zunehmend eine beitragsorientierte Zusage gemacht, mitunter eine Mindestzusage. Sie ist für das Unternehmen wie auch den Anwärter im regelmäßigen Aufbau leichter zu behandeln bzw. zu überschauen.

Soll die Altersversorgung für den Mitarbeiter beitragsfrei oder beitragspflichtig angeboten werden? Selbst ein geringer Beitrag erinnert regelmäßig daran, dass eine – betriebliche – Versorgung besteht, die durch den eigenen Beitrag aufgebessert wird: eine Aufforderung zur weiteren eigenen Vorsorge, die immer dringlicher wird.

Eine **Beteiligungspflicht** aller Mitarbeiter bzw. der angesprochenen Gruppe erscheint sinnvoll, nicht nur im Hinblick auf die Gleichbehandlung. Auch für die Versorgungswerke ist eine verpflichtende Teilnahme günstiger.

In einigen Unternehmen wird eine besondere Form individueller Vorsorge als „aufgeschobene Vergütung" angeboten. Der Mitarbeiter kann einen Teil seiner Bezüge im Unternehmen stehen lassen, gegen angemessene Verzinsung und ausreichende Absicherung.

2. Mitbestimmung

Die grundsätzlichen Entscheidungen des Arbeitgebers bei der betrieblichen Altersversorgung sind **mitbestimmungsfrei**.[144] Der alleinigen Entscheidung des Arbeitgebers unterliegt es vor allem, ob er eine Versorgung einrichten will oder nicht. Der Betriebsrat kann das anregen, er hat kein Initiativrecht. Der Arbeitgeber kann weiter entscheiden, wie weit er sich finanziell verpflichten will **(Dotierungsrahmen)**, für welche Mitarbeitergruppen und in welcher Form.[145]

Die **Mitbestimmung** des Betriebsrats setzt ein, wenn die Entscheidungen umgesetzt oder geändert und eingerichtete Systeme verwaltet werden.[146] Die Versorgung kann auch in einer – freiwilligen – Betriebsvereinbarung geregelt werden. Im Hinblick auf den Entgeltcharakter der Versorgungsleistungen, vor allem wenn sie auf sog. Entgeltumwandlung beruhen, kommt auch ein Mitbestimmungsrecht in Betracht.

Individuelle Änderungen können erfolgen durch:

---

[142] Vgl. dazu *Reinecke* BB 2004, 1625 ff.
[143] Dazu nur BAG NZA 1995, 733; NZA 2001, 47; *Berenz* BB 1996, 530 ff.
[144] Vgl. nur *Richardi* in Richardi § 87 Rn. 843.
[145] Dazu *Richardi* in Richardi § 87 Rn. 847 ff.
[146] Siehe *Richardi* in Richardi § 87 Rn. 851.

- Widerruf gegenüber Anwärter und Rentner bei groben Verfehlungen;[147]
- Vereinbarung;
- Kündigung – als Änderungskündigung – wenn sich die Grundlagen der Versorgungsverhältnisse schwerwiegend verändert haben. Die Änderung wirkt sich in der Zukunft, nicht in der Vergangenheit, aus.

379 **Kollektivrechtliche Änderungen:**
- tarifvertragliche Versorgungswerke können nur mit dem Tarifpartner geändert werden;
- betriebliche Versorgungswerke können über die zugrunde liegende Betriebsvereinbarung verändert werden. Eine Kündigung muss nicht begründet werden (§ 77 Abs. 5 BetrVG), aber ein Arbeitgeber ist gut beraten, wenn er nicht nur dem Betriebsrat, sondern vor allem den Betroffenen die Gründe angibt, die ihn zu diesem Schritt zwingen.
- Anstatt einer radikalen Kündigung kann die Ablösung eines Versorgungswerkes durch ein anderes die zu erwartende Enttäuschung der Anwärter, mit entsprechenden Auswirkungen, verhindern oder mildern. Das ist möglich, wenn, bei kollektiver Betrachtung, das neue Angebot nicht ungünstiger ist, dh der Dotierungsrahmen der Versorgung mindestens gleich bleibt.[148] Dieser Weg ist noch einfacher, wenn die alte Betriebsvereinbarung schon Veränderungen vorgesehen hat (sog. Betriebsvereinbarungsoffenheit).[149]

380 Nachteilige Veränderungen können durch ein Gericht überprüft werden. Das Bestandsschutzinteresse der Berechtigten steht dann den Änderungsgründen des Arbeitgebers gegenüber. Je nach Wertung des Gerichts kann es die Änderungen ganz oder teilweise für unwirksam erklären.

3. Insolvenzsicherung

381 Anwartschafts- und Rentenansprüche schützt die Insolvenzsicherung bei Zahlungsunfähigkeit des Arbeitgebers (§ 7 BetrAVG). Er hat alle Versorgungszusagen beim **Pensionssicherungsverein (PSV)** anzumelden und gegen Beitrag abzusichern. Das gibt den Ansprüchen der Berechtigten eine Sonderstellung bei Insolvenz; allerdings sind die Leistungen des dann eintretenden PSV begrenzt. Ansprüche aus einer Direktversicherung und gegen eine Pensionskasse sind gesichert und deshalb nicht meldepflichtig.

4. Mobilitätserleichterung

382 Ein Arbeitnehmer hat nach einem mindestens fünfjährigen Bestand einer Zusage einen **unverfallbaren Anspruch** auf Leistungen aus der betrieblichen Altersversorgung. Die Anspruchshöhe wird ratierlich festgelegt, im sog. pro rata-temporis-Verfahren. Der im Gesetz vorgesehene Mindestanspruch kann auch durch Betriebsvereinbarung oder individuelle Abrede geregelt werden; er kann auch vom neuen Arbeitgeber übernommen werden. Der Anspruch bleibt auch beim Wechsel innerhalb der Europäischen Union erhalten. Ansprüche gegenüber einem Mobilitätsfonds, soweit vom Mitarbeiter selbst finanziert, sind sofort portabel. Die „goldene Fessel", die eine Versorgungszusage einst dargestellt hat, ist damit weitgehend gelöst.[150]

5. Bestandsschutz

383 Das Verbot der Auszehrung schützt die Versorgungsbezüge in ihrem festgelegten Wert. Das ist vor allem beim sog. **Gesamtversorgungssystem** wichtig, die andere Versorgungsleistungen – im vorgesehenen Rahmen – mit einbeziehen.

---

[147] So zB bei OLG Karlsruhe NJW-RR 2004, 727.
[148] Grundlegend BAG NZA 1987, 168 m. Anm. *Richardi* NZA 1987, 185 ff.
[149] Zur Wiederbelebung dieser Rechtsfigur vgl. BAG NZA 2013, 916; dazu *Hromadka* NZA 2013, 1061 ff.
[150] Zur Historie *Rolfs* in Blomeyer/Rolfs/Otto, Gesetz zur Verbesserung der betrieblichen Altersversorgung, 5. Aufl. 2010, Einleitung Rn. 151 ff.

I. Soziale Vorsorge

Besonders wichtig für den Werterhalt einer laufenden Rente ist die **„Anpassungs- überprüfungspflicht"** nach § 16 BetrAVG. Sie ist alle drei Jahre durchzuführen. Die „Belange des Versorgungsempfängers" sind gegenüber der wirtschaftlichen Situation des Unternehmens nach „billigem Ermessen" abzuwägen. Fällt diese Überprüfung zu Gunsten einer Anhebung aus, so freut sich der Rentner, das Unternehmen wird zusätzlich belastet, es kann insoweit keine Vorfinanzierung planen. Zur Überprüfung verpflichtet sind grundsätzlich der Arbeitgeber und sein Rechtsnachfolger. Selbstständige Versorgungseinrichtungen sind nur nach ihrer Satzung verpflichtet, auch der Pensionssicherungsverein. Der Betriebsrat kann nicht mitbestimmen, weil die Rentner keine Arbeitnehmer sind.

6. Entgeltumwandlung

Der „Anspruch auf Entgeltumwandlung" ermöglicht es dem Beschäftigten, in eigener Initiative eine **„betriebliche Altersversorgung"** aufzubauen (§ 1a BetrAVG). Dieser Anspruch kann im Unternehmen über eigene oder externe Versorgungsträger umgesetzt werden. Pflichtversicherte können einen begrenzten Teil ihres Einkommens umwandeln und so ihre sinkende Rentenerwartung kompensieren. Ein besonderer Anreiz liegt in der (partiellen) Steuer- und Sozialabgabenbefreiung bzw. -vergünstigung.[151]

Um die Ansprüche aus der Umwandlung besonders abzusichern, können nur **kapitalgedeckte Durchführungsformen** gewählt werden (dh nicht Direktzusagen und Unterstützungskassen).

Weitere Vorteile hat die Entgeltumwandlung für den Mitarbeiter durch die **sofortige Unverfallbarkeit** seiner – aus Eigenmitteln – erworbenen Anwartschaft, den sofortigen Insolvenzschutz und die leichtere Übertragbarkeit. Der Arbeitgeber hat betriebswirtschaftliche Vorteile durch günstigere Rückstellungspflichten. Die Entgeltumwandlung ist inzwischen weit verbreitet, besonders in Verbindung mit den industrie- bzw. unternehmensbezogenen Fonds.

7. Vorgezogenes Ausscheiden

Viele Unternehmen haben – unterschiedlich im Einzelnen – Modelle entwickelt, die ein vorzeitiges Ausscheiden für **ältere Arbeitnehmer** attraktiver machen. Eine umfassende gesetzliche Regelung gibt es nicht.

Das vorgezogene Ausscheiden erfolgt durch einen **Aufhebungsvertrag.** Da meist eine größere Zahl von Mitarbeitern für eine solche Maßnahme in Frage kommt, ist es ratsam, vorab eine entsprechende Betriebsvereinbarung abzuschließen, ggf. an Stelle eines Sozialplans. Damit sind nicht nur die Mitwirkungsrechte des Betriebsrats gewahrt, er ist auch zur Mitwirkung an den oft mühsamen Gesprächen aufgefordert, die nötig sind, um das Vorhaben erfolgreich und ohne großen Streit durchzuführen. Geht es um noch größere Mitarbeiterzahlen, so ist der Betriebsrat ohnehin bei der Anzeige (Massenentlassung) an das Arbeitsamt einzubeziehen (§ 17 KSchG).

Viele Modelle beziehen sich auf das **63. Lebensjahr,** den Zeitpunkt einer vorzeitigen Altersrente. Auch Mindestzugehörigkeitszeiten zum Betrieb werden festgelegt. Dann sind die (Ergänzungs-)Leistungen des Arbeitgebers festzulegen, die den Betroffenen dazu bewegen, das Angebot anzunehmen. So soll die Zeit bis zur Normalrente überbrückt werden. Für nachwachsende Jahrgänge wird diese Alternative des vorzeitigen Ausscheidens weniger attraktiv, für Unternehmen teurer und damit weniger in Anspruch genommen werden.

8. Altersteilzeit

Das Altersteilzeitgesetz fördert(e) den **abgestuften Übergang** in den Ruhestand. Wird durch eine solche Verabredung erreicht, dass ein Arbeitsloser oder ein fertiger Auszubil-

---

[151] *Otto* in Blomeyer/Rolfs/Otto, Gesetz zur Verbesserung der betrieblichen Altersversorgung, 5. Aufl. 2010, Kap. J Rn. 9, 29.

dender auf einen Arbeitsplatz übernommen wird, so erhält der Arbeitgeber einen Zuschuss. Dieser beträgt 20% („Mindestnettobetrag") und eine Kompensation für Rentenbeiträge, wenn mit einem mindestens 55-jährigen Mitarbeiter eine Teilzeitbeschäftigung von 50% vereinbart wird. Die Arbeitszeit kann unterschiedlich gestaltet werden. Sie kann gleichmäßig über den verabredeten Zeitraum verteilt werden. Häufiger sind sog. „Blocklösungen". Dabei folgt auf eine Phase in Vollzeit eine völlig arbeitsfreie Zeit. Die Vereinbarung kann sich über drei Jahre erstrecken; liegt ein Tarifvertrag zugrunde, sogar auf sechs Jahre (§ 2 Abs. 2 Nr. 1 ATZG).

392 Finanziell gefördert wird die Altersteilzeit weiterhin von der Agentur für Arbeit, soweit sie spätestens am **31. Dezember 2009** angetreten wurde und der Arbeitnehmer zu diesem Zeitpunkt das 55. Lebensjahr schon vollendet hatte (§ 1 Abs. 2 ATZG).

IV. Betriebskrankenkasse

393 In ca. 250 Betriebskrankenkassen sind über 13 Millionen Menschen versichert. In „offenen" Betriebskrankenkassen haben mehrere Unternehmen ihre Kassen fusioniert, sie nehmen jeden auf. Die „geschlossenen" Kassen betreuen nur Firmenmitarbeiter bzw. -angehörige. Als Körperschaften des öffentlichen Rechts unterliegen sie dem gleichen Regelwerk wie die gesetzlichen Krankenkassen (GKV). Sie steuern auch einen erheblichen Anteil zum sog. Risikostrukturausgleich unter den gesetzlichen Kassen bei. Vor allem tragen sie durch ihre innovativen Angebote und die attraktiven Beitragssätze wesentlich zum Wettbewerb in diesem Bereich bei. So beweisen sie ehrgeizig ihre Eigenständigkeit, auch im kleineren, aber individuelleren Betrieb. Die allgemein niedrigen Beiträge erreichen sie unter anderem durch eine effizientere Verwaltung – und auch durch ein höher solidarisches Verhalten der „Betriebsgruppe". Sie tragen zu einem guten Sozialklima im Betrieb bei. Diese lohnende Investition kann man durch Anschluss an eine größere „offene" Kasse ersetzen. Das erspart den notwendigen Aufwand, vergibt aber dessen Vorteile.

J. Betriebliche Einrichtungen

I. Verbesserungsvorschläge

394 Bei den Mitarbeitern sammelt sich ein umfangreiches Wissen über Produkte und Abläufe ihres Betriebs an. Daraus kommen viele gute Ideen, die den bisherigen Zustand spürbar verbessern, auch wenn sie nicht patent- oder gebrauchsmusterfähig sind. Das **„betriebliche Vorschlagswesen"** soll diese Ideenschätze heben. Mitunter ist die Aufforderung hierzu für die Mitarbeiter nicht einladend genug, es wird für die Vorschläge nicht genügend geworben. Viele Mitarbeiter brauchen Hilfe, um ihre Vorschläge zu formulieren. Egoistische oder träge Vorgesetzte sind mitunter gegen Vorschläge aus ihrem Bereich, sofern sie nicht von ihnen selbst kommen. Eine bürokratische Ablauforganisation mit Ausschusssitzungen und Ähnliches braucht sehr viel Zeit. Gute Vorschläge müssen schnell erkannt, weitergeleitet, honoriert, publiziert und möglichst umgesetzt werden.[152]

II. Gesundheit und Sicherheit

395 Für die Gesundheit sollte nicht nur der Mitarbeiter selbst, sondern auch der Betrieb etwas tun. Das beginnt mit der **Einstellungsuntersuchung**.[153] Arbeitsplatz und -materialien

---

[152] Zur Mitbestimmung des Betriebsrats beim Betrieblichen Vorschlagswesen vgl. § 87 Abs. 1 Nr. 12 BetrVG sowie *Matthes* in MHdB ArbR § 252 Rn. 1 ff.

[153] Guter Überblick über die rechtlichen Fragen im Zusammenhang mit Einstellungsuntersuchungen vgl. *Küttner/Röller/Poeche/Thomas/Ruppelt* in Küttner, Personalbuch, Einstellungsuntersuchung Rn. 1 ff.

J. Betriebliche Einrichtungen

sowie die Abläufe sollen sich mit der Natur des Mitarbeiters vertragen. Nicht nur der Arbeitsplatz, auch das Umfeld sollte zweckmäßig, sauber und hygienisch sein – nicht nur nach dem Pflichtstandard der **Arbeitsstättenverordnung.** Das Unternehmen ist aber wegen der steigenden Zahl von Bildschirmarbeitsplätzen verpflichtet, die Arbeitsbedingungen „insbesondere hinsichtlich einer möglichen Gefährdung des Sehvermögens sowie körperlicher Probleme und psychischer Belastung zu ermitteln und zu beurteilen" (§ 3 BildscharbV).

Ohne professionelle Hilfe und Unterstützung sind die einzelnen Bemühungen aber unzureichend im Hinblick auf die immer komplexeren Abläufe. Das **Arbeitssicherheitsgesetz** betraut die Betriebsärzte und die Fachkräfte für Arbeitssicherheit mit dieser Aufgabe. Dann ist in jedem Betrieb ein Arbeitsschutzausschuss einzurichten, der diese Profis mit zwei Betriebsräten und den Sicherheitsbeauftragten der Betriebe mit dem Arbeitgebervertreter zusammenführt.[154]

Die **Mindesteinsatzzeiten** für Ärzte und Sicherheitsfachkräfte ergeben sich aus der Art des Betriebs – nach Vorgabe der Berufsgenossenschaft. Auch hier ist zu fragen, ob diese Dienste in eigener oder fremder Regie erbracht werden sollen. Vorteile und Nachteile wird das Unternehmen selbst abwägen. Für den eigenen Betriebsarzt kann die intensivere persönliche Bindung an „seinen" Betrieb sprechen, auch seine Präsenz für den kleinen Alltagsfall. Der Angehörige einer Fachorganisation kann deren Erkenntnisse, auch aus anderen Betrieben, einsetzen. Das sind aber nur Einzelaspekte. Sie verlieren sich, wenn die richtigen Persönlichkeiten – eigen oder fremd – für die Aufgaben gefunden werden.

Der **Betriebsarzt** soll die folgenden **Gesichtspunkte** beachten:
– Arbeitsphysiologie – Arbeitsplatz und Umgebungseinflüsse etc;
– Arbeits- und Betriebspsychologie – Arbeitsverhalten, Leistungsfähigkeit und psychische Belastungen, Human Relations etc;
– Berufskrankheiten – Folgen schädlicher Stoffe und Verfahren.

Die **Sicherheitsfachkräfte** kümmern sich um die technische Sicherheit des Betriebs und seiner Auswirkungen. Die gesetzlichen Regeln und die speziellen Vorschriften der Berufsgenossenschaften sind einzuhalten. Der erhebliche Rückgang der Arbeitsunfälle im Betrieb geht auch auf die bessere Ausstattung zurück, aber vor allem auf die verstärkte Aufmerksamkeit, die von den Unternehmen diesen Themen zugewandt wird. Leider gilt dies nicht für die Wegeunfälle im stetig steigenden Individualverkehr. Es lohnt sich für alle, Arbeitssicherheit mit Hochdruck zu betreiben. Jeder verhinderte Unfall ist ein Weniger an Schmerz und Leid für den Mitarbeiter. Für den Betrieb bedeutet es weniger Störung und geringere Kosten.

Neben den Beauftragten für Arbeitsmedizin und -sicherheit (§ 22 Abs. 1 Satz 1 SGB VII) gibt es im Unternehmen die Beauftragten für den Schutz von Daten, Immission, Umwelt, Störfall etc.[155] Es erscheint sinnvoll, diese **Beauftragten** organisatorisch zusammenzufassen. Viele Aufträge greifen ineinander, sie könnten in einem umfassenden Sicherheitsbild des Unternehmens dargestellt werden.

Kommt es trotz allem zu einem Unfall oder zu einer Berufskrankheit, so tritt für die Folgen anstelle des Arbeitgebers die **gesetzliche Unfallversicherung** ein, die im SGB VII geregelt ist. Unternehmen sind Zwangsmitglieder der für sie zuständigen Berufsgenossenschaft. Sie allein tragen den Beitrag, der sich grundsätzlich an der Lohnsumme orientiert. Das Unfallgeschehen und die für die Unternehmensangehörigen zu erbringenden Versicherungs- bzw. Versorgungsleistungen führen zu beachtlichen Zu- bzw. Abschlägen. Die Betroffenen können nicht nur finanzielle Ersatzleistungen, Pflegeleistungen etc erwarten. Das besondere Interesse gilt der Erhaltung bzw. Wiederherstellung der Gesundheit. Die Berufsgenossenschaften machen durch die Unfallverhütungsvorschriften nicht nur

---

[154] Vgl. dazu *Leube* in Kollmer/Klindt, Arbeitsschutzgesetz, 2. Aufl. 2011, C. VII. Rn. 32 ff.
[155] So zB für Immissionsschutzbeauftragte nach § 58 Abs. 2 BImSchG; für Abfallbeauftragte nach § 60 Abs. 3 KrWG und für Datenschutzbeauftragte nach § 4f Abs. 3 BDSG.

402 Insbesondere **psychische Belastungen** stellen ein immer größeres Problem in den Unternehmen dar.[156] Die Ausfallzeiten wegen psychischer Störungen – insbesondere wegen Stress am Arbeitsplatz und Burn-Out – sind deutlich gestiegen. Unter anderem auch dies führt dazu, dass die übrigen Mitarbeiter wegen vermehrter Rationalisierungsmaßnahmen an beruflich bedingtem Stress leiden. Das Arbeitsschutzgesetz enthält Regelungen, die auf eine Verbesserung der Arbeitsumwelt, der Sicherheit und der Gesundheit der Arbeitnehmer zielen. Hier sind auch die Pflichten der Arbeitgeber und Arbeitnehmer aufgeführt, die den Gesundheitsschutz betreffen. Das Arbeitsschutzgesetz erwähnt zwar die psychischen Belastungen nicht explizit. Eine Gefährdungsbeurteilung nach § 5 ArbSchG schließt aber auch die psychischen Belastungen mit ein.[157] Der Gesetzgeber hat diese Thematik aufgegriffen und den bislang mehr an den Gefahren für die physische Gesundheit ausgerichteten Arbeitsschutz auf die psychische Gesundheit erweitert. Daneben gibt es Bestrebungen, eine gesonderte Anti-Stress-Verordnung einzuführen. Es wird sich zeigen, inwieweit sich diese Regelungen in der Praxis bewähren – eine weitere herausfordernde Aufgabe für die Führungskräfte.

III. Familie und Beruf

403 **Familienfreundliche Strukturen** sind heutzutage ein entscheidender Wettbewerbsvorteil im Kampf um die besten Nachwuchskräfte – dem „war for talents". Gerade junge Führungskräfte erwarten von den Unternehmen familienkompatible Arbeitsplätze und sehen die Entscheidung für eine Familie keineswegs als eine Entscheidung gegen die Karriere an.

404 Neben **betrieblichen Kinderbetreuungseinrichtungen** können Bewerber auch mit einem attraktiven **Teilzeitangebot** oder **Home Office-Arbeitsplätzen** geworben werden. Junge Mitarbeiter können so Familie mit Beruf besser verbinden und bleiben dem Unternehmen erhalten. Werden die anfallenden Kosten für eine Kindertagesstätte oder Ähnlichem den so erreichten Nutzeffekten gegenübergestellt, ist sogar ein betriebswirtschaftlicher Nutzen vorzuweisen. Er ergibt sich aus den geringeren Fluktuations- und Abwesenheitskosten zusammen mit der erleichterten und damit höheren Einsatzbereitschaft der Betroffenen. Die unterstützenden Maßnahmen müssen nicht unbedingt vom Betrieb selbst getroffen werden. Man kann mit bestehenden Einrichtungen kooperieren oder sich sonstige Lösungen einfallen lassen. Vielleicht sind Aufgaben im Home-Office zu erledigen, oder man findet Interessenten für ein Job-Sharing, die ihren Arbeitseinsatz selbständig untereinander absprechen.

K. Personalarbeit und Umstrukturierungen in Zeiten der Globalisierung

405 Die **Internationalisierung** der Wirtschaft macht auch vor der Personalarbeit keinen Halt. Viele deutsche Unternehmen sind in globale Konzernstrukturen eingeflochten. Dies stellt an die Verantwortlichen und die Führungskräfte die Aufgabe, bestehende Strukturen fortwährend zu hinterfragen, zu in- und zu devestieren. Dabei müssen eine Vielzahl ineinandergreifender arbeitsrechtlicher Prozesse und Kommunikationswege koordiniert, veräußerte Unternehmensteile herausgelöst – sog. Carve Out – und hinzuerworbene integriert werden. Dass diese **Integrationsaufgabe** nicht unterschätzt werden darf, zeigt sich daran, dass mehr als zwei Drittel aller Transaktionen nicht am Transaktionsprozess selbst, sondern

---

[156] Eingehend dazu *Lützeler* BB 2014, 309 ff.
[157] *Kreizberg* in Kollmer/Klindt, Arbeitsschutzgesetz, 2. Aufl. 2011, § 5 Rn. 92 ff.

an der missglückten Post Merger-Integration scheitern.[158] Die Spielarten sind mannigfaltig.

I. Unternehmenserwerb durch Wechsel des Anteilsinhabers (Share Deal)

Ist der Arbeitgeber eine juristische Person oder eine Personengesellschaft und wechseln die Gesellschaftsanteile den Inhaber, lässt dies die Arbeitsverhältnisse der im Unternehmen beschäftigten Mitarbeiter grundsätzlich unberührt. Gleiches gilt auch für die Betriebsratslandschaft, einen bestehenden Aufsichtsrat und weitere betriebsverfassungsrechtliche Gremien.[159] Arbeitgeber ist (nur) das Unternehmen; die Identität der dahinterstehenden Gesellschafter ist aus arbeitsrechtlicher Sicht grundsätzlich unerheblich.[160] Der **Share Deal** ist deshalb aus arbeitsrechtlicher Sicht die unkomplizierteste Variante des Unternehmenskaufs.

Jedenfalls seit Inkrafttreten des **Risikobegrenzungsgesetzes** im Jahre 2008 obliegt es dem Unternehmen gleichwohl, den Wirtschaftsausschuss – jenseits der Besonderheiten des Wertpapierübernahmerechts – über einen Wechsel der gesellschaftsrechtlichen Kontrolle über das Unternehmen zu unterrichten (§ 106 Abs. 3 Nr. 9a BetrVG). Insbesondere muss der Wirtschaftsausschuss über den potentiellen Erwerber und dessen Absichten im Hinblick auf die künftige Geschäftstätigkeit des Unternehmens sowie die sich daraus ergebenden Auswirkungen auf die Arbeitnehmer informiert werden (§ 106 Abs. 2 Satz 2 BetrVG). Gibt es im Unternehmen keinen Wirtschaftsausschuss, ist der Betriebsrat zu unterrichten (§ 109a BetrVG). Dies stellt an das Unternehmen und insbesondere die Personalverantwortlichen die schwierige Aufgabe, die Pflicht zur rechtzeitigen und umfassenden Unterrichtung der Arbeitnehmervertretungen und das naturgemäß bestehende Geheimhaltungsbedürfnis sowie etwaige insiderrechtliche Vorschriften (WpHG) im Transaktionsprozess zu harmonisieren.[161]

II. Veräußerung von Betrieben und Betriebsteilen (Asset Deal)

Werden nicht die Anteile am Unternehmen selbst, sondern Betriebe oder Betriebsteile als Sachgesamtheit mit den ihnen zugeordneten Rechten und Pflichten im Wege der Einzelrechtsnachfolge veräußert – sog. **Asset Deal** –, ist die Ausgangslage eine andere. In diesen Fällen sind zahlreiche arbeitsrechtliche Vorschriften und Vorgaben zu beachten.

1. Betriebsübergang

Beim Übergang eines organisatorisch **selbständigen** Betriebs oder eines eigenständigen Betriebsteils auf einen neuen Eigentümer enden die Arbeitsverhältnisse nicht (§ 613a BGB), sofern der Arbeitnehmer dem nicht widerspricht. Der neue Inhaber des Betriebs(teils) **übernimmt** die bestehenden Verträge und Vereinbarungen mit allen Rechten und Pflichten. Hierzu gehören neben noch nicht erfüllten Gehaltsansprüchen auch Ansprüche aus betrieblicher Altersversorgung. Diese verbleiben beim Veräußerer. Weder der alte noch der neue Betriebsinhaber dürfen Arbeitnehmer wegen eines Betriebsübergangs kündigen, dh die Kündigung darf nicht durch den Betriebsübergang veranlasst sein (§ 613a Abs. 4 BGB). Das Recht zur **Kündigung** des Arbeitsverhältnisses aus anderen Gründen – etwa aus verhaltensbedingten Gründen – bleibt selbstverständlich unberührt.

---

[158] Vgl. *Winstel*, Unterrichtung der Belegschaftsvertretung der Tochtergesellschaft im (grenzüberschreitenden) Aktienkonzern, 87.
[159] Vgl. dazu und zur Möglichkeit der Entstehung eines gemeinsamen Betriebs mehrerer Unternehmen § 1 Abs. 2 Nr. 2 BetrVG.
[160] Vgl. *Winstel*, Unterrichtung der Belegschaftsvertretung der Tochtergesellschaft im (grenzüberschreitenden) Aktienkonzern, 58.
[161] Eingehend *Winstel*, Unterrichtung der Belegschaftsvertretung der Tochtergesellschaft im (grenzüberschreitenden) Aktienkonzern, 98 ff.

410 Wesentliche Bedingung für den Übergang eines Betriebsteils und damit der Arbeitsverhältnisse ist aber, dass eine wirtschaftliche Teileinheit vorliegt, die vom Erwerber **identitätswahrend** fortgeführt wird. Um diese Voraussetzung ranken sich in der Praxis zahlreiche **Streitfragen**.[162]

411 Der Arbeitnehmer kann dem Übergang seines Arbeitsverhältnisses auf den Erwerber innerhalb eines Monats **widersprechen** (§ 613a Abs. 6 BGB). Er bleibt dann Arbeitnehmer des Veräußerers. Nachdem durch den Verkauf eines Betriebs(teils) aber meist sein Arbeitsplatz beim Veräußerer wegfällt, hat der Widerspruch gegen den Übergang des Arbeitsverhältnisses in der Regel eine **betriebsbedingte Kündigung** gegenüber dem widersprechenden Arbeitnehmer zur Folge.

412 Der vom Betriebsübergang betroffene Arbeitnehmer wird sich daher gut überlegen müssen, ob er von seinem Widerspruchsrecht Gebrauch machen und beim alten Arbeitgeber (Veräußerer) bleiben oder beim Erwerber weiterarbeiten will. Um ihm hierfür eine Entscheidungshilfe an die Hand zu geben, sieht das Gesetz umfangreiche **Informationspflichten** des Veräußerers und des Erwerbers gegenüber den Arbeitnehmern vor (§ 613a Abs. 5 BGB). Diese Unterrichtungspflicht hat sich zu einem gefährlichen Minenfeld für Unternehmen entwickelt. Zum einen hat die Rechtsprechung die Anforderungen an diese Unterrichtungspflicht stetig verschärft. Zum anderen hat eine fehlerhafte Unterrichtung des Arbeitnehmers über Hintergründe und Folgen eines solchen Betriebsübergangs zur Folge, dass der Arbeitnehmer dem Übergang seines Arbeitsverhältnisses nicht bloß innerhalb der Monatsfrist, sondern **unbefristet widersprechen** kann. Das Widerspruchsrecht des Arbeitnehmers unterliegt dann nur der vagen Zeitgrenze der **Verwirkung**.[163] Ein für Veräußerer und Erwerber nur schwer kalkulierbares Risiko, das im Unternehmenskaufvertrag berücksichtigt werden muss.

413 Liegen die Voraussetzungen des § 613a BGB dagegen nicht vor – etwa weil die übergehende Einheit kein Betrieb oder Betriebsteil im Rechtssinne ist, bleiben die Arbeitnehmer beim Veräußerer.

2. Beteiligungsrechte der Arbeitnehmervertretungen

414 Auch die **Mitwirkungsrechte** der Arbeitnehmervertretungen beeinflussen den Zeit- und **Kommunikationsplan** einer Transaktion erheblich.

415 Die Übernahme eines Betriebs im Ganzen ohne organisatorische oder örtliche Veränderungen löst zwar grundsätzlich keine Mitwirkungsrechte des Betriebsrats aus.[164] Bezieht sich der der Asset Deal aber nur auf einen Betriebsteil oder treten bei Veräußerer oder Erwerber Veränderungen auf betrieblicher Ebene ein (Stilllegung, Einschränkung und Verlegung von Betriebsteilen), hat der Betriebsrat in Unternehmen mit mehr als 20 Mitarbeitern ein **Beteiligungsrecht** – beim Veräußerer wie beim Erwerber (§§ 111 f. BetrVG). Soweit aus den Maßnahmen „erhebliche Nachteile" für die Belegschaft entstehen, ist der Betriebsrat rechtzeitig und umfassend zu unterrichten und die **Betriebsänderung** mit ihm zu besprechen, um möglichst einen **Interessenausgleich** herbeizuführen. Ein Sozialplan soll dann die wirtschaftlichen Nachteile der Betroffenen ausgleichen. Führt die Betriebsänderung zur Entlassung von Arbeitnehmern, kann ein Sozialplan erzwungen werden. Dieser sieht Abfindungen für die Entlassenen vor (§ 112 BetrVG).

416 Neben den Beteiligungsrechten des Betriebsrats müssen sowohl der Erwerber als auch der Veräußerer ihren jeweiligen **Wirtschaftsausschuss** – sofern vorhanden – über Umstände und Folgen der Transaktion für die Beschäftigten rechtzeitig und umfassend informieren.

---

[162] Vgl. nur *Preis* in ErfK BGB § 613a Rn. 5 ff.
[163] Zur kaum noch überschaubaren Kasuistik *Preis* in ErfK BGB § 613a Rn. 84 ff.
[164] Hierzu guter Überblick bei *Moll* RdA 2003, 129 ff.

3. Betriebsratsmandate

Bewahrt der übergehende Betrieb seine betriebsverfassungsrechtliche Eigenständigkeit, bleibt auch der bisherige **Betriebsrat** uneingeschränkt im Amt.

Handelt es sich bei der übergehenden Einheit aber um einen nicht betriebsratsfähigen Betriebsteil oder verliert der übergehende Betrieb nach der Übernahme durch die Eingliederung in den Erwerberbetrieb seine betriebsverfassungsrechtliche Identität, werden die übergehenden Arbeitnehmer vom Betriebsrat des übernehmenden Betriebs mit vertreten. Die **Zuständigkeit** des Betriebsrats des übergehenden Betriebs endet.[165]

Verlieren sowohl der übernehmende als auch der übergehende Betrieb durch die Zusammenlegung ihre jeweilige Identität, hat der Betriebsrat des größeren der beiden Betriebe **Betriebsratswahlen** für den neu entstandenen Betrieb einzuleiten. Der Erwerber „kauft" also stets den Betriebsrat mit.[166]

III. Maßnahmen nach dem Umwandlungsgesetz

1. Folgen für die Arbeitsverhältnisse

Vollzieht sich ein Unternehmenskauf im Wege der **Gesamtrechtsnachfolge** nach dem UmwG – etwa durch Ausgliederung von Betriebsteilen und anschließende Übertragung auf den Erwerber – so gilt auch für den Umwandlungsvorgang die Regelung des **§ 613a BGB** zum Betriebsübergang, wenn ein Betrieb oder Betriebsteil übergeht. Liegen die Voraussetzungen des § 613a BGB dagegen nicht vor, bleiben die Arbeitnehmer beim abgebenden Rechtsträger (vgl. § 324 UmwG).

2. Beteiligung der Arbeitnehmervertretungen

Umstrukturierungsmaßnahmen nach dem Umwandlungsgesetz (zB Verschmelzung, Abspaltung, Ausgliederung, etc) beziehen sich in erster Linie auf gesellschaftsrechtliche und nicht auf betriebliche Strukturen. Soweit Betriebe, Betriebsteile oder andere Vermögenswerte einer Gesellschaft auf eine andere Gesellschaft übertragen werden, ohne dass in deren Organisation eingegriffen wird, ist dieser Vorgang grundsätzlich betriebsverfassungsrechtlich neutral.[167] Dann beschränkt sich die Mitwirkung des Betriebsrats auf spezielle, im **Umwandlungsgesetz** geregelte Informations- und Beteiligungsrechte (§ 5 UmwG).

Wird durch oder infolge einer Umwandlungsmaßnahme in die betriebliche Organisation des abgebenden oder des aufnehmenden Rechtsträgers eingegriffen, richtet sich die Beteiligung der Arbeitnehmervertretungen (Betriebsrat, Wirtschaftsausschuss etc) nach den allgemeinen Regeln (→ Rn. 414 ff. unter II.2.).

3. Bestandsschutz für die unternehmerische Mitbestimmung

Entfallen durch eine **Spaltung** – nicht durch andere Strukturmaßnahmen nach dem UmwG – bei einem abgebenden Rechtsträger die Voraussetzungen für die Beteiligung der Arbeitnehmer im Aufsichtsrat – etwa durch Unterschreiten der Schwellenwerte für die Bildung eines Aufsichtsrats –, so bleiben die vor der Spaltung geltenden Vorschriften noch für weitere **fünf Jahre** im Wege des Bestandsschutzes anwendbar. Anders ist dies nur, wenn die Mitarbeiterzahl weniger als ein Viertel der vor der Spaltung Beschäftigten beträgt (vgl. § 325 UmwG).

---

[165] Eingehend *Maschmann* NZA-Beil. 2009, 32 ff.
[166] Hierzu *Maschmann* NZA-Beil. 2009, 32 ff.
[167] Vgl. *Winstel*, Unterrichtung der Belegschaftsvertretung der Tochtergesellschaft im (grenzüberschreitenden) Aktienkonzern, 41.

L. Schlussbemerkung

424 „Alle Probleme in der Wirtschaft sind Personalprobleme".

425 **Personalprobleme** reduzieren sich aber auf wenige wichtige Sachprobleme, wenn alle Beteiligten einen offenen und kollegialen Umgang pflegen. Von persönlichem Ballast bereinigt sind die Probleme dann direkter und einfacher zu handhaben. Auf dem Weg dahin ist viel Personal- und Führungsarbeit zu leisten zum Wohl des Einzelnen und zum Vorteil des Unternehmens.

426 Wie wichtig es ist, Führungsaufgaben ganz besonders engagiert wahrzunehmen, zeigt die jüngste **Gallup-Umfrage** aus dem Jahr 2012 zum **Arbeitsengagement** in Deutschland: Fast ein Viertel (24%) der Beschäftigten hat innerlich bereits gekündigt. 61% machen Dienst nach Vorschrift. Nur 15% der Mitarbeiter haben eine hohe emotionale Bindung zu ihrem Arbeitgeber und setzen sich freiwillig für dessen Ziele ein. Die Ursache für das fehlende Engagement wird zu einem großen Teil an Defiziten in der Personalführung festgemacht. Es mangele an positivem Feedback, konstruktiver Kritik, dem Interesse am Menschen und der Wertschätzung für neue Ideen und Vorschläge. Ein schlimmes Ergebnis, auch wenn sich Deutschland damit noch im Mittelfeld der Industrienationen befindet. Der so verursachte Schaden wird auf ca. 120 Milliarden Euro pro Jahr geschätzt. Das stellt eine große Herausforderung für alle Beteiligten dar.

§ 9 AG in der Krise und Insolvenz

Inhaltsübersicht

	Rn.
1. Der Begriff „Krise"	1
2. Krisenursachen und Krisenverlauf	6
3. Frühwarnsysteme	20
a) Verpflichtung zur Einrichtung eines Risikofrühwarnsystems	20
b) Ausgestaltung eines Risikomanagementsystems	25
4. Krisenbewältigung im fortgeschrittenen Stadium	38
a) Leistungswirtschaftliche Sanierung	38
b) Finanzwirtschaftliche Sanierung	66
5. Pflichten des Vorstands als Krisenmanager	80
a) Laufende Beobachtung der wirtschaftlichen Lage	80
b) Verlustanzeige und Einberufung der Hauptversammlung	81
c) Zahlungsverbot	82
d) Kapitalmarktrechtliche Pflichten	83
e) Insolvenzantragsrecht	84
f) Insolvenzantragspflicht	85
g) Vorschusspflicht bei Massearmut	87
6. Die AG in der Insolvenz	88
a) Insolvenzfähigkeit der AG	88
b) Insolvenzantragsgründe	89
7. Sanierung im Rahmen einer Insolvenz	119
a) Rahmenbedingungen einer Insolvenz	119
b) Übertragende Sanierung	121
c) Der Insolvenzplan als Sanierungsinstrument	124
d) Eigenverwaltung	136
e) Schutzschirmverfahren	139
f) Debt-Equity-Swap	140
8. Die Entscheidung über die Verfahrenseröffnung und ihre Konsequenzen	142
a) Ablehnung mangels Masse	142
b) Auswirkungen einer Verfahrenseröffnung auf den Rechtsträger	143
c) Auswirkungen auf die Gesellschaftsorgane	144
d) Auswirkungen der Insolvenzverfahrenseröffnung auf Kapital und Anleihen	157
e) Bedeutung der Verfahrenseröffnung für die Mitteilungspflichten einer AG	161
f) Die Insolvenzmasse	162
9. Die Auswirkungen einer Insolvenz auf den Kapitalmarkt	172
a) Börsennotierte Aktiengesellschaft	172
b) Kapitalmarktorientierte AG	181
c) Zulassung zum Freiverkehr	189
d) Übernahmerecht	190
10. Beendigung des Insolvenzverfahrens	193

1. Der Begriff „Krise"

Vor dem Hintergrund eines sich dynamisch verändernden Umfelds sind Unternehmen zunehmend gefordert, sich am Markt zu behaupten. Die sich beschleunigende Globalisierung des Wettbewerbs, die damit einhergehende Internationalisierung der unternehmerischen Tätigkeit, Konzentrationstendenzen in den Märkten, steigende Energiekosten, Veränderungen der Kundenbedürfnisse, und die rasante Entwicklung der Informationstechnologie stellen nur einige Herausforderungen dar, denen Unternehmen frühzeitig be-

1

gegnen müssen. Soweit der daraus resultierende Anpassungsprozess durch den Vorstand nicht oder verspätet eingeleitet wird, ist die Krise der Aktiengesellschaft (AG) vorprogrammiert.

2 Im Zusammenhang mit Unternehmenskrisen wird der **Begriff der „Krise"** im Sprachgebrauch oft für verschiedene Sachverhalte mit unterschiedlichen (Rechts-)Folgen verwendet. Zu unterscheiden ist zwischen dem betriebswirtschaftlichen Begriff der Krise, dem rechtlichen Krisenbegriff und der insolvenzrechtlichen Krise. Dabei deckt sich die rechtliche Begriffsbestimmung nicht immer mit dem Verständnis der Unternehmenskrise in der Betriebswirtschaftslehre und wird je nach Rechtsgebiet enger oder weiter bestimmt.

3 In der **Betriebswirtschaft** wird die Krise überwiegend als eine Situation definiert, in der wesentliche Ziele und Werte des Unternehmens unmittelbar bedroht sind und damit der Fortbestand des Unternehmens substanziell gefährdet oder sogar unmöglich gemacht wird. Das Krisenunternehmen durchläuft regelmäßig verschiedene Krisenstadien. Oftmals bereits beginnend mit der Stakeholderkrise reicht die Entwicklung über die Strategie-, Produkt-, und Absatzkrise sowie der Erfolgskrise bis hin zur existenzbedrohenden Gefährdung in der Liquiditätskrise.[1] Hierbei ist der Übergang zur Insolvenz der AG als letztes Krisenstadium zumeist fließend.

4 Eine **rechtliche Krise** liegt vor, wenn die betriebswirtschaftliche Krise so weit gediehen ist, dass Rechtsfolgen ausgelöst werden. Überwiegender Ansicht nach ist die Gesellschaft in einer „rechtlichen" Krise, wenn sie kreditunwürdig ist, dh wenn sie von dritter Seite keinen Kredit zu marktüblichen Bedingungen erhält und die Gesellschaft ohne Kapitalzufuhr liquidiert werden müsste. Liegt im maßgebenden Zeitpunkt keine konkrete Kreditentscheidung eines Dritten vor, so ist die Kreditwürdigkeit der Gesellschaft anhand von wirtschaftlichen, kreditbezogenen und anlassbezogenen Indizien festzustellen.[2] Erforderlich für eine Indizwirkung der Kreditunwürdigkeit ist somit ein Bündel gewichtiger Umstände, wobei allein das Vorliegen einer Unterbilanz nicht ausreicht.

5 Unter der **insolvenzrechtlichen Krise** ist der Zustand einer AG zu verstehen, in dem einer der drei Insolvenzantragsgründe (Zahlungsunfähigkeit, drohende Zahlungsunfähigkeit oder Überschuldung) vorliegt. Hiernach ist eine Krisensituation erst nach Eintritt der rechtlichen Krise gegeben und zwar dann, wenn bereits Überschuldung vorliegt oder Zahlungsunfähigkeit droht bzw. eingetreten ist. Sowohl bei den Insolvenzstraftaten nach den §§ 283 ff. StGB als auch bei den Insolvenztatbeständen wird von diesem engen Krisenbegriff ausgegangen, jedoch beschränkt auf die Tatbestände Überschuldung und Zahlungsunfähigkeit.

2. Krisenursachen und Krisenverlauf

6 Nur wenn die Krise rechtzeitig erkannt, eingehend analysiert und ihre Ursache bestimmt wird, können durch den Vorstand geeignete Gegenmaßnahmen im Rahmen eines aktiven Krisenmanagements eingeleitet werden. Je früher dabei die Bekämpfung der Krise beginnt, desto größer sind die Erfolgschancen eingeleiteter Gegenmaßnahmen und – bei bereits fortgeschrittener Krise – die Wahrscheinlichkeit einer erfolgreichen Sanierung der Gesellschaft.[3] Damit einher geht eine entsprechende Reduzierung der straf- und haftungsrechtlichen Risiken für den Vorstand.

7 Unternehmenskrisen können bezüglich ihres Entstehens nach zeitlicher wie auch nach sachlicher Art differenziert werden. Nach sachlicher Hinsicht wird zwischen endogenen und exogenen Krisenursachen unterschieden. Unter den endogenen Krisenursachen werden hauptsächlich unternehmensinterne Ursachen verstanden. Die Erfahrungen in der Praxis zeigen, dass die überwiegende Anzahl der Unternehmenskrisen auf unternehmeri-

---

[1] Vgl. IDW S 6: Anforderungen an die Erstellung von Sanierungskonzepten, Stand: 20.8.2012, WPg-Supplement 4/2012, Tz. 62 ff.
[2] OLG Karlsruhe v. 29.2.2000, DStR 2000, 1529.
[3] *Steffan* WPg Themenheft 5/2009, 273 ff.

2. Krisenursachen und Krisenverlauf

sche Fehlentscheidungen zurückzuführen sind.[4] Die wichtigsten endogenen Krisenursachen sind begründet in Mängeln:[5]

– in der Person des Unternehmers/Vorstand
 Ein-Mann-Regiment; starres Festhalten an früher erfolgreichen Konzepten; Entscheidungsschwäche; umgekehrt: Politik der vollendeten Tatsachen; unangemessener patriarchalischer Führungsstil; hohe Fluktuation des Managements/von Schlüsselmitarbeitern
– in Führungsfehlern
 Zentralistischer Führungsstil, mangelhafte Delegation; Koordinationsmängel; fehlende Kontrolle; Konfliktscheue; ineffektive interne und externe Informationen
– in der Organisation
 Unübersichtliche Organisation; fehlende organisatorische Anpassung; zu großspurige Umstrukturierungen; Konflikte mit Arbeitnehmern durch suboptimale Aufbauorganisation
– in einer überhasteten Expansion
 Fanatisches Streben nach Umsatzerhöhung oder Marktanteilsausweitung; Aufbau von Leerkapazitäten; unkritisches externes Wachstum; zu früher Start mit nicht fertig entwickelten Produkten
– im Absatzbereich
 Unzeitgemäße Produkteigenschaften, zu hohe/niedrige Qualität; zu breites/zu schmales Programm, kein bewusstes Portfolio; falsche Preispolitik; keine Wertsicherung, keine Gleitpreise; Mängel des Vertriebsweges
– im Produktionsbereich
 Veraltete/zu neue, noch unerprobte Technologie; zu lange Durchlaufzeiten; hoher Produktionsausschuss; mangelhafte Fertigungssteuerung; unwirtschaftliche Eigenfertigung statt Fremdbezug
– in der Beschaffung und Logistik
 Starre Bindung an Lieferanten und Rohstoffquellen; politische- sowie Währungsrisiken bei Rohstoffimport; Großlager am falschen Standort; Bau statt Miete von Gebäuden; Verquickung von Beschaffung mit Gewinnverwendung
– im Personalwesen
 Fehlende Personalplanung und Personalentwicklung; schnelle Entlassung unbequemer Mitarbeiter; Scheu vor Belegschaftsabbau; Konfliktscheue und mangelnde Härte bei Verhandlungen über Löhne, Gehälter, Sozialpläne, Sachbezüge; fehlende Anreizsysteme und Motivationsinstrumente bei leistungsfähigen Mitarbeitern
– im Investitionssektor
 Fehlendes Investitionskalkül; Fehleinschätzung des Investitionsvolumens; Koordinationsmängel bei der Investitionsabwicklung; zu frühe/zu späte Investitionen
– in der Forschung und Entwicklung
 Zu geringe F+E-Tätigkeit, keine Portfoliopflege; F+E ohne Konzeption; Detailbesessenheit; mangelnde Sachkontrolle/zu starke Kontrolle; starres Budgetdenken
– im Planungs- und Kontrollsystem
 Fehlen eines konsolidierten Abschlusses; Mängel in Kostenrechnung und Kalkulation; fehlende Finanzplanung; mangelhaftes Cash-Management; mangelhafte Projektplanung und -kontrolle
– sowie einem nicht ausreichenden Eigenkapital
 Hohe Zinsbelastung; niedrige Kreditwürdigkeit; keine Möglichkeit des Verlustausgleiches; Überschätzung der Reserven; mangelnde Fristenkongruenz im Langfristbereich, zu hohe Kapitalbindung

Exogene Ursachen entstehen durch die Veränderung von Umweltbedingungen wie zB Veränderungen im Kaufverhalten, sinkende Kaufkraft, Konjunkturrückgang, saisonale

---

[4] *Steffan* WPg Sonderheft 2003, 150 mwN.
[5] *Steffan* in Oppenländer/Trölitzsch § 37 Rn. 34.

Schwankungen, Wechselkursveränderungen, hohes Zinsniveau, Streiks, Katastrophen, Unterbrechung der Rohstoffversorgung, geänderte Förderpolitik des Staates, etc. Exogene Einflüsse lösen in der Regel einen strategischen Anpassungsdruck beim Unternehmen aus. Unternehmenskrisen erwachsen daraus erst dann, wenn der Vorstand nicht rechtzeitig oder ausreichend reagiert.

9 In der Praxis führt zumeist das **Zusammenwirken endogener und exogener Ursachen** zu einer substanziellen Unternehmenskrise.[6] Diese Multikausalität erschwert zugleich die Analyse der Krisenursachen und das rechtzeitige Erkennen einer Unternehmenskrise. Im **Zeitablauf** wird zwischen der Stakeholderkrise, der Strategiekrise, der Produkt- und Absatzkrise, der Erfolgskrise, der Liquiditätskrise und schließlich der Feststellung der Insolvenzreife unterschieden.[7]

Abb. 3: Typischer Verlauf einer Unternehmenskrise[8]

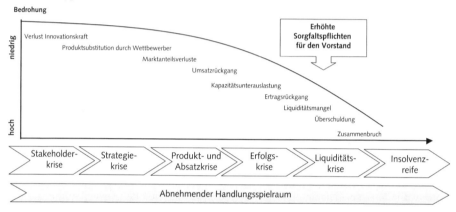

10 In der **Stakeholderkrise** strahlen Konflikte zwischen den Stakeholdern (zB Unternehmensleitung, Überwachungsorgane, Gesellschafter, Arbeitnehmer(-vertretungen), Banken und andere Gläubiger) auf das Unternehmen aus, führen zu Reibungsverlusten oder Blockaden und verhindern notwendige Entscheidungen. Die Auswirkungen der Stakeholderkrise können darin bestehen, dass das (wegen externer Rahmenbedingungen überkommene) Leitbild des Unternehmens nicht mehr gelebt wird, Blockaden und Polarisierungen in der Leitungs- und Überwachungsebene auftreten und die Unternehmenskultur mitsamt der Leistungsbereitschaft der Mitarbeiter deformiert wird. Die Auswirkungen treten schleichend ein und begünstigen das Aufkommen eines Umfeldes, das Täuschungen und Vermögensschädigungen ermöglicht.[9]

11 In der **Strategiekrise** führen aufgrund einer Stakeholderkrise, fehlender Kundenorientierung bzw. ungenügender Beobachtung des Wettbewerbs unzureichende oder ineffektive Innovationen und Investitionen zu strategischen Lücken und strukturellen Defiziten. Die Strategiekrise ist insbesondere an dem Verlust von Marktanteilen zu erkennen.[10]

12 Langfristig wirkende Erfolgsfaktoren (Erfolgspotenziale) sind durch diese Entwicklung bedroht. Das Unternehmen entwickelt spezifische Mängel, welche die Leistung des Unternehmens (noch) nicht beeinflussen und nur wenigen gut informierten Beobachtern auffallen. Die zur Aufrechterhaltung der Wettbewerbskraft notwendigen Potenziale, zB Innovationskraft, Entwicklung von neuen Technologien oder die Erschließung von Wachstumsmärkten, können nicht in ausreichendem Maße erhalten oder geschaffen werden.

---

[6] IDW S 6 Tz. 83.
[7] IDW S 6, Tz. 62 ff.
[8] Quelle: Ebner Stolz.
[9] IDW S 6, Tz. 65 ff.
[10] IDW S 6, Tz. 69 ff.

In der **Produkt- und Absatzkrise** geht als Folge der vorgelagerten Krisenstadien die Nachfrage nach den Hauptumsatz- und Erfolgsträgern des Krisenunternehmens nicht nur vorübergehend stark zurück. Aus steigenden Vorratsbeständen ergibt sich eine Zunahme der Kapitalbindung, die zusammen mit einer Unterauslastung der Produktionskapazitäten zu Ergebnisrückgängen führt. Gründe für die Produkt- und Absatzkrise können ein unzureichendes Marketing- und Vertriebskonzept, Sortimentsschwächen, eine falsche Preispolitik, Qualitätsprobleme, Schwächen in der Liefertreue und Fehler in der Vertriebssteuerung sein.[11]

In der **Erfolgskrise** erfolgt ein Renditeverfall, der über starke Gewinnrückgänge bzw. Verluste bis zum vollständigen Verzehr des Eigenkapitals führen kann. Nachfragerückgänge, Preisverfall und Kostensteigerung je verkaufter Einheit prägen diese Entwicklung.[12]

Für Außenstehende wird die Erfolgskrise regelmäßig erst mit einem zeitlichen Verzug erkennbar, da der Vorstand oftmals versucht, die Krise im Jahresabschluss durch entsprechende Sachverhaltsgestaltung und/oder durch Ausnutzung von Ansatz- und Bewertungswahlrechten zahlenmäßig zu kaschieren. Die anhaltenden operativen Verluste führen zum Verzehr des Eigenkapitals bis hin zur bilanziellen Überschuldung. Dieses Krisenstadium geht zumeist auch mit einer Kreditunwürdigkeit einher. Eine Sanierung lässt sich aufgrund der Ertragsschwäche oftmals ohne Kapitalzufuhr nicht mehr erreichen.

Die **Liquiditätskrise** gefährdet das Unternehmen in seiner Existenz, da Liquiditätsschwierigkeiten ein Insolvenzrisiko indizieren. Die finanziellen Mittel des Unternehmens sind erschöpft und es können auch keine liquiden Mittel mehr beschafft werden. Der Handlungsspielraum ist in diesem Stadium sehr eingeengt. Die Gesellschaft ist kaum noch in der Lage, die Krise aus eigener Kraft zu meistern.

Die **Feststellung der Insolvenzreife** erfolgt bei sich zuspitzender Liquiditätskrise durch den Insolvenzgrund der (drohenden) Zahlungsunfähigkeit. Die Insolvenzreife kann in diesem Stadium nur unter den Voraussetzungen der Liquiditätsgenerierung in Verbindung mit einer positiven Fortbestehensprognose abgewendet werden. Eine negative Fortbestehensprognose führt hingegen zu einer Bewertung des Vermögens zu Veräußerungswerten und zieht i. d. R. eine Überschuldung nach sich.[13]

Oftmals durchläuft ein Krisenunternehmen die dargestellten Stadien einer Krise nacheinander. Allein auf die Behebung des aktuellen Krisenstadiums ausgerichtete Maßnahmen greifen für eine Sanierung daher zu kurz. Die schonungslose **Identifikation aller vorgelagerten Krisenstadien** und die Behebung der jeweiligen Krisenursachen ist Voraussetzung für die nachhaltige Sanierung eines Krisenunternehmens.[14]

In den Fällen, in denen vom Vorstand **kein adäquates Frühwarnsystem** im Unternehmen implementiert wurde, läuft die Wahrnehmungsfolge im Regelfall der zeitlichen Entstehung der Krise entgegen. Die Liquiditätskrise wird durch das Unternehmen oft erst bewusst zur Kenntnis genommen, wenn die Finanzierer ihr Kreditengagement einfrieren und eine Ursachenanalyse für den zusätzlichen Liquiditätsbedarf einfordern. Aufgrund des regelmäßig damit einhergehenden Vertrauensschwundes in die Tätigkeit des Vorstands werden mit diesen Analysen häufig sachverständige Dritte beauftragt. Dabei werden die Ertragskrise und ihre Ursachen sichtbar. Weitergehende Untersuchungen bringen schließlich den Verlust der hierfür verantwortlichen strategischen Erfolgspotenziale zu Tage.

3. Frühwarnsysteme

a) Verpflichtung zur Einrichtung eines Risikofrühwarnsystems

Die Früherkennung von bestandsgefährdenden Risiken durch den Vorstand ist zwar eine grundlegende Geschäftsleitungspflicht und herausragende Managementaufgabe, gleichwohl

---

[11] IDW S 6, Tz. 73.
[12] IDW S 6, Tz. 74 ff.
[13] *Steffan* WPg Themenheft 5/2009, 274 ff.
[14] IDW S 6, Tz. 20 ff., 81 ff.

wurde bedingt durch spektakuläre Zusammenbrüche und Schieflagen von Unternehmen wie Balsam, Metallgesellschaft, COOP, Südmilch und Schneider in Wirtschaft und Politik Mitte der neunziger Jahre der Ruf nach einer besseren Risikovorsorge und Überwachung der Unternehmen laut. Der Gesetzgeber hat hierauf reagiert und mit dem Inkrafttreten des Gesetzes zur Kontrolle und Transparenz im Unternehmensbereich (KonTraG) zum 1. Mai 1998 den Vorständen von Aktiengesellschaften gem. § 91 Abs. 2 AktG auferlegt, geeignete Maßnahmen zu treffen, insbesondere ein Überwachungssystem einzurichten, damit den Fortbestand der Gesellschaft gefährdende Entwicklungen frühzeitig erkannt werden. Durch die Implementierung eines derartigen **Risikofrüherkennungssystems,** das idealerweise neben dem Gefährdungs- auch das Chancenpotenzial aufzeigt, soll die Verpflichtung des Vorstands, für ein angemessenes Risikomanagementsystem und eine angemessene Interne Revision zu sorgen, verdeutlicht werden. Durch weitere Gesetze, wie zB durch das Gesetz zur weiteren Reform des Aktien- und Bilanzrechts, zu Transparenz und Publizität (TransPuG), durch den Deutschen Corporate Governance Kodex (DCGK), durch das Bilanzrechtsreformgesetz (BilReG) und durch das Gesetz zur Modernisierung des Bilanzrechts (BilMoG) ist der Stellenwert des Risikomanagements weiter gestärkt worden. Allerdings wird in keiner dieser Regelungen konkret auf die Anforderungen an ein solches Risikofrüherkennungssystems eingegangen.[15] Als Informationsquelle kann der vom Institut der Wirtschaftsprüfer verlautbarte IDW PS 340[16] herangezogen werden, schließlich hat diese Berufsgruppe das Überwachungssystem später gem. § 317 Abs. 4 HGB zu prüfen (s. Rn. 23).

21 Das Risikofrüherkennungssystem als Teil des Risikomanagementsystems hat **sicherzustellen,** dass diejenigen Risiken und deren Veränderungen erfasst werden, die den Fortbestand des Unternehmens gefährden können. Da derartige Risiken frühzeitig erkannt werden sollen, muss es geeignet sein, die Risiken so rechtzeitig zu erfassen und die Informationen darüber an die zuständigen Entscheidungsträger weiterzuleiten, dass diese in geeigneter Weise reagieren können. Der Vorstand muss hierbei über Risiken informiert werden, die allein oder im Zusammenwirken mit anderen Risiken bestandsgefährdend werden können.[17] Die Einhaltung der Maßnahmen des Früherkennungssystems ist nach § 91 Abs. 2 AktG durch ein geeignetes Überwachungssystem sicherzustellen. Art und Umfang der Ausgestaltung des Risikofrüherkennungssystems sollten naturgemäß von der Größe und Komplexität der AG abhängig gemacht werden.

22 Zu beachten ist außerdem, dass bereits für **mittelgroße Aktiengesellschaften** für die Erstellung und Prüfung des **Lageberichts** nach §§ 289 Abs. 1 und 317 Abs. 2 Satz 2 HGB eine Nennung bestehender Risiken der künftigen Entwicklung zu erfolgen hat. Die Zuordnung einer AG zu einer Größenklasse erfolgt gem. § 267 HGB.

23 Das Risikofrüherkennungssystem ist bei einer börsennotierten AG einer **Pflichtprüfung** durch den Abschlussprüfer zu unterziehen (§ 317 Abs. 4 HGB). Neben der reinen Existenz des Überwachungssystems ist auch dessen Funktionalität zu prüfen.

24 Ein weiterer Grund für die steigende Wichtigkeit eines effektiven Frühwarnsystems liegt in der Implementierung der **Corporate Governance Regeln,** die eine der Verschärfung der Haftung eines eingesetzten Aufsichtsrats begründen, da das Vorhandensein eines funktionsfähigen Risikofrüherkennungssystems geeignet ist, Risiken aus einer möglichen Haftungsinanspruchnahme zu reduzieren. Gewichtiger mag jedoch der Umstand sein, dass Kreditinstitute vor dem Hintergrund der Umsetzung der sogenannten **Baseler Beschlüsse** und den Auswirkungen der Finanzmarktkrise die Kreditvergabe und die Höhe der Kapitalkosten ihrer Kunden von deren Einstufung im Rahmen eines **Ratings** abhängig machen.[18]

---

[15] *Offerhaus* in Münchener Anwaltshandbuch zum Aktienrecht, § 18 Rn. 2.
[16] IDW PS 340 v. 11.9.2000, Die Prüfung des Risikofrüherkennungssystems nach § 317 Abs. 4 HGB, FN-IDW 8/1999, S. 350.
[17] IDW PS 340 Tz. 5.
[18] Mindestanforderungen an das Risikomanagement (MaRisk).

Für diese Einstufung spielt das Bestehen und die Funktionsfähigkeit eines Risikofrüherkennungssystems als Teil des Risikomanagementsystems eine gewichtige Rolle.[19]

b) Ausgestaltung eines Risikomanagementsystems

aa) Aufbau eines Risikomanagementsystems. Im betrieblichen Prozess lassen sich verschiedene **Risikokategorien** identifizieren. So können Marktrisiken, Finanzrisiken, rechtliche Risiken, Managementrisiken, Risiken in Produktion, Logistik sowie F&E, Risiken beim Einsatz von Informationstechnologie und schließlich Umweltrisiken unterschieden werden.

Unter dem Begriff des **Risikomanagements** wird die Gesamtheit aller organisatorischen Regelung und Maßnahmen zur Risikofrüherkennung sowie zum Umgang der Geschäftsleitung mit den Risiken unternehmerischer Betätigung (Risikosteuerung) verstanden.[20] Das Risikomanagementsystem bietet die Möglichkeit, mit Risiken im Unternehmen kontrolliert umzugehen und soll die Beteiligten motivieren, Chancen konsequent umzusetzen. Hierdurch wird nicht zuletzt unternehmerisches Handeln gefördert. Zu komplexe und statische Modelle werden diesem Umstand nicht gerecht und somit von den Mitarbeitern nicht akzeptiert. Gerade bei mittelständischen Unternehmen ist darauf zu achten, dass Aufbau und Ausgestaltung der Komplexität des Unternehmens entspricht.

bb) Die Formulierung einer Risikostrategie. Der Implementierungsprozess beginnt mit der Formulierung der **Risikostrategie**. In diesem Prozessabschnitt sind die Ziele und Beobachtungsbereiche des Risikofrüherkennungssystems festzulegen. Prozessteilnehmer sollten neben der erweiterten Geschäftsleitung auch Mitarbeiter der internen Revision sowie des Controllings sein. Mit der Formulierung der Risikostrategie bestimmt der Vorstand die Ziele des Risikofrüherkennungssystems. Bereits vorhandene Erfahrungen mit Qualitätsmanagementsystemen[21] die sicherstellen, dass die Systemqualität, Prozessqualität und die Produktqualität in einer Organisation laufend geprüft und verbessert werden, können wesentlich zur Zielformulierung beitragen.

Ziele und Beobachtungsbereiche sind zu trennen in **harte und weiche Unternehmensrisiken**. Die weichen Unternehmensrisiken sollten ferner noch in operative und strategische Risiken unterteilt werden. Die nachfolgende Übersicht zeigt Beispiele für harte und weiche Risiken:

Harte Unternehmensrisiken	Weiche Unternehmensrisiken
Personenschutz (Arbeitnehmer, Kunden)	Marktstrategie (Wettbewerber, eigene Marktposition etc.)
Umgebungs-/Umweltschutz	Produktstrategie: Innovation, Hochpreis- oder Billigprodukt
Anlagenschutz	Wachstumsziele
Aggregatschutz/Apparatschutz	Wirtschaftlichkeit
Gewährleistung der Gebrauchsfunktionen	Unternehmens- oder Kooperationsgewinn
Schutz vor Vermögensschäden	Unternehmensimage

cc) Risikoidentifikation. Erforderlich ist im Rahmen der Risikoidentifikation eine **Risikoinventur**. Das Projektteam erarbeitet in interdisziplinären Workshops anhand externer und unternehmensinterner Informationen eine Bestandsaufnahme aller Gefahrenquellen,

---

[19] Vgl. auch *Reiner* WPg Themenheft 5/2009, 320 ff.
[20] IDW PS 340 Tz. 4.
[21] Heute gibt es neben EN ISO 9001:2008 eine Reihe von branchenbezogenen Normen, als Beispiel seien hier genannt: die VDA 6.1 (Automobilbau), die ISO/TS 16949 (Automobilindustrie), die ALS 9100 (Luftfahrt), die EN ISO 13485 (Medizintechnik) und die TL 9000 (Telekommunikation).

Schadensquellen und Störpotenziale im Unternehmen. In der folgenden Tabelle sind Oberbegriffe für Risikofelder aufgeführt:

Allgemeine Risikofelder	Finanzwirtschaftliche Risikofelder	Leistungswirtschaftliche Risikofelder	Corporate Governance
Technologievorsprung	Shareholder Value	Forschung und Entwicklung	Führung
Politisches Verhältnis	Eigene Bonität	Beschaffung	Verwaltung
Gesetzliche Risiken	Fremdwährungen	Produktion	Überwachung
Standortrisiken	Schuldnerbonität	Absatz	
	Umweltschäden		

30 Im nächsten Schritt muss erarbeitet werden, welche betrieblichen Vorgänge entlang der Wertschöpfungskette mit Risiken behaftet sind. Gruppenentscheidungsmodelle wie Brainstorming, Delphi-Methode oder ähnliche Methoden empfehlen sich, um auch sogenannte unsystematische Risiken transparent zu machen. In vielen Fällen wird es sich anbieten, sowohl technische als auch betriebswirtschaftliche Berater heranzuziehen, um objektivere Ansätze in die Entscheidungsfindungsprozesse einfließen zu lassen.

31 **dd) Risikoanalyse.** Im Rahmen der **Risikoanalyse** werden die Risiken verifiziert und operationalisiert. Entscheidend für das individuelle Verifizieren der relevanten Parameter sind das unternehmerische Umfeld und die jeweilige Risikosituation. Die Grundlage hierfür bilden neben mathematisch-statistischen Verfahren wie dem Value-at-Risk auch verstärkt Scoringmodelle. Durch Scoringmodelle können beispielsweise Schadenserwartungswerte bei Risiken abgebildet werden. Der Schadenserwartungswert wird dabei aus der Höhe des drohenden Vermögensverlustes und der Eintrittswahrscheinlichkeit des drohenden Vermögensverlustes ermittelt.[22] Die Risikoanalyse sollte neben der Ermittlung des Schadenserwartungswertes noch die quantitative Bewertung der Risikoart implizieren.

32 **ee) Risikobewältigung** Dieser Implementierungsfortgang ist ein zentraler Projektabschnitt, da hier eine Filterfunktion für das Informationssystem erarbeitet werden muss. Den bisher identifizierten und analysierten Risiken müssen nun **Toleranzgrenzen** bzw. **Sollwerte** zugewiesen werden.

33 Für Risiken, die innerhalb der Soll- bzw. Toleranzgrenzen liegen, werden die Verantwortungsbereiche für die Überwachung festgelegt. Die Soll- und Toleranzgrenzen stellen somit den Handlungsspielraum der vom Risiko betroffenen Mitarbeiter dar. Die Reaktion kann im **Vermeiden, Vermindern** bzw. **Überwälzen des Risikos** bestehen. Es ist sicherzustellen, dass die Verantwortung in den jeweiligen Unternehmensbereichen vollständig zugewiesen wird und wem der jeweilige Mitarbeiter im Falle der Nichtbewältigung das Risiko melden muss. Es sind nur die Risiken zu kommunizieren, deren Ausmaß die festgelegten Soll- bzw. Toleranzwerte übersteigt. Bei bestandsgefährdenden Risiken muss sichergestellt werden, dass diese unverzüglich dem Vorstand gemeldet werden.

34 **ff) Risikokommunikation.** Das Risikomanagementsystem steht und fällt mit der Sensibilisierung aller Unternehmensbeteiligten für die Risiken. Eine offene Fehlerkultur muss nicht nur implantiert, sondern auch nachhaltig gefördert werden. Je offener die Mitarbeiter mit Risiken umgehen, umso aussagefähiger ist die Konsistenz der Datenbasis. Die Verantwortung für die **Kommunikation** und die **Kommunikationswege** muss eindeutig festgelegt sein.

35 Die Dauerhaftigkeit und Qualität der Kommunikation wird durch die Benennung einzelner Verantwortlicher gesichert. Durch das Reporting der Risiken werden auch soge-

---

[22] *Offerhaus* in Münchener Handbuch zum Aktienrecht, § 18 Rn. 26.

nannte **schwache Signale** im Unternehmensprozess systematisch erfasst und entsprechend kommuniziert (Früherkennungssystem). Durch die Integration der schwachen Signale in das Berichtswesen eines Unternehmens soll insbesondere eine konsistente Datenbasis für strategische Managemententscheidungen geschaffen werden. Die Unkenntnis bzw. Unklarheit hinsichtlich zu erwartender Risiken wird konkretisiert und die Informationen gewinnen an Struktur.

Individuell ist zu entscheiden, ob ein eigenständiges Berichtswesen eingerichtet oder gegebenenfalls das bisherige Berichtswesen ergänzt werden soll. Mittlerweile bieten eine Vielzahl von Softwareanbietern entsprechende Lösungen zum Thema Risikofrüherkennung bzw. Risikomanagementsystem an. Ein **permanentes Risiko-Reporting,** das auch strategische Risiken wie zum Beispiel mögliche Veränderungen von Produktzyklen, Wettbewerbsbedingungen oder internen Prozessen aufzeigt, ist sowohl in expansiven Wachstumsmärkten wie auch im Verdrängungswettbewerb unabdingbar.

gg) Dokumentation des Risikomanagementsystems. Um eine kontinuierliche und systematische Pflege im Sinne des Risikomanagementsystems zu gewährleisten ist es notwendig, eine nachvollziehbare **Dokumentation** der einzelnen Prozessschritte zu gewährleisten. Hierbei kommt es auf die Sicherstellung der dauerhaften, personenunabhängigen Funktionsfähigkeit der getroffenen Maßnahmen an. Des Weiteren erfüllt die Dokumentation die Anforderungen bezüglich der Rechenschafts-, Sicherungs- und Prüfbarkeitsfunktion. Empfehlenswert ist es, ein Risikohandbuch einzurichten.[23]

4. Krisenbewältigung im fortgeschrittenen Stadium

a) Leistungswirtschaftliche Sanierung

Ist die Krise bereits fortgeschritten, sind bei den meisten Krisenunternehmen neben strategischen Fehlentwicklungen auch Probleme in den leistungswirtschaftlichen Bereichen festzustellen. Deshalb sind insbesondere die Funktionen
– Vertrieb
– Produktion und Logistik
– Einkauf
– Personal
– Finanzen und Controlling.
auf Schwachstellen hin zu untersuchen.

Vertrieb. Durch die Analyse von Umsatzentwicklung, Kundenstruktur, Auftragseingängen und Auftragsbestand können erste Erkenntnisse für die Finanz- und Liquiditätsplanung gewonnen werden. Die weitere Analyse von Verantwortungsbereichen, regionaler Verteilung, und die Realisierungsquote von Angeboten lässt weitere Erkenntnisse über Fehlentwicklungen und daraus einzuleitende Maßnahmen zu.[24]

Inner- und außerbetriebliche Benchmarks können genutzt werden, um die Leistungsfähigkeit des Vertriebs einzuschätzen und das Anreizsystem der Vertriebsmitarbeiter zu optimieren. Nachdem eine Vertriebskostenanalyse durchgeführt wurde, können gezielte Maßnahmen zur Verbesserung der Liquidität eingeleitet werden. Hierfür sollten die Kunden bzw. Projekte hinsichtlich ihres kurzfristig liquiditätswirksamen Potentials priorisiert werden.

Kostensenkungsmaßnahmen können kurzfristig zB durch die Reduzierung von Fahrt- und Übernachtungskosten, durch eine vermehrt telefonische Kundenbetreuung, zeitlich und räumlich optimierte Besuchsplanung oder auch die Nutzung günstigerer Transportmittel und Übernachtungsmöglichkeiten realisiert werden. Um die Vertriebskapazitäten möglichst wirkungsvoll einzusetzen, sollten die Deckungsbeiträge pro Kunde und Produkt möglichst zeitnah untersucht werden.

---

[23] *Offerhaus* in Münchener Handbuch zum Aktienrecht, § 18 Rn. 26.
[24] IDW S 6 Tz. 95.

42 Zur planerischen Erhöhung der Produktivität werden in der Praxis oftmals höhere zukünftige Umsätze bei gleichbleibenden Kosten geplant. Soweit sich derartige Umsatzerhöhungen nicht bereits konkret zuordnen und ableiten lassen ist hiervon generell abzuraten, da sich Hoffnungsläufe in Krisenfällen erfahrungsgemäß so gut wie nie realisieren lassen. Auch im Sinne einer vertrauensvollen Zusammenarbeit mit den Adressaten eines ggf. zu erstellenden Restrukturierungs- bzw. Sanierungskonzepts ist hiervon Abstand zu nehmen.

43 Als operative Sofortmaßnahmen im Vertrieb zur Sicherung des Unternehmensbestandes kommen in Betracht:[25]
- Straffung Vertriebsprozess: Kundenkontakt erhöhen und Abläufe vereinfachen
- Sonderverkäufe hoher Vorratsbestände zur Verflüssigung von Vermögenswerten
- Spezielle Vertriebsprogramme (Alt-, Neukundengewinnung sowie produktspezifisch)
- Zielvereinbarungen mit Vertriebsinnen- und Außendienst
- Straffe Kontrolle der Zielerreichung
- Liquiditätsorientiertes Anreizsystem (Deckungsbeitragsprovision bei Zahlungseingang)
- Konzentration auf Projekte mit hoher und kurzfristiger Realisierungschance

44 Die restriktive Handhabung von Skonti, Boni und Zahlungszielen und eine Nachverhandlung von Abgabepreisen wirken ebenfalls liquiditätsentlastend. Kundengutschriften aufgrund von Falschlieferungen, Reklamationen, Stornierungen und Preisnachlässen führen zu einer Verminderung der Einzahlungen. Die Analyse der Verursachung gibt Aufschluss über die Qualität in den betrieblichen Abläufen und den Prozess der Leistungserstellung. Die Erteilung von Kundengutschriften im Unternehmen sollte zwar vom Vertrieb in Zusammenwirkung mit dem Qualitätsmanagement vorbereitet, aber generell vom Controlling bzw. der Geschäftsleitung genehmigt werden.

45 **Produktion und Logistik.** Die Beurteilung der Qualität der Bereiche Produktion und Logistik ist ein zentraler Baustein eines Restrukturierungs-/Sanierungskonzepts. Interdependenzen und Wechselwirkungen zu anderen Unternehmensbereichen sind vielfältig und vielschichtig. Gerade bei sehr stark vertriebsorientierten Unternehmen sind diese Wechselwirkungen zwischen Ursache und Wirkung oft offenkundig. Sind die Vertriebsplanungen unzureichend wird an der Kundennachfrage vorbeiproduziert, Überbestände oder Ineffektivitäten durch „Schnellschüsse" in der Produktion sind die Folge.

46 Kennzahlen wie Lieferrückstände, Durchlaufzeiten, Bestandsentwicklung und Lagerumschlagsdauer, Ausschussquote, Anzahl Kundenreklamationen, Abschreibungsquote der Maschinen und Rohertrag/Deckungsbeitrag pro Mitarbeiter lassen in ihrer Entwicklung auf Fehlallokationen in der Produktionsplanung und -steuerung, im Fertigungsfluss, in Fertigungsanläufen, in Kostenstrukturen (Anteil der Gemeinkosten, Entlohnungssystem, Vorgabezeiten, Instandhaltungsaufwand) oder aber in mangelnder Kommunikation zwischen Vertrieb, Disposition und Produktion schließen und geben somit Ansatzpunkte für die Realisierung von Verbesserungspotenzialen.

47 Im Bereich Produktion und Logistik dienen die Sofortmaßnahmen vorrangig der Senkung liquiditätswirksamer Kosten sowie der organisatorischen Anpassung der Führungs- und Kommunikationsstrukturen an die Anforderungen der Sanierung. Unternehmensindividuelle Maßnahmen hängen dabei von den Ergebnissen der Grobanalyse ab.[26]

48 Kostensenkungen in der Produktion und Logistik können kurzfristig in einer Verringerung der Kapitalbindung durch niedrigere Umlauf- und Lagerbestände, der Verringerung der Durchlaufzeiten in der Fertigung und Abbau von Zwischenlagern, Optimierung der Produktionslosgrößen sowie dem Senken von Transportkosten realisiert werden. Die Liquidität kann unter Umständen auch durch die Einführung von just in time Belieferung bzw. das Outsourcen der Lagerung auf Lieferanten entlastet werden. Instandhaltung, War-

---

[25] Vgl. *Ziechmann* in Buth/Hermanns (Hrsg.) 2009, § 7 Rn. 56 ff.; *Steffan* WPg Themenheft 5/2009, 278 f.; IDW S 6 Tz. 12, 109.
[26] *Jugel* in Buth/Hermanns (Hrsg.) 2009, § 8 Rn. 36 ff. und *Steffan* WPg Themenheft 5/2009, 273 ff.

tung und Reparatur von Maschinen und technischen Anlagen sollten, wenn möglich selbst durchgeführt bzw., wenn nicht dringend erforderlich, etwas hinausgezögert werden. Für die Betriebsfortführung nicht zwingend benötigte Vermögensgegenstände, Rohstoffe und Halbfertigerzeugnisse sollten identifiziert und veräußert werden. Zu beachten ist, dass der Bestandsabbau in der Fertigung eine verbesserte Produktionsplanung und -steuerung erfordert, da der Puffereffekt hoher Bestände entfällt. Kurzfristige Leerkapazitäten sollten nach Möglichkeit durch Lohnarbeiten kompensiert werden und die Fertigungstiefe (make or buy) nach Liquiditätsaspekten optimiert werden. Eine Straffung der Produktpalette und ein Reengineering einzelner Produkte sind hingegen Möglichkeiten, Kosten auch nachhaltig zu senken.[27]

Mit der Regelung der Verantwortungs- und Entscheidungsbefugnisse (Einschränkung der Entscheidungsräume für Materialdisposition und Einkauf), der Anpassung von Berichts- und Kommunikationssystemen (kürzere Berichtszeiträume, gestraffte Berichtsinhalte und direkte Berichtswege) und einer überschaubaren, auf die Sanierung abgestimmten Dokumentation werden die organisatorischen Voraussetzungen für die Sanierung geschaffen. Eine enge Zusammenarbeit mit dem Controlling (Liquidation von Produkten mit negativem oder niedrigem Deckungsbeitrag) und dem Liquiditätsmanagement (Bewertung der Liquiditätswirksamkeit von Maßnahmen, notwendige Beschaffungen) ist dabei zielführend.[28]

Einkauf. Aufgrund eines oft hohen Wareneinsatzes wickelt der Einkauf den größten Kostenblock im Unternehmen ab. Er steht dabei in der Krise oft vor dem Problem, dass aufgrund von Liquiditätsengpässen nicht nur eine Skontierung regelmäßig nicht mehr möglich ist sondern von Lieferanten eingeräumte Zahlungsziele oftmals überschritten werden, so dass über eine Verlängerung der Zahlungsziele verhandelt werden muss, was wiederum die eigene Verhandlungsposition bei Preisverhandlungen erheblich schwächt. Eine Orientierung an optimalen Bestellmengen ist oftmals nicht mehr möglich, woraus Mindermengenzuschläge und zusätzliche Abwicklungskosten resultieren können.

Soweit aufgrund Liquiditätsmangel Verzögerungen im Materialfluss zu erwarten sind, führt dies zu Unterauslastungen und Verzögerungen in der Produktion, dann folgend bei der Auslieferung und letztendlich im Geldeingang von Kunden. Zu beachten ist ferner, dass Lieferanten, die ihre Lieferbeziehung über einen Kreditversicherer abgesichert haben, verpflichtet sind, den Kreditversicherer über eine wirtschaftliche Schieflage ihres Kunden zu unterrichten. Dies kann zu einer Verschlechterung des Ratings und somit einer Herabsetzung der versicherten Linie durch den Kreditversicherer führen, was wiederum die Liquiditätssituation noch weiter verschärft. Oft ist auch ein zunehmendes Verlangen nach Vorauskasse von Seiten der Lieferanten festzustellen. Die finanzielle Schieflage wird dann evident.

Der Einkauf und insbesondere auch der Vorstand haben deshalb ausreichend Zeit für die Pflege des Verhältnisses zu Lieferanten und Kreditversicherern aufzubringen. Rechtzeitige vertrauensbildende Maßnahmen wie die offene und transparente Kommunikation aller relevanter Informationen über die wirtschaftliche Situation und ggf. das Restrukturierungs-/Sanierungsprojekt sowie das Einhalten von (finanziellen) Zusagen schaffen Vertrauen und verhindern Überreaktionen wie zB eine Kürzung des Lieferantenkredits bzw. Lieferung ausschließlich gegen Vorauskasse. Liegen gegenseitige wirtschaftliche Abhängigkeiten vor und lässt es die wirtschaftliche Lage des Lieferanten zu, können auch bei eigener Schieflage finanzielle Beiträge des Lieferanten erreicht werden.

Effizienzsteigerungen im Einkauf sind beispielsweise auch durch Nutzung eines verbesserten Informationssystems möglich. Die Einkaufskonditionen können im Rahmen der Grobanalyse durch einen Branchenvergleich des Materialaufwands, stichprobenweise Über-

---

[27] IDW S 6 Tz. 118; *Steffan* WPg Themenheft 5/2009, 278 f.
[28] Vgl. *Steffan* WPg Themenheft 5/2009, 279 ff.

prüfung der Bezugskosten für A-Artikel sowie mit dem Fachwissen externer Berater mit detaillierter Branchenkenntnis überprüft werden.

54 Soweit durch liquiditätsschaffende Maßnahmen (zB Verkauf von nicht betriebsnotwendigem Vermögen) Mittel frei werden und diese zur Optimierung des Lieferantenverhältnisses eingesetzt werden können, lassen sich im Einkauf oft große und schnelle Kosteneinsparungen erzielen.[29] In Preisverhandlungen wird die eigene Position verbessert, neben Skontierträgen sind dann unter Umständen auch weitere Preiszugeständnisse des Lieferanten möglich. Durch Umsteigen auf Systemlieferanten, Nutzung gemeinsamer Kostenoptimierungsprogramme die auf Win-Win-Verhältnissen beruhen sind daneben oft hohe Einsparpotenziale zu realisieren. Typische Win-Win-Situationen entstehen zB bei der:
– Reduzierung der Produktionsanforderungen
– Reduzierung der Transport- und Lagerkosten aufgrund von Losgrößenänderungen, besserer Kapazitätsauslastung und der Einrichtung von Konsignationslägern
– Reduzierung der Herstellkosten aufgrund verbesserter Planungsinformationen vom Abnehmer sowie durch Reduzierung der Materialkosten des Lieferanten mit Hilfe der Übertragung der Lerneffekte und besserer Planungsdaten für die eigenen Zulieferer.

55 **Personal.** Qualifizierte Mitarbeiter besitzen für das Unternehmen wichtige Problemlösungs- und Leistungspotenziale und sind so ein Schlüssel zur Überwindung der Krise. In der Regel sind es die guten Mitarbeiter, die aus eigenem Antrieb als erste das Krisenunternehmen verlassen, wenn sie erkennen, dass das Unternehmen auf die Krise nicht oder nur zaghaft reagiert. Dem ist frühzeitig durch Gespräche mit Mitarbeitern in Schlüsselpositionen vorzubeugen.

56 Krisenunternehmen verfügen häufig nicht über ein zielgerichtetes Personalcontrolling sowie fehlende juristische Kenntnisse bei der Umsetzung von Personalanpassungsmaßnahmen in der Krise. So ist es im Rahmen der Grobanalyse oft schwierig, Personalbestand, Struktur und Lohnzahlungen zu bestimmen und notwendige Anpassungen einzuleiten. Für Analysezwecke ist die Verwendung von Kennzahlen sinnvoll, die ausgehend von der Personalstruktur (Verhältnis direkte zu indirekten Kräften, Altersgruppen, Qualifikation, Betriebszugehörigkeit), die Produktivität und Motivation der Mitarbeiter widerspiegeln. Als Produktivitätskennzahl ist neben der Leistung pro Mitarbeiter die Verwendung des Rohertrags pro Mitarbeiter sinnvoll, da hierin Veränderungen in der Wertschöpfungstiefe im Zeitablauf eliminiert werden. Die Fluktuationsrate und Fehlzeiten spiegeln das Arbeitsklima im Unternehmen wider.[30]

57 Ausgehend von der Analyse kommen folgende Maßnahmen in Betracht:[31]
– **Flexibilisierung der Arbeitszeit.** Mit einer kapazitätsorientierten Variabilisierung der Arbeitszeiten gehen Produktivitätssteigerungen einher, Leerkosten und Spitzen werden nivelliert, teilweise ist auch ein Verzicht auf die (teure) dritte Schicht möglich.
– **Abbau der Überstunden** durch optimierte Kapazitätsauslastung. Dadurch entfallen auch teure Überstundenzuschläge.
– **Versetzungen und Umbesetzungen.**
– **Festlegung von Urlaub** in Monate mit schwacher Auslastung.
– **Personalabbau** durch Aufhebungsverträge, Nutzung von Vorruhestandsregelungen und Altersteilzeit oder betriebsbedingten Kündigungen.
– **Beitrag der im Unternehmen verbleibenden Mitarbeiter** durch Verzicht auf Tariferhöhungen, Stundung oder Verzicht von Gehaltsbestandteilen und Schließung des Versorgungswerks.

58 Auch was den Umgang mit dem Personal angeht gilt, dass rechtzeitige vertrauensbildende Maßnahmen, wie die offene und transparente Kommunikation aller relevanten Informationen über das Restrukturierungs-/Sanierungsprojekt und diesem zugrunde liegenden Sa-

---

[29] Vgl. auch *Steffan* WPg Themenheft 5/2009, 276 f.
[30] Zu den Sofortmaßnahmen im Personalbereich vgl. auch *Steffan* WPg Themenheft 5/2009, 277 ff.
[31] IDW S 6 Tz. 116.

nierungsmaßnahmen, eine konstruktive Zusammenarbeit mit dem Betriebsrat und den Tarifpartnern fördern. Dadurch kann auch eher Verständnis für das Erfordernis eines Beitrags der Mitarbeiter durch den Abschluss entsprechender Betriebsvereinbarungen bzw. Haustarifverträge geweckt werden.

Finanzen und Controlling. Der Bereich Finanzen nimmt in der Restrukturierung/ Sanierung eine Schlüsselrolle ein, da sich der Verlauf der Restrukturierung/Sanierung und letztendlich alle Maßnahmen in der Liquiditätsentwicklung widerspiegeln. Unvorhergesehene Risiken führen regelmäßig zu ungeplanten Liquiditätsabflüssen und gefährden den Restrukturierungs-/Sanierungserfolg. Dem integrierten Finanzplan sowie der Schaffung von Liquidität und der Liquiditätssteuerung sind somit höchste Prioritäten einzuräumen. Negative Abweichungen vom Finanzplan werden selten verziehen, daher sollte vorsichtig geplant werden. Letztendlich gilt in einer Krise: Die Liquidität ist das höchste Gut!

Zunächst ist die Ergebnis-, Finanz- und Vermögenslage des Unternehmens zu erfassen und deren weitere Entwicklung auf Basis der gegebenen Rahmenbedingungen abzuschätzen.[32] Darauf aufbauend sind sodann als Sofortmaßnahmen im Rahmen des Liquiditätsmanagements Einzahlungen abzusichern und, wo immer möglich, zu beschleunigen. Bezüglich ihrer Fälligkeit sind Auszahlungen dagegen, soweit möglich durch Stundungen, zeitlich nach hinten zu verlagern.

Im Mahnwesen ist oft ein ungenügender Automatisierungsgrad festzustellen. Im Hinblick auf ein „gutes" Kundenverhältnis werden Mahnungen häufig zurückgehalten. Die Beitreibung der offenen Posten ist in der Liquiditätskrise zu forcieren, Zahlungsziele sind, soweit möglich, zu reduzieren. Im Bereich des Vorratsvermögens ist zu analysieren, ob Überbestände im Bereich der Roh-, Hilfs- und Betriebsstoffe zurückgegeben oder abverkauft werden können. Die Ausgaben sind radikal zu reduzieren. Hilfreich ist dabei, wenn alle zwingend notwendigen Bestellungen vom Controlling bzw. vom Vorstand abgezeichnet werden müssen und das Liquiditätsmanagement ausstehende Zahlungen nach Liquiditätsgesichtspunkten koordiniert.

Neben den bereits genannten Sofortmaßnahmen kommen weiterhin in Betracht:
– Zahlungsbedingungen optimieren (Anzahlungen, Vorkasse)
– Sonderkonditionen für Sofortzahler (mit Vertrieb abgestimmt)
– Factoring bzw. Inkassobüro einsetzen, gerichtliche Verfahren anstrengen
– Lediglich strategisch wichtigen Einkauf zulassen

Forderungen, die nicht mehr werthaltig sind, sind in ihrem Wert zu berichtigen, um eine realistische Planungsgrundlage zu erhalten. Entstehende Kosten und der Abstimmungsaufwand zur Klärung von Zweifelsfällen sind beim Einsatz von Factoring- bzw. Inkassounternehmen zu berücksichtigen.

Das Sanierungscontrolling ist das wichtigste Navigationsinstrument um die Sicherung des Unternehmensbestandes und die Zielerreichung im Rahmen des Sanierungskonzeptes sicherzustellen.[33] Um dieser Anforderung gerecht zu werden, ist das bestehende Controlling-System an die neuen Erfordernisse anzupassen. Soweit nicht vorhanden, ist ein zeitnahes und aussagekräftiges Berichtswesen einzuführen, das neben dem obligatorischen Soll-Ist-Vergleich die wichtigsten Steuerungsgrößen enthält und bezüglich Inhalt und Aufbau den Anforderungen der jeweiligen (auch externen) Adressaten genügt.[34]

Um Ressourcen für andere Controlling-Bereiche (Deckungsbeitragsüberprüfung der Produktion, Controlling von Outsourcing Projekten) bereitzustellen, ist das Berichtswesen auf sanierungsrelevante Teile zu reduzieren. Um aussagefähiges Datenmaterial sicherzustellen sind Reportingzyklen zu verkürzen und die Aktualität durch schnelleres Processing ab-

---

[32] IDW S 6 Tz. 12 ff., 56.
[33] Vgl. *Steffan/Anders,* Sanierungscontrolling als Erfolgsfaktor für die Umsetzung des Sanierungskonzepts, BFuP 62 (2010), 291.
[34] Vgl. *Steffan/Anders,* Sanierungscontrolling als Erfolgsfaktor für die Umsetzung des Sanierungskonzepts, BFuP 62 (2010), 300.

zusichern. Dabei ist zu berücksichtigen, dass der durch die Sofortmaßnahmen beeinflusste Unternehmensplan integriert als Ergebnis-, Bilanz und Liquiditätsplan erstellt werden sollte. Eine integrierte Unternehmensplanung zeigt Inkonsistenzen in der Planung auf und ist des Weiteren für das zu erstellende Sanierungskonzept notwendig. Im Rahmen des Sanierungscontrollings sind grundsätzlich die festgelegten Maßnahmen entsprechend ihrem Fortschritt zu erfassen und den Sollwerten im Berichtswesen gegenüberzustellen.

b) Finanzwirtschaftliche Sanierung

66 Die finanzielle Sanierung dient in erster Linie der Vermeidung bzw. Abwendung der (drohenden) Zahlungsunfähigkeit und Überschuldung. Zur Vermeidung der (drohenden) Illiquidität ist „fresh money" erforderlich um das Unternehmen zu retten. In diesem Zusammenhang stellt sich für potenzielle Geldgeber immer die Frage, ob man dem schlechten noch gutes Geld hinterherwerfen soll.

67 Finanzielle Beiträge können geleistet werden durch:
– Aktionäre
– Mezzanine Geldgeber
– Lieferantengläubiger
– Kreditinstitute

68 **Aktionäre.** In wirtschaftlichen Schieflagen sind zunächst die Aktionäre gefordert. Soweit diese in der Lage sind, haben sie nach allgemeinem Verständnis ausreichend Kapital zur Verfügung zu stellen und insbesondere eine Verlustfinanzierung zu übernehmen. Die Kapitalerhöhung nach §§ 182 ff. AktG oder die Einzahlung auf ausstehende Einlagen sind dabei die wirksamsten Mittel der finanziellen Sanierung, da sie neben dem positiven Eigenkapitaleffekt dem Unternehmen auch zusätzliche Liquidität zur Verfügung stellen.

69 Alternativ kann auch eine vereinfachte Kapitalherabsetzung nach den Vorschriften der §§ 229 ff. AktG mit anschließender Kapitalerhöhung zum Verlustausgleich sinnvoll sein.[35] Oft ist im ersten Schritt jedoch eine (erfolgsneutrale) Einzahlung in die Kapitalrücklage nach § 272 Abs. 2 Ziff. 4 HGB oder die Gewährung von Zuschüssen, die in der Gewinn- und Verlustrechnung als außerordentlicher Ertrag auszuweisen sind, ausreichend. Diskussionen zwischen den Aktionären ruft dies jedoch hervor, soweit bei den letztgenannten Alternativen nicht alle Aktionäre entsprechend ihrer Beteiligungsquote mitziehen.

70 Die Gewährung von Aktionärsdarlehen hat in der Praxis insbesondere bei mittelständisch geprägten und insbesondere Familien-AGs große Bedeutung, da die Aktionäre häufig die einzige Finanzierungsquelle sind, aber aus unterschiedlichen Gründen kein handelsrechtliches Eigenkapital zuführen wollen. Die Bedeutung verstärkt sich insbesondere in Krisensituationen. Auch nach der Neukonzeption des § 39 Abs. 1 Nr. 5 InsO ist ein Gesellschafterdarlehen (Aktionärsdarlehen sind ihnen gleichgestellt) als Fremdkapital auszuweisen, es lässt sich folglich kein handelsrechtlicher Eigenkapitaleffekt damit erzielen.[36] Ansprüche, die gemäß § 39 Abs. 1 Nr. 5 InsO nachrangige Insolvenzverbindlichkeiten bilden, sind auch in der Überschuldungsbilanz zu passivieren, wenn keine rechtswirksamen Rangrücktrittserklärungen vorliegen.[37] Ausnahmsweise ist die Forderung eines Aktionärs eine Insolvenzforderung nach § 38 InsO, wenn er sich auf das Sanierungsprivileg des § 39 Abs. 4 Satz 2 InsO oder das Kleinbeteiligungsprivileg des § 39 Abs. 5 InsO berufen kann. Für das Kleinbeteiligungsprivileg gilt die 10%-Grenze.[38]

71 Ein endgültiger Verzicht auf ein Aktionärsdarlehen oder Verzicht mit Besserungsschein über den Rangrücktritt hinaus erfolgt aufseiten des Darlehensgebers häufig, um das Bilanzbild der in einer Krisensituation befindlichen AG zu verbessern. Allerdings sollte der Aktionär bereits im Vorfeld einer derartigen Krisensituation Überlegungen im Zusammenhang mit der steuerlichen Behandlung seiner Darlehen im Falle einer Insolvenz des Unterneh-

---

[35] *Busch* in Handbuch börsennotierte AG § 47 Rn. 15.
[36] *Preuß* in Kübler/Prütting/Bork InsO § 39 Rn. 31.
[37] *Pape* in Kübler/Prütting/Bork InsO § 19 Rn. 69.
[38] *Bäuerle* in Braun InsO § 39 Rn. 16.

4. Krisenbewältigung im fortgeschrittenen Stadium 72–76 § 9

mens anstellen. Forderungsverzichte von Aktionären sind zwar handelsrechtlich wie Sanierungszuschüsse erfolgswirksam zu behandeln, nach der Rechtsprechung[39] ist der Forderungsverzicht eines Gesellschafters einer Kapitalgesellschaft steuerlich aber nur in Höhe des werthaltigen Teils der Forderung eine Einlage in das Vermögen der Kapitalgesellschaft. Soweit die Verzichtsforderung nicht werthaltig ist, führt dies auf der Ebene der Kapitalgesellschaft zu einem steuerpflichtigen Gewinn, der als Sanierungsgewinn jedoch begünstigt sein kann, wenn er in ein Sanierungskonzept eingebettet ist.[40]

Bei einem Verzicht erlischt die Forderung des Aktionärs endgültig, selbst wenn die AG 72 später wieder in der Lage wäre, die frühere Forderung zu bedienen. Der Aktionär kann deshalb anlässlich eines Verzichts vereinbaren, dass die Forderung wieder auflebt, wenn es die Vermögens- und Ertragslage der AG wieder zulässt. Der Aktionär erhält dadurch einen Besserungsschein[41], der im Besserungsfall bei der AG zu einem handelsrechtlichen Aufwand führt. Die steuerliche Behandlung des „Wiederauflebens" erfolgt analog der steuerlichen Behandlung bei der handelsrechtlichen Ausbuchung des Darlehens. War die Ausbuchung des Darlehens beispielsweise steuerneutral weil eine verdeckte Einlage vorlag, so kann der handelsrechtliche Aufwand aus der Besserungsabrede ebenfalls steuerlich nicht berücksichtigt werden. Vielmehr wandelt sich im Zeitpunkt des Bedingungseintritts (Besserung) das Eigenkapital wieder erfolgsneutral in Fremdkapital um.

Eine ordentliche Kapitalherabsetzung ist wegen des hohen Zeitaufwandes und des auf- 73 wändigen Gläubigerschutzes zur kurzfristigen Sicherung des Unternehmensbestandes nicht praktikabel. Dagegen beseitigt die sanierende Kapitalherabsetzung mit anschließender Kapitalerhöhung gegen Bareinlage aufgelaufene Verluste, welche zur Unterbilanz bzw. bilanzieller Überschuldung geführt haben und schafft durch verbesserte Kreditwürdigkeit leichter Zugang zu neuer Liquidität. Neue Gesellschafter werden aufgrund des Kapitalschnitts nicht durch die Verluste der Altgesellschafter belastet.

Lieferantengläubiger. Maßnahmen der Lieferantengläubiger können sein: Zahlungs- 74 aufschub, Moratorium mit Tilgungsplan, (Teil-)Erlass sowie Umwandlung von Krediten in Beteiligungen (Debt-Equity-Swap).

Kreditinstitute. Es ist für das Unternehmen in der fortgeschrittenen Krise überlebens- 75 notwendig, möglichst frühzeitig die entsprechenden Maßnahmen gemeinsam mit den finanzierenden Kreditinstituten einzuleiten. Kreditinstitute werden nach Bekanntwerden der Krise uU bestrebt sein, ihre Risikoposition durch die Hereinnahme von weiteren Sicherheiten für Altkredite zu reduzieren oder die Rückführung von Krediten zu verlangen. In einer fortgeschrittenen Krise ist dies oftmals nicht möglich, da regelmäßig keine freien Sicherheiten mehr bestehen und die Liquidität nicht mehr vorhanden ist. Es ist daher von großer Bedeutung, die an der Finanzierung der notleidenden Unternehmung beteiligten Gruppen mindestens zum Stillhalten zu bewegen. Das Ausscheren einzelner Gläubiger kann die Sanierungsbemühungen zunichtemachen, da die haftende Masse verringert wird und die verbleibenden Gläubiger dadurch schlechter gestellt werden. Offene, vertrauensbildende Kommunikation, rasche Umsetzung der Maßnahmen und das Einhalten von Zusagen sind entscheidende Erfolgsfaktoren bei der Umsetzung des Sanierungskonzepts.[42]

Es gilt in den Gesprächen mit den Kreditinstituten die Rahmenbedingungen für eine er- 76 folgreiche Sanierung zu schaffen. Um dies zu erreichen, müssen neben den Kreditinstituten auch Lieferanten und Kreditversicherer dem Unternehmen uneingeschränkt zur Seite stehen. Dies ist oft der schwierigste Teil der Sanierung, für sich das Management Unterstützung durch einen unbelasteten und erfahrenen Berater hinzuziehen sollte. Der Berater sollte über Erfahrung in der Krisenbewältigung und die entsprechenden Kontakte zu Kre-

---

[39] BFH v. 9.6.1997, GrS 1/94, BStBl. II 1998, 307.
[40] BMF v. 27.3.2003, IV A 6, weitere Anwendbarkeit bestätigt für Steuertatbestände, die nach dem 31.12.2011 verwirklicht werden, durch BMF IV A 2 v. 9.4.2013, DStR 2013, 864.
[41] Vgl. *Schulze-Osterloh* WPg 1996, 97.
[42] Vgl. weiterführend *Reiner* WPg Themenheft 5/2009, 320 ff.

ditinstituten und Kreditversicherern sowie über einen entsprechenden Vertrauensvorschuss verfügen.

77 Im Rahmen der Grobanalyse wird zuerst die finanzwirtschaftliche Situation aufgenommen. Hierzu werden alle vorhandenen und freien Kreditlinien sowie die Besicherungen aufgenommen. Weiterhin muss geprüft werden, ob in der jüngeren Vergangenheit Kredite zurückgeführt wurden oder eine weitere Besicherung von Altkrediten erfolgte.

78 Sofortmaßnahmen bezüglich der Kreditinstitute können sein:
– Aufrechterhaltung von Kreditlinien in der Krise verhandeln
– Umleitung von Einzahlungen auf Konten mit weiterbestehenden Kreditlinien
– Zins- und Tilgungsmoratorien anstreben
– Gewährung eines Überbrückungskredites verhandeln

79 Um die vorhandenen Sicherheiten anteilig auf die in der Krise finanzierenden Gläubiger zu verteilen und ein Ausscheren einzelner Gläubiger zu verhindern, kann der Abschluss von **Sicherheitenpoolverträgen** sinnvoll sein. Mit einem **Überbrückungskredit** hingegen stellen Kreditinstitute dem Unternehmen in der Krise in einer völlig ungewissen Phase dringend benötigte Liquidität zur Sicherung des Unternehmensbestandes zur Verfügung. Diese Kredite sind in der Regel voll werthaltig zu besichern und dienen der Überbrückung des Zeitraumes zwischen Krisenerkennung und der Erstellung des Sanierungskonzeptes. Entsprechende Sicherheiten sind hierfür, wenn noch möglich, vorzuhalten.

5. Pflichten des Vorstands als Krisenmanager

a) Laufende Beobachtung der wirtschaftlichen Lage

80 Nach der Rechtsprechung muss sich der Vorstand stets über die wirtschaftliche Lage der AG vergewissern und Hinweise auf eine Insolvenzgefahr erkennen können.[43] Dies folgt aus der Sorgfaltspflicht des ordentlichen und gewissenhaften Geschäftsleiters, der verpflichtet ist, die wirtschaftliche Lage des Unternehmens laufend zu beobachten, sowie aus § 15a InsO, wenn es um den Nachweis geht, dass ein Insolvenzantrag ohne schuldhaftes Zögern gestellt wurde. Der Vorstand muss somit den Nachweis dafür erbringen können, dass er die wirtschaftliche Entwicklung seines Unternehmens jederzeit im Blick hatte, die Unternehmensplanung aufgrund plausibler Annahmen erstellt hat, und dass das Unternehmen auch in der Lage war, die Planannahmen entsprechend umzusetzen.[44] Andernfalls drohen den Verantwortlichen Haftung und Strafbarkeit wegen Insolvenzverschleppung.

b) Verlustanzeige und Einberufung der Hauptversammlung

81 Gemäß § 92 Abs. 1 AktG hat der Vorstand unverzüglich die **Hauptversammlung einzuberufen,** sobald sich aus der Aufstellung einer Jahresbilanz, einer Zwischenbilanz oder bei pflichtgemäßem Ermessen ergibt, dass die Hälfte des Grundkapitals nicht mehr vorhanden ist. Kommt der Vorstand dieser Pflicht nicht nach, so macht er sich der Gesellschaft gegenüber gemäß § 93 Abs. 2 AktG schadensersatzpflichtig.

c) Zahlungsverbot

82 Mit Eintritt der Zahlungsunfähigkeit und/oder Überschuldung darf ein Vorstand nach § 92 Abs. 2 Satz 1 AktG **keine Zahlungen** mehr leisten, die mit der **Sorgfalt eines ordentlichen und gewissenhaften Geschäftsleiters nicht zu vereinbaren** sind.[45] Die erforderliche Sorgfalt ist in jedem Fall eingehalten, wenn die Zahlungen geeignet sind,

---

[43] BGH DB 2007, 1477 Rn. 16.
[44] Hierzu bereits BGH DB 2005, 996 ff., wonach die Gesellschaft bzw. der Insolvenzverwalter zunächst substanziiert eine Überschuldung zu einem bestimmten Zeitpunkt darzulegen hat und das Geschäftsführungsorgan sodann darzulegen und zu beweisen hat, dass es zum damaligen Beurteilungszeitpunkt pflichtgemäß von einer positiven Fortbestehensprognose ausgehen durfte. So auch OLG Koblenz DB 2003, 419 ff.
[45] *Haas/Hock* in Gottwald Insolvenzrechts-Handbuch § 93 Rn. 10.

5. Pflichten des Vorstands als Krisenmanager

den Zusammenbruch der Gesellschaft zu verhindern oder Nachteile für die Insolvenzmasse abzuwenden. Auch Bargeschäfte (Definition s. § 142 InsO), bei denen der Gesellschaft ein adäquater Gegenwert zufließt, sind unschädlich.[46] Verstößt ein Vorstand gegen die Vorschrift, so macht er sich nach § 93 Abs. 3 Nr. 6 AktG gegenüber der Gesellschaft schadensersatzpflichtig. Maßgeblicher Zeitpunkt ist der Eintritt der Insolvenzreife und nicht erst das Ende der Insolvenzantragspflicht.[47] § 92 Abs. 2 AktG richtet sich zwar nur an den Vorstand aber auch den Aufsichtsrat treffen Informations-, Beratungs- und Überwachungspflichten. Um seinen Pflichten nachzukommen hat der Aufsichtsrat alle ihm nach §§ 90 Abs. 3, 111 Abs. 2 AktG zur Verfügung stehenden Erkenntnisquellen zu nutzen.[48] Stellt der Aufsichtsrat dabei fest, dass die Gesellschaft insolvenzreif ist, hat er darauf hinzuwirken, dass der Vorstand keine Zahlungen mehr leistet, die mit der Sorgfalt eines ordentlichen und gewissenhaften Geschäftsleiters nicht vereinbar sind.[49] Erforderlichenfalls muss der Aufsichtsrat ein ihm unzuverlässig erscheinendes Vorstandsmitglied abberufen. Verstößt ein Aufsichtsratsmitglied gegen seine Pflicht, so ist es nach §§ 116, 93 Abs. 2 AktG haftbar.

d) Kapitalmarktrechtliche Pflichten

§ 15 WpHG begründet für börsennotierte Unternehmen die Pflicht zur unverzüglichen Veröffentlichung aller nicht öffentlich bekannter, kursrelevanter Informationen, die bei Bekanntwerden geeignet sind, den Börsenpreis erheblich zu beeinflussen. Diese sogenannte **Ad-hoc-Publizität** besteht auch während dem Insolvenzverfahren eines Unternehmens fort. Publizitätspflichtige Informationen sind unter anderem die Stellung eines Insolvenzantrags, die (bevorstehende) Zahlungsunfähigkeit und/oder Überschuldung, einschneidende Personalmaßnahmen und der Verlust der Hälfte des Grundkapitals.[50] Nicht mitteilungspflichtig ist das Vorliegen einer Unternehmenskrise, da dies wohl keine ausreichend konkretisierte Information im Sinne des § 13 WpHG darstellt.[51] Die Mitteilungspflicht kann sich unter Umständen in Krisensituationen negativ für das Unternehmen auswirken. Aus diesem Grund gibt es die Möglichkeit, sich von der Mitteilungspflicht zu befreien, soweit es der Schutz von berechtigten Interessen erfordert, keine Irreführung der Öffentlichkeit zu befürchten ist und der Emittent die Vertraulichkeit der Informationen gewährleisten kann (§ 15 Abs. 3 WpHG).

e) Insolvenzantragsrecht

Eine Aktiengesellschaft wird von ihrem **Vorstand** vertreten (§ 78 AktG). Soweit mehrere Vorstände bestellt wurden, ist jeder von ihnen **einzeln** und unabhängig von den anderen Vorstandsmitgliedern **zur Antragstellung berechtigt** (§ 15a InsO).[52] Lediglich bei einem Antrag aufgrund von drohender Zahlungsunfähigkeit (§ 18 Abs. 3 InsO) kommt es auf die gesellschaftsrechtliche Vertretungsbefugnis nach außen an.[53] Soweit der Antrag nicht von allen Mitgliedern des Vorstands gestellt wurde, ist der Antragsgrund glaubhaft zu machen (§§ 15 Abs. 2 InsO, 294 ZPO). Die Mitglieder eines Vorstandes, die den Antrag nicht mittragen, sind gemäß § 15 Abs. 2 Satz 3 InsO vom Gericht anzuhören.[54] Für den Fall der Führungslosigkeit einer AG[55] sieht § 15 Abs. 1 Satz 2 InsO auch ein Antragsrecht für jeden Gesellschafter und jedes Mitglied des Aufsichtsrates vor.

---

[46] *Schluck-Amend* in Handbuch der AG, Rn. 14.250.
[47] BGH NZG 2009, 550; *Haas/Hock* in Gottwald, Insolvenzrechts-Handbuch § 93 Rn. 10.
[48] BGH NZG 2009, 550 (551).
[49] *Haas/Hock* in Gottwald, Insolvenzrechts-Handbuch § 93 Rn. 10.
[50] *Schluck-Amend* in Handbuch der AG, Rn. 14.256.
[51] *Schluck-Amend* in Handbuch der AG, Rn. 14.256.
[52] *Schluck-Amend* in Handbuch der AG, Rn. 14.222.
[53] *Bußhardt* in Braun InsO § 18 Rn. 16 ff.; *Schluck-Amend* in Handbuch der AG, Rn. 14.222.
[54] *Schluck-Amend* in Handbuch der AG, Rn. 14.223.
[55] Eine Gesellschaft ist führungslos, wenn sie keinen organschaftlichen oder sonstigen Gesellschafter mehr hat.

Zu einem Insolvenzantrag berechtigt sind ferner auch **Gläubiger** des Unternehmens, soweit die Voraussetzungen des § 14 Abs. 1 InsO erfüllt sind. Es muss daher ein rechtliches Interesse bestehen und die Forderung sowie der Insolvenzgrund müssen glaubhaft gemacht werden (§ 294 ZPO).[56]

f) Insolvenzantragspflicht

85 In einem mehrköpfigen Vorstand hat jedes Mitglied die **Pflicht** einen Insolvenzantrag zu stellen.[57] Ein Vorstandsmitglied macht sich den Alt- und Neugläubigern gegenüber schadensersatzpflichtig, wenn es den Antrag zu spät stellt. Umstritten ist eine Schadensersatzpflicht gegenüber Aktionären, die ihre Anteile erst nach Eintritt des Insolvenzgrundes erworben haben. Eine solche ist nicht anzunehmen, da es sich bei Aktionären wohl nicht um Gläubiger handelt.[58] Genussrechtsgläubiger, die einen schuldrechtlichen Anspruch gegen die Gesellschaft haben, sind in den Schutzbereich des § 15a InsO einbezogen.[59] Des Weiteren haftet der Vorstand gegenüber der Gesellschaft aufgrund von einer Pflichtverletzung nach § 93 Abs. 2 AktG.

Eine Antragpflicht entsteht für den **Aufsichtsrat** lediglich im Falle der Führungslosigkeit einer Gesellschaft nach § 15a Abs. 3 InsO. Die Möglichkeit einer Unkenntnis des Aufsichtsrates erscheint angesichts seiner Überwachungspflicht kaum denkbar zu sein.

86 Die **Dreiwochenfrist** des § 15a InsO hat keine aufschiebende Wirkung in dem Sinne, dass erst nach ihrem Ablauf gegen die Antragspflicht verstoßen werden könnte.[60] Die Dreiwochenfrist darf nicht in jedem Fall, sondern nur dann ausgeschöpft werden, wenn eine **begründete Aussicht** dafür besteht, dass die Gesellschaft innerhalb dieser Frist durch Sanierungsmaßnahmen gerettet werden kann.[61] Um die konkrete Aussicht auf eine Sanierung später nachweisen zu können, ist eine Dokumentation der Überlegungen und Feststellungen dringend notwendig. Um die mit der Antragspflicht verbundenen haftungs- und strafrechtlichen Konsequenzen zu vermeiden, ist es zu empfehlen, sich das Nichtvorliegen der Insolvenzantragsgründe von einem **Sachverständigen** bestätigen zu lassen. Zieht der Vorstand unter umfassender Darstellung der Verhältnisse der AG und Offenlegung der erforderlichen Unterlagen einen unabhängigen und sachverständigen Dritten hinzu, darf er das Ergebnis der Beurteilung abwarten.[62] Voraussetzung ist dabei, dass sich der Vorstand nicht mit einer unverzüglichen Auftragserteilung begnügt, sondern auch auf eine unverzügliche Vorlage des Ergebnisses der Beurteilung hinwirkt.[63] Auf das Urteil des Sachverständigen darf sich der Vorstand verlassen, soweit das Ergebnis dessen Arbeit nicht offensichtlich unplausibel ist.[64]

g) Vorschusspflicht bei Massearmut

87 Eröffnungsantragspflichtige Organe haben einen Kostenvorschuss zu leisten, soweit sie ihre Antragspflichten pflichtwidrig und schuldhaft verletzt haben (§ 26 Abs. 4 InsO). Dass eine Pflichtwidrigkeit und Schuldhaftigkeit vorlag wird dabei zu Lasten der Organe vermutet (Beweislastumkehr).[65]

---

[56] *Schluck-Amend* in Handbuch der AG, Rn. 14.221; WP Handbuch 2014, Band II, Teil S, Rn. 119.
[57] *Schluck-Amend* in Handbuch der AG, Rn. 14.231.
[58] RGZ 81, 404, (412); aA *Hirte* in Uhlenbruck InsO § 15a Rn. 59.
[59] *Hirte* in Uhlenbruck InsO § 15a Rn. 59.
[60] *K. Schmidt/Herchen* in K. Schmidt InsO § 15a Rn. 31; WP Handbuch 2014, Band II, Teil S, Rn. 127.
[61] BGH ZIP 1995, 124; BGH ZIP 2213; *Hess* in Hess InsO § 15a Rn. 35; *Preuß* in Kübler/Prütting/Bork InsO § 15a Rn. 51; *Schluck-Amend* in Handbuch der AG, Rn. 14.231.
[62] BGH Urt. v. 14.5.2007 – II ZR 48/06, Rn. 14; BGH Urt. v. 27.3.2012 – II ZR 171/10, Rn. 18.
[63] BGH Urt. v. 27.3.2012 – II ZR 171/10, Rn. 23.
[64] BGH NJW 2007, 2118 (2119); *Schluck-Amend* in Handbuch der AG, Rn. 14.232.
[65] WP Handbuch 2014, Band II, Teil S, Rn. 333.

6. Die AG in der Insolvenz

a) Insolvenzfähigkeit der AG[66]

Eine Aktiengesellschaft ist mit ihrer Eintragung als juristische Person nach § 11 Abs. 1 InsO insolvenzfähig. Unter bestimmten Voraussetzungen ist eine Aktiengesellschaft bereits während ihrer Gründung insolvenzfähig. Bereits der Entschluss zur Gründung einer juristischen Person kann, wenn der rechtliche Bindungswille bereits vorhanden ist, zur Entstehung einer **Vorgründungsgesellschaft** führen. Eine Vorgründungsgesellschaft ist insolvenzfähig, soweit sie bereits ein Sondervermögen gebildet hat und im Rechtsverkehr aufgetreten ist obwohl es sich um eine Gesamthandsgemeinschaft und keine juristische Person handelt.[67] Nicht insolvenzfähig ist hingegen eine Vorgründungsgesellschaft als reine BGB-Innengesellschaft.[68] Die sogenannte **Vor-AG** entsteht mit Feststellung der Satzung (§ 23 AktG) und Übernahme sämtlicher Aktien durch die Gründer (§ 29 AktG). Gemäß § 11 Abs. 3 InsO ist auch ein Insolvenzverfahren über das Vermögen einer aufgelösten Gesellschaft möglich. Dafür muss die Gesellschaft nicht mehr im Handelsregister eingetragen sein, maßgeblich ist ausschließlich, dass noch ein verteilungsfähiges Vermögen vorhanden ist.[69]

b) Insolvenzantragsgründe

aa) Zahlungsunfähigkeit. In der gegenwärtigen Insolvenzpraxis werden nach wie vor die meisten Insolvenzanträge wegen **Zahlungsunfähigkeit** gestellt.[70] Die Zahlungsunfähigkeit ist nach § 17 Abs. 1 InsO allgemeiner Insolvenzeröffnungsgrund.[71] Antragsberechtigt sind neben dem Schuldnerunternehmen unter bestimmten Umständen auch die Gläubiger (§ 13 Abs. 1 InsO).

Ein Unternehmen ist nach der Legaldefinition des § 17 Abs. 2 InsO **zahlungsunfähig**, wenn es nicht mehr in der Lage ist, die fälligen Zahlungsverpflichtungen zu erfüllen. Dabei ist die Zahlungsunfähigkeit von der Zahlungsstockung abzugrenzen.[72] Zahlungsstockung ist die vorübergehende Unfähigkeit, die fälligen Verbindlichkeiten vollständig zu begleichen. Demgegenüber liegt Zahlungsunfähigkeit und nicht nur Zahlungsstockung in der Regel dann vor, wenn der Schuldner nicht in der Lage ist, seine fälligen Zahlungsverpflichtungen innerhalb eines absehbaren Zeitraums zu begleichen.[73]

Bei der Prüfung der Zahlungsunfähigkeit ist in einem ersten Schritt die frei verfügbare Liquidität den fälligen Verbindlichkeiten in einem **Finanzstatus** gegenüberzustellen.[74]

Zu den frei verfügbaren **Finanzmitteln** zählen Barmittel, Bankguthaben, Schecks in der Kasse und nicht ausgeschöpfte und ungekündigte Kreditlinien.[75]

Fällige Verbindlichkeiten[76] liegen nicht erst dann vor, wenn Verzug nach § 286 Abs. 3 BGB eingetreten ist, also erst dreißig Tage nach Rechnungsstellung. Fälligkeit kann neben gesetzlicher Regelungen, aufgrund einer Vereinbarung (beispielsweise Bedingung, Befristung, Fixgeschäft, Kasse gegen Faktura, Zahlung gegen Dokumente, Verfallklauseln) oder ausnahmsweise aufgrund einseitiger Parteierklärung (zB durch ausdrückliche Fälligstellung oder durch Kündigung eines Darlehens mit der Folgewirkung einer sofortigen Fälligkeit) eintreten. Fehlt eine rechtsgeschäftliche Bestimmung der Fälligkeit und ergibt sie sich auch

---

[66] Das IDW hat mit dem ES 11 unter Berücksichtigung der höchstrichterlichen Rechtsprechung einen übergreifenden Standard zur abschließenden Beurteilung aller Insolvenzantragsgründe verfasst (WPg Supplement 3/2014, S. 69 ff., FN-IDW 8/2014, S. 470 ff.).
[67] *Hirte* in Uhlenbruck InsO § 11 Rn. 38–40; *Schluck-Amend* in Handbuch der AG, Rn. 14.202.
[68] *Hirte* in Uhlenbruck InsO § 11 Rn. 241; *Schluck-Amend* in Handbuch der AG, Rn. 14.201.
[69] *Schluck-Amend* in Handbuch der AG, Rn. 14.203.
[70] *K. Schmidt* in K. Schmidt InsO § 17 Rn. 2.
[71] *Bußhardt* in Braun InsO § 17 Rn. 1.
[72] Dazu umfassend IDW ES 11 Tz. 14 ff.
[73] Vgl. BGH DB 2005, 1787; IDW ES 11 Tz. 15.
[74] Hierzu umfassend IDW ES 11 Tz. 22 ff.
[75] IDW ES 11 Tz. 32.
[76] Dazu umfassend IDW ES 11 Tz. 25 ff.

nicht aus den Umständen, liegt nach § 271 Abs. 1 BGB sofortige Fälligkeit vor. So gelten nicht ausdrücklich genehmigte Überziehungen bei Kontokorrentkrediten als fällig, auch wenn das Kreditinstitut diese Inanspruchnahmen stillschweigend duldet.[77] Verbindlichkeiten aus Lieferungen und Leistungen sind sofort oder bei Vereinbarung eines Zahlungsziels mit dessen Ablauf fällig.

94 Gestundete Verbindlichkeiten sind insolvenzrechtlich als nicht fällig zu behandeln. Stundungsvereinbarungen können durch Branchenübung, Handelsbrauch und konkludentes Handeln zustande kommen und die Fälligkeit der Verbindlichkeiten hinausschieben. Die Stundung gilt immer dann als wirksam vereinbart, wenn der Gläubiger in eine spätere oder nachrangige Befriedigung seiner Forderung eingewilligt hat bzw. sich die Einwilligung aus den gesamten Umständen ergibt. Der Nachweis, dass eine Forderung nicht fällig ist, obliegt in jedem Fall dem Schuldner.[78] Der Vorstand ist daher gut beraten, etwaige Stundungsabreden in seinem Rechnungswesen zu dokumentieren. Gerade konkludente Stundungsabreden, die in der Praxis weit verbreitete Übung sind,[79] sind genau zu dokumentieren, weil die Umstände, aus denen sich die konkludente Stundung ergibt, später ggf. zu beweisen sind.[80] Besonders eine Dokumentation der Umstände, aus denen die Zustimmung des Gläubigers gefolgert werden durfte, erlangt daher Gewicht.

95 Weist der zur Ermittlung der Stichtagsliquidität erstellte **Finanzstatus** aus, dass der Schuldner seine fälligen Zahlungsverpflichtungen erfüllen kann, ist keine Zahlungsunfähigkeit gegeben.

96 Liegt dagegen im Finanzstatus eine Liquiditätslücke vor und beträgt die Liquiditätslücke am **Ende des Dreiwochenzeitraums,** den der BGH für die Beseitigung der Liquiditätslücke zubilligt, 10% der fälligen Gesamtverbindlichkeiten oder mehr, ist nach der Rechtsprechung des BGH[81] regelmäßig von Zahlungsunfähigkeit auszugehen, sofern nicht ausnahmsweise mit an Sicherheit grenzender Wahrscheinlichkeit zu erwarten ist, dass die Liquiditätslücke demnächst vollständig oder fast vollständig geschlossen wird und den Gläubigern ein Zuwarten nach den besonderen Umständen des Einzelfalls zumutbar ist.[82]

97 Beträgt die Liquiditätslücke am Ende des Dreiwochenzeitraums dagegen weniger als 10%, ist regelmäßig zunächst von einer Zahlungsstockung auszugehen. Dennoch ist in diesen Fällen eine Liquiditätsplanung zu erstellen, aus der sich die Weiterentwicklung der Liquiditätslücke ergibt.[83] Zeigt sich daraus, dass die Lücke demnächst mehr als 10% betragen wird, liegt Zahlungsunfähigkeit vor.[84] Ergibt sich aus dieser Liquiditätsplanung, dass die Lücke dauerhaft kleiner als 10% ist, lässt der BGH mehrere Interpretationen hinsichtlich der Frage zu, ob eine Liquiditätslücke von unter 10% auf Dauer akzeptiert werden kann. Ökonomisch erscheint ein Unternehmen, das dauerhaft eine – auch nur geringfügige – Liquiditätslücke aufweist, nicht erhaltungswürdig.[85] Auch im Interesse des Verkehrsschutzes und in anfechtungsrechtlicher Sicht ist eine dauerhafte Unterdeckung bedenklich. Im Übrigen hat der Gesetzgeber vom Merkmal der Dauerhaftigkeit ausdrücklich Abstand genommen und wollte gerade eine über Wochen und Monate andauernde Zahlungsstockung vermeiden. Daher liegt Zahlungsunfähigkeit und keine Zahlungsstockung vor, wenn eine

---

[77] Vgl. auch BGH NJW 2007, 1357 Rn. 14 f., zur freien Kreditlinie bei Insolvenzanfechtung unter Bezugnahme auf BGHZ 93, 315, 325; BGHZ 147, 193, 202; dort (in Rn. 16) wird allerdings ausdrücklich offen gelassen, unter welchen Voraussetzungen bei einer tatsächlichen Duldung von einer konkludenten Vereinbarung über die Erhöhung der Kreditlinie ausgegangen werden kann.
[78] BGH ZIP 2007, 1666; IDW ES 11 Tz. 28.
[79] Hierzu vgl. auch BGH ZIP 2007, 1666.
[80] Denkbar ist beispielsweise, dass ein Lieferant weiterhin Waren liefert, obwohl fällige Rechnungen für vorangegangene Warenlieferungen noch nicht bezahlt sind, oder dass Gläubiger bereits längere Zeit stillhalten und von Mahnungen oder gar gerichtlichen Maßnahmen absehen.
[81] Vgl. BGH DB 2005, 1787.
[82] IDW ES 11 Tz. 16.
[83] IDW ES 11 Tz. 39 ff.
[84] BGH DB 2006, 2312 Rn. 27 unter Hinweis auf BGH DB 2005, 1787.
[85] BGH DB 2005, 1787 unter II. 3.a.

6. Die AG in der Insolvenz

auch nur geringfügige Liquiditätslücke innerhalb des vom BGH zugestandenen Zeitraums nach dem Ende des Dreiwochenzeitraums nicht vollständig geschlossen werden kann.[86]

Die nach dem Dreiwochenzeitraum vom BGH eingeräumte **weitere Frist,** innerhalb derer der Ausgleich der Liquiditätslücke erwartet wird, muss „überschaubar" sein. Dieser Zeitraum kann in Ausnahmefällen bis zu drei Monaten, längstens bis zu sechs Monaten betragen. Ein Zeitraum von mehr als drei Wochen kommt allerdings nur ausnahmsweise in Betracht, wenn mit an Sicherheit grenzender Wahrscheinlichkeit zu erwarten ist, dass die Liquiditätslücke in dieser Zeit vollständig beseitigt werden wird und den Gläubigern gegen ihren Willen ein Zuwarten nach den besonderen Umständen des Einzelfalls zuzumuten ist.[87]

Bislang umstritten war die Frage, ob in der Prognoseberechnung lediglich die am Stichtag des Liquiditätsstatus fälligen Verbindlichkeiten (in Teilen der Literatur als „Passiva I" bezeichnet) einzubeziehen sind, denen die binnen drei Wochen plangemäß neugewonnene Liquidität („Aktiva II") gegenübergestellt wird oder auch die im selben Zeitraum hinzukommenden fälligen Verbindlichkeiten („Passiva II") berücksichtigt werden müssen.[88] Problematisch sind insbesondere die Fälle, in denen die Berücksichtigung dieser „Passiva II" dazu führt, dass die Liquiditätslücke zu einem Prozentsatz von mehr als 10% und somit der Regelvermutung der Zahlungsunfähigkeit führt. Auch die höchstrichterliche Rechtsprechung zu dieser **„Bugwellenproblematik"** vermittelte bislang kein eindeutiges Bild.[89] Klärung in dieser Frage hat der 1. Strafsenat des BGH mit seinem Urteil vom 21.8.2013 geschaffen. Danach sind in der Finanzplanrechnung der nächsten 21 Tage die hinreichend konkret zu erwartenden Einnahmen wie auch Ausgaben zu erfassen.[90]

Abb. 1: Voraussetzungen der Zahlungsfähigkeit[91]

	Liquiditätslücke (F-Status 1) und nicht innerhalb von 3 Wochen zu beseitigen (F-Status 2)	
< 10 %		>= 10 %
In absehbarer Zeit vollständig beseitigt	In absehbarer Zeit keine Verschlechterung der Lage, d.h. weiter < 10%	Absehbar, dass sich die Lage weiter verschlechtert	Regelfall	Es ist mit an Sicherheit grenzender Wahrscheinlichkeit zu erwarten, dass die Lücke vollständig oder fast vollständig beseitigt wird und Gläubigern ein Abwarten zuzumuten ist
Zahlungsfähigkeit	Zahlungs**un**fähigkeit soweit dauerhaft (d.h. > 3 bzw. 6 Mon.: F-Status 3)	Zahlungsunfähigkeit	Zahlungsunfähigkeit	Zahlungsfähigkeit (Frist in Ausnahmefällen 3 bis längstens 6 Monate: F-Status 3)

Nach § 17 Abs. 2 Satz 2 InsO ist Zahlungsunfähigkeit in der Regel anzunehmen, wenn der Schuldner seine Zahlungen eingestellt hat. **Zahlungseinstellung**[92] liegt vor, wenn der

---

[86] So auch *K. Schmidt* in K Schmidt InsO § 17 Rn. 30, dem die 10%-Grenze des BGH zudem zu schuldnerfreundlich ist *Eilenberger* in MüKoInsO § 17 Rn. 22: Tatsächlich handelt es sich bei Unternehmen mit immer wiederkehrenden Zahlungsproblemen, die sich letztlich als dauerhafte Zahlungsstockungen erweisen, um unterkapitalisierte Unternehmen und damit um insolvenzreife Unternehmen, denen ausreichendes Eigenkapital fehlt; IDW ES 11, Tz. 17; *Hölzle* in Bork/Hölzle, Handbuch Insolvenzrecht, Kap. 2 Rn. 79; *Uhlenbruck* in Uhlenbruck InsO § 17 Rn. 44.
[87] BGH ZIP 2007, 1666; IDW ES 11 Tz. 40.
[88] Zum aktuellen Meinungsstand vgl. *Ganter* ZInsO 2011, 2297 (2298 f.).
[89] Vgl. hierzu *Ganter* ZInsO 2011, 2297 (2298), der in der Analyse der BGH Urteile v. 24.5.2005 (IX ZR 123/04), v. 12.10.2006 (IX ZR 228/03), v. 21.6.2007 (IX ZR 231/04) und v. 14.5.2009 (IX ZR 63/08) zu dem gleichen Schluss kommt.
[90] BGH v. 21.8.2013, I StR 665/12 Rn. 14.
[91] Quelle: Ebner Stolz.
[92] Umfassend hierzu IDW ES 11 Tz. 19 ff.

Schuldner wegen eines Mangels an Zahlungsmitteln aufhört, seine fälligen Verbindlichkeiten zu erfüllen, und dies für die beteiligten Verkehrskreise hinreichend erkennbar geworden ist.[93] Eine Zahlungseinstellung kann aus einem einzelnen, aber auch aus einer Gesamtschau mehrerer darauf hindeutender, in der Rechtsprechung entwickelter Beweisanzeichen gefolgert werden.[94] Eigene Erklärungen des Schuldners, seine fälligen Zahlungsverpflichtungen nicht begleichen zu können, deuten auf eine Zahlungseinstellung hin, auch wenn sie mit einer Stundungsbitte versehen sind.[95] Zahlungseinstellung liegt bereits dann vor, wenn der Schuldner den wesentlichen Teil seiner fälligen Zahlungsverpflichtungen nicht bedient.[96] Weitere Beweisanzeichen für das Vorliegen einer Zahlungseinstellung können beispielsweise sein: Nichtbegleichung von Sozialversicherungsbeiträgen[97], eine dauerhaft schleppende Zahlungsweise[98], zurückgegebene Lastschriften[99], nicht eingehaltene Zahlungszusagen[100], Nichtzahlung von Stromrechnungen[101], Besuch des Gerichtsvollziehers[102], Mahnungen.[103] Sind derartige Indizien vorhanden und ergibt sich aus der Gesamtschau, dass eine Zahlungseinstellung vorliegt, bedarf es einer darüber hinausgehenden Darlegung und Feststellung der genauen Höhe der gegen den Schuldner bestehenden Verbindlichkeiten oder gar einer Unterdeckung von mindestens 10 % nicht.[104]

102   bb) Drohende Zahlungsunfähigkeit.[105] Dass dem Gesetzgeber die Vorverlagerung der Insolvenzeröffnung ein besonderes rechtspolitisches Anliegen war, zeigt sich mit der in § 18 InsO geregelten drohenden Zahlungsunfähigkeit als Eröffnungsgrund.[106] Sie liegt vor, wenn der Schuldner **voraussichtlich nicht in der Lage sein wird, die bestehenden Zahlungspflichten im Zeitpunkt der Fälligkeit zu erfüllen** und entspricht im Ergebnis einer negativen Fortbestehensprognose.[107] Dies ist der Fall, wenn der Eintritt der Zahlungsunfähigkeit wahrscheinlicher ist als deren Vermeidung.[108] Das heißt, wenn nach Abwägen aller für die Fortbestehensprognose relevanten Umstände mehr Gründe dafür sprechen als dagegen. Maßgeblich ist die Sicht der gesetzlichen Vertreter, denen ein gewisser Beurteilungsspielraum zugestanden werden muss.[109]

103   Allerdings statuiert § 18 InsO keine Rechtspflicht für den Schuldner, sondern gewährt nur das Recht zu einer Antragstellung.[110] In die Prognose, die bei der Prüfung drohender Zahlungsunfähigkeit vorzunehmen ist, sind auch Zahlungspflichten einzubeziehen, die demnächst rechtlich oder wirtschaftlich entstehen und deren Fälligkeit im Prognosezeitraum überwiegend wahrscheinlich ist.[111] Ein Schuldner muss mithin in einem Finanzplan die künftige Einzahlungs- und Auszahlungssituation in ihrem Verlauf abbilden und zu dem Ergebnis kommen, dass eine Zahlungsunfähigkeit eher wahrscheinlich ist als deren Nichteintritt.[112]

---

[93] BGH ZIP 2001, 1155.
[94] BGH NZI 2013, 932 Rn. 10.
[95] BGH DB 2006, 2312 Rn. 13, 15.
[96] BGH NZI 2007, 517 Rn. 29.
[97] BGH NZI 2002, 91, unter II. 2.; BGH NZI 2003, 542; BGH NZI 2007, 36 Rn. 24; BGH NZI 2011, 589 Rn. 15.
[98] BGH NZI 2013, 932 Rn. 12; BGH NZI 2003, 322.
[99] BGH NZI 2013, 932 Rn. 18.
[100] BGH NZI 2013, 932 Rn. 12.
[101] BGH NZI 2013, 932 Rn. 18.
[102] BGH NZI 2013, 932 Rn. 13.
[103] BGH NZI 2013, 932 Rn. 18.
[104] BGH NZI 2011, 589 Rn. 13 mwN; BGH NZI 2013, 932 Rn. 10; IDW ES 11 Tz. 19.
[105] Umfassend hierzu IDW ES 11 Tz. 92 ff.
[106] *Pape* in Kübler/Prütting/Bork InsO § 18 Rn. 1.
[107] IDW ES 11 Tz. 93.
[108] IDW Positionspapier zum Zusammenwirken von handelsrechtlicher Fortführungsannahme und insolvenzrechtlicher Fortbestehensprognose, Tz. 37, FN-IDW 2012, S. 463.
[109] BGH DB 1994, 1608; IDW Positionspapier zum Zusammenwirken von handelsrechtlicher Fortführungsannahme und insolvenzrechtlicher Fortbestehensprognose, Tz. 37, FN-IDW 2012, S. 463.
[110] *Pape* in Kübler/Prütting/Bork InsO § 18 Rn. 9.
[111] BGH NZI 2014, 259 (amtlicher Leitsatz); *Pape* in Kübler/Prütting/Bork InsO § 18 Rn. 5.
[112] *Bußhardt* in Braun InsO § 18 Rn. 3 ff.; *Hess* in Hess InsO § 18 Rn. 12 ff.

Durch das **Schutzschirmverfahren,** eine Neuregelung des ESUG, wird der Insolvenzantragsgrund der drohenden Zahlungsunfähigkeit aufgewertet.[113] Ausführlich zum Schutzschirmverfahren → Rn. 139.

Eine auf die drohende Zahlungsunfähigkeit gestützte Verfahrenseröffnung kann für den Schuldner bzw. das Schuldnerunternehmen aus mancherlei Gründen vorteilhaft sein. Auch kann dieser Eröffnungsgrund gegenüber zögernden Gläubigern geeignet sein, sie in eine schneller greifende und nicht mit den Formalien eines Insolvenzverfahrens belastete **außergerichtliche Sanierungsvereinbarung** einzubinden. Darüber hinaus kann die gerichtlich angeordnete Untersagung oder Einstellung einer Einzelzwangsvollstreckung nach § 21 Abs. 2 Nr. 3 InsO oder das Auslösen der Rückschlagsperre nach § 88 InsO einer Sanierung förderlich sein.[114]

cc) Überschuldung. Der endgültig entfristete[115] Überschuldungsbegriff des § 19 Abs. 2 InsO definiert die **Überschuldung** wie folgt:

„Überschuldung liegt vor, wenn das Vermögen des Schuldners die bestehenden Verbindlichkeiten nicht mehr deckt, es sei denn, die Fortführung des Unternehmens ist nach den Umständen überwiegend wahrscheinlich."

Eine Überschuldung ist somit nicht gegeben, wenn die Finanzkraft des Unternehmens mit überwiegender Wahrscheinlichkeit mittelfristig zur Fortführung ausreicht. In diesem Fall ist die Erstellung eines Überschuldungsstatus nicht erforderlich.[116]

Die **Überschuldungsprüfung** erfordert in aller Regel ein zweistufiges Vorgehen:
– Auf der ersten Stufe sind die Überlebenschancen des Unternehmens in einer Fortbestehensprognose zu beurteilen. Bei einer positiven Fortbestehensprognose liegt keine Überschuldung iSd § 19 Abs. 2 InsO vor.
– Im Falle einer negativen Fortbestehensprognose sind auf der zweiten Stufe Vermögen und Schulden des Unternehmens in einem stichtagsbezogenen Status zu Liquidationswerten gegenüberzustellen.

Im Falle einer negativen Fortbestehensprognose liegt zumindest eine drohende Zahlungsunfähigkeit und damit ein Insolvenzantragsrecht vor (→ Rn. 84). Ist darüber hinaus das sich aus dem Überschuldungsstatus ergebende Reinvermögen negativ, liegt zusätzlich eine Überschuldung vor, die eine Antragspflicht begründet.

Der Vorstand hat nach der Rechtsprechung eine laufende Beobachtungspflicht, ob Hinweise auf eine Insolvenzgefahr bestehen. Diese Pflicht ergibt sich aus der Sorgfaltspflicht eines ordentlichen und gewissenhaften Geschäftsleiters, welcher verpflichtet ist, die wirtschaftliche Lage des Unternehmens laufend zu beobachten (§ 91 Abs. 2 AktG).[117]

Um so mehr Anhaltspunkte für das Vorliegen einer nachhaltigen Störung des finanziellen Gleichgewichts bzw. für eine ertragsbedingte Aufzehrung des Eigenkapitals sprechen, desto stärker ist die Notwendigkeit, dass sich der Vorstand Klarheit über das Vorliegen bzw. Nicht-Vorliegen eines Insolvenzgrundes verschaffen muss. Anhaltspunkte können zB ein negativer Cash Flow, ein negatives Betriebsergebnis, ein Jahresfehlbetrag, eine Unterbilanz, der Verlust des halben Grundkapitals sowie ein „nicht durch Eigenkapital gedeckter Fehlbetrag" (§ 268 Abs. 3 HGB) sein.[118]

---

[113] *Luttermann/Geißler* ZInsO 2013, 1381 (1382).
[114] *Bußhardt* in Braun InsO § 18 Rn. 20 ff.
[115] Pressemitteilung des Bundesjustizministeriums vom 9.12.2012.
[116] IDW ES 11 Tz. 68.
[117] BGH DB 2007, 1477 Rn. 16; BGH NJW 1995, 2220 (2224), BGH DB 2005, 996 ff., wonach die Gesellschaft bzw. der Insolvenzverwalter zunächst substanziert eine Überschuldung zu einem bestimmten Zeitpunkt darzulegen hat und das Geschäftsführungsorgan sodann darzulegen und zu beweisen hat, dass es zum damaligen Beurteilungszeitpunkt pflichtgemäß von einer positiven Fortbestehensprognose ausgehen durfte. So auch OLG Koblenz DB 2003, 419 ff.
[118] IDW PS 270 v. 9.9.2010: Die Beurteilung der Fortführung der Unternehmenstätigkeit im Rahmen der Abschlussprüfung, FN-IDW 10/2010, S. 423, Tz. 11.

110 Stellt der Vorstand eine allmähliche oder durch ein singuläres Ereignis plötzlich ausgelöste Vermögensaufzehrung oder gar eine Bestandsgefährdung fest, muss er sich vergewissern, ob eine Überschuldung vorliegt oder (noch) nicht. Anhand der Daten aus dem Rechnungs- und Finanzwesen muss sich das Geschäftsführungsorgan einen Überblick verschaffen, ob die Finanzkraft des Unternehmens mit überwiegender Wahrscheinlichkeit mittelfristig zur Fortführung ausreicht. Das Urteil hierüber wird auf der Grundlage des Unternehmenskonzeptes und der Finanzplanung anhand der Fortbestehensprognose getroffen.[119]

111 Die Fortbestehensprognose ist auf die Finanzkraft des Unternehmens gerichtet. Eine positive Fortbestehensprognose liegt vor, wenn die Einzahlungen in dem zugrunde liegenden Prognosezeitraum mit überwiegender Wahrscheinlichkeit die Auszahlungen decken. Die Fortbestehensprognose setzt die Erstellung eines im Rahmen einer integrierten Finanz-, Ertrags- und Bilanzplanung erstellten Finanzplans – auf der Grundlage eines integrierten Sanierungskonzepts – voraus. Sofern der Finanzplan die kontraktgerechte Bedienung des Fremdkapitals aus der Innenfinanzierungskraft ohne weitere Mittel vorsieht, kann die Überlebensfähigkeit grundsätzlich bejaht werden.

112 Problematisch ist in der Praxis der Fall, wenn sich laufende finanzielle Unterdeckungen ergeben und/oder die notwendigen Restrukturierungsaufwendungen zur Herstellung der Sanierungsfähigkeit fremdfinanziert werden müssen und die Zusage weiterer Kredite seitens der Banken an die Sanierungsfähigkeit geknüpft ist. In diesem Fall erscheint eine Einbeziehung der Finanzierungsmöglichkeiten nur möglich, wenn hierzu gefestigte Realisierungschancen bestehen.

113 Unbeachtlich für eine positive Fortbestehensprognose ist, ob ein Unternehmen ertragsfähig ist.[120] Die Beweislast für eine positive Fortbestehensprognose im Falle der Insolvenz trägt der Vorstand. Hierbei kann es ratsam sein, die wirtschaftliche Überlebensfähigkeit von einem unabhängigen Dritten, zB einem Wirtschaftsprüfer, bestätigen zu lassen.

114 Abb. 3: Vorgehen Überschuldungsprüfung nach Änderung § 19 Abs. 2 InsO[121]

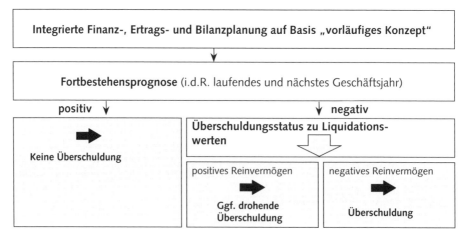

115 Unter der Voraussetzung einer **positiven Fortbestehensprognose** sieht § 19 Abs. 2 InsO von der Erstellung eines Überschuldungsstatus ab. Allein das Urteil einer positiven Fortbestehensprognose befreit das Geschäftsführungsorgan von der Pflicht, einen Insolvenz-

---
[119] IDW ES 11 Tz. 58 ff.
[120] *Bitter/Kresser* ZIP 2012, 1733 (1743); aA AG Hamburg NZI 2012, 85 (86) mwN; *Gehrlein* S. 34 Rn. 44.
[121] Quelle: Ebner Stolz.

antrag wegen Überschuldung zu stellen, unabhängig davon, ob das Vermögen die Schulden gerade deckt oder nicht.[122]

Soweit hingegen die Fortbestehensprognose negativ ausfällt, ist ein Überschuldungsstatus auf Basis von Liquidationswerten zu erstellen. Überwiegen die Schulden die Vermögenswerte, so liegt eine Überschuldung vor.[123]

Der Planungszeitraum für die Fortbestehensprognose des Unternehmens in der Krise umfasst regelmäßig das laufende sowie das folgende Geschäftsjahr.[124]

Exkurs: Der Bewertungsansatz in der Handelsbilanz

Mit der Aufstellung eines Jahresabschlusses hat der Vorstand nach § 252 Abs. 1 Nr. 2 HGB einzuschätzen, ob eine **handelsrechtliche Fortführungsprognose** vorliegt und somit bei der Bewertung weiterhin von der Fortführung der Unternehmenstätigkeit ausgegangen werden kann (sogenannte Going-Concern-Prämisse) oder ob dieser Annahme tatsächliche oder rechtliche Gegebenheiten entgegenstehen.[125] Die Annahme der Unternehmensfortführung gilt hierbei als gesetzliche Regelvermutung, in diesem Fall hat die Bewertung von Aktiva und Passiva zu Fortführungswerten (Going Concern) zu erfolgen. Das Vorliegen eines Insolvenzantragsgrundes wie beispielsweise Zahlungsunfähigkeit, im Planungszeitraum drohende Zahlungsunfähigkeit oder Überschuldung steht einer Bewertung im Jahresabschluss zu Fortführungswerten entgegen.[126] Allerdings kann auch im eröffneten Insolvenzverfahren eine positive Fortführungsannahme gerechtfertigt sein, wenn hinreichend begründete Aussichten bestehen, dass das Unternehmen beispielsweise im Wege eines Insolvenzplanverfahrens saniert werden kann.[127]

7. Sanierung im Rahmen einer Insolvenz

a) Rahmenbedingungen einer Insolvenz

Nach § 1 Satz 1 InsO soll das Insolvenzverfahren dazu dienen, die **Gläubiger** des Schuldners gemeinschaftlich zu befriedigen, indem das Vermögen des Schuldners verwertet und der Erlös verteilt oder in einem Insolvenzplan eine **abweichende Regelung** insbesondere zum **Erhalt des Unternehmens** getroffen werden kann. Hauptziel der gesetzlichen Regelung ist es, die bestmögliche Befriedigung der Gläubiger zu erreichen. Keine Bedeutung für die Aktiengesellschaft hat § 1 Satz 2 InsO, wonach dem redlichen Schuldner die Gelegenheit gegeben wird, sich von seinen restlichen Verbindlichkeiten zu befreien. Diese sogenannte Restschuldbefreiung gilt nach § 286 InsO nur für natürliche Personen. Für die AG selbst gibt es folglich nur die beiden Wege Liquidation oder Sanierung.

Keine Sanierung des Rechtsträgers stellt naturgemäß die Ausproduktion und anschließende **Liquidation** eines Unternehmens dar. Hat ein Unternehmen bereits in größerem Umfang wichtige strategische Erfolgspotenziale verloren und weist es erhebliche leistungswirtschaftliche Defizite auf, wird einem Insolvenzverwalter kaum eine andere Form der Verwertung übrig bleiben. Hierbei werden im Rahmen der Regelabwicklung zur Abdeckung der im Verfahren anfallenden „eh-da-Kosten" der vorhandene Bestand an Aufträgen mit positiven Deckungsbeiträgen (unter Berücksichtigung der Besonderheiten des Insolvenzverfahrens) abgearbeitet, der Betrieb eingestellt, die Massegegenstände (§ 35 InsO: das Vermögen, das dem Schuldner zur Zeit der Eröffnung des Verfahrens gehört und das er während des Verfahrens erlangt) verwertet und der Erlös unter den Gläubigern verteilt. Schwierigkeiten bereitet regelmäßig die zeitliche Harmonisierung von (Miet-, Arbeits-)

---

[122] WP Handbuch 2014, Band II, Teil S, Rn. 213; IDW ES 11 Tz. 68.
[123] IDW ES 11 Tz. 68.
[124] IDW ES 11 Tz. 65.
[125] Vgl. IDW Prüfungsstandard: Die Beurteilung der Fortführung der Unternehmenstätigkeit im Rahmen der Abschlussprüfung (IDW PS 270) (Stand: 9.9.2010), Tz. 8; *Lück* DB 2001, S. 1945; *Semler/Goldschmidt* ZIP 2005, 3; vgl. IDW S 6, Tz. 85.
[126] IDW S 6 Tz. 86 f.
[127] Positionspapier des IDW: Zusammenwirken von handelsrechtlicher Fortführungsannahme und insolvenzrechtlicher Fortbestehensprognose Stand: 13.8.2012 Tz. 4.

Verträgen und Auftragsende, sowie die Motivation der Mitarbeiter und die Beherrschung des damit verbundenen Gewährleistungs- und Erfüllungsrisikos.

b) Übertragende Sanierung[128]

121 Die **übertragende Sanierung** ist in der insolvenzrechtlichen Praxis bis heute immer noch das wohl gängigste Instrument der Sanierung in der Insolvenz. Der Ausdruck „Sanierung" darf aber nicht darüber hinwegtäuschen, dass es sich hierbei nicht um eine Sanierung, sondern um eine Zerschlagung des insolventen Rechtsträgers handelt. Diese ist jedoch mit einem Verkauf und der Übertragung der den Geschäftsbetrieb ausmachenden Vermögenswerte und Rechtsverhältnisse („Asset Deal") an einen neuen (regelmäßig vom Insolvenzverwalter oder von einem Investor eigens für diesen Zweck gegründeten) Rechtsträger verbunden. Die für den neuen Rechtsträger nicht erforderlichen Vermögensteile werden vom Insolvenzverwalter gesondert verwertet. Zumindest die „gesunden" Teile des bisherigen Unternehmens leben somit in einem neuen Unternehmen fort. Die übertragende Sanierung hat dem bisherigen Rechtsträger somit nichts genützt, sondern stellt nur eine möglichst optimale und deshalb aber auch wünschenswerte Form der Masseverwertung für die Gläubiger dar. Die Verwendung des Begriffs Sanierung rechtfertigt sich somit nicht durch eine Gesundung des Unternehmens als solchem, sondern des Betriebes und die Erhaltung von Arbeitsplätzen zumindest in Teilen.

122 Der Preis, der von einem Investor für die Auffanggesellschaft des Insolvenzverwalters oder die direkt übernommenen „Assets" entrichtet wird, fließt in die Insolvenzmasse und dient der Befriedigung der Gläubiger des insolventen Unternehmens. Als Gestaltungsvarianten sind in der Praxis häufig auch als Einstiegsvariante Betriebsverpachtungsmodelle – oft auch in Kombination mit einem Asset Deal – vorzufinden. Der Erwerb durch einen Investor kann in allen Stadien des Insolvenzverfahrens in Betracht kommen. Unabhängig davon, ob die Unternehmensveräußerung im Eröffnungsverfahren zulässig ist,[129] empfiehlt es sich aus Erwerbersicht, mit dem Abschluss des Unternehmenskaufvertrags bis zur Eröffnung des Verfahrens abzuwarten.[130] Haftungsansprüche nach § 25 Abs. 1 S. 1 HGB bei Firmenfortführung oder § 75 Abs. 2 AO für Steuerverbindlichkeiten haben insoweit keine Grundlage. Des Weiteren besteht kein Anfechtungsrisiko, eine Mitwirkung des Schuldners ist nicht erforderlich. Schwierig bleibt der gesetzliche Übergang der Beschäftigungsverhältnisse nach § 613a BGB. Eine hohe rechtliche Sicherheit kann jedoch durch sogenannte Beschäftigungs- und Qualifizierungsgesellschaften erreicht werden.

123 Um die Übernahme eines Krisenunternehmens für einen potentiellen Erwerber zu erleichtern, kann die Kündigung von Beschäftigungsverhältnissen aufgrund eines **Erwerberkonzeptes** erfolgen. Die Zulässigkeit einer Veräußerungskündigung ergibt sich aus den §§ 125 ff. InsO. Darin ist eine Modifizierung des Kündigungsschutzes geregelt – sowohl hinsichtlich vermuteter betriebsbedingter Kündigungsgründe, als auch hinsichtlich einer nur beschränkt arbeitsrechtlich prüfbaren Sozialauswahl im Falle der Vereinbarung eines Interessenausgleichs mit Namensliste zwischen Insolvenzverwalter und Betriebsrat. Gemäß § 128 Abs. 1 InsO gilt dies auch dann, wenn die geplante Betriebsänderung erst nach der Unternehmensveräußerung durch den Erwerber durchgeführt werden soll. Nach § 128 Abs. 2 InsO wird vermutet, dass eine Veräußerungskündigung aufgrund eines Erwerberkonzeptes nicht gegen § 613a Abs. 4 BGB verstößt.[131] Voraussetzung einer Kündigung basierend auf einem Erwerberkonzept ist es, dass ein verbindliches Konzept oder ein Sanierungsplan des Erwerbers vorliegt, dessen Durchführung im Zeitpunkt des Zugangs der Kündigungserklärungen bereits greifbare Formen angenommen hat.[132]

---

[128] Umfassend zur übertragenden Sanierung *Bieg/König* in Bork/Hölzle, Handbuch Insolvenzrecht, Kap. 13.
[129] Hohe Maßstäbe anlegend OLG Düsseldorf ZIP 1992, 344, 346.
[130] *Menke* BB 2003, 1133 (1138) mwN.
[131] *Heckschen* in Reul/Heckschen/Wienberg Teil O Rn. 72.
[132] BAG NJW 2003, 3506.

7. Sanierung im Rahmen einer Insolvenz

c) Der Insolvenzplan als Sanierungsinstrument

aa) Grundsätzliches. In § 1 InsO ist die **Gleichwertigkeit** einer Sanierung im Rahmen eines Insolvenzplanverfahrens geregelt.[133] Insbesondere durch das dem Schuldner zugestandene Planinitiativrecht sollte der Wettbewerb um die günstigste Art der Gläubigerbefriedigung eröffnet werden. Leider wurde der Insolvenzplan in der Praxis lange Zeit nicht so angenommen, wie es sich der Gesetzgeber gewünscht hatte.[134] Daher war die Stärkung des Planverfahrens eines der Hauptziele des Gesetzes zur weiteren Erleichterung der Sanierung von Unternehmen (ESUG).[135] Erste Studien geben Anlass zur Hoffnung, dass dies gelungen ist.[136]

Zweck eines Insolvenzplanverfahrens ist es, den Verfahrensbeteiligten (Schuldner, absonderungsberechtigte Gläubiger und Insolvenzgläubiger) einen Rechtsrahmen für die einvernehmliche Bewältigung der Insolvenz im Wege von Verhandlungen und privatautonomen Austauschprozessen und somit gegenüber der Regelabwicklung abweichenden Befriedigung zu ermöglichen. Der Insolvenzplan bildet die rechtliche Basis einer für alle Beteiligten verbindlichen Umsetzung eines Sanierungskonzeptes.

Den **Königsweg des Planverfahrens** stellt der sogenannte „**Prepackaged Plan**" dar. Dabei handelt es sich um einen von dem Krisenunternehmen erstellten Sanierungsplan, der das eröffnete Verfahren unterstellt und bereits mit dem Antrag auf Eröffnung des Verfahrens beim Gericht eingereicht wird.[137] Mithilfe eines solchen Plans ist es möglich, die Vorteile der Insolvenzordnung zu nutzen. Gleichzeitig ist es dem Unternehmen durch den bereits ausgearbeiteten Plan im Idealfall möglich, das Verfahren schnell wieder zu verlassen, noch bevor es zu einer nachhaltigen insolvenzbedingten Rufschädigung kommt. Um eine schnelle Annahme eines Plans durch die Gläubiger zu erreichen, sind alle Gläubiger im Plan angemessen zu berücksichtigen. Die dem Plan zugrunde gelegten Wertansätze müssen wirtschaftlich vernünftig, ausgewogen und vertretbar gewählt sein.[138]

Den Prozess des Insolvenzplanverfahrens am Beispiel des prepackaged Plans zeigt nachfolgende Grafik im Überblick.

Abb. 5: Prozess des Insolvenzplanverfahrens am Beispiel eines prepackaged Plans[139]

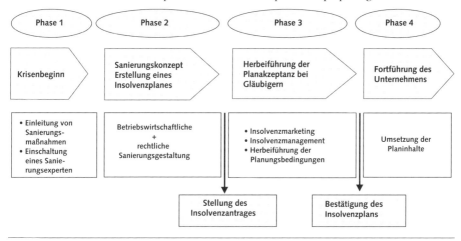

---

[133] Ausführlich zu den (insolvenzspezifischen) Verfahrensgrundsätzen: *Pape* in Pape/Uhlenbruck/Voigt-Salus Kap. 12 Rn. 8 ff.
[134] Untersuchung der Creditreform Wirtschaftsforschung, veröffentlicht in ZInsO 2012, 321 und ZInsO 2012, 687.
[135] *Gude* ZInsO 2012, 320.
[136] *Buchalik/Haase* ZInsO 2012, 1832; *Fröhlich/Bächstädt* ZInsO 2012, 2044.
[137] So *Kußmaul/Steffan* DB 2000, 1849.
[138] So *Kußmaul/Steffan* DB 2000, 1849 (1850).
[139] Quelle: Ebner Stolz.

128 Verfahrensrechtlich ist jedoch auch bei dem Insolvenzplanverfahren zu beachten, dass die AG gesellschaftsrechtlich nach § 262 Abs. 1 Ziff. 3 AktG mit der Eröffnung des Insolvenzverfahrens **aufgelöst wird** und formal in die Liquidationsphase dh die Versilberung des Aktivvermögens, der Begleichung aller Schulden und der Verteilung eines etwaigen Überschusses eintritt. Die Aktionäre können aber nach § 274 Abs. 1 iVm Abs. 2 AktG entscheiden, dass die Gesellschaft nach der gerichtlichen Bestätigung des Insolvenzplans fortgesetzt wird.

129 **bb) Typische Konstellationen für die Anwendung des Insolvenzplanverfahrens.** Das Insolvenzplanverfahren stellt kein „Allheilmittel" zur Sanierung notleidender Unternehmen dar. In vielen Fällen wird es als Sanierungsinstrument nicht in Frage kommen. Unter folgenden Umständen kann es jedoch sinnvoll sein, das Planverfahren einzusetzen:[140]

130 Bezüglich der **rechtlichen Rahmenbedingungen** eignet sich ein Planverfahren bei nicht oder nur schwer übertragbaren Rechten, Genehmigungen oder faktischen Positionen, wie zB Lizenzen im Telekommunikations- und Rundfunkbereich oder Sport sowie beispielsweise Quellrechte, die im Falle einer übertragenden Sanierung verloren gehen würden. Aber auch in Branchen, in denen die Nichterfüllung einzelner Aufträge das Kundenvertrauen nachhaltig stört, wie beispielsweise in der Baubranche mit dem Sonderkündigungsrecht nach § 8 VOB, kann das Planverfahren eine sinnvolle Sanierungsvariante darstellen.[141]

131 Hinsichtlich der **leistungswirtschaftlichen Rahmenbedingungen** sollte das Unternehmen idealerweise den Turnaround im operativen Bereich weitgehend erreicht haben bzw. die operative Gesundung kurzfristig möglich sein. Dies setzt voraus, dass die erforderlichen und größenmäßig überschaubaren Personalanpassungsmaßnahmen entweder eingeleitet oder bereits konkret umgesetzt sind. Nicht geeignet ist das Planverfahren, soweit wesentliche nicht sanierungsfähige Geschäftsbereiche oder Betriebsteile vorhanden sind.

132 Das Insolvenzplanverfahren eignet sich insbesondere bei folgenden **finanziellen Rahmenbedingungen:**
– Hohe ungesicherte Verbindlichkeiten (zB Pensionsrückstellungen, Gesellschafterdarlehen etc.), defizitäre Dauerschuldverhältnisse, defizitäre Aufträge (zB Sondermaschinenbau), garantierte Mietaufwendungen
– Ein Investor, der bereit und finanziell in der Lage ist, die betriebsnotwendigen Aktiva zu erwerben, steht nicht zur Verfügung
– Gesellschafter und/oder Investoren sind bereit und in der Lage, die für die Sanierung erforderliche Liquidität zur Verfügung zu stellen. In den meisten Fällen wird dies allerdings nur bei Aufrechterhaltung der bestehenden Finanzierungs-(Banken-)Struktur der Fall sein und erst nach Beseitigung der bilanziellen Überschuldung.

133 **cc) Wirkungen des bestätigten Plans/Aufhebung des Insolvenzverfahrens.** Mit der **Rechtskraft der Bestätigung des Insolvenzplans** treten die im gestaltenden Teil festgelegten Wirkungen für und gegen alle Beteiligten (§ 254 InsO) frühestens mit Ablauf der zweiwöchigen Beschwerdefrist ein (§ 253 InsO iVm § 577 Abs. 2 ZPO). Dies gilt nicht für die Planbedingungen. Sie stehen „außerhalb" des Planverfahrens und sind deshalb vor der Planbestätigung gesondert zu regeln.

134 Sobald die Bestätigung des Insolvenzplans rechtskräftig ist, beschließt das Insolvenzgericht die **Aufhebung des Verfahrens** (§ 258 Abs. 1 InsO). Mit der Aufhebung des Verfahrens erlischt das Amt des Insolvenzverwalters. Der Schuldner erhält das Recht zurück, über die Insolvenzmasse frei zu verfügen (§ 259 Abs. 1 InsO).

135 Im gestaltenden Teil kann vorgesehen werden, dass die Erfüllung des Plans durch den bisherigen Insolvenzverwalter **überwacht** wird (§§ 260, 261 InsO). Die Überwachung er-

---

[140] Zu den Vor- und Nachteilen des Insolvenzplanverfahrens gegenüber einer außergerichtlichen Sanierung bzw. übertragenden Sanierung vgl. *Steffan* WPg Sonderheft 2003, 159 ff.
[141] *Kussmaul/Steffan* DB 2000, S. 1849.

d) Eigenverwaltung

Die **Eigenverwaltung** ist in den §§ 270 bis 285 InsO geregelt. Die Anordnung einer Eigenverwaltung soll durch die ESUG-Reform von der Ausnahme zur Regel werden.[142] Die Eigenverwaltung kann auf Antrag nach § 270 InsO durch Beschluss des Insolvenzgerichts verfügt werden, soweit nach den Umständen zu erwarten ist, dass die Anordnung nicht zu einer Verzögerung des Verfahrens oder zu sonstigen Nachteilen für die Gläubiger führt (§ 270 Abs. 2 Ziff. 2 InsO). Die Insolvenzmasse wird dabei nicht durch einen Insolvenzverwalter, sondern durch den Schuldner (zB bisheriger Vorstand) selbst verwaltet, der unter der Aufsicht eines sogenannten Sachwalters steht. Die Rechtsstellung eines Sachwalters richtet sich nach § 274 InsO.

Durch die im Rahmen des ESUG ergänzte Neuregelung des § 270a InsO ist es zukünftig bereits **im Eröffnungsverfahren** (dh im Zeitraum zwischen Insolvenzantrag und Verfahrenseröffnung) möglich, dass eine Eigenverwaltung angeordnet wird. Voraussetzung ist, dass die Sanierung nicht offensichtlich aussichtslos ist. Eine Sanierung ist aussichtslos, wenn dem Gericht zum Eröffnungszeitpunkt bereits gesicherte Umstände bekannt sind, die erwarten lassen, dass die Anordnung zu Nachteilen für die Gläubiger führen wird.[143]

In Verbindung mit dem Instrument des Insolvenzantragsrechts der „drohenden Zahlungsunfähigkeit" und einem Prepackaged Plan ergibt sich eine interessante Verfahrensvariante. Da sich das Unternehmen noch in einem Stadium mit einem gewissen Handlungsspielraum befindet, werden die Chancen auf eine erfolgreiche Sanierung wesentlich erhöht. Nicht zuletzt eröffnen sich dem verantwortungsvollen Vorstand, der durch die frühzeitige Einleitung eines erfolgreichen Insolvenzplanverfahrens das „Steuer noch rechtzeitig herumgerissen" hat, nach Bewältigung der Unternehmenskrise neue unternehmerische Spielräume und Perspektiven.

e) Schutzschirmverfahren

In der Vergangenheit war zu beobachten, dass Schuldner ihren Insolvenzantrag in Befürchtung eines Kontrollverlusts häufig erst sehr spät stellen.[144] Durch die Regelung des § 270b InsO sollte ein **Anreiz zur frühzeitigen Antragstellung** bei drohender Zahlungsunfähigkeit oder Überschuldung gesetzt werden.[145] Dem Schuldner soll in diesem Fall die Möglichkeit eingeräumt werden, eine Sanierung vorzubereiten, noch bevor ihn die eigentlichen Einschränkungen eines Insolvenzverfahrens treffen. Das Insolvenzgericht bestimmt eine Frist von bis zu drei Monaten zur Vorlage eines Insolvenzplans.[146] Voraussetzung ist, dass ggf. eine drohende Zahlungsunfähigkeit oder eine Überschuldung aber keine Zahlungsunfähigkeit vorliegt und eine Sanierung des Schuldnerunternehmens **„nicht offensichtlich aussichtslos"** ist.[147] Um dies zu belegen, muss eine Bescheinigung[148] von einem unabhängigen Experten vorgelegt werden. Bei dem Bescheiniger muss es sich um einen in Insolvenzsachen erfahrenen Steuerberater, Wirtschaftsprüfer oder Rechtsanwalt oder eine Person mit vergleichbarer Qualifikation handeln.[149] Durch den Begriff „aussichtslos" wird deutlich, dass das Schutzschirmverfahren nur dann ausgeschlossen wird, wenn für die Sanierungsbemühungen eindeutig negative Erfolgsaussichten bestehen. Dabei muss diese

---
[142] *Frind* ZInsO 2012, 1099 (1100); *Hölzle* ZIP 2012, 158 (159).
[143] *Riggert* in Braun InsO § 270a Rn. 2.
[144] Vgl. *Wimmer*, Das neue Insolvenzrecht, S. 24.
[145] *Hölzle* ZIP 2012, 855; *Schmidt/Linke* ZIP 2012, 963.
[146] Zur Dreimonatsfrist *Koch* in Kübler HRI § 7 Rn. 54.
[147] Umfassend zu den Anforderungen an eine solche Bescheinigung: IDW S 9, Bescheinigung nach § 270b InsO, 18.8.2014, ZInsO 2014, 2266.
[148] Hierzu umfassend *Steffan/Solmecke* ZIP 2014, 2271.
[149] Ausführlich zu den Anforderungen an den Bescheiniger: IDW S 9 Tz. 4ff.

Erkenntnis „offensichtlich" sein, d. h., es ist nicht erforderlich, dass der Gutachter eine umfassende Beurteilung vornimmt. Die Anforderungen, die an die Tätigkeiten zu stellen sind, unterschreiten deutlich die Anforderungen an die Tätigkeiten, die zur Erlangung einer Aussage zur Sanierungsfähigkeit nach IDW S 6 durchzuführen sind. Eine Sanierung ist dann aussichtslos, wenn nicht im Rahmen eines Grobkonzepts mindestens grundsätzliche Vorstellungen darüber vorliegen, wie die angestrebte Sanierung konzeptionell und finanziell erreicht werden kann. Als Teil seiner gutachterlichen Stellungnahme stellt der Gutachter im Grobkonzept die Gründe dar, aus denen hervorgeht, dass die Sanierung nicht offensichtlich aussichtslos ist. Denkbar ist auch, dass die gesetzlichen Vertreter oder ein Dritter ein Grobkonzept vorlegen, das der Gutachter als Grundlage für die Einschätzung der nicht offensichtlichen Aussichtslosigkeit verwendet. Aus dem Grobkonzept müssen das Ziel der angestrebten Sanierung und die dafür wesentlichen Maßnahmen, aber auch etwaige wesentliche Hindernisse der Sanierung (z. B. auf Seiten der Stakeholder) hervorgehen.[150] Das Grobkonzept hat zumindest eine Analyse der Krisenursachen, eine Darstellung der aktuellen wirtschaftlichen Situation, eine Skizze des Zukunftsbildes des Unternehmens sowie eine grobe Beschreibung der für die Sanierung angestrebten Maßnahmen mit ihren finanziellen Auswirkungen zu umfassen. Dabei ist überschlägig einzuschätzen, ob die skizzierten Maßnahmen für eine erfolgreiche Sanierung im Rahmen eines Insolvenzplans ausreichen können. Auch ist die Realisierungswahrscheinlichkeit der einzelnen Maßnahmen qualitativ zu erläutern.[151] **Ziel des Schutzschirmverfahrens** ist es, einen Insolvenzplan zu entwickeln und diesen zu einem späteren Zeitpunkt den Gläubigern vorzulegen. Eine Befragung der wesentlichen Gläubiger ist zwar grundsätzlich nicht erforderlich. Der Gutachter hat sich gleichwohl ein Bild davon zu machen, ob das – nach wirtschaftlichen Maßstäben zu beurteilende – voraussichtliche Verhalten der Gläubiger zu einer offensichtlichen Aussichtslosigkeit der Sanierung führt, und dies darzulegen. Steht bereits im Vorfeld fest, dass für die Sanierung maßgebliche Gläubiger diese zum Scheitern bringen können und werden, ist von einer offensichtlichen Aussichtslosigkeit der Sanierung auszugehen.[152] Bei erfolgreichem Antrag auf ein Verfahren nach § 270b InsO kann der Schuldner in der vom Gericht zugestandenen Frist unter Zuhilfenahme von externen Spezialisten an einem Insolvenzplan arbeiten, während dem Gericht nur eine beschränkte Anordnungskompetenz hinsichtlich möglicher Sicherungsmaßnahmen zusteht.[153] Das Gericht muss auf Antrag des Schuldners Zwangsvollstreckungsmaßnahmen gegen ihn untersagen oder einstweilen einstellen, wenn nicht unbewegliche Gegenstände betroffen sind.[154] Dadurch soll vermieden werden, dass dem Betrieb für eine Fortführung elementare Gegenstände entzogen werden.[155] Als weiteren Anreiz darf der Schuldner nach § 270b Abs. 2 InsO selbst seinen Sachwalter bestimmen, wenn dieser nicht offensichtlich ungeeignet ist.

f) Debt-Equity-Swap[156]

140 Ein wesentlicher Schwachpunkt des Planverfahrens wurde vor der ESUG-Reform darin gesehen, dass es keine **Eingriffe in die Rechte der Anteilseigner** ermöglichte.[157] Den Eignern wurde dadurch im Verfahren eine Einwirkungsmöglichkeit zugestanden, die aufgrund der Wertlosigkeit ihrer Beteiligungsrechte wenig begründet erschien.[158] An einer Wertsteigerung ihrer Anteile durch eine Sanierung im Planverfahren würden sie demnach ohne eigenen Sanierungsbeitrag partizipieren. Nach der Neuregelung des § 225a InsO

---

[150] IDW S 9 Tz. 23.
[151] IDW S 9 Tz. 24.
[152] IDW S 9 Tz. 28.
[153] Vgl. *Wimmer*, Das neue Insolvenzrecht, S. 25.
[154] *Foltis* in FK-InsO § 270b Rn. 7; *Schelo* ZIP 2012, 712.
[155] *Gutmann/Laubereau* ZInsO 2012, 1861 (1864).
[156] Ausführlich zum D-E-S *Haarmeyer/Buchalik* S. 175 ff.
[157] So *Wimmer* in Das neue Insolvenzrecht nach der ESUG-Reform, S. 4.; vgl. auch *Braun/Franke* in Braun InsO Vor § 217–269 Rn. 4.
[158] Vgl. *Wimmer* in Das neue Insolvenzrecht nach der ESUG-Reform, S. 4.

durch die ESUG-Reform dürfen nun alle gesellschaftsrechtlich zulässigen Maßnahmen beschlossen werden (§ 225a Abs. 3 InsO). Damit wurde die strikte Trennung zwischen Gesellschaftsrecht und Insolvenzrecht aufgehoben.[159] Die erforderlichen gesellschaftsrechtlichen Maßnahmen werden in den gestaltenden Teil des Plans aufgenommen und allen Beteiligten zur Abstimmung gestellt.[160] Dabei bedarf es nicht der außerhalb einer Insolvenz erforderlichen Mitwirkungshandlungen der Gesellschaftsorgane. Nach § 225a Abs. 2 InsO kann eine Umwandlung von Fremdkapital in Eigenkapital (Debt-Equity-Swap) vorgenommen werden. Eine solche Umwandlung bietet für den Gläubiger den Vorteil, dass er Aktionär wird und folglich Einfluss auf Entscheidungen der sanierten AG nehmen kann. Außerdem wäre er nach einer erfolgreichen Sanierung an einer Wertsteigerung der Gesellschaft beteiligt.[161] Für das Schuldnerunternehmen bietet der Debt-Equity-Swap den Vorteil eines bilanziellen Passivtauschs von Fremd- zu Eigenkapital.[162] Eine Umwandlung gegen den Willen der betroffenen Gläubiger ist nicht möglich (§ 225 Abs. 2 Satz 2 InsO) wohl aber gegen den Willen der Altgesellschafter.[163]

141 Ein Debt-Equity-Swap kann als **Sachkapitalerhöhung** oder als **Anteilübernahme** erfolgen. Bei einer Sachkapitalerhöhung wird gewöhnlich das Kapital der Gesellschaft auf den tatsächlich noch vorhandenen Betrag des Eigenkapitals herabgesetzt (§§ 229 ff. AktG; §§ 58a ff. GmbHG). Anschließend kommt es zu einer Sachkapitalerhöhung gegen neue Anteile. Dabei bringen die Gläubiger ihre Forderungen als Sacheinlage ein.[164] Beim Share Deal übertragen Altgesellschafter bereits bestehende Anteile auf den Forderungsinhaber, der im Gegenzug auf seine Forderung verzichtet.[165]

8. Die Entscheidung über die Verfahrenseröffnung und ihre Konsequenzen

a) Ablehnung mangels Masse[166]

142 Wird die Eröffnung des Insolvenzverfahrens mangels einer die Verfahrenskosten deckenden Masse abgelehnt, so gilt die Gesellschaft mit Rechtskraft des Beschlusses als aufgelöst (§ 262 Abs. 1 Nr. 4 AktG). Sie wird in diesem Fall gem. § 264 ff. AktG abgewickelt. Während der Abwicklung gelten grundsätzlich noch die Vorschriften für werbende Gesellschaften, soweit die Regelungen der §§ 264 ff. AktG nichts anderes bestimmen. Auf die Börsennotierung einer Gesellschaft hat ihre Auflösung keinen unmittelbaren Einfluss. Anstelle der Aktien werden nunmehr die, kraft Gesetzes aus den Aktien entstandenen, Liquidationsanteilsscheine gehandelt.[167]

b) Auswirkungen einer Verfahrenseröffnung auf den Rechtsträger

143 Ein rechtskräftiger Beschluss über die Eröffnung des Verfahrens über das Vermögen einer AG stellt gem. § 262 Abs. 1 Nr. 3 AktG einen Auflösungsgrund dar, der nach § 263 Satz 3 AktG in das Handelsregister einzutragen ist. Die Eröffnung des Insolvenzverfahrens hat nicht den Verlust der Rechtspersönlichkeit einer Aktiengesellschaft zur Folge. Die Gesellschaft ist folglich weiterhin Träger von Rechten und Pflichten. Handels- und steuerrechtliche Pflichten des Schuldners zur Buchführung und zur Rechnungslegung bleiben nach § 155 InsO unberührt, in Bezug auf die Insolvenzmasse hat der Insolvenzverwalter diese Pflichten zu erfüllen. Auch die Kaufmannseigenschaft der Gesellschaft bleibt unbe-

---

[159] So *Wimmer* in Das neue Insolvenzrecht nach der ESUG-Reform, S. 4.
[160] So *Wimmer* in Das neue Insolvenzrecht nach der ESUG-Reform, S. 5.
[161] Vgl. *Frank* in Braun InsO § 225a Rn. 4; *Jaffé* in FK-InsO § 225a Rn. 4.
[162] *Jaffé* in FK-InsO § 225a Rn. 4; *Knebel/Schmidt* BB 2009, 430 (432).
[163] *Günther* ZInsO 2012, 2037 (2043); kritisch zu den Änderungen *K. Schmidt* ZIP 2012, 2085.
[164] Vgl. *Frank* in Braun InsO § 225a Rn. 6; *Günther* ZInsO 2012, 2037, (2040); ausführlich *Redeker* BB 2009, 673 (674); *Weber/Schneider* ZInsO 2012, 374.
[165] *Frank* in Braun InsO § 225a Rn. 7; *Günther* ZInsO 2012, 2037, (2040); *Hofert/Möller* GmbHR 2009, 527.
[166] WP Handbuch 2014, Band II, Teil S, Rn. 333.
[167] *Schander/Schinogl* ZInsO 1999, 202; *Hirte* ZInsO 2000, 127 (130).

rührt.[168] Die Firmierung bleibt grundsätzlich erhalten, muss aber nach § 269 Abs. 6 AktG mit dem Zusatz „i. L." versehen werden. Nach der vollständigen Vermögensverteilung durch den Insolvenzverwalter und der von Amts wegen vorgenommenen Löschung im Handelsregister (§ 394 Abs. 1 Satz 2 FamFG), gilt eine Aktiengesellschaft als beendet.

c) Auswirkungen auf die Gesellschaftsorgane

144   Die **Organe** einer Aktiengesellschaft bleiben nach Verfahrenseröffnung im Amt. Ihre Befugnisse und Verpflichtungen werden jedoch durch die Verwaltungs- und Verfügungsbefugnisse des Insolvenzverwalters eingeschränkt (§ 80 InsO).

145   **aa) Vorstand.** Die **Aufgaben des Vorstands** als Vertretungsorgan einer AG im Regelabwicklungsverfahren beschränken sich während eines Insolvenzverfahrens darauf, die Rechte und Pflichten der Gesellschaft als Gemeinschuldnerin wahrzunehmen, insolvenzfreies Vermögen zu verwalten und die ihm obliegenden Verfahrenspflichten zu erfüllen (ua §§ 97, 101 InsO). Der Insolvenzverwalter kann den Anstellungsvertrag eines Vorstandsmitglieds nach § 113 InsO kündigen und im Gegenzug kann das Vorstandsmitglied für seinen, ihm durch die Kündigung entgangenen, Vergütungsanspruch, Schadenersatz gem. § 113 Satz 3 InsO verlangen. § 87 Abs. 3 AktG beschränkt diesen Anspruch auf die letzten 2 Jahre vor Ende des Dienstverhältnisses. Neben dem während des Verfahrens nach § 113 InsO geltenden Sonderkündigungsrecht, gibt es für den Insolvenzverwalter auch weiterhin die Möglichkeit Anstellungsverträge nach den außerhalb eines Verfahrens geltenden Vorschriften zu kündigen. Für seine Tätigkeit im Rahmen seines, nach der Eröffnung des Insolvenzverfahrens noch fortbestehenden, Aufgabenkreises hat ein Vorstandsmitglied Anspruch auf Vergütung. Da es sich um einen Anspruch handelt, der nach Eröffnung begründet wird, handelt es sich hierbei um eine Masseverbindlichkeit nach § 55 Abs. 1 Nr. 2 InsO. Für (aus welchem Grund auch immer) ausscheidende Vorstandsmitglieder muss der Aufsichtsrat Ersatz benennen. Ist der Aufsichtsrat dazu nicht in der Lage, so hat der Insolvenzverwalter eine gerichtliche Bestellung nach § 85 AktG zu beantragen.

146   **bb) Aufsichtsrat.** Sowohl der **Aufsichtsrat** als Organ als auch das Amt des einzelnen Aufsichtsratsmitglieds bleiben nach Verfahrenseröffnung bestehen. Nach § 102 Abs. 1 AktG können Aufsichtsratsmitglieder, nicht für längere Zeit als bis zur Beendigung der Hauptversammlung bestellt werden, die über die Entlastung für das vierte Geschäftsjahr nach dem Beginn der Amtszeit beschließt.[169] Findet während einer Insolvenz keine Hauptversammlung statt, so verlängert sich das Amt nicht automatisch. Die Zugehörigkeit zum Aufsichtsrat endet daher spätestens in dem Zeitpunkt, in dem die Hauptversammlung über die Entlastung hätte beschließen müssen.[170] Vor dem Ablauf der in § 102 AktG definierten Amtszeit kann das Amt durch eine Abberufung beendet werden. Das Recht dazu steht auch während einer Insolvenz nicht dem Insolvenzverwalter zu, sondern verbleibt bei der Hauptversammlung und richtet sich nach § 23 MitbestG. Während des Verfahrens sind die Aufgaben eines Aufsichtsrates beschränkt. Die Überwachung des Insolvenzverwalters wird von der Gläubigerversammlung übernommen und, soweit Eigenverwaltung verordnet wurde, findet eine Überwachung durch einen bestellten Sachwalter statt. Aufgrund dieser Einschränkungen besteht weitgehende Einigkeit darüber, dass Aufsichtsratsmitglieder während des Verfahrens keinen Anspruch auf eine Vergütung haben.[171] Ausstehende Vergütungen, die in der Zeit vor Verfahrenseröffnung begründet wurden, stellen Insolvenzforderungen nach § 38 InsO dar. Hinsichtlich der Forderung auf Auslagenersatz für Aufsichtsratsmitglieder ist zu unterscheiden, wann der Anspruch entstanden ist. Wenn es sich um Ansprüche für Auslagenersatz für die Zeit vor Eröffnung des Insolvenzverfahrens handelt,

---

[168] *Hirte* in Uhlenbruck InsO § 11 Rn. 105.
[169] *Haas/Mock* in Gottwald Insolvenzrechts-Handbuch § 93 Rn. 18.
[170] *Haas/Mock* in Gottwald Insolvenzrechts-Handbuch § 93 Rn. 18; *Schluck-Amend* in Handbuch der AG, Rn. 14.271.
[171] *Schluck-Amend* in Handbuch der AG, Rn. 14.273.

dann handelt es sich um eine einfache Insolvenzforderung. Auslagen, die für Tätigkeiten nach der Eröffnung des Insolvenzverfahrens entstehen sind hingegen Massekosten. Voraussetzung ist allerdings, dass die Auslagen für die Erbringung der im Insolvenzverfahren beim Aufsichtsrat verbliebenen Aufgaben wirklich erforderlich sind.

Ein Aufsichtsratsmitglied kann sein Amt in der Insolvenz der Gesellschaft auch vor Ablauf der Amtszeit niederlegen.[172] Der Angabe eines wichtigen Grundes bedarf es hierfür nicht. Wird ein Nachfolger von der Hauptversammlung bestellt, so gehen die Kosten hierfür grundsätzlich nicht zulasten der Insolvenzmasse. Selbiges gilt auch für die Wahl von Arbeitnehmervertretern (§ 20 Abs. 3 MitbestG findet keine Anwendung). Wird die Mindestanzahl an Aufsichtsratsmitgliedern unterschritten, so hat das Gericht auf einen Antrag nach § 104 Abs. 1 AktG die Bestellung vorzunehmen. Neben den in Abs. 1 aufgeführten Mitgliedern ist auch der Insolvenzverwalter zu einem solchen Antrag berechtigt.

cc) Hauptversammlung. Auch im Insolvenzverfahren bleibt der Vorstand zur Einberufung der **Hauptversammlung** zuständig. Eine Einberufung hat in Absprache mit dem Insolvenzverwalter zu erfolgen, da nur dieser Mittel für die Einberufung der Versammlung zur Verfügung stellen kann. Die Zuständigkeiten der Hauptversammlung werden in allen masserelevanten Themenbereichen vom Insolvenzverwalter überlagert. **Satzungsänderungen** liegen grundsätzlich weiterhin im Kompetenzbereich der Versammlung, soweit sie nicht dem Zweck des Insolvenzverfahrens zuwiderlaufen.[173] Auch die **Benennung von Aufsichtsratsmitgliedern** bleibt im Kompetenzbereich der Hauptversammlung (§ 101 AktG). Grundsätzlich besteht auch das **Auskunftsrecht der Aktionäre** (§ 131 AktG) fort, wobei es dem Vorstand aufgrund der auf den Insolvenzverwalter übergegangenen Verwaltungs- und Verfügungsbefugnis in der Regel nur eingeschränkt möglich ist, Auskunft zu erteilen. Für die **Geltendmachung einer Haftungsinanspruchnahme** der Vorstandsmitglieder ist nach Verfahrenseröffnung nicht mehr die Hauptversammlung gem. § 147 AktG zuständig, sondern der Insolvenzverwalter. Die **Entlastungskompetenz** bleibt nach § 120 AktG bei der Versammlung, da eine erfolgte Entlastung keinem Verzicht auf Ersatzansprüche gleichkommt (Abs. 2). Hauptversammlungsbeschlüsse können unverändert angefochten werden, mit dem Unterschied, dass die Klage (§ 246 Abs. 2 AktG) gegen den Insolvenzverwalter zu richten ist, wenn die Masse durch das Verfahren betroffen ist. Dies ist schon dem Umstand geschuldet, dass die Gesellschaft bei einer erfolgreichen Klage die Kosten des Verfahrens tragen muss. Laufende Verfahren werden aufgrund der Stellung der Aktiengesellschaft als Anfechtungsgegner (§ 246 Abs. 2 Satz 1 AktG) durch die Eröffnung des Insolvenzverfahrens nach § 240 ZPO nur unterbrochen, wenn der Hauptversammlungsbeschluss auch die Insolvenzmasse betrifft. Dies kann nicht schon aufgrund von § 91 ZPO angenommen werden.

dd) Aktionär. Grundsätzlich bleibt die Rechtsstellung eines Aktionärs **durch die Eröffnung des Insolvenzverfahrens unberührt.** Weil der Aktionär der Gesellschaft neben seiner Aktionärsstellung auch als Gläubiger gegenübertreten kann, muss zwischen seinen Verwaltungs- und Vermögensrechten unterschieden werden.

Verwaltungsrechte. Das Informationsrecht besteht zwar gegenüber dem Vorstand fort, ist aber davon abhängig, wie viel der Vorstand vom Insolvenzverwalter an Informationen erhält. Während des Verfahrens ist die gerichtliche Beantragung einer Sonderprüfung durch die Hauptversammlung nicht möglich. Jedoch kann der Aktionär nach Beendigung des Verfahrens entweder in der Hauptversammlung (§ 142 Abs. 1 AktG) oder bei Gericht eine **Sonderprüfung** beantragen (§ 142 Abs. 2 AktG), die aber nicht die Tätigkeit des Insolvenzverwalters umfassen darf.

Vermögensrechte. Der mitgliedschaftliche Anspruch auf **Bilanzgewinn** ist während des Insolvenzverfahrens bedeutungslos. Schwieriger zu beantworten ist die Frage, wie mit

---

[172] *Schluck-Amend* in Handbuch der AG, Rn. 14.272.
[173] *Haas/Mock* in Gottwald Insolvenzrechts-Handbuch § 93 Rn. 25; *Schluck-Amend* in Handbuch der AG, Rn. 14.276.

bereits zur Verfahrenseröffnung begründeten und noch ausstehenden Ansprüchen verfahren wird. Bei einem bereits vor der Verfahrenseröffnung wirksam entstandenen Anspruch auf eine Dividende (§ 58 Abs. 4 AktG) handelt es sich nach Verfahrenseröffnung nicht um eine Insolvenzforderung nach § 38 InsO. Ein solcher Anspruch kann nicht befriedigt werden, da ansonsten Eigenkapital abfließen würde, das sonst den Gläubigern der Gesellschaft zur Verfügung stehen würde.

152 **ee) Abschlussprüfer.** Mit der Insolvenzeröffnung beginnt ein neues Geschäftsjahr (§ 155 Abs. 2 Satz 1 InsO). Für die **Prüfung der Schlussbilanz** der werbenden Gesellschaft gilt eine Sonderregelung (§ 155 Abs. 3 Satz 2 InsO): Ist der Abschlussprüfer für das vor Verfahrenseröffnung liegende (Rumpf-)Geschäftsjahr schon gewählt und von dem zuständigen Gesellschaftsorgan auch schon beauftragt worden, ist der Insolvenzverwalter an dessen Beauftragung gebunden.[174] Steht allerdings die Beauftragung noch aus oder fehlt es sogar an der Wahl, gilt die Regelung in § 155 Abs. 3 Satz 1 InsO: Zuständig für die Bestellung ist dann allein das Registergericht.[175] Hat die Gesellschafterversammlung den Abschlussprüfer zwar gewählt, ist der Auftrag von dem Beauftragungsorgan aber noch nicht erteilt, ist der Insolvenzverwalter nicht an die Wahl der Gesellschafterversammlung gebunden, dh er ist nicht verpflichtet, den Prüfungsvertrag mit dem gewählten Abschlussprüfer abzuschließen.[176]

153 Für vor dem Rumpfgeschäftsjahr liegende Geschäftsjahre endet der Prüfungsauftrag des Abschlussprüfers nach Auffassung des **OLG Dresden** mit Eröffnung des Insolvenzverfahrens über das Vermögen der prüfungspflichtigen Gesellschaft, wenn der Insolvenzverwalter nicht die Erfüllung des Prüfungsauftrags wählt.[177] Das OLG legt das Gesetz dahingehend aus, dass sich § 155 Abs. 3 Satz 2 InsO **lediglich auf das Rumpfgeschäftsjahr** bezieht.[178] § 155 Abs. 3 Satz 2 InsO wird durch dieses Urteil nahezu bedeutungslos, da der Abschlussprüfer für das Rumpfgeschäftsjahr in der Regel noch nicht bestellt sein dürfte.[179]

154 Oftmals nimmt der Insolvenzverwalter eine **Änderung des vorangegangenen Jahresabschluss** vor. Dies hat dann nach § 316 Abs. 3 HGB eine **Nachtragsprüfung** zur Folge. Mit der Durchführung der Nachtragsprüfung ist nach der Systematik des § 316 Abs. 3 HGB der ursprüngliche Abschlussprüfer zu befassen, da die Nachtragsprüfung keine vollständig neue Prüfung darstellt, sondern sich nur auf die geänderten Posten und Angaben beschränkt. Selbst wenn der geänderte Jahresabschluss fehlerhaft gewesen sein sollte und dies eine Änderung begründet, steht der Beauftragung des ursprünglichen Abschlussprüfers der Gesichtspunkt der Besorgnis der Befangenheit grundsätzlich nicht entgegen. Dies wäre nur der Fall, wenn aus der Sicht eines objektiven und verständigen Dritten konkrete Umstände hergeleitet werden könnten, dass sich der Nachtragsprüfer von sachfremden Erwägungen bei Durchführung der Nachtragsprüfung leiten lassen könnte.[180] Nach Auffassung des OLG Dresden steht es dem Insolvenzverwalter jedoch frei, dem Registergericht einen anderen Abschlussprüfer vorzuschlagen und vom Gericht bestellen zu lassen.[181]

155 Eine förmliche **Feststellung** der handelsrechtlichen Jahresabschlüsse ist wegen des insolvenzspezifisch geregelten Verteilungsverfahrens gesetzlich nicht vorgesehen und auch nicht erforderlich.[182]

---

[174] *Hess* in Hess InsO § 155 Rn. 27; *Naumann* in Braun InsO § 155 Rn. 11.
[175] *Hess* in Hess InsO § 155 Rn. 31; *Müller, H. P./Gelhausen* in FS C. P. Claussen, 687 (696); *Klerx* NZG 2003, 943 (944).
[176] OLG Dresden NZI 2009, 858 (859).
[177] OLG Dresden NZI 2009, 858.
[178] In der Literatur wird vertreten, dass die Regelung nicht nur für den Abschluss des Rumpfgeschäftsjahres gilt: *Kübler* in Kübler/Prütting/Bork InsO § 155 Rn. 69; aA *Andres* in Nerlich/Römermann InsO § 155 Rn. 46; *Boochs* in FK-InsO § 155 Rn. 152; *Maus* in Uhlenbruck InsO § 155 Rn. 24.
[179] WP-Handbuch 2014, Band II, Teil S, Rn. 404.
[180] Vgl. § 319 Abs. 2 HGB iVm §§ 20 ff. der Berufssatzung für WP und WPG.
[181] OLG NZI 2009, 858; WP Handbuch 2014, Band II, Teil S, Rn. 405.
[182] *Andres* in Nerlich/Römermann InsO § 155 Rn. 28.

Der Begriff der **Feststellung** betrifft nicht nur die Billigung des Jahresabschlusses;[183] der Begriff umfasst vielmehr zugleich auch die Änderungskompetenz. So kann der Aufsichtsrat einer Aktiengesellschaft, den zur Billigung vorgelegten Jahresabschluss zurückweisen und das Geschäftsführungsorgan dazu veranlassen, bestimmte, insbesondere handelsrechtlich zulässige Bewertungswahlrechte nach dem Willen der Gesellschafter auszuüben. Der Vorstand ist auch in dieser Kompetenz nur Treuhänder des Gesellschaftervermögens und muss daher dem Primat der Gesellschafterentscheidung folgen. Diese gesellschaftsrechtliche Kompetenz wird mit Eröffnung des Insolvenzverfahrens aufgehoben. Mit dem Einsetzen des Insolvenzverwalters sind allein auf diesen alle vermögensrechtlichen Verwaltungs- und Verfügungsbefugnisse übertragen. Der Insolvenzverwalter muss sich nicht vor den Gesellschaftsorganen rechtfertigen. Vielmehr besteht zwischen den Gesellschaftsorganen und einem Insolvenzverwalter ein natürlicher Interessenwiderstreit, da kaum zu erwarten ist, dass die Gesellschafter eine ihre Vermögensinteressen nicht mehr wahrende Liquidationsbewertung mittragen werden. Da aber der Insolvenzverwalter nicht Treuhänder der Gesellschafter, sondern den Gläubigern gegenüber verantwortlich ist, hat er den Gesellschaftern oder einem Aufsichtsrat weder Rechenschaft abzulegen, noch ihnen den Jahresabschluss zur Billigung vorzulegen.

d) Auswirkungen der Insolvenzverfahrenseröffnung auf Kapital und Anleihen

Die Verfahrenseröffnung hat zunächst **keine direkten Auswirkungen** auf die finanzielle Verfassung einer Aktiengesellschaft.

Eine noch **nicht abgeschlossene Kapitalerhöhung** wird bei Eröffnung eines Insolvenzverfahrens nicht automatisch beendet.[184] Der Insolvenzverwalter kann ausstehende Einlageforderungen der Gesellschaft aufgrund seiner Befugnisse aus § 80 InsO als Bestandteil der Insolvenzmasse einfordern. Vor der **Eintragung** einer Kapitalerhöhung in das Handelsregister kann die Hauptversammlung den entsprechenden Beschluss allerdings noch aufheben und damit das Entstehen der Einlageverpflichtung verhindern.[185] Auch im bereits eröffneten Verfahren ist eine Kapitalerhöhung noch möglich. Da sich dadurch die zur Gläubigerbefriedigung zur Verfügung stehende Masse erhöht, ist eine solche Kapitalerhöhung oftmals die Bedingung für die Annahme eines Insolvenzplans vonseiten der Gläubiger. Auch die Ausgabe neuer Aktien gem. §§ 202 ff. AktG ist nach Verfahrenseröffnung möglich, da die Einlagen die Masse erhöhen, die zur Gläubigerbefriedigung zur Verfügung steht. Es ist jedoch davon auszugehen, dass es der Zustimmung des Insolvenzverwalters bedarf, da durch die Zeichnung neuer Aktien auch Kosten entstehen können, die dann aus der Masse beglichen werden müssen.

Ein **Erwerb eigener Aktien** ist während eines Insolvenzverfahrens nicht möglich, da der Grundsatz gilt, dass Gesellschafter erst nach den Insolvenzgläubigern befriedigt werden dürfen (§ 199 Satz 2 InsO).

Schuldverschreibungen bestehen auch nach Verfahrenseröffnung fort. Allerdings gibt es gewöhnlich in den Anleihebedingungen ein Kündigungsrecht für den Verschreibungsgläubiger, wenn bestimmte Leistungen nicht erbracht werden, was nach Verfahrenseröffnung regelmäßig der Fall ist. Die führt zu einem Kündigungsrecht der Verschreibungsgläubiger und somit zu einer Fälligstellung der Forderung. Anleiheverträge, die keine solche Klausel enthalten, gelten nach § 41 InsO mit Verfahrenseröffnung als fällig. Da es sich bei Schuldverschreibungen um gegenseitige Verträge handelt, kann der Insolvenzverwalter den Vertrag seinerseits nach § 103 InsO kündigen. Der Verschreibungsgläubiger kann seine Forderung dann nur als Insolvenzgläubiger geltend machen (§ 103 Abs. 2 InsO).

---

[183] Dies folgt bereits aus § 172 AktG einerseits, in dem der Begriff der „Feststellung" verwandt wird, und aus § 173 Abs. 1 AktG andererseits, in dem für den Begriff der „Feststellung" der Begriff „billigen" verwandt wird.
[184] *Haas/Mock* in Gottwald Insolvenzrechts-Handbuch § 93 Rn. 41.
[185] *Haas/Mock* in Gottwald Insolvenzrechts-Handbuch § 93 Rn. 41; *Hirte* in Uhlenbruck InsO § 11 Rn. 194.

Auch bei Anwendbarkeit des Schuldverschreibungsgesetzes (SchVerschrG), bestimmen sich die Rechte der Gläubiger nach der InsO, soweit § 19 Abs. 2–4 SchVerschrG keine abweichenden Regelungen enthält (§ 19 Abs. 1 SchVerschrG).

e) Bedeutung der Verfahrenseröffnung für die Mitteilungspflichten einer AG

161 Durch die Verfahrenseröffnung wird die Übertragbarkeit der Aktien nicht eingeschränkt. Auch die **Mitteilungspflichten** bestehen weiterhin. Der Insolvenzverwalter hat die Verpflichtung, etwaige Veränderungen nach § 20 Abs. 6 AktG in den Gesellschaftsblättern bekanntzugeben.

f) Die Insolvenzmasse

162 Die Insolvenzmasse umfasst gem. § 35 InsO das **gesamte Vermögen,** das dem Schuldner zum Zeitpunkt der Verfahrenseröffnung gehört und das Vermögen, das während des Verfahrens erlangt wird.[186]

163 Die Insolvenzmasse umfasst darüber hinaus auch die Ansprüche aus **Kapitalaufbringung und -erhaltung,** insbesondere Ansprüche, die der Gesellschaft gegenüber ihren Aktionären aus rückständigen Einlagen zustehen (§§ 63, 54 AktG). Die Geltendmachung der Ansprüche erfolgt nach § 80 InsO durch den Verwalter, ein etwaiger Aufsichtsratsvorbehalt ist in der Insolvenz hinfällig.

164 Des Weiteren gehören auch Ansprüche auf Rückerstattung von Zahlungen, die Aktionäre unter Verstoß gegen die §§ 57–59 AktG erhalten haben zur Insolvenzmasse (§ 62 Abs. 1, Abs. 2 Satz 2 AktG). Zur Geltendmachung dieser Ansprüche ist nach § 62 Abs. 2 Satz 2 AktG der Insolvenzverwalter/Sachwalter berechtigt. Soweit ein entsprechendes Verfahren bereits anhängig ist, wird dieses mit Eröffnung des Insolvenzverfahrens unterbrochen (§ 240 ZPO) und kann vom Insolvenzverwalter nach § 325 ZPO als Rechtsnachfolger wieder aufgenommen werden.[187] Er hat dabei den Grundsatz der Aktionärsgleichbehandlung zu beachten. Dieser Grundsatz ist bei einer möglichen Anwendung des Kaduzierungsverfahrens nach § 64 AktG zu beachten. Auch in einem Insolvenzverfahren gilt, dass die Aktionäre nicht von ihren Leistungspflichten befreit werden dürfen (§ 66 AktG).

165 Die Ansprüche aus der **Verlustdeckungshaftung** der Gründer gehören zur Insolvenzmasse. Das vollständige Grundkapital einer AG hat im Entstehungszeitpunkt (Eintragung ins Handelsregister) zur Verfügung zu stehen. Ist dies nicht der Fall, so sind die Gründergesellschafter aufgrund der Vorbelastungshaftung verpflichtet, anteilig nach ihrer Beteiligung bereits bestehende Vorbelastungen der AG auszugleichen und das Grundkapital wieder aufzufüllen. Ist ein solcher Ausgleich einzelnen Gründern nicht möglich, so haben die anderen gemeinschaftlich gemäß ihren Beteiligungsanteilen für die ausgefallenen Gründer einzustehen.

166 Ferner können Rückabwicklungsansprüche aus einer Nachgründung gem. § 52 AktG entstehen. Nach Verfahrenseröffnung muss der Insolvenzverwalter anstatt der Hauptversammlung dem Nachgründungsvertrag gem. § 52 Abs. 1 AktG zustimmen.

167 Ansprüche aufgrund von Missmanagement richten sich überwiegend gegen den Vorstand. Die Ansprüche können vor allem in der Verletzung der Kapitalaufbringungs- und Kapitalerhaltungsvorschriften, Insolvenzverursachung oder Insolvenzverschleppung begründet sein.

168 Zur Insolvenzmasse zählen auch **Schadensersatzansprüche** der Gesellschaft gegen Dritte, die schädigenden Einfluss auf die Gesellschaft nehmen (§ 117 AktG).[188] Gemäß § 117 Abs. 5 AktG ist zur Geltendmachung während der Dauer des Insolvenzverfahrens wiederum der Insolvenzverwalter bzw. Sachwalter berechtigt.

---

[186] WP Handbuch 2014, Band II, Teil S, Rn. 26.
[187] *Haas/Mock* in Gottwald Insolvenzrechts-Handbuch § 93 Rn. 49.
[188] *Hirte* in Uhlenbruck InsO § 35 Rn. 335.

Darüber hinaus gehören Schadensersatzansprüche gegen den Abschlussprüfer (§ 323 HGB) zur Insolvenzmasse.[189] Auch die Geltendmachung dieser Ansprüche obliegt während des Insolvenzverfahrens dem **Insolvenzverwalter** (§ 93 Abs. 5 Satz 4 AktG).

Ansprüche aufgrund einer **Insolvenzverursachung** können gem. § 92 Abs. 2 Satz 3 AktG gegen den Vorstand erhoben werden, wenn dieser Zahlungen an Aktionäre geleistet hat, die zur Insolvenz der Gesellschaft führen mussten. Der Anspruch ist ausgeschlossen, wenn sich der Vorstand auf die Business Judgement Rule des § 93 Abs. 1 Satz 1 AktG berufen kann (§ 92 Abs. 2 Satz 3 AktG).[190]

Außerdem können sich gegen die Vorstandsmitglieder Ansprüche wegen **Insolvenzverschleppung** aus § 93 Abs. 3 Nr. 6 AktG iVm § 92 Abs. 2 AktG ergeben.[191]

Gegen **Aufsichtsratsmitglieder** kommen Schadensersatzansprüche wegen unzureichender Überwachung des Vorstands bzw. fehlender Einwirkung auf die Insolvenzantragstellung in Betracht (§ 116 AktG iVm § 93 Abs. 2 AktG).

9. Die Auswirkungen einer Insolvenz auf den Kapitalmarkt

a) Börsennotierte Aktiengesellschaft

aa) Börsennotierung und Widerruf. Die Börsennotierung wird in § 3 Abs. 2 AktG geregelt. Erforderlich ist eine Zulassung zu einem bestimmten Markt. Diese Regelung beinhaltet in Deutschland ausschließlich die Zulassung zum **regulierten Markt** nach §§ 32 ff. BörsG, nicht aber den Freiverkehr (§ 48 BörsG). Bei dem für die Börsennotierung erforderlichen Markt muss es sich nicht um eine deutsche Börse handeln, es kommt insbesondere auch eine Auslandsnotierung in anderen Mitgliedstaaten der EU in Betracht (§ 2 Abs. 5 WpHG). Die Börsenzulassung erfolgt durch einen Verwaltungsakt der Zulassungsstelle. Die Zulassung an der Börse endet weder für den Fall, dass ein Insolvenzverfahren beantragt wird, noch für den Fall der Insolvenzeröffnung zwangsläufig. Für die Beendigung der Börsennotierung ist vielmehr ein Widerruf notwendig, der in einer auf die Dauer fehlende Gewährleistung eines ordnungsgemäßen Börsenhandels begründet sein kann. Einen weiteren Grund stellt die Unfähigkeit eines gelisteten Unternehmens dar, seinen Pflichten, die sich aus der Listung ergeben, in einer angemessenen Frist nachzukommen (§ 39 Abs. 1 BörsG). Die Entscheidung über den Widerruf trifft die Zulassungsstelle nach pflichtgemäßem Ermessen, wobei festzustellen ist, dass allein aufgrund der Insolvenzantragstellung oder Insolvenzeröffnung noch nicht unterstellt werden kann, dass ein ordnungsgemäßer Börsenhandel ausgeschlossen ist.[192] Auch auf den Wegfall der Erfüllungsmöglichkeit der Pflichten des Emittenten in einer angemessenen Frist (§ 39 Abs. 1 BörsG) kann nur aufgrund der Verfahrenseröffnung nicht automatisch geschlossen werden, da der Insolvenzverwalter den Schuldner bei der Erfüllung der sich aus der Zulassung ergebenden Pflichten zu unterstützen hat und ihm insbesondere die hierfür notwendigen finanziellen Mittel zur Verfügung zu stellen hat (§ 43 BörsG).

bb) Aussetzung und Einstellung der Notierung. Bei einer temporären Gefährdung des ordnungsgemäßen Börsenhandels kann die Geschäftsführung den Handel **zeitweise** aussetzen. Ferner kann es auch zur **Aussetzung** kommen, wenn dies zum Schutz des Publikums geboten erscheint (§ 25 Abs. 1 Nr. 1 BörsG). Ein solcher Fall wäre beispielsweise denkbar, wenn gegen die Regelungen der §§ 14, 15, 20a WpHG verstoßen wird. Allein durch die Eröffnung eines Insolvenzverfahrens kann eine Aussetzung des Börsenhandels nicht begründet werden, es muss folglich auch während des Verfahrens einer der Aussetzungsgründe des § 25 Abs. 1 Nr. 1 BörsG vorliegen.

Eine **Einstellung** gem. § 25 Abs. 1 Nr. 2 BörsG ist im Gegensatz zu einer Aussetzung, eine Maßnahme, die keiner zeitlichen Begrenzung unterliegt. Voraussetzung hierfür ist,

---
[189] *Hirte* in Uhlenbruck InsO § 35 Rn. 336.
[190] *Haas/Mock* in Gottwald Insolvenzrechts-Handbuch § 93 Rn. 56.
[191] *Hirte* in Uhlenbruck InsO § 15a Rn. 20.
[192] *Ott/Brauckmann* ZIP 2004, 2117 (2121); *Weber* ZGR 2001, 422 (425).

dass der ordnungsgemäße Börsenhandel nicht nur zeitweilig nicht mehr gewährleistet erscheint. Dies ist im Zusammenhang mit einem Insolvenzverfahren der Fall, wenn die Gesellschaft im Handelsregister gelöscht wird (§ 262 Abs. 1 Nr. 3 AktG). Aus dem Umkehrschluss aus § 43 BörsG ergibt sich, dass die Eröffnung des Insolvenzverfahrens selbst noch nicht ohne weiteres eine Einstellung rechtfertigt.

175 cc) **Einbeziehung in den regulierten Markt.** Eine Börsennotierung kann sich zudem auch durch die Einbeziehung von Wertpapieren in den **regulierten Markt** ergeben, wenn die Wertpapiere bereits an einer anderen inländischen Börse im regulierten Markt (§ 33 Abs. 1 Nr. 1a BörsG), in einem anderen Mitgliedstaat der EU an einem organisierten Markt (§ 33 Abs. 1 Nr. 1b BörsG) oder in einem Drittstaat an einem dem regulierten Markt vergleichbaren Markt (§ 33 Abs. 1 Nr. 1c BörsG) zugelassen sind und durch die Einbeziehung keine Übervorteilung des Publikums oder eine Beeinträchtigung allgemeiner Interessen verbunden ist (§ 33 Abs. 1 Nr. 2 BörsG). Für eine Einbeziehung ist der Antrag eines Handelsteilnehmers bei der jeweiligen Börsengeschäftsführung oder deren Initiativwerden von Amts wegen erforderlich. Die Einzelheiten ergeben sich gem. § 33 Abs. 2 BörsG aus den jeweiligen Börsenordnungen. Die Einbeziehung kann ebenso wie die originäre Zulassung widerrufen werden.

176 dd) **Möglichkeit eines Delistings.** Vor dem Hintergrund der durch die Kapitalmarktorientierung bestehenden Pflichten und die dadurch entstehenden Kosten stellt sich die Frage, ob ein Rückzug vom Kapitalmarkt möglich ist. Gem. § 39 Abs. 2 Satz 1 BörsG kann die Zulassungsstelle auf Antrag des gelisteten Unternehmens die **Zulassung zum regulierten Markt widerrufen,** sofern dies nicht dem Schutz der Anleger widerspricht (§ 39 Abs. 2 Satz 2 BörsG). Genaueres zum Schutz der Anleger findet sich in der jeweiligen Börsenordnung. Jahrelang war anerkannt, dass ein Rückzug der Gesellschaft aus dem regulierten Markt wirtschaftlich gravierende Nachteile für einen Aktionär mit sich bringt, der lediglich ein Anlageinteresse verfolgt. Aus diesem Grund verlangte der BGH grundsätzlich einen Hauptversammlungsbeschluss (mit einfacher Mehrheit) sowie ein Kaufangebot an die das Delisting nicht betreibenden Aktionäre.[193] In einer aktuellen Entscheidung ist der BGH von diesem Standpunkt abgerückt.[194] Solche gesellschaftsrechtlichen Schutzmechanismen finden im Insolvenzverfahren jedoch ohnehin keine Anwendung, da die innergesellschaftlichen Zuständigkeiten, durch die Befugnisse des Insolvenzverwalters überlagert werden. Der Insolvenzverwalter kann also die Entscheidung über ein Delisting selbstständig treffen.

177 Etwaige gesellschaftsrechtlichen Schutzmechanismen beim Delisting finden auch im Insolvenzplanverfahren keine Anwendung, wobei hier ohnehin eine Mitwirkung der Aktionäre sichergestellt ist. Ein Insolvenzplan muss keine Barabfindungsregelung für die Aktionäre beinhalten.[195]

178 ee) **Downgrading.** Als **Downgrading** wird ein Widerruf der Börsenzulassung von Aktien zum regulierten Markt auf Antrag des Emittenten bezeichnet.[196] Der Wechsel in ein anderes Marktsegment, wie den einfachen börslichen Freiverkehr erfolgt typischerweise aufgrund der geringen Pflichten und Kosten. Da es schon beim Delisting nicht zur Anwendung der gesellschaftsrechtlichen Schutzmechanismen kommt (s. oben), ist dies erst recht auch für ein Downgrading vorauszusetzen.

179 ff) **Rang der Börsenverbindlichkeiten.** Vor der Insolvenzeröffnung entstandene, auf der Grundlage von § 17 BörsG iVm den auf den jeweiligen Gebührenordnungen beruhenden Gebühren für die zum regulierten Markt zugelassenen Aktien, sind **Insolvenzforderungen.** Bei nach der Verfahrenseröffnung anfallenden Gebühren handelt es sich um **Masseverbindlichkeiten** (§ 43 BörsG iVm § 55 InsO).

---

[193] BGH ZIP 2003, 387.
[194] BGH DB 2013, 2672; *Göb* NZI 2014, 13 (16).
[195] *Haas/Mock* in Gottwald Insolvenzrechts-Handbuch § 93 Rn. 78.
[196] BVerfG NJW 2012, 3081.

gg) Sonderregeln für börsennotierte Aktiengesellschaften. Sonderregelungen für börsennotierte Aktiengesellschaften zB zur Einberufung der Hauptversammlung gelten auch in der Insolvenz fort. Die Vorschriften zur Auf- und Feststellung des Jahresabschlusses gelten aufgrund der auf den Insolvenzverwalter übergehenden Kompetenzen nicht weiter. Die **Corporate Governance Erklärung** muss auch während des Insolvenzverfahrens abgegeben werden. Auch wenn ein Großteil der laut Corporate Governance Kodex geforderten Aufgaben im Kompetenzbereich des Insolvenzverwalters liegt, ist die Erklärung auch weiterhin vom Vorstand abzugeben (§ 161 AktG).[197] Finanzielle Mittel, die zur Erfüllung dieser Aufgabe notwendig sind, müssen dem Vorstand vom Insolvenzverwalter zur Verfügung gestellt werden.

b) Kapitalmarktorientierte AG

180

Eine Aktiengesellschaft kann neben ihrer Börsennotierung auch kapitalmarktorientiert sein. Das bedeutet, dass sie einen organisierten Markt (regulierter Markt gem. § 33 BörsG) neben dem Aktienhandel, auch für **andere Finanzinstrumente** (§ 2 Abs. 2b WpHG) in Anspruch nimmt. Für etwaige andere Finanzmittel, die an einem organisierten Markt zugelassen sind, gelten die für börsennotierte Unternehmen (Unterpunkt 9a) aufgeführten Bedingungen. Anleihen, können also beispielsweise bei Eröffnung eines Insolvenzverfahrens nicht ohne Weiteres durch einen Widerruf der Börsenzulassung oder durch Aussetzung/Einstellung des Handels delistet werden. Ein reguläres Delisting scheidet in der Regel schon deswegen aus, weil dies mit den üblicherweise vereinbarten Anleihebedingungen nicht zu vereinbaren ist und damit gegen den Anlegerschutz des § 39 Abs. 2 Satz 2 BörsG verstößt. Auch Wertpapiere, die Bezugsrechte auf andere Wertpapiere oder entsprechende Umtauschrechte verbriefen, werden durch die Eröffnung des Insolvenzverfahrens nicht berührt. Gewöhnlich werden entsprechende Rechte aufgrund des im Rahmen einer Insolvenz typischerweise gesunkenen Aktienkurses meist nicht ausgeübt werden. Sollte ein Gläubiger trotzdem sein Optionsrecht wahrnehmen, so steht dem Insolvenzverwalter ein Wahlrecht gem. § 103 InsO zu.

181

aa) Sonderregeln für kapitalmarktorientierte AG. Grundsätzlich bestehen die Sonderregeln für kapitalmarktorientierte Unternehmen auch in der Insolvenz fort. Folglich finden auch die Vorschriften über das Verbot des Insiderhandels (§ 14 WpHG) und der Kurs- und Marktpreismanipulation (§ 20a WpHG) weiterhin Anwendung. Der Insolvenzverwalter hat Vorkehrungen zu treffen, um eine Weitergabe von Insiderinformationen zu verhindern. Er ist auch, zusammen mit seinen Mitarbeitern, in das **Insiderverzeichnis** nach § 15b WpHG aufzunehmen. Das Führen des Insiderverzeichnisses obliegt weiterhin den zuständigen Gesellschaftsorganen, die nach § 11 WpHG mit den notwendigen Mitteln auszustatten sind.

182

bb) Publizitätspflichten. Generelle Publizitätspflichten. Aufgrund seiner allgemeinen Zuständigkeit für die handels- und steuerrechtliche Rechnungslegung ist hinsichtlich der Regelpublizität zur Rechnungslegung von einer **Zuständigkeit des Insolvenzverwalters** auszugehen. Finanzberichte nach § 37v WpHG sind allerdings weiterhin von den zuständigen Gesellschaftsorganen zu erstellen und zu veröffentlichen. Der Insolvenzverwalter hat auch hierfür die notwendigen finanziellen Mittel zur Verfügung zu stellen.[198]

183

Ad-hoc Publizität. Die aus der Börsenzulassung resultierende Ad-hoc-Mitteilungspflicht nach § 15 WpHG Pflicht muss auch während eines Insolvenzverfahrens erfüllt werden. Sie dient ausschließlich der Verfolgung öffentlicher Interessen, sodass daraus gefolgert werden kann, dass sie nicht Bestandteil der Masseverwaltung durch den Insolvenzverwalter ist. Dadurch, dass die Pflicht also weiterhin beim **Vorstand** liegt, setzt dies voraus, dass der Insolvenzverwalter ihm entsprechende Informationen und Mittel zur Verfügung stellt.[199]

184

---

[197] *Haas/Mock* in Gottwald Insolvenzrechts-Handbuch § 93 Rn. 88.
[198] *Haas/Mock* in Gottwald Insolvenzrechts-Handbuch § 93 Rn. 91.
[199] WP Handbuch 2014, Band II, Teil S, Rn. 442.

185 **Beteiligungspublizität.** Auch die Beteiligungen betreffenden Publizitätspflichten (§ 26 Abs. 1 Satz 1 WpHG, § 27a WpHG) bleiben beim Vorstand. Dies gilt allerdings nicht für die aktienrechtlichen Mitteilungspflichten nach §§ 20 ff. und § 328 AktG.[200]

186 **Pflichten gegenüber Wertpapierinhabern.** Grundsätzlich betreffen auch die Pflichten aus § 30 a ff. WpHG die zuständigen Organe des Unternehmens. Allerdings gilt das nur, soweit eine Erfüllung der zuständigen Person überhaupt möglich ist. Ist die Pflichterfüllung alleine durch den Zuständigen nicht möglich, so trifft sie auch den **Insolvenzverwalter.** Dies betrifft insbesondere die datenschutzrechtlichen Aspekte (§ 30a Abs. 1 Nr. 3 WpHG).

187 **Mitteilungspflicht aus § 15a WpHG.** Auch diese Pflicht gilt während eines Insolvenzverfahrens weiterhin und trifft auch den **Insolvenzverwalter,** der allerdings schon aufgrund seiner Verwaltertätigkeit nach § 56 InsO unabhängig vom Unternehmen sein muss.

188 **cc) Enforcement-Verfahren.** Die Unternehmensabschlüsse kapitalmarktorientierter Aktiengesellschaften können einer **Kontrolle** durch die Prüfstelle für Rechnungslegung (§§ 342b HGB ff.) bzw. die BaFin (§§ 37n ff. WpHG) unterzogen werden. Dies gilt auch für die vom Insolvenzverwalter aufzustellenden Unternehmensabschlüsse (§ 155 InsO). Ausnahmsweise kann ein Abschluss wohl keiner Kontrolle unterzogen werden, wenn die Aktiengesellschaft nach § 270 Abs. 3 AktG bereits von der Abschlussprüfung aufgrund der Überschaubarkeit des Geschäftsbetriebs befreit ist. Ist ein Jahresabschluss gem. § 256 AktG nichtig, so kann der Insolvenzverwalter die Einleitung eines Enforcement-Verfahrens während des Insolvenzverfahrens verhindern. Die Sperrwirkung (§ 342b Abs. 3 Satz 1 HGB, § 37o Abs. 2 Satz 1 WpHG) wird mithilfe einer Nichtigkeitsklage (§§ 249 Abs. 1, 256 Abs. 1 AktG) ausgelöst. Von der kapitalmarktorientierten Aktiengesellschaft für das Enforcement-Verfahren zu leistende Umlagen (§§ 16, 17d FinDAG) stellen nach Verfahrenseröffnung eine Masseverbindlichkeit dar.[201]

c) Zulassung zum Freiverkehr

189 Neben dem Handel im regulierten Markt (§ 33 BörsG) können Aktien auch im **freien Markt** (§ 48 BörsG) gehandelt werden. Die Zulassung zum freien Markt erfolgt dabei nicht durch einen Verwaltungsakt, sondern auf Grundlage eines privatrechtlichen Vertrages. Bei einer späteren Insolvenz der Aktiengesellschaft bietet dies den Vorteil, dass der Insolvenzverwalter den Vertrag mit Hilfe seines Wahlrechts gem. § 103 InsO beenden kann. Die vor Verfahrenseröffnung entstandenen Gebühren sind dann einfache Insolvenzforderungen. Wenn sich der Insolvenzverwalter zur Fortführung der Zulassung entscheidet, dann handelt es sich hingegen um Masseverbindlichkeiten.[202]

d) Übernahmerecht

190 Die Vorschriften des Wertpapiererwerbs- und Übernahmegesetz (WpÜG) finden grundsätzlich auch in der Insolvenz einer AG Anwendung.

191 Es muss aber zunächst zwischen einer Insolvenz des Bieters und der Insolvenz der Zielgesellschaft unterschieden werden. Im Falle einer Insolvenz des Bieters bleibt dessen Angebot bestehen und kann folglich auch von den Aktionären der Zielgesellschaft angenommen werden. Hierbei ist allerdings zu beachten, dass dem Insolvenzverwalter ein Wahlrecht nach § 103 InsO zusteht. Für den wahrscheinlichen Fall, dass der Insolvenzverwalter eine Erfüllung auf Grundlage seines Wahlrechtes ablehnt, können Aktionäre ihren Schadenersatz wegen Nichterfüllung (§ 103 Abs. 2 InsO) lediglich als Insolvenzgläubiger (§ 38 InsO) geltend machen. Den Aktionären steht in einem solchen Fall aber möglicherweise ein Anspruch gegen das Wertpapierdienstleistungsunternehmen (§ 13 Abs. 2 WpÜG) zu.[203]

---

[200] *Haas/Mock* in Gottwald Insolvenzrechts-Handbuch § 93 Rn. 96.
[201] *Haas/Mock* in Gottwald Insolvenzrechts-Handbuch § 93 Rn. 99.
[202] *Haas/Mock* in Gottwald Insolvenzrechts-Handbuch § 93 Rn. 85.
[203] *Haas/Mock* in Gottwald Insolvenzrechts-Handbuch § 93 Rn. 103.

Bei Insolvenzeintritt bei der Zielgesellschaft kann sich der Bieter nur dann von seinem Angebot lösen, wenn die Insolvenz zum Zeitpunkt seiner Angebotsabgabe noch nicht absehbar war oder der Bieter sein Angebot mit einer entsprechenden Bedingung einschränkt. Für den Fall, dass die Kontrolle zum Zwecke der Sanierung einer Gesellschaft erlangt wurde, kann die BaFin gemäß § 37 Abs. 2 WpÜG iVm § 9 Satz 1 Nr. 3 WpÜGAngVO eine Befreiung vom Pflichtangebot nach § 35 Abs. 1 WpÜG erteilen.[204]

Eine Sanierungsbedürftigkeit liegt nicht nur vor, wenn ein Insolvenzgrund erfüllt ist oder ein Insolvenzverfahren bereits beantragt wurde. Die für einen Erwerb zu Sanierungszwecken notwenige, positive Sanierungsfähigkeitsprognose kann der Antragsteller durch ein entsprechendes Sanierungsgutachten belegen, das den Anforderungen des IDW S 6[205] genügt.

10. Beendigung des Insolvenzverfahrens

Das Insolvenzverfahren wird entweder durch einen **Aufhebungsbeschluss** (§§ 200 Abs. 1, 258 Abs. 1 InsO) oder durch einen **Einstellungsbeschluss** (§§ 207, 212, 213 InsO) beendet. Eine Aktiengesellschaft ist von Amts wegen zu löschen, wenn nach Beendigung des Insolvenzverfahrens keine Anhaltpunkte dafür vorliegen, dass die Gesellschaft noch Vermögen besitzt (§ 394 Abs. 1 Satz 2 FamFG).

---

[204] *Haas/Mock* in Gottwald Insolvenzrechts-Handbuch § 93 Rn. 104.
[205] IDW S 6: Anforderungen an die Erstellung von Sanierungskonzepten (Stand: 20.8.2012), WPg-Supplement 4/2012.

§ 10 Rechenschaftslegung

Inhaltsübersicht

	Rn.
A. Einführung	1
B. Instrumente der Rechenschaftslegung	11
I. Einführung	11
II. Berichterstattung an den Aufsichtsrat	12
III. Buchführung	14
1. Organisations- und Überwachungspflicht	14
a) Dokumentation	14
b) Dokumentation im Konzern	15
c) Organisation und Überwachung	17
2. Ressortmäßige Aufgabenverteilung	20
3. Qualifizierte Vermögensbetreuungspflicht	21
4. Gesamtverantwortung	22
IV. Jahresabschluss/Lagebericht – Konzernabschluss/Konzernlagebericht	23
1. Aufstellungspflicht	23
a) Grundsatz	23
b) Fristen	27
2. Kompetenzzuweisung innerhalb des Vorstands und Kompetenzverlagerung auf Mitarbeiter	30
a) Zulässigkeit	30
b) Sorgfalts- und Überwachungspflichten des Vorstands	32
c) Unternehmensinterne Bilanzierungsregeln	41
d) Vorbehaltsbereich des Vorstands	44
e) Unterzeichnungspflicht des Gesamtvorstands und Gesamtverantwortung	46
3. Darstellung des Abschlusses nach HGB und/oder nach internationalen Rechnungslegungsgrundsätzen	58
a) Einzelabschluss	58
b) Konzernabschluss	61
c) Ausübung der Wahlrechte	64
d) Befreiung	66
4. Bilanz, GuV und Anhang	67
5. Lagebericht	69
a) Inhalt	69
b) Aufstellungskompetenz	79
6. Geschäftsbericht	82
7. Abhängigkeitsbericht	84
8. Entwurf und Entwurfsänderungen	85
V. Ablauforganisation („compliance")	93
VI. Risikomanagement und Controlling	104
1. Zuordnung und Abgrenzungen	104
2. Internes Kontrollsystem (IKS)	108
3. Risikomanagement	111
a) Inhalt	111
b) Risikofrüherkennungssystem	116
c) Risikomanagement im Konzern	119
d) Risikomanagement bei USA-Notierung	120
VII. Corporate Governance	122
1. Corporate Governance als Bestandteil der Rechnungslegung	122

§ 10

§ 10 Rechenschaftslegung

	Rn.
2. Corporate Governance-Berichterstattung	124
3. Entsprechenserklärung	125 |//

C. Adressaten der Rechenschaftslegung 132
    I. Bedeutung des Adressatenkreises für die Rechenschaftslegung 132
    II. Aufsichtsrat 135
        1. Aufsichtsratsberichte 135
        2. Jahresabschluss/Konzernabschluss 136
    III. Aktionäre und Hauptversammlung 141
        1. Jahresabschluss/Konzernabschluss 141
        2. Entlastung 143
        3. Auskunftspflicht des Vorstands innerhalb und außerhalb der Hauptversammlung 144
        4. Verlustanzeige 145
    IV. Gläubiger und andere Unternehmensbeteiligte 146
        1. Kapitalaufbringung und Kapitalerhaltung 146
        2. Offenlegungspflichten 148
            a) Allgemeine Offenlegungspflichten 148
            b) Besondere Offenlegungspflichten 154
    V. Teilnehmer des Kapitalmarkts 157
        1. Allgemeines 157
        2. Zulassung zum Börsenhandel 160
        3. Regelpublizität 162
        4. Ad hoc-Publizität 165
    VI. Finanzverwaltung 169
        1. Zuständigkeit 169
        2. Mitwirkungs- und Auskunftspflichten 174
            a) Mitwirkung 174
            b) Auskunft 177
        3. Buchführungs- und Aufbewahrungsfristen 178
        4. Steuererklärungspflicht 179
        5. Straf- und Bußgeldtatbestände 180
        6. Steuerliche Gewinnermittlung 182
            a) Steuermanagement 182
            b) Steuerbilanzpolitik 185

D. Jahresabschluss/Einzelabschluss 186
    I. Zweck des Einzelabschlusses 186
    II. Grundsätze für die Erstellung des Einzelabschlusses nach HGB 190
        1. Gestaltungsmöglichkeiten 190
        2. Sachverhaltsgestaltungen 192
            a) Jahresabschlussrelevanz 192
            b) Beispiele 196
            c) Ursachen 198
        3. Wahlrechte 199
            a) Kategorien 199
            b) Ausübung 203
        4. Nutzung von Ermessensspielräumen 205

E. Jahresabschluss/Konzernabschluss 210
    I. Informationsabschluss nach IAS/IFRS 210
        1. Zweck des IAS/IFRS-Abschlusses 210
        2. Anwendungsbereich 213
    II. Wesentliche Unterschiede zwischen IAS/IFRS- und HGB-Bilanzierung 215
    III. Ermessensspielräume und Wahlrechte 226

F. Bestandteile der jährlichen Rechnungslegung 229
    I. Rechnungslegung nach HGB 229
        1. Einzelabschluss 229
        2. Konzernabschluss 233

A. Einführung **1 § 10**

	Rn.
II. Rechnungslegung nach IAS/IFRS	237
III. Geschäftsbericht	240
G. Prüfung durch externe Prüfer	244
I. Gegenstand der Abschlussprüfung	244
II. Positionierung des Vorstands im Pflichtprüfungsverfahren	251
1. Stellung des Vorstands zum Abschlussprüfer	251
2. Mitwirkungs- und Auskunftspflichten des Vorstands	253
3. Prüfungsfeststellungen außerhalb des Prüfungsberichts	262
H. Feststellung und Billigung von Jahresabschluss und Konzernabschluss	265
I. Sanktionen	267
I. Überblick	267
1. Straf- und Ordnungswidrigkeitenrecht	267
2. Bußgeldvorschriften und Zwangsgelder	270
3. Externe Überprüfung	275
4. Aktienrechtliche Instrumente	276
5. Zivilrechtliche Schadensersatzansprüche	278
II. Nichtigkeit des Jahresabschlusses	283
III. Sonderprüfung	289
IV. Enforcement	290

Schrifttum: *Adler/Düring/Schmaltz*, Rechnungslegung und Prüfung der Unternehmen, Kommentar zum HGB, AktG, GmbHG, PublG, bearbeitet von *Forster* et al., 6. Aufl. 1995; *Baetge/Wollmert/Kirsch/Oser/Bischof*, Rechnugslegung nach IFRS, Loseblatt; *Förschle/Grottel/Schmidt/Schubert/Winkeljohann*, Beck'scher Bilanzkommentar, 9. Aufl. 2014; *Bohl/Riese/Schlüter*, Beck'sches IFRS-Handbuch, 2013; *Henrichs/Kleindiek/Watrin*, Münchener Kommentar zum Bilanzrecht, Bd. 2, IFRS, Loseblatt; *Henrichs/Kleindiek/Watrin*, Münchener Kommentar zum Bilanzrecht, Bd. 1, §§ 238–342e HGB, 2013, Loseblatt; *Clausen/Scherrer*, Kölner Kommentar zum Rechnungslegungsrecht, 1. Aufl. 2011; *Winkeljohann*, Rechnungslegung nach IFRS, 2006; WP Handbuch, Wirtschaftsprüfung, Rechnungslegung, Bewertung, 14. Aufl., Bd. I 2012 und Bd. II 2014.

A. Einführung

Die Pflicht des Vorstands zur Rechenschaftslegung ist Ausfluss und Gegengewicht seiner **1** umfassenden und weisungsfreien Leitungs- und Vertretungsmacht. Der Vorstand ist dem Gesellschaftszweck verpflichtet und seine Verantwortung besteht grundsätzlich gegenüber der Gesellschaft und nur gegenüber der Gesellschaft (§ 93 Abs. 2 AktG; Ziff. 4.3.3 DCGK).[1] Die Verantwortung gegenüber der Gesellschaft erfordert aber die Berücksichtigung der Belange aller am Unternehmen Beteiligten, denn die AG ist ein **interessenpluralistischer Organismus.** Beteiligte sind in erster Linie die Anteilseigner, die Arbeitnehmer, die Gläubiger und – je nach Gegenstand und Größe des Unternehmens mit unterschiedlicher Intensität – die Allgemeinheit.[2] Ob sich der Vorstand vorrangig oder sogar ausschließlich am Aktionärsinteresse zu orientieren hat, wie das vom Shareholder-value-Konzept postuliert wird, ist streitig und – jedenfalls mit Ausschließlichkeitsanspruch – abzulehnen. Die Befürworter des shareholder-value-Konzepts argumentieren damit, dass nur dies der Principal-Agent-Perspektive entspreche, dem Management eine klare Zielfunktion vorgebe und zu einer eindeutigen Messbarkeit des Erfolgs führe.[3] Bei der Principal-Agent-These ist aber nach gemachten Krisenerfahrungen schon die Identifikation des Principal kritisch zu hinterfragen. Es kommt auf den Einzelfall oder ggf. sogar auf die Branche an. Bei einer Eigenkapitalquote von zB weniger als 10% und einer Risikoverlagerung des unternehmerischen Risikos auf Fremdkapitalgeber oder gar auch die Allgemein-

---

[1] Vgl. *Spindler* in MüKoAktG § 93 Rn. 128 ff.; dies gilt auch unter Berücksichtigung des Verfolgungsrechts der Minderheitsaktionäre nach § 147 AktG.
[2] *Spindler* in MüKoAktG § 76 Rn. 65 ff.
[3] So nachdrücklich *Fleischer* in Spindler/Stilz AktG § 76 Rn. 34; auch *Kuhner* ZGR 2004, 244; *Bühner/Tuschke* BFuP 1997, 499, 502; *Forstmoser*, FS Simon, 2005, 207, 218.

heit (to big to fail) kann der Aktionär kaum mehr als der (alleinige) Principal qualifiziert werden. Nicht einzusehen ist, warum die Orientierung auf das Bestandsinteresse des Unternehmens nicht eine mindestens ebenso klare und in jedem Fall nachhaltige Zielfunktion vorgeben solle als das Aktionärsinteresse. Was die Erfolgsmessung anbetrifft ist einzuräumen, dass dies bei der Shareholder-value-These am einfachsten – weil nur auf einen Parameter bezogen – ist. Einfachheit muss aber nicht ein ausschlagendes Kriterium für ein Unternehmen in einer komplexen Umwelt sein. Festzuhalten ist mit der hM an einer interessenpluralistischen Zielkonzeption.[4] Dies gilt auch für die Rechenschaftslegung und deren Adressatenkreis. Es ist Aufgabe des Vorstands die Balance zu allen Unternehmensbeteiligten herzustellen und zu wahren; ggf. sind dabei auch einmal die Interessen der Anteilseigner nicht mit Vorrang zu behandeln (zB im Falle der Krise oder einer Existenzgefährdung der Gesellschaft).

2   Die Pflichten zur Rechenschaftslegung entsprechen dem pluralistischen Interessengeflecht der AG. Sie sind gegenüber verschiedenen Adressaten in verschiedener Weise ausgestaltet und auch danach unterschieden, ob den jeweiligen Adressaten Kontrollfunktionen zukommen (Aufsichtsrat, Hauptversammlung) oder ob Informationen vermittelt werden sollen (Arbeitnehmer/Wirtschaftsausschuss, Gläubiger, Kapitalmarkt).

3   Das AktG kennt keine allgemeine Bestimmung über Inhalt, Art und Weise der Rechenschaftslegung durch den Vorstand. Auch der Kodex sieht keine inhaltliche Umschreibung vor. Die Rechenschaftslegung ist vielmehr in einer Vielzahl von Einzelvorschriften in und außerhalb des AktG geregelt. Der Vorstand hat diese Einzelvorschriften und ihre maßgeblichen Interpretationen zu kennen und zu befolgen.

4   Rechenschaft im weiteren Sinne hat zwei Ansatzpunkte: Zum einen ist es ihre Nähe zur Rechtfertigung. Rechtfertigung des vergangenen Handelns und der zukünftigen Handlungsziele und Handlungsmittel. Das Instrumentarium muss so angelegt sein, dass Darstellungen und Begründungen von einem rational denkenden Adressaten nachvollzogen werden können.[5] Die potentielle Nachvollziehbarkeit sollte stets Leitgedanke aller Rechenschaftslegung sein. Zum anderen ist Rechenschaft im weiteren Sinne eine Abbildung des Unternehmens in einer abgelaufenen Periode (Rechenschaft im engeren Sinne), in der Gegenwart und in einer überschaubaren Zukunft. Ausgangspunkt ist in der Regel die Finanz-, Vermögens- und Ertragslage, dazu gehören aber auch (unter anderem) die Zukunftserwartungen, die Grundsätze der Unternehmensführung, die Akzeptanz bei Arbeitnehmern, Kunden und Kreditgebern, soziale und Umweltaspekte und ggf. die Standortbestimmung im volkswirtschaftlichen Umfeld. Rechenschaft ist sozusagen die – ständig wandelbare – Visitenkarte des Unternehmens und sollte Vertrauen und Reputation nicht nur widerspiegeln, sondern herstellen und aufrechterhalten. Eine Wegweisfunktion kommt – neben den gesetzlichen Vorschriften – regulatorischen Vorgaben zu, wie sie etwa in der corporate governance, in der corporate social responsibility oder in Nachhaltigkeitsanforderungen zum Ausdruck kommen.[6] Diese Vorgaben, die in ihrer Bedeutung nicht unterschätzt werden dürfen, sollten aber einer eigenen Handschrift der Rechenschaftslegung nicht entgegen stehen. Schon diese Regularien zeigen aber, dass auch eine wertorientierte Unternehmensführung nicht nur an finanzielle, pekuniäre Kriterien, sondern auch an immaterielle und übergreifende Kriterien anzuknüpfen hat.

5   Gleichwohl gelten einige allgemeine **Grundprinzipien,** die sich schlicht aus dem Umstand ergeben, dass der Vorstand fremde Angelegenheiten besorgt, nämlich die der Gesellschaft und deren Anteilseigner, vergleichbar einem Treuhänder fremder Vermögensinteressen.[7]

---

[4] *Hüffer* AktG § 76 Rn. 12; *Mertens/Cahn* in Kölner Komm. AktG § 76 Rn. 15; so auch die Rspr. des BGH, vgl. BGHZ 64, 325, 331; BGHZ 125, 239, 243; BGHZ 136, 133, 139.
[5] Vgl. *Forst*, Das Recht auf Rechtfertigung, 2007, 25.
[6] Vgl. DCGK; Richtlinie 2013/34/EU; Erwägungsgrund Nr. 86; Art. 19 Abs. 1 Deutscher Nachhaltigkeitskodex; DNK Texte Nr. 41, 2012.
[7] *Hüffer* AktG § 93 Rn. 4; *Spindler* in MüKoAktG § 93 Rn. 24.

A. Einführung

6 Der Maßstab für die Rechenschaftslegung ist derselbe wie für die Geschäftsführung im Übrigen: Die Rechenschaftslegung hat mit der Sorgfalt eines ordentlichen und gewissenhaften Geschäftsleiters zu erfolgen oder prägnanter mit der Sorgfalt, „die ein ordentlicher Geschäftsmann in verantwortlich leitender Position bei selbstständiger treuhänderischer Wahrnehmung fremder Vermögensinteressen einzuhalten hat" (§ 93 Abs. 1 AktG).[8] Während für die Geschäftsleitung dem Vorstand ein weites unternehmerisches Ermessen eingeräumt wird (heute mit dem Schlagwort **Business Judgement Rule** umschrieben), wird er dies für die Rechenschaftslegung in der Regel nicht in Anspruch nehmen können. Jedenfalls lassen die gesetzlichen Vorschriften hierfür wenig oder keinen Raum. Es geht häufig um (Bilanz-) Rechtsfragen, die einer subjektiven Beurteilung nicht zugänglich sind.[9] Dies gilt im Grundsatz auch für die Bilanzierungswahlrechte und Ermessensspielräume bei der Rechnungslegung, für die der weite Spielraum wie für unternehmerische Entscheidungen nicht gegeben ist.

7 Rechenschaft muss klar, transparent und vollständig sein. Verwirrende Menge muss ebenso vermieden werden wie extreme Kürze, die wichtige Informationen abschneidet.

8 Informationen, die **Betriebs- oder Geschäftsgeheimnisse** enthalten oder deren Bekanntgabe der Gesellschaft oder verbundenen Unternehmen einen nicht unerheblichen Nachteil zufügen können, müssen und dürfen nicht offenbart werden. Das ergibt sich auch aus einschlägigen Bestimmungen (§ 131 Abs. 3 Nr. 1 AktG für das Auskunftsrecht des Aktionärs; § 106 Abs. 2 BetrVG für das Informationsrecht des Wirtschaftsausschusses; § 15 Abs. 1 S. 2 WpHG für die Veröffentlichung kursbeeinflussender Tatsachen). Dagegen wird die Rechenschaftspflicht nicht ausgeschlossen oder eingeschränkt, wenn sich der Vorstand ggf. einer strafbaren Handlung oder eines schadensersatzpflichtig machenden Umstands bezichtigen müsste. Es gelten insoweit dieselben Grundsätze wie bei §§ 259–261 BGB.[10] Das gilt zB auch, wenn er entgegen der Entsprechenserklärung gegen den Kodex verstoßen hat.

9 Der Rechenschaftsgedanke beruht zwar im Ursprung auf der Trennung von Eigentum und Verfügungsgewalt über das Gesellschaftsvermögen (sog. „gespaltene Unternehmerfunktion").[11] Dabei wird in den modernen Konzepten nicht so sehr das Eigentum der Gesellschaft am Unternehmen, sondern das Eigentum der Anteilseigner an den Aktien in den Blick genommen (Shareholder Value-Konzept). Für die Rechenschaftslegung in ihrer Gesamtheit ist das aber zu einseitig. Über die **Leitlinien für das Vorstandshandeln,** die Vorstandskompetenz und die Ermessensfreiheit des Vorstands im Rahmen seiner Leitungsfunktion herrscht nach wie vor erbitterter Streit (→ Rn. 1): Ist der richtige Ansatz ausschließlich die erwerbswirtschaftliche Zielsetzung als Verpflichtung auf den Grundsatz der Gewinnmaximierung, ist es das Shareholder Value-Konzept mit dem alleinigen Ziel der Steigerung des Anteilswerts der Anteilseigner oder ist es ein interessenpluralistisches Konzept (Theorie von der „unternehmensrechtlichen" Zweckfindung), das gleichermaßen Anteilseigner-, Arbeitnehmer-, Gläubigerinteressen und Interessen der Allgemeinheit zu berücksichtigen hat?[12] Aus dem Zusammenhalt der gesetzlichen Vorschriften ergibt sich jedenfalls für die Rechenschaftslegung ein interessenpluralistisches Konzept mit Pflichten und Verantwortlichkeiten des Vorstands – allerdings in unterschiedlicher Intensität – gegenüber allen am Unternehmen der AG Beteiligten und ggf. auch nur Interessierten (Kapitalmarktpublizität). Der Vorstand wird sich bei Erfüllung seiner Pflichten jeweils vom Sinn und Zweck der den einzelnen Adressaten eingeräumten Informations- und Kontrollrechte

---

[8] BGHZ 129, 30, 34; *Hopt* ZGR 2004, 1, 5.
[9] Vgl. BFH GmbHR 2013, 547; vgl. aber zum begrenzten Anwendungsbereich der Business Judgement Rule im Bilanzrecht *W. Müller,* Liber Amicorum Happ, 2006, 179 ff.
[10] Vgl. BGH NJW 1990, 511.
[11] Vgl. *Leffson,* Die Grundsätze ordnungsmäßiger Buchführung, 1980, 53 ff. oder moderner „principal-agent"-Problematik; vgl. zB *Mayson,* French & Ryan Company Law, 2002, 16.3, 505.
[12] Vgl. grundlegend *Paefgen,* Unternehmerische Entscheidungen und Rechtsbindung der Organe in der AG, 2002, 35 ff. mwN.

§ 10 10–12

leiten lassen müssen. Entsprechend sind die einschlägigen gesetzlichen Bestimmungen **adressatenspezifisch** auszulegen.

10 Vor die Klammer können einige wenige allgemeine Rechenschaftsgrundsätze gezogen werden:
– Informationen müssen so beschaffen sein, dass sie für einen durchschnittlich begabten und durchschnittlich sorgfältigen Adressaten aus dem jeweiligen Adressatenkreis übersichtlich, **verständlich und nachvollziehbar** sind. Das lässt sich verallgemeinernd aus § 238 Abs. 1 S. 2 HGB ableiten. Dabei ist zwischen sachverständigen (Aufsichtsrat, Abschlussprüfer, Aufsichtsbehörde) und nicht sachverständigen Adressaten (Aktionäre, Kapitalmarkt, sonstige Interessierte) zu unterscheiden.
– Informationen müssen im Rahmen des Informationszwecks **vollständig** sein; sie müssen, sofern sie als Entscheidungsgrundlage dienen, alle für die Entscheidungsfindung relevanten Elemente enthalten; für die Relevanz ist wiederum auf einen durchschnittlich begabten und durchschnittlich sorgfältigen Entscheider abzustellen.
– Relevant (wesentlich) sind Informationen, wenn ihr Weglassen oder ihre fehlerhafte Darstellung die auf Basis der Informationen getroffenen wirtschaftlichen Entscheidungen der Informationsadressaten beeinflussen können.[13]
– Informationen müssen **transparent** (einfach, aber nicht vereinfachend) und eindeutig sein.
– Informationen sollen, soweit nur irgend möglich, **dokumentiert** und aufbewahrt werden, auch soweit dies nicht ohnehin gesetzliche Vorschriften festlegen (zB das HGB für Handelsbücher, Inventare, Abschlüsse, Handelsbriefe und Belege). Dies sollte der Vorstand schon zu eigenen Schutz- und Beweiszwecken tun.

B. Instrumente der Rechenschaftslegung

I. Einführung

11 Die Rechenschaftslegung in der AG ist eng mit der Rechnungslegung verbunden, erschöpft sich aber nicht in ihr. Rechenschaftslegung umfasst den gesamten Verantwortungsbereich des Vorstands, also zum einen die originären Führungsfunktionen wie Unternehmensplanung, Optimierung der vorhandenen Kapazitäten, Stellenbesetzung etc, zum anderen die Erledigung der Tagesgeschäfte. Die **Rechnungslegung** im engeren Sinne ist dagegen das finanzielle Abbild des Unternehmens, ausgedrückt in Geldgrößen, im Zeitablauf und zu bestimmten Stichtagen.

II. Berichterstattung an den Aufsichtsrat

12 Die umfassendste Rechenschaftslegungspflicht die grundsätzlich den gesamten Verantwortungsbereich des Vorstands umfasst (§ 90 AktG),[14] besteht gegenüber dem Aufsichtsrat. Der Aufsichtsrat kann seiner Überwachungspflicht und seinen Mitwirkungspflichten (insbesondere der Mitwirkung bei zustimmungspflichtigen Geschäften) nur nachkommen, wenn er zureichende Informationen hat. Er soll sich andererseits auch nicht seiner Verantwortung mit der Begründung entziehen können, er sei nicht ausreichend unterrichtet worden. Im Interesse der Sicherstellung der Mitverantwortung des Aufsichtsrats liegt die angemessene Rechenschaftslegung gegenüber dem Aufsichtsrat und seine Unterrichtung auch im eigenen Interesse des Vorstands.

---

[13] IdW PS 250 Rn. 5; WPg 2010 Suppl. 4; IdW FN 2013, 406.
[14] *Johannes Semler* in Semler/v. Schenck AR HdB § 1 Rn. 91 ff.

III. Buchführung

1. Organisations- und Überwachungspflicht

a) Dokumentation

Zur Berichterstattung an den Aufsichtsrat, zu den Instrumenten der Berichterstattung und den Grundsätzen ordnungsgemäßer Berichterstattung wird auf das einschlägige Schrifttum verwiesen. Im Nachfolgenden wird nur auf die Pflichtenlage in Bezug auf Jahresabschluss und Konzernabschluss sowie die Gewinnverwendung eingegangen.

Rechenschaftslegung erfordert Dokumentation, nicht zuletzt im Beweissicherungsinteresse aller Betroffenen. Was die Rechnungslegung anbelangt, hat der Vorstand dafür zu sorgen, dass die erforderlichen Handelsbücher geführt werden (§ 91 Abs. 1 AktG). Damit wird auf die allgemeinen kaufmännischen **Buchführungspflichten** verwiesen, die für das Handelsrecht im HGB und für das Steuerrecht in der AO geregelt sind (§§ 238 ff. HGB; §§ 140 ff. AO). Zur kaufmännischen Buchführungspflicht gehören die Führung der **Handelsbücher** im engeren Sinne, die Aufstellung des **Inventars** und die Inventur, die **Bilanzierung** sowie die **Aufbewahrung** der Handelsbücher und sonstigen Aufzeichnungen.

b) Dokumentation im Konzern

Ist die AG Obergesellschaft und hat sie einen Konzern- oder Teilkonzernabschluss aufzustellen, so kommen zur Buchführungsorganisation für das eigene Unternehmen die Organisationsmaßnahmen hinzu, die für die Aufstellung des Konzernabschlusses erforderlich sind. Dies erfordert in der Regel die Errichtung einer **Konsolidierungsstelle** mit folgenden Aufgaben:[15]
- Erfassung der Unternehmen, mit denen ein Beteiligungsverhältnis besteht sowie der verbundenen Unternehmen (§ 271 HGB);
- Festlegung des Konsolidierungskreises (§§ 290, 294 ff. HGB; IFRS 10.4 ff.);
- Aufstellung eines Konsolidierungsplans;
- Vorgabe eines Zeitplans für die Abgabe von Daten und Berichtsformularen;
- Abstimmung konzerninterner Konten;
- Festlegung von Währungsumrechnungskursen;
- Unterstützung der Tochtergesellschaften in allen Angelegenheiten des Konzernabschlusses.

Für die in den Konzernabschluss einzubeziehenden Unternehmen ist in der Regel ein **Konsolidierungshandbuch** zu erstellen, das – soweit nicht einzelstaatliche Vorschriften entgegenstehen – einheitliche Buchführungsrichtlinien, einheitliche Bilanzierungs- und Bewertungsrichtlinien und ein einheitliches Formularwesen sicherstellen sollte. Abweichungen zwischen den Einzelbilanzen und dem in den Konzernabschluss eingebundenen Zahlenwerk können die Einrichtung einer besonderen **Konzernbuchführung** zweckmäßig erscheinen lassen.[16] Dies kann insbesondere bei Erstellung des Konzernabschlusses nach internationalen Rechnungslegungsvorschriften (IAS/IFRS) notwendig werden, vor allem wegen der ggf. erheblichen Abweichungen zu den Einzelabschlüssen in Ansatz und Bewertung.

c) Organisation und Überwachung

Das bedeutet nicht, dass der Vorstand persönlich die entsprechenden Vollzugshandlungen ausführen muss; er hat jedoch „dafür zu sorgen", dass die „erforderlichen" Maßnahmen getroffen werden. Es obliegt ihm die **Organisation und Überwachung.** Allein dies erfordert höchste Aufmerksamkeit, da die Erfassung und Dokumentation der Geschäftsvorfälle heute geprägt wird durch
- die Komplexität der Geschäftsvorfälle selbst;

---

[15] *Adler/Düring/Schmaltz* HGB Vor §§ 290–315 Rn. 49.
[16] Vgl. WP-Handbuch 2012 M Rn. 314; *Ruhnke,* Konzernbuchführung, 1995.

– die Komplexität der Erfassungs-, Dokumentations- und Auswertungssysteme;
– die Gefährdung durch unerlaubte oder kriminelle Eingriffe.

18 Die wesentlichen Entscheidungen, die die Funktionsfähigkeit und Verlässlichkeit des Buchhaltungssystems betreffen, muss deshalb der Vorstand selbst treffen. Dazu gehören zB Entscheidungen über das **Buchhaltungssystem,** über die Fremdvergabe **(Outsourcing),** über **Funktionstrennung,** aber auch über die personelle **Besetzung** der sensiblen Positionen. Um hier sachgerechte Entscheidungen treffen zu können, muss der Vorstand eine allgemeine Kenntnis von Bedeutung und Funktion der Buchführung sowie besondere Kenntnis von den risikoanfälligen Bereichen seines Unternehmens haben. Die letzte Verantwortlichkeit für Risikomanagement und Risikocontrolling liegt insoweit unmittelbar bei ihm (Ziff. 4.1.4 DCGK). Es kann nicht schaden, wenn sich der Vorstand stichprobenweise von der Plausibilität der Aussagekraft seiner Buchhaltung überzeugt.

19 Für den **Vorstand der Konzernobergesellschaft,** insbesondere für den zur Aufstellung eines Konzernabschlusses verantwortlichen Vorstand erweitert sich die Pflichtenstellung auf die Konzernunternehmen. Im Rahmen der Organisation des Konzernabschlusses hat er nicht nur auf die Einhaltung der Konzernvorgaben (Konsolidierungshandbuch), sondern auch auf die Einhaltung der gesetzlichen Bestimmungen und Grundsätze ordnungsgemäßer Buchführung bei den Tochterunternehmen hinzuwirken (Ziff. 4.1.3 DCGK). Es gibt zwar keinen gesetzlichen Anspruch des Konzernvorstands auf Auskunftserteilung oder Einsichtnahme durch oder in nachgeordnete Konzernunternehmen. Der Konzerntatbestand selbst wird aber in der Regel faktisch solche Einsichtsmöglichkeiten vermitteln. Tut er das nicht, muss ggf. von einer Konsolidierung abgesehen werden (§ 296 Abs. 1 Nr. 1 HGB; IFRS 10.B 23 (a) (v)).

2. Ressortmäßige Aufgabenverteilung

20 Die „Führung der Handelsbücher" gehört mit dem gesamten Umfeld bis hin zur Aufstellung des Jahresabschlusses/Konzernabschlusses zum Aufgabengebiet des Rechnungswesens. Dabei handelt es sich – angefangen von der reinen Organisation bis hin zu den zu beachtenden Rechtsvorschriften – inzwischen um ein äußerst komplexes Sachgebiet. Bei einem mehrgliedrigen Vorstand wird dieses Ressort in aller Regel einem bestimmten Vorstandsmitglied zugewiesen, das durch Ausbildung und Erfahrung die dafür erforderliche Eignung aufweist. Die Ressortzuweisung erfolgt zweckmäßigerweise in der **Geschäftsordnung** für den Vorstand, die entweder kraft satzungsmäßiger Zuweisung oder durch eigenes Tun vom Aufsichtsrat erlassen wird. Nimmt der Aufsichtsrat seine Kompetenz nicht wahr, so kann der Vorstand selbst die Ressortverteilung vornehmen, dazu ist aber Einstimmigkeit vonnöten (§ 77 Abs. 2 AktG).[17] Bei der Ressortübernahme sollten sowohl das betraute Vorstandsmitglied selbst wie auch seine Vorstandskollegen auf eine ausreichende Sachkunde im Bereich Rechnungswesen Gewicht legen. Die Zuweisung lässt zwar die Gesamtverantwortung aller Vorstandsmitglieder für das Ressort bestehen (→ Rn. 22), modifiziert sie aber doch in der Gewichtung nach der ausgewiesenen Sachkunde des Ressortleiters. Der Ressortvorstand führt das Rechnungswesen grundsätzlich selbstständig mit Wirkung für den Gesamtvorstand und die Geschäftsführung. Da aber das Buchführungssystem das gesamte Unternehmen finanziell abbildet, ist enger Kontakt mit den anderen Ressorts empfehlenswert. Wichtige Geschäfte (wie zB eine Systemumstellung, die Einführung eines anderen Abrechnungssystems, die Auslagerung der Buchhaltung auf eine Servicegesellschaft uÄ) bedürfen einer Entscheidung des Gesamtvorstands.[18] Der Ressortvorstand ist zuständig für die Organisation eines ausreichenden Kontroll- und Überwachungssystems im Rechnungslegungsbereich. Dabei ist zu bedenken, dass die Basis krimineller Handlungen oder fehlerhafter Bilanzierung häufig in der Buchhaltung gelegt wird.

---

[17] *Fonk* in Semler/v. Schenck AR HdB § 9 Rn. 92.
[18] *Spindler* in MüKoAktG § 77 Rn. 62.

3. Qualifizierte Vermögensbetreuungspflicht

Die Buchführungspflicht ist Ausfluss und gesetzliche Konkretisierung der dem Vorstand 21 obliegenden Vermögensbetreuungspflicht. Was die Buchführung anbelangt, gilt das strikte Legalitätsprinzip. Haftungsmäßig privilegierte unternehmerische Entscheidungen (business judgement rule; vgl. § 93 Abs. 1 S. 2 AktG) sind bei der Erfassung und Verbuchung der Geschäftsvorfälle nicht zu treffen. Es gelten uneingeschränkt die Grundsätze der Vollständigkeit und Buchungswahrheit. Werden Vermögensgegenstände durch falsche Buchungsvorgänge unter Umgehung von gesellschaftsinternen Kontrollen aus dem Buchungssystem ausgesondert, quasi unsichtbar gemacht, verwirklichen die handelnden Personen, zu denen bei Veranlassung oder auch nur Untätigkeit auch der zuständige Vorstand gehören kann, den Straftatbestand der Untreue.[19] Diese Problematik spielt insbesondere eine Rolle bei der Unterhaltung sog. „schwarzer Kassen" (Kriegskassen) außerhalb der Buchhaltung zumeist zur Bestreitung nützlicher Abgaben (Schwarzgelder). Ob solche Mittel letztlich durch Auftragsverschaffung oder andere Vorteile der Gesellschaft wieder zugute kommen, spielt nach der Rechtsprechung keine Rolle. Bereits wenn die Mittel das Kontrollsystem der Buchhaltung verlassen liegt keine bloße Vermögensgefährdung, sondern ein definitiver Vermögensverlust der Gesellschaft und damit eine vollende Untreuehandlung vor.[20] Übernimmt ein Vorstand bei Amtsantritt wissentlich solche Systeme, hat er sie wieder in das normale Buchhaltungssystem zurückzuführen. Es ist sicherlich eine – schwierige – Aufgabe der Compliance organisatorische Vorkehrungen zu treffen, um in den risikorelevanten Bereichen (Vertrieb) solche Praktiken auszuschließen, insbesondere wenn ein erfolgsabhängiges Vergütungssystem praktiziert wird. Eine strikte Funktionstrennung und die effiziente Prüfung von Eingangsrechnungen sollten vorbeugend wirken.

4. Gesamtverantwortung

Die Ressortzuteilung des Bereichs Rechnungswesen/Buchhaltung lässt die Gesamtverantwortung 22 der übrigen Vorstandsmitglieder bestehen. Allerdings wandelt sich die Sorgfaltspflicht in eine allgemeine Aufsichtspflicht über das nicht selbst verwaltete Ressort. Es genügt, wenn sich das nicht zuständige Vorstandsmitglied in Sitzungen des Vorstands und bei Berichten an den Gesamtvorstand eine **plausible Sachstandskenntnis** verschafft. Erst bei Verdacht von Missständen haben sich die anderen Mitglieder und der Gesamtvorstand mit der Sache zu befassen.[21] Solche Anhaltspunkte können sich zB ergeben aus Feststellungen des Abschlussprüfers (der die Buchführung in seine Prüfung einbeziehen muss; § 317 Abs. 1 S. 1 HGB), die im Prüfungsbericht oder in einem Management Letter enthalten sein können. Sie können sich aber auch aus Kontrollerkenntnissen des Aufsichtsrats (Audit Committee) oder aus Hinweisen aus dem Unternehmen selbst ergeben. Ohne solche konkreten Anhaltspunkte bestehen kein Recht und keine Pflichten, in den Geschäftsbereich des Rechnungslegungsverantwortlichen einzugreifen.[22]

IV. Jahresabschluss/Lagebericht – Konzernabschluss/Konzernlagebericht

1. Aufstellungspflicht

a) Grundsatz

Herausragendes Rechenschaftslegungsinstrument der AG sind der **Jahresabschluss** und 23 der **Lagebericht** sowie ggf. der **Konzernabschluss** und der **Konzernlagebericht**. Der

---

[19] BGH ZIP 2010, 1892 (1894 ff.) – Trinekens.
[20] BGH ZIP 2008, 2315 (2318 ff.) = NJW 2009, 89 – Siemens; NJW 2010, 3458.
[21] *Spindler* in MüKoAktG § 77 Rn. 59.
[22] *Spindler* in MüKoAktG § 93 Rn. 136 f.; *Fleischer* NZG 2003, 449 (452); OLG Zweibrücken NZG 1999, 506 (508).

Kodex bringt dies dahingehend zum Ausdruck (Ziff. 7.1.1 DCGK): „Anteilseigner und Dritte werden vor allem durch den Konzernabschluss und den Konzernlagebericht informiert". Es ist signifikant, dass der Kodex vorrangig auf Konzernabschluss und Konzernlagebericht abstellt und den Einzelabschluss überhaupt nicht behandelt. Erklärbar ist dies aus dem Adressatenkreis des Kodex, der aus den deutschen börsennotierten Gesellschaften besteht. Dessen ungeachtet ist aber auch für diese Gesellschaften der Einzelabschluss für gesellschaftsrechtliche Zwecke (insbesondere Ausschüttungsbemessung und Gläubigerschutz) mindestens gleichrangig.

24 Der Vorstand hat als gesetzlicher Vertreter die allgemeine Kaufmannspflicht zur Aufstellung eines Jahresabschlusses, der aus **Bilanz, GuV und Anhang** besteht. Weiter hat er die Pflicht zur Aufstellung eines Lageberichts. Kapitalmarktorientiere Gesellschaften, die keinen Konzernabschluss aufstellen, haben dem Jahresabschluss eine Kapitalflussrechnung und einen Eigenkapitalspiegel beizufügen und können ihn um eine Segmentberichterstattung ergänzen. Eine Segmentberichterstattung und eine Umsatzaufteilung nach geografischen Märkten wird für kapitalmarktorientierte Unternehmen allerdings zwingend nach Umsetzung der EU RL 2013/34/EU, wofür eine Zeitvorgabe bis zum 20.7.2015 läuft.[23] Dabei handelt es sich um den **Einzelabschluss** der Gesellschaft, der nach den Vorschriften des HGB auszurichten ist (§§ 242 Abs. 1, Abs. 2, 264, 289 HGB). Ist die AG Mutterunternehmen über Tochterunternehmen, so ist der Vorstand grundsätzlich zur Aufstellung eines **Konzernabschlusses** oder **Teilkonzernabschlusses** verpflichtet, sofern keine Befreiungstatbestände vorliegen. Der Konzernabschluss besteht aus der **Konzernbilanz,** der **Konzern GuV** und dem **Konzernanhang,** sowie einer **Kapitalflussrechnung** und einem **Eigenkapitalspiegel.** Er kann um eine **Segmentberichterstattung** erweitert werden. Mit Umsetzung der EU RL 2013/34/EU wird für kapitalmarktorientierte Gesellschaften die Segmentberichterstattung und die geografische Aufteilung der Umsatzerlöse zwingend. Hinzu kommt der Konzernlagebericht (§§ 297 Abs. 1, 315 HGB).

25 **Kapitalmarktorientierte Muttergesellschaften,** das sind Gesellschaften, deren Wertpapiere (Aktien; Zertifikate, die Aktien vertreten; Schuldverschreibungen; Genussscheine und andere Wertpapiere, die mit Aktien oder Schuldverschreibungen vergleichbar sind) an einem organisierten Markt gehandelt werden (§ 2 Abs. 1 und Abs. 5 WpHG), sind seit 2005 verpflichtet, ihren Konzernabschluss nach internationalen Rechnungslegungsstandards aufzustellen. **Internationale Rechnungslegungsstandards** sind ab 2005 nur noch die durch EU-Verordnung übernommenen **IAS/IFRS**[24] der IASC. Dies gilt gleichermaßen für Aktiengesellschaften, wenn für sie bis zum jeweiligen Bilanzstichtag die Zulassung eines Wertpapiers zum Handel an einem organisierten Markt beantragt worden ist (§ 315a Abs. 2 HGB).

26 Eine nicht kapitalmarktorientierte Muttergesellschaft hat die **Wahl,** ob sie einen Konzernabschluss nach HGB oder nach internationalen Rechnungslegungsgrundsätzen aufstellen will, die sie dann aber vollständig und nicht nur selektiv anwenden muss (§ 315a Abs. 1 HGB). Die Ausübung dieses Wahlrechts liegt nicht allein in der Kompetenz des Vorstands. Da der Aufsichtsrat den Konzernabschluss nicht nur überprüfen, sondern auch zu „billigen" hat (§ 171 Abs. 2 S. 5 AktG), ist dessen Zustimmung erforderlich. Gibt er sie nicht, geht die „Billigungskompetenz" auf die Hauptversammlung über (§ 173 Abs. 1 AktG). Ist auch dort keine Billigung zu erreichen, ist davon auszugehen, dass der Vorstand einen HGB-Konzernabschluss aufzustellen hat.

b) Fristen

27 Für die Aufstellung, Feststellung und Veröffentlichung des oder der Abschlüsse hat der Vorstand ggf. bestehende Satzungsbestimmungen zu beachten. Da diese jedoch dem Gesetz nicht widersprechen dürfen, ergibt sich der Handlungsspielraum des Vorstands aus den nachfolgenden mehr oder weniger zwingenden Parametern:

---

[23] Vgl. Art. 18 Abs. 1 lit. a und Art. 53 Abs. 1 RL 2013/34/EU.
[24] Vgl. VO (EG) 1606/2002 vom 19.7.2002 und VO (EG) Nr. 1725/2003 vom 29.9.2003.

B. Instrumente der Rechenschaftslegung

- Der Einzelabschluss und der Lagebericht sind zwingend in den ersten drei Monaten des Geschäftsjahres für das vergangene Geschäftsjahr aufzustellen.[25]
- Der Konzernabschluss nach HGB ist zwingend in den ersten fünf Monaten des Geschäftsjahres für das vergangene Geschäftsjahr aufzustellen (§ 296 Abs. 1 HGB).
- Der Abschluss der börsennotierten AG ist spätestens vor Ablauf von vier Monaten des auf den Abschlusstag folgenden Gehaltsjahres zu veröffentlichen (§ 325 Abs. 4 HGB).
- Der Konzernabschluss generell soll nach Kodex innerhalb von 90 Tagen nach Geschäftsjahresende öffentlich zugänglich sein (Ziff. 7.1.2 DCGK)[26] und
- die ordentliche Hauptversammlung, der der Jahresabschluss vorzulegen ist, muss innerhalb von acht Monaten nach Ende des Geschäftsjahres stattfinden. Von der Einberufung an (mindestens einen Monat vor dem Tag der Versammlung) sind Jahresabschluss/Konzernabschluss und Lagebericht/Konzernlagebericht zur Einsicht der Aktionäre bereitzustellen und von Vorstand und Aufsichtsrat nicht mehr änderbar (§ 175 Abs. 1 S. 2, Abs. 2, Abs. 4 AktG; § 123 Abs. 1 AktG).

Börsennotierte Aktiengesellschaften, die den Kodex einhalten, müssen sich an der 90-Tages-Frist ausrichten. Da in der Regel Konzernabschluss und Einzelabschluss zusammen gemacht werden und der zugänglich zu machende Abschluss der endgültige Abschluss und nicht ein Entwurf sein muss, ist in dieser Frist auch die Feststellung des Einzel- und die Billigung des Konzernabschlusses durch den Aufsichtsrat abzuwickeln. Wenn die Frist für den Aufsichtsrat für Prüfung, Feststellung und Billigung ausgeschöpft wird, muss er dafür einen Monat Zeit haben, so dass die Vorstandsunterlagen zwei Monate nach Ablauf des Geschäftsjahres vorgelegt werden müssen (§§ 170 Abs. 1, 171 Abs. 3 AktG). Zu diesen Vorstandsvorlagen gehört nicht der Prüfungsbericht des Abschlussprüfers; dieser ist vom Abschlussprüfer vielmehr direkt dem Aufsichtsrat zuzuleiten (§ 321 Abs. 5 S. 2 HGB; § 111 Abs. 2 S. 3 AktG). Ggf. gehört aber zu den Vorlagen eine Stellungnahme des Vorstands zum Bericht des Abschlussprüfers. Deshalb ist es auch Sache des Aufsichtsrats bei Auftragserteilung an den Prüfer, die rechtzeitige Durchführung der Prüfung und Berichtsausfertigung sicherzustellen. Ohne zeitgleiches Vorliegen des Prüfungsberichts kann der Aufsichtsrat seiner eigenen Prüfungs- und Berichtspflicht nicht nachkommen und der Einzelabschluss nicht festgestellt, der Konzernabschluss nicht gebilligt werden (§ 171 Abs. 2 S. 3 AktG; § 316 Abs. 1 S. 2, Abs. 2 S. 2 HGB).

Kommt der Aufsichtsrat innerhalb einer Monatsfrist nach Vorlage der Abschlussunterlagen seiner Prüfungs-, Feststellungs- und Billigungspflicht sowie seiner Berichtspflicht nicht nach, hat ihm der Vorstand eine Nachfrist von nicht mehr als einem Monat zu setzen, bei deren Verstreichen Jahresabschluss und Konzernabschluss als nicht gebilligt gelten; die Feststellungs- und Billigungskompetenz gehen dann auf die Hauptversammlung über (§ 171 Abs. 3 AktG). Durch diese Möglichkeit einer Nachfrist und der Fiktion einer Nichtbilligung wird die rechtzeitige Einladung der Hauptversammlung innerhalb der Achtmonatsfrist sichergestellt (§§ 173 Abs. 1, 175 Abs. 1 AktG).

2. Kompetenzzuweisung innerhalb des Vorstands und Kompetenzverlagerung auf Mitarbeiter

a) Zulässigkeit

Wie bei der Buchführung, die neben der Inventur das Fundament des Jahresabschlusses/Konzernabschlusses ist, wird auch die Kompetenz für die Abschlusserstellung bei einem mehrgliedrigen Vorstand in der Regel einem sachverständigen Mitglied zugewiesen (→ Rn. 20). Das ist nicht nur zulässig und zweckmäßig, sondern bei größeren Unterneh-

---

[25] Für kleine Kapitalgesellschaften iSd § 267 Abs. 1 HGB verlängert sich die Frist auf maximal sechs Monate (§ 264 Abs. 1 S. 3 HGB).
[26] Die Sollbestimmung bedeutet, dass die AG abweichen kann; dies bedarf jedoch einer Offenlegung in der Entsprechenserklärung nach § 161 AktG.

men praktisch zwingend. In der Regel wird die Zuständigkeit beim kaufmännischen Vorstand oder dem für Finanzen und Rechnungswesen zuständigen Vorstandsmitglied (CFO) liegen. Sowohl der Aufsichtsrat, sofern er die Ressortverteilung vornimmt, wie auch das verantwortliche Vorstandsmitglied selbst, müssen vor einer Übertragung und vor einer Übernahme der Aufgabe prüfen, ob das Mitglied die für diese spezielle Aufgabe erforderlichen Kenntnisse und Fähigkeiten besitzt; das sind die Kenntnisse und Fähigkeiten, die man von einem ordentlichen und gewissenhaften Geschäftsleiter auf dem Gebiet des Rechnungswesens voraussetzen darf (§ 93 Abs. 1 AktG). Im Einzelfall kommt es auf die Größe des Unternehmens und auf die Komplexität der abzubildenden Geschäftsvorfälle an. Der Ressortchef muss kein Bilanzfachmann sein; er muss aber die Grundlinien der Bilanzierung und die allgemein für die Branche typischen Problemfelder verstehen sowie über Wahlrechte und Ermessensspielräume und deren rechtliche und unternehmensinterne Grenzen Bescheid wissen. Eine Amtsübernahme ohne entsprechende Fähigkeiten kann per se schon eine **Sorgfaltspflichtverletzung** (bzw. beim Aufsichtsrat ein Auswahlverschulden) darstellen.

31 Der Jahres- und Konzernabschluss ist Abbild des wirtschaftlichen Ergebnisses des abgelaufenen Geschäftsjahres und des aktuellen wirtschaftlichen Status zum Stichtag. Er ist Grundlage für die Entlastung des Vorstands (§ 120 Abs. 3 AktG). Deshalb ist die **Gesamtverantwortung** sämtlicher Mitglieder des Vorstands unbeschadet einer Ressortverteilung hier stärker zu gewichten als etwa bei den Buchführungspflichten. Gerade aus diesem Grund ist jedes Vorstandsmitglied gehalten, sich um die sachgerechte Auswahl des zuständigen Ressortvorstands zu sorgen und ihn kontinuierlich und angemessen zu überwachen. Jedes Mitglied muss sich über die Rechnungslegung informieren und sich eine plausible Meinung darüber bilden, ob der Abschluss ein den tatsächlichen Verhältnissen entsprechendes Bild der Vermögens-, Finanz- und Ertragslage der AG bzw. des Konzerns vermittelt.[27]

b) Sorgfalts- und Überwachungspflichten des Vorstands

32 **aa) Einzelabschluss.** Das Gesetz verweist die Aufstellung des Jahresabschlusses und des Konzernabschlusses einschließlich des Lageberichts in den Geschäftsbereich des Vorstands (§ 264 Abs. 1 S. 1, Abs. 4 HGB). Er kann diese Aufgabe in der letzten Zuständigkeit nicht auf andere (Mitarbeiter oder Dritte) übertragen. Dies bedeutet aber nicht, dass die **Abschlusserstellung** im Einzelnen, die Organisation der Zusammenführung der Daten, die Komprimierung in Bilanzposten, die Konsolidierung etc vom Vorstand bzw. dem zuständigen Ressortvorstand persönlich vorgenommen werden müsste. Vielmehr kann und muss diese Geschäftsführungsaufgabe der Ausübung nach auf Mitarbeiter übertragen werden, dh bei jeder mittleren und zwingend bei jeder größeren Gesellschaft ist die gesamte Vorbereitung bis zum fertigen Abschluss auf Mitarbeiter zu übertragen.[28] Der Aufbau, die Organisation der laufenden Arbeit, die Überwachung und die Auswahl wenigstens der leitenden Mitarbeiter liegt aber voll beim Ressortvorstand und letztlich beim Gesamtvorstand.

33 Die interne Organisation und Überwachung und vor allem die Auswahl zuverlässiger Mitarbeiter setzt bei dem zuständigen Vorstandsmitglied Kenntnis und Durchdringung der sensiblen Rechnungslegungsbereiche voraus. Werden zB Absicherungsgeschäfte im Fremdwährungsbereich (Devisentermingeschäfte) oder Geschäfte mit derivativen Finanzinstrumenten (Zinsswaps, Währungsswaps, Futures, Optionen) in beachtlichem Umfang betrieben, muss sich der Ressortvorstand **eigene Kenntnisse** über Funktionsweise, Struktur und spezielle Risiken dieser Instrumente verschaffen. Anders kann er seiner Sorgfaltspflicht im Rahmen der Organisation des Bilanzressorts und dessen Überwachung nicht genügen.

34 Die Übertragung von Vorbereitungshandlungen und Hilfsfunktionen auf Dritte (**Outsourcing**), zB auf professionelle Buchführungsstellen (Datev), Steuerberater oder Wirt-

---

[27] Vgl. BGH NJW 1995, 2850 = ZIP 1995, 1334; NJW 1986, 54; NJW-RR 1986, 1293.
[28] *Hüffer* AktG § 77 Rn. 17.

schaftsprüfer, ist grundsätzlich nicht unzulässig, sie lässt aber – unbeschadet schuldrechtlicher Ansprüche wegen Schlechterfüllung gegen diese Dritten – die Eigenverantwortung bestehen. Da es sich hierbei um die Erfüllung eigener Verbindlichkeiten des Vorstands durch Dritte handelt, ist eine solche Übertragung nur zulässig, wenn das nunmehr fehlende arbeitsrechtliche Weisungsrecht durch schuldrechtliche Vereinbarungen ersetzt wird, die dem Vorstand weiterhin die Wahrnehmung der Steuerungs- und Informationsfunktion ermöglichen.[29] Weiterhin ist zu beachten, dass ggf. dem Vorstand ein Verschulden der Hilfsperson wie eigenes zuzurechnen ist (§ 278 BGB).[30] Insbesondere bei sehr technischen Bilanzposten, wie zB Rückstellungen für Pensionen und ähnliche Verpflichtungen oder für Umweltschutzverpflichtungen, ist eine sachverständige externe Berechnung oder Feststellung erforderlich. Hier kann sich der Vorstand in der Regel auf die technische Ordnungsmäßigkeit verlassen. Er muss jedoch die Parameter der Feststellungen (zB Abzinsungsfaktor, Teilwert- oder Barwertrechnung bei Pensionsrückstellungen) kennen und verantworten. Generell können technische Fragen der Rechnungslegung und ihrer Nebengebiete (zB Insolvenzstatus) die Sachkunde des Vorstands respektive der entsprechenden Mitarbeiter übersteigen. Dann kann sich aus der allgemeinen Geschäftsleiterpflicht eine Pflicht zur Einholung von externem Rat ergeben. Ist externer Rat einzuholen, hat der Vorstand dreierlei zu beachten.[31] (1) Die Auswahl einer zuverlässigen und vor allem unabhängigen Auskunftsperson. Es muss eine ergebnisoffene Prüfung gewährleistet sein. (2) Vollständige Informationsverschaffung. (3) Soweit möglich eine Plausibilitätskontrolle; an diese sind umso geringere Anforderungen zu stellen, je zuverlässiger und fachkompetenter die Auskunftsperson ist.

Besondere Vorsicht ist bei der Heranziehung von Wirtschaftsprüfern und Wirtschaftsprüfungsgesellschaften geboten. Der **Abschlussprüfer** der Gesellschaft darf weder bei Führung der Bücher noch bei der Aufstellung des zu prüfenden Abschlusses über die reine Prüfungstätigkeit hinaus mitwirken, noch darf er Rechts- oder Steuerrat geben, der sich in dem zu prüfenden Jahresabschluss unmittelbar und nicht nur unwesentlich auswirkt (§ 319 Abs. 3 Nr. 3 lit. a HGB). Ein Verstoß gegen diese Inhabilitätsvorschriften hat zwar nicht die Nichtigkeit des Abschlusses zur Folge. Unter anderem sind jedoch Minderheitsaktionäre, die bei Antragstellung 5 % des Grundkapitals oder Aktien im Börsenwert von 500 000 Euro auf sich vereinen, berechtigt, gerichtlich die Bestellung eines anderen Abschlussprüfers zu verlangen (§ 318 Abs. 3 HGB). Diese Gesetzeslage hat zur Folge, dass schon die Beauftragung des Abschlussprüfers durch den Vorstand mit solchen Aufgaben einen Sorgfaltsverstoß des Vorstands darstellt.

Zulässig bleibt aber nach wie vor die Fehlerbeseitigung durch die AG aufgrund von Korrekturhinweisen des Abschlussprüfers im Zuge seiner Prüfungshandlungen (Umbuchungsliste) oder die Umsetzung von Hinweisen des Abschlussprüfers für die Aufbau- und Ablauforganisation im Rechnungswesen.[32]

bb) Konzernabschluss. Eine besondere Pflichtenlage besteht für den Vorstand einer Mutter-AG, die verpflichtet ist, einen Konzernabschluss aufzustellen. Zu den Voraussetzungen nach HGB vgl. §§ 290 ff. HGB; zu den Voraussetzungen nach IAS/IFRS vgl. IFRS 10. Der Vorstand der Mutter-AG muss zunächst dafür Sorge tragen, dass er alle für die **Konsolidierung** notwendigen Informationen von Tochtergesellschaften erhält und dass diese ihrerseits alle für die Konsolidierung notwendigen Schritte und Maßnahmen innerhalb der Konzerngesellschaften treffen. Deutsche Tochterunternehmen sind kraft Gesetzes verpflichtet, alle notwendigen **Aufklärungen und Nachweise** zu erbringen sowie ihre Jahresabschlüsse, Prüfungsberichte etc der Muttergesellschaft einzureichen (§ 294 Abs. 3

---

[29] *Fleischer* in Spindler/Stilz AktG § 77 Rn. 60.
[30] Vgl. auch BGH NJW-RR 2011, 1670; aber str.; aA *Fleischer* ZIP 2009, 1397 (1405); *Sander/Schneider* ZGR 2013, 725 (738 ff.); *Altmeppen* in Roth/Altmeppen GmbHG § 41 Rn. 5.
[31] Vgl. *Sander/Schneider* ZGR 2013, 725 (749 ff.).
[32] Vgl. *W. Müller* in Kölner Komm. Rechnungslegung HGB § 319 Rn. 76.

HGB). Ausländische Tochterunternehmen kann das deutsche Gesetz nicht verpflichten. Es kommt auf die dortige Rechtslage und auf die Ausübung der faktischen Leitungsmacht an. Sind Auskunfts- und Aufklärungsrechte auf Dauer nicht durchsetzbar, so kann im äußersten Fall auf eine Einbeziehung in den Konzernabschluss verzichtet werden (§ 296 Abs. 1 Nr. 1 HGB; wohl auch, aber nicht so klar, IFRS 10.B 23 (a) (v)).

38 Die Erstellung eines Konzernabschlusses setzt in der Regel die Errichtung, Organisation und personelle Besetzung einer **Konsolidierungsstelle** in der Mutter-AG voraus. Sie ist für die Vereinheitlichung der Einzelabschlüsse, die Vorbereitung und Kontrolle der organisatorischen Maßnahmen und schließlich für die eigentliche Konsolidierungsarbeit zuständig. Insbesondere übernimmt sie folgende Aufgaben:[33]
– Beratung des Vorstands zum anzuwendenden Recht (IAS/IFRS-Konzernabschluss, HGB-Konzernabschluss, US-GAAP-Konzernabschluss);
– Festlegung des Konsolidierungskreises;
– Festlegung des Kreises verbundener Unternehmen und Unternehmen, mit denen ein Beteiligungsverhältnis besteht;
– Aufstellung eines Konsolidierungsplans; bei mehrstufigen Konzernen mit der Reihenfolge der Konsolidierung und ggf. erforderlicher Vorkonsolidierungen;
– Zeitplan für die Abgabe der verschiedenen Daten und Berichtsformulare;
– Abstimmung der konzerninternen Verrechnungskonten;
– Festlegung von Währungsumrechnungskursen;
– Beratung und Unterstützung der Tochterunternehmen in allen Angelegenheiten des Konzernabschlusses.

39 Der Ressortvorstand soll dafür Sorge tragen, dass für alle einzubeziehenden Tochtergesellschaften einheitliche Buchführungsrichtlinien bestehen. Wenn keine rechtlichen Hindernisse bestehen, sollte im Konzern ein einheitlicher **Kontenplan** gelten, so dass die einzelnen Konten unmittelbar in das Gliederungsschema für die Konzernbilanz und GuV überführt werden können. Über einheitliche Kontierungsrichtlinien sollte die einheitliche Verbuchung von gleichartigen Geschäftsvorfällen im Konzern sichergestellt werden. Soweit die Ansatz- und Bewertungsvorschriften der nationalen Abschlüsse nicht den Grundsätzen für den Konzernabschluss entsprechen (HGB oder IAS/IFRS), sind Überleitungsrichtlinien festzulegen, die ggf. zu einer konsolidierungsfähigen Handelsbilanz II führen. Zweckmäßigerweise wird dies im Konzern durch ein **Konsolidierungshandbuch** mit einheitlichen Bilanzierungs- und Bewertungsrichtlinien und mit einem einheitlichen Formularwesen festgeschrieben.

40 Die Sicherstellung des **einheitlichen Berichtswesens** im Konzern gehört zu den nicht delegierbaren Aufgaben des für das Ressort Rechnungswesen zuständigen Vorstandsmitglieds.

c) Unternehmensinterne Bilanzierungsregeln

41 Es wurde bereits darauf hingewiesen, dass für den Konzernabschluss einheitliche Bilanzierungs- und Bewertungsregeln festgelegt werden müssen. Dies gilt ab einer gewissen Unternehmensgröße und bei einer Aufgabendelegation an Mitarbeiter auch für den Einzelabschluss. Die Rechnungslegungsvorschriften des HGB und die IAS/IFRS räumen Bilanzierungswahlrechte (insbesondere das HGB) und Ermessensspielräume (insbesondere IAS/IFRS) ein. Deren Ausübung oder Ausfüllung setzt in erheblichem Maße bereits im Bilanzaufstellungsprozess ein. Dieser Prozess liegt im Wesentlichen in der Hand der Mitarbeiter, die selbst aber nicht die originäre Kompetenz zur Ausübung von Wahlrechten oder Ausfüllung eingeräumten Ermessens haben. Dies ist eine nicht übertragbare Leitungsaufgabe des Ressort- bzw. Gesamtvorstands. Um diese Entscheidungen für die Vielzahl von zu bearbeitenden Geschäftsvorfällen praktikabel zu halten, wird der Vorstand für Einzel- und Konzernabschluss unternehmensinterne **Bilanzierungs- und Konsolidierungsregeln**

---

[33] In Anlehnung an *Adler/Düring/Schmaltz* HGB Vor §§ 290–315 Rn. 49.

B. Instrumente der Rechenschaftslegung

aufstellen, die Wahlrechts- und Ermessensentscheidungen soweit als möglich vor die Klammer ziehen. Nur ein solches internes Regelwerk ermöglicht es auch dem Gesamtvorstand, sich in angemessener Zeit über die Bilanzpolitik seines Unternehmens zu unterrichten. Die Richtlinien dienen damit zum einen der effizienten Organisation des Rechnungswesens, zum anderen aber auch der Eingrenzung der Vorstandsverantwortung und der Dokumentation für die Wahrnehmung dieser Verantwortung.

In diesem Zusammenhang sollten Regelungen getroffen und deren Effizienz sichergestellt werden, die das **Vollständigkeitsgebot** im Einzel- und Konzernabschluss gewährleisten. In den Abschluss sind sämtliche Vermögensgegenstände, Schulden, Rechnungsabgrenzungsposten, Aufwendungen und Erträge einzubeziehen, soweit gesetzlich nichts anderes bestimmt ist. In den Konzernabschluss sind das Mutterunternehmen und alle Tochterunternehmen einzubeziehen, soweit die Einbeziehung nicht aufgrund gesetzlicher Vorschrift unterbleiben darf (§§ 246 Abs. 1, 294 Abs. 1 HGB; IFRS 10.B 23). Bei den Vermögensgegenständen ist neben dem rechtlichen insbesondere auf das **wirtschaftliche Eigentum** abzustellen. Hier bedürfen Treuhandgeschäfte, Sicherungsgeschäfte, Pensionsgeschäfte, Übertragung von Aktiva oder Passiva zum Zwecke ihrer Refinanzierung (ABS-Transaktionen) und Leasing der besonderen Aufmerksamkeit[34] und ggf. genereller Regelung in Bilanzierungsrichtlinien. Beim Konzernabschluss ist die Vollständigkeit des Konsolidierungskreises sicherzustellen; das kann insbesondere bei sog. **Zweckgesellschaften (Special Purpose Entities/SPE)** Zuordnungsfragen auslösen (§ 290 Abs. 2 Nr. 4 HGB; IFRS 10, B8).

Auch hier dienen klare Richtlinien der Dokumentation und der Abgrenzung des Verantwortungsbereichs. Die im Rahmen der Abschlussprüfung vom Vorstand abzugebende sog. **Vollständigkeitserklärung**[35] unterstreicht diese Verpflichtung, die aber auch ohne diese Erklärung gegeben ist.

d) Vorbehaltsbereich des Vorstands

Im Rahmen der Aufstellung des Jahres- und Konzernabschlusses gibt es damit eine Reihe von Aufgaben, die in der Entscheidungskompetenz nicht auf Mitarbeiter und schon gar nicht auf Dritte übertragen werden können. Diese Kompetenz kann, insbesondere bei einer Vielzahl von gleichartigen Vorgängen, durch Richtlinien und Anweisungen wahrgenommen werden. Zu diesen nicht übertragbaren Aufgaben gehören insbesondere:
– die Gewährleistung der Vollständigkeit des Abschlusses durch Ausübung von Ansatzwahlrechten und Festlegung eingeräumter Beurteilungsrahmen;
– die Bewertung durch Ausübung von Bewertungswahlrechten und Ausfüllung von gegebenen Bewertungsspielräumen und Bewertungsermessen;
– die Abgrenzung des Konsolidierungskreises;
– die Bestimmung der Konsolidierungsmethode bei gegebenen Wahlmöglichkeiten.

Generell ist zu sagen, dass Sachverhaltsermittlungen und Subsumption unter das Bilanzrecht (Bilanzrechtsfragen) auf nachgeordnete Unternehmensebenen delegierbar sind, nicht aber Leitungsentscheidungen dort, wo ein echter Entscheidungsspielraum gegeben ist (Ermessen, Wahlrechte) und nicht zu vernachlässigende (wesentliche) Auswirkungen auf die Vermögens-, Finanz- und Ertragslage zu erwarten sind. Bei allen Entscheidungen hat sich der Vorstand von der **Generalnorm** leiten zu lassen, dass der Jahresabschluss/Konzernabschluss ein den tatsächlichen Verhältnissen entsprechendes Bild der Vermögens-, Finanz- und Ertragslage der Gesellschaft zu vermitteln hat (§ 246 Abs. 2 HGB).

e) Unterzeichnungspflicht des Gesamtvorstands und Gesamtverantwortung

aa) Aufstellung. Jahresabschluss und Lagebericht sowie Konzernabschluss und Konzernlagebericht werden vom Rechnungswesen im Zusammenwirken mit dem zuständigen Ressortvorstand sukzessive erstellt. Das Ergebnis ist der **Entwurf** eines Jahresabschlusses und

---
[34] Vgl. *Förschle/Kroner* in BeckBil-Komm. HGB § 246 Rn. 43 ff.; IAS 17; SIC 27.
[35] IdW PS 303, WPg 2002, 680 ff.

Konzernabschlusses, der in der Regel dem Abschlussprüfer/Konzernabschlussprüfer zur Prüfung vorgelegt wird, sofern es sich bei der AG nicht um eine kleine Kapitalgesellschaft handelt. Kleine Kapitalgesellschaften iSd § 267 Abs. 1 HGB sind nicht prüfungspflichtig (§ 316 Abs. 1 HGB). Wegen der zeitlichen Engpässe laufen Erstellung des Jahresabschlusses und Prüfung häufig parallel. Dies ist nicht zu beanstanden, sofern sich die Prüfung mit bereits aufgestellten Teilen des Abschlusses befasst.

47 Der vom zuständigen Vorstandsmitglied aufgestellte Jahresabschluss/Konzernabschluss-Entwurf ist dem **Gesamtvorstand** vorzulegen, der hierüber Beschluss zu fassen hat.[36] Der Gesamtvorstand muss sich also in der für seine Willensbildung erforderlichen Mehrheit zu dem aufgestellten Abschluss bekennen. Obwohl der Jahresabschluss/Konzernabschluss in diesem Stadium noch Entwurf ist, empfiehlt es sich – schon zur Dokumentation der Einhaltung satzungsmäßiger oder gesetzlicher Fristen (§ 264 Abs. 1 S. 2 HGB) – den aufgestellten Abschluss zumindest durch den Ressortvorstand unterzeichnen zu lassen.

48 Der so vom Vorstand verabschiedete Jahresabschluss/Konzernabschluss ist nebst Lagebericht und Konzernlagebericht und einem Vorschlag zur Verwendung des Bilanzergebnisses unverzüglich nach der Aufstellung dem **Aufsichtsrat** vorzulegen (§ 170 Abs. 1 und Abs. 2 AktG). Diese Übermittlung geschieht in der Regel durch den Vorstandsvorsitzenden oder durch den Ressortvorstand an den Aufsichtsratsvorsitzenden oder den Vorsitzenden des Prüfungsausschusses (Audit Committee), sofern ein solcher gebildet worden ist (Ziff. 5.3.2 DCGK).[37] Es ist dann Sache des Empfängers, jedem Aufsichtsratsmitglied von den Vorlagen Kenntnis zu geben (§ 170 Abs. 3 AktG).

49 **bb) Abschlussprüfung.** Der **Prüfungsbericht des Abschlussprüfers** ist von diesem unmittelbar dem Aufsichtsrat zuzustellen und nicht – wie häufig noch praktiziert – über den Vorstand. Der Abschlussprüfer leitet seinen Auftrag vom Aufsichtsrat, nicht aber vom Vorstand ab; so hat auch die Berichtslinie zu laufen (§ 318 Abs. 1 S. 4 HGB; § 321 Abs. 5 S. 2 HGB).[38] Allerdings hat der Abschlussprüfer dem Vorstand Gelegenheit zur Stellungnahme zu geben (§ 321 Abs. 5 S. 2 HGB); diese Stellungnahme kann der Vorstand zusammen mit dem aufgestellten Jahresabschluss/Konzernabschluss dem Aufsichtsrat vorlegen.

50 Nicht korrekt ist es jedenfalls, wenn dem Aufsichtsrat der Jahresabschluss/Konzernabschluss nur als Anlage zum Prüfungsbericht vom Abschlussprüfer übermittelt wird. Dies genügt nicht der unmittelbaren Vorlagepflicht, die dem Vorstand selbst obliegt.

51 **cc) Unterzeichnung.** Wird der vom Vorstand vorgelegte Jahresabschluss vom Aufsichtsrat gebilligt, so ist er festgestellt, der Konzernabschluss gebilligt (§ 172 Abs. 1; § 171 Abs. 2 S. 5 AktG). Damit hat sich die AG zu den Abschlüssen bekannt. Sie sind nunmehr maßgeblich. Sie sind zwingend vom Vorstand zu unterzeichnen (§§ 245, 298 Abs. 1 HGB). Unterzeichnen müssen sämtliche Mitglieder des Vorstands im Zeitpunkt der Feststellung bzw. Billigung, auch stellvertretende Vorstandsmitglieder. Dies ist Ausdruck der Verantwortung aller Vorstandsmitglieder für den Abschluss. Dabei spielt es keine Rolle, ob Vorstandsmitglieder für das gesamte vom Abschluss abgedeckte Geschäftsjahr in Amt und Verantwortung waren; entscheidend ist der Zeitpunkt der Feststellung bzw. Billigung. Dies gilt auch, wenn die Feststellung/Billigung ausnahmsweise durch die Hauptversammlung statt durch den Aufsichtsrat erfolgt (§ 173 Abs. 1 AktG).[39] **Ausgeschiedene Vorstandsmitglieder** haben nicht zu unterzeichnen, auch wenn sie für das betreffende Geschäftsjahr noch in der Verantwortung waren.

52 Zusätzlich zur Unterschrift hat der Vorstand einer kapitalmarktorientierten AG (§ 2 Abs. 7 WpHG) – es sei denn es werden nur Schuldtitel iSv § 2 Abs. 1 S. 1 Nr. 3 WpHG gehandelt (§ 327a HGB) – den sog. „**Bilanzeid**" abzugeben. Mit der Unterzeichnung des Jahresabschlusses ist schriftlich zu versichern, dass der Jahresabschluss nach besten Wissen

---

[36] Vgl. *Hennrichs/Pöschke* in MüKoAktG § 170 Rn. 30; *Hüffer* AktG § 170 Rn. 3.
[37] Vgl. *Hennrichs/Pöschke* in MüKoAktG § 170 Rn. 32.
[38] *Hennrichs/Pöschke* in MüKoAktG § 170 Rn. 38 ff.; *Hüffer* AktG § 170 Rn. 2.
[39] *Hüffer* in Großkomm. Bilanzrecht HGB § 245 Rn. 10.

ein den tatsächlichen Verhältnissen entsprechendes Bild der Vermögens-, Finanz- und Ertragslage der Gesellschaft vermittelt oder im Anhang entsprechende zusätzliche erläuternde Angaben gemacht sind (§ 264 Abs. 2 S. 5, § 297 Abs. 2 S. 4 HGB). Die durch das Transparenz-Richtlinie-Umsetzungsgesetz vom 10.1.2007 eingeführte Vorschrift ist eine Reaktion auf die zahlreichen europäischen und amerikanischen Bilanzskandale, hat aber rechtlich wegen der ohnehin schon erforderlichen und strafbewehrten Unterschrift des Vorstands allenfalls geringe Bedeutung.[40] Wo der Bilanzeid räumlich zu stehen hat ist nicht ganz klar. Das Gesetz geht offenbar von einer eigenständigen Erklärung auf einem besonderen Blatt aus, das nicht Bestandteil des Anhangs ist.[41] Praktikabler und gleichermaßen zulässig ist es aber, den Bilanzeid im unmittelbaren Anschluss an den Anhang zu platzieren und mit der Unterschrift zum Jahresabschluss zu verbinden, sodass im Ergebnis nur einmal unterzeichnet werden muss.[42]

dd) Konzernabschluss. Für den Konzernabschluss nach **HGB** gilt keine Ausnahme; er ist ebenfalls von allen Vorstandsmitgliedern, die dieses Amt im Zeitpunkt der Billigung innehaben, zu unterzeichnen. Die Unterzeichnung erfolgt zweckmäßigerweise am Ende des Konzernanhangs. Werden Konzernanhang und Anhang zum Jahresabschluss **zusammengefasst** (§ 298 Abs. 3 HGB), genügt eine einmalige Unterzeichnung. 53

Wird der **Konzernabschluss nach IAS/IFRS** erstellt, so ordnen IAS/IFRS selbst eine Unterzeichnung nicht ausdrücklich an. Eine Unterzeichnungspflicht ergibt sich jedoch, entsprechend der Unterzeichnungspflicht beim HGB-Konzernabschluss, aus dem insoweit weiter anwendbarem deutschen Recht. Entsprechendes gilt für den Bilanzeid (§ 315a Abs. 1 HGB). 54

Sehr viel detaillierter ist die Unterschriftsregelung für Aktiengesellschaften, deren Aktien an einer **US-Börse** gehandelt werden und die damit unter die Securities Exchange Act 1934 und den **Sarbanes-Oxley Act 2002** (SOA) fallen. Nach dem SOA müssen der Vorstandsvorsitzende (Principal Executive Officer) und das für das Rechnungswesen zuständige Vorstandsmitglied (Principal Financial Officer) den Jahresabschluss und jeden Zwischenbericht (Quartalsbericht) bestätigen bzw. bezeugen („certify", Sec. 302 SOA). Diese Bestätigung hat gewichtige Inhalte, insbesondere, dass 55
– der Unterzeichner den Abschluss geprüft hat;
– nach bestem Wissen des Unternehmens der Abschluss keine unrichtige Darstellung einer wesentlichen Tatsache enthält oder eine solche Tatsache nicht enthält und nach Kenntnisstand keinen falschen Eindruck vermittelt („not misleading");
– der Abschluss und andere damit verbundene Finanzinformationen in allen wesentlichen Punkten die Finanzlage und die Ergebnisse des Unternehmens für den Berichtszeitraum angemessen offen legen.
– Der Vorstandsvorsitzende und das für die Rechnungslegung zuständige Vorstandsmitglied
  – sind darüber hinaus verantwortlich für die Einrichtung und Funktionsfähigkeit eines internen Kontrollsystems;
  – haben sicherzustellen, dass sämtliche wichtigen Informationen, die die Muttergesellschaft und ihre konsolidierten Tochtergesellschaften betreffen, zu ihrer Kenntnis gelangen;
  – haben die internen Kontrollsysteme zu bewerten und über deren Effizienz zu berichten.
– Sie bestätigen weiter, dass sie dem Abschlussprüfer und dem Audit Committee oder, soweit ein solches nicht besteht, dem gesamten Aufsichtsrat
  – alle bedeutsamen Fehlerquellen in der Einrichtung oder Wirkungsweise des internen Kontrollsystems

---

[40] Vgl. *Winkeljohann/Schellhorn* in BeckBil-Komm § 264 Rn. 63.
[41] So Stellungnahme HFA zu Finanzberichten nach § 37 WpHG, FN 2007, 656.
[42] Vgl. *Winkeljohann/Schellhorn* in BeckBil-Komm. HGB § 264 Rn. 73 ff.; WP-HdB 2012 F Rn. 1253 ff., S. 842 f.

– und jegliche Unregelmäßigkeiten ohne Rücksicht auf ihr Gewicht, die Einfluss auf das interne Kontrollsystem haben können, offen gelegt haben.
– Sie bestätigen weiter, alle wichtigen Änderungen oder Korrekturen im internen Kontrollsystem offen gelegt zu haben.

56 Die Verletzung dieser Pflichten ist mit drastischen Strafen **sanktioniert,** die weit über die für die HGB-Bilanzierung vorgesehenen Sanktionen hinausgehen (Sec. 906 SOA einerseits, § 331 HGB andererseits). Festzuhalten ist, dass für SEC-Abschlüsse die Gesamtverantwortung der zuständigen Organe, wie sie dem HGB und auch IAS/IFRS eigen ist, auf zwei Personen, den Vorstandsvorsitzenden und den Finanzvorstand, konzentriert wird.

57 **ee) Gesamtverantwortung.** Der Grundsatz der Gesamtverantwortung und der Unterschrift aller Vorstandsmitglieder gilt generell für alle **Berichte,** zu deren Erstellung der Vorstand **gegenüber den Aktionären** verpflichtet ist. Dazu gehören insbesondere der Bericht bei Ausschluss des Bezugsrechts, die Berichterstattung beim Abschluss von Unternehmensverträgen, der Eingliederungsbericht oder der Verschmelzungsbericht (§§ 186 Abs. 4 S. 2, 293a, 319 Abs. 3 S. 1 Nr. 3 AktG; § 8 UmwG).[43] Problematisch kann der Fall sein, wenn für die Willensbildung im Gesamtvorstand – wie allgemein üblich – das Mehrheitsprinzip gilt und eine Minderheit den Beschluss nicht mitträgt. Trotzdem berechtigt dies widersprechende Vorstandmitglieder nicht zur Unterschriftsverweigerung; sie haben sich insoweit der Mehrheit zu beugen oder ihr Amt zur Verfügung zu stellen, was sie aus der Unterschriftspflicht entlässt.[44] Das macht insbesondere für den Jahres-/Konzernabschluss Sinn, denn es ist schwerlich die Fortführung einer Organstellung für eine Person denkbar, die sich nicht verantwortlich zur finanziellen und wirtschaftlichen Gesamtdarstellung der Gesellschaft nach außen bekennt (auch wenn zu Einzelposten Meinungsverschiedenheiten bleiben können).

3. Darstellung des Abschlusses nach HGB und/oder nach internationalen Rechnungslegungsgrundsätzen

a) Einzelabschluss

58 Die AG hat zum Schluss eines jeden Geschäftsjahres einen Jahresabschluss (Einzelabschluss) und, wenn sie Mutterunternehmen eines Konzerns ist, einen Konzernabschluss aufzustellen. Nach welchen Grundsätzen diese Aufstellung zu erfolgen hat, richtet sich nach den gesetzlichen Regeln, die aber gewisse Wahlrechte einräumen.

59 Zunächst ist zwingend ein **Einzelabschluss** nach den Vorschriften des HGB zu erstellen. Der deutsche Gesetzgeber ist bisher, insbesondere wegen der unterschiedlichen Zwecksetzungen, nicht so weit gegangen, internationale Rechnungslegungsgrundsätze (IAS/IFRS) auch für den Einzelabschluss zuzulassen oder vorzuschreiben. Er hat jedoch den Kapitalgesellschaften das **Wahlrecht** eingeräumt, den im Bundesanzeiger zu veröffentlichenden Einzelabschluss nach internationalen Rechnungslegungsstandards aufzustellen (§ 325 Abs. 2a und 2b HGB). Zu beachten ist, dass auch in diesem Fall ein HGB-Einzelabschluss aufzustellen und zum Handelsregister einzureichen ist. Der **IAS/IFRS Einzelabschluss** ersetzt also nicht den HGB-Abschluss, er tritt nur für Veröffentlichungszwecke – da allerdings befreiend – neben den HGB-Abschluss. Bei Inanspruchnahme des Wahlrechts sind die internationalen Standards vollständig zu befolgen. Ein Mix zwischen beiden Rechnungslegungssystemen ist nicht zulässig.

60 Damit wird es der AG ermöglicht, sich auch im veröffentlichten Einzelabschluss nach den internationalen Rechnungslegungsbestimmungen zu präsentieren. Dies kann aus Wettbewerbsgründen, Gründen der internationalen Anerkennung und Reputation und der Konsistenz mit dem Konzernabschluss, der ggf. zwingend nach internationalen Standards aufzustellen ist, empfehlenswert sein. Der Mehraufwand wird sich insbesondere dann in

---

[43] Vgl. auch LG Berlin ZIP 2003, 2027.
[44] Vgl. *Adler/Düring/Schmaltz* HGB § 245 Rn. 12.

Grenzen halten, wenn der Konzernabschluss ohnehin zwingend nach IAS/IFRS zu erstellen ist. Es ist darauf hinzuweisen, dass es bei Kapitalmarktgesellschaften vielfach üblich geworden ist, in Veröffentlichungen (insbesondere im sog. Geschäftsbericht) nur den Konzernabschluss und nicht mehr den Einzelabschluss abzudrucken. Dieser wird dann nur noch in der ordentlichen Hauptversammlung ausgelegt und Aktionären auf Verlangen zugeschickt. Diese Praxis ersetzt aber nicht die notwendigen Pflichtveröffentlichungen beim Handelsregister und im Bundesanzeiger. Auch in einem solchen Fall bleibt das Wahlrecht interessant.

b) Konzernabschluss

Für den Konzernabschluss ist zwischen den kapitalmarktorientierten und den übrigen Aktiengesellschaften zu unterscheiden. **Kapitalmarktorientierte Aktiengesellschaften**[45] haben vom Jahr 2005 an zwingend den Konzernabschluss nach internationalen Rechnungslegungsstandards – das sind ausschließlich die durch EU-Verordnung transformierten Standards und Interpretations des International Accounting Standards Board (IASB) – aufzustellen (IAS/IFRS).[46] Die HGB-Vorschriften über den Konzernabschluss finden mit Ausnahme weniger, mehr formaler Vorschriften, keine Anwendung (§ 315a Abs. 1 HGB). Dies gilt nicht nur für die Aktiengesellschaften, deren Aktien an einem organisierten Markt gehandelt werden, sondern in Erweiterung der EU-Verordnung auch für Aktiengesellschaften, die die Zulassung eines Wertpapiers zum Handel an einem organisierten Markt im Inland beantragt haben (§ 315a Abs. 2 HGB).

Andere, also nicht kapitalmarktorientierte Aktiengesellschaften haben ein Wahlrecht, ihren Konzernabschluss nach den Vorschriften des HGB oder nach den internationalen Rechnungslegungsstandards (IAS/IFRS) aufzustellen (§ 315a Abs. 3 HGB). Wird das Wahlrecht im Sinne des IAS/IFRS ausgeübt, so sind die Standards vollständig zu befolgen.

Damit wird praktisch allen Aktiengesellschaften, die zur Aufstellung eines Konzernabschlusses verpflichtet sind, die Möglichkeit eingeräumt, nach internationalen Standards zu bilanzieren und ggf. auch den Einzelabschluss nach diesen Standards zu publizieren.

c) Ausübung der Wahlrechte

Die Ausübung der eingeräumten Wahlrechte hängt von mannigfachen Zweckmäßigkeitsüberlegungen ab: Darstellung des Unternehmens nach außen; Anforderungen der finanzierenden Banken; Standing im Wettbewerb; Wünsche der Aktionäre.

Die Ausübung der Wahlrechte ist zwar eine Maßnahme der internen Geschäftsführung. Da sie aber dem Jahres- und/oder Konzernabschluss das Gepräge gibt und Grundlage der Vorlage an den Aufsichtsrat ist, muss der Gesamtvorstand die Entscheidung treffen (Beschluss). Sinnvollerweise sind die gegebenen Möglichkeiten mit dem Aufsichtsrat oder – wenn vorhanden – mit dem Prüfungsausschuss (Audit Committee) im Vorfeld ausführlich zu erörtern, bevor sie ins Werk gesetzt werden. Über die Prüfung, Feststellung bzw. Billigung des Jahres- bzw. Konzernabschlusses kommt dem Aufsichtsrat ohnehin ein Mitentscheidungsrecht zu.

d) Befreiung

Mutterunternehmen, die weder selbst noch durch ein zu konsolidierendes Tochterunternehmen durch ausgegebene Wertpapiere den Kapitalmarkt in Anspruch nehmen, sind von der Aufstellung eines Konzernabschlusses nach HGB befreit, wenn über einen Referenzzeitraum über zwei Abschlussstichtage bestimmte Größenordnungen in den addierten Jahresabschlüssen oder in einem Probekonzernabschluss nicht überschritten werden (§ 293

---

[45] § 315a Abs. 1 HGB iVm Art. 4 VO (EG) Nr. 1606/2002 vom 19.7.2002.
[46] Vgl. IAS-VO (EG) Nr. 1606/2002 vom 19.7.2002, ABl. EG Nr. L 243, 1; VO (EG) Nr. 1725/2003 vom 29.9.2003, ABl. EG Nr. L 261, 1.

HGB).[47] Auch hier handelt es sich um eine Art Wahlrecht, weil von der Befreiung kein Gebrauch gemacht werden muss.

4. Bilanz, GuV und Anhang

67 Kernstück jeglicher periodischen Rechnungslegung nach HGB sind Bilanz, GuV und Anhang sowie Konzernbilanz, Konzern GuV und Konzernanhang. Sie bilden eine Einheit unter der Bezeichnung „Jahresabschluss" bzw. „Konzernabschluss"; zum Konzernabschluss gehören zusätzlich – seit dem Bilanzrechtsreformgesetz – eine Kapitalflussrechnung und ein Eigenkapitalspiegel. Der Konzernabschluss kann weiterhin um eine Segmentberichterstattung erweitert werden. Dieser Bestandteil ist jedoch wegen des häufig sensitiven Inhalts optional (§§ 264 Abs. 1 S. 1, 297 Abs. 1 S. 1 HGB). Wegen der zu erwartenden Änderung für kapitalmarktorientierte Unternehmen → Rn. 24.

68 Die Bestandteile des Jahresabschlusses/Konzernabschlusses nach IAS/IFRS sind die Bilanz, die GuV, ein Eigenkapitalspiegel, eine Kapitalflussrechnung und ein Anhang insbesondere zur Erläuterung der Bilanzierungs- und Bewertungsmethoden (IAS 1, 112 ff.). Nimmt die AG oder nehmen konsolidierte Tochterunternehmen den Kapitalmarkt in Anspruch oder wurde ein Zulassungsantrag gestellt, so ist der Abschluss zwingend um eine Segmentberichterstattung zu erweitern (IFRS 8.2 ff.). Macht eine große AG (§ 267 Abs. 3 HGB) von dem Wahlrecht Gebrauch, den zu veröffentlichenden Einzelabschluss nach IAS/IFRS aufzustellen (§ 325 Abs. 2a HGB), ist nochmals darauf hinzuweisen, dass auch für diesen Einzelabschluss die IAS/IFRS Standards vollständig zu befolgen sind, was zu einer wesentlich umfänglicheren Rechnungslegung als nach HGB führt.

5. Lagebericht

a) Inhalt

69 Der HGB-Einzelabschluss ist um einen sog. **Lagebericht,** der HGB-Konzernabschluss um einen sog. **Konzernlagebericht** zu ergänzen (§§ 289, 315 HGB). In diesen Berichten sind der Geschäftsverlauf und die Lage der Kapitalgesellschaft (des Konzerns) so darzustellen, dass ein den tatsächlichen Verhältnissen entsprechendes Bild vermittelt wird. Der Bericht hat eine ausgewogene und umfassende, dem Umfang und der Komplexität der Geschäftstätigkeit entsprechende Analyse des Geschäftsverlaufs und der Lage der Gesellschaft (des Konzerns) zu enthalten. In die Analyse sind die für die Geschäftstätigkeit bedeutsamsten finanziellen Leistungsindikatoren einzubeziehen und unter Bezugnahme auf die im Jahresabschluss (Konzernabschluss) ausgewiesenen Beträge und Angaben zu erläutern. Ferner sind im Lagebericht (Konzernlagebericht) die wesentlichen Ziele und Strategien der gesetzlichen Vertreter der Kapitalgesellschaft (des Mutterunternehmens) zu beschreiben sowie die voraussichtliche Entwicklung mit ihren wesentlichen Chancen und Risiken zu beurteilen und zu erläutern; zugrunde liegende Annahmen sind anzugeben. In den Lagebericht der großen AG (§ 267 Abs. 3 HGB) und in den Konzernlagebericht sind in die Analyse nicht finanzielle Leistungsindikatoren, wie Informationen über Umwelt- und Arbeitnehmerbelange, einzubeziehen, zu beurteilen und zu erläutern, soweit sie für das Verständnis des Geschäftsverlaufs oder die Lage von Bedeutung sind. Hinzu kommen als besondere Berichtsteile:

– der Bericht über Vorgänge von besonderer Bedeutung, die nach Schluss des Geschäftsjahres eingetreten sind;

---

[47] Bilanzsummen von Mutter- plus konsolidierungspflichtigen Tochterunternehmen überschreiten nicht 23,1 Mio. Euro; die Umsatzerlöse von Mutter- plus konsolidierungspflichtigen Tochterunternehmen überschreiten nicht 46,2 Mio. Euro; es werden von Mutter- und Tochterunternehmen mehr als 250 Arbeitnehmer beschäftigt oder ein Probekonzernabschluss überschreitet nicht die Bilanzsumme von 19,2 Mio. Euro; die Umsatzerlöse übersteigen nicht 38,5 Mio. Euro; die Arbeitnehmer im Konzern übersteigen nicht 250. Das Vorliegen von zwei der drei Merkmale genügt.

B. Instrumente der Rechenschaftslegung

- die **Risikoberichterstattung,** unterteilt in die
  - Risikomanagementziele und -methoden der Gesellschaft (des Konzerns) einschließlich ihrer (seiner) Methoden zur Absicherung aller wichtigen Arten von Transaktionen, die im Rahmen der Bilanzierung von Sicherungsgeschäften erfasst werden, sowie
  - die Preisänderungs-, Ausfall- und Liquiditätsrisiken sowie die Risiken aus Zahlungsstromschwankungen, denen die Gesellschaft ausgesetzt ist, jeweils in Bezug auf die Verwendung von Finanzinstrumenten durch die Gesellschaft und sofern dies für die Beurteilung der Lage oder der voraussichtlichen Entwicklung von Belang ist;
- die Berichterstattung über Forschung und Entwicklung;
- die Berichterstattung über eingetragene Zweigniederlassungen (nur im Lagebericht-Einzelabschluss).

Von der Pflicht zur Aufstellung eines Lageberichts sind sog. kleine Aktiengesellschaften befreit (§ 264 Abs. 1 S. 3 HGB).[48] Eine Befreiung vom Konzernlagebericht ist nicht vorgesehen. Für die börsennotierte bzw. den Kapitalmarkt in Anspruch nehmende AG bestehen im Lagebericht weitere Berichtspflichten als da sind
- der sog. Vergütungsbericht (→ Rn. 74);
- die Zusammensetzung des gezeichneten Kapitals;
- Stimmrechts- oder Übertragungsbeschränkungen;
- Beteiligungen, die 10% der Stimmrechte überschreiten;
- die Inhaber von Sonderrechten nebst Beschreibung derselben;
- Stimmrechtskontrolle von gepoolten Arbeitnehmerbeteiligungen;
- die Gesetzes- und Satzungsbestimmungen betreffend Ernennung und Abberufung von Vorstands- und Aufsichtsratsmitgliedern;
- Vorstandsbefugnisse zur Ausgabe oder Rückkauf von Aktien;
- Change of control Klauseln;
- Entschädigungsklauseln im Fall eines Change of control;
- die wesentlichen Merkmale des internen Kontroll- und des Risikomanagementsystems im Hinblick auf den Rechnungslegungsprozess.

Wird nach IAS/IFRS bilanziert, so ist dort ein Lagebericht bzw. Konzernlagebericht unbekannt. Lediglich IAS 1.13, 1.14 nimmt zur Kenntnis, dass Unternehmen außerhalb des Abschlusses einen Bericht über die Unternehmenslage veröffentlichen, der die Vermögens-, Finanz- und Ertragslage sowie die Risikolage beschreibt und erläutert. Dazu gehören die Bestimmungsfaktoren für die Ertragskraft, die zukünftige Investitions- und Dividendenpolitik, die Finanzierungspolitik, die Grundsätze des Risikomanagements und die Ressourcen des Unternehmens, die sich nicht in der Bilanz widerspiegeln. Dazu können weitere Angaben wie Umweltberichte und Wertschöpfungsrechnungen kommen. Dies alles ist bei IAS/IFRS jedoch freiwillig und in keiner Weise sanktioniert. Diese Lücke hat der deutsche Gesetzgeber aber ausgefüllt, als deutsche Mutterunternehmen, auch wenn sie nach IAS/IFRS bilanzieren, einen Lagebericht nach den Bestimmungen des HGB aufstellen müssen (§ 315a HGB).

Für den HGB-Lagebericht ist festzustellen, dass er zunehmend als Informations- und Rechenschaftsinstrument an Bedeutung gewonnen hat. Dieser Bedeutungszuwachs ist insbesondere auf Gesetzesänderungen durch das Bilanzrechtsreformgesetz 2004 und die dort vorgenommenen Anpassungen an die sog. Modernisierungsrichtlinie der EU über den Jahresabschluss und den konsolidierten Abschluss zurückzuführen. Dadurch soll der Informationsgehalt und die Vergleichbarkeit von Lageberichten spürbar verbessert werden. Im Gegensatz zum Jahresabschluss, der stichtagsbezogen und damit rückwärtsgewandt ist, soll der Lagebericht Informationen über **Zukunftschancen** und **Zukunftsrisiken** vermitteln. Er steckt nicht in dem engen Korsett von Bilanzposten mit Ansatz- und Bewertungsvorschriften. Der Bericht gibt damit dem Vorstand Raum, in der Sprache eines verständigen Be-

---

[48] Klein ist eine AG, die zwei der drei folgenden Merkmale nicht überschreitet: Bilanzsumme 4,015 Mio. Euro; Umsatzerlöse 8,130 Mio. Euro; im Jahresdurchschnitt 50 Arbeitnehmer.

richtslesers seine Sicht der künftigen Entwicklung darzulegen. Für die Beurteilung des Unternehmens kann der Lagebericht – recht verstanden – ebenso wichtig wie der Jahresabschluss sein (Zwei-Säulen-Konzept). Ohnehin wird in der Regel der Lagebericht mit den anderen Berichten an die Hauptversammlung zu einem „**Geschäftsbericht**" verbunden, der die gegenwärtige und zukünftige Lage der Gesellschaft darstellt.

73 Die Möglichkeiten, die der Lagebericht bietet, allgemein die Gesellschaft darzustellen und Geschäftsmodell und unternehmerische Konzeption zu erläutern, wird häufig durch Sonderberichte genutzt. Hervorzuheben sind der Sozialbericht, der Umweltbericht und der Nachhaltigkeitsbericht. Im **Sozialbericht** können die wesentlichen Entwicklungen im Personal- und Sozialbereich dargestellt werden wie zB Arbeitszeiten und Arbeitszeitmodelle, Aus- und Fortbildung, Fluktuation, Vergütungsstrukturen, Arbeitnehmerbeteiligung, Versorgungssysteme, Tarifgebundenheit etc. Im **Umweltbericht** kann über Umweltbelange wie Emissionswerte, Energieverbrauch, Umweltverträglichkeit der Produkte, Umweltstrategie etc berichtet werden. Diese Berichte werden ggf. interpretiert oder zusammengefasst in einem **Nachhaltigkeitsbericht,** der noch zu weiteren ökonomischen, ökologischen und/oder gesellschaftlichen Leistungen Stellung nehmen kann.[49]

74 Während die genannten Berichte freiwillige Zusatzinformationen darstellen, jedenfalls soweit sie über die Pflichtangaben im Lagebericht hinausgehen, ist der sog. **Vergütungsbericht** für die börsenorientierte AG zwingend (§ 289 Abs. 2 Nr. 5 HGB). Im Vergütungsbericht sind die Grundzüge des Vergütungssystems der Gesellschaft für die Gesamtbezüge des Vorstands, des Aufsichtsrats, ggf. eines Beirats oder einer ähnlichen Einrichtung getrennt für jede Personengruppe darzustellen. Die Vorschrift ist eine Reaktion des Gesetzgebers auf die in die Diskussion gekommene Vergütungsstruktur und -höhe der Gremienmitglieder, der nicht mit einer „Deckelung" der Vergütung, sondern mit höheren Transparenzanforderungen begegnet werden soll. Die Vorschrift ist auch im Zusammenhang mit Vergütungsbestimmungen im DCGK (Ziff. 4.2.2 ff. DCGK) zu sehen. Zum Vergütungssystem gehören die einzelnen Vergütungsparameter einschließlich der Anreizpläne, das Verhältnis zwischen fester und erfolgsabhängiger Vergütung, die Bedingungen, an die Aktienoptionen, Bonusleistungen etc gebunden sind, Grundzüge der Altersversorgung und ggf. Vorruhestandsregelungen etc. Der allgemeine Vergütungsbericht ersetzt nicht die Einzelangaben im Anhang (§ 285 Nr. 9 HGB). Einzelne Angaben können jedoch mit dem Vergütungsbericht verbunden werden (namentlich die auf die einzelnen Vorstandsmitglieder bezogene Angaben; § 285 Nr. 9 S. 5 bis 8 HGB).

75 Das Deutsche Rechnungslegungs Standard Committee hat mit dem Standard DRS 20[50] Grundsätze für die Lageberichterstattung erarbeitet, die von den zur Erstellung eines Konzernabschlusses verpflichteten Unternehmen als Grundsätze ordnungsmäßiger Berichterstattung zu beachten sind und für Unternehmen, die einen Konzernabschluss auf freiwilliger Basis aufstellen oder auch für den Lagebericht zum Einzelabschluss beachtenswerte Empfehlungen enthalten. DRS 20 postuliert sechs allgemeine Grundsätze, die bei der Konzernberichterstattung zu beachten sind, nämlich Vollständigkeit, Verlässlichkeit und Ausgewogenheit, Klarheit und Übersichtlichkeit, Vermittlung der Sicht der Konzernleitung, Wesentlichkeit und Informationsabstufung. Wichtig sind die beiden letzten: es kommt auf die Sicht der Konzernleitung an und auf die aus dieser Sicht wesentlichen Informationen; damit werden nicht unternehmens- oder wenigstens branchenspezifische Informationen ausgegrenzt.

76 DRS 20 gibt eine gewisse Gliederung des Lageberichts vor, die sich an folgenden Themen orientiert: (1) Grundlagen des Konzerns: dort sind abzuhandeln das Geschäftsmodell des Konzerns, Ziele und Strategien, Steuerungssystem und Forschung und Entwicklung. (2) Wirtschaftsbericht: dort sind abzuhandeln Rahmenbedingungen, Geschäftsverlauf, Ertrags-, Finanz- und Vermögenslage, finanzielle und nicht finanzielle Leistungsindikatoren.

---

[49] Vgl. WP-Handbuch 2012 F Rn. 1145 ff.; zur Prüfung IdW-PS 821, WPg 2006, 854 ff.
[50] DRS 20, BAnz. vom 4.12.2012 B 1 ff.; § 342 Abs. 2 HGB.

(3) Nachtragsbericht über Vorgänge von besonderer Bedeutung nach Schluss des Geschäftsjahres. (4) Prognosebericht: Er beschäftigt sich mit der voraussichtlichen Entwicklung des Konzerns, wobei der Prognosezeitraum wenigstens ein Jahr ab dem letzten Konzernabschlussstichtag umfassen soll. Hierbei ist zu berichten über die finanziellen und nicht finanziellen Leistungsindikatoren, die auch zur internen Steuerung des Konzerns herangezogen werden[51]. Dabei sind die Veränderungen gegenüber den Istzahlen des Berichtsjahres anzugeben; Intensität und Richtung der Entwicklung sollen erkennbar werden. Gerade wegen des Abstellens auf die interne Steuerung kann es sich hier um sensible Bereiche handeln. (5) Risikobericht: Hier gibt es Überschneidungen zum Prognosebericht; er umfasst Angaben zum Risikomanagementsystem, zu den einzelnen Risiken sowie eine zusammengefasste Darstellung der Risikolage. (6) Chancenbericht: Auch hier gibt es Überschneidungen mit dem Prognosebericht. (7) Bericht über das interne Kontrollsystem und Risikomanagementsystem bezogen auf den Rechnungslegungsprozess. (8) Risikoberichterstattung in Bezug auf die Verwendung von Finanzinstrumenten. (9) Übernahmerelevante Angaben: Hier sind Angaben über Sachverhalte zu machen, die sich als etwaige Übernahmehindernisse erweisen könnten. (10) Erklärung zur Unternehmensführung (§ 289a HGB). (11) Versicherung der gesetzlichen Vertreter (§ 264 Abs. 2 S. 5 HGB).

In diesem Zusammenhang ist zu beachten, dass die Lageberichterstattung bei kapitalmarktorientierten Unternehmen einen vorrangigen Gegenstand für die Prüfung durch die Deutsche Prüfstelle für Rechnungslegung (DPR) darstellt, insbesondere bezogen auf die Risiko- und Prognoseberichterstattung. Dort ist auch eine relativ hohe Fehlerquote festgestellt worden.[52] Deshalb muss auf Aussagekraft, Verständlichkeit und Vollständigkeit besonderer Wert gelegt werden.

Der Lagebericht zum Einzelabschluss kann mit dem Konzernlagebericht zu einer Einheit verbunden werden. Dies gilt gleichermaßen für den Anhang zum Einzelabschluss mit dem Konzernanhang (§§ 298 Abs. 3, 315 Abs. 3 HGB). Von diesen Möglichkeiten zur Zusammenfassung wird in der Regel Gebrauch gemacht.

b) Aufstellungskompetenz

Der Lagebericht umfasst mit seinem dargestellten Inhalt sämtliche Vorstandsressorts. Während der Jahresabschluss in der Regel mehr oder weniger ausschließlich durch das für das Rechnungswesen zuständige Vorstandsmitglied konzipiert wird, ist für den Lage- und Konzernlagebericht eine intensivere Befassung aller Ressortvorstände unabdingbar. Das für die Rechnungslegung zuständige Vorstandsmitglied wird in der Regel ein Konzept erstellen, das mit Textbausteinen aus den anderen Ressorts aufgefüllt werden muss. Über den vollständigen Textentwurf muss der Gesamtvorstand beraten und schlussendlich Beschluss fassen. Für den Beschluss gelten die satzungs- oder geschäftsordnungsmäßig festgelegten Mehrheiten; fehlen diese, gilt Einstimmigkeit (§ 77 Abs. 1 AktG).

Bei einem Mehrheitsentscheid kann die Frage auftauchen, wie mit divergierenden Meinungen überstimmter Organmitglieder umzugehen ist. Grundsätzlich wird man ein Recht zur Verlautbarung **divergierender Mindermeinungen** bejahen müssen, wenn es sich um gewichtige Divergenzen handelt. Allerdings dürfte das mE nur für die Berichterstattung an den Aufsichtsrat, nicht aber für den veröffentlichten Lagebericht gelten. Im Lagebericht selbst geht das Interesse der Gesellschaft an einer geschlossenen und konsistenten Berichterstattung vor.[53]

Der Lagebericht ist wie der Jahresabschluss in deutscher Sprache und – soweit Zahlenangaben eine Rolle spielen – in Euro aufzustellen. Er muss aber nicht vom Vorstand unterschrieben werden.

---

[51] Vgl. dazu *Philipps* DB 2014, 137.
[52] Vgl. *Thormann* BB 2013, 2475 (2477); Tätigkeitsbericht der DPR S. 8.
[53] Weitergehend *Hommelhoff* in Großkomm. Bilanzrecht HGB § 289 Rn. 57: Verlautbarung auch im Lagebericht.

6. Geschäftsbericht

82 Kapitalmarktorientierte Aktiengesellschaften, durchaus aber auch andere Aktiengesellschaften erstellen häufig anlässlich der ordentlichen Hauptversammlung einen sog. Geschäftsbericht, in dem Jahresabschluss, Lagebericht, Bericht des Aufsichtsrats und eine Reihe anderer freiwilliger Angaben zu einer allgemeinen Berichterstattung an die Öffentlichkeit zusammengefasst werden. Enthalten sein können zB ein Bericht des Vorstandsvorsitzenden, ein Bericht über die spezifische Entwicklung des Unternehmens in der Branche, ggf. heruntergebrochen auf einzelne Sparten, eine Darstellung der Entwicklung und Rentabilität der Aktie, eine Darstellung der Eigenkapitalrentabilität und anderer betriebswirtschaftlicher Kennzahlen (EBITDA, EBIT etc). In diesen Fällen sind die Pflichtberichte (Anhang und Lagebericht) deutlich von der Berichterstattung im Übrigen zu trennen. Dies ist schon deshalb erforderlich, weil nur Jahresabschluss und Lagebericht, nicht aber der übrige Berichtsinhalt vom Aufsichtsrat und vom Abschlussprüfer geprüft werden. Es besteht Anlass darauf hinzuweisen, dass Geschäftsberichte häufig die Tendenz aufweisen inhaltlich auszuufern, sodass wesentliche Angaben in einer undurchsichtigen Informationsflut untergehen (Information-Overload). Das ist nicht Sinn der gebotenen und vom Gesetz oder den Standards verlangten Transparenz. Von der Beschreibung allgemeingültiger oder allgemeinzugänglicher Inhalte sollte deshalb abgesehen, eine thematische Bündelung angestrebt werden und eine Konzentration auf wesentliche Sachverhalte oberstes Gebot sein. Die Wesentlichkeit ist dabei vom Standpunkt des Informationsadressaten zu beurteilen. Insbesondere bei der Rechnungslegung nach internationalen Standards sollte von der bloßen Wiedergabe des ohnehin schon umständlichen Regelwerkes abgesehen werden.

83 Die Problematik vielfacher Detailberichte, die mangelnde gegenseitige Bezugnahme und die schiere, nicht aggregierte Informationsmenge führt dazu, dass eine Gesamtschau und insbesondere eine auf die Zukunft ausgerichtete Gesamtschau des Unternehmens nicht erreicht wird. Das ist im Schrifttum und in der Praxis erkannt und dem soll insbesondere bei anlegerorientierten Unternehmen abgeholfen werden. Die Bestrebungen sind international und werden unter dem Schlagwort **„International Integrated Reporting"** zusammengefasst. Zum Zweck der Entwicklung eines Rahmenkonzepts ist 2010 das International Integrated Reporting Council (IIRC) gegründet worden, das inzwischen verschiedene Diskussionspapiere erarbeitet hat.[54] Ziel des Framework ist es die derzeitig gehandhabte, in Themenbereichen isolierte Berichterstattung (Informationssilos) zu Gunsten einer gesamtheitlichen Information umzugestalten. Dabei sollen aber die bisher geforderten Detailinformationen nicht entbehrlich werden, sondern den jeweils interessierten Adressaten weiterhin zur Verfügung stehen. Im Ergebnis geht es also um eine Art zusätzlicher Berichterstattung, die natürlich in den allgemeinen Geschäftsbericht eingebaut werden kann. Grundlegende Prinzipien des Integrated Reporting sollen sein: (1) strategische Ausrichtung, (2) Verbindung der Informationen, (3) Zukunftsorientierung, (4) shareholder-Orientierung, (5) Präzision, Zuverlässigkeit, Zweckmäßigkeit. Abgedeckt werden sollen folgende Sachgebiete: (1) Organisation und Geschäftsmodell, (2) Geschäftsumfeld einschließlich Chancen und Risiken, (3) strategische Ziele und Strategien zur Zielerreichung, (4) Unternehmensführung und Vergütungssysteme, (5) Leistung, (6) Zukunftsperspektiven.[55] Bisher steht dieses Framework noch zur Diskussion und kann auf freiwilliger Basis gute Anregungen für eine überzeugende Berichterstattung liefern. Die Zielrichtung unterscheidet sich jedenfalls von der traditionellen Berichterstattung darin, dass im Mittelpunkt das Geschäftsmodell und die Fähigkeit des Unternehmens stehen, Werte zu generieren und zu erhalten und zwar in Abhängigkeit von internen und externen Ressourcen. Die Bestrebungen des IIRC sind – wenn sie auch expressis verbis die Shareholder im Auge haben – auf Investoren und Kapitalmärkte, also auf die großen Unternehmen, ausgerichtet. Als Instru-

---

[54] Abrufbar unter www.theiirc.org.
[55] Vgl. *Nolden/Richter* WPg 2012, 978 (981); *Kajuter* DStR 2014, 222.

ment der Unternehmenskommunikation können die Arbeiten des IIRC ggf. wertvolle Anregungen zusätzlich zu den regulatorischen schon gegebenen und zwingenden Berichtspflichten geben, wobei aber auch vor einer ausufernden Berichterstattung zu warnen ist (→ Rn. 82).

7. Abhängigkeitsbericht

Besondere Berichtspflichten bestehen für die abhängige AG (→ § 14 Rn. 143 ff.). Hier **84** ist nur darauf hinzuweisen, dass die sog. **Schlusserklärung** aus dem Abhängigkeitsbericht in den Lagebericht aufzunehmen ist (§ 312 Abs. 3 AktG). Damit wird aus dem sonst vertraulichen Abhängigkeitsbericht die Erklärung des Vorstands publik gemacht, ob die Gesellschaft bei Rechtsgeschäften im Konzern angemessene Gegenleistungen erhalten hat und bei Maßnahmen auf Veranlassung oder im Interesse des Konzerns nicht benachteiligt wurde. Allerdings ist darauf hinzuweisen, dass schon im Anhang Angaben über nicht marktübliche Geschäfte mit nahestehenden Unternehmen und Personen mit Angabe von Art und Wert der Geschäfte zu machen sind (§ 285 Nr. 21 HGB), sofern diese Geschäfte wesentlich im Hinblick auf die Finanzlage der Gesellschaft sind und kein Ausnahmetatbestand vorliegt (§ 288 HGB). Der Aufsichtsrat und der Abschlussprüfer haben den Abhängigkeitsbericht zu prüfen. Über das Ergebnis seiner Prüfung hat der Aufsichtsrat an die Hauptversammlung zu berichten und in diesen Bericht den Bestätigungsvermerk des Abschlussprüfers aufzunehmen.

8. Entwurf und Entwurfsänderungen

Lagebericht und Abhängigkeitsbericht sind Instrumente, die in ausschließlicher Zustän- **85** digkeit des Vorstands erstellt werden. Anders ist dies bei Jahresabschluss und Konzernabschluss mit allen seinen Bestandteilen (Bilanz, GuV, Anhang beim Einzelabschluss; Konzernbilanz, Konzern-GuV, Konzernanhang, Kapitalflussrechnung, Eigenkapitalspiegel und ggf. Segmentberichterstattung beim Konzernabschluss). Jahresabschluss und Konzernabschluss hat der Aufsichtsrat nicht nur zu prüfen, sondern auch zu billigen oder zu verwerfen. Billigt er den Jahresabschluss, so ist dieser festgestellt, vorausgesetzt die gesetzliche Abschlussprüfung hat stattgefunden (§§ 171 Abs. 2, 172 Abs. 1 AktG; § 316 Abs. 1 S. 2 HGB). Billigt er ihn nicht und ist der Vorstand zu Änderungen im Sinne der Aufsichtsratswünsche nicht bereit, geht die Kompetenz zur Feststellung auf die Hauptversammlung über. Erst der festgestellte Jahresabschluss ist der wirkliche und rechtlich verbindliche Abschluss der Gesellschaft mit allen daran anknüpfenden Rechtsfolgen. Entsprechendes gilt für die Billigung des Konzernabschlusses durch den Aufsichtsrat bzw. die Hauptversammlung, ohne dass allerdings an den gebilligten Konzernabschluss Rechtsfolgen wie an den Einzelabschluss anknüpfen würden.

Der Einzelabschluss ist bis zur Feststellung im rechtlichen Sinne nur ein **Entwurf.** Glei- **86** ches gilt für den Konzernabschluss bis zur Billigung. Bis zur Feststellung bzw. Billigung können Einzel- und Konzernabschluss grundsätzlich geändert werden, wobei als Gründe für eine **Änderung** insbesondere in Frage kommen:
– Bekanntwerden von wertaufhellenden Tatsachen;
– Berichtigung von Fehlern;
– andere Ausübung von Wahlrechten, Ermessensspielräumen oder Bewertungsbandbreiten;
– Änderung des Gewinnverwendungsvorschlags.

Dabei sind auch im Entwurfsstadium zwei Zeiträume zu beachten: Bis zur Vorlage des **87** Prüfungsberichts des Abschlussprüfers ist eine Änderung ohne weiteres zulässig. Der Abschlussprüfer ist entsprechend zu unterrichten und hat die geänderten Posten in seine Prüfung einzubeziehen. Nach Vorlage des Prüfungsberichts des Abschlussprüfers ist dagegen eine sog. **Nachtragsprüfung** erforderlich, dh der Abschlussprüfer hat die Unterlagen erneut zu prüfen, soweit die Änderung dies erfordert, darüber zu berichten und den Bestätigungsvermerk entsprechend zu ergänzen (§ 316 Abs. 3 HGB). Soweit möglich, wird der

Vorstand solche Nachtragsprüfungen zu vermeiden suchen, indem er sensible Themen vorab mit Aufsichtsrat (Audit Committee) und Abschlussprüfer bespricht.

88 Festzuhalten ist, dass die **Kompetenz zu Änderungen** grundsätzlich beim Vorstand verbleibt. Der Aufsichtsrat kann Änderungen anregen, aber nicht selbst durchführen; er kann auch keine Weisungen geben. Folgt der Vorstand einem Änderungsverlangen des Aufsichtsrats nicht, geht die Feststellungskompetenz auf die Hauptversammlung über, die ihrerseits den Entwurf des Vorstands ändern darf. Erforderlich sind dann ebenfalls eine Nachtragsprüfung des Abschlussprüfers und ein hinsichtlich der Änderung uneingeschränkter Bestätigungsvermerk, der binnen zwei Wochen seit Beschlussfassung erteilt sein muss (§ 173 Abs. 3 AktG).

89 Bei Vorliegen eines **Beherrschungsvertrags** kann allerdings das herrschende Unternehmen dem Vorstand der abhängigen AG **Bilanzanweisungen** geben, soweit nicht zwingende bilanzrechtliche Normen entgegenstehen.[56] Das Weisungsrecht bezieht sich auch auf ein Änderungsverlangen des herrschenden Unternehmens.

90 Auch nach Feststellung bzw. Billigung ist eine Änderung des Einzel- oder/und Konzernabschlusses möglich. Dann sind aber die entsprechenden Beschlüsse (Feststellung/Billigung und ggf. Gewinnverwendung) in Bezug auf den ursprünglichen Abschluss aufzuheben und in Bezug auf den geänderten Abschluss neu zu fassen, einschließlich einer Nachtragsprüfung durch den Abschlussprüfer. Werden festgestellte oder gebilligte Abschlüsse länger zurückliegender Geschäftsjahre geändert, so wird grundsätzlich auch eine Änderung der ggf. ebenfalls schon festgestellten Folgeabschlüsse notwendig, weil andernfalls der Grundsatz der formellen Bilanzidentität (**Bilanzkontinuität**) nicht gewährleistet ist (§ 252 Abs. 1 Nr. 1 HGB).[57] Zu einem so aufwendigen Verfahren wird man nur in außergewöhnlichen Situationen greifen.

91 Anders ist die Sachlage, wenn ein Abschluss an **Nichtigkeitsgründen** leidet (§ 256 AktG; Nichtigkeit gibt es nur beim Einzelabschluss, nicht beim Konzernabschluss). Ein nichtiger Abschluss ist nicht existent; er kann deshalb nicht „berichtigt", sondern nur neu und erstmals aufgestellt werden. Folgeabschlüsse sind wegen fehlender formeller Bilanzidentität ggf. zu berichtigen.[58] Bei der Entscheidung, ob der Vorstand einen nichtigen Abschluss durch einen neuen Abschluss unter Vermeidung der Nichtigkeitsgründe ersetzen muss, ist zu unterscheiden: Ist die Nichtigkeit durch Feststellungsurteil rechtskräftig festgestellt, so ist der Vorstand zur Aufstellung eines neuen Abschlusses für das betreffende Geschäftsjahr verpflichtet. Dasselbe wird gelten müssen, wenn im Wege des sog. **Enforcement** die Prüfstelle oder die BaFin einen Nichtigkeitsgrund festgestellt hat und dies veröffentlicht worden ist (§ 37q Abs. 2 WpHG). Ist Nichtigkeit weder im Klageverfahren noch im Enforcement geltend gemacht, so kommt es darauf an, ob heilungsfähige Nichtigkeitsgründe vorliegen oder nicht. Bei den **heilungsfähigen Mängeln** (§ 256 Abs. 6 AktG) liegt es grundsätzlich im Ermessen von Vorstand und Aufsichtsrat, ob sie die Heilungsfristen von sechs Monaten bzw. drei Jahren seit Bekanntmachung im Bundesanzeiger abwarten. Wenn gravierende Interessen von Aktionären oder anderen am Jahresabschluss anknüpfenden Berechtigten nicht entgegenstehen, führt ein Abwarten der Heilungsfristen mE nicht zu einer Pflichtverletzung. Bei nicht heilbaren Mängeln wird eine Neuaufstellung schon deshalb erforderlich, weil sonst – wegen fehlender Bilanzidentität – Nichtigkeit oder Anfechtbarkeit der Folgeabschlüsse droht. Nicht heilbare Mängeln liegen nur bei fehlender oder unvollständiger Abschlussprüfung oder bei rechtskräftig festgestellter Nichtigkeit vor (§ 256 Abs. 1 Nr. 2, Abs. 3 Nr. 3 AktG).

92 Wird der Konzernabschluss oder der veröffentlichte Einzelabschluss nach IAS/IFRS aufgestellt, so erfolgt eine Berichtigung von Fehlern früherer Abschlüsse, soweit sie im Folgeabschluss noch relevant sind, grundsätzlich in laufender Rechnung. Bei sog. grundlegenden

---

[56] Vgl. *Hüffer* AktG § 308 Rn. 14.
[57] *Adler/Düring/Schmaltz* HGB § 252 Rn. 19 f.; *Kleindiek* in Großkomm. Bilanzrecht HGB § 252 Rn. 9.
[58] Str., vgl. *Welf Müller* ZHR 168 (2004), 414 (421 ff.).

Fehlern („fundamental errors") ist eine Anpassung der Eröffnungsbilanzwerte der laufenden Rechnung erforderlich, wobei Ergebnisauswirkungen in den Gewinnrücklagen zu verrechnen sind.[59] Eine Abschlussnichtigkeit kennen IAS/IFRS nicht.

V. Ablauforganisation („compliance")

Der Vorstand der AG hat im Rahmen der Rechenschaftslegung vielfache Pflichten und zwar zum großen Teil in einem festgelegten, zeitlichen Korsett zu erfüllen. Die Verletzung dieser Pflichten kann zur Verantwortlichkeit gegenüber der Gesellschaft (Schadensersatz), zur Haftung gegenüber Dritten und Behörden und ggf. zu Ordnungswidrigkeiten oder sogar Straftatbeständen führen.

Da der Vorstand diese Pflichten in den seltensten Fällen selbst erfüllen kann oder erfüllen wird, ist ein wesentlicher Bestandteil seiner Leitungsaufgabe und Bestandteil guter Corporate Governance (Ziff. 4.1.3 DCGK)
– die Erfassung und Dokumentation aller für das Unternehmen maßgeblichen gesetzlichen Vorschriften und Standards;
– die Verpflichtung der im Einzelfall zuständigen Mitarbeiter auf die Einhaltung dieser Vorschriften und deren ausreichende Einweisung;
– die Überwachung und laufende Kontrolle der Befolgung der maßgeblichen Regeln („audit");
– die Disziplinierung und Ahndung von Verstößen.

Dies kann formalisiert werden durch die Einführung eines **Grundpflichtenheftes** und von Einzelpflichtenheften und ggf. ergänzt werden durch die Einrichtung einer „hotline" oder „helpline" für Mitarbeiter, die vertraulich Rechtsverletzungen oder Interessenkonflikte offenbaren möchten.[60]

Dringend anzuraten ist jedenfalls eine Dokumentation der eingerichteten Organisation und ein Nachweis durchgeführter ausreichender Kontrollen, um Beweisschwierigkeiten bei Inanspruchnahme wegen Sorgfaltspflichtverletzung zu vermeiden. Das ist besonders deshalb bedeutsam, weil dem Vorstand die Beweislast dafür aufgebürdet wird, dass er die Sorgfalt eines ordentlichen und gewissenhaften Geschäftsleiters angewandt hat (§ 93 Abs. 2 S. 2 AktG).

Das AktG schreibt zwar selbst ausdrücklich keine **Organisations- und Aufsichtspflichten** vor. Aber auch für den Vorstand gilt das Gesetz über Ordnungswidrigkeiten, das eine Verletzung von Organisations- und Aufsichtspflichten sanktioniert (§§ 9, 30, 130 OWiG). Hinzuweisen ist auch auf die persönliche Verantwortung des Vorstands für die Erfüllung der steuerlichen Pflichten der AG aus den Mitteln, die der Verwaltung des Vorstands unterliegen (§ 34 Abs. 1 AO).

Formal sehr viel weitergehend wird von Aktiengesellschaften, die an einer US-Börse notiert sind, die Veröffentlichung eines **„Code of Ethics"** verlangt, der sicherstellt, dass die anwendbaren gesetzlichen Regeln und Anordnungen befolgt werden („compliance with applicable governmental rules and regulations"; Sec. 406 (c) (3) SOA). Auf die Einhaltung dieser Standards bezieht sich auch die Zertifizierung der Rechnungslegung durch Vorstandsvorsitzenden und Finanzvorstand (Sec. 302 (a) (2) (3) (4) (13) SOA).

Die Einführung und Ausgestaltung eines **Compliance-Systems** hängt natürlich von der Größe und Besonderheit des operativen Geschäfts der AG ab. Insoweit ist *Hauschka*[61] Recht zu geben, der eine allgemeine Rechtspflicht für alle Unternehmen zur Vorhaltung einer Compliance-Organisation verneint. In der Regel wird aber eine Mindestorganisation

---

[59] IAS 8, 31 ff. In der HGB-Einzelbilanz ist eine Korrektur der Eröffnungsbuchungen nicht zulässig: Das verstößt gegen den Grundsatz der formellen Bilanzidentität (§ 252 Abs. 1 Nr. 1 HGB).
[60] Vgl. dazu *U. H. Schneider* ZIP 2004, 877; vgl. auch Sec. 302 (a) (4) SOA.
[61] *Hauschka* ZIP 2004, 877 (882): „Wer als Verantwortlicher seinen Betrieb so ,im Griff' hat, dass Gesetzestreue gewährleistet ist, benötigt keine Compliance-Organisation".

erforderlich sein. Bei der Einhaltung gesetzlicher Vorschriften handelt es sich nicht um eine „unternehmerische Entscheidung" (§ 92 Abs. 2 S. 2 AktG), für die ggf. pflichtmindernd ein weiter Ermessensspielraum (Business Judgement Rule) zur Anwendung kommen könnte.

100 Die Schaffung und Praktizierung eines Compliance-Management-Systems ist kein spezifischer Bestandteil der Rechenschaftslegung, sondern betrifft generell die Aufbau- und Ablauforganisation des Unternehmens (→ § 13 Rn. 1 ff. zu Compliance als Vorstandsaufgabe). Aber innerhalb der Rechenschaftslegung ist die Compliance (dh die Einhaltung der gesetzlichen, statutarischen und unternehmenseigenen Regeln über eine getreue Rechenschaftslegung) ein wichtiger Bestandteil der Vorstandsaufgaben insbesondere des zuständigen Fachvorstands. In ein Compliance Management System ist die Rechenschaftslegung in der Weise einzubauen, dass ein regelkonformes Verhalten der Mitarbeiter im Rechnungswesen (bei Outsourcing Dritter) und vor allem eine Kontrolle des regelkonformen Verhaltens sichergestellt ist. Wie ein solches System beschaffen sein muss hängt im Wesentlichen von der Größe und Komplexität des Unternehmens oder der Unternehmensgruppe ab. Unter Berücksichtigung dieser Umstände ist der zuständige Vorstand jedoch für die Erarbeitung, Implementierung und Durchsetzung eines Rahmenkonzepts verantwortlich.

101 Das Bestehen eines dem Unternehmen angemessenen Compliance-Management-Systems und dessen sachliche Funktionstüchtigkeit in Bezug auf die Rechenschaftslegung dürfen in ihrer Bedeutung nicht unterschätzt werden, nachdem das AktG gerade auch dem Aufsichtsrat und dort wiederum dem Prüfungsausschuss als Überwachungsorgan expressis verbis insoweit Kontrollpflichten auferlegt und auch den Abschlussprüfer – soweit es um Compliance im Rechnungslegungsbereich geht – mit in die Pflicht genommen hat (§§ 107 Abs. 3 S. 2; 171 Abs. 2 S. 2 AktG).

102 Es ist an sich eine Selbstverständlichkeit, dass sich Vorstand und Mitarbeiter regelkonform verhalten; insoweit bringt der Modebegriff „Compliance" nichts wirklich Neues. Wachsende Bedeutung gewinnt aber, insbesondere mit der Komplexität des Unternehmensablaufs, Compliance als ein Instrument für den Vorstand, welches die Regeleinhaltung seiner Mitarbeiter sicherstellt und Regelverstöße so rechtzeitig aufzeigt, dass Gegenmaßnahmen noch erfolgreich sein können.[62] Gleiches gilt für den Aufsichtsrat in Bezug auf die Regeleinhaltung durch den Vorstand. In erster Linie geht es um die Vermeidung von Regelverstößen und erst in zweiter Linie um deren Sanktion.

103 Was die Compliance Organisation im Einzelnen anbelangt wird hier auf die umfangreiche Spezialliteratur verwiesen.[63] Das Compliance System kann vom Abschlussprüfer geprüft oder durch Fachfirmen zertifiziert werden.[64] In Bezug auf die Rechenschaftslegung sei nur auf folgende Punkte hingewiesen:
(1) Vollständiges Verständnis und vollständige Transparenz des jeweils relevanten Sachverhalts. Alle im Unternehmen stattfindenden Vorgänge, mögen sie buchungspflichtig oder sonst rechenschaftsrelevant sein, müssen von dem zuständigen Mitarbeiter und, wenn es sich um wesentliche Vorgänge handelt, mindestens vom zuständigen Vorstandsmitglied verstanden werden. Eine sorgfältige Sachverhaltsanalyse ist in der Regel schon bei Abschluss des Geschäfts, spätestens aber bei Verarbeitung im Rechenschaftswerk unerlässlich. Dies ist Voraussetzung für eine zutreffende Risikoabschätzung und Risikovorsorge.

---

[62] Instruktiv und sehr weitgehend LG München NZG 2014, 345 = ZIP 2014, 570, das herausragend auf die Gesamtverantwortung des Vorstands für eine entsprechende Organisationsstruktur abstellt und bei Widerständen im Gesamtvorstand die Pflicht postuliert, ggf. den Aufsichtsrat einzuschalten.
[63] Eine umfangreiche Literaturübersicht insbesondere im Hinblick auf Rechenlegung findet sich im WP-Handbuch 2012 unter R XII S. 2659; instruktiv IdW PS 980 WPg Supp. I; weitere Literatur: *Behringer* (Hrsg.), Compliance kompakt, 2011; *Hauschka*, Corporate Compliance, 2007; *Moosmayer*, Compliance-Praxisleitfaden für Unternehmen, 2010; *Thüsing*, Arbeitnehmerdatenschutz und Compliance, 2010; *Wieland/Steinmeyer/Grüninger*, Handbuch Compliance-Management, 2010; *Görling/Inderst/Bannenburg*, Compliance-Aufbau, Management, Risikobereiche, 2010.
[64] IdW Prüfungsstandard IdW PS 980, WPg 2011 Supp. I.

Bei komplizierten Transaktionsstrukturen, Finanzprodukten, Termingeschäften etc ist dies durchaus keine Selbstverständlichkeit. Bei komplexen Sachverhalten ist ggf. auch eine unterjährige Unterrichtung des und Abstimmung mit dem Aufsichtsrats und/oder dem Abschlussprüfer notwendig. Dafür, insbesondere für die Information des Aufsichtsrates, ist eine verständliche, zusammengefasste Darstellung des Sachverhalts und dessen geplanter Darstellung im Rechenwerk erforderlich.[65]

(2) Durchgängige Kontrollierbarkeit eines betrieblichen Vorgangs von der Entstehung bis zur Schlussabwicklung. Das beinhaltet eine vollständige, richtige und zeitgerechte Verarbeitung der Vorgänge.

(3) Manipulationsabwehr insbesondere durch Funktionstrennung innerhalb manipulationsgefährdeter Bereiche.

VI. Risikomanagement und Controlling

1. Zuordnung und Abgrenzungen

Risikomanagement und internes Kontrollsystem umfassen sämtliche Bereiche der betrieblichen Tätigkeit einer AG. Da sie aber in wesentlichen Bereichen in Inhalt und Ausführung die Rechnungslegung bzw. das für Rechnungslegung zuständige Vorstandsressort betreffen, seien sie an dieser Stelle abgehandelt.

Das **interne Kontrollsystem** umfasst die Gesamtheit aller Methoden, Einrichtungen und Maßnahmen, die
– zur Sicherung und zum Schutz des vorhandenen Vermögens vor Verlusten aller Art und
– zur Gewinnung genauer, aussagefähiger sowie zeitnaher Aufzeichnungen
beitragen.[66] Ein solches internes Kontrollsystem ist unabdingbare Voraussetzung für eine ordnungsgemäße Rechnungslegung, denn nur die Funktionsfähigkeit eines solchen Systems kann „eine Aussage über die ordnungsgemäße Erfassung der Geschäftsvorfälle und der Verarbeitung, Speicherung, Ausgabe und Dokumentation des Buchungsstoffes (einschließlich Jahresabschluss) und über die Sicherung des Buchungsstoffes gegen Verlust und Verfälschung ermöglichen".[67] Das interne Kontrollsystem ist damit auf die gegenwärtigen operativen Abläufe ausgerichtet.

Das **Risikomanagement** erfasst ebenfalls sämtliche Unternehmensbereiche; es beinhaltet die Gesamtheit aller organisatorischen Regelungen und Maßnahmen zur Risikoerkennung und zum Umgang mit Risiken, die mit der spezifischen unternehmerischen Betätigung verbunden sind. Im Gegensatz zum Controlling ist das Risikomanagement auf die Vorausschau und Einschätzung zukünftiger Entwicklungen und auf die Vorbereitung ggf. zu treffender Entscheidungen ausgerichtet. Auf ein erkanntes Risiko kann reagiert werden
– durch Risikobewältigung (Verminderung oder Ausschaltung eines Risikos);
– durch Risikotransfer (Versicherung);
– durch Risikoakzeptanz (Inkaufnahme).

Obwohl die Zielrichtungen unterschiedlich sind, hängen in der internen Organisation internes Kontrollsystem und Risikomanagement in der Regel eng zusammen. Hinzuweisen ist darauf, dass das interne Kontrollsystem immer Gegenstand der Abschlussprüfung ist,[68] das Risikomanagementsystem jedoch nur bei börsennotierten Aktiengesellschaften und auch nur daraufhin, ob den Fortbestand der Gesellschaft gefährdende Entwicklungen früh erkannt werden (Früherkennungssystem; § 317 Abs. 4 AktG). Breite und Tiefe dieser Sys-

---

[65] *Thormann* BB 2013, 2475 (2477).
[66] *Winkeljohann/Henckel* in BeckBil.-Komm. HGB § 239 Rn. 31.
[67] WP-Handbuch 2012 R 265, S. 2478.
[68] *Schmidt* in BeckBil.-Komm. HGB § 317 Rn. 153 ff.; *Burg/Müller* in Kölner Komm. Rechnungslegung HGB § 317 Rn. 99 ff.

teme hängen von der Größe und von der Komplexität der operativen Tätigkeit ab. Grundsätzlich müssen aber mindestens ausreichende Systeme vorhanden sein; dies gehört zur Sorgfaltspflicht eines ordentlichen und gewissenhaften Geschäftsleiters.

2. Internes Kontrollsystem (IKS)

108 Der Gesamtvorstand, bei Funktionsteilung insbesondere aber das für Rechnungswesen zuständige Vorstandsmitglied, muss sich mit dem vorhandenen internen Kontrollsystem auseinandersetzen, es verstehen, es ggf. verbessern oder neu nach den Anforderungen der betrieblichen Organisation strukturieren. Grundsätzlich gilt für ein gut funktionierendes System, dass keine **Tätigkeit ohne Kontrolle** bleiben darf. Zunächst sind durch Richtlinien, Arbeitsanweisungen und die Vorgabe von Formularen die Voraussetzungen für eine kontrollierbare Sachbearbeitung zu schaffen. Dem Prinzip der **Funktionstrennung** muss Rechnung getragen werden: Funktionen, die sich gegenseitig kontrollieren, dürfen nicht vereinigt sein. So sind vollziehende Funktionen (Einkauf, Verkauf), verbuchende Funktionen (Finanz- und Betriebsbuchhaltung einschließlich aller Nebenbuchhaltungen) und verwaltende Funktionen (Lagerverwaltung, Kassenführung) zu trennen. Das gilt unabdingbar für Kassenführung und Buchführung sowie Lagerverwaltung und Lagerbuchführung.[69] Kontrollen können vorbeugend oder gleichgeschaltet, programmiert oder sog. Entdeckungskontrollen sein.

109 In den seltensten Fällen wird der Vorstand die Kontrollfunktion in der erforderlichen Breite und Tiefe selbst vornehmen können. Er wird in der Regel eine sog. **interne Revision** einrichten, deren Aufgabe darin besteht, die Funktionsfähigkeit der Prozesse und der darin enthaltenen internen Kontrollen zu überwachen und dem Vorstand Bericht zu erstatten. Für die Funktionsfähigkeit und Zuverlässigkeit der internen Revision trägt jedoch schlussendlich der Vorstand die Verantwortung. Ggf. kommt auch ein Outsourcing der Kontrollfunktion in Betracht.

110 Der Abschlussprüfer wird seine Prüfung in der Regel auf die ausreichende Funktionsfähigkeit des internen Kontrollsystems erstrecken.[70]

3. Risikomanagement

a) Inhalt

111 Das interne Kontrollsystem sollte in der Regel nach seiner Installation als Selbstregulierungsmechanismus funktionieren, so dass der Vorstand auf Basis eines ausreichenden und zeitgerechten Berichtswesens nur bei Störungen eingreifen muss, soweit diese nicht auf nachgeordneten Ebenen bereinigt werden können. Anders ist es mit dem Risikomanagement, das von der Sache her wesentlich vorstandsnäher ist und ggf. faktische oder strategische Entscheidungen fordert, die auf Vorstandsebene getroffen werden müssen.

112 Expressis verbis kennt das AktG in Bezug auf das Risikomanagement nur eine sehr eingeschränkte Rechtspflicht des Vorstands: Er hat geeignete Maßnahmen zu treffen, „insbesondere ein Überwachungssystem einzurichten, damit den Fortbestand der Gesellschaft gefährdende Entwicklungen früh erkannt werden" (§ 91 Abs. 2 AktG). Die rechtliche Verpflichtung beinhaltet die Einrichtung eines Berichtswesens und einer Dokumentation, die durchaus mit der internen Revision bzw. der Controlling-Abteilung verbunden werden kann. Die Verpflichtung ist eingeschränkt auf Risiken, die zu einer **„Bestandsgefährdung"** der AG führen können. Was darunter zu verstehen sein soll, ist strittig: Die Meinungen gehen von Risiken, die das Insolvenzrisiko erheblich steigern oder hervorrufen

---

[69] Vgl. WP-Handbuch 2012 Rn. 286 ff.
[70] *Schmidt* in BeckBil.-Komm. HGB § 317 Rn. 153 ff.

B. Instrumente der Rechenschaftslegung

(Fortbestand!),[71] bis zu Veränderungen, die sich auf die Vermögens-, Ertrags- oder Finanzlage der AG wesentlich auswirken können.[72]

Der Vorstand sollte sich auf diese Streitfrage weder einlassen noch sich auf die eine oder andere Meinung verlassen. Das Risikomanagement, dh das Aufspüren, das Erkennen, der Umgang und die Reaktion auf das ständig wechselnde Umfeld der unternehmerischen Betätigung der AG gehört zu den originären Leitungsaufgaben des Vorstands, die zu erfüllen er mit der Sorgfalt eines ordentlichen und gewissenhaften Geschäftsleiters verpflichtet ist (§§ 76 Abs. 1, 93 Abs. 1 AktG; Ziff. 4.1.4 DCGK). Welche unternehmerischen Entscheidungen der Vorstand zur Risikobewältigung trifft, liegt in seinem pflichtgemäßen Ermessen. Unabdingbar ist aber, dass diese Entscheidungen (oder Nicht-Entscheidungen) „auf der Grundlage angemessener Information" getroffen werden (§ 93 Abs. 1 S. 2 AktG). Hierzu ist ein Risikofrüherkennungssystem erforderlich, das nicht nur bestandsgefährdende, sondern alle (auch normale) Risiken registriert. Bestandsgefährdung ist eine – häufig schwierige – Wertungsfrage, die nicht am Anfang, sondern nur am Ende eines Überwachungssystems stehen kann.

Über das Risikomanagement ist auch Rechenschaft abzulegen. Dies erfolgt im sog. **Risikobericht** im Rahmen der Lageberichterstattung. Diese ist gestaffelt: Alle Kapitalgesellschaften müssen in Bezug auf Finanzinstrumente - sofern dies für die Beurteilung der Lage oder der voraussichtlichen Entwicklung von Belang ist – berichten über (1) die Risikomanagementziele und -methoden einschließlich ihrer Methoden zur Absicherung aller wichtigen Transaktionen, die im Rahmen der Bilanzierung von Sicherungsgeschäften erfasst werden und (2) Preisänderungs-, Ausfall- und Liquiditätsrisiken sowie Risiken aus Zahlungsstromschwankungen, denen die Gesellschaft ausgesetzt ist. Zusätzlich müssen kapitalmarktorientierte Gesellschaften alle wesentlichen Merkmale des internen Kontroll- und des Risikomanagementsystems im Hinblick auf den Rechnungslegungsprozess beschreiben (§ 289 Abs. 1 S. 4, Abs. 2 lit. a und b, Abs. 5 HGB).

Eine laufende Überwachung des Risikomanagements durch den Vorstand obliegt dem Aufsichtsrat. Sofern ein Prüfungsausschuss eingerichtet ist gehört die Überwachung des Rechnungslegungsprozesses, die Wirksamkeit des internen Kontrollsystems, des Risikomanagementsystems und des internen Revisionssystems zu dessen gesetzlich besonders hervorgehobenen Aufgaben (§ 107 Abs. 3 S. 2 AktG; eingeführt durch das BilMoG 2009). Diese Überwachung erfordert natürlich eine ausreichende und aktuelle Information des Aufsichtsrats; einem Berichtsverlangen des Aufsichtsrats oder des Prüfungsausschusses (auch eines einzelnen Mitglieds) hat der Vorstand nachzukommen (§ 90 Abs. 3 S. 1 und 2 AktG). Auch der Abschlussprüfer hat sich damit zu befassen, ob das Risikomanagementsystem ausreichend ist oder wesentliche Schwächen aufweist, jedenfalls soweit es sich auf den Rechnungslegungsprozess bezieht und auch darüber dem Aufsichtsrat zu berichten (§ 171 Abs. 1 S. 2 AktG; § 317 Abs. 4; § 321 Abs. 4 HGB). Diese mannigfachen regulatorischen Maßnahmen unterstreichen die zunehmende Bedeutung des Risikomanagements als hervorgehobene Vorstandaufgabe (vgl. Ziff. 4.1.4 DCGK).

b) Risikofrüherkennungssystem

Ein Risikofrüherkennungssystem setzt sich in der Regel aus drei Bausteinen zusammen:[73]
– der Risikoerkennung;
– der Risikoanalyse;

---

[71] *Spindler* in MüKoAktG § 91 Rn. 21; *Lachmut/Müller*, FS Strobel, 2001, 363, 367; *Seibert*, FS Bezzenberger, 2000, 427, 437.
[72] *Hüffer* AktG § 91 Rn. 6; WP-Handbuch 2012 P 10 ff. S. 1964 ff.; *Hommelhoff/Matheus* in Dörner ua (Hrsg.), Praxis des Risikomanagements, 2000, 16; *Picet* in Lange/Wall (Hrsg.), Risikomanagement nach dem KonTraG, 2001, § 1 Rn. 122; *Zimmer/Sonnenborn* in Lange/Wall (Hrsg.), Risikomanagement nach dem KonTraG, 2001, § 1 Rn. 182.
[73] IdW PS 340 Nr. 3.2.

– der Risikokommunikation.

117 Es muss sichergestellt werden, dass die Informationen über nicht bewältigte Risiken an die zuständigen Entscheidungsträger weitergeleitet werden. Dies erfordert die Definition von Schwellenwerten. Die Berichterstattung sollte formalisiert und periodisiert werden. Für wesentliche Risiken (bestandsgefährdende) muss eine Ad hoc-Berichterstattung unter Durchbrechung des Berichtswegs vorgesehen sein. Weiteres wesentliches Element ist die Festlegung von Verantwortlichkeiten in den jeweiligen Unternehmensbereichen und die Aggregation von Einzelrisiken an einer dafür zuständigen Stelle.[74]

118 Es ist Aufgabe des Vorstands, im Unternehmen, jedenfalls bei den an Schlüsselstellen positionierten Mitarbeitern ein angemessenes Risikobewusstsein herzustellen und aufrechtzuerhalten. Hierfür bietet sich die Erstellung eines **Risikohandbuches** an, das unternehmensspezifisch die Grundsätze und die Organisation abbildet. Es kann zB wie folgt gegliedert sein:
– Risikomanagementsystem
  – Risikogrundsätze und -strategie
  – Organisation und Verantwortlichkeiten
  – Risikokommunikation
  – Kontrollprozesse
  – Risikodokumentation
– Risikomanagementprozess
  – Risikomanagementvorgaben
  – Risikoidentifikation
  – Risikobewertung
  – Risikosteuerung
  – Risikocontrolling
  – Einbettung in das Gesamtunternehmenssystem
– Risikofelder und Einzelrisiken
  – Grundsätzliches
  – strategische Risiken
  – Marktrisiken
  – operative Risiken
  – Personalressourcenrisiko
  – Finanzrisiko
– Anlagen
  – Zuständigkeitsmatrix
  – Muster-Erfassungsbogen zur Risikoanalyse
  – Risikomatrix
  – Bewertungsschema

c) Risikomanagement im Konzern

119 Unabhängig von der streitigen Frage, ob für den Vorstand einer Mutter-AG eine **„Konzernleitungspflicht"** besteht oder nicht, gehört es zur Leitungspflicht des Vorstands einer Konzernobergesellschaft, die Risiken aus dem Beteiligungsbereich zu ermitteln, zu dokumentieren, zu analysieren und schlussendlich zu reagieren. Es ist unmittelbar einsichtig, dass Risikomanagement im Konzern nur im Rahmen des rechtlich Zulässigen stattfinden kann und in der Intensität beim assoziierten Unternehmen anders als bei dem mit Unternehmensvertrag verbundenen Unternehmen sein wird. In diesem Rahmen ist die Pflicht des Konzernvorstands zu einem **konzernweiten Risikomanagement** jedoch zu bejahen.[75]

---

[74] Vgl. zur Organisation des Risikomanagements IdW PS 340; WP-Handbuch 2012 Abschnitt P, S. 1961 ff.; *Emmerich* Zfbf 51 (1999), 1075; *Homburg/Uhrig-Homburg* Zfbf 56 (2004), 311.

[75] Vgl. *Hommelhoff/Matheus* BFuP 2000, 217 (227); *Preußner/Becker* NZG 2002, 846 (847); *Rieger*, FS Peltzer, 1991, 339, 346; aA *Spindler* in MüKoAktG § 91 Rn. 40; *Altmeppen* in MüKoAktG § 309 Rn. 48 ff.; *Hüffer* AktG § 91 Rn. 6.

B. Instrumente der Rechenschaftslegung   120–124 § 10

d) Risikomanagement bei USA-Notierung

Die Rechtspflicht des Vorstands und die Prüfungspflicht des Abschlussprüfers bei der börsennotierten AG sind auf ein Risikomanagementsystem unter dem Gesichtspunkt der Bestandsgefährdung beschränkt. **120**

Sehr viel weitergehende Verpflichtungen werden dem Vorstandsvorsitzenden (CEO) und dem Finanzvorstand (CFO) auferlegt, wenn die AG an einer **amerikanischen Börse** notiert ist.[76] Zur Haftungsvermeidung im zivilrechtlichen und strafrechtlichen Sinne sind praktisch alle Unternehmensprozesse, die in die Finanzberichterstattung einfließen, detaillierte Prozessketten und Abläufe mit entsprechenden Kontrollmechanismen zu identifizieren bzw. zu definieren und zu dokumentieren. Dies ist vom Abschlussprüfer auch voll umfänglich zu prüfen und zu testieren. Das erfordert eine Formalisierung der Prozesse. Der Aufbau und die Aufrechterhaltung dieses Formalismus beansprucht erhebliche Ressourcen, da Dokumentationssysteme und Kontrollsysteme aufrecht erhalten, fortlaufend überprüft und an Veränderungen angepasst werden müssen. Der damit verbundene Kostenfaktor ist erheblich. **121**

VII. Corporate Governance

1. Corporate Governance als Bestandteil der Rechnungslegung

Die Leitung und Überwachung der AG ist weitgehend im AktG geregelt. In gewissem Rahmen kann die Satzung ergänzende Bestimmungen enthalten. Eine Besonderheit gilt jedoch für die börsennotierte AG. Sie hat sich mit den Verhaltensempfehlungen der durch das BMJ legitimierten sog. Kodex-Kommission auseinanderzusetzen und darüber Bericht zu erstatten und zwar in der „**Erklärung zum Corporate Governance Kodex**" (§ 161 AktG). Auf die inhaltlichen Regelungen des Kodex ist an anderer Stelle eingegangen (→ § 4 Rn. 59, § 7 Rn. 21); nachfolgend werden nur die formalen Rechenschaftslegungsgesichtspunkte behandelt. **122**

Die Darstellung der Corporate Governance und die Einhaltung der oder Abweichung von den Regeln des Kodex oder die Erstellung, Darstellung und Überwachung eines firmeneigenen Kodex verlangt nach einer geordneten Organisation. Es ist zweckmäßig, wenn der Gesamtvorstand für diese Organisation ein Vorstandsmitglied zuständig macht, das die notwendigen Informationen sammelt und die erforderlichen Erklärungen vorbereitet. Zweckmäßigerweise wird diese Zuständigkeit beim Vorstandsvorsitzenden oder dem für Investor Relations zuständigen oder dem für Rechnungslegung zuständigen Vorstandsmitglied angesiedelt. Dieser kann seinerseits eine **Corporate Governance-Stelle** oder einen **Corporate Governance-Beauftragten** installieren, der für die Vorbereitungsarbeiten verantwortlich ist.[77] Notwendig ist eine Abstimmung mit dem Aufsichtsrat, wenn die Vorbereitungsarbeiten auch für dieses Gremium durchgeführt werden sollen, was in der Regel dann notwendig wird, wenn der Aufsichtsrat nicht über die notwendigen Ressourcen verfügt. **123**

2. Corporate Governance-Berichterstattung

Der Kodex sieht vor, dass Vorstand und Aufsichtsrat jährlich im **Geschäftsbericht** über die Corporate Governance des Unternehmens berichten sollen (Ziff. 3.10 DCGK). Dies ist eine Empfehlung, die entweder eingehalten oder über deren Nichteinhaltung berichtet werden muss. In diesem Bericht ist über Abweichungen vom Kodex zu berichten und ggf. ein unternehmensspezifischer Kodex zu erläutern. Zu Anregungen des Kodex kann (nicht obligatorisch) Stellung genommen werden. Über Inhalt und Breite der Darstellung dieses **124**

---

[76] Sec. 302 (4) (A) – (D) SOA; vgl. *Brandt/Hütten* Zfbf 55 (2003), 707 (714f.).
[77] Vgl. *Peltzer* DCGK 132 ff.

Berichts macht der Kodex keine Aussage. Es ist in Deutschland nicht erforderlich, Strukturen und Regelungen, die sich aus gesetzlichen Vorschriften, aus der Satzung oder aus anderen allgemein zugänglichen Quellen ergeben, im Corporate Governance-Bericht auszubreiten. Dies schließt nicht aus, dass insbesondere für ausländische Investoren zB tabellarische Übersichten beigefügt werden.

3. Entsprechenserklärung

125 Verpflichtet sind Vorstand und Aufsichtsrat der börsennotierten AG jedoch, jährlich zu erklären, dass den vom BMJ im amtlichen Teil des elektronischen Bundesanzeigers bekannt gemachten Empfehlungen der Regierungskommission DCGK entsprochen wurde und wird oder welche Empfehlungen nicht angewendet wurden oder werden. Die Nichtanwendung ist zu begründen. Die **Erklärung** ist den Aktionären dauerhaft zugänglich zu machen (§ 161 AktG). Die Verpflichtung bezieht sich nur auf die „Empfehlungen" des Kodex, also Regelungen, die im Kodex durch das Wort „soll" gekennzeichnet sind, nicht dagegen auf die sog. „Anregungen", die durch die Worte „sollte" oder „kann" gekennzeichnet sind.

126 Die Erklärung selbst ist kein Bestandteil des Jahresabschlusses. Im Anhang ist lediglich anzugeben, dass sie abgegeben und den Aktionären zugänglich gemacht worden ist (§ 285 Nr. 16 HGB). Nur dies hat auch der Abschlussprüfer zu prüfen. Dessen ungeachtet wird in der Regel im Geschäftsbericht im Rahmen der Berichterstattung über Corporate Governance auch die Entsprechenserklärung wiedergegeben (Ziff. 3.10 DCGK). Der dauerhafte Zugang wird dagegen in der Regel durch Einstellung auf die Website der Gesellschaft erfolgen; nur wenn die AG keine Website haben sollte, ist eine Bekanntmachung in den Gesellschaftsblättern und am Ort der Hauptverwaltung erforderlich.[78]

127 Die Erklärung ist „jährlich" abzugeben. Richtigerweise ist damit das Geschäftsjahr der AG, nicht das Kalenderjahr gemeint; zweckmäßigerweise wird das im Zusammenhang mit der Erstellung des Jahresabschlusses erledigt.[79] Die Erklärung bezieht sich auf die im Abgabezeitpunkt geltende Fassung des Kodex. Unterjährige Änderungen des Kodex lösen also keine erneute Erklärungspflicht im Jahresturnus aus. Unterjährige Abweichungen durch die AG vom geltenden Kodex lösen hingegen unverzüglich die Notwendigkeit zur Berichtigung aus. Davon kann nur abgesehen werden, wenn die Abweichung oder Änderung gänzlich unwichtig für Aktionäre oder Anleger ist.[80]

128 Der Erklärungsinhalt ist teils vergangenheitsbezogen („entsprochen wurde"), teils gegenwarts- und zukunftsbezogen („entsprochen wird"). Der vergangenheitsbezogene Teil umfasst die letzten 12 Monate vor Abgabe der Erklärung, der zukunftsbezogene ist zeitlich unbeschränkt bis zu einer Änderungsmitteilung. Wurden oder werden Empfehlungen des Kodex nicht angewendet oder wird ihnen nicht entsprochen, ist dies in der Entsprechenserklärung zu begründen.

129 Die Erklärung ist von Vorstand und Aufsichtsrat abzugeben. Notwendig ist eine **Beschlussfassung** jedes Organs über die für das Organ jeweils relevanten Empfehlungen. Eine gemeinsame Beschlussfassung kennt das AktG nicht. Die Regel wird jedoch sein, dass Vorstand und Aufsichtsrat ihre Beschlussfassung abstimmen, so dass die AG mit einer einheitlichen Erklärung beider Organe nach außen hervortritt.

130 Der Vorstand entscheidet als Kollegialorgan durch Beschluss und zwar einstimmig, soweit Satzung oder Geschäftsordnung nicht etwas anderes vorsehen. **Mehrheitsentscheidungen** können jedoch nur getroffen werden, soweit der Vorstand als Kollegialorgan, nicht jedoch wenn ein Vorstandsmitglied als Person betroffen wird[81] (Interessenkonflikt, Insiderhandel uÄ). Das ist immer dann der Fall, wenn sich die Kodex-Empfehlung an jedes ein-

---

[78] *Hüffer* AktG § 161 Rn. 23.
[79] Vgl. *Hüffer* AktG § 161 Rn. 15 mwN.
[80] *Goette* in MüKoAktG § 161 Rn. 35.
[81] Vgl. zB Ziff. 4.3.4 DCGK; *Hüffer* AktG § 161 Rn. 12.

zelne Vorstandsmitglied richtet. Insoweit sind abweichende Erklärungen einzelner Vorstandsmitglieder denkbar. Dies sollte tunlichst vermieden werden, was zB durch Aufnahme personenbezogener Kodex-Empfehlungen in die Vorstandsverträge sichergestellt werden kann.[82]

Die Berichterstattung über die Entsprechenserklärung im Anhang ist durch Bußgeld sanktioniert (§ 161 AktG, §§ 285 Nr. 16, 334 Abs. 1 Nr. 1d HGB). Eine Innen- oder Außenhaftung von Vorstandsmitgliedern bei falschen Angaben kann allenfalls in extremen Ausnahmefällen eingreifen.[83] Allerdings geht der BGH in gefestigter Rechtsprechung davon aus, dass unrichtige oder unterlassene Angaben in der Entsprechenserklärung in nicht unwesentlichen Punkten zur Anfechtung des Entlastungsbeschlusses führen können. Zwar hat die Kodex-Regelung für sich keine Gesetzeskraft. Ein Gesetzesverstoß, der zur Anfechtbarkeit des Entlastungsbeschlusses führen kann, liegt aber in der Verletzung des § 161 AktG, nämlich in der mangelhaften oder unrichtigen Erklärung, soweit sie (wesentliche) Auswirkungen auf die Beschlussfassung der Hauptversammlung haben kann.[84]

C. Adressaten der Rechenschaftslegung

I. Bedeutung des Adressatenkreises für die Rechenschaftslegung

Der Adressatenkreis der Rechenschaftslegung, insbesondere der Rechnungslegung bestimmt in wesentlichen Bereichen **Form und Inhalt** der Rechenschaftslegung. Soweit Form und Inhalt nicht gesetzlich oder standardmäßig vorgegeben sind, sondern Wahlrechte, Ermessens- und Beurteilungsspielräume bestehen, sind es die wohlverstandenen Interessen des jeweiligen Adressatenkreises, die bei Ausfüllung der gegebenen Spielräume Richtlinie und Maßstab sein sollten.

Das gilt zB für die grundlegenden Bilanzierungsentscheidungen bei Aktiengesellschaften, die nicht am Kapitalmarkt sind, ob sie ihren Konzernabschluss nach nationalen (HGB) oder internationalen (IAS/IFRS) Rechnungslegungsstandards erstellen wollen (§ 315a Abs. 3 HGB), oder bei großen Aktiengesellschaften, ob sie neben dem Einzelabschluss nach HGB für Offenlegungszwecke auch den Einzelabschluss nach IAS/IFRS erstellen (§ 325 Abs. 2a HGB).

Oberster Grundsatz jeder vergangenheits- und gegenwartsbezogenen Rechnungslegung, ganz gleich ob sie nach nationalen oder internationalen Standards erfolgt, ist eine Darstellung der Vermögens-, Finanz- und Ertragslage, die den tatsächlichen Verhältnissen entspricht (§ 264 Abs. 2 HGB; IAS 1.15; Art. 4 Abs. 3 und 4 RL 2013/34/EU). Es ist dies die herausragende Bedeutung, die dem „**true and fair view**" („fair presentation") zukommt. Führt im Ausnahmefall die Praktizierung gesetzlicher Vorschriften oder Standards zu einer irreführenden Darstellung („misleading"), so ist darüber im Bereich des HGB-Abschlusses im Anhang zu berichten, im Bereich des IAS/IFRS-Abschlusses ist unter entsprechender Berichterstattung sogar ein Abweichen von den Standards notwendig (§ 264 Abs. 2 S. 2 HGB; IAS 1.19f.). Davon abgesehen stellt aber IAS/IFRS für die Auslegung und Anwendung von Bilanzierungs- und Bewertungsregeln „die Bedürfnisse der Entscheidungsfindung der Adressaten" in den Mittelpunkt (IAS 7).

---

[82] *Goette* in MüKoAktG § 161 Rn. 63.
[83] Dazu ausf. *Goette* in MüKoAktG § 161 Rn. 97 ff.; *Hüffer* AktG § 161 Rn. 30.
[84] BGH NJW 2009, 2207 = ZIP 2009, 460; NZG 2009, 1270 = ZIP 2009, 2051; OLG Frankfurt ZIP 2011, 24 (30 f.); *Wacklawik* ZIP 2011, 885.

II. Aufsichtsrat

1. Aufsichtsratsberichte

135 Die Berichtspflicht des Vorstands gegenüber dem Aufsichtsrat ist umfassend und nur mit den Mindeststandards im Gesetz geregelt. Es handelt sich um eine rein interne Berichterstattung zwischen Organen und Personen, die zur Vertraulichkeit verpflichtet sind (Ziff. 3.5 DCGK; § 116 S. 2 AktG). Naturgemäß steht die Eignung der Berichte für die Überwachungsfunktion des Aufsichtsrats im Mittelpunkt.

2. Jahresabschluss/Konzernabschluss

136 Der Jahresabschluss und der Konzernabschluss dienen dagegen der Darstellung der AG bzw. des Konzerns gegenüber ihren Aktionären und der Außendarstellung. Hier hat der Aufsichtsrat gesetzlich festgelegte **Mitwirkungsbefugnisse**.

137 Zunächst hat der Vorstand Jahresabschluss und Konzernabschluss unverzüglich nach ihrer Aufstellung dem Aufsichtsrat vorzulegen. Die Aufstellung selbst steht allein in der Zuständigkeit des Vorstands. Der Aufsichtsrat oder der Prüfungsausschuss (Audit Committee) können Anregungen geben; sie können den Vorstand aber nicht zu einer bestimmten Bilanzierung anweisen oder sonst gegen seinen Willen veranlassen.

138 Der **Prüfungsbericht** des Abschlussprüfers läuft – entgegen einer noch immer viel geübten Praxis – nicht durch die Hände des Vorstands an den Aufsichtsrat, sondern ist unmittelbar vom Abschlussprüfer dem Aufsichtsrat zuzuleiten (§ 321 Abs. 5 HGB). Der Vorstand hat allerdings das Recht, vor Zuleitung an den Aufsichtsrat zu dem Bericht **Stellung zu nehmen**. In der Praxis wird der Abschlussprüfer über Problemfelder im steten Kontakt mit dem Vorstand als seiner wichtigsten Auskunftsperson stehen und in einer **Schlussbesprechung** den Berichtsentwurf durchsprechen. Die Stellungnahme des Vorstands kann, muss aber nicht schriftlich abgegeben werden. Stellungnahmen und Erläuterungen werden in der Regel in der Bilanzsitzung des Aufsichtsrats oder in Sitzungen des Prüfungsausschusses gemacht, an denen teilzunehmen auch der Abschlussprüfer verpflichtet ist; er hat dort über die wesentlichen Ergebnisse seiner Prüfung zu berichten (§ 171 Abs. 1 S. 2 AktG). Dies gilt gleichermaßen für den Einzelabschluss und für den Konzernabschluss.

139 Durch diesen durch das KonTraG seit 1998 eingeführten Verfahrensablauf soll der Abschlussprüfer stärker als früher aus der Sphäre des Vorstands herausgenommen werden und ihm gegenüber unabhängiger agieren können. Es ist jedenfalls peinlich darauf zu achten, dass Jahresabschluss/Konzernabschluss nicht zusammen mit dem Prüfungsbericht vom Vorstand zugeleitet werden.

140 Der Aufsichtsrat hat in eigener Zuständigkeit den Jahresabschluss/Konzernabschluss zu prüfen und zu beschließen, ob er die Abschlüsse billigt oder nicht. Billigt er nicht, so kann der Vorstand auf Anregung des Aufsichtsrats den Abschluss ändern. Tut er das nicht und missbilligt der Aufsichtsrat weiterhin, kann der Einzelabschluss nicht festgestellt, der Konzernabschluss nicht gebilligt werden. Die entsprechenden Befugnisse gehen dann auf die Hauptversammlung über (§ 173 AktG).

III. Aktionäre und Hauptversammlung

1. Jahresabschluss/Konzernabschluss

141 Der **Einzelabschluss,** der zwingend nach den Vorschriften des HGB zu erstellen ist, hat entscheidende Bedeutung für die Konkretisierung der **vermögensrechtlichen Mitgliedschaftsrechte des Aktionärs:** An den Aktionär darf vor Auflösung der AG – von Geschäften, die wie unter Dritten abgewickelt werden, einmal abgesehen – nur der Bilanzgewinn ausgeschüttet werden. Jede anders gestaltete Vermögensverteilung führt zu einer

verbotenen (verdeckten) **Einlagenrückgewähr**, für die ggf. der empfangende Aktionär, aber und vor allem auch der pflichtwidrig handelnde Vorstand der AG gegenüber haftet (§§ 57 Abs. 3, Abs. 1, 62, 93 Abs. 3 Nr. 1 AktG). Auf die ggf. bestehende Berichtpflicht im Anhang sei hingewiesen (§ 285 Nr. 21 HGB). Der Bilanzgewinn stellt damit die **Obergrenze** jeder Ausschüttung dar. Der konkrete Gewinnanspruch des Aktionärs ergibt sich aber erst aus dem Gewinnverwendungsbeschluss der Hauptversammlung. Dort wird der an die Aktionäre auszuschüttende Geldbetrag oder die Sachdividende festgelegt, weiter die Beträge, die als Gewinn vorgetragen oder in die Gewinnrücklage gestellt werden, sowie ggf. ein zusätzlicher Aufwand aufgrund des Gewinnverwendungsbeschlusses (§ 174 AktG). Das Bilanzergebnis (Gewinn oder Verlust) leitet sich aus dem Jahresüberschuss/Jahresfehlbetrag aus der GuV ab (§ 158 AktG) und dieser wiederum wird ermittelt auf Basis der Ansatz- und Bewertungsvorschriften des HGB und der GoB. Das Aktionärsinteresse wird sich bei der Bilanzierung deshalb einerseits auf eine optimale Nutzung von Ansatz- und Bewertungsspielräumen im Hinblick auf eine Ergebnismaximierung richten, andererseits auf die Vermeidung verdeckter Einlagenrückgewähr zugunsten einzelner Aktionäre und auf die Vermeidung einer Verletzung des Gleichbehandlungsgrundsatzes (§§ 53a, 117, 311, 312, 315 AktG).

Der **Konzernabschluss** ist sowohl nach nationalem HGB wie nach internationalen Rechnungslegungsgrundsätzen für den Aktionär ein reiner Informationsabschluss. IAS 1.9 sagen dies mit der gehörigen Deutlichkeit: „Die Zielsetzung eines allgemeinen Abschlusses ist es, Informationen über die Vermögens- und Finanzlage, die Ertragskraft und die Cashflows eines Unternehmens herzustellen, die für ein breites Spektrum von Adressaten nützlich sind, um wirtschaftliche Entscheidungen zu treffen." Rechtlich hat der Konzernabschluss keinen Einfluss auf die Konkretisierung der Vermögensrechte der Aktionäre. Trotzdem ist festzustellen, dass zumindest die börsennotierten Unternehmen den Konzernabschluss in den Mittelpunkt ihrer Berichterstattung stellen und häufig in ihrem Geschäftsbericht den Einzelabschluss nicht mehr abdrucken. Dadurch wächst der Druck bei Konzernobergesellschaften, ihre Gewinnverwendung bzw. den Gewinnverwendungsvorschlag am Konzernperiodenergebnis auszurichten. Das bereitet insbesondere dann Schwierigkeiten, wenn Konzernabschluss und für die Gewinnverwendung maßgeblicher Einzelabschluss nach verschiedenen Bilanzkonzepten aufgemacht werden (HGB versus IAS/IFRS).

2. Entlastung

Die Rechenschaftsfunktion des Jahresabschlusses wird deutlich bei der Verhandlung und Beschlussfassung der Hauptversammlung über die Entlastung von Vorstand und Aufsichtsrat. Diese Verhandlung soll mit der Verhandlung über die Verwendung des Bilanzgewinns verbunden werden, also in der ordentlichen Hauptversammlung stattfinden (§§ 120 Abs. 3, 175 AktG). Dies ist eine Praktikabilitätsregelung, weil in dieser Hauptversammlung ohnehin Jahresabschluss/Konzernabschluss, Lagebericht und Konzernlagebericht vorliegen. Erfolgt die Entlastung ausnahmsweise nicht in der ordentlichen Hauptversammlung, so muss zumindest der Einzelabschluss nebst Lagebericht und Bericht des Aufsichtsrats vorgelegt werden.[85] Gerade dieser Rechenschaftszweck erfordert eine transparente, kontinuierliche und in jeder Hinsicht wahrhafte und faire Ausübung von Ermessensspielräumen und Wahlrechten.

3. Auskunftspflicht des Vorstands innerhalb und außerhalb der Hauptversammlung

Bezüglich der Auskunftsansprüche des Aktionärs in der Hauptversammlung sei an dieser Stelle nur erwähnt, dass der Vorstand die Auskunft über steuerliche Wertansätze oder die Höhe einzelner Steuern, über stille Reserven und über Bilanzierungs- und Bewertungsme-

---

[85] Nicht der Konzernabschluss, was aber dem heutigen Verständnis von Rechenschaftslegung nicht mehr entspricht; vgl. *Hüffer* AktG § 120 Rn. 15.

thoden, sofern sie ausreichend im Abschluss dargelegt sind, verweigern darf (§ 131 Abs. 3 Nr. 2, Nr. 3 und Nr. 4 AktG). Die Auskunftsverweigerungsrechte verlieren an Bedeutung, je aussagefähiger die Abschlüsse werden. Eine erweiterte Auskunftspflicht tritt allerdings ein, wenn der Vorstand außerhalb der Hauptversammlung einem Aktionär in seiner Aktionärseigenschaft (also nicht als Aufsichtsrat, kreditgebende Bank etc) eine Bilanzauskunft gibt. Auskünfte an Bilanzanalysten werden davon in der Regel nicht erfasst.[86]

4. Verlustanzeige

145 Schließlich kommt der Rechnungslegung eine **Warnfunktion** zu. Ergibt sich aus einer Jahres- oder Zwischenbilanz, dass ein Verlust in Höhe der Hälfte des Grundkapitals besteht, so hat der Vorstand unverzüglich die Hauptversammlung einzuberufen und ihr dies anzuzeigen (§ 92 Abs. 1 AktG). Maßgeblich ist hierfür die HGB-Einzelbilanz mit den Ansatz- und Bewertungsgrundsätzen wie sie auch für die Gewinnermittlung gelten.[87] Der halbe Grundkapitalverlust wird in der Regel eine Notlage widerspiegeln oder ankündigen. Der Vorstand wird der Hauptversammlung auch Vorschläge zur Überwindung einer Krise unterbreiten müssen. Bieten laufende Sanierungsverhandlungen Aussicht auf Erfolg, so kann eine **Güterabwägung** dazu führen, die Unterrichtung der Hauptversammlung zunächst hinauszuschieben, um durch einen Imageverlust die Sanierung nicht zum Scheitern zu bringen.[88] Allerdings ergeben sich schwierige Abgrenzungsfragen, die der Vorstand in seiner Verantwortung übernimmt. Einen „safe haven" gibt es hier nicht.

IV. Gläubiger und andere Unternehmensbeteiligte

1. Kapitalaufbringung und Kapitalerhaltung

146 Adressaten der Rechnungslegung nach HGB sind neben den Aktionären die Partner, die mit der AG in geschäftliche Beziehungen treten. Dazu gehören vor allem die Gläubiger jeder Art (Kreditgeber, Lieferanten, Mitarbeiter einschließlich deren Organisationen, stille Gesellschafter etc). In ihrem Interesse wird die Kapitalaufbringung, vor allem aber die **Kapitalerhaltung** geschützt. Hauptinstrument für diesen Schutz sind die Rechnungsabschlüsse (Jahresabschluss oder Zwischenabschlüsse). Die wesentlichen Kapitalschutzbestimmungen sind das bereits erwähnte Verbot der Einlagenrückgewähr und die Ausschüttungssperre dergestalt, dass unter die Aktionäre nur der Bilanzgewinn verteilt werden kann (§ 57 AktG). Hinzu kommen die Bestimmungen über die Bildung einer **gesetzlichen Rücklage** und die Verwendungsrestriktion für die **Kapitalrücklage** (nur zur Verlustdeckung und zur Kapitalerhöhung aus Gesellschaftsmitteln; § 150 AktG). Diese Kapitalbindung ist nur bei Abschluss eines Beherrschungs- oder eines Gewinnabführungsvertrags gelockert (§§ 291 Abs. 3, 300, 301 AktG) und bei der Eingliederung praktisch aufgehoben (§ 324 AktG). Als Ausgleich tritt dafür aber die Verlustübernahmeverpflichtung bzw. die gesamtschuldnerische Haftung des anderen Vertragsteils an die Stelle (§§ 302, 303 und 321, 322 AktG).

147 Der **Gläubigerschutz** wird aber insbesondere in der HGB-Bilanz selbst verwirklicht: Die tragenden Grundsätze sind das Vorsichtsprinzip, das Anschaffungskostenprinzip, der Einzelbewertungsgrundsatz und das Realisationsprinzip (§§ 252, 253 HGB). Die **Kapitalerhaltung durch Bilanzierung** hat damit weniger die Information als den Substanzschutz und die Ausschüttungsbegrenzung im Auge, was zu mehr statischen und stark ob-

---

[86] *Hüffer* AktG § 131 Rn. 37.
[87] Nicht etwa eine Liquidationsbilanz unter Auflösung stiller Reserven und Lasten. Zu prüfen ist allerdings auch für diese Bilanz, ob (noch) vom „going concern"-Prinzip ausgegangen werden darf; vgl. *Spindler* in MüKoAktG § 92 Rn. 9, 10.
[88] *Spindler* in MüKoAktG § 92 Rn. 12; *Habersack* in Großkomm. AktG § 92 Rn. 23; *Hüffer* AktG § 92 Rn. 6.

jektivierten Anwendungsregeln führt. Diese Prinzipien schlagen auch auf den HGB-Konzernabschluss durch, der mit Ausnahme des Grundsatzes der einheitlichen Bewertung im Konzern nach den für die Muttergesellschaft geltenden Regeln (§ 308 HGB) keine konzernspezifischen Ansatz- und Bewertungsvorschriften kennt. Ganz andere Prinzipien liegen dem IAS/IFRS-Abschluss zugrunde: Er ist ein reiner Informationsabschluss, der Basis wirtschaftlicher Entscheidungen jedweder Art sein soll (IAS 1.7). Der Kapitalschutz im eigentlichen Sinne gehört nicht zu den Abschlusszwecken und kann auch kaum mehr als Nebenzweck erreicht werden. Das bedeutet keineswegs, dass der IAS/IFRS-Abschluss (gleiches gilt für den US-GAAP-Abschluss) keine Gläubigerschutzfunktion hätte; diese wird nur anders erreicht: Nämlich durch Information über das wirtschaftliche Potential der AG. Der Abschluss ist deshalb stärker zukunftsorientiert, weniger objektiviert, vielmehr von zwangsläufig subjektiven Einschätzungen und Bewertungen geprägt. Für die Gesellschaftsgläubiger kann es deshalb vorteilhaft sein, sowohl einen HGB- wie einen IAS/IFRS-Abschluss zu erhalten und zu analysieren.

2. Offenlegungspflichten

a) Allgemeine Offenlegungspflichten

Das Informationsrecht ist Bestandteil des Mitgliedschaftsrechts des Aktionärs. Dem trägt das AktG Rechnung, indem es anordnet, dass die Rechnungslegungsunterlagen – Jahresabschluss, Lagebericht, Bericht des Aufsichtsrats und Gewinnverwendungsvorschlag des Vorstands, bei Konzernunternehmen auch Konzernabschluss, Konzernlagebericht und Bericht des Aufsichtsrats – von der Einberufung der Hauptversammlung an in dem Geschäftsraum der AG auszulegen und jedem Aktionär auf Verlangen zuzusenden sind (§ 175 Abs. 2 AktG). Darüber hinaus steht dem Aktionär in der Hauptversammlung das Auskunftsrecht zu.

Da Kapitalaufbringung und -erhaltung aber im allgemeinen und insbesondere im Gläubigerinteresse liegen, werden Jahresabschluss, Lagebericht, Aufsichtsratsbericht und bei Konzernmuttergesellschaften die entsprechenden Unterlagen für den Konzern, jeweils versehen mit dem Bestätigungsvermerk des Abschlussprüfers oder dem Vermerk über dessen Versagung, Gewinnverwendungsvorschlag und Gewinnverwendungsbeschluss sowie die sog. Entsprechenserklärung zur Corporate Governance auch öffentlich zugänglich gemacht. Zu diesem Zweck hat der Vorstand als gesetzlicher Vertreter die genannten Unterlagen **zum Handelsregister des Sitzes der AG einzureichen** und zwar unverzüglich nach der ordentlichen Hauptversammlung, spätestens mit Ablauf des zwölften Monats des dem Abschlussstichtag folgenden Geschäftsjahres (§ 325 Abs. 1 S. 1 HGB). Die Veröffentlichung wird in der Regel das für die Rechnungslegung zuständige Vorstandsmitglied veranlassen; der Gesamtvorstand bleibt aber für eine ordnungsgemäße Offenlegung verantwortlich.

Die offenlegungspflichtigen Unterlagen und die Art der Offenlegung sind abgestuft je nachdem, ob es sich um eine kleine, mittelgroße oder große AG handelt. Die **kleine AG** darf auf die Offenlegung der GuV und der die GuV betreffenden Angaben im Anhang, des wahlweise aufgestellten Lageberichts, der Angaben zur Ergebnisverwendung und des Aufsichtsratsberichts verzichten. Es sind also die Bilanz und ggf. ein verkürzter Anhang einzureichen (§ 326 HGB). Die **mittelgroße AG** kann bei Bilanz und Anhang gewisse Verkürzungen in Anspruch nehmen (§ 327 HGB). Kleine und mittelgroße Aktiengesellschaften haben unverzüglich nach Einreichung im Bundesanzeiger bekannt zu machen, bei welchem Handelsregister und unter welcher Nummer diese Unterlagen eingereicht worden sind. Die **große AG** muss die genannten Unterlagen dagegen vor der Einreichung zum Handelsregister im Bundesanzeiger bekannt machen (Umkehrung der zeitlichen Reihenfolge) und die Bekanntmachung dem Handelsregister nachweisen (§ 325 Abs. 2 HGB). Für diese Bekanntmachung im Bundesanzeiger kann die große AG auch einen Einzelabschluss nach IAS/IFRS wählen und damit in den veröffentlichten Einzel- und Konzernabschlüssen konforme Methoden anwenden. Der Einzelabschluss nach HGB bleibt daneben aber der maßgebliche Abschluss und ist zwar nicht im Bundesanzeiger, aber beim Handelsregister offen zu legen (§ 325 Abs. 2a, Abs. 2b HGB).

151 Wichtig ist, dass als äußerster **Termin** für die Offenlegung beim Handelsregister eine Zwölfmonatsfrist zu beachten ist. Sind bis dahin nicht alle Unterlagen vorhanden (zB Prüfung noch nicht abgeschlossen oder Hauptversammlung noch nicht abgehalten), so sind zumindest Jahresabschluss und Lagebericht einzureichen und die fehlenden Unterlagen unverzüglich nach Vorliegen nachzureichen. Dasselbe gilt bei Änderung der Unterlagen (zB bei Bilanzänderung; § 325 Abs. 1 S. 2 HGB). Die Jahresfrist soll sicherstellen, dass nicht jeder Informationswert der Unterlagen durch Zeitablauf verloren geht.

152 **Mutterunternehmen** eines Konzerns haben den Konzernabschluss nebst den entsprechenden Unterlagen immer zuerst im Bundesanzeiger bekannt zu machen, auch wenn die Muttergesellschaft selbst klein oder mittelgroß ist. Werden der Anhang der Muttergesellschaft und der Konzernanhang zusammengefasst, was durchaus üblich ist, hat das für kleine und mittelgroße Muttergesellschaften allerdings die Konsequenz, dass sie auch den Einzelabschluss im Bundesanzeiger offen legen müssen (§§ 325 Abs. 3, 298 Abs. 3 HGB).[89]

153 Werden gesetzliche Offenlegungspflichten vom Vorstand missachtet, hat dies keine Folgen für die Wirksamkeit der Abschlüsse. Das Bundesamt für Justiz (Bonn) hat aber von Amtswegen ein Ordnungsgeldverfahren durchzuführen (§ 335 HGB). Der Hinweis auf eine Verletzung der Offenlegungspflichten erfolgt durch automatische Ermittlung durch den Betreiber des elektronischen Bundesanzeigers (§ 329 Abs. 4 HGB). Damit ist eine lückenlose Erfassung von Verletzungen der Publizitätspflicht erreicht worden und die früher bestehende Antragsvoraussetzung entfallen.[90] Das Ordnungsgeld wird mit einer sechswöchigen Frist angedroht und bei Nichterfüllung nach Fristenablauf festgesetzt (2500 bis höchstens 25 000 Euro). Adressaten sind die Mitglieder des Vorstands persönlich oder auch die Gesellschaft. Ob die Maßnahme ein Verschulden voraussetzt, ist umstritten.[91] Selbst wenn man das bejaht, wird eine Entlastung kaum gelingen, weil der Vorstand schlechterdings dafür Sorge zu tragen hat, dass die Jahresabschlussdaten rechtzeitig dem Bundesanzeiger übermittelt werden. Es wird darüber hinaus die Auffassung vertreten, dass es sich bei den Offenlegungspflichten um Schutzgesetze handle, so dass auch deliktische Ansprüche gegen den Vorstand begründet werden können, wenn durch die Publizitätsverweigerung Schaden verursacht worden ist (§ 823 Abs. 2 BGB).[92]

b) Besondere Offenlegungspflichten

154 Neben den allgemeinen gesetzlichen Offenlegungspflichten sind branchenspezifische Besonderheiten (Banken, Versicherungen) und ggf. auch Bestimmungen in der Satzung zu beachten (§§ 23 Abs. 4, 25 AktG).

155 Adressaten der Rechnungslegung sind auch die **Arbeitnehmer.** Davon abgesehen, dass sie sich den Abschluss über Handelsregister oder Bundesanzeiger besorgen können, sind ihnen in der Betriebsverfassung besondere Möglichkeiten eingeräumt: Hat die AG einen **Wirtschaftsausschuss** (dann, wenn sie in der Regel mehr als 100 Arbeitnehmer beschäftigt), so ist der Jahresabschluss dem Wirtschaftsausschuss unter Beteiligung des Betriebsrats zu erläutern (§ 108 Abs. 5 BetrVG). Diese Aufgabe wird der Finanzvorstand ggf. mit dem Vorstandsvorsitzenden wahrnehmen. Dabei ist es zweckmäßig, die Unterlagen, die ohnehin jedermann zugänglich sind, auch den Wirtschaftsausschuss- bzw. Betriebsratsmitgliedern auszuhändigen (dazu gehört natürlich nicht der Prüfungsbericht des Abschlussprüfers).

---

[89] Vgl. *Grottel* in BeckBil-Komm. HGB § 325 Rn. 84 ff.
[90] Gesetz über elektronische Handelsregister und Genossenschaftsregister sowie das Unternehmensregister (EHUG) vom 10.11.2006, BGBl. I 2553, 2559.
[91] Bejahend LG Bonn in ständiger Rspr., vgl. LG Bonn NZG 2010, 193 (194); *Kozikowski/Huber* in BeckBil-Komm. HGB § 335 Rn. 15; aA *Altenhain* in Kölner Komm. Rechnungslegung HGB § 335 Rn. 34; *de Werth* NZI 2008, 711 (714).
[92] Vgl. dazu *Janssen* DStR 1999, 1490 (1495 ff.); *Lutter/Hommelhoff* GmbHG § 42a Anh. Rn. 38.

Ein weiterer besonderer Adressat der Rechnungslegung sind die kreditfinanzierenden **Banken.** Sie sind aufsichtsrechtlich gehalten, Kredite (jedenfalls Kredite von insgesamt mehr als 750000 Euro) oder Kredite die 10% des haftenden Eigenkapitals des Instituts überschreiten nur zu gewähren, wenn sie sich vom Kreditnehmer die wirtschaftlichen Verhältnisse, insbesondere durch Vorlage der Jahresabschlüsse, offen legen lassen (§ 18 KWG). Die Banken lassen sich darüber hinaus in der Regel weitere Rechte, namentlich Kenntnisnahme vom Prüfungsbericht, einräumen und nehmen ggf. sogar Einfluss auf die Art der Darstellung (zB mit der Forderung eines IAS/IFRS-Abschlusses). Damit muss namentlich unter dem Druck von Basel III gerechnet werden. Eine der wahren wirtschaftlichen Lage des Unternehmens entsprechende und transparente Darstellung ist für diesen Adressatenkreis von besonderer Bedeutung. Dies hat der Vorstand bei Ausübung von Bilanzierungsspielräumen zu beachten. **156**

V. Teilnehmer des Kapitalmarkts

1. Allgemeines

Besondere Informations- und Rechenschaftspflichten bestehen, wenn die AG am **Kapitalmarkt** agiert. Das tut sie immer dann, wenn sie sich an einen organisierten Markt wendet, an dem Wertpapiere im Sinne des WpHG gehandelt werden, also insbesondere Aktien und Schuldverschreibungen. Zu den letzten gehören auch kapitalmarktgeeignete Genuss- und Optionsscheine (§ 2 Abs. 1, Nr. 3 WpHG). Organisierter „Markt" im Sinne des Wertpapiergesetzes ist ein im Inland, in einem anderen Mitgliedstaat der Europäischen Union oder einem anderen Vertragsstaat des Abkommens über den Europäischen Wirtschaftsraum betriebenes oder verwaltetes, durch staatliche Stellen genehmigtes, geregeltes und überwachtes multilaterales System, das die Interessen einer Vielzahl von Personen am Kauf und Verkauf von dort zum Handel zugelassenen Finanzinstrumenten innerhalb des Systems und nach festgelegten Bestimmungen in einer Weise zusammenbringt oder das Zusammenbringen fördert, die zu einem Vertrag über den Kauf dieser Finanzinstrumente führt (vgl. die Definition in § 2 Abs. 5 WpHG). Hierunter fällt der Regulierte Markt der Frankfurter Wertpapierbörse, der sich wiederum in den General Standard und Prime Standard unterteilt, nicht aber der Freiverkehr und der außerbörsliche Markt (Telefonverkehr, Over-the-Counter (OTC)-Geschäfte). **157**

Hier wird ein Personenkreis angesprochen, der Kauf- oder Verkaufsentscheidungen treffen will oder treffen muss (Investition oder Deinvestition) und dem es weniger bis gar nicht auf Kapitalschutz oder Ausschüttungslimitierung oder gesellschaftsrechtliche Gewinnansprüche ankommt. Wichtig ist vielmehr der Markt- oder Verkehrswert des Anlageobjekts (der Aktie) im Vergleich zu Alternativanlagen. Er ist nicht an statischen, vergangenheitsbezogenen und stark objektivierten, sondern an dynamischen, zukunftsorientierten und damit naturgemäß stärker subjektiven Einschätzungen interessiert. Eine kapitalmarktorientierte AG wird deshalb ihre Informationspolitik und damit auch ihre Bilanzierungsmöglichkeiten sehr viel stärker an den Interessen der derzeitigen und künftigen (potentiellen) **Anleger** ausrichten (Investor Relations), als dies eine nicht-kapitalmarktorientierte AG tun muss. Für die kapitalmarktorientierte AG wird deshalb der IFRS-Abschluss in den Vordergrund rücken, denn dessen hervorragender Zweck ist es „Informationen über die Vermögens- und Finanzlage, die Ertragskraft und die Cash-flows eines Unternehmens bereitzustellen, die für eine breites Spektrum von Adressaten nützlich sind, um wirtschaftliche Entscheidungen zu treffen" (IAS I.9). **158**

Darüber hinaus ist der (potentielle) Anleger an einer angemessenen Corporate Governance interessiert, was durch den Corporate Governance-Bericht und die Entsprechenserklärung gemäß vgl. § 161 AktG gewährleistet werden soll. **159**

2. Zulassung zum Börsenhandel

160　Die Zulassung zum Börsenhandel erfordert eine umfängliche Information der Marktteilnehmer. Der Zulassung zum Regulierten Markt (General und Prime Standard) ist ein ausführlicher **Wertpapierprospekt** zugrunde zu legen, der das Herzstück des Zulassungsverfahrens darstellt. Dessen Inhalt richtet sich nach dem Wertpapierprospektgesetz und der EU-Wertpapierprospektrichtlinie.[93] Der Wertpapierprospekt muss in leicht analysierbarer und verständlicher Form sämtliche Angaben enthalten, die im Hinblick auf den Emittenten und die öffentlich angebotenen oder zum Handel an einem organisierten Markt zugelassenen Wertpapiere notwendig sind, um dem Publikum ein zutreffendes Urteil über die Vermögenswerte und Verbindlichkeiten, die Finanzlage, die Gewinne und Verluste, die Zukunftsaussichten des Emittenten sowie über die mit diesen Wertpapieren verbundenen Rechte zu ermöglichen. Die Börsenzulassungs-Verordnung enthält bestimmte Zulassungsvoraussetzungen für die Zulassung von Wertpapieren zum Regulierten Markt (§§ 30 Abs. 3 Nr. 1, 32 BörsG). Daneben besteht an den deutschen Wertpapierbörsen ein sog. Freiverkehr (vgl. § 48 BörsG), an der Frankfurter Wertpapierbörse der Open Market mit dem Qualität Segment Entry Standard. Zum Wertpapierprospekt und zum Zulassungsverfahren müssen diese Hinweise und die Verweisung auf die einschlägige Literatur genügen.[94]

161　Es ist jedoch darauf hinzuweisen, dass für unrichtige Wertpapierprospekte sowie bei fehlendem Wertpapierprospekt eine Haftung des Emittenten (der AG) zum Zuge kommt und zwar in der Regel auf Übernahme der Wertpapiere gegen Erstattung des Erwerbspreises (§§ 21, 22, 24 WpPG). Das Wertpapierprospektgesetz ist anzuwenden auf die Erstellung, Billigung und Veröffentlichung von Prospekten für Wertpapiere, die öffentlich angeboten oder zum Handel an einem organisierten Markt zugelassen werden sollen, sofern keine Ausnahme von der Verpflichtung zur Veröffentlichung eines Prospekts besteht (vgl. §§ 1, 3, 4 WpPG). Unrichtig sind Prospektangaben, wenn nicht vorhandene Umstände als vorhanden geschildert werden oder wenn Werturteile und Prognosen nicht durch ihnen zugrunde liegende Sachverhalte zu rechtfertigen sind. Unvollständig ist ein Prospekt, der nicht alle Pflichtangaben enthält. Wesentlich ist stets, welches Gesamtbild der Prospekt durch seine Aussagen vermittelt. Verstöße gegen die Prospektvorschriften können Ordnungswidrigkeiten sein oder auch Straftatbestände erfüllen (§ 50 Abs. 1 Nr. 2 BörsG; §§ 399 Abs. 1 Nr. 3, 400 Abs. 1 S. 1 AktG; §§ 263, 264a StGB; § 4 UWG).

3. Regelpublizität

162　Die Einbeziehung in den Regulierten Markt bedingt eine Regelpublizität, die sich auf Jahresabschlüsse/Konzernabschlüsse/Jahresfinanzberichte (vgl. § 37v WpHG; für Prime Standard vgl. § 50 BörsO FWB), Halbjahresfinanzberichte (vgl. § 37w WpHG; für Prime Standard vgl. § 51 BörsO FWB) und ggf. Zwischenberichte (vgl. § 37x WpHG) oder Quartalfinanzberichte (vgl. für Prime Standard § 51 BörsO FWB) erstreckt. Zunächst hat die Börseneinführung zur Folge, dass die AG ohne Rücksicht auf ihre Größe für Zwecke der Rechnungslegung als große Kapitalgesellschaft eingestuft wird und damit nicht mehr die Bilanzierungserleichterungen für kleine oder mittlere Kapitalgesellschaften in Anspruch nehmen kann (§ 267 Abs. 3 S. 2 HGB). Konsolidierte Abschlüsse kapitalmarktorientierter Unternehmen sind nach dem internationalen Rechnungslegungsstandard IFRS zu erstellen

---

[93] Vgl. Verordnung (EG) Nr. 809/2004 der Kommission zur Umsetzung der Richtlinie 2003/71/EG des Europäischen Parlaments und des Rates betreffend die in Prospekten enthaltenen Informationen sowie das Format, die Aufnahme von Informationen mittels Verweis und die Veröffentlichung solcher Prospekte und die Verbreitung von Werbung vom 29.4.2004, ABl. EU Nr. L 215, 3 („EU-Durchführungsverordnung Nr. 809/2004"), in der jeweils geltenden Fassung.

[94] *Habersack/Mülbert/Schlitt* (Hrsg.), Unternehmensfinanzierungen am Kapitalmarktrecht, 3. Aufl. 2013; *Marsch/Barner/Schäfer* (Hrsg.), Börsennotierte Aktiengesellschaft, 2. Aufl. 2009; *Schanz*, Börseneinführung, 4. Aufl. 2012.

C. Adressaten der Rechenschaftslegung

und zu veröffentlichen (§ 315a HGB),[95] wobei für Auslandsemittenten bei der Erstellung von Wertpapierprospekten bestimmte ausländische Rechnungslegungsvorschriften (zB USA, Japan, Kanada, Korea und Indien) gleichgestellt sind.[96] Im Prime Standard ist der Konzernabschluss unverzüglich nach Billigung durch den Aufsichtsrat, spätestens jedoch innerhalb von vier Monaten nach Ende des Berichtszeitraums dem Publikum zur Verfügung zu stellen (vgl. § 50 Abs. 2 BörsO FWB).

Zur Regelberichterstattung gehören ferner die **Halbjahres- und Quartalsfinanzberichte**.[97] Im Regulierten Markt ist jährlich ein Halbjahresfinanzbericht (Zwischenbericht) zu erstellen (§§ 37w, 37x WpHG; für Prime Standard vgl. § 51 Abs. 1 BörsO FWB). Im Prime Standard sind zusätzlich Quartalsfinanzberichte aufzustellen (vgl. § 51 BörsO FWB). Zu den inhaltlichen Anforderungen wird auf Wertpapierhandelsgesetz und für im Prime Standard notierte Unternehmen auf die Börsenordnung der Frankfurter Wertpapierbörse verwiesen (vgl. § 37v WpHG; für Prime Standard vgl. §§ 50, 51 BörsO FWB). Die Quartalsfinanzberichte können – müssen aber nicht – einer **prüferischen Durchsicht** durch einen Abschlussprüfer unterzogen werden, der dies mit einer Bescheinigung dokumentiert (§ 51 Abs. 4 BörsO FWB).[98] Die Halbjahres- und Quartalsfinanzberichte sind unverzüglich nach Fertigstellung, spätestens innerhalb von zwei Monaten nach Ende des Berichtszeitraums zu veröffentlichen (vgl. § 37w Abs. 1 S. 1 WpHG für Halbjahresfinanzbericht und § 51 Abs. 5 BörsO FWB für Prime Standard). Für die Zwischenmitteilung der Geschäftsführung findet § 37x WpHG Anwendung, soweit die Pflicht zur Veröffentlichung einer Zwischenmitteilung nicht entfällt, da die Gesellschaft einen Quartalsfinanzbericht erstellt (vgl. § 37x Abs. 3 S. 1 WpHG).

Es darf nicht verkannt werden, dass die Zwischenberichterstattung, insbesondere diejenige durch Quartalsberichte, den Vorstand zu kurzfristigen Strategien verleiten und für Langfristprojekte, die aber für das Wohlergehen des Unternehmens unabdingbar sind, unzugänglicher machen kann. Eine sorgfältige Unternehmensführung soll und muss stets ein transparentes Kurzfristbild geben, sollte sich aber in ihrer Strategie davon nicht leiten lassen.

4. Ad hoc-Publizität

Die Regelpublizität wird für Wertpapiere, die am Regulierten Markt – also einem staatlich organisierten Markt – gehandelt werden, durch die sog. Ad hoc-Publizität ergänzt. Danach müssen Inlandsemittenten von Finanzinstrumenten, die Insiderinformationen, die die AG unmittelbar betreffen, unverzüglich veröffentlichen (vgl. § 15 Abs. 1 WpHG). **Insiderinformationen** sind konkrete Informationen über nicht öffentlich bekannte Umstände, die sich auf den Emittenten von Insiderpapieren oder auf die von ihm ausgegebenen Insiderpapiere selbst beziehen und die geeignet sind, im Fall ihres öffentlichen Bekanntwerdens den Börsen- oder Marktpreis der Wertpapiere erheblich zu beeinflussen (§ 13 WpHG). Der Emittentenleitfaden des Bundesanstalt für Finanzdienstleistungsaufsicht nennt typische Beispielsfälle.[99] Eine Insiderinformation betrifft den Emittenten insbesondere dann unmittelbar, wenn sie sich auf Umstände bezieht, die in seinem Tätigkeitsbereich eingetreten sind. Diese Veröffentlichungspflicht ist eingebettet in die Vorschriften über das Verbot von Insidergeschäften und soll dazu beitragen, Insidergeschäfte zu verhindern.

Die AG ist von der Veröffentlichungspflicht solange **befreit,** wie es der Schutz ihrer berechtigten Interessen erfordert, keine Irreführung der Öffentlichkeit zu befürchten und die AG die Vertraulichkeit der Insiderinformationen gewährleisten kann (vgl. § 15 Abs. 3

---

[95] Vgl. VO (EG) Nr. 1606/2002 des Europäischen Parlaments und des Rates vom 19.7.2102 betreffend die Anwendung internationaler Rechnungslegungsstandards.
[96] Vgl. Art. 35 Abs. 5 EU-Durchführungsverordnung Nr. 809/2004.
[97] Quartalsfinanzberichte entfallen allerdings demnächst auf der Grundlage der Änderung der sog. Transparenz-Richtlinie (RL 2013/ 50/ EU vom 22.10.2013, ABl. Nr 294, 13), soweit nicht die Börsenordnungen die Erstellung weiter vorschreiben (so zB für den Prime-Standard).
[98] IdW PS 900; IdW PH 9900.1; WPg 2001, 1078 ff.; 1492 ff.; 2002, 474 ff., 1249; WPg 2002, 1337 ff.
[99] Vgl. BaFin Emittentenleitfaden, 4. Aufl. 2013, Kap. IV.

WpHG). Allerdings hat die AG die Information und die Gründe für die unterlassene Publizierung der BaFin mitzuteilen. Für den Entry Standard des Freiverkehrs der Frankfurter Wertpapierbörse gibt es für Aktien Quasi – Ad hoc Veröffentlichungspflichten für relevante Informationen.[100]

167 Bei Unterlassung der unverzüglichen Veröffentlichung oder bei Veröffentlichung unwahrer Informationen ist der Emittent (die AG) einem Dritten zum **Schadensersatz** verpflichtet, wenn ein Schaden durch die Unterlassung oder die Falschinformation verursacht worden ist. Nicht auf Schadensersatz kann in Anspruch genommen werden, wer nachweist, dass die Unterlassung nicht auf Vorsatz oder grober Fahrlässigkeit beruht (§§ 37b Abs. 2, 37c Abs. 2 WpHG). Vorstandsmitglieder können sich bei unterlassener oder fehlerhafter Information gegenüber ihrer Gesellschaft haftbar machen, insbesondere wenn die AG von Dritten in Regress genommen wird. Solche Ansprüche können den Vorständen nicht im Voraus erlassen oder ermäßigt werden (§§ 37b Abs. 6, 37c Abs. 6 WpHG). Darüber hinaus stehen dem Erwerber von Aktien einer börsennotierten AG gegen die Vorstandsmitglieder persönlich Ansprüche wegen sittenwidriger Schädigung zu, wenn die Vorstandsmitglieder eine Ad hoc-Mitteilung veranlassen oder billigen, obwohl sie ihre objektive Unrichtigkeit kennen. Allerdings muss der Erwerber den Schädigungsvorsatz nachweisen, was nur in krassen Fällen gelingen wird. Der Erwerber hat Anspruch auf Ersatz sämtlicher mit dem Aktienerwerb im Zusammenhang stehenden Aufwendungen Zug um Zug gegen Übertragung der erworbenen Aktien.[101]

168 Für auf dem Regulierten Markt notierte Gesellschaften finden weiterhin die Vorschriften über das Verbot des Insiderhandels (§ 12 WpHG), die Veröffentlichung von sog. Directors Dealings (§ 15a WpHG), die Verpflichtung zur Erstellung eines Insiderverzeichnisses (§ 15b WpHG) sowie das Verbot der Marktmanipulation (§ 20a WpHG) sowie die Pflicht zur Veröffentlichung über das Erreichen, Über- oder Unterschreitung bestimmter Stimmrechtsschwellen (§§ 21 ff. WpHG) Anwendung.

VI. Finanzverwaltung

1. Zuständigkeit

169 Eine der Hauptbeteiligten an der unternehmerischen Veranstaltung der AG ist die öffentliche Hand in der Gestalt des Fiskus. Sie ist damit Adressat der Rechenschaftslegung und insbesondere der Rechnungslegung. Die Körperschaftsteuer und die Gewerbesteuer knüpfen unmittelbar an die Rechnungslegung an, wenn auch mit erheblichen steuerlichen Abweichungen (Grundsatz der **Maßgeblichkeit** der Handelsbilanz für die Steuerbilanz; § 5 Abs. 1 EStG iVm § 8 Abs. 1 KStG und § 7 Abs. 1 GewStG).[102] Nachdem die sog. umgekehrte (formelle) Maßgeblichkeit seit 2009 entfallen ist, können rein steuerliche Wahlrechte, anders als früher, unabhängig von einer entsprechenden Handhabung in der Handelsbilanz ausgeübt werden, Das führt zu einer weitgehenden Verselbständigung der Steuerbilanz (§ 5 Abs. 1 S. 2 EStG).[103] Darüber hinaus begründet das Steuerrecht eine Fülle weiterer Verpflichtungen für die AG, die im Wesentlichen auf dem Gebiet der Rechnungslegung im weiteren Sinne angesiedelt sind. Auf die wichtigsten soll nachfolgend kursorisch hingewiesen werden.

170 Vorauszuschicken ist jedoch ganz allgemein, dass die steuerlichen Pflichten der AG als juristischer Person der Vorstand als deren gesetzlicher Vertreter zu erfüllen hat. Insbesondere hat er dafür zu sorgen, „dass die Steuern aus den Mitteln entrichtet werden, die [er] verwaltet" (§ 34 Abs. 1 AO). Damit entsteht ein eigenes **Pflichtverhältnis zur Finanz-**

---

[100] Vgl. § 19 Abs. 1c AGB für den Freiverkehrs an der Frankfurter Wertpapierbörse.
[101] BGH NZG 2004, 907 = ZIP 2004, 1593 – Informatec II; EWIR 2004, 961 mit Anm. *Lenenbach*.
[102] Im Einzelnen in den Auswirkungen umstr., vgl. Schmidt/*Weber-Grellet* EStG § 5 Rn. 28 ff., 60 ff.
[103] Vgl. auch *Förschle/Üsinger* in BeckBil-Komm. HGB § 243 Rn. 111 ff., 121.

behörde mit der Folge, dass auch **Zwangsmaßnahmen** gegen den Vorstand vorgenommen werden können (zB Zwangsgeld, Verspätungszuschlag). Grundsätzlich sind Steuern und Abgaben aus dem Vermögen der AG zu erbringen. Verletzt der Vorstand jedoch vorsätzlich oder grob fahrlässig seine steuerlichen Pflichten, so kommt ggf. seine **persönliche Haftung** für die Steuerschulden der AG oder für zu Unrecht gewährte Steuervergütungen oder Steuererstattungen in Betracht (§ 69 AO). Voraussetzung dieser Haftung sind Pflichtverletzung, Verschulden (Vorsatz oder grobe Fahrlässigkeit) und Kausalität der Pflichtverletzung für den steuerlichen Schaden. Eine Haftung kommt natürlich nur dann in Betracht, wenn die AG zur Zahlung der Steuern finanziell in der Lage ist; ist sie das nicht, muss der Vorstand den Grundsatz der Gleichbehandlung aller Gläubiger beachten, also anteilig tilgen, sofern nicht schon ein Insolvenztatbestand gegeben ist.[104]

Die Haftung trifft grundsätzlich den Gesamtvorstand. Durch eine Zuständigkeitsverteilung **(Geschäftsverteilung)** kann der Haftungsmaßstab für die nicht zuständigen Vorstandsmitglieder gemindert werden. Es trifft sie aber eine Überwachungs- und Überprüfungspflicht, wenn Anlass besteht, an der sorgfältigen Erfüllung der steuerlichen Pflichten durch das zuständige Vorstandsmitglied zu zweifeln.[105] Beim Verschulden ist zu beachten, dass an sich grobe Fahrlässigkeit ein subjektiver Verschuldensbegriff ist (Sorgfaltsmaßstab nach den persönlichen Kenntnissen und Fähigkeiten). Es kommt jedoch hier das sog. **Übernahmeverschulden** zum Zug: Wer die Funktion übernimmt, sich um die steuerlichen Pflichten der AG zu kümmern, muss sich die notwendigen Kenntnisse und Fähigkeiten verschaffen; er kann sich nicht auf sein eigenes Unvermögen berufen.[106] Bei fehlender eigener Sachkunde – die in komplexen steuerlichen Konstellationen von einem sonst qualifizierten Geschäftsleiter auch gar nicht zu erwarten ist – besteht ggf. die Pflicht im Rahmen der allgemeinen Sorgfaltspflichten fachkundigen externen Rat einzuholen. Der Geschäftsleiter genügt dann seiner Sorgfaltspflicht, wenn er (i) eine zuverlässige Auskunftsperson auswählt, (ii) die für eine sachgerechte Auskunft erforderlichen Informationen vollständig zur Verfügung stellt und (iii) den erteilten Rat auf Plausibilität prüft.[107]

171

Der (zuständige) Vorstand kann und muss ggf. die Erledigung steuerlicher Angelegenheiten Mitarbeitern in mehr oder weniger großem Umfang übertragen. Dann haftet er aber für eine sorgfältige Auswahl und Überwachung dieser Mitarbeiter und für eine ausreichende Organisation der Abwicklung (§ 130 OWiG).[108]

172

Der konkrete Inhalt der **Überwachungspflichten** kann nur im Einzelfall nach Größe, Komplexität, Internationalität etc des Unternehmens beurteilt werden. Eine Verantwortung wegen unterlassener Überwachung kann jedenfalls nur dann in Betracht kommen, wenn die an sich angemessenen Überwachungsmaßnahmen, zu deren Vornahme der Vorstand verpflichtet gewesen wäre, auch geeignet gewesen wären, die Unregelmäßigkeiten zu verhindern.[109]

173

2. Mitwirkungs- und Auskunftspflichten

a) Mitwirkung

Die Finanzverwaltung ermittelt grundsätzlich steuerlich relevante Sachverhalte von Amts wegen (Untersuchungsgrundsatz). Daneben gibt es aber umfangreiche **Mitwirkungspflichten** des Steuerpflichtigen, die bei der AG kompetenzmäßig wiederum an den Vor-

174

---

[104] *Klein/Rüsken* AO § 69 Rn. 23; eine Ausnahme gilt nach herrschender Praxis für die Lohnsteuerhaftung (vgl. BGH BStBl. II 2008, 508): werden Löhne bei Zahlungsschwierigkeiten voll ausbezahlt, besteht auch die Pflicht zur vollen Einbehaltung und Abführung der Lohnsteuer und bei Unterlassen eine entsprechende Haftung des Vorstands nach § 69 AO, str., vgl. *Tipke/Kruse/Loose* AO § 69 Rn. 40 ff.
[105] BFH BStBl. 1984, 776; 1986, 384; NV 1989, 149; BStBl. 1998, 761; BGH NJW 1997, 130.
[106] Vgl. *Klein/Rüsken* AO § 69 Rn. 98.
[107] Zur Frage der Pflicht des Geschäftsleiters zur Einholung von Rat vgl. *Sander/Schneider* ZGR 2013, 725; *Fleischer* KSzW 2013, 3; *Uwe H. Schneider* DB 2011, 99.
[108] BFH NV 1998, 1325.
[109] BFH BStBl. 1995, 278; 1991, 284.

175 Besonders hinzuweisen ist auf die umfänglichen **Dokumentationspflichten** bei **Sachverhalten mit Auslandsbezug,** insbesondere bei den Geschäftsbeziehungen (Verrechnungspreise!) mit ausländischen Tochter-, Schwester- oder Muttergesellschaften. Diese Dokumentationspflicht verlangt eine **Sachverhaltsdokumentation** (Art und Inhalt der Geschäftsbeziehungen) und eine **Angemessenheitsdokumentation** (Verrechnungspreisanalyse; § 90 Abs. 3 AO; VO zu § 90 Abs. 3 AO). Wird diesen Dokumentationspflichten nicht genügt, so kann die Finanzverwaltung die Besteuerungsgrundlagen schätzen und zwar zu Lasten der AG an der oberen Grenz der Schätzspanne und darüber hinaus bei Fehlen oder Unverwertbarkeit der Aufzeichnungen oder bei verspäteter Vorlage drakonische Zuschläge festlegen (§ 162 Abs. 3 und Abs. 4 AO).

stand anknüpfen (§§ 88, 90, 34 AO). Die Mitwirkungspflichten sind in der AO und in den Einzelsteuergesetzen näher geregelt. Hier ist nur festzuhalten, dass eine Verletzung der Mitwirkungspflichten, für die letztlich der Vorstand verantwortlich ist, zu Nachteilen für Beweismaß und Beweiswürdigung bei der Beurteilung steuerrechtlicher Sachverhalte führen kann.

176 Aufgabe des zuständigen Vorstandsmitglieds ist wiederum eine ausreichende Organisation mit zuverlässigen Mitarbeitern. Darüber hinaus muss der Vorstand aus eigener Kenntnis oder mit geeigneten Beratern eine Geschäftsstrategie für Auslandsbeziehungen entwickeln, die unter Berücksichtigung der jeweiligen nationalen Steuerrechtsordnungen und ggf. bestehender Doppelbesteuerungsabkommen zu einer Optimierung der steuerlichen Belastung der AG oder des Konzerns führt. Bei komplexen und gewichtigen Sachverhalten ist es ggf. angezeigt, schon vorab eine Einigung mit den beteiligten Finanzverwaltungen zu erzielen (zB Advance Pricing Agreements – APA – in den USA). Eine **Steueroptimierung,** insbesondere im internationalem Bereich, ist dem Vorstand nicht nur erlaubt; er ist dazu im Rahmen der sorgfältigen Wahrnehmung der Interessen der Gesellschaft auch verpflichtet. Dies gilt auch, wenn Steueroptimierungsmodelle unter dem Schlagwort „Base Erosion und Profit Shifting" (Beps) in die Kritik geraten sind. Strikt gebunden bleibt er allerdings an die **Legalitätspflicht,** dh inländische und – soweit betroffen – auch ausländische Steuerrechtsordnungen hat er zu befolgen bzw. Sorge für deren Einhaltung zu tragen. Bei unklarer oder umstrittener Rechtslage ist dem Vorstand ein Handlungsspielraum zu Gunsten der Gesellschaft einzuräumen. Dies gilt insbesondere dann, wenn Zweifel auch nach fachkundiger Beratung verbleiben. Darüberhinaus muss dem Vorstand auch ein Handlungsermessen zustehen, die Rechtsbeständigkeit bestehender Vorschriften in Zweifel zu ziehen und mit vertretbaren Gründen eine gerichtliche Klärung herbeizuführen.[110]

b) Auskunft

177 Bestandteil der Mitwirkungspflichten ist auch eine **allgemeine Auskunftspflicht,** soweit Auskünfte erforderlich sind, um einen steuerlich erheblichen Sachverhalt zu ermitteln, und besondere Auskunfts- und Mitwirkungspflichten bei der steuerlichen Außenprüfung (Betriebsprüfung; §§ 93, 200 AO). Auch diese Auskunftspflichten knüpfen am Vorstand als dem gesetzlichen Vertreter der AG an. Soweit es um Angelegenheiten der AG geht, hat der Vorstand – im Gegensatz zu Dritten – kein Auskunftsverweigerungsrecht, selbst wenn er sich oder die AG der Gefahr strafgerichtlicher Verfolgung oder einer Ordnungswidrigkeit aussetzt (§ 103 AO). Erst mit der Einleitung eines Steuerstrafverfahrens stehen dem Vorstand die Rechte eines Beschuldigten zu und er kann jede Auskunft zur Sache verweigern. Deshalb ist ihm, soweit er zu irgendeiner Mitwirkungshandlung aufgefordert wird, die Einleitung eines Steuerstrafverfahrens mitzuteilen und er ist über seine Rechte zu belehren; andernfalls unterliegen die Erkenntnisse einem Verwertungsverbot (§§ 397, 393 AO; §§ 136, 136a StPO).

---

[110] Vgl. *Fischer* NP 2005, 141 (149 f.); *Fleischer* in Spindler/Stilz AktG § 93 Rn. 29.

3. Buchführungs- und Aufbewahrungsfristen

Neben dem HGB macht das Steuerrecht die Buchführung, Aufzeichnung und Aufbewahrung zu einer eigenständigen steuerlichen Pflicht. Allerdings sind diese Pflichten weitgehend identisch (wenngleich steuerlich teilweise ausführlicher geregelt) mit den Pflichten nach HGB (§§ 140 ff., 145, 146, 147 AO). Grundsätzlich kann für die AG davon ausgegangen werden, dass die handelsrechtlich ordnungsgemäße Buchführung auch den steuerlichen Anforderungen entspricht. Allerdings unterliegt die Buchführung der steuerlichen Außenprüfung; formelle oder sachliche Mängel können zu steuerlichen Korrekturen führen. Bei wesentlichen Verstößen verliert die Buchführung ihre Beweiskraft (§ 158 AO); dies kann zur Schätzung der Besteuerungsgrundlagen in der Regel zum Nachteil der Gesellschaft führen (§ 162 AO). Für Ansatz und Bewertung von Vermögensgegenständen und Schulden in der Bilanz gilt für Ertragsteuerzwecke (KSt und GewSt) ohnehin die Behandlung in der Bilanz nach HGB (nicht nach IAS/IFRS). Dies ist der sog. **Grundsatz der materiellen Maßgeblichkeit der Handelsbilanz für die Steuerbilanz** (§ 5 Abs. 1 S. 2 EStG).[111] Dieser Grundsatz gilt aber nur insoweit, als nicht die zahlreichen steuerlichen Sondervorschriften eingreifen und soweit die tatsächlichen Handelsbilanzansätze auch dem HGB und den GoB entsprechen. Zum Wegfall der sog. umgekehrten Maßgeblichkeit → Rn. 169. Wenn auch wegen der vielen steuerlichen Abweichungen in der Praxis in der Regel eine eigene Steuerbilanz für die AG erstellt wird, sind dennoch bei Entscheidungen in der Handelsbilanz die steuerlichen Implikationen mit zu bedenken.

4. Steuererklärungspflicht

Schließlich obliegt dem Vorstand die Pflicht, Steuererklärungen abzugeben, sofern Einzelsteuergesetze oder die Finanzverwaltung dies verlangen; das ist bei den Ertragsteuern (KSt, GewSt) stets der Fall (§§ 149 ff. AO; § 31 Abs. 1 KStG; § 14a GewStG). Dort wird auch angeordnet, dass die Erklärungen **„eigenhändig"** zu unterzeichnen sind, was bei der AG durch den Vorstand als gesetzlichen Vertreter erfolgt. Soweit Eigenhändigkeit verlangt wird, muss der Vorstand in vertretungsberechtigter Weise handeln (ggf. zwei Unterschriften). Mit der Unterschrift übernimmt der Vorstand zumindest Verantwortung für die Richtigkeit und Vollständigkeit der mitgeteilten steuerlich relevanten Sachverhalte. Für die steuerrechtliche Würdigung wird dagegen regelmäßig keine Verantwortung übernommen, es sei denn, es werden rechtliche Fehler erkannt und bewusst in die Erklärung eingestellt.[112]

5. Straf- und Bußgeldtatbestände

Da der Vorstand die steuerlichen Pflichten der AG wahrzunehmen hat, treffen ihn auch mögliche strafrechtliche Konsequenzen. Werden den Finanzbehörden oder anderen Behörden vorsätzlich unrichtige oder unvollständige Angaben gemacht oder erhebliche Sachverhalte verschwiegen und dadurch Steuern verkürzt oder nicht gerechtfertigte Steuervorteile erlangt, so kann der Tatbestand der **Steuerhinterziehung** verwirklicht sein. Der Steuervorteil kann auch bei Dritten (Kunden, Lieferanten) eintreten (§ 370 AO). Soweit Straftatbestände unterhalb der Vorstandsebene ohne Wissen und Willen des Vorstands verwirklicht werden, kann eine strafrechtliche Verantwortung wegen Steuerhinterziehung nicht Platz greifen. Es kann aber eine Ordnungswidrigkeit wegen **Organisationsmängeln** (Verletzung der Aufsichtspflicht) verbleiben (§ 130 OWiG). Wichtig ist, dass Straffreiheit eintritt, wenn vor Entdeckung der Tat und vor Beginn einer steuerlichen Außenprüfung der Sachverhalt bei der Finanzbehörde aufgedeckt und die zutreffende Steuer innerhalb angemessener Frist abgeführt wird (**Selbstanzeige**; § 371 AO). Diese Möglichkeit sollte bei Zweifelsfällen stets sorgfältig geprüft werden. Straffreiheit tritt freilich nur ein, wenn die für die

---

[111] Zum umstr. Umfang der materiellen Maßgeblichkeit vgl. *Schmidt/Weber-Grellet* EStG § 5 Rn. 26 ff.
[112] *Tipke/Kruse* AO § 150 Rn. 10; *Klein/Brockmeyer* AO § 150 Rn. 13.

betreffende Steuerart relevanten Sachverhalte in vollem Umfang (also ohne jeden Vorbehalt) berücksichtigt oder – bei unterlassenen Angaben – offengelegt werden.

181 Als **Ordnungswidrigkeiten** können geahndet werden die sog. leichtfertige Steuerverkürzung (§ 378 AO),[113] die Steuergefährdung (§ 379 AO),[114] die Gefährdung von Abzugsteuern, die Verbrauchsteuergefährdung und die Gefährdung von Einfuhr- und Ausfuhrabgaben (§ 380 AO iVm §§ 38, 43, 48, 50a EStG; §§ 381, 382 AO). Darauf ist hier nicht weiter einzugehen.

6. Steuerliche Gewinnermittlung

a) Steuermanagement

182 Der Fiskus ist „stiller – wenn auch gar nicht bescheidener – Teilhaber" der AG.[115] Er partizipiert mit KSt, GewSt und Solidaritätszuschlag an den erwirtschafteten Ergebnissen. Aus der ursprünglichen Vorstellung, dass der Fiskus auch nicht besser gestellt werden sollte wie die Anteilseigner, resultiert der noch heute gültige Grundsatz der **Maßgeblichkeit der Handelsbilanz für die Steuerbilanz** (§ 5 Abs. 1 EStG). Der früher geltende, aber zunehmend als unglücklich empfundene, Grundsatz der sog. umgekehrten Maßgeblichkeit, wonach die Ausübung steuerlicher Wahlrechte deren Ausübung auch in der Handelsbilanz voraussetzte, ist seit 2009 aufgehoben (→ Rn. 169). Das ist in gewisser Weise konsistent; denn die Ziele der Handelsbilanz und die der steuerlichen Gewinnermittlung waren nie deckungsgleich und haben sich bis heute weitgehend auseinander entwickelt. Während die Handelsbilanz ein multifunktionales Instrument ist (→ Rn. 141, 186), ist letztlich einziger Zweck der bilanzsteuerlichen Gewinnermittlung die Sicherstellung einer gleichmäßigen Besteuerung auf der Basis der wirtschaftlichen Leistungsfähigkeit des Unternehmens. Der Grundsatz der Maßgeblichkeit hat zunehmend aufgrund steuerlicher Sonderbestimmungen und durch den Wegfall des Grundsatzes der umgekehrten Maßgeblichkeit an Bedeutung verloren. In den seltensten Fällen wird es deshalb möglich sein, eine sog. Einheitsbilanz aufzustellen; bei der AG wird in der Regel eine besondere Steuerbilanz erforderlich werden. Trotzdem bestehen mannigfache Interdependenzen zwischen Handels- und Steuerbilanz, so dass beide nur im Zusammenhang erstellt werden können.

183 Ein wesentlicher Faktor bei der Bilanzerstellung, aber auch bei der vorgreiflichen Sachverhaltsgestaltung muss die **Steuerpolitik** und das **Steuermanagement** der AG sein. Im Rahmen des rechtlich Zulässigen muss das zuständige Vorstandsmitglied die **Steuerlastquote** der AG bzw. des Konzerns optimieren, dh minimieren (→ Rn. 176). Ob dabei eine Kurz-, Mittel- oder Langfristpolitik betrieben wird, hängt vom Einzelfall ab.

184 Das zuständige Vorstandsmitglied wird diese Aufgaben schon allein wegen der Komplexität der Materie auf eine **Steuerabteilung** oder auf **externe Berater** oder im Einzelfall auf beide übertragen. Es bleibt aber festzuhalten, dass der Vorstand für alle Entscheidungen die Letztverantwortung trägt, denn an ihm knüpfen, als gesetzlichem Vertreter, die steuerlichen Pflichten der AG an (§ 34 Abs. 1 AO). Trotz externer Beratung ist es dem Vorstand deshalb dringend zu empfehlen, bei komplizierten oder/und risikobehafteten steuerlichen Strukturierungen (Finanzierung, Verschmelzung, Spaltung, Ausgliederung, Funktionsverlagerung etc) vor deren Verwirklichung eine **verbindliche Auskunft** oder eine bindende Zusage der Finanzverwaltung einzuholen. Eine (gebührenpflichtige) verbindliche Auskunft über die steuerliche Beurteilung genau bestimmter, noch nicht verwirklichter (also zukünftiger) Sachverhalte kann von der zuständigen Finanzbehörde verlangt werden, sofern erhebliche steuerliche Auswirkungen in Frage stehen. Eine (nicht gebührenpflichtige) ver-

---

[113] Sie liegt vor, wenn der Tatbestand der Steuerhinterziehung nicht vorsätzlich, sondern leichtfertig verwirklicht wird. Leichtfertig handelt, wer die Sorgfalt außer Acht lässt, zu der er nach den besonderen Umständen des Falles und seinen persönlichen Fähigkeiten und Kenntnissen imstande ist; vgl. *Kohlmann*, Steuerstrafrecht, Loseblattausgabe, § 378 AO Rn. 61.
[114] Vorsätzliche Ausstellung unrichtiger Belege oder unrichtige Verbuchung von Geschäftsvorfällen.
[115] *Döllerer* BB 1971, 1333 (1334).

C. Adressaten der Rechenschaftslegung

bindliche Zusage kann im Rahmen bzw. im Anschluss an eine Betriebsprüfung über die steuerliche Behandlung eines in der Vergangenheit verwirklichten und geprüften Sachverhalts in der Zukunft von der Finanzbehörde erteilt werden (§ 89 Abs. 2–5 AO: verbindliche Auskunft; §§ 204 ff. AO: verbindliche Zusage).

b) Steuerbilanzpolitik

Eine effiziente Steuerbilanzpolitik setzt jedenfalls Kenntnis der für das betreffende Unternehmen oder den Unternehmensverbund einschlägigen Steuerproblematik und des dazugehörigen Instrumentariums voraus. Darauf kann im Einzelnen nicht eingegangen werden. Beispielshalber sollen nur vier Problemkreise herausgegriffen werden:

(1) Erwirtschaftet die AG einen Jahresfehlbetrag, so kann dieser bis zu einem Betrag von 1 Mio Euro in das vorangegangene Jahr zurückgetragen und ein nicht ausgeglichener Betrag in die Folgejahre vorgetragen werden. Er kann in den Folgejahren jeweils bis auf einen Sockelbetrag von 1 Mio. Euro unbeschränkt, darüber hinaus aber nur zu 60% verrechnet werden (**Mindestbesteuerung;** § 8 Abs. 1 KStG iVm § 10d EStG). Die Mindestbesteuerung führt zur vorzeitigen Versteuerung und einem entsprechenden Liquiditätsabfluss. Bilanzpolitische Maßnahmen in Verlustjahren oder im Hinblick auf voraussehbare künftige Verlustjahre gewinnen damit besondere Bedeutung. Wenn möglich, wird man Gewinnrealisierungstatbestände in diese Jahre verlagern oder sogar stille Reserven (zB durch „sale and lease back"-Konstruktionen) heben. Erforderlich sind jedenfalls folgende Maßnahmen:
– Bestandsaufnahme der Verlustsituation;
– Entwicklung eines optimalen Verlustnutzungskonzepts (Verlustverwertungsstrategien);
– Timing der Verluststrategien.[116]

(2) Finanziert sich die AG über Darlehen, die von einem wesentlich beteiligten Aktionär (unmittelbare oder mittelbare Beteiligung von mehr als 25%), von einer diesem nahe stehenden Person oder von einem Dritten (Bank), die beim Aktionär Rückgriff nehmen kann, kommen, so können Vergütungen (Zinsen) nicht als Betriebsausgaben abgezogen werden, soweit das Darlehen das 1½-fache des anteiligen Eigenkapitals des betreffenden Anteilseigners übersteigt und von einem Dritten unter sonst gleichen Bedingungen nicht gewährt worden wäre (**Gesellschafterfremdfinanzierung**). Insoweit liegen vielmehr für den Aktionär und für die AG verdeckte Gewinnausschüttungen vor (§ 8a KStG, Freigrenze 2 Mio. Euro). Maßgeblich ist das Eigenkapital laut Handelsbilanz (HGB) des vorausgegangenen Wirtschaftsjahres. Dieses Eigenkapital bedarf deshalb steter Beobachtung, um nicht ungewollt in eine steuerliche Finanzierungsfalle zu laufen; dies kann sich insbesondere in Verlustsituationen einstellen.[117] Jedenfalls muss die Gesellschafterfremdfinanzierung einen festen Platz in der Bilanzpolitik des Unternehmens haben.

(3) Besondere Sorgfalt ist auf die Beurteilung von Geschäften zwischen AG und Aktionär zu legen. Werden sie nicht wie Drittgeschäfte abgewickelt, sondern sind sie mehr oder weniger **durch das Gesellschaftsverhältnis veranlasst** und führen sie zu einem Vermögensvorteil beim Aktionär, besteht die Gefahr, dass steuerlich eine verdeckte Gewinnausschüttung und handelsrechtlich eine verbotene Einlagenrückgewähr vorliegt (§ 8 Abs. 3 KStG; § 57 Abs. 1 AktG).[118]

(4) Als steuerliches und steuerbilanzielles Gestaltungsmittel ist im AG-Konzern die steuerliche **Organschaft** zu berücksichtigen. Vor allem kann sie dem erweiterten Verlustausgleich dienen (Verluste des Organträgers werden mit Gewinnen der Organtochter ver-

---

[116] Vgl. *Prinz* GmbHR 2004, 921.
[117] Vgl. *Prinz* GmbHR 2004, 921.
[118] Unter einer verdeckten Gewinnausschüttung im Sinne des Steuerrechts ist eine Vermögensminderung (verhinderte Vermögensmehrung) zu verstehen, die durch das Gesellschaftsverhältnis veranlasst ist, sich auf die Höhe des Einkommens auswirkt und in keinem Zusammenhang mit einer offenen Ausschüttung steht, BFH BStBl. II 1998, 545 unter IV.

rechnet oder umgekehrt) oder das Zinsabzugsverbot bei fremdfinanzierten Beteiligungen vermeiden (§§ 14 ff. KStG; § 2 Abs. 2 S. 2 GewStG; § 3c Abs. 1 EStG).[119]

D. Jahresabschluss/Einzelabschluss

I. Zweck des Einzelabschlusses

186 Die AG muss ohne Rücksicht darauf, ob sie kapitalmarktorientiert ist oder nicht, einen Einzelabschluss nach den Vorschriften des HGB aufstellen. Lediglich für Zwecke der Offenlegung hat die große AG das Wahlrecht, einen Abschluss nach IAS/IFRS zu publizieren. Wie bereits dargelegt (→ Rn. 141) ist der HGB-Abschluss ein multifunktionales Instrument und verfolgt mehrere Ziele gleichzeitig. Diese sind insbesondere:
– die Gewinnermittlungsfunktion;
– die Ausschüttungsbemessungs (-sperr)funktion;
– die Kapitalerhaltungsfunktion;
– die Gläubigerschutzfunktion;
– die Steuerbemessungsfunktion;
– die Informationsfunktion.

187 Es ist offensichtlich, dass nicht jedes Ziel optimal verwirklicht werden kann; deshalb hat sich schon heute die Steuerbemessungsfunktion durch eine große Zahl von Sonderregelungen in eine mehr oder weniger eigenständige Steuerbilanz abgespalten. Trotzdem ist es dem HGB-Abschluss in der Gestalt, die ihm eine von GoB geprägte kaufmännische Tradition und die Rechtsprechung von BFH und BGH gegeben haben, gelungen, alle Funktionen in ausreichendem Maße zu erfüllen und dabei den Gedanken der **Einheitsbilanz** aufrecht zu erhalten. Er ist deshalb derzeit für die nicht kapitalmarktorientierte AG sowohl als Einzel- als auch als Konzernabschluss nach wie vor ein geeignetes Instrument.

188 Nicht zu verkennen ist allerdings, dass auf den HGB-Abschluss starker Druck von den IAS/IFRS-Abschlüssen ausgeht, der sich noch verstärken wird. Dies kommt zum einen daher, dass kapitalmarktorientierte Unternehmen ihren Konzernabschluss ab 2005 nach IAS/IFRS aufstellen müssen, was wegen der Konsolidierung zwangsläufig zur Folge hat, dass die einbezogenen Unternehmen neben dem HGB-Einzelabschluss auch einen IAS/IFRS-Einzelabschluss erstellen müssen. Zum anderen findet über die EU Bilanz Richtlinie und deren Umsetzung in deutsches HGB-Bilanzrecht[120] mehr und mehr Gedankengut der internationalen Rechnungslegung Eingang in die HGB-Bilanz. Schließlich sind Zweifelsfragen in der Einzelbilanz schon heute **europarechtskonform** auszulegen; ggf. können auch kreditgebende Banken einen Abschluss nach internationalen Rechnungslegungsvorschriften verlangen.

189 Trotzdem haben sich die Zukunftsperspektiven für den HGB-Abschluss – trotz anfänglicher Ungewissheit – durchaus gefestigt, nachdem die praktische Anwendung der IAS/IFRS ihre permanente Änderungsanfälligkeit, die Volatilität der Abschlüsse und den großzügigen Ermessensfreiraum augenfällig gemacht haben. Die AG hat einen HGB-Abschluss zwingend aufzustellen und im Handelsregister offen zu legen. Wird die AG in den Konzernabschluss einer kapitalmarktorientierten Muttergesellschaft einbezogen, ist daneben für Konsolidierungszwecke noch ein IAS/IFRS-Abschluss zu machen. Hinzu kommt die mehr oder weniger selbstständige Steuerbilanz.

---

[119] Vgl. dazu *Dötsch/Pung/Möhlenbrock*, Die Körperschaftsteuer, § 14 KStG nF Rn. 6 ff.
[120] RL 2013/34/EU; zur Fair Value Bewertung vgl. insbes. Art. 8.

II. Grundsätze für die Erstellung des Einzelabschlusses nach HGB

1. Gestaltungsmöglichkeiten

Die Handelsbilanz nach HGB ist weitgehend in Form und Inhalt gesetzlich und zwar im Gegensatz zu IAS/IFRS in einer sinnvollen Systematik geregelt. Insoweit ist Bilanzierung Gesetzesanwendung und Anwendung der GoB. Nicht unerhebliche Spielräume (allerdings geringere als im IAS/IFRS-Abschluss) und damit **Eingriffs- und Gestaltungsmöglichkeiten** ergeben sich in dreierlei Hinsicht:
– Sachverhaltsgestaltung;
– Ausübung von Wahlrechten;
– Nutzung von Ermessensspielräumen.

Die dazu erforderlichen Entscheidungen werden vom Vorstand in der Aufstellungsphase des Abschlusses vorbereitet. Endgültig entschieden wird hierüber erst mit Billigung des Abschlusses durch den Aufsichtsrat oder – im Ausnahmefall – durch die Hauptversammlung, also erst mit Feststellung des Abschlusses. Die Meinungsbildung des Vorstands ist in der Regel auf das für die Rechnungslegung zuständige Vorstandsmitglied delegiert; bei gewichtigen Entscheidungen, insbesondere Sachverhaltsgestaltungen, wird eine Entscheidung des Gesamtvorstands notwendig.

2. Sachverhaltsgestaltungen

a) Jahresabschlussrelevanz

Bei Sachverhaltsgestaltungen geht es in der Regel um bilanz- oder GuV-wirksame Transaktionen, deren Hauptzweck in der Abschlussgestaltung und nicht in anderen wirtschaftlichen Notwendigkeiten liegt. In der Regel geht es darum, Erträge oder Aufwendungen zu schaffen (zB durch Heben stiller Reserven oder stiller Lasten) oder/und Aktiv- oder Passivposten aus der Bilanz zu eliminieren oder durch andere zu ersetzen. Dabei kann es sich um bloße **Periodenverschiebungen,** aber auch um endgültige Maßnahmen handeln. Soweit andere wirtschaftliche Ziele im Vordergrund stehen (zB Liquiditätsbeschaffung, Kurssicherung etc), handelt es sich nicht um bilanzpolitische Maßnahmen im engeren Sinne; diese Geschäftsvorfälle müssen nur ihrem wirtschaftlichen Gehalt entsprechend richtig abgebildet werden.

Bilanzpolitisch geprägte Sachverhaltsgestaltungen sind als „window dressing" oder „creative accounting" durch die Häufung von Bilanzskandalen ins Zwielicht geraten. Sie sind jedoch grundsätzlich nicht unzulässig. Sie müssen aber rechtlich so gestaltet und wirtschaftlich so durchgeführt werden, dass das bilanzielle Abbild in jeder für die Rechenschaftslegung relevanten Beziehung der Wirklichkeit entspricht („true and fair"). Daran kranken Sachverhaltskonstruktionen häufig, insbesondere wenn unter rechtlich äußerst komplizierten und intransparenten Gestaltungen die entscheidenden wirtschaftlichen Sachverhalte verborgen bleiben. Auswüchsen, die mit sog. Zweckgesellschaften (Special Purpose Vehicles) praktiziert worden sind, hat der Gesetzgeber jetzt mit einer weitgehenden Einbeziehungspflicht in den Konzernabschluss vorgebeugt (§ 290 Abs. 2 Nr. 4 HGB).[121]

Transaktionen können bilanziell nur dann Bestand haben, wenn sie die wirtschaftliche und rechtliche Zuordnung von Bilanz- oder GuV-Posten definitiv und endgültig festlegen. Dabei sind insbesondere folgende Kriterien zu beachten, die gleichzeitig auch Kriterien für Erwerb oder Abgabe des **wirtschaftlichen Eigentums** sind:[122]
– Dauerhaftigkeit (für die wirtschaftliche Nutzungsdauer der Transaktion);
– Übergang von Gefahr, Nutzungen und Lasten;
– Risikoübertragung (keine Rückführung über rechtliche Umwege);
– Übertragung der Wertsteigerungschance und des Wertminderungsrisikos.

---

[121] Vgl. dazu *Kraft/Link* ZGR 2013, 514.
[122] Vgl. *Adler/Düring/Schmaltz* HGB § 246 Rn. 267 ff.

195 Die für die Bilanzierung relevanten Grundsätze über die wirtschaftliche Zugehörigkeit gehen damit weit über die rechtliche Zuordnung hinaus;[123] dies hat der Vorstand bei Beurteilung und Entscheidung der häufig von Beratern oder Banken vorgeschlagenen Konstruktionen reiflich abzuwägen. Leitlinie jeder Entscheidung hat der kodifizierte Grundsatz zu sein, dass der Jahresabschluss „ein den tatsächlichen Verhältnissen entsprechendes Bild der Vermögens-, Finanz- und Ertragslage der Kapitalgesellschaft zu vermitteln" hat (§ 264 Abs. 2 S. 1 HGB).

b) Beispiele

196 Die Praxis hat eine Vielzahl von modellhaften Konstruktionen entwickelt, die mehr oder weniger transparent auf den Einzelfall zugeschnitten werden. Die nachfolgenden – nicht näher erläuterten – Beispiele haben nicht immer nur einen bilanzpolitischen Hintergrund; sie können auch andere Ziele (mit) verfolgen:[124]
– Sale and lease back;
– Factoring (neben der Finanzierungsfunktion häufig auch Dienstleistungsfunktion);
– Asset Backed Securities (Übertragung eines Pools von Aktiva auf eine Zweckgesellschaft);
– echte und unechte Pensionsgeschäfte;
– Sachdarlehen (Wertpapierleihgeschäfte);
– Optionsgeschäfte;
– Swapgeschäfte (insbesondere Zinsswaps);
– Zinsabgrenzungsvereinbarungen (Laps, Floors, Collars);
– Sicherungsgeschäfte (Hedge-Accounting).

197 Hinzu kommen weitere (konventionelle) Instrumente wie zB:
– Rangrücktrittsvereinbarungen;
– Forderungserlass;
– Verkäufe innerhalb des Konzerns (ohne Wirkung im Konzernabschluss);
– Verschmelzung;
– Abspaltung;
– Ausgliederung.

c) Ursachen

198 Sachverhaltsgestaltung hat in der Regel drei durchaus unterschiedlich zu beurteilende Ursachen:
– Ein vorgefundener Sachverhalt wird einer vernünftigen innerbetrieblichen Struktur und externen Darstellung angepasst: Das ist sinnvoll und notwendig.
– Ein Sachverhalt wird gestaltet, um die steuerliche Belastung der AG oder des Konzerns zu optimieren: Das ist sinnvoll und notwendig.
– Ein Sachverhalt wird um der Bilanzkosmetik willen gestaltet: Das ist nicht von vornherein unzulässig, bedarf aber erhöhter Sorgfalt und Transparenz und fordert den Vorstand in seiner Verantwortung.

3. Wahlrechte

a) Kategorien

199 Das HGB räumt Wahlrechte ein und gibt damit dem Vorstand Gestaltungsspielräume. Allerdings hat das BilMoG seit 2009 die früher relativ großzügigen Wahlrechte eingeschränkt und zB aus dem früheren Wahlrecht zur Aktivierung eines erworbenen Geschäfts- oder

---

[123] *Adler/Düring/Schmaltz* HGB § 246 Rn. 263; vgl. auch SIC 27.4, die insoweit voll den HGB-GoB entsprechen: „Die Bilanzierung hat den wirtschaftlichen Gehalt der Vereinbarung widerzuspiegeln. Zur Bestimmung des wirtschaftlichen Gehalts sind alle Aspekte und Folgen einer Vereinbarung zu beurteilen, wobei Aspekte und Folgen mit wirtschaftlichen Auswirkungen vorrangig zu berücksichtigen sind."
[124] Vgl. dazu *Adler/Düring/Schmaltz* HGB § 246 Rn. 311 ff.; *Kleindiek* in Großkomm. HGB § 246 Rn. 60 ff.; *Förschle/Kroner* in BeckBil-Komm. HGB § 246 Rn. 5 ff.; *Flintrop* in Beck'sches IFRS-HdB § 18 S. 797 ff.

D. Jahresabschluss/Einzelabschluss

Firmenwerts eine Ansatzpflicht gemacht, die sog. Sonderposten mit Rücklagenanteil und den Ansatz von Aufwandsrückstellungen gestrichen. Man kann die Wahlrechte im Wesentlichen in drei Kategorien einteilen:
- Ansatzwahlrechte;
- Bewertungswahlrechte;
- Bilanzierungshilfen.

Bei den Ansatzwahlrechten wird der Ansatz bestimmter Vermögensposten oder Schulden in die Entscheidung des Vorstands gestellt. Bei den Bewertungswahlrechten werden bei vorgeschriebenem Ansatz unterschiedliche Bewertungsverfahren zur Verfügung gestellt. Bilanzierungshilfen sind in der Regel Instrumente, die in besonderen Situationen des Unternehmens (zB Anlaufphase) oder bei besonderen Geschäftsvorfällen (zB Unternehmenskauf) zu einer wirtschaftlich aussagekräftigeren Darstellung der Vermögens- und Ertragslage führen.

Beispielhaft seien als **Ansatzwahlrechte** aufgeführt (§§ 249, 250 Abs. 3, 255 Abs. 3, § 274 Abs. 1 S. 2 HGB; § 6 Abs. 2 EStG):
- Selbstgeschaffene immaterielle Vermögensgegenstände des Anlagevermögens;
- bestimmte Rechnungsabgrenzungsposten, insbesondere das Disagio aus der Aufnahme von Verbindlichkeiten;
- die Aktivierung latenter Steuern, wenn die handelsrechtliche Gewinnrealisierung der steuerlichen zeitlich nachfolgt;
- geringwertige Anlagegüter (Anschaffungs- oder Herstellungskosten nicht über 410 Euro).

Beispielhaft seien als **Bewertungswahlrechte** aufgeführt (§§ 255 Abs. 2 S. 3, Abs. 3, 256, 254 HGB; § 24 UmwG):
- Einrechnung von allgemeinen Verwaltungskosten, Aufwendungen für soziale Leistungen und Einrichtungen sowie für betriebliche Altersversorgung in die zu aktivierenden Herstellungskosten;
- Einrechnung zurechenbarer Zinsen in die zu aktivierenden Herstellungskosten;
- Annahme bestimmter Verbrauchsfolgen (Lifo, Fifo-Verfahren);
- außerplanmäßige Abschreibungen bei nur vorübergehender Wertminderung bei Finanzanlagen;
- Bildung von Bewertungseinheiten;
- Verknüpfung der Buchwerte bei bestimmten Umstrukturierungen (Verschmelzung, Spaltung, Formwechsel).

b) Ausübung

Von den eingeräumten Wahlrechten kann der Vorstand grundsätzlich – natürlich immer im Rahmen seines pflichtgemäßen Ermessens – Gebrauch machen und damit auch Bilanzpolitik betreiben. Oberstes Gebot ist dabei jedoch absolute **Transparenz:** Ansatz- und Bewertungsmethoden sind im Anhang anzugeben und vor allem sind Änderungen und Abweichungen gegenüber der bisherigen Praxis zu berichten und zu begründen und deren Einfluss auf die Vermögens-, Finanz- und Ertragslage darzustellen. Dazu müssen keine Einzelbeträge genannt werden, im Saldo muss aber betragsmäßig die Auswirkung angegeben und der Trend der Maßnahmen deutlich gemacht werden.[125] Darüber hinaus gibt es weitere Einschränkungen in der Wahlfreiheit: In der HGB-Bilanz hat der Vorstand das **Vorsichtsprinzip** zu befolgen (§ 252 Abs. 1 Nr. 4 HGB).[126] Er wird deshalb den Ansatz oder die Bewertung praktizieren, die für die Bilanzadressaten die größere Sicherheit und Verlässlichkeit gewährleistet. Im Gegensatz zur IAS/IFRS-Bilanz ist dies in der HGB-Bilanz vorrangig vor einer ggf. aussagekräftigeren dynamischen Ertragsdarstellung.

Es gilt weiterhin der übergreifende Grundsatz der **Ansatz- und Bewertungsstetigkeit** (§ 252 Abs. 1 Nr. 6 HGB). Nur er gewährleistet eine verlässliche Beurteilung des Unter-

---

[125] Im Einzelnen str., vgl. *Ellrott* in BeckBil-Komm. HGB § 284 Rn. 170 mwN.
[126] Vgl. auch *Moxter/Engel-Ciric* BB 2014, 489.

4. Nutzung von Ermessensspielräumen

205   Es gibt nur wenige Posten in der Rechnungslegung, deren Ansatz und Betrag sich definitiv aus dem gegebenen Sachverhalt und der gesetzlichen Regelung ergeben. Bilanzieren ist im Wesentlichen Beurteilen und Bewerten von Sachverhalten: zugegebenermaßen im Rahmen des gesetzlichen Regelwerks, aber doch durch Beurteilung und Einschätzung des Bilanzierenden. Die letzte Verantwortung für die Beurteilung und Einschätzung trägt vorab der Ressortvorstand, aber am Ende auch der Gesamtvorstand.

206   Die **Beurteilungs- und Bewertungsspielräume** sind in der HGB-Rechnungslegung nicht annähernd so ausufernd wie in der IAS/IFRS-Rechnungslegung. Trotzdem bieten sie dem Vorstand ein relativ weites Feld. Dies kann er aber nur im Rahmen seiner Sorgfaltspflichten und Verantwortlichkeiten nutzen. Zunächst ist er der möglichst optimalen Erreichung der verschiedenen Bilanzzwecke der HGB-Rechnungslegung für die verschiedenen Adressaten verpflichtet. Dann gilt der übergreifende Grundsatz, dass der Jahresabschluss ein den tatsächlichen Verhältnissen entsprechendes Bild der Vermögens-, Finanz- und Ertragslage zu vermitteln hat und schließlich gelten das Vorsichtsprinzip (Gewinne sind zu berücksichtigen, sobald sie realisiert sind; Verluste schon, wenn sie verursacht sind), das Prinzip der periodengerechten Erfolgsermittlung und der Stetigkeitsgrundsatz (§ 252 Abs. 1 Nr. 4, 5, 6 HGB).

207   Der Vorstand gebraucht sein Ermessen nur dann **fehlerfrei,** wenn er alle Gesichtspunkte, die für die Beurteilung und Entscheidung von Bedeutung sein können, sorgfältig und im Rahmen seiner Möglichkeiten vollständig erfasst und seine Entscheidung unter Berücksichtigung der genannten Grundregeln, aber nicht willkürlich und nicht unter Berücksichtigung sachfremder (zB eigener) Interessen trifft.

208   Es erscheint zumindest zweifelhaft, ob Ermessensentscheidungen im Rahmen der Rechenschaftslegung zu den „**unternehmerischen Entscheidungen**" im Sinne der Business Judgement Rule gehören oder ob es sich vielmehr kraft Sachzusammenhangs um die gesetzliche Pflichtenstellung des Vorstands handelt. Die Unterscheidung ist deshalb erheblich, weil nur im ersten Fall die Begrenzung des Verschuldensmaßstabs auf grobe Fahrlässigkeit in Betracht kommt, andernfalls aber für jede Fahrlässigkeit gehaftet wird (§ 93 Abs. 1 S. 2 AktG).[127]

209   Ermessensausübung unter dem Vorsichtsprinzip bedeutet nicht, dass nur Risiken und keine Chancen berücksichtigt werden dürften. Jedoch ist unter mehreren Einschätzungen die pessimistischere, unter mehreren Möglichkeiten die wahrscheinlichste und innerhalb einer Bandbreite nicht das oberste Ende zu wählen.[128]

E. Jahresabschluss/Konzernabschluss

I. Informationsabschluss nach IAS/IFRS

1. Zweck des IAS/IFRS-Abschlusses

210   Im Gegensatz zum multifunktionalen HGB-Abschluss hat der IAS/IFRS-Abschluss, einen Hauptzweck nämlich die Bereitstellung von Informationen über die Vermögens- und Finanzlage, die Ertragskraft und die Cash-flows eines Unternehmens für eine Vielzahl von

---

[127] Vgl. dazu *W. Müller,* Liber amicorum Happ, 2006, 179 ff.
[128] *Adler/Düring/Schmaltz* HGB § 252 Rn. 66 ff.

Adressaten, die diese Informationen nutzen, um wirtschaftliche Entscheidungen zu treffen („... in making economic decisions"; IAS 1.9). Nebenzweck ist die Rechenschaftslegung über anvertrautes Vermögen.

Die IAS/IFRS sind derzeit kein systematisch aufgebautes, in sich geschlossenes Regelwerk, sondern eine aus der Praxis herrührende Ansammlung von Standards und Interpretationen mit weiten Auslegungs- und Ermessensspielräumen und auch gewissen Lücken. Eine umso größere Bedeutung kommt der Vermittlung eines den tatsächlichen Verhältnissen entsprechenden Bildes (**„fair presentation"**) zu. Dieses Prinzip ist so dominant, dass im Ausnahmefall von einem Standard abgewichen werden muss, wenn ein Festhalten irreführend („misleading") wäre (IAS 1.19). Fehlt ein Standard oder eine Regelung für einen spezifischen Sachverhalt, so ist das Management aufgefordert, Bilanzierungs- und Bewertungsmethoden zu entwickeln, die eine „fair presentation" sicherstellen (IAS 1.20). In der Entscheidung von Auslegungs- und Ermessensfragen ist der Vorstand also stärker gefordert als bei der HGB-Bilanz. 211

Der Konzernabschluss nach HGB hingegen ist eine Zusammenfassung der Abschlüsse von Mutter- und Tochtergesellschaften, der zwar nach einheitlichen Bewertungsmethoden, aber zwingend nach solchen des HGB aufgestellt werden muss. Damit ist der HGB-Konzernabschluss, ebenso wie der Einzelabschluss, von seinen Bilanzzwecken her multifunktional und damit denselben Kritikpunkten wie der Einzelabschluss ausgesetzt. Auf der anderen Seite müssen Kapitalgesellschaften mit Geschäftsleitung in Deutschland einen Einzelabschluss nach HGB aufstellen, so dass ein Konzernabschluss nach HGB sich ohne Systemumstellung aus den Einzelbilanzen entwickeln lässt. Wird der Konzernabschluss nach IAS/IFRS erstellt, so erfordert dies aus konsolidierungstechnischen Notwendigkeiten bei allen Konzernmitgliedern parallel zur HGB-Einzelbilanz auch eine Einzelbilanz nach IAS/IFRS. Es macht deshalb keine Schwierigkeiten, wenn eine große Kapitalgesellschaft für Veröffentlichungszwecke von dem Recht Gebrauch macht, nur den IAS/IFRS-Abschluss zu verwenden (§§ 325 Abs. 2a und 2b, 267 Abs. 3 HGB). 212

2. Anwendungsbereich

Die börsennotierte AG (AG, deren Wertpapiere zum Handel an einem regulierten Markt zugelassen sind) muss für Geschäftsjahre, die am oder nach dem 1.1.2005 begonnen haben, den Konzernabschluss zwingend nach IAS/IFRS erstellen.[129] Über die Erfordernisse der EU-VO hinaus muss auch eine AG zwingend für den Konzernabschluss IAS/IFRS anwenden, wenn bis zum jeweiligen Bilanzstichtag die Zulassung eines Wertpapiers an einem regulierten Markt im Inland beantragt worden ist (§ 315a Abs. 2 HGB). Die nicht kapitalmarktorientierte AG hat ein **Wahlrecht**, ob sie ihren Konzernabschluss nach HGB oder nach IAS/IFRS aufmachen will (§ 315a Abs. 3 HGB). Die Entscheidungskompetenz für diese wichtige Frage liegt beim Vorstand im Einvernehmen mit dem Aufsichtsrat. Die Mitwirkungsnotwendigkeit des Aufsichtsrats ergibt sich aus seiner Prüfungs- und Billigungszuständigkeit (§ 171 Abs. 2 S. 5 HGB). Auch die Satzung kann diesbezüglich eine Regelung enthalten; sie enthebt damit den Vorstand weiterer Überlegungen. 213

Bei der Entscheidung, ob von dem Wahlrecht Gebrauch gemacht werden soll, sind die nicht unerheblichen **Mehr- und Zusatzkosten** gegen die Vorteile verbesserter Information, die Erfordernisse im Wettbewerb und ggf. die Anforderungen von Kreditgebern (Basel III) abzuwägen. Dabei ist der Umstand zu bedenken, dass der HGB-Einzelabschluss (und eine daraus abgeleitete Steuerbilanz) durch einen IAS/IFRS-Abschluss nach derzeitiger Rechtslage nicht eingespart werden kann. 214

---

[129] Art. 4 IAS-VO, EU Nr. 1606/2002 vom 19.7.2002. Für Unternehmen, die bisher nach anderen international anerkannten Standards bilanziert haben (US-GAAP) und deren Wertpapiere in Nichtmitgliedstaaten der EU zu öffentlichem Handel zugelassen sind, oder für Unternehmen, bei denen lediglich Schuldtitel zum öffentlichen Handel zugelassen sind, gilt eine Übergangsfrist: IAS/IFRS sind erstmals aufzuwenden für Geschäftsjahre, die am oder nach dem 1.1.2007 begonnen haben.

II. Wesentliche Unterschiede zwischen IAS/IFRS- und HGB-Bilanzierung

215 Es kann an dieser Stelle keine Einführung in die IAS/IFRS-Bilanzierung gegeben werden. Dazu wird auf die einschlägige Literatur verwiesen. Das für Rechnungslegung zuständige Vorstandsmitglied wird sich jedoch kraft Übernahme des Amtes zumindest mit den Fragen und Problemen der IAS/IFRS-Bilanzierung vertraut machen müssen, die für die AG und den Konzern relevant sind. Die Verantwortung des Gesamtvorstands kann sich in diesem speziellen Bereich nur auf die Überwachung und die Vergewisserung von der kompetenten Funktionserfüllung durch den Ressortvorstand beschränken.

216 Die **wesentlichen Kriterien** der IAS/IFRS-Bilanzierung im **Vergleich** zur HGB-Bilanzierung können wie folgt beschrieben werden:[130]

217 **„Fair Value"-Bewertung.** Während das HGB strikt der Bewertung nach dem Anschaffungs- oder Herstellungskostenprinzip folgt,[131] gilt das unter IAS/IFRS nur für die Erst- oder Zugangsbewertung (da entspricht der Verkehrswert in der Regel ohnehin den Anschaffungskosten). Für die **Folgebewertung** kennen IAS/IFRS aber zwingend oder wahlweise zahlreiche Ausnahmen zugunsten des „fair value" (Neubewertungsbetrag abzüglich kumulativer Abschreibungen):
– zwingender „fair value"-Ansatz bei bestimmten Finanzinstrumenten (Derivate; Wertpapiere, die zu Handelszwecken gehalten oder jederzeit veräußert werden können; Finanzinvestitionen oder Kredite, die nicht bis zur Endfälligkeit gehalten werden sollen; IAS 32 und IAS 39);
– Wahlweiser „fair value"-Ansatz (IAS 16.29; 40.30; 38.75) bei
  – Sachanlagen;
  – als Finanzinvestitionen gehaltenen Immobilien;
  – nicht selbst geschaffenen immateriellen Vermögenswerten.

218 Der „fair value"-Ansatz bedarf einer stetigen (naturgemäß subjektiv beeinflussten) Verkehrswertbewertung (Neubewertung). Dies führt zu einer hohen Volatilität der betreffenden Bilanzposten und damit auch des Eigenkapitals mit Erklärungs- und Verständnisbedarf für Anleger und Kreditgeber.

219 **Zukunftsgerichtete Betrachtung.** Die Bewertung allgemein (nicht nur die „fair value"-Bewertung, sondern insbesondere auch die Abschreibungssystematik) ist stärker zukunfts- und prognoseorientiert als dies im HGB-Abschluss der Fall ist. Daraus resultiert ein geringerer Objektivierungsgrad und eine Ausweitung des Ermessensspielraums.

220 **Gruppenbewertung.** Der im HGB vorherrschende Grundsatz der Einzelbewertung gemäß § 252 Abs. 1 Nr. 3 HGB wird in den IAS/IFRS nicht als Grundsatz postuliert. In der Regel gehen auch IAS/IFRS von der Einzelbewertung aus; es gibt aber wesentliche Ausnahmen, zB im Sachanlagevermögen (IAS 16.36 ff.).

221 **Kein übergreifendes Vorsichtsprinzip.** IAS/IFRS kennen im Gegensatz zum HGB (§ 252 Abs. 1 Nr. 4 HGB) kein übergreifendes Vorsichtsprinzip. Es gelten die allgemeinen Sorgfaltspflichten, die der Vorstand bei jedweder Tätigkeit walten lassen muss. Sachlich passt das zu einer mehr zukunftsgerichteten Bilanzierung, die der Unternehmensbewertung näher steht als der Rechenschaftslegung im engeren Sinne.

222 **Unabhängigkeit vom Steuerrecht.** IAS/IFRS knüpft in keiner Weise an das Steuerrecht an. Das zeigt sich insbesondere an der Bewertung von Verpflichtungen gegenüber Arbeitnehmern (Pensionslasten). Da der gesamte zukünftige Aufwand aufgrund des Arbeitnehmer-Bestands zum Bilanzstichtag ermittelt und zurückgestellt wird, ist die Rückstellungsvorsorge regelmäßig höher als die an steuerlichen Vorschriften (§ 6a EStG) ausgerichtete Rückstellung im HGB-Abschluss.

---

[130] Vgl. *Waurzinek* in Beck'sches IFRS-HdB § 2 Rn. 44 ff.
[131] Ausnahme nur für Finanzinstrumente bei Finanzdienstleistungsinstituten (§ 340e HGB) und für die Bewertung von Deckungsvermögen für Altersversorgungsverpflichtungen (§§ 246 Abs. 2 S. 2, 253 Abs. 1 S. 3 und 4 HGB).

Engere Rückstellungsvoraussetzungen. Die Voraussetzungen für die Bildung von Rückstellungen sind enger als im HGB (rechtliche oder faktische Verpflichtung in Gegenwart oder Vergangenheit; Wahrscheinlichkeit eines Geldabflusses; verlässliche Schätzung; IAS 37.14 ff.). Aufwandsrückstellungen sind grundsätzlich ausgeschlossen. Rückstellungen sind deshalb kaum Instrumente der Bilanzpolitik. 223

Abschreibungen auf Firmenwert. Eine planmäßige lineare Abschreibung auf einen erworbenen Geschäfts- oder Firmenwert ist in den IAS/IFRS nicht vorgesehen. Vielmehr ist ein Wertminderungstest vorzunehmen und bei einer Wertminderung unter den ausgewiesenen Buchwert abzuschreiben („impairment-only-approach"; IFRS 3.54; IAS 36.6; IAS 36.66). Ein erworbener Geschäftswert kann damit nicht mehr planbar über eine bestimmte Zeit aus dem Abschluss eliminiert werden, sondern beeinflusst – zumeist unplanbar – das jeweilige Jahresergebnis. 224

Vorgezogene Gewinnrealisierungen. IAS/IFRS zeichnen sich in der Tendenz durch ein Vorziehen der Gewinnrealisierung im Gegensatz zum HGB aus. Kennzeichnend ist dafür die zeitanteilige Gewinnrealisierung bei Dienstleistungen und bei langfristiger Fertigung (IAS 18.20; IAS 11, 22). 225

III. Ermessensspielräume und Wahlrechte

Während das HGB im Zuge zahlreicher Reformgesetze früher vorhandene Wahlrechte (zB Aufwandsrückstellungen, Geschäftswertaktivierung, steuerliche Wertansätze) sukzessive abgebaut hat, räumen die IAS/IFRS – entgegen einer häufig geäußerten Meinung – gewichtige Wahlrechte ein oder lassen sog. „alternative Methoden" zu. Die Ermessensspielräume sind aber gegenüber dem legalistischen HGB-Konzept schon wegen der mangelnden Systematik und der Unvollkommenheit der IAS/IFRS wesentlich größer. Hinzu kommt eine vom HGB völlig unterschiedliche Formulierungstechnik, die schon rein sprachlich einen **weiten Auslegungsspielraum** gibt. 226

Wenn man weiterhin die dynamische, zukunftsgerichtete Aussagetendenz mit ihrer notwendigerweise subjektiven Einschätzung hinzunimmt, so ergibt sich, dass der Entscheidungsspielraum des Vorstands innerhalb der IAS/IFRS-Bilanzierung keinesfalls kleiner, sondern größer als bei der HGB-Bilanzierung ist. 227

Es ist deshalb nur verständlich, dass in einem solchen System die Vorstandsverantwortung noch ausgeprägter als in einem legalistischen System sein muss. Dies ist wohl auch der Grund, warum die SEC in dem ähnlich strukturierten Bilanzierungssystem der US-GAAP die besondere Verantwortung von CEO und CFO jährlich durch ein strenges persönliches Zertifikat verlangt (→ Rn. 55 ; Sec. 302 SOA). IAS/IFRS enthalten keine derartig weitgehenden Verpflichtungen; jedoch hat der Gesamtvorstand von börsennotierten Gesellschaften auch bei der Bilanzierung nach IAS/IFRS den sog. „Bilanzeid" abzugeben (§§ 264 Abs. 2 S. 3, 297 Abs. 2 S. 4, 315a HGB). Die Darstellung muss den tatsächlichen Verhältnissen der Vermögens-, Finanz- und Ertragslage und den Cashflows entsprechen (IAS 1.9 ff.). 228

F. Bestandteile der jährlichen Rechnungslegung

I. Rechnungslegung nach HGB

1. Einzelabschluss

Der Einzelabschluss nach HGB umfasst den **Jahresabschluss** und den **Lagebericht**. Der Jahresabschluss besteht aus **Bilanz, GuV** und dem **Anhang**. Die drei Bestandteile bilden eine Einheit; fehlt ein Teil, liegt ein Abschluss im Sinne des Gesetzes nicht vor. Zusätz- 229 liche freiwillige Teile (zB Kapitalflussrechnung, Kennzahlen, Überblick über Vorjahreszahlen) werden nicht Bestandteil des Jahresabschlusses im engeren Sinne. Sie können ggf. als freiwillige Angaben in den Anhang integriert werden (für die kapitalmarktorientierte AG aber → Rn. 232). Der Anhang soll Bilanz und GuV entlasten und neben und zusätzlich zu diesen Instrumenten Informationen zur Vermögens-, Finanz- und Ertragslage vermitteln. Alle Bestandteile des Jahresabschlusses sind untereinander gleichwertig.

230 Der früher etwas stiefmütterlich behandelte **Lagebericht** rückt heute immer stärker in das Blickfeld. Zu beachten ist allerdings, dass die kleine AG von der Aufstellung befreit ist (§ 264 Abs. 1 S. 3 iVm § 267 Abs. 1 HGB). Der Lagebericht ist ein eigenständiger Teil der Rechenschaftslegung. Zu Inhalt und Darstellung hat das DRSC[132] für den Konzernlagebericht ausführliche Regelungen erlassen, die – wenn auch nicht zwingend – auf den Lagebericht des Einzelabschlusses entsprechend angewendet werden sollten (→ Rn. 75). In den Lagebericht ist Folgendes aufzunehmen (§ 289 HGB):
– Angaben zum Geschäftsverlauf einschließlich des Geschäftsergebnisses und der Lage der AG;
– Analyse des Geschäftsverlaufs und der Lage der Gesellschaft;
– Angaben der wesentlichen Ziele und Strategien des Vorstands;
– Angabe der voraussichtlichen Entwicklung der AG mit einer Beurteilung der wesentlichen Chancen und Risiken;
– Vorgänge von besonderer Bedeutung nach Schluss des Geschäftsjahrs;
– Risikomanagementziele und -methoden;
– Preisänderungs-, Ausfall- und Liquiditätsrisiken sowie Risiken aus Zahlungsstromschwankungen (Cash-flow-Risiken), insbesondere im Hinblick auf die Verwendung von Finanzinstrumenten;
– Angaben über Forschung und Entwicklung;
– Angaben über Zweigniederlassungen;
– Angaben über nichtfinanzielle Leistungsindikatoren, soweit sie für das Verständnis des Geschäftsverlaufs oder die Lage von Bedeutung sind (nur große AG). Dazu können beispielhaft gehören: Arbeitnehmerbelange, Umweltbelange, Entwicklung des Kundenstamms, Humankapital etc.

231 Im Ergebnis soll der Lagebericht zukunftsbezogene Aussagen enthalten und die Information zur Entscheidungsfindung der Investoren liefern. Von der Funktion her liegt er auf der Linie des IAS/IFRS-Abschlusses (Informationsbeschaffung, um wirtschaftliche Entscheidungen zu treffen).

232 Die **kapitalmarktorientierte AG,** also die AG, deren Aktien oder auch nur deren Schuldtitel (Schuldverschreibungen, Genussrechte oder sonstige Wertpapiere) an einem organisierten Markt gehandelt werden (§ 264d HGB, § 2 Abs. 5 WpHG), die keinen Konzernabschluss aufzustellen verpflichtet ist, hat darüberhinaus zwingend eine **Kapitalflussrechnung** und einen **Eigenkapitalspiegel** zu erstellen. Optional ist die Beifügung einer **Segmentberichterstattung** (§ 264 Abs. 1 S. 2 HGB). Diese Bestandteile ergänzen und erweitern den Jahresabschluss der kapitalmarktorientierten AG. Zu Erleichterungen für in einen Konzernabschluss aufgenommenen Tochterunternehmen vgl. § 264 Abs. 3 und Abs. 4 HGB.

2. Konzernabschluss

233 Der Konzernabschluss nach HGB besteht wiederum aus Konzernbilanz, Konzern-GuV, Konzernanhang und für den Konzernabschluss zwingend einer Konzernkapitalflussrechnung und einem Konzerneigenkapitalspiegel. Freiwillig kann eine Konzern-Segmentberichterstattung hinzugefügt werden (§ 297 Abs. 1 HGB). Hinzu tritt als gesonderter Be-

---

[132] Deutsches Rechnungslegungsstandards Commitee (§ 342 HGB) Deutscher Rechnungslegungsstandard Nr. 20 (DRS 20).

standteil der Konzernrechnungslegung der Konzernlagebericht (§§ 290 Abs. 1, 315 HGB). Eine Befreiung von der Erstellung eines Konzernabschlusses kann nach zwei Indikatoren erfolgen: entweder größenabhängig oder durch Einbeziehung in einen befreienden Konzernabschluss einer übergeordneten Gesellschaft. Die Schwellenwerte für die größenabhängige Befreiung richten sich nach Kennzahlen, die entweder additiv aus den einzubeziehenden Unternehmen (Bruttomethode) oder durch eine Vorkonsolidierung (Nettomethode) zu ermitteln sind (§ 293 HGB). Die Einbeziehung in einen höherrangigen Konzernabschluss ist befreiend, wenn sich das Mutterunternehmen im EU- oder EWR-Raum befindet und deren Konzernabschluss und Konzerngeschäftsbericht gewissen Mindestanforderungen entspricht (§ 291 HGB) oder bei Mutterunternehmen mit Sitz außerhalb des EU-/EWR-Raumes durch Rechtsverordnung als befreiend anerkannt ist (§ 292 HGB).

Zu bemerken ist, dass für den Konzernabschluss neben den gesetzlichen Vorschriften des HGB auch die Standards des Deutschen Rechnungslegungsstandards Commitee (DRSC), die Deutschen Rechnungslegungsstandards (DRS) zu beachten sind, jedenfalls soweit diese vom Bundesministerium der Justiz bekannt gemacht worden sind. Die so bekannt gemachten Standards entfalten eine Vermutungswirkung als Grundsätze ordnungsmäßiger Buchführung und damit eine Richtigkeitsgewähr, wenn entsprechend bilanziert wird. Abweichungen sind zwar möglich, dann aber (im Konzernanhang) zu begründen; sie haben ggf. Auswirkungen auf den Bestätigungsvermerk des Abschlussprüfers (§ 342 Abs. 2 HGB).[133]

Zunehmendes Gewicht ist dem **Konzernlagebricht** beizumessen; er gehört zu den Prüfungsschwerpunkten der Deutschen Prüfstelle für Rechnungslegung (DPR). Das DRSC hat einen ausführlichen Standard zu Inhalt und Darstellung des Konzerngeschäftsberichts erlassen (DRS 20 vom 14.9.2012),[134] auf den hier in vollem Umfang verwiesen werden soll. Zu beachten ist, dass Mutterunternehmen, die den Kapitalmarkt in Anspruch nehmen, zusätzlichen Berichtspflichten unterliegen (§ 315 Abs. 4 HGB). Generell soll der Konzerngeschäftsbericht verbal ein zutreffendes Bild vom Geschäftsverlauf, von der Lage und der Entwicklung des Konzerns vermitteln unter Einbeziehung der mit dieser Entwicklung einhergehenden Chancen und Risiken. Nach DRS 20 gelten sechs Grundsätze für die Konzernlageberichterstattung: (1) Vollständigkeit, (2) Verlässlichkeit und Ausgewogenheit, (3) Klarheit und Übersichtlichkeit, (4) Vermittlung der Sicht der Konzernleitung, (5) Wesentlichkeit, (6) Informationsabstufung. Wichtig sind die Grundsätze der Informationsabstufung nach Art und Größe der Unternehmung und der Wesentlichkeit. Nur die für einen verständigen Adressaten für seine Entscheidungen bedeutsamen Kerninformationen sind zu vermitteln. Ein Konglomerat von unwichtigen und – darin versteckten – wichtigen Informationen (information overload) ist zu vermeiden.

Konzernlagebericht und Lagebericht des Mutterunternehmens können zusammengefasst werden unter der ausdrücklichen Bezeichnung „**Zusammengefasster Lagebericht**" (§ 315 Abs. 3 HGB; DRS 15.21). Davon wird in der Regel zur Vermeidung von Wiederholungen und zur übersichtlicheren Darstellung eines Gesamtbildes Gebrauch gemacht. Allerdings müssen auch im zusammengefassten Lagebericht die Berichtspflichten für beide Berichte vollständig erfüllt werden und Abweichungen zwischen Mutter und Konzern (zB Geschäftsverlauf, Risikoposition) erläutert werden. Gleichermaßen können auch Konzernanhang und Anhang der Muttergesellschaft zu einem einheitlichen Anhang zusammengefasst werden (§ 298 Abs. 3 HGB). Konsequenz ist in beiden Fällen, dass Konzernabschluss und Jahresabschluss der Muttergesellschaft gemeinsam offengelegt werden.

---

[133] Im Einzelnen ist die Reichweite noch unklar und str.; vgl. *Förschle* in BeckBil-Komm. HGB § 342 Rn. 17ff; *Clausen/Mock* in Kölner Komm. Rechnungslegungsrecht HGB § 342 Rn. 15ff.; WP-Handbuch 2012 M 16 S. 1420. Im Streitfall sind Gerichte an die Standards nicht gebunden.

[134] Vgl. dazu *Zülch/Höltken* DB 2013, 2457.

II. Rechnungslegung nach IAS/IFRS

237 Ein vollständiger Abschluss nach IAS/IFRS enthält folgende Bestandteile (IAS 1.10; 7.1; IFRS 8.2; IFRS 5.2):
- Bilanz;
- GuV;
- Eigenkapitalveränderungsrechnung;
- Kapitalflussrechnung;
- Anhang;
- Segmentberichterstattung (nur börsenorientierte AG);
- ggf. Berichterstattung über die Einstellung von Geschäftsbereichen.

238 Einen Lagebericht schreiben IAS/IFRS nicht vor. Allerdings gilt insoweit auch für IAS/IFRS-Anwender das HGB, so dass auch hier ein Lagebericht erstellt werden muss (§ 289 iVm § 315a Abs. 1 HGB). Insoweit gilt für den IAS/IFRS Konzernlagebericht auch der DSRC Standard DRS 20 (→ Rn. 235). Soweit es allerdings um den IAS/IFRS-Abschluss im engeren Sinne (also ohne Konzernlagebericht) geht, finden die DSRC-Standards keine Anwendung; hier kommen nur IAS/IFRS Standards zur Geltung.[135]

239 Es wird deutlich, dass der IAS/IFRS-Abschluss ein wesentlich umfangreicheres Informationspaket darstellt als der HGB-Konzernabschluss. Ob eine nicht börsennotierte AG bzw. deren Gesellschafter dieses **Informationsvolumen** benötigen oder auch nur zur Kenntnis nehmen, bleibt abzuwarten. Dies sollte bei einer Abwägung pro oder contra IAS/IFRS in die Waagschale gelegt werden.

III. Geschäftsbericht

240 Zumindest kapitalmarktorientierte Aktiengesellschaften pflegen die gesetzlich oder durch IAS/IFRS vorgeschriebenen Informationen angereichert durch weitere Informationen in einem „**Geschäftsbericht**" zusammengefasst ihren Aktionären zur Verfügung zu stellen. Dies erfolgt durch Auslegung anlässlich der ordentlichen Hauptversammlung, durch Zustellung und in der Regel durch Einstellung in das Internet. Es finden sich häufig folgende **Bestandteile** oder Gliederungspunkte:
- Aktionärsbrief des Vorstandsvorsitzenden;
- Bericht des Aufsichtsrats;
- Lagebericht/Konzernlagebericht;
- Jahresabschluss/Konzernabschluss;
- Anhang/Konzernanhang;
- Bestätigungsvermerk des Abschlussprüfers;
- Bericht zur Corporate Governance;
- Entwicklung der Aktie;
- Kennziffern („auf einen Blick");
- Organe (Vorstand/Aufsichtsrat);
- Anschriften.

241 Der Geschäftsbericht kann getrennt für Einzelabschluss und Konzernabschluss oder zusammengefasst für beide Instrumente gestaltet werden. Dabei kann von der Möglichkeit Gebrauch gemacht werden, den Anhang mit dem Konzernanhang und den Lagebericht mit dem Konzernlagebericht zusammenzufassen (§§ 298 Abs. 3, 315 Abs. 3 HGB). Immer häufiger wird im Geschäftsbericht allein der Konzernabschluss wiedergegeben und der Einzelabschluss nur auf Verlangen den Aktionären oder anderen Interessenten ausgehändigt.

242 Die Ausgestaltung des Geschäftsberichts kann mehr oder weniger aufwendig sein und steht im gestalterischen Ermessen des Vorstands. Er ist für die kapitalmarktorientierte AG

---

[135] Vgl. *Förschle* in BeckBil.-Komm. HGB § 342 Rn. 9.

eine Art Visitenkarte und wird von der interessierten Öffentlichkeit auch so gesehen; das belegen die Auszeichnungen verschiedener Organisationen für den jeweils besten Geschäftsbericht des Jahres.[136]

Der Geschäftsbericht ist kein gesetzlich geregeltes Informationsinstrument mehr.[137] Er ist aber nicht nur gute Übung, sondern wird auch ausdrücklich als „Geschäftsbericht" im Kodex erwähnt (Ziff. 6.4 DCGK). In der Gestaltung des Geschäftsberichts ist der Vorstand nicht völlig frei. Da der Geschäftsbericht regelmäßig den Konzernabschluss und ggf. auch den Einzelabschluss und die zugehörigen Lageberichte enthält, sind die gesetzlichen Voraussetzungen für die Pflichtpublizität oder die freiwillige Publizität einzuhalten (§ 325 Abs. 1 HGB: Pflichtpublizität; oder § 325 Abs. 1 HGB: freiwillige Publizität). Die Voraussetzungen für die **Pflichtpublizität** sind dann einzuhalten, wenn der Geschäftsbericht dazu eingesetzt wird, gesetzliche Informationspflichten zu erfüllen und hierzu – wie im Regelfall – keine gesonderten Unterlagen erstellt werden.[138] Die Abschlüsse sind so wiederzugeben, dass sie den gesetzlichen Vorschriften entsprechen; das Datum der Feststellung ist anzugeben und der vollständige Wortlaut des Bestätigungsvermerks ist beizufügen. Handelt es sich um eine **freiwillige Publizität,** so sind gewisse Zusammenfassungen und Kürzungen zulässig. Dann darf jedoch ein Bestätigungsvermerk nicht beigefügt werden; es ist aber anzugeben, ob ein Bestätigungsvermerk erteilt oder versagt worden ist. Anzugeben ist ferner, bei welchem Handelsregister und in welcher Nummer des Bundesanzeigers die Offenlegung erfolgt ist.

G. Prüfung durch externe Prüfer

I. Gegenstand der Abschlussprüfung

Seit der Wirtschaftskrise der 30er Jahre unterliegen die Abschlüsse von Aktiengesellschaften einer **Pflichtprüfung** durch externe Abschlussprüfer.[139] Die Einführung der Pflichtprüfung war die Folge von Missbräuchen und Verschleierungen in der Rechenschaftslegung, die zum Zusammenbruch einer Reihe von Unternehmen zum Schaden nicht nur der Aktionäre, sondern der Allgemeinheit führten. Die Abschlussprüfung dient deshalb neben den Interessen der Aktionäre auch den Interessen der Allgemeinheit. Es ist zu beobachten, dass eine laxe Bilanzierungspraxis der Unternehmen und jede Krisenverursachung durch Intransparenz, Verschleierung und Manipulation zu einer Verschärfung (und damit zu einer nicht unwesentlichen Verteuerung) des externen Prüfungszugriffs führt. Dies ist zuletzt an den gesetzgeberischen Reaktionen auf die **Unternehmenskrisen** zu Beginn dieses Jahrhunderts[140] abzulesen, die im In- und Ausland zu einer erheblichen Verschärfung geführt haben.[141] Der Vorstand sollte sich deshalb bewusst sein, dass jede allzu kreative Bilanzgestaltung eine Reaktion des Gesetzgebers nach sich ziehen kann oder sogar nach sich ziehen muss.

Der **Abschlussprüfung** unterliegen grundsätzlich alle Aktiengesellschaften. **Ausgenommen** sind allerdings:
– die kleine AG, solange die Gesellschaft nicht kapitalmarktorientiert ist (§ 316 Abs. 1 iVm § 267 Abs. 1, Abs. 3 S. 2 HGB);

---

[136] ZB League of American Communications Professionals.
[137] Der frühere § 160 AktG (Geschäftsbericht) wurde durch das BiRiLiG 1985 aufgehoben und durch Anhang und Lagebericht ersetzt.
[138] ZB Auslegung von Unterlagen zur Einsicht der Aktionäre anlässlich der Einberufung der Hauptversammlung (§§ 175 Abs. 2, 176 Abs. 1 AktG).
[139] Erstmals eingeführt durch die Notverordnung des Reichspräsidenten vom 19.9.1931.
[140] Flowtex, Comroads, Enron, Ahold, Parmalat.
[141] In USA: Sarbanes-Oxley Act of 2002; in Deutschland: Bilanzrechtsreformgesetz von 2004; Bilanzrechtsmodernisierungsgesetz von 2009.

– die AG, für die eine größenabhängige oder andere Befreiungsvorschrift für den Konzernabschluss besteht (aber nur in Bezug auf den Konzernabschluss) (§§ 291–293 HGB);
– unter gewissen Voraussetzungen eine Tochter-AG (insbesondere müssen die Gesellschafter zugestimmt, die Muttergesellschaft eine Verlustübernahme erklärt haben und die Tochter in den Konzernabschluss einbezogen werden; § 264 Abs. 3 HGB).

246 Natürlich kann für diese Fälle die Satzung eine Prüfungspflicht vorsehen oder eine Prüfung kann freiwillig vertraglich beauftragt werden.

247 **Prüfungspflichtig** sind Jahresabschluss und Lagebericht sowie Konzernabschluss und Konzernlagebericht.

248 Die Prüfungspflicht ist dadurch **sanktioniert**, dass ohne Prüfung der Jahresabschluss nicht festgestellt und der Konzernabschluss nicht gebilligt werden können. Insbesondere der Jahresabschluss kann keinerlei Rechtswirkungen entfalten, er bleibt weiterhin Entwurf. Ansprüche gegen die Gesellschaft, die an den festgestellten Jahresabschluss oder an den gebilligten Konzernabschluss anknüpfen, sind (noch) nicht entstanden.

249 Die kapitalmarktorientierte AG muss nach börsenrechtlichen Vorschriften einen Halbjahresbericht (Zwischenbericht) und ggf. Quartalsberichte oder Zwischenberichte (→ Rn. 162) veröffentlichen. Diese Angaben können fakultativ einer sog. **prüferischen Durchsicht** durch einen Wirtschaftsprüfer (in der Regel den Abschlussprüfer) unterzogen werden (§ 40 BörsG; § 63 Abs. 7 Börsenordnung der Frankfurter Wertpapierbörse). Die AG kann dies auch unterlassen; eine Pflichtprüfung gibt es insoweit nicht.

250 Die Pflichtprüfung bei der börsennotierten AG hat sich darauf zu erstrecken, ob ein Risikoüberwachungssystem eingerichtet ist und seine Aufgaben erfüllen kann (§ 317 Abs. 4 HGB).

II. Positionierung des Vorstands im Pflichtprüfungsverfahren

1. Stellung des Vorstands zum Abschlussprüfer

251 Während nach früherem Aktienrecht der Vorstand Auftraggeber und mehr oder weniger Hauptgesprächspartner des Abschlussprüfers war, hat sich die Stellung des Vorstands seit dem KonTraG[142] grundlegend geändert; dies ist von vielen Vorständen – von der formalen Anwendung abgesehen – noch nicht oder nur widerstrebend zur Kenntnis genommen worden. Zusammengefasst kann man sagen, dass der Vorstand in Bezug auf die Prüfung der Rechnungslegung zum Auskunfts- und Untersuchungsobjekt geworden und keineswegs Herr des Verfahrens ist. Im Einzelnen:

252 Die Bestellung bzw. Wahl des Abschlussprüfers hat schon immer in der Kompetenz der Hauptversammlung gelegen. Während bei normalen Tagesordnungspunkten Vorstand und Aufsichtsrat Vorschläge zur Beschlussfassung machen, ist zur **Prüferwahl** ausschließlich der Aufsichtsrat vorschlagsberechtigt und vorschlagspflichtig (§ 124 Abs. 3 S. 1 AktG).[143] Die gravierende Änderung durch das KonTraG liegt darin, dass ausschließlich der Aufsichtsrat dem Abschlussprüfer den **Prüfungsauftrag** für die Jahres- und die Konzernabschlussprüfung zu erteilen hat und der Abschlussprüfer seine Berichte nicht dem Vorstand, sondern direkt dem Aufsichtsrat vorzulegen hat. Der Vorstand hat nur das Recht, vor der Zuleitung an den Aufsichtsrat Stellung zu nehmen (§ 111 Abs. 2 S. 3 AktG; § 321 Abs. 5 S. 2 HGB). Damit ist der Aufsichtsrat auch zuständig für die Honorarvereinbarung mit dem Abschlussprüfer. Vor allem aber hat er die Möglichkeit, Umfang, Schwerpunkte, Sonderthemen mit dem Prüfer zu bestimmen und festzulegen sowie die Prüfung in ihrem Verlauf mit geeigneten Mitgliedern oder mit einem Prüfungsausschuss (Audit Committee) zu begleiten. Der

---

[142] Gesetz zur Kontrolle und Transparenz im Unternehmensbereich vom 27.4.1998, BGBl. I 786.
[143] Eine Mitwirkung des Vorstands bei dem Beschlussvorschlag führt zur Anfechtbarkeit des Beschlusses; vgl. *Hüffer* AktG § 124 Rn. 13.

G. Prüfung durch externe Prüfer   253–259 § 10

Aufsichtsrat kann sich dazu der Hilfe und Sachkunde des Vorstands bedienen; Kompetenz und Verantwortung liegt aber ausschließlich bei ihm.

2. Mitwirkungs- und Auskunftspflichten des Vorstands

De facto sind allerdings nach wie vor der Vorstand, insbesondere das für Rechnungslegung zuständige Vorstandsmitglied, und seine Hilfspersonen die **Ansprechpartner** für den Abschlussprüfer. Als gesetzlichem Vertreter obliegen dem Vorstand die gesetzlichen **Vorlage- und Auskunftspflichten** gegenüber dem Abschlussprüfer wie folgt (§ 320 HGB): 253

Für den Einzelabschluss 254
– Vorlagepflicht des Jahresabschlusses und des Lageberichts unverzüglich nach Aufstellung (für die Aufstellung gilt eine gesetzliche Höchstfrist von drei Monaten nach Geschäftsjahresende) in prüfungsfähigem Zustand.
– Gestattung der Einsichtnahme in Bücher und Schriften der AG sowie Gestattung der physischen Prüfungsmöglichkeit der Vermögensgegenstände und Schulden (Teilnahme an Inventur). Dazu gehören auch Planungs-, Investitions- und Vorausschaurechnungen (insbesondere wenn die Abschlusserstellung nach IAS/IFRS erfolgt). Für seine eigenen Arbeitsunterlagen darf der Prüfer Abschriften fertigen und Kopien ziehen.
– Auskunftspflicht zur aktiven Unterstützung durch Aufklärung und Nachweise. Der Prüfer wird regelmäßig eine **Vollständigkeitserklärung** darüber verlangen, dass ihm alle relevanten Angaben und Informationen offen gelegt worden sind.
– Das Recht auf Einsichtnahme und Auskunft steht dem Prüfer auch schon vor Vorlage des Abschlusses zu. Damit werden Vorprüfungen ermöglicht, die in der Regel in großem Umfang erforderlich sind, um den engen Zeitrahmen auszuschöpfen.

Für den Konzernabschluss 255
– Vorlagepflicht des Konzernabschlusses, des Konzernlageberichts und der Jahresabschlüsse und Lageberichte der einbezogenen Unternehmen.
– Vorlagepflicht der Prüfungsberichte der Abschlussprüfer der Mutter- und Tochterunternehmen.
– Gestattung der Einsichtnahme in Bücher und Schriften von Mutter- und Tochterunternehmen und Auskunftspflichten sowohl der gesetzlichen Vertreter des Mutterunternehmens wie der Tochterunternehmen.
– Auskunfts- und Nachweispflichten der Einzelabschlussprüfer von Mutter- und Tochtergesellschaften gegenüber dem Konzernabschlussprüfer.

Die Auskunfts- und Nachweispflicht gegenüber dem Abschlussprüfer hat dort ihre 256 **Grenzen,** wo Informationen für eine „sorgfältige Prüfung" nach den Grundsätzen ordnungsmäßiger Abschlussprüfung nicht erforderlich sind. Es muss stets ein unmittelbarer oder mittelbarer Zusammenhang mit dem Prüfungsauftrag bestehen. Welche Unterlagen und Informationen relevant sind, kann aber in der Regel nur der Abschlussprüfer selbst entscheiden, jedenfalls nicht der Vorstand aus eigenem Ermessen. Die Frage wird häufig problematisch, wenn der Prüfer Einsicht in Protokolle der Vorstands- oder Aufsichtsratssitzungen begehrt, die streng vertraulich sind. Das Geheimhaltungsinteresse wird hier in der Regel hinter dem Interesse des Prüfers an einer umfassenden Sachverhaltswürdigung zurücktreten müssen. Der Prüfer und seine Gehilfen sind handelsrechtlich und berufsrechtlich zur Verschwiegenheit verpflichtet; die Verschwiegenheitspflicht ist darüber hinaus strafrechtlich sanktioniert (§ 323 Abs. 1 S. 3 HGB; §§ 43 Abs. 1, 50 WPO; § 333 Abs. 1 HGB).

Zu beachten ist, dass der Aufsichtsrat durch **Erweiterung des Prüfungsauftrags** auch 257 das Auskunfts- und Einsichtsrecht des Prüfers erweitern kann (§ 111 Abs. 2 S. 2 AktG).

Um die Prüfungseffizienz zu steigern und die Prüfungskosten zu senken ist anzustreben, 258 dass in einem Konzern nur ein Abschlussprüfer oder eine Abschlussprüferorganisation für alle Unternehmen bestellt wird.

Das für Rechnungslegung zuständige Vorstandsmitglied wird die Abschlussprüfung für 259 den Einzelabschluss und den Konzern in der Regel laufend und aktiv begleiten. **Meinungs-**

verschiedenheiten sind rechtzeitig zu diskutieren und ggf. durch Änderung des vorgelegten Abschluss-Entwurfs zu bereinigen. Bleiben Meinungsverschiedenheiten, wird der Vorstand rechtzeitig den Aufsichtsrat bzw. den Prüfungsausschuss des Aufsichtsrats einschalten. Kommt ein Einvernehmen nicht zustande, hat der Abschlussprüfer zu entscheiden, ob und welche Konsequenzen er im Hinblick auf den Bestätigungsvermerk zu ziehen hat.

260 Vor endgültiger Ausfertigung des Prüfungsberichts hat sich in der Praxis eine **Schlussbesprechung** zwischen Prüfer und Vorstand eingebürgert, die in der Regel auf der Grundlage eines Berichtsentwurfs geführt wird. Daran kann auch heute noch festgehalten werden, obwohl der Aufsichtsrat Herr des Verfahrens mit dem Abschlussprüfer geworden ist. Es kann sich aber empfehlen, ein Mitglied des Aufsichtsrats oder des Prüfungsausschusses des Aufsichtsrats zuzuziehen. Es handelt sich um eine letzte Sachverhaltsabstimmung und Auskunftserteilung vor Ausfertigung des endgültigen Berichts des Abschlussprüfers.[144]

261 Den endgültigen Prüfungsbericht legt der Abschlussprüfer unmittelbar dem Aufsichtsrat vor; der Vorstand erhält ebenfalls endgültige Ausfertigungen. Vor der Zuleitung an den Aufsichtsrat ist dem Vorstand **Gelegenheit zur Stellungnahme** zu geben (§ 321 Abs. 5 S. 2 HGB). Dabei ist die Stellungnahme zum endgültigen Bericht, nicht etwa zu einem noch abänderbaren Entwurf, gemeint. Eine Stellungnahme muss nicht schriftlich erfolgen; sie kann ganz unterbleiben, wenn damit signalisiert wird, dass von Vorstandseite keine Einwendungen bestehen. Die Stellungnahme ist nach ihrem Sinn und Zweck dem Aufsichtsrat zuzuleiten, der auch originärer Empfänger des Prüfungsberichts ist.[145]

3. Prüfungsfeststellungen außerhalb des Prüfungsberichts

262 Für den Prüfungsbericht des Abschlussprüfers gemäß § 321 HGB gilt der Grundsatz der Vollständigkeit und Einheitlichkeit der Berichterstattung. Alle wesentlichen Prüfungsfeststellungen müssen in den Bericht aufgenommen werden. Dazu gehören auch **Beanstandungen,** die nicht zu Konsequenzen auf den Bestätigungsvermerk geführt haben, die aber für die Überwachung der Geschäftsführung von Bedeutung sind.

263 Werden im Zuge der Prüfung Feststellungen unter der Berichtsschwelle getroffen oder gibt der Abschlussprüfer organisatorische oder andere Hinweise, so erfolgen solche Angaben in der Regel nicht im Prüfungsbericht, sondern in einem besonderen **Management Letter,**[146] dessen Adressat je nach Inhalt auch der Vorstand sein kann.

264 Um Abgrenzungsfragen über die Gewichtigkeit der Feststellungen zu vermeiden, wird es sich empfehlen, solche Management Letter dem Aufsichtsrat auch ohne ausdrückliche Anforderung zur Verfügung zu stellen.

H. Feststellung und Billigung von Jahresabschluss und Konzernabschluss

265 Der Vorstand (Vorstandsvorsitzender oder Ressortvorstand) hat Jahresabschluss und Lagebericht sowie Konzernabschluss und Konzernlagebericht unverzüglich nach Aufstellung dem Aufsichtsrat vorzulegen. Es ist nicht abzuwarten, bis der Prüfungsbericht des Abschlussprüfers vorliegt, vielmehr ist vorzulegen, wenn auch dem Abschlussprüfer ein prüfungsfertiger Abschluss vorgelegt wird. Die vorgelegten Abschlüsse sind naturgemäß Abschlussentwürfe und sie bleiben dies auch, wenn ein Prüfungsbericht mit einem uneingeschränkten Bestätigungsvermerk ausgefertigt und dem Aufsichtsrat ausgehändigt wird.

---

[144] Vgl. *Kuhner/Päßler* in Küting/Weber (Hrsg.), Handbuch der Rechnungslegung, Einzelabschluss HGB, 5. Aufl. Loseblatt, § 321 Rn. 83; WP-Handbuch 2012 Rn. 910, 2656.
[145] Wird zum Teil unterschiedlich gesehen, vgl. *Burg/Müller* in Kölner Komm. Rechnungslegung HGB § 321 Rn. 15 ff.; *Winkeljohann/Poullie* in BeckBil-Komm. HGB § 321 Rn. 134; *Hommelhoff* BB 1998, 2628.
[146] IdW PS 450 Tz. 17; WPg 2003, 1127 ff.

Definitiv werden die Abschlüsse erst, wenn der Aufsichtsrat sie billigt. Der Jahresabschluss ist damit festgestellt und zu dem für die AG maßgeblichen Rechenwerk für die Rechnungslegungsperiode geworden (§ 172 Abs. 1 AktG).

Billigt der Aufsichtsrat einen Abschluss nicht, hat er zB andere Auffassungen zu Ansatz **266** oder Bewertung von Bilanzposten oder zur Berichterstattung im Lagebericht, so kann sich der Vorstand dieser Auffassung anschließen und den Abschluss entsprechend ändern. Allerdings ist der geänderte Abschluss oder Lagebericht erneut dem Abschlussprüfer zur Prüfung vorzulegen, soweit die Änderung reicht (**Nachtragsprüfung;** § 316 Abs. 3 HGB). Billigt der Aufsichtsrat den so geänderten Jahresabschluss, so ist er festgestellt. Der Aufsichtsrat kann den Vorstand aber nicht zu einer Änderung zwingen. Kommt ein Einvernehmen nicht zustande, geht die Feststellungskompetenz (Jahresabschluss) bzw. Billigungskompetenz (Konzernabschluss) auf die Hauptversammlung über (§ 173 AktG).

I. Sanktionen

I. Überblick

1. Straf- und Ordnungswidrigkeitenrecht

Die Rechenschaftslegung durch Vorstand (und Aufsichtsrat) ist relativ umfassend mit **267** straf- und ordnungswidrigkeitlichen Sanktionen belegt. Dabei versteht man unter Bilanzstrafrecht im eigentlichen Sinne die unrichtige, unvollständige oder verschleiernde Bilanzaufstellung sowie das Unterlassen der Aufstellung oder das verspätete Aufstellen einer Bilanz. Unter Bilanzstrafrecht im weiteren Sinne versteht man das gesamte Strafrecht zum Schutz der kaufmännischen Rechnungslegung (Bilanz, GuV, Lagebericht), einschließlich der Buchführungs- und Inventarisierungspflicht.[147] Zu diesem Komplex wird auf § 12 (Strafbewehrung) verwiesen. Hier sei nur auf die wichtigen Tatbestände hingewiesen: Mit Strafe ist bedroht (Deliktstatbestand) die unrichtige Wiedergabe oder Verschleierung im Abschluss, Lagebericht oder in Zwischenberichten (Einzelabschluss und Konzern), die vorsätzliche oder leichtfertige Offenlegung eines solchen Rechenwerks, die unrichtige Angabe oder Verschleierung gegenüber dem Abschlussprüfer (§ 331 HGB). Als Ordnungswidrigkeit ist bedroht die Verletzung einer Fülle von Vorschriften bei Aufstellung oder Feststellung der Abschlüsse und Lageberichte (§ 334 HGB). Und mit Ordnungsgeld können die Veröffentlichungspflichten erzwungen werden (§ 335 HGB). Allerdings ist zu bemerken, dass die Verletzung von Einzelvorschriften der IAS/IFRS bisher nicht in den Bußgeldkatalog aufgenommen worden ist.

Neben diesen im HGB geregelten Tatbeständen kommen auch bei der Rechenschaftsle- **268** gung die allgemeinen Straftatbestände Untreue, Betrug und Kredit- und Subventionsbetrug und im Insolvenzfall die Insolvenzstraftatbestände, vor allem das Nichtführen oder mangelhafte Führen der Handelsbücher, die Verletzung von Buchführungspflichten, das Beiseiteschaffen oder Zerstören von Handelsbüchern oder die mangelhafte oder nicht rechtzeitige Bilanzaufstellung gemäß §§ 266, 263, 265b, 283, 283b StGB zum Zuge. Den Straftatbeständen des HGB kommt in der Praxis relativ geringe Bedeutung zu; sie werden in der Regel von den vorrangigen Straftatbeständen des StGB konsumiert.[148]

Von erheblicher praktischer Bedeutung sind jedoch die **Straftatbestände des Steuer-** **269** **rechts,** nämlich die Steuerhinterziehung und die leichtfertige Steuerverkürzung (§§ 370, 378 AO). Sie hängen eng mit dem Maßgeblichkeitsgrundsatz der Handelsbilanz für die Steuerbilanz zusammen. Allerdings ist nicht schon jede unrichtige oder manipulierte Buchhaltung eine Tatbestandserfüllung; erst die Vorlage bei der Steuerbehörde kann eine Tathandlung sein. In Zweifelsfällen kann sich, schon wegen der Möglichkeit einer strafbefrei-

---

[147] *Dannecker* in Großkomm. Bilanzrecht HGB Vor §§ 331 ff. Rn. 1.
[148] Vgl. *Dannecker* in Großkomm. HGB Vor §§ 331 ff. Rn. 47.

enden **Selbstanzeige** (§ 371 AO), die rechtzeitige Einschaltung eines sachkundigen externen Beraters empfehlen.

2. Bußgeldvorschriften und Zwangsgelder

270 Die Verletzung zahlreicher Rechnungslegungsvorschriften im Einzel- und Konzernabschluss sowie im Einzel- und Konzernlagebericht ist als Ordnungswidrigkeit mit Bußgeld bedroht (§ 334 HGB). In der Praxis ist der Anwendungsbereich relativ gering. Zum einen wird er bei Vorliegen von Bilanzdelikten (→ Rn. 268) von diesen schwereren Straftatbeständen kompensiert, zum anderen werden Fehler der pönalisierten Art in der Regel bereits im Rahmen einer Abschlussprüfung bereinigt. Zuständig ist das Bundesamt für Justiz in Bonn, das grundsätzlich von Amts wegen tätig wird, praktisch aber wohl zumeist nur über eine Anzeige, die von jedermann getätigt werden kann, überhaupt von einem Verstoß Kenntnis erlangt. Es kann eine Geldbuße bis zu 50 000 Euro festgesetzt werden.

271 Praktisch bedeutsamer ist die Androhung bzw. Festsetzung eines Ordnungsgeldes bei Verletzung der Offenlegungspflichten für Jahres- und Konzernabschluss und Lage- und Konzernlagebericht (§ 335 HGB). Zuständig ist wiederum das Bundesamt für Justiz, Bonn, das von Amts wegen tätig wird. Die Information des Bundesamtes ist in diesem Falle durch die Unterrichtungspflicht des Betreibers des elektrischen Bundesanzeigers sichergestellt, der seinerseits Verstöße gegen Frist und Inhalt der Pflichtveröffentlichungen zu prüfen und ggf. dem Bundesamt zu melden hat. Das Ordnungsgeld beläuft sich von einem Mindestbetrag von 2500 Euro bis zu einem Höchstbetrag von 25 000 Euro.

272 Auch **steuerrechtliche Pflichten** können mit Hilfe von Zwangsmitteln nach entsprechender Androhung durchgesetzt werden. Zwangsmittel sind das Zwangsgeld, die Ersatzvornahme und unmittelbarer Zwang (§§ 328 ff. AO).[149] Das einzelne Zwangsgeld darf 25 000 Euro nicht übersteigen. Erzwingbar sind beispielshalber die fristgerechte Abgabe von Steuererklärungen, die Aufstellung und Vorlage der Bilanz, die Vorlage von Geschäftsbüchern, die Erteilung von Auskünften.

273 Eine Erzwingbarkeit ist dann nicht gegeben, wenn sich der Vorstand selbst wegen einer Straftat oder Steuerordnungswidrigkeit belasten müsste. Die Zwangsmittel richten sich immer gegen den Vorstand als dem gesetzlichen Vertreter, weil nur der Wille natürlicher Personen gebeugt werden kann.

274 Zwangs- und Ordnungsgelder werden deshalb gegen den Vorstand als gesetzlichen Vertreter der AG festgesetzt. Es ist nicht selbstverständlich, dass im Wege des **Aufwendungsersatzes** die AG diese Kosten ersetzt, da in der Regel ein Aufwendungsersatzanspruch dort nicht besteht, wo der Aufwand die Folge einer vom Gesetz missbilligten Handlung oder Unterlassung ist.[150] Ausnahmsweise mögen überwiegend im wohlverstandenen Interesse der AG liegende Handlungen oder Unterlassungen zu einer anderen Beurteilung führen. Darüber zu befinden hat in jedem Fall der Aufsichtsrat.

3. Externe Überprüfung

275 Als Sanktionsinstrument kann auch die Nachprüfung der Rechnungslegung durch externe Institutionen angesehen werden. Dazu gehört in erster Linie die **gesetzliche Abschlussprüfung,** die bei der mittelgroßen und großen AG Pflicht ist (→ Rn. 244 ff.). Der Abschlussprüfer hat in dem zu publizierenden Bestätigungsvermerk (Testat) eine Aussage darüber zu machen, ob gegen die Rechnungslegung Einwendungen zu erheben sind und ob sie unter Beachtung der GoB ein den tatsächlichen Verhältnissen entsprechendes Bild der Vermögens-, Finanz- und Ertragslage des Unternehmens/des Konzerns vermittelt. Gravierende Einwendungen führen zur Einschränkung oder gar zur Versagung des Bestätigungsvermerks (§ 322 HGB). Konsequenzen daraus hat der Aufsichtsrat bei seiner Prüfung

---

[149] Vgl. *Tipke/Kruse* AO § 328 Rn. 11 ff.
[150] *Palandt/Sprau* BGB § 670 Rn. 5.

I. Sanktionen

und Feststellung bzw. Billigung und die Hauptversammlung ggf. bei der Entlastung zu ziehen. Für die kapitalmarktorientierte AG kommt eine weitere externe Prüfung durch das mit dem Bilanzkontrollgesetz eingeführte sog. **Enforcementverfahren** zum Zuge (→ Rn. 290 ff.). Auch dieses Verfahren führt nicht direkt zu einer Korrektur der fehlerhaften Rechnungslegung, sondern zu einer Publizität des aufgedeckten Fehlers.

4. Aktienrechtliche Instrumente

Die stärkste aktienrechtliche Sanktion bei Verstößen gegen Rechnungslegungspflichten ist die **Nichtigkeitsfolge** für einen festgestellten Jahresabschluss. Nichtigkeit (→ Rn. 283 ff.) kennt das AktG nur für den Einzelabschluss, nicht für den Konzernabschluss. 276

Eine weitere aktienrechtliche Sanktion besteht in der **Sonderprüfung** (→ Rn. 289 ff.) wegen unzulässiger Unterbewertung oder fehlender oder unvollständiger Anhangsangaben. Auch dieses Instrument greift nur beim Einzelabschluss, nicht beim Konzernabschluss. 277

5. Zivilrechtliche Schadensersatzansprüche

Zivilrechtliche Schadensersatzansprüche aus Verletzung der Rechnungslegungspflichten können sich gegen die AG als juristische Person oder gegen den Vorstand als deren gesetzlichem Vertreter richten. 278

Ansprüche gegen die AG aus falscher Rechnungslegung können sich ergeben aus: 279
– der Börsenprospekthaftung nach §§ 44 ff. BörsG;
– der Haftung nach §§ 21 ff. WpPG;
– der Haftung wegen unterlassener unverzüglicher Veröffentlichung kursbeeinflussender Tatsachen oder wegen Veröffentlichung unwahrer Tatsachen in einer Mitteilung über kursbeeinflussende Tatsachen (§§ 37b ff. WpHG).

Bei diesen Haftungsgrundlagen handelt es sich um kapitalmarktrechtliche Regelungen. Die Ansprüche **verjähren** ein Jahr nach Kenntnisnahme von der Unrichtigkeit (jedenfalls bei der Haftung nach BörsG und WpHG), spätestens drei Jahre nach Veröffentlichung. Im Übrigen gilt der allgemeine Grundsatz, dass die AG für das Handeln ihrer Organe im außervertraglichen und im vertraglichen Bereich haftet, wenn das Organ (der Vorstand) in Ausübung seines Amtes eine zum Schadensersatz verpflichtende Handlung oder Unterlassung verwirklicht (§ 31 BGB).[151] Wenn auch solche Tatbestandsverwirklichungen im Bereich der Rechnungslegung eher selten sein werden, ausgeschlossen sind sie nicht, insbesondere dann nicht, wenn durch Manipulation im Rechenwerk vertragliche Ansprüche Dritter beeinträchtigt werden. 280

Ansprüche der AG selbst **gegen den Vorstand** aus falscher Rechnungslegung können sich sehr viel häufiger ergeben. Die soeben erläuterten kapitalmarktrechtlichen Haftungsregelungen werden in der Regel durch eine Pflichtverletzung des Vorstands verursacht, so dass die AG im Innenverhältnis Regress beim Vorstand nehmen kann. Was die Ansprüche aus falschen oder unterlassenen Ad hoc-Informationen angeht, können sie im voraus weder ermäßigt noch erlassen werden (§§ 37b Abs. 6; 37c Abs. 6 WpHG). 281

Im Übrigen gilt bei Pflichtverletzungen im Rahmen des Rechnungs- und Rechenschaftswesen die allgemeine Vorstandshaftung bei Verletzung der Sorgfalt eines ordentlichen und gewissenhaften Geschäftsleiters (§ 93 Abs. 1 AktG).[152] 282

II. Nichtigkeit des Jahresabschlusses

Besonders gravierende Mängel können zur Nichtigkeit des festgestellten Jahresabschlusses führen. Dabei geht es nur um den Einzel-, nicht um den Konzernabschluss. Die Nich- 283

---

[151] Vgl. *Spindler* in MüKoAktG § 78 Rn. 123 ff.
[152] Zu der Frage, ob und inwieweit bei Rechnungslegungsfragen die business judgement rule als Enthaftungsgrund zum Zug kommen kann, vgl. *W. Müller*, Liber Amicorum Happ, 2006, 179 ff.

tigkeitsgründe sind abschließend im AktG aufgezählt (§ 256 AktG); sie können wie folgt zusammengefasst werden:
- Verletzung von Vorschriften, die ausschließlich oder überwiegend dem Gläubigerschutz dienen;
- ausgewählte Prüfungsmängel;
- fehlerhafte Rücklagenzuführung oder -entnahme;
- formale Mängel bei der Jahresabschlussfeststellung;
- gravierende Gliederungsverstöße;
- Überbewertung von Bilanzposten;
- Unterbewertung von Bilanzposten, wenn dadurch die Vermögens- und Ertragslage der AG vorsätzlich unrichtig wiedergegeben oder verschleiert wird.

284 Einerseits besteht ein hohes Interesse an der Richtigkeit eines Jahresabschlusses, andererseits besteht aber ebenso ein hohes Interesse an Rechtssicherheit, gerade was den Jahresabschluss nach HGB angeht, an dem eine Reihe von Rechten der Aktionäre und ggf. Dritter und entsprechende Verpflichtungen der AG anknüpfen. Deshalb werden Nichtigkeitsgründe, bis auf einige wenige (fehlende oder unvollständige Abschlussprüfung), durch schlichten Zeitablauf geheilt. Die **Heilungsfristen** betragen bei den minderen Mängeln (Prüferbestellung war mangelhaft, Fehler bei Rücklagendotierung, formale Fehler bei der Abschlussfeststellung) sechs Monate, im Übrigen drei Jahre seit Bekanntmachung des Jahresabschlusses im Bundesanzeiger.

285 Entdeckt der Vorstand einen Nichtigkeitsgrund nach Bekanntmachung des Abschlusses, muss er an sich den Abschluss neu aufstellen mit der Folge einer erneuten Abschlussprüfung und Feststellung. Es kann aber im Einzelfall unter Berücksichtigung ggf. schon eingetretener Rechtsfolgen (Dividendenausschüttung, Befriedigung ergebnisabhängiger Ansprüche etc) durchaus im Rahmen einer sorgfältigen und gewissenhaften Geschäftsleitung liegen, die **Heilungsfristen abzuwarten,** also nichts zu unternehmen.[153] Unvertretbar erscheint dies jedoch dann, wenn erhebliche Anspruchsverkürzungen oder eine verzerrende Darstellung der Finanz-, Vermögens- oder Ertragslage eingetreten sind. Der Vorstand wird dann eine Neuaufstellung nicht vermeiden dürfen.

286 Eine Heilung tritt nicht ein, wenn innerhalb der Heilungsfristen eine **Klage** auf Feststellung der Nichtigkeit erhoben worden ist (§ 256 Abs. 3 Nr. 3, Abs. 6 AktG). Die Klage kann ein Aktionär, der Vorstand, ein einzelnes Mitglied des Vorstands oder des Aufsichtsrats erheben und daneben auch jeder Dritte, wenn er ein eigenes Feststellungsinteresse belegen kann (§§ 256 Abs. 7, 249 AktG; § 256 ZPO). Ein Urteil wirkt gegenüber jedermann.[154]

287 Ein schwieriges Problem ergibt sich für den Vorstand, wenn eine Nichtigkeitsklage erhoben ist und der Prozess sich in die nachfolgenden Geschäftsjahre hineinzieht. Sind die nachfolgenden Jahresabschlüsse durch die Nichtigkeitsklage infiziert? Kann eine Dividende ausgeschüttet werden? Man muss zwei Grundfälle unterscheiden: Wird die mit Nichtigkeit bedrohte Bilanzierung im Folgeabschluss fortgesetzt, dann nimmt der Vorstand auch die Nichtigkeit des Folgeabschlusses billigend in Kauf. Der Abschluss ist schwebend unwirksam. Wird auf Basis dieses Abschlusses eine Dividende ausgeschüttet, ist der Vorstand gut beraten, das Bilanzproblem deutlich zu publizieren, schon um bei später tatsächlich gerichtlich festgestellter Nichtigkeit die Dividende wieder zurückfordern zu können (§ 62 Abs. 1 AktG). Bei einer Publikumsaktiengesellschaft scheidet eine Rückforderung aber in der Regel aus praktischen Gründen aus. Deshalb empfiehlt sich, Bilanzgewinne bis zu rechtlichen Klärung vorzutragen.

288 Hat sich die mit Nichtigkeit bedrohte Bilanzierung dagegen im **Folgeabschluss** erledigt, dann liegt zum Folgestichtag ein Nichtigkeitsgrund in einem Bilanzposten nicht vor.

---

[153] Vgl. *Hüffer* AktG § 256 Rn. 33 mwN.
[154] Unstr., soweit Aktionäre, Vorstand oder Aufsichtsrat Klage erhoben haben (§§ 256 Abs. 7, 249, 248 AktG); str., soweit Dritte die Klage erhoben haben, vgl. *Hüffer* AktG § 256 Rn. 31 einerseits, *Zöllner* in Kölner Komm. AktG § 256 Rn. 111 andererseits.

I. Sanktionen

Trotzdem ist das Schicksal der Folgebilanzen nicht klar: Hat die Nichtigkeitsklage Erfolg, muss nämlich zwingend der Jahresabschluss des Klagejahres neu aufgestellt werden. Dann stimmen aber in der Regel die Schlussbilanzwerte nicht mit den Eröffnungsbuchungen des Folgejahres überein (Grundsatz der formellen **Bilanzkontinuität**). Daraus wird gefolgert, dass auch die Folgeabschlüsse zunächst nur schwebend wirksam und bei erfolgreicher Nichtigkeitsklage ebenfalls nichtig sind und neu aufgestellt werden müssen.[155] Dies ist eine für die Praxis beinahe untragbare Folge. Richtig ist wohl in diesem Fall eine zulässige Durchbrechung des Grundsatzes der Bilanzkontinuität anzunehmen (§ 252 Abs. 2 HGB), so dass die Folgeabschlüsse durch die Neuaufstellung des nichtigen Abschlusses nicht berührt werden.[156] Eine gesicherte Meinung hat sich hierzu aber nicht gebildet.

III. Sonderprüfung

289 Eine besondere Sanktion gegen unzulässige Unterbewertung und gegen unvollständige Berichterstattung im Anhang räumt das AktG Aktionären mit dem Recht auf Bestellung von Sonderprüfern ein (§§ 258 ff. AktG). Ein Antrag auf Bestellung kann gestellt werden, wenn Anlass besteht, dass im festgestellten Abschluss bestimmte **Posten nicht unwesentlich unterbewertet** sind oder im Anhang Angaben nicht oder nicht vollständig enthalten sind und der Vorstand in der Hauptversammlung auf Nachfrage diese Angaben auch nicht gemacht hat. Diesen Antrag können Aktionäre stellen, deren Anteile bei Antragstellung 1 % des Grundkapitals oder einen Börsenwert von 100 000 Euro ausmachen (§ 258 Abs. 2 iVm § 142 Abs. 2 AktG). Der Schwellenwert liegt damit sehr niedrig. Die Bestellung erfolgt durch das zuständige Landgericht im Verfahren nach den Vorschriften des FamFG (§ 258 Abs. 2 S. 3; § 71 Abs. 2 Nr. 4b GVG); das Gericht hat unter Würdigung aller Umstände nach seiner freien Überzeugung zu entscheiden, ob das Wesentlichkeitskriterium („nicht unwesentlich unterbewertet") erfüllt ist oder nicht. Feste Betragsgrenzen gibt es dafür nicht.[157] Für das Gericht gilt der Amtsermittlungsgrundsatz (§ 26 FamFG). Sind nach den Feststellungen der Prüfer Posten unterbewertet, so erfolgt eine Korrektur im ersten noch offenen Jahresabschluss, sofern diese Posten – ggf. in ihrer Fortentwicklung – noch relevant sind. Ein **Mehrergebnis,** das durch die Fehlerkorrektur verursacht wird, steht voll zur Verfügung der Hauptversammlung (§ 261 Abs. 3 AktG).

IV. Enforcement

290 Mit dem sog. Bilanzkontrollgesetz hat auch der deutsche Gesetzgeber, wie vorher schon der amerikanische mit dem Sarbanes-Oxley Act im Jahr 2002, auf die durch Bilanzmanipulationen verursachten Unternehmensskandale der jüngeren Vergangenheit reagiert. Bei dem Gesetz handelt es sich um ein Instrument der **Kapitalmarktaufsicht.** Betroffen sind deshalb nur die Aktiengesellschaften, deren Wertpapiere (Aktien, Zertifikate, Schuldverschreibungen, Genussscheine, Optionen und Schuldverschreibungen vergleichbare Papiere) an einer inländischen Börse zum regulierten Markt zugelassen sind.

291 Vorgesehen ist ein Prüfverfahren durch die sog. „Deutsche Prüfstelle für Rechnungslegung" (DPR), das den zuletzt festgestellten Jahresabschluss, Lagebericht, Konzernabschluss und Konzernlagebericht zum Gegenstand hat. **Prüfungsmaßstab** sind die gesetzlichen Rechnungslegungsvorschriften, die GoB und die Rechnungslegungsstandards. Eine Prüfung wird eingeleitet

---

[155] Vgl. *Kropff*, FS Budde, 1995, 341, 350; *Zöllner* in Kölner Komm. AktG § 256 Rn. 109; *Hüffer* in MüKoAktG § 256 Rn. 86 f.
[156] *Welf Müller* ZHR 168 (2004), 414, 423 ff.
[157] Str., wie hier *Hüffer* AktG § 256 Rn. 22; *Adler/Düring/Schmaltz* AktG § 258 Rn. 86; aA *Frey* WPg 1966, 633; *Claussen* in Kölner Komm. AktG § 258 Rn. 15.

– soweit konkrete Anhaltspunkte für einen Verstoß gegen Rechnungslegungsvorschriften vorliegen; die Anregung dazu kann von jedermann kommen, ohne dass jedoch ein Anspruch auf Prüfung oder Beteiligung am Verfahren besteht;
– ohne besonderen Anlass im Stichprobenverfahren;
– auf Verlangen der BaFin.

292 Außerhalb des Stichprobenverfahrens unterbleibt allerdings eine Prüfung, wenn offensichtlich kein öffentliches Interesse besteht. Eine Prüfung findet ferner nicht statt, während eine Bilanznichtigkeitsklage anhängig ist oder soweit zu den fraglichen Gegenständen eine Sonderprüfung nach AktG eingeleitet ist.

293 Das Prüfverfahren ist **zweistufig** aufgebaut: In der **ersten Stufe** wird eine privatrechtliche organisierte Prüfstelle tätig (§§ 342b ff. HGB). Diese kann nur arbeiten, wenn die AG bei der Prüfung mitwirkt und der Vorstand sich verpflichtet, Auskünfte zu erteilen und Unterlagen vorzulegen. Ergibt die Prüfung die Fehlerhaftigkeit des Abschlusses und ist die AG mit dieser Feststellung einverstanden, so ordnet die BaFin die **Bekanntmachung** der Feststellungen im elektronischen Bundesanzeiger an. Damit ist das Verfahren abgeschlossen.

294 Verweigert die AG ihre Mitwirkung oder ist sie mit dem Ergebnis der Prüfung nicht einverstanden oder bestehen erhebliche Zweifel an der Richtigkeit des Prüfungsergebnisses der Prüfstelle, so übernimmt das Verfahren auf einer **zweiten Stufe** die BaFin (§§ 37n ff. WpHG). Diese zweite Stufe ist nicht mehr auf Freiwilligkeit aufgebaut, vielmehr ist die AG verpflichtet, Auskünfte zu erteilen und Unterlagen vorzulegen, soweit dies zur Prüfung erforderlich ist. Auch der Abschlussprüfer ist auf der zweiten Stufe zur Auskunft verpflichtet. Stellt die BaFin einen Fehler fest, so ordnet sie wiederum die Veröffentlichung im elektronischen Bundesanzeiger und ggf. in einem anderen Börsenpflichtblatt oder in einem elektronischen Informationsmedium an. Gegen die Feststellungen der BaFin (Verwaltungsakt) ist nach einem Widerspruchsverfahren der **Rechtsweg** (Beschwerde) zum OLG Frankfurt eröffnet (§§ 37t, 37n WpHG iVm § 48 Abs. 2 bis 4 WpÜG). Widerspruch und Beschwerde haben keine aufschiebende Wirkung, es sei denn, dass das OLG aufschiebende Wirkung anordnet.

295 Nicht geregelt ist, wie die AG bzw. deren Abschlussprüfer auf eine einvernehmliche oder durch die BaFin angeordnete Fehlerfeststellung bilanziell zu reagieren hat.[158] Handelt es sich bei dem festgestellten Fehler um einen Nichtigkeitsgrund und sind die aktienrechtlichen Heilungsfristen noch nicht abgelaufen, so ist eine Neuaufstellung des betroffenen Jahresabschlusses nicht vermeidbar. Bei Fehlern unterhalb der Nichtigkeitsschwelle oder nach Ablauf der Heilungsfristen wird eine Korrektur in laufender Rechnung ausreichen, soweit sich der Fehler unmittelbar oder mittelbar in den Folgeabschlüssen fortsetzt. Zu erwähnen ist, dass die DPR für komplizierte Bilanzierungsprobleme die Möglichkeit einer Voranfrage (Prae-Clearance) anbietet. Diese erfordert einerseits eine relativ umfangreiche Dokumentation nebst einer Stellungnahme des Abschlussprüfers, ist jedoch andererseits in der Bindungswirkung (zB gegenüber Gerichten) zweifelhaft und hat insbesondere keine Präjudizwirkung – auch nicht für die DPR – für andere Fälle. Die Inanspruchnahme dieses Instruments hält sich deshalb in Grenzen[159]

296 Die DPR hat sich seit Aufnahme ihrer Arbeit im Jahre 2005 zu einem durchaus wirksamen Kontrollorgan der Rechnungslegung kapitalmarktorientierter Unternehmen entwickelt. Sie ist zwar – im Gegensatz zum DRSC – kein Standardsetzer, trägt aber neben der Abschlussprüfung zur Stabilisierung des Vertrauens in die Rechnungslegung bei. Die DPR pflegt jährlich ihre jeweiligen Prüfungsschwerpunkte zu veröffentlichen und gibt damit Hinweise, wo sie ggf. Schwachpunkte der jeweils aktuellen Rechnungslegungspraxis sieht.

---

[158] Die im RefE zum BilKoG noch vorgesehene Anordnung der Fehlerkorrektur ist während des Gesetzgebungsverfahrens gestrichen worden.
[159] Vgl. *Zülch/Höltken/Ebner* DB 2014, 609 ff.

§ 11 Haftung der Vorstandsmitglieder

Inhaltsübersicht

	Rn.
A. Arten der Haftung	1
B. Innenhaftung	3
I. Entwicklung der Regelungen zur Innenhaftung	5
II. Steigende Bedeutung der Innenhaftung	9
III. Geltendmachung der Innenhaftung	13
1. Geltendmachung durch den Aufsichtsrat	13
2. Geltendmachung durch die Hauptversammlung	18
3. Geltendmachung durch Aktionäre als Prozessstandschafter	22
4. Ersatzansprüche der Gläubiger der Gesellschaft und Geltendmachung	28
IV. Innenhaftung nach § 93 AktG	32
1. § 93 Abs. 2 AktG im Überblick	33
2. Haftungsadressat	34
3. Pflichtwidrigkeit	35
a) Sorgfaltspflicht	38
b) § 93 Abs. 3 AktG	39
4. Verschulden	47
5. Schaden	54
6. Regressreduzierung	58
7. Darlegungs- und Beweislast	59
8. Wegfall und Undurchsetzbarkeit der Ersatzpflicht	63
a) Keine Ersatzpflicht bei ordnungsgemäßem Hauptversammlungsbeschluss	63
b) Verzicht und Vergleich	66
c) Verjährung	70
d) Mehrheit von in Anspruch genommenen Vorstandsmitgliedern	73
V. Weitere Anspruchsgrundlagen neben § 93 AktG und Konkurrenzen	76
C. Außenhaftung	83
I. Ansprüche des Aktionärs	86
1. Aktienrechtliche Ansprüche	86
2. Deliktische Ansprüche	88
II. Ansprüche eines Dritten	93
1. Aktienrechtliche Ansprüche	94
2. Haftung aus culpa in contrahendo	96
3. Deliktische Ansprüche	97
4. Nichtabführen von Arbeitnehmeranteilen zur Sozialversicherung	102
5. Steuerliche Pflichten	103
6. Weitere wichtige spezialgesetzliche Ersatzansprüche	104
III. Haftung wegen unrichtiger Kapitalmarktinformationen	107
1. Entwurf eines Kapitalmarktinformationshaftungsgesetzes (KapInHaG)	110
2. Haftung für Falschinformationen nach Rechtsprechung und Gesetz	111
a) Falschinformationen im Bereich des Primärmarkts	111
b) Falschinformationen im Bereich des Sekundärmarkts	114
3. Kapitalanleger-Musterverfahrensgesetzes (KapMuG)	122
D. D&O-Versicherung	130
I. Entwicklung der D&O-Versicherung	131
II. Rechtliche Grundlagen	133
III. Ausgestaltung der Versicherung	135
1. Zeitlicher Umfang des Versicherungsschutzes	136

§ 11

§ 11 Haftung der Vorstandsmitglieder

	Rn.
2. Grenzen des Versicherungsschutzes	137
IV. Zuständigkeit für den Abschluss der Versicherung	138
V. Keine Pflicht zum Abschluss einer Versicherung	140
VI. Selbstbehalt	141

Schrifttum: *Arnold,* Verantwortung und Zusammenwirken des Vorstands und Aufsichtsrats bei Compliance-Untersuchungen, ZGR 2014, 76; *Arnold/Aubel,* Eigenrückgewähr, Prospekthaftung und Konzernrecht bei öffentlichen Angeboten von Aktien: Rezension des „Telekom III"-Urteils des BGH vom 31. Mai 2011, ZGR 2012, 113; *Bayer,* Legalitätspflicht der Unternehmensleitung, nützliche Gesetzesver-stöße und Regress bei verhängten Sanktionen, FS K. Schmidt, 2009, 85; *Bayer/Scholz,* Haftungsbegrenzung und D&O-Versicherung im Recht der aktienrechtlichen Organhaftung, NZG 2014, 926; *v. Bernuth/Kremer,* Das neue KapMuG: Wesentliche Änderungen aus Sicht der Praxis, NZG 2012, 890; *Bicker,* Legalitätspflicht des Vorstands – ohne Wenn und Aber?, AG 2014, 8; *Binder,* Anforderungen an Organentscheidungsprozesse in der höchstrichterlichen Rechtsprechung, AG 2012, 885; *Bosch,* Verantwortung der Konzernobergesellschaft im Kartellrecht, ZHR 177 (2013), 454; *Buck-Heeb,* Die Haftung von Mitgliedern des Leitungsorgans bei unklarer Rechtslage – Notwendigkeit einer Legal Judgment Rule?, BB 2013, 2247; *Dietz-Vellmer,* Organhaftungs-ansprüche in der Aktiengesellschaft: Anforderungen an Verzicht oder Vergleich durch die Gesellschaft, NZG 2011, 248; *Dreher,* Zum Ermessensspielraum eines Aufsichtsrats bei der Entscheidung über die Geltendmachung von Schadensersatzansprüchen gegenüber Vorstandsmitgliedern, JZ 1997, 1047; *ders.,* Der Abschluß von D&O-Versicherungen und die aktienrechtliche Zuständigkeitsordnung, ZHR 165 (2001), 293; *Drescher,* Die Rechtsprechung des Bundesgerichtshofs zur Aktiengesellschaft, Sonderbeilage WM 2/2013, 2; *v. Falkhausen,* Die Haftung außerhalb der Business Judgment Rule, NZG 2012, 644; *Fleischer* (Hrsg.), Handbuch des Vorstandsrechts, 1. Aufl. 2006; *ders.,* Aktuelle Entwicklungen der Managerhaftung, NJW 2009, 2337; *Foerster,* Beweislastverteilung und Einsichtsrecht bei Inanspruchnahme ausgeschiedene Organmitglieder, ZHR 176 (2012), 221; *Gärtner,* BB-Rechtsprechungsreport zur Organhaftung 2010/2011, BB 2012, 1745; *Goette,* „Zur ARAG/GARMENBECK-Doktrin", GS Winter, 2011, 153; *ders.,* Grundsätzliche Verfolgungspflicht des Aufsichtsrats bei sorgfaltswidrig schädigendem Verhalten im AG-Vorstand?, ZHR 176 (2012), 588; *ders.,* Zu den vom Aufsichtsrat zu beachtenden Abwägungskriterien im Rahmen seiner Entscheidung nach den ARAG/GARMENBECK Kriterien – dargestellt am Beispiel des Kartellrechts, FS Hoffmann-Becking, 2013, 861; *Grunewald,* Haftungsvereinbarungen zwischen Aktiengesellschaft und Vorstandsmitgliedern, AG 2013, 813; *Habersack,* Die Mitgliedschaft – subjektives und „sonstiges" Recht – Perspektiven der aktienrechtlichen Organhaftung, 1996; *ders.* ZHR 177 (2013), 782; *ders.,* Legalitätspflicht des Vorstands der AG, FS U.H. Schneider, 2011, 429; *ders.,* Reform der Organhaftung?, AG 2014, 553; *Hannich,* Quo vadis, Kapitalmarktinformationshaftung? Folgt aufgrund des IKB-Urteils nun doch die Implementierung des KapInHaG?, WM 2013, 449; *Harnos/Rudzio,* Die Innenhaftung des Vorstands der Aktiengesellschaft, JuS 2010, 104; *Hellgardt,* Die deliktische Außenhaftung von Gesellschaftsorganen für unternehmensbezogene Pflichtverletzungen, WM 2006, 1514; *Hoffmann,* Existenzvernichtende Haftung von Vorständen und Aufsichtsräten?, NJW 2012, 1393 ff.; *Hommelhoff,* Die Konzernleitungspflicht – Zentrale Aspekte eines Konzernverfassungsrechts, 1982; *Hopt,* Die Haftung von Vorstand und Aufsichtsrat – Zugleich ein Beitrag zur corporate governance-Debatte –, FS Mestmäcker, 1996, 909; *ders.,* Die Verantwortlichkeit von Vorstand und Aufsichtsrat: Grundsatz und Praxisprobleme – unter besonderer Berücksichtigung der Banken, ZIP 2013, 1793; *Kiefner/Krämer,* Geschäftsleiterhaftung nach ISION und das Vertrauendürfen auf Rechtsrat – Plädoyer für eine Anwendung der Rechtsprechungsgrundsätze mit Augenmaß, AG 2012, 498; *Koch,* Das Gesetz zur Unternehmensintegrität und Modernisierung des Anfechtungsrechts (UMAG), ZGR 2006, 769; *ders.,* Beschränkungen des gesellschaftsrechtlichen Innenregresses bei Bußgeldzahlungen, GS Winter, 2011, 327; *ders.,* Beschränkung der Regressfolgen im Kapitalgesellschaftsrecht, AG 2014, 429; *ders.,* Regressreduzierung im Kapitalgesellschaftsrecht – eine Sammelreplik, AG 2014, 513; *ders.,* Die schleichende Erosion der Verfolgungspflicht nach ARAG/Garmenbeck, NZG 2014, 934; *Krieger,* Wie viele Rechtsberater braucht ein Geschäftsleiter?, ZGR 2012, 496; *Krieger/U.H. Schneider* (Hrsg.), Handbuch Managerhaftung, 2. Aufl. 2010; *Loritz/Wagner,* Haftung von Vorständen und Aufsichtsräten, DStR 2012, 2189; *Lotze,* Haftung von Vorständen und Geschäftsführern für gegen Unternehmen verhängte Kartellbußgelder, NZKart 2014, 162; *Lutter,* Haftung und Verantwortlichkeit- Verantwortung von Organen und Beratern, DZWIR 2011, 265; *Marsch-Barner/Schäfer* (Hrsg.), Handbuch börsennotierte AG, 3. Aufl. 2014; *Paefgen,* Die Inanspruchnahme pflichtvergessener Vorstandsmitglieder als unternehmerische Ermessensentscheidung des Aufsichtsrats, AG 2008, 761; *Patzina/Bank/Schimmer/Simon-Widmann* (Hrsg.), Haftung von Unternehmensorganen, 1. Aufl. 2010; *Peltzer,* Mehr Ausgewogenheit bei der Vorstandshaftung, FS Hoffmann-Becking, 2013, 861; *Reichert,* Das Prinzip der Regelverfolgung von Schadensersatzansprüchen nach „ARAG/Garmenbeck" – Eine kritische Würdigung, FS Hommelhoff, 2012, 907; *ders.,* Existenzgefährdung bei der Durchsetzung von Organhaftungsansprüchen, ZHR 177 (2013), 756; *Rieger,* Gesetzeswortlaut und Rechtswirklichkeit im Aktiengesetz, FS Peltzer, 2001, 339; *Ringleb/Kremer/Lutter/Werder,* Kommentar zum Deutschen Corporate Governance Kodex, 5. Aufl. 2014; *Rudzio,* Vorvertragliche Anzeigepflicht bei der D&O-Versicherung der Aktiengesellschaft, 2010; *Selter,* Haftungsrisiken von Vorstandsmitgliedern bei fehlendem und von Aufsichtsratsmitgliedern bei vorhandenem Fachwissen, AG 2012, 11; *Spindler,* Haftung für fehlerhafte und unterlassene Kapitalmarktinformationen – ein (weiterer) Meilenstein, NZG 2012, 575; *Steffek,* Die Innenhaftung von Vorständen und Geschäftsführern, JuS 2010, 295; *Strohn,* Beratung der Geschäftsleitung durch Spezialisten als Ausweg aus der Haftung?, ZHR 176 (2012), 137; *ders.,* Aus der neueren Rechtsprechung des BGH zum Gesellschaftsrecht, DB 2012, 1193; *ders.,* Pflichtmaßstab und Verschulden bei der Haftung von Organen einer Kapitalgesellschaft, CCZ 2013, 177; *Thümmel,* Persönliche Haftung von Managern und Aufsichtsräten, 4. Aufl. 2008, *Vetter,* Aktienrechtliche Organhaftung und Satzungsautonomie, NZG 2014, 24; *Weber/Weißenberger/Liekweg,* Ausgestaltung eines unternehmerischen Chancen- und Risikomanagements nach dem KonTraG, DStR 1999, 1710; *Wirth,* Der „besondere Vertreter" nach § 147 Abs. 2 AktG – Ein neuer Akteur auf der Bühne?, FS Hüffer, 2010, 1129.

A. Arten der Haftung

1 Verwirklicht sich ein Risiko in einem Schaden, stellt sich die Frage der Verantwortlichkeit.[1] Als **Innenhaftung** bezeichnet man die Verantwortlichkeit eines Vorstandsmitglieds gegenüber der Gesellschaft, dessen Organ es ist. Es handelt sich dabei um einen Vorgang im Innenverhältnis zwischen der Gesellschaft und ihrem Organmitglied. Macht ein Außenstehender, zB ein (ehemaliger) Aktionär oder Gläubiger, Ansprüche gegen ein Vorstandsmitglied geltend, handelt es sich um einen Fall der **Außenhaftung**.

2 In der Praxis ist die Innenhaftung deutlich relevanter als die Außenhaftung. Das liegt am sog. **Prinzip der Haftungskonzentration**.[2] Nach dem Haftungssystem des deutschen Kapitalgesellschaftsrechts müssen sich geschädigte Dritte regelmäßig an die Gesellschaft halten, der das Verhalten ihrer Vorstandsmitglieder entsprechend § 31 BGB zugerechnet wird. Eine unmittelbare Außenhaftung der Vorstandsmitglieder gegenüber Dritten ist die Ausnahme. Regelmäßig müssen hierfür die relativ strengen Voraussetzungen des Deliktsrechts erfüllt sein.[3] Außerdem halten sich geschädigte Dritte im Zweifel eher an die Gesellschaft als direkt an die Vorstandsmitglieder, da die geschädigten Dritten von der Gesellschaft grundsätzlich eine höhere finanzielle Leistungsfähigkeit erwarten können. Dritte können häufig auch nicht beurteilen, welche Person innerhalb der Gesellschaft für den ihnen entstandenen Schaden verantwortlich war.[4] Nehmen Dritte die Gesellschaft in Anspruch, kann sich die Gesellschaft ggf. im Weg des Regresses bei ihren Vorstandsmitgliedern schadlos halten. Regressansprüche machen einen erheblichen Teil der Innenhaftung aus.[5]

B. Innenhaftung

3 Die Innenhaftung des Vorstandsmitglieds gegenüber der Gesellschaft beruht im Wesentlichen auf **§ 93 Abs. 2 AktG.** Daneben kommen zwar weitere Anspruchsgrundlagen in Betracht, wie zB §§ 117 Abs. 1 und 2, 309 Abs. 2, 310 Abs. 1, 317 Abs. 3, 318 Abs. 1, 323 Abs. 1 S. 2 iVm § 309 Abs. 2 AktG; § 823 Abs. 1 BGB, § 823 Abs. 2 BGB iVm einem Schutzgesetz und § 826 BGB. Im Vergleich zu § 93 Abs. 2 AktG sind diese Anspruchsgrundlagen im Bereich der Innenhaftung aber weitgehend bedeutungslos. Das liegt insbesondere daran, dass die Gesellschaft einen etwaigen Anspruch nach speziellen Vorschriften regelmäßig zugleich auch auf § 93 Abs. 2 AktG stützen kann. In einem solchen Fall wird die geschädigte Gesellschaft den Anspruch in aller Regel auf § 93 Abs. 2 AktG stützen, der in S. 2 eine für die Gesellschaft günstige Beweislastverteilung regelt (→ Rn. 29 ff.).

4 Die organschaftliche Haftung aus § 93 Abs. 2 AktG verfolgt zwei Ziele. Sie dient zum einen dem Schutz des Gesellschaftsvermögens in Form eines **Schadensausgleichs.** Zum

---

[1] *Thümmel,* Persönliche Haftung von Managern und Aufsichtsräten, Rn. 1.
[2] *Steffek* JuS 2010, 295, 296.
[3] Vgl. OLG München AG 2005, 817 f.; ferner *Rudzio,* D&O-Versicherung der Aktiengesellschaft, 22.
[4] Vgl. *Dreher* ZHR 165 (2001), 293, 315.
[5] OLG München AG 2005, 817, 818; *Rudzio,* D&O-Versicherung der Aktiengesellschaft, 22 f.

anderen soll die Vorschrift **präventiv** auf die Vorstandsmitglieder einwirken, so dass diese ihre Pflichten gegenüber der Gesellschaft pflichtgemäß erfüllen.[6] § 93 Abs. 2 AktG ist nicht abdingbar. Die Vorschrift kann nach der herrschenden Auffassung weder durch Satzungsregelung, noch durch einen Aufsichtsratsbeschluss oder den Anstellungsvertrag verschärft oder abgemildert (zur Regressreduzierung → Rn. 58) werden.[7]

I. Entwicklung der Regelungen zur Innenhaftung

5   Zu Beginn und Mitte der 1990er Jahre gab es spektakuläre **Unternehmenskrisen** und sog. Wirtschaftsskandale, wie zB die Fälle co-op, Balsam, Metallgesellschaft, Jürgen Schneider, AEG, Bremer Vulkan und ASS.[8] Insbesondere diese öffentlichkeitswirksamen Fälle setzten eine Diskussion über Corporate Governance in Gang. Im Jahr 1998 trat das „Gesetz zur Kontrolle und Transparenz im Unternehmensbereich" **(KonTraG)**[9] in Kraft. Das Gesetz sollte die Corporate Governance in deutschen Unternehmen verbessern und verschärfte die Organhaftung: Der Gesetzgeber erleichterte das Klageerzwingungsverfahren, indem er das Minderheitsquorum zur Geltendmachung von Ersatzansprüchen auf 5% des Grundkapitals bzw. auf einen anteiligen Nominalbetrag von 500 000 Euro absenkte. Insbesondere führte der Gesetzgeber mit dem KonTraG in § 91 Abs. 2 AktG die ausdrückliche Pflicht des Vorstands ein, ein angemessenes Überwachungssystem zu installieren, um bestandsgefährdende Risiken frühzeitig erkennen zu können (→ § 7 Rn. 43).

6   Um die **Jahrtausendwende** kam es zu weiteren öffentlichkeitswirksamen „Wirtschaftsskandalen", wie zB im Zusammenhang mit FlowTex, EM.TV, WestLB, Mannesmann/Vodafone, Deutsche Bank/Kirch Media sowie Philipp Holzmann.[10] Der **Neue Markt** erwies sich als Blase und brach zusammen. Auf eine lange Börsenhausse folgte ab dem Frühjahr 2000 eine lange Baisse. Viele Anleger verloren ihr Geld und waren zutiefst verunsichert. Die Entwicklung in der Rechtswirklichkeit führte zum einen dazu, dass im Jahr 2002 für kapitalmarktorientierte Gesellschaften der DCGK mit Grundsätzen zur Unternehmensführung eingeführt wurde. Zum anderen setzte der Gesetzgeber im Jahr 2002 Vorschläge einer Regierungskommission zur Corporate Governance durch das „Gesetz zur weiteren Reform des Aktien- und Bilanzrechts, zu Transparenz und Publizität" **(TransPuG)**[11] in geltendes Recht um. Weitere Vorschläge der Regierungskommission implementierte der Gesetzgeber im Jahr 2005 durch das „Gesetz zur Unternehmensintegrität und Modernisierung des Anfechtungsrechtes" **(UMAG)**.[12]

7   Auch nach diesen gesetzlichen Änderungen wurde in der Öffentlichkeit weiter gefordert, die Organhaftung zu verschärfen. Auslöser waren unter anderem öffentlichkeitswirksame Fälle wie die „Lustreisen-Affäre" bei VW sowie Compliance-Untersuchungen bei mehreren namhaften deutschen Unternehmen, wie zB Siemens, MAN, Ferrostaal, Linde, Daimler und Deutsche Telekom. Insbesondere wurde aber die **Finanz- und Wirtschaftskrise** in der Öffentlichkeit überwiegend an einem vermeintlichen Fehlverhalten von Vorstandsmitgliedern festgemacht.[13] In der Folge knüpfte der Gesetzgeber im „Gesetz zur Angemessenheit der Vorstandsvergütung" **(VorstAG)**[14] die Zulässigkeit der D&O-Versicherung für Vorstandsmitglieder daran, dass ein Selbstbehalt vereinbart wird (→ Rn. 141).

---

[6] Hüffer/*Koch* AktG § 93 Rn. 1.
[7] Krit. in Hinblick auf eine mögliche Verschärfung: *Arnold* in Marsch-Barner/Schäfer, Handbuch börsennotierte AG, § 22 Rn. 3.
[8] Vgl. *Harnos/Rudzio* JuS 2010, 104 m. Fn. 6; *Weber/Weißenberger/Liekweg* DStR 1999, 1710.
[9] Vom 27.4.1998, BGBl. I 786, in Kraft getreten am 1.5.1998.
[10] Vgl. *Harnos/Rudzio* JuS 2010, 104 m. Fn. 8.
[11] Vom 19.7.2002, BGBl. I 2681, in Kraft getreten am 26.7.2002.
[12] Vom 22.9.2005, BGBl. I 2509, in Kraft getreten am 1.11.2005.
[13] Vgl. *Rudzio,* D&O-Versicherung der Aktiengesellschaft, 37 f.
[14] Vom 31.7.2009, BGBl. I 2509, in Kraft getreten am 5.8.2008.

B. Innenhaftung

Gegenwärtig mehren sich auf der einen Seite die Stimmen, die sich für **weitergehende** **8** **Klagerechte** der Aktionäre oder für die Verfolgung von Ansprüchen durch staatliche Stellen aussprechen.[15] Auf der anderen Seite wird im Schrifttum über Möglichkeiten nachgedacht, den **Regress** der Gesellschaft gegenüber Vorstandsmitgliedern zu **reduzieren.** Es sei kaum zu vermeiden, dass es im Lauf einer mehrjährigen Tätigkeit eines Vorstandsmitglieds für ein Unternehmen zu einer fahrlässigen Schadenszufügung komme. Aufgrund der besonderen Schadensneigung zB von international tätigen Großkonzernen könnten solche Pflichtverletzungen zu existenzvernichtenden Schäden führen. In solchen Fällen sei es nicht immer sachgerecht, das pflichtwidrig handelnde Vorstandsmitglied vollständig in Regress zu nehmen (zu einer möglichen Regressreduzierung → Rn. 58).[16]

II. Steigende Bedeutung der Innenhaftung

Bis in die 1980er Jahre hieß es noch, Haftungsansprüche gegen Vorstandsmitglieder **9** spielten rechtstatsächlich keine nennenswerte Rolle.[17] Auch in der Folgezeit bis Mitte der 1990er Jahre war die Zahl der Haftungsprozesse gegen Organmitglieder relativ gering.[18] Die Verschärfung der Gesetzgebung (→ Rn. 5ff.), erhöhte Anforderungen an die Vorstandsmitglieder tatsächlicher (zB Globalisierung) und rechtlicher Art, eine verschärfte Diskussion möglicher Fehler von Vorstandsmitgliedern in der Öffentlichkeit und eine – auch mit dem ARAG/Garmenbeck-Urteil (→ Rn. 14) verbundene – höhere Anspruchsverfolgungsbereitschaft haben in einem Zusammenspiel dazu geführt, dass die **Haftungsgefahr** für Vorstandsmitglieder in den letzten Jahren **permanent gestiegen** ist.[19]

Im Nachgang der **Finanzkrise** verstärkte sich das Bedürfnis, die Entscheidungen der geschäftsleitenden Organe zu hinterfragen, noch einmal stark. Die Zahl an Haftungsprozessen **10** gegen Organmitglieder stieg sprunghaft an und ist weiterhin hoch.[20] Derzeit sollen etwa 20 000 Geschäftsleiter mit Haftungsansprüchen konfrontiert sein.[21] Managerhaftung ist mittlerweile kein „Modethema" mehr, sondern ein „Dauerbrenner des deutschen Kapitalgesellschaftsrechts". Auch in den neuesten Entwicklungen – wie sich insbesondere im Fall **Siemens/Neubürger** zeigt[22] – zeichnet sich ab, dass die Gerichte die Anforderungen an die Pflichten des Vorstands weiter verschärfen und dadurch gesteigerte Haftungsrisiken entstehen.[23]

Für Vorstandsmitglieder ist diese Entwicklung auch deshalb bedenklich, weil die geltend **11** gemachten **Schadenssummen** steigen und neue Dimensionen erreicht haben.[24] So mussten sich zB der Vorstand sowie zwei ehemalige Verwaltungsräte der Bayern LB haftungsrechtlich verantworten, da beim Kauf der österreichischen Hypo Alpe Adria ein Schaden von ca. 3,7 Milliarden Euro entstanden sei.[25] Die Deutsche Apotheker- und Ärztebank verklagte ihren Vorstand auf Schadensersatz in Höhe von ca. 66 Millionen Euro.[26] Der Aufsichtsrat der Deutsche Bank AG beschloss, den ehemaligen Vorstandssprecher Breuer infolge des Vergleichs der Bank mit den Erben des Medienunternehmers Kirch in Regress zu nehmen.[27] Zuvor hatte die Deutsche Bank AG mit den Kirch-Erben einen Vergleich

---

[15] *Habersack* AG 2014, 553.
[16] Vgl. *Koch* AG 2014, 513, 514ff. mwN; *Vetter* NZG 2014, 921ff.; *Bayer/Scholz* NZG 2014, 926ff.
[17] *Dietz-Vellmer* NZG 2011, 248; *Harnos/Rudzio* JuS 2010, 104, 105 mwN.
[18] *Hopt*, FS Mestmäcker, 1996, 909, 910.
[19] Vgl. *Harnos/Rudzio* JuS 2010, 104 mwN.
[20] *Gärtner* BB 2012, 1745, 1745.
[21] *Papendick/Schwarzer* Manager-Magazin 2/2014, 88.
[22] LG München I DB 2014, 766 – Siemens/Neubürger.
[23] *Fleischer* NJW 2009, 2337, 2337.
[24] *Reichert* ZHR 177 (2013), 756, 757.
[25] *Lutter* DZWIR 2011, 265.
[26] *Papendick/Schwarzer* Manager-Magazin 2/2014, 88.
[27] Vgl. www.welt.de/wirtschaft/article130797230/Fall-Kirch-Deutsche-Bank-nimmt-Breuer-in-Regress.html (zuletzt abgerufen am 1.9.2014).

abgeschlossen und im Zuge dessen etwa 925 Millionen Euro gezahlt.[28] Das Landgericht München I verurteilte das frühere Vorstandsmitglied der Siemens AG Neubürger zu 15 Millionen Euro Schadensersatz, weil das Compliance-System nicht effizient gewesen sei.[29] Hohe Schadenssummen gibt es häufig auch nach Kartellrechtsverstößen, bei denen die Geldbuße gemäß § 81 Abs. 4 GWB regelmäßig am Umsatz des Unternehmens bemessen wird.[30]

12   Die öffentlichkeitswirksamen Haftungsfälle geben nur unzureichend wieder, wie sehr die praktische Bedeutung der Haftung für Vorstandsmitglieder gestiegen ist. Die überwiegende Zahl der Haftungsfälle wird nicht öffentlich. Dies liegt unter anderem daran, dass sich die Parteien häufig unter Einbeziehung von D&O-Versicherern außergerichtlich vergleichen.

III. Geltendmachung der Innenhaftung

1. Geltendmachung durch den Aufsichtsrat

13   Gemäß § 112 AktG vertritt der Aufsichtsrat die Gesellschaft gegenüber ihren Vorstandsmitgliedern. Er ist zuständig, Ansprüche der Gesellschaft gegen ihre Vorstandsmitglieder zu prüfen und ggf. geltend zu machen.[31] In der Vergangenheit gab es die Tendenz von Aufsichtsräten, aufgrund kollegialer Verbundenheit oder eigener Kontrollversäumnisse davon abzusehen, Ansprüche der Gesellschaft gegenüber ihren Vorstandsmitgliedern geltend zu machen.[32]

14   In der „ARAG/Garmenbeck"-Entscheidung versuchte der BGH, dieser Tendenz entgegenzuwirken.[33] Der BGH führte aus, dass der Aufsichtsrat eigenverantwortlich **prüfen** müsse, ob sich ein Vorstandsmitglied durch eine organschaftliche Maßnahme gegenüber der Gesellschaft schadensersatzpflichtig gemacht habe. Dabei müsse der Aufsichtsrat den Tatbestand, der möglicherweise zum Schadensersatz verpflichte, tatsächlich und rechtlich würdigen sowie das Prozessrisiko und die Durchsetzbarkeit des Anspruchs analysieren.[34] Führe diese Prüfung zum Ergebnis, dass der Gesellschaft ein durchsetzbarer Schadensersatzanspruch zustehe, müsse der Aufsichtsrat den Anspruch grundsätzlich verfolgen. Er könne hiervon nur absehen, wenn **überwiegende Gründe des Unternehmenswohls** gegen die Rechtsverfolgung sprechen. Als Gründe des Unternehmenswohls, die einer Anspruchsverfolgung entgegenstehen, kämen zB der finanzielle, personelle und zeitliche Aufwand der Anspruchsverfolgung sowie negative Einflüsse der Anspruchsverfolgung auf Geschäfts- und Kundenbeziehungen sowie den Börsenkurs in Betracht. Persönliche Umstände der Vorstandsmitglieder, zB Schonung eines verdienten Vorstandsmitglieds oder soziale Konsequenzen für das Vorstandsmitglied und seine Familie, darf der Aufsichtsrat nur ausnahmsweise berücksichtigen.[35] Tendenziell führte die „ARAG/Garmenbeck"-Entscheidung dazu, dass Aufsichtsräte die Geltendmachung von Haftungsansprüchen gegen Vorstandsmitglieder ernster nehmen als zuvor.[36]

15   Der Aufsichtsrat prüft auf einer ersten Stufe, ob ein Schadensersatzanspruch gegen den Vorstand besteht, und analysiert die Prozessrisiken.[37] Kommt er zu dem Ergebnis, dass vor-

---

[28] Vgl. www.welt.de/wirtschaft/article130797230/Fall-Kirch-Deutsche-Bank-nimmt-Breuer-in-Regress.html (zuletzt abgerufen am 1.9.2014).
[29] LG München I DB 2014, 766.
[30] Vgl. *Koch* AG 2014, 513, 514 mwN.
[31] Hüffer/*Koch* AktG § 111 Rn. 7 mwN.
[32] Vgl. *Koch* ZGR 2006, 769, 770 f.
[33] BGHZ 135, 244, vor allem 253 ff.
[34] Vgl. *Goette*, FS Hoffmann-Becking, 2013, 377 ff.
[35] BGHZ 135, 244, 254 ff.
[36] *Dreher* JZ 1997, 1074, 1075; vorsichtiger *Strohn* CCZ 2013, 177; deutlicher *v. Falkhausen* NZG 2012, 644, 646.
[37] *Goette*, FS Hoffmann-Becking, 2013, 377 378 f.

B. Innenhaftung

aussichtlich ein durchsetzbarer Schadensersatzanspruch besteht, prüft er auf einer weiteren Stufe, ob er davon absieht, den Anspruch zu verfolgen.[38] Eine klare chronologische **Prüfungsreihenfolge** muss der Aufsichtsrat nach zutreffender Auffassung bei seiner Prüfung nicht beachten.[39] Da es zB oftmals hohe Kosten verursacht, den Sachverhalt umfassend zu ermitteln, kann es im Einzelfall sinnvoll sein, zunächst zu prüfen, ob die Geltendmachung dem Unternehmenswohl entspricht.[40]

Auf der ersten Prüfungsstufe kann der Aufsichtsrat richtigerweise **davon absehen,** mögliche Ansprüche gegen Vorstandsmitglieder **vollständig aufzuklären,** wenn mit der weiteren Aufklärung Nachteile für die Gesellschaft verbunden sind, die die Vorteile überwiegen.[41] Der Aufsichtsrat muss den Sachverhalt aber jedenfalls so weit aufklären, dass er die Bedeutung des nicht weiter verfolgten Anspruchs und mögliche Folgen für die Gesellschaft weitgehend abschätzen kann.[42]

Der Aufsichtsrat ist auf der zweiten Prüfungsstufe **grundsätzlich verpflichtet,** Schadensersatzansprüche gegen Vorstandsmitglieder geltend zu machen. Verstößt er gegen diese Pflicht, kann er sich selbst gegenüber der Gesellschaft gemäß §§ 93 Abs. 2, 116 AktG schadensersatzpflichtig machen. Der Aufsichtsrat muss aber prüfen, ob überwiegende Gründe des Unternehmenswohls gegen eine Geltendmachung der Ansprüche sprechen würden, wenn sich diese Ansprüche bestätigten.[43] Noch nicht abschließend geklärt ist, ob dem Aufsichtsrat bei der Frage, ob überwiegende Gründe des Unternehmenswohls einer Anspruchsverfolgung entgegenstehen, ein **gerichtlich nicht nachprüfbarer Ermessensspielraum** zusteht. Die überwiegende Auffassung im Schrifttum befürwortet einen solchen Ermessensspielraum.[44] Zum Teil wird vertreten, die Business Judgment Rule sei insoweit (entsprechend) anwendbar.[45] Die wohl herrschende Auffassung vertritt, dem Aufsichtsrat stehe ein Ermessens- oder Beurteilungsspielraum außerhalb der Business Judgment Rule zu.[46] Nach der Gegenansicht hat der Aufsichtsrat bei seiner Prüfung keinen gerichtlich nicht überprüfbaren Ermessensspielraum.[47] Werde die Entscheidung des Aufsichtsrats, ein Vorstandsmitglied nach sorgfältiger Abwägung nicht zu verfolgen, von einem Gericht korrigiert, hafteten die Aufsichtsratsmitglieder aber mangels Verschuldens nicht.[48] Der herrschenden Auffassung ist zuzustimmen. Der Aufsichtsrat muss bei der Entscheidung, ob die Geltendmachung im Unternehmenswohl liegt, unternehmerische Erwägungen anstellen, ob die Anspruchsverfolgung den Aufwand rechtfertigt und wie er das Prozessrisiko einschätzt.[49]

2. Geltendmachung durch die Hauptversammlung

Der Hauptversammlung dürften häufig die Informationen fehlen, aus denen sich Anhaltspunkte für mögliche Ansprüche der Gesellschaft gegen ihre Vorstandsmitglieder ergeben. Deshalb kann sie **mit einfacher Stimmenmehrheit** einen **Sonderprüfer** bestel-

---

[38] Vgl. *Goette,* FS Hoffmann-Becking, 2013, 377 ff.
[39] Vgl. *Goette,* GS Winter, 2011, 153, 162 ff.; *Koch* NZG 2014, 934, 937.
[40] Vgl. *Goette,* GS Winter, 2011, 153, 163.
[41] Vgl. *Arnold,* ZGR 2014, 76, 84.
[42] Vgl. *Arnold,* ZGR 2014, 76, 84.
[43] Vgl. *Arnold* in Marsch-Barner/Schäfer, Handbuch börsennotierte AG, § 22 Rn. 53; Vgl. *Arnold* ZGR 2014, 76, 84. Vgl. auch *Goette,* GS Winter, 2011, 153, 163 f.
[44] *Goette,* GS Winter, 2011, 153 ff.; *ders.,* ZHR 176 (2012), 588; *ders.,* FS Hoffmann-Becking, 2013, 377 ff.; *Mertens/Cahn* in KK-AktG § 111 Rn. 46; *Krieger* in Krieger/U. H. Schneider, Handbuch Managerhaftung, § 4 Rn. 48; *Reichert,* FS Hommelhoff, 2012, 907 ff.; *ders.* ZHR 177 (2013), 756, 762 ff.; *Paefgen* AG 2008, 761. Ausf. zum Streitstand *Koch* NZG 2014, 934 ff.
[45] So *Paefgen* AG 2008, 761.
[46] Vgl. etwa *Goette,* GS Winter, 2011, 153 ff.; *ders.* ZHR 176 (2012), 588; *ders.,* FS Hoffmann-Becking, 2013, 377 ff.; *Mertens/Cahn* in KK-AktG § 111 Rn. 46; *Krieger* in Krieger/U. H. Schneider, Handbuch Managerhaftung, § 4 Rn. 48; *Reichert,* FS Hommelhoff, 2012, 907 ff.; *ders.* ZHR 177 (2013), 756, 762 ff.
[47] *Koch* NZG 2014, 934, 937 ff.
[48] *Koch* NZG 2014, 934, 941.
[49] Vgl. *Mertens/Cahn* in KK-AktG § 111 Rn. 46.

len, der die tatsächlichen Grundlagen für die Geltendmachung eines Schadensersatzanspruchs ermittelt (§ 142 Abs. 1 S. 1 AktG). Auch das Gericht kann Sonderprüfer bestellen, wenn die Hauptversammlung den Antrag auf Bestellung eines Sonderprüfers ablehnt und eine Minderheit von mindestens 1 % des Grundkapitals oder von Aktionären, deren Aktienbesitz einen anteiligen Betrag von 100 000 Euro erreicht, dies beantragt (§ 142 Abs. 2 S. 1 AktG). Die Sonderprüfung soll insbesondere die Geltendmachung von Schadensersatzansprüchen nach § 147 AktG vorbereiten.[50]

19 Stellt sich zB im Rahmen der Sonderprüfung heraus, dass ein Schadensersatzanspruch besteht, kann die Hauptversammlung den Aufsichtsrat gemäß § 147 Abs. 1 S. 1 AktG verpflichten, Schadensersatzansprüche der Gesellschaft gegen ihre Vorstandsmitglieder geltend zu machen. Sie muss dies **mit einfacher Stimmenmehrheit** beschließen. Auch § 147 Abs. 1 S. 1 AktG soll der Tendenz von Aufsichtsräten entgegenwirken, aufgrund kollegialer Verbundenheit oder eigener Kontrollversäumnisse davon abzusehen, Ansprüche der Gesellschaft gegenüber ihren Vorstandsmitgliedern geltend zu machen.[51] In der Praxis spielt § 147 Abs. 1 S. 1 AktG jedoch nur eine untergeordnete Rolle.

20 Wenn die Hauptversammlung am Verfolgungswillen des Aufsichtsrats zweifelt, kann sie gemäß § 147 Abs. 2 S. 1 AktG **besondere Vertreter** zur Geltendmachung des Ersatzanspruches bestellen. Gemäß § 147 Abs. 2 S. 2 AktG kann auch das Gericht besondere Vertreter bestellen. Voraussetzungen hierfür sind ein Beschluss der Hauptversammlung nach § 147 Abs. 1 AktG und ein Antrag einer Minderheit von mindestens 10 % des Grundkapitals oder von Aktionären, deren Aktienbesitz den anteiligen Betrag von einer Million Euro erreicht. Das Gericht bestellt einen besonderen Vertreter nur, wenn dies „für eine gehörigen Geltendmachung" der Ersatzansprüche zweckmäßig ist (§ 147 Abs. 2 S. 2 AktG). Der besondere Vertreter soll nicht die Sonderprüfung ersetzen, sondern ist erst dann zu bestellen, wenn die Voraussetzungen eines möglichen Schadensersatzanspruchs feststehen.[52] Der besondere Vertreter ist kein „Sonderermittler", sondern baut auf die Feststellungen der Sonderprüfung auf.

21 Dem besonderen Vertreter stehen gegen die Gesellschaft **Auskunfts- und Ermittlungsrechte** zu, die er ggf. auch gerichtlich geltend machen kann.[53] In der Hauptversammlung hat der besondere Vertreter aber weder Teilnahme-, Rede- oder Berichtsrecht, noch ist er dazu berechtigt, den Aktionären über die bisherige Entwicklung der Geltendmachung der Ersatzansprüche Auskunft zu erteilen.[54] Erst in jüngerer Zeit erfuhr das Institut des besonderen Vertreters eine erhöhte praktische Bedeutung.[55] Insgesamt wird von der Möglichkeit, besondere Vertreter zu bestellen, aber weiterhin eher selten Gebrauch gemacht.

3. Geltendmachung durch Aktionäre als Prozessstandschafter

22 Seit der Änderung des Aktiengesetzes durch das UMAG im Jahr 2005 haben Aktionäre die Möglichkeit, eine Verfolgung von Ansprüchen gegen Vorstandsmitglieder im Weg der Prozessstandschaft gemäß § 148 AktG im eigenen Namen durchzusetzen, sog. **Aktionärsklage.** Voraussetzung ist eine Beteiligung von einem Prozent des Grundkapitals oder in Höhe von insgesamt 100 000 Euro.

23 Bevor Aktionäre einen Anspruch gerichtlich geltend machen, ist ein **Klagezulassungsverfahren** zu durchlaufen. Das Klagezulassungsverfahren soll zum einen das Kostenrisiko der Aktionäre, das mit einer Klage verbunden ist, abmildern. Zum anderen dient das Kla-

---

[50] Vgl. *Wirth,* FS Hüffer, 1130, 1146 ff.
[51] Vgl. Hüffer/*Koch* AktG § 147 Rn. 1.
[52] OLG Stuttgart AG 2009, 169; *Wirth,* FS Hüffer, 1130, 1148.
[53] OLG München ZIP 2008, 73, 78 ff.
[54] LG München I ZIP 2008, 1588; *Arnold* in Marsch-Barner/Schäfer, Handbuch börsennotierte AG, § 22 Rn. 54.
[55] OLG München ZIP 2008, 73; 2008, 1916; 2008, 2173; LG München I ZIP 2008, 1588.

B. Innenhaftung

gezulassungsverfahren dazu, aussichtslosen und missbräuchlichen Klagen vorzubeugen.[56] Das Gericht muss nach § 148 Abs. 1 S. 2 AktG die Klage zulassen, wenn

- der (oder die) Kläger an der Gesellschaft mit einem Prozent des Grundkapitals oder in Höhe von insgesamt 100 000 Euro **beteiligt** ist/sind. Fällt der Wert der Beteiligung erst nach Antragstellung auf unter 100 000 Euro, muss das Gericht die Klage dennoch zulassen.[57]
- die Aktionäre nachweisen, dass sie die Aktien **vor dem Zeitpunkt erworben** haben, in dem sie oder im Falle der Gesamtrechtsnachfolge ihre Rechtsvorgänger von den behaupteten Pflichtverstößen oder dem behaupteten Schaden auf Grund einer Veröffentlichung Kenntnis erlangen mussten. Diese Voraussetzung soll verhindern, dass Aktien nur erworben werden, um eine Klage zu erheben.[58]
- die Aktionäre nachweisen, dass sie die Gesellschaft unter Setzung einer **angemessenen Frist** vergeblich aufgefordert haben, selbst Klage zu erheben. Diese Frist soll den zuständigen Gesellschaftsorganen (also im Fall der Vorstandshaftung dem Aufsichtsrat) die Möglichkeit geben, zunächst selbst darüber zu entscheiden, ob die Gesellschaft den (vermeintlichen) Schädiger in Anspruch nimmt.
- Tatsachen vorliegen, die den Verdacht rechtfertigen, dass der Gesellschaft durch **Unredlichkeit oder grobe Verletzung** des Gesetzes oder der Satzung ein Schaden entstanden ist. Unredlichkeit soll bei einem Treuepflichtverstoß vorliegen, der in die Strafbarkeit reicht. Eine Verletzung des Gesetzes oder der Satzung soll „grob" sein, wenn Verstöße für die verantwortlichen Geschäftsleiter evident und auch ihrer Art nach nicht hinnehmbar sind.[59] Die Hürden für die Antragsteller liegen damit sehr hoch. Hat das Gericht die Klage zugelassen und stellt sich im Nachhinein heraus, dass es sich nur um einen leichteren Verstoß gehandelt hatte, kann das Verfahren fortgeführt werden.[60]
- der Geltendmachung des Ersatzanspruchs **keine überwiegenden Gründe des Gesellschaftswohls** entgegenstehen.

Zuständig sowohl für das Klagezulassungsverfahren als auch für das Klageverfahren ist gemäß § 148 Abs. 2, Abs. 4 AktG das **Landgericht,** in dessen Bezirk die Gesellschaft ihren Sitz hat. Wird der Antrag auf Klagezulassung abgewiesen, müssen grundsätzlich die Antragsteller die **Kosten** des Klagezulassungsverfahrens tragen (§ 148 Abs. 6 S. 1 AktG).

Lässt das Gericht die Klage dagegen zu, müssen die Aktionäre **innerhalb von drei Monaten** nach Eintritt der Rechtskraft klagen (§ 148 Abs. 4 S. 1 AktG). Zuvor müssen die Aktionäre die Gesellschaft erneut erfolglos und unter Setzung einer Frist aufgefordert haben, selbst Klage zu erheben. Eine **Nebenintervention** ist gemäß § 148 Abs. 4 S. 3 AktG ausgeschlossen. Aktionäre, die das Klagezulassungsverfahren nicht selbst durchlaufen haben, können sich dem Verfahren nicht im Nachhinein anschließen. Sie können aber ggf. ein weiteres Zulassungsverfahren einleiten, sofern sie dessen Voraussetzungen erfüllen. Dabei ist zu beachten, dass ein zweites, gleichartiges Zulassungsverfahren zusätzliche Kosten verursacht, aber der Gesellschaft meist keinen zusätzlichen Nutzen bringt. Regelmäßig dürfte ein entsprechender Antrag daher abgewiesen werden, weil insoweit überwiegende Interessen der Gesellschaft entgegenstehen.[61] Werden ausnahmsweise in einem weiteren Klagezulassungsverfahren weitere Antragsteller zugelassen, sind die Verfahren gemäß § 148 Abs. 4 S. 4 AktG zur gemeinsamen Verhandlung und Entscheidung zu verbinden.

Hat das Gericht die Klage zugelassen, haben die Kläger gegenüber der Gesellschaft gemäß § 148 Abs. 6 S. 5 AktG einen **Erstattungsanspruch** für die ihnen entstandenen Kosten. Das gilt auch dann, wenn die Aktionäre die Klage verlieren, sofern sie die Zulassung der Klage nicht durch vorsätzlich oder grob fahrlässig unrichtigen Vortrag erwirkt haben.

---

[56] Begr. RegE, BR-Drs. 3/05, 40 f.
[57] Begr. RegE UMAG, BT-Drs. 15/5092, 44.
[58] Vgl. Hüffer/Koch AktG § 148 Rn. 5.
[59] Vgl. Hüffer/Koch AktG § 148 Rn. 8.
[60] RegE UMAG, BT-Drs. 15/5092, 47.
[61] RegE UMAG, BT-Drs. 15/5092, 49 ff.

Dadurch haben die Kläger im Vergleich zur Kostenregelung der Zivilprozessordnung nur ein minimales Kostenrisiko. Denn im Zivilprozess trägt die unterliegende Partei nach § 91 ZPO alle Kosten.

27 Die **Gesellschaft** kann in Abweichung zu zivilprozessualen Grundsätzen (§ 261 Abs. 3 Nr. 1 ZPO) das Verfahren gemäß § 148 Abs. 3 S. 2 AktG in jedem Stadium **übernehmen**. Sie tritt dann im Wege eines gesetzlich vorgesehenen Parteiwechsels in den Stand des Verfahrens ein, den es zum Zeitpunkt des Parteiwechsels hatte. Wahlweise kann die Gesellschaft den Ersatzanspruch selbst gerichtlich geltend machen. Dadurch werden anhängige Zulassungs- oder Klageverfahren über diesen Ersatzanspruch unzulässig.

4. Ersatzansprüche der Gläubiger der Gesellschaft und Geltendmachung

28 Unter bestimmten Voraussetzungen können **Gläubiger der Gesellschaft** einen Ersatzanspruch der Gesellschaft gegen ein Vorstandsmitglied selbst geltend machen und Zahlung an sich verlangen, § 93 Abs. 5 AktG. Bei § 93 Abs. 5 AktG handelt es sich um einen eigenen Anspruch der Gläubiger, nicht um einen Fall der Prozessstandschaft.[62] Voraussetzung ist nach § 93 Abs. 5 S. 1 Hs. 2 AktG zunächst, dass der Gläubiger von der Gesellschaft keine Befriedigung erlangen kann. Nach Insolvenzeröffnung geht das Verfolgungsrecht der Gläubiger nach § 93 Abs. 4 S. 4 AktG jedoch auf den Insolvenzverwalter über. Da die Gesellschaft gegenüber ihren Gläubigern idR zahlen kann, solange kein Insolvenzverfahren eröffnet ist, hat § 93 Abs. 5 AktG in der **Praxis** nur eine **geringe Bedeutung**.[63]

29 Weitere Voraussetzung dafür, dass ein Gläubiger einen Ersatzanspruch der Gesellschaft gegen ein Vorstandsmitglied selbst geltend machen kann, ist nach § 93 Abs. 5 S. 2 AktG, dass das Vorstandsmitglied einen der in § 93 Abs. 3 AktG aufgezählten Tatbestände (sog. „Todsünden"; → Rn. 39 ff.) verwirklicht **oder** seine Pflichten **gröblich verletzt** hat. Nach § 93 Abs. 2 S. 2 AktG iVm § 93 Abs. 5 S. 2 Hs. 2 AktG müssen die Vorstandsmitglieder beweisen, ihre Pflichten nicht gröblich verletzt zu haben.

30 Die Ersatzpflicht gegenüber den Gläubigern ist gemäß § 93 Abs. 5 S. 3 AktG **weder** bei einem rechtmäßigen **Beschluss der Hauptversammlung, noch** bei einem **Verzicht** oder **Vergleich** der Gesellschaft **ausgeschlossen**.

31 § 93 Abs. 5 AktG führt dazu, dass Vorstandsmitglieder neben möglichen Ansprüchen der Gesellschaft auch mit Ansprüchen der Gläubiger der Gesellschaft konfrontiert werden können. Wurde ein Vorstandsmitglied bereits von der AG verklagt, kann es der Klage eines Gläubigers nicht die Einrede der **Rechtshängigkeit** (§ 261 Abs. 3 Nr. 1 ZPO) entgegensetzen.[64] Ein im Prozess mit der Gesellschaft ergangenes Urteil entfaltet nach herrschender Ansicht auch keine **Rechtskraftwirkung** gegenüber dem Gläubiger.[65] Zahlt das Vorstandsmitglied an die Gesellschaft, befreit es die Zahlung aber auch gegenüber den Gläubigern.[66] Ebenso hat eine Zahlung an einen Gläubiger **befreiende Wirkung** gegenüber der Gesellschaft, wenn der Gläubiger vom Vorstandsmitglied Leistung verlangt hatte.[67] Das Vorstandsmitglied muss also nur einmal zahlen.

IV. Innenhaftung nach § 93 AktG

32 Die Innenhaftung von Vorstandsmitgliedern richtet sich in der überwiegenden Zahl der Fälle nach § 93 Abs. 2 S. 1 AktG.

---

[62] Hüffer/*Koch* AktG § 93 Rn. 81; *Mertens/Cahn* in KK-AktG § 93 Rn. 180; *Spindler* in MüKoAktG § 93 Rn. 267; aA OLG Frankfurt WM 1977, 59, 62; LG Köln AG 1976, 105, 106.
[63] Vgl. Hüffer/*Koch* AktG § 93 Rn. 80, 84.
[64] Hüffer/*Koch* AktG § 93 Rn. 83.
[65] *Hopt* in GroßkommAktG § 93 Rn. 414 ff.; *Spindler* in MüKoAktG § 93 Rn. 277; Hüffer/*Koch* AktG § 93 Rn. 83; *Mertens/Cahn* in KK-AktG § 93 Rn. 184; aA *Grigoleit/Tomasic* in Grigoleit AktG § 93 Rn. 82.
[66] *Krieger/Sailer-Coceani* in K. Schmidt/Lutter AktG § 93 Rn. 59.
[67] *Krieger/Sailer-Coceani* in K. Schmidt/Lutter AktG § 93 Rn. 59.

B. Innenhaftung

1. § 93 Abs. 2 AktG im Überblick

Die Haftung des Vorstandsmitglieds nach § 93 Abs. 2 AktG setzt tatbestandmäßig voraus: 33
(a) eine pflichtwidrige Handlung oder ein pflichtwidriges Unterlassen;
(b) ein schuldhaftes Verhalten des Vorstandsmitglieds;
(c) einen Schaden für die Gesellschaft und
(d) Kausalität zwischen der Handlung/dem Unterlassen und dem Schaden.

2. Haftungsadressat

Die Haftung aus § 93 Abs. 2 AktG bezieht sich auf Vorstandsmitglieder. Taugliche Haftungsadressaten sind alle wirksam bestellten Vorstandsmitglieder der Gesellschaft. Darunter fallen auch gerichtlich bestellte Vorstandsmitglieder (vgl. § 85 AktG) sowie vorübergehend in den Vorstand entsandte Aufsichtsratsmitglieder (vgl. § 105 Abs. 2 AktG). Die Innenhaftung folgt aus der Organstellung, auf einen wirksamen Anstellungsvertrag kommt es nicht an. Eine Haftung nach § 93 Abs. 2 AktG ist grundsätzlich von dem Beginn des Vorstandsamts bis zu dessen Ende möglich.[68] Grundsätzlich maßgeblich ist die **Organstellung im Zeitpunkt der Pflichtwidrigkeit,** nicht des Schadens. Allerdings kann es auch nach tatsächlicher Einstellung der Vorstandstätigkeit zu einer Haftung kommen, wenn das Vorstandsmitglied nachwirkende Pflichten, etwa die Verschwiegenheitspflicht, verletzt.[69] Auch **fehlerhaft bestellte Vorstandsmitglieder,** die tatsächlich Vorstandsaufgaben übernehmen, und nach wohl herrschender Auffassung auch **faktische Organmitglieder,** die ohne einen Bestellungsakt wie ein Vorstandsmitglied für die Gesellschaft handeln, können nach § 93 Abs. 2 AktG haften.[70] Für Aufsichtsratsmitglieder gilt § 93 Abs. 2 AktG über den Verweis in § 116 AktG entsprechend. 34

3. Pflichtwidrigkeit

Eine Haftung nach § 93 Abs. 2 AktG setzt eine Pflichtverletzung des Vorstandsmitglieds voraus. Die Pflichtverletzung muss aus der Organstellung resultieren. Deshalb müssen ggf. die Pflichten aus der Organstellung von den Pflichten abgegrenzt werden, die ein Vorstandsmitglied nur als **Privatperson** treffen.[71] Pflichten des Vorstandsmitglieds können sich aus dem Gesetz (zB §§ 80, 81, 83, 90, 91, 92 oder 93 Abs. 3 AktG), der Satzung oder dem Anstellungsvertrag ergeben.[72] Greift eine spezielle Pflicht nicht ein, kommt insbesondere in Betracht, dass das Vorstandsmitglied die allgemeine Sorgfalts- (§ 93 Abs. 1 S. 1 AktG; → § 7 Rn. 2 ff.) oder Treuepflicht (→ § 7 Rn. 49 ff.) gegenüber der Gesellschaft verletzt. 35

Bei der Frage, ob sich ein Vorstandsmitglied pflichtwidrig verhalten hat, ist ggf. zwischen verschiedenen Pflichtenkreisen zu unterscheiden. So kann bei sog. **Doppelmandaten** ein pflichtgemäßes Handeln gegenüber einer Gesellschaft eine Pflichtwidrigkeit gegenüber der anderen Gesellschaft sein (→ § 7 Rn. 80 ff.).[73] 36

Im Konzern müssen Vorstandsmitglieder des herrschenden Unternehmens im Rahmen ihrer Leitungsaufgabe die **Beteiligungen** der Gesellschaft **sorgfältig verwalten.** Die Beteiligungen sind Teil des Gesellschaftsvermögens. Dazu gehört die Pflicht, die sich aus den Beteiligungen ergebenden Einflussrechte im Interesse der herrschenden Gesellschaft sorgfältig wahrzunehmen.[74] Zudem muss der Vorstand des herrschenden Unternehmens im 37

---

[68] *Spindler* in MüKoAktG § 93 Rn. 11 ff.
[69] *Hopt* in GroßkommAktG § 93 Rn. 39.
[70] *Krieger/Sailer-Coceani* in K. Schmidt/Lutter AktG § 93 Rn. 2 mwN.
[71] Zur Abgrenzung iE *Hopt* in GroßkommAktG § 93 Rn. 74; *Mertens/Cahn* in KK-AktG § 93 Rn. 65.
[72] Vgl. *Harnos/Rudzio* JuS 2010, 104, 105.
[73] *Arnold* in Marsch-Barner/Schäfer, Handbuch börsennotierte AG, § 22 Rn. 11 mwN aus der Rspr.
[74] Vgl. *Seibt* in K. Schmidt/Lutter AktG § 76 Rn. 16; *Habersack* in Emmerich/Habersack AktG § 311 Rn. 11; ferner *Hüffer/Koch* AktG § 76 Rn. 49.

Rahmen seiner Möglichkeiten einen ausreichenden Informationsfluss innerhalb des Konzerns sicherstellen. Er benötigt regelmäßig Informationen der abhängigen Gesellschaften, um seine Pflichten gegenüber der Obergesellschaft ordnungsgemäß zu erfüllen.[75] Auch muss er Vorkehrungen treffen, um Schäden zB wegen zugerechneter Kartellrechtsbuße von der Tochtergesellschaft abzuwenden, da diese Schäden auf die herrschende Gesellschaft durchschlagen können. Insbesondere können Bußgelder nach §§ 130, 30 OWiG sowie Bußgelder der Europäischen Kommission wegen Verstoßes gegen Art. 101 AEUV auch gegen die Konzernobergesellschaft verhängt werden, wenn die Tochtergesellschaft eine entsprechende Pflicht verletzt.[76] Eine darüber hinausgehende Pflicht, die abhängigen Unternehmen entsprechend § 76 Abs. 1 AktG umfassend zu leiten (sog. **Konzernleitungspflicht**), **besteht** dagegen nach zutreffender Ansicht **nicht**.[77] Im Verhältnis des Vorstandsmitglieds zu den abhängigen Gesellschaften fehlt für eine solche Pflicht bereits die gesetzliche Grundlage.[78] Aber auch im Verhältnis zur herrschenden Gesellschaft ist eine Konzernleitungspflicht, die über die oben skizzierte Beteiligungsverwaltung hinausgeht, abzulehnen. Im faktischen Konzern – also in Fällen, in denen kein Beherrschungsvertrag vorliegt – fehlt es den Vorstandsmitgliedern der herrschenden Gesellschaft häufig schon an den für eine Konzernleitungspflicht nötigen Einflussmöglichkeiten.[79] Aber auch im Vertragskonzern wird trotz des Weisungsrechts (§ 308 AktG) des Vorstands der Obergesellschaft gegenüber der abhängigen Gesellschaft überwiegend zu Recht vertreten, dass der Vorstand nicht dazu verpflichtet ist, seine Leitungspflicht auch auf abhängige Gesellschaften zu beziehen.[80] Das Konzernrecht respektiere die Eigenverantwortung des Vorstands des abhängigen Unternehmens.[81] Es liegt daher im Ermessen des Vorstands der herrschenden Gesellschaft, ob und inwieweit er abhängige Gesellschaften leitet.[82]

a) Sorgfaltspflicht

38 Regelmäßig wird eine Gesellschaft einen Schadensersatzanspruch gegen ein Vorstandsmitglied darauf stützen, dass das Vorstandsmitglied seine Sorgfaltspflicht gegenüber der Gesellschaft aus § 93 Abs. 1 S. 1 AktG verletzt habe. Danach haben Vorstandsmitglieder bei ihrer Geschäftsführung die **Sorgfalt eines ordentlichen und gewissenhaften Geschäftsleiters** anzuwenden. Beachtet ein Vorstandsmitglied bei seinem Handeln die Voraussetzungen der Business Judgment Rule, handelt es nicht pflichtwidrig (→ § 7 Rn. 23 ff.).

b) § 93 Abs. 3 AktG

39 § 93 Abs. 3 AktG enthält einen Katalog von Tatbeständen, die stets zu einer Haftung führen. Bei diesen Beispielen („namentlich") handelt es sich um besonders **schwere Verstöße** („neun Todsünden"),[83] bei denen die Kapitalgrundlage der Gesellschaft durch ein verbotenes Verhalten des Vorstands geschmälert wird. Bei den genannten Handlungsalternativen handelt es sich nicht um unternehmerische Entscheidungen, so dass die Business Judgement Rule des § 93 Abs. 1 S. 2 AktG nicht greift.[84]

---

[75] *Fleischer* in Spindler/Stilz AktG § 76 Rn. 101.
[76] Vgl. EuGH CCZ 2009, 236; *Bosch* ZHR 177 (2013), 454 ff.
[77] Vgl. jeweils mwN *Hüffer/Koch* AktG § 76 Rn. 47; *Fleischer* in Spindler/Stilz AktG § 76 Rn. 86 ff.; *Mertens/Cahn* in KK-AktG § 76 Rn. 65; *Seibt* in K. Schmidt/Lutter AktG § 76 Rn. 16; *Spindler* in MüKo AktG § 76 Rn. 49; aA *Hommelhoff* Konzernleitungspflicht 165 ff., 178, 305 ff.
[78] *Hüffer/Koch* AktG § 76 Rn. 47.
[79] *Hüffer/Koch* AktG § 76 Rn. 47.
[80] Vgl. *Arnold* in Marsch-Barner/Schäfer, Handbuch börsennotierte AG, § 19 Rn. 53; *Hüffer/Koch* AktG § 76 Rn. 47; *Fleischer* in Spindler/Stilz AktG § 76 AktG Rn. 86 ff. mwN.
[81] *Hüffer/Koch* AktG § 76 Rn. 47; *Seibt* in K. Schmidt/Lutter AktG § 76 Rn. 16.
[82] *Hüffer/Koch* AktG § 76 Rn. 47; *Arnold* in Marsch-Barner/Schäfer, Handbuch börsennotierte AG, § 19 Rn. 53.
[83] *Fleischer* in Fleischer, Handbuch des Vorstandsrechts, § 11 Rn. 78; *Hüffer/Koch* AktG § 93 Rn. 68.
[84] *Hüffer/Koch* AktG § 93 Rn. 68.

B. Innenhaftung

§ 93 Abs. 3 AktG begründet einen eigenständigen Schadensersatzanspruch, der neben **40** Absatz 2 steht.[85] Ein Verstoß gegen die genannten Verbote fällt zugleich unter den Haftungstatbestand des Absatz 1, da die Kapitalerhaltung zu den allgemeinen Pflichten des Vorstands zählt.[86] Bei den Varianten von § 93 Abs. 3 AktG handelt es sich um **echte Schadensersatzansprüche,** das heißt auch hier müssen Schaden und Verschulden vorliegen.[87] Die Verschuldensvermutung des § 93 Abs. 2 S. 2 AktG (→ Rn. 59 ff.) greift.[88]

Die Besonderheit einer Haftung nach § 93 Abs. 3 AktG liegt in der **Beweislastum-** **41** **kehr:** Es wird zugunsten der Gesellschaft **vermutet,** dass ein Schaden zumindest in der Höhe entstanden ist, wie Mittel abgeflossen sind oder vorenthalten wurden.[89] Die Gesellschaft muss nur beweisen, dass es zu einem Mittelabfluss bzw. einer Vorenthaltung kam, nicht jedoch, dass hierdurch auch tatsächlich ein Schaden im Sinn der §§ 249 ff. BGB entstanden ist. Abfluss oder Vorenthaltung sind Mindestschäden.[90] Will die Gesellschaft einen höheren Schaden geltend machen, ist sie hinsichtlich dieses weitergehenden Schadens vollumfänglich darlegungs- und beweispflichtig.

Der Vorstand kann die **Vermutung widerlegen,** indem er darlegt und ggf. beweist, **42** dass eine Schädigung der Gesellschaft überhaupt nicht mehr möglich ist, weil der rechtswidrig abgeflossene oder vorenthaltene Betrag dem Gesellschaftsvermögen endgültig wieder zugeführt wurde.[91] Der Vorstand sollte wegen der Beweislastverteilung die Zahlungsströme umfassend und nachvollziehbar **dokumentieren.** Nicht ausreichend, um die Vermutung zu wiederlegen, ist, dass ein (regelmäßig gegebener) Rückgewähranspruch gegen den Empfänger der Leistung besteht.[92] Dies gilt selbst dann, wenn dieser Rückgewähranspruch vollwertig ist.[93] Auch der Nachweis, dass bislang kein Schaden eingetreten ist, reicht nicht, um die Vermutung zu widerlegen.[94]

Hinsichtlich des Verschuldens ergeben sich bei einer Haftung nach § 93 Abs. 3 AktG **43** nur Besonderheiten, wenn **Gläubiger** der Gesellschaft, die von ihr keine Befriedigung erlangen können, den **Schaden geltend machen** (§ 93 Abs. 5 AktG). Ihnen gegenüber haftet der Vorstand normalerweise nur, wenn er seine Sorgfaltspflicht „gröblich" (= grob fahrlässig) verletzt. § 93 Abs. 5 AktG nimmt aber Verstöße gegen die in § 93 Abs. 3 AktG normierten Haftungsfälle von dieser Privilegierung aus. Der Vorstand haftet den Gläubigern gegenüber deshalb weiterhin auch für **einfache Fahrlässigkeit.**

Besteht ein Anspruch aus § 93 Abs. 3 AktG, muss das Vorstandsmitglied der Gesellschaft **44** den zu Unrecht gezahlten oder nicht eingeforderten Betrag und jeden darüber hinausgehenden, von der Gesellschaft nachgewiesenen, Schaden **ausgleichen.**[95] Zugunsten des Vorstandsmitglieds greifen die allgemeinen Grundsätze der Vorteilsausgleichung: Danach kann der Anspruch mangels Schadens entfallen, wenn die Gesellschaft einen Vorteil aus der schädigenden Handlung zieht (→ Rn. 55).[96] Ferner hat das Vorstandsmitglied unter Umständen einen Anspruch gegen die Gesellschaft auf Abtretung der Ansprüche, die ihr gegen Dritte oder Aktionäre aufgrund des pflichtwidrigen Vorstandshandelns zustehen.[97]

Die in § 93 Abs. 3 AktG aufgezählten Haftungsfälle betreffen im Wesentlichen die **Ka-** **45** **pitalerhaltung der Gesellschaft** und dienen dem **Gläubigerschutz:** Das Vorstandsmitglied haftet für Fälle, in denen er das Vermögen der Gesellschaft gesetzeswidrig verwendet

---

[85] *Bürgers/Israel* in Bürgers/Körber AktG § 93 Rn. 41.
[86] *Bürgers/Israel* in Bürgers/Körber AktG § 93 Rn. 41.
[87] *Krieger/Sailer-Coceani* in K. Schmidt/Lutter AktG § 93 Rn. 44; *Spindler* in MüKoAktG § 93 Rn. 221.
[88] *Hüffer/Koch* AktG § 93 Rn. 69.
[89] *Spindler* in MüKoAktG § 93 Rn. 221; *Bürgers/Israel* in Bürgers/Körber AktG § 93 Rn. 41.
[90] *Hüffer/Koch* AktG § 93 Rn. 68.
[91] *Spindler* in MüKoAktG § 93 Rn. 222.
[92] *Spindler* in MüKoAktG § 93 Rn. 222.
[93] *Spindler* in MüKoAktG § 93 Rn. 222.
[94] *Spindler* in MüKoAktG § 93 Rn. 222; *Hüffer/Koch* AktG § 93 Rn. 68.
[95] *Spindler* in MüKoAktG § 93 Rn. 233.
[96] RGZ 159, 211, 231 f.; BGH NZG 2011, 1271, 1274.
[97] Etwa § 62 AktG; *Spindler* in MüKoAktG § 93 Rn. 234.

(Nr. 1 bis 3, 5 bis 9) oder Aktien vor der vollen Leistung des Ausgabebetrags ausgegeben hat (Nr. 4).

46 Im Einzelnen besteht eine Haftung in folgenden Fällen:
- gesetzeswidrige Einlagenrückgewähr (Nr. 1): § 93 Abs. 3 Nr. 1 AktG greift ein, wenn Einlagen offen oder verdeckt entgegen § 57 Abs. 1 AktG an Aktionäre zurückgewährt (→ § 7 Rn. 87 ff.) oder Beträge aus der Auflösung der Kapital- oder Gewinnrücklagen an die Aktionäre verbotswidrig (§ 230 AktG) ausgezahlt wurden.
- gesetzeswidrige Zahlungen von Zinsen oder Gewinnanteilen an Aktionäre (Nr. 2): Auch eine gegen § 57 Abs. 2 und 3 AktG verstoßende Verzinsung und Verteilung des Bilanzgewinns an Aktionäre vor Auflösung der Gesellschaft, die Verteilung des Bilanzgewinns, obwohl Gesetz, Satzung oder Hauptversammlungsbeschluss etwas anderes bestimmen (§ 58 Abs. 4 AktG), sowie anderweitige Verstöße gegen die Gewinnverteilung gemäß § 60 bzw. § 233 AktG begründen die Haftung nach § 93 Abs. 3 Nr. 2 AktG.
- gesetzeswidrige(r) Zeichnung, Erwerb, Inpfandnahme oder Einziehung eigener Aktien der Gesellschaft oder einer anderen Gesellschaft (Nr. 3): Verstöße gegen §§ 56, 71 ff. und 237 ff. AktG begründen eine Haftung nach § 93 Abs. 3 Nr. 3 AktG.
- gesetzwidrige Ausgabe von Aktien vor der vollen Leistung des Ausgabebetrags (Nr. 4): Verstößt das Vorstandsmitglied gegen § 10 Abs. 2 AktG und gibt Inhaberaktien aus, bevor die Einlage voll geleistet ist, begründet dies die Haftung nach § 93 Abs. 3 Nr. 4 AktG. Auch die Leistung einer nach § 27 Abs. 2 AktG unzulässigen Sacheinlage (wirtschaftlicher Wert nicht feststellbar bzw. Verpflichtung zu Dienstleistungen als Sachleistungen) fällt hierunter.
- gesetzwidrige Verteilung von Gesellschaftsvermögen (Nr. 5): Unter den Haftungstatbestand des § 93 Abs. 3 Nr. 5 AktG fallen Zahlungen, die die Gläubigerbefriedigung beeinträchtigen. Hierzu zählen: Verteilung des Vermögens, die Einlagenrückgewähr darstellt (§ 57 Abs. 3 AktG), Auszahlung des Buchertrags nach Kapitalherabsetzung (§ 225 Abs. 2 AktG), Auszahlung von Beträgen aus Auflösung von Kapital- und Gewinnrücklagen bzw. Kapitalherabsetzungen (§ 230 AktG), Gewinnausschüttung vor gesetzlich vorgeschriebener Rücklagenbildung (§ 233 AktG), Auszahlung des Buchertrags nach Kapitalherabsetzung nach Einziehung (§ 237 Abs. 2 AktG), Verteilung des Abwicklungsüberschusses (§ 271 AktG) oder vorzeitige Verteilung des Vermögens nach Abwicklung (§ 272 AktG).
- gesetzwidrige Zahlungen nach Eintritt der Zahlungsunfähigkeit oder Überschuldung (Nr. 6): Das Vorstandsmitglied haftet nach § 93 Abs. 3 Nr. 6 AktG, wenn es Zahlungen tätigt, nachdem die Zahlungsunfähigkeit der Gesellschaft eingetreten ist oder sich eine Überschuldung ergeben hat und wenn diese Zahlungen nicht mit der Sorgfalt eines gewissenhaften und ordentlichen Geschäftsleiters vereinbar sind (§ 92 Abs. 2 AktG).[98]
- gesetzwidrige Vergütungsleistungen an Aufsichtsratsmitglieder (Nr. 7): Lässt ein Vorstandsmitglied einem Aufsichtsratsmitglied eine Vergütung zahlen, die gegen §§ 113, 114 AktG verstößt, haftet es nach § 93 Abs. 3 Nr. 7 AktG. Dies betrifft insbesondere Vergütungsleistungen, die nicht in der Satzung festgesetzt oder durch die Hauptversammlung gebilligt wurden oder unangemessen sind. Auch Vergütungsleistungen für eine Tätigkeit des Aufsichtsratsmitglieds außerhalb der Aufsichtsratsstellung, die ohne die Zustimmung des Aufsichtsrats geleistet wurden, fallen hierunter.
- gesetzwidrige Kreditgewährung (Nr. 8): Gewährt der Vorstand Kredite an Vorstands- und Aufsichtsratsmitglieder, die gegen §§ 89, 115 AktG verstoßen, begründet dies eine Haftung nach § 93 Abs. 3 Nr. 8 AktG.
- Ausgabe von Bezugsaktien bei der bedingten Kapitalerhöhung außerhalb des festgesetzten Zwecks vor der vollen Leistung des Gegenwerts (Nr. 9): Die Ausgabe von Bezugsaktien bei der bedingten Kapitalerhöhung außerhalb des festgesetzten Zwecks bevor der

---

[98] LG Verden AG 2002, 109.

B. Innenhaftung

volle Gegenwert geleistet wurde, verstößt gegen § 199 AktG und führt zur Haftung des Vorstands nach § 93 Abs. 3 Nr. 9 AktG.

4. Verschulden

Vorstandsmitglieder haften nur, wenn sie ihre Pflichten auch schuldhaft verletzt haben. § 93 Abs. 1 S. 1 AktG regelt auch den Verschuldensmaßstab für die Vorstandsmitglieder. Die Vorstandsmitglieder haben bei ihrer Geschäftsführung „die **Sorgfalt eines ordentlichen und gewissenhaften Geschäftsleiters** anzuwenden". Damit müssen Vorstandsmitglieder – im Gegensatz zu Arbeitnehmern – auch schon bei leichter Fahrlässigkeit mit einer persönlichen und unbeschränkten Haftung rechnen.[99]

Für eine Haftung ist eigenes Verschulden des Vorstandsmitglieds erforderlich. Eine **Zurechnung** des Verschuldens anderer Vorstandsmitglieder oder von Mitarbeitern gemäß § 278 BGB oder § 831 BGB **kommt nicht in Betracht.**[100] Ein Vorstandsmitglied ist nicht Erfüllungsgehilfe der anderen Vorstandsmitglieder. Auch Mitarbeiter handeln nicht für einzelne Vorstandsmitglieder, sondern für die Gesellschaft als Geschäftsherrn.[101] Allerdings liegt bei einer schuldhaften Pflichtverletzung von anderen Vorstandsmitgliedern oder Mitarbeitern häufig eine Verletzung der Überwachungspflichten (→ § 7 Rn. 36 ff.) durch das Vorstandsmitglied vor. War diese schuldhaft, liegt ein eigenes Verschulden des Vorstandsmitglieds vor.

Das Verschulden muss sich nur auf die **Pflichtverletzung beziehen,** nicht auf den Schadenseintritt.[102] Ein schuldhaftes und damit haftungsbegründendes Handeln liegt also auch vor, wenn das Vorstandsmitglied zwar weiß, dass es seine Pflichten verletzt, es aber nicht an einen Schaden glaubt oder den Eintritt eines solchen nicht billigt.

Die Verschuldenshaftung aus § 93 Abs. 2 AktG stellt nicht auf ein individuelles Können ab, vielmehr ist der **Verschuldensmaßstab objektiv-typisiert.**[103] Allerdings muss ein Vorstandsmitglied, das über besondere Fertigkeiten verfügt, diese auch einbringen. Individuelles Können kann also haftungsverschärfend wirken.[104] Besitzt ein Vorstandsmitglied **notwendige Fähigkeiten oder Kenntnisse nicht** und eignet sich solche auch nicht an, darf es das Amt nicht annehmen bzw. muss es niederlegen. Sonst kommt ein Übernahmeverschulden in Betracht.[105] Ein Verschulden liegt auch dann nahe, wenn sich ein Vorstandsmitglied bei fehlender eigener Kenntnis oder Fähigkeit nicht **fachkundiger Hilfe** bedient.[106]

Unterliegt ein Vorstandsmitglied einem **Rechtsirrtum** und verstößt deshalb gegen ein Gesetz, verletzt es die Legalitätspflicht und handelt pflichtwidrig. Der Rechtsirrtum kann aber ausnahmsweise dazu führen, dass dem Vorstandsmitglied kein Schuldvorwurf gemacht werden kann. Der BGH konkretisierte im sog. **Ision-Urteil** im Jahr 2011 die Anforderungen, unter denen sich ein Vorstandsmitglied auf einen haftungsausschließenden Rechtsirrtum berufen kann. Verfüge ein Vorstandsmitglied nicht über die Sachkunde, eine Rechtsfrage zu beurteilen, könne es sich nur auf einen Rechtsirrtum berufen, wenn es sich von einem unabhängigen, fachlich qualifizierten Berufsträger beraten lasse. Dabei müsse das Vorstandsmitglied dem Berater die Verhältnisse der Gesellschaft umfassend darstellen und die erforderlichen Unterlagen offenlegen. Den Rechtsrat müsse der Vorstand einer sorgfältigen Plausibilitätskontrolle unterziehen.[107] In einem späteren Urteil zur GmbH verlangte

---

[99] Vgl. *Harnos/Rudzio* JuS 2010, 104, 106.
[100] *Mertens/Cahn* in KK-AktG § 93 Rn. 49; *Spindler* in MüKoAktG § 93 Rn. 179.
[101] *Hüffer/Koch* AktG § 93 Rn. 46.
[102] *Spindler* in MüKoAktG § 93 Rn. 178.
[103] *Arnold* in Marsch-Barner/Schäfer, Handbuch börsennotierte AG, § 22 Rn. 43 mwN.
[104] BGH NJW-RR 2011, 1670; *Arnold* in Marsch-Barner/Schäfer, Handbuch börsennotierte AG, § 22 Rn. 43.
[105] *Spindler* in MüKoAktG § 93 Rn. 177.
[106] BGH NJW-RR 2011, 1670; *Mertens/Cahn* in KK-AktG § 93 Rn. 137.
[107] Vgl. BGH NZG 2011, 1271, 1273; dazu *Selter* AG 2012, 11 ff.; *Kiefner/Krämer* AG 2012, 498 ff.; *Strohn* ZHR 176 (2012), 137 ff.; *ders.* CCZ 2013, 177, 184; *Krieger* ZGR 2012, 496 ff. Vgl. auch *Buck-Heeb*

der BGH nicht mehr die Beratung eines „Berufsträgers", sondern einer „unabhängigen, für die zu klärenden Fragestellungen fachlich qualifizierten Person".[108]

52 Als **unabhängige, fachlich qualifizierte Personen** im Sinn der Rechtsprechung des BGH kommen nach zutreffender Ansicht grundsätzlich auch Mitarbeiter der eigenen **Rechtsabteilung** des Unternehmens in Betracht.[109] Etwas anderes kann gelten, wenn die Mitarbeiter der Rechtsabteilung nicht imstande sind, ihre Auffassungen frei und ohne Furcht vor Sanktionen zu äußern, oder wenn die Äußerungen von den Ratsuchenden nicht als Urteil eines unabhängigen Rechtsberaters wahrgenommen werden. Erforderlich ist stets, dass in der Rechtsabteilung Expertise für das betroffene Rechtsgebiet vorhanden ist. Zum Teil wird vertreten, eine **Vorbefassung** mit der Angelegenheit (zB eine Mitwirkung an der Vertrags- oder Konzepterstellung) führe zum Verlust der Unabhängigkeit.[110] Richtigerweise dürfte die Unabhängigkeit nur entfallen, wenn erkennbare Zweifel an der fachlichen Belastbarkeit der bisherigen Arbeitsprodukte oder ein erkennbarer Interessenkonflikt bestehen.[111] Grundsätzlich kommt es für die Frage der Unabhängigkeit nicht darauf an, wie die Frage gestellt wird.[112] Die Art der Fragestellung kann nur ausnahmsweise dann ein Indiz dafür sein, dass der Mitarbeiter der Einflussnahme nicht widersteht, wenn der Mitarbeiter durch die Art der Fragestellung sachwidrig beeinflusst wird.

53 Der Vorstand muss **nicht in allen Fällen schriftlichen Rechtsrat** einholen, um einer Haftung aufgrund von Gesetzesverstößen zu entgehen. Ist eine Sache einfach gelagert oder so eilig, dass der Vorstand auf eine schriftliche Stellungnahme nicht warten kann, dürfte es regelmäßig genügen, wenn sich der Vorstand mündlich beraten lässt.[113] In schwierigen und nicht eilbedürftigen Fällen genügt eine mündliche Beratung aber jedenfalls dann nicht, wenn die notwendige Plausibilitätskontrolle dadurch nicht möglich ist.[114]

5. Schaden

54 Ein Vorstandsmitglied haftet der Gesellschaft gegenüber nur dann, wenn die schuldhafte Pflichtverletzung des Vorstandsmitglieds die Gesellschaft adäquat kausal geschädigt hat.[115] Der **Schadensbegriff** entspricht demjenigen des Bürgerlichen Gesetzbuchs (§§ 249 ff. BGB). Danach berechnet sich der Schaden aus der objektiven Differenz zwischen der aktuellen Vermögenslage des Geschädigten und der Vermögenslage, die ohne das schädigende Ereignis bestehen würde.[116] Erfasst sind damit **Vermögensminderungen** durch schädigendes Verhalten einschließlich entgangenen Gewinns (§ 252 BGB).

55 Der Schaden muss in **adäquat-kausaler** Weise auf der Pflichtverletzung beruhen. Eine Haftung kann deshalb aufgrund der – auch im allgemeinen Schadensrecht geltenden – Regeln zur **Vorteilsausgleichung** entfallen oder sich verringern.[117] Ein Vorteilsausgleich findet nicht statt, wenn er bei wertender Gesamtbetrachtung als nicht hinnehmbar erscheint.[118] Das dürfte zB insbesondere bei Kartellrechtsverstößen oder Bestechungszahlungen der Fall sein.

BB 2013, 2247, 2257; ferner BGH NJW 2007, 2118, 2119 zur Beratung hinsichtlich der Insolvenzantragspflicht eines Vorstandsmitglieds.
[108] BGH NZG 2012, 672, 673.
[109] Vgl. Hüffer/Koch AktG § 93 Rn. 45; Bicker AG 2014, 8, 10 f.; Loritz/Wagner DStR 2012, 2189, 2190 f. mit Hinweis auf die Tendenz der Rspr., die eigene Rechtsabteilung ausreichen zu lassen, BGH DStR 2012, 1286 Rn. 17.
[110] Vgl. Strohn ZHR 176 (2012), 137, 140 f.
[111] Vgl. auch Kiefner/Krämer AG 2012, 498, 499 f.; Krieger ZGR 2012, 496, 500 f.
[112] AA Strohn ZHR 176 (2012), 137, 141; ders. DB 2012, 1193 1195.
[113] Vgl. auch Selter AG 2012, 11, 17.
[114] Zusammenfassend Drescher WM Sonderbeilage 2/2013, 2, 4 mwN; Binder AG 2012, 885, 893.
[115] Hüffer/Koch AktG § 93 Rn. 47.
[116] Hopt in GroßkommAktG § 93 Rn. 261 ff.
[117] Vgl. BGH NJW 2013, 2114 Rn. 33 f.; 2013, 1958 Rn. 26; Habersack, FS U. H. Schneider, 2011, 429, 439 f.
[118] BGH NJW 2010, 675 Rn. 9; Hüffer/Koch AktG § 93 Rn. 49.

B. Innenhaftung

Eine Haftung scheidet mangels Kausalität auch dann aus, wenn der Schaden auch bei **rechtmäßigem Alternativverhalten** sicher eingetreten wäre.[119] Die bloße Möglichkeit, dass der Schaden auch bei rechtmäßigem Alternativverhalten eingetreten wäre, genügt dagegen nicht. Die Beweislast liegt beim Vorstandsmitglied.[120] Im Schrifttum wird zum Teil vertreten, ein Vorstandsmitglied könne sich nicht auf den Einwand rechtmäßigen Alternativverhaltens berufen, wenn es eine Kompetenz-, Organisations- oder Verfahrensregel verletzt, zB eine erforderliche Zustimmung des Aufsichtsrats nicht eingeholt habe. Die Nichterfüllung der Vorstandspflichten müsse auch in diesen Fällen sanktioniert sein.[121] Allerdings könnten personelle Maßnahmen als ausreichende Sanktion angesehen werden.[122]

Ein besonderer Fall des Schadens ist der sog. **Reflexschaden,**[123] der auch als „Doppelschaden" oder „mittelbarer Schaden" bezeichnet wird. Von einem Reflexschaden spricht man, wenn die Gesellschaft geschädigt wurde, **durch den Schaden der Gesellschaft** aber auch ein Schaden eines Aktionärs entsteht, indem sein Aktienbesitz an Wert verliert.[124] Wie § 117 Abs. 1 S. 2 AktG klarstellt, können die Aktionäre einen Schaden in Form der Wertminderung ihrer Aktien infolge einer Schädigung der Gesellschaft grundsätzlich nicht geltend machen. Der Schädiger muss nur an die Gesellschaft leisten.[125] Ein Aktionär kann jedoch ggf. als Prozessstandschafter im eigenen Namen klagen und Leistung an die Gesellschaft verlangen (→ Rn. 22 ff.).[126]

6. Regressreduzierung

Die Haftung von Vorstandsmitgliedern kann existenzvernichtend sein. Das ist vor allem deshalb bedenklich, weil leicht fahrlässige Pflichtverletzungen zu einem erheblichen Schaden führen können. Das wird insbesondere in Fällen als unbillig empfunden, in denen ein Vorstandsmitglied zB für ordnungs- oder kartellrechtliche Bußgelder in Regress genommen wird, die sich am Umsatz des Unternehmens oder sogar der Konzernmutter orientieren. Der Aufsichtsrat kann nach den ARAG/Garmenbeck-Grundsätzen nur dann davon absehen, die Ansprüche zu verfolgen, wenn überwiegende Interessen der Gesellschaft gegen eine Anspruchsverfolgung sprechen (→ Rn. 14 ff.). In Zweifelsfällen wird der Aufsichtsrat den Anspruch häufig verfolgen, um selbst keinem Haftungsrisiko ausgesetzt zu sein. In Insolvenzfällen wird der Insolvenzverwalter grundsätzlich versuchen, Ansprüche der Gesellschaft gegen ihre Vorstandsmitglieder zu verfolgen.[127] Der Schutz der D&O-Versicherung ist lückenhaft (→ Rn. 137). Vor diesem Hintergrund wird im Schrifttum diskutiert, ob und inwieweit ein **Regress der Gesellschaft gegenüber ihren Vorstandsmitglieder reduziert** werden kann.[128] Ein Teil des Schrifttums schlägt zB vor, Haftungsausschlüsse oder Haftungsbeschränkungen in die Satzung aufzunehmen.[129] Eine solche Einschränkung stößt aber mit Blick auf den Grundsatz der Satzungsstrenge gemäß § 23 Abs. 5 AktG auf Bedenken.[130] Diskutiert wird deshalb, die für Arbeitnehmer geltende Haf-

---

[119] Hüffer/Koch AktG § 93 Rn. 50.
[120] Hüffer/Koch AktG § 93 Rn. 50; Arnold in Marsch-Barner/Schäfer, Handbuch börsennotierte AG, § 22 Rn. 47.
[121] Vgl. Krieger/Sailer-Coceani in K. Schmidt/Lutter AktG § 93 Rn. 30; Spindler in MüKoAktG § 93 Rn. 174.
[122] Hüffer/Koch AktG § 93 Rn. 50.
[123] BGH NJW 1987, 1077, 1079; Hopt in GroßkommAktG § 93 Rn. 484.
[124] Spindler in MüKoAktG § 93 Rn. 318.
[125] Hopt in GroßkommAktG § 93 Rn. 487 mwN.
[126] Hopt in GroßkommAktG § 93 Rn. 487 f.
[127] Vgl. Hüffer/Koch AktG § 93 Rn. 54.
[128] Zum Streitstand ausf. Koch AG 2014, 513 ff.; vgl. auch Hüffer/Koch AktG § 93 Rn. 51; Hoffmann NJW 2012, 1393 ff.; Peltzer, FS Hoffmann-Becking, 2013, 861 ff.; Koch AG 2012, 429 ff.; ders., GS Winter, 2011, 327 ff.; Bayer, FS K. Schmidt, 2009, 85, 95 ff., jeweils mwN.
[129] Vgl. Grunewald AG 2013, 813, 815 ff.; Hoffmann NJW 2012, 1393, 1395; Vetter NZG 2014, 921, 922 ff.
[130] Vgl. Koch AG 2014, 513, 524; Hopt ZIP 2013, 1793, 1800; Habersack ZHR 177 (2013), 782, 794; Fleischer in Spindler/Stilz AktG § 93 Rn. 3.

tungsbeschränkung nach den **Grundsätzen betrieblich veranlasster Tätigkeit** in modifizierter Form auf Vorstandsmitglieder zu übertragen. Die Gesellschaft dürfe ein Vorstandsmitglied nur in begrenztem Umfang in Anspruch nehmen, wenn es leicht fahrlässig einen Schaden verursacht habe, die besondere Schadenshöhe aus dem Unternehmenskontext resultiere, die persönliche Leistungsfähigkeit des Vorstandsmitglieds übersteige und nicht von einer D&O-Versicherung abgedeckt sei. Dogmatische Grundlage sei die Fürsorgepflicht der Gesellschaft gegenüber ihren Organmitgliedern.[131] Es bleibt abzuwarten, wie sich die Diskussion im Schrifttum entwickelt und wie die Rechtsprechung reagiert. Eine erste gerichtliche Bestätigung hat die Regressreduzierung in der Rechtsprechung bereits gefunden: Das ArbG Essen und das LAG Düsseldorf verwarfen eine Haftungsklage mit kartellrechtlichem Hintergrund gegen einen Geschäftsleiter mit der Begründung, die Funktion der Unternehmensgeldbuße verbiete es, eine auf Grundlage des Unternehmensumsatzes bemessene Geldbuße auf die Vorstandsmitglieder abzuwälzen.[132]

7. Darlegungs- und Beweislast

59 Ist ein Sachverhalt nicht soweit aufgeklärt, dass ein Gericht von ihm überzeugt ist, entscheiden die Regeln über die Beweislast, zu wessen Lasten bzw. zu wessen Gunsten die Unaufklärbarkeit geht. Ein „non liquet" geht zu Lasten der Partei, die die Beweislast trägt.[133] Im Zivilprozess muss grundsätzlich jede Partei die für sie günstigen Tatsachen beweisen. Von diesem Grundsatz macht § 93 Abs. 2 S. 2 AktG eine Ausnahme: Ist streitig, ob ein Vorstandsmitglied mit der Sorgfalt eines ordentlichen und gewissenhaften Geschäftsleiters gehandelt hat, trifft das Vorstandsmitglied die Beweislast. Diese **Beweislastumkehr** bezieht sich sowohl auf die Pflichtwidrigkeit als auch auf das Verschulden.[134]

60 Die **Gesellschaft muss daher nur beweisen,** dass ein Handeln oder Unterlassen des Vorstandsmitglieds in kausaler Weise einen Schaden der Gesellschaft hervorgerufen hat.[135] Wenn der Schaden typischerweise auf pflichtwidrigem Verhalten eines Vorstandsmitglieds beruht, kann eine tatsächliche Vermutung eingreifen, dass ein möglicherweise pflichtwidriges Verhalten des Vorstandsmitglieds schadensursächlich war.[136]

61 Der Beweis des Vorstandsmitglieds, pflichtgemäß und/oder schuldlos gehandelt zu haben, kann schwer zu führen sein. Deshalb empfiehlt es sich für den Vorstand, seine Entscheidungen und deren Informationsgrundlage umfassend und nachvollziehbar zu **dokumentieren.**

62 Bedenklich ist die Beweislastumkehr im Hinblick auf **ausgeschiedene Vorstandsmitglieder.** Ehemalige Vorstandsmitglieder haben regelmäßig zu entlastenden Unterlagen oder anderen Informationsquellen keinen (ungehinderten) Zugang mehr.[137] Eine teleologische Reduktion des § 93 Abs. 2 S. 2 AktG in solchen Fällen dürfte nicht möglich sein, da es an einer planwidrigen Regelungslücke fehlt.[138] Allerdings ist den ausgeschiedenen Vorstandsmitgliedern ein Informationsanspruch gegen die Gesellschaft im Hinblick auf Unterlagen zu gewähren, die sie zu seiner Verteidigung benötigen.[139]

---

[131] Ausf. *Koch* AG 2014, 513 ff. mwN; vgl. auch Hüffer/*Koch* AktG § 93 Rn. 51 f.; *Bayer/Scholz* NZG 2014, 926, 932 ff.
[132] ArbG Essen NZKart 2014, 193 Rn. 145; dazu *Lotze* NZKart 2014, 162 ff.; *Koch* AG 2014, 513, 514; LAG Düsseldorf v. 20.1.15 – 16 Sa 459/14; 16 Sa 460/14; 16 Sa 458/14.
[133] *Rosenberg/Schwab/Gottwald,* Zivilprozessrecht, 17. Aufl. 2010, § 115 Rn. 7 ff.
[134] Vgl. *Spindler* in MüKoAktG § 93 Rn. 181.
[135] Hüffer/*Koch* AktG § 93 Rn. 53.
[136] *Spindler* in MüKoAktG § 93 Rn. 186; *Krieger/Sailer-Coceani* in K. Schmidt/Lutter AktG § 93 Rn. 32.
[137] Vgl. Hüffer/*Koch* AktG § 93 Rn. 56; *Rieger,* FS Peltzer, 2001, 339, 351.
[138] Hüffer/*Koch* AktG § 93 Rn. 56 mwN; aA *Foerster* ZHR 176 (2012), 221 ff.
[139] *Krieger/Sailer-Coceani* in K. Schmidt/Lutter AktG § 93 Rn. 34; *Rieger,* FS Peltzer, 339, 351; *Spindler* in MüKoAktG § 93 Rn. 188.

8. Wegfall und Undurchsetzbarkeit der Ersatzpflicht

a) Keine Ersatzpflicht bei ordnungsgemäßem Hauptversammlungsbeschluss

Nach **§ 93 Abs. 4 S. 1 AktG** haftet das Vorstandsmitglied nicht bei Handlungen aufgrund eines entsprechenden **Beschlusses der Hauptversammlung,** soweit das Vorstandsmitglied an diesen Beschluss gebunden ist (§ 83 Abs. 2 AktG).[140] Die beschlossene Maßnahme muss insbesondere in den Zuständigkeitsbereich der Hauptversammlung fallen. **63**

Zudem muss der Beschluss gesetzmäßig sein, er darf weder anfechtbar noch nichtig sein.[141] Einen anfechtbaren Beschluss kann und muss das Vorstandsmitglied ggf. selbst anfechten oder auf eine Anfechtung durch den Gesamtvorstand hinwirken (§ 245 Nr. 4, 5 AktG).[142] Ein nichtiger Beschluss entlastet den Vorstand, wenn die Nichtigkeit (rückwirkend) geheilt wird (§ 242 AktG). Auch ein anfechtbarer Beschluss wird mit Fristablauf (§ 246 AktG) gesetzmäßig. Die Haftung bleibt aber bestehen, wenn der Vorstand den Beschluss der Hauptversammlung **pflichtwidrig herbeigeführt** hat (etwa durch unrichtige oder unvollständige Informationen) oder sich Umstände, die zur Zeit der Beschlussfassung vorlagen, nachträglich wesentlich verändert haben.[143] **64**

Weiterhin muss die Handlung des Vorstands auf einem Hauptversammlungsbeschluss **„beruhen",** dh der **Beschluss muss der schädigenden Handlung vorangegangen** sein.[144] Allerdings greift der Haftungsausschluss nach herrschender Auffassung auch, wenn der Vorstand zB einen Vertrag zuvor ausgehandelt hat, diesen aber unter den Vorbehalt der Hauptversammlungszustimmung (aufschiebende Bedingung oder Genehmigungsvorbehalt) stellt.[145] **65**

b) Verzicht und Vergleich

§ 93 Abs. 4 S. 3 AktG sieht die Möglichkeit vor, dass die Gesellschaft auf ihre Ansprüche gegen Vorstandsmitglieder verzichtet oder sich über sie vergleicht. Dies ist jedoch nur unter drei Voraussetzungen möglich: **66**
– es müssen drei Jahre seit Entstehen des Ersatzanspruchs[146] verstrichen sein,
– die Hauptversammlung muss zustimmen und
– es darf nicht eine Minderheit, deren Anteile zusammen 10% des Grundkapitals erreicht, gegen den Verzicht oder Vergleich Widerspruch zu Protokoll eingelegt haben.

Die Begriffe „Verzicht" und „Vergleich" sind weit auszulegen. Es fallen Erlassverträge (§ 397 Abs. 1 BGB), negative Schuldanerkenntnisse (§ 397 Abs. 2 BGB), gerichtliche oder außergerichtliche Vergleiche (§ 779 BGB), Prozess- oder Anwaltsvergleiche (§§ 794 Abs. 1 Nr. 1, 1053 ZPO; §§ 796a ff. ZPO) und Rechtshandlungen hierunter, die einem Verzicht oder Vergleich wirtschaftlich gleichkommen. Zu den Rechtshandlungen, die einem Verzicht oder Vergleich wirtschaftlich gleichkommen, zählen etwa ein Klageverzicht (§ 306 ZPO), ein Anerkenntnis der Gesellschaft gegenüber einer negativen Feststellungsklage des Vorstandsmitglieds (§ 307 ZPO) oder eine Stundung des Ersatzanspruchs. **Tritt** die Gesellschaft den Anspruch zB unentgeltlich **ab** und wird anschließend ein Vergleich oder Verzicht erzielt, ohne dass die Voraussetzungen des § 93 Abs. 4 AktG erfüllt wären, ist dies eine unwirksame Umgehung des § 93 Abs. 4 AktG.[147] Auch Abfindungsvereinbarun- **67**

---

[140] Hüffer/Koch AktG § 93 Rn. 72.
[141] Vgl. OLG Frankfurt BeckRS 2013, 04897 zur Haftung eines GmbH-Geschäftsführers; Hüffer/Koch AktG § 93 Rn. 72.
[142] Krieger/Sailer-Coceani in K. Schmidt/Lutter AktG § 93 Rn. 48; Hüffer/Koch AktG § 93 Rn. 74.
[143] Hopt in GroßkommAktG § 93 Rn. 325 ff.; Krieger/Sailer-Coceani in K. Schmidt/Lutter AktG § 93 Rn. 49; Spindler in MüKoAktG § 93 AktG Rn. 244 f.
[144] Krieger/Sailer-Coceani in K. Schmidt/Lutter AktG § 93 Rn. 46; Spindler in MüKoAktG § 93 AktG Rn. 242.
[145] Hüffer/Koch AktG § 93 Rn. 73; Spindler in MüKoAktG § 93 Rn. 243. Etwas anderes gilt, wenn lediglich ein Rücktrittsvorbehalt vereinbart wurde.
[146] Hüffer/Koch AktG § 93 Rn. 76.
[147] Spindler in MüKoAktG § 93 AktG Rn. 263.

gen kann § 93 Abs. 4 AktG entgegenstehen (§ 139 BGB); sie sollten deshalb eine salvatorische Klausel enthalten.[148] In einem aktuellen Urteil stufte der BGH die Zahlung einer Geldstrafe, Geldauflage oder Geldbuße, die gegen ein Vorstandsmitglied verhängt wurde, als Verstoß gegen § 93 Abs. 4 AktG ein, wenn die vom Vorstandsmitglied begangene Straftat zugleich eine Pflichtverletzung gegenüber der Gesellschaft gewesen sei (zur Legalitätspflicht des Vorstands → § 7 Rn. 8 ff.).[149] Rechtshandlungen, die gegen § 93 Abs. 4 AktG verstoßen, sind endgültig nichtig und können nicht geheilt werden.[150]

68   Die **Dreijahresfrist gilt nicht,** wenn das **Vorstandsmitglied insolvent** ist und sich innerhalb oder außerhalb eines Insolvenzverfahrens vergleicht oder wenn die Ersatzpflicht in einem Insolvenzplan geregelt werden soll (§ 93 Abs. 4 S. 4 AktG).

69   Für **Verzichts- oder Vergleichsverhandlungen** ist bei Ansprüchen gegen Vorstandsmitglieder der Aufsichtsrat, bei Ansprüchen gegen Aufsichtsratsmitglieder der Vorstand **zuständig.**

c) Verjährung

70   Die Verjährung beträgt bei Gesellschaften, die zum Zeitpunkt der Pflichtverletzung börsennotiert sind, zehn Jahre, bei anderen Gesellschaften fünf Jahre (§ 93 Abs. 6 AktG). Diese Verjährungsfrist kann nicht durch Satzung oder Vertrag verlängert oder verkürzt werden.[151] Sie beginnt mit dem Entstehen des Anspruchs **(§ 200 BGB),** also dem Eintritt eines Schadens, der durch eine pflichtwidrige und schuldhafte Handlung eines Vorstandsmitglieds verursacht worden ist.[152] Liegt die Pflichtverletzung eines Vorstandsmitglieds allerdings in einem Unterlassen, soll nach Auffassung des Landgerichts München I im „Siemens/Neubürger"-Urteil die Verjährung nicht beginnen, wenn die Verhinderungshandlung spätestens hätte vorgenommen werden müssen, sondern erst, wenn die Handlung nicht mehr nachgeholt werden könne.[153] Hierdurch wird der Verjährungsbeginn in bedenklicher Weise erheblich nach hinten geschoben. Lässt der Aufsichtsrat einen Anspruch gegen ein Vorstandsmitglied verjähren, obwohl er nach den oben dargestellten Grundsätzen zur Geltendmachung verpflichtet war (→ Rn. 13 ff.), handelt er unter Umständen pflichtwidrig und haftet selbst für den entsprechenden Schaden (§ 116 S. 1 iVm § 93 AktG).[154] Der Vorstand ist dann wiederum verpflichtet, den Anspruch gegen den Aufsichtsrat geltend zu machen.

71   Nicht erforderlich für den Beginn der Verjährung ist es, dass die Gesellschaft den Schaden zu diesem Zeitpunkt bereits beziffern kann, also Leistungsklage erheben könnte.[155] Vielmehr genügt es für den Verjährungsbeginn, wenn der Schaden zwar entstanden, in seiner Entwicklung aber noch nicht abgeschlossen ist, so dass die Gesellschaft Feststellungsklage erheben könnte.[156]

72   Erfüllt die Pflichtverletzung eines Vorstandsmitglieds im Sinne des § 93 Abs. 2 AktG auch den Tatbestand einer unerlaubten Handlung oder verletzt das Vorstandsmitglied mit der Handlung eine andere schadensersatzbegründende Pflicht, gelten unterschiedliche und voneinander unabhängige Verjährungsfristen (zur Konkurrenz verschiedener Ansprüche → Rn. 76 ff.).[157] Die aktienrechtliche Verjährungsfrist beginnt – im Gegensatz zur Regel-

---

[148] *Spindler* in MüKoAktG, § 93 AktG Rn. 261; *Bürgers/Israel* in Bürgers/Körber AktG § 93 Rn. 36; Hüffer/*Koch* AktG § 93 Rn. 76.
[149] BGH NZG 2014, 1058 Rn. 11 ff.
[150] *Spindler* in MüKoAktG § 93 Rn. 254.
[151] *Spindler* in MüKoAktG § 93 AktG Rn. 290; zweifelnd hinsichtlich der Möglichkeit einer Verlängerung Hüffer/*Koch* AktG § 93 Rn. 88.
[152] Hüffer/*Koch* AktG § 93 Rn. 87.
[153] LG München I DB 2014, 766 – Siemens/Neubürger.
[154] *Lutter* in Ringleb/Kremer/Lutter/Werder, Deutscher Corporate Governance Kodex, 5. Aufl. 2014, Rn. 460.
[155] *Hopt* in GroßkommAktG § 93 Rn. 433.
[156] OLG München ZIP 1998, 23, 26; RGZ 1987, 306, 311; BGHZ 100, 228, 231; *Krieger/Sailer-Coceani* in K. Schmidt/Lutter AktG § 93 Rn. 61; Hüffer/*Koch* AktG § 93 Rn. 87.
[157] BGHZ 100, 190, 200 ff.; s. aber auch BGH WM 1989, 1335, 133; Hüffer/*Koch* AktG § 93 Rn. 85.

B. Innenhaftung

verjährung deliktischer Ansprüche (§ 199 Abs. 1 Nr. 2 BGB) – unabhängig von einer Kenntnis oder grobfahrlässigen Unkenntnis zu laufen.[158] Deshalb kann ein aktienrechtlicher Anspruch trotz kürzerer Verjährungsfrist bereits verjährt sein, während es ein konkurrierender deliktsrechtlicher Anspruch noch nicht ist.

d) Mehrheit von in Anspruch genommenen Vorstandsmitgliedern

Haften mehrere Vorstandsmitglieder für den Schaden, sind sie gemäß § 93 Abs. 2 AktG **Gesamtschuldner** im Sinne der §§ 421 ff. BGB. Die klagende Gesellschaft kann jedes einzelne Vorstandsmitglied, das für den Schaden (mit-)verantwortlich ist, auf den gesamten Schaden in Anspruch nehmen, ohne dabei den Grad der individuellen Verantwortlichkeit berücksichtigen zu müssen. Die gesamtschuldnerische Haftung greift unabhängig davon, ob das einzelne Vorstandsmitglied haftet, weil es mit anderen gemeinsam pflichtwidrig und schuldhaft gehandelt hat oder es schuldhaft unterlassen hat, andere Vorstandsmitglieder zu überwachen.

Im **Innenverhältnis** sind die mitverantwortlichen Vorstandsmitglieder den/dem in Anspruch genommenen Vorstandsmitglied(ern) **zum Ausgleich verpflichtet.** Der Ausgleich folgt zivilrechtlichen Grundsätzen (§ 426 BGB): Grundsätzlich haften die Vorstandsmitglieder zu gleichen Teilen (§ 426 BGB). Allerdings kann die Schwere der Pflichtverletzung und der Grad des Verschuldens beim Ausgleich berücksichtigt werden (§ 254 BGB). So fällt beispielsweise die unmittelbare Ressortverantwortung grundsätzlich schwerer ins Gewicht als eine unterlassene Überwachung.[159]

Das in Anspruch genommene Vorstandsmitglied kann bereits vor Erbringung der eigenen Leistung von den Mitschuldnern verlangen, den Gläubiger ihrem Anteil entsprechend zu befriedigen und ihn von einer Inanspruchnahme durch den Gläubiger freizustellen.[160]

V. Weitere Anspruchsgrundlagen neben § 93 AktG und Konkurrenzen

Eine Haftung des Vorstandsmitglieds gegenüber der Gesellschaft besteht auch, wenn es bei der **Gründung** eine Pflicht verletzt hat (§ 48 S. 1 AktG). Es haftet beispielsweise, wenn die eingezahlten Beträge nicht zur freien Verfügung der Gesellschaft stehen (§ 48 S. 1 Hs. 2 AktG) oder es die Gründungsprüfung gemäß §§ 33 Abs. 1, 34 AktG nicht ordnungsgemäß durchführt.[161] Die Vorstandsmitglieder haften auch nach § 48 AktG, wenn eingezogene Ersatzleistungen im Zeitpunkt der Eintragung der Gesellschaft in das Handelsregister wieder verloren sind.[162] Eine Haftung scheidet aus, wenn ein gesetzmäßiger Hauptversammlungsbeschluss vorliegt (§ 48 S. 2 iVm § 93 Abs. 4 AktG; → Rn. 63 ff.).[163] Durch die Haftung soll die Kapitalaufbringung sichergestellt werden.[164]

Außerdem haften Vorstandsmitglieder, wenn sie die gesetzlichen Pflichten für die Zeichnung von Aktien bei einer **Kapitalerhöhung** schuldhaft verletzen (§ 56 Abs. 4 AktG). Auch diese Haftung dient der Sicherung der Kapitalaufbringung.

Vorstandsmitglieder unterliegen gemäß § 88 Abs. 1 AktG einem weitreichenden **Wettbewerbsverbot** (→ § 7 Rn. 57). Sie dürfen ohne Einwilligung des Aufsichtsrats weder ein Handelsgewerbe betreiben noch im Geschäftszweig der Gesellschaft für eigene oder fremde Rechnung Geschäfte machen. Sie dürfen ohne Einwilligung auch nicht Mitglied des Vorstands, Geschäftsführer oder persönlich haftender Gesellschafter einer anderen Handelsge-

---

[158] Hüffer/Koch AktG § 93 Rn. 86.
[159] Hüffer/Koch AktG § 93 Rn. 57; Fleischer in Spindler/Stilz AktG § 93 Rn. 263.
[160] BGH ZIP 2007, 2313.
[161] Hüffer/Koch AktG § 48 Rn. 3.
[162] Hüffer/Koch AktG § 48 Rn. 3.
[163] §§ 50, 51 AktG enthalten weitgehend identische Regelungen zu Verzicht, Vergleich und Verjährung.
[164] Hüffer/Koch AktG § 48 Rn. 3.

sellschaft sein. Verstößt ein Vorstandsmitglied gegen das Wettbewerbsverbot, kann die Gesellschaft Schadensersatz oder Übertragung der Ansprüche des Vorstandsmitglieds aus dem wettbewerbswidrig abgeschlossenen Geschäft verlangen (§ 88 Abs. 2 AktG). Die Haftung setzt Verschulden voraus; § 93 Abs. 2 S. 2 AktG ist analog anzuwenden.[165]

79 Nach § 117 Abs. 2 AktG haftet ein Vorstandsmitglied der Gesellschaft auf Schadensersatz, wenn es von einem Dritten aufgrund dessen Einfluss auf die Gesellschaft dazu bestimmt wurde, zum Schaden der Gesellschaft zu handeln (§ 117 Abs. 1 AktG). Erforderlich ist eine Verletzung der Pflichten des Vorstandsmitglieds, die zu einer Haftung gegenüber der Gesellschaft nach § 93 AktG führt.[166] Es müssen folglich die Voraussetzungen des § 93 AktG und des § 117 Abs. 1 AktG vorliegen. Parallel zum Anspruch aus § 93 Abs. 2 AktG ist auch bei der Haftung nach § 117 AktG die Beweislast umgekehrt, so dass das Vorstandsmitglied die Möglichkeit hat, sich zu entlasten (§ 117 Abs. 2 S. 2 und 3 AktG). Es schließt den Anspruch nicht aus, wenn der Aufsichtsrat die Maßnahme billigt (§ 117 Abs. 2 S. 4 AktG).

80 Neben der Haftung aus aktienrechtlichen Spezialvorschriften greift auch das allgemeine Deliktsrecht nach §§ 823 ff. BGB. Eine deliktische Haftung kann für die Gesellschaft insbesondere wegen der unterschiedlichen Verjährung deliktischer und aktienrechtlicher Schadensersatzansprüche von Bedeutung sein (→ Rn. 70 ff.). Ein Anspruch nach § 823 Abs. 2 BGB kommt in Betracht, wenn ein Vorstandsmitglied ein die Gesellschaft schützendes Schutzgesetz verletzt. Insbesondere Strafvorschriften sind häufig Schutzgesetze. Der Straftatbestand der Untreue (§ 266 StGB) soll die Gesellschaft und ihr Vermögen schützen, so dass die Verwirklichung der Untreue das jeweilige Vorstandsmitglied zivilrechtlich auch zum Ersatz des daraus entstandenen Schadens verpflichtet (§ 823 Abs. 2 BGB iVm den Schutzgesetzen aus § 266 StGB).[167]

81 Auch eine Haftung aus vorsätzlicher und sittenwidriger Schädigung (§ 826 BGB) ist möglich und steht neben der aktienrechtlichen Haftung. Sie dürfte aber wegen der hohen Tatbestandshürden nur in Ausnahmefällen greifen. Zur Haftung nach § 826 BGB gegenüber Aktionären und Dritten → Rn. 92.

82 Problematisch ist das Verhältnis zwischen den aktienrechtlichen Ansprüchen der Gesellschaft (insbesondere § 93 Abs. 2 AktG) und einer Verletzung der Pflichten aus dem Anstellungsvertrag des Vorstandsmitglieds. Nach der Rechtsprechung und Stimmen im Schrifttum sollen die Ansprüche aus Verletzung des Dienstvertrags im aktienrechtlichen Anspruch „aufgehen".[168] Die aktienrechtliche Haftungsnorm des § 93 AktG soll den vertraglichen Schadensersatzanspruch verdrängen. Begründet wird dies damit, dass die besondere Rechtsbeziehung zwischen Organmitglied und Gesellschaft aus der Organstellung des Vorstandsmitglieds folge, während der Anstellungsvertrag die Pflichten nur näher ausgestalte.[169] Der Anstellungsvertrag kann aber zur genaueren Bestimmung der aktienrechtlichen Pflichten aus § 93 Abs. 1 S. 1 AktG herangezogen werden: Verletzt ein Vorstandsmitglied seine Pflichten aus dem Anstellungsvertrag, haftet es regelmäßig für die Verletzung seiner insoweit modifizierten Organpflichten nach § 93 Abs. 2 AktG.[170]

---

[165] Hüffer/Koch AktG § 88 Rn. 5; Mertens/Cahn in KK-AktG § 88 Rn. 21; Spindler in MüKoAktG § 88 Rn. 28.
[166] Die Haftung aus § 117 AktG steht dennoch neben der aus § 93 AktG, vgl. Hüffer/Koch § 117 Rn. 10; Spindler in MüKoAktG § 117 Rn. 58.
[167] Spindler in BeckOK BGB § 823 Rn. 206.
[168] BGH WM 1989, 1335, 1337; ZIP 1997, 199, 200. Anders als nach BGHZ 100, 190 soll es auch keine gesonderte Verjährungsregelung geben. Die Verjährung von Ansprüchen der Gesellschaft aus dem Dienstvertrag richte sich nach den Verjährungsregeln des korporationsrechtlichen Anspruchs, hier also nach § 93 Abs. 6 AktG. Vgl. auch Hopt in GroßkommAktG § 93 Rn. 226 und Rn. 465; Bank in Patzina/Bank/Schimmer/Simon-Widmann, Haftung von Unternehmensorganen, Kap. 9 Rn. 1.
[169] Hopt in GroßkommAktG § 93 Rn. 226, 465.
[170] Hopt in GroßkommAktG § 93 Rn. 227.

C. Außenhaftung

83 Neben Schadensersatzansprüchen, die der Gesellschaft gegen ein Vorstandsmitglied zustehen können, können unter bestimmten Umständen auch **Aktionäre** und **Gläubiger** bzw. **sonstige Dritte** Schadensersatz gegenüber den Vorstandsmitgliedern geltend machen. Die Haftung gegenüber diesem Personenkreis wird als **Außenhaftung** bezeichnet. Das Aktiengesetz führt mit dem Grundsatz der Binnenhaftung zu einer Haftungskonzentration des Vorstands gegenüber der Gesellschaft, die nur ausnahmsweise durch eine Außenhaftung durchbrochen werden soll (→ Rn. 1).[171]

84 Betrachtet man die **rechtlichen** Grundlagen **für Ansprüche im Bereich der Außenhaftung**, zeigt sich ein **diffuses Bild**. Es gibt nicht den einen zentralen gesetzlichen Anspruch wie bei der Innenhaftung, sondern eine Vielzahl von möglichen Anspruchsgrundlagen. Im Mittelpunkt dürften deliktsrechtliche Ansprüche stehen (§ 823 Abs. 2 iVm einem Schutzgesetz und § 826 BGB), gefolgt von konzernrechtlichen Ansprüchen (§ 317 iVm § 309 AktG). Schließlich kann es Ansprüche aufgrund von Spezialgesetzen (zB § 69 AO) geben. Insgesamt ist die **Außenhaftung des Vorstands eine noch wenig durchdrungene Materie**.

85 Als grobe **Einteilung** der verschiedenen Anspruchsgrundlagen kann man **unterscheiden** zwischen:
– deliktsrechtlichen Ansprüchen inklusive solchen aus Produkthaftungspflicht;
– Ansprüchen aus sog. culpa in contrahendo;
– Ansprüchen aus besonderen gesetzlichen Tatbeständen.

I. Ansprüche des Aktionärs

1. Aktienrechtliche Ansprüche

86 Der Anspruch aus § 93 Abs. 2 AktG ist ein Schadensersatzanspruch der Gesellschaft, nicht des Aktionärs. Wird durch den Schaden der Gesellschaft der Aktienwert gesenkt, kann der Aktionär für diesen Reflex- oder Doppelschaden keine Leistung an sich selbst verlangen. Ggf. kann der Aktionär Leistung an die Gesellschaft verlangen, nachdem er ein Klagezulassungsverfahren durchgeführt hat (→ Rn. 22 ff.). Eine vergleichbare Regelung findet sich in §§ 309 Abs. 4 und 317 Abs. 4 AktG.

87 Nur **ausnahmsweise** besteht ein **aktienrechtlicher Schadensersatzanspruch zugunsten der Aktionäre**. Nach § 117 Abs. 2 AktG können Aktionäre ein Vorstandsmitglied auf Schadensersatz in Anspruch nehmen, wenn das Vorstandsmitglied von einem Dritten aufgrund dessen Einfluss auf die Gesellschaft dazu bestimmt wurde, zum Schaden der Aktionäre zu handeln (§ 117 Abs. 1 AktG). Erforderlich ist auch hier eine Pflichtverletzung des Vorstandsmitglieds, für die es gegenüber der Gesellschaft nach § 93 AktG haftet. Es müssen folglich die Voraussetzungen des § 93 AktG und des § 117 Abs. 1 AktG vorliegen. Parallel zum Anspruch aus § 93 Abs. 2 AktG ist auch bei der Haftung nach § 117 AktG die Beweislast umgekehrt, so dass sich das Vorstandsmitglied entlasten muss (§ 117 Abs. 2 S. 2 und 3 AktG). Es schließt gemäß § 117 Abs. 2 S. 4 AktG den Anspruch nicht aus, wenn der Aufsichtsrat eine Maßnahme billigt. Allerdings ist es dem Aktionär auch im Rahmen des § 117 AktG verwehrt, sich einen Reflexschaden erstatten zu lassen (§ 117 Abs. 2 AktG; → Rn. 57).

---

[171] Hüffer/*Koch* AktG § 93 Rn. 63.

2. Deliktische Ansprüche

88 Auch das deliktsrechtliche Anspruchsregime der §§ 823 ff. BGB greift im Rahmen aktienrechtlicher Sachverhalte. Die deliktsrechtlichen Anspruchsgrundlagen knüpfen unmittelbar an das Handeln einer natürlichen Person – des Vorstandsmitglieds – an. Seine Pflichtverletzungen werden der Gesellschaft nach § 31 BGB zugerechnet, so dass ein Schaden auch gegenüber der Gesellschaft geltend gemacht werden kann.

89 Das gesellschaftsrechtliche Mitgliedschaftsrecht ist als absolutes Recht vom Anwendungsbereich des § 823 Abs. 1 BGB erfasst.[172] Wer es vorsätzlich oder fahrlässig verletzt, ist daher zu Schadensersatz verpflichtet. Ungeklärt ist bislang, wie weit der von § 823 Abs. 1 BGB geschützte Kern des Mitgliedschaftsrechts, insbesondere bei verletzenden Handlungen der Gesellschaftsorgane und ihrer Organmitglieder, reicht.[173] Reine Vermögensschäden, wie eine reflexive Wertminderung des Anteils, reichen nicht aus.[174] Direktansprüche des Aktionärs sind jedenfalls nur in eng begrenzten Ausnahmefällen anzuerkennen.[175]

90 In Betracht kommt darüber hinaus ein Anspruch aus § 823 Abs. 2 BGB wegen Verletzung eines Schutzgesetzes, wenn die verletzte Regelung gerade dazu bestimmt ist, den Aktionär zu schützen. Anerkannt ist jedenfalls, dass § 93 AktG kein Schutzgesetz im Sinne des § 823 Abs. 2 BGB ist, da ansonsten das Prinzip der beschränkten Innenhaftung unterlaufen würde.[176] Aktionäre können daher keinen Anspruch aus § 823 Abs. 2 BGB iVm § 93 Abs. 2 AktG herleiten.

91 Allerdings besteht ein Anspruch insbesondere im Hinblick auf eine Verletzung der Strafvorschriften wegen vorsätzlich unrichtiger Wiedergabe oder Verschleierung der Gesellschaftsverhältnisse in der Eröffnungsbilanz, im Jahresabschluss, Lagebericht oder Zwischenabschluss (**§ 331 Nr. 1 HGB**) oder wegen **falscher Angaben und unrichtiger Darstellungen in §§ 399 und 400 AktG**. Umstritten ist, ob der strafrechtliche Tatbestand der **Untreue** (§ 266 StGB) als Schutzgesetz anzuerkennen ist.[177] Sofern ein Schutzgesetz verletzt wurde, können die Aktionäre auch die Wertminderung ihrer Anteile (Reflexschaden) geltend machen. Um eine Doppelhaftung des Vorstandsmitglieds auszuschließen, richtet sich der Ersatzanspruch in Höhe des Reflexschadens nur auf Leistung an die Gesellschaft (→ Rn. 57).

92 Daneben kommt eine Haftung wegen **vorsätzlicher sittenwidriger Schädigung** gemäß § 826 BGB in Betracht. Insbesondere im Zusammenhang mit bewusst unrichtig abgegebenen Ad-hoc-Mitteilungen wurde eine Haftung nach § 826 BGB diskutiert (zur Haftung wegen unrichtiger Kapitalmarktinformation → Rn. 107 ff.). Wegen der hohen Anforderungen, insbesondere auf subjektiver Tatbestandsseite, ist der Anwendungsbereich von § 826 BGB auf extreme Ausnahmefälle begrenzt.

II. Ansprüche eines Dritten

93 Auch Dritten gegenüber kann eine Schadensersatzpflicht des Vorstandsmitglieds bestehen. Eine Haftung kann sich dabei insbesondere aus den allgemeinen bürgerlich-rechtlichen Anspruchsregimen (culpa in contrahendo oder deliktrechtliche Haftung) ergeben. Daneben bestehen spezialgesetzliche Haftungstatbestände.

---

[172] BGH NJW 1990, 2877; *Habersack*, Die Mitgliedschaft – subjektives und „sonstiges" Recht, 117 ff.; Hüffer/Koch AktG § 93 Rn. 64.
[173] S. iE *Spindler* in MüKoAktG § 93 Rn. 303 ff., insbesondere Rn. 306.
[174] *Spindler* in MüKoAktG § 93 Rn. 304; Hüffer/*Koch* AktG § 93 Rn. 64.
[175] *Krieger/Sailer-Coceani* in K. Schmidt/Lutter AktG § 93 Rn. 63; vgl. auch *Hopt* in GroßkommAktG § 93 Rn. 473, der darauf hinweist, dass nicht das Recht selbst, sondern das dahinterstehende Vermögen verletzt werde.
[176] *Gärtner* BB 2012, 1745, 1746 mwN.
[177] Hüffer/*Koch* AktG § 93 Rn. 61; abl. *Spindler* in MüKoAktG § 93 Rn. 311 ff.

1. Aktienrechtliche Ansprüche

Gläubiger können Ersatzansprüche der Gesellschaft unter bestimmten Voraussetzungen geltend machen (§ 93 Abs. 5 AktG; → Rn. 28 ff.). Im Übrigen haben Dritte **keinen Anspruch aus § 93 AktG.**

Die Aktionäre einer abhängigen Gesellschaft können jedoch die Vorstandsmitglieder der Obergesellschaft im faktischen Konzern auf Schadensersatz in Anspruch nehmen, wenn die Obergesellschaft die abhängige Gesellschaft zu einem nachteiligen Rechtsgeschäft oder einer nachteiligen Maßnahme veranlasst und ihr dadurch einen Schaden zugefügt hat, ohne dass dieser Schaden im Lauf des Geschäftsjahrs pflichtgemäß (§ 311 AktG) ausgeglichen wurde (§ 317 Abs. 1, 3 iVm § 317 Abs. 4 und § 309 Abs. 3 AktG). Die Vorstandsmitglieder haften mit dem herrschenden Unternehmen als Gesamtschuldner (§§ 421 ff. BGB). Der Haftungsanspruch ist verschuldensunabhängig.[178] Mangelhafte Überwachung oder unzureichende Organisation sollen nicht als „Veranlassung" einzustufen sein.[179]

2. Haftung aus culpa in contrahendo

Nach der in § 311 Abs. 3 BGB gesetzlich geregelten Figur der culpa in contrahendo haftet ein Vorstandsmitglied persönlich, wenn es **„in besonderem Maße Vertrauen für sich in Anspruch nimmt"**, dadurch das Verhandlungsergebnis **erheblich beeinflusst** und dem Dritten hierdurch ein Schaden entstanden ist. Da grundsätzlich für Verschulden bei Vertragsverhandlungen nur der Vertragspartner, also die Gesellschaft selbst, haftet, muss das Vorstandsmitglied eine über das normale Vertrauen hinausgehende **persönliche Gewähr für die Seriosität und die Erfüllung des Vertrags** übernommen haben.[180] So haftet ein Vorstandsmitglied beispielsweise, wenn es erklärt, für die Bonität der Gesellschaft einzustehen und notfalls eigenes Geld einzulegen.[181] Weist das Vorstandsmitglied lediglich auf die eigene Sachkunde oder Qualifikation hin, die ohnehin von einem Vorstandsmitglied erwartet werden kann, nimmt es kein besonderes Vertrauen in Anspruch, so dass ein Anspruch aus culpa in contrahendo ausscheidet.[182] Auch ein starkes wirtschaftliches und persönliches Interesse am Zustandekommen des Geschäfts kann eine Haftung begründen, wenn der Vertreter bei wirtschaftlicher Betrachtung „gleichsam in eigener Sache" tätig wird und man ihn damit als den eigentlichen wirtschaftlichen Interessenträger ansehen muss.[183] Die allgemeine, irgendwie geartete wirtschaftliche Interessenverknüpfung (beispielsweise Erfolgsbonus bei wirtschaftlicher Prosperität der Gesellschaft) genügt hierfür ebenso wenig wie die alleinige oder maßgebliche Beteiligung an einer Gesellschaft oder die Tatsache, dass ein Vorstandsmitglied Sicherheiten für die Verbindlichkeiten der Gesellschaft stellt.[184]

3. Deliktische Ansprüche

Bei deliktischer Schädigung von Außenstehenden kommt auch ein Anspruch gegen ein verantwortliches Vorstandsmitglied in Betracht. Ein Anspruch aus § 823 Abs. 1 BGB besteht, wenn das Vorstandsmitglied den Anspruchsteller unmittelbar an Leben, Körper, Gesundheit, Freiheit, Eigentum oder einem sonstigen absoluten Recht verletzt hat. Insbesondere kann eine Haftung aufgrund eines Eingriffs in den eingerichteten und ausgeübten Gewerbebetrieb entstehen.[185]

---

[178] Hüffer/*Koch* AktG § 317 Rn. 14.
[179] Streitig, Hüffer/*Koch* AktG § 317 Rn. 14 mwN.
[180] BGH WM 1995, 108, 109; OLG Köln WM 1997, 1379, 1381; OLG Koblenz GmbHR 2003, 419.
[181] Vgl. den Fall bei BGH NJW-RR 2001, 1611.
[182] *Mertens/Cahn* in KK-AktG § 93 Rn. 221 mwN.
[183] BGH NJW-RR 2002, 1309, 1310.
[184] *Mertens/Cahn* in KK-AktG § 93 Rn. 222 mwN.
[185] Etwa BGHZ 166, 84 – Kirch/Deutsche Bank.

98 Fraglich ist, ob bei mittelbarer Verletzung des Dritten oder (fahrlässigem) Unterlassen ein Schadensersatzanspruch aus Delikt in Frage kommt. Grundsätzlich besteht aus der Organstellung als Vorstandsmitglied nur eine Pflicht gegenüber der Gesellschaft.[186] Allein aus der Stellung als Vorstandsmitglied ergibt sich ebenso wenig eine Garantenpflicht wie aus der Legalitätspflicht des Vorstandsmitglieds.[187] Wann eine unmittelbare Außenhaftung wegen Verletzung einer Verkehrspflicht im Einzelfall besteht, ist bislang nicht geklärt. Eine unbeschränkte Außenhaftung gibt es jedenfalls nicht.[188]

99 In diesem Zusammenhang kann aber eine **mangelhafte Organisation oder Kontrolle** dazu führen, dass das Vorstandsmitglied haftungsrechtlich verantwortlich ist, selbst wenn es nicht eigenhändig gehandelt hat. In der **„Baustoff"-Entscheidung**[189] entschied der BGH, dass ein Vorstandsmitglied hafte, das es unterlassen hatte, geeignete organisatorische Vorkehrungen zu treffen, um zu verhindern, dass der verlängerte Eigentumsvorbehalt eines Baustofflieferanten ins Leere läuft. Der Baustofflieferant verlor dadurch sein Eigentum und erlitt einen Schaden. Die Haftung bestünde auch, wenn das Vorstandsmitglied am zum Schaden führenden Geschäft nicht persönlich beteiligt gewesen sei, der Schaden aber durch Mängel der von ihm zu verantwortenden Organisation ermöglicht worden sei. Die „Baustoff"-Entscheidung wurde vielfach kritisiert. Ob der BGH an seinen Ausführungen künftig festhalten würde, ist fraglich.

100 In einem anderen Fall musste der BGH entscheiden, ob ein Vorstandsmitglied wegen Nichtverhinderns von Straftaten,[190] die aus dem eigenem Unternehmen begangen worden waren, persönlich haftet (aus § 823 Abs. 2 BGB iVm §§ 266, 27 StGB). Zugrunde lag folgender Fall: Der Vorstandsvorsitzende der AG 1 hatte – um Liquidität zu erzeugen – Scheingeschäfte initiiert, indem eine AG 2, ein langjähriger Geschäftspartner der AG 1, Rechnungen über Warenlieferungen ausstellte, obwohl es diese Warenlieferungen nicht gegeben hatte („Scheinrechnungen"). Das in Anspruch genommene Vorstandsmitglied der AG 2 hatte zwar nicht nachweisbar aktiv an den Scheingeschäften mitgewirkt. Es sollte aber nach Ansicht des Insolvenzverwalters wegen **pflichtwidrigen Unterlassens** haften: Es gehöre auf Grund des Legalitätsprinzips zu den Pflichten jedes Organmitglieds, Rechtsverstöße, insbesondere die Begehung von Straftaten, zu verhindern. Die Legalitätspflicht bestehe auch gegenüber Dritten, hier einem Vertragspartner der AG 2. Der BGH wies die Klage zurück und stellte fest, dass sich allein aus der Stellung als Vorstandsmitglied **grundsätzlich keine Garantenpflicht gegenüber Dritten** ergebe, eine Schädigung des Vermögens zu verhindern. Der BGH lehnte deshalb eine Haftung ab.[191] Eine Garantenstellung folge **auch nicht aus der Legalitätspflicht**. Nach Ansicht des BGH kommt eine Garantenstellung „nur in begrenztem Umfang auf Grund besonderer Anspruchsgrundlagen in Betracht". Allerdings **sei den handelnden Organen verboten, was der juristischen Person aufgrund der vertraglichen Treuepflicht verboten ist.**[192] Die **Interessenwahrungs-, Schutz- und Loyalitätspflichten** bestünden nicht nur im Verhältnis von Organmitglied und Gesellschaft sowie zwischen Gesellschaft und Geschädigtem, sondern **ein Vorstandsmitglied müsse sich unmittelbar gegenüber dem Geschädigten an diese Pflichten halten.** Es sei eine „ureigene Aufgabe" des Organs, dafür zu sorgen, dass der Vertragspartner der Gesellschaft keinen Schaden erleide. Dieses Ergebnis wird zu Recht kritisch gesehen.[193]

101 Eine Außenhaftung bei mittelbaren Rechtsverletzungen besteht aber bei Verletzungen von besonderen Verkehrssicherungspflichten, etwa einer Produktsicherungspflicht, wenn

---

[186] Hüffer/Koch AktG § 93 Rn. 66.
[187] BGH NJW 2012, 3439.
[188] Mertens/Cahn in KK-AktG § 93 Rn. 224; Hüffer/Koch AktG § 93 Rn. 65.
[189] BGHZ 109, 297 – „Baustoff"-Urteil.
[190] In diesem Fall: Beihilfe zur Untreue, §§ 266, 27 StGB.
[191] BGH NJW 2012, 3439.
[192] BGHZ 166, 84 im Fall Kirch gegen Deutsche Bank/Breuer; *Hellgardt* WM 2006, 1514.
[193] Mertens/Cahn in KK-AktG § 93 Rn. 224 mwN; krit. auch *Hellgardt* WM 2006, 1514, 1518, der weitere Voraussetzungen aufstellt.

dadurch ein rechtlich geschütztes Rechtsgut des Dritten verletzt wird. Allerdings muss auch hier dem Vorstandsmitglied persönlich eine entsprechende Verkehrspflicht gegenüber dem geschädigten Dritten obliegen, eine bloße Pflicht gegenüber der Gesellschaft genügt nicht.[194] Für die Produktsicherungspflicht ist anerkannt, dass Vorstandsmitglieder auch gegenüber Dritten für eine ordnungsgemäße Konstruktion, Fabrikation, Instruktion und Produktbeobachtung zu sorgen haben.[195] Eine deliktische Haftung kann dann insbesondere auch im Rahmen der strafrechtlichen Produktverantwortlichkeit bestehen.[196]

4. Nichtabführen von Arbeitnehmeranteilen zur Sozialversicherung

Die Nichtabführung von Arbeitnehmeranteilen zur Sozialversicherung ist in § 266a StGB strafrechtlich sanktioniert und verpflichtet als Schutzgesetz im Sinne des § 823 Abs. 2 BGB auch zum Schadensersatz.[197] Tatbestandlich ist nur die Nichtabführung von **Arbeitnehmeranteilen** zur Sozialversicherung und zur Bundesanstalt für Arbeit, während die **Arbeitgeberanteile** eine eigene Schuld der Gesellschaft darstellen.[198] Täter kann jedes Vorstandsmitglied sein.[199] Führt ein Vorstandsmitglied die Beiträge bewusst trotz Fälligkeit nicht ab, kann dies eine persönliche Haftung des Vorstandsmitglieds begründen.

5. Steuerliche Pflichten

§ 34 Abs. 1 S. 1 AO verpflichtet die Vorstandsmitglieder einer AG persönlich, die steuerlichen Pflichten der Gesellschaft zu erfüllen. Für Steuerausfälle sind die Vorstandsmitglieder persönlich verantwortlich, soweit sie auf einer vorsätzlichen oder grob fahrlässigen Pflichtverletzung der Vorstandsmitglieder beruhen (§ 69 S. 1 AO). Zu den steuerlichen Pflichten zählt es nicht nur, Steuern zu zahlen. Zu den Pflichten gehören auch die vorbereitenden und begleitenden Handlungen und Erklärungen, wie die Abgabe der Steuererklärung, die Erteilung von Auskünften und die Mitwirkung bei Außenprüfungen etc. Fehlendes individuelles Können entlastet das Vorstandsmitglied nicht, vielmehr muss es einen fachkundigen Berater heranziehen. Sonst kann es wegen Übernahmeverschuldens haften (→ Rn. 50). Der Vorstand ist auch dazu verpflichtet, eine unrichtige oder unvollständige Steuererklärung „unverzüglich" anzuzeigen und richtigzustellen, wenn es durch die unrichtige oder unvollständige Steuererklärung zu einer Verkürzung von Steuer gekommen ist (§ 153 Abs. 1 S. 1 Nr. 1 AO). Dabei kommt es auf die Kenntnis der Gesellschaft an, der das Wissen von Gesellschaftsangehörigen zugerechnet wird.[200]

6. Weitere wichtige spezialgesetzliche Ersatzansprüche

Kommt es bei einer **Umwandlung** im Weg der Verschmelzung (§ 25 UmwG), Spaltung (§§ 123 ff., 125 S. 1 UmwG), Vermögensübertragung (§§ 174 ff., 184 UmwG) oder einem Formwechsel (§ 205 UmwG) zu einem Schaden, haften die Vorstandsmitglieder des übertragenden Rechtsträgers gesamtschuldnerisch für Schäden, die die Anteilsinhaber oder Gläubiger der Gesellschaft erleiden. Neben Aktionären sind auch Dritte geschützt.

Schließlich ist die **Insolvenzantragspflicht** gemäß § 15a InsO zu beachten: Verletzt das Vorstandsmitglied die Antragspflicht, kann dies zu einer persönlichen Haftung des Organmitglieds zugunsten der Gesellschaftsgläubiger führen. § 15a InsO bezweckt den Schutz der Gläubiger und ist deshalb Schutzgesetz im Sinne des § 823 Abs. 2 BGB zu ihren Gunsten.[201]

---

[194] *Arnold* in Marsch-Barner/Schäfer, Handbuch börsennotierte AG, § 22 Rn. 79.
[195] *Hopt* in GroßkommAktG § 93 Rn. 505.
[196] BGH NStZ 1990, 587 – „Lederspray"-Urteil.
[197] Hüffer/*Koch* AktG § 93 Rn. 65.
[198] BGH DB 2002, 265.
[199] Das ergibt sich aus § 266a StGB, der vom Täter als „Arbeitgeber" spricht iVm § 14 StGB.
[200] *Arnold* ZGR 2014, 76, 100.
[201] Hüffer/*Koch* AktG § 93 Rn. 65; *Leithaus* in Andres/Leithaus, 2. Aufl. 2011, InsO § 15a Rn. 1, 11.

106 Umstritten ist, ob das handelnde Vorstandsmitglied bei vorsätzlichen oder fahrlässigen **Kartellrechtsverstößen** nach § 33 Abs. 3 S. 1 GWB haftet.[202]

III. Haftung wegen unrichtiger Kapitalmarktinformationen

107 Eine Haftung kann sich bei **Falschinformationen des Kapitalmarkts** ergeben. Sie besteht nicht nur gegenüber aktuellen Aktionären der Gesellschaft, sondern auch gegenüber ehemaligen und sonstigen Kapitalmarktteilnehmern, die durch die fehlerhafte Information geschädigt wurden.

108 Spätestens seit dem Niedergang des Neuen Markts und der massenhaften Schädigung von Anlegern von Immobilien-Fonds („Schrottimmobilien") beschäftigen sich die Gerichte mit der Haftung für Falschinformationen am Kapitalmarkt. In jüngerer Vergangenheit waren insbesondere Kapitalmarktinformationen zu Lehmann-Zertifikaten und die Informationspolitik der IKB Gegenstand gerichtlicher Verfahren:[203] Die IKB hatte beispielsweise kurz vor ihrem Aus noch eine Pressemitteilung herausgegeben, in der sie das Ausmaß ihres Engagements in riskante Subprimes irreführend wiedergab. Der Vorstand wollte so die Märkte beruhigen.[204]

109 Ein eigenständiges umfassendes Informationshaftungsregime für fehlerhafte Kapitalmarktinformationen gibt es im deutschen Kapitalmarktrecht nicht.[205] Nur vereinzelt (zB §§ 37b und 37c WpHG) finden sich haftungsrechtliche Spezialtatbestände. Als Anspruchsgrundlagen werden deshalb die Regelungen des allgemeinen Deliktsrechts nach §§ 823 ff. BGB herangezogen und von der Rechtsprechung weiterentwickelt.[206]

1. Entwurf eines Kapitalmarktinformationshaftungsgesetzes (KapInHaG)

110 Nicht zuletzt die schlechten Erfahrungen mit dem Neuen Markt haben gezeigt, dass Falschinformationen im Kapitalmarkt zu erheblichen Schäden führen können. Das allgemeine Deliktsrecht ist an vielen Stellen den Besonderheiten der Kapitalmarktinformationshaftung nicht gewachsen. Dem wollte der Gesetzgeber 2004 mit dem **KapInHaG**[207] entgegensteuern. Der Gesetzesentwurf sah eine direkte Haftung von Vorstands- und Aufsichtsratsmitgliedern gegenüber Anlegern für vorsätzlich oder grob fahrlässig falsche Unternehmensangaben vor. Die Einführung des KapInHaG **ist jedoch am Widerstand aus Wirtschaft und Wissenschaft gescheitert.**

2. Haftung für Falschinformationen nach Rechtsprechung und Gesetz

a) Falschinformationen im Bereich des Primärmarkts

111 Der **Primärmarkt,** auch Emissionsmarkt genannt, ist der Finanzmarkt für die Erstausgabe von Aktien. Bei **Falschinformationen** im Bereich des Primärmarkts regelt § 21 WpPG, dass diejenigen für Falschinformationen haften, die für den Prospekt die Verantwortung übernommen haben oder von denen der Erlass des Prospekts ausgeht. Das sind bei Zulassung zum amtlichen Markt der Emittent und das emissionsbegleitende Kredit- oder Finanzdienstleistungsinstitut. Bei einer Umplatzierung von Altaktien ist hingegen der veräußernde Altaktionär als Veranlasser anzusehen, da er die wirtschaftlichen Vorteile aus dem Angebot zieht und ihm der Verkaufserlös zufließt.[208] Außerdem haften ggf. Organ-

---

[202] Zum Meinungsstand vgl. Hüffer/*Koch* AktG § 93 Rn. 65.
[203] *Spindler* NZG 2012, 575; BGH NZG 2012, 263 – IKB; BGH NZG 2012, 25 – Lehmann.
[204] Der Vorstandsvorsitzende wurde rechtskräftig wegen Markmanipulation gemäß §§ 20a Abs. 1 Nr. 1, 38 Abs. 2, 39 Abs. 2 Nr. 11 WpHG verurteilt, s. *Spindler* NZG 2012, 575.
[205] Vgl. *Spindler* NZG 2012, 575.
[206] Vgl. *Hannich* WM 2013, 449, 450.
[207] Der Diskussionsentwurf ist abgedruckt in BMF NZG 2004, 1042 ff.
[208] BGH NZG 2011, 829 – Telekom III; vgl. hierzu *Arnold/Aubel* ZGR 2012, 113 ff.

mitglieder des Emittenten oder Großaktionäre, die auf die Fassung des Prospekts Einfluss genommen haben.

Es besteht eine haftungsbewehrte Pflicht der Prospektverantwortlichen, aktuelle Angaben zu machen und überholte Angaben richtig zu stellen oder aus dem Prospekt zu entfernen.[209] Treten bei einer Kapitalerhöhung organschaftliche Vertreter der kapitalsuchenden Gesellschaft den Anlageinteressenten persönlich gegenüber, um sie über die für eine Anlageentscheidung wesentlichen Umstände zu informieren, haften sie für die Unrichtigkeit oder Unvollständigkeit ihrer Angaben nach der allgemeinen zivilrechtlichen Prospekthaftung.[210] **112**

Der getäuschte Erwerber kann, wenn er noch Inhaber der Wertpapiere ist, die Übernahme der Wertpapiere gegen Erstattung des Erwerbspreises verlangen oder, wenn er nicht mehr Inhaber der Wertpapiere ist, die Differenz zwischen Erwerbs- und Veräußerungspreis ersetzt verlangen (§ 21 Abs. 1, 2 WpPG). **113**

b) Falschinformationen im Bereich des Sekundärmarkts

Der **Sekundärmarkt,** der auch als Umlaufmarkt bezeichnet wird, ist der Finanzmarkt zum Handel von bereits emittierten Aktien und Anleihen. Fraglich ist, inwieweit Vorstandsmitglieder wegen **Falschinformationen am Kapitalmarkt** unmittelbar haften.[211] **114**

Eine Verletzung der Organpflichten kann beispielsweise daraus resultieren, dass ein Vorstandsmitglied in einer Ad-hoc-Mitteilung wahrheitswidrig ein zu günstiges Bild der Gesellschaft oder eines bestimmten für den Geschäftsgang der Gesellschaft wesentlichen Sachverhalts zeichnet. Nach §§ 37b, 37c WpHG haften die Vorstands- und Aufsichtsratsmitglieder im Gegensatz zum Emittenten nicht unmittelbar für Verletzungen der Ad-hoc-Publizitätspflicht. Vielmehr haften die Verwaltungsmitglieder im Innenverhältnis gegenüber der Gesellschaft.[212] **115**

Der BGH billigte allerdings geschädigten Aktionären in einer grundlegenden Entscheidung einen **Schadensersatzanspruch gegen die Vorstandsmitglieder** unter bestimmten Voraussetzungen zu.[213] Im zugrundeliegenden Fall hatten zwei Vorstandsmitglieder in einer Ad-hoc-Mitteilung einen Großauftrag vorgespiegelt, während es sich in Wirklichkeit nur um eine Absichtserklärung des Bestellers handelte. Die Vorstandsmitglieder wurden verurteilt, dem Kläger den von ihm gezahlten Kaufpreis Zug um Zug gegen Herausgabe der Aktien zu zahlen.[214] **116**

Der BGH beschäftigte sich zunächst mit der Frage, aus welcher Anspruchsgrundlage sich eine direkte Haftung der Vorstandsmitglieder ergeben könnte. Nach der **„Infomatec"-Entscheidung** und der **nachfolgenden Rechtsprechung**[215] haftet ein Vorstandsmitglied nicht aus deliktsrechtlicher Teilnehmerhaftung (§ 830 Abs. 2 BGB iVm §§ 37b und 37c WpHG), da eine Organaußenhaftung in §§ 37b und 37c WpHG gerade nicht vorgesehen sei und die gesetzgeberische Entscheidung nicht unterlaufen werden solle. Ferner bestehe keine Prospekthaftung, da die Ad-hoc-Mitteilung kein Prospekt sei. Der BGH lehnt es zudem ab, § 15 WpHG – die Vorschrift, aufgrund derer Ad-hoc-Mitteilungen abzugeben sind – als Schutzgesetz im Sinne des § 823 Abs. 2 BGB einzustufen.[216] Gleiches galt für **117**

---

[209] OLG München GWR 2011, 119: Anspruch aus § 823 Abs. 2 BGB iVm § 264a StGB bzw. § 826 BGB.
[210] BGHZ 177, 25–37: Anspruch aus culpa in contrahendo.
[211] Zum Folgenden *Schäfer* in Marsch-Barner/Schäfer, Handbuch börsennotierte AG, § 17 Rn. 37.
[212] *Kumpan* in Baumbach/Hopt HGB § 37b WpHG Rn. 2.
[213] BGHZ 160, 134 = NJW 2004, 2664; BGHZ 160, 149 = NJW 2004, 2971.
[214] Der II. Senat des BGH hatte an diesem Tag drei ähnliche Verfahren zu entscheiden (jeweils Klagen gegen Vorstandsmitglieder wegen fehlerhafter Ad-hoc-Mitteilungen). Nur in dem hier dargestellten Fall Infomatec drang die Klage letztlich durch. In einem anderen Fall wurde das klageabweisende Urteil des OLG bestätigt. In dem dritten Fall wurde die Angelegenheit an das OLG zurückverwiesen, da keine Feststellungen zur Kausalität getroffen worden waren.
[215] Grundlegend BGHZ 160, 134 = NJW 2004, 2664; BGHZ 160, 149 = NJW 2004, 2971.
[216] Mit der Folge, dass dadurch jeglicher Schadensersatzanspruch gemäß § 823 Abs. 2 BGB entfällt.

§ 88 BörsG aF und gilt wohl auch für die Nachfolgevorschrift des § 20a WpHG.[217] Auch handelt es sich laut BGH bei der Ad-hoc-Mitteilung regelmäßig nicht um eine Darstellung oder Übersicht über den Vermögensstand im Sinne des § 400 AktG,[218] ferner auch nicht um eine Angabe aus einem Prospekt (vgl. § 264a StGB), so dass deliktische Ansprüche nach § 823 Abs. 2 BGB insoweit ebenfalls ausscheiden. Denkbar sei allerdings eine Haftung wegen **vorsätzlicher sittenwidriger Schädigung nach § 826 BGB.** Die **Sittenwidrigkeit** der Schädigung ergibt sich nicht bereits aus einzelnen fehlerhaften Angaben in einer öffentlichen Erklärung. Notwendig ist vielmehr eine Gesamtwürdigung der Fehlerhaftigkeit und aller anderen Umstände. Insbesondere kann eine grobe und ungerechtfertigte Übertreibung als sittenwidrig eingestuft werden.[219] Jedenfalls kann eine Sittenwidrigkeit bei direkt vorsätzlicher unlauterer Beeinflussung des Sekundärmarktpublikums durch eine grob unrichtige Ad-hoc-Mitteilung zu bejahen sein.[220] Auch das Zeichnen eines falschen Bildes durch **dauerhafte** Falschmitteilung kann genügen. Nicht ausreichend ist dagegen, dass das Vorstandsmitglied gegen eine gesetzliche Vorschrift verstößt, auch wenn dies bei einem anderen einen Schaden hervorruft.[221]

118 Der **Nachweis der subjektiven Voraussetzungen** einer vorsätzlichen und sittenwidrigen Schädigung ist in der Praxis **äußerst schwierig**. Für den Vorsatz reicht ein Handeln mit **dolus eventualis** aus: Es genügt, wenn der Täter vorausgesehen und zumindest billigend in Kauf genommen hat, inwiefern sein Verhalten zu einem Schaden führen könnte und welcher Art dieser möglicherweise eintretende Schaden sein könnte.[222]

119 Neben den Schwierigkeiten, den Vorsatz nachzuweisen, muss der Kläger auch die **Kausalität zwischen der Ad-hoc-Mitteilung und seinem Entschluss,** die Aktien des Unternehmens zu erwerben oder zu veräußern, oder von einem Kauf abzusehen, nachweisen. **Die Kläger tragen die volle Beweislast.** Nach der „ComROAD"-Entscheidung des BGH gilt dies sogar, wenn die Kapitalmarktinformation vielfältig und extrem unseriös gewesen ist.[223] Die Rechtsprechung ist bei Beweiserleichterungen für den Anleger zurückhaltend.[224] Die Anlageentscheidung ist meist multikausal und eine Ad-hoc-Mitteilung betrifft idR einen eng umschriebenen Sachverhalt. Eine enge zeitliche Nähe zwischen Ad-hoc-Mitteilung und Kaufentschluss kann dem Kläger möglicherweise im Einzelfall als Beweiserleichterung zugutekommen.[225] Die Vermutung „aufklärungsrichtigen Verhaltens" greife nicht.[226] Nach dieser für die Verletzung vertraglicher oder vorvertraglicher Aufklärungspflichten und die zivilrechtliche Prospekthaftung entwickelten Beweiserleichterung zugunsten des Anlegers wird widerleglich vermutet, dass er sich bei ordnungsgemäßer Pflichterfüllung vernünftig (aufklärungsrichtig) verhalten hätte.[227] Auf Ad-hoc-Mitteilungen treffe diese Vermutung allerdings nicht zu, da es an einer Konkretisierung auf eine bestimmte Anlageentscheidung fehle.[228] Gleiches gilt grundsätzlich für den Anscheinsbeweis wegen einer geschaffenen „Anlagestimmung".[229] Auch die anglo-amerikanische „fraud-on-the-market"-Theorie, die davon ausgeht, dass eine fehlerhafte Information stets den Börsenkurs der Aktie beeinflusst, lehnt der BGH ab.[230]

---

[217] So *Spindler* NZG 2012, 575, 576: keine Schutzgesetzqualität.
[218] Eine Haftung ist im Einzelfall aber denkbar, wenn beispielsweise umfassende Finanzzahlen als Ad-hoc-Mitteilung bekannt gegeben werden.
[219] LG Kassel NZG 2003, 136, 137.
[220] BGH AG 2004, 546; 2008, 252; 2008, 254.
[221] LG Braunschweig BeckRS 2012, 19871.
[222] BGH AG 2004, 546, 547.
[223] BGH NJW-RR 2013, 1448; NJW-Spezial 2007, 172.
[224] *Spindler* NZG 2012, 575, 578.
[225] BGH NJW 2012, 1800, 1807.
[226] BGH NZG 2012, 263, 269 – IKB.
[227] BGH NJW 1993, 3259.
[228] BGH NZG 2012, 263, 269 – IKB. Zusammenfassend *Spindler* NZG 2012, 575, 578 f. mwN, der sich krit. zu der Nichtanwendung dieser prozessualen Beweiserleichterung äußert.
[229] BGH NJW 2004, 2664 Ls. 4.
[230] BGH NZG 2007, 269.

Diese Rechtsprechung bestätigte der BGH in der Folgezeit. In dem oben beschriebenen **120** IKB-Fall rekurrierte der BGH ebenfalls auf eine vorsätzliche sittenwidrige Schädigung, stellte *in concreto* aber keine vorsätzliche sittenwidrige Schädigung fest. Das Gericht bejahte dem Grunde nach eine Haftung der Gesellschaft (nicht der Vorstandsmitglieder) aus § 37b Abs. 1 Nr. 1 WpHG, da es die IKB unterlassen habe, das Ausmaß ihrer Subprime-Beteiligungen zu veröffentlichen, obwohl dies eine veröffentlichungspflichtige Insiderinformation gemäß §§ 15, 13 WpHG gewesen sei. Der BGH verwies das Verfahren an das OLG zurück, damit dieses die Kausalität zwischen unterlassener Ad-hoc-Mitteilung und Kaufentscheidung aufklären könne.

Für die Rechtsfolge ergibt sich ein Wahlrecht des Geschädigten: Er kann entweder den **121** Differenzschaden (Differenz zwischen dem tatsächlichen Kaufpreis und dem Preis, der ohne die Falschinformation bzw. bei ordnungsgemäßer Erfüllung der Publizitätspflicht bestanden hätte) oder den Erwerbsschaden (die Erstattung des Kaufpreises gegen Rückübertragung der Aktien) verlangen.[231] Dadurch wird letztlich dem Schädiger das allgemeine Kursrisiko auferlegt.

3. Kapitalanleger-Musterverfahrensgesetzes (KapMuG)

Charakteristisch bei Schäden durch falsche Informationen im Kapitalmarkt ist, dass in **122** der Summe gewaltige Schäden verursacht werden, der Schaden des Einzelnen aber in aller Regel nicht groß genug ist, um einen Schadensersatzprozess mit ungewissem Ausgang zu riskieren (Streuschäden). Dies gilt, weil das Kostenrisiko, etwa durch ein ggf. notwendiges Sachverständigengutachten, hoch ist.[232] Um einen **effektiven Rechtsschutz für den getäuschten Anleger zu gewährleisten und** das **Kostenrisiko zu minimieren,** führte der Gesetzgeber 2005 das Kapitalanleger-Musterverfahren ein. Das Musterverfahren ist kostenfrei. Die Auslagen, also insbesondere die Kosten für einen in aller Regel notwendigen Sachverständigen, werden auf die einzelnen Kläger nach Maßgabe der eingeklagten Forderung umgelegt, so dass auf jeden der Teilnehmer nur ein Bruchteil der sonst anfallenden Kosten entfällt (§ 24 KapMuG). Durch das Verfahren sollen die entscheidenden – alle Klagen gleichermaßen betreffenden – Sach- und Rechtsfragen, zB ob eine Ad-hoc-Mitteilung richtig oder falsch war, zu einem möglichst frühen Stadium des Verfahrens **einheitlich beantwortet** werden. 2012 wurde das KapMuG umfassend reformiert.[233]

Das **KapMuG** kommt bei Schadensersatzklagen aufgrund von Falschinformationen am **123** Kapitalmarkt zur Anwendung, also insbesondere bei öffentlichen Kapitalmarktinformationen durch
– Börsenprospekte;
– Verkaufsprospekte nach dem Verkaufsprospektgesetz sowie dem Investmentgesetz;
– Ad-hoc-Mitteilungen nach § 15 WpHG;
– Mitteilungen über die Gesellschaft im Sinne des § 400 Abs. 1 Nr. 1 AktG;
– Jahresabschlüsse, Lageberichte, Konzernabschlüsse, Konzernlageberichte und Zwischenberichte des Emittenten;
– Angaben in einer Angebotsunterlage im Sinne des § 11 Abs. 1 S. 1 WpÜG (§ 1 Abs. 2 KapMuG).

Der durch eine falsche Kapitalmarktinformation **Geschädigte ist selbst klagebefugt.** **124** Der Geschädigte erhebt Klage und stellt gleichzeitig einen „Musterverfahrensantrag" (§ 2 KapMuG). Zuständig ist das Landgericht, das für den Ort zuständig ist, in dem der Emittent seinen Sitz hat. Der „Antragsteller" muss darstellen, was das entscheidungserhebliche Feststellungsziel ist und welches die Streitpunkte und Beweismittel sind. Er hat dazu die öffentlichen Kapitalmarktinformation anzugeben. Er hat darzulegen, dass der Entscheidung über den Musterfeststellungsantrag Bedeutung über den einzelnen Rechtsstreit hinaus für

---

[231] BGHZ 160, 149; s. dazu auch die Pressenotiz des II. Zivilsenats Nr. 87/2004.
[232] Vgl. Bericht der Regierungskommission Corporate Governance, *Baums* Rn. 188.
[233] Zu den wesentlichen Änderungen, insbesondere aus Sicht der Praxis: *v. Bernuth/Kremer* NZG 2012, 890.

andere gleich gelagerte Rechtsstreitigkeiten zukommen kann (§ 2 Abs. 3 KapMuG). Liegen diese Voraussetzungen vor, macht das Prozessgericht den Antrag in einem Klageregister des Bundesanzeigers bekannt (vgl. § 3 Abs. 3, 4, § 4 Abs. 3 KapMuG).

125 Ist der erste Musterfeststellungsantrag gestellt, wird abgewartet, ob innerhalb der nächsten sechs Monate nach Bekanntgabe des ersten Musterfeststellungsantrags mindestens neun weitere Musterfeststellungsanträge (insgesamt also mindestens zehn Anträge) eingehen. Die weiteren Musterfeststellungsanträge müssen dazu jedoch „gleichgerichtet" sein, dh Feststellungsziel und Schadensereignis müssen identisch sein (§ 4 Abs. 1 KapMuG). Unmittelbar mit der Bekanntmachung des Musterverfahrensantrags kommt es zu einer Unterbrechung der jeweiligen Einzelverfahren (§ 5 KapMuG). Werden innerhalb der Frist von sechs Monaten mindestens zehn gleichgerichtete Musterfeststellungsanträge gestellt, führt das Prozessgericht durch Beschluss eine Entscheidung des im Rechtszug übergeordneten Oberlandesgerichts herbei (§ 6 Abs. 1 KapMuG). Die Einleitung eines weiteren Musterverfahrens ist dann unzulässig (§ 7 S. 1 KapMuG). Kommen die erforderlichen mindestens zehn Musterfeststellungsanträge innerhalb von sechs Monaten nicht zusammen, weist das Prozessgericht den oder die (weniger als zehn) Anträge zurück und das Verfahren wird jeweils von Amts wegen wieder vom Prozessgericht aufgenommen (§ 6 Abs. 5 KapMuG).

126 Setzt das Prozessgericht das **Musterfeststellungsverfahren beim OLG durch Beschluss in Gang,** bestimmt das OLG aus der Zahl der Antragsteller (zehn oder mehr) einen **„Musterkläger"** (§ 9 Abs. 2 KapMuG). Die übrigen Kläger sind Beigeladene des Musterverfahrens (§ 9 Abs. 3 KapMuG). Sie sind berechtigt, Angriffs- oder Verteidigungsmittel geltend zu machen und alle Prozesshandlungen wirksam vorzunehmen, soweit ihre Erklärungen und Handlungen mit Erklärungen und Handlungen des Musterklägers nicht in Widerspruch stehen (§ 14 S. 2 KapMuG).

127 Während des Musterverfahrens werden alle bei den Prozessgerichten anhängigen Verfahren, deren Entscheidung von der Beurteilung der Rechtsfrage durch das OLG abhängt, ausgesetzt, und zwar auch dann, wenn die betreffenden Kläger keinen Musterfeststellungsantrag gestellt haben (§ 8 Abs. 1 KapMuG).

128 Ergeht ein Musterentscheid (§ 16 KapMuG), bindet dieser die Prozessgerichte, die das Verfahren der einzelnen Kläger ausgesetzt hatten (§ 22 Abs. 1 KapMuG). Der ausgesetzte Prozess wird mit Einreichung des rechtskräftigen Musterbescheids wieder aufgenommen (§ 22 Abs. 4 KapMuG).

129 Bei einem Vergleich muss ein entsprechender Vergleichsvorschlag durch das Gericht genehmigt werden und es dürfen maximal 30 % der Beigeladenen ihren Austritt aus dem Vergleich erklären (§§ 17 ff. KapMuG). Nach einer Feststellung durch Beschluss des Oberlandesgerichts und einer öffentlichen Bekanntmachung wirkt der Vergleich für und gegen alle Beteiligten, sofern sie nicht ihren Austritt erklärt haben (§ 23 Abs. 1 KapMuG).[234] Zugleich beendet ein Vergleich das Musterverfahren (§ 23 Abs. 2 KapMuG).

D. D&O-Versicherung

Schrifttum: *Armbrüster,* Auswirkungen von Versicherungsschutz auf die Haftung, NJW 2009, 187; *de Beauregard/Gleich,* Aktuelle Problemfelder bei der D&O-Versicherung, NJW 2013, 824; *Bender/Vater,* D&O Versicherungen im Visier der Corporate Governance, VersR 2003, 1376; *Dreher,* Der Abschluß von D&O-Versicherungen und die aktienrechtliche Zuständigkeitsordnung, ZHR 165 (2001), 293; *ders.,* Die selbstbeteiligungslose D&O-Versicherung in der Aktiengesellschaft, AG 2008, 429; *Dreher/Görner,* Der angemessene Selbstbehalt in der D&O-Versicherung, ZIP 2003, 2321; *Dreher/Thomas,* Die D&O-Versicherung nach der VVG-Novelle 2008, ZGR 2009, 31; *Franz,* Aktuelle Compliance-Fragen zur D&O-Versicherung (Teil 2), DB 2011, 2019; *Hemeling,* Neuere Entwicklungen in der D&O-Versicherung, FS Hoffmann-Becking, 2013, 491; *Kiethe,* Persönliche Haftung von Organen der AG und der GmbH – Risikovermeidung durch D u O-Versicherung?, BB 2003, 537; *Koch,* Das Gesetz zur Unternehmensintegrität und Modernisierung des An-

---

[234] Bei einem Austritt sind die bisherigen Einzelprozesse fortzuführen.

fechtungsrechts (UMAG), ZGR 2006, 769; *ders.*, Regressreduzierung im Kapitalgesellschaftsrecht – eine Sammelreplik, AG 2014, 513; *Lange,* Praxisfragen der D&O-Versicherung (Teil I), DStR 2002, 1626; *ders.,* Die D&O-Versicherung in der anwaltlichen Praxis, Anwaltspraxis Wirtschaftsrecht (AWR) 2004, 172; *ders.,* Auswirkungen eines Kontrollwechsels (change of control) auf die D&O-Versicherung, AG 2005, 459; *ders.,* Der Versicherungsfall der D&O-Versicherung, r+s 2006, 177; *Lattwein,* Quo Vadis D&O? – Status der Diskussionen über die D&O-Bedingungen, NVersZ 1999, 49; *Lohr,* Die Beschränkung der Innenhaftung des GmbH-GF, NZG 2000, 1204; *Marsch-Barner/Schäfer* (Hrsg.), Handbuch börsennotierte AG, 3. Aufl. 2014; *Notthoff,* Rechtliche Fragestellungen im Zusammenhang mit dem Abschluss einer Director's & Officer's-Versicherung, NJW 2003, 1350; *Peltzer,* Die Haftung des Aufsichtsrats bei Verletzung der Überwachungspflicht, WM 1981, 346; *Rudzio,* Vorvertragliche Anzeigepflicht bei der D&O-Versicherung der Aktiengesellschaft, 2010; *Schaaff,* Überlegungen zur D&O-Versicherung und Auslandsrisiken – ein Rechtsvergleich, PHi 2001, 176; *Schmitz/Gloeckner,* D&O-Versicherungen: Aktuelle Entwicklungen auf dem D&O-Versicherungsmarkt, AG 2003, R206; *Schüppen/Sanna,* D&O-Versicherungen – Gute und schlechte Nachrichten!, ZIP 2002, 550; *Seibt/Saame,* Geschäftsleiterpflichten bei der Entscheidung über D&O-Versicherungsschutz, AG 2006, 901; *Steinkühler/Kassing,* Das Claims-Made-Prinzip in der D&O-Versicherung und die Auslegung der Begriffe Anspruchs- sowie Klageerhebung, VersR 2009, 607; *Terbille/Höra* (Hrsg.), Münchener Anwaltshandbuch Versicherungsrecht, 3. Aufl. 2013; *Thümmel,* Persönliche Haftung von Managern und Aufsichtsräten, 4. Aufl. 2008.

130 Für Vorstandsmitglieder besteht ein erhebliches Risiko, im Lauf ihrer Vorstandstätigkeit für Schäden persönlich in Anspruch genommen zu werden. Die Haftungsgefahr kann existenzgefährdende Ausmaße erreichen. Vor diesem Hintergrund ist klar, dass **Versicherungsschutz** für Vorstandsmitglieder ein zentrales Anliegen geworden ist. Vor allem ist es aber im Interesse der Gesellschaft, dass ihre Vorstandsmitglieder ausreichend versichert sind. Die meisten Ansprüche gegen Vorstandsmitglieder sind Innenhaftungsansprüche. Der Versicherungsschutz der Vorstandsmitglieder sorgt insbesondere dafür, dass die Durchsetzung der Innenhaftungsansprüche der Gesellschaft nicht an der Zahlungsunfähigkeit der Vorstandsmitglieder scheitert. Dem Anliegen nach Versicherungsschutz der Vorstandsmitglieder entspricht die **D&O-Versicherung** („Directors' and Officers' Liability Insurance"). Es handelt sich um eine **Vermögensschaden-Haftpflichtversicherung,** die von der Gesellschaft für ihre Vorstandsmitglieder und weitere Personen abgeschlossen wird. Die Bezeichnung D&O-Versicherung stammt aus dem angelsächsischen Single-Board-System, hat sich aber auch in Deutschland durchgesetzt.[235]

I. Entwicklung der D&O-Versicherung

131 Ihren **Ursprung** hat die D&O-Versicherung in den **USA,** wo sie im Zusammenhang mit dem Kurssturz an der Wallstreet vom 25.10.1929 („Schwarzer Freitag") eingeführt wurde.[236] In Deutschland regten vereinzelte Stimmen im Schrifttum Anfang der 1980er Jahre an, eine Vermögensschaden-Haftpflichtversicherung für Geschäftsleiter einzuführen.[237] 1986 wurde die D&O-Versicherung in Deutschland zum ersten Mal angeboten.[238] Es dauerte aber bis in die zweite Hälfte der 1990er Jahre, bis sich die Versicherung in Deutschland breitflächig durchsetzte.[239] In der Folgezeit stieg die praktische Bedeutung der D&O-Versicherung bis heute erheblich. Das liegt daran, dass sich auch die Vorstandshaftung in dieser Zeit infolge dynamischer Entwicklungen in der Wirtschaft, der öffentlichen Wahrnehmung des Vorstandshandelns und der Reaktionen von Gesetzgebung und Rechtsprechung stetig verschärfte (→ Rn. 5 ff.).[240]

132 Mittlerweile gilt die Versicherung jedenfalls in Großunternehmen als **Standardprodukt** und ist im Zusammenhang mit der Finanzkrise wieder verstärkt in den Fokus der Öffent-

---

[235] Vgl. *Schaaff* PHi 2001, 176.
[236] Vgl. *Rudzio,* D&O-Versicherung der Aktiengesellschaft, 32 f. mwN.
[237] *Peltzer* WM 1981, 346, 352.
[238] Vgl. *Lohr* NZG 2000, 1204, 1211.
[239] *Sieg* in Terbille/Höra, Münchener Anwaltshandbuch Versicherungsrecht, § 17 Rn. 15; *Hemeling,* FS Hoffmann-Becking, 2013, 491 ff.
[240] Vgl. ausf. zu dieser Entwicklung *Rudzio,* D&O-Versicherung der Aktiengesellschaft, 34 ff., 220.

lichkeit gerückt.²⁴¹ Schätzungen zufolge hat sich das Prämienvolumen der D&O-Versicherung in Deutschland von 2001 bis 2013 von etwa 115 Millionen Euro auf mindestens 500 Millionen Euro erhöht.²⁴²

II. Rechtliche Grundlagen

133 Die D&O-Versicherung ist eine **Haftpflichtversicherung für Vermögensschäden**, die auf einer Pflichtverletzung der Versicherten in Ausübung ihrer leitenden Tätigkeit beruhen.²⁴³ Die Gesellschaft schließt die Versicherung zugunsten ihrer Organmitglieder, häufig aber auch zugunsten ihrer leitenden Angestellten, ab; sie ist Versicherungsnehmerin und Prämienschuldnerin.²⁴⁴ Auch Organmitglieder und leitende Angestellte von Tochtergesellschaften sind regelmäßig vom Schutz der D&O-Versicherung umfasst.²⁴⁵ Zu beachten ist, dass die Gesellschaft die D&O-Versicherung für bestimmte Personengruppen (zB Vorstand, Aufsichtsrat und leitende Angestellte), nicht aber für einzelne Personen abschließt. Deshalb erstreckt sich der Versicherungsschutz auch auf Personen, die erst nach Vertragsschluss in die entsprechende Position gelangen.

134 Im Versicherungsfall schuldet der Versicherer, unbegründete Ansprüche – gerichtlich und außergerichtlich – abzuwehren und den Versicherten von begründeten Ansprüchen freizustellen (Versicherungsanspruch), § 100 VVG.²⁴⁶ Die D&O-Versicherung ist eine **Versicherung für fremde Rechnung** im Sinne der §§ 43 ff. VVG und ein spezieller Fall des **Vertrags zugunsten Dritter** im Sinne der §§ 328 ff. BGB.²⁴⁷ Haben die Parteien vertraglich nichts anderes geregelt, steht der Versicherungsanspruch daher den versicherten Führungskräften, nicht der Gesellschaft als Versicherungsnehmerin, zu. In Innenhaftungsfällen hat die geschädigte Gesellschaft daher nach zutreffender Auffassung grundsätzlich **keinen unmittelbaren Zahlungsanspruch** gegen den Versicherer.²⁴⁸ Allerdings können die Versicherten ihre Versicherungsansprüche an die Gesellschaft abtreten.²⁴⁹ Gemäß § 108 Abs. 2 VVG ist ein Abtretungsverbot durch Allgemeine Versicherungsbedingungen unzulässig.

III. Ausgestaltung der Versicherung

135 Für die Vorstandsmitglieder ist wesentlich, wie ihr Versicherungsschutz ausgestaltet ist. Dabei sind insbesondere der zeitliche Umfang des Versicherungsschutzes und die Grenzen des Versicherungsschutzes relevant.

1. Zeitlicher Umfang des Versicherungsschutzes

136 Nach den in der Praxis üblichen Versicherungsbedingungen liegt der Versicherungsfall bei der D&O-Versicherung erst in der erstmaligen Geltendmachung des Schadens durch den Geschädigten **(Claims-made-Prinzip)**.²⁵⁰ Folge dieses Prinzips ist, dass auch

---

²⁴¹ Vgl. *de Beauregard/Gleich* NJW 2013, 824; *Hemeling,* FS Hoffmann-Becking, 491, 506 f.; *Dreher* AG 2008, 429.
²⁴² *Sieg* in Terbille/Höra, Münchener Anwaltshandbuch Versicherungsrecht, § 17 Rn. 16.
²⁴³ Vgl. *Wiesner* in MHdB AG § 26 Rn. 44.
²⁴⁴ Vgl. mwN *Rudzio,* D&O-Versicherung der Aktiengesellschaft, 40 f.
²⁴⁵ Vgl. *Thümmel,* Persönliche Haftung von Managern und Aufsichtsräten, Rn. 460.
²⁴⁶ Vgl. *de Beauregard/Gleich* NJW 2013, 824.
²⁴⁷ Vgl. *Arnold* in Marsch-Barner/Schäfer, Handbuch börsennotierte AG, § 22 Rn. 107.
²⁴⁸ Vgl. dazu OLG München AG 2005, 817; ausf. *Rudzio,* D&O-Versicherung der Aktiengesellschaft, 42 ff. mwN.
²⁴⁹ *Dreher/Thomas* ZGR 2009, 31, 41 f.; *Rudzio,* D&O-Versicherung der Aktiengesellschaft, 45 f.; aA *Armbrüster* NJW 2009, 187, 192.
²⁵⁰ Vgl. *Lange* r+s 2006, 177 ff.; *ders.* AWR 2004, 172 f.; *Steinkühler/Kassing* VersR 2009, 607 ff.; *Thümmel,* Persönliche Haftung von Managern und Aufsichtsräten, Rn. 464.

Pflichtverletzungen versichert sind, die Vorstandsmitglieder vor dem Versicherungszeitraum begangen haben (**Rückwärtsdeckung**).[251] Allerdings begrenzen die Versicherer die Rückwärtsdeckung in der Praxis regelmäßig in den Versicherungsbedingungen, indem sie eine Deckung davon abhängig machen, dass die Pflichtverletzung der Gesellschaft als Versicherungsnehmerin und der in Anspruch genommenen versicherten Person bei Vertragsschluss nicht bekannt waren.[252] Das Claims-made-Prinzip führt grundsätzlich dazu, dass Schäden aus Pflichtverletzungen während der Vertragslaufzeit nicht versichert sind, wenn diese Schäden erst nach der Vertragslaufzeit geltend gemacht werden. In den Versicherungsbedingungen werden daher häufig **Nachdeckungsregelungen** vereinbart.[253]

2. Grenzen des Versicherungsschutzes

In der Praxis ist der Schutz für Führungskräfte durch die D&O-Versicherung begrenzt. Die Versicherungsbedingungen sehen regelmäßig zahlreiche **Ausschlusstatbestände und Grenzen des Versicherungsschutzes** vor. Relevant ist insbesondere die **Jahreshöchstsumme** des Deckungsschutzes, auf die sämtliche Versicherungsfälle eines Jahres aller versicherten Personen begrenzt sind. Der Versicherungsschutz für ein Vorstandsmitglied kann daher entfallen, weil andere versicherte Personen die Jahreshöchstsumme der Versicherung bereits aufgebraucht haben. Die Versicherung tritt zudem nicht für Schäden ein, die die Versicherten vorsätzlich verursachen (§ 103 VVG). Das Gleiche gilt nach vielen in der Praxis verwendeten Versicherungsbedingungen für Schäden, die auf einer **wissentlichen Pflichtverletzung** beruhen.[254] Zudem sind regelmäßig Schäden vom Deckungsschutz ausgeschlossen, die aus Geldbußen resultieren.[255] Der Versicherungsschutz umfasst aber meist Schäden, die infolge einer bedingt vorsätzlichen Pflichtverletzung entstehen.[256]

IV. Zuständigkeit für den Abschluss der Versicherung

Die Gesellschaft schließt eine D&O-Versicherung nicht aus „altruistischen" Motiven ab. Vielmehr liegt es nach zutreffender Ansicht **im überwiegenden Eigeninteresse der Gesellschaft,** eine D&O-Versicherung abzuschließen.[257] In der Regel handelt es sich bei den Schadenspositionen, die gegenüber der Versicherung geltend gemacht werden, um Fälle der Innenhaftung. Indem sie eine D&O-Versicherung abschließt, schützt die Gesellschaft in erster Linie ihr Vermögen gegenüber dem Insolvenzrisiko der versicherten Führungskräfte.[258] Zudem ist es ohne eine solche Versicherung schwierig, geeignete Führungskräfte zu gewinnen und deren unternehmerische Risikobereitschaft zu stärken.[259]

Weil die D&O-Versicherung im überwiegenden Eigeninteresse der Gesellschaft abgeschlossen wird, sind ihre Prämien nach zutreffender Auffassung **nicht** als Bestandteil der

---

[251] Kiethe BB 2003, 537, 539; Notthoff NJW 2003, 1350, 1352; Lange AG 2005, 459, 463.
[252] Kiethe BB 2003, 537, 539; Rudzio, D&O-Versicherung der Aktiengesellschaft, 51 mwN.
[253] Vgl. Kiethe BB 2003, 537, 539; Lattwein NVersZ 1999, 49, 52; Rudzio, D&O-Versicherung der Aktiengesellschaft, 51 f. mwN.
[254] Vgl. Sieg in Terbille/Höra, Münchener Anwaltshandbuch Versicherungsrecht, § 17 Rn. 149.
[255] Vgl. hierzu Koch AG 2014, 513, 519 f. mwN.
[256] Vgl. Rudzio, D&O-Versicherung der Aktiengesellschaft, 52 f.; Arnold in Marsch-Barner/Schäfer, Handbuch börsennotierte AG, § 22 Rn. 108.
[257] Vgl. Hemeling, FS Hoffmann-Becking, 2013, 491, 492; Kort in GroßkommAktG § 87 Rn. 232; Fleischer in Spindler/Stilz AktG § 93 Rn. 233; Wiesner in MHdB AG § 26 Rn. 44; Dreher AG 2008, 429. Zum Streitstand Rudzio, D&O-Versicherung, 2010, 46 ff. mwN.
[258] Vgl. Arnold in Marsch-Barner/Schäfer, Handbuch börsennotierte AG, § 22 Rn. 109; Schüppen/Sanna ZIP 2002, 550, 551; Dreher/Thomas ZGR 2009, 31, 52; Rudzio, D&O-Versicherung, 48.
[259] Vgl. Rudzio, D&O-Versicherung, 2010, 48 f. mwN; Hüffer/Koch AktG § 93 Rn. 58; Fleischer in Spindler/Stilz AktG § 93 Rn. 233; Dreher ZHR 165 (2001), 293, 310; Dreher/Thomas ZGR 2009, 31, 53; Notthoff NJW 2003, 1350, 1354; Seibt/Saame AG 2006, 901, 906.

Vergütung der Vorstandsmitglieder zu behandeln.[260] **Zuständig** für den Abschluss des Versicherungsvertrags ist daher der **Vorstand,** der weder den Aufsichtsrat noch die Hauptversammlung beteiligen muss.[261] Etwas anderes gilt, wenn es einen Zustimmungsvorbehalt zugunsten des Aufsichtsrats gemäß § 111 Abs. 4 AktG gibt. Die **Finanzverwaltung** ist der Einschätzung gefolgt, dass die Prämien der D&O-Versicherung in der in der Praxis üblichen Ausgestaltung nicht Vergütungsbestandteil sind. Die Prämien unterliegen in diesem Fall als Betriebsausgaben der Gesellschaft nicht der Lohn- und Einkommensbesteuerung.[262]

V. Keine Pflicht zum Abschluss einer Versicherung

140 Aus der Fürsorgepflicht der Gesellschaft gegenüber ihren Vorstandsmitgliedern ergibt sich grundsätzlich **kein Anspruch** der Vorstandsmitglieder gegenüber der Gesellschaft, dass die Gesellschaft eine D&O-Versicherung abschließt.[263] Eine Abschlusspflicht lässt sich auch nicht aus dem Gesichtspunkt der Risikominimierung herleiten.[264] Vielmehr ist die Entscheidung für oder gegen eine Versicherungsdeckung eine unternehmerische Entscheidung, für die grundsätzlich ein Ermessensspielraum des Vorstands nach § 93 Abs. 1 S. 2 AktG besteht.[265] Allerdings kann die weite Verbreitung von D&O-Versicherungen Gesellschaften **faktisch zwingen,** auch selbst einen Versicherungsvertrag abzuschließen, um geeignete Führungskräfte zu gewinnen.

VI. Selbstbehalt

141 Nach § 93 Abs. 2 S. 3 AktG ist bei der D&O-Versicherung ein Selbstbehalt zu Lasten der Vorstandsmitglieder in Höhe von mindestens 10% des Schadens bei jedem Versicherungsfall vorgeschrieben. Die Selbstbehaltspflicht kann durch eine Obergrenze für alle Schadensfälle eines Jahres beschränkt werden, die nicht unter dem eineinhalbfachen der festen jährlichen Vergütung des Vorstandsmitglieds liegen darf.[266] Die Befürworter des Selbstbehalts verweisen auf seine **verhaltenssteuernde Wirkung.** Außerdem werde die Versicherung von Bagatellschäden entlastet.[267] Die verhaltenssteuernde Wirkung wird im Schrifttum bezweifelt.[268] Die konkrete Höhe des Selbstbehalts bleibt – oberhalb der Mindesthöhe – den Vertragsparteien überlassen. Um das Haftungsrisiko der Vorstandsmitglieder trotz der Selbstbehaltspflicht zu begrenzen, haben sich in der Praxis **Selbstbehaltsversicherungen** etabliert. Solange das Vorstandsmitglied die Prämien selbst zahlt, ist eine solche Selbstbehaltsversicherung zulässig.[269]

---

[260] Vgl. *Dreher/Thomas* ZGR 2009, 31, 52 f.; *Kiethe* BB 2003, 537, 539.
[261] So jetzt auch *Hüffer/Koch* AktG § 93 Rn. 58 (aA Vorauflage); zudem *Rudzio,* D&O-Versicherung, 56 ff. mwN und einem Überblick zum Streitstand; vgl. ferner *Fleischer* in Spindler/Stilz AktG § 93 Rn. 232 ff.; *Arnold* in Marsch-Barner/Schäfer, Handbuch börsennotierte AG, § 22 Rn. 109; *Dreher* AG 2008, 429; *Franz* DB 2011, 2019 ff.; *Hemeling,* FS Hoffmann-Becking, 2013, 491, 492 f.; *Kort* in Großkomm AktG § 84 Rn. 446 f.; *Mertens/Cahn* in KK-AktG § 93 Rn. 246.
[262] Vgl. *Arnold* in Marsch-Barner/Schäfer, Handbuch börsennotierte AG, § 22 Rn. 109; BMF vom 24.1.2002, auszugsweise abgedruckt in AG 2002, 287; ferner Erlass des FM Niedersachsen vom 25.1.2002, DStR 2002, 678.
[263] *Hüffer/Koch* AktG § 93 Rn. 58; *Lange* AWR 2004, 172, 176; *Mertens/Cahn* in KK-AktG § 84 Rn. 96, § 93 Rn. 242.
[264] Vgl. BGH WM 2009, 851, 853; *Fleischer* in Spindler/Stilz AktG § 93 Rn. 236; *Mertens/Cahn* in KK-AktG § 84 AktG Rn. 96, § 93 Rn. 242.
[265] Vgl. *Koch* ZGR 2006, 184, 193 ff.; *Lange* DStR 2002, 1626, 1630; *Rudzio,* D&O-Versicherung, 2010, 62.
[266] Vgl. *Arnold* in Marsch-Barner/Schäfer, Handbuch börsennotierte AG, § 22 Rn. 111.
[267] Vgl. *Bender/Vater* VersR 2003, 1376, 1377.
[268] Vgl. *Dreher* AG 2008, 429, 432; *Dreher/Görner* ZIP 2003, 2321, 2323; *Schmitz/Gloeckner* AG 2003, R206, 208; *Sieg* in Terbille/Höra, Münchener Anwaltshandbuch Versicherungsrecht, § 17 Rn. 142.
[269] Vgl. *Hüffer/Koch* AktG § 93 Rn. 59.

§ 12 Strafrechtliche Haftung von Vorstandsmitgliedern

Inhaltsübersicht

	Rn.
A. Das Verhältnis von Strafrecht zu Gesellschaftsrecht und Zivilrecht	1
I. Die gesellschaftsrechtlichen Verpflichtungen und Befugnisse von Vorständen	1
II. Die Akzessorietät des Strafrechts	5
III. Begrenzung der Akzessorietät auf schwerwiegende Pflichtverletzungen	8
B. Grundlagen strafrechtlicher Haftung von Vorständen	13
I. Handeln als Person mit besonderen rechtlichen Pflichten	13
II. Organ- und Vertreterhaftung	15
III. Haftung innerhalb von Unternehmensorganen	19
1. Gremien- und Kollegialentscheidungen	20
2. Kausalitätsnachweis bei Kollegialentscheidungen	26
3. Strafrechtliche Verantwortlichkeit und Ressortzuständigkeit	30
4. Täterschaft kraft Organisationsherrschaft	36
5. Ende der strafrechtlichen Verantwortlichkeit als Organmitglied	38
IV. Strafrechtliche Verantwortlichkeit für Straftaten von Mitarbeitern	39
V. Strafrechtliche Produkthaftung – Kausalitätsnachweis bei gefährlichen Produkten	46
C. Spezialgesetzliche Strafvorschriften	51
I. Bilanzdelikte, Falschangabedelikte	52
1. Unrichtige Darstellung und Verschleierung von Unternehmensverhältnissen	52
a) Unrichtige Wiedergabe oder Verschleierung der Verhältnisse der Kapitalgesellschaft	54
b) Unrichtige Wiedergabe oder Verschleierung der Verhältnisse des Konzerns	61
c) Offenlegung eines unrichtigen Konzernabschlusses oder Konzernlageberichts	63
d) Unrichtiger „Bilanzeid"	67
e) Unrichtige Wiedergabe oder Verschleierung der Verhältnisse der Gesellschaft	69
2. Unrichtige Angaben gegenüber Prüfern	77
a) Unrichtige Angaben gegenüber Abschlussprüfer	78
b) Falsche Angaben gegenüber Abschlussprüfer	82
3. Strafbewehrte Pflichtverletzungen bei Verlust, Überschuldung oder Zahlungsunfähigkeit (§ 401 AktG)	89
4. Unterlassener Antrag auf Eröffnung des Insolvenzverfahrens (§ 15a Abs. 4 InsO)	96
a) Zahlungsunfähigkeit	98
b) Überschuldung	99
c) Antragstellung	101
d) Antragsfrist	104
e) Fehlerhafte Antragstellung	106
II. Steuerhinterziehung	107
1. Voraussetzungen des § 370 AO	108
a) Begehungsformen	108
b) Steuerverkürzung	117
c) Vorsatz zur Steuerhinterziehung	121
2. Straffreiheit durch Selbstanzeige nach § 371 AO	122

	Rn.
3. Verhältnis der Berichtigungspflicht nach § 153 AO und der Selbstanzeige nach § 371 AO	126
III. Delikte zum Schutz des Kapitalmarkts	127
1. Verbot von Insidergeschäften	128
a) Allgemeine Voraussetzungen	129
b) Einzelne Begehungsformen	146
2. Verbot der Marktmanipulation	160
a) Machen unrichtiger kursrelevanter Angaben	162
b) Pflichtwidriges Verschweigen unrichtiger oder irreführender kursrelevanter Angaben	166
c) Sonstige Täuschungshandlungen	179
d) Safe Harbour Regelung	182
3. Kapitalanlagebetrug	183
a) Das Machen unrichtiger Angaben	187
b) Das Verschweigen nachteiliger Tatsachen	188
c) In Prospekten, Darstellungen oder Übersichten über den Vermögensstand	191
d) Gegenüber einem größeren Kreis von Personen	194
e) Im Zusammenhang mit dem Vertrieb von Wertpapieren oder dem Erhöhungsangebot	195
f) Erheblichkeit für die Anlageentscheidung	197
IV. Untreue	199
1. Voraussetzungen	200
a) Vermögensbetreuungspflicht	201
b) Missbrauchs- und Treubruchstatbestand	204
c) Schwerwiegende Pflichtverletzung	207
d) Vermögensnachteil	208
2. Wichtige Leitentscheidungen zur strafbaren Untreue	211
a) Untreue durch Sponsoring	211
b) Untreue durch riskante Kreditvergabe	215
c) GmbH-Untreue	223
d) Konzernuntreue	228
e) Untreue durch die Festsetzung von Vorstandsvergütungen	234
f) Untreue durch „schwarze Kassen"	238
g) Untreue wegen fehlender oder mangelhafter Risikomanagementsysteme	241
D. Straf- und ordnungswidrigkeitsrechtliche Haftungsrisiken	246
I. Haftungsrisiken für den Vorstand	247
1. Begehung von Straftaten	247
2. Aufsichtspflichtverletzung	248
II. Haftungsrisiken für das Unternehmen	251
1. Grundsatz individueller Verantwortlichkeit	251
2. Unternehmens-/Verbandsgeldbuße	252
3. Verfall nach §§ 73 ff. StGB	258
a) Voraussetzungen	259
b) Neuere Entwicklungen	263
E. Ablauf von Ermittlungs- und Strafverfahren, insbesondere bei Unternehmen	269
I. Einleitung von Ermittlungsverfahren	269
II. Ziele des Ermittlungsverfahrens	277
III. Durchführung von Ermittlungen	279
IV. Ermittlungsmöglichkeiten	281
1. Zeugenvernehmungen	282
2. Beschuldigtenvernehmungen	288
3. Durchsuchungen und Beschlagnahmen	292
a) Voraussetzungen	292
b) Verhaltensempfehlungen	296

§ 12

	Rn.
4. Beauftragung von Sachverständigen	299
V. Abschluss des Ermittlungsverfahrens durch die Staatsanwaltschaft	300
1. Einstellung wegen fehlenden Tatnachweises	301
2. Einstellung trotz fortbestehenden Tatverdachts	302
3. Anklageerhebung	305
VI. Gerichtliches Zwischenverfahren	306
VII. Hauptverhandlung in Strafsachen	309
VIII. Verständigungen im Strafverfahren	310
IX. Sanktionsmöglichkeiten von Staatsanwaltschaft und Gericht	312

Schrifttum:[1] *Achenbach/Ransiek* (Hrsg.), Handbuch Wirtschaftsstrafrecht, 3. Aufl. 2012; *Arlt,* Der strafrechtliche Anlegerschutz vor Kursmanipulation, 2004; *Beckemper,* Untreue durch Zuwendung aus dem Vermögen einer Aktiengesellschaft zur Förderung von Kunst, Wissenschaft, Sozialwesen und Sport – Anmerkung zum BGH Urteil vom 6.12.2001, NStZ 2002, 322; *Birnbaum,* Die Leichtfertigkeit – Zwischen Fahrlässigkeit und Vorsatz, 2000; *Bittmann* (Hrsg.), Insolvenzstrafrecht, 2004; *ders.,* Anmerkung: Beeinflussung von Betriebsratswahlen und Grenzen der Untreue – Fall Siemens/AUB, NJW 2011, 96; *ders.,* Dogmatik der Untreue, insbesondere des Vermögensnachteils, NStZ 2012, 57; *ders.,* Aktuelle Problemfelder bei Betrug und Untreue, wistra 2013, 449; *Bosch,* Organisationsverschulden im Unternehmen, 2002; *Böttger* (Hrsg.), Wirtschaftsstrafrecht in der Praxis, 2011; *Bürgers,* Das Anlegerschutzverbesserungsgesetz, BKR 2004, 424; *Canaris* et al. (Hrsg.), 50 Jahre BGH – Festgabe aus der Wissenschaft, 2000; *Dannecker/Knierim/Hagemeier,* Insolvenzstrafrecht, 2. Aufl. 2012; *Diekmann/Sustmann,* Gesetz zur Verbesserung des Anlegerschutzes (Anlegerschutzverbesserungsgesetz – AnSVG), NZG 2004, 929; *Dierlamm,* Der faktische Geschäftsführer im Strafrecht – ein Phantom?, NStZ 1996, 153; *Erbs/Kohlhaas* (Hrsg.), Strafrechtliche Nebengesetze, 195. Lfg. 2013; *Fischer,* Strafgesetzbuch, 61. Aufl. 2014; *Dixon/Gößwein/Hohmann,* Gesetze zur Bekämpfung der Korruption im Vereinigten Königreich Großbritannien und Nordirland sowie in der Bundesrepublik Deutschland – Eine vergleichende Betrachtung der Rechtslage –, NZWiSt 2013, 361; *Fleischer,* Konzernuntreue zwischen Straf- und Gesellschaftsrecht: Das Bremer Vulkan-Urteil, NJW 2004, 2867; *ders.,* Die „Business Judgment Rule": Vom Richterrecht zur Kodifizierung, ZIP 2004, 685; *ders.,* Der deutsche „Bilanzeid" nach § 264 II S. 3 HGB, ZIP 2007, 97; *ders./Schmolke,* Faktische Geschäftsführung in der Sanierungssituation, WM 2011, 1009; *Franzen/Gast/Joecks* (Hrsg.), Steuerstrafrecht, Kommentar, 7. Aufl. 2009; *Grau/Meshulam/Blechschmidt,* „Der lange Arm" des US-Foreign Corrupt Practices Act: unerkannte Strafbarkeitsrisiken auch jenseits der eigentlichen Korruptionsdelikte, BB 2010, 652; *Hauschka,* Corporate Compliance, 2. Aufl. 2010; *ders.,* Compliance, Compliance-Manager, Compliance-Programme: Eine geeignete Reaktion auf gestiegene Haftungsrisiken für Unternehmen und Managment?, NJW 2004, 257; *Hefendehl,* Tatherrschaft in Unternehmen vor kriminologischer Perspektive, GA 2004, 575; *Hellmann/Beckemper,* Wirtschaftsstrafrecht, 4. Aufl. 2013; *Heymann,* HGB, Kommentar, 2. Aufl. 1999; Karlsruher Kommentar zum Gesetz über Ordnungswidrigkeiten, 2. Aufl. 2000; *Hilgendorf,* Fragen der Kausalität bei Gremienentscheidungen am Beispiel des Lederspray-Urteils, NStZ 1994, 561; *Himmelsbach/Achsnick,* Faktische Geschäftsführung durch Banken: Gefahr oder Scheinproblem?, NZI 2003, 355; *Hoffmann-Becking,* Vorstandsvergütung nach Mannesmann, NZG 2006, 127; *Jaeger* (Hrsg.), Insolvenzordnung, Großkommentar, 2004 ff.; *Jäger,* Von mobbenden Kollegen und betriebsblinden Vorgesetzten, JA 2012, 392; *Kappel/Lagodny,* Der UK Bribery Act – Ein Strafgesetz erobert die Welt?, StV 2012, 695; *Kindler,* Umfang der Pflicht von Betriebsinhabern und Vorgesetzten zur Verhinderung von Straftaten nachgeordneter Mitarbeiter, GWR 2012, 48; *Kirch-Heim,* „Willful Blindness" im Wirtschaftsstrafrecht – Kann gewollte Unwissenheit vor Strafe schützen?, CCZ 2008, 96; *Knauer,* Die Kollegialentscheidung im Strafrecht, 2001; *Knierim/Rübenstahl/Tsambikakis,* Handbuch Internal Investigations, 2013; *Kocher,* Zur Reichweite der Business Judgment Rule, CCZ 2009, 215; *Krieger/Günther,* Die arbeitsrechtliche Stellung des Compliance Officers. Gestaltung einer Compliance-Organisation unter Berücksichtigung der Vorgaben im BGH-Urteil vom 17.7.2009, NZA 2010, 367; *Kuthe/Szesny* (Hrsg.), Kapitalmarkt Compliance, 2014; *Kutzner,* Untreue durch AG-Vorstandsmitglieder zum Nachteil abhängiger GmbH – Bremer Vulkan – Anmerkung zum Urteil, NStZ 2005, 269; *Kühne,* Strafrechtliche Produkthaftung in Deutschland, NJW 1997, 1951; *Lackner/Kühl,* StGB, 27. Aufl. 2011; Leipziger Kommentar zum StGB, Großkommentar, 12. Aufl. 2007 ff.; *Lenenbach,* Scalping: Insiderdelikt oder Kursmanipulation?, ZIP 2003, 243; *Lingemann/Wasmann,* Mehr Kontrolle und Transparenz im Aktienrecht: Das KonTraG tritt in Kraft, BB 1998, 853; *Madauß,* Entbindung eines Berufsgeheimnisträgers vom Zeugnisverweigerungsrecht durch eine juristische Person, NZWiSt 2013, 262; *Meier,* Verbraucherschutz durch Strafrecht? Überlegungen zur strafrechtlichen Produkthaftung nach der „Lederspray"-Entscheidung des BGH, NJW 1992, 3191; *Meyer-Goßner,* StPO, GVG, Nebengesetze und ergänzende Bestimmungen, 56. Aufl. 2013; *Meyer,* Die faktische Kraft des Normativen – Das BVerfG und die Verständigung im Strafverfahren, NJW 2013, 1850; *Minoggio,* Firmenverteidigung, 2. Aufl. 2010; *Momsen/Grützner* (Hrsg.), Wirtschaftsstrafrecht, 2013; *Mosbacher/Dierlamm,* Betriebsangehöriger als Überwachungsgarant, NStZ 2010, 268; *Mosieck,* Risikosteuerung im Unter-

---

[1] Für wertvolle Mitarbeit bei der 1. Aufl. danken die Autoren Herrn Sascha Ziemann.

nehmen und Untreue, wistra 2003, 370; *Oppenländer/Trölitzsch,* Praxishandbuch der GmbH-Geschäftsführung, 2. Aufl. 2011; Kapitalmarktstrafrecht, Handkommentar, 3. Aufl. 2013; *ders.,* Schwerpunktbereich – Einführung in das Kapitalmarktstrafrecht, JuS 2007, 712; *Poguntke,* BGH: Garantenstellung des Geschäftsherrn; Betriebsbezogenheit einer Straftat – Anmerkung, CCZ 2012, 158; *Pörnbacher/Mark,* Auswirkungen des UK Bribery Act 2010 auf deutsche Unternehmen, NZG 2010, 1372; *Radtke,* Der strafrechtliche Amtsträgerbegriff und neue Kooperationsformen zwischen der öffentlichen Hand und Privaten (Public Private Partnership) im Bereich der Daseinsvorsorge, NStZ 2007, 57; *Ransiek,* Unternehmensstrafrecht: Strafrecht, Verfassungsrecht, Regelungsalternativen, 1996; *Roxin,* Strafrecht. Allgemeiner Teil, Bd. 1, 4. Aufl. 2006; *ders.,* Strafrecht. Allgemeiner Teil, Bd. 2, 2003; *Rönnau/Hohn,* Die Festsetzung (zu) hoher Vorstandsvergütungen durch den Aufsichtsrat – ein Fall für den Staatsanwalt?, NStZ 2004, 113; *Rübenstahl,* Der Foreign Corrupt Practices Act (FCPA) der USA (Teil 1): Die Bestechungstatbestände, NZWiSt 2012, 401; *ders.,* Der Foreign Corrupt Practices Act (FCPA) der USA (Teil 2): Die Rechnungslegungs- und Compliance-Tatbestände, NZWiSt 2013, 6; *Rübenstahl/Boerger,* Der Foreign Corrupt Practices Act (FCPA) der USA (Teil 4) – Territorialer und personeller Anwendungsbereich, Rechtsfolgen und Verjährung, NZWiSt 2013, 281; *Saliger,* Kick-Back, „PPP", Verfall – Korruptionsbekämpfung im „Kölner Müllfall", NJW 2006, 3377; *Schaal,* Strafrechtliche Verantwortlichkeit bei Gremienentscheidungen in Unternehmen, 2001; *Schmedding,* Unrichtige Konzernrechnungslegung, 1993; *Schmitz/Taschke,* Haftungsrisiken von Unternehmen bei der Begehung von Straftaten oder Ordnungswidrigkeiten durch Mitarbeiter, WiB 1997, 1169; *Schönke/Schröder* (Hrsg.), Strafgesetzbuch, Kommentar, 28. Aufl. 2010; *Schünemann,* Organuntreue. Das Mannesmann-Verfahren als Exempel?, 2004; *ders.,* Die „gravierende Pflichtverletzung" bei der Untreue: dogmatischer Zauberhut oder taube Nuss?, NStZ 2005, 473; *ders.,* Unternehmenskriminalität und Strafrecht, 1984; *Semler/Wagner,* Deutscher Corporate Governance Kodex – Die Entsprechenserklärung und Fragen der gesellschaftsinternen Umsetzung, NZG 2003, 553; *Semler,* Die Rechte und Pflichten des Vorstands einer Holdinggesellschaft im Lichte der Corporate Governance-Diskussion, ZGR 2004, 631; *ders.,* Zur aktienrechtlichen Haftung der Organmitglieder einer Aktiengesellschaft, AG 2005, 321; *Sorgenfrei,* Zweifelsfragen zum „Bilanzeid" (§ 331 Nr. 3a HGB), wistra 2008, 329; *Spatscheck/Wulf,* Straftatbestände der Bilanzfälschung nach dem HGB – Ein Überblick, DStR 2003, 173; *Spindler,* Kapitalmarktreform in Permanenz – Das Anlegerschutzverbesserungsgesetz, NJW 2004, 3449; *Stoffers,* Garantenpflicht des Innenrevisionsleiter einer öffentlich-rechtlichen Anstalt – Überhöhte Straßenreinigungsentgelte – Anmerkung, NJW 2009, 3176; *Taschke,* Zur Entwicklung der Verfolgung von Wirtschaftsstrafsachen in der Bundesrepublik Deutschland (Teil 2 & 3), NZWiSt 2012, 41 und 89; *Tiedemann,* Wirtschaftsstrafrecht, 2004; *Volk,* Verteidigung in Wirtschafts- und Steuerstrafsachen, 2. Aufl. 2014; *Wabnitz/Janovsky* (Hrsg.), Handbuch des Wirtschafts- und Steuerstrafrechts, 3. Aufl. 2007; *Wagner,* „Internal Investigations" und ihre Verankerung im Recht der AG, CCZ 2009, 8; *Werner,* Die Enthaftung des Vorstands: Die strafrechtliche Dimension, CCZ 2011, 201; *Wessing/Dann,* Deutsch-Amerikanische Korruptionsverfahren, 2013; *Wybitul,* Anmerkung zu BGH: Grundsatzentscheidung zur strafrechtlichen Verantwortlichkeit von Compliance-Beauftragten, BB 2009, 2263; *Ziemons,* Neuerungen im Insiderrecht und bei der Ad hoc-Publizität durch die Marktmissbrauchsrichtlinie und das Gesetz zur Verbesserung des Anlegerschutzes, NZG 2004, 537; *dies.,* Die Weitergabe von Unternehmensinterna an Dritte durch den Vorstand einer Aktiengesellschaft, AG 1999, 492; *Zimmer,* Das Gesetz zur Kontrolle und Transparenz im Unternehmensbereich, NJW 1998, 3521.

A. Das Verhältnis von Strafrecht zu Gesellschaftsrecht und Zivilrecht

I. Die gesellschaftsrechtlichen Verpflichtungen und Befugnisse von Vorständen

1   Die Rechte und Pflichten des Vorstands sind vielfältig. Bei der Leitung des Unternehmens hat er nach § 93 Abs. 1 S. 1 AktG die **Sorgfalt eines ordentlichen und gewissenhaften Geschäftsleiters** einzuhalten. Hieraus leiten sich eine ganze Reihe verschiedener Befugnisse und Verpflichtungen ab.[2] Der Vorstand hat die **gesetzlichen Pflichten** einzuhalten und auf der **Grundlage der Satzung der Gesellschaft und der Geschäftsordnung des Vorstands zu handeln.** Ausgehend von spezialgesetzlichen Regelungen, wie beispielsweise im Gesetz zur Kontrolle und Transparenz im Unternehmensbereich (KonTraG)[3] oder im Deutschen Corporate Governance Kodex (DCGK),[4] der zwar

---

[2] *Dauner-Lieb* in Henssler/Strohn AktG § 93 Rn. 4 ff. mwN.
[3] BGBl. 1998 I 786; Überblick bei *Lingemann/Wasmann* BB 1998, 853 ff.; *Zimmer* NJW 1998, 3521 ff.
[4] So hat der Vorstand zB nach Ziff. 4.1.3 DCGK für die Einhaltung der gesetzlichen Bestimmungen und der unternehmensinternen Richtlinien zu sorgen und auf deren Beachtung durch die Konzernunternehmen hinzuwirken. Bei dieser Pflicht handelt es sich um eine, die faktisch verpflichtend ist, da eine Nichtbeachtung im Rahmen des § 161 AktG nicht erklärbar erscheint.

nicht verbindlich ist, der jedoch über § 161 AktG einer Auseinandersetzung durch den Vorstand börsennotierter Gesellschaften bedarf (sog. „comply or explain"),[5] kam es zu einer Konkretisierung des unternehmerischen Ermessensspielraums durch die nach US-amerikanischen Vorbild in § 93 Abs. 1 S. 2 AktG kodifizierte sog. **Business Judgement Rule** (→ § 4 Rn. 99ff.).[6] Danach liegt keine Pflichtverletzung des Vorstandes vor, wenn bei einer unternehmerischen Entscheidung ein Mitglied des Vorstandes vernünftigerweise annehmen durfte, auf der Grundlage angemessener Informationen zum Wohle der Gesellschaft zu handeln. Innerhalb der rechtlichen Grenzen übt der Vorstand gesellschaftsrechtlich die Leitungsfunktion im Unternehmen **eigenverantwortlich** aus (§ 76 Abs. 1 AktG), wobei dem Vorstand ein **weites unternehmerisches Ermessen** zusteht.[7] Dieses unternehmerische Ermessen ist allerdings kein freies Ermessen, sondern pflichtgebunden.

Pflichtgemäß ist es dann, wenn es
- von Verantwortungsbewusstsein getragen ist,
- sich ausschließlich am Unternehmenswohl orientiert,
- auf sorgfältiger Ermittlung der Entscheidungsgrundlage beruht,
- die Risikobereitschaft nicht unverantwortlich überspannt und
- nicht aus anderen Gründen als pflichtwidrig gelten muss.

Verletzt der Vorstand diese Pflicht, kann er sich zivilrechtlichen Schadensersatzansprüchen der Gesellschaft aussetzen.[8]

Bereits in der **ARAG-Garmenbeck-Entscheidung**[9] aus dem Jahr 1997 hatte sich der BGH mit den Sorgfaltspflichten des Aufsichtsrates auseinanderzusetzen und diese dahingehend präzisiert, dass der Aufsichtsrat grundsätzlich verpflichtet ist, Schadensersatzansprüche gegenüber dem Vorstand einer Aktiengesellschaft geltend zu machen. Er hat auch festgelegt, unter welchen Voraussetzungen der Aufsichtsrat Ansprüche geltend machen muss oder auf solche verzichten kann. Entscheidend ist, dass bei Verdachtsmomenten eine **umfassende Sachverhaltsaufklärung** zu erfolgen hat.[10] Diese Aufklärungspflicht besteht – auch wenn sich die ARAG-Garmenbeck-Entscheidung ausschließlich mit den Pflichten des Aufsichtsrates befasste – auch für den Vorstand. Denn der Vorstand kann sich ebenfalls zivilrechtlichen Ansprüchen und strafrechtlichen Sanktionen ausgesetzt sehen, wenn er die geforderte Aufklärung des Sachverhalts unterlässt.[11]

Will der Vorstand seine Sorgfaltspflichten erfüllen, erfordert dies – bei Vorliegen entsprechender Anhaltspunkte für ein Fehlverhalten –, nach heutigem Verständnis, auch die Durchführung **interner Untersuchungen** zu veranlassen, unabhängig davon, ob der Sachverhalt bereits von staatlichen Ermittlungsbehörden untersucht wird oder diesen (noch) unbekannt ist.[12] Sobald ein Unternehmen von der Einleitung eines Ermittlungsverfahrens gegen Mitarbeiter wegen des Verdachts unternehmensbezogener Straftaten erfährt, hat es zu prüfen, ob eigene interne Untersuchungen notwendig sind. Das Ziel staatlicher Ermittlungen deckt sich vielfach nicht mit dem von internen Untersuchungen.[13] Hoheitli-

---

[5] Abrufbar unter http://www.corporate-governance-code.de/ger/kodex/index.html (zuletzt abgerufen am 5.2.2014); *Ringleb/Kremer/Lutter/v. Werder* DCGK; *Euler/Wirth* in Spindler/Stilz AktG § 161 Rn. 1ff.; s. dazu auch *Semler* ZGR 2004, 631; ausführlich → § 1 Rn. 23ff.
[6] BGBl. 2005 I 2802; dazu *Spindler* in MüKoAktG Rn. 35ff.; *Hölters* in Hölters AktG § 93 Rn. 29ff.; *Kocher* CCZ 2009, 215ff.; *Fleischer* ZIP 2004, 685.
[7] Statt vieler *Spindler* in MüKoAktG § 93 Rn. 21ff., 50ff.
[8] Vgl. *Taschke* NZWiSt 2012, 89, 90; *Moosmayer* NJW 2012, 3013.
[9] BGH NJW 1997, 1926.
[10] Dazu *Taschke* NZWiSt 2012, 89, 90 mwN; *Wagner* CCZ 2009, 8, 10.
[11] So auch *Semler* AG 2005, 321ff.
[12] Zur (gesetzlichen) Verpflichtung zur Durchführung von internen Untersuchungen s. *Taschke* NZWiSt 2012, 89, 90; *Wagner* CCZ 2009, 8ff.; speziell zum **US-Foreign Corrupt Practices Act** (FCPA) s. *Grau/Meshulam/Blechschmidt* BB 2010, 652ff.; *Rübenstahl* NZWiSt 2012, 401ff.; *ders.* NZWiSt 2013, 6ff.; *ders./Boerger* NZWiSt 2013, 124ff. 281ff.; 367ff. sowie zum **UK Bribery Act** *Taschke* in Wessing/Dann, Deutsch-Amerikanisches Korruptionsverfahren, § 12 Rn. 72; *Klengel* DB 2010, M 18; *Pörnbacher/Mark* NZG 2010, 1372ff.; *Kappel/Lagodny* StV 2012, 695ff.; *Dixon/Gößwein/Hohmann* NZWiSt 2013, 361ff.
[13] Dazu *Knierim* in Knierim/Rübenstahl/Tsambikakis Internal Investigations Kap. 15 Rn. 185ff.

che Ermittlungsmaßnahmen dienen der repressiven Aufdeckung und Ahndung einzelner Straftaten sowie daran anknüpfend ggf. der Sanktionierung des Unternehmens durch eine Unternehmensgeldbuße nach §§ 30, 130 OWiG. Interne Untersuchungen können dagegen neben **repressiver Aufklärung auch präventive Elemente** enthalten und zu einer Weiterentwicklung des Compliance-Systems führen.[14]

II. Die Akzessorietät des Strafrechts

5   Die strafrechtliche Haftung von Vorständen **knüpft akzessorisch an eine Verletzung außerstrafrechtlicher Normen an:** Nur dann, wenn ein Vorstand gegen gesetzliche Verpflichtungen oder andere Bestimmungen, etwa Geschäftsordnung oder Satzung, verstößt, kommt überhaupt eine strafrechtliche Haftung in Betracht. Was einerseits zivilrechtlich und öffentlich-rechtlich zulässig ist, kann anderseits – vor dem Hintergrund der Einheit der Rechtsordnung[15] – nicht strafbar sein. So kann zB eine steuerrechtlich zulässige Konzeption keine steuerstrafrechtlichen Risiken nach sich ziehen.

6   Im **Mannesmann-Verfahren**[16] rückte die Thematik der Vorstandsvergütung in den strafrechtlichen Fokus. Teilweise wurde in der Literatur während des Verfahrens vertreten, dass die Festlegung von Vorstandsvergütung trotz Übereinstimmung mit § 87 AktG eine Untreuestrafbarkeit begründen könne, dh dass das Strafrecht, zumindest in diesem Bereich, nicht akzessorisch sei.[17] Dem ist der BGH hingegen nicht gefolgt.[18] Eine reine belohnende Sonderzahlung, die keinen zukunftsbezogenen Nutzen bewirkt, stelle vielmehr eine „treupflichtwidrige Schädigung des anvertrauten Gesellschaftsvermögens dar" (Leitsatz 1),[19] die für sich genommen bereits eine Strafbarkeit begründe.

7   Strafrechtlicher Anknüpfungspunkt bei allen unternehmerischen Entscheidungen ist die in § 93 Abs. 1 S. 2 AktG kodifizierte Business Judgement Rule. Das Strafrecht ist nach vorzugswürdiger Auffassung somit als **zivilrechtsakzessorisch** anzusehen; eine eigene „strafrechtliche Bewertung", abweichend von den Ausgangsrechtsgebieten wie das Zivil-, Gesellschafts-, Aktien-, Verwaltungs- oder Steuerrecht gibt es nicht.[20]

III. Begrenzung der Akzessorietät auf schwerwiegende Pflichtverletzungen

8   Die Akzessorietät des Strafrechts zu Zivil- oder Gesellschaftsrecht bedeutet nicht zwangsläufig, dass jeder Verstoß gegen das Zivil- oder Gesellschaftsrecht zugleich strafbar sein muss. Der BGH hat in seinem Urteil vom 6.12.2001[21] zu einer Spende für einen Sportverein („Sponsoring") den Grundsatz entwickelt (→ Rn. 211 ff.), dass nur **schwerwiegende bzw. gravierende Verstöße** gegen zivil- oder gesellschaftsrechtliche Pflichten eine Strafbarkeit wegen Untreue nach § 266 StGB zur Folge haben können. Trotz teilweiser Kritik in der Literatur[22] bestätigte der BGH diesen Grundsatz in späteren Entscheidungen. So entschied er in der Folge unter anderem, dass bei einer Kreditvergabe die Entscheidungsträger ihre banküblichen Informations- und Prüfungspflichten bezüglich der wirtschaftli-

---

[14] *Potinecke/Block* in Knierim/Rübenstahl/Tsambikakis Internal Investigations Kap. 2 Rn. 181 f.; *Wagner* in Wabnitz/Janovsky Kap. 28 Rn. 27.
[15] Vgl. *Hoffmann-Becking* NZG 2006, 127, 128; *Werner* CCZ 2011, 201, 202.
[16] BGHSt 50, 331 = NJW 2006, 522.
[17] So zum Mannesmann-Verfahren *Schünemann* Organuntreue, 2004; *Rönnau/Hohn* NStZ 2004, 113, 121.
[18] Vgl. *Hoffmann-Becking* NZG 2006, 127, 128.
[19] BGH NJW 2006, 522.
[20] Ob man dies „Akzessorietät des Strafrechts" nennt, so *Lüderssen*, FS Müller-Dietz, 2001, 467 ff., oder von einer „Zivilrechtsaffinität" spricht, so zB *Schünemann* in LK StGB § 266 Rn. 32 ff., 68, bedarf an dieser Stelle keiner Entscheidung.
[21] BGHSt 47, 187 = NJW 2002, 1585 mit Anm. *Beckemper;* dazu auch *Lange* DStR 2002, 1102.
[22] Vgl. *Schünemann* NStZ 2005, 473; *Beckemper* NStZ 2002, 324.

chen Verhältnisse des Kunden gravierend verletzt haben müssen, um zu einer Strafbarkeit wegen Untreue zu gelangen.[23]

Auch das **BVerfG** erkennt in seiner **„Untreue"-Entscheidung** vom 23.6.2010[24] das Erfordernis einer gravierenden Pflichtverletzung zur notwendigen Beschränkung des sehr weiten Wortlauts an. Daher kann die Ansicht des III. Strafsenats in der Mannesmann-Entscheidung,[25] dass es keiner gravierenden Verletzung der Vermögensbetreuungspflicht bedürfe, seit der Entscheidung des BVerfG als überholt gelten.[26] **9**

Eine **schwerwiegende Pflichtverletzung** beurteilt sich nach der (bejahenden) Rechtsprechung des BGH nach einer Gesamtschau der gesellschaftsrechtlichen Kriterien. Ein solcher Verstoß soll dann nahe liegen, wenn **10**
– keine Nähe zum Unternehmensgegenstand besteht oder
– das Verhalten im Hinblick auf die Ertrags- und Vermögenslage unangemessen ist oder
– die innerbetriebliche Transparenz fehlt oder wenn schließlich
– sachwidrige Motive vorliegen, wie beispielsweise bei der Verfolgung rein persönlicher Präferenzen.[27]

Einen **hohen Stellenwert nimmt dabei ein formalisiertes Verfahren** sowie das **Gebot der Transparenz** ein. Die Einhaltung des richtigen Verfahrens garantiert für den BGH, dass eine umfassende Prüfung stattfindet und die Entscheidung auf der Grundlage einer umfassenden Sachverhaltskenntnis erfolgt. Man kann es wahrscheinlich auf die Kurzformel bringen: Es besteht dann kein oder nur ein geringes Risiko eines strafrechtlich relevanten Verhaltens, wenn alle Sachverhaltsinformationen erhoben sind, eine nicht von eigenen Interessen geleitete Abwägung stattgefunden hat und die Entscheidung innerhalb der gegebenen Kompetenzen und ohne Täuschung Mitverantwortlicher stattgefunden hat. **11**

Zudem stellt der BGH in der **Siemens/AUB-Entscheidung** aus dem Jahr 2011[28] bezüglich der „Unterstützungszahlungen" an eine Gewerkschaft klar, dass eine Normverletzung in aller Regel nur dann pflichtwidrig iSd § 266 StGB sein kann, wenn die verletzte Norm (im konkreten Fall § 119 Abs. 1 Nr. 1 BetrVG) ihrerseits – wenn auch nur mittelbar – **vermögensschützenden Charakter** für das zu betreuende Vermögen hat. Dies sei jedoch nicht der Fall gewesen, da die Norm nur dem Schutz der Wahl und Funktionsfähigkeit der betriebsverfassungsrechtlichen Organe habe und nicht das Vermögens des Treugebers, hier des Unternehmens, schützen sollte. **12**

B. Grundlagen strafrechtlicher Haftung von Vorständen

I. Handeln als Person mit besonderen rechtlichen Pflichten

Im Wirtschaftsstrafrecht gibt es viele Straftatbestände, die sich nicht an jedermann richten, sondern nur an Personen mit besonderen rechtlichen Pflichten (sog. **echte Sonderdelikte**).[29] Nur die Personen, die das jeweilige besondere persönliche Merkmal erfüllen, kommen überhaupt als Täter der entsprechenden Strafnormen in Betracht. Beispiele hierfür sind neben der sog. Vermögensbetreuungspflicht im Rahmen der Untreue nach § 266 StGB[30] auch das Handeln des Arbeitgebers beim Vorenthalten und Veruntreuen von Arbeitsentgelt nach § 266a StGB. Auch das Vorstandsmitglied wird in einigen Strafvorschrif- **13**

---

[23] BGHSt 47, 148 = NJW 2002, 1211; daneben auch BGHSt 47, 187 = NJW 2002, 1585.
[24] BVerfG NJW 2010, 3209, 3215.
[25] BGH NJW 2006, 522, 531.
[26] So auch OLG Hamm NStZ-RR 2012, 374.
[27] BGH NJW 2002, 1585, 1587; dazu auch *Beckemper* NStZ 2002, 324 ff.; *Lange* DStR 2002, 1102 f.
[28] BGH NJW 2011, 88 mit Anm. *Bittmann;* s. auch *M. Jahn* JuS 2011, 183 ff.
[29] Dazu *Raum* in Wabnitz/Janovsky Kap. 4 Rn. 6; *Tsambikakis/Kretschmer* in Böttger Kap. 14 Rn. 5 ff.
[30] Vgl. *Bittmann* NStZ 2012, 57 ff.; *Dierlamm* in MüKoStGB § 266 Rn. 13 ff., 243.

ten ausdrücklich als Sonderpflichtiger genannt, so etwa in den Bilanzfälschungstatbeständen nach § 331 HGB (Mitglied des vertretungsberechtigten Gesellschaftsorgans) sowie § 400 AktG oder nach § 399 AktG im aktienrechtlichen Falschangabedelikt.

14   Wird hingegen zu einem Sonderdelikt angestiftet oder Beihilfe dazu geleistet, bedarf es keiner besonderen Täterqualifikation. Fehlt diese beim Anstifter oder Gehilfen, ist die Strafe entsprechend § 28 Abs. 1 iVm § 49 Abs. 1 StGB zu mildern. Liegt sie vor, so bestimmt sich die **Strafe des Anstifters oder Gehilfen nach der des Haupttäters**.[31]

II. Organ- und Vertreterhaftung

15   In einem arbeitsteiligen Wirtschaftsleben kommt es häufig vor, dass der Sonderpflichtige (zB das Vorstandsmitglied) nicht persönlich, sondern **über einen Vertreter handelt**. Für diesen Fall hat der Gesetzgeber die Vorschrift des **§ 14 StGB** geschaffen, die als **allgemeine strafrechtliche Zurechnungsnorm** die strafrechtliche Verantwortlichkeit auch[32] auf Personen überträgt, die nicht die spezifischen Voraussetzungen des betreffenden Tatbestands erfüllen.[33]

16   Dies gilt zunächst gemäß § 14 Abs. 1 Nr. 1 StGB für **vertretungsberechtigte Organe** einer juristischen Person und **Mitglieder eines solchen Organs**. Nach § 78 AktG gehört dazu der Vorstand der AG sowie das einzelne Vorstandsmitglied. Der Gesetzgeber hat die Vertreterhaftung über § 14 Abs. 2 Nr. 1 und 2 StGB aber auch auf solche Fälle ausgedehnt, in denen jemand als **Beauftragter** gehandelt hat, zB der Auftrag zur Leitung eines Unternehmens oder die Beauftragung zur Wahrnehmung betriebsbezogener Aufgaben in eigener Verantwortung.[34]

17   Voraussetzung beider Haftungstatbestände ist nach § 14 Abs. 2 S. 1 StGB, dass der Handelnde „**als Organ**" bzw. „**auf Grund des Auftrags**" gehandelt (oder pflichtwidrig unterlassen) hat. Dies ist vor allem dann ausgeschlossen, wenn der Handelnde ausschließlich in eigenem Interesse gehandelt hat.[35]

18   Die beschriebene Zurechnung erfolgt nach § 14 Abs. 3 StGB selbst dann, wenn der **Bestellungsakt** für die Vertretungsbefugnis oder das Auftragsverhältnis **fehlerbehaftet** oder gar **unwirksam** ist. Dies gilt auch für den Fall, wenn jemand – ohne selbst als Organ bestellt worden zu sein – wie ein Organ handelt und dies von den eigentlichen Verantwortlichen geduldet wird (sog. „**faktischer Geschäftsführer bzw. Vorstand**").[36] Eine solche Stellung kann jeder einnehmen, der in überragender Stellung die Geschicke der Gesellschaft faktisch leitet; eine solche überragende Stellung kann auch ein Aufsichtsratsmitglied zB als Vertreter einer Bank haben.[37] Zur Konkretisierung sind vor allem in der Rechtsprechung Indizien für die Annahme einer faktischen Geschäftsführung entwickelt worden.[38] Dazu gehören unter anderem die Bestimmung der Unternehmenspolitik, Entscheidungen über die Einstellung von Mitarbeitern, die Gestaltung der Geschäftsbeziehungen zu Vertragspartnern, Verhandlungen mit Kreditgebern oder auch Verhandlungen mit Mitarbeitern über die Höhe des Gehalts.

---

[31] *Raum* in Wabnitz/Janovsky Kap. 4 Rn. 67 ff.; *Heine* in Schönke/Schröder StGB § 26 Rn. 26.
[32] Die Verantwortlichkeit des Vertretenen bleibt grundsätzlich daneben bestehen (s. das „auch" in § 14 Abs. 1 und Abs. 2 StGB), dazu *Roxin* Strafrecht AT/2 § 27 Rn. 137.
[33] Überblick bei *Roxin* Strafrecht AT/2 § 27 Rn. 84 ff.; *Radtke* in MüKoStGB § 14 Rn. 1 ff.
[34] Dazu auch *Fischer* StGB § 14 Rn. 7 ff.; *Radtke* in MüKoStGB § 14 Rn. 99 ff.
[35] Vgl. *Roxin* Strafrecht AT/2 § 27 Rn. 122.
[36] Dazu *Raum* in Wabnitz/Janovsky Kap. 4 Rn. 13 ff.; *Köhler* in Wabnitz/Janovsky Kap. 7 Rn. 302 ff.; s. auch *Dierlamm* NStZ 1996, 153.
[37] Vgl. *Himmelsbach/Achsnick* NZI 2003, 355; zum faktischen Geschäftsführung in der Sanierungssituation *Fleischer/Schmolke* WM 2011, 1009 ff.
[38] BGH WM 2005, 1706; *Raum* in Wabnitz/Janovsky Kap. 4 Rn. 17; s. auch *Quedenfeld* in MüKoHGB § 331 Rn. 25 ff.

III. Haftung innerhalb von Unternehmensorganen

In der modernen Unternehmensführung werden unternehmenswichtige Entscheidungen selten nur durch eine Person getroffen. In aller Regel sind es Entscheidungen von **mehrköpfig besetzten Kollegialorganen,** wie zB dem Vorstand nach § 76 Abs. 2 AktG oder dem Aufsichtsrat nach § 95 AktG. Was aus unternehmerischer Sicht sinnvoll ist – die Entscheidungsfindung in Gremien –, kann im Schadensfall und bei der Feststellung der individuellen strafrechtlichen Verantwortlichkeit eine Reihe schwieriger Fragen aufwerfen.[39]

1. Gremien- und Kollegialentscheidungen

Mit der Frage der Verantwortlichkeit bei Gremienentscheidungen hatte es der BGH in seiner **„Lederspray"-Entscheidung** aus dem Jahr 1990[40] zu tun. Gegenstand des Verfahrens waren zum Teil erhebliche Gesundheitsbeeinträchtigungen, die bei der Verwendung eines Ledersprays aufgetreten waren. Den Managern und leitenden Angestellten des Unternehmens wurde zur Last gelegt, die gefährlichen Produkte nicht zurückgerufen zu haben. Die Verurteilungen wegen fahrlässiger und vorsätzlicher Körperverletzung wurden vom BGH im Wesentlichen bestätigt.

In der „Lederspray"-Entscheidung hat sich der BGH für die Grundsätze der **Generalverantwortung der gesamten Geschäftsführung** ausgesprochen. Bei einer mehrköpfigen Geschäftsführung sei die Geschäftsführung insgesamt zum Handeln berufen, wenn „aus besonderem Anlass das Unternehmen als Ganzes betroffen ist", wie etwa „in Krisen- oder Ausnahmesituationen".[41] Der BGH verlangt dabei, dass jeder Geschäftsführer „**unter vollem Einsatz seiner Mitwirkungsrechte** das ihm Mögliche und Zumutbare unternimmt, um einen Beschluss der Gesamtgeschäftsführung über Anordnung und Vollzug des [in diesem Fall nach Auffassung des BGH] gebotenen Rückrufs zustande zu bringen".[42] Der BGH lässt dabei allerdings offen, was im konkreten Fall möglich und zumutbar war (und musste dazu auch nicht Stellung nehmen, da keiner der Angeklagten überhaupt irgendwelche Maßnahmen ergriffen hatte).

Die beteiligten Organmitglieder haften im Fall einer Straftat als Mittäter iSd § 25 Abs. 2 StGB. Dies gilt gleichermaßen für **Tun und Unterlassen,** wobei beim Unterlassen grundsätzlich nach § 13 StGB eine besondere Rechtspflicht zum Handeln hinzukommen muss (sog. **Garantenpflicht**).[43]

In der rechtswissenschaftlichen Literatur hat die Diskussion der „Lederspray"-Entscheidung folgende Klärungen gebracht: Wer pflichtgemäß für Schutzmaßnahmen votiert (Rückruf, Warnhinweise) und überstimmt wird, haftet strafrechtlich nicht für das Unterlassen der Schutzmaßnahmen;[44] das überstimmte Organmitglied hat dabei lediglich die **gesellschaftsrechtlich möglichen Maßnahmen** zu ergreifen, zB die Benachrichtigung des Aufsichtsrats.[45]

Weitergehende Maßnahmen des überstimmten Organmitglieds, etwa Hinweise an Behörden oder die eigenständige Warnung von Verbrauchern, sind nicht erforderlich.[46] Der BGH hat in seiner „Sponsoring"-Entscheidung[47] die Frage aufgeworfen und im Er-

---

[39] Dazu ua *Knauer,* Die Kollegialentscheidung im Strafrecht, 2001; *Schaal,* Strafrechtliche Verantwortlichkeit bei Gremienentscheidungen, 2001; s. auch *Dierlamm* in MüKoStGB § 266 Rn. 245 ff.
[40] BGHSt 37, 106 = NJW 1990, 2560; *Hilgendorf* NStZ 1994, 561 ff.; *Schünemann,* FS BGH, 2000, 621, 632 ff.; dazu auch *Taschke* NZWiSt 2012, 41 f.
[41] BGH NJW 1990, 2560, 2565.
[42] BGH NJW 1990, 2560, 2565.
[43] Zur Unterlassensproblematik im Lederspray-Fall *Meier* NJW 1992, 3193, 3196 f.; *Ziemons* in Oppenländer/Trölitzsch § 28 Rn. 49.
[44] *Taschke* NZWiSt 2012, 41 f.; *Raum* in Wabnitz/Janovsky Kap. 4 Rn. 30.
[45] *Raum* in Wabnitz/Janovsky Kap. 4 Rn. 31; *Hölters* in Hölters AktG § 93 Rn. 241.
[46] *Raum* in Wabnitz/Janovsky Kap. 4 Rn. 31; *Spindler* in MüKoAktG § 93 Rn. 151 f.
[47] BGH NJW 2002, 1585.

gebnis offen gelassen (→ Rn. 211ff.), ob ein Aufsichtsrat verpflichtet ist, Strafanzeige zu erstatten, wenn ein Vorstand sich trotz gegenteiliger Weisung gesetzeswidrig verhält. Eine Strafanzeige des Aufsichtsrats gegen das (gegen Gesetze verstoßende) Vorstandsmitglied zu verlangen, ist zu weitgehend, da es abgesehen von dem Katalog des § 138 StGB (Nichtanzeige geplanter Straftaten) keine Anzeigeverpflichtungen gibt.[48] Allerdings wird man vom Aufsichtsrat gegebenenfalls verlangen können (und müssen), **Vorstandsmitglieder abzuberufen,** die durch die andauernde Begehung von Straftaten erkennen lassen, dass sie nicht geeignet sind, das Unternehmen verantwortlich zu führen.

25   Jeder Einzelfall erfordert eine **sorgfältige Beurteilung.** Insbesondere ist dabei zu berücksichtigen, welche möglichen Schäden für das Unternehmen und Dritte entstehen können. Grundlage einer sorgfältigen Beurteilung ist dabei eine umfassende interne Sachverhaltsaufklärung.

2. Kausalitätsnachweis bei Kollegialentscheidungen

26   Der BGH hatte sich in der „Lederspray"-Entscheidung auch mit dem strafrechtsdogmatisch sehr überzeugenden Verteidigungsargument der angeklagten Geschäftsführer auseinanderzusetzen, dass jeder von ihnen **von dem anderen überstimmt worden** wäre, wenn er – abweichend von seinem tatsächlichen Stimmverhalten – für einen Rückruf gestimmt hätte.[49]

27   Mit diesem Argument ist das Problem des **Kausalitätsnachweises bei Kollegialentscheidungen** angesprochen. Strafrechtlich haftet man für ein Unterlassen nur dann, wenn die sog. Quasi-Kausalität gegeben ist. Die Juristen stellen dafür folgende Frage: Wäre der tatbestandsmäßige Erfolg, also der Schaden, mit hoher Wahrscheinlichkeit auch dann eingetreten, wenn die unterlassene Handlung vorgenommen worden wäre? Bejaht man die Frage, entfällt die strafrechtliche Haftung. Verneint man sie, ist Quasi-Kausalität gegeben.

28   Nach strafrechtlichem Verständnis war der Einwand der angeklagten Geschäftsführer berechtigt. Die Frage nach der Quasi-Kausalität hat in diesen Fällen zu lauten: Hätte das Votum eines Geschäftsführers für einen Vertriebsstopp und einen Rückruf den Eintritt der Gesundheitsschäden verhindert? Die Antwort lautet Nein, weil die drei anderen Geschäftsführer den dissentierenden Geschäftsführer überstimmt hätten und es – wie geschehen – zu dem Vertrieb gekommen wäre. Spielt man diese Überlegung bei jedem Geschäftsführer durch, käme man immer zu einem Freispruch (oder bei vorsätzlichen Delikten ggf. zu einer Bestrafung wegen Versuchs).

29   Der BGH lässt dieses dogmatische Argument nicht gelten, da ansonsten sich unter mehreren Vorständen bzw. Geschäftsführern jeder von seiner Haftung allein durch den Hinweis auf die gleichartige und ebenso pflichtwidrige Untätigkeit der anderen freizeichnen könnte. Der BGH wörtlich: „Dass dies nicht rechtens sein kann, liegt auf der Hand".[50] Und weiter: „Demgemäß muss jeder der Angeklagten für das Unterbleiben des Rückrufs und die dadurch verursachten Schadensfolgen strafrechtlich einstehen. Nur dieses Ergebnis wird der gemeinsamen und gleichstufigen Verantwortung der Geschäftsführer gerecht".[51]

3. Strafrechtliche Verantwortlichkeit und Ressortzuständigkeit

30   Es entspricht den Standards moderner Unternehmensführung, dass in mehrköpfigen Gremien eine **Ressortverteilung** vorgenommen wird. Gerade deshalb gibt es mehrere Vorstände oder Geschäftsführer, die je nach Spezialisierung und Erfahrung verschiedene Ressorts verantworten. Das Strafrecht akzeptiert diese **Ressortverantwortlichkeit.**

31   Jedes Vorstandsmitglied kann sich grundsätzlich darauf verlassen, dass das andere Vorstandsmitglied seine Aufgaben ordnungsgemäß durchführt und ihnen auch gewachsen ist

---

[48] Ebenso *Raum* in Wabnitz/Janovsky Kap. 4 Rn. 32.
[49] Dazu auch *Siemons* in Oppenländer/Trölitzsch § 28 Rn. 48.
[50] BGH NJW 1990, 2560, 2567.
[51] BGH NJW 1990, 2560, 2567.

(sog. **horizontale Delegation**). Dieser Grundsatz gilt auch in **vertikaler Richtung:** Der Vorstand kann und darf sich zunächst darauf verlassen, dass die nachgeordneten Mitarbeiter ihre Aufgaben ordnungsgemäß durchführen, solange der Vorstand die richtige Auswahl, Instruktion und Überwachung vornimmt und darauf achtet, dass die Mitarbeiter ihren Aufgaben gewachsen sind. Dazu hat der BGH in einer Entscheidung vom April 2000[52] ausgeführt, dass der Vorstandsvorsitzende eines Kreditinstituts sich im Regelfall auf den Bericht des Kreditsachbearbeiters und des Kreditvorstands verlassen darf, es sei denn, es gehe um besonders hohe Risiken. Nur wenn sich daraus Zweifel oder Unstimmigkeiten ergeben, sei Rückfrage oder eigene Nachprüfung geboten. Das Gleiche gelte für weitere beteiligte Mitglieder eines Kreditausschusses.[53]

Diese Kriterien können auch auf andere Bereiche übertragen werden. So werden sich die ressortmäßig nicht zuständigen Vorstandsmitglieder im Regelfall darauf verlassen dürfen, dass der Ressortzuständige seinen Verpflichtungen (umfassende Aufklärung des Sachverhalts und sorgfältige Abwägung der Chancen und Risiken) nachgekommen ist. Im Rahmen der Ressortverteilung **haften damit die Vorstandsmitglieder zivilrechtlich und strafrechtlich zunächst nur für die von ihnen zu verantwortenden Handlungen oder Unterlassungen.**

Dies gilt grundsätzlich auch bei der **Umsetzung von Compliance-Strukturen.** Dabei sind Aufbau und Ablauf des Compliance-Systems und die Verteilung der Rollen und der Verantwortlichkeiten durch das Management festzulegen.[54] Notwendig ist eine klare Zuweisung von Verantwortlichkeiten für den Compliance-Bereich auf einen oder mehrere Vorstände bzw. Mitglieder der Geschäftsleitung, was in der Regel durch die Geschäftsordnungen bzw. den Geschäftsverteilungsplan zu regeln ist.[55] Damit erfolgt auch eine grundsätzliche Haftungserleichterung für die übrigen Leitungsmitglieder.[56] Zur strafrechtlichen Haftung im Rahmen von Compliance-Sachverhalten aber → Rn. 41 ff. Zur zivilrechtlichen Haftung → Rn. 245 aE.

Allenfalls dem **Vorstandsvorsitzenden** wird man aufgrund seiner Leitungsfunktion des Gesamtvorstands möglicherweise größere Kontrollrechte und korrespondierende Verpflichtungen zugestehen.

Weitere Ausnahmen hat der BGH in der bereits behandelten „Lederspray"-Entscheidung angeführt (→ Rn. 21 ff.). In Krisen- oder Ausnahmesituationen, in denen das Unternehmen als Ganzes betroffen ist, sei die **Geschäftsführung insgesamt zum Handeln berufen.**

4. Täterschaft kraft Organisationsherrschaft

Eine neue Rechtsfigur strafrechtlicher Verantwortlichkeit hat der BGH in einer Entscheidung aus dem Jahr 1994 entwickelt und später fortentwickelt:[57] Der BGH hatte über die strafrechtliche Verantwortlichkeit von Mitgliedern des Nationalen Verteidigungsrats der früheren DDR für die Tötungen an der innerdeutschen Grenze (Mauerschützen) zu entscheiden. Dabei kam der BGH zu dem Ergebnis, dass den Mitgliedern des Nationalen Verteidigungsrats trotz eines voll strafrechtlich verantwortlichen Täters (hier: den Mauerschützen) eine eigenständige **Täterschaft kraft Organisationsherrschaft** zukomme (sog. „Täter hinter dem Täter").[58] Dies sei dann der Fall, wenn „Organisationsstrukturen" ausgenutzt würden, innerhalb derer der der bestimmende Hintermann durch Weisungen oder

---

[52] BGHSt 46, 30 = NJW 2000, 2364.
[53] BGH NJW 2000, 2366.
[54] Dazu *Taschke* in Wessing/Dann § 12; *Hauschka* NJW 2004, 257, 259.
[55] Vgl. *Hauschka* NJW 2004, 257, 259; *Lampert* in Hauschka § 9 Rn. 14 mwN.
[56] Dazu auch *Lampert* in Hauschka § 9 Rn. 14; *Krieger/Günther* NZA 2010, 367, 369; *Fleischer* in Fleischer HdB VorstandR § 8 Rn. 44.
[57] BGHSt 40, 218 = NJW 1994, 2703; *Taschke* NZWiSt 2012, 41, 42 f.
[58] Dazu *Rogall*, FS BGH, 2000, 383, 418 ff.; *Hassemer*, FS BGH, 2000, 439 ff.; *Raum* in Wabnitz/Janovsky Kap. 4 Rn. 58 ff.; *Achenbach* in Achenbach/Ransiek Teil 1 Kap. 2 Rn. 30; ausführlich *Roxin* Strafrecht AT/2 § 25 Rn. 105 ff.

Befehle „regelhafte Abläufe" auslöse.[59] Solche regelhaften Abläufe könnten, so der BGH weiter, insbesondere **auch bei „unternehmerischen oder geschäftsähnlichen Organisationsstrukturen"** vorkommen.[60] Dabei sei es nicht erforderlich, dass das Unternehmen auf die Begehung von Straftaten (wie zB bei mafiösen Geschäftsstrukturen) ausgerichtet sei.[61]

37 Die Figur der „Täterschaft durch Organisationsherrschaft" hat der BGH inzwischen in **mehreren wirtschaftsstrafrechtlichen Entscheidungen aufgegriffen.**[62] In der „Bremer Vulkan"-Entscheidung (→ Rn. 228 ff.)[63] – der Sachverhalt beschäftigte im Vorfeld bereits den II. Zivilsenat[64] – stellt der BGH fest, dass die Angeklagten „aufgrund ihrer Leitungsmacht im Konzern sowohl die Festanlagen größerer Gelder als auch insbesondere das Cash-Management-System in den wesentlichen Grundsätzen installiert (haben), wobei die maßgeblichen Entscheidungen im Vorstand getroffen oder dort jedenfalls zustimmend zur Kenntnis genommen wurden. Dies würde eine gemeinsame (mittäterschaftliche) strafrechtliche Verantwortlichkeit der Angeklagten als Mitglieder des Organs der Konzernmutter begründen [...], ohne dass es darauf ankäme, ob sie von den einzelnen Kapitaltransfers Kenntnis erlangt haben".[65] Die **strafrechtliche Haftung greift daher bereits dann, wenn das Organ die Strukturen vorgegeben hat,** ohne dass es im Einzelfall darauf ankäme, dass das Organ Kenntnis von den einzelnen rechtsgutverletzenden Handlungen hat.

5. Ende der strafrechtlichen Verantwortlichkeit als Organmitglied

38 Die strafrechtliche Verantwortlichkeit **als** Organmitglied endet mit dem **Erlöschen des zivilrechtlichen Vertragsverhältnisses** (mit der Abberufung durch den Aufsichtsrat).[66] Das Organmitglied kann seine Organstellung auch ohne Angabe eines wichtigen Grundes von sich aus niederlegen, solange dies gegenüber dem Aufsichtsrat erklärt wird, die Niederlegung nicht als rechtsmissbräuchlich anzusehen ist und der Aufsichtsrat zustimmt (zB um sich seiner Antragspflichten im Insolvenzfall zu entledigen; → Rn. 96 ff.).

IV. Strafrechtliche Verantwortlichkeit für Straftaten von Mitarbeitern

39 Eine weitere strafrechtliche Verantwortlichkeit ergibt sich aus der sog. **„strafrechtlichen Geschäftsherrenhaftung".**[67] Unter diesem Stichwort wird die Frage diskutiert, ob und inwieweit Verantwortliche eines Unternehmens eine generelle strafbewehrte Pflicht zur Verhinderung von Straftaten ihrer Mitarbeiter haben.

40 Die **ausdrückliche gesetzliche Regelung** solcher Pflichten ist selten, sie findet sich zB im § 357 StGB für Vorgesetzte gegenüber Untergebenen.[68] Ob es darüber hinaus **besondere Aufsichtspflichten für Unternehmensverantwortliche** gibt, war lange in der Rechtsprechung[69] kaum behandelt und wurde im rechtswissenschaftlichen Schrift-

---

[59] BGH NJW 1994, 2703, 2706; s. auch *Rotsch* NStZ 1998, 491 ff.
[60] BGH NJW 1994, 2703, 2706; *Schünemann*, FS BGH, 2000, 621, 627 ff.; zur Kritik s. etwa *Ransiek* Unternehmensstrafrecht, 46 ff.; s. auch *Hefendehl* GA 2004, 575.
[61] BGH NJW 1994, 2706.
[62] BGH NJW 1998, 767; ebenso BGHSt 48, 331 = NJW 2004, 375 mit Anm. *Kühne* JZ 2004, 743.
[63] BGHSt 49, 147 = NStZ 2004, 559 mit Anm. *Kutzner* NStZ 2005, 269.
[64] BGHZ 149, 10 = NJW 2001, 3622.
[65] BGH NJW 2004, 2248, 2254.
[66] Vgl. *Raum* in Wabnitz/Janovsky Kap. 4 Rn. 24.
[67] Dazu *Achenbach* in Achenbach/Ransiek Teil 1 Kap. 3 Rn. 32 ff.; *Ransiek* Unternehmensstrafrecht 33 ff.; ausführlich *Roxin* Strafrecht AT/2 § 32 Rn. 134 ff. mwN; *Bottmann* in Park Teil 2 Kap. 2 Rn. 31 f.
[68] *Roxin* Strafrecht AT/2 § 32 Rn. 133. Bis zur Novellierung 2004 auch im Gesetz gegen den unlauteren Wettbewerb (§§ 4 Abs. 2, 15 Abs. 1 aF UWG) mit der Pflicht des Geschäftsherrn zur Verhinderung unlauterer Werbung und der Geschäftsverleumdung.
[69] S. aber die Nachweise bei *Achenbach* in Achenbach/Ransiek Teil 1 Kap. 3 Rn. 33.

tum⁷⁰ kontrovers diskutiert. In zwei aktuellen Fällen hat sich der BGH nunmehr mit dieser Frage auseinandergesetzt.

Die erste Entscheidung betrifft die **Strafbarkeit des sog. Compliance Officers.**⁷¹ **41** Verurteilt wurde der ehemalige Leiter der Innenrevision, zugleich auch Leiter der Rechtsabteilung, der Berliner Stadtreinigungsbetriebe, wegen Beihilfe zum Betrug durch Unterlassen. Infolge eines Fehlers wurden falsche, da zu hohe, Entgelte abgerechnet. Dieser Fehler wurde später bemerkt, allerdings wurde die Aufdeckung dieses Fehlers von einem Vorstandsmitglied verhindert, so dass auch in dem Folgejahr auf der Grundlage einer falschen Kalkulationsgrundlage die Gebühren errechnet wurden. Insgesamt erhielten die Stadtreinigungsbetriebe dadurch etwa 23 Mio. Euro zu viel an Straßenreinigungskosten. Dies führte zur Verurteilung des handelnden Vorstandsmitglieds wegen Betrugs in mittelbarer Täterschaft. Auch der angeklagte Leiter der Innenrevision veranlasste keinerlei Maßnahmen, um die, wie er wusste, unzutreffenden Abrechnungen zu verhindern. Insbesondere unterließ er es, den Vorstandsvorsitzenden, dem er direkt unterstellt war, oder den Aufsichtsratsvorsitzenden zu informieren. Für Unternehmensvertreter gelte – nach Ansicht des BGH – aber eine Pflicht zur Vermeidung von Wirtschaftsdelikten dann, wenn sie besondere Überwachungs- und Schutzpflichten übernommen haben. Dies gelte insbesondere für den Compliance Officer, zu denen der BGH im konkreten Fall auch den Leiter der Innenrevision zählte. Dabei sind nach Ansicht des BGH die Compliance Officers nicht nur verpflichtet, Schaden vom eigenen Unternehmen abzuwenden, sondern auch Straftaten aus dem Unternehmen heraus gegen Vertragspartner zu verhindern.⁷²

Auch wenn die Entscheidung sich auf einen Arbeitnehmer eines öffentlich-rechtlichen **42** Arbeitgebers bezog, hat die Entscheidung generelle Bedeutung für Compliance Officers, leitende Mitarbeiter der Rechtsabteilung,⁷³ Datenschutzbeauftragte⁷⁴ sowie auch für Vorstände oder Geschäftsführer, die für diese Resorts verantwortlich sind. Dieser Personenkreis kann sich nach dieser Rechtsprechung bei entsprechender Untätigkeit einer Unterlassungsstraftat schuldig machen.⁷⁵

Der zweite Fall des BGH⁷⁶ betraf die Frage, ob sich aus der Stellung als Betriebsinhaber **43** bzw. Vorgesetzter eine **Garantenpflicht** zur Abwendung von Straftaten von Mitarbeitern ergibt. Der BGH stellt fest, dass eine solche Garantenpflicht grundsätzlich existiert, sich jedoch nur auf die Verhinderung von **betriebsbezogenen Straftaten** erstreckt und nicht auf Taten, die Mitarbeiter nur bei Gelegenheit ihrer Tätigkeit begehen. Im konkreten Fall war der Vorgesetzte einer Baukolonne wegen Beihilfe zur gefährlicher Körperverletzung (durch Unterlassen) angeklagt, da es durch seine Mitarbeiter über mehrere Jahre hinweg zu körperlichen Übergriffen auf einen Mitarbeiter einer anderen Baukolonne des selben Betriebs kam, wobei der Angeklagte jeweils vor Ort war, jedoch nicht einschritt. Der BGH verneinte eine Beschützergarantenstellung des Angeklagten gegenüber dem Geschädigten, da dieser zu einer anderen Baukolonne gehörte und daher zu keinem Zeitpunkt im personellen Verantwortungsbereich des Angeklagten stand.⁷⁷ Auch eine strafrechtlich relevante Pflicht zur Überwachung seiner Mitarbeiter verneinte der BGH im konkreten Fall, da eine

---

⁷⁰ Nachweise bei *Roxin* Strafrecht AT/2 § 32 Rn. 134 ff.; s. auch *Achenbach* in Achenbach/Ransiek Teil 1 Kap. 3 Rn. 32; *Gimbernat*, FS Roxin I, 2001, 661 ff.; *Bosch,* Organisationsverschulden im Unternehmen, 2002, 224 f.
⁷¹ BGH NStZ 2009, 686 mit Anm. *Wybitul* BB 2009, 2263; *Stoffers* NJW 2009, 3176 f.; *Mosbacher/Dierlamm* NStZ 2010, 268; auch *Grau/Blechschmidt* DB 2009, 2145.
⁷² BGH NJW 2009, 3173.
⁷³ AA wohl *Mosbacher/Dierlamm* NStZ 2010, 268, die jedoch anerkennen, dass der V. Strafsenat in einem obiter dictum dies ausdrücklich für möglich hält.
⁷⁴ Auch diese haben die Verpflichtung übernommen, die Einhaltung der Datenschutzregelungen zu überwachen, vgl. dazu *Wybitul* BB 2009, 2263, 2264.
⁷⁵ Vgl. *Wybitul* BB 2009, 2263.
⁷⁶ BGH NJW 2012, 1237 mit Anm. *Jäger* JA 2012, 392; *Kindler* GWR 2012, 48 f.; ausführlich auch *Poguntke* CCZ 2012, 158.
⁷⁷ BGH NJW 2012, 1237, 1238.

Garantenpflicht nur betriebsbezogene Straftaten umfassen könne, es bei den Körperverletzungen jedoch an einem inneren Zusammenhang mit der zu erbringenden Tätigkeit fehle.[78] Zudem habe sich in den Körperverletzungen auch nicht die dem Betrieb anhaftende spezifische Gefahr realisiert.

44 Was die Entscheidung des BGH bezüglich der **strafrechtlichen Verantwortung des Compliance Officers** anbelangt, so muss zukünftig von einem erhöhten Risiko der strafrechtlichen Verantwortlichkeit der entsprechenden Personen ausgegangen werden. Allerdings ist vor übertriebener Panik zu warnen.[79] Bislang sind keine (weiteren) Fälle bekannt, in denen es zu einer Verurteilung aufgrund einer entsprechenden Pflichtverletzung kam. Die weitere Entwicklung bleibt abzuwarten und kritisch zu begleiten. Weiterhin bleibt festzuhalten, dass der BGH in der zweiten Entscheidung, in Übereinstimmung mit der herrschenden Lehre, die Ansicht vertritt, dass eine Überwachungspflicht **allenfalls für betriebsbezogene Straftaten** anzunehmen ist,[80] da nur so dem Prinzip der Selbstverantwortung Rechnung getragen werden kann. Es entspricht allgemeiner Ansicht, dass der Geschäftsherr die Gefahrenquelle „Betrieb" zu überwachen hat.[81] Welche Straftaten betriebsbezogen sein können, entscheidet sich im Einzelfall. Die rechtswissenschaftliche Literatur verneint eine Betriebsbezogenheit zB für den Fall, dass ein Angestellter seinen Kollegen aus Eifersucht erschlägt und bejaht die Betriebsbezogenheit bei einem Angestellten, der im Dienste des Unternehmens Bestechungen vornimmt.[82]

45 **Fahrlässige Unkenntnis** führt **nicht** zu einer **Strafbarkeit**, möglich bleibt aber eine Haftung wegen einer Ordnungswidrigkeit nach §§ 30, 130 OWiG, wenn Aufsichtspflichten verletzt worden sind (→ Rn. 246 ff.).[83]

V. Strafrechtliche Produkthaftung – Kausalitätsnachweis bei gefährlichen Produkten

46 Neben der strafrechtlichen Verantwortlichkeit für andere Personen gibt es auch eine strafrechtliche Verantwortlichkeit für gefährliche Produkte (strafrechtliche Produkthaftung oder Produktverantwortung).[84]

47 Eine Strafbarkeit nach strafrechtlicher Produkthaftung setzt vor allem den Nachweis voraus, dass ein pflichtwidriges Handeln **kausal zu einem Schaden geführt hat**.[85] In einer Reihe von Fallkonstellationen mag die Beantwortung dieser Fragen nicht besonders schwierig sein, etwa in den Fällen, in denen ein Materialfehler in einem Fahrzeug zu Unfällen mit Körperverletzungen oder Todesfolgen führt. Es gibt daneben aber Fälle, bei denen die Feststellung der Kausalität äußerst komplex ist.

48 In der schon angesprochenen **„Lederspray"-Entscheidung des BGH** (→ Rn. 21 ff.)[86] lag der Sachverhalt so, dass Personen nach dem Gebrauch eines Ledersprays gesundheitliche Beeinträchtigungen erlitten hatten (Atembeschwerden, Übelkeit und oftmals Lungenödeme). Die Geschäftsleitung schaltete Sachverständige ein, denen es nicht gelang, eine bestimmte Substanz als schadensauslösend zu identifizieren. Das Landgericht hatte im Rahmen der Hauptverhandlung Sachverständige gehört, die ebenfalls nicht in der Lage waren, „diejenige Substanz oder Kombination von Substanzen naturwissenschaftlich exakt zu

---

[78] BGH NJW 2012, 1237, 1238.
[79] So auch *Mosbacher/Dierlamm* NStZ 2010, 268.
[80] Vgl. *Bülte* NZWiSt 2012, 716; zB *Schünemann*, Unternehmenskriminalität und Strafrecht, 1984, 101 ff.; *Roxin* Strafrecht AT/2 § 32 Rn. 137 ff.; ähnlich auch *Ransiek* Unternehmensstrafrecht 40; wN bei *Roxin* Strafrecht AT/2 § 32 Rn. 134 Fn. 236; *Achenbach* in Achenbach/Ransiek Teil 1 Kap. 3 Rn. 32.
[81] Vgl. *Jäger* JA 2012, 392, 394; *Mansdörfer/Trüg* StV 2012, 432.
[82] Beispiele bei *Roxin* Strafrecht AT/2 § 32 Rn. 139.
[83] Dazu *Schmitz/Taschke* WiB 1997, 1169; *Kirch-Heim* CCZ 2008, 96, 97.
[84] S. *Kuhlen* in Achenbach/Ransiek Teil 2 Kap. 1; *Roxin* Strafrecht AT/2 § 32 Rn. 195 ff.
[85] Dazu *Kuhlen* in Achenbach/Ransiek Teil 2 Kap. 1 Rn. 48 ff.; *Kühne* NJW 1997, 1951 ff.
[86] BGHSt 37, 106 = NJW 1990, 2560.

identifizieren, die den Produkten ihre spezifische Eignung zur Verursachung gesundheitlicher Schäden verlieh".[87] Trotzdem war das Landgericht zu dem Ergebnis gelangt, „dass die Ursache der Vorfälle ‚nur in etwaigen toxikologischen Wirkungsmechanismen einzelner Rohstoffe allein oder zumindest in der Kombination mit anderen Rohstoffen liegen' konnte und mithin gelegen hat".[88]

Der BGH ist der Annahme des Landgerichts gefolgt und hat damit einen kausalen Zusammenhang zwischen dem Produktfehler und den aufgetretenen Schäden bejaht. **Kritische Stimmen im rechtswissenschaftlichen Schrifttum** haben dem BGH entgegengehalten, der Strafrichter könne nicht in eigener Sachkompetenz die naturwissenschaftliche Kausalität bejahen, wenn Fachleute diese Kausalität anzweifelten.[89]

Man mag der Auffassung des BGH zustimmen oder sie ablehnen – für die **Praxis** bedeutet dies, dass zur Vermeidung strafrechtlicher Risiken Schutzmaßnahmen (Rückruf, Warnhinweise) bereits dann ergriffen werden sollten, wenn die **Möglichkeit einer Schadensverursachung** besteht, auch wenn hierüber noch keine gesicherten naturwissenschaftlichen Erkenntnisse vorliegen.

C. Spezialgesetzliche Strafvorschriften

Im folgenden Teil soll eine Auswahl wichtiger spezialgesetzlicher Strafvorschriften vorgestellt werden. Abschnitt 1 beschäftigt sich mit Bilanz- und Falschangabedelikten sowie mit den strafbewehrten Pflichten des Vorstands in wirtschaftlichen Krisensituationen, Abschnitt 2 mit der Steuerhinterziehung. Abschnitt 3 behandelt zum einen die vielfältigen Spezialdelikte zum Schutz des Kapitalmarkts, wie etwa die strafbewehrten Verbote von Insidergeschäften und von Kurs- und Marktpreismanipulationen nach dem WpHG, zum anderen den Straftatbestand des Kapitalanlagebetrugs. In Abschnitt 4 schließlich werden wichtige Fallgruppen der strafbaren Untreue vorgestellt. Für Mitglieder von Leitungsorganen sind im Rahmen von Umwandlungen nach dem Umwandlungsgesetz zudem die Strafvorschriften der §§ 313–315 UmwG zu beachten.[90]

I. Bilanzdelikte, Falschangabedelikte

1. Unrichtige Darstellung und Verschleierung von Unternehmensverhältnissen

Die Strafvorschrift des **§ 331 Nr. 1–3 HGB** (Unrichtige Darstellung) beschäftigt sich mit den strafrechtlichen Konsequenzen der Erstellung fehlerhafter Bilanzen (**Bilanzfälschung**).[91] Sie ist unmittelbar auf alle Kapitalgesellschaften anwendbar.

Das **Vorstandsmitglied** der AG ist in seiner Eigenschaft als vertretungsberechtigtes Organ der Kapitalgesellschaft iSv § 78 AktG tauglicher Täter (echtes Sonderdelikt) des § 331 HGB. Nach wohl hM kommen auch faktische Organe in Betracht.[92] Zu den einzelnen Tatbeständen:

---

[87] Dazu BGH NJW 1990, 2560, 2562.
[88] BGH NJW 1990, 2560, 2562.
[89] Anders dagegen die Rspr.; s. dazu die Nachweise bei *Kuhlen* in Achenbach/Ransiek Teil 2 Kap. 1 Rn. 50.
[90] Ausführlich *Taschke* in Semler/Stengel UmwG §§ 313–315; *Rönnau* in Kölner Komm. UmwG §§ 313–315.
[91] Dazu *Südbeck* in Park Teil 3 § 331 Rn. 1 ff.; einen guten Überblick liefert *Spatscheck/Wulf* DStR 2003, 173; umfassend *Schüppen*, Systematik und Auslegung des Bilanzstrafrechts, 1993; s. auch *Krämer* NZWiSt 2013, 286 ff.
[92] Vgl. *Park* JuS 2007, 712, 714; *Quedenfeld* in MüKoHGB § 331 Rn. 12 ff.; aA Ransiek in Achenbach/Ransiek Teil 8 Kap. 1 Rn. 31 ff.

a) Unrichtige Wiedergabe oder Verschleierung der Verhältnisse der Kapitalgesellschaft

54 § 331 Nr. 1 HGB verbietet die **unrichtige Wiedergabe** oder die **Verschleierung der Verhältnisse** einer Kapitalgesellschaft im Rahmen von Eröffnungsbilanz, Jahresabschluss, Lagebericht oder Zwischenabschluss.[93] Dazu gehört auch der Anhang zum Jahresabschluss entsprechend der §§ 284 ff. HGB.[94]

55 Unter den Begriff „**Verhältnisse**" (der Kapitalgesellschaft) fallen alle Umstände, die für die Beurteilung der wirtschaftlichen Situation und der Entwicklung der Kapitalgesellschaft von Bedeutung sein können,[95] zB die falsche Bewertung von Außenständen oder die Nichtaufnahme von Vermögensgegenständen oder Verbindlichkeiten etc in der Bilanz.[96]

56 **Unrichtige Wiedergabe.** Unrichtige Wiedergabe nach § 331 Nr. 1 Alt. 1 HGB meint die objektive Unrichtigkeit der Darstellung. Was darunter zu verstehen ist, ist in Abstimmung mit den Grundsätzen ordnungsgemäßer Buchführung iSv § 264 Abs. 2 S. 1 HGB sowie den Vorschriften des Bilanzrechts iSv §§ 252 ff., 279 ff. HGB zu bestimmen.[97] Die Grenze des Strafbaren ist jedenfalls erst bei eindeutigen oder nicht mehr vertretbaren Beurteilungen erreicht.[98] Darunter fällt nicht nur die beschönigende Überbewertung, sondern auch die Unterbewertung der Unternehmensverhältnisse.[99]

57 Wichtige Beispiele der Bilanzfälschung sind zB:[100]
– das Einstellen fiktiver Erträge in den Jahresabschluss;
– die Darstellung fingierter Umsätze;
– die willkürliche Über- oder Unterbewertung von Vermögensgegenständen;
– die falsche Bewertung von Außenständen.

58 Nach wohl herrschendem Verständnis kann eine unrichtige Wiedergabe auch in Gestalt eines **Unterlassens** erfolgen, „soweit eine Rechtspflicht zum Handeln besteht", zB wenn auf eine als falsch erkannte Angabe in einem Jahresabschluss nicht hingewiesen wird.[101]

59 **Verschleierung.** Eine Verschleierung iSv § 331 Nr. 1 Alt. 2 HGB ist dann gegeben, wenn Tatsachen so dargestellt werden, dass sie die wahren Verhältnisse in der Gesellschaft nicht mehr oder nicht mehr genau erkennen lassen.[102]

60 Dies ist zB gegeben bei:[103]
– der Nichtbeachtung von Gliederungsvorschriften gemäß § 266 HGB;
– Verstößen gegen das Saldierungsverbot gemäß § 246 Abs. 2 HGB.

b) Unrichtige Wiedergabe oder Verschleierung der Verhältnisse des Konzerns

61 § 331 Nr. 2 HGB setzt ebenfalls die unrichtige Wiedergabe oder Verschleierung der Verhältnisse der Kapitalgesellschaft voraus. Anders als bei Nr. 1 bezieht sich die Nr. 2 aber nicht auf den Einzelabschluss, sondern auf den **Konzernabschluss** (einschließlich Konzernanhang nach § 297 Abs. 1 HGB), den Konzernlagebericht oder den Konzernzwischenbericht.[104]

62 Gegenstand der unrichtigen Wiedergabe oder Verschleierung sind wiederum die „**Verhältnisse**", dieses Mal aber die des Konzerns iSv § 18 AktG. Das **Bestehen eines Kon-**

---

[93] Vgl. *Südbeck* in Park Teil 3 § 331 HGB Rn. 15 ff.; *Sorgenfrei* in MüKoHGB § 331 Rn. 41 ff.
[94] *Südbeck* in Park Teil 3 § 331 HGB Rn. 22; *Spatscheck/Wulf* DStR 2003, 173, 174.
[95] *Südbeck* in Park Teil 3 § 331 HGB Rn. 23; *Sorgenfrei* in MüKoHGB § 331 Rn. 46 ff.
[96] *Südbeck* in Park Teil 3 § 331 HGB Rn. 24; *Sorgenfrei* in MüKoHGB § 331 Rn. 48.
[97] Zur Abhängigkeit des Strafrechts von bilanzrechtlichen Vorentscheidungen *Ransiek* in Achenbach/Ransiek Teil 8 Kap. 1 Rn. 50 ff.
[98] *Ransiek* in Achenbach/Ransiek Teil 8 Kap. 1 Rn. 51.
[99] *Hellmann/Beckemper* Wirtschaftsstrafrecht Rn. 367.
[100] Dazu *Südbeck* in Park Teil 3 § 331 HGB Rn. 30; *Spatscheck/Wulf* DStR 2003, 173.
[101] Bejahend zB *Südbeck* in Park Teil 3 § 331 HGB Rn. 31; *Ransiek* in Achenbach/Ransiek Teil 8 Kap. 1 Rn. 50; *Quedenfeld* in MüKoHGB § 331 Rn. 44 mwN; aA *Spatscheck/Wulf* DStR 2003, 173, 176.
[102] Vgl. *Südbeck* in Park Teil 3 § 331 HGB Rn. 32.
[103] Vgl. *Ransiek* in Achenbach/Ransiek Teil 8 Kap. 1 Rn. 54 f.
[104] Dazu *Südbeck* in Park Teil 3 § 331 HGB Rn. 44 ff.; s. auch *Schmedding*, Unrichtige Konzernrechnungslegung, 1993.

C. Spezialgesetzliche Strafvorschriften 63–67 § 12

zerns muss von den Strafverfolgungsbehörden nachgewiesen werden; eine bloße Vermutung reicht nicht aus (anders als die Konzernvermutung nach § 18 Abs. 1 S. 3 AktG).[105]

c) Offenlegung eines unrichtigen Konzernabschlusses oder Konzernlageberichts

§ 331 Nr. 3 HGB enthält einen weiteren Sondertatbestand für Konzernverhältnisse.[106] Hintergrund dieser Strafvorschrift ist die Möglichkeit von Mutterunternehmen (niederer Ordnung), die ihrerseits Tochterunternehmen eines anderen Mutterunternehmens (höherer Ordnung) sind (mit Sitz in Deutschland oder auch einem anderen EU- bzw. EWR-Staat), von der Aufstellung eines eigenen Konzernabschlusses oder Konzernlageberichts befreit zu werden unter der Voraussetzung, dass das Mutterunternehmen höherer Ordnung seinerseits einen **befreienden Konzernabschluss** oder Konzernlagebericht einschließlich Bestätigungs- bzw. Versagungsvermerk in deutscher Sprache offen legt (§ 291 HGB).[107] 63

Fehlerhafter Konzernabschluss oder Konzernlagebericht. Voraussetzung von § 331 Nr. 3 HGB ist zunächst ein fehlerhafter Konzernabschluss oder Konzernlagebericht, in dem die Verhältnisse des Konzerns unrichtig wiedergegeben oder verschleiert worden sind (iSv § 331 Nr. 2 HGB).[108] 64

Offenlegung. Konzernabschluss oder Konzernlagebericht müssen gemäß § 325 HGB offen gelegt werden. Offenlegung ist gesetzlich definiert und verlangt mittlerweile, dass Konzernabschluss oder Konzernlagebericht bei dem Betreiber des Bundesanzeigers elektronisch einzureichen sind. 65

Leichtfertige Begehung ausreichend. § 331 Nr. 3 HGB kann vorsätzlich oder auch – im Gegensatz zu Nr. 1 und 2 – leichtfertig begangen werden. Leichtfertigkeit im strafrechtlichen Sinne meint einen gesteigerten Grad von Fahrlässigkeit (vergleichbar der groben Fahrlässigkeit im Zivilrecht).[109] 66

d) Unrichtiger „Bilanzeid"

Strafbewehrt ist nach dem neu eingeführten § 331 Nr. 3a HGB die unrichtige Abgabe des sog. „Bilanzeides". Mit diesen müssen Vertreter kapitalmarktorientierter Gesellschaften versichern, dass die Abschlüsse die Vermögens-, Finanz- und Ertragslage der Gesellschaft korrekt wiedergeben.[110] Im Einzelnen hat die Versicherung zu umfassen,[111] 67
– dass der aufgestellte Abschluss ein den tatsächlichen Verhältnissen entsprechendes Bild der Vermögenswerte und Verbindlichkeiten sowie der Finanz- und der Ertragslage iSv § 264 Abs. 2 S. 3 HGB vermittelt;
– dass der Lagebericht gemäß § 289 Abs. 1 S. 5 HGB den Geschäftsverlauf und das Geschäftsergebnis entsprechend tatsächlichen Verhältnissen abgebildet ist und dass er die wesentlichen Risiken beschreibt. Entsprechendes gilt gemäß § 297 Abs. 2 S. 4 HGB für die Versicherungen der jeweiligen Konzernverhältnisse;
– dass der Konzernlagebericht gemäß § 315 Abs. 1 S. 6 HGB den Geschäftsverlauf, das Geschäftsergebnis und die Lage des Konzerns so darstellt, dass er ein den tatsächlichen Verhältnissen der Gesamtheit der in die Konsolidierung einbezogenen Unternehmen entsprechendes Bild vermittelt und die wesentlichen Chancen und Risiken beschrieben sind.

---

[105] *Südbeck* in Park Teil 3 § 331 HGB Rn. 46.
[106] S. auch *Südbeck* in Park Teil 3 § 331 HGB Rn. 53 ff.; *Ransiek* in Achenbach/Ransiek Teil 8 Kap. 1 Rn. 67 ff.
[107] Das Gleiche gilt für § 292 HGB, der unter bestimmten Voraussetzungen die Möglichkeit befreiender Konzernabschlüsse auf Mutterunternehmen mit Sitz außerhalb der EU bzw. des EWR ausweitet.
[108] Vgl. *Südbeck* in Park Teil 3 § 331 HGB Rn. 56; *Sorgenfrei* in MüKoHGB § 331 Rn. 102 ff.
[109] Vgl. *Südbeck* in Park Teil 3 § 331 HGB Rn. 60. Zum strafrechtlichen Begriff der „Leichtfertigkeit" *Roxin* Strafrecht AT/1 § 24 Rn. 74 ff.; s. auch *Birnbaum*, Die Leichtfertigkeit – Zwischen Fahrlässigkeit und Vorsatz, 2000.
[110] Vgl. *Fleischer* ZIP 2007, 97 ff.; *Quedenfeld* in MüKoHGB § 331 Rn. 73 f.
[111] Dazu umfassend *Sorgenfrei* in MüKoHGB § 331 Rn. 113 ff.

68 Eine bloßes Unterlassen der entsprechenden Versicherung wird dabei, nach zunächst anderslautenden Entwürfen im Gesetzgebungsverfahren, nicht bestraft.[112]

e) Unrichtige Wiedergabe oder Verschleierung der Verhältnisse der Gesellschaft

69 Wie auch die soeben behandelte Strafvorschrift des § 331 Nr. 1 HGB soll § 400 Abs. 1 Nr. 1 AktG vor **Falschinformationen über die Unternehmensverhältnisse** schützen.[113] Mit Freiheitsstrafe bis zu drei Jahren oder mit Geldstrafe wird bestraft, wer die Verhältnisse der Gesellschaft (einschließlich ihrer Beziehungen zu verbundenen Unternehmen) in Darstellungen oder Übersichten über den Vermögensstand, in Vorträgen oder Auskünften in der Hauptversammlung unrichtig wiedergibt oder verschleiert.

70 **Unrichtige Wiedergabe und Verschleierung.** Die Tatbestandsmerkmale entsprechen denen der unrichtigen Darstellung in § 331 Nr. 1 HGB, auf deren Ausführungen hier verwiesen wird (→ Rn. 54 ff.).[114]

71 **In Darstellungen oder Übersichten über den Vermögensstand.** Im Gegensatz zur handelsgesetzlichen Regelung beschränkt sich der Schutz nicht auf die publizitätspflichtigen Übersichten wie Jahresabschlüsse etc, sondern erweitert den Schutz auf nicht-publizitätspflichtige Übersichten wie Darstellungen oder Übersichten über den Vermögensstand sowie auf Vorträge oder Auskünfte in der Hauptversammlung.

72 Zu den **Darstellungen** gehören nicht-publizitätspflichtige Übersichten wie beispielsweise Berichte zwischen Organen der Gesellschaft (zB der Bericht des Vorstands an den Aufsichtsrat nach § 90 AktG oder der Prüfbericht des Aufsichtsrats nach § 171 Abs. 2 S. 1 AktG), aber auch Zwischenberichte für Aktionäre oder die Öffentlichkeit.[115] Die Darstellung ist an keine bestimmte Form gebunden; sie kann mündlich, schriftlich oder auch durch Ton- und Bildaufzeichnungen erfolgen.[116]

73 Mit **Übersicht** ist eine Zusammenstellung von Daten gemeint, die eine Gesamtübersicht über die wirtschaftliche Situation der Gesellschaft ermöglicht.[117]

74 **Oder in Vorträgen oder Auskünften in der Hauptversammlung.** Vorträge oder Auskünfte in der Hauptversammlung sind alle Äußerungen, die von Mitgliedern des Vorstands, des Aufsichtsrats oder von Abwicklern als Organ oder Abwickler gemacht werden.[118]

75 **Über die Verhältnisse der Gesellschaft und verbundener Unternehmen.** Beim Tatbestandsmerkmal der Verhältnisse der Gesellschaft und verbundener Unternehmen kann auf die Ausführungen zur handelsgesetzlichen Regelung verwiesen werden (→ Rn. 55).[119]

76 **Verhältnis zu § 331 Nr. 1 HGB.** § 400 Abs. 1 Nr. 1 AktG kommt nicht zur Anwendung, wenn die Voraussetzungen von § 331 Nr. 1 HGB gegeben sind.[120]

2. Unrichtige Angaben gegenüber Prüfern

77 Weitere wichtige Strafvorschriften sind die **Falschangabedelikte** nach § 331 Nr. 4 HGB, § 400 Abs. 1 Nr. 2 AktG, zu denen vor allem falsche Angaben gegenüber Prüfern gehören. Im Einzelnen:

---

[112] Vgl. *Sorgenfrei* wistra 2008, 329, 333; *Quedenfeld* in MüKoHGB § 331 Rn. 75.
[113] Dazu *Südbeck* in Park Teil 3 § 400 AktG Rn. 10 ff.; umfassend *Otto* in Großkomm. AktG § 400.
[114] Ausführlich *Otto* in Großkomm. AktG § 400 Rn. 12 ff.; *Raum* in Hensler/Strohn § 400 AktG Rn. 3.
[115] Vgl. *Südbeck* in Park Teil 3 § 400 AktG Rn. 16; *Kiethe/Hohmann* in MüKoStGB § 400 AktG Rn. 33.
[116] Vgl. *Südbeck* in Park Teil 3 § 400 AktG Rn. 16; *Kiethe/Hohmann* in MüKoStGB § 400 AktG Rn. 18.
[117] Vgl. *Südbeck* in Park Teil 3 § 400 AktG Rn. 15; *Müller-Michaels* in Hölters § 400 AktG Rn. 16; *Kiethe/Hohmann* in MüKoStGB § 400 AktG Rn. 31.
[118] Vgl. *Südbeck* in Park Teil 3 § 400 AktG Rn. 17; *Hefendehl* in Spindler/Spitz § 400 AktG Rn. 49 ff.; *Müller-Michaels* in Hölters § 400 AktG Rn. 20 f.
[119] *Otto* in Großkomm. AktG § 400 Rn. 27 ff.; *Müller-Michaels* in Hölters § 400 AktG Rn. 14; *Kiethe/Hohmann* in MüKoStGB § 400 AktG Rn. 25 ff.
[120] Dazu *Otto* in Großkomm. AktG § 400 Rn. 1, 94; *Raum* in Hensler/Strohn § 400 AktG Rn. 4.

C. Spezialgesetzliche Strafvorschriften

a) Unrichtige Angaben gegenüber Abschlussprüfer

Nach § 331 Nr. 4 HGB macht sich strafbar, wer in Aufklärungen oder Nachweisen gegenüber einem Abschlussprüfer der Kapitalgesellschaft, eines verbundenen Unternehmens oder des Konzerns unrichtige Angaben macht oder die Verhältnisse der Kapitalgesellschaft verschleiert.[121]

Empfänger der unrichtigen Darstellungen ist der **Abschlussprüfer,** also zB Wirtschaftsprüfer oder vereidigte Buchprüfer entsprechend § 319 Abs. 1 HGB.[122] Die Angaben können aber nach allgemeiner Meinung auch gegenüber einem anderen mit der Prüfungsaufgabe Betrauten gemacht worden sein, zB einem **Prüfungsgehilfen.**[123]

Unrichtige Wiedergabe oder Verschleierung. Tathandlungen des § 331 Nr. 4 HGB sind wiederum die unrichtige Wiedergabe (Alt. 1) oder die Verschleierung (Alt. 2) der Verhältnisse der Kapitalgesellschaft, eines Tochterunternehmens oder des Konzerns.

Aufklärung und Nachweise. Diese müssen sich auf Aufklärungen und Nachweise beziehen, die nach § 320 HGB gegenüber einem Abschlussprüfer der Kapitalgesellschaft, eines verbundenen Unternehmens oder des Konzerns abzugeben sind.[124] Aufklärungen und Nachweise als solche sind alle schriftlichen und mündlichen Auskünfte, **denen gegenüber der Abschlussprüfer ein Auskunfts- und Einsichtsrecht** hat.[125] Darunter fallen zB Unterlagen wie Bücher, Schriften, Urkunden etc. oder auch andere Gegenstände, die den von der Prüfung umfassten Bereich belegen, zB Inventurlisten.[126] Geht der Täter irrig davon aus, dass eine von ihm abgegebene Auskunft nicht der Auskunftspflicht des § 320 HGB unterfalle, dann befindet er sich in einem vorsatzausschließenden Tatbestandsirrtum nach § 16 StGB.[127]

b) Falsche Angaben gegenüber Abschlussprüfer

Ähnlich wie das Handelsrecht kennt auch das Aktienrecht eine Strafvorschrift für falsche Angaben gegenüber Abschlussprüfern (§ 400 Abs. 1 Nr. 2 AktG). Mit Freiheitsstrafe bis zu drei Jahren oder mit Geldstrafe wird bestraft, wer in Aufklärungen oder Nachweisen, die nach den Vorschriften dieses Gesetzes einem Prüfer der Gesellschaft oder eines verbundenen Unternehmens zu geben sind, falsche Angaben macht oder die Verhältnisse der Gesellschaft unrichtig wiedergibt oder verschleiert.

Empfänger der unrichtigen Darstellungen ist der **Abschlussprüfer** oder auch ein **Prüfungsgehilfe** (→ Rn. 79).[128]

§ 400 Abs. 1 Nr. 2 AktG enthält **zwei Begehungsformen:** falsche Angaben (Alt. 1) sowie die unrichtige Wiedergabe oder Verschleierung der Verhältnisse der Gesellschaft gegenüber Prüfern (Alt. 2).

Falsche Angaben (Alt. 1). Angaben sind nachprüfbare Aussagen über Tatsachen.[129] Darunter können auch Werturteile fallen, wie zB Bewertungen oder Prognosen, vorausgesetzt diese gründen sich auf eine nachprüfbare Tatsachengrundlage.[130] Falsch sind die Angaben, wenn sie für den Adressaten irreführend sind.[131]

---

[121] *Südbeck* in Park Teil 3 § 331 HGB Rn. 65 ff.; *Müller-Michaels* in Hölters § 400 AktG Rn. 22 ff.
[122] Vgl. *Südbeck* in Park Teil 3 § 331 HGB Rn. 72.
[123] Vgl. *Sorgenfrei* in MüKoStGB § 331 HGB Rn. 132; *Südbeck* in Park Teil 3 § 331 HGB Rn. 73 mwN; *Hefendehl* in Spindler/Spitz § 400 AktG Rn. 89.
[124] Darunter fallen also keine freiwilligen Prüfungen; dazu *Ransiek* in Achenbach/Ransiek Teil 2 Kap. 1 Rn. 105; *Müller-Michaels* in Hölters § 400 AktG Rn. 33.
[125] Vgl. *Südbeck* in Park Teil 3 § 331 HGB Rn. 72; *Kiethe/Hohmann* in MüKoStGB § 400 AktG Rn. 61 f.
[126] Vgl. *Otto* in Heymann § 331 HGB Rn. 69; *Müller-Michaels* in Hölters § 400 AktG Rn. 31.
[127] Vgl. *Otto* in Heymann § 331 HGB Rn. 77; *Hefendehl* in Spindler/Spitz § 400 AktG Rn. 95; *Müller-Michaels* in Hölters § 400 AktG Rn. 41.
[128] Vgl. *Müller-Michaels* in Hölters § 400 AktG Rn. 31.
[129] Dazu *Otto* in Großkomm. AktG § 400 Rn. 66, § 399 Rn. 36 ff.; *Hefendehl* in Spindler/Spitz § 400 AktG Rn. 90.
[130] Vgl. *Otto* in Großkomm. AktG § 399 Rn. 36; *Müller-Michaels* in Hölters § 400 AktG Rn. 25; *Kiethe/Hohmann* in MüKoStGB § 400 AktG Rn. 58.
[131] Vgl. *Otto* in Großkomm. AktG § 399 Rn. 38; *Kiethe/Hohmann* in MüKoStGB § 400 AktG Rn. 58.

86 **Unrichtige Wiedergabe oder Verschleierung der Verhältnisse der Gesellschaft (Alt. 2).** Die Tatbestandsmerkmale unrichtige Wiedergabe/Verschleierung sowie Verhältnisse der Gesellschaft entsprechen denen der unrichtigen Darstellung in § 331 Nr. 1 HGB, auf deren Ausführungen verwiesen wird (→ Rn. 54 ff.).[132]

87 **In Aufklärungen oder Nachweisen.** Die Tatbestandsmerkmale Aufklärungen oder Nachweise entsprechen denen der unrichtigen Darstellung in § 331 Nr. 4 HGB, auf deren Ausführungen verwiesen wird (→ Rn. 80 f.).[133]

88 **Verhältnis zu § 331 Nr. 4 HGB.** § 400 Abs. 1 Nr. 2 AktG kommt nicht zur Anwendung, wenn die Voraussetzungen von § 331 Nr. 4 HGB gegeben sind.[134]

3. Strafbewehrte Pflichtverletzungen bei Verlust, Überschuldung oder Zahlungsunfähigkeit (§ 401 AktG)

89 In wirtschaftlichen Krisensituationen kommen dem Vorstand eines Unternehmens – wegen der möglichen Gefahren für Dritte aufgrund der beschränkten Haftung – besondere Pflichten zu.[135] So ergibt sich etwa nach § 92 Abs. 1 AktG die **Pflicht des Vorstands,** bei Verlust, Überschuldung oder Zahlungsunfähigkeit die **Hauptversammlung einzuberufen.** Eine Verletzung dieser Pflicht kann nach § 401 Abs. 1 AktG mit Freiheitsstrafe bis zu drei Jahren oder mit Geldstrafe bestraft werden. Bei Fahrlässigkeit beträgt die Freiheitsstrafe bis zu einem Jahr oder Geldstrafe (§ 401 Abs. 2 AktG).

90 Diese Einberufungs- und Verlustanzeigepflicht richtet sich an den **gesamten Vorstand,** weil das einzelne Vorstandsmitglied keine Rechtsmöglichkeit zur Einberufung der Hauptversammlung hat. Wenn das **einzelne Vorstandsmitglied** der Auffassung ist, dass die Hauptversammlung einzuberufen und der Verlust anzuzeigen ist, dann hat es sich auch **um die Einberufung der Hauptversammlung zu bemühen.**[136] In erster Linie verlangt dies, bei einer Vorstandssitzung oder außerhalb einer solchen auf die Vorstandskollegen einzuwirken, sich pflichtgemäß zu verhalten. Sollte dies nicht greifen, kann es aber auch bedeuten, den Aufsichtsrat zu verständigen und ihn zum Eingreifen aufzufordern.[137]

91 **Verlust in Höhe des halben Grundkapitals.** Der Verlust in Höhe des halben Grundkapitals bezieht sich nicht auf eine rechnerische Größe eines eingetretenen Verlusts. So liegt etwa kein „Verlust" iSd Gesetzes vor, wenn feststeht, dass die Gesellschaft trotz der entstandenen Verluste über hinreichende Kapitalreserven verfügt, um diese Verluste aufzufangen.[138]

92 Ausschlaggebend ist vielmehr, dass der Verlust Ausdruck einer Krisensituation ist und dazu geführt hat, dass das vorhandene **Eigenkapital der Gesellschaft unter der Hälfte des Grundkapitals** liegt.[139]

93 **Pflichten nicht auf die Erstellung der Jahres- oder Zwischenbilanz beschränkt.** Die Einberufungs- und Verlustanzeigepflicht des Vorstands ist nach allgemeiner Auffassung nicht auf die Erstellung der Jahres- oder Zwischenbilanz beschränkt. Sie gilt **auch bei sonstigen Gelegenheiten,** zB außerhalb der Aufstellung der Jahresbilanz, etwa dann, wenn der Vorstand bei Ausübung seines pflichtgemäßen Ermessens annehmen muss, dass die Hälfte des Grundkapitals verloren ist.[140]

---

[132] Dazu auch *Otto* in Großkomm. AktG § 400 Rn. 68, 28 ff.
[133] *Otto* in Großkomm. AktG § 400 Rn. 70 f.; *Kiethe/Hohmann* in MüKoStGB § 400 AktG Rn. 61 f.
[134] Vgl. *Otto* in Großkomm. AktG § 400 Rn. 1, 94.
[135] Vgl. *Kiethe/Hohmann* in MüKoStGB § 401 AktG Rn. 1; weitere Strafvorschriften finden sich zB in §§ 283–283d StGB (ua Bankrott, § 283 StGB); dazu *Altenhain* in Matt/Renzikowski §§ 283–283d StGB; ausführlich auch *Bittmann* Insolvenzstrafrecht, 2004.
[136] Vgl. *Otto* in Großkomm. AktG § 401 Rn. 11; *Schaal* in MüKoAktG § 401 Rn. 16.
[137] Vgl. *Otto* in Großkomm. AktG § 401 Rn. 11; *Müller-Michaels* in Hölters § 401 AktG Rn. 10.
[138] Vgl. *Otto* in Großkomm. AktG § 401 Rn. 15; *Schaal* in MüKoAktG § 401 Rn. 19 f.; *Müller-Michaels* in Hölters § 401 AktG Rn. 14.
[139] Vgl. *Otto* in Großkomm. AktG § 401 Rn. 15; *Kiethe/Hohmann* in MüKoStGB § 401 AktG Rn. 16.
[140] Vgl. *Otto* in Großkomm. AktG § 401 Rn. 14; *Müller-Michaels* in Hölters § 401 AktG Rn. 15.

C. Spezialgesetzliche Strafvorschriften

Pflicht zur unverzüglichen Einberufung der Hauptversammlung. Die Hauptversammlung ist unverzüglich, dh ohne schuldhaftes Zögern, einzuberufen. Die Verlustanzeige muss Tagesordnungspunkt, der zu diesem Zweck einberufenen Hauptversammlung und bekannt gemachten Tagesordnung, sein.

Die Einberufungs- und Verlustanzeigepflicht eines Vorstandsmitglieds **entfällt erst dann,** wenn mit Sicherheit feststeht, dass das Handeln zu keinem Erfolg führen wird, so etwa wenn die anderen Vorstandsmitglieder und der Aufsichtsrat trotz intensiver Bemühungen erklären, dass sie die Verlustanzeige und die Einberufung der Hauptversammlung ablehnen werden.[141]

4. Unterlassener Antrag auf Eröffnung des Insolvenzverfahrens (§ 15a Abs. 4 InsO)

Im Zuge des Gesetz zur Modernisierung des GmbH-Rechts und zur Bekämpfung von Missbräuchen (MoMiG) im Jahr 2008 ist die in § 401 Abs. 1 Nr. 2 AktG aF enthaltene Unterlassungsstraftat des Vorstandes im Hinblick auf die Pflicht zur rechtzeitigen Stellung eines korrekten Insolvenzeröffnungsantrages in § 15a Abs. 4 InsO überführt worden.[142]

Die strafbewehrte Pflicht des Vorstands (§ 76 AktG) bzw. des Abwicklers (§ 265 AktG) ist es – nunmehr rechtsformübergreifend geregelt – **bei Zahlungsunfähigkeit oder Überschuldung ohne schuldhaftes Zögern,** spätestens aber drei Wochen nach Eintritt der Krisensituation, **die Eröffnung des Insolvenzverfahrens zu beantragen** (sog. „Insolvenzverschleppung").[143]

a) Zahlungsunfähigkeit

Mit der Zahlungsunfähigkeit ist gemäß § 17 Abs. 2 InsO das nach außen erkennbare **Unvermögen der Gesellschaft** gemeint, ihre fälligen Geldschulden im Wesentlichen zu erfüllen. Die Gesellschaft ist zahlungsunfähig, wenn sie nicht in der Lage ist, die fälligen Zahlungspflichten zu erfüllen. Zahlungsunfähigkeit ist in der Regel anzunehmen, wenn die Gesellschaft ihre Zahlungen eingestellt hat.[144] Es ist nicht (mehr) erforderlich, dass die Zahlungsunfähigkeit einen wesentlichen Teil der Verbindlichkeiten umfasst.[145] Einer andauernden Unfähigkeit zur Erfüllung der Zahlungspflichten bedarf es daher nicht mehr.[146] Andererseits reicht eine bloße **vorübergehende Zahlungsstockung** oder bloße **Zahlungsunwilligkeit** zur Annahme der Zahlungsunfähigkeit nicht aus.[147]

b) Überschuldung

Definiert wird Überschuldung in § 19 Abs. 2 InsO. Eine Überschuldung liegt grundsätzlich dann vor, **wenn das Vermögen der Gesellschaft nicht mehr die Schulden deckt,** dh wenn die Passiva die Aktiva übersteigen.

Bei der Frage, wie dieser Wert zu ermitteln ist, gab es eine Reihe von Änderungen in jüngerer Vergangenheit. Der Gesetzgeber legte zunächst den sog. **zweistufigen Überschuldungsbegriff** zugrunde.[148] Danach war das Vermögen der Gesellschaft unter der Annahme der Liquidation zu bewerten (erste Stufe). Anschließend war zu prüfen, ob eventuell die Finanzkraft der Gesellschaft nach überwiegender Wahrscheinlichkeit zur Fortführung des Unternehmens ausreicht (zweite Stufe). Erst wenn diese beiden Bewertungsstufen

---

[141] Vgl. *Otto* in Großkomm. AktG § 401 Rn. 20; *Hefendehl* in Spindler/Spitz § 401 AktG Rn. 26.
[142] Vgl. *Kiethe/Hohmann* in MüKoStGB § 401 AktG Rn. 9; zu den Änderungen durch das MoMiG *Knierim/Smol* in Dannecker/Knierim/Hagemeier Rn. 604 ff.
[143] Vgl. *Kiethe/Hohmann* in MüKoStGB § 15a InsO Rn. 33; *Arnold* in Henssler/Strohn § 15a InsO Rn. 8.
[144] *Kiethe/Hohmann* in MüKoStGB § 15a InsO Rn. 35 ff.; *Müller* in Jaeger § 17 InsO Rn. 28.
[145] Vgl. *Bisson* GmbHR 2004, 843, 844.
[146] Vgl. *Kiethe/Hohmann* in MüKoStGB § 15a InsO Rn. 36.
[147] Dazu *Müller* in Jaeger § 17 InsO Rn. 13 ff.; *Kiethe/Hohmann* in MüKoStGB § 15a InsO Rn. 38 mwN.
[148] Ausführlich *Dannecker/Hagemeier* in Dannecker/Knierim/Hagemeier Rn. 55 ff.; *Müller* in Jaeger § 19 InsO Rn. 15 ff.

im Ergebnis zu Lasten des Unternehmens ausfallen, lag eine Überschuldung vor.[149] Nach den Änderungen im Zuge des Finanzmarktstabilisierungsgesetzes (FMStG) liegt aktuell eine Überschuldung nach § 19 Abs. 2 InsO nur noch dann vor, wenn das Vermögen des Schuldners die bestehenden Verbindlichkeiten nicht mehr deckt, es sei denn, die Fortführung des Unternehmens ist nach den Umständen überwiegend wahrscheinlich (sog. **modifizierter zweistufiger Überschuldungsbegriff**). Danach steht die Fortführungsprognose gleichrangig neben dem rechnerischen Ansatz. Dadurch sollen die Folgen der Finanzmarktkrise abgefedert werden. Die ursprünglich für eine Übergangszeit gedachte Regelung (zuletzt bis zum 31.12.2013) wurde nunmehr ohne Befristung übernommen.[150]

c) Antragstellung

101 Zur Stellung des Antrags auf Eröffnung des Insolvenzverfahrens ist **jedes Mitglied des Vorstands** und jeder Abwickler nicht nur berechtigt, sondern auch verpflichtet.[151]

102 Der **Insolvenzantrag eines Gläubigers** entbindet die Vorstandsmitglieder und Abwickler grundsätzlich nicht von der Pflicht zur rechtzeitigen Antragstellung, da ein zurückgenommener Antrag als nicht gestellt angesehen wird.[152]

103 Ausreichend für die **Straffreiheit ist die Antragstellung eines Vorstandmitglieds,** der auch für die anderen Vorstandmitglieder wirkt. Dies gilt auch dann, wenn die anderen Vorstandsmitglieder gegen den Antrag gestimmt oder diesen zu verhindern versucht haben.[153]

d) Antragsfrist

104 Der Antrag ist **ohne schuldhaftes Zögern, spätestens aber drei Wochen nach Eintritt der Krise** zu stellen. Mit letzterem Zusatz ist nicht gemeint, dass dem Verpflichteten zur Stellung des Antrags eine Frist von drei Wochen eingeräumt ist. Der Antrag ist immer unverzüglich zu stellen, nur gesteht der Gesetzgeber der Unternehmensleitung innerhalb dieser Frist die Möglichkeit zu, Sanierungsversuche und andere Maßnahmen zur Rettung des Unternehmens zu ergreifen. Gelingt dies während dieser Frist, so entfällt die Antragspflicht.[154]

105 Die Antragsfrist **beginnt** nach vorzugswürdiger Ansicht zu dem **Zeitpunkt,** in dem der zum Handeln verpflichtete Täter **positive Kenntnis** von der Krisensituation erlangt hat, unabhängig davon, ob die vorsätzliche oder fahrlässige Verwirklichung des Tatbestands in Frage kommt.[155] Zumindest im Falle der Zahlungsunfähigkeit genügt nach wohl hM jedoch auch **fahrlässiges Nichtkennen**.[156]

e) Fehlerhafte Antragstellung

106 Ebenfalls ist die fehlerhafte Antragstellung strafbewehrt nach § 15a Abs. 4 Var. 2 InsO. Hierunter sind allerdings nur solche Unrichtigkeiten zu verstehen, welche die ordnungsgemäße Prüfung des Eröffnungsantrages durch das Insolvenzgericht wesentlich erschweren.[157]

---

[149] Vgl. *Beck* in Wabnitz/Janovsky Kap. 6 Rn. 96.
[150] Noch zur Übergangsregelung *Dannecker/Hagemeier* in Dannecker/Knierim/Hagemeier Rn. 60 ff.
[151] Dazu *Klöhn* in MüKoInsO § 15a Rn. 65 ff.; *Bußhardt* in Braun § 15a InsO Rn. 5.
[152] Vgl. *Klöhn* in MüKoInsO § 15a Rn. 59.
[153] Vgl. *Klöhn* in MüKoInsO § 15a InsO Rn. 61.
[154] BGHSt 15, 306, 310 = NJW 1961, 740, 742; *Bußhardt* in Braun § 15a InsO Rn. 9.
[155] AA *Kiethe/Hohmann* in MüKoStGB § 15a InsO Rn. 63; dazu auch *Schäfer* GmbHR 1993, 780, 781 f.; *Müller-Gugenberger/Bieneck* § 84 GmbHG Rn. 21.
[156] Zum Meinungsstand *Wegner* in Achenbach/Ransiek Teil 7 Kap. 2 Rn. 46 f.
[157] Weiterführend *Kiethe/Hohmann* in MüKoStGB § 15a InsO Rn. 56.

C. Spezialgesetzliche Strafvorschriften 107–115 § 12

II. Steuerhinterziehung

Zentrale Strafvorschrift des Steuerstrafrechts ist die Steuerhinterziehung nach § 370 **107**
AO,[158] die mit Freiheitsstrafe bis zu fünf Jahren oder Geldstrafe bestraft wird. In besonders schweren Fällen beträgt die Freiheitsstrafe sechs Monate bis zehn Jahre (§ 370 Abs. 3 AO). Zu den Voraussetzungen im Einzelnen:

1. Voraussetzungen des § 370 AO

a) Begehungsformen

§ 370 AO kennt **zwei wichtige Begehungsformen:** das Machen unrichtiger oder un- **108**
vollständiger Angaben und das pflichtwidrige Unterlassen von Angaben gegenüber den Finanzbehörden oder anderen Behörden.

aa) Das Machen unrichtiger oder unvollständiger Angaben. Unter Strafe gestellt ist **109**
gemäß § 370 Abs. 1 Nr. 1 AO zunächst das **Machen** unrichtiger oder unvollständiger Angaben.[159]

Diese Angaben müssen sich auf **steuerlich erhebliche Tatsachen** beziehen. Dies sind **110**
Tatsachen, die auf Grund oder Höhe des Steueranspruchs Einfluss haben.[160]

Was unter **Steuern** zu verstehen ist, normiert § 3 Abs. 1 AO; darunter fallen zB die **111**
Einkommen-, Körperschaft-, Gewerbesteuer, Umsatz-, Lohn- oder die Kapitalertragsteuer; nicht aber Kirchensteuern.[161] Nicht dazu gehören ebenso **steuerliche Nebenleistungen** nach § 3 Abs. 4 AO wie etwa Verspätungs- und Säumniszuschläge, Zwangsgelder oder Zinsen.[162]

Wichtigster Anwendungsfall des Machens unrichtiger oder unvollständiger Angaben ist **112**
die **Abgabe unrichtiger** oder **unvollständiger Jahres-Steuererklärungen** oder **Steueranmeldungen** (wie zB Umsatzsteuervoranmeldungen, Lohnsteueranmeldungen oder Kapitalertragsteueranmeldungen).[163]

In diesem Zusammenhang sei auf das **Abzugsverbot des § 4 Abs. 5 Nr. 10 S. 1** **113**
EStG („Bestechungszahlungen") hingewiesen. Danach dürfen nunmehr die Zuwendung von Vorteilen und damit zusammenhängende Aufwendungen (zB Reise- und Transportkosten) den Gewinn nicht mindern, wenn die Zuwendung der Vorteile eine rechtswidrige Handlung darstellt, die den Tatbestand eines Strafgesetzes oder eines Gesetzes verwirklicht, das die Ahndung mit einer Geldbuße zulässt. Nach der aktuellen Rechtslage ist es ausreichend, wenn die Zuwendung einen Straf- oder Bußgeldtatbestand erfüllt.

Eine Steuerhinterziehung kann **in jedem Stadium des Besteuerungsverfahrens be-** **114**
gangen werden – bei der Festsetzung, der Erhebung, der Vollstreckung, aber auch noch bei einer Außenprüfung oder im Rechtsbehelfsverfahren.[164]

bb) Das pflichtwidrige Unterlassen von Angaben. Die Steuerhinterziehung kann ge- **115**
mäß § 370 Abs. 1 Nr. 2 AO auch durch das pflichtwidrige Unterlassen von Angaben über steuerlich erhebliche Tatsachen begangen werden.[165]

---

[158] Dazu *Kummer* in Wabnitz/Janovsky Kap. 18 Rn. 11 ff.; *Joecks* in Franzen/Gast/Joecks § 370 AO Rn. 1 ff.; s. auch *Wannemacher* Steuerstrafrecht.
[159] Dazu *Kummer* in Wabnitz/Janovsky Kap. 18 Rn. 15 ff.; s. auch *Joecks* in Franzen/Gast/Joecks § 370 AO Rn. 125 ff.
[160] *Kummer* in Wabnitz/Janovsky Kap. 18 Rn. 16; *Schmitz/Wulf* in MüKoStGB § 370 AO Rn. 230 ff.
[161] *Joecks* in Franzen/Gast/Joecks § 370 AO Rn. 23; *Jäger* in Klein § 370 AO Rn. 20.
[162] BGH NJW 1998, 1568, 1575; *Schmitz/Wulf* in MüKoStGB § 370 AO Rn. 51 ff.; *Jäger* in Klein § 370 AO Rn. 19.
[163] *Kummer* in Wabnitz/Janovsky Kap. 18 Rn. 17.
[164] *Kummer* in Wabnitz/Janovsky Kap. 18 Rn. 16.
[165] Dazu *Kummer* in Wabnitz/Janovsky Kap. 18 Rn. 24 ff.; ausführlich *Joecks* in Franzen/Gast/Joecks § 370 AO Rn. 161 ff.

116 Hauptanwendungsfall dieser Begehungsform ist die pflichtwidrige **Nichtabgabe von Jahres-Steuererklärungen oder Steueranmeldungen**.[166] Darunter fällt auch die sehr praxisrelevante **Verletzung der Berichtigungspflicht** nach § 153 AO.[167] Diese Berichtigungspflicht verpflichtet den Steuerpflichtigen, im Fall des nachträglichen Bekanntwerdens einer falschen oder unvollständigen Steuererklärung diese unverzüglich anzuzeigen und richtigzustellen.[168]

b) Steuerverkürzung

117 Durch das Handeln oder Unterlassen muss die Steuer verkürzt worden sein. Damit ist gemeint, dass die Steuern nicht in voller Höhe oder nicht rechtzeitig festgesetzt worden sind (§ 370 Abs. 4 S. 1 AO).[169]

118 Bei **Fälligkeitssteuern,** wie zB der Lohnsteuer oder der Umsatzsteuer, tritt eine Steuerverkürzung mit der Nichtzahlung am Fälligkeitstermin ein.[170] Dies gilt auch für **vorläufig** oder **unter dem Vorbehalt der Nachprüfung festgesetzte Steuern** sowie für **Steuern mit Steueranmeldung** (§ 370 Abs. 4 S. 1 AO).[171]

119 Bei **Veranlagungssteuern,** zu denen etwa die Einkommen-, Körperschaft- und Gewerbesteuer gehören, hängt die Fälligkeit von der Festsetzungshandlung des Finanzamts ab (innerhalb einer bestimmten Frist nach Festsetzung und Bekanntgabe des Steuerbescheids).[172]

120 Jedoch kann eine Steuerverkürzung **auch schon vor Fälligkeit** eintreten; so etwa dann, wenn die Steuer nicht in voller Höhe festgesetzt worden ist (vgl. § 370 Abs. 4 S. 1 AO),[173] oder auch für den Fall, dass der Steuerpflichtige die Veranlagung oder Festsetzung der Steuer verhindert hat, zB durch die vorsätzliche Nichtabgabe einer Einkommensteuererklärung. In diesen Fällen tritt der Verkürzungserfolg dann ein, sobald die Veranlagung und Festsetzung bei ordnungsgemäßer Abgabe der Steuererklärung erfolgt wäre.[174]

c) Vorsatz zur Steuerhinterziehung

121 Der Vorsatz zur Steuerhinterziehung[175] setzt voraus, dass der Täter den Steueranspruch dem Grund, der Höhe sowie seiner Fälligkeit nach kennt.[176] Fehlt eine solche Kenntnis oder irrt der Täter, so liegt ein **vorsatzausschließender Tatbestandsirrtum** gemäß § 16 StGB vor.[177]

2. Straffreiheit durch Selbstanzeige nach § 371 AO

122 Nach § 371 AO besteht die Möglichkeit, durch eine Selbstanzeige Straffreiheit zu erlangen.[178] § 371 Abs. 3 AO stellt klar, dass der Staat nur auf den Strafanspruch verzichtet, die Steuerschuld als solche bleibt bestehen (und bereits verkürzte Steuerbeträge müssen fristgerecht nachgezahlt werden).

---

[166] *Kummer* in Wabnitz/Janovsky Kap. 18 Rn. 26; ausführlich *Joecks* in Franzen/Gast/Joecks § 370 AO Rn. 170 ff.
[167] *Kummer* in Wabnitz/Janovsky Kap. 18 Rn. 27; dazu auch *Taschke* NZWiSt 2012, 89, 90.
[168] *Joecks* in Franzen/Gast/Joecks § 370 AO Rn. 179 ff.
[169] *Scheuermann-Kettner* in Koch/Scholtz § 370 AO Rn. 32.
[170] *Joecks* in Franzen/Gast/Joecks § 370 AO Rn. 37; *Jäger* in Klein § 370 AO Rn. 105.
[171] *Joecks* in Franzen/Gast/Joecks § 370 AO Rn. 38 und 44 ff.
[172] *Joecks* in Franzen/Gast/Joecks § 370 AO Rn. 37; *Jäger* in Klein § 370 AO Rn. 90.
[173] Dazu *Joecks* in Franzen/Gast/Joecks § 370 AO Rn. 37 und 44 ff.; *Jäger* in Klein § 370 AO Rn. 93; *Scheurmann-Kettner* in Koch/Scholtz § 370 AO Rn. 48.
[174] *Joecks* in Franzen/Gast/Joecks § 370 AO Rn. 37; *Scheurmann-Kettner* in Koch/Scholtz § 370 AO Rn. 48.
[175] Eine leichtfertige Tatbegehung (= gesteigerter Grad von Fahrlässigkeit) kann als Ordnungswidrigkeit nach § 378 AO geahndet werden, dazu *Jäger* in Klein § 378 AO Rn. 1 ff.
[176] Vgl. BGH wistra 2011, 465; *Joecks* in Franzen/Gast/Joecks § 370 AO Rn. 234 f.; *Jäger* in Klein § 370 AO Rn. 171; *Scheurmann-Kettner* in Koch/Scholtz § 370 AO Rn. 46.
[177] *Kummer* in Wabnitz/Janovsky Kap. 18 Rn. 35; zum Fall, dass der Täter die Rechtswidrigkeit seines Verhaltens nicht kennt, mit Beispielen *Joecks* in Franzen/Gast/Joecks § 370 AO Rn. 237.
[178] *Lohr* in Volk § 32 Rn. 228 ff.; *Kummer* in Wabnitz/Janovsky Kap. 18 Rn. 101 ff.; zu den aktuellen Änderungen und Anwendungsfragen *Spatscheck* DB 2013, 1973 ff.; *Bürger* BB 2012, 34 ff.; *Zanzinger* DStR 2011, 1397 ff. Zu den aktuellen Verschärfungen s. *Joecks* DStR 2014, 2261 ff.

C. Spezialgesetzliche Strafvorschriften 123–125 § 12

Die Selbstanzeige betrifft dabei nur die Steuerhinterziehung; **auf andere nicht-steuerlichen Straftaten hat sie keine Auswirkung.**[179] In den letzten Jahren kam es zu erheblichen Verschärfungen der Voraussetzungen der strafbefreienden Selbstanzeige durch die Entscheidung des BGH vom 20.5.2010[180] sowie durch die Gesetzesänderungen im Zuge des Schwarzgeldbekämpfungsgesetzes vom 28.4.2011. Eine weitere Verschärfung trat zum 1.1.2015 in Kraft. Die Diskussion um die Ausgestaltung bzw. die Fortführung der Selbstanzeige ist noch nicht abgeschlossen. Weitere Verschärfungen oder sogar die vollständige Aufhebung der Norm erscheinen möglich. 123

Der BGH stellte in seiner Grundsatzentscheidung vom 20.5.2010 – in Abkehr seiner bisherigen Rechtsauffassung – klar, dass **Teilselbstanzeigen** in Zukunft **nicht mehr zu Straffreiheit führen dürfen,** da neben den fiskalen Interessen des Staates auch entscheidend sei, dass der Täter erkennbar vollständig zur Steuerehrlichkeit zurückkehren wolle. Damit sollte sog. „taktischen" Selbstanzeigen die Grundlage entzogen werden. Der Gesetzgeber reagierte daraufhin und änderte den Wortlaut (nunmehr „in vollem Umfang" anstatt „insoweit") des § 371 AO. Noch nicht völlig geklärt ist, ob nunmehr auch sog. unbewusste Teilselbstanzeigen, dh Fälle, in denen die Selbstanzeige gutgläubig unvollständig geblieben ist, nicht mehr möglich sind. Der Wortlaut lässt eine grundsätzliche Unwirksamkeit vermuten, allerdings liegt in diesen Fällen ein taktisches Vorgehen gerade nicht vor.[181] 124

Zu den **Voraussetzungen** der strafbefreienden Selbstanzeige nach § 371 AO gehören: 125
– Die **Nacherklärung,** dh unrichtige oder unvollständige Angaben müssen berichtigt, ergänzt bzw. nachgeholt werden. Nach der Neufassung des § 371 AO müssen dabei nunmehr alle unverjährten Steuerstraftaten einer Steuerart korrigiert werden.[182]
– Die **Nachzahlung,** dh der Täter muss die zu seinen Gunsten hinterzogenen Steuern sowie die Hinterziehungszinsen innerhalb einer bestimmten Frist nachzahlen.[183]
– Schließlich darf die Selbstanzeige gemäß § 371 Abs. 2 Nr. 1, 2 AO **nicht ausgeschlossen sein.**[184] Ausgeschlossen ist sie zB bei einer steuerlichen Betriebsprüfung[185] oder wenn dem Täter die Einleitung des Straf- oder Bußgeldverfahrens bekannt gegeben worden ist.[186] Die Selbstanzeige ist auch dann ausgeschlossen, wenn die Tat ganz oder teilweise entdeckt worden ist und der Täter dies wusste oder damit hätte rechnen können.[187]
– Eine Straffreiheit setzt nach § 371 Abs. 2 Nr. 3 AO iVm § 398a AO bei **Hinterziehungen von über 25 000 Euro** nunmehr die Zahlung eines gestaffelten „Strafzuschlags" voraus.[188] Entsprechendes gilt nunmehr nach § 371 Abs. 2 Nr. 4 AO iVm § 398a auch bei Vorliegen eines besonders schweren Falles nach § 370 Abs. 3 Nr. 2 bis 5 AO.

---

[179] Vgl. BGH wistra 2004, 309. Problematisch wird der Fall, wenn zusätzlich zur Steuerstraftat noch ein Allgemeindelikt, zB eine Urkundenfälschung gemäß § 267 StGB, verwirklicht ist. Hierbei ist fraglich, ob die durch die Selbstanzeige offenbarten Beweismittel gemäß § 393 Abs. 2 S. 1 AO für eine Verurteilung nach § 267 StGB herangezogen werden dürfen. Dies ist umstr., bejahend BGH wistra 2004, 309 mit krit. Anm. *Eidam* wistra 2004, 412; gute Übersicht über die Diskussion bei *Joecks* in Franzen/Gast/Joecks § 393 AO Rn. 55.
[180] BGHSt 55, 180 = NJW 2010, 2146 mit Anm. *Bittmann*; s. auch *Füllsack/Bürger* BB 2011, 1239 ff.
[181] Zum Meinungsstand vgl. *Ransiek/Hinghaus* BB 2011, 2271 ff.; *Zanzinger* DStR 2011, 1397 ff., jeweils mwN.
[182] Vgl. *Jäger* in Klein § 371 AO Rn. 18 ff.; dazu auch *Wegner* SteuK 2012, 74 ff.; zur Frage der Bagatellabweichungen bei Selbstanzeigen BGH NStZ 2012, 105 mit Anm. *Rolletschke* NZWiSt 2012, 117 ff.; *Bürger* BB 2012, 34 ff.
[183] *Jäger* in Klein § 371 AO Rn. 80 ff.; *Scheurmann-Kettner* in Koch/Scholtz § 370 AO Rn. 22 ff.; *Scheurmann-Kettner* in Koch/Scholtz § 370 AO Rn. 36 ff.
[184] Zu den Sperrgründen im Einzelnen *Jäger* in Klein § 371 AO Rn. 38 ff.; *Scheurmann-Kettner* in Koch/Scholtz § 370 AO Rn. 26 ff.
[185] Dazu im Einzelnen *Joecks* in Franzen/Gast/Joecks § 371 AO Rn. 134 ff.
[186] *Kummer* in Wabnitz/Janovsky Kap. 18 Rn. 125; *Scheurmann-Kettner* in Koch/Scholtz § 370 AO Rn. 23.
[187] Zur sog. Tatentdeckung s. auch *Buse* DStR 2008, 2100 ff.; *Kummer* in Wabnitz/Janovsky Kap. 18 Rn. 126 f.
[188] Dazu *Hunsmann* PStR 2011, 227 ff.; *Jäger* in Klein § 398a AO Rn. 1 ff.; *Hussmann* NJW 2011, 1482, 1486; *Joecks* DStR 2014, 2261, 2265 f.

Für Steuerverkürzungen im Zusammenhang mit Umsatzsteuervoranmeldungen und Lohnsteueranmeldungen ist nunmehr die Sonderregelung des § 371 Abs. 2a AO zu beachten.

3. Verhältnis der Berichtigungspflicht nach § 153 AO und der Selbstanzeige nach § 371 AO

126 Im steuerlichen Kontext ist immer auch die Berichtigungspflicht nach § 153 AO zu beachten.[189] Sofern dem Vorstand oder der Geschäftsführung Hinweise dafür vorliegen, dass in der Vergangenheit fehlerhafte Steuererklärungen abgegeben worden sind, zB da Korruptionszahlungen entgegen § 4 Abs. 5 Nr. 10 S. 1 EStG gewinnmindernd geltend gemacht wurden, hat der Vorstand bzw. die Geschäftsführung unverzüglich die Steuererklärung zu korrigieren. Anderenfalls macht er bzw. sie sich – wie bereits dargestellt (→ Rn. 116) – selbst der Steuerhinterziehung nach § 370 AO schuldig. Eine Berichtigungspflicht trifft allerdings nicht den ursprünglichen Steuerstraftäter.[190] Auf Unternehmensebene ist vor Abgabe einer Berichtigungserklärung zu prüfen, ob im Unternehmensinteresse den ursprünglichen Steuerstraftätern im Zuge der Abgabe der Steuerberichtigung auch die Möglichkeit gegeben werden sollte, über eine durch das Unternehmen vorbereitete Selbstanzeige nach § 371 AO Straffreiheit zu erlangen.

III. Delikte zum Schutz des Kapitalmarkts

127 Besondere Pflichten ergeben sich für **Vorstände von börsennotierten Aktiengesellschaften.** Zum Schutz von Kapitalmarkt und Kapitalanlegern werden sie in zahlreichen Vorschriften persönlich strafrechtlich in die Verantwortung genommen. Zu den wichtigsten Vorschriften gehören das Verbot von Insidergeschäften (→ Rn. 128 ff.), das Verbot der Marktmanipulation (→ Rn. 160 ff.), sowie der Kapitalanlagebetrug (→ Rn. 183 ff.). Daneben ist die Verleitung zu Börsenspekulationen strafbewehrt.[191]

1. Verbot von Insidergeschäften

128 Seit dem 2. Finanzmarktförderungsgesetz[192] von 1994 gibt es ein strafbewehrtes Verbot von Insidergeschäften nach **§ 38 Abs. 1, 3–5 iVm § 14 Abs. 1 WpHG.** Verstöße gegen das Insiderhandelsverbot werden mit Freiheitsstrafe bis zu fünf Jahren oder mit Geldstrafe sanktioniert. Erhebliche Neuerungen brachte das **Anlegerschutzverbesserungsgesetz (AnSVG),**[193] das die EU-Marktmissbrauchsrichtlinie von 2003[194] in nationales Recht umsetzte.[195] § 38 Abs. 1 WpHG sanktioniert in unterschiedlichem Umfang Verstöße gegen das in § 14 WpHG normierte Verbot von Insidergeschäften und stellt ein Tätigkeitsdelikt dar, ein Taterfolg (zB Gewinnerzielung oder Funktionsbeeinträchtigung der Börse) ist nicht erforderlich.[196] Für **Treibhausgasemissionszertifikate** ist seit Ende 2011 auch der Straftatbestand des § 38 Abs. 2a WpHG zu beachten.[197]

---

[189] Dazu *Taschke* NZWiSt 2012, 89, 90; *Minoggio* in Böttger Kap. 15 Rn. 3; *Rätke* in Klein § 153 AO Rn. 1 ff.
[190] Vgl. BGH NJW 2009, 1984; *Rätke* in Klein § 153 AO Rn. 7 ff.
[191] Diese Strafbarkeit betrifft jedoch nicht die übliche Tätigkeit eines Vorstandsmitglieds und sollen daher in der Folge nicht näher dargelegt werden; ausführlich zu diesem Straftatbestand nach § 49 BörsG *Schröder* in Momsen/Grützner Kap. 5 A Rn. 216 ff.; *Rübenstahl/Tsambikakis* in Volk § 23 Rn. 126 ff.
[192] Gesetz zur weiteren Fortentwicklung des Finanzplatzes Deutschland vom 26.7.1994, BGBl. I 1749, in Umsetzung einer EG-Richtlinie von 1989; dazu den Überblick bei *Jander/Zoberbier* WiB 1994, 806; zur Entwicklung auch *Hilgendorf* in Park Teil 3 Vor § 12 WpHG Rn. 1 ff.
[193] Anlegerschutzverbesserungsgesetz (AnSVG) vom 28.10.2004, BGBl. I 2630.
[194] Richtlinie 2003/6/EG vom 28.1.2003, ABl. L 96, 16.
[195] Dazu *Diekmann/Sustmann* NZG 2004, 929 ff.; *Bürgers* BKR 2004, 424 ff.; *Spindler* NJW 2004, 3449, 3450 ff.; *Ziemons* NZG 2004, 537.
[196] Vgl. *Rübenstahl/Tsambikakis* in Volk § 23 Rn. 27 mwN.
[197] BGBl. 1994 I 1749; dazu *Rübenstahl/Tsambikakis* in Volk § 23 Rn. 61 ff.

C. Spezialgesetzliche Strafvorschriften

a) Allgemeine Voraussetzungen

aa) Insider. Zum **Kreis der strafrechtlich Verantwortlichen** gehört grundsätzlich jeder, der über eine Insiderinformation verfügt. Die frühere Unterscheidung zwischen sog. „Primär- und Sekundärinsidern" spielt nur noch eine Rolle auf Rechtsfolgenseite.[198] **129**

bb) Insiderpapiere. Insiderpapiere[199] nach § 12 WpHG sind zunächst alle „Finanzinstrumente" (diese sind in § 2 Abs. 2b WpHG legaldefiniert), die **an einem organisierten Markt zum Handel zugelassen sind,** zB Aktien, Anleihen, Optionen, Optionsscheine etc. Außerdem gehören nach § 12 Nr. 3 WpHG mittlerweile auch **nicht zum Handel an einem organisierten Markt zugelassene Derivate,** deren Preis unmittelbar oder mittelbar von einem handelbaren Finanzinstrument abhängt, dazu.[200] **130**

cc) Insiderinformationen. Das Verbot von Insidergeschäften bezieht sich nur auf sog. Insiderinformationen iSd **§ 13 WpHG.**[201] Darunter fällt jede konkrete Information über nicht öffentlich bekannte Umstände, die sich auf einen oder mehrere Emittenten von Insiderpapieren oder auf die Insiderpapiere selbst beziehen und die geeignet sind, im Fall ihres öffentlichen Bekanntwerdens den Börsen- oder Marktpreis der Insiderpapiere erheblich zu beeinflussen. Zu den Voraussetzungen im Einzelnen: **131**

Konkrete Information. Das im Zuge des AnSVG neu geregelte Insiderrecht ersetzt den Begriff der „Tatsache" durch den der **„Information".**[202] In Anlehnung an den Begriff der „präzisen Information" aus der europäischen Marktmissbrauchsrichtlinie sind darunter Umstände bzw. Ereignisse zu verstehen, die bereits existieren bzw. eingetreten sind oder bei denen man vernünftigerweise davon ausgehen kann, dass sie in Zukunft existieren bzw. eintreten werden.[203] **132**

Die Informationen müssen jedoch **konkret** genug sein, um den Schluss auf die mögliche Auswirkung dieser Umstände bzw. Ereignisse auf die Kurse von Finanzinstrumenten zuzulassen.[204] Darunter fallen auch überprüfbare Werturteile und Prognosen.[205] **133**

Keine öffentliche Bekanntgabe. Weitere Voraussetzung einer Insiderinformation ist die **fehlende öffentliche Bekanntgabe.** Öffentlich bekannt sind Umstände jedenfalls dann, wenn eine unbestimmte Anzahl von Personen von ihnen Kenntnis nehmen kann.[206] **134**

Nicht erforderlich ist, dass es sich um geheime oder vertrauliche Informationen im Sinne der strafbewehrten Geheimhaltungspflichten aus § 404 AktG, § 203 StGB, § 17 UWG, § 333 HGB handelt.[207] Ebenso wenig ist zu verlangen, dass die Informationen über Massenmedien verbreitet und einem breiten Anlegerkreis zugänglich gemacht werden.[208] Ausreichend ist vielmehr die Bekanntmachung über allgemein zugängliche Informationseinrichtungen, die allen interessierten Marktteilnehmern zumindest eine Möglichkeit der Kenntnisnahme eröffnet (sog. **„Bereichsöffentlichkeit").**[209] Dies kann zB über ein überregionales Börsenpflichtblatt, ein elektronisches Informationssystem oder auch über das Internet (str.) erfolgen.[210] Nicht ausreichend zur Herstellung der Bereichsöffentlichkeit ist je- **135**

---

[198] Vgl. *Diekmann/Sustmann* NZG 2004, 929, 931; zur Restbedeutung der Unterscheidung s. auch *Hilgendorf* in Park Teil 3 § 38 WpHG Rn. 90; *Rübenstahl/Tsambikakis* in Volk § 23 Rn. 23.
[199] Ausführlich dazu *Rübenstahl/Tsambikakis* in Volk § 23 Rn. 29 ff. mwN.
[200] Zu den Änderungen durch das AnSVG *Diekmann/Sustmann* NZG 2004, 929, 930.
[201] Vgl. *Hohn* in Momsen/Grützner Kap. 6 B Rn. 23 ff.; *Diekmann/Sustmann* NZG 2004, 929, 930 f.; *Ziemons* NZG 2004, 537, 538.
[202] Vgl. *Diekmann/Sustmann* NZG 2004, 929, 930 f.
[203] Begr. RegE, BT-Drs. 15/3174, 33; dazu *Diekmann/Sustmann* NZG 2004, 929, 930.
[204] Begr. RegE, BT-Drs. 15/3174, 34.
[205] Dazu *Hilgendorf* in Park Teil 3 § 13 WpHG Rn. 69 ff.
[206] Vgl. *Schröder* in Achenbach/Ransiek Teil 10 Kap. 2 Rn. 141 ff.
[207] Vgl. *Assmann* in Assmann/Schneider § 13 WpHG Rn. 32.
[208] Vgl. *Hilgendorf* in Park Teil 3 § 13 WpHG Rn. 96.
[209] Dazu *Hilgendorf* in Park Teil 3 § 13 WpHG Rn. 96 ff.; *Assmann* in Assmann/Schneider § 13 WpHG Rn. 34.
[210] Im Fall des Internets zB über die Deutsche Gesellschaft für Ad hoc-Publizität (www.dgap.de); dazu auch *Hilgendorf* in Park Teil 3 § 13 WpHG Rn. 100 mwN.

doch die Bekanntgabe einer Information im Rahmen der Hauptversammlung; diese hat im Gegenteil sogar aufgrund des Weitergabeverbots für Insiderinformationen zu unterbleiben, vielmehr ist zunächst eine Ad hoc-Veröffentlichung vorzunehmen.

136 **Bezug auf Emittenten oder Insiderpapier.** Weitere Voraussetzung der Insiderinformation ist der Bezug auf einen Emittenten oder ein Insiderpapier.

137 **Emittentenbezogene Umstände** sind beispielsweise Tatsachen, die die Vermögens- und Finanzlage oder allgemein die Stellung des Unternehmens auf dem Markt betreffen.[211]

138 **Auf Insiderpapiere bezogene Umstände** sind zB Informationen über die Orderlage des Skontroführers.[212]

139 Hierzu zählt auch der Fall, dass eine Bank ihr Wissen um Orderaufträge ihrer Kunden ausnutzt und vor Ausführung der Kundenaufträge selbst Wertpapiere erwirbt (sog. „**front running**"). Diesen Fall hat der Gesetzgeber im AnSVG ausdrücklich geregelt.[213]

140 **Beispiele relevanter Insiderinformationen.** Einen abschließende Aufzählung relevanter Insiderinformationen gibt es im WpHG nicht. Eine Orientierung bietet hier aber der im Leitfaden der der Bundesanstalt für Finanzdienstleistungsaufsicht (BaFin) enthaltene – jedoch nicht abschließende – Katalog.[214]

141 Als **Insiderinformationen** kommen unter anderem in Betracht:[215]
– unternehmensinterne Informationen, wie zB Informationen über Auftrags- und Geschäftslage (Umsatz, Ertrag, Höhe der Dividende) sowie Informationen über die Vermögens- und Finanzlage (Kapitalmaßnahmen);
– aber auch unternehmensexterne Informationen mit Bezug zum Unternehmen, wie zB Informationen über Übernahmeangebote etc.

142 **Eignung zur erheblichen Kursbeeinflussung.** Eine Insiderinformation muss schließlich geeignet sein, im Fall ihres Bekanntwerdens den Kurs eines Wertpapiers **erheblich zu beeinflussen.**[216]

143 Wie dieses **unbestimmte Merkmal zu interpretieren** ist, ist weiterhin umstritten.[217] Die Beurteilung der Eignung erfolgt nach hM durch eine nachträgliche ex-ante Prognose unter Zugrundelegung objektiver Maßstäbe.[218] Das Merkmal der Erheblichkeit dient dem Ausschluss von Bagatellfällen, in denen der Insider nur Sondervorteile erlangen kann. Zeitweise konnte bei der Beurteilung der Erheblichkeit auf die sog. Plus/Minus-Ankündigung abgestellt werden. Dieser Maßstab steht jedoch nicht mehr in brauchbarer Weise zur Verfügung.[219] Daher wird teilweise auf eine subjektive Betrachtung abgestellt.[220] Ein klares Meinungsbild ist jedoch noch nicht ablesbar.

144 Das AnSVG hat auf die gesetzliche Festlegung einer Grenze verzichtet,[221] er bestimmt lediglich, dass eine solche Eignung dann gegeben sei, **wenn ein verständiger Anleger die Information bei seiner Anlageentscheidung berücksichtigen würde.**

145 **Keine Insiderinformation im Sinne des Gesetzes.** Keine Insiderinformation im Sinne des Gesetzes sind nach § 13 Abs. 2 WpHG aber Bewertungen, die ausschließlich aufgrund öffentlich bekannter Umstände erstellt werden, selbst wenn sie den Kurs von Insiderpapieren erheblich beeinflussen können.

---

[211] Vgl. *Schröder* in Achenbach/Ransiek Teil 10 Kap. 2 Rn. 138 ff.
[212] Vgl. *Benner* in Wabnitz/Janovsky Kap. 9 Rn. 145.
[213] Begr. RegE, BT-Drs. 15/3174, 34; dazu *Diekmann/Sustmann* NZG 2004, 929, 931.
[214] Dieser ist in der jeweils aktuellen Fassung unter www.bafin.de abrufbar.
[215] Eine Auflistung findet sich auch bei *Hilgendorf* in Park Teil 3 § 13 WpHG Rn. 115.
[216] Vgl. *Diekmann/Sustmann* NZG 2004, 929, 930; *Ziemons* NZG 2004, 537, 538.
[217] Zum Meinungsstand ausführlich *Hilgendorf* in Park Teil 3 § 13 WpHG Rn. 107 ff.; *Schröder* in Achenbach/Ransiek Teil 10 Kap. 2 Rn. 144 ff.
[218] Vgl. *Assmann* in Assmann/Schneider § 13 WpHG Rn. 55; *Hilgendorf* in Park Teil 3 § 13 WpHG Rn. 108.
[219] So nunmehr *Schröder* in Achenbach/Ransiek Teil 10 Kap. 2 Rn. 151.
[220] Vgl. *Hilgendorf* in Park Teil 3 § 13 WpHG Rn. 112 f.
[221] Begr. RegE, BT-Drs. 15/3174, 34; s. auch *Diekmann/Sustmann* NZG 2004, 929, 930.

C. Spezialgesetzliche Strafvorschriften

b) Einzelne Begehungsformen

Sind diese allgemeinen Voraussetzungen erfüllt, stellt § 38 Abs. 1 WpHG iVm § 14 WpHG **drei Begehungsformen unter Strafe:** Den Erwerb oder Veräußerung trotz Nutzungsverbots, den Verstoß gegen ein Weitergabeverbot sowie den Verstoß gegen ein Empfehlungsverbot. Im Einzelnen: **146**

aa) Erwerb oder Veräußerung trotz Nutzungsverbots. Es ist untersagt, unter Verwendung von Insiderinformationen Wertpapiere für eigene oder fremde Rechnung zu erwerben oder zu veräußern (§ 38 Abs. 1 Nr. 1 WpHG iVm § 14 Abs. 1 Nr. 1 WpHG).[222] Eine spezielle Gewinnerzielungsabsicht ist nicht erforderlich. Es reicht eine Kausalitätsbeziehung zwischen der Kenntnis der Insiderinformation und dem Entschluss zur Vornahme der Transaktion aus. **147**

bb) Verstoß gegen ein Weitergabeverbot. Zudem ist es verboten, einem anderen Insiderinformationen unbefugt mitzuteilen oder zugänglich zu machen (§ 38 Abs. 1 Nr. 2 WpHG iVm § 39 Abs. 2 Nr. 3, § 14 Abs. 1 Nr. 2 WpHG).[223] **148**

Insiderstellung kraft Organmitgliedschaft. Das Weitergabeverbot richtet sich nach § 38 Abs. 1 Nr. 2a WpHG zunächst an **Mitglieder des Geschäftsführungsorgans des Emittenten,** damit also auch an Vorstandsmitglieder einer AG. Dies gilt aber nur für den Fall, dass sie „als Mitglied" des Organs von einer Insiderinformation Kenntnis erlangt haben. Steht die Kenntniserlangung in keinem Zusammenhang mit der Organfunktion, so scheidet eine Insiderstellung kraft Organmitgliedschaft aus; ebenso ist es, wenn die Informationen nicht die eigene Gesellschaft betreffen.[224] **149**

Insiderstellung kraft Tätigkeit oder Aufgabe. Möglich bleibt aber für Vorstandsmitglieder auch die Insiderstellung nach § 38 Abs. 1 Nr. 2c WpHG kraft Tätigkeit oder Aufgabe, wenn der Vorstand bestimmungsgemäß Kenntnis von einer Insidertatsache erlangt hat.[225] **150**

Insiderstellung aufgrund der Vorbereitung oder Begehung einer Straftat. Möglich ist außerdem die Insiderstellung nach § 38 Abs. 1 Nr. 2d WpHG aufgrund der Vorbereitung oder Begehung einer Straftat, wobei als relevante Straftat auch eine Marktmanipulation nach § 20a WpHG in Betracht kommt.[226] **151**

Unbefugte Weitergabe. Vom Verbot erfasst ist nur die unbefugte Weitergabe von Insiderinformationen.[227] Nicht unbefugt ist im Grundsatz jede Weitergabe, die aus betrieblichen oder rechtlichen Gründen erforderlich ist.[228] **152**

Aus **betrieblichen Gründen erforderlich** sein kann zB die Einbeziehung externer Experten – wie Rechtsanwälte, Wirtschaftsprüfer, Unternehmensberater oder Fachleute aus dem Bankenbereich – unter der Voraussetzung einer sachgemäßen Wahrnehmung ihrer Aufgaben.[229] **153**

Aus **rechtlichen Gründen erforderlich** ist zB die Weitergabe von Informationen innerhalb des Vorstands oder gegenüber dem Aufsichtsrat nach §§ 90, 170 AktG oder auch die Erfüllung von Meldepflichten gegenüber der BaFin.[230] **154**

---

[222] Dazu *Hilgendorf* in Park Teil 3 § 13 WpHG Rn. 207 ff.; *Schröder* in Achenbach/Ransiek Teil 10 Kap. 2 Rn. 159.
[223] Dazu *Schröder* in Achenbach/Ransiek Teil 10 Kap. 2 Rn. 174 ff.
[224] Vgl. *Hilgendorf* in Park Teil 3 § 38 WpHG Rn. 229. Möglich bleibt aber eine Ordnungswidrigkeit nach § 39 Abs. 2 Nr. 3 WpHG.
[225] Ausführlich dazu *Hilgendorf* in Park Teil 3 § 38 WpHG Rn. 233 ff.; *Hohn* in Momsen/Grützner Kap. 6 B Rn. 47.
[226] Dazu *Diekmann/Sustmann* NZG 2004, 929, 932; *Hilgendorf* in Park Teil 3 § 13 WpHG Rn. 247 ff.
[227] Hierzu *Hohn* in Momsen/Grützner Kap. 6 B Rn. 41; *Hilgendorf* in Park Teil 3 § 14 WpHG Rn. 164 ff.
[228] Der EuGH hat das Merkmal „unbefugt" in einer Entscheidung aus dem Jahr 2005 restriktiv ausgelegt, vgl. EuGH NZG 2006, 60, 61.
[229] Vgl. *Hilgendorf* in Park Teil 3 § 14 WpHG Rn. 174 ff.
[230] Dazu *Assmann* in Assmann/Schneider § 14 WpHG Rn. 81; *Hilgendorf* in Park Teil 3 § 14 WpHG Rn. 181.

155 Ein besonderes Problem ergibt sich bei der Weitergabe von Informationen **im Rahmen einer Due Diligence-Prüfung**, in der ein potentieller Unternehmenskäufer Zugang zu unternehmensinternen Informationen erhält.[231] Im Allgemeinen ist die Weitergabe von Informationen dann als befugt anzusehen, wenn dem Erwerber eine Due Diligence-Prüfung gestattet wird, der Aktienerwerb außerhalb der Börse erfolgt und davon auszugehen ist, dass die überlassenen Informationen vertraulich behandelt werden.[232] Aus Praktikabilitätsgesichtspunkten wird teilweise auch vertreten, dass eine Offenlegung im Rahmen einer Due Diligence-Prüfung im Rahmen des Erwerbs eines Aktienpakets oder einer bedeutenden Beteiligung immer als erforderlich angesehen werden kann.[233]

156 Ein weiteres Problem ist die Preisgabe kursrelevanter Insiderinformationen bei der **Beantwortung von Aktionärsfragen**. Mit Blick auf die Verschwiegenheitspflicht aus § 93 Abs. 1 S. 2 AktG ist hier eine Befugnis zur Weitergabe abzulehnen, zumal dem Vorstand auch ein Auskunftsverweigerungsrecht aus § 131 Abs. 3 Nr. 5 AktG zusteht, soweit dieser sich „durch die Erteilung der Auskunft strafbar machen würde".[234] Die Weitergabe von Insiderinformationen an einzelne Aktionäre, zB Mehrheitsaktionäre, ist nur ausnahmsweise gerechtfertigt, wenn sie im Interesse des Unternehmens zwingend erforderlich ist.[235]

157 cc) **Verstoß gegen ein Empfehlungsverbot.** Untersagt ist es Insidern nach § 38 Abs. 1 Nr. 2 WpHG außerdem, einem Anderen auf der Grundlage einer Insiderinformation **den Erwerb oder die Veräußerung von Wertpapieren zu empfehlen** oder auf **sonstige Weise dazu zu verleiten** (sog. „Tipping"; Empfehlungsverbot nach § 38 Abs. 1 Nr. 2 WpHG iVm § 39 Abs. 2 Nr. 4, § 14 Abs. 1 Nr. 3 WpHG).[236] Hierbei ist es gleichgültig, ob der Empfänger des Tipps für sich oder für einen Dritten Wertpapiere kaufen oder verkaufen soll.

158 dd) **Kein Insiderverstoß bei Rückkauf von Aktien und Kursstabilisierungsmaßnahmen.** Kein Insiderverstoß ist dagegen nach § 14 Abs. 2 WpHG der Handel mit eigenen Aktien im Rahmen von Rückkaufprogrammen oder Kursstabilisierungsmaßnahmen.[237] Voraussetzung ist allerdings, dass diese in Übereinstimmung mit den europäischen Vorgaben stehen (→ Rn. 182).

159 ee) **Strafbarkeit des Versuchs für Insiderdelikte.** Durch das AnSVG ist die Strafbarkeit des Versuchs für Insiderdelikte nach § 38 Abs. 3 WpHG eingeführt worden.[238]

2. Verbot der Marktmanipulation

160 Neben dem Insiderhandelsverbot kommt dem Verbot der Marktmanipulation[239] große Bedeutung zu, das mit dem 4. Finanzmarktförderungsgesetz von 2002 und mit dem AnSVG von 2004 umfassend neu geregelt worden ist. Aktuell gibt es Bestrebungen, über eine EU-Marktmissbrauchsverordnung weitere Vorgaben europaweit zu implementieren.[240]

161 Zentrale Vorschrift ist nach wie vor das Verbot der Marktmanipulation aus § 20a Abs. 1 S. 1 WpHG, das iVm § 38 Abs. 2 WpHG und § 39 WpHG **drei Strafvorschriften** vor-

---

[231] Dazu *Stoffels* ZHR 165 (2001), 362; *Klaus J. Müller* NJW 2000, 3452.
[232] *Ziemons* AG 1999, 492, 497 ff.; kritisch zur Neuregelung durch die Marktmissbrauchsrichtlinie von 2003 (und das AnSVG von 2004) *Ziemons* NZG 2004, 537, 539 f.; s. auch *Diekmann/Sustmann* NZG 2004, 929, 931.
[233] Dazu *Hilgendorf* in Park Teil 3 § 14 WpHG Rn. 175 mwN.
[234] *Schröder* in Achenbach/Ransiek Teil 10 Kap. 2 Rn. 181; *Benner-Heinacher* DB 1995, 765.
[235] So *Assmann* in Assmann/Schneider § 14 WpHG Rn. 92; *Hilgendorf* in Park Teil 3 § 14 WpHG Rn. 172.
[236] Dazu *Schröder* in Achenbach/Ransiek Teil 10 Kap. 2 Rn. 189 ff.; *Hilgendorf* in Park Teil 3 § 14 WpHG Rn. 186 ff.
[237] Vgl. *Diekmann/Sustmann* NZG 2004, 929, 931; *Ziemons* NZG 2004, 537, 540.
[238] Vgl. *Diekmann/Sustmann* NZG 2004, 929, 932; *Bürgers* BKR 2004, 424, 425.
[239] Dazu *Sorgenfrei* in Park Teil 3 § 39 WpHG Rn. 1 ff.; *Hohn* in Momsen/Grützner Kap. 6 B Rn. 65 ff.; *Rübenstahl/Tsambikakis* in Volk § 23 Rn. 74 ff.; *Schröder* in Achenbach/Ransiek Teil 10 Kap. 2 Rn. 1 ff.
[240] Dazu *Sorgenfrei* in Park Teil 3 § 39 WpHG Rn. 12 ff.

C. Spezialgesetzliche Strafvorschriften

sieht: Das Machen und das pflichtwidrige Verschweigen unrichtiger kursrelevanter Angaben sowie sonstige Täuschungshandlungen. Zu den drei Begehungsformen im Einzelnen:

a) Machen unrichtiger kursrelevanter Angaben

Nach § 20a Abs. 1 S. 1 Nr. 1 Alt. 1 WpHG ist es verboten, unrichtige oder irreführende Angaben über Umstände zu machen, die für die Bewertung eines Vermögenswertes erheblich sind und zu einer tatsächlichen Änderung des Kurs- und Marktpreises führen.[241]

Welche Umstände im Einzelnen **bewertungserheblich** sind, wird im WpHG nicht gesetzlich normiert. Durch § 20a Abs. 5 S. 1 Nr. 1 WpHG wird jedoch der Verordnungsgeber ermächtigt, „nähere Bestimmungen" zu bewertungserheblichen Umständen zu erlassen. Dies erfolgt aktuell durch die Marktmanipulations-Konkretisierungsverordnung (MaKonV) vom 1.3.2005 (BGBl. I 515). In § 2 MaKonV wird in einem ausdifferenzierten System eine Konkretisierung bewertungserheblicher Umstände vorgenommen, wobei dies keine abschließende Definition der Bewertungserheblichkeit darstellt.[242]

Unter anderem wird von einer Bewertungserheblichkeit ausgegangen bei:
– bedeutenden Kooperationen, dem Erwerb oder die Veräußerung von wesentlichen Beteiligungen, sowie Abschluss, Änderung oder Beendigung von Beherrschungs- und Gewinnabführungsverträgen sowie sonstigen bedeutenden Vertragsverhältnissen;
– personellen Veränderungen in Schlüsselpositionen des Unternehmens;
– Rechtsstreitigkeiten und Kartellverfahren von besonderer Bedeutung;
– strategischen Unternehmensentscheidungen;

Sodann nennt das MaKonV Umstände, die bewertungserheblich sein können, jedoch nicht müssen. Dazu zählen etwa:
– Änderungen in den Jahresabschlüssen und Zwischenberichten und den abgeleiteten Unternehmenskennzahlen;
– Änderungen der Ausschüttungen, insbesondere Sonderausschüttungen, Dividendenänderungen etc.

b) Pflichtwidriges Verschweigen unrichtiger oder irreführender kursrelevanter Angaben

Nach § 20a Abs. 1 S. 1 Nr. 1 Alt. 2 WpHG (iVm § 38 Abs. 2, § 39 Abs. 2 Nr. 11 WpHG)[243] ist auch **das Verschweigen bestimmter unrichtiger oder irreführender Angaben** unter Strafe gestellt. Im Gegensatz zu den anderen Marktmanipulationsstrafvorschriften ist für diese Variante jedoch Voraussetzung, dass den Akteur eine **besondere Offenbarungs- oder Informationspflicht** trifft. Für den Vorstand einer börsennotierten AG kommen hier vor allem in Betracht:[244]

aa) Ad hoc-Publizität. Zu beachten ist im Rahmen des § 20a Abs. 1 S. 1 Nr. 1 Alt. 2 WpHG die Ad hoc-Publizität nach § 15. Abs. 1 WpHG mit der Pflicht, alle Insiderinformationen unverzüglich zu veröffentlichen, die den Emittenten „unmittelbar" betreffen, auch wenn ein Verstoß dagegen eigenständig nach § 39 Abs. 2 Nr. 5a WpHG bebußt wird.[245] Darunter fallen zB Kapitalmaßnahmen, Umsatzrückgänge und Verluste, Erwerb oder Veräußerung von Beteiligungen etc.

---

[241] S. auch *Schröder* in Achenbach/Ransiek Teil 10 Kap. 2 Rn. 18 ff.; *Sorgenfrei* in Park Teil 3 § 39 WpHG Rn. 71 ff.
[242] Umfassend zu den einzelnen Konkretisierungen *Sorgenfrei* in Park Teil 3 § 39 WpHG Rn. 83 ff.; ebenso *Schröder* in Achenbach/Ransiek Teil 10 Kap. 2 Rn. 31 ff.
[243] Dazu *Sorgenfrei* in Park Teil 3 § 39 WpHG Rn. 117 ff.; *Schröder* in Achenbach/Ransiek Teil 10 Kap. 2 Rn. 41; *Rübenstahl/Tsambikakis* in Volk § 23 Rn. 88.
[244] Vgl. *Vogel* in Assmann/Schneider § 20a WpHG Rn. 54 ff., § 38 WpHG Rn 71 ff.; *Sorgenfrei* in Park Teil 3 § 39 WpHG Rn. 70.
[245] Vgl. *Schröder* in Achenbach/Ransiek Teil 10 Kap. 2 Rn. 41; umfassend zur Ad hoc-Publizität in börsennotierten Unternehmen *Bauling/Niermann* in Kuthe/Szesny Kap. 4 Rn. 1 ff.

168 Ad hoc-publizitätspflichtige Informationen sind aber auch externe Umstände,[246] wie die Übermittlung eines Übernahmeangebots (§ 29 Abs. 1 WpÜG)[247] oder die Herabstufung durch eine externe Rating-Agentur.[248]

169 Eine ad hoc-publizitätspflichtige Information kann dabei **auf jeder Stufe innerhalb eines mehrstufigen Entscheidungsprozesses** entstehen,[249] so zB auch schon bei einer Vorstandsentscheidung, die zu ihrer Wirksamkeit noch die Zustimmung des Aufsichtsrats braucht.[250] Eine neuere Entscheidung des EuGH vom 28.6.2012[251] bestätigt ein weiten Anwendungsbereich der Ad hoc-Mitteilungspflichten für börsennotierte Unternehmen. Eine erhebliche Information kann auch bei einem zeitlich gestreckten Vorgang bereits vorliegen, wenn diesen Zwischenschritten eine Kurserheblichkeit zugesprochen wird.[252] Nunmehr hat auch der BGH dazu Stellung genommen und klargestellt, dass die Wahrscheinlichkeit des Eintretens des künftigen Umstandes nicht sonderlich hoch sein muss.[253]

170 Es gibt die Möglichkeit, **von der Veröffentlichungspflicht nach § 15 Abs. 3 WpHG befreit zu werden** (sog. **Selbstbefreiung**).[254] Im Gegensatz zur früheren Regelung, nach der zwingend ein Befreiungsantrag an die BaFin gestellt werden musste, kann der Veröffentlichungspflichtige mittlerweile eigenverantwortlich entscheiden, ob er vorerst auf eine Veröffentlichung verzichtet.[255] Er ist allerdings dann verpflichtet, der BaFin die Gründe für das Zurückhalten der Informationen anzugeben.

171 Von der Veröffentlichung einer ad hoc-pflichtigen Information kann abgesehen werden, wenn die Veröffentlichung **den berechtigten Interessen des Emittenten schaden würde**, die unterlassene Veröffentlichung **nicht irreführend** ist und der Emittent die **Vertraulichkeit der Information gewährleisten** kann.[256]

Fällt eine dieser Voraussetzungen weg, greift wieder die Publizitätspflicht und die Veröffentlichung **ist unverzüglich nachzuholen.**

172 Zur besseren Überwachung von Insidergeschäften müssen zudem **Insiderverzeichnisse** von den Emittenten nach § 15b Abs. 1 WpHG angefertigt werden.[257] Die Pflicht gilt gleichermaßen für Personen, die im Auftrag oder für Rechnung des Emittenten handeln, wie zB Rechtsanwälte (§ 15b Abs. 1 S. 1 WpHG), nicht aber für Abschlussprüfer (vgl. § 15b Abs. 1 S. 4 WpHG iVm § 323 Abs. 1 S. 1 HGB). In dieses Verzeichnis sind solche Personen aufzunehmen, die für den Emittenten tätig sind und bestimmungsgemäß Zugang zu Insiderinformationen haben; zB aufgrund eines Arbeits- bzw. Anstellungsvertrags. Einzelheiten hat das Bundesfinanzministerium durch eine Rechtsverordnung geregelt (Wertpapierhandelsanzeige- und Insiderverzeichnisverordnung – WpAIV vom 13.12.2004, BGBl. I 3376).

173 **bb) Publizitätspflicht für sog. „Directors' Dealings".** § 15a WpHG regelt eine Publizitätspflicht für Geschäfte von Personen mit Führungsaufgaben (sog. Directors' Dealings).[258]

---

[246] Begr. RegE, BT-Drs. 15/3174, 35; dazu *Diekmann/Sustmann* NZG 2004, 929, 934.

[247] Aber keine Insiderinformation mehr mit Eintritt der Veröffentlichung, zB wenn der Bieter seine Entscheidung zur Abgabe eines Angebots veröffentlicht hat (§ 10 WpÜG).

[248] Zweifelnd wegen der regelmäßigen Veröffentlichung solcher Ratingeinstufungen *Bürgers* BKR 2004, 424, 426 Fn. 35.

[249] Vgl. *Ziemons* NZG 2004, 537, 541; *Diekmann/Sustmann* NZG 2004, 929, 934 f. Zur früheren Diskussion nur *Kümpel/Assmann* in Assmann/Schneider § 15 WpHG Rn. 61 ff.

[250] Vgl. *Ziemons* NZG 2004, 537, 541; *Diekmann/Sustmann* NZG 2004, 929, 935.

[251] EuGH NJW 2012, 2787 = BB 2012, 1817 – Daimler/Schrempp.

[252] Dazu *Bauling/Niermann* in Kuthe/Szesny Kap. 4 Rn. 27 ff.; *Buck-Heeb* LMK 2013, 346872; *Kocher/Widder* BB 2012, 1820 f.; *Langenbuch* BKR 2012, 145 ff.

[253] Vgl. BGH WM 2013, 1171; ausführlich auch *Bauling/Niermann* in Kuthe/Szesny Kap. 4 Rn. 39 ff.

[254] Vgl. *Bauling/Niermann* in Kuthe/Szesny Kap. 4 Rn. 49 f.; *Diekmann/Sustmann* NZG 2004, 929, 935; *Ziemons* NZG 2004, 537, 542 f.

[255] Vgl. *Diekmann/Sustmann* NZG 2004, 929, 935.

[256] Zu diesen Voraussetzungen *Ziemons* NZG 2004, 537, 542 ff.; *Diekmann/Sustmann* NZG 2004, 929, 935.

[257] Vgl. *Wehowsky* in Erbs/Kohlhaas § 15b WpHG Rn. 1 ff.; *Diekmann/Sustmann* NZG 2004, 929, 932 f.; *Bürgers* BKR 2004, 424, 425 f.

[258] Vgl. *Wehowsky* in Erbs/Kohlhaas § 15a WpHG Rn. 1 ff.; umfassend *Sethe* in Assmann/Schneider § 15a WpHG Rn. 1 ff.

C. Spezialgesetzliche Strafvorschriften 174–181 § 12

Zum Kreis der Verpflichteten gehören nach Abs. 2 insbesondere Mitglieder eines Leitungs-, Verwaltungs- oder Aufsichtsorgans eines Emittenten, wozu auch der Vorstand gehört.

Diesen Personen mit Führungsaufgaben werden auch solche Personen gleichgestellt, die mit diesen **in einer engen Beziehung stehen (Abs. 3).** Hierunter fallen deren Ehepartner bzw. eingetragene Lebenspartner, unterhaltsberechtigte Kinder, außerdem andere Verwandte, die seit mindestens einem Jahr im selben Haushalt leben. Ferner gelten ebenfalls als solche Personen beispielsweise Gesellschaften und Einrichtungen, die direkt oder indirekt vom Verpflichteten kontrolliert werden, zu seinen Gunsten gegründet wurden oder seinen wirtschaftlichen Interessen weitgehend entsprechen. 174

Die **Person mit Führungsaufgaben** wird verpflichtet, Wertpapiergeschäfte in Bezug auf die eigene Gesellschaft der Gesellschaft und der BaFin unverzüglich mitzuteilen.[259] 175

Die **Meldeschwelle** beträgt aktuell 5000 Euro, bezogen auf alle Geschäfte der Führungsperson und der nahestehenden Person innerhalb eines Kalenderjahrs.[260] 176

cc) Weitere Publizitätspflichten. 177
– Weitere Publizitätspflichten ergeben sich unter anderem aus folgenden Vorschriften:[261]
– Antragspflichten nach § 92 AktG;
– Melde- bzw. Veröffentlichungspflichten nach §§ 21, 25 WpHG;
– Veröffentlichungspflichten nach §§ 10, 35 WpÜG;
– Veröffentlichungspflicht nach 34b Abs. 1 S. 2 WpHG.

Keine einschlägigen Publizitätspflichten ergeben sich dagegen aus dem Deutschen Corporate Governance Kodex (→ § 1 Rn. 23 ff.) oder dem Analystenkodex,[262] da beide nur Verhaltensmaßstäbe darstellen und nicht allgemein verbindlich sind.[263] 178

c) Sonstige Täuschungshandlungen

§ 20a Abs. 1 S. 1 Nr. 3 WpHG (iVm § 38 Abs. 2, § 39 Abs. 1 Nr. 2 WpHG)[264] verbietet zudem, sonstige Täuschungshandlungen vorzunehmen, die geeignet sind, auf den inländischen Börsen- oder Marktpreis eines Finanzinstruments oder auf den Preis eines Finanzinstruments an einem organisierten Markt in der Europäischen Union oder des Europäischen Wirtschaftsraums einzuwirken. Aufgrund der Unbestimmtheit des Tatbestandes halten Teile der Literatur die Norm für verfassungswidrig.[265] Die Merkmale werden durch § 4 MaKonV konkretisiert. 179

Wichtig sind hier insbesondere die Konstellationen der „**Scheingeschäfte**" – zum einen für den Fall der wirtschaftlichen Identität von Käufer und Verkäufer (sog. „wash sales"), zum anderen für Fälle, in denen Käufer und Verkäufer zwar nicht personengleich, das Geschäft aber aufgrund einer Absprache ausgeführt wurde (sog. „matched orders") oder auch einige Techniken im Bereich des High Frequency Trading.[266] 180

Ausdrücklich erwähnt § 4 Abs. 3 MaKonV zwei Fallgruppen sonstiger Täuschungshandlungen (das sog. „Cornering" und „Scalping"): 181
– Für eine Täuschungshandlung reicht es aus, wenn eine marktbeherrschende Stellung gesichert wird, aufgrund derer faktisch – ohne dass dies bezweckt sein müsste – die Preisbildung kontrolliert wird (**„Cornering"**).[267]

---

[259] Zur Anwendung auf Aktienoptionen *Merkner* BKR 2003, 733 ff.
[260] Dazu bereits *Diekmann/Sustmann* NZG 2004, 929, 936.
[261] Vgl. *Sorgenfrei* in Park Teil 3 § 39 WpHG Rn. 118; *Rübenstahl/Tsambikakis* in Volk § 23 Rn. 8; *Arlt,* Der strafrechtliche Anlegerschutz vor Kursmanipulation, 2004, 286 f.
[262] S. zB den Kodex der Deutschen Vereinigung für Finanzanalyse und Asset Management e.V. (DVFA), abrufbar unter www.dvfa.de.
[263] Vgl. bereits *Johannes Semler/Wagner* NZG 2003, 553.
[264] Dazu *Sorgenfrei* in Park Teil 3 § 39 WpHG Rn. 186 ff.; *Schröder* in Achenbach/Ransiek Teil 10 Kap. 2 Rn. 61 ff.
[265] Dazu *Schröder* in Achenbach/Ransiek Teil 10 Kap. 2 Rn. 62 ff. mwN.
[266] Dazu *Hohn* in Momsen/Grützner Kap. 6 B Rn. 98.
[267] Vgl. *Sorgenfrei* in Park Teil 3 § 39 WpHG Rn. 210 ff.

– Unter **„Scalping"** ist ein Verhalten zu verstehen, bei dem der Täter („Scalper") eine Empfehlung für den Erwerb oder die Veräußerung von Wertpapieren abgibt, um dadurch die erhoffte Kursbeeinflussung für eigene Wertpapiertransaktionen auszunutzen.[268] Lange war die rechtliche Einordnung des Scalping umstritten, da es sich im Grenzbereich zwischen Insidergeschäft und Kursmanipulation bewegt.[269] Jedoch bereits der BGH wertete in einer Grundsatzentscheidung aus dem Jahr 2003[270] das „Scalping" nicht als Insidergeschäft, sondern als Kurs- und Marktpreismanipulation.

d) Safe Harbour Regelung

182 § 20 Abs. 3 WpHG enthält die **Festlegung marktkonformer Handlungen,** sog. „safe harbours", die keinen Verstoß gegen § 20a Abs. 1 WpHG darstellen sollen. Darunter fallen öffentliche **Rückkaufprogramme** sowie vor allem Stabilisierungsmaßnahmen zur Stützung des Börsen- oder Marktpreises im Rahmen der Emission von Wertpapieren **(Kurspflege),** wenn diese jeweils in Übereinstimmung mit der **EG-Durchführungsverordnung** Nr. 2273/2003 vom 22.12.2003 (ABl. L 336) erfolgen.[271] Unter anderem sind Stabilisierungsmaßnahmen (dazu Art. 8 ff. VO (EG) Nr. 2273/2003) vorher anzukündigen, dürfen maximal zum Emissionspreis durchgeführt werden, unterliegen zeitlichen Schranken (Zeitraum von 30 Tagen), und ihre tatsächliche Durchführung muss anschließend veröffentlicht werden. Eine Mehrzuteilung von Wertpapieren ist zulässig. Die Art. §§ 3 ff. VO (EG) Nr. 2273/2003 regeln zudem legitime Zwecke und den Ablauf von Rückkaufprogrammen.[272]

3. Kapitalanlagebetrug

183 Bedeutung erlangt auch der Straftatbestand des **Kapitalanlagebetrugs nach § 264a StGB,**[273] der ein wirtschaftsstrafrechtlicher Sondertatbestand im Vorfeld des Betrugs nach § 263 StGB darstellt.[274]

184 § 264a StGB dient dem Schutz des Kapitalanlegers vor möglichen Schäden **durch falsche und unvollständige Prospektangaben**[275] und ist damit das strafrechtliche Gegenstück zur zivilrechtlichen Prospekthaftung und Schutzvorschrift iSd § 823 Abs. 2 BGB.[276]

185 **Tauglicher Täter** kann im Grundsatz jeder sein, vorausgesetzt die Täuschungshandlung steht gemäß § 264a Abs. 1 Nr. 1 StGB im Zusammenhang mit dem Vertrieb von Wertpapieren, wobei in diesem Zusammenhang Kapitalmarktpapiere und keine Zahlungswertpapiere (zB Schecks) gemeint sind.[277] Für **Vorstandsmitglieder** kann dies zB der Fall sein, wenn sie an Herstellung eines fehlerhaften Prospekts mitgewirkt haben.[278]

186 § 264a Abs. 1 Nr. 1 StGB kennt zwei Täuschungshandlungen: das Machen unrichtiger Angaben oder das Verschweigen nachteiliger Tatsachen.

---

[268] Zu den Einzelheiten *Hohn* in Momsen/Grützner Kap. 6 B Rn. 102 mwN.
[269] *Lenenbach* ZIP 2003, 243; *Fleischer* DB 2004, 51; *Pananis* NStZ 2004, 287.
[270] BGH NJW 2003, 302.
[271] Dazu umfassend *Sorgenfrei* in Park Teil 3 § 39 WpHG Rn. 216 ff.; *Schröder* in Achenbach/Ransiek Teil 10 Kap. 2 Rn. 72 ff.
[272] S. auch *Sorgenfrei* in Park Teil 3 § 39 WpHG Rn. 225 ff.
[273] Dazu *Joecks* in Achenbach/Ransiek Teil 10 Kap. 1; sowie *Tiedemann/Vogel* in LK § 264a StGB Rn. 1 ff.; s. auch *Park* in Park Teil 3 § 264a StGB Rn. 1 ff.; *Wohlers* in MüKoStGB § 264a Rn. 1 ff.
[274] Zum Verhältnis der beiden Tatbestände *Fischer* § 264a StGB Rn. 3, 24; *Wohlers* in MüKoStGB § 264a Rn. 9.
[275] Dazu *Joecks* in Achenbach/Ransiek Teil 10 Kap. 1 Rn. 1; s. auch die Strafvorschrift § 49 iVm § 26 Abs. 1 BörsG mit dem Verbot der „Verleitung zu Börsenspekulationsgeschäften", dazu *Park* in Park Teil 3 § 49 BörsG Rn. 323 ff., oder auch die Strafvorschrift zur „strafbaren Werbung" nach § 16 UWG, dazu *Ebert-Weidenfeller* in Achenbach/Ransiek Teil 3 Kap. 3.
[276] S. auch *Worms* in Assmann/Schütze 317 ff.; *Fischer* § 264a StGB Rn. 2.
[277] Vgl. *Fischer* § 264a StGB Rn. 6; *Lackner/Kühl* § 264a StGB Rn. 6.
[278] Vgl. *Park* BB 2001, 2069, 2074; *Wohlers* in MüKoStGB § 264a Rn. 65.

C. Spezialgesetzliche Strafvorschriften

a) Das Machen unrichtiger Angaben

Erste Täuschungshandlung ist das Machen unrichtiger Angaben.[279] Unrichtig sind die Angaben, wenn sie mit der Wirklichkeit nicht übereinstimmen.[280] Erfasst werden hierbei nur vorteilhafte, keine abwertenden Angaben.[281]

b) Das Verschweigen nachteiliger Tatsachen

Das Verschweigen nachteiliger Tatsachen setzt die Unterdrückung von Tatsachen voraus, deren Kenntnis geeignet wäre, den Anleger von der Entscheidung für die Anlage abzuhalten.[282]

Voraussetzung ist aber eine **besondere Aufklärungspflicht.**[283] Im Gegensatz zu § 264 StGB (Subventionsbetrug) gibt das Gesetz keine näheren Hinweise auf die Quellen möglicher Aufklärungspflichten.[284] Zur notwendigen sachlichen Begrenzung ist diese Aufklärungspflicht **unabhängig von außerstrafrechtlichen (handels-, gesellschafts-, steuerrechtlichen) Informationspflichten** über die Kapitalanlage zu bestimmen.[285]

Eine Konkretisierung der **mitteilungspflichtigen Tatsachen** lässt sich in Anlehnung an die anlageerheblichen Tatsachen vornehmen.[286]

c) In Prospekten, Darstellungen oder Übersichten über den Vermögensstand

Unter Prospekt im Sinne der Vorschrift fällt jedes Schriftstück, das die für die Beurteilung der Anlage erheblichen Angaben enthält oder den Eindruck eines solchen Inhalts erweckt.[287] Insbesondere ist eine **gewisse Vollständigkeit des Prospekts** erforderlich.[288]

Darstellungen können auch mündliche Äußerungen oder solche auf Bild- und Tonträgern sein.[289]

Übersichten über den Vermögensstand sind Vermögensübersichten im Sinne des Aktienrechts (→ Rn. 69 ff. zu § 400 Abs. 1 Nr. 1 AktG).

d) Gegenüber einem größeren Kreis von Personen

Weiterhin ist erforderlich, dass die unrichtigen bzw. nachteiligen Angaben gegenüber einem größeren Kreis von Personen gemacht oder verschwiegen worden sind. Ausgeschlossen sind damit Fehlinformationen gegenüber Einzelpersonen,[290] wenngleich diese eventuell unter den Betrugstatbestand nach § 263 StGB fallen könnten.

e) Im Zusammenhang mit dem Vertrieb von Wertpapieren oder dem Erhöhungsangebot

Die gemachten oder verschwiegenen Informationen müssen zudem entweder nach Nr. 1 im Zusammenhang mit dem Vertrieb von Wertpapieren (unter anderem Aktien),[291]

---

[279] Dazu *Joecks* in Achenbach/Ransiek Teil 10 Kap. 1 Rn. 36 ff.; *Wohlers* in MüKoStGB § 264a Rn. 32 ff.
[280] *Park* in Park Teil 3 § 264a StGB Rn. 188; differenzierend *Joecks* in Achenbach/Ransiek Teil 10 Kap. 1 Rn. 41 f. unter Betonung der „kaufmännischen Vertretbarkeit".
[281] Vgl. *Park* in Park Teil 3 § 264a StGB Rn. 188; *Cramer/Perron* in Schönke/Schröder § 264a StGB Rn. 25.
[282] Vgl. *Tiedemann/Vogel* in LK § 264a StGB Rn. 85 ff.; *Joecks* in Achenbach/Ransiek Teil 10 Kap. 1 Rn. 46 ff., beide mwN; *Lackner/Kühl* § 264a Rn. 12.
[283] S. nur *Tiedemann/Vogel* in LK § 264a StGB Rn. 85 ff.; *Joecks* in Achenbach/Ransiek Teil 10 Kap. 1 Rn. 48.
[284] Mit dem Verweis in § 264 Abs. 1 Nr. 3 StGB auf außerstrafrechtliche Normen, zB auf das Subventionsgesetz.
[285] Vgl. *Tiedemann/Vogel* in LK § 264a StGB Rn. 85 ff.; *Joecks* in Achenbach/Ransiek Teil 10 Kap. 1 Rn. 49 f.; ebenso *Park* in Park Teil 3 § 264a StGB Rn. 189.
[286] Vgl. *Tiedemann/Vogel* in LK § 264a StGB Rn. 88.
[287] Vgl. *Tiedemann/Vogel* in LK § 264a StGB Rn. 57; *Cramer/Perron* in Schönke/Schröder § 264a StGB Rn. 18.
[288] Vgl. *Joecks* in Achenbach/Ransiek Teil 10 Kap. 1 Rn. 27; differenzierend *Tiedemann/Vogel* in LK § 264a StGB Rn. 57 f.
[289] Vgl. *Tiedemann/Vogel* in LK § 264a StGB Rn. 61; *Park* in Park § 264a StGB Rn. 210; *Wohlers* in MüKoStGB § 264a Rn. 52.
[290] Vgl. *Lackner/Kühl* § 264a StGB Rn. 11, *Wohlers* in MüKoStGB § 264a Rn. 54.
[291] Einzelheiten bei *Tiedemann/Vogel* in LK § 264a StGB Rn. 29 ff.

Bezugsrechten oder von Anteilen stehen, die eine Beteiligung an dem Ergebnis eines Unternehmens gewähren sollen. Oder sie müssen nach Nr. 2 in Zusammenhang mit dem Angebot stehen, die Einlage auf solche Anteile zu erhöhen. Unter den Vertrieb von Wertpapieren fällt der Absatz von Kapitalanlageobjekten, aber auch Werbe- und Angebotsaktionen für Anlageobjekte.[292]

196 Mit der Einbeziehung des **Angebots, die Einlage zu erhöhen** (Nr. 2), wird der Anwendungsbereich des § 264a StGB auch auf die Erhöhung bereits vorhandener Beteiligungen (iSd Nr. 1) erweitert.[293]

f) Erheblichkeit für die Anlageentscheidung

197 Die gemachten oder verschwiegenen Informationen müssen sich schließlich auf Umstände beziehen, die für die Entscheidung des Anlegers erheblich sind.[294] In der Praxis wird man sich an den Grundsätzen der Rechtsprechung zur zivilrechtlichen Prospekthaftung[295] sowie an den im Rahmen der Anlageberatung entwickelten Mindestvoraussetzungen für Prospekte orientieren können.[296]

198 Dazu gehören insbesondere:[297]
– Angaben über die Herausgeber des Prospekts;
– Angaben zum Ertragsrisiko;
– die Beschreibung der Kapitalanlage;
– Angaben über die rechtlichen Verhältnisse;
– Angaben über wesentliche Vertragspartner etc.

IV. Untreue

199 Der **Straftatbestand** der Untreue nach § 266 StGB ist zu einem der wichtigsten Wirtschaftsstraftatbestände der heutigen Zeit geworden, wobei auch das öffentliche Interesse aufgrund der vielfach prominenten Stellung der Beschuldigten besonders groß ist,[298] man denke hier zB an das bereits oben erwähnte Mannesmann-Verfahren[299] (→ Rn. 6 ff.) oder an die Parteispendenaffären.[300] Trotz des generalklauselartigen Charakters der Norm hat das BVerfG in zwei Entscheidungen in jüngster Vergangenheit den Tatbestand und die Anwendungspraxis für verfassungsgemäß erklärt.[301] Geschützt wird nach hM (nur) das Vermögen des Treugebers, dh im Unternehmenszusammenhang das Vermögen des Unternehmens als juristische Person, dessen Vermögensinteressen der Treunehmer zu betreuen hat.[302]

1. Voraussetzungen

200 Wegen **Untreue** macht sich strafbar, wer die ihm eingeräumte Befugnis, über fremdes Vermögen zu verfügen, missbraucht oder die ihm obliegende Pflicht, fremde Vermögensinteressen wahrzunehmen, verletzt und dadurch einen Vermögensschaden verursacht.[303]

---

[292] Vgl. *Joecks* in Achenbach/Ransiek Teil 10 Kap. 1 Rn. 31; *Lackner/Kühl* StGB § 264a Rn. 7.
[293] *Joecks* in Achenbach/Ransiek Teil 10 Kap. 1 Rn. 32.
[294] Einzelheiten bei *Tiedemann/Vogel* in LK StGB § 264a Rn. 88 ff., 52 ff.; *Joecks* in Achenbach/Ransiek Rn. 46 ff.; dazu auch *Fischer* StGB § 264a Rn. 16; *Lackner/Kühl* StGB § 264a Rn. 13.
[295] BVerfG NJW 2008, 1726; *Ellenberger*, Prospekthaftung im Wertpapierhandel, 2001.
[296] Dazu *Vortmann*, Prospekthaftung und Anlageberatung, 2000; BT-Drs. 10/5058.
[297] Dazu *Joecks* in Achenbach/Ransiek Teil 10 Kap. 1 Rn. 28, 65; *Tiedemann/Vogel* in LK StGB § 264a Rn. 75 ff.
[298] *Schramm* in Momsen/Grützner Kap. 5 B Rn. 1 mwN. Eine Übersicht prominenter Fälle findet sich bei *Saliger* in Satzger/Schmitt/Widmaier StGB § 266 Rn. 5.
[299] S. auch *Ransiek* NJW 2006, 814; *Götz* NJW 2007, 419.
[300] Umfassend zur Fallgruppe der „Parteienuntreue" *Saliger*, Parteiengesetz und Strafrecht, 2005.
[301] BVerfG NStZ 2009, 560; BVerfGE 126, 170 = NJW 2010, 3209; dazu auch *Schramm* in Momsen/Grützner Kap. 5 B Rn. 14 ff.; ausführlich zu den aktuellen Problemfeldern *Bittmann* wistra 2013, 449 ff.
[302] Vgl. BGHSt 8, 254; BGH NJW 2000, 154, 155; *Schramm* in Momsen/Grützner Kap. 5 B Rn. 2 f.
[303] ausführlich zur Untreuestrafbarkeit *Matt* in Matt/Renzikowski StGB § 266; s. auch *Dierlamm* in MüKoStGB § 266.

C. Spezialgesetzliche Strafvorschriften

a) Vermögensbetreuungspflicht

Eine Untreuestrafbarkeit setzt zunächst voraus, dass der Täter **fremde Vermögensinte-** **201** **ressen** zu betreuen hat (Vermögensbetreuungspflicht).[304] Diese Pflichtstellung kann aus verschiedenen Rechtsbeziehungen entstehen, wie etwa kraft Gesetzes oder Rechtsgeschäfts etc.[305]

In vielen Fällen mag es streitig sein, wer überhaupt **Treuepflichtiger** und damit taugli- **202** cher Täter iSd § 266 StGB ist. Bei den Organen juristischer Personen, zu denen auch der **Vorstand einer AG** gehört, ist das unproblematisch, denn sie sind verpflichtet, die Interessen der Gesellschaft nach § 93 AktG wahrzunehmen.[306] Eine Ausnahme wird nur dann angenommen, wenn es um das Eintrittsrecht ihnen gegenüber geht,[307] oder wenn es um ihre eigenen Vertragsangelegenheiten (Stichwort: Bezüge) gegenüber der juristischen Person geht.[308]

Schwieriger ist der Fall, wenn jemand zwar keine formelle Organstellung besitzt, aber **203** trotzdem tatsächlich Organaufgaben wahrnimmt, so etwa, wenn jemand erheblichen Einfluss auf die Vermögensgeschäfte eines Unternehmens hat (Stichwort: **„faktischer Geschäftsführer bzw. Vorstand"**; → Rn. 18).[309] Die rein tatsächliche Wahrnehmung von Organaufgaben reicht dazu noch nicht aus; hinzukommen muss das Einverständnis des Vermögensinhabers oder des geschäftsführenden Gremiums und eine überragende Stellung oder zumindest das deutliche Übergewicht gegenüber dem formellen Geschäftsführer.[310]

b) Missbrauchs- und Treubruchstatbestand

Die Vorschrift kennt **zwei Begehungsformen:** den Missbrauch und den Treubruch.[311] **204**

aa) Missbrauchstatbestand (Alt. 1). Der Missbrauchstatbestand befasst sich mit dem **205** **nach außen wirksamen rechtsgeschäftlichen Handeln des Täters.**[312] Der Täter missbraucht dabei eine ihm eingeräumte Vertretungsbefugnis. Er überschreitet rechtsmissbräuchlich das rechtliche Dürfen (Innenverhältnis) im Rahmen des rechtlichen Könnens (Außenverhältnis).[313]

bb) Treubruchstatbestand (Alt. 2). Im Gegensatz zum Missbrauchstatbestand muss der **206** Tatbestand des Treubruchs nicht auf einem rechtlichen Verhältnis, sondern kann auch auf einem **tatsächlichen Verhältnis** beruhen.[314] Erfasst wird zunächst **jedes beliebiges vermögensrelevantes Verhalten;**[315] allerdings ist auch hier erforderlich, dass der Täter im Rahmen des Treueverhältnisses **fremde Vermögensinteressen zu betreuen hat** (Vermögensbetreuungspflicht).[316]

c) Schwerwiegende Pflichtverletzung

Es führt nicht jede gesellschaftsrechtliche Pflichtverletzung zu einer Untreuestrafbarkeit **207** nach § 266 StGB. Erforderlich ist – wie bereits dargestellt (→ Rn. 8 ff.) – vielmehr eine

---

[304] Dazu *Dierlamm* in MüKoStGB § 266 Rn. 30 ff.
[305] *Fischer* StGB § 266 Rn. 14 ff.; umfassend *Dierlamm* in MüKoStGB § 266 Rn. 26 ff.
[306] Vgl. auch § 94 AktG für den stellvertretenden Vorstand; *Schünemann* in LK StGB § 266 Rn. 126 mwN; s. auch *Seier* in Achenbach/Ransiek Teil 5 Kap. 2 Rn. 226 ff.; *Dierlamm* in MüKoStGB § 266 Rn. 82.
[307] BGH NJW 1988, 2483.
[308] So etwa im Mannesmann-Verfahren; deshalb war das begünstigte Vorstandsmitglied nur Gehilfe (→ Rn. 234 ff.); allgemein dazu *Seier* in Achenbach/Ransiek Teil 5 Kap. 2 Rn. 226.
[309] S. auch *Beukelmann* in Volk § 18 Rn. 35 ff.
[310] So BGH WM 2013, 266; BGHSt 46, 62, 64 f. = WM 2000, 1515; *Schünemann* in LK StGB § 266 Rn. 125b; *ders.* Organuntreue 15 f.
[311] Zum Verhältnis der beiden *Schünemann* in LK StGB § 266 Rn. 25 ff.; zur Untreue durch Unterlassen *Seier* in Achenbach/Ransiek Teil 5 Kap. 2 Rn. 38 ff. mwN.
[312] Vgl. *Zieschang* in Park Teil 3 § 266 StGB Rn. 8, 14.
[313] BGHSt 5, 61, 63; BGH StV 2002, 137.
[314] Vgl. *Dierlamm* in MüKoStGB § 266 Rn. 137.
[315] Vgl. *Zieschang* in Park Teil 3 § 266 StGB Rn. 32.
[316] Vgl. *Lackner/Kühl* StGB § 266 Rn. 11.

"schwerwiegende Pflichtverletzung" einer Norm, die eine, wenn auch nur mittelbare, **Vermögensrelevanz** aufweist.

d) Vermögensnachteil

208 Weitere Voraussetzung der Untreue ist, dass Missbrauch oder Treubruch zu einem Vermögensnachteil, sprich **Vermögensschaden,** geführt haben.[317] Dieser ist im Wege einer **Gesamtsaldierung** des betreuten Vermögens vor und nach der Tathandlung zu ermitteln.[318] Eine **Kompensation von Schäden durch zugleich erlangte Vorteile** ist möglich, vorausgesetzt, dass beide durch das selbe pflichtwidrige Verhalten verursacht worden sind.[319] Ein Schaden kann dabei grundsätzlich auch in einer unterlassenen Vermögensmehrung liegen, wobei dabei eine restriktive Beurteilung erforderlich ist, da der Zweck des Untreuetatbestandes nicht in dem Streben nach Gewinnmaximierung, sondern im Verbot der pflichtwidrigen Nachteilszufuhrung liegt.[320]

209 Die Rechtsprechung sieht – obwohl oder gerade weil es keine Versuchsstrafbarkeit gibt – bereits in der sog. **schadensgleichen Vermögensgefährdung** einen endgültigen Vermögensschaden.[321] Vor allem, aber nicht nur, führt dies in den sog. Kreditvergabefällen (Risikogeschäften) zu erheblichen Strafbarkeitsrisiken (→ Rn. 215 ff. zu Risikogeschäften; → Rn. 238 ff. zu schwarzen Kassen). Diese Strafbarkeitsvorverlagerung bedarf – nach herrschendem Verständnis – einer Einschränkung. Umstritten ist dabei zwischen den Senaten des BGH, wie eine solche Beschränkung zu erfolgen hat.[322] Der II. und V. Strafsenat befürworten eine Begrenzung im Rahmen des subjektiven Tatbestands, indem sie – ausgehend vom II. Strafsenat – fordern, dass der Täter nicht nur in Kenntnis von der konkreten Möglichkeit des Schadenseintritts handelte und diese Gefahr in Kauf nahm, sondern dass der Täter vielmehr auch die Realisierung der Gefahr billigend in Kauf genommen hat.[323] Diesem Verständnis hat sich der I. Strafsenat hingegen nicht angeschlossen.[324] Zur Berechnung des Schadens bei einer schadensgleichen Vermögensverfügung → Rn. 215 ff.

210 Im Rahmen von sog. **Kick-Backs bei Schmiergeldzahlungen,** dh in Fällen, in denen der Täter von einem Dritten ein „Schmiergeld" erhält, dieses aber wirtschaftlich aus dem Vermögen seines Unternehmens (Treugeber) stammt, ist für die Bejahung eines Vermögensschadens genau zu prüfen, ob die Vertragsbeziehung zwischen dem Unternehmen und dem Dritten zu marktüblichen oder höheren Preisen abgerechnet wurde.[325] Neben einer möglichen Untreuestrafbarkeit können in diesen Fällen auch die Bestechungsdelikte nach §§ 299 ff. StGB einschlägig sein.

2. Wichtige Leitentscheidungen zur strafbaren Untreue

a) Untreue durch Sponsoring

211 Unternehmen betätigen sich auf vielfältige Weise im Bereich der Sport- oder Kulturförderung. Dies ist grundsätzlich gesellschaftlich nicht nur akzeptiert, sondern auch ge-

---

[317] Vgl. *Dierlamm* in MüKoStGB § 266 Rn. 167 ff.; *Seier* in Achenbach/Ransiek Teil 5 Kap. 2 Rn. 166 ff.
[318] Vgl. *Dierlamm* in MüKoStGB § 266 Rn. 168 ff.; dazu auch BGH NJW 2011, 88 mit Anm. *Bittmann*.
[319] Vgl. *Lackner/Kühl* StGB § 266 Rn. 17b; *Dierlamm* in MüKoStGB § 266 Rn. 206 f.
[320] Dazu BGHSt 31, 232, 234; *Beukelmann* in Volk § 18 Rn. 101 ff.
[321] Vgl. BGHSt 44, 376; *Fischer* § 266 StGB Rn. 150 ff.; diese Schadenskategorie wurde grundsätzlich auch vom BVerfG für verfassungsgemäß erklärt, vgl. BVerfG NStZ 2009, 560.
[322] Vgl. dazu *Fischer* StraFo 2008, 269 ff.; *Nack* StraFo 2008, 277 ff.; *Rönnau*, FS Rissing-van Saan, 2011, 517 ff.
[323] Vgl. BGHSt 51, 100 = NJW 2007, 1760; BGH NStZ 2007, 704; BGHSt 52, 182 = NJW 2008, 1827.
[324] Vgl. BGH NJW 2008, 2451; zur Kritik in der Literatur an der Ansicht des II. und V. Senats auch *Schramm* in Momsen/Grützner Kap. 5 B Rn. 141 der eine Einschränkung im objektiven Tatbestand für überzeugender erachtet; dazu auch *Perron* NStZ 2008, 517 ff.
[325] Ausführlich dazu *Schramm* in Momsen/Grützner Kap. 5 B Rn. 147 f.; *Beukelmann* in Volk § 18 Rn. 91 ff.

wünscht.³²⁶ In der grundlegenden **„Sponsoring"-Entscheidung** des BGH von 2001³²⁷ ging es – vereinfacht – um folgenden Sachverhalt: Angeklagt waren der Vorstandsvorsitzende einer landeseigenen Gesellschaft und der frühere Umwelt- und Verkehrsminister des Landes Baden-Württemberg, der zugleich Präsident des Sportvereins SSV Reutlingen war. In seiner Eigenschaft als Minister sollte er turnusgemäß Aufsichtsratsvorsitzender der landeseigenen Gesellschaft werden. Der Minister veranlasste den Vorstandsvorsitzenden zu mehreren Geldspenden an den SSV Reutlingen, wobei der Vorstandsvorsitzende wie folgt verfuhr: Er ließ von der Hauptkasse die Beträge auf die Sekretariatskasse überweisen, die nicht über die Hauptbuchhaltung lief. Über die Sekretariatskasse hob der Vorstandsvorsitzende das Geld in bar ab und übergab es in bar in einem Umschlag an seinen (späteren) Aufsichtsratsvorsitzenden. Bei der rechtlichen Würdigung geht der BGH ausführlich auf die gesellschaftsrechtlich zulässigen Formen des Sponsoring ein. Der Erfolg von Imagewerbung sei nicht kontrollierbar. Der Vorstand habe daher einen gerichtlich nicht überprüfbaren Ermessensspielraum, abgeleitet aus der Leitungsbefugnis des Vorstands. Dieser nicht überprüfbare Ermessensspielraum findet seine äußere Grenze jedoch in der Sorgfalt eines pflichtbewussten Unternehmers.

Sodann folgen die **Einschränkungen:** Bei Zweifeln oder Vorlieben des einzelnen Vorstandsmitglieds – also hier auch wieder die ausdrückliche Erwähnung des eigenen Interesses – könne ein Vorstandsmitglied nicht allein entscheiden, und zwar auch dann nicht, wenn es nach der internen Geschäftsverteilung eigentlich zuständig wäre. Die Verpflichtung zur Offenheit gegenüber den Gesellschaftsorganen folge aus der Gesamtverantwortung des Vorstands für die Geschäftsleitung und der nicht delegierbaren Pflicht des Vorstands zur Selbstkontrolle. Nicht jede gesellschaftsrechtliche Pflichtverletzung soll jedoch ausreichend sein, **sondern sie muss** – wie bereits mehrfach erwähnt – **gravierend sein** (zu den einzelnen Aspekten → Rn. 10 ff.). Eine solche gravierende Pflichtverletzung wurde im konkreten Fall bejaht, da die Sponsoringausgaben verschleiernd wurden. Die Zahlungen wurden nicht in der Hauptbuchhaltung verbucht, sondern erfolgten über Barabhebungen in der Sekretariatskasse. Die anderen Vorstands- und Aufsichtsratsmitglieder waren über die Zahlungen nicht informiert. Zu der Fallgestaltung der „schwarzen Kassen" → Rn. 238 ff.

Ergänzend ist die **EnBW/WM-Karten-Entscheidung** des BGH aus dem Jahr 2008³²⁸ zu beachten. Hier ging es darum, dass der Vorstandsvorsitzende der EnBW, die nationaler Hauptsponsor der Fußball WM 2006 in Deutschland war, verschiedenen Landesministern sowie Staatssekretären aus dem Bundesumweltministerium Eintrittskarten für WM-Spiele übersandte. Von BGH zu entscheiden war dabei, welche konkreten Anforderungen an die sog. Unrechtsvereinbarung im Rahmen der **Korruptionsdelikte nach §§ 331 ff. StGB** zu stellen sind. Die Karten stellten nach Ansicht des BGH einen „Vorteil" iSd § 333 StGB dar, da der Besuch auch der Befriedigung eines persönlichen Interesses, vor allem da auch Begleitpersonen eingeladen waren, diente. Der BGH verneinte allerdings die notwendige Unrechtsvereinbarung im konkreten Fall, da nicht klar war, ob zwischen dem Vorteil (Eintrittskarten) und der Dienstausübung (positive Entscheidungen für EnBW) ein Gegenseitigkeitsverhältnis in dem Sinne bestand, dass der Vorteil nach dem Einverständnis der Beteiligten seinen Grund gerade in der Dienstausübung hatte.³²⁹

Verallgemeinert kann festgehalten werden, dass Sponsoringkonzepte zwar akzeptiert sind, allerdings in strafrechtlicher Hinsicht unter Umständen sowohl eine Untreuestrafbarkeit begründen, als auch einen korruptiven Charakter aufweisen können.³³⁰

---

³²⁶ Vgl. *Schramm* in Momsen/Grützner Kap. 5 B Rn. 57.
³²⁷ BGHSt 47, 187 = NJW 2002, 1585 mit Anm. *Beckemper* NStZ 2002, 324; vgl. auch *Otto*, FS Kohlmann, 2003, 187; *Dierlamm* in MüKoStGB § 266 Rn. 145 ff., 211.
³²⁸ BGHSt 53, 6 = NJW 2008, 3580 mit Anm. *Greeve* CCZ 2009, 76.
³²⁹ Dazu auch *M. Jahn* JuS 2009, 176 ff.
³³⁰ Vgl. auch *Schramm* in Momsen/Grützner Kap. 5 B Rn. 57.

b) Untreue durch riskante Kreditvergabe

215 Der BGH hatte sich in zwei Entscheidungen von 2000[331] und 2001[332] umfänglich mit der Frage befasst, wann in einer Kreditvergabe eine Untreue zu sehen ist.[333] Ausgangspunkt war dabei, dass eine Kreditvergabe immer risikobehaftet ist. Der BGH verlangte deshalb eine **sorgfältige Abwägung der Chancen und Risiken auf der Grundlage umfassender Information.** Wörtlich führt der BGH aus: „Ist die Abwägung sorgfältig vorgenommen worden, kann eine Pflichtverletzung iSd § 266 StGB nicht deshalb angenommen werden, weil das Engagement später notleidend wird".[334] Die „Grundlage umfassender Information" ist für den BGH die Einhaltung der Prüfungs- und Informationspflichten nach § 18 KWG, wobei er betont, dass nicht jede Pflichtverletzung zugleich eine strafrechtliche Untreue darstellt. Sofern auf andere Art und Weise eine gleichwertige Unterrichtung erfolgt, kann eine Pflichtwidrigkeit iSd § 266 StGB entfallen.[335]

216 In dem ersten zu entscheidenden Fall (von 2000) hatte der Vorstand sich nicht den Jahresabschluss vorlegen lassen, sondern die Kreditentscheidung lediglich auf ein Schreiben des Steuerberaters gestützt. Das hat der BGH nicht als gravierende Pflichtverletzung bewertet. Der BGH gibt dabei auch einen **Katalog von tatsächlichen Anhaltspunkten,** die darauf hindeuten können – nicht müssen –, dass die Risikoprüfung nicht ausreichend vorgenommen worden ist.

217 Der BGH sieht eine möglicherweise **nicht ausreichende Risikoprüfung** als gegeben an, wenn[336]
– die Informationspflichten vernachlässigt wurden;
– die Entscheidungsträger nicht die erforderliche Befugnis besaßen;
– im Zusammenhang mit der Kreditgewährung unrichtige oder unvollständige Angaben gegenüber Mitverantwortlichen oder zur Aufsicht befugten oder berechtigten Personen gemacht werden;
– die vorgegebenen Zwecke nicht eingehalten wurden;
– die Höchstkreditgrenzen überschritten wurden;
– die Entscheidungsträger eigennützig handelten.

218 In dem zweiten Fall (von 2001) hat der BGH den Freispruch der Angeklagten aufgehoben und eine **gravierende Pflichtverletzung** deshalb **bejaht,** weil[337]
– der Kreditnehmer erkennbar persönlich unzuverlässig war;
– die von der Steuerberaterin vorgelegte falsche Vermögensaufstellung nicht im Detail geprüft worden ist;
– Zusatzkredite, beispielsweise über 15 Mio. DM vom Vorstand teilweise in Eilbeschlüssen, teilweise zunächst „blanko" und teilweise zur Rückführung von Überziehungen bewilligt worden waren. Nachdem das Kreditengagement auf insgesamt 82 Mio. DM angewachsen war, entschieden die Gremien der Sparkasse 1995, das Kreditengagement nicht weiter zu erhöhen. Der für das Firmenkundengeschäft zuständige Vorstand reichte gleichwohl weitere Kredite aus, in denen andere Personen zum Schein als Kreditnehmer auftraten.

219 Aus dem Urteil ergibt sich auch, dass der für die Kreditvergabe zuständige Vorstand offenbar Bauhandwerkleistungen des Kreditnehmers erhalten hatte.

220 Die **Verstöße gegen die Prüfungspflichten waren gravierend;** die Kreditvergaben verstießen zum Teil gegen die intern getroffenen Entscheidungen; im Zusammenhang mit der Kreditgewährung wurden unrichtige Angaben gemacht (Austausch des Kreditnehmers) und schließlich besaß der zuständige Vorstand nicht die erforderliche Entscheidungsbefugnis.

---

[331] BGHSt 46, 30 = NJW 2000, 2364.
[332] BGHSt 47, 148 = NJW 2002, 1211.
[333] Dazu *Kiethe* WM 2003, 861; *Knauer* NStZ 2002, 399; *Dierlamm* in MüKoStGB § 266 Rn. 196 ff.; s. auch *Feigen*, FS Rudolphi, 2004, 445.
[334] BGH NJW 2000, 2365.
[335] Dazu *Schramm* in Momsen/Grützner Kap. 5 B Rn. 70.
[336] BGH NJW 2000, 2365.
[337] BGH NJW 2002, 1213.

C. Spezialgesetzliche Strafvorschriften 221–227 § 12

Gerade bei diesen **Risikogeschäften** führt die Bejahung einer schadensgleichen Vermögensgefährdung im Zeitpunkt der Kreditvergabe dazu, dass in diesem Zeitpunkt bereits ein endgültiger Vermögensnachteil iSd § 266 StGB eingetreten ist, da ein ungesicherter Kredit minderwertig ist. Sollte es **später** dennoch zu einer **vollständigen Rückzahlung** kommen, so kann dies eine **Strafbarkeit nicht mehr ausschließen,** Dieser Umstand kann lediglich – sofern das Strafverfahren noch nicht abgeschlossen ist – in der konkreten Strafzumessung zugunsten des Täters berücksichtigt werden.   **221**

Das BVerfG bestätigte in seinen beiden Entscheidungen aus dem Jahr 2009[338] und 2010[339] diese – mittlerweile ständige – Rechtsprechung des BGH dem Grunde nach. Allerdings stellt das BVerfG in seiner Entscheidung aus dem Jahr 2010 klar, dass ein Vermögensschaden neben dem Pflichtwidrigkeitsmerkmal eine eigenständige Bedeutung besitzt (sog. **Verschleifungsverbot**). Im Rahmen einer schadensgleichen Vermögensgefährdung muss zudem der **Schaden der Höhe nach konkret beziffert** werden (ggf. unter der Zuhilfenahme von Sachverständigen). Bei Zweifelsfällen sei ein Mindestschaden im Wege der Schätzung zu ermitteln.[340]   **222**

c) GmbH-Untreue

Ein sog. **tatbestandsausschließendes Einverständnis** durch die Gesellschafter,[341] das eine Strafbarkeit entfallen lässt, erkennt der BGH grundsätzlich an.[342] Das Einverständnis muss allerdings zum Zeitpunkt der Tat gegeben sein.[343] Der BGH entschied im Kölner Müllskandal im Jahr 2010[344] zudem, dass ein Einverständnis der Gesellschafter seine tatbestandsausschließende Wirkung nur dann entfalten könne, wenn **alle Gesellschafter inhaltlich mit dem Beschlussthema** befasst waren. Stimme lediglich die Mehrheit der Gesellschafter zu, bedürfe es zwingend eines **förmlichen Beschlusses.**[345] Zudem werden weitere Einschränkungen vorgenommen: **223**

In seiner Entscheidung aus dem Jahr 1987[346] hat der BGH zunächst bekräftigt, dass Eingriffe in das Vermögen der Gesellschaft mit Zustimmung des Alleingesellschafters oder aller Gesellschafter zulässig sind, sofern dadurch nicht das Stammkapital iSv § 30 GmbHG angegriffen worden ist.[347]   **224**

Auch ohne Angriff auf das Stammkapital hat der BGH eine strafbare Untreue bejaht, wenn die Entnahme verschleiernd erfolgt, also unter Verstoß gegen die Buchhaltungspflichten. Das bedeutete, dass beispielsweise eine mit Zustimmung aller Gesellschafter erfolgte verdeckte Gewinnausschüttung als strafbare Untreue hätte verfolgt werden können, und zwar auch dann, wenn das Stammkapital unangetastet blieb.[348]   **225**

Diese Entscheidung ist kritisiert worden; sie schränkt erheblich die Einwilligungsmöglichkeit ein und nimmt eine **Verlagerung des Schutzzwecks des § 266 StGB** vom Vermögensschutz auf den **Gläubigerschutz** vor.[349]   **226**

In späteren Entscheidungen hat der BGH diese Linie daher nicht mehr weiterverfolgt[350] und klargestellt, **einverständliche Entnahmen seien an sich erlaubt, solange kein rechtswidriger Nachteil für die GmbH entstehe.** Ausdrücklich erwähnte der BGH,   **227**

---

[338] BVerfG NJW 2009, 2370.
[339] BVerfGE 126, 170 = NJW 2010, 3209 mit Anm. *Saliger* NJW 2010, 3195; *Beckemper* ZJS 2011, 88 ff.
[340] Dazu auch *Schramm* in Momsen/Grützner Kap. 5 B Rn. 23, 140; *Beukelmann* in Volk § 18 Rn. 118.
[341] Dazu *Bittmann* wistra 2013, 449, 452; *Ransiek*, FS Kohlmann, 2003, 207; s. auch *Wellkamp* NStZ 2001, 113 ff.; *Schünemann* Organuntreue 30 ff.
[342] Vgl. *Schramm* in Momsen/Grützner Kap. 5 B Rn. 74 mwN.
[343] Vgl. *Kindhäuser* in Kindhäuser/Neumann/Paeffgen StGB § 266 Rn. 66.
[344] Vgl. BGHSt 55, 266 = NJW 2010, 3458 mit Anm. *Brand*.
[345] Krit. dazu *Kindhäuser* in Kindhäuser/Neumann/Paeffgen StGB § 266 Rn. 72.
[346] BGHSt 34, 379 = NJW 1988, 1397.
[347] NJW 1988, 1397, 1399; *Dierlamm* in MüKoStGB § 266 Rn. 134.
[348] NJW 1988, 1397, 1399.
[349] Vgl. *Gribbohm* ZGR 1990, 1; *Fischer* StGB § 266 Rn. 53 mwN.
[350] BGHSt 35, 333 = NJW 1989, 112.

dass Falschbuchungen zum Zweck der Steuerhinterziehung auch nicht zu einer Untreue führen. Der BGH präzisiert: Ein solcher rechtswidriger Nachteil soll nur dann gegeben sein, wenn die Existenz der GmbH, ihre Liquidität oder besondere entgegenstehende Interessen der GmbH gefährdet sind.[351] Der BGH stellte dabei darauf ab, ob das Stammkapital entgegen § 30 GmbHG durch die Entnahmen bereits angegriffen worden ist. Tragender Gedanke dieser Rechtsprechung ist die Überlegung, dass die juristische Person ein gegenüber dem Anteilseigner selbstständiges Vermögen hat, über welches die Gesellschafter nur nach Maßgabe der gesetzlichen Vorschriften verfügen dürfen. Diese Ansicht basiert vor allem auf dem zivilrechtlichen Verständnis der gesellschaftsrechtlichen Haftung der Gesellschafter wegen Existenzgefährdungen. Nachdem sich dieses Verständnis in den letzten Jahren, vor allem aufgrund der Beschränkung der Gesellschafterhaftung durch das MoMiG im Jahr 2008, geändert hat, wurde in der strafrechtlichen Literatur teilweise gefordert, dass es auch im Rahmen des § 266 StGB keine strafbewehrtes Existenzgefährdungsverbot mehr geben dürfe.[352] Der BGH ist diesen Forderungen jedoch nicht nachgekommen und hält an seiner bisherigen Auffassung fest.[353]

d) Konzernuntreue

228   Die soeben vorgestellte Rechtsprechung zur GmbH-Untreue war Vorläufer der „**Bremer Vulkan**"-**Entscheidung** von 2004.[354] Mit dieser Entscheidung hat der BGH sich grundsätzlich zu Fragen der Konzernuntreue[355] geäußert. Die Vorstandsmitglieder der beherrschenden AG sollen jedenfalls dann ihre Vermögensbetreuungspflicht gegenüber einer abhängigen GmbH verletzen, wenn deren Vermögenswerte in einem solchen Umfang ungesichert im Konzern angelegt werden, dass im Fall ihres Verlusts die Erfüllung von Verbindlichkeiten der Tochtergesellschaft oder deren Existenz gefährdet wäre (Leitsatz 2).

229   Vereinfacht liegt der Entscheidung folgender **Sachverhalt** zugrunde: Die Bremer Vulkan AG hatte von der Treuhandanstalt zwei als GmbH organisierte Ostwerften erworben und hierfür zweckgebundene Investitionsbeihilfen im dreifachen Millionenbereich erhalten. 1994 wurden die GmbH-Töchter in ein konzernweites Cash-Management-System einbezogen. Der Konzernvorstand veranlasste die Töchter, der Konzernspitze die freie Liquidität zur Verfügung zu stellen. 1996 wurde über das Vermögen der Bremer Vulkan AG das Konkursverfahren eröffnet. Die Bemühungen der Treuhandanstalt, die Investitionsbeihilfen zurückzuerlangen waren ebenso erfolglos wie die Versuche, die zur Verfügung gestellten Gelder nachträglich zu besichern.

230   Der BGH hat die Untreuestrafbarkeit unter dem Gesichtspunkt eines **existenzgefährdenden Eingriffs** bejaht. Ausgangspunkt dieser Überlegung war dabei zunächst die Feststellung, dass mit Zustimmung sämtlicher Gesellschafter der Gesellschaft grundsätzlich Vermögenswerte entzogen werden können, weil die Gesellschaft gegenüber ihren Gesellschaftern keinen Anspruch auf ihren ungeschmälerten Bestand hat. Der BGH nimmt dabei eine sehr weitgehende Dispositionsbefugnis der Gesellschafter an.[356]

231   Allerdings gibt es, so der BGH, einen **Bereich, der einer Dispositionsbefugnis der Gesellschafter entzogen ist,** weil Interessen Anderer oder öffentliche Interessen betroffen sind. Den Gesellschaftern soll innerhalb wie außerhalb der Liquidation nur der Zugriff auf den zur Erfüllung der Gesellschaftsverbindlichkeiten nicht benötigten Überschuss zustehen. Der BGH führt dazu aus: Das System der beschränkten Haftung beruhe auf der unausgesprochenen und für das Recht der Kapitalgesellschaft aber grundlegenden Voraussetzung, dass das Gesellschaftsvermögen, das zur Erfüllung der im Namen der Gesellschaft

---
[351] BGH NJW 1989, 113.
[352] Dazu *Schramm* in Momsen/Grützner Kap. 5 B Rn. 86; *Livonius* wistra 2009, 91 ff.
[353] Vgl. BGHSt 54, 52 = NJW 2009, 3666 mit Anm. *Bittmann* GmbHR 2009, 1206; kritisch *Wessing/Krawczyk* NZG 2009, 1176 ff.
[354] BGH NJW 2004, 2248; dazu *Fleischer* NJW 2004, 2867; *Dierlamm* in MüKoStGB § 266 Rn. 274 ff.
[355] Dazu *Busch* Konzernuntreue; s. auch *Joecks* in Bittmann Insolvenzstrafrecht 711 ff.
[356] BGH NJW 2004, 2252.

eingegangenen Verbindlichkeiten benötigt werde, in der Gesellschaft zum Zweck der Befriedigung ihrer Gläubiger verbleiben müsse; insoweit sei das Gesellschaftsvermögen der an sich sehr weitgehenden Dispositionsbefugnis der Gesellschafter entzogen.[357]

Hieraus leitet der BGH eine **Vermögensbetreuungspflicht des beherrschenden Alleingesellschafters** ab, wobei er es offen lässt, ob diese Pflicht schon die Wahrnehmung fremder Vermögensinteressen betrifft oder nicht vielmehr nur die Schranke eigener Dispositionsfreiheit aufzeigt.[358] Der BGH führt aus, dass die Errichtung des Cash-Managements-Systems nicht an sich pflichtwidrig war, und präzisiert, dass die Muttergesellschaft eine Vermögensbetreuungspflicht hat, die Rückzahlung der Gelder – etwa durch ausreichende Besicherung – zu gewährleisten, wenn der Vermögenstransfer ein solches Ausmaß erreicht, dass die Erfüllung der eigenen Verbindlichkeiten des einlegenden Konzernmitglieds im Fall eines Verlusts der Gelder gefährdet ist. Die Konzernmutter hat dann die wirtschaftlichen Eigeninteressen ihrer Tochtergesellschaft zu wahren.[359] 232

Wie bereits erwähnt (→ Rn. 227), haben sich zwischenzeitlich die gesellschaftsrechtlichen Grundsätze geändert. Das Gesellschaftsrecht lässt Eingriffe im Rahmen eines Cash-Poolings, sofern ein Beherrschungs- und Gewinnabführungsvertrag besteht oder der Rückzahlungsanspruch werthaltig ist, nach § 30 Abs. 1 S. 2 GmbHG nF ausdrücklich zu. In diesen Fällen kann ein Einverständnis bzw. eine Weisung nicht unwirksam sein.[360] Dennoch hat die strafrechtliche Rechtsprechung bislang noch keine Änderung vollzogen. Der Gläubigerschutz wird daher nach dem Verständnis der Rechtsprechung auch weiterhin in Krisensituationen über § 266 StGB erzielt und nicht (nur) über die Bankrottstrafbarkeit nach § 283 StGB.[361] 233

e) Untreue durch die Festsetzung von Vorstandsvergütungen

Eine weitere Fallgruppe, die durch das Mannesmann-Verfahren große öffentliche Aufmerksamkeit gefunden hat,[362] ist die mögliche Untreue durch die Festsetzung von Vorstandsvergütungen.[363] 234

Die Zulässigkeit der Bezüge beurteilt sich – wie bereits dargelegt (→ Rn. 6 ff.) – nach den gesellschaftsrechtlichen Vorgaben. Sind die Bezüge nach Art und Umfang von diesen Vorgaben gedeckt, verbleibt grundsätzlich kein Raum für eine Untreuestrafbarkeit. Für Aktiengesellschaften legt § 87 AktG die Grundsätze für die Bezüge der Vorstandsmitglieder fest. Im Rahmen der Finanzmarktkrise wurden die Vorgaben im Jahr 2009 verschärft und sind nun stärker an leistungsbezogenen Aspekten sowie einer nachhaltigen Unternehmensentwicklung ausgerichtet.[364] 235

Täter einer Untreuestrafbarkeit können in diesem Zusammenhang nur die Aufsichtsratsmitglieder sein. Das begünstigte Vorstandsmitglied scheidet als tauglicher Täter aus, da es in diesem Fall keine Interesse der Gesellschaft wahrzunehmen hat (→ Rn. 202).[365] Es kann jedoch als Anstifter oder Teilnehmer strafrechtlich zur Verantwortung gezogen werden. 236

Im **Mannesmann-Verfahren** wurde den Mitgliedern des Aufsichtsrats der Mannesmann AG vorgeworfen, unter Verletzung aktienrechtlicher Bestimmungen im Rahmen der Übernahme durch Vodafone plc. Mitgliedern des Vorstands unangemessene Vergütungen zugesprochen und damit das Vermögen der Gesellschaft geschädigt zu haben. Das LG Düsseldorf hatte die Angeklagten zunächst wegen fehlender gravierender Pflichtverletzung sowie unvermeidbaren Verbotsirrtums iSd § 17 StGB freigesprochen.[366] Der BGH sah hinge- 237

---

[357] BGH NJW 2004, 2253.
[358] BGH NJW 2004, 2253.
[359] BGH NJW 2004, 2253.
[360] Ausführlich dazu *Schramm* in Momsen/Grützner Kap. 5 B Rn. 86.
[361] *Brand* NZWiSt 2012, 64 f.
[362] Zum Mannesmann-Verfahren *Schünemann* Organuntreue, 2004; *Dierlamm* in MüKoStGB § 266 Rn. 267; *Rönnau/Hohn* NStZ 2004, 113; *Tiedemann*, FS Weber, 2004, 319 ff.
[363] Dazu nur *Dierlamm* in MüKoStGB § 266 Rn. 267 ff. mwN; *Hoffmann-Becking* NZG 2006, 127.
[364] Vgl. *Schramm* in Momsen/Grützner Kap. 5 B Rn. 65 mwN.
[365] BGH NJW 1988, 2483.
[366] LG Düsseldorf NJW 2004, 3275.

gen in den Zahlungen an die Vorstände **kompensationslose Anerkennungsprämien**, die im Dienstvertrag als Sonderzahlungen nicht vorgesehen waren und ausschließlich belohnenden Charakter ohne zukünftigen Nutzen hatten. Die Zuerkennung dieser Anerkennungsprämien stellte nach Ansicht des BGH eine treupflichtwidrige Verwendung des Gesellschaftsvermögens dar, die bereits dem Grunde nach unzulässig war, ohne dass es einer Angemessenheitsprüfung nach § 87 AktG bedurft hätte. Das Verfahren wurde letztlich, aufgrund der Verfahrenslänge und der komplizierten Vorsatzfeststellung gemäß § 153a StPO gegen alle Angeklagten gegen Zahlung hoher Geldauflagen eingestellt (zu den Einstellungsmöglichkeiten → Rn. 301 ff.).

f) Untreue durch „schwarze Kassen"

238 Seit dem Parteispendenskandal der CDU Ende der 90iger Jahre des letzten Jahrhunderts ist die Bildung „schwarzer Kassen" in den Blickpunkt der Strafjustiz gelangt. Ausgangspunkt war die Entscheidung des BGH im Fall Kanther im Jahr 2006.[367] Kanther, als Vorsitzender der Hessen-CDU, verbrachte Parteivermögen in Höhe von ca. 20 Mio. Euro (Herkunft unbekannt) auf Liechtensteiner Konten. Dabei wollte er – so die Feststellungen – das Geld im Interesse der Partei verwenden. Den Aufsichtsgremien der Partei teilte er das Vermögen nicht mit, da bei Aufdeckung aufgrund falscher Rechenschaftsberichte erhebliche Rückforderungen gegenüber der Bundestagsverwaltung gedroht hätten.

239 Der BGH bejahte, bezogen auf die Einrichtung und Unterhaltung der schwarzen Kasse, eine strafbare Untreue, da der Angeklagte gegen die Pflicht, das Vermögen nach Weisung des satzungsgemäßen Willensbildung zu verwalten, verstoßen habe. Den Parteigremien, als satzungsgemäße Willensbildungsorgane, war das Vermögen unbekannt. Dadurch ist jedoch nach Ansicht des BGH nicht nur die Dispositionsfreiheit des Landesverbandes verletzt, sondern bereits ein endgültiger Vermögensnachteil im Wege einer **schadensgleichen Vermögengefährdung** eingetreten, da der wirtschaftliche Wert der Rückforderung, mangels Kenntnis und Zugriff, gemindert sei.

240 Diese Rechtsprechung bestätigte der BGH in seiner Entscheidung zum Fall **Siemens/ENEL** im Jahr 2008.[368] Schon das Entziehen und Vorenthalten erheblicher Vermögenswerte unter Einrichtung von verdeckten Kassen durch leitende Angestellte führe – so der BGH – zu einem endgültigen Nachteil iSd § 266 StGB. Unerheblich ist, ob der Täter das Geld im wirtschaftlichen Interesse des Unternehmens (Treugeber) verwenden will oder nicht. Auch in der **Kölner Müllskandalentscheidung** aus dem Jahr 2010[369] hält der BGH an dieser Rechtsprechungspraxis, die nunmehr als gefestigt angesehen werden kann, fest.

g) Untreue wegen fehlender oder mangelhafter Risikomanagementsysteme

241 Der Vorstand der AG hat entsprechend der **Business Judgement Rule** (→ Rn. 1 ff.) geeignete Maßnahmen zu treffen, insbesondere ein Überwachungssystem einzurichten, damit gefährdende Entwicklungen für die Gesellschaft früh erkannt werden können. Verstöße gegen diese Überwachungspflichten können zur **zivilrechtlichen Schadensersatzpflicht** des gesamten Vorstands gegenüber der Gesellschaft führen.[370]

242 In der Rechtsprechung noch ungeklärt ist dagegen, ob sich daraus auch eine strafrechtliche Haftung im Rahmen der Untreue nach § 266 StGB wegen fehlender oder mangelhafter Risikomanagementsysteme ergeben kann, so etwa, wenn man diese Pflicht des Vorstands zur Errichtung eines Risikomanagementsystems als eine „treuhänderische Vermögenssorge" iSd § 266 StGB interpretiert.[371]

---

[367] BGHSt 51, 100 = NJW 2007, 1760; dazu *Bernsmann* GA 2007, 219 ff.; *Saliger* NStZ 2007, 545 ff.; *Perron* NStZ 2008, 517; *Dierlamm* in MüKoStGB § 266 Rn. 244 ff.
[368] BGHSt 52, 323 = NJW 2009, 89 mit Anm. *Ransiek*. Diese Entscheidung wurde wiederum vom BVerfG als verfassungsgemäß qualifiziert, vgl. BVerfG NJW 2010, 3209.
[369] BGHSt 55, 266 = NJW 2010, 3458 mit Anm. *Brandt*.
[370] Vgl. *Taschke* NZWiSt 2012, 89, 90; *Moosmayer* NJW 2012, 3013.
[371] Bejahend *Windolph* NStZ 2000, 522; ebenso *Mosiek* wistra 2003, 370.

Zunächst ist man sich über die **Einordnung des Risikomanagements** uneins: Das betriebswirtschaftliche Verständnis ordnet das Risikomanagement in einem umfassenden Verständnis überwiegend dem Bereich Controlling zu, während die überwiegend im rechtswissenschaftlichen Schrifttum vertretene Auffassung keine Verpflichtung zur Einführung eines mehr oder minder umfassenden Risikomanagements sieht; erforderlich ist danach allein, dass Maßnahmen zur Früherkennung bestandsgefährdender Risiken ergriffen werden müssen.[372] Auch wenn man § 91 Abs. 2 AktG restriktiv, und zwar im Sinne einer Bestandssicherungsverantwortung auslegt,[373] wäre es zu weitgehend, den Pflichtenrahmen nach § 91 Abs. 2 AktG als treuhänderische Vermögenssorge im Sinne des Untreuetatbestands anzusehen und die Möglichkeit einer Untreuestrafbarkeit zu bejahen.[374]

Die Geschäftsleitung eines Unternehmens hat jedoch nach § 130 OWiG Aufsichtsmaßnahmen zu ergreifen, um Pflichtverstöße, die mit Strafe oder Geldbuße bedroht sind, zu verhindern. Das Gesetz selbst nennt als erforderliche Aufsichtsmaßnahmen die Bestellung, sorgfältige Auswahl und die Überwachung von Aufsichtspersonen (→ Rn. 249).[375]

Im Zuge der Korruptionsfälle bei Siemens verhängte das Amtsgericht auf Antrag der Staatsanwaltschaft daher sowohl gegenüber der Gesellschaft (→ Rn. 252 ff.)[376] als auch unter anderem gegenüber dem ehemaligen Vorstandsvorsitzenden erhebliche Bußgelder aufgrund von Aufsichtspflichtverletzungen (im Einzelnen → Rn. 247 ff.). In **zivilrechtlicher Hinsicht** betont das LG München I[377] in seiner Entscheidung vom 10.12.2013 über einen Schadensersatzanspruch im Zusammenhang mit der Siemens-Affäre, dass jedes Vorstandsmitglied dafür Sorge zu tragen hat, dass das Unternehmen so organisiert und kontrolliert wird, dass keine unternehmensbezogenen Straftaten erfolgen. Dazu zählt, als Gesamtverantwortung des Vorstands, auch die **Einrichtung eines funktionierenden Compliance-Systems.** Andernfalls kann sich das Vorstandsmitglied **schadensersatzpflichtig** gegenüber der Gesellschaft machen.

D. Straf- und ordnungswidrigkeitsrechtliche Haftungsrisiken

Straf- und ordnungswidrigkeitsrechtliche Haftungsrisiken bestehen in zweifacher Hinsicht, zum einen für den verantwortlich Handelnden persönlich (→ Rn. 247 ff.), zum anderen für das Unternehmen (→ Rn. 251 ff.). Sofern Geldstrafen, Geldbußen oder Geldauflagen für ein Vorstandsmitglied von der AG übernommen werden sollen, ist die Entscheidung des BGH vom 9.7.2014[378] zu beachten. In dieser Entscheidung stellt der BGH klar, dass die Hauptversammlung der Übernahme einer Geldstrafe, Geldbuße oder Geldauflage für ein Vorstandsmitglied durch die Gesellschaft zustimmen muss, wenn das Vorstandsmitglied einer AG durch die Handlung, die Gegenstand eines Ermittlungs- oder Strafverfahrens ist, gleichzeitig seine Pflichten gegenüber der Gesellschaft verletzt hat.

I. Haftungsrisiken für den Vorstand

1. Begehung von Straftaten

Ein persönliches Haftungsrisiko für den Vorstand kann zunächst die eigene Begehung von Straftaten begründen, die mit Geldstrafen oder Freiheitsstrafen geahndet werden können.

---

[372] *Mosieck* wistra 2003, 370 mwN.
[373] So das rechtswissenschaftliche Schrifttum, s. die Nachweise bei *Mosieck* wistra 2003, 370.
[374] Dazu auch *Mosieck* wistra 2003, 370.
[375] S. auch *Rotsch* in Momsen/Grützner Kap. 1 B Rn. 50 ff.
[376] Der Entwurf des Bußgeldbescheids wurde von Siemens veröffentlicht und ist unter http://www.siemens.com/press/pool/de/events/2008-12-PK/MucStaats.pdf abrufbar (zuletzt abgerufen am 19.12.2014).
[377] LG München NZWiSt 2014, 183 mit Anm. *Rathgeber*.
[378] BGH wistra 2014, 452.

2. Aufsichtspflichtverletzung

248 Ein weiteres persönliches Haftungsrisiko für den Vorstand ergibt sich aus dem Recht der Ordnungswidrigkeiten. In der Praxis ist hier vor allem die Aufsichtspflichtverletzung nach **§ 130 OWiG** von Bedeutung.[379] Die Vorschrift verlangt, dass der Inhaber eines Unternehmens oder bei juristischen Personen die Mitglieder der Organe und Vertreter Aufsichtsmaßnahmen ergreifen, um Straftaten oder Ordnungswidrigkeiten von Unternehmensangehörigen zu verhindern.

249 Zu den **Aufsichtsmaßnahmen** gehören unter anderem:[380]
– die sorgfältige Auswahl von Mitarbeitern;
– die Bestellung, sorgfältige Auswahl und Überwachung von Aufsichtspersonen, in größeren Unternehmen auch die Errichtung einer Revisionsabteilung;
– die Schulung und Fortbildung von Mitarbeitern;
– die wiederholte Belehrung von Mitarbeitern über die Einhaltung der ihnen obliegenden Pflichten;
– die Überwachung der Mitarbeiter durch stichprobenartige Kontrollen und
– bei vorgekommenen Verstößen Abmahnungen und die Androhung arbeitsrechtlich zulässiger Sanktionen bis hin zur fristlosen Kündigung.

250 Verletzungen der Aufsichtspflicht durch die Geschäftsleitung können nach § 130 Abs. 3 S. 1 OWiG mit **Geldbußen bis zu 1 Mio. Euro,** unter Umständen auch darüber hinausgehend, geahndet werden.

II. Haftungsrisiken für das Unternehmen

1. Grundsatz individueller Verantwortlichkeit

251 Die strafrechtliche Verantwortlichkeit ist im deutschen Strafrecht auf **natürliche Personen** beschränkt. Juristische Personen und Personenverbände können sich nicht strafbar machen.[381] Trotzdem gestattet das geltende Recht die Verhängung von **bestimmten Sanktionen** auch gegen das **Unternehmen,**[382] wenn dessen Mitarbeiter Straftaten oder Ordnungswidrigkeiten begangen haben.

2. Unternehmens-/Verbandsgeldbuße

252 Kommt es zu Straftaten oder Ordnungswidrigkeiten von Mitarbeitern des Unternehmens, kann das Unternehmen gleichfalls mit einer Geldbuße nach **§ 30 OWiG** belegt werden (Unternehmens-/Verbandsgeldbuße).[383]

253 Anknüpfungspunkt hierfür ist zunächst einmal eine Straftat oder Ordnungswidrigkeit der Geschäftsführung oder sonstiger leitender Mitarbeiter (sog. **Bezugstat**). Darunter fällt auch der **Vorstand einer AG** als vertretungsberechtigtes Organ iSd § 30 Abs. 1 Nr. 1 OWiG, ebenso wie über § 94 AktG die **Stellvertreter von Vorstandsmitgliedern.** Anknüpfungspunkt können auch **Auslandstaten** der entsprechenden Personen sein, sofern das deutsche Strafrecht zur Anwendung gelangen kann.[384] Zudem muss dadurch entweder eine

---

[379] S. hierzu die Übersicht bei *Achenbach* in Achenbach/Ransiek Teil 1 Kap. 3 Rn. 34; s. auch *Kaufmann,* Möglichkeiten der sanktionsrechtlichen Erfassung von (Sonder-)Pflichtverletzungen im Unternehmen, 104 ff.
[380] Dazu *Rogall* in Karlsruher Komm. OWiG § 130 Rn. 37 ff.; *Eggers* in Park Teil 4 Kap. 5 Rn. 1 ff.
[381] Dazu *Roxin* Strafrecht AT/1 § 8 Rn. 58; *Tiedemann* Wirtschaftsstrafrecht Rn. 242 ff. – Zur Diskussion um die „Strafbarkeit von Unternehmen" *Roxin* Strafrecht AT/1 § 8 Rn. 60 ff.; *Trüg* wistra 2010, 241 ff.; *Britz* in Volk § 5 Rn. 1 ff.; aktuell wurde eine Gesetzesinitiative seitens des Landes Nordrhein-Westfalen gestartet, ein Unternehmensstrafrecht zu im deutschen Recht implementieren.
[382] Kritisch zu den steigenden strafrechtliche Risiken für Unternehmen bereits *Barton* JuS 2004, 553; ebenso *Kempf* KJ 2003, 462; s. auch *Wehnert,* FS Rieß, 2002, 811.
[383] Dazu *Achenbach* NZWiSt 2012, 321 ff.; *Britz* in Volk § 5 Rn. 5 ff.; *Schmitz/Taschke* WiB 1997, 1169.
[384] Vgl. *Britz* in Volk § 5 Rn. 14; *Rogall* in Karlsruher Komm. OWiG § 30 Rn. 71.

betriebsbezogene Pflicht iSd § 130 OWiG verletzt worden (→ Rn. 248 f.)[385] oder das Unternehmen durch die Bezugstat bereichert worden sein bzw. bereichert werden.

Die Verbandsgeldbuße kann nach § 30 Abs. 4 OWiG dabei auch ohne Einleitung eines Straf- oder Bußgeldverfahrens oder bei Einstellung des Verfahrens **selbstständig festgesetzt werden;** vorausgesetzt, es liegt kein rechtliches Verfolgungshindernis, wie etwa die Verjährung, vor.[386] **254**

Die Höhe der Geldbußen wird in § 30 Abs. 2 OWiG geregelt. Bei vorsätzlichen Straftaten kann die **Geldbuße gegen das Unternehmen mittlerweile bis zu 10 Mio. Euro betragen,** bei fahrlässigen Straftaten bis zu 5 Mio. Euro und im Fall einer Ordnungswidrigkeit bis zum Höchstmaß der Geldbuße nach dem für die Ordnungswidrigkeit angedrohten Höchstmaß der Geldbuße. In den Fällen, in denen die Bezugstat gleichzeitig Straftat und Ordnungswidrigkeit ist, ist das für die Ordnungswidrigkeit angedrohte Höchstmaß der Geldbuße maßgeblich, wenn dieses 10 Mio. Euro übersteigt. Dieser Bußgeldrahmen kann nach §§ 30 Abs. 3, 17 Abs. 4 OWiG **überschritten werden,** wenn nur so die Vorteile aus der Tat abgeschöpft werden können.[387] Maßgeblich ist – anders als beim sogleich zu besprechenden Verfall – der Reingewinn, der nach dem Grundsatz der Gesamtsaldierung zu ermitteln ist (sog. Nettoprinzip). Vor allem in steuerrechtlicher Hinsicht ist dabei zwischen dem **ahndenden Teil** der Geldbuße und dem **gewinnabschöpfenden Teil** zu unterscheiden, da letzterer **vollumfänglich steuerlich geltend gemacht** werden kann.[388] **255**

Nach der Gesetzesneufassung im Jahr 2013 ist die Festsetzung einer Geldbuße auch gegen den **Gesamtrechtsnachfolger nach § 30 Abs. 2a OWiG** möglich. Diese Gesetzesänderung war aus Sicht des Gesetzgebers notwendig, nachdem der BGH in einem Urteil aus dem Jahr 2011[389] entschieden hatte, dass die Festsetzung einer Geldbuße gegen den Rechtsnachfolger nicht ohne Weiteres bzw. nur in engen Grenzen möglich ist. Mit der Neufassung soll verhindert werden, dass ein Unternehmen durch gezielte Umstrukturierungen einer drohenden Sanktionierung entgeht.[390] **256**

Die Geldbuße darf in diesen Fällen den Wert des übernommenen Vermögens nicht übersteigen. Die Geldbuße gegen den Rechtsnachfolger darf nicht höher sein als diejenige, die gegen den Rechtsvorgänger festzusetzen gewesen wäre. Die erleichterte Festsetzung einer Unternehmensgeldbuße gegen den Rechtsnachfolger ist daher für etwaige **Unternehmensstrukturierungen und Unternehmenskäufe** bedeutsam. Verblieben bisher die Risiken aus Straftaten oder Ordnungswidrigkeiten bei der alten Gesellschaft, hat nunmehr das erwerbende oder übernehmende Unternehmen ein fortdauerndes Haftungsrisiko. Eine sorgfältige **Due Diligence** ist daher angebracht. **257**

3. Verfall nach §§ 73 ff. StGB

Ein weiteres Haftungsrisiko für das Unternehmen ergibt sich aus den Regelungen des sog. „Verfalls".[391] Dabei handelt es sich um eine Sanktion zur **Abschöpfung unrechtmäßig erlangter Vermögenszuwächse.**[392] Durch die Verfallsanordnung geht das Eigentum an der Sache bzw. das verfallene Recht mit der Rechtskraft der Entscheidung auf den **258**

---

[385] *Rogall* in Karlsruher Komm. OWiG § 30 Rn. 72.
[386] Dazu *Rogall* in Karlsruher Komm. OWiG § 30 Rn. 164 ff.
[387] So kam es zB aufgrund der Korruptionszahlungen der Siemens AG unter Berücksichtigung der Gewinnabschöpfung insgesamt zu Sanktionszahlungen von Siemens allein in Deutschland in Höhe von ca. 600 Mio. Euro; vgl. http://www.compliancemagazin.de/markt/unternehmen/siemens171208.html (zuletzt abgerufen am 5.2.2014). Dazu auch *Taschke* NZWiSt 2012, 9.
[388] Dazu BVerfGE 81, 228; *Dannecker/Biermann* in Immenga/Mestmäcker GWB § 81 Rn. 447.
[389] Vgl. BGH NJW 2012, 164.
[390] Dazu BT-Drs. 17/9852, 40, 49.
[391] S. auch *Podolsky* in Wabnitz/Janovsky Kap. 26 Rn. 14 ff.; *Achenbach* in Achenbach/Ransiek Teil 1 Kap. 2 Rn. 26 ff. *Dessecker* in Momsen/Grützner Kap. 1 E Rn. 32 ff.
[392] Dazu allgemein *Podolsky* in Wabnitz/Janovsky Kap. 26 Rn. 8 ff.; s. auch ausführlich Rönnau Vermögensabschöpfung in der Praxis.

Staat über (wobei Rechte Dritter, wie zB Pfandrechte, bestehen bleiben, § 73 Abs. 1 StGB).[393]

a) Voraussetzungen

259 Erfasst werden **alle Vermögenswerte, die aus der Tat oder für die Tat erlangt** wurden.[394] „Für" die Tat bedeutet als Gegenleistung für die Tatbegehung (zB Bestechungslohn als Tatentgelt). „Aus" der Tat erlangt ist alles, das dem Täter oder einem Dritten unmittelbar aus der Tatbegehung zufließt. Dazu gehören auch nach § 73 Abs. 2 StGB ausdrücklich die **gezogenen Nutzungen**.

260 Bei der Berechnung des Taterlöses ist nach dem ausdrücklichen Willen des Gesetzgebers mittlerweile das sog. **Bruttoprinzip anzuwenden,** dh dem Verfall unterliegt grundsätzlich alles, was der Betroffene durch die Straftat erlangt oder was er durch diese erspart hat. Eigene Aufwendungen oder Gegenleistungen dürfen nicht gegengerechnet und abgezogen werden. Die mit dem Bruttoprinzip verbundene Nichtabziehbarkeit stellt dabei grundsätzlich auch keine unbillige Härte iSd § 73c StGB dar.[395]

261 Die Verfallsanordnung kann sich zunächst **gegen einen Tatbeteiligten richten.** Sie kann aber nach § 73 Abs. 3 StGB auch, was vor allem bei Straftaten durch Unternehmensmitarbeiter bedeutsam ist, **gegen denjenigen angeordnet werden, für den der Täter oder Teilnehmer gehandelt hat.**

262 Darüber hinaus besteht nach § 73d StGB auch die Möglichkeit des sog. **erweiterten Verfalls.** Im Unternehmensbereich sind hier zB Bestechungs- bzw. Korruptionsdelikte als Anknüpfungstaten relevant. Der erweiterte Verfall ermöglicht eine Vermögensabschöpfung auch dann, wenn ein **bloßer Verdacht** der Begehung der genannten Taten vorliegt, ohne dass dies bereits durch Urteil festgestellt wurde.[396]

b) Neuere Entwicklungen

263 Lange Zeit[397] haben Verfallsanordnungen **in der Praxis** im Wesentlichen bei Betäubungsmittelstraftaten eine Rolle gespielt. Bei Sanktionen gegen Unternehmen kam es nur gelegentlich zu Verfallsanordnungen. Dies hat sich in den letzten Jahren aufgrund mehrerer Entscheidungen des BGH grundlegend geändert.[398]

264 In seiner **Entscheidung vom 21.8.2002** hat der BGH[399] eine grundsätzliche Entscheidung zum Verfall getroffen. Die Nebenbeteiligte, eine GmbH, hatte unter Verstoß gegen das Embargo gegen Serbien und Montenegro Tabakpapiere für die Zigarettenherstellung nach Serbien geliefert. Bis zum Ende des Embargos wurden der GmbH insgesamt 4 Mio. Euro gutgeschrieben. Hinsichtlich dieses Betrags hat die Strafkammer den Verfall des Wertersatzes angeordnet.

265 Der BGH hat in dieser Entscheidung ausgeführt, dass nach dem seit 1992 geltenden Bruttoprinzip der Verfall des „Erlangten" anzuordnen sei, mithin des gesamten Verkaufserlöses ohne Abzug von Einkaufspreis oder sonstigen Aufwendungen. Der Verfall sei keine Strafe und auch keine strafähnliche Maßnahme, sondern eine Maßnahme eigener Art.[400] Deshalb **müsse der Verfall auch gegen einen Dritten und auch gegen juristische Personen angeordnet werden,** und zwar auch dann, wenn der Dritte bzw. das Organ einer juristischen Person keine Straftat begangen hat. Mit der Abschöpfung des über den Nettogewinn hinaus Erlangten verfolge der Gesetzgeber primär einen Präventionszweck. Die dadurch bedingte Folge, dass auch die Aufwendungen nutzlos waren, solle zur Verhinderung gewinnorientierter Straftaten beitragen.

---

[393] Dazu *Kiethe/Hohmann* NStZ 2003, 505.
[394] Vgl. *Podolsky* in Wabnitz/Janovsky Kap. 26 Rn. 20 ff.
[395] Dazu BGH NJW 2009, 2755 f.
[396] Vgl. *Dessecker* in Momsen/Grützner Kap. 1 E Rn. 36 mwN.
[397] S. auch *Taschke* NZWiSt 2012, 41, 45.
[398] Kritisch wegen des „strafähnlichen Charakters" des Verfalls *Lackner/Kühl* StGB § 73 Rn. 4b mwN.
[399] BGHSt 47, 369 = NJW 2002, 3339 mit Anm. *Hohn* wistra 2003, 321; *Best* JR 2003, 337.
[400] Vgl. BGH NJW 2002, 3339, 3340.

Der BGH führt weiter – was vor allem im Unternehmensbereich von Bedeutung ist – **266** aus: „Die den Dritten treffende Folge, dass auch seine Aufwendungen nutzlos waren, kann und soll bewirken, dass der Dritte, namentlich ein hierarchisch organisiertes Unternehmen, Kontrollmechanismen zur Verhinderung solcher Straftaten errichtet und auf deren Einhaltung achtet. Darin liegt der **Präventionszweck des Verfalls gegen den Drittbegünstigten.** Würde bei ihm lediglich der aus der Straftat gezogene Gewinn abgeschöpft, so würde sich die bewusst aus finanziellen Interessen begangene Tat im Ergebnis als wirtschaftlich risikolos auswirken. Ein derart risikolos zu erzielender Gewinn müsste geradezu als Tatanreiz für die Straftat wirken; das würde dem mit dem Bruttoprinzip verfolgten Präventionszweck zuwiderlaufen".[401] Dies bestätige der BGH in seiner **Entscheidung vom 18.2.2004,**[402] denn „[n]ur so kann das Bewusstsein dafür geschärft werden, dass sich derartige Geschäfte nicht lohnen, Aufwendungen hierzu nutzlos sind und dass es deshalb auch wirtschaftlicher ist, wirksame Kontrollmechanismen zur Verhinderung solcher Straftaten einzurichten".[403]

Hat der BGH in seiner Entscheidung vom 21.8.2002 noch darauf abgestellt, dass die **267** Angeklagten mit Zustimmung der Geschäftsführer gehandelt hatten, dh, dass die Geschäftsleitung bewusst Kapital in strafbare Handlungen investiert hatte, so entschied der BGH in seiner **Entscheidung vom 14.9.2004**[404] – auch hier ging es um Embargo-Verstöße –, dass der Verfall auch dann angeordnet werden kann, **wenn lediglich ein Angestellter gehandelt hat, die Unternehmensleitung aber gutgläubig war.** Im zu entscheidenden Fall hatte der Geschäftsführer 95% seiner organschaftlichen Funktion dem mit Handlungsvollmacht versehenen Angeklagten übertragen. Insoweit hat der BGH eine Zurechnung zur GmbH vorgenommen.

In der ersten **Entscheidung zum Kölner Müllskandal vom 2.12.2005**[405] hat der **268** BGH entschieden, dass der wirtschaftliche Wert eines Auftrags zum Zeitpunkt der Vertragsvergabe ggf. mit Hilfe von Sachverständigen ermittelt werden müsse, um das „Erlangte" iSd § 73 StGB zu bestimmen. Im **Strafverfahren gegen Alexander Falk** hat der BGH im Jahr 2010[406] zudem entschieden, dass dem Verfall auch die Tatvorteile unterliegen, die aus einem versuchten Betrug erlangt worden sind. Erlangt ist dabei – nach Auffassung des BGHs – der gesamte Kaufpreis, der auf der Grundlage der strafrechtlich relevanten Betrugstäuschung gezahlt worden ist, auch wenn ein konkreter Vermögensschaden nicht feststellbar ist.[407]

E. Ablauf von Ermittlungs- und Strafverfahren, insbesondere bei Unternehmen

I. Einleitung von Ermittlungsverfahren

Das sog. Legalitätsprinzip verpflichtet die Staatsanwaltschaft und die Polizeibehörden, bei **269** dem **Verdacht einer Straftat** Ermittlungen aufzunehmen.[408]

Ein Ermittlungsverfahren wegen des Verdachts einer Straftat kann auf **unterschiedliche** **270** **Weise** in Gang kommen: Es kann über eine Strafanzeige in Gang gesetzt werden. Jedermann kann eine Strafanzeige erstatten, beispielsweise eine Privatperson, die behauptet,

---

[401] BGH NJW 2002, 3341.
[402] BGH NStZ-RR 2004, 214.
[403] BGH NStZ-RR 2004, 214, 215.
[404] BGH wistra 2004, 465; dazu *Sedemund* DB 2004, 2256.
[405] BGH NJW 2006, 925 mit Anm. *Saliger* NJW 2006, 3377; *Radtke* NStZ 2007, 57.
[406] BGH NStZ 2011, 396 mit Anm. *Burghart* wistra 2011, 241.
[407] Dazu auch *Taschke* NZWiSt 2012, 41, 45.
[408] Anders bei Ordnungswidrigkeiten: Hier steht es nach dem sog. Opportunitätsprinzip im pflichtgemäßen Ermessen der Behörde, ob sie eine Ordnungswidrigkeit verfolgt oder nicht.

durch eine Straftat geschädigt worden zu sein. Strafanzeigen können aber auch durch Konkurrenzunternehmen, Verbände unter anderem erstattet werden. Auch ist die Staatsanwaltschaft verpflichtet, Ermittlungsverfahren einzuleiten, wenn sie aus Presseveröffentlichungen Anhaltspunkte für ein möglicherweise strafbares Verhalten erlangt. Anonyme Anzeigen können die Einleitung eines Verfahrens rechtfertigen; sie werden im Regelfall von den Staatsanwaltschaften allerdings einer strengen Prüfung unterzogen, ob die in der anonymen Anzeige mitgeteilten Tatsachen so detailliert und in sich schlüssig sind, dass sie mutmaßlich von jemandem stammen, der nah am Geschehen ist, und deshalb die Verdachtslage mit hoher Wahrscheinlichkeit gerechtfertigt ist.

271 In jüngerer Vergangenheit erfolgen hoheitliche Ermittlungen vielfach auch **im Anschluss an interne Untersuchungen** des Unternehmens selbst. Eine grundsätzliche Offenlegungspflicht gegenüber der Staatsanwaltschaft besteht – bis auf die im vorliegenden Kontext nicht einschlägige Ausnahme des § 138 StGB zur Anzeige schwerwiegender bevorstehender Straftaten – nicht.

272 Die Unternehmensleitung ist jedoch berechtigt bzw. kann aus gesellschaftsrechtlicher Sicht nach § 93 Abs. 1 AktG bzw. § 43 Abs. 1 GmbHG sogar verpflichtet sein, mögliches strafbares Verhalten eigener Mitarbeiter den Behörden gegenüber mitzuteilen.[409] Die Unternehmensleitung hat im Einzelfall zu entscheiden, ob die Einschaltung der Staatsanwaltschaft letztlich im Unternehmensinteresse liegt, dh ob eine Strafanzeige bzw. ggf. ein Strafantrag eine positive Auswirkung für das Unternehmen haben kann.[410] Das Unternehmen kann so zB – für alle sichtbar – sich von der Rechtsverletzung distanzieren, wenn es selbst die Staatsanwaltschaft informiert hat. Dies kann auch dazu genutzt werden, um innerhalb des Unternehmens zu kommunizieren, dass die Unternehmensleitung auf die Einhaltung der Gesetze besteht (sog. **„tone from the top"-Prinzip**).[411] Eine Zusammenarbeit mit den Ermittlungsbehörden kann zudem zu einer Milderung einer möglichen Unternehmensgeldbuße nach §§ 30, 130 OWiG führen (→ Rn. 252 ff.).[412]

273 Andererseits sollte genau abgewogen werden, ob und welche Unterlagen an die Ermittlungsbehörden weitergeben werden sollten. So unterliegen zB anwaltliche Untersuchungsberichte dem sog. **Anwaltsprivileg** und dürfen grundsätzlich **nicht beschlagnahmt werden.**[413] Über Akteneinsichtsgesuche können unter Umständen auch andere Interessengruppen, wie zB Vertragspartner, Zugang zu den übergebenen Unterlagen bekommen.[414] Die jeweiligen Vor- und Nachteile sind daher im Einzelfall abzuwägen.[415]

274 Eine **Offenlegungspflicht** besteht gegenüber den **Steuerbehörden nach § 153 AO**, sofern das Unternehmen als Steuerpflichtiger erkennt, dass infolge von Straftaten die abgegebenen Steuererklärungen unrichtig waren, da zB Korruptionszahlungen gewinnmindernd geltend gemacht wurden (→ Rn. 113). Da die Steuerbehörden verpflichtet sind, die gewonnen Erkenntnisse der Staatsanwaltschaft mitzuteilen, kommt es zu einer mittelbaren Offenlegung von Straftaten und Ordnungswidrigkeiten.[416] Unter den gegeben Umständen empfiehlt es sich den entsprechenden Sachverhalt auch gegenüber der Staatsanwaltschaft zu offenbaren. Dadurch kann unter anderem die Wahrscheinlichkeit einer von der Staatsanwaltschaft beantragten Durchsuchung im Unternehmen erheblich reduziert werden.[417]

---

[409] Vgl. *Potinecke/Block* in Knierim/Rübenstahl/Tsambikakis Kap. 2 Rn. 186; *Grützner* in Momsen/Grützner Kap. 4 Rn. 458 ff.
[410] Weiterführend *Dannecker* in Wabnitz/Janovsky Kap. 16 Rn. 120; *Grützner* in Momsen/Grützner Kap. 4 Rn. 458 ff.; speziell für Kartellrechtsverstöße sind zB die dortigen „Bonusprogramme" zu nennen.
[411] Vgl. *Taschke* NZWiSt 2012, 89, 92 mwN.
[412] Vgl. *Potinecke/Block* in Knierim/Rübenstahl/Tsambikakis Kap. 2 Rn. 186.
[413] Zum Beschlagnahmeschutz im Rahmen von internen Untersuchungen *Ballo* NZWiSt 2013, 46 ff.; *Greeve* StraFo 2013, 89 ff.; *M. Jahn/Kirsch* NStZ 2012, 718 ff.; *Schuster* NZWiSt 2012, 431 ff.
[414] Vgl. *Taschke* NZWiSt 2012, 89, 93.
[415] Dazu *Klahold/Berndt* in Momsen/Grützner Kap. 3 Rn. 94 ff.
[416] Vgl. *Potinecke/Block* in Knierim/Rübenstahl/Tsambikakis Kap. 2 Rn. 184; *Taschke* NZWiSt 2012, 89, 90 ff.; zur Reichweite der Mitteilungspflicht s. auch *Madauß* NZWiSt 2013, 176 ff.
[417] Vgl. *Taschke* NZWiSt 2012, 89, 92.

Die Aufnahme von Ermittlungen seitens der Staatsanwaltschaft hat zu erfolgen, wenn der **Verdacht einer strafbaren Handlung gegeben ist.** Die Staatsanwaltschaft muss also nicht überzeugt sein, dass es tatsächlich zu einer strafbaren Handlung gekommen ist. Es müssen allerdings **konkrete verdachtsbegründende Tatsachen** vorliegen. 275

Wie bereits aufgezeigt, kann auch ein Unternehmen selbst mit einer Geldbuße belegt werden (→ Rn. 252 ff.). Da Anknüpfungspunkt für die Sanktionierung des Unternehmens immer ein strafbares Handeln einzelner Organmitglieder oder leitender Mitarbeiter ist, kann die **unternehmensbezogene Verteidigung** – trotz teilweise gegenläufiger Interessen[418] – nicht unabhängig von der Verteidigung der betroffenen Mitarbeiter erfolgen.[419] Das Unternehmen bedarf dabei sowohl im Ermittlungs- als auch im Strafverfahren einer eigenständigen anwaltlichen Beratung (zur Bedeutung des Unternehmensanwalts im Rahmen von Durchsuchungen → Rn. 292 ff.).[420] Die Verteidigung des Unternehmens beginnt auch bereits zum Zeitpunkt der Einleitung der Ermittlungen gegen die einzelnen natürlichen Personen. Es bedarf im Rahmen der rechtlichen Grenzen einer **Koordination der Individualverteidigungen** durch den Unternehmensverteidiger. Bestandteil der Koordinationstätigkeit ist zudem die Erarbeitung einer sog. **„Sockelverteidigung",** die als Grundlage der jeweiligen Individualverteidigung dient. Dadurch können mit den Ermittlungsbehörden Grundsatzfragen für alle Beteiligten einheitlich geklärt werden. Die Individualverteidigung kann sich, aufbauend auf der Sockelverteidigung, auf die individuelle Verantwortlichkeit des jeweiligen Mandanten konzentrieren.[421] Zum Zwecke der Akteneinsicht nach §§ 406e, 475 StPO bedarf das Unternehmen ebenfalls der anwaltlichen Vertretung. 276

II. Ziele des Ermittlungsverfahrens

Die Staatsanwaltschaft führt das Ermittlungsverfahren durch, um den gewonnenen **Anfangsverdacht zu bestätigen oder zu widerlegen.** Im Ermittlungsverfahren erfolgt also gerade die Verdachtsprüfung über die Durchführung der notwendigen Ermittlungen, also beispielsweise Zeugenvernehmungen unter anderem Wenn die aus Sicht der Staatsanwaltschaft notwendigen Ermittlungen durchgeführt sind und sich im Ergebnis zeigt, dass der Verdacht keine Grundlage hat oder zumindest keine Bestätigung gefunden hat, wird die Staatsanwaltschaft das Ermittlungsverfahren einstellen. Während der gesamten Dauer des Ermittlungsverfahrens gilt daher uneingeschränkt die **Unschuldsvermutung.** 277

Dieser klaren gesetzlichen Konzeption entspricht leider nicht immer die **Behandlung von Ermittlungsverfahren in den Medien.**[422] Oft entsteht der Eindruck, Ermittlungen würden deshalb durchgeführt, weil sich der Verdacht bestätigt oder verdichtet hat. So dient beispielsweise eine Durchsuchung beim Unternehmen oder auch bei Dritten im Regelfall dazu, möglicherweise relevantes Beweismaterial zu erlangen und dann auszuwerten. In den Medien wird über eine Durchsuchung aber oft mit den Worten berichtet: „Es wird eng für ..." oder „Durchsuchung erhärtet Verdacht ...". Die ruf- und imageschädigende Wirkung, die eine derartige Medienberichterstattung für die betroffenen Manager und das Unternehmen hat, ist beträchtlich. Daher bedarf es zunehmend entsprechender (anwaltlicher) Beratung im Zusammenhang mit der Berichterstattung über Ermittlungsverfahren in Wirtschaftsstrafsachen (sog. **Litigation-PR**).[423] Tatsächlich ist es so, dass bereits die Einleitung 278

---

[418] Dazu *Taschke* StV 2007, 495, 496 f.
[419] Vgl. *Minoggio* Firmenverteidigung Rn. 490 ff.; *Wessing*, FS Mehle, 2009, 667 f.; *Taschke*, FS Hamm, 2008, 751 ff.
[420] Vgl. *Taschke* StV 2007, 495, 496 f.; *Klahold/Berndt* in Momsen/Grützner Kap. 3 Rn. 66 ff.
[421] Zur Sockelverteidigung *Richter II/Tsambikakis* in Widmaier, Münchener Anwaltshandbuch Strafverteidigung, 2006, § 17 Rn. 1 ff.; vgl. auch *Taschke* StV 2007, 495, 499.
[422] Dazu *Wagner*, Strafprozessführung über Medien, 1987; s. auch *Roxin*, FS 30 Jahre Münchener Juristische Gesellschaft, 1996, 97.
[423] Vgl. *J. Jahn* CCZ 2011, 139 ff.

eines Verfahrens sehr negative Folgen nach sich ziehen kann. Der gesetzlichen Konzeption des Ermittlungsverfahrens entsprechen derartige Folgewirkungen nicht.

III. Durchführung von Ermittlungen

279   Die **Staatsanwaltschaft** führt normalerweise das Ermittlungsverfahren. Die Beamten der Polizeibehörden sind als „Ermittlungspersonen der Staatsanwaltschaft" bei den Ermittlungen tätig. In der Verfolgungspraxis ist es im Regelfall so, dass die **Polizeibehörden** den Sachverhalt regelmäßig zunächst allein ermitteln und erst später die Akten an die Staatsanwaltschaft zur Entscheidung abgeben.

280   Eine **Ausnahme** gilt wiederum bei **größeren und bedeutenden Verfahren,** die sich gegen Unternehmen und ihre Vorstände richten. In diesen Fällen wird im Regelfall **von Anfang an die Staatsanwaltschaft federführend** tätig. Die frühzeitige Verantwortung der Staatsanwaltschaft für das Ermittlungsverfahren rechtfertigt sich auch aus den besonderen Wirkungen, die sich aus Ermittlungsverfahren ergeben können. Liegt auch der Verdacht von Steuerstraftaten vor, können die Behörden der Finanzverwaltung selbstständig ermitteln und übernehmen dann die Funktion der Staatsanwaltschaft.

IV. Ermittlungsmöglichkeiten

281   Es gibt eine Reihe von Ermittlungsmöglichkeiten zur Aufklärung des Sachverhalts. Die praktisch bedeutenden sind folgende:

1. Zeugenvernehmungen

282   Die Staatsanwaltschaft oder auch die beauftragte Polizeibehörde kann Zeugen vernehmen. Ein Zeuge ist eine **Beweisperson,** die in einem nicht gegen sie selbst gerichteten Strafverfahren Auskunft über die Wahrnehmungen von Tatsachen gibt. Zeuge kann jedermann sein, der Beobachtungen anlässlich einer Straftat oder auch im Umfeld gemacht hat.

283   Stehen Zeugen in einem Verwandtschaftsverhältnis zu dem Beschuldigten des Verfahrens, steht ihnen nach § 52 StPO ein **Zeugnisverweigerungsrecht** zu. Auch bestimmte Berufsgeheimnisträger – Rechtsanwälte, Notare, Wirtschaftsprüfer, Steuerberater unter anderem – unterliegen nach § 53 StPO einer besonderen Verschwiegenheitspflicht. Sie dürfen über die Umstände, von denen sie im Rahmen ihrer beruflichen Tätigkeit Kenntnisse erlangt haben, nur nach einer Entbindung von der Verschwiegenheitspflicht durch den betreffenden Mandanten offenbaren.[424]

284   Bei Personen, die nah am mutmaßlichen (Tat-)Geschehen waren, lässt sich mitunter zwar sagen, dass sie Zeugen sind, weil sie relevante Dinge beobachtet haben können, gleichwohl lässt sich nicht ausschließen, dass sie möglicherweise auch als Beschuldigte in Betracht kommen. Diese Zeugen haben nach § 55 StPO ein sog. (partielles) **Auskunftsverweigerungsrecht.** Sie können die Beantwortung von Fragen verweigern, wenn sie sich bei wahrheitsgemäßer Beantwortung der Gefahr eigener Strafverfolgung aussetzen könnten. Eine solche Gefahr kann auch dann gegeben sein, wenn der Zeuge sich tatsächlich nichts vorzuwerfen hat.

285   Jeder Zeuge hat einen **Anspruch** darauf, sich von einem **Rechtsanwalt beraten** zu lassen. Dieser **Zeugenbeistand** wird im Rahmen einer Vernehmung darauf achten, dass die Angaben des Zeugen zutreffend im Protokoll aufgenommen werden; er wird den Zeugen auch dabei beraten, ob er ein partielles Auskunftsverweigerungsrecht hat und die Angaben verweigern kann oder sollte.

---

[424] Ausführlich zur Entbindung von Berufsgeheimnisträgern durch juristische Personen *Madauß* NZWiSt 2013, 262 ff.

Zeugen sind **verpflichtet,** zu Vernehmungen bei der Staatsanwaltschaft oder dem Richter **zu erscheinen** und nach § 161a StPO **Angaben zur Sache** zu machen.[425] Diese Verpflichtung (Erscheinens- und Aussagepflicht) greift (noch) nicht bei Vernehmungen durch Polizeibeamten.[426]

Der Zeuge hat **wahrheitsgemäße Angaben** zu machen. Sind die Angaben nicht richtig, etwa weil der Zeuge den oder die Beschuldigten des Verfahrens schützen oder auch zu Unrecht belasten möchte, kann der Zeuge selbst strafrechtlichen Vorwürfen, etwa wegen des Verdachts der Strafvereitelung oder der falschen Anschuldigung, ausgesetzt sein. Wiederholt der Zeuge die falschen Angaben vor Gericht, kann darin auch eine gerichtliche Falschaussage, gegebenenfalls unter Eid, liegen.

2. Beschuldigtenvernehmungen

Der Beschuldigte eines Verfahrens ist nicht zu Aussagen verpflichtet, worauf er durch Staatsanwaltschaft und Polizei bei einer etwaigen Vernehmung hinzuweisen ist. Niemand ist entsprechend des Grundsatzes **„nemo tenetur se ipsum accusare"** verpflichtet, sich selbst zu belasten.

Die Frage, **ob ein Beschuldigter schweigen oder Angaben machen sollte,** ist eine der bedeutsamsten Fragen im Rahmen der Strafverteidigung. Die Beratung durch einen strafrechtlich versierten Anwalt sollte in jedem Fall gesucht werden. Häufig wird der Rat des Anwalts sein, dass der Beschuldigte zunächst einmal schweigt, also keine Angaben zur Sache macht. Es ist ein häufig anzutreffender Irrtum, dass aufklärende Angaben in einem frühen Verfahrensstadium zu einem schnellen Ende des Ermittlungsverfahrens führen. Das ist nicht der Fall. Staatsanwaltschaft und Polizei werden derartige Angaben zwar entgegennehmen, sich dann aber auf die Durchführung der ohnehin geplanten Ermittlungen konzentrieren und am Ende einen Abgleich mit den Angaben des Beschuldigten vornehmen. Solange noch keine Klarheit darüber herrscht, auf welchen Tatsachen die Vorwürfe beruhen, besteht weiter das Risiko, dass eine Stellungnahme sich in Widerspruch zum Akteninhalt setzt. Dies wird oft harmlose Gründe haben; die psychologischen Wirkungen im Verfahren sind aber manchmal groß.

Der **Verteidiger** des Beschuldigten hat ein **Recht auf Akteneinsicht.** Nach erfolgter Akteneinsicht nach § 147 StPO und gegebenenfalls der Besichtigung der Beweismittel wird der Verteidiger seinem Mandanten eine Empfehlung geben können, ob er sich zur Sache äußern soll oder nicht. In diesem Fall kommt auch eine schriftliche Stellungnahme des Anwalts, eine sog. Verteidigungsschrift, in Betracht. Nur in bestimmten Fällen kann eine frühzeitige und gezielte Aussage sinnvoll sein, um eine schnelle Verfahrenseinstellung zu bewirken oder aber um die Ermittlungen in die richtige Richtung zu bringen.

Die Angaben eines Beschuldigten können im deutschen Strafprozess unter bestimmten Voraussetzungen wie ein Beweismittel verwendet werden. Der Beschuldigte ist aber nicht Partei und damit nicht in einer Zeugenstellung mit der damit verbundenen Wahrheitspflicht. Der Beschuldigte im deutschen Verfahren ist nicht verpflichtet, die Wahrheit zu sagen. Das bedeutet: Ein lügender Beschuldigter kann nicht allein deswegen verfolgt werden (sofern er dabei nicht andere Rechtsgüter verletzt, also beispielsweise andere Personen zu Unrecht belastet). Der BGH hat in mehreren Entscheidungen ausgeführt, dass auch der Unschuldige bei seiner Verteidigung den Weg in die Lüge suchen kann. Eine ganz andere praktische Frage ist es, ob es die richtige Verteidigungsstrategie für einen Beschuldigten ist, nicht wahrheitsgemäße Angaben zur Sache zu machen. Im Regelfall ist dies falsch; ein verantwortungsbewusster Verteidiger sollte dies verhindern.

---

[425] Vgl. dazu auch *Griesbaum* in Karlsruher Komm. StPO § 161a Rn. 1 ff.
[426] Die geplante Einführung einer Erscheinens- und Aussagepflicht gegenüber den Polizeibehörden, sofern dies auf Ersuchen der Staatsanwaltschaft geschieht, ist aktuell noch nicht umgesetzt worden, dazu s. BT-Drs. 17/2166.

3. Durchsuchungen und Beschlagnahmen

a) Voraussetzungen

292　Die Staatsanwaltschaft und die Polizeibehörden können nach §§ 102 ff. StPO Durchsuchungen bei dem Beschuldigten oder auch bei Dritten durchführen, also etwa Geschäfts- und Privaträume durchsuchen. Sie können daneben bei der Durchsuchung aufgefundenes **Beweismaterial** nach §§ 94 ff. StPO **beschlagnahmen.** Unternehmen können dabei aber – anders als etwa in den USA – nicht aufgefordert werden, relevantes Beweismaterial vorzulegen. Es ist Aufgabe der Staatsanwaltschaft und der Polizeibehörden, danach zu suchen. Finden sie es nicht, besteht keine rechtliche Verpflichtung es vorzulegen. Allerdings ist es eine strategische Frage, ob ein Unternehmen oder ein Beschuldigter die gesuchten Beweismittel vorlegen sollte. Durch die Vorlage kann die Wahrscheinlichkeit einer, uU medienwirksamen und reputationsschädigenden, Durchsuchung im Unternehmen erheblich reduziert werden. Zum Umgang mit Erkenntnissen aus internen Untersuchungen → Rn. 271 ff.[427]

293　Zunehmende Bedeutung erlangt die **Durchsicht und Beschlagnahme von IT-Daten.** In diesem Zusammenhang erlangt die Regelung des § 110 Abs. 3 StPO besondere Bedeutung. Danach darf auch auf elektronische Speichermedien zugegriffen werden, die sich räumlich getrennt vom konkreten Durchsuchungsort befinden, sofern von dem Durchsuchungsort darauf zugegriffen werden kann.[428] Praktisch dürfen daher potentiell beweiserhebliche Daten (zB Mitarbeiterdaten, E-Mail-Korrespondenz, Geschäftsdaten), die im sich im Intranet auf externen Servern oder bei Cloud-Anbietern im Inland befinden, seitens der Ermittlungsbehörden grundsätzlich gespeichert werden. Sofern die Daten des betroffenen Unternehmens im Ausland gespeichert werden, dürfen die Behörden nicht unmittelbar darauf zugreifen. Es bedarf weiterer Verfahrensschritte, wobei zwischen Unterzeichnern der sog. Cybercrime Convention des Europarats[429] (etwa USA, Großbritannien, Frankreich), (sonstigen) EU-Staaten und Drittstaaten (etwa Russland oder aktuell auch noch Luxemburg) unterschieden werden muss. Bei Nichtbeachtung der Verfahrensvorschriften besteht nur in Ausnahmefällen ein **Beweisverwertungsverbot** für die erlangten Informationen, so dass bereits im Vorfeld bei fehlerhaftem Vorgehen, ggf. mit Hilfe anwaltlicher Berater, versucht werden sollte, die Durchsicht und Sicherung seitens der Ermittlungsbehörden zu verhindern.

294　Durchsuchungen können im Regelfall nur aufgrund eines **richterlichen Durchsuchungsbeschlusses** durchgeführt werden. Die Staatsanwaltschaft ist daher gehalten, einen Antrag auf Durchsuchung und Beschlagnahme bei dem zuständigen Ermittlungsrichter, einem Richter am Amtsgericht, zu stellen. Dieser prüft, ob ein Verdacht vorliegt, der eine Durchsuchung rechtfertigt, ob der Grundsatz der Verhältnismäßigkeit gewahrt ist und ob die zu beschlagnahmenden Beweisgegenstände genau genug bezeichnet sind. In der Praxis ist die Ablehnung eines Durchsuchungs- und Beschlagnahmebeschlusses aber eher selten.

295　Auf einen richterlichen Durchsuchungsbeschluss kann nur dann verzichtet werden, wenn „**Gefahr im Verzug**" vorliegt. In diesen Fällen können Staatsanwälte und Polizeibeamte auch ohne richterlichen Durchsuchungsbeschluss durchsuchen und Beweisgegenstände beschlagnahmen. Gefahr in Verzug liegt dann vor, wenn die richterliche Anordnung nicht eingeholt werden kann, ohne dass der Zweck der Maßnahme gefährdet wird.[430] Das ist dann der Fall, wenn zu befürchten ist, dass die Einholung eines richterlichen Durchsuchungsbeschlusses zu lange dauern würde und eine Durchsuchung deshalb nicht den gewünschten Erfolg hätte.

---

[427] Dazu auch *Taschke* NZWiSt 2012, 89, 92.
[428] Dazu *Meyer-Goßner* StPO § 110 Rn. 6 ff.
[429] Abrufbar (inklusive aktuellem Ratifikationsstand) unter http://conventions.coe.int/Treaty/Commun/QueVoulezVous.asp?NT=185&CL=GER (zuletzt abgerufen am 19.12.2014).
[430] Vgl. *Meyer-Goßner* StPO § 98 Rn. 6.

b) Verhaltensempfehlungen

Kommt es zu einer Durchsuchung, stellt sich für das betroffene Unternehmen die Frage, ob eine **Kooperation, also insbesondere eine Hilfe beim Heraussuchen der Beweismittel, sinnvoll** ist oder nicht. Die Frage bedarf einer Abwägung in jedem konkreten Einzelfall. Als Leitlinie gilt dabei Folgendes: Im Regelfall ist es nicht schädlich, das gesuchte – im Durchsuchungs- und Beschlagnahmebeschluss näher bezeichnete – Beweismaterial herauszusuchen und der Staatsanwaltschaft zur Verfügung zu stellen. Denn: Nehmen die Durchsuchungsbeamten eigenständig die Durchsuchung vor, werden sie möglicherweise auf andere Unternehmensunterlagen stoßen. Die Beamten sind befugt, derartige Unterlagen zu beschlagnahmen, sofern sich daraus der Verdacht einer weiteren Straftat ergibt. Das gilt auch dann, wenn die zufällig aufgefundenen Unterlagen nichts mit dem Vorwurf zu tun haben, der Anlass für die Durchsuchung war (sog. **Zufallsfunde**).[431]

296

Wegen der großen Bedeutung der Durchsuchung für den weiteren Verlauf des Ermittlungsverfahrens **sollte in jedem Fall ein Anwalt eingeschaltet werden,** der das Unternehmen **bei folgenden Fragen** beraten kann:[432]
– Welche Rechtsmittel gibt es gegen Durchsuchung und Beschlagnahme?
– Sollen weitere Unterlagen zur Verfügung gestellt und Informationen gegeben werden?
– Soll unternehmensintern eine Aufklärung der relevanten Sachverhalte erfolgen?
– Wie soll die Öffentlichkeitsarbeit gestaltet werden?

297

In der Praxis haben sich auch regelmäßige Mitarbeiterschulungen sowie simulierte Befragungen und Durchsuchungen (sog. **Mock Dawnraids**) bewährt, bei denen die Zielabteilungen oder -personen über die Simulation nicht informiert sind.[433] Weiterhin empfiehlt sich die Implementierung eines sog. **Notfallsystems,** über das ein Unternehmen, ggf. auch an unterschiedlichen Standorten, schnellstmöglich strafrechtlich versierte **Unternehmensanwälte benachrichtigen** kann, die sodann vor Ort eine Durchsuchung begleiten können.

298

4. Beauftragung von Sachverständigen

Die Staatsanwaltschaft und die Polizei können Sachverständige beauftragen. Sachverständige sind Spezialisten, die die Staatsanwaltschaft in ihrer Ermittlungstätigkeit unterstützen. Sachverständige können eingeschaltet werden bei schwierigen naturwissenschaftlichen Fragen, etwa im Bereich der Produkthaftung, bei der Beurteilung finanzieller Transaktionen oder der bilanziellen Behandlung von beanstandeten Geschäftsvorfällen und bei allen anderen Fragen, bei denen eine besondere Sachkunde erforderlich ist. Auch ein betroffenes Unternehmen oder ein Beschuldigter haben das Recht, eigene Sachverständige zu beauftragen. Hierbei ist zu beachten, dass die Sachverständigen in das Verteidigungsverhältnis miteinbezogen werden, um den notwendigen Geheimhaltungsschutz zu gewährleisten.

299

V. Abschluss des Ermittlungsverfahrens durch die Staatsanwaltschaft

Am Ende des Ermittlungsverfahren stehen der Staatsanwaltschaft diverse Möglichkeiten offen, das Verfahren zu beenden. Die Entschließung der Staatsanwaltschaft hängt in erster Linie davon ab, ob sie nach Durchführung aller Ermittlungen von einem **hinreichenden Tatverdacht** ausgeht, dh ob sie den Tatvorwurf auch mit dem ihr zur Verfügung stehenden Beweismaterial vor Gericht beweisen zu können glaubt, sowie davon, wie schwer die **Schuld** des Beschuldigten für diesen Fall einzustufen ist.

300

---

[431] Dazu allgemein *Hannich* in Karlsruher Komm. StPO Vor § 1 Rn. 40 ff.
[432] Dazu auch *Kempf/Schilling* in Volk § 10 Rn. 110 ff.
[433] Vgl. *Lampert* in Hauschka § 9 Rn. 34.

1. Einstellung wegen fehlenden Tatnachweises

301 Gelangt die Staatsanwaltschaft zu dem Ergebnis, dass der Verdacht strafbaren Verhaltens zu Unrecht besteht oder jedenfalls in einer Hauptverhandlung nicht mit der erforderlichen Sicherheit nachgewiesen werden kann, stellt sie das Ermittlungsverfahren nach § 170 Abs. 2 StPO wegen fehlenden Tatnachweises ein. In der Regel wird der Beschuldigte darüber unterrichtet, jedenfalls dann, wenn er davon Kenntnis hatte, dass gegen ihn ein Ermittlungsverfahren geführt wurde, was nicht zwingend der Fall sein muss.

2. Einstellung trotz fortbestehenden Tatverdachts

302 Die Staatsanwaltschaft kann nach § 153 StPO das Verfahren **ohne Sanktion einstellen,** wenn die Schuld des Täters als gering anzusehen wäre und kein öffentliches Interesse an der Verfolgung besteht. Grundsätzlich bedarf es dafür der Zustimmung des Gerichts, das für die Eröffnung des Hauptverfahrens zuständig wäre. Die Schuld ist als gering anzusehen, wenn sie bei Vergleich mit Vergehen gleicher Art nicht unerheblich unter dem Durchschnitt liegt.[434]

303 Die Staatsanwaltschaft kann auch nach § 153a StPO – was häufig der Fall ist – mit Zustimmung des Gerichts das Verfahren **wegen geringer Schuld einstellen, sofern der Beschuldigte eine ihm gemachte Auflage erfüllt,** also etwa einen bestimmten Geldbetrag zugunsten der Staatskasse oder einer gemeinnützigen Einrichtung zahlt.

304 Es müssen hierfür **folgende Voraussetzungen** gegeben sein: Die Schwere der Schuld darf der Einstellung nicht entgegenstehen; das öffentliche Interesse an der Strafverfolgung muss durch die Aufl., also etwa die Zahlung eines Geldbetrags, beseitigt werden; der Beschuldigte muss zustimmen. Die Zustimmung zur Einstellung bedeutet kein Schuldeingeständnis. Sehr häufig erfolgen Zustimmungen aus prozessökonomischen Gründen. Die festgesetzte Geldauflage erweist sich bei sorgfältiger Analyse als weitaus geringer im Vergleich zu den Kosten, die bei Durchführung einer Hauptverhandlung entstünden und die auch im Fall eines Freispruchs nicht ersetzt würden. Außerdem gilt die Unschuldsvermutung fort.

3. Anklageerhebung

305 Gelangt die Staatsanwaltschaft zu dem Ergebnis, dass mit einiger Wahrscheinlichkeit am Ende einer Hauptverhandlung eine Verurteilung stehen wird, wird sie Anklage erheben, sofern sie nicht das Verfahren nach den vorstehend genannten Vorschriften einstellt. Unter bestimmten Voraussetzungen (vgl. § 407 StPO) kommt anstatt der Erhebung einer öffentlichen Anklage auch die Beantragung eines Strafbefehls in Betracht. Ein Strafbefehl ist eine Verurteilung im schriftlichen Verfahren. Dieser entspricht einem Urteil, ohne dass es vorher zu einer Hauptverhandlung gekommen ist. Bei einem Strafbefehl prüft der Richter nach Aktenlage, ob der Vorwurf begründet ist und erlässt dann ggf. den Strafbefehl, wie von der Staatsanwaltschaft beantragt. Der Beschuldigte hat die Möglichkeit, dagegen Rechtsmittel einzulegen. In diesem Fall kommt es zur Durchführung einer Hauptverhandlung, die dann im Wesentlichen so abläuft, wie wenn Anklage erhoben worden wäre.

VI. Gerichtliches Zwischenverfahren

306 Die Staatsanwaltschaft übersendet die Anklage und die Verfahrensakten an das zuständige Gericht. Der Vorsitzende des Gerichts übermittelt die Anklageschrift dem Beschuldigten (der in diesem Verfahrensstadium als Angeschuldigter bezeichnet wird) und gibt ihm Gelegenheit, Einwendungen gegen die **Eröffnung des Hauptverfahrens** und die Zulassung der Anklage vorzubringen.

---

[434] *Meyer-Goßner* StPO § 153 Rn. 4.

Das Gericht prüft im Anschluss daran die Anklageschrift auf die Frage, ob nach dem Akteninhalt eine **Verurteilung mit einiger Wahrscheinlichkeit zu erwarten** ist. Das Gericht kann in diesem Verfahrensstadium auch Sachverständige und Zeugen befragen, was im Regelfall aber nicht stattfindet.

Wenn auch das Gericht der Auffassung ist, dass nach Durchführung einer Hauptverhandlung mit einer Verurteilung zu rechnen ist, wird es die **Anklage akzeptieren und das Hauptverfahren eröffnen.** Ist das Gericht der Auffassung, dass es aus rechtlichen oder tatsächlichen Gründen nicht zu einer Verurteilung kommen wird, wird es die Eröffnung des Hauptverfahrens ablehnen und die Anklageschrift nicht zulassen. Die Staatsanwaltschaft kann gegen diese Entscheidung Rechtsmittel einlegen, über das dann das übergeordnete Gericht zu entscheiden hat.

VII. Hauptverhandlung in Strafsachen

Die Hauptverhandlung findet bei Gericht statt und zwar je nach Schwere des Schuldvorwurfs oder der Bedeutung der Sache bei einem Berufsrichter (Amtsgericht – Strafrichter), bei einem Berufsrichter und zwei Schöffen (Amtsgericht – Schöffengericht) oder vor zwei oder drei Berufsrichtern und zwei Schöffen (Landgericht – Große Strafkammer). Die betroffene Person wird nunmehr als Angeklagter bezeichnet. Die Verhandlungen sind grundsätzlich öffentlich, dh, interessierte Bürger sowie auch Medienvertreter können an der Verhandlung als Zuschauer teilnehmen. Während der Verhandlung – nicht jedoch im Vorfeld – sind im Gerichtssaal keine Bild- oder Tonbandaufnahmen erlaubt. Der Angeklagte muss – von wenigen Ausnahmen abgesehen – am Verfahren teilnehmen. Er kann einen **bis zu drei Verteidiger** wählen und zwar auch schon während des Ermittlungsverfahrens, was auch dringend anzuraten ist; in bestimmten Fällen, geregelt in § 140 StPO, ist zwingend die Teilnahme eines Verteidigers vorgeschrieben (sog. **notwendige Verteidigung**). Auch die Staatsanwaltschaft ist in einer Hauptverhandlung vertreten. Das deutsche Strafverfahren ist, wie bereits erwähnt, kein Parteiverfahren. Möglich ist jedoch, dass die geschädigte (juristische) Person sich in bestimmten Fällen der Klage als sog. **Nebenkläger der Klage** anschließt. Die Befugnis zur Nebenklage ist vor allem bei Kapitalverbrechen vorgesehen, im wirtschaftlichen Kontext sind jedoch auch Nebenkläger zB im Bereich von Urheber-, Patent-, oder Wettbewerbsstrafrechtsfällen möglich (§§ 395 ff. StPO).[435] Das Verfahren ist vom **Untersuchungsgrundsatz** beherrscht. Das bedeutet, dass Gericht und Staatsanwaltschaft den Sachverhalt objektiv aufzuklären haben, also auch von sich aus die dem Angeklagten günstigen Tatsachen ermitteln müssen.

VIII. Verständigungen im Strafverfahren

Die lange in einer rechtlichen Grauzone vollzogenen Absprachen (sog. „**Deals**") zwischen der Verteidigung, der Staatsanwaltschaft und dem zuständigen Gericht erfuhren im Jahr 2009 einer gesetzlichen Regelung im deutschen Strafverfahrensrecht.[436] Das BVerfG hat jüngst das Verständigungsgesetz dem Grunde nach mit dem Grundgesetz für vereinbar erklärt, jedoch in der praktischen Umsetzung einige Mängel festgestellt.[437] Kernvorschrift ist der neu eingeführte § 257c StPO. Gegenstand der Absprachen dürfen nach Abs. 2 nur die Rechtsfolgen sein, die Inhalt des Urteils und der dazugehörigen Beschlüsse sein können, sonstige verfahrensbezogene Maßnahmen sowie das Prozessverhalten der Verfahrensbeteiligten. Bestandteil soll zudem ein Geständnis des Angeklagten sein. Dennoch ist das Gericht zur Erforschung der Wahrheit verpflichtet und muss daher auch bei Vorliegen eines

---

[435] *Meyer-Goßner* StPO § 395 Rn. 1 ff.
[436] Zur Entwicklung *Leitner* in Volk § 9 Rn. 1 ff.; *M. Jahn/Müller* NJW 2009, 2625 ff.
[437] BVerfG NZWiSt 2013, 211; dazu *Meyer* NJW 2013, 1850.

Geständnisses die Beweismittel umfassend würdigen (anders als dies zum Teil in anderen Rechtsordnungen der Fall ist). Ausdrücklich nicht Gegenstand einer Absprache darf dabei der Schuldspruch, dh eine genaues Strafmaß, sein. Es dürfen lediglich Ober- und Untergrenzen nach den allgemeinen Strafzumessungsregeln seitens des Gerichts mitgeteilt werden.[438] Neben dieser eigentlichen Verständigung in der Hauptverhandlung wurde durch das Verständigungsgesetz auch das sog. **Rechtsgespräch,** das in allen Verfahrensabschnitten, dh auch bereits im Ermittlungsverfahren, stattfinden kann, gestärkt. Das allgemeine Rechtsgespräch dient der Erörterung des Standes des Verfahrens, sofern dies geeignet ist, das Verfahren zu fördern. Dabei kann die Sach- und Rechtslage unverbindlich zwischen den Beteiligten erörtert werden.

311   Ob ein Rechtsgespräch oder auch eine Verständigung nach § 257c StPO sinnvoll ist, hängt von einer Vielzahl von Faktoren ab und Bedarf einer umfassenden Abwägung der Vor- und Nachteile im konkreten Einzelfall.

IX. Sanktionsmöglichkeiten von Staatsanwaltschaft und Gericht

312   Gelangt das Gericht (mehrheitlich) zu der Überzeugung, dass der Angeklagte schuldig ist, wird es ihn **verurteilen** und zugleich eine Strafe festsetzen (Freiheitsstrafe oder Geldstrafe), **anderenfalls spricht es ihn frei.** Eine Freiheitsstrafe, die zwei Jahre nicht übersteigt, kann unter den Voraussetzungen des § 56 StGB **zur Bewährung ausgesetzt** und ggf. mit bestimmten Auflagen und Weisungen verbunden werden.

313   Das Gericht kann das Verfahren aber auch wegen geringer Schuld gegen oder ohne Erfüllung einer Auflage (jeweils unter unterschiedlichen Voraussetzungen) durch Beschluss nach §§ 153 ff. StPO **einstellen** und zwar nach Anklageerhebung in jeder Lage des Verfahrens. Es bedarf hierzu allerdings der Zustimmung sowohl des Angeklagten als auch der Staatsanwaltschaft.

314   Neben diesen rein strafrechtlichen Sanktionen sind auch weitere **außerstrafrechtliche Rechtsfolgen** zu beachten. Verurteilungen wegen Vermögensdelikten von mehr als einem Jahr führen zB ebenso wie eine Verurteilung wegen Insolvenzdelikten kraft Gesetzes zu einem Verbot der Ausübung eines Vorstandspostens bei einer AG oder eines Geschäftsführers bei einer GmbH für die Dauer von fünf Jahren.[439]

315   Zu den möglichen **Sanktionen für Unternehmen,** deren kriminalpolitischer Zweck darin besteht, Gewinne aus Straftaten abzuschöpfen und durch geeignete finanzielle Belastungen die Begehung von Straftaten oder Ordnungswidrigkeiten präventiv zu verhindern, → Rn. 251 ff.).

---

[438] Ausführlich zum genauen Ablauf und den praktischen Umsetzungsschwierigkeiten *Leitner* in Volk § 9 Rn. 25 ff.
[439] Vgl. dazu *Dessecker* in Momsen/Grützner Kap. 1 E Rn. 43.

§ 13 Compliance als Vorstandsaufgabe

Inhaltsübersicht

	Rn.
A. Bedeutungsgehalt des Begriffs „Compliance"	1
B. Compliance als Leitungsaufgabe des Vorstands	6
I. Sonderregelungen als Grundlage der Compliance-Pflicht?	7
1. § 91 Abs. 2 AktG	7
2. Vorgaben des DCGK	9
II. Compliance-Pflicht als Ausfluss der Leitungsverantwortung des Vorstands	11
1. Die Legalitätspflicht des Vorstands	12
a) Pflicht des Vorstands zur Einhaltung des Organisationsrechts der AG	13
b) Interne und externe Legalitätspflicht des Vorstands	15
c) Zulässigkeit nützlicher Pflichtverletzungen?	18
2. Pflicht zur Überwachung der Unternehmensorganisation	22
a) Vertikale Überwachung	23
b) Horizontale Überwachung	24
3. Compliance-Zuständigkeit des Vorstands als Gesamtorgan	26
4. Compliance-Pflichten im Konzern	27
C. Generelle Pflicht zum Aufbau eines Compliance-Systems?	31
I. Spezialgesetzliche Regelungen	32
II. Risikoanalyse und unternehmerisches Ermessen beim Aufbau eines Compliance-Systems	34
1. Compliance-System und Business Judgement Rule	35
2. Risikoanalyse als Grundlage der Ermessensausübung	37
a) Ermittlung des spezifischen Risikos	38
b) Ermittlung der Eintrittswahrscheinlichkeit	40
c) Kosten-Nutzen-Analyse	41
D. Rechtliche Anforderungen an ein Compliance-System	42
I. Unternehmerisches Ermessen bei der Ausgestaltung eines Compliance-Systems	43
II. Vorgaben des IDW-Standard PS 980	45
E. Vier Stufen effizienter Compliance-Organisationen	48
I. Compliance-Kommunikation („tone from the top")	50
II. Maßnahmen, um Rechtsverstößen vorzubeugen („prevent")	53
1. Pflichtendelegation auf Compliance-Vorstand und Compliance-Officer	53
a) Möglicher Umfang der Delegation	55
b) Rechtsposition des Compliance-Officers	59
2. Compliance-Richtlinien („Code of Conduct")	64
a) Leitlinien bei der Einführung von Compliance-Richtlinien	66
b) Beachtung der Mitbestimmungsrechte des Betriebsrats	67
3. Unterrichtung und Schulung der Belegschaft	69
4. Die wichtigsten Compliance-Bereiche	74
a) Arbeitsrecht	75
b) Außenwirtschaftsrecht und Exportkontrolle	85
c) Verhaltensregeln im Geschäftsverkehr	88
d) Geldwäsche	89
e) Kartellrecht	92
f) Produktsicherheit und -haftung	97
g) Krise und Insolvenz	105
h) Wirtschaftsstraftaten (Korruption, Insiderhandel)	109
i) Steuerrecht	113

§ 13

§ 13 Compliance als Vorstandsaufgabe

	Rn.
j) Umweltrecht	117
5. Compliance-Pflichten des ausländischen Rechts	119
III. Maßnahmen zur Aufdeckung von Regelverstößen („detect")	122
1. Meldesysteme bei Verstößen	123
a) Whistleblowing-Hotline	124
b) Einrichtung einer Beschwerdestelle	129
2. Überprüfung der Funktionsfähigkeit der Compliance-Organisation („Compliance Audits")	131
IV. Reaktion auf Verstöße („react")	137
1. Aufklärung der Verstöße und Internal Investigations	138
2. Mitarbeiterbefragungen und Amnestieprogramme	142
3. Pflicht zur Sanktionierung von Verstößen	147
F. Haftung der Vorstandsmitglieder für mangelhafte Compliance	**151**
I. Strafrechtliche Haftung	152
II. Zivilrechtliche Haftung	154
1. Pflichtverletzung des Vorstands	155
2. Beweislast	157
3. Schuldhaftes Handeln des Vorstands	158
4. Kausalität der Pflichtverletzung für den Schaden	159
5. Offene Fragen	160
III. Ordnungswidrigkeitenrechtliche Haftung	162
G. Zusammenfassung	**167**

Schrifttum: *Altmeppen,* Cash Pooling und Kapitalerhaltung im faktischen Konzern, NZG 2010, 401; *Baumert,* Handlungssicherheit in der Compliance-Arbeit an Beispielen, CCZ 2013, 265; *Berg,* Korruption in Unternehmen und Risikomanagement nach § 91 Abs. 2 AktG, AG 2007, 271; *Bergmoser/Theusinger/Gushurst,* Corporate Compliance – Grundlagen und Umsetzung, BB-Spezial 2008, 1; *Besgen* (Hrsg.), Handbuch Führungskräfte, 1. Aufl. 2011; *Birnfeld,* Compliance in der Vergaberechtspraxis, CCZ 2010, 133; *Bürkle,* Corporate Compliance – Pflicht oder Kür für den Vorstand der AG?, BB 2005, 565; *ders.* (Hrsg.), Compliance in Versicherungsunternehmen, 2009; *Breßler/Kuhnke/Schulz/Stein,* Inhalte und Grenzen von Amnestien bei Internal Investigations, NZG 2009, 721; *Campos Nave/Zeller,* Corporate Compliance in mittelständischen Unternehmen, BB 2012, 131; *Campos Nave/Bonenberger,* Korruptionsaffären, Corporate Compliance und Sofortmaßnahmen für den Krisenfall, BB 2008, 734; *Cohen/Holland,* Fünf Punkte, die ausländische Unternehmen über den United States Foreign Corrupt Practices Act (FCPA) wissen sollten, CCZ 2008, 7; *Diller,* Der Arbeitnehmer als Informant, Handlanger und Zeuge im Prozess des Arbeitgebers gegen Dritte, DB 2004, 313; *Dreher,* Die Vorstandsverantwortung im Geflecht von Risikomanagement, Compliance und interner Revision, FS Hüffer, 2010, 161; *Eufinger,* Zu den historischen Ursprüngen der Compliance, CCZ 2012, 21; *Fleischer,* Vorstandsverantwortlichkeit und Fehlverhalten von Unternehmensangehörigen – Von der Einzelüberwachung zur Errichtung einer Compliance-Organisation, AG 2003, 291; *ders.,* Aktienrechtliche Legalitätspflicht und „nützliche" Pflichtverletzungen von Vorstandsmitgliedern, ZIP 2005, 141; *ders.,* Kartellrechtsverstöße und Vorstandsrecht, BB 2008, 1070; *ders.,* Corporate Compliance im aktienrechtlichen Unternehmensverbund, CCZ 2008, 1; *ders.,* Aktuelle Entwicklungen der Managerhaftung, NJW 2009, 2337; *ders.,* Kompetenzüberschreitungen von Geschäftsleitern im Personen- und Kapitalgesellschaftsrecht, Schaden – rechtmäßiges Alternativverhalten – Vorteilsausgleichung, DStR 2009, 1204; *ders.,* Aktienrechtliche Compliance-Pflichten im Praxistest: Das Siemens/Neubürger-Urteil des LG München I, NZG 2014, 321; *Göpfert/Merten/Siegrist,* Mitarbeiter als „Wissensträger", NJW 2008, 1703; *Grunewald,* Interne Aufklärungspflichten des Vorstand und Aufsichtsrat, NZG 2013, 841; *Habersack,* Gesteigerte Überwachungspflichten des Leiters eines sachnahen Vorstandsressorts?, WM 2005, 2360; *Hahn/Naumann,* Organhaftung trotz sachverständiger Beratung – Entscheidungskonflikte zwischen dem „Gebot des sichersten Weges" und unternehmerischer Wagnis, CCZ 2013, 156; *Hauschka* (Hrsg.), Corporate Compliance, 2. Aufl. 2010; *ders.,* Compliance, Compliance-Manager, Compliance-Programme – Eine geeignete Reaktion auf gestiegene Haftungsrisiken für Unternehmen und Management?, NJW 2004, 257; *ders.,* Corporate Compliance – Unternehmensorganisatorische Ansätze zur Erfüllung der Pflichten von Vorständen und Geschäftsführern, AG 2004, 461; *Hauschka/Greeve,* Compliance in der Korruptionsprävention – was müssen, was sollen, was können die Unternehmen tun?, BB 2007, 165; *Hegnon,* Aufsicht als Leitungspflicht, CCZ 2009, 57; *Holle,* Rechtsbindung und Business Judgement Rule, AG 2011, 778; *Hopt/Wohlmannstetter,* Handbuch Corporate Governance von Banken, 2011; *Hein,* Verbandsstrafgesetzbuch (VerbStrG-E) – Bietet der Entwurf Anreize zur Vermeidung von Wirtschaftskriminalität in Unternehmen?, CCZ 2014, 875; *Illing/Umnuß,* Die arbeitsrechtliche Stellung des Compliance Managers – insbesondere Weisungsunterworfenheit und Reportingpflichten, CCZ 2009, 1; *Kahlenberg/Schwinn,* Amnestieprogramme bei Compliance-Untersuchungen im Unternehmen, CCZ 2012, 81; *Karbaum,* Kartellrechts-Compliance – Mehr Fragen als Antworten nach einer Dekade intensiver Diskussion der Compliance-Verantwortung des Vorstands?, AG 2013, 863; *Klindt/Pelz/Theusinger,* Compliance im Spiegel der Rechtsprechung, NJW 2010, 2385; *Koch,* Die Konzernobergesellschaft als Unternehmensinhaber i. S. d. § 130 OWiG?, AG 2009, 564; *Kock,* Compliance in Unternehmen – Ethisch sei der Mensch, hilfreich und gut!, ZIP 2009, 1406; *Kort,* Verhaltensstandardisierung durch Corporate Compliance, NZG 2008, 81; *Kremer/Klahold,* Compliance-Programme in Industriekonzernen, ZGR 2010, 113; *Krieger/U. H. Schneider,* Handbuch der Managerhaftung, 2. Aufl. 2010; *Kromer/Henschel/Pumpler,* Tax Compliance BB 2013, 791; *Krieger/Günther,* Die arbeitsrechtliche Stellung des Compliance Officers, NZA 2010, 367; *Lampert,* Gestiegenes Unternehmensrisiko Kartellrecht – Risikoreduzierung durch Competition-Compliance-Programme, BB 2002, 2237; *Liese/Schulz,* Risikomanagement durch Compliance-Audits, BB 2011, 1347; *Lösler,* Das moderne Verständnis von Compliance im Finanzmarktrecht, NZG 2005, 104; *Maschmann* (Hrsg.), Corporate Compliance und Arbeitsrecht, 2009; *Meier-Greve,* Vorstandshaftung wegen mangelhafter Corporate Compliance, BB 2009, 2555; *Mengel,* Compliance und Arbeitsrecht, 2009; *dies.,* Arbeitsrechtliche Besonderheiten der Implementierung von Compliance-Programmen in internationalen Konzernen, CCZ 2008, 85; *Mengel/Ullrich,* Arbeitsrechtliche Aspekte unternehmensinterner Investigations, NZA 2006, 240; *Moosmayer,* Compliance, 2. Aufl. 2012; *Nezmeskal-Berggötz,* Einführung und Inhalte von Ethikrichtlinien in multinationalen Unternehmen, CCZ 2009, 209; *Nietsch,* Die Garantenstellung von Geschäftsleitern im Außenverhältnis, CCZ 2013, 192; *Müller,* Geschäftsleiterhaftung wegen Insolvenzverschleppung und fachkundige Beratung, NZG 2012, 981; *Pietzke,* Die Verantwortung für Risikomanagement und Compliance in mehrköpfigen Vorstand, CCZ 2010, 45; *Reichert/Ott,* Non Compliance in der AG – Vorstandspflichten im Zusammenhang mit der Vermeidung, Aufklärung und Sanktionierung von Rechtsverstößen, ZIP 2009, 2173; *Rettenmaier/Palm,* Das Ordnungswidrigkeitenrecht und die Aufsichtspflicht von Unternehmensverantwortlichen, NJOZ 2010, 1414; *Rodewald/Unger,* Kommunikation und Krisenmanagement im Gefüge der Corporate Compliance-Organisation, BB 2007, 1629; *Sachs/Krebs,* Quid pro Quo im Außenhandel: Compliance gegen Verfahrensprivilegien, CCZ 2013, 12; *Schaefer/Baumann,* Compliance-Organisation und Sanktionen bei Verstößen, NJW 2011, 3601; *Schaefer/Missling,* Haftung von Vorstand und Aufsichtsrat, NZG 1998, 441; *Schwintowski,* Gesellschaftsrechtliche Anforderungen an Vorstandshaftung und Corporate Governance durch das neue System der kartellrechtlichen Legalausnahme, NZG 2005, 200; *Spehl/Momsen/Grützner,* Unternehmensinterne Ermittlungen – Ein internationaler Überblick, Teil I: Einleitung unternehmensinterner Ermittlungen, CCZ 2013, 260; *Streck/Binnewies,* Tax Compliance, DStR 2009, 229; *Talaska,* Tax Compliance in Unternehmen – Organhaftung, BB 2012, 1195; *Thole,* Managerhaftung für Gesetzesverstöße, ZHR 173 (2009), 504; *Thüsing,* Arbeitnehmerdatenschutz und Compliance. 1. Aufl. 2010; *Többens,* Die Bekämpfung der Wirtschaftskriminalität durch die Troika der § 9, § 130 und § 30 des Gesetzes über Ordnungswidrigkeiten, NStZ 1999, 1; *Tödtmann/Schauer,* Der Corporate Governance Kodex zieht scharf, ZIP 2009, 995; *Tödtmann/Kaluza* in Maschmann/Sieg/Göpfert, Vertragsgestaltung im Arbeitsrecht, 1. Aufl. 2012, Teil „Compliance"; *U. H. Schneider,* Gesellschaftsrechtliche und öffentlich-rechtliche Anforderungen an eine ordnungsgemäße Unternehmensorganisation, DB 1993, 1909; *ders.,* Compliance als Aufgabe der Unternehmensleitung, ZIP 2003, 645; *ders.,* Ausländisches Unternehmensstrafrecht und Compliance, CCZ 2008, 18; *U. H. Schneider/Sven H. Schneider,* Konzern-Compliance als Aufgabe der Konzernleitung, ZIP 2007, 2061; *v. Busekist/Hein,* Der IDW PS 980 und die allgemeinen rechtlichen Mindestanforderungen an ein wirksames Compliance Management System – Grundlagen, Kultur und Ziele, CCZ 2012, 45; *v. Busekist/Schlitt,* Der IDW PS 980 und die allgemeinen rechtlichen Mindestanforderungen an ein wirksames Compliance Management System – Risikoermittlungspflicht, CCZ 2012, 86; *Wagner,* „Internal Investigations" und ihre Verankerung im Recht der AG, CCZ 2009, 8; *Wastl/Pusch,* Haftungsrechtliche Konsequenzen einer so genannten Mitarbeiter-Amnestie – dargestellt am Beispiel „Siemens", RdA 2009, 376; *Wicke,* Der CEO im Spannungsverhältnis zum Kollegialprinzip, NJW 2007, 3755; *Winstel,* Unterrichtung der Belegschaftsvertretung der Tochtergesellschaft im (grenzüberschreitenden) Aktienkonzern, 2011; *ders./Skauradszun,* Zahlungen an mehrere Gesellschafter in der Krise, GmbHR 2011, 185.

A. Bedeutungsgehalt des Begriffs „Compliance"

Der Begriff **Compliance**[1] ist wegen einer Reihe aufsehenerregender Rechtsverstöße von Unternehmen, ihren Mitarbeitern und Organen und den damit verbundenen, teilweise existenzbedrohenden **(Reputations-)Schäden** allgegenwärtig. Insbesondere der Vorstand als Leitungsorgan der Aktiengesellschaft steht bei öffentlichkeitswirksamen Vorgängen im Kreuzfeuer der Kritik und wird häufig sowohl zivil- als auch strafrechtlich für Rechtsverstöße der Unternehmensorganisation zur Verantwortung gezogen. **1**

Ursprünglich stammt der Begriff Compliance aus dem US-amerikanischen Recht und meint die Einhaltung von Verhaltensmaßregeln, Gesetzen und Richtlinien. Darüber hinaus **2**

---

[1] Zu den historischen Ursprüngen der Compliance vgl. *Eufinger* CCZ 2012, 21.

soll auch die Übereinstimmung des unternehmerischen Geschäftsgebarens mit allen gesellschaftlichen **Richtlinien und Wertvorstellungen, mit Moral und Ethik** gewährleistet werden. Im Kern ist mit Compliance nichts anderes gemeint, als dass sich ein Unternehmen insgesamt regelkonform und rechtmäßig verhält. Dabei muss der Vorstand aber berücksichtigen, dass es zu kurz gegriffen wäre, Compliance nur mit „Gesetzestreue" gleichzusetzen. Compliance – insbesondere Corporate Compliance[2] – umfasst nämlich auch die Mittel, um dieses Ziel zu erreichen: unternehmensinterne Präventivmaßnahmen sowie Verfahren zur Risikofrüherkennung und zur Sanktion von Verstößen, also Repressivmaßnahmen. Compliance ist daher unternehmerisches Risiko- und Gefahrenmanagement.[3]

3   Die Motivation, für eine bestmögliche Organisation des Unternehmens zu sorgen und die damit verbundene Sicherstellung der Rechtstreue ruht auf **zwei Säulen:** Sie reduziert zum einen das Risiko einer Haftung und damit auch entsprechende Kosten für die Gesellschaft und für den Vorstand.[4] Daneben dient die Einführung verbindlicher Verhaltensregeln zur Einhaltung der Gesetze der Sicherung der Reputation des Unternehmens in der Öffentlichkeit, gegenüber Geschäftspartnern, in Vergabeverfahren[5] und am Kapitalmarkt, also gegenüber Banken und Investoren.[6]

4   Schließlich zeigt auch die aktuelle Diskussion um die Einführung eines dem deutschen Recht grundsätzlich fremden **Unternehmensstrafrechts** die Bedeutung der Compliance. Danach sollen künftig nicht mehr nur die für ein Unternehmen verantwortlichen natürlichen Personen, sondern auch das Unternehmen selbst strafrechtlich sanktioniert werden können – etwa neben der klassischen Geldstrafe auch die Veröffentlichung der Verurteilung, der Ausschluss von öffentlichen Aufträgen oder als schärfstes Schwert sogar die Auflösung des Unternehmens.[7] Die für den Vorstand hieraus resultierenden Haftungsverschärfungen bei Gesetzesverstößen und die hierdurch weiter steigenden Compliance-Risiken für Vorstände lassen sich nur erahnen.

5   Der Vorwurf von Gesetzesverstößen hat für ein Vorstandsmitglied aber oft nicht nur haftungsrechtliche Konsequenzen. Meist hat dies für Vorstände zugleich zur Folge, dass sie erhebliche persönliche **Imageeinbußen** erleiden – wie prominente Beispiele zeigen. Dabei ist bei (angeblichen) Gesetzesverstößen nicht nur das Amt bei der konkreten Gesellschaft gefährdet. Zugleich muss der Vorstand aufgrund des damit regelmäßig verbundenen Vertrauensverlustes mit der (erzwungenen) Aufgabe weiterer Ämter und einer wesentlichen Beeinträchtigung seines beruflichen Fortkommens rechnen. Dies alles zeigt, dass Vorstandsmitglieder es sich nicht leisten können, die Compliance-Kultur ihres Unternehmens nur als „Feigenblatt" zu nutzen und in Wirklichkeit zu vernachlässigen. Sie müssen aus höchst eigennützigen Motiven beim Thema Compliance mit gutem Beispiel vorangehen und Führungskräfte und Mitarbeiter zu regeltreuem Verhalten motivieren.

B. Compliance als Leitungsaufgabe des Vorstands

6   Es gibt trotz der immensen Bedeutung von Compliance in der Unternehmenspraxis weder eine Legaldefinition noch eine Umschreibung des Begriffs **Corporate Compliance** im deutschen Recht. Eine ausdrücklich normierte Compliance-Pflicht des Vorstands sucht

---

[2] Vgl. zur Begriffsdefinition *Campos Nave/Zeller* BB 2012, 131; zur unterschiedlichen Perspektive der Corporate Governance vgl. *Hauschka* in Hauschka § 1 Rn. 2; kritisch *Kort* NZG 2008, 81.
[3] *Hauschka* NJW 2004, 257; *Campos Nave/Bonenberger* BB 2008, 734, 735; *Eufinger* CCZ 2012, 21.
[4] *Hauschka* in Hauschka § 1 Rn. 8.
[5] Dazu *Birnfeld* CCZ 2010, 133.
[6] Eingehend unter Berücksichtigung der Besonderheiten der Versicherungswirtschaft *Bürkle* in Bürkle § 1 Rn. 72 ff.; *Moosmayer* Compliance 22 f.; *Schaefer/Baumann* NJW 2011, 3601, 3602.
[7] Vgl. hierzu den nordrhein-westfälischen „Entwurf eines Gesetzes zur Einführung der strafrechtlichen Verantwortlichkeit von Unternehmen und sonstigen Verbänden" (VerbStrG-E), dazu *Leipold* NJW-Spezial 2013, 696 und *Hein* CCZ 2014, 75 ff.

B. Compliance als Leitungsaufgabe des Vorstands

man im geltenden Gesellschaftsrecht ebenfalls vergeblich.[8] Folglich gibt es verschiedene Auffassungen darüber, woraus sich die **Compliance-Pflicht** des Vorstands ableitet. Die Frage nach der Rechtsgrundlage einer Compliance-Pflicht des Vorstands ist indes nicht nur akademischer Natur. Sie gibt vielmehr Aufschluss darüber, wie die Compliance-Aufgabe des Vorstands konkretisiert werden kann und muss und strahlt zugleich in andere Bereiche der Vorstandsverantwortlichkeit aus.[9]

I. Sonderregelungen als Grundlage der Compliance-Pflicht?

1. § 91 Abs. 2 AktG

Teilweise wird aus § 91 Abs. 2 AktG, auch in Verbindung mit weiteren **Spezialregelungen** (→ Rn. 32 f. unter C. I.), eine allgemeine Compliance-Pflicht des Vorstands abgeleitet. Nach § 91 Abs. 2 AktG muss der Vorstand geeignete Maßnahmen treffen, insbesondere ein **Überwachungssystem** einrichten, damit den Fortbestand der Aktiengesellschaft gefährdende Entwicklungen früh erkannt werden können.

Nach ihrem Wortlaut erfasst diese Vorschrift nur die Verhinderung **existenzgefährdender Gefahren** für die Gesellschaft. Zwar können sich existenzbedrohende Schäden für ein Unternehmen auch aus der Summe mittlerer und kleiner Risiken ergeben.[10] Gleichwohl deckt § 91 Abs. 2 AktG damit nur einen Teilaspekt der Compliance-Pflichten des Vorstands ab, weil ein nur auf (präventive) Schadensabwehr eingeengtes Verständnis von Compliance – wie gezeigt – deutlich zu kurz greift.[11]

2. Vorgaben des DCGK

Speziell für Vorstände börsennotierter Aktiengesellschaften sieht die Empfehlung der Regierungskommission **Deutscher Corporate Governance Kodex** (DCGK)[12] die Vorstandsaufgabe „Compliance" vor. Nach Ziff. 4.1.3 DCGK hat der Vorstand für die Einhaltung der gesetzlichen Bestimmungen und der unternehmensinternen Richtlinien zu sorgen. Zwischenzeitlich[13] bezeichnet der Kodex diese Pflicht des Vorstands auch explizit als „Compliance".

Der DCGK ist aber **kein Gesetz,** sondern nur eine grundsätzlich unverbindliche Verhaltensempfehlung zur Unternehmensleitung und -überwachung.[14] Ziff. 4.1.3 DCGK und der darin enthaltene Compliance-Gedanke sind daher nicht als konstitutive Regelung zu verstehen, sondern beschreiben nach allgemeiner Auffassung nur die für Vorstandsmitglieder ohnehin geltende Rechtslage.[15] Die auf Compliance-Pflichten des Vorstands zielenden **Empfehlungen** des DCGK sind also nicht Grundlage, sondern Wiedergabe des gesetzlich ohnehin bestehenden Pflichtenprogramms des Vorstands.

II. Compliance-Pflicht als Ausfluss der Leitungsverantwortung des Vorstands

Nach einer schon mehr als ein Jahrzehnt andauernden wissenschaftlichen Diskussion hat sich im Aktienrecht[16] die Meinung verfestigt, dass sich aus der Aufgabe des Vorstands zur

---

[8] *Kort* NZG 2008, 81, 82.
[9] So zB zu den Folgen für die Abschlussprüfung vgl. *Dreher,* FS Hüffer, 2010, 161, 168 ff.
[10] *Schwintowski* NZG 2005, 200, 201.
[11] LG München I NZG 2014, 345, 346: „Konkretisierung"; zu den Marketingeffekten von Compliance *Bergmoser/Geusinger/Thushurst* BB-Spezial 2008, 1, 2.
[12] Zur Rechtsnatur und Verbindlichkeit des DCGK *von der Linden* in Wilsing DCGK Präambel Rn. 19 ff.; *Tödtmann/Schauer* ZIP 2009, 995.
[13] *Ringleb* in Ringleb/Kremer/Lutter/v. Werder DCGK Rn. 575.
[14] *Hölters* in Hölters AktG § 93 Rn. 15.
[15] *Ringleb* in Ringleb/Kremer/Lutter/v. Werder DCGK Rn. 575; *U. H. Schneider/Sven H. Schneider* ZIP 2007, 2061, 2062.
[16] Zur Compliance-Pflicht des Geschäftsführers und zur Übertragbarkeit der aktienrechtlichen Grundsätze eingehend *Fleischer* in MüKoGmbHG § 43 Rn. 142 ff.

sorgfältigen und **eigenverantwortlichen Leitung der Aktiengesellschaft** (§§ 76, 93 Abs. 1 AktG) ein Pflichtenkanon ableiten lässt, der Grundlage seiner Compliance-Verantwortung ist:[17] die Pflicht, im Einklang mit der geltenden Rechtsordnung zu handeln (Legalitätspflicht), die Pflicht zur sorgfältigen Unternehmensführung sowie eine Überwachungspflicht:[18]

1. Die Legalitätspflicht des Vorstands

12 Bei der Leitung der Gesellschaft muss der Vorstand zu allererst – als eine eherne Grenze – die Rechtmäßigkeit der Geschäftsführung sicherstellen, dh das für ihn und für die Aktiengesellschaft geltende Recht beachten.[19] Diese als Legalitätspflicht bezeichnete Selbstverständlichkeit zerfällt in die Pflicht zur Einhaltung **gesellschaftsinterner Vorgaben**[20] (organisationelles Legalitätsprinzip)[21] sowie die Pflicht zur Beachtung **externer Regelungen.**[22]

a) Pflicht des Vorstands zur Einhaltung des Organisationsrechts der AG

13 Der Vorstand muss zunächst seine rein **internen Pflichtenbindungen** gegenüber der Gesellschaft einhalten.[23] Diese Pflichten ergeben sich aus dem Binnenrecht der Gesellschaft, also aus dem AktG, aber auch aus der Satzung, der Geschäftsordnung für den Vorstand und den Anstellungsverträgen der Vorstandsmitglieder.[24] Interne Grenzen ziehen etwa die Zustimmungsvorbehalte des Aufsichtsrats nach § 111 Abs. 4 S. 2 AktG und auch der Unternehmensgegenstand der Gesellschaft, den der Vorstand nicht überschreiten darf.[25]

14 All diese Regelungen haben gemeinsam, dass sie nur auf die interne Bindung des Vorstands zur **Beachtung seiner Kompetenzen** abzielen und die Stellung des Vorstands als Treuhänder des ihm von den Aktionären anvertrauten Vermögens widerspiegeln.[26] Externe Dritte werden davon in aller Regel nicht tangiert. Die Verpflichtung des Vorstands, das Kompetenzgefüge nicht zulasten der Mitverwaltungsrechte anderer Gesellschaftsorgane (Aufsichtsrat, Hauptversammlung) zu verlassen, ist eine Binnenangelegenheit der Gesellschaft und damit keine Grundlage der Compliance-Pflicht des Vorstands im engeren Sinne.[27]

b) Interne und externe Legalitätspflicht des Vorstands

15 Der Vorstand ist aber nicht nur an interne Kompetenzgrenzen gebunden, die ihm das Binnenrecht der AG zieht. Als gesetzlicher Vertreter der Aktiengesellschaft (§ 78 AktG) muss er seine eigenen Handlungen an denjenigen Rechtsvorschriften ausrichten, die die AG als juristische Person wie jeden anderen Teilnehmer des Rechtsverkehrs treffen.[28] Dies hat seinen Grund darin, dass die AG nur durch den Vorstand als Organ handeln kann und die Organe daher als gesetzliche Vertreter die für die Gesellschaft selbst geltenden **Rechtspflichten** beachten müssen.[29] Zu diesen Pflichten zählen etwa Vorschriften des Zivil- und

---

[17] Sehr umstritten LG München I NZG 2014, 345 – Siemens ./. Neubürger; vgl. auch *U. H. Schneider* ZIP 2003, 645; *Lampert* in Hauschka § 9 Rn. 9; *Moosmayer* Compliance 1 f.; jüngst *Fleischer* NZG 2014, 321 ff.
[18] *Thüsing* Rn. 12.
[19] *Fleischer* in Spindler/Stilz AktG § 93 Rn. 14: „Kardinalpflicht"; *ders.* NJW 2009, 2337, 2338; *Weber* in Hölters AktG § 76 Rn. 25: „unverrückbare Grenze".
[20] Diese Pflicht zur Einhaltung gesellschaftsinterner Vorgaben darf nicht mit der internen Legalitätspflicht gleichgesetzt werden, vgl. *Thole* ZHR 173 (2009), 504, 509.
[21] *Thole* ZHR 173 (2009), 504, 508.
[22] *Dendorfer* in MHdB ArbR § 35 Rn. 10.
[23] Vgl. zuletzt BGH NJW 2013, 1958.
[24] *Thüsing* Rn. 12.
[25] BGH NJW 2013, 1958; *Spindler* in MüKoAktG § 93 Rn. 63 mwN.
[26] *Spindler* in MüKoAktG § 93 Rn. 24; *Mertens/Cahn* in Kölner Komm. AktG § 93 Rn. 10; *Schaefer/Missling* NZG 1998, 441, 444.
[27] Gleichwohl ist sie Bestandteil der Legalitätspflicht, vgl. *Fleischer* NJW 2009, 2337, 2238.
[28] LG München I NZG 2014, 345, 346; *Fleischer* in Fleischer § 7 Rn. 14.
[29] *Thüsing* Rn. 12.

Wirtschaftsrechts und des Steuerrechts, aber auch das Verbot wettbewerbsbeschränkender Absprachen, das Datenschutzrecht, das Arbeits- und Sozialversicherungsrecht und nicht zuletzt vielfältige öffentlich-rechtliche Vorschriften wie das Immissionsschutzrecht.[30] Der Vorstand muss sicherstellen, dass die Aktiengesellschaft keine Rechtsvorschriften verletzt – sei es dadurch, dass er selbst gegen Recht und Gesetz verstößt oder dass er Rechtsverletzungen durch Unternehmensangehörige nicht unterbindet, wo er es könnte.

Das Gebot rechtstreuen Verhaltens obliegt damit nicht nur der Gesellschaft selbst als juristischer Person gegenüber Dritten. Die persönliche Pflicht des Vorstands der Gesellschaft gegenüber, die Geschäfte im Einklang mit dem geltenden Recht zu führen, **transportiert** diese externen Pflichten der AG gegenüber Dritten in das Verhältnis zwischen Gesellschaft und Vorstand (§§ 78 Abs. 1, 93 Abs. 1 AktG).[31] Das Vorstandsmitglied ist im Innenverhältnis der Gesellschaft gegenüber genauso zur rechtmäßigen Geschäftsführung verpflichtet wie diese im Außenverhältnis Dritten gegenüber zur Einhaltung des geltenden Rechts.[32] Verstößt der Vorstand als Organ der Gesellschaft gegen seine **Legalitätspflicht,** kann dies gleichzeitig eine Rechts- oder Pflichtverletzung der Gesellschaft selbst im Außenverhältnis darstellen. Andererseits kann das rechtswidrige Verhalten zugleich eine Pflichtverletzung des Vorstands im Innenverhältnis zur Aktiengesellschaft sein, die zur Innenhaftung des Vorstandsmitglieds führt.[33]

Das zeigt, wie wichtig es für den Vorstand ist, nicht nur seine Pflichten gegenüber den übrigen Organen der AG zu kennen. Er muss vielmehr das gesamte **Pflichtenspektrum** der Gesellschaft verinnerlichen, um Haftungsgefahren zu vermeiden – eine je nach Größe der Gesellschaft ohne fachkundige Mitarbeiter oder externe Berater kaum zu bewältigende Aufgabe. Die Legalitätspflicht des Vorstands ist damit nicht nur Grundlage seiner Compliance-Pflicht. Die Rechtmäßigkeit der Geschäftsführung reduziert auch das Risiko einer Vorstandshaftung wegen sorgfaltswidriger Ausübung des Organamtes (§ 93 Abs. 1 und 2 AktG).

c) Zulässigkeit nützlicher Pflichtverletzungen?

Vorstände verteidigen sich nach der Aufdeckung von Rechtsverstößen – etwa bei Kartellverstößen, Schmiergeldzahlungen oder Bestechungsdelikten – regelmäßig damit, dass der Gesellschaft durch den Gesetzesverstoß ein beachtlicher **Vorteil,** zB in Form eines profitablen Auftrags, entstanden sei.[34] Hier stellt sich die Frage, ob der eingetretene Vorteil den Verstoß gegen die Legalitätspflicht im Interesse der Gesellschaft **kompensieren** kann. Die Beantwortung dieser Frage ist für den Vorstand von grundsätzlicher Bedeutung, weil sich daran entscheidet, ob er im eigenen Interesse zwingend ein effizientes und lückenloses Compliance-System einführen muss oder es bei einem Lippenbekenntnis bewenden lassen kann.

aa) Nützliche Gesetzesverstöße. Zunächst ist festzustellen, dass die Legalitätspflicht der Aktiengesellschaft und des Vorstands im Außenverhältnis gegenüber Dritten uneingeschränkt gilt. Sowohl Vorstand als auch Gesellschaft müssen sich an das geltende Recht halten, selbst wenn der Rechtsverstoß wirtschaftlich noch so sehr im Interesse der Gesellschaft liegt.[35] Selbstverständlich verletzen Vorstand und Gesellschaft in einem solchen Fall geltendes Recht. Die Frage, die unter der Überschrift „nützliche Pflichtverletzungen" diskutiert wird, geht somit nur dahin, ob der Vorstand trotz einer offenbaren **Gesetzesverletzung** wegen der damit verbundenen Vorteile für die Gesellschaft vom Vorwurf

---

[30] *Fleischer* ZIP 2005, 141, 144.
[31] *Holle* AG 2011, 778, 783 mwN.
[32] Zur Anwendbarkeit der Business Judgement Rule in diesen Fällen *Holle* AG 2011, 778, 783.
[33] *Thüsing* Rn. 32; *Mertens/Cahn* in Kölner Komm. AktG § 93 Rn. 34; *Wilsing* in Krieger/U. H. Schneider § 27 Rn. 22; *Fleischer* BB 2008, 1070, 1072.
[34] *Weber* in Hölters AktG § 76 Rn. 26; *Berg* AG 2007, 271, 273; *Fleischer* ZIP 2005, 141, 152; *Spindler* in MüKoAktG § 93 Rn. 89.
[35] *Spindler* in MüKoAktG § 93 Rn. 76.

der Pflichtverletzung und damit einer Haftung im Verhältnis zur Gesellschaft entlastet wird.[36]

20 Die Legalitätspflicht des Vorstands gegenüber der AG untersagt aber selbst „nützliche Pflichtverletzungen".[37] Auch Handlungen eines Vorstandsmitglieds, die gesetzeswidrig sind, der Aktiengesellschaft aber wirtschaftliche oder rechtliche **Vorteile** bringen, sind **unzulässig** und führen unweigerlich zur persönlichen Haftung des Vorstandsmitglieds.[38] Die Gesellschaft kann das Vorstandsmitglied in aller Regel auf Erstattung gezahlter Schmiergelder oder Kartellbußgelder in Anspruch nehmen, ohne dass es dem die Vorteile für die Gesellschaft, etwa aus einem Zuschlag oder kartellbedingten Mehrerlösen entgegenhalten könnte.[39] Dies hebt eindrucksvoll den Zwiespalt hervor, in dem sich ein von Renditeerwartungen und daraus abgeleiteten persönlichen **Zielvereinbarungen** getriebener Vorstand bei der Leitung seiner Gesellschaft befindet.

21 **bb) Nützliche Vertragsverletzungen.** Demgegenüber soll die Verletzung vertraglicher Pflichten der AG nicht per se eine Pflichtwidrigkeit des Vorstands begründen.[40] Vielmehr hat das Vorstandsmitglied hier einen unternehmerischen Handlungsspielraum (§ 93 Abs. 1 S. 2 AktG). Die Verletzung vertraglicher Verpflichtungen der Gesellschaft ist kein **Pflichtverstoß,** wenn sie den Grundsätzen einer ordnungsgemäßen Unternehmensführung entspricht. Das kann ausnahmsweise der Fall sein, wenn die Vertragsverletzung für die Gesellschaft unter Abwägung aller Vor- und Nachteile günstiger ist als die Vertragserfüllung.[41] Es handelt sich hierbei natürlich trotzdem um eine brisante Entscheidung für den Vorstand. Zum einen muss er beurteilen, ob es sich im konkreten Fall „nur" um einen Vertrags- oder aber möglicherweise zugleich auch um einen Gesetzesverstoß handelt. Hierfür wird in aller Regel professionelle Rechtsberatung notwendig sein. Zum anderen muss der Vorstand eine verlässliche **Prognose** treffen, ob und welche Nachteile der Gesellschaft wegen der Vertragsverletzung etwa hinsichtlich ihrer Reputation oder künftiger Geschäftsbeziehungen drohen. Die Gefahr von Fehleinschätzungen und der Eintritt nicht vorhersehbarer oder erheblicher mittelbarer Schäden liegen auf der Hand. Der Vorstand sollte daher von der Möglichkeit „nützlicher Vertragsverletzungen" nur **zurückhaltend** Gebrauch machen.

2. Pflicht zur Überwachung der Unternehmensorganisation

22 Zusätzlich zur Pflicht zu eigenem rechtstreuem Verhalten muss der Vorstand als Teil seiner Sorgfaltspflicht geeignete und zumutbare Maßnahmen zur Überwachung der Unternehmensorganisation treffen.[42] Inhalt dieser Aufgabe ist nicht nur die Überwachung der unterhalb der Vorstandsebene tätigen Mitarbeiter, sondern auch die Überwachung der übrigen Mitglieder des **Kollegialorgans** „Vorstand".[43] Diese Aufgabe zur Überwachung der Unternehmensorganisation ist wesentliche Grundlage seiner Compliance-Pflicht.

a) Vertikale Überwachung

23 Hat der Vorstand zulässigerweise[44] Aufgaben auf **nachgeordnete Hierarchieebenen** delegiert, muss er nicht nur die für diese Aufgaben bestimmten Mitarbeiter sorgfältig aussuchen und einweisen (lassen), sondern auch für eine laufende Überwachung sorgen und

---

[36] *Spindler* in MüKoAktG § 93 Rn. 76.
[37] *Fleischer* in Spindler/Stilz AktG § 93 Rn. 36 mwN.
[38] *Weber* in Hölters AktG § 76 Rn. 26.
[39] Zur komplementären Frage des Vorteilsausgleichs vgl. OLG Hamburg NZG 2010, 309; *Hüffer* AktG § 93 Rn. 15a.
[40] *Hopt* in Großkomm. AktG § 93 Rn. 100; *Fleischer* in Spindler/Stilz AktG § 93 Rn. 36; *ders.* ZIP 2005, 141, 144.
[41] *Hopt* in Großkomm. AktG § 93 Rn. 100.
[42] LG München I NZG 2014, 345, 346; *Fleischer* AG 2003, 291, 293.
[43] *Thüsing* Rn. 16.
[44] Zur Delegation bestimmter Vorstandsaufgaben vgl. *Fleischer* in Fleischer § 8 Rn. 27.

sicherstellen, dass die Mitarbeiter die ihnen übertragenen Aufgaben ordnungsgemäß und unter Beachtung des gültigen Rechts und interner Richtlinien erfüllen.[45]

b) Horizontale Überwachung

Neben der vertikalen Überwachungspflicht steht die Pflicht zur horizontalen Überwachung der eigenen **Vorstandskollegen**. Im Kollegialorgan Vorstand müssen die Mitglieder sicherstellen, dass sich auch ihre Kollegen an Gesetze und Richtlinien halten.[46]

Bei ausschließlicher Zuweisung einzelner **Ressortbereiche**[47] an bestimmte Vorstandsmitglieder wandelt sich die Legalitätspflicht des einzelnen Vorstandsmitglieds in diesem Bereich in eine Pflicht zur Überwachung der Aktentaten der übrigen Vorstände.[48] In diesem Fall muss das Vorstandsmitglied die Tätigkeit seiner Kollegen in Form einer **Plausibilitätsprüfung** überwachen. Erst wenn sich dabei Zweifel oder Unstimmigkeiten ergeben, muss das Vorstandsmitglied bei seinen Kollegen rückfragen und notfalls eigene Nachforschungen anstellen.[49] Insbesondere die Wahrnehmung dieser horizontalen Überwachungsaufgabe ist im Kollegialorgan Vorstand in der Praxis für das einzelne Vorstandsmitglied schwierig. Es kommt darauf an, den richtigen Mittelweg zwischen kollegialem Respekt und Vermeidung unnötiger Übergriffe in den Kompetenzbereich anderer Vorstandsmitglieder einerseits und verantwortlicher Erfüllung der eigenen **Überwachungspflicht** andererseits zu finden. Dass dies in vielen Vorständen nicht immer gelingt, zeigen zahlreiche Praxisbeispiele.

3. Compliance-Zuständigkeit des Vorstands als Gesamtorgan

Die verschiedenen Facetten der Compliance-Pflicht beruhen auf der Leitungsaufgabe des Vorstands (§§ 76 Abs. 1, 93 Abs. 1 S. 1 AktG). Aus dem Umstand, dass der Vorstand diese Leitungsaufgabe als Gesamt- bzw. Kollegialorgan wahrnimmt (§ 77 AktG),[50] folgt zugleich, dass die Compliance-Pflicht dem **Vorstand als Gesamtorgan** obliegt. Dies gilt selbst dann, wenn – wie unter den DAX-Unternehmen inzwischen gang und gäbe[51] – einem Vorstandskollegen das Ressort „Compliance" ausschließlich zugewiesen ist.[52] In diesem Fall reduziert sich die Aufgabe der übrigen Vorstandskollegen entsprechend den zur horizontalen Überwachung dargelegten Grundsätzen darauf, die Tätigkeit des für „Compliance" zuständigen Vorstandsmitglieds dem Grunde nach zu überprüfen und zu überwachen.

4. Compliance-Pflichten im Konzern

Mit Blick darauf, dass mehr als 90% der deutschen Aktiengesellschaften konzerniert sind,[53] stellt sich für den Vorstand in besonderem Maße die Frage, wie weit seine Compliance-Pflicht im Konzern reicht. In welchem Umfang ist der Vorstand des Mutterunternehmens auch für die Einhaltung von Recht und Gesetz in **Tochter- und Enkelgesellschaften** verantwortlich? Hierzu enthält Ziff. 4.1.3 DCGK einen Hinweis. Danach soll der Vorstand (der Konzernobergesellschaft) nicht nur die Einhaltung der Rechtsregeln in der eigenen Gesellschaft sicherstellen, sondern auch auf deren Beachtung durch die Konzernunternehmen „hinwirken".

Nachdem die Compliance-Pflicht des Vorstands aus seiner Pflicht zur sorgfältigen und eigenverantwortlichen Leitung der Gesellschaft folgt, lässt sich aus dieser Leitungsaufgabe

---

[45] BGHZ 127, 336, 347; KG NZG 1999, 400; *Fleischer* AG 2003, 291, 293.
[46] *Wicke* NJW 2007, 3755, 3756 mwN.
[47] Zu den Voraussetzungen ordnungsgemäßer Ressortverteilung *U. H. Schneider* DB 1993, 1909, 1912.
[48] *Bank* in Patzina/Bank/Schimmer/Simon-Widmann Rn. 314 ff.; *Habersack* WM 2005, 2360, 2372 f.; aA VG Frankfurt a. M. VersR 2005, 57, 60.
[49] *Bank* in Patzina/Bank/Schimmer/Simon-Widmann Rn. 315.
[50] BGH NZG 2002, 130; *Fleischer* in Fleischer § 1 Rn. 53.
[51] *Kremer/Klahold* ZGR 2010, 113, 126.
[52] LG München I NZG 2014, 345, 348; *Hölters* in Hölters AktG § 93 Rn. 97; *Fleischer* CCZ 2008, 1, 3; *Pietzke* CCZ 2010, 45, 46; *Hauschka* NJW 2004, 257, 259.
[53] *Winstel* Unterrichtung 21.

auch ableiten, wie weit seine Compliance-Aufgabe in den Konzern „hineinragt". Die hM geht davon aus, dass die Vorstandspflichten in der **Konzernobergesellschaft** ihre Grenzen nicht in der Leitung der (eigenen) Gesellschaft finden, sondern auch die Leitung der Konzernunternehmen erfassen.[54] Entsprechend muss der Vorstand einer Konzernobergesellschaft Sorge dafür tragen, dass sich die Konzernorganisation insgesamt rechtmäßig verhält.[55] Ob dies durch die Schaffung einer konzernweit zuständigen Compliance-Stabstelle bei der Konzernmutter oder durch die Einrichtung einer Compliance-Abteilung bei der jeweiligen Konzerngesellschaft sichergestellt wird, hängt im Wesentlichen vom Maß der **Zentralisierung** des Konzerns ab.[56] In der Regel wird sich die Einrichtung einer Stabstelle bei der Konzernleitung empfehlen, weil sich weder die finanziellen Folgen eines Compliance Verstoßes noch der dadurch verursachte Imageschaden auf die einzelne Tochtergesellschaft beschränken.[57]

29 Anders als dies aber teilweise vertreten wird, obliegt dem Vorstand diese Pflicht nur in Bezug auf diejenige Gesellschaft, bei der er als Organ bestellt ist; dies ist ausschließlich die Konzernobergesellschaft. Es gibt weder einen „Konzernvorstand" noch eine „Pflicht zur Konzernleitung" gegenüber den abhängigen Unternehmen.[58] Dementsprechend nimmt der Vorstand die Aufgabe der **„Konzern-Compliance"** nur gegenüber seiner Gesellschaft wahr und kann folglich auch von den abhängigen Unternehmen nicht wegen mangelhafter Konzern-Compliance in Anspruch genommen werden – wohl aber von der Obergesellschaft selbst. Anders sieht es nur aus, wenn das Vorstandsmitglied zugleich dem Aufsichtsrat oder sogar der Geschäftsleitung der Tochtergesellschaft angehört.

30 In den letzten Jahren gab es allerdings bei Kartellverstößen zahlreiche Beispiele, in denen die **Konzernmutter** nicht aufgrund eigener Verstöße der Obergesellschaft, sondern wegen Gesetzesverstößen von Tochter- oder Enkelunternehmen haftete.[59] Der Umstand, dass bei solchen Verstößen das Bußgeld nicht nur anhand des Unternehmens-, sondern des gesamten **Konzernumsatzes** bemessen werden kann,[60] zeigt, dass die Überwachungsaufgabe im Konzern kaum überschätzt werden kann.

C. Generelle Pflicht zum Aufbau eines Compliance-Systems?

31 Ungeachtet der Pflicht des Vorstandsmitgliedes, sich selbst rechtstreu zu verhalten und das regelkonforme Verhalten der Unternehmensorganisation sicherzustellen, ist der Vorstand auch verpflichtet, bei seiner Gesellschaft ein institutionelles **Compliance-System** zu implementieren. Ein Compliance-System in diesem Sinne ist ein institutionelles Selbststeuerungs- und Kontrollsystem eines Unternehmens, um organisatorische, ökonomische und Verhaltensrisiken zu begrenzen.

I. Spezialgesetzliche Regelungen

32 Für bestimmte Bereiche[61] ist die Pflicht zur Einrichtung von **Sicherungs- und Aufsichtssystemen** gesetzlich vorgegeben.[62] Solche spezialgesetzlichen Pflichten finden sich etwa in:

---

[54] *Fleischer* CCZ 2008, 1, 3 mwN.
[55] Ausführlich *U. H. Schneider/Sven H. Schneider* ZIP 2007, 2061, 2063 ff.; OLG Jena NZG 2011, 226 zur GmbH.
[56] *Kremer/Klahold* ZGR 2010, 113, 127.
[57] *Kremer/Klahold* ZGR 2010, 113, 127; *Rodewald/Unger* BB 2007, 1629, 1631.
[58] *Krieger* in MHdB AG § 70 Rn. 155 mwN; aA *U. H. Schneider/Sven H. Schneider* ZIP 2007, 2061, 2065.
[59] EuG Urt. v. 12.12.2007 – T-112/05 – BeckRS 2007, 71038 und T-111/05 Rn. 58 – Akzo Nobel (Cholinchlorid); VK Lüneburg NZBau 2011, 574 – Tragkraftspritzenfahrzeuge; ausführlich *Koch* AG 2009, 564 zur Etex-Entscheidung des Bundeskartellamts.
[60] *Cramer/Pananis* in Loewenheim/Meessen/Riesenkampff GWB § 81 Rn. 61 f.
[61] Zu spezialgesetzlichen Compliance-Pflichten *Schaefer/Baumann* NJW 2011, 3601, 3602.
[62] *Campos Nave/Bonenberger* BB 2008, 734, 735; *U. H. Schneider* ZIP 2003, 645, 648 f.

- § 9 Geldwäschegesetz (GwG),
- § 33 Abs. 1 S. 2 Nr. 1 Wertpapierhandelsgesetz (WpHG),
- § 25a Abs. 1 S. 1 Kreditwesengesetz (KWG),
- § 64a Abs. 1 S. 1 Versicherungsaufsichtsgesetz (VAG).

Anlass dieser Pflichten zur Implementierung von Sicherungs- und Aufsichtssystemen in bestimmten Bereichen ist aber nicht die Gewährleistung regelgetreuen Verhaltens im Interesse der Gesellschaft, ihrer Organe, Mitarbeiter und Aktionäre, sondern vor allem die Wahrung der Interessen der **Anleger** und der Integrität des Kapitalmarktes.[63]

II. Risikoanalyse und unternehmerisches Ermessen beim Aufbau eines Compliance-Systems

Jenseits der genannten spezialgesetzlichen Regelungen gibt es keine allgemeine Pflicht des Vorstands, ein Compliance-System einzurichten.[64]

1. Compliance-System und Business Judgement Rule

Dem Vorstand kommt bei der Frage, ob er ein Compliance-System einrichtet, die Business Judgement Rule des § 93 Abs. 1 S. 2 AktG zugute. Nach dieser Vorschrift handelt ein Vorstandsmitglied nicht pflichtwidrig (und haftet auch nicht), wenn es bei einer unternehmerischen Entscheidung vernünftigerweise annehmen durfte,[65] auf der Grundlage angemessener Information zum Wohle der Gesellschaft zu handeln. Zwar begünstigt die Business Judgement Rule des § 93 Abs. 1 S. 2 AktG das Vorstandsmitglied nach dem Wortlaut nur bei **unternehmerischen Entscheidungen.** Die Frage, ob die Gesellschaft ein Compliance-System einrichtet, ist, jedoch auch wenn sie sich in erster Linie auf die Binnenstruktur der Gesellschaft bezieht, stets eine unternehmerische Entscheidung.[66]

Gerichtlich überprüft werden daher nicht das konkrete Ergebnis der Entscheidung des Vorstands, sondern die Art und Weise des Zustandekommens und der **Abwägungsprozess** dazu, in welchem Maße Lage, Branche, Größe und Kapitalmarktorientierung der Gesellschaft die Einrichtung eines Compliance-Systems aus der Perspektive des Vorstands nötig machte.[67]

2. Risikoanalyse als Grundlage der Ermessensausübung

Das dem Vorstand zustehende **Ermessen** macht es erforderlich, dass nicht nur das Ergebnis der Entscheidung, ob ein Compliance-System eingeführt wird, sondern auch der Weg zur Entscheidung über das Für und Wider (im Haftungsfall) dokumentiert und konkret belegbar ist.

a) Ermittlung des spezifischen Risikos

Dazu ist es unerlässlich, eine **Risikoanalyse**[68] für das konkrete Unternehmen durchzuführen, um sicherzustellen und zu dokumentieren, dass der Vorstand bei seiner Ermessensentscheidung – wie von § 93 Abs. 1 S. 2 AktG gefordert – auf der Grundlage

---

[63] *Koller* in Assmann/Schneider WpHG § 33 Rn. 32; *Fett* in Schwark/Zimmer WpHG § 33 Rn. 1; kritisch demgegenüber *Lösler* NZG 2005, 104, 108.
[64] *Hauschka* in Hauschka § 1 Rn. 23; *Bürkle* BB 2005, 565, 568 ff.; *Fleischer* AG 2003, 291, 299 f.; ders. NJW 2009, 2337, 2338; *Hauschka* AG 2004, 461, 462; ders. ZIP 2004, 877, 878; aA *Campos Nave/Bonenberger* BB 2008, 734, 735; *U. H. Schneider* ZIP 2003, 645, 648 f.
[65] Es handelt sich damit um eine ex-ante-Prognose, vgl. zuletzt etwa LG Essen NZG 2012, 1207.
[66] Überblick bei *Fleischer* in Spindler/Stilz AktG § 91 Rn. 53.
[67] LG München I NZG 2014, 345, 347 mwN.
[68] Überblick bei *v. Busekist/Schlitt* CCZ 2012, 86.

angemessener Information entschieden hat. Dies setzt zunächst einmal die Analyse des unternehmensspezifischen Risikos sowie die Erstellung eines **Risikoprofils** voraus, weil nur die rechtlichen Risiken ausgeschlossen werden können, die zuvor erkannt werden. Dies setzt eine an Größe, Branche, Kapitalmarktorientierung, Korruptionsanfälligkeit der Zielmärkte, etc. ausgerichtete Prüfung der unternehmerischen und organisatorischen Risiken voraus, die das konkrete Unternehmen treffen können.[69]

39   Hierzu lassen sich naturgemäß keine allgemeingültigen Aussagen treffen. So unterschiedlich wie die Unternehmen selbst sind auch die **unternehmensspezifischen Gefahren,** denen sie ausgesetzt sind. *Moosmayer*[70] etwa empfiehlt für produzierende Unternehmen eine Einteilung dieser Unternehmensanalyse in die Bereiche Einkauf, Produktion und Vertrieb und eine besondere Fokussierung auf Korruptions- und Kartellverstöße. Er weist aber zurecht darauf hin, dass dabei auf die Besonderheiten des jeweiligen Unternehmens zu achten ist. Je nach Branche können deshalb beispielsweise das Datenschutzrecht bei Telekommunikationsunternehmen, das Immissionsschutz- und Arbeitssicherheitsrecht bei Produktionsbetrieben, das Kapitalmarkt-, das Aufsichtsrecht oder das Geldwäscherecht im Bankensektor oder etwa das Pharmarecht bei Arzneimittelherstellern im Mittelpunkt stehen.

b) Ermittlung der Eintrittswahrscheinlichkeit

40   Wurden die unternehmensspezifischen Compliance-Risiken ermittelt, muss der Vorstand im nächsten Schritt feststellen, wie **wahrscheinlich** der Eintritt bestimmter Risiken ist und welche potentiellen Schäden für das Unternehmen daraus drohen.[71] Erst diese **Analyse** stellt sicher, dass die Entscheidung über die Einführung eines Compliance-Systems anhand richtiger und vollständiger Kriterien abgewogen worden ist.

c) Kosten-Nutzen-Analyse

41   Schließlich wird die Ermessensentscheidung auch von einer **Kosten-Nutzen-Analyse** geleitet. Der Vorstand muss ermitteln, ob es aus ökonomischen Gründen sinnvoll ist, ein Risiko wegen seiner geringen **Eintrittswahrscheinlichkeit** oder des damit verbundenen, überschaubaren **Schadensrisikos** hinzunehmen.[72] Eine Ausnahme hiervon gilt nur für das Legalitätsprinzip: Wo Rechtsverletzungen im Raum stehen, ist eine Kosten-Nutzen-Analyse unzulässig.[73] Dabei ist zu beachten, dass Compliance nicht nur unter unmittelbaren Kostengesichtspunkten gesehen werden darf, sondern die ökonomische Abwägung auch die schon dargelegten, kaum bezifferbaren Image- und Marketingschäden berücksichtigen muss. Es kann deshalb nur dringend vom Versuch abgeraten werden, die Notwendigkeit und Effektivität eines Compliance-Systems allein anhand mathematischer Formeln zu bewerten.

D. Rechtliche Anforderungen an ein Compliance-System

42   Kommt der Vorstand auf Grundlage der Risikoanalyse zu dem Schluss, dass Größe, Lage, Branche oder Kapitalmarktorientierung der Gesellschaft die Implementierung eines institutionellen Compliance-Systems erfordern, so stellt sich im Anschluss daran die Frage, wie ein effektives **Compliance-System ausgestaltet** werden muss.

---

[69] LG München I NZG 2014, 345, 347; eingehend *v. Busekist/Schlitt* CCZ 2012, 86.
[70] *Moosmayer* Compliance 25 f.
[71] *Gebauer/Niermann* in Hauschka § 36 Rn. 39.
[72] Vgl. auch *Liese/Schulz* BB 2011, 1347, 1349.
[73] Vgl. *Hopt* in Großkomm. AktG § 93 Rn. 100; *Fleischer* in Spindler/Stilz AktG § 93 Rn. 36; *ders.* ZIP 2005, 141, 144.

I. Unternehmerisches Ermessen bei der Ausgestaltung eines Compliance-Systems

Selbst dann, wenn die Situation der Gesellschaft die Einrichtung eines Compliance- 43
Systems erfordert, ist die Entscheidung darüber, welche Maßnahmen es umfasst, für den Vorstand keine gebundene Entscheidung. Vielmehr räumt das Gesetz dem Vorstand in diesem Zusammenhang erneut einen weiten **Ermessensspielraum** ein, wie er das konkrete Compliance-System ausgestaltet, vorausgesetzt, die Maßnahmen sind geeignet, die durch das Risikoprofil der Gesellschaft vorhandenen Gefahren zu erfassen und sie entsprechend den Grundsätzen betriebswirtschaftlich ordnungsgemäßer Unternehmensführung zu beseitigen.[74] Detaillierungsgrad und Ausprägung von Compliance-Systemen sind damit unternehmensspezifisch sehr unterschiedlich und orientieren sich überwiegend an den Kriterien „Erforderlichkeit" und „Zumutbarkeit".[75]

Für den konkreten **Aufbau** eines Compliance-Systems sind insbesondere folgende **Ge-** 44
sichtspunkte maßgebend:
- Unternehmensgröße,
- Struktur, Branche und Kapitalmarktorientierung,
- regulatorische Vorgaben,
- interne Überwachungsmöglichkeiten,
- Inhalt und Bedeutung der zu beachtenden Vorschriften,
- Geschäftstätigkeit in korruptionsgeneigten Märkten,
- bestehende und in der Vergangenheit bereits verwirklichte Risiken.

II. Vorgaben des IDW-Standard PS 980

Vermeintliche Klarheit über die Mindestanforderungen für ein Compliance-System 45
schafft jetzt erstmals der **Prüfungsstandard (PS) 980** des Instituts der Wirtschaftsprüfer in Deutschland (IDW) vom 11.3.2011. Zumindest prüfungspflichtige Unternehmen (zB solche mit mindestens 10 Millionen Jahresumsatz und mehr als durchschnittlich 50 Mitarbeitern, §§ 316 Abs. 1, 267 Abs. 1 HGB) werden in der Praxis künftig diese Mindeststandards beachten müssen. Denn der Abschlussprüfer wird bei Vorstand und Aufsichtsrat darauf drängen, dass überprüft wird, ob die Anforderungen des PS 980 an das Compliance-System erfüllt sind.

Der IDW-Prüfungsstandard soll **Abschlussprüfer** dazu befähigen, zu beurteilen, ob das 46
Compliance-Mangmenent-System angemessen und wirksam für die jeweilige Gesellschaft ist.[76] Es ist zu erwarten, dass der IDW-Prüfungsstandard damit mittelbar erhebliche Auswirkungen auf die Compliance-Praxis haben wird.[77] Zwar hat der IDW-Standard, ähnlich wie der Deutsche Corporate Governance Kodex keine Gesetzesqualität.[78] Die Gesellschaftsorgane werden in der Regel dennoch sicherstellen wollen, dass das Compliance-System Ihrer Gesellschaft vom Abschlussprüfer nicht beanstandet wird.[79]

Der Vorstand kann sich durch den Abschlussprüfer allerdings nur bestätigen lassen, dass 47
das eingerichtete Compliance-System den geltenden Anforderungen entspricht. Eine Bestätigung, allen Aufsichts- und Organisationspflichten nachgekommen zu sein, kann der Vorstand dagegen vom Abschlussprüfer nicht erhalten. Denn diese Prüfung der Komplian-

---

[74] *Wellhöfer* in Wellhöfer/Peltzer/Müller Rn. 164.
[75] *Ringleb* in Ringleb/Kremer/Lutter/v. Werder DCGK Rn. 595.
[76] *Liese/Schulz* BB 2011, 1347, allerdings noch zum Entwurf – IDW EPS 980 – vom März 2010, der von der nunmehr geltenden Fassung teilweise abweicht.
[77] So zum Entwurf von März 2010 *Liese/Schulz* BB 2011, 1347; *Klindt/Pelz/Theusinger* NJW 2010, 2385, 2387.
[78] Vgl. *Klindt/Pelz/Theusinger* NJW 2010, 2385, 2387 zum Entwurf.
[79] Vgl. *Liese/Schulz* BB 2011, 1347.

ce-Systeme ist naturgemäß eine reine **Systemprüfung**.[80] Daneben muss die effektive Umsetzung dieses Systems in der täglichen Anwendungspraxis sichergestellt werden, was nicht zum Aufgabenkreis des Abschlussprüfers gehören kann.

E. Vier Stufen effizienter Compliance-Organisationen

48 Das dem Vorstand zustehende weite **Leitungsermessen** bei der Ausgestaltung des Compliance-Systems gibt ihm nicht vor, ob er bestimmte Compliance-Maßnahmen ergreift oder nicht. In erster Linie ist entscheidend, warum der Vorstand es für erforderlich gehalten hat, dem Compliance-System seine konkrete Gestalt zu geben. Ungeachtet dessen lassen sich die wesentlichen **vier Stufen eines effektiven Compliance-Programms** wie folgt zusammenfassen:[81]
– uneingeschränktes Bekenntnis der Unternehmensführung zur Compliance („tone from the top");
– Maßnahmen, um Rechtsverstößen vorzubeugen („prevent");
– Instrumente, um Fehlverhalten der Mitarbeiter zu erkennen („detect");
– Sanktionen und Konsequenzen bei festgestelltem Fehlverhalten („react").

49 Zu einem Compliance-System gehören dabei neben dem uneingeschränkten Bekenntnis der Unternehmensleitung zur Regeltreue – ab einer gewissen Unternehmensgröße – die Ernennung eines Compliance-Officers, die Aufstellung von Verhaltenspflichten für alle Arbeitnehmer (Verhaltenskodex), ein Meldesystem für Verstöße und die regelmäßige Schulung der Mitarbeiter.

I. Compliance-Kommunikation („tone from the top")

50 Das **persönliche Bekenntnis** des Vorstands zur Compliance ist die wichtigste Grundlage eines effektiven Überwachungs- und Kontrollsystems, den die Compliance-Praxis und -Wissenschaft mit Termini wie „tone from the top", „Mission- oder Compliance-Statement" umschreibt. Die unbedingte Zustimmung der Unternehmensleitung hat erheblichen Einfluss auf die Einstellung und das Verhalten aller nachgeordneten Mitarbeiterinnen und Mitarbeiter gegenüber den Compliance-Regeln und -standards. Folgerichtig nennt auch der IDW PS 980 Compliance-Kultur und **Compliance-Kommunikation** als zentrale Elemente, die Angemessenheit und Wirksamkeit von Compliance-Systemen beeinflussen.[82]

51 Die Unternehmensleitung darf Compliance-Maßnahmen und -Programme auch im noch so kleinen Kreis und unter keinen Umständen als „lästiges Übel" darstellen. Sie muss im Gegenteil deutlich machen, dass es ihm nicht bloß darum geht, den Anschein seriöser Unternehmensführung zu erzeugen. Der Vorstand muss der gesamten Unternehmensorganisation sein unbedingtes und glaubhaftes Bekenntnis zur Regeltreue **kommunizieren** und selbst laufend ein gutes Vorbild sein. Es darf unter keinen Umständen der Eindruck entstehen, von Mitarbeitern und Führungskräften werde ein Verhalten verlangt, an das sich die Unternehmensleitung selbst nicht gebunden fühlt oder hinter dem sie selbst nicht steht.

52 Insbesondere muss der Eindruck vermieden werden, dass der Vorstand „Wasser predigt, aber Wein trinkt". Dies gilt nicht nur für die **Glaubwürdigkeit** der Compliance-Maßnahmen gegenüber der eigenen Unternehmensorganisation, sondern insbesondere auch für die externe Kommunikation des Unternehmens gegenüber der Öffentlichkeit, gegenüber Geschäftspartnern, in Vergabeverfahren und am Kapitalmarkt. Dies ist sicherlich einer der Hauptgründe dafür, dass alle größeren Unternehmen und Konzerne dazu übergegangen

---

[80] *Klindt/Pelz/Theusinger* NJW 2010, 2385, 2387.
[81] Vgl. nur *Moosmayer* Compliance 117.
[82] *v. Busekist/Hein* CCZ 2012, 45, 47.

sind, den „tone from the top" nicht nur im Intranet, sondern auch auf ihrer allgemein zugänglichen Unternehmenswebsite mit einem persönlichen Bekenntnis aller Vorstandsmitglieder dazu zu veröffentlichen. Wird diese grundlegende Regel missachtet, sind alle übrigen Maßnahmen vergebliche Liebesmüh. Das Compliance-System wird dann über kurz oder lang als „Feigenblatt" in Vergessenheit geraten und wird im Ganzen scheitern.

II. Maßnahmen, um Rechtsverstößen vorzubeugen („prevent")

1. Pflichtendelegation auf Compliance-Vorstand und Compliance-Officer

Ein Compliance-System basiert personell regelmäßig auf einem Compliance-Verantwortlichen, dem sogenannten Compliance-Officer, dem je nach Unternehmensgröße weitere Mitarbeiter zugeordnet werden. Es ist auch möglich, die Compliance-Aufgabe in bestehende Stabsstellen (Recht, Personal, Revision oÄ) zu integrieren.[83] In größeren Unternehmen und Konzernen wird zudem häufig ein **eigenes Vorstandsressort** für Compliance-Aufgaben etabliert. 53

Dabei ist zu berücksichtigen, dass der Vorstand grundsätzlich nur darüber entscheiden kann, ob er einen **Compliance-Officer** ernennt. Die Entscheidung, ein eigenes Vorstandsressort „Compliance" einzurichten, liegt dagegen nicht in der Kompetenz des Vorstands, sondern grundsätzlich (vgl. § 5 Rn. 41) in der des Aufsichtsrats (§ 77 Abs. 2 S. 1 AktG). 54

a) Möglicher Umfang der Delegation

Die Zulässigkeit der **Delegation** der Compliance-Aufgabe im Rahmen der Geschäftsverteilung auf ein einzelnes Vorstandsmitglied oder von einem Vorstandsmitglied auf einen Compliance-Officer ist allgemein anerkannt. Nicht möglich ist demgegenüber eine vollständige und die Zuständigkeit des Gesamtvorstands verdrängende Übertragung der Compliance-Pflicht auf ein einzelnes **Vorstandsmitglied** oder einen **Compliance-Officer**.[84] 55

Auch dann, wenn der Gesamtvorstand bzw. das für Compliance zuständige Vorstandsmitglied die Aufgabe auf einem Compliance-Officer überträgt, trifft den Delegierenden – im Rahmen der vertikalen und der **horizontalen Überwachung** – sowohl eine Pflicht zur sorgfältigen Auswahl der zuständigen Person als auch eine allgemeine Pflicht zur laufenden Überwachung der Handlungen und Maßnahmen des Compliance-Verantwortlichen. 56

Der Vorstand kann sich deshalb durch eine Pflichtendelegation nicht von seiner **Compliance-Verantwortung** freizeichnen. Eine weitere generelle Grenze der Delegation ergibt sich daraus, dass die Zuständigkeit für wichtige Aufgabenbereiche, wie die Risikosteuerung bei der Aktiengesellschaft nicht übertragbar ist; das ist und bleibt **höchstpersönliche Vorstandsaufgabe.** Dies entspringt dem Grundsatz, dass der Vorstand seine Aufgabe zur eigenverantwortlichen Leitung der Gesellschaft nicht gänzlich auf einen Dritten übertragen darf. Dies gilt für die aus der Leitungsaufgabe abgeleitete Compliance-Verantwortung ebenso wie für die übrigen Kernaufgaben und Kompetenzen des Vorstands. Die **Gesamtverantwortung** des Vorstands zur sorgfältigen und eigenverantwortlichen Leitung der Aktiengesellschaft besteht fort.[85] 57

Auch wenn eine vollständige Abgabe der Compliance-Aufgabe und -Verantwortung nicht möglich ist, kann immerhin eine Reduzierung der Vorstandspflichten und Haftungsrisiken in vertikaler (Compliance-Officer) oder horizontaler (Compliance-Vorstand) Hinsicht erreicht werden.[86] 58

---

[83] *Kremer/Klahold* ZGR 2010, 113, 125.
[84] LG München I NZG 2014, 345, 348.
[85] Eingehend *Pietzke* CCZ 2010, 45.
[86] *Lampert* in Hauschka § 9 Rn. 14.

b) Rechtsposition des Compliance-Officers

59 Der Compliance-Officer wird vom Vorstand ernannt und übernimmt die Verantwortung für die Führung des Compliance-Systems, wobei er weitgehend unabhängig und weisungsfrei sein sollte. Aufgabe des Compliance-Officers ist die Gewährleistung und Kontrolle der Einhaltung aller durch die Rechtsordnung vorgegebenen Regelungen sowie der unternehmensintern bestehenden Vorgaben.

60 Die **Aufgaben** und **Kompetenzen** des Compliance-Officers müssen klar geregelt sein.[87] Grundsätzlich empfiehlt es sich, diese schon bei Abschluss des Anstellungsvertrages des Compliance-Officers festzulegen. Im Anstellungsvertrag selbst sollten die Aufgabe allerdings nicht im Einzelnen geregelt werden, weil die getroffenen Festlegungen nach Vertragsschluss in aller Regel nicht mehr einseitig geändert werden können. Das erschwert die Möglichkeit, Aufgaben und Befugnisse des Compliance-Officers flexibel jeweils der aktuellen Situation und den betrieblichen Notwendigkeiten anzupassen.

61 Zur Position des Compliance-Officers sollte daher in seinem Anstellungsvertrag nur generell festgelegt werden, dass er die Aufgabe hat, die Compliance-Organisation zu leiten. Einzelheiten dazu, welche konkreten Aufgaben diese **Zielsetzung** umfasst und welche Befugnisse dem Compliance-Officer zur Erfüllung seiner Aufgaben übertragen werden, sollten besser im Rahmen einer Stellenbeschreibung, die auf Basis des Direktionsrechts einseitig vom Vorstand vorgegeben und jederzeit geändert werden kann, festgelegt werden.[88] Aus Sicht des Vorstands ist darauf zu achten, dass der jeweils gültige **Aufgaben- und Befugniskatalog** des Compliance-Officers laufend schriftlich dokumentiert wird. Außerdem sollte sich die AG vom Compliance-Officer schriftlich bestätigen lassen, dass er die jeweils aktuelle Fassung dieses Katalogs zur Kenntnis genommen hat.

62 Ferner muss die **fachliche Qualifikation und Unabhängigkeit** des Compliance-Officers sichergestellt werden, weil nur so die Effektivität der Compliance-Organisation gewährleistet werden kann. Ein gesetzlicher **Sonderkündigungsschutz** für den Compliance-Officer existiert nicht. Um den Compliance-Officer in seiner Position zu stärken, kann die kündigungsrechtliche Situation des Compliance-Officers im Anstellungsvertrag verbessert werden.[89] Zwingend sind solche vertraglichen Regelungen allerdings nicht.

63 Schließlich muss der Vorstand auch dann, wenn er einen Compliance-Officer ernennt sicherstellen, dass er seiner nicht delegierbaren vertikalen und horizontalen Überwachungsaufgabe nachkommen kann. Hierzu muss er für den Compliance-Officer schriftlich klare **Reporting-Pflichten** festlegen. Der Compliance-Officer sollte verpflichtet werden, sämtliche relevanten internen und externen Informationen auszuwerten und laufend an den Vorstand zu berichten. Zusätzlich zum Reporting an den Vorstand sollte der Compliance-Officer verpflichtet werden, auch Vorschläge zu unterbreiten, welche Rückschlüsse aus diesen Informationen abzuleiten und welche Maßnahmen zu ergreifen sind, um auftauchende Compliance-Risiken oder eingetretene Schäden zu begrenzen.[90]

2. Compliance-Richtlinien („Code of Conduct")

64 Der Compliance-Officer agiert regelmäßig auf der Grundlage einer **Compliance-Richtlinie,** die gleichzeitig die Compliance-Organisation inhaltlich ausgestaltet (sogenannter Verhaltenskodex, Ethikrichtlinie, Code of Conduct, etc). Deshalb bedarf ein Compliance-Programm schriftlich verfasster Richtlinien und Ermächtigungen durch den Vorstand. Diese enthalten regelmäßig einen Katalog von Geboten und Verboten, die eine (arbeitsrechtlich) verbindliche Grundlage für das Verhalten der Mitarbeiter vorgeben. Das primäre

---

[87] BGHSt 54, 44.
[88] *Krieger/Günther* NZA 2010, 367, 372.
[89] Beispielsweise durch eine Beschränkung der ordentlichen Kündigung auf gewisse Kündigungsgründe, vgl. dazu ausführlich *Krieger/Günther* NZA 2010, 367, 372.
[90] *Bürkle* in Hauschka § 8 Rn. 25 mwN; zu den arbeitsrechtlichen Implikationen der Reportingpflichten *Illing/Umnuß* CCZ 2009, 1.

Ziel eines derartigen unternehmensinternen **Verhaltenskodexes** ist es, bereits das Entstehen rechtswidriger Verhaltensweisen zu verhindern.

Ziff. 4.1.3 DCGK spricht schließlich davon, dass der Vorstand nicht nur die Einhaltung der Gesetze, sondern auch die Beachtung der unternehmensinternen Richtlinien sicherstellen soll. Der Kodex geht allerdings nicht davon aus, dass die Einführung unternehmensinterner Regelungen generell Standard einer guten Unternehmensführung ist. **Ziff. 4.1.3 DCGK** erweitert die Überwachungsaufgabe des Vorstands nämlich nur auf schon bestehende Richtlinien.[91] Er fordert dagegen nicht, dass bestimmte unternehmensinterne Richtlinien eingeführt werden müssten. Um kriminellen und gesetzwidrigen Handlungen vorzubeugen und den Mitarbeitern im Unternehmen eine Richtschnur für ihr Handeln vorzugeben, empfiehlt es sich gleichwohl, in jedem größeren Unternehmen einen solchen Verhaltenskodex einzuführen. 65

a) Leitlinien bei der Einführung von Compliance-Richtlinien

In diesem **Verhaltenskodex** werden unternehmensethische Grundsätze als verbindliche Verhaltensstandards für alle im Unternehmen oder Konzern Tätigen festgelegt. Dabei geht es vor allen Dingen um die Einhaltung von Wertmaßstäben wie Rechtschaffenheit, Transparenz, Loyalität und Fairness. Die unternehmerische Integrität wird gestärkt, indem ungesetzliche und unfaire Geschäftspraktiken, wie zB Korruption, rechtswidrige Kartellabsprachen oder Steuerhinterziehung verhindert werden. Das schützt das Unternehmen nicht nur vor kostspieligen Geldbußen, Strafverfahren und Steuernachzahlungen, sondern vor allen Dingen vor dem Verlust seiner Reputation und einer Beschädigung der Marke. Gleichzeitig wird die Leistungsorientierung von Führungskräften und Mitarbeitern als **unternehmenskultureller Faktor** deutlich gefördert. 66

b) Beachtung der Mitbestimmungsrechte des Betriebsrats

Bei der Einführung und der Änderung von Compliance-Richtlinien muss der Vorstand auch die Informations-, Beratungs-, Erörterungs- und **Mitbestimmungsrechte** des Betriebsrats berücksichtigen. Eine einseitige Einführung von Compliance-Richtlinien durch den Vorstand und den Aufsichtsrat kommt deshalb meist nicht in Betracht. 67

Verhaltenskodizes sind **allerdings weder pauschal mitbestimmungspflichtig noch pauschal mitbestimmungsfrei,** sondern es ist nach dem Inhalt der einzelnen Regelungen zu differenzieren.[92] Diese Erkenntnis hilft in der Praxis aber meist nicht weiter, weil es wenig Sinn hat, den Verhaltenskodex in einen mitbestimmungspflichtigen und einen mitbestimmungsfreien Teil aufzuspalten. Unterliegt bereits eine einzelne Klausel der Mitbestimmungspflicht, bietet es sich deshalb regelmäßig an, den Verhaltenskodex in seiner Gesamtheit als Betriebsvereinbarung einzuführen.[93] Zumal auf diese Weise zwei wichtige Vorteile erreicht werden: Zum einen wird der Betriebsrat zum Mitverantwortlichen für die Einhaltung der gemeinsam eingeführten Regelungen gemacht. Zum anderen gelten die Inhalte der Compliance-Richtlinie wegen der sogenannten normativen Wirkung der Betriebsvereinbarung (vgl. § 77 Abs. 4 BetrVG) unmittelbar und zwingend für alle Arbeitnehmer – mit Ausnahme der leitenden Angestellten. Für letztere bedarf es einer Vereinbarung mit dem Sprecherausschuss (vgl. § 28 Abs. 2 SprAuG). 68

3. Unterrichtung und Schulung der Belegschaft

Kernaufgabe der Compliance-Organisation ist neben der Ausarbeitung und Implementierung (rechts-)wirksamer Regularien die **Kommunikation und Information** der Ver- 69

---

[91] *Goslar* in Wilsing DGCK Ziff. 4.1.3 Rn. 4; *Ringleb* in Ringleb/Kremer/Lutter/v. Werder DCGK Rn. 582.
[92] Vgl. nur BAG NZA 2008, 1248; 2012, 112.
[93] Vgl. *Tödtmann/Kaluza* in Maschmann/Sieg/Göpfert „Compliance" Rn. 46 ff.; *Nezmeskal-Berggötz* CCZ 2009, 209; aA *Kock* ZIP 2009, 1406, 1407.

haltensvorgaben und -empfehlungen im Unternehmen und Konzern. Ziel ist eine laufende Unterrichtung der Mitarbeiter über relevante gesetzliche Vorgaben und insbesondere zu erreichen, dass sie im jeweiligen Betrieb beachtet werden.

70   Diese Aufgabe können die Compliance-Verantwortlichen durch **Broschüren, Aushänge, Rundschreiben, Intranet, E-Mails** und bei regelmäßigen **Abteilungsbesprechungen** oder Mitarbeiterversammlungen erledigen. Sämtliche Mitarbeiter und auch die Vorstandsmitglieder selbst sollten zudem laufend über den Inhalt eines unternehmensinternen Verhaltenskodexes geschult werden.

71   Neben dieser allgemeinen Information über den Verhaltenskodex müssen die zuständigen Mitarbeiter bestimmter, für Rechtsverstöße, Kartellabsprachen und Korruption besonders anfälliger Abteilungen gesondert über die Regularien des jeweiligen Fachbereichs (Einkauf, Produktion, Vertrieb, Finanzen, etc) **unterrichtet** werden.

72   Die **Schulungen** können durch den **Einsatz moderner Kommunikationsmittel** (etwa Inter- und Intranet sowie per E-Mail) erfolgen. Die Teilnahme an derartigen Schulungen sollte dokumentiert werden, wobei das Unternehmen eine schriftliche Bestätigung der Mitarbeiter verlangen kann und sollte.

73   Dreh- und Angelpunkt eines erfolgreichen Compliance-Systems ist in dieser Hinsicht, wie die Erfahrung zeigt, der jeweilige **Vorgesetzte:** Er kann „seinen Mitarbeitern" naturgemäß am besten erklären, was Compliance für ihr **konkretes Arbeitsgebiet** bedeutet. So wird der Finanzchef „seinen Leuten" anschaulich erläutern können, bei welchen Finanztransaktionen seines Unternehmens die Geldwäscheregelungen typischerweise eine Rolle spielen und worauf dabei zu achten ist. Demgegenüber wird der Leiter der Bauabteilung am besten in der Lage sein, seinen Mitarbeitern klar zu machen, was Compliance für sie ganz konkret bedeutet: dass man sich beispielsweise nicht die Schlagbohrmaschine des Unternehmens für den privaten Hausbau übers Wochenende „ausleiht".

Vor diesem Hintergrund empfiehlt es sich, auch die Führungskräfte des Unternehmens durch persönliche finanzielle Anreize, etwa in Form eines **Zielvereinbarungssystems,** zu verpflichten, ihre jeweiligen Mitarbeiter in Sachen „Compliance" zu informieren und laufend zu überwachen. Der individuelle Erfolg der Vorgesetzten lässt sich auch hier konkret messen: Etwa durch Überprüfung des Compliance-Lernerfolgs seiner Mitarbeiter mit entsprechenden Tests oder anhand der Zahl der Compliance-Verstöße in seinem Zuständigkeitsbereich.[94] Praxiserfahrungen zeigen, dass dann, wenn der Vorgesetzte bei Nachlässigkeit Gefahr läuft, weniger Geld zu verdienen, sein Engagement für das Thema Compliance deutlich ansteigt.

4. Die wichtigsten Compliance-Bereiche

74   Das geltende Recht enthält in unterschiedlichsten Gesetzen Pflichten mit empfindlichen Sanktionsandrohungen, die vom Vorstand identifiziert und in den zu überwachenden Verhaltenskodex integriert werden müssen oder sollten. Generell gilt, dass Unternehmen die für sie jeweils maßgebenden Rechtsvorschriften ermitteln und Veränderungen laufend beobachten sollten. Das zeigt erneut, dass es sich bei Compliance nicht um ein Rechtsgebiet sui generis, sondern um eine **Querschnittsdisziplin** handelt. Dies potenziert die Schwierigkeit für den Vorstand, den Überblick über die konkreten Compliance-Risiken des Unternehmens zu behalten.

a) Arbeitsrecht

75   **aa) Persönlichkeitsschutz.** Das Unternehmen und der Vorstand müssen das verfassungsrechtlich garantierte **Persönlichkeitsrecht** der Arbeitnehmer (Art. 2 Abs. 1 und Art. 1 Abs. 1 GG) wahren. Deshalb sind sie verpflichtet, den Mitarbeiter gegen unverhältnismäßige Eingriffe in sein Persönlichkeitsrecht durch Vorgesetzte und Kollegen zu schützen. Aus diesem Grunde sind entsprechende Regeln, etwa Vorgaben zum Schutz vor Mobbing, typischer Bestandteil von Compliance-Richtlinien.

---

[94] *Moosmayer* Compliance 89.

E. Vier Stufen effizienter Compliance-Organisationen

76 Der Vorstand muss die Persönlichkeitsrechte der Mitarbeiter schließlich auch bei der Durchführung des Compliance wahren. Eine Verletzung des Persönlichkeitsrechts kann für das Unternehmen und für den Vorstand mit hohen Kosten verbunden sein: Das Unternehmen – und bei schuldhafter **Sorgfaltspflichtverletzung** auch das Vorstandsmitglied persönlich (§ 93 Abs. 2 AktG) – können sich schadensersatz- und schmerzensgeldpflichtig (§ 280 Abs. 1 BGB), der Vorstand persönlich sich sogar strafbar machen (etwa, wenn er heimlich Gespräche aufzeichnen, § 201 StGB, oder private E-Mails abfangen lässt, § 206 StGB, oder gegen den Datenschutz verstößt, § 44 BDSG).

77 **bb) Allgemeines Gleichbehandlungsgesetz (AGG).** Die Gewährleistung des Allgemeinen Persönlichkeitsrechts wird auch durch das **AGG** sichergestellt. Unzulässige Diskriminierungen können zu erheblichen finanziellen Haftungs- und Strafbarkeitsrisiken für das Unternehmen und den Vorstand persönlich führen. Deshalb sollte jeder Verhaltenskodex das Thema **Diskriminierungsschutz** und den Schutz der Mitarbeiter vor **sexuellen Belästigungen** am Arbeitsplatz berücksichtigen (§§ 12, 3 Abs. 3 und 4 AGG), andernfalls drohen bei Verstößen Schadensersatz- und Schmerzensgeldansprüche (§§ 280, 823 BGB, § 15 Abs. 1 und 2 AGG).

78 **cc) (Arbeitnehmer-)Datenschutz.** Der Vorstand muss die Einhaltung der Vorgaben des **Bundesdatenschutzgesetzes (BDSG)** in seinem Unternehmen sicherstellen und Datenmissbrauch verhindern. Das Unternehmen ist nach dem BDSG verpflichtet, eine Reihe **organisatorischer Vorkehrungen** zu treffen, um unzulässige Datenspeicherung, -nutzung oder -übermittlung auszuschließen. Dazu gehört vor allem die Einrichtung unternehmensorganisatorischer Abläufe und Strukturen zum Schutz personenbezogener Daten der Arbeitnehmer (§ 9 BDSG). Dadurch können Schadensersatzklagen, Imageschäden und Datenskandale vermieden werden. Bei Verstößen gegen das BDSG drohen dem Unternehmen zudem Bußgelder und dem Vorstandsmitglied persönlich unter Umständen sogar Geld- oder Freiheitsstrafen (§§ 43, 44 BDSG).[95]

79 Das erforderliche **Risikomanagement** nach § 9 BDSG verpflichtet zu technischen Maßnahmen (etwa der Archivierung von Daten, Zugangsbeschränkungen, elektronische Signaturen) und zu organisatorischen Maßnahmen (etwa Nutzungsrichtlinien, Schulungen). Für ein effektives **Datenschutzmanagement** im Unternehmen muss zudem ein Datenschutzbeauftragter (§ 4f BDSG) bestellt werden. Er kontrolliert die Rechtmäßigkeit des Datenumgangs im Unternehmen und übernimmt die Schulung der Mitarbeiter.

80 **dd) Arbeitssicherheit- und Schutz.** Auch die Vorgaben des **Arbeitsschutzgesetzes (ArbSchG)** dürfen nicht vernachlässigt werden. Nach § 5 Abs. 1 ArbSchG hat das Unternehmen durch eine Beurteilung der für die Beschäftigten mit ihrer Arbeit verbundene Gefährdung zu ermitteln, welche konkreten Maßnahmen des Arbeitsschutzes erforderlich sind. Verstößt das Unternehmen gegen diese Regelungen, riskiert es zum einen, (neben der Unfallversicherung) auf Schadensersatz zu haften. Zum anderen drohen Straf- und Bußgelder für die Vorstandsmitglieder persönlich (§§ 25, 26 ArbSchG).

81 **ee) Sozialversicherungs- und Lohnsteuerrecht.** Der Vorstand nimmt in der AG die **Funktion des Arbeitgebers** wahr, weshalb er die sozialversicherungs- und steuerrechtlichen Vorgaben uneingeschränkt beachten muss. Haben Vorstandsmitglieder zu verantworten, dass **Sozialversicherungsbeiträge** nicht abgeführt oder **Scheinselbständige** beschäftigt werden, muss das Unternehmen damit rechnen, dass die Sozialversicherungsträger sowohl die Arbeitgeber- als auch die Arbeitnehmerbeiträge bis zu fünf Jahren rückwirkend vom Unternehmen einfordern. Ein Rückgriff beim Beschäftigten ist in aller Regel ausgeschlossen. Gleiches gilt, wenn **Lohnsteuer** nicht rechtzeitig oder nicht vollständig abgeführt wird. Hinzu kommt, dass die Vorstandsmitglieder sowohl den Sozialversicherungsträgern wie auch dem Finanzamt in beiden Fällen persönlich und unmittelbar neben dem Unternehmen auf Zahlung der ausstehenden Beträge haften.

---

[95] Zu den Sanktionen eingehend *Drewes* in Besgen Kap. 6 Rn. 218.

82 Daneben können für den Vorstand strafrechtliche Risiken bei Nichtabführung geschuldeter Arbeitnehmer- oder Arbeitgeberanteile zur Sozialversicherung drohen (§ 266a StGB). Hier macht sich der Vorstand nach § 266a Abs. 1 StGB auch dann strafbar, wenn die Gesellschaft zum Fälligkeitszeitpunkt nicht leistungsfähig ist, der Vorstand es aber bei Anzeichen von Liquiditätsproblemen unterlassen hat, geeignete und angemessene Sicherungsvorkehrungen für die Zahlung der Arbeitnehmerbeiträge zu treffen, und dabei billigend in Kauf genommen hat, dass diese später nicht mehr erbracht werden können.[96] Auch hier verlangt die Rechtsprechung dem Vorstand eine entsprechende Voraussicht und entsprechende Sicherungsmaßnahmen ab.

83 **ff) Umgang mit dem Betriebsrat.** Aufgrund der meist gegensätzlichen Interessenlagen muss sich der Vorstand auch stets vergewissern, ob operative Maßnahmen Mitwirkungsrechte des Betriebsrats auslösen. Bei der Missachtung der **Mitbestimmungs- und Mitwirkungsrechte** stehen dem Betriebsrat Unterlassungsansprüche zu. In einzelnen Fällen kann die unterlassene Beteiligung des Betriebsrats auch zur Unwirksamkeit der Maßnahme führen. Behindert der Vorstand die Betriebsratsarbeit oder Betriebsratswahlen vorsätzlich, kann er sich sogar strafbar machen (§ 119 Abs. 1 Nr. 2 BetrVG).

84 Mediale Aufmerksamkeit haben in den letzten Jahren insbesondere **Bestechung und Begünstigung von Betriebsratsmitgliedern** erlangt. In diesem Zusammenhang sind aber nicht nur die Bestechungsdelikte wie Lust- oder Luxusreisen bedeutsam, sondern auch eine überhöhte Vergütung, unangemessen kostspielige oder unnötige Dienstwagen und andere ungerechtfertigte Vorteile für Betriebsratsmitglieder (§ 119 Abs. 1 Nr. 3 BetrVG).[97] Der Vorstand muss sicherstellen, dass Betriebsratsmitglieder keine Leistungen erhalten, die über das **reine Entgeltausfallprinzip** des § 37 Abs. 2 BetrVG hinausgehen.[98]

b) Außenwirtschaftsrecht und Exportkontrolle

85 Der grenzüberschreitende Handel unterliegt einer Vielzahl besonderer Rechts-, Steuer- und Zollvorschriften. Unternehmen, die Wirtschaftsgüter exportieren, müssen eine Vielzahl besonderer Verpflichtungen des **Außenwirtschaftsrechts** beachten. Dies gilt insbesondere für Gesellschaften, die sensible Güter wie etwa Rüstungsgegenstände, Kriegswaffen oder sog. Dual-Use-Güter, dh auch zu Kriegszwecken nutzbare oder dem Embargo eines fremden Staates unterliegende Waren an Kunden außerhalb Deutschlands, vor allem in Krisenländer, liefern.[99] So ist zB der Export von Lippenstiften oder Düngemittel genehmigungspflichtig, weil beides auch ganz anders verwendet werden kann: Aus Lippenstiften kann man Patronenhülsen und aus Düngemittel Sprengstoff herstellen.

86 Der **Außenwirtschaftsverkehr,** das heißt der Waren- und Dienstleistungs- sowie der Kapital- und Zahlungsverkehr mit fremden Wirtschaftsgebieten ist zwar grundsätzlich frei. Er unterliegt aber neben den im September 2013 grundlegend reformierten[100] Regelungen des Außenwirtschaftsgesetzes (AWG) und der Außenwirtschaftsverordnung (AWV), den zollrechtlichen Vorschriften des EG-Zollkodex und den entsprechenden Durchführungsbestimmungen auch verschiedenen Staatenabkommen.

87 Obwohl es keine ausdrücklich normierte Compliance-Pflicht in diesem Bereich gibt, wird das Außenwirtschaftsrecht als Teil des öffentlichen Wirtschaftsrechts maßgeblich vom Begriff der **„Zuverlässigkeit" des Unternehmens** geprägt (§ 8 Abs. 2 AWG). Der Vorstand als grundsätzlich für das Unternehmen Verantwortlicher muss deshalb durch **organisatorische Maßnahmen** Auswahl, Weiterbildung und Überwachung des zuständigen Personals sicherstellen, um Verstöße gegen die Vorschriften des Außenwirtschaftsrechts und damit einhergehende Sanktionen abzuwenden.[101]

---

[96] BGHSt 47, 318, 321; *Wittig* in BeckOK-StGB § 266a Rn. 18.
[97] Überblick bei *Pelz* in Hauschka § 20 Rn. 29.
[98] *Kania* in ErfK BetrVG § 119 Rn. 4.
[99] Vgl. – allerdings noch zum alten Recht –*Merz* in Hauschka § 33 Rn. 10 ff.
[100] BGBl. I 2013, 1482 (AWG) sowie BGBl. I 2013, 2865 (AWV); Überblick bei *Hensel/Pohl* AG 2013, 849.
[101] *Merz* in Hauschka § 33 Rn. 9; *Sachs/Krebs* CCZ 2013, 12.

c) Verhaltensregeln im Geschäftsverkehr

Für den Ruf vieler Unternehmen ist die einwandfreie persönliche Integrität der Mitarbeiter im Verhältnis zu seinen Kunden besonders wichtig. Deshalb empfiehlt es sich, Regelungen zum allgemeinen Verhalten bei Geschäftsbeziehungen, etwa bei **Geschenken, Bewirtungen oder Rabatten,** in den Verhaltenskodex aufzunehmen. Hierbei sind Vorgaben sinnvoll, die neben dem Umgang mit Kunden und Geschäftspartnern auch das Verhalten gegenüber Behörden und Amtsträgern regeln.

d) Geldwäsche

Alle in Handels- und Zahlungsströme eingebundenen Unternehmen sehen sich besonderen Gefahren im Bereich der Geldwäsche ausgesetzt. Nachdem das Bestreben des Täters bei klassischen Geldwäschetatbeständen auf die möglichst unauffällige Umwandlung von **„Bargeld in Buchgeld"** gerichtet ist, sind davon in erster Linie Kreditinstitute, aber auch sämtliche Unternehmen betroffen, die Zahlungsdienste erbringen.[102] Nachdem neben die klassische Zielsetzung, zu verhindern, dass aus Schwarzgeld „weißes" wird, als zweites Ziel die **Verhinderung der Terrorismusfinanzierung** getreten ist („weißes Geld zu schwarzen Zwecken"), sind die Regelungen sehr komplex und teils widersprüchlich geworden.

Der Gesetzgeber hat in § 9 Geldwäschegesetz (GwG) eine explizite Pflicht zu internen **Sicherungsmaßnahmen** vorgeschrieben. § 9 Abs. 2 GwG enthält eine exemplarische Auflistung an internen Sicherungsmaßnahmen, die von den Verpflichteten verlangt werden. Zu diesen Pflichten gehören neben der Benennung eines **Geldwäschebeauftragten** (in Kreditinstituten) nicht zuletzt dezidierte Aufzeichnungs- und Dokumentationspflichten über die Finanztransaktionen des Unternehmens und die Identifizierung der wirtschaftlich Berechtigten. Um die Compliance-Verantwortlichen gezielt zu unterstützen, hat der Arbeitskreis zur Geldwäschebekämpfung (FATF) ein Best-Practice-Papier zur handelsbasierten Geldwäsche veröffentlicht.[103]

Das Geldwäschegesetz wird strafrechtlich durch den Straftatbestand der Geldwäsche in § 261 StGB, durch Regelungen in verschiedenen Spezialgesetzen, wie etwa dem **Zahlungsdiensteaufsichtsgesetz (ZAG)** sowie zahlreiche Ordnungswidrigkeitstatbestände flankiert. Auch hiernach drohen der Gesellschaft und dem Vorstand persönlich bei Verstößen Sanktionen – von einer Strafbarkeit wegen Geldwäsche nach § 261 StGB, § 31 ZAG über Bußgelder nach § 17 GwG, § 32 ZAG sowie aufsichtsrechtliche Maßnahmen nach dem KWG.

e) Kartellrecht

Kartellverstöße bergen erhebliche **finanzielle Risiken** und können zu einem schwerwiegenden Rufschaden des Unternehmens und des gesamten Konzerns führen: Gegen das Unternehmen können Geldbußen in Höhe von bis zu zehn Prozent des im vorangegangenen Geschäftsjahr erzielten Gesamtumsatzes verhängt werden (vgl. § 81 Abs. 4 S. 2 GWB). Dabei kann als Bemessungsgrundlage nicht nur der Umsatz des konkret an den Kartellverstößen beteiligten Unternehmens, sondern der Umsatz des Gesamtkonzerns zugrunde gelegt werden. Hinzu können Schadensersatzansprüche Dritter gemäß § 33 Abs. 3 S. 1 GWB treten. Die wirtschaftliche Dimension des hierin liegenden Risikos wird etwa dadurch augenfällig, dass allein die EU-Kommission in ihrer Wirtschaftsplanung für 2014 Bußgeldeinnahmen von Unternehmen im Umfang von 1,5 Milliarden Euro eingeplant hatte. Das Bundeskartellamt hat 2014 die Rekordsumme von über 1 Milliarde Euro an Bußgeldern verhängt.[104]

Zudem besteht bei Kartellverstößen die Gefahr, dass gegen das Kartellverbot verstoßende Verträge **nichtig und damit rückabzuwickeln** sind – mit weiteren unkalkulierbaren wirtschaftlichen Folgen für das Unternehmen.

---

[102] Zu einem anschaulichen Beispiel aus dem Mittelstand vgl. LG Köln WM 2005, 409.
[103] Abrufbar unter http://www.fatf-gafi.org.
[104] www.bundeskartellamt.de.

94 Die kartellrechtlich relevanten Risikofelder auf deutscher und europäischer Ebene sind vielschichtig. In der täglichen Praxis sind zwei kartellrechtliche Grundregeln besonders zu beachten: Das Verbot wettbewerbsbeschränkender Vereinbarungen (§ 1 GWB, Art. 101 AEUV) und das Verbot des Missbrauchs einer marktbeherrschenden Stellung (§§ 19, 20 GWB, Art. 102 AEUV). Hinzu kommen die Vorschriften der Fusionskontrolle.

95 Das europäische Kartellrecht ist relevant, wenn eine Maßnahme den **zwischenstaatlichen Handel** beeinträchtigen könnte (§ 22 GWB). In diesem Fall ist insbesondere Art. 101 AEUV anzuwenden. Hier bestehen aber seit einigen Jahren im Vergleich zum deutschen Kartellrecht keine wesentlichen Besonderheiten mehr, weil mit der siebten GWB-Novelle im Jahre 2005 eine vollständige Angleichung des deutschen und europäischen Kartellrechts stattgefunden hat. Das deutsche Kartellrecht bleibt zudem stets neben dem europäischen Kartellrecht anwendbar (§ 22 Abs. 1 S. 1 GWB).

96 Schon durch das Fehlverhalten eines einzelnen Mitarbeiters kann ein Unternehmen in das Visier der Kartellbehörden geraten, weshalb sich jedes Unternehmen Gedanken darüber machen muss, wie es seine **Kartellrechtsrisiken sinnvoll begrenzen** kann. Ein verantwortungsbewusster Vorstand sollte ein besonderes Augenmerk darauf legen, dass kartellrechtliche Vorgaben von all seinen Mitarbeitern und Repräsentanten eingehalten werden. Dies gilt nicht nur für große, international operierende Unternehmen. Zunehmend rücken auch mittelständische[105] sowie Unternehmen der öffentlichen Hand in den Fokus der Kartellbehörden.[106]

f) Produktsicherheit und -haftung

97 Die zivil- und strafrechtlichen Anforderungen, die das geltende Recht an Unternehmen und Vorstände im Bereich der **Produkt- und Produzentenhaftung** stellen, sind mannigfaltig. Sie haben ganz erheblich zur Befruchtung der Diskussion um die sachgerechte Organisation des Unternehmens zur bestmöglichen Haftungsvermeidung beigetragen und können als Urtypus der Compliance- und Organisationspflichten des Unternehmens und der Geschäftsleiter angesehen werden.

98 Gemäß § 3 Abs. 1 Produktsicherheitsgesetz (ProdSG) dürfen nur solche Produkte auf dem Markt bereitgestellt werden, die sowohl die **gesetzlichen Anforderungen** einhalten als auch sicher sind. Angesichts der drohenden zivil- als auch strafrechtlichen Konsequenzen sollte es für Unternehmen und Vorstand selbstverständlich sein, dass die von ihnen hergestellten, eingeführten oder gehandelten Produkte den **Anforderungen des Produktsicherheitsrechts** entsprechen.[107] Hierbei gilt als generelle Richtschnur die Beachtung des aktuellen Standes der Technik.

99 In erster Linie legt das Produkthaftungsgesetz (ProdHG) dem Hersteller eine **verschuldensunabhängige Gefährdungshaftung** für Schäden an Leib oder Leben sowie an anderen Wirtschaftsgütern auf, die ein fehlerhaftes Produkt verursacht. Der Herstellerbegriff des ProdHG ist dabei sehr weit ist und kann auch reine Importunternehmen erfassen (§ 4 Abs. 2 und 3 ProdHG).

100 Daneben hat die Rechtsprechung als Unterfall der verschuldensabhängigen Schadensersatzhaftung eine Haftung des Unternehmens für Verstöße gegen **Organisationspflichten bei Produktionsabläufen** entwickelt, wenn dadurch Konstruktionsfehler, Fabrikationsfehler, Instruktionsfehler und Produktbeobachtungsfehler des Herstellers entstehen.[108]

101 Überdies kommt in solchen Fällen eine strafrechtliche Verantwortung der handelnden Personen, also insbesondere auch der Vorstandsmitglieder, in Betracht. Anknüpfungspunkt für eine **Strafbarkeit des Vorstands** können die allgemeinen Straftatbestände, insbesondere Tötungsdelikte (§§ 212, 222 StGB), Körperverletzungsdelikte (§§ 223 ff. StGB),

---

[105] So zB im Bereich Löschfahrzeuge, Hydranten, Wälzasphalt etc.
[106] Vgl. zu den erforderlichen Compliance-Maßnahmen im Kartellrecht im Einzelnen *Lampert* BB 2002, 2237.
[107] Vgl. dazu eingehend *Polly/Lach* CCZ 2012, 59.
[108] *Ritter* in Schüppen/Schaub § 24 Rn. 80 ff.

E. Vier Stufen effizienter Compliance-Organisationen 102–106 § 13

Sachbeschädigung (§ 303 StGB), gemeingefährliche Vergiftung (§ 314 Abs. 1 Nr. 2 StGB) und bestimmte Umweltdelikte (Gewässerverunreinigung, Bodenverunreinigung, Luftverunreinigung, §§ 324, 324a, 325 StGB) sein.[109]

Eine Strafbarkeit kommt sowohl aufgrund aktiven Tuns (bewusstes Inverkehrbringen eines gefährlichen Produkts) als auch wegen **Unterlassens** trotz Garantstellung nach § 13 StGB in Betracht. Erreichen den Vorstand etwa Schadensmeldungen, wonach es bei der Verwendung eines vom Unternehmen produzierten Produkts zu Gesundheitsschäden kommt, muss der Vorstand sofort prüfen, ob das Produkt weiterhin produziert und vertrieben werden darf. Entscheidet sich der Vorstand hierbei pflichtwidrig für eine nicht vertretbare Fortsetzung des Vertriebs, kann er sich – aufgrund pflichtwidrigen Unterlassens – strafbar machen. 102

Der BGH geht in diesem Bereich grundsätzlich von einer **Gesamtverantwortung aller Vorstandsmitglieder** aus.[110] Wird ein einzelnes Vorstandsmitglied bei Gremienentscheidungen von den Kollegen überstimmt oder hat es sich an dem Beschluss überhaupt nicht beteiligt, überlässt aber die Umsetzung des Beschlusses den übrigen Vorständen, besteht auch dann eine strafrechtliche Verantwortlichkeit, wenn das überstimmte Mitglied völlig untätig bleibt.[111] Erwartet wird von dem pflichtgemäß abstimmenden Vorstandsmitglied – je nach konkreter Lage – zumindest die Information anderer Gesellschaftsorgane, insbesondere des Aufsichtsrats, um Pflichtverstöße zu verhindern. Als ultima ratio kann sich sogar eine Pflicht zur Amtsniederlegung ergeben.[112] 103

Letztlich muss der Vorstand zur Reduzierung von Haftungsgefahren wegen Produkt- oder Produktionsfehlern ein **sachgerechtes Risikomanagement im Produktentwicklungsprozess** sicherstellen und dafür sorgen, dass potentielle Gefahren rechtzeitig erkannt werden und darauf angemessen reagiert wird. Dies lässt sich in vielen Fällen nur durch eine institutionelle Organisation des Produkt- und des Produktionsmanagements gewährleisten.[113] 104

g) Krise und Insolvenz

Aus der Stellung des Vorstands als Treuhänder des Aktionärsvermögens erwachsen ihm besondere **Treue- und Loyalitätspflichten** beim Umgang mit den ihm **anvertrauten Vermögenswerten** (vgl. § 92 Abs. 1 AktG). Er muss deshalb das Unternehmen so strukturieren, dass Insolvenztatbestände im Regelfall gar nicht erst eintreten können. Für die Unternehmensorganisation bedeutet dies, dass der Vorstand das Unternehmen und den Konzern möglichst so organisieren und finanzieren muss, dass keine Kettenreaktionen bzw. „Klumpenrisiken" entstehen können, die die Existenz des gesamten Konzerns gefährden können.[114] Nicht nur deshalb, sondern auch weil der Vorstand von den Gläubigern der Aktiengesellschaft zivilrechtlich (§ 92 Abs. 2 AktG, § 823 Abs. 2 BGB iVm § 15a InsO) und oft auch strafrechtlich (§ 15a InsO) wegen Insolvenzverursachung[115] oder Insolvenzverschleppung in die Verantwortung genommen werden kann, obliegen ihm im höchstpersönlichen Interesse besondere **Pflichten vor und in Zeiten der Krise.** Kommt es tatsächlich zur Insolvenz, geht spätestens der Insolvenzverwalter – vielfach mit Unterstützung der Strafverfolgungsbehörden – der Frage einer persönlichen Verantwortung des Vorstandsmitglieds konsequent auf den Grund. 105

Ganz grundsätzlich, insbesondere aber im Vorfeld einer möglichen Krise, muss der Vorstand die wirtschaftliche Situation des Unternehmens laufend im Blick behalten.[116] Hierzu 106

---

[109] *Molitoris* in BeckHdB RA § 27 Rn. 193.
[110] *Spindler* in MüKoAktG § 93 Rn. 131 ff.; *Schmidt-Salzer* NJW 1990, 2966, 2969; zur Produkthaftung (bei der GmbH) insbesondere *Wißmann* in MüKoGmbHG § 82 Rn. 62.
[111] Ausführlich *Fleischer* BB 2004, 2645; *Ransiek* ZGR 1999, 613, 648.
[112] Zu den möglichen und zumutbaren Maßnahmen des Vorstands *Fleischer* BB 2004, 2645, 2649.
[113] Zum Produktmanagement vgl. auch *Veltins* in Hauschka § 22 Rn. 1 ff.
[114] Vgl. insbesondere zum Bankenbereich OLG Düsseldorf AG 2010, 126, 129; *Ritter* in Schüppen/Schaub § 24 Rn. 100.
[115] Vgl. dazu BGHZ 195, 42; *Winstel/Skauradszun* GmbHR 2011, 185.
[116] *Wilden* in Buth/Hermanns § 3 Rn. 1, 14 ff.

ist es in der Regel erforderlich, ein **Überwachungssystem** einzuführen, um gegebenenfalls auch tagesaktuell Krisenanzeichen zu erkennen und darauf angemessen reagieren zu können.[117] Grund dafür ist, dass der Vorstand bei Eintritt eines Insolvenztatbestands (Zahlungsunfähigkeit oder Überschuldung, §§ 17, 19 InsO) ohne schuldhaftes Zögern, spätestens aber **drei Wochen** nach Eintritt der Zahlungsunfähigkeit oder Überschuldung, einen Antrag auf Eröffnung eines Insolvenzverfahrens beim zuständigen Amtsgericht – Insolvenzgericht – stellen kann und muss.

107 Dabei ist aus Sicht des Vorstands folgende Besonderheit von ganz wesentlicher Bedeutung: Die Dreiwochenfrist für die Stellung eines Insolvenzantrags ist eine Höchstfrist und darf nur bei Vorliegen besonderer Umstände vollständig ausgeschöpft werden.[118] Allein dies zeigt, dass der Vorstand für ein laufendes und **aktuelles Monitoring** der Vermögenslage der Gesellschaft und der Liquidität sorgen muss. Und die Dreiwochenfrist ist auch dann strikt einzuhalten, wenn der Vorstand das Monitoring nicht im eigenen Unternehmen unterhält, sondern von externen Dienstleistern oder Beratern durchführen lässt. Der Vorstand darf sich in diesem Fall nicht mit einer unverzüglichen Auftragserteilung begnügen, sondern muss auf eine **schnellstmögliche Vorlage des Prüfungsergebnisses** hinwirken; die Dreiwochenfrist wird allein durch die Auftragsvergabe nicht aufgehoben oder hinausgeschoben.[119] Gleiches gilt für die Beurteilung der Lage des Unternehmens und das Bestehen von Insolvenztatbeständen durch eine interne Fachabteilung. Der Vorstand hat hierbei die Pflicht, das Unternehmen so zu organisieren, dass die Entscheidung über Gegenmaßnahmen zur Lösung der Krisensituation oder die Stellung eines Insolvenzantrags innerhalb der gesetzlich geltenden Höchstfristen getroffen werden kann.[120]

108 Darüber hinaus ist zu beachten, dass in Konzernstrukturen, in denen die einzelnen Unternehmen über einen **Cash-Pool** miteinander verbunden sind, die Rechtsprechung dem Vorstand des Tochterunternehmens die Pflicht auferlegt, für eine **kurzfristige Kündbarkeit** der Cash-Pool- bzw. Darlehensverträge zu sorgen.[121] Der BGH fordert außerdem, dass der Vorstand der Tochtergesellschaft durch die Einrichtung von **Überwachungs- und Früherkennungsmechanismen** sicherstellt, dass er von einer Krise des Mutterunternehmens frühzeitig erfährt und darauf mit einer Kündigung des Darlehens- oder Cash-Pool-Verträge kurzfristig reagieren kann.[122] Das führt zu der paradoxen Situation, dass das Tochterunternehmen jederzeit Auskunft über die Finanzsituation des Konzernmutterunternehmens verlangen können muss.[123] Nur wenn das gewährleistet ist, darf das Tochterunternehmen die – zur konzernweiten Finanzmitteloptimierung durchaus sinnvolle – tägliche Liquiditätsabschöpfung zugunsten der Konzernunternehmen zulassen.[124]

h) Wirtschaftsstraftaten (Korruption, Insiderhandel)

109 Durch Compliance sollen auch Straftaten – insbesondere **Korruption und Insiderhandel** – verhindert werden. Dies kann durch eine sprachlich verständliche Aufbereitung gesetzlicher Regelungen in einem Verhaltenskodex gefördert werden. So kann beispielsweise den Mitarbeitern verdeutlicht werden, wann die **Annahme von Geschenken** eine unerwünschte und nach § 299 StGB strafrechtlich relevante Bestechlichkeit oder die Gewährung von **Rabatten, Geschenken oder Bewirtungen** eine unerwünschte Bestechung (§ 300 StGB) im Rechtsverkehr darstellt.

110 **Korruption** (also die §§ 299, 300 StGB) hat eine Reihe von meist schwerwiegenden Konsequenzen für das Unternehmen zur Folge. Beispielhaft ist zunächst hervorzuheben,

---

[117] BGHZ 126, 181, 192 ff.; *Pelz* in Hauschka § 32 Rn. 3 ff.
[118] BGHZ 75, 96, 111; BGHSt 48, 307, 309 für § 266a StGB.
[119] BGH NZG 2012, 672; dazu *Müller* NZG 2012, 981.
[120] *Pelz* in Hauschka § 32 Rn. 3 mwN.
[121] BGH NZG 2009, 944, 946 – Cash Pool II.
[122] BGH NZG 2009, 107 – MPS; vgl. dazu *Altmeppen* NZG 2010, 401, 404.
[123] Ausführlich *Winstel* Unterrichtung 242 ff.
[124] Vgl. nur BGH NZG 2009, 107 – MPS; vgl. dazu *Altmeppen* NZG 2010, 401, 404.

dass eine Geldbuße für das Unternehmen (§ 30 OWiG) droht. Darüber hinaus kann Korruption zu einem erheblichen Imageschaden für das Unternehmen führen. Auch drohen hohe Schadensersatzansprüche seitens der Auftraggeber und Wettbewerber. Zudem kann der durch Korruption erzielte „Gewinn" (in Wirklichkeit der komplette Umsatz) – ohne Abzug von betrieblichen Aufwendungen – abgeschöpft werden. Soweit das Unternehmen von öffentlichen Aufträgen abhängig ist, droht wegen der oft gleichzeitig verhängten **Vergabesperren** eine akute Unternehmenskrise bis hin zur Insolvenz. Deshalb sollte zur Vermeidung von Korruption sichergestellt werden, dass die Führungsebene und die betroffenen Mitarbeiter die erforderlichen Rechtskenntnisse haben und über interne Richtlinien und Vorgaben zur Korruptionsvermeidung nachweislich unterrichtet sind.[125] Auch dem einfachsten Sachbearbeiter muss das Unternehmen nachweislich klar machen, dass Korruption nicht zu seiner Geschäftspolitik gehört.

111 Im Zusammenhang mit der Verhinderung von Wirtschaftsstraftaten von Arbeitnehmern ist insbesondere auch § 14 WpHG zu beachten, der ein umfassendes Verbot von Insidergeschäften festschreibt. Insiderhandel bedeutet die **Verwendung von Insiderinformationen** für Börsengeschäfte, um sich durch einen Wissensvorsprung illegal zu bereichern. Nach § 14 WpHG ist es verboten:
– unter Verwendung einer Insiderinformation Insiderpapiere für eigene oder fremde Rechnung oder für einen anderen zu erwerben oder zu veräußern,
– einem anderen eine Insiderinformation unbefugt mitzuteilen oder zugänglich zu machen,
– einem anderen auf der Grundlage einer Insiderinformation den Erwerb oder die Veräußerung von Insiderpapieren zu empfehlen oder einen anderen auf sonstige Weise dazu zu verleiten.

112 Diese Handlungen sind gemäß § 38 Abs. 1 WpHG mit Freiheitsstrafen bis zu fünf Jahren oder Geldstrafe bedroht. Da **Insidergeschäfte** in besonderem Maße geeignet sind, dem Unternehmen einen erheblichen **Geschäfts- und Imageschaden** zuzufügen, müssen sie im Verhaltenskodex ausdrücklich untersagt werden.

i) Steuerrecht

113 Die Einhaltung steuerrechtlicher Regeln – auch **Tax Compliance** genannt – ist angesichts der hier drohenden existenziellen Risiken für Gesellschaft und Vorstandsmitglieder persönlich ein besonders wichtiger Bereich.[126] Der Vorstand muss sicherstellen, dass die Gesellschaft alle sie treffenden Steuerverbindlichkeiten rechtzeitig erfüllt. Hier seien exemplarisch nur die fristgebundenen Steuererklärungs- und Zahlungspflichten für Ertragsteuern (Einkommensteuer, Körperschaftsteuer, Gewerbesteuer), Umsatzsteuer, Grunderwerbsteuer, aber auch die Lohnsteuer und Sozialabgaben sowie Zölle genannt.[127] Aber auch der korrekte Umgang des Unternehmens mit Spenden und Sponsoring oder die richtige Ermittlung **konzerninterner Verrechnungspreise** gehören hierher.[128]

114 Der Vorstand muss als gesetzlicher Vertreter die Erfüllung der steuerlichen Pflichten der Gesellschaft sicherstellen (§ 34 Abs. 1 AO). Insbesondere muss er dafür sorgen, dass die Steuerschuld der Gesellschaft vollständig und rechtzeitig entrichtet wird. Verletzt der Vorstand diese Pflichten, haftet er mit seinem Privatvermögen, wenn Steuerschulden infolge von Vorsatz oder grober Fahrlässigkeit nicht oder nicht rechtzeitig festgesetzt oder erfüllt oder zu Unrecht Steuervergütungen oder Steuererstattungsansprüche ausgezahlt werden (§ 69 AO).[129]

---

[125] Zu Compliance-Maßnahmen zur Korruptionsprävention im Einzelnen *Hauschka/Greeve* BB 2007, 165.
[126] Instruktiv *Knepper* in Besgen Kap. 7 Rn. 294 ff.
[127] Eingehend *Streck/Binnewies* DStR 2009, 229; *Kromer/Henschel/Pumpler* BB 2013, 791.
[128] Vgl. *Besch/Starck* in Hauschka § 34 Rn. 29 ff.
[129] Zur Haftung im Kollegialorgan vgl. *Intemann* in Pahlke/Koenig, AO, 2. Aufl. 2009, § 69 Rn. 76 ff.

115 Vorstandsmitglieder und die Gesellschaft haften in diesen Fällen als **Gesamtschuldner** (§ 44 AO).[130] Die Finanzverwaltung prüft dabei insbesondere im Insolvenzfall routinemäßig, ob Steuerverbindlichkeiten der Gesellschaft nach §§ 34, 69 ff. AO gegenüber dem Vorstand persönlich geltend gemacht werden können.[131]

116 Neben einer Haftung des Vorstands für die steuerlichen Pflichten der Gesellschaft mit seinem Privatvermögen können Vorstandsmitglieder auch wegen vorsätzlicher (§ 370 AO) oder leichtfertiger **Steuerhinterziehung** (§ 378 AO) oder wegen **sonstiger Steuer- und Zolldelikte** in Anspruch genommen werden.[132]

j) Umweltrecht

117 Nach § 52a Abs. 2 Bundesimmissionsschutzgesetz (BImSchG) hat der Betreiber einer genehmigungsbedürftigen Anlage der zuständigen Behörde mitzuteilen, auf welche Weise sichergestellt ist, dass die dem **Schutz vor schädlichen Umwelteinwirkungen** und vor sonstigen Gefahren, erheblichen Nachteilen und erheblichen Belästigungen dienenden Vorschriften und Anordnungen beim Betrieb beachtet werden. Diese umweltrechtlichen Vorgaben sollten daher durch eine entsprechende Regelung im **Verhaltenskodex** abgedeckt werden.

118 Je nach Tätigkeitsbereich der Gesellschaft kann ferner die Bestellung umweltrechtlicher Beauftragter, wie etwa eines **Immissionsschutzbeauftragten,** eines **Abfallbeauftragten,** eines **Gewässerschutzbeauftragten** oder etwa eines **Störfallbeauftragten** vorgeschrieben sein. Unabhängig davon sind viele Unternehmen dazu übergegangen, gesetzlich nicht geregelte Beauftragte einzuführen, wie beispielsweise einen **generellen „Umweltbeauftragten",** der meist auch in Personalunion das Amt eines Compliance-Officers bekleidet.[133]

5. Compliance-Pflichten des ausländischen Rechts

119 Der Vorstand muss ferner beachten, dass in **grenzüberschreitend** organisierten oder agierenden Unternehmen und Konzernen auch ausländische Normen spezielle Pflichten begründen können.[134] Es versteht sich von selbst, dass sich die AG den **Regeln und Gesetzen des jeweiligen lokalen Markts** unterwerfen muss, in dem sie sich bewegt: Wenn sich ein Unternehmen an einer ausländischen Börse notieren lässt, ist es dem ausländischen Kapitalmarktrecht unterworfen; wenn es Produkte im Ausland herstellt und veräußert, ist es dem ausländischen Produktsicherheitsrecht unterworfen.[135]

120 Die Bindung an ausländisches Recht hat aber nicht nur mögliche Pflichtenerweiterungen für die AG selbst zur Folge. Auch der Vorstand muss prüfen, ob sich für ihn persönlich aus den Gesetzesbindungen der Gesellschaft an ausländische Rechtsnormen zwingende Pflichten ergeben, für die ihm nach deutschem Recht unternehmerisches Ermessen zustünde. Es kann erhebliche Folgen haben, wenn der Vorstand ein ihm nach deutschem Recht zustehendes Entschließungs- oder Auswahlermessen ausübt, das ihm das ausländische Recht nicht zugesteht. Dies kann vor allem für die Unternehmensorganisationspflichten bedeutend sein, etwa für die Frage, ob bei der Gesellschaft ein institutionelles Compliance-System einzuführen ist. Das deutsche Recht gibt dem Vorstand hier zwar – wie dargelegt – ein weites Ermessen. Bei der Auslandstätigkeit seines Unternehmens muss er jedoch ermitteln, ob das **ausländische Recht** möglicherweise weitergehende Pflichtenanforderungen an ihn stellt. Welche Anforderungen AG und Vorstand in diesem Zusammenhang einhalten müssen, ergibt sich aus der – oft sehr schwierigen – **kollisionsrechtlichen Beurteilung** der Frage, welches Recht auf welche Aktivitäten der Gesellschaft anwendbar ist.[136]

---

[130] Vgl. nur *Talaska* BB 2012, 1195, 1196.
[131] Ausführlich *Müller* GmbHR 2003, 389.
[132] Vgl. *Streck/Binnewies* DStR 2009, 229, 231.
[133] *Meyer* in Hauschka § 31 Rn. 43 mwN.
[134] LG München I NZG 2014, 345, 346.
[135] *U. H. Schneider* CCZ 2008, 18; *Heller* NZG 2007, 851, 852.
[136] *Hölters* in Hölters AktG § 93 Rn. 71 mwN.

E. Vier Stufen effizienter Compliance-Organisationen

Öffentlichkeitswirksame Fälle dieser Art gab es in jüngerer Zeit vor allem bei Unternehmen, die einen Bezug zum US-Kapitalmarkt haben. Sie müssen eine Vielzahl von Vorgaben des US-Rechts beachten, und zwar unabhängig davon, ob sie in den USA ansässig sind oder nicht.[137] Zu nennen sind zunächst die Regelungen des **Sarbanes Oxley Act (SOX)** aus dem Jahre 2002, der entsprechend der inländischen Compliance-Diskussion den Fokus der internen Überwachung der Unternehmen auf das Risikomanagement und die Risikobewältigung legt.[138] Wie die Ermittlungen des US-amerikanischen Department of Justice (DoJ) sowie der US-amerikanischen Börsenaufsichtsbehörde Securities Exchange Commission (SEC) bei deutschen DAX 30-Unternehmen zeigen, ist auch der Foreign Corrupt Practices Act (FCPA)[139] von erheblicher Bedeutung.[140] Verfahren nach dem FCPA führen häufig zu hohen Geldstrafen für die betreffenden Unternehmen, Freiheitsstrafen für die beteiligten Mitarbeiter und zur Auflage, teure **Überwachungs- und Compliance-Programme** einzuführen, um künftige Verstöße gegen den FCPA zu vermeiden.[141]

III. Maßnahmen zur Aufdeckung von Regelverstößen („detect")

Hat der Vorstand ein Compliance-System bei seiner Gesellschaft implementiert, muss er auch Sorge dafür tragen, dass Verstöße gegen die Compliance-Regeln des Unternehmens erkannt und aufgedeckt werden. Andernfalls verkommen sie zu einem „Papiertiger". Der Vorstand darf nicht erst dann mit der **Überwachung und Überprüfung getroffener Vorkehrungen** beginnen, wenn Missstände ein- und zutage getreten sind.[142] In diesem Zusammenhang haben sich in der Praxis insbesondere folgende Maßnahmen bewährt:

1. Meldesystem bei Verstößen

Hat der Vorstand einen Verhaltenskodex eingeführt, sollte er dies mit einem **Meldesystem** verbinden, um Verstöße gegen das Regelwerk feststellen und verfolgen zu können. Eine gesetzliche Pflicht zur Einrichtung von Meldesystemen gibt es im deutschen Recht allerdings nicht; sie ergibt sich auch nicht aus den straf- und zivilrechtlichen Generalklauseln über die Aufsichtspflicht. Gleichwohl kann der Vorstand durch Meldesysteme die Betroffenen zu Beteiligten machen und so die Wirksamkeit der Compliance-Maßnahmen fördern.

a) Whistleblowing-Hotline

In vielen Unternehmen gelangen wichtige Informationen allein schon wegen der Unternehmensgröße von der Basis nicht automatisch zum Vorstand oder dem zuständigen Compliance-Officer. Derartige Informationsbarrieren versucht man insbesondere in den USA durch das sogenannte „Whistleblowing" zu überbrücken. Damit ist die Anzeige eines rechtswidrigen Zustands durch einen **unternehmensinternen Informanten,** etwa beim Compliance-Officer oder einem externen Beauftragten gemeint. Dazu wird oftmals eine Regelung in die Verhaltensrichtlinie eingeführt, die eine Verpflichtung begründet, Fehlverhalten von Unternehmensangehörigen in einem bestimmten Verfahren anzuzeigen.

Die Einführung von **Hinweisgebersystemen** kann auch durch die Einschaltung von **Telefonhotlines** oder die Beauftragung externer Ombudsleute erfolgen. Telefonhotlines

---

[137] *Obermayr* in Hauschka § 17 Rn. 20.
[138] *Roggenbuck* in Hopt/Wohlmannstetter, Handbuch Corporate Governance von Banken, 2011, 646.
[139] *Cohen/Holland* CCZ 2008, 7.
[140] *Hölters* in Hölters AktG § 93 Rn. 93 mwN.
[141] *Cohen/Holland* CCZ 2008, 7.
[142] OLG Stuttgart NJW 1977, 1410; *Bergmoser/Theusinger/Gushurst* BB Beilage 5/2008, 1, 5.

werden in der Praxis allerdings wenig in Anspruch genommen, weil die Hinweisgeber oftmals um die Vertraulichkeit ihrer Angaben fürchten und nicht wissen, wer am anderen Ende der Leitung sitzt. Der externe Ombudsmann in Form eines zur **Berufsverschwiegenheit** verpflichteten Rechtsanwalts bietet den Vorteil, dass die so erlangten Informationen – im Gegensatz zu solchen, die beim Compliance Officer eingehen – nicht von den Strafverfolgungsbehörden herausverlangt werden können.[143]

126 Inwiefern eine Verpflichtung zur Anzeige rechtswidrigen Verhaltens rechtlich zulässig ist, ist derzeit nach deutschem Recht noch nicht abschließend geklärt. Abgesehen von den in Deutschland bestehenden kulturellen und historischen Bedenken gegenüber einer Verpflichtung zum „Denunzieren", „Verpfeifen" bzw. „Anschwärzen" von Kollegen oder Vorgesetzten bestehen auch rechtliche Bedenken. Die hM geht davon aus, dass ein Arbeitnehmer aufgrund seiner allgemeinen **Schadensabwendungspflicht** zur Anzeige gewisser Sachverhalte verpflichtet werden kann. So ist das BAG der Ansicht, dass das Unternehmen ein rechtlich geschütztes Interesse besitzt, nur mit solchen Mitarbeitern zusammenzuarbeiten, die die Ziele des Unternehmens fördern und das Unternehmen vor Schaden bewahren.[144] Dementsprechend hat die Aktiengesellschaft ein berechtigtes Interesse an der unternehmensinternen Anzeige und Aufklärung derartiger Handlungen. Der Vorstand kann also grundsätzlich Anzeigepflichten für Verstöße aufstellen, solange der Umfang dieser Anzeigepflichten für die Mitarbeiter zumutbar ist.

127 Ein **Dilemma** für das Unternehmen kann sich daraus ergeben, dass es damit „Whistle-Blower" leicht zu Straftaten wie über Nachrede gemäß § 186 StGB verleiten kann. Weil es seine Mitarbeiter infolge seiner arbeitsrechtlichen Fürsorgepflicht auch vor dieser Gefahr schützen muss, ist **Fingerspitzengefühl** bei der Ausgestaltung des Meldesystems und bei der Selektion und Behandlung der Anzeigen angebracht.[145]

128 Ob es möglich ist, eine Anzeigepflicht für jeden Verstoß einzurichten, ist von der Rechtsprechung noch nicht entschieden worden. Fest steht zumindest, dass der Arbeitnehmer jedenfalls nicht zur **Selbstanzeige** verpflichtet werden kann.[146]

b) Einrichtung einer Beschwerdestelle

129 Ein Instrument zur Sicherung der Compliance ist die Einrichtung einer **Beschwerdestelle** für die Mitarbeiter. Arbeitnehmer haben nach § 13 Abs. 1 AGG sowie nach der allgemeinen Vorschrift des § 84 BetrVG das Recht zur Beschwerde beim Arbeitgeber. Er hat dafür eine Beschwerdestelle einzurichten oder zu benennen. Diese Verpflichtung besteht ganz unabhängig von der Größe des Unternehmens. Die Bestimmung der zuständigen Stelle fällt in die **Organisationshoheit des Vorstands**.[147] Die Beschwerdestelle kann beispielsweise ein Vorgesetzter, ein **Gleichstellungsbeauftragter** oder eine **betriebliche Beschwerdestelle** sein. Auch die Personalabteilung oder die **Schwerbehindertenvertretung** können zuständige Stelle im Sinne dieser Vorschriften sein.[148]

130 Da Beschwerden im Allgemeinen und Beschwerden nach § 13 Abs. 1 AGG im Besonderen mit einem erheblichen Haftungsrisiko für das Unternehmen verbunden sein können, ist es ratsam, die Beschwerdestelle nicht auf die Zwecke der § 13 AGG, § 84 BetrVG zu beschränken, sondern eine umfassend zuständige Compliance-Stelle einzurichten. Diese sollte in der Lage sein, die mit dem jeweils vorgetragenen Sachverhalt verbundenen Risiken zu evaluieren und die notwendigen Maßnahmen zu ergreifen bzw. zu veranlassen.

---

[143] Ausführlich LG Mannheim NStZ 2012, 713; zur Abwägung, ob eine interne oder eine externe Whistle-Blowing-Hotline sinnvoll ist, vgl. *Kremer/Klahold* in Krieger/U. H. Schneider § 21 Rn. 58 ff.
[144] BAG NJW 2004, 1547.
[145] *Tödtmann* BB 2012, Heft 19, Die erste Seite.
[146] Eingehend *Tödtmann/Kaluza* in Maschmann/Sieg/Göpfert „Compliance" Rn. 105.
[147] *Oetker* NZA 2008, 264, 266 mwN.
[148] *Gach/Julis* BB 2007, 773.

2. Überprüfung der Funktionsfähigkeit der Compliance-Organisation („Compliance Audits")

131 Um die Akzeptanz und Effektivität der Compliance-Maßnahmen, vor allem aber des Hinweisgebersystems zu gewährleisten, sollte die Wirksamkeit des Compliance-Systems durch **regelmäßige Audits** überprüft werden. Dies stellt nicht nur die Wirksamkeit des Compliance-Systems sicher, sondern hilft auch, dabei zu Tage tretenden Defiziten der Compliance-Strukturen entgegenzuwirken. Für den Vorstand ist dies nicht zuletzt deshalb wichtig, weil er als Teil seiner Legalitätspflicht auch eine Pflicht zur regelmäßigen Prüfung der Wirksamkeit des Compliance-Systems hat.[149]

132 Stellt der Vorstand fest, dass die von ihm im Rahmen seines unternehmerischen Ermessens eingeführten Compliance-Maßnahmen nicht wirksam sind, etwa bestimmte Informationen im Rahmen von **Testläufen** nicht an die die innerhalb der Unternehmensorganisation dafür vorgesehenen Stellen gelangen, muss er untersuchen, welche Gründe dies hat und mit geeigneten Maßnahmen gegensteuern.[150] Sofern Rechtsverstöße aufdeckt werden, muss der Vorstand sie – ungeachtet etwaigen unternehmerischen Ermessens – abstellen.

133 Der Vorstand muss anhand der Strukturen und des von ihm ermittelten Risikoprofils für seine Gesellschaft festlegen, in welcher Regelmäßigkeit er **Compliance-Audits** durchführt. Wie schon bei der Frage, ob und welche Compliance-Maßnahmen der Vorstand einführt, kommt ihm auch hier ein weiter Ermessensspielraum zu.[151]

134 Gewisse Anhaltspunkte für den Vorstand und die Compliance-Verantwortlichen, wie ein solches Compliance-Audit strukturiert sein sollte, enthält wiederum der IDW Prüfstandard PS 980:

a) Festlegung der Zuständigkeiten für die Compliance-Überwachung;

b) Entwicklung eines Überwachungsplans;

c) Bereitstellung von ausreichenden Ressourcen für die Durchführung der Überwachungsmaßnahmen;

d) Bestimmung der Berichtswege für die Ergebnisse der Überwachungsmaßnahmen sowie

e) Erstellung von Berichten für die Ergebnisse der Überwachungsmaßnahmen und Auswertung der Berichte durch die zuständige Stelle.

135 Im Rahmen eines solchen Compliance-Audits sind nach Auffassung des BGH **stichprobenartige und überraschende Prüfungen** erforderlich, aber grundsätzlich auch ausreichend.[152] Hat der Vorstand Zweifel an der Wirksamkeit stichprobenartiger Untersuchungen oder fördern schon die Stichproben Verstöße ans Tageslicht, muss der Vorstand die Verstöße abstellen und die **Kontrolldichte intensivieren.**[153]

136 Ob das Unternehmen die Compliance-Audits durch interne Organisationseinheiten (Compliance, Recht, interne Revision, Personal, Finanzen) oder durch externe Berater durchführen lässt, obliegt seinem Ermessen. Aus Gründen der **„Selbstreinigung"** dürfte es sich selbst dann, wenn die Compliance-Audits grundsätzlich durch interne Stellen durchgeführt werden sollen, anbieten, zumindest in gewissen Zeitabständen externe Prüfer mit einer objektiven Kontrolle der Funktionsfähigkeit der bestehenden Compliance-Strukturen zu beauftragen.[154] Gleiches gilt für die Beurteilung, ob im Rahmen solcher Audits aufgedeckte Verstöße oder Schwächen des bisherigen Systems ordnungsgemäß und wirksam beseitigt wurden und ob und wie dies gegenüber Behörden oder der Öffentlichkeit kommuniziert werden soll (sog. **Compliance Monitor**).[155]

---

[149] *Liese/Schulz* BB 2011, 1347, 1349, auch in Bezug auf ausländische Rechtsordnungen.
[150] *Moosmayer* Compliance 89.
[151] Überblick bei *Obermayr* in Hauschka § 17 Rn. 76; *Liese/Schulz* BB 2011, 1347.
[152] BGH WuW/E 1799 – „Revisionsabteilung"; *Bergmoser/Theusinger/Gushurst* BB 2008, Beilage Heft 5, 1, 5.
[153] *Greeve* in Hauschka BB 2007, 165, 172; *Reichert/Ott* ZIP 2009, 2173, 2177.
[154] *Moosmayer* Compliance 92
[155] *Moosmayer* Compliance 92.

IV. Reaktion auf Verstöße („react")

137 Haben die zuständigen Personen im Zuge einer unternehmensinternen Compliance-Kontrolle, durch Hinweise im Meldesystem oder durch Zufall von Verstößen durch Mitarbeiter oder Vorstandsmitglieder[156] erfahren, stellt sich für den Vorstand – und wenn es um das Fehlverhalten von Vorstandsmitgliedern geht, den Aufsichtsrat – die Frage, ob und wie er hierauf reagiert. Die angemessene Reaktion auf und die **konsequente Sanktion von Rechtsverstößen** sind wesentliche Säulen eines wirksamen Compliance-Systems.[157]

1. Aufklärung der Verstöße und Internal Investigations

138 Werden Rechtsverstöße von Unternehmensangehörigen bekannt, sind der Vorstand und die nachgeordneten Compliance-Verantwortlichen verpflichtet, diese Verstöße aufzuklären[158] und den Sachverhalt zu ermitteln, um sich eine hinreichende **Informationsgrundlage** für die Einleitung möglicher Sanktionen gegen verantwortliche Mitarbeiter, Vertragspartner oder sonstige Dritte, aber auch zur Abwehr möglicher Ansprüche geschädigter Dritter und behördlicher Sanktionen gegen das Unternehmen und den Vorstand selbst zu beschaffen.[159] Unternehmerisches Ermessen im Sinne der Business-Judgement-Rule kommt dem Vorstand bei der Entscheidung darüber, ob Anhaltspunkten für Rechtsverstößen nachgegangen wird, nach ganz hM nicht zu.[160] Liegen Verdachtsmomente vor, muss der Vorstand den Sachverhalt untersuchen und aufklären.

139 Demgegenüber trifft der Vorstand die Entscheidung darüber, in welcher Form er solchen Verdachtsmomenten nachgeht, nach seinem Ermessen.[161] Voraussetzung hierfür ist aber, dass die vom Vorstand im Rahmen seines Ermessens gewählte Art der Sachaufklärung überhaupt geeignet und erfolgversprechend ist. Andernfalls steht ihm diese Möglichkeit nicht offen. In der Praxis werden vielfach Rechtsanwalts- oder Wirtschaftsprüfungskanzleien mit der **Ermittlung des Ausmaßes möglicher Gesetzesverstöße** beauftragt. Dies bietet sich unabhängig von den in diesem Zusammenhang bestehenden, schwierigen Rechtsfragen schon deshalb an, weil anwaltliche Arbeitsergebnisse aus **„Internal Investigations"**, insbesondere Berichte, hierfür verwendete (Geschäfts-)Unterlagen sowie Protokolle über Mitarbeiterbefragungen wegen der Verpflichtung zur Berufsverschwiegenheit von den Ermittlungsbehörden nicht beschlagnahmt werden dürfen, soweit sie sich im Gewahrsam der mandatierten Rechtsanwälte befinden.[162] Das ist bei den Ergebnissen interner Untersuchungen des durch eigene Mitarbeiter des Unternehmens, einschließlich seiner Syndikusanwälte,[163] nicht der Fall. Alles, was sie ermitteln, muss den zuständigen Ermittlungsbehörden, insbesondere Polizei und Staatsanwaltschaft, herausgegeben werden.

140 Unabhängig davon muss der Vorstand – jenseits gesetzlich bestehender Offenlegungspflichten – abwägen, ob und wann das Unternehmen die **staatlichen Ermittlungsbehörden einbezieht** und sich kooperationsbereit zeigt, indem es Behörden interne Ermittlungsergebnisse zur Verfügung stellt.[164] Das wird nicht zuletzt davon abhängen, wie der Vorstand die Reaktion der Behörden und der Öffentlichkeit auf angebliche Verstöße der Unternehmensangehörigen einschätzt. Dabei ist allerdings zu berücksichtigen, dass den staatlichen Ermittlungsbehörden oftmals weitergehende Ermittlungsmöglichkeiten offenstehen. Dies gilt vor allem für **Beweissicherungsmaßnahmen** bei unternehmensexternen Dritten.

---

[156] Zu internen Aufklärungspflichten von Vorstand und Aufsichtsrat vgl. *Grunewald* NZG 2013, 841.
[157] *Mengel/Ullrich* NZA 2006, 240, 245 f.; *Mengel* Kap. 5 Rn. 1.
[158] Zu den „Sieben Schritten" bei internen Untersuchungen vgl. *Moosmayer* Compliance 96.
[159] Eingehend *Wagner* CCZ 2009, 8.
[160] *Spehl/Momsen/Grützner* CCZ 2013, 260, 261; *Reichert/Ott* ZIP 2009, 2173, 2176.
[161] Vgl. *Reichert/Ott* ZIP 2009, 2173, 2176 mwN.
[162] So LG Mannheim NStZ 2012, 713.
[163] Hierzu eingehend *Roxin* NJW 1995, 17.
[164] Guter Überblick bei *Moosmayer* Compliance 106.

2. Mitarbeiterbefragungen und Amnestieprogramme

Obwohl heutzutage hochspezialisierte Dienstleister das Durchsuchen großer Datenmengen, Unterlagen und E-Mails ganz erheblich erleichtern, ist die **Befragung der betroffenen Mitarbeiter** nach wie vor die ergiebigste Erkenntnisquelle interner Untersuchungen. 142

Zwar unterliegen die Mitarbeiter – jedenfalls bei dienstlichen Informationen – weitgehenden **Auskunftspflichten** gegenüber dem Unternehmen.[165] Das hierbei auf der Hand liegende Dilemma zwischen dem für die Sachaufklärung erforderlichen Wissen der betroffenen Mitarbeiter und deren Sorge um **Selbstbezichtigung** versuchen viele Unternehmen durch Spezial- oder **Generalamnestiezusagen** zu bewältigen. Hierbei handelt es sich um (ggf. zeitliche befristete) Zusagen einerseits, auf den Ausspruch außerordentlicher und ordentlicher Kündigungen gegenüber kooperationsbereiten Arbeitnehmern wegen der von ihnen berichteten Pflichtverletzungen zu verzichten. Ein **Verzicht auf Schadensersatzansprüche** in diesem Zusammenhang bis hin zur Zusage, keine Strafanzeige wegen eines rechtswidrigen und strafbaren Verhaltens zu stellen, ist ebenso möglich[166] wie die **Übernahme der persönlichen Rechtsverteidigungskosten** des Mitarbeiters durch die Gesellschaft.[167] 143

Insbesondere für den Vorstand stellt sich in diesem Zusammenhang aber die Frage, ob und in welchem Umfang ein solcher Verzicht noch pflichtgemäß ist.[168] Schließlich stehen der Gesellschaft den an Rechtsverstößen beteiligten Mitarbeitern gegenüber teils erhebliche Schadensersatzansprüche zu, die durch einen Verzicht im Rahmen eines **Amnestieprogramms** wegfallen. Dadurch entsteht der Gesellschaft zunächst einmal ein Schaden. Der Vorstand ist aber grundsätzlich verpflichtet, Ansprüche der Gesellschaft durchzusetzen.[169] 144

Die hM billigt dem Vorstand in dieser Situation mit Rücksicht auf die Business Judgement Rule (§ 93 Abs. 1 S. 2 AktG) ein unternehmerisches Ermessen zu.[170] Er muss jeweils beurteilen, ob ein Verzicht auf Ansprüche gegenüber Mitarbeitern angemessen ist: Das **Aufklärungsinteresse** muss das Sanktionsinteresse überwiegen und die Maßnahme des Verzichts auf Sanktionen und Schadensersatz muss unter Berücksichtigung des **Unternehmensinteresses** angemessen sein, dh der Vorstand muss nach Abwägung die Nachteile durch den Anspruchsverzicht für kleiner halten als die infolge der Kooperation des Mitarbeiters für die Gesellschaft entstehenden Vorteile.[171] 145

Mit einer Beurteilung des einzelnen Falles kann und darf sich der Vorstand allerdings nicht begnügen, sondern muss auch die Wirkung des Verzichts auf andere Arbeitnehmer des Unternehmens berücksichtigen. Schließlich kann ein **Verzicht** des Unternehmens auf Sanktionsmaßnahmen eine falsche **Signalwirkung** haben und andere Arbeitnehmer angesichts fehlender Konsequenzen geradezu zur Nachahmung ermutigen.[172] 146

---

[165] Zu deren Umfang vgl. *Mengel/Ullrich* NZA 2006, 240, 243; *Diller* DB 2004, 313.
[166] Eingehend *Breßler/Kuhnke/Schulz/Stein* NZG 2009, 721; zur arbeitsrechtlichen Komponente vgl. *Wastl/Pusch* RdA 2009, 376; zur Unzulässigkeit von Amnestieprogrammen für Mitglieder der Unternehmensleitung *Kahlenberg/Schwinn* CCZ 2012, 81, 82.
[167] *Göpfert/Merten/Siegrist* NJW 2008, 1703, 1704; *Kahlenberg/Schwinn* CCZ 2012, 81.
[168] Zum Abwägungskatalog *Dendorfer* in MHdB ArbR § 35 Rn. 80.
[169] *Hölters* in Hölters AktG § 93 Rn. 116 mwN.
[170] *Breßler/Kuhnke/Schulz/Stein* NZG 2009, 721, 723; *Kahlenberg/Schwinn* CCZ 2012, 81.
[171] *Mengel* Kap. 5 Rn. 30; *Göpfert/Merten/Siegrist* NJW 2008, 1703, 1704.
[172] *Göpfert/Merten/Siegrist* NJW 2008, 1703, 1704; *Reichert/Ott* ZIP 2009, 2173, 2178.

3. Pflicht zur Sanktionierung von Verstößen

147 Nach hM trifft den Vorstand grundsätzlich die Pflicht, die im Rahmen interner oder behördlicher Ermittlungen aufgedeckten Pflichtverletzungen und Verstöße von Mitarbeitern **angemessen zu sanktionieren.**[173] Dies wird man zumindest insoweit einschränken müssen, als die Zulässigkeit des Absehens von Sanktionen im Rahmen eines Amnestieprogramms der pflichtgemäßen Entscheidung des Vorstands obliegt (→ Rn. 145 f. unter D. IV.2.).

148 Demgegenüber wird dem Vorstand ein **Ermessen** bei der Auswahl der eingesetzten Sanktionen zugestanden.[174] Neben der Möglichkeit, Strafanzeige zu erstatten oder einen Strafantrag durch das Unternehmen zu stellen sowie Schadensersatzansprüche gegen den Mitarbeiter geltend zu machen, bestehen die folgenden Möglichkeiten arbeitsrechtlicher Sanktionen. Wichtig ist, dass der Vorstand dabei gemäß den **Mittelweg** zwischen einer individuellen gerechten und generell konsequenten Ahndung der Verstöße findet. Welches Sanktionsmittel bei einem Fehlverhalten im konkreten Fall gerechtfertigt ist, bemisst sich nach der Schwere des Pflichtverstoßes[175] und seiner **arbeitsrechtlichen Zulässigkeit**. In Frage kommen die Folgenden
– Ermahnung oder Abmahnung;
– Änderung der Zuständigkeit oder der Tätigkeitsfelds im Rahmen des Direktionsrechts;
– außerordentliche, fristlose (§ 626 BGB) oder ordentliche fristgemäße Kündigung des Betroffenen (§ 1 KSchG), sei es als Beendigungs- oder als Änderungskündigung;
– Verhängen von Betriebsbußen[176] oder von arbeitsvertraglich vereinbarten Vertragsstrafen;
– Geltendmachung von bzw. Aufrechnung mit Schadensersatzansprüchen und Ausübung von Zurückbehaltungsrechten.

149 Bei der **Auswahl des Sanktionsmittels** ist auch zu beachten, dass die Hinweise und Verhaltensgebote in einem Verhaltenskodex keine vorweggenommene Abmahnung darstellen.[177] Eine ordentliche Kündigung wegen Verstoßes gegen den Verhaltenskodex ohne vorherige Abmahnung kommt nur ausnahmsweise bei ganz erheblichen Verstößen, eine außerordentliche Kündigung nur bei schweren Pflichtverletzungen, vor allem also bei Straftaten wie zB Bestechung bzw. Bestechlichkeit, Insiderhandel, Untreue, Bilanzstraftaten, aber auch schweren zivilrechtlichen Pflichtverletzungen wie Konkurrenztätigkeiten in Betracht.[178]

150 Verstößt ein Arbeitnehmer gegen einen wirksam eingeführten Verhaltenskodex, wird eine arbeitsrechtliche Sanktion allerdings arbeitsgerichtlich deutlich besser zu verteidigen sein als ohne Verhaltenskodex. Denn die konkrete Verhaltenspflicht muss nicht erst aus allgemeinen Nebenpflichten des Arbeitsverhältnisses abgeleitet werden, weil das Unternehmen durch den Verhaltenskodex klar zum Ausdruck bringt, dass es die Einhaltung der geregelten Verhaltenspflichten für besonders wichtig hält und ihm kündigungsrelevanten Stellenwert beimisst. Dies ist im Rahmen der arbeitsrechtlich bei Kündigungen stets vorzunehmenden sorgfältigen **Interessenabwägung** zu Gunsten des Arbeitgebers zu berücksichtigen. *Hauschka/Greeve*[179] weisen in diesem Zusammenhang zutreffend darauf hin, dass das Arbeitsrecht der von Unternehmen oftmals angekündigten **„Null Toleranz"-Politik** enge Grenzen zieht. Das kann teilweise erhebliche Auswirkungen auf die Glaubwürdigkeit und Effektivität des Compliance-Programms haben. Dies ist insbesondere der Fall, wenn sich Mitarbeiter, die offenkundig Straftaten zulasten des Unternehmens begangen haben, wegen Fehlern im Kündigungsprozess vor den Arbeitsgerichten durchsetzen. Die hierdurch

---
[173] *Kremer/Klahold* ZGR 2010, 113, 135; *Reichert/Ott* ZIP 2009, 2173, 2178; *Bürkle* BB 2005, 565 f.; aA *Hölters* in Hölters AktG § 93 Rn. 109; *Mengel* CCZ 2008, 85, 88.
[174] *Fleischer* in Spindler/Stilz AktG § 91 Rn. 55 f.; *Reichert/Ott* ZIP 2009, 2173, 2177.
[175] *Tödtmann/Kaluza* in Maschmann/Sieg/Göpfert „Compliance" Rn. 99; *Reichert/Ott* ZIP 2009, 2173, 2179.
[176] *Tödtmann/Kaluza* in Maschmann/Sieg/Göpfert „Compliance" Rn. 99.
[177] So auch *Vogt* NJOZ 2009, 4206, 4210.
[178] *Tödtmann/Kaluza* in Maschmann/Sieg/Göpfert „Compliance" Rn. 99; *Vogt* NJOZ 2009, 4206, 4210.
[179] BB 2007, 161, 171.

vermittelte Botschaft an die rechtstreuen Mitarbeiter des Unternehmens bewirkt dann leider das genaue Gegenteil dessen, was das Unternehmen mit seiner „Null Toleranz"-Ankündigung erreichen will. Vor arbeitsrechtlich nicht gründlich durchdachten Maßnahmen kann deshalb nur eindringlich gewarnt werden. Schon um den Ruf des Compliance Systems nicht zu gefährden, empfiehlt es sich, sorgfältig und mit professioneller Unterstützung die arbeitsrechtlich gebotenen Maßnahmen vorzubereiten und durchzuführen.

F. Haftung der Vorstandsmitglieder für mangelhafte Compliance

Mit Blick auf seine umfangreichen Pflichten liegt es auf der Hand, dass eine unzureichende Compliance-Organisation für das Vorstandsmitglied beträchtliche **persönliche Haftungsgefahren** birgt.

I. Strafrechtliche Haftung

Das schärfste Schwert der Sanktion gegen den Vorstand ist die strafrechtliche Verantwortlichkeit. Neben der **täterschaftlichen Begehung** durch ihn selbst kommen die **Beteiligung (Anstiftung, Beihilfe) des Vorstands** an Taten Unternehmensangehöriger und Unterlassungsdelikte in Betracht.

Jenseits der branchenbezogenen Strafbarkeitsrisiken für den Vorstand stellt sich die Frage, ob eine allgemeine Unterlassungsstrafbarkeit des Vorstands aufgrund unterlassener oder mangelhafter Installation eines Compliance-Systems und darauf beruhenden Straftaten von Unternehmensangehörigen in Betracht kommt (§ 13 StGB). Das ist jedoch regelmäßig nicht der Fall. Zum einen gibt es jenseits der genannten spezialgesetzlichen Compliance-Pflichten keine allgemeine Rechtspflicht zur **Einführung eines institutionellen Compliance-Systems.** Zum anderen müsste dem Vorstand nachgewiesen werden, dass die durch Unternehmensangehörige begangene Tat durch ein angemessenes Compliance-System sicher hätte vermieden werden können.[180] Darüber hinaus nimmt die Rechtsprechung an, dass sich allein aus der Stellung als Mitglied des Vorstands einer AG keine Garantenpflicht gegenüber außenstehenden Dritten ergibt, eine Schädigung ihres Vermögens zu verhindern.[181] Daher kommt eine strafrechtliche Haftung des Vorstands für die unterlassene Organisation einer Compliance-Struktur jenseits der oben genannten spezialgesetzlichen Verantwortlichkeiten in aller Regel nicht in Betracht.[182]

II. Zivilrechtliche Haftung

Verletzt der Vorstand seine Compliance-Pflicht durch eigene Rechtsverstöße oder weil er Rechtsverstöße von Unternehmensangehörigen infolge mangelhafter vertikaler oder horizontaler Überwachungsmaßnahmen ermöglicht, richtet sich die Haftung des Vorstandsmitglieds primär nach § 93 Abs. 2 S. 1 AktG. Danach haften die **Vorstandsmitglieder** der Gesellschaft gegenüber im Falle schuldhafter **Pflichtverletzungen als Gesamtschuldner** auf Schadensersatz. Insbesondere aufgrund des immer häufigeren Abschlusses von **D&O-Versicherungen** nimmt in jüngerer Zeit die Inanspruchnahme von Vorstandsmitgliedern auch für solche Schadenssummen, die sie auch nicht ansatzweise aus ihrem Privatvermögen ersetzen könnten, deutlich zu.

---

[180] Vgl. *Bottmann* in Park, Kapitalmarktstrafrecht, 3. Aufl. 2013, Compliance Rn. 32; in diesem Zusammenhang ist ausreichend, dass die Tat durch ein Compliance-System mit an Sicherheit grenzender Wahrscheinlichkeit hätte verhindert werden können, vgl. nur die Nachweise bei BGHSt 37, 106, 127.
[181] BGH NZG 2012, 992; kritisch *Nietsch* CCZ 2013, 192.
[182] *Schaefer/Baumann* NJW 2011, 3601, 3604.

1. Pflichtverletzung des Vorstands

155 Um den Haftungstatbestand auszulösen, muss das Vorstandsmitglied eine ihn treffende Organisations- oder Überwachungspflicht verletzt haben. In diesem Zusammenhang kommt erneut die Reichweite der jeweiligen Compliance-Pflichten ins Blickfeld. Dabei spielt eine entscheidende Rolle, ob es sich um eine gebundene oder eine **Ermessensentscheidung** des Vorstands handelt (→ Rn. 34 ff. unter C. II.).

156 Wenn es sich um eine gebundene Entscheidung handelt, stellt die pflichtwidrige Handlung des Vorstands zugleich eine haftungsrelevante Pflichtverletzung iSd § 93 Abs. 1 S. 2 AktG dar. Liegt der Pflichtverletzung demgegenüber eine unternehmerische Entscheidung wie etwa die Frage, wie das Compliance-System ausgestaltet wird, zugrunde, die er nach pflichtgemäßem Ermessen zu treffen hat, liegt eine haftungsauslösende Pflichtverletzung dann nicht vor, wenn der Vorstand vernünftigerweise annehmen durfte, **auf der Grundlage angemessener Information zum Wohle der Gesellschaft** zu handeln. Der Vorstand genießt in diesem Zusammenhang also in weiten Teilen die Vorteile der Business Judgement Rule (→ Rn. 34 ff. unter C. II.).[183] Das macht es erforderlich, dass der Vorstand bei der Ermittlung der Rechtslage und der Frage, ob er überhaupt Ermessen hat und wie weit dieses reicht, auf fachkundige Mitarbeiter und im Zweifel auch auf externe Spezialisten vertraut. In diesem Zusammenhang legt die Rechtsprechung dem Vorstand erhebliche Pflichten bei Auswahl und Information der Berater auf; „Gefälligkeitsgutachten" helfen nach der strengen Rechtsprechung des BGH ebenso wenig wie die Auswahl nicht qualifizierter oder nicht hinreichend unabhängiger Berater.[184]

2. Beweislast

157 Besonders bedeutsam ist in diesem Zusammenhang, dass das Vorstandsmitglied im Ernstfall nachweisen können muss, dass es die **Sorgfalt eines ordentlichen Geschäftsleiters** angewandt hat, also entweder nicht pflichtwidrig oder nicht schuldhaft gehandelt hat.[185] Allein aus der Einführung eines Compliance-Systems folgt nach hM allerdings weder eine Haftungsreduktion noch eine Beweislastumkehr zu Lasten der Gesellschaft.[186]

3. Schuldhaftes Handeln des Vorstands

158 Der Vorstand muss zur Vermeidung seiner eigenen Haftung nachweisen, dass er den Pflichtverstoß nicht schuldhaft begangen hat. In diesem Zusammenhang ist zu beachten, dass Vorstandsmitglieder **nur für eigenes Verschulden** haften; eine Zurechnung von Fremdverschulden nach § 278 BGB scheidet aus. Denn die Mitarbeiter der Gesellschaft sind weder Erfüllungs- noch Verrichtungsgehilfen des Vorstands, sondern ausschließlich solche der Gesellschaft (§§ 278, 831 BGB).[187] Eine unzulässige Delegation von Aufgaben, wie der (unwirksame) Versuch einer vollständigen Verlagerung der Compliance-Aufgabe auf einen Compliance-Officer, die Auswahl offensichtlich ungeeigneter Mitarbeiter oder deren unzureichende Unterweisung, stellt jedoch eine eigene Pflichtverletzung des Vorstands dar, die zu seiner unmittelbaren Haftung nach § 93 Abs. 2 AktG führen kann.[188]

---

[183] Vgl. nur *Meier-Greve* BB 2009, 2555, 2557; zu den für diese Entscheidung maßgeblichen Überlegungen und Leitlinien *Hahn/Naumann* CCZ 2013, 156.

[184] Vgl. BGH NZG 2011, 1271 – Ision; *Hahn/Naumann* CCZ 2013, 156; *Merkt/Mylich* NZG 2012, 525, 528.

[185] BGHZ 152, 280, 283; LG München I NZG 2014, 345, 347; *Schaefer/Baumann* NJW 2011, 3601, 3604; eingehend auch *Kurzwelly* in Krieger/U. H. Schneider § 12 Rn. 1 ff.

[186] Gleiches gilt etwa auch für die Straf- und Bußgeldzumessung, vgl. *Kremer/Klahold* in Krieger/U. H. Schneider § 21 Rn. 80.

[187] *Meier-Greve* BB 2009, 2555, 2557 mwN.

[188] *Hüffer* AktG § 93 Rn. 14; *Fleischer* AG 2003, 291, 292 ff.; *Junker/Knigge/Pischel/Reinhart* in BeckHdB RA § 48 Rn. 42 ff.

4. Kausalität der Pflichtverletzung für den Schaden

Nach allgemeinen haftungsrechtlichen Grundsätzen muss der der Gesellschaft entstandene Schaden kausal auf die Pflichtverletzung des Vorstands zurückgehen. Regelmäßig verteidigen sich Vorstände damit, dass der Schaden der Gesellschaft auch dann eingetreten wäre, wenn sie ihre Pflicht zur Einrichtung und Überwachung eines der konkreten Lage der Gesellschaft angemessenen Compliance-Systems nachgekommen wären; schließlich kann auch das beste Compliance-System die Gesellschaft nicht vor jeglichem Risiko schützen. Der Vorstand kann daher regelmäßig den Einwand des sogenannten **rechtmäßigen Alternativverhaltens** erheben. Und das gilt auch dann, wenn es um die Verletzung der Compliance-Pflicht als solcher, also um die Organisationspflicht des Vorstands geht.[189] Hinsichtlich der Beweislastverteilung zwischen Vorstand und AG ist allerdings zu beachten, dass das Vorstandsmitglied die volle Beweislast dafür trägt, dass der eingetretene Schaden auch dann entstanden wäre, wenn es seiner Organisationspflicht nachgekommen wäre.[190] Hier liegen die **Beweisschwierigkeiten** insbesondere dann, wenn das Vorstandsmitglied nicht mehr für die Aktiengesellschaft tätig ist, auf der Hand.

5. Offene Fragen

Ferner sind zwei in diesem Zusammenhang brisante Themenkomplexe noch nicht abschließend geklärt. Zum einen, ob sich der Vorstand im Falle einer Schadensersatzforderung der Gesellschaft darauf berufen kann, dass ihr im Gegenzug Vorteile zugeflossen sind (sog. **Vorteilsausgleichung**).[191] Denn die allgemeinen schadensrechtlichen Grundsätze gelten auch für die Haftung des Vorstands und schließen die sogenannte Vorteilsausgleichung mit ein.[192] Ein solcher Vorteilsausgleich tritt aber nicht ein, wenn dies bei wertender Betrachtung als nicht hinnehmbar erscheint.[193] Danach ist etwa eine Vorteilsausgleichung bei Schmiergeldzahlungen durch Verrechnung gegen die Profite des dadurch gewonnenen Auftrags unzulässig.[194]

Zum anderen ist insbesondere bei der Verhängung von Bußgeldern gegen eine Gesellschaft wegen Kartellverstößen hoch umstritten, ob das Unternehmen wegen gezahlter **Kartellbußgelder** beim Vorstand **Regress** nehmen kann. Begründet wird dies teilweise damit, dass bei einem Regressanspruch gegen den Vorstand der Sanktionszweck der Unternehmensgeldbuße ebenso ausgehebelt werde wie der für Unternehmen und natürliche Personen unterschiedlich ausgeprägte Bußgeldrahmen.[195] Ob sich diese Auffassung im Interesse einer Haftungsreduzierung für Vorstandsmitglieder durchsetzt, bleibt abzuwarten. Die aktuelle Rechtsprechung der Arbeits- und Landesarbeitsgerichte könnte indes darauf hindeuten, dass die Gerichte einen solchen Rückgriff des Unternehmens wegen Kartellbußgeldern gegen Organe und leitende Angestellte eher ablehnen.[196]

III. Ordnungswidrigkeitenrechtliche Haftung

Im Compliance-relevanten Bereich ist ferner zu beachten, dass Straftaten und Ordnungswidrigkeiten der Unternehmensangehörigen nicht nur erhebliche Gefahren für die tatsächlich handelnden Personen bergen, sondern auch zu beträchtlichen finanziellen Kon-

---

[189] Vgl. etwa *Fleischer* NJW 2009, 2337, 2339 f.; *Meier-Greve* BB 2009, 2555, 2558; aA etwa *Schaefer/Baumann* NJW 2011, 3601, 3604.
[190] *Fleischer* NJW 2009, 2337, 2339 f.
[191] Vgl. im Zusammenhang mit Kartellverstößen *Karbaum* AG 2013, 863, 864.
[192] OLG Hamburg AG 2010, 502, 507; *Karbaum* AG 2013, 863, 867.
[193] So zB *Hüffer* AktG § 93 Rn. 15a; *Fleischer* DStR 2009, 1204, 1210.
[194] Ausführlich *Thole* ZHR 173 (2009), 504, 530 f.
[195] Nachweise bei *Fleischer* BB 2008, 1070, 1073; so auch LAG Düsseldorf Teilurteil vom 20.1.2015 – 16 Sa 459/14 u. a.
[196] LAG Düsseldorf Teilurteil vom 20.1.2015 – 16 Sa 459/14 u. a.

sequenzen für ein Unternehmen selbst in Form der **Verhängung einer Geldbuße** nach den §§ 30, 130 OWiG führen können. Kommt es etwa auf Grund einer fehlerhaften Unternehmensorganisation durch den Vorstand zu einer Verletzung betriebsbezogener Pflichten, haften gemäß § 30 OWiG zum einen die Gesellschaft für das Fehlverhalten des Vorstands und der Vorstand anstelle des Unternehmens (§§ 9, 130 OWiG) für die teilweise empfindlichen Geldbußen.[197]

163 § 30 OWiG regelt die Verantwortlichkeit des Unternehmens für begangene Straftaten oder Ordnungswidrigkeiten seiner Repräsentanten, die zu einer Pflichtverletzung des Unternehmens oder zu dessen Bereicherung geführt haben oder hätten führen sollen. Die Vorschrift ermöglicht somit den **ordnungswidrigkeitenrechtlichen Durchgriff** auf die Gesellschaft selbst. Wenn ein Unternehmen daher nicht genügend interne Kontrolle schafft und es dadurch zu Ordnungswidrigkeiten oder Straftaten seiner Organe oder Mitarbeiter kommt, so haftet es neben diesen auch selbst.[198]

164 § 30 Abs. 1 Nr. 1 OWiG erfasst dabei auch die Organe juristischer Personen, also die Vorstandsmitglieder persönlich.[199] Ziel dieser Norm ist insbesondere die **Vorteilsabschöpfung von „Gewinnen"** aus Pflichtverstößen, die dem Unternehmen zugutekommen, sowie die Verhinderung von Straftaten, wie insbesondere der Korruption, Geldwäsche, Wettbewerbsdelikten, Steuerhinterziehung, Insiderhandel und des Verrats von Geschäftsgeheimnissen. Anknüpfungspunkt für die Annahme einer Ordnungswidrigkeit iSd § 30 OWiG ist in der Regel die Verletzung einer unternehmensbezogenen Aufsichtspflicht nach § 130 OWiG.[200] Danach macht sich bußgeldpflichtig, wer die Aufsichtsmaßnahmen unterlässt, die erforderlich sind, um Straftaten oder Ordnungswidrigkeiten im Betrieb zu verhindern. Das gilt für sämtliche Betriebe, nicht nur für große börsennotierte Aktiengesellschaften, sondern auch für kleine und mittelständische Unternehmen. Dabei projiziert § 9 OWiG die eigentlich das Unternehmen treffende Aufsichtspflicht nach § 130 OWiG auf den Vorstand persönlich.

165 § 130 OWiG dient der Verhinderung von betriebstypischen Rechtsverstößen und sanktioniert das Unterlassen etwaiger Aufsichtspflichten durch Unternehmensverantwortliche, also insbesondere auch den Vorstand. Welche konkreten Aufsichtspflichten bestehen, ist leider nicht anhand vorgegebener Schemata zu beantworten.[201] § 130 Abs. 1 S. 2 OWiG präzisiert die Aufsichtspflichten nur dahingehend, dass die **Bestellung, sorgfältige Auswahl und Überwachung von Aufsichtspersonen** hinsichtlich aller aktiv im Unternehmen tätigen Personen vorzunehmen ist.[202] Ob dies im konkreten Unternehmen die Einrichtung einer Compliance-Organisation erfordert, obliegt der pflichtgemäßen Beurteilung des Vorstands (→ Rn. 34 ff. unter C. II.).[203]

166 Dies bedeutet, dass der Vorstand zwar zur Verhütung eines jeglichen Rechtsverstoßes durch die Mitarbeiter des Unternehmens verpflichtet ist. Seine diesbezüglichen Pflichten stehen aber immer unter dem Vorbehalt der Erforderlichkeit und der Zumutbarkeit. Er muss nicht alle arbeitsrechtlich möglichen Maßnahmen zu ergreifen, sondern nur **das „Sinnvolle"** tun.[204]

G. Zusammenfassung

167 Compliance-Themen stehen heute verstärkt im Blickpunkt des öffentlichen Interesses, sei es bei der börsennotierten oder der mittelständischen, im Familienbesitz befindlichen

---

[197] Sehr instruktiv *Többens* NStZ 1999, 1; *Rettenmaier/Palm* NJOZ 2010, 1414.
[198] *Baumert* CCZ 2013, 265, 266 anhand von Beispielen.
[199] *Rettenmaier/Palm* NJOZ 2010, 1414.
[200] *Hegnon* CCZ 2009, 57.
[201] *Baumert* CCZ 2013, 265, 266; *Schaefer/Baumann* NJW 2011, 3601, 3604; *Greeve* in Hauschka BB 2007, 165, 166.
[202] Eingehend *Hegnon* CCZ 2009, 57, 58.
[203] Näher *Baumert* CCZ 2013, 265, 266.
[204] *Ringleb* in Ringleb/Kremer/Lutter/v. Werder DCGK Rn. 595.

G. Zusammenfassung

Aktiengesellschaft. Es ist jeweils die Aufgabe des Vorstands, den Anforderungen des konkreten Unternehmens gerecht zu werden – angesichts steigender Regulierungsanforderungen eine schwierige Aufgabe. Daher ist eine **risikoorientierte und präventive Compliance-Strategie** heute wichtiger denn je. Auch wenn dies für das Unternehmen zu steigenden Personal- und Beraterkosten führt, kann an dieser Stelle nur auf das oft wiedergegebene Zitat des ehemaligen US Deputy Attorney General *Paul McNulty* verwiesen werden: „If you think compliance is expensive, try non-compliance."[205]

---

[205] *Bürkle* in Bürkle § 1 Rn. 70.

§ 14 Verbundene Unternehmen

Inhaltsübersicht

	Rn.
A. System der Unternehmensverbindungen	1
I. Einheitsgesellschaft versus Konzern	1
II. Begriffsbestimmungen	6
1. Mehrheitsbeteiligungen	9
2. Abhängige und herrschende Unternehmen	10
3. Konzernunternehmen	13
4. Wechselseitig beteiligte Unternehmen	15
5. Vertragsteile eines Unternehmensvertrags	16
B. Beherrschungs- und Gewinnabführungsvertrag	18
I. Allgemeines	18
II. Vertragsabschluss	20
III. Inhalt des Vertrags	24
1. Zwingender Inhalt	24
2. Weiterer zulässiger Vertragsinhalt	29
3. Angemessener Ausgleich	32
a) Beherrschungs- und Gewinnabführungsvertrag	33
b) Alleiniger Beherrschungsvertrag	47
c) Alleiniger Gewinnabführungsvertrag	50
4. Gerichtliche Bestimmung von Ausgleich oder Abfindung	52
IV. Unternehmensführung im Vertragskonzern	54
1. Leitungsmacht	56
a) Gesetzliche Regelung	56
b) Konzernleitungspflicht	64
2. Konzernorganisation und -führung	65
a) Personalpolitik und -entscheidungen	71
b) Planung/Controlling	77
c) Konzernweites Cash-Management	80
d) Jahresabschluss	83
e) Risikomanagement	85
f) Zustimmungspflichtige Geschäfte	88
3. Haftung	92
V. Beendigung des Vertrags/Gläubigerschutz	96
C. Faktischer Konzern	101
I. Zulässigkeit	101
II. Unternehmensführung im faktischen Konzern	104
1. Leitungsmacht oder -ohnmacht?	104
2. Schranken des Einflusses	106
3. Konzernorganisation und -führung	112
a) Information im Konzern	112
b) Personalpolitik und -entscheidungen	116
c) Konzernkoordinierung	124
d) Konzernweites Cash-Management	129
e) Jahresabschluss	131
f) Risikomanagement	132
g) Zustimmungspflichtige Geschäfte	134
4. Haftung	138
5. Abhängigkeitsbericht	143
a) Begriffsbestimmung	143

	Rn.
b) Rechtsgeschäfte und Maßnahmen	145
c) Einzelangaben	147
d) Schlusserklärung	149
e) Prüfung Abschlussprüfer	151
f) Prüfung Aufsichtsrat	153
g) Haftung	155
D. Sonstige Unternehmensverbindungen	**156**
I. Eingegliederte Gesellschaft	156
1. Bedeutung	156
2. Verfahren	160
a) 100 %-ige Tochtergesellschaft	161
b) Mindestens 95 %-ige Tochtergesellschaft	164
3. Gläubigerschutz	168
a) Sicherheitsleistung	168
b) Haftung der Hauptgesellschaft	169
II. Gleichordnungskonzern	170
1. Begriffsbestimmung	170
2. Vertraglicher Gleichordnungskonzern	173
3. Faktischer Gleichordnungskonzern	177
4. Haftung	178
III. Wechselseitig beteiligte Unternehmen	179
1. Begriffsbestimmung	180
2. Rechtsfolgen	182
a) Einfache wechselseitige Beteiligung	182
b) Einseitig qualifizierte wechselseitige Beteiligung	185
c) Beidseitig qualifizierte wechselseitige Beteiligung	186
IV. Andere Unternehmensverträge	187
1. Gewinngemeinschaft	188
2. Teilgewinnabführungsvertrag	191
3. Betriebspacht und Betriebsüberlassung	194
4. Betriebsführungsvertrag	197
E. Veränderungen im Beteiligungsbesitz	**199**
I. Entscheidungsvoraussetzungen und -notwendigkeiten	199
1. Grenzen der Geschäftstätigkeit	199
2. Beschlussfassung der Hauptversammlung	201
3. Abwehr- und Beseitigungsanspruch	203
II. Mitteilungspflichten	204
1. Nicht börsennotierte Gesellschaften	204
2. Börsennotierte Gesellschaften	207
III. Ausschluss von Minderheitsaktionären	210
1. Allgemeines	210
2. Barabfindung	212
3. Hauptversammlung	215
4. Prozessuale Aktionärsrechte	219
a) Gerichtliche Nachprüfung der Abfindung	291
b) Anfechtungsklage	221

A. System der Unternehmensverbindungen

Schrifttum: *Brellochs,* Konzernrechtliche Beherrschung und übernahmerechtliche Kontrolle, NZG 2012, 1010; *Hoffmann-Becking,* Gibt es das Konzerninteresse?, FS Hommelhoff, 2012, 433; *Kropff,* Wie lange noch: Verbundene Unternehmen im Bilanzrecht?, FS Ulmer, 2003, 847; *Lutter,* Das unvollendete Konzernrecht, FS K. Schmidt, 2009, 1065; *Mellewigt/Matiaske,* Konzernmanagement – Stand der empirischen betriebswirtschaftlichen Forschung, in Albach (Hrsg.), Konzernmanagement, 2001, 107; *Scheffler,* Konzernmanagement, 2. Aufl. 2005; *K. Schmidt,* Entherrschungsvertrag und faktische Entherrschung im Aktienkonzern, FS

Hommelhoff, 2012, 985; *Schwark*, Virtuelle Holding und Bereichsvorstände – eine aktien- und konzernrechtliche Betrachtung, FS Ulmer, 2003, 605.

I. Einheitsgesellschaft versus Konzern

Für größere Unternehmen ist die Einheitsgesellschaft nur in Ausnahmefällen die angemessene Organisationsform. Verantwortungsvolle Führung kommt sehr bald an die Grenzen, innerhalb derer die Nachteile dieser Organisationsform die Vorteile überwiegen. Vor allem Kundennähe, Mitarbeiterführung, Transparenz und Gewinnverantwortung sprechen für kleinere, rechtlich selbstständige Einheiten. Das können Gesellschaften sein, die für eine Region zuständig sind, ebenso wie solche mit der Verantwortung für Sparten. Die Literatur geht davon aus, dass ca. drei Viertel der Aktiengesellschaften mit über 90% des Kapitals in Konzerne eingebunden sind.[1] Der Konzern ist nur eine von mehreren Formen der Unternehmensverbindung (§ 18 Abs. 1 S. 1 AktG).[2] Dem allgemeinen Sprachgebrauch folgend werden hier alle Formen der Unternehmensverbindung als Konzern bezeichnet. Die rechtlichen Grenzen werden durch die Bindung an den Unternehmensgegenstand ebenso gezogen, wie jede Art des Beteiligungserwerbs eine entsprechende Ermächtigung durch die Satzung voraussetzt.[3]

Die Möglichkeiten, rechtlich selbstständige Einheiten zu führen, bieten eine eindrucksvolle Variationsbreite. Sie sind mit den Schlagworten „zentral" bis „dezentral" umschrieben. Generellen Aussagen zur angeblich allein richtigen Organisationsform ist auch im Einzelfall mit Skepsis zu begegnen. Vor- und Nachteile sind abzuwägen, letztere nicht auszuschließen. Das oft behauptete Nonplusultra der neuen Organisationsform ist nicht selten die Rückkehr zu früher als nicht mehr zeitgemäß aufgegebenen Organisationsstrukturen. „Zwang zur Größe" einerseits und „Konzentration auf das Kerngeschäft", die sog. Fokussierung, andererseits sind zwei Seiten der Medaille. Die Anpassung an Markterfordernisse sowie an die Notwendigkeiten des Kapitalmarktes, gelegentlich auch an den Zeitgeist, führen zu grundlegenden Änderungen der Organisationsstrukturen.

Vor der Entscheidung für eine Organisationsform ist eine Fülle von Gesichtspunkten abzuwägen. Wie ist den Notwendigkeiten der **Führungsverantwortung** am besten Rechnung zu tragen? Die Kenntnis des rechtlichen Instrumentariums sollte Bestandteil der Entscheidung sein. Hierzu gehören auch Fragen der **Haftung**, die sich in zweifacher Hinsicht stellen: Mangelnde Wahrnehmung der Führung kann Haftungsansprüche gegen die verantwortlichen Personen auslösen. Zu bedenken ist ferner die Verantwortung der Führungs-Gesellschaft für das Handeln der ihr ganz oder teilweise gehörenden selbstständigen Einheiten. Damit sind rechtliche Antworten gefordert.

Diese Aufgabenstellung bestimmt die Schwerpunkte des nachfolgenden Beitrags. In der **betriebswirtschaftlichen Literatur** wird die begrenzte Eignung rechtlicher Begriffe hervorgehoben, wenn es gilt, aus organisatorischer Sicht wichtige Unterscheidungsmerkmale des Konzerns herauszuarbeiten. Das wird mit der Feststellung begründet, dass die Rechtsvorschriften Aspekte der Organisation und der Unternehmensverfassung weitgehend ausblenden (→ Rn. 59 f.).[4] Richtig ist, dass beim **Konzernmanagement** vor allem die Konzernführung, dh das zielorientierte Steuern und Lenken der Konzernunternehmen und die Gestaltung der Konzernorganisation als Instrument zur Umsetzung der Konzernstrategien und zur Erreichung der Konzernziele im Mittelpunkt der Betrachtung stehen.[5]

Ist die Entscheidung für die „richtige" Konzernführung getroffen, sollte (in dieser Reihenfolge) die hierzu angemessene **rechtliche Gestaltung** erarbeitet und realisiert werden. Die Praxis lässt insoweit viele Wünsche offen. Die tatsächlichen rechtlichen Gegebenheiten

---

[1] *Altmeppen* in MüKoAktG Einl. §§ 291 ff. Rn. 19.
[2] Vgl. *Habersack* in Emmerich/Habersack AktG Einl. Rn. 1.
[3] Im Einzelnen *Krieger* in MHdB AG § 69 Rn. 5 ff.; vgl. auch *Lutter*, FS K. Schmidt, 2009, 1065, 1069.
[4] *Mellewigt/Matiaske* in Albach Konzernmanagement 113.
[5] *Scheffler* Konzernmanagement 78 ff.

werden oft nicht infrage gestellt, Inhalt und Bedeutung allenfalls am Rande erörtert. Die nachfolgende Darstellung geht davon aus, dass die Gestaltung der Konzernführung erst dann abschließend entschieden werden kann, wenn Möglichkeiten und Grenzen der rechtlich gegebenen Bedingungen auf den Prüfstand gestellt worden sind. Die Darstellung beginnt daher bewusst im Anschluss an die nachfolgenden Begriffsbestimmungen mit der neben der Eingliederung intensivsten rechtlich zulässigen Führung im Vertragskonzern: dem Beherrschungsvertrag.

II. Begriffsbestimmungen

6   Wesentliches Ziel der Aktienrechts-Reform von 1965 war, Aktionäre und Gläubiger besser gegen die mit Unternehmensverbindungen verbundenen Gefahren und Nachteile zu schützen sowie Leitungsmacht und Verantwortlichkeit in Einklang zu bringen.[6] Als Ober- oder Sammelbegriff dient die Bezeichnung **„verbundene Unternehmen"**. Das Aktiengesetz verweist in § 15 auf fünf unterschiedliche Gruppen von Unternehmensverbindungen:
– Mehrheitsbeteiligungen (§ 16 AktG),
– abhängige und herrschende Unternehmen (§ 17 AktG),
– Konzernunternehmen (§ 18 AktG),
– wechselseitig beteiligte Unternehmen (§ 19 AktG),
– Verbindung durch Unternehmensvertrag (§§ 291, 292 AktG).

7   Die Definition der **verbundenen Unternehmen** gilt nur im Rahmen des **AktG**. Eine hiervon deutlich abweichende und – von Ausnahmefällen abgesehen – engere Begriffsbestimmung findet sich vor allem im Bilanzrecht (§ 271 Abs. 2 HGB),[7] was nicht nur dem juristischen Laien das Verständnis zusätzlich erschwert.

8   Im Anwendungsbereich des Aktiengesetzes, dh Beherrschungsvertrag, faktischer Konzern, Eingliederung, ist das **beherrschte Unternehmen** eine AG. Deren Aktionär kann unabhängig von der Rechtsform ein „Unternehmen" sein. **Herrschendes Unternehmen** ist der Aktionär, wenn er neben seiner **Aktienbeteiligung anderweitige wirtschaftliche Interessenbindungen** hat, die nach Art und Intensität die ernsthafte Besorgnis begründen, er könne deshalb seinen aus der Mitgliedschaft folgenden Einfluss zum Nachteil der Gesellschaft geltend machen.[8] Da die Rechtsform keine Rolle spielt, werden auch **natürliche Personen** als Unternehmen klassifiziert, wobei die eigenständige unternehmerische Tätigkeit zB diejenige als Freiberufler sein kann. Damit wird der Begriff des Unternehmens sehr weit gezogen, noch weiter bei Beteiligung der öffentlichen Hand, für die nicht einmal die Voraussetzung anderweitiger wirtschaftlicher Interessenbindung gilt.[9]

1. Mehrheitsbeteiligungen

9   Gehört die Mehrheit der **Anteile** eines rechtlich selbstständigen Unternehmens einem anderen Unternehmen oder steht einem anderen Unternehmen die Mehrheit der **Stimmrechte** zu (Mehrheitsbeteiligung), so ist das Unternehmen ein in Mehrheitsbesitz stehendes Unternehmen, das andere Unternehmen ein an ihm mit Mehrheit beteiligtes Unternehmen (§ 16 Abs. 1 AktG). Diese spezielle Form der Unternehmensverbindung erhält ihre Bedeutung aus den Rechtsfolgen. Es gilt für das im Mehrheitsbesitz stehende Unternehmen die Vermutung der **Abhängigkeit** (§ 17 Abs. 2 AktG). Weiter wird vermutet, dass es mit dem herrschenden Unternehmen einen **Konzern** bildet (§ 18 Abs. 1 S. 3 AktG).[10]

---

[6] *Kropff* Begr. RegE AktG 374.
[7] Kritisch hierzu *Kropff,* FS Ulmer, 2003, 847.
[8] BGHZ 148, 123, 124 = NJW 2001, 2973, 2974; *Bayer* in MüKoAktG § 15 Rn. 13; weitergehend *J. Vetter* in K. Schmidt/Lutter § 15 AktG Rn. 35.
[9] Grundlegend BGHZ 69, 334, 338 ff. = NJW 1978, 104 – VEBA/Gelsenberg; im Einzelnen *Hüffer* § 15 AktG Rn. 13 f.
[10] Zum Begriff der Holding *Schwark,* FS Ulmer, 2003, 605, 606 ff.

2. Abhängige und herrschende Unternehmen

Nach der gesetzlichen Definition sind abhängige Unternehmen rechtlich selbstständige Unternehmen, auf die ein anderes Unternehmen (herrschendes Unternehmen) unmittelbar oder mittelbar einen **beherrschenden Einfluss** ausüben kann (§ 17 Abs. 1 AktG).[11] Mit dieser gesetzlichen Definition wird der für das Recht der verbundenen Unternehmen zentrale **Abhängigkeitstatbestand** definiert, der für das gesamte Aktienrecht einheitlich gilt.[12] Was unter beherrschendem Einfluss zu verstehen ist, sagt das Gesetz nicht. Es stellt lediglich eine **Vermutung** auf: Von einem in Mehrheitsbesitz stehenden Unternehmen wird vermutet, dass es von dem an ihm mit Mehrheit beteiligten Unternehmen abhängig ist (§ 17 Abs. 2 AktG).[13] Damit ist klargestellt, dass eine **Mehrheitsbeteiligung** (→ Rn. 9) zur Begründung einer Abhängigkeit ausreicht, es sei denn, die Vermutung wird widerlegt.[14] Tragendes Motiv ist, dass die Mehrheitsbeteiligung das herrschende Unternehmen in die Lage versetzt, die **personelle Zusammensetzung** des Aufsichtsrats und dadurch mittelbar auch die des Vorstands zu bestimmen. Die Annahme, dass sich Aufsichtsrat und Vorstand den Wünschen des Mehrheitsaktionärs nicht verschließen werden,[15] ist sicherlich nicht realitätsfern, auch wenn es dankenswerterweise Ausnahmen gibt. 10

Personalentscheidungsgewalt ist nicht nur bei Mehrheitsbeteiligungen gegeben. **Beherrschender Einfluss** ist immer dann zu bejahen, wenn er seiner Art nach dem Einflusspotential einer Mehrheitsbeteiligung entspricht.[16] Notwendig ist eine gesicherte Einflussmöglichkeit auf Vorstand und Aufsichtsrat.[17] Diese Voraussetzung ist insbesondere bei einer faktischen Hauptversammlungsmehrheit gegeben.[18] 11

Das Gesetz stellt darauf ab, ob ein beherrschender Einfluss ausgeübt werden **kann.** Ausreichend ist die **Möglichkeit,** uninteressant, ob Herrschaft tatsächlich ausgeübt wird, die abstrakte Gefährdung genügt.[19] Auf die Rechtsfolgen ist bei den einzelnen Unternehmensverbindungen einzugehen. Es sei hier lediglich vermerkt, dass Abhängigkeit bei Abschluss eines Beherrschungsvertrags ohne weiteres gegeben ist.[20] 12

3. Konzernunternehmen

Das Gesetz verwendet die Begriffe Konzern und Konzernunternehmen, wenn ein herrschendes und ein oder mehrere abhängige Unternehmen unter der **einheitlichen Leitung** des herrschenden Unternehmens zusammengefasst sind (§ 18 Abs. 1 S. 1 AktG).[21] Auf eine Definition dessen, was unter einheitlicher Leitung zu verstehen ist, verzichtet das Gesetz bewusst.[22] Allerdings wird klargestellt, dass Unternehmen, zwischen denen ein **Beherrschungsvertrag** besteht oder von denen das eine in das andere **eingegliedert** ist, als unter einheitlicher Leitung zusammengefasst anzusehen sind (§ 18 Abs. 1 S. 2 AktG). Eine zusätzliche Definitionshilfe liefert das Gesetz mit einer **Vermutung:** Von einem **abhängigen** Unternehmen wird vermutet, dass es mit dem herrschenden Unternehmen einen **Kon-** 13

---

[11] BGH NZG 2012, 1033, BGHZ 135, 107, 114 = NJW 1997, 1855; *Brellochs* NZG 2012, 1010.
[12] *Bayer* in MüKoAktG § 17 Rn. 1, 4; *Hüffer* § 17 AktG Rn. 1.
[13] Zur Frage, ob eine lediglich punktuelle Abhängigkeit ausreicht, bejahend mit den besseren Argumenten *Emmerich* in Emmerich/Habersack § 17 AktG Rn. 9.
[14] Am praktikabelsten ist hierfür der Abschluss eines sog. Entherrschungsvertrags, Einzelheiten bei *Krieger* in MHdB AG § 68 Rn. 58 f.; *J. Vetter* in K. Schmidt/Lutter § 17 AktG Rn. 52 ff.; *K. Schmidt*, FS Hommelhoff, 2012, 985; *Larisch/Bunz* NZG 2013, 1247.
[15] *Bayer* in MüKoAktG § 17 Rn. 27; *J. Vetter* in K. Schmidt/Lutter § 17 AktG Rn. 6.
[16] OLG Karlsruhe AG 2004, 147; *Hüffer* § 17 AktG Rn. 5.
[17] OLG Düsseldorf AG 2003, 688 – VEBA AG.
[18] *Bayer* in MüKoAktG § 17 Rn. 35; *J. Vetter* in K. Schmidt/Lutter § 17 AktG Rn. 20.
[19] OLG Karlsruhe AG 2004, 147, 148; *Bayer* in MüKoAktG § 17 Rn. 11.
[20] *Hüffer* § 17 AktG Rn. 12.
[21] Damit aktienrechtliche Vorschriften Anwendung finden, muss eines der beteiligten Unternehmen eine AG oder KGaA sein, *Krieger* in MHdB AG § 68 Rn. 65.
[22] *Kropff* Begr. RegE AktG 33.

zern bildet (§ 18 Abs. 1 S. 3 AktG). Weitergehende Sicherheit besteht zum Verständnis dessen, was unter einheitlicher Leitung zu verstehen ist, nicht. In der Literatur streiten der enge und der weite Konzernbegriff.[23] Für den Praktiker ist der Hinweis entscheidend, dass der Gesetzgeber die Sanktionen, vor allem die für den faktischen Konzern geltenden, mit dem Tatbestandsmerkmal der **Abhängigkeit** verbindet.[24] Die Definition des Konzernbegriffs ist dagegen im AktG – anders als für die Mitbestimmung - von untergeordneter Bedeutung. Gewichtiger ist die Frage einer Konzernleitungspflicht (→ Rn. 64, 105) und eines Konzerninteresses.[25] Entgegen eindrucksvoller Treueschwüre ist Konzernbewusstsein selten, aus Sicht der Obergesellschaft ihr Interesse die Regel und für die abhängige Gesellschaft das Motto: Das Hemd ist mir näher als der Rock.

14 Zu den Konzernen rechnen auch rechtlich selbstständige Unternehmen, die nicht in einem Abhängigkeitsverhältnis stehen, jedoch unter einheitlicher Leitung zusammengefasst sind (§ 18 Abs. 2 AktG). Hierfür hat sich der Begriff des **Gleichordnungskonzerns** eingebürgert (→ Rn. 170 ff.). Eine größere praktische Bedeutung dieser Unternehmensverbindung ist nur im Rahmen der Versicherungswirtschaft erkennbar.

4. Wechselseitig beteiligte Unternehmen

15 Gesprochen wird von der **einfachen** wechselseitigen Beteiligung, wenn Unternehmen mit Sitz im Inland und der Rechtsform einer Kapitalgesellschaft (AG, KGaA, GmbH) dadurch verbunden sind, dass jedem Unternehmen mehr als der vierte Teil der Anteile des anderen Unternehmens gehört (§ 19 Abs. 1 AktG).[26] Eine **qualifiziert** wechselseitige Beteiligung liegt vor, wenn einem oder beiden beteiligten Unternehmen an dem anderen Unternehmen eine Mehrheitsbeteiligung gehört, ferner dann, wenn unmittelbar oder mittelbar wechselseitig ein beherrschender Einfluss ausgeübt werden kann (§ 19 Abs. 2 und 3 AktG). Der Verfall der Börsenkurse und die hieraus resultierenden Abschreibungsnotwendigkeiten sowie anteilige Verlusttragung haben die Freude an wechselseitigen Beteiligungen spürbar gedämpft. Die praktische Bedeutung nimmt ab (zu den Rechtsfolgen → Rn. 182 ff.).

5. Vertragsteile eines Unternehmensvertrags

16 Hierzu verweisen die Allgemeinen Vorschriften des Gesetzes (§ 15 AktG) auf die Bestimmungen über Unternehmensverträge verbundener Unternehmen (§§ 291, 292 AktG). Besondere Bedeutung kommt in diesem Zusammenhang den **Beherrschungsverträgen** zu. Damit sind Verträge angesprochen, durch die eine AG oder KGaA die Leitung ihrer Gesellschaft einem anderen Unternehmen unterstellt. An zweiter Stelle nennt das Gesetz Verträge, in denen sich die Gesellschaft verpflichtet, ihren ganzen Gewinn an ein anderes Unternehmen abzuführen, sog. **Gewinnabführungsverträge**. Dieser Teil des Gesetzes hat für die Führung verbundener Unternehmen besonderes Gewicht. Zu betonen ist: Hier entscheidet sich die **rechtliche Gestaltung** der im Einzelfall **zweckmäßigen Führung**.

17 Zu den Unternehmensverträgen verbundener Unternehmen zählen weiter **andere Unternehmensverträge** wie Gewinngemeinschaft, Teilgewinnabführungsvertrag, Betriebspacht- und Überlassungsvertrag (§ 292 Abs. 1 AktG; → Rn. 188 ff.). Die praktische Bedeutung ist deutlich geringer. In der Aufzählung der allgemeinen Vorschriften des Gesetzes fehlt bei den verbundenen Unternehmen die **Eingliederung** (§ 319 AktG; → Rn. 156 ff.). Sie wird als Mehrheitsbeteiligung erfasst.[27]

---

[23] Ausführlich *Bayer* in MüKoAktG § 18 Rn. 28 ff.; *Hüffer* § 18 AktG Rn. 8 ff.; *Emmerich* in Emmerich/Habersack § 18 AktG Rn. 9 ff.; *J. Vetter* in K. Schmidt/Lutter § 18 AktG Rn. 6 ff.
[24] *Bayer* in MüKoAktG § 17 Rn. 2.
[25] Überzeugend abgelehnt von *Hoffmann-Becking*, FS Hommelhoff, 2012, 433.
[26] *Krieger* in MHdB AG § 68 Rn. 93.
[27] *Hüffer* § 15 AktG Rn. 16.

B. Beherrschungs- und Gewinnabführungsvertrag

Schrifttum: *Altmeppen,* Cash-Pooling und Kapitalerhaltung bei bestehendem Beherrschungs- oder Gewinnabführungsvertrag, NZG 2010, 361; *Bayer,* Zentrale Konzernfinanzierung, Cash-Management und Kapitalerhaltung, FS Lutter, 2000, 1011; *Cahn/Simon,* Isolierte Gewinnabführungsverträge, Der Konzern 2003, 1; *Däubler,* Ausklammerung sozialer und personeller Angelegenheiten aus einem Beherrschungsvertrag, NZG 2005, 617; *Decker,* Der Cashpool als Gesellschaft bürgerlichen Rechts, ZGR 2013, 392; *Fonk,* Zustimmungsvorbehalte des AG-Aufsichtsrats, ZGR 2006, 841; *ders.,* Zur Vertragsgestaltung bei Vorstands-Doppelmandaten, NZG 2010, 368; *Forster,* Zur angemessenen Barabfindung (§ 305 AktG), FS Claussen, 1997, 91; *Habersack,* Die Teilhabe des Aufsichtsrats an der Leitungsaufgabe des Vorstands gemäß § 111 Abs. 4 S. 2 AktG, dargestellt am Beispiel der Unternehmensplanung, FS Hüffer, 2010, 259; *Harbarth,* Zustimmungsvorbehalte im faktischen Aktienkonzern, FS Hoffmann-Becking, 2013, 457; *Hecker/Peters,* BB-Report zu den Änderungen des DCGK im Jahr 2012, BB 2012, 2639; *Hoffmann-Becking,* Vorstands-Doppelmandate im Konzern, ZHR 150 (1986), 570; *ders.,* Zur rechtlichen Organisation der Zusammenarbeit im Vorstand der AG, ZGR 1998, 497; *Hommelhoff,* Die Konzernleitungspflicht, 1982; *Jansen,* Cash-Pool und Fremdfinanzierung im Konzern, FS Hommelhoff, 2012, 495; *Kort,* Anwendung der Grundsätze der fehlerhaften Gesellschaft auf einen „verdeckten" Beherrschungsvertrag?, NZG 2009, 364; *Kropff,* Die Unternehmensplanung im Aufsichtsrat, NZG 1998, 613; *Lenz/Adrian/Handwerker,* Geplante Neuregelung der ertragsteuerlichen Organschaft, BB 2012, 2851; *Löbbe,* Unternehmenskontrolle im Konzern, Diss. Heidelberg 2003; *Lutter,* Das unvollendete Konzernrecht, FS K. Schmidt, 2009, 1065; *ders.,* Information und Vertraulichkeit im Aufsichtsrat, 3. Aufl. 2006; *Strohn,* Casu-Pooling – verbotene und unwirksame Zahlungen, DB 2014, 1535; *Martens,* Die Unternehmensbewertung nach dem Grundsatz der Methodengleichheit oder dem Grundsatz der Meistbegünstigung, AG 2003, 593; *Rieckers,* Konzernvertrauen und Konzernrecht, 2004; *Säcker/Rehm,* Grenzen der Mitwirkung des Aufsichtsrats an unternehmerischen Entscheidungen in der Aktiengesellschaft, DB 2008, 2814; *Michael Schmidt,* Konzernsteuerung über Aufsichtsräte, FS Imhoff, 1998, 67; *Uwe H. Schneider,* Der Aufsichtsrat des herrschenden Unternehmens im Konzern, FS Hadding, 2004, 621; *Johannes Semler,* Die Rechte und Pflichten des Vorstands einer Holdinggesellschaft im Lichte der Corporate Governance-Diskussion, ZGR 2004, 631; *ders.,* Doppelmandats-Verbund im Konzern, FS Stiefel, 1987, 719; *Spindler/Klöhn,* Ausgleich gemäß § 304 AktG und Art. 14 GG, Der Konzern 2003, 511; *ders.,* Unternehmensbewertung und Jahresfehlbetrag (§ 302 AktG), NZG 2005, 584; *Strohn,* Cash-Pooling – Verbotene und unwirksame Zahlungen, DB 2014, 1535; *Theisen,* Herausforderung Konzernunternehmungslehre, in Albach (Hrsg.), Konzernmanagement, 2001, 29; *Weber,* Börsenkursbestimmung aus ökonomischer Perspektive, ZGR 2004, 280.

I. Allgemeines

In der Literatur wird von der **grundsätzlichen Skepsis** gesprochen, die die Unternehmenspraxis insbesondere den Beherrschungsverträgen entgegenbringt. Ursache sei das Weisungsrecht, welches dem Selbstverständnis eines eigenverantwortlichen Managements in einer Tochtergesellschaft widerspreche.[28] Außerdem wird darauf hingewiesen, dass die Gründung eines Vertragskonzerns den meisten Unternehmen zu aufwendig und zu teuer sei.[29] Letztlich wird als Grund genannt, dass der Mehrheitsaktionär zwar gewillt, aber aufgrund der erforderlichen Dreiviertelmehrheit in der Hauptversammlung nicht in der Lage sei, einen Beherrschungsvertrag durchzusetzen.[30] Auf die Notwendigkeiten der Praxis wird bei der Behandlung des Beherrschungsvertrags im Einzelnen ebenso wie beim sog. faktischen Konzern einzugehen sein. Die stärkere Verrechtlichung der Unternehmenspraxis legt **klare Führungsstrukturen** nahe, bisher geduldete Grauzonen dürften immer weniger toleriert werden. Wenn die Aussage stimmt, dass es dem Beherrschungsvertrag entgegen den Erwartungen des Gesetzgebers an Akzeptanz fehlt,[31] die meisten Konzerne damit **faktische Konzerne** sein dürften, wird die Praxis verstärkt Veranlassung haben, Risiken und Schwächen dieser Konzernierung zu bedenken. Damit ist ein „Abschied vom Vertragskonzern" und eine „Renaissance des faktischen Konzerns in Europa"[32] schwerlich zu vereinbaren.

---

[28] So ausdrücklich *Cahn/Simon* Der Konzern 2003, 1, 2.
[29] *Lutter,* FS K. Schmidt, 2009, 1065, 1068.
[30] *Altmeppen* in MüKoAktG Einl. §§ 291 ff. Rn. 5, 19; *Hüffer* § 291 AktG Rn. 3.
[31] *Hüffer* § 291 AktG Rn. 3; *Emmerich* in Emmerich/Habersack § 291 AktG Rn. 5 weist jedoch zutreffend darauf hin, dass über die Verbreitung wenig bekannt ist.
[32] So der Hinweis von Emmerich in Emmerich/Habersack § 291 AktG Rn. 6.

19 Mit dem Beherrschungsvertrag unterstellt eine AG oder KGaA die Leitung ihrer Gesellschaft einem anderen Unternehmen; der Gewinnabführungsvertrag verpflichtet die Gesellschaft, ihren ganzen Gewinn an ein anderes Unternehmen abzuführen (§ 291 Abs. 1 S. 1 AktG).[33] Das Gesetz geht von getrennten Verträgen aus, wenn es den Beherrschungsvertrag und den Gewinnabführungsvertrag definiert. Die Voraussetzungen und Rechtsfolgen weisen jedoch so viele **Gemeinsamkeiten** auf, dass die Behandlung beider Verträge in einem Abschnitt nahe liegt. Anschließend wird auf separate Verträge gesondert eingegangen (→ Rn. 47, 50).

II. Vertragsabschluss

20 Vereinfachend wird zunächst unterstellt, dass Beherrschung und Gewinnabführung in einer **gemeinsamen Urkunde** geregelt werden. Abgeschlossen wird der gemäß § 293 Abs. 3 AktG zwingend schriftliche Vertrag durch die vertretungsberechtigten Organe der beiden Vertragspartner oder deren bevollmächtigte Vertreter. Zum Unternehmensbegriff des herrschenden Unternehmens → Rn. 10. Die Initiative zum Vertragsabschluss wird in aller Regel von dem begünstigten Unternehmen ausgehen. Handelt es sich um eine AG oder KGaA, fällt der Abschluss in die Leitungskompetenz des Vorstands, der über das Ob des Abschlusses und den konkreten Inhalt des Vertrages zu entscheiden hat. Entsprechendes gilt für den anderen Vertragsteil eines Beherrschungs- oder Gewinnabführungsvertrages. Der jeweilige Vorstand ist verpflichtet, mit der Sorgfalt eines ordentlichen und gewissenhaften Geschäftsleiters vorzugehen (§ 93 Abs. 1 S. 1 AktG). Von geringerer praktischer Bedeutung ist das Recht der Hauptversammlung, den Vorstand zur Vorbereitung und zum Abschluss eines Vertrages zu verpflichten, wenn ein solcher Vertrag nur mit ihrer Zustimmung wirksam wird (§ 83 Abs. 1 S. 2 AktG). Das gilt nach einhelliger Meinung für die beherrschte Gesellschaft. Streitig ist dagegen, ob in einem anderen Unternehmen mit der Rechtsform der AG oder KGaA der Hauptversammlung ein entsprechendes Initiativrecht gegenüber ihrem Vorstand zusteht.[34]

21 Geht das Initiativrecht für den Vertragsabschluss vom Vorstand der Gesellschaft aus, können Satzung oder Geschäftsordnung die Mitwirkung des **Aufsichtsrats** vorsehen (§ 111 Abs. 4 S. 2 AktG). Ein Fehlen solcher Zustimmungsnotwendigkeit ist kaum vorstellbar, wenn verantwortungsvolle Arbeit des Aufsichtsrats erwartet wird. Diese Verträge greifen regelmäßig erheblich in die Unternehmensstruktur der Gesellschaft ein.[35] Was wäre das für ein Aufsichtsrat, der in solche gravierenden Entscheidungen nicht eingebunden wird? Eine **Verweigerung der Zustimmung** durch den Aufsichtsrat bringt den Vertrag jedoch nicht notwendigerweise zu Fall. Das entscheidende – letzte – Wort hat die Hauptversammlung.[36]

22 Das Zustimmungserfordernis der **Hauptversammlung** der sich verpflichtenden Gesellschaft (Untergesellschaft) besteht für alle Unternehmensverträge (§ 293 Abs. 1 AktG). Ist der andere Vertragsteil (Obergesellschaft) eine AG oder KGaA, muss auch die Hauptversammlung dieser Gesellschaft zustimmen (§ 293 Abs. 2 AktG). Schließt der Vorstand den Vertrag ohne vorherige Zustimmung der Hauptversammlung ab, ist der Vertrag zunächst schwebend unwirksam.[37] Es entspricht hM, dass der Vorstand das Votum der Hauptver-

---

[33] International unüblich; zur geplanten Neuregelung *Lenz/Adrian/Handwerker* BB 2012, 2851.
[34] Bejahend *Emmerich* in Emmerich/Habersack § 293 AktG Rn. 16; ablehnend *Hüffer* § 293 AktG Rn. 23. Der bejahenden Auffassung ist zuzustimmen, da keine Gründe für die Einschränkung erkennbar sind.
[35] *Hüffer* § 291 AktG Rn. 2.
[36] AllgM; str. ist jedoch die hierfür erforderliche Mehrheit, vgl. *Hüffer* § 293 AktG Rn. 25: qualifizierte Stimmenmehrheit; *Altmeppen* in MüKoAktG § 293 Rn. 12: einfache Stimmen- und qualifizierte Kapitalmehrheit.
[37] Zum Zustimmungserfordernis in Mehrstufigkeitsverhältnissen *Emmerich* in Emmerich/Habersack § 293 AktG Rn. 10 ff.

sammlung auch auf der Basis eines Vertragsentwurfs einholen kann.[38] Wird der Entwurf geändert, bedarf es eines neuen Beschlusses der Hauptversammlung.

Im Zusammenhang mit der Hauptversammlung bestehen erhebliche **Berichts- und** **Prüfungspflichten** (§§ 293a–293g AktG). Die Kritik an den seit 1994 bestehenden Anforderungen spricht von einer unnötigen **Überregulierung.**[39] Anlass und Vorbild war das Verschmelzungsrecht.[40] Das gilt ua für die Notwendigkeit, einen ausführlichen **schriftlichen Bericht** über den Unternehmensvertrag zu erstellen (§ 293a AktG). Die Unterzeichnung durch sämtliche Mitglieder des Vorstands wird in der Literatur gefordert,[41] nicht dagegen in der Rechtsprechung des BGH.[42] **Unabhängige Vertragsprüfer** haben den Unternehmensvertrag zu prüfen und hierüber schriftlich zu berichten (§§ 293b–293e AktG). Der damit verbundene Aufwand ist in der Literatur mit dem Hinweis kritisiert worden, dies begünstige die Fortdauer vertragsloser Abhängigkeit oder faktischer Konzernierung.[43] Eine unnötige Erschwerung ist nicht zu leugnen, als Begründung für Passivität ist sie jedoch nicht überzeugend.

III. Inhalt des Vertrags

1. Zwingender Inhalt

Kernpunkt des Beherrschungsvertrags ist, die **Leitung** der Gesellschaft einem anderen Unternehmen zu unterstellen. Einvernehmen besteht darüber, dass damit die Leitungskompetenz des **Vorstands** angesprochen ist. Der Beherrschungsvertrag unterwirft weder Aufsichtsrat noch Hauptversammlung der Leitung durch das herrschende Unternehmen.[44] Streit herrscht dagegen über die Frage, ob von einem Beherrschungsvertrag auch bei einer nur **teilweisen Unterstellung der Leitung** gesprochen werden kann. Die Extreme reichen von der Forderung, alle Leitungsfunktionen der Gesellschaft einzubeziehen,[45] bis zur Ansicht, dass der Umfang des Weisungsrechts von den Vertragsparteien beliebig eingeschränkt werden kann.[46] Die hM verlangt, dass der Leitungsbereich **wesentlich** oder **herausgehoben** ist. Dazu gehören Unternehmensplanung, Unternehmenskoordination, Unternehmenskontrolle und die Besetzung von Führungsstellen. Erforderlich, aber ausreichend, ist hierfür, dass das herrschende Unternehmen die Möglichkeit hat, die Interessen der verbundenen Unternehmen im Sinne eines Konzerninteresses auszurichten und gegenüber der Leitung der Tochter rechtlich, nämlich aufgrund des Beherrschungsvertrags, durchzusetzen.[47]

Entscheidend ist: Eine Verpflichtung, im Vertrag präzise und verbindlich die **Leitungsstruktur** des Konzerns **zu regeln** und festzulegen, ist dem Gesetz nicht zu entnehmen.[48] Das entspricht den Bedürfnissen der Praxis. Auf Änderungsnotwendigkeiten in der Leitungsstruktur des Konzerns sollte das Unternehmen flexibel reagieren können, ohne den zeitaufwändigen Weg der Vertragsänderung gehen zu müssen.

Besteht ein Beherrschungsvertrag, so ist das herrschende Unternehmen berechtigt, dem Vorstand der Gesellschaft hinsichtlich der Leitung der Gesellschaft **Weisungen** zu erteilen

---

[38] *Hüffer* § 293 AktG Rn. 4 mwN; *Koppensteiner* in Kölner Komm. AktG § 293 Rn. 6.
[39] *Emmerich* in Emmerich/Habersack § 293a AktG Rn. 7; ebenso *Hüffer* § 293a AktG Rn. 3 f.
[40] *Altmeppen* in MüKoAktG § 293a Rn. 1.
[41] *Hüffer* § 293a AktG Rn. 10 mwN.
[42] BGH NZG 2007, 714 Rn. 26 ff.
[43] *Hüffer* § 293a AktG Rn. 4.
[44] *Altmeppen* in MüKoAktG § 291 Rn. 76.
[45] *Koppensteiner* in Kölner Komm. AktG § 291 Rn. 49.
[46] *Altmeppen* in MüKoAktG § 291 Rn. 93.
[47] So wörtlich *Kort* NZG 2009, 364, 365; vgl. auch *Emmerich* in Emmerich/Habersack § 291 AktG Rn. 12.
[48] *Krieger* in MHdB AG § 70 Rn. 7; *Altmeppen* in MüKoAktG § 291 Rn. 55 f.; aA *Hommelhoff* Konzernleitungspflicht 310 ff.

(§ 308 Abs. 1 S. 1 AktG). Das ist die wesentliche gesetzliche Folge eines solchen Unternehmensvertrags. Keine Zustimmung verdient daher die vereinzelt vertretene Auffassung, auf das Weisungsrecht könne vertraglich verzichtet werden.[49]

27 Das AktG hat den Beherrschungsvertrag und den Gewinnabführungsvertrag als selbstständige Vertragsarten geregelt, wenn auch mit weitgehend gleichen Voraussetzungen und Wirkungen.[50] Entscheidende Voraussetzung eines **Gewinnabführungsvertrags** iSd Gesetzes ist die Abführung des **ganzen Gewinns** an den anderen Vertragsteil.[51] Angesprochen ist der Bilanzgewinn, der ohne Gewinnabführungsvertrag auszuweisen wäre. In diesem Zusammenhang regelt das Gesetz Einstellungen in die **gesetzliche** Rücklage und den Höchstbetrag der Gewinnabführung (§§ 300, 301 AktG). Isolierte Gewinnabführungsverträge sind zulässig (→ Rn. 50), aber bisher in der Praxis äußerst selten. Auch ein Beherrschungsvertrag ohne Gewinnabführung ist denkbar und dann praxisgerecht, wenn die Gewinnabführung steuerlich nicht anerkannt wird.[52]

28 Ausführliche **Sicherungen** enthält das Gesetz zum **Schutz** der außenstehenden **Aktionäre** bei Beherrschungs- und Gewinnabführungsverträgen (§§ 304, 305 AktG). Auch wenn es sich nicht um ein Begriffsmerkmal des Vertrags handeln sollte,[53] entscheidend ist die Nichtigkeit des Vertrags, der keinen **Ausgleich** vorsieht (→ Rn. 30 ff.). Im Thema Ausgleich liegt im Übrigen der größte Konfliktstoff. Zu den „Nachwehen" des Abschlusses von Unternehmensverträgen rechnen nahezu im Regelfall gerichtliche Verfahren (→ Rn. 52 ff.).

2. Weiterer zulässiger Vertragsinhalt

29 Die Verpflichtung zur Verlustübernahme ergibt sich aus § 302 Abs. 1 AktG. Gleichwohl sollte der Vertragstext im Interesse des besseren Verständnisses eine entsprechende Übernahme vorsehen. In diesem Zusammenhang wird in der Regel schon aus steuerlichen Gründen die Gewinnabführung vereinbart, was dann die **Ergebnisabführung** insgesamt bedeutet.[54] Im Zusammenhang mit der Verlustübernahme verlangt das Gesetz, dass jeder während der Vertragsdauer – ohne eine solche – entstehende Jahresfehlbetrag auszugleichen ist. Dieser kann auch dadurch ausgeglichen werden, dass den anderen Gewinnrücklagen Beträge entnommen werden, **die während der Vertragsdauer** in sie eingestellt worden sind (§ 302 Abs. 1 AktG).

30 Zu dem schon aus praktischen Gründen selbstverständlichen Inhalt gehören Bestimmungen über die **Laufzeit** des Vertrags. In jedem Fall sollte der Beginn geregelt werden, wobei zu beachten ist, dass im Gegensatz zur Gewinnabführung das Weisungsrecht nicht rückwirkend begründet werden kann.[55] Das AktG lässt den Vertragspartnern für die Laufzeit freie Hand, dh ein Vertragsabschluss auf unbestimmte Zeit ist ebenso möglich wie ein solcher mit Mindest- oder Höchstdauer, anders das **Steuerrecht,** das gemäß § 14 Abs. 1 Nr. 3 KStG eine mindestens **fünfjährige Laufzeit** verlangt. Empfehlenswert ist, im Fall der Befristung eine automatische Verlängerung vorzusehen: Nach Ablauf einer bestimmten Dauer verlängert sich der Vertrag für einen festgelegten Zeitraum, falls er nicht vorher gekündigt wird.[56]

---

[49] Ebenso *Hüffer* § 291 AktG Rn. 11; *Emmerich* in Emmerich/Habersack § 291 AktG Rn. 23; aA *Altmeppen* in MüKoAktG § 291 Rn. 94 ff.
[50] *Altmeppen* in MüKoAktG § 291 Rn. 142.
[51] AllgM, *Hüffer* § 291 AktG Rn. 26 mwN.
[52] *Altmeppen* in MüKoAktG § 291 Rn. 53.
[53] So ausdrücklich *Hüffer* § 291 AktG Rn. 13; nach *Krieger* in MHdB AG § 70 Rn. 7: „zusätzliches Erfordernis eines Beherrschungsvertrags".
[54] Muster für Beherrschungs- und Gewinnabführungsvertrag bei *Hoffmann-Becking* in MVHdB I Form. IX 2.
[55] *Hüffer* § 291 AktG Rn. 11, § 294 AktG Rn. 19; zur Gewinnabführung BGHZ 122, 211, 223 ff. = NJW 1993, 1976 – SSI; *Hüffer* § 294 AktG Rn. 20.
[56] *Krieger* in MHdB AG § 70 Rn. 175; keine Kündigung innerhalb der fünf Jahre: BFH ZIP 2013, 1910.

B. Beherrschungs- und Gewinnabführungsvertrag   31–34   § 14

Von praktischer Bedeutung ist ferner die Zulässigkeit aufschiebender Bedingungen. Damit sind vor allem **Zustimmungsvorbehalte** angesprochen, so insbesondere die Zustimmung des Aufsichtsrats bzw. der Aufsichtsräte beider Gesellschaften. Zu bedenken ist außerdem die Notwendigkeit kartellrechtlicher Entscheidungen, die ggf. einen weiteren Vorbehalt notwendig macht. Wünschenswert ist eine **präzise Formulierung** der Vorbehalte und ein übersehbarer, möglichst fixierter **Zeitraum** für den Eintritt der Bedingungen.[57] 31

3. Angemessener Ausgleich

Das Gesetz enthält unterschiedliche Regelungen zum **Schutz der außenstehenden** 32
Aktionäre. Drei Fälle sind zu unterscheiden.
– Beschränkt sich der Vertragsabschluss auf die Beherrschung, fordert das Gesetz eine **Dividendengarantie** (§ 304 Abs. 1 S. 2 AktG; → Rn. 47 ff.).
– Wird ein Beherrschungs- und Gewinnabführungsvertrag abgeschlossen, verpflichtet das Gesetz die begünstigte Gesellschaft, im Vertrag eine **feste, wiederkehrende Ausgleichszahlung** vorzusehen (§ 304 Abs. 1 S. 1 AktG). Eine Besonderheit gilt, falls der begünstigte Vertragsteil eine AG oder eine KGaA ist. Sie kann alternativ eine **variable,** an ihrer Dividende ausgerichtete **Ausgleichszahlung** zusagen (§ 304 Abs. 2 S. 2 AktG).
– Damit sind die Verpflichtungen zur Sicherung der außenstehenden Aktionäre bei Beherrschungs- und Gewinnabführungsverträgen nicht erschöpft. Das Gesetz räumt diesen Aktionären die Möglichkeit ein, gegen angemessene **Abfindung** aus der Gesellschaft auszuscheiden (§ 305 AktG).

a) Beherrschungs- und Gewinnabführungsvertrag

aa) Feste Ausgleichszahlung. Die Verpflichtung zur wiederkehrenden Ausgleichszahlung[58] berücksichtigt, dass die Gesellschaft aufgrund der Gewinnabführung keine Dividende mehr ausschüttet. Die Ausgleichszahlung wird in der Regel fest bemessen. Der Betrag muss nach richtiger Auffassung **nicht gleichbleibend** vereinbart werden. Das gilt in Ausnahmefällen, wenn veränderte unterschiedliche Ertragsperioden erkennbar sind.[59] Maßgeblich für die **Mindesthöhe** der Ausgleichszahlung ist die **fiktive Dividende,** dh diejenige, die ohne Gewinnabführungsvertrag voraussichtlich gezahlt worden wäre. Der Ermittlung zugrunde zu legen sind die bisherige Ertragslage der beherrschten Gesellschaft und ihre künftigen Ertragsaussichten (§ 304 Abs. 2 S. 1 AktG). Nach heute übereinstimmender Auffassung sind trotz des zumindest missverständlichen Gesetzeswortlauts Vergangenheits- und Zukunftserträge nicht gleichwertig. Entscheidend ist die **zukunftsorientierte Betrachtung.**[60] Die bisherige Ertragssituation ist damit lediglich Grundlage für die Ermittlung der künftigen Erträge. Gefordert ist der „Mut zur Prophetie", dem wir noch einmal bei der Abfindung begegnen werden, deren Höhe sich ua nach der **Ertragswertmethode** bemisst (→ Rn. 41). 33

Für die Vergangenheitswerte ist ein Zeitraum von drei bis fünf Jahren zugrunde zu legen. Der Zukunftsertrag richtet sich in einer ersten Phase nach der Gesellschafts-Planung, wobei in Ausnahmefällen ein Jahr ausreichend sein kann.[61] Zu kürzen ist die von dem Unternehmen auf den Bruttogewinn zu entrichtende (Ausschüttungs-)Körperschaftsteuer in Höhe des jeweils gültigen Steuertarifs.[62] Notwendig ist eine Reihe von weiteren **Korrek-** 34

---

[57] *Krieger* in MHdB AG § 70 Rn. 16.
[58] Hier sollte nicht von Dividendengarantie gesprochen werden, vgl. *Paulsen* in MüKoAktG § 304 Rn. 43.
[59] *Paulsen* in MüKoAktG § 304 Rn. 42, 94.
[60] *Hüffer* § 304 AktG Rn. 8; *Paulsen* in MüKoAktG § 304 Rn. 75; *Koppensteiner* in Kölner Komm. AktG § 304 Rn. 58.
[61] BGH NZG 2003, 1017, 1018; BayObLG BB 2001, 2183.
[62] BGH NJW 2003, 3272 – Ytong AG.

turen.⁶³ Nach dem ausdrücklichen Gesetzeswortlaut hat die **Bildung anderer als gesetzlicher Gewinnrücklagen unberücksichtigt** zu bleiben. Das überrascht, da der außenstehende Aktionär als Ausgleich den Betrag erhalten soll, auf den er, wenn der Vertrag nicht abgeschlossen worden wäre, künftig als Gewinnanteil rechnen könnte.⁶⁴ Der Gesetzgeber geht davon aus, dass unter der Herrschaft des Vertrags der Gewinn in voller Höhe ohne Rücklagenbildung ausgeschüttet wird, bei Fehlen eines Vertrags die Aktionäre an der dann vorgenommenen Rücklagenbildung aber Anteil gehabt hätten.⁶⁵ Die Nichtbildung von Rücklagen kann zu einer entscheidenden **Schwächung der Gesellschaft** führen, die gesetzliche Regelung ist daher problematisch. Angesichts des klaren Wortlauts bleibt jedoch keine andere Auslegung.⁶⁶

35 Von entscheidender Bedeutung kann der **Zeitpunkt** sein, zu dem und aus dessen Sicht die Ertragsprognose erarbeitet werden muss. Maßgebend ist der Tag der genehmigenden **Hauptversammlung**.⁶⁷ Das führt in Einzelfällen zu Ergebnissen, die als absurd empfunden werden. Zu denken ist an gravierende Konjunktureinbrüche und strukturelle Veränderungen, für die es bei Abfassung dieses Abschnitts reichlich Anschauungsmaterial gibt, ebenso wie für dramatische Abwertungen des Beteiligungsbesitzes bei entsprechender negativer Börsenentwicklung. Auch die umgekehrte Entwicklung ist denkbar. Rechtsprechung und Literatur versuchen, dem durch Berücksichtigung späterer Entwicklungen dann Rechnung zu tragen, wenn sie in den am Stichtag bestehenden Verhältnissen bereits angelegt sind.⁶⁸ Diese sog. „**Wurzel-Theorie**" erweist sich in der praktischen Anwendung als nicht sehr hilfreich. Es bleibt zu hoffen, dass sich die Auffassung durchsetzt, nur ganz außergewöhnliche, schlechterdings von niemandem vorauszusehenden Entwicklungen auszuklammern.⁶⁹

36 **bb) Variabler Ausgleich.** Eine Alternative zum festen Ausgleich besteht dann, wenn die Obergesellschaft eine AG oder KGaA ist. Der außenstehende Aktionär erhält als zweite Möglichkeit des Ausgleichs einen Gewinnanteil am Ergebnis dieser Gesellschaft (§ 304 Abs. 2 S. 2 AktG). Die **Entscheidung** über festen oder variablen Ausgleich liegt bei den Vertragsparteien, damit letztlich bei der herrschenden Gesellschaft. Ein Mitspracherecht der Aktionäre ist nicht gegeben, erst recht kein Wahlrecht.⁷⁰ **Messgröße der Ausgleichszahlung** ist nach hM die tatsächlich gezahlte **Dividende** der Obergesellschaft.⁷¹ Damit ist der Aktionär der beherrschten Gesellschaft von einer Dividendenpolitik abhängig, auf die er keinerlei Einfluss nehmen kann. Nach der Rechtsprechung des BVerfG setzt der Schutz der Aktionäre erst bei **missbräuchlicher Dividendenpolitik** der herrschenden Gesellschaft ein.⁷² Das soll zB der Fall sein, wenn die Aktionäre als variablen Ausgleich weniger erhalten als sie als Dividende oder Wertsteigerung **ihres** Unternehmens erhalten hätten, falls es den Unternehmensvertrag nicht geben würde – vorausgesetzt, auch die Obergesellschaft erwirtschaftet einen Gewinn.⁷³

37 Notwendig ist es, den **Prozentsatz** zu bestimmen, der auf die Aktien der beherrschten Gesellschaft im Verhältnis zur Dividendenzahlung der Obergesellschaft entfällt. Die Angemessenheit der Umrechnung bestimmt sich nach dem Verhältnis, in dem bei einer **Ver-**

---

⁶³ ZB Nichtberücksichtigung außerordentlicher Erträge und Verluste; im Einzelnen *Paulsen* in MüKo-AktG § 304 Rn. 78.
⁶⁴ *Kropff* Begr. RegE AktG 394 f.
⁶⁵ *Hüffer* § 304 AktG Rn. 11.
⁶⁶ *Paulsen* in MüKoAktG § 304 Rn. 88.
⁶⁷ BGHZ 138, 136, 139 f. = NJW 1998, 1866.
⁶⁸ BGH NJW 1973, 509, 511; OLG Düsseldorf AG 1998, 236, 237; *Hüffer* § 304 AktG Rn. 10.
⁶⁹ Vgl. *Emmerich* in Emmerich/Habersack § 305 AktG Rn. 59.
⁷⁰ *Hüffer* § 304 AktG Rn. 14.
⁷¹ *Hüffer* § 304 AktG Rn. 15 mwN; aA *Paulsen* in MüKoAktG § 304 Rn. 70 mwN; *Koppensteiner* in Kölner Komm. AktG § 304 Rn. 81; *Emmerich* in Emmerich/Habersack § 304 AktG Rn. 49 mit der Orientierung am anteiligen Jahresüberschuss der herrschenden Gesellschaft.
⁷² BVerfG NZG 2000, 28.
⁷³ Kritisch hierzu *Paulsen* in MüKoAktG § 304 Rn. 71.

B. Beherrschungs- und Gewinnabführungsvertrag

schmelzung auf eine Aktie der Gesellschaft Aktien der anderen Gesellschaft zu gewähren wären (§ 304 Abs. 2 S. 3 AktG). Der variable Ausgleich erfordert daher eine **Unternehmensbewertung beider Gesellschaften**.[74] Anzuwenden sind die Grundsätze der Bewertung, die im Zusammenhang mit der Abfindung darzustellen sind (→ Rn. 40 ff.). Im Gegensatz zur Barabfindung entscheiden jedoch nicht die absoluten Werte, maßgebend ist das Verhältnis der Bewertungen zueinander. Das gilt mit einer Einschränkung. Sind die Aktien der **abhängigen Gesellschaft** an der Börse notiert, bildet nach der Rechtsprechung des BGH der **Börsenkurs** die Wertuntergrenze (→ Rn. 44 ff.).[75] Entscheidend für die Angemessenheit der Relation ist, wie bei der festen Ausgleichszahlung, der Zeitpunkt, zu dem die Hauptversammlung über den Vertrag beschließt. Wesentliche spätere Änderungen führen grundsätzlich nicht zu einer Anpassung.

cc) Abfindung. Das Angebot einer Ausgleichszahlung – fest oder variabel – ist Voraussetzung der Wirksamkeit eines Gewinnabführungsvertrags, ebenso die Dividendengarantie bei Abschluss eines alleinigen Beherrschungsvertrags (→ Rn. 47 f.). Damit sind die Rechte des Aktionärs jedoch nicht erschöpft. Die herrschende Gesellschaft ist verpflichtet, auf Verlangen eines außenstehenden Aktionärs dessen **Aktien** gegen eine im Vertrag bestimmte angemessene Abfindung zu **erwerben** (§ 305 Abs. 1 AktG). Ausgleich und Abfindung sind nebeneinander bestehende Ansprüche. Das Wahlrecht des Aktionärs erlischt erst, wenn er die Abfindung verlangt.[76] 38

Als **Abfindung** kommen **drei Alternativen** in Betracht: 39
– Ist die herrschende Gesellschaft eine **nicht abhängige** und nicht im Mehrheitsbesitz stehende AG oder KGaA mit Sitz im Inland, hat sie als Abfindung eigene Aktien anzubieten (§ 305 Abs. 2 Nr. 1 AktG).
– Falls die herrschende Gesellschaft eine **abhängige** oder in Mehrheitsbesitz stehende AG oder KGaA ist und hat auch die sie beherrschende Gesellschaft dieselbe Rechtsform, muss die angemessene Abfindung in **Aktien** der sie **beherrschenden** bzw. an ihr mit Mehrheit beteiligten Gesellschaft **oder** alternativ in einer **Barabfindung** bestehen (§ 305 Abs. 2 Nr. 2 AktG).[77] Nach hM entscheiden die Vertragsparteien darüber, ob in dieser Alternative Aktien oder Barabfindungen angeboten werden, der außenstehende Aktionär hat kein Wahlrecht.[78]
Letztlich bleiben die Fälle, in denen **nur** eine **Barabfindung** in Betracht kommt (§ 305 Abs. 2 Nr. 3 AktG). Das ist gegeben, wenn der andere Vertragsteil zwar ein nicht abhängiges und nicht im Mehrheitsbesitz stehendes Unternehmen ist, jedoch nicht die Rechtsform einer AG oder KGaA besitzt. Dasselbe gilt, wenn das den anderen Vertragsteil beherrschende oder mit Mehrheit besitzende Unternehmen diese Rechtsform nicht hat.[79]

In allen drei Alternativen sind **Unternehmensbewertungen** notwendig. Sie beschränken sich bei der **Barabfindung** auf die beherrschte Gesellschaft. Zu berücksichtigen sind nach neuerer Gesetzesfassung die Verhältnisse der Gesellschaft im Zeitpunkt der Beschlussfassung ihrer Hauptversammlung über den Vertrag (§ 305 Abs. 3 S. 2 AktG). Zur Problematik → Rn. 35. Eine weitere Bewertung erfordert die Abfindung in **Aktien**. Die Bewertung gilt entweder dem anderen Vertragsteil oder der Konzernspitzengesellschaft. Die Abfindung richtet sich nach der Verschmelzungswertrelation, dh es sind den außenstehenden Aktionären so viele Aktien anzubieten, wie ihnen zustünden, wenn beide Gesellschaf- 40

---

[74] *Emmerich* in Emmerich/Habersack § 304 AktG Rn. 51 mwN.
[75] BGHZ 147, 108, 115 = NJW 2001, 2080; *Hüffer* § 304 AktG Rn. 16; *Emmerich* in Emmerich/Habersack § 304 AktG Rn. 52.
[76] BGH NZG 2002, 1057, 1058; vgl. auch OLG Hamm NZG 2003, 632.
[77] Das herrschende Unternehmen muss nach dem Gesetz seinen Sitz in einem EU-Mitgliedstaat oder in einem anderen Vertragsstaat des Abkommens über den Europäischen Wirtschaftsraum haben.
[78] *Hüffer* § 305 AktG Rn. 15; *Emmerich* in Emmerich/Habersack § 305 AktG Rn. 15.
[79] Grundsatzentscheidungen: BGHZ 69, 334, 335 ff. = NJW 1978, 104 – VEBA/Gelsenberg; BGHZ 105, 168, 176 f. = NJW 1988, 3143 – HSW.

ten miteinander verschmolzen würden.⁸⁰ Für die Barabfindung und die Ermittlung der Verschmelzungswertrelation gelten einheitliche Grundsätze. Dem außenstehenden Aktionär wird eine **angemessene Abfindung** geschuldet. Angemessen ist eine Abfindung, die dem ausscheidenden Aktionär eine **volle Entschädigung** für das verschafft, was seine Beteiligung an dem arbeitenden Unternehmen wert ist, die also dem vollen Wert seiner Beteiligung entspricht.⁸¹

41 Was aber ist der volle Ausgleich, was ist angemessen? Notwendig ist die Entscheidung für eine **Bewertungsmethode**. Die Rechtsprechung hat es bisher abgelehnt, eine bestimmte Methode unter Ausschluss der übrigen als rechtlich geboten zu qualifizieren.⁸² Damit soll die Berücksichtigung neuerer betriebswirtschaftlicher Theorien offen gehalten werden. Das hindert nicht die grundsätzliche Ablehnung des Substanzwertverfahrens oder einer Kombination von Substanz- und Ertragswert.⁸³ Als gefestigte Praxis gilt die **Ertragswertmethode**.⁸⁴ Das BVerfG hat die Anknüpfung an die Erwirtschaftung künftiger Erträge als einen verfassungsrechtlich unbedenklichen Ansatz bezeichnet.⁸⁵

42 Für Abfindung und Ausgleichszahlung ist die **zukünftige Ertragslage** entscheidend. Aus dem unterschiedlichen Schutzzweck folgen Unterschiede in den Wertermittlungsmethoden.⁸⁶ Dies betrifft zunächst die Einstellung in die gesetzliche Rücklage, die nur bei der Berechnung der Abfindung nicht zu kürzen ist. Weiterhin kann von Bedeutung die Behandlung des nicht betriebsnotwendigen Vermögens sein. Bei der **Abfindung** ist nicht betriebsnotwendiges Vermögen mit den Einzelveräußerungswerten gesondert zu bewerten und dem Ertragswert hinzuzusetzen.⁸⁷ Das gilt nicht für die **Ausgleichszahlung**. Keine volle Übereinstimmung besteht bei der Behandlung echter Verbundvorteile (sog. Synergien), die nach zutreffender Auffassung nicht zu berücksichtigen sind.⁸⁸

43 Nach Festlegung der Methode beginnt die beschwerliche Suche der Beteiligten nach dem „**richtigen Unternehmenswert**", wenn es ihn denn überhaupt gibt. Noch am besten kennt ihn ein Unternehmenskäufer, aber auch der irrt oft genug. In der Literatur wird von der „Illusion einer absolut richtigen Bewertung", von dem Ertragswert als „hoffnungslose Unbekannte" oder von einem „theoretischen Konstrukt" gesprochen, auch davon, dass „jeder Kundige weiß, wie groß die Beurteilungsspielräume bei der Unternehmensbewertung sachnotwendig sind".⁸⁹ Das hindert Rechtsprechung und Literatur nicht, in der Unternehmensbewertung primär eine **rechtliche Aufgabe** zu sehen,⁹⁰ dies mit dem Zusatz, dass die Aufgabe ohne sachverständige Unterstützung durch Prüfungspraxis und Betriebswirtschaftslehre nicht gelöst werden kann. Auch Sachverständige verfügen nur beschränkt über die Gabe der Prophetie. Es wäre schon viel geholfen, wenn das Bewusstsein der Unsicherheit einer richtigen Bewertung vor vorschnellen Urteilen bewahren würde. Entscheidend sollte deshalb sein, dass eine Bewertung **vertretbar** ist.⁹¹

---

⁸⁰ *Paulsen* in MüKoAktG § 305 Rn. 72.
⁸¹ BGHZ 153, 47, 54 f. = NJW 2003, 1632; BayObLG ZIP 2001, 1999, 2000; *Hüffer* § 305 AktG Rn. 18; *Emmerich* in Emmerich/Habersack § 305 AktG Rn. 37 ff.
⁸² Ausführlich OLG Stuttgart AG 2013, 724; *Koppensteiner* in Kölner Komm. AktG § 305 Rn. 70 mwN.
⁸³ *Krieger* in MHdB AG § 70 Rn. 130.
⁸⁴ OLG Stuttgart DB 2003, 2429; *Hüffer* § 305 AktG Rn. 19 f.; *Emmerich* in Emmerich/Habersack § 305 AktG Rn. 51 ff.
⁸⁵ BVerfGE 100, 289, 307 = NJW 1999, 3769, 3771 – DAT/Altana.
⁸⁶ *Paulsen* in MüKoAktG § 304 Rn. 76.
⁸⁷ Zur im Einzelfall schwierigen Abgrenzung *Forster*, FS Claussen, 1997, 91, 93 ff.
⁸⁸ BGHZ 138, 136, 140 = NJW 1998, 1866 – ASEA/BBC II; Ausnahmen möglich: BayObLG AG 1996, 127, 128; *Hüffer* § 305 AktG Rn. 22; aA *Paulsen* in MüKoAktG § 305 Rn. 135; *Krieger* in MHdB AG § 70 Rn. 132, der eine Aufteilung der Verbundvorteile in angemessener Form zwischen dem herrschenden und dem abhängigen Unternehmen befürwortet.
⁸⁹ *Hoffmann-Becking* WPg 2001, 121, 124; *Emmerich* in Emmerich/Habersack § 305 AktG Rn. 41–41b.
⁹⁰ *Hüffer* § 305 AktG Rn. 17; *Emmerich* in Emmerich/Habersack § 305 AktG Rn. 51.
⁹¹ Das OLG Düsseldorf EWiR § 320b AktG 1/04, 263 mit Anm. *Luttermann* spricht von einer „Plausibilitätskontrolle" des Bewertungsgutachtens.

B. Beherrschungs- und Gewinnabführungsvertrag

Besonderheiten gelten für **börsennotierte Gesellschaften.** Grundlegend ist eine Entscheidung des BVerfG aus dem Jahr 1999, die entgegen der bis dahin nahezu einhelligen Auffassung in Rechtsprechung und Literatur fordert, dass für Unternehmensverträge der **Börsenwert** der beherrschten Gesellschaft bei der Bestimmung des Abfindungsangebots und der Ausgleichszahlung die **Untergrenze** der Bewertung bildet.[92] Eine niedrigere Bewertung hat die Vermutung der Unangemessenheit gegen sich. Sie kann gerechtfertigt sein, wenn sich der Börsenkurs, zB wegen Marktenge, nicht als Ergebnis eines funktionierenden Marktes darstellt.[93] Andererseits bedeutet „Untergrenze", dass nach hM eine höhere Unternehmens- und Anteilsbewertung nach dem Ertragswert zu einem über dem Börsenwert liegenden Wert führen darf.[94]

Damit stellt sich als nächstes die Frage, welcher Börsenkurs entscheidend sein soll. Maßgebend ist ein **Durchschnittskurs,** vom BGH mit drei Monaten vor dem Bewertungsstichtag, also dem Tag der Hauptversammlung der Untergesellschaft, angenommen.[95] Problematisch ist die Beschränkung auf drei Monate und insbesondere ihre Rückrechnung vom Tag der Hauptversammlung.[96] Angemessen ist allein die Rückrechnung beginnend mit dem Zeitpunkt, zu dem der Plan des Vertragsabschlusses bekannt geworden ist.[97]

Die Frage nach der Rolle des Börsenkurses der **herrschenden Gesellschaft** hat das BVerfG offen gelassen. Unter dem Gesichtspunkt des Grundrechtsschutzes bestehe keine Notwendigkeit, den Börsenkurs der Obergesellschaft als **Höchstgrenze** ihres Unternehmenswerts heranzuziehen.[98] In diesem Zusammenhang ist auf den in der Rechtsprechung und überwiegend in der Literatur vertretenen Grundsatz der **Methodengleichheit** hinzuweisen.[99] Hiernach bestimmt die für die Bewertung des abhängigen Unternehmens zugrunde gelegte Methode den Bewertungsmaßstab für das herrschende Unternehmen. Das ist iSd Rechtsprechung des BGH für den Wertansatz der Obergesellschaft unproblematisch, wenn für die Bewertung der Untergesellschaft gleichfalls der Börsenkurs zugrunde gelegt wird. Die einseitige Börsenkursbetrachtung auf der Ebene des herrschenden Unternehmens ist jedoch mit dem Grundsatz der Methodengleichheit unvereinbar, wenn der Unternehmenswert der beherrschten Gesellschaft nach der Ertragswertmethode bemessen wird. Konsequenterweise müsste dann auch der Wert des herrschenden Unternehmens nach dem **Ertragswert** bemessen werden.[100]

b) Alleiniger Beherrschungsvertrag

Wird trotz der gewünschten Beherrschung auf eine Gewinnabführung verzichtet, weist die beherrschte Gesellschaft unverändert ein **eigenes Ergebnis** aus und ist bei entsprechendem Gewinn in der Lage, Dividende auszuschütten. Der Gesetzgeber sieht aufgrund der Beherrschung und damit der Entscheidung über die Gewinnausschüttung ein Schutzbedürfnis für die außenstehenden Aktionäre, das demjenigen bei Abschluss eines Gewinnabführungsvertrags entspricht. Ein Beherrschungsvertrag muss hiernach, auch wenn die Gesellschaft nicht zur Abführung ihres ganzen Gewinns verpflichtet ist, den außenstehenden Aktionären als angemessenen Ausgleich einen bestimmten jährlichen **Gewinnanteil**

---

[92] BVerfGE 100, 289, 305 ff. = NJW 1999, 3769 – DAT/Altana; ausführlich zum Börsenkurs als Maßstab für die Ermittlung angemessener Abfindung *Koppensteiner* in Kölner Komm. AktG § 305 Rn. 51 ff., 98 ff.
[93] *Emmerich* in Emmerich/Habersack § 305 AktG Rn. 48.
[94] BGHZ 147, 108, 115 = NJW 2001, 2080 – DAT/Altana; *Hüffer* § 305 AktG Rn. 24b f. mwN; *Paulsen* in MüKoAktG § 305 Rn. 83; aA *Krieger* in MHdB AG § 70 Rn. 135.
[95] BGHZ 147, 108, 118 = NJW 2001, 2080, 2082 – DAT/Altana; vgl. auch *Weber* ZGR 2004, 280.
[96] *Emmerich* in Emmerich/Habersack § 305 AktG Rn. 45.
[97] OLG Frankfurt NZG 2012, 1382; *Paulsen* in MüKoAktG § 305 Rn. 85 ff.
[98] BVerfGE 100, 289, 310 = NJW 1999, 3769, 3772 – DAT/Altana.
[99] BGHZ 147, 108, 121 f. = NJW 2001, 2080, 2083 – DAT/Altana; vgl. auch *Emmerich* in Emmerich/Habersack § 305 AktG Rn. 48a; kritisch *Hüffer* § 305 AktG Rn. 24g ff. mwN.
[100] OLG Düsseldorf NZG 2004, 622: ist der Ertragswert höher als der Börsenwert, ist nur der Ertragswert für die Bewertung der beteiligten Unternehmen maßgebend; vgl. auch *Martens* AG 2003, 593, 595.

48 Missverständlich ist, wenn das Gesetz von **„Gewinnanteil"** spricht. Das könnte bedeuten, dass ein Anspruch bei fehlendem Gewinn entfällt. Nach allgM hat jedoch eine Vergleichsrechnung zu erfolgen, in der ermittelt wird, welche Ausgleichszahlung bei Abschluss eines Gewinnabführungsvertrags geschuldet würde.[101] Das entspricht dem sog. **festen Ausgleich** bei zusätzlichem Abschluss eines Gewinnabführungsvertrags (→ Rn. 33 ff.). Im Unterschied hierzu handelt es sich um einen **Mindestbetrag,** weshalb der Ausdruck **Dividendengarantie** in diesem Fall berechtigt ist. An einer **höheren Dividende** ist der außenstehende Aktionär entsprechend zu beteiligen. Andererseits ist die herrschende Gesellschaft zum **Ausgleich** verpflichtet, falls der Bilanzgewinn nicht ausreicht, um eine Dividende in der garantierten Höhe auszuschütten. Sie hat entsprechende Zahlungen zu leisten.

49 Ist der andere Vertragsteil eine AG oder KGaA, haben die Vertragspartner wie beim Abschluss eines Gewinnabführungsvertrags das Recht, alternativ einen **variablen Ausgleich** vorzusehen (→ Rn. 36 f.). Ferner hat der außenstehende Aktionär einen Anspruch auf **Abfindung.** Auch das entspricht der Regelung, die für den Fall eines Gewinnabführungsvertrags gilt (→ Rn. 38 ff.).

c) Alleiniger Gewinnabführungsvertrag

50 Der Abschluss isolierter, dh nicht mit einem Beherrschungsvertrag verbundener Gewinnabführungsverträge zwischen einer herrschenden und einer abhängigen AG ist nach hM zulässig.[102] Weniger eindeutig ist die Antwort auf die Frage, ob ein solcher isolierter Vertrag sinnvoll sein kann. Die aktienrechtlichen Verpflichtungen entsprechen denen beim gleichzeitigen Abschluss eines Beherrschungsvertrags. Das gilt für den **Verlustausgleich** ebenso wie für die **Sicherung** der außenstehenden Aktionäre. Wirtschaftlich besteht daher kein Grund, den Vertrag auf die Gewinnabführung zu beschränken. Allenfalls rechtfertigen Bedenken gegen das Weisungsrecht eines Beherrschungsvertrags, hiervon abzusehen.[103]

51 Die Vertragsparteien eines isolierten Gewinnabführungsvertrags haben zu bedenken, dass hiermit für das herrschende Unternehmen eine **weitergehende Haftung** verbunden ist. Das AktG verzichtet zwar bei Bestehen eines isolierten Gewinnabführungsvertrags auf den sog. Abhängigkeitsbericht (§ 316 AktG). Dagegen gelten das Verbot der Nachteilszufügung und die Verantwortlichkeit des herrschenden Unternehmens einschließlich seiner gesetzlichen Vertreter ebenso wie im Fall des **faktischen Konzerns** (§§ 311 und 317 AktG; → Rn. 106 ff., 138 ff.), obwohl die Gewinnabführung zwingend mit der Verpflichtung zur Verlustübernahme verbunden ist (§ 302 Abs. 1 AktG).[104]

4. Gerichtliche Bestimmung von Ausgleich oder Abfindung

52 Sieht der Vertrag überhaupt **keinen Ausgleich** vor, ist er nichtig (§ 304 Abs. 3 S. 1 AktG). Wird die **Angemessenheit** in Zweifel gezogen, bleibt der Vertrag rechtswirksam. Der angemessene Ausgleich ist im sog. Spruchstellenverfahren gerichtlich festzusetzen (§ 304 Abs. 3 S. 3 AktG; → Rn. 167, ausführlich → Rn. 219).[105] Das Spruchstellenverfahren kommt auch dann zum Zuge, wenn der Vertrag **keine Abfindung** vorsieht. Im Gegensatz zum fehlenden Ausgleich ist hier eine Nichtigkeit des Vertrags nicht gegeben (§ 305 Abs. 5 S. 2 AktG).

---

[101] *Hüffer* § 304 AktG Rn. 6; *Paulsen* in MüKoAktG § 304 Rn. 47 ff.
[102] *Altmeppen* in MüKoAktG § 291 Rn. 148; *Cahn/Simon* Der Konzern 2003, 1, 2; zum Verlustübernahmevertrag *Hüffer* § 29 AktG Rn. 28.
[103] *Kropff* in MüKoAktG 2. Aufl. § 316 Rn. 1.
[104] *Kropff* in MüKoAktG 2. Aufl. § 316 Rn. 3; *Habersack* in Emmerich/Habersack § 316 AktG Rn. 10 mit dem Vorschlag de lege ferenda die §§ 311 und 317 AktG bei Bestehen eines isolierten Gewinnabführungsvertrages für unanwendbar zu erklären; ebenso *Koppensteiner* in Kölner Komm. AktG § 316 Rn. 1.
[105] Text und Kommentierung ua bei *Hüffer* § 305 Anh. AktG.

B. Beherrschungs- und Gewinnabführungsvertrag

Der Hauptversammlungsbeschluss der **abhängigen Gesellschaft** kann nicht mit der Begründung angefochten werden, Ausgleich oder Abfindung seien unangemessen (§ 305 Abs. 5 S. 1 AktG). Auch auf unzureichende Informationen in der Hauptversammlung über die Ermittlung, Höhe oder Angemessenheit von Ausgleich und Abfindung kann eine Anfechtungsklage gemäß § 243 Abs. 4 S. 2 AktG nicht gestützt werden.[106] Für die Aktionäre des **herrschenden Unternehmens** sieht das Gesetz keine Sonderregelung vor, was bedeutet, dass die Unangemessenheit von Ausgleich oder Abfindung nicht mit der Begründung, sie sei unangemessen hoch, angegriffen werden kann. Die analoge Anwendung der Bestimmungen über das Spruchverfahren würde ein solches Ergebnis vermeiden. Zu entsprechenden Überlegungen in der Rechtsprechung des BGH[107] wird in der Literatur darauf hingewiesen, dass hierfür de lege lata kein Raum sein kann.[108] Mit der rechtspolitisch verfehlten Möglichkeit, den Zustimmungsbeschluss der Hauptversammlung anzufechten,[109] muss die Praxis unverändert leben.

IV. Unternehmensführung im Vertragskonzern

Erkenntnisse der **Betriebswirtschaftslehre** gehören zur Interpretation der **Leitungsaufgabe** des Vorstands.[110] Allgemein sollte Anerkennung finden, dass das Problem ordnungsgemäßer Unternehmensleitung und -überwachung weder einseitig der einen noch der anderen Fachdisziplin, der Betriebswirtschaft oder der Rechtswissenschaft, zugeordnet werden darf.[111] Betriebswirtschaftliche Maßstäbe bestimmen die Arbeit des Vorstands, der jedoch die ihm rechtlich, insbesondere durch Gesetz und Satzung der Gesellschaft vorgegebenen Grenzen zu beachten hat.[112] Angesprochen sind damit gesetzliche Restriktionen, aber auch **Unterstützungen** durch das juristische Instrumentarium, dh Managementoptionen, die ohne diese Unterstützung nicht oder nicht so reibungslos zu verwirklichen wären.[113]

Mit Recht wird in der Literatur auf den Konflikt hingewiesen, einerseits den Unternehmensverbund als wirtschaftliche **Einheit** zu sehen, andererseits die rechtliche **Selbstständigkeit** der Konzernunternehmen nicht aus dem Auge zu verlieren.[114] Hinzu kommt, dass die Betriebswirtschaftslehre der Konzernproblematik bisher nur sehr eingeschränkt – wenn überhaupt – Rechnung getragen hat.[115] Für den Praktiker bleibt maßgebend, welches **Organisationskonzept der Konzernführung** im Einzelfall gewählt werden soll. Hieraus folgt die Entscheidung für die rechtlichen Rahmenbedingungen (→ Rn. 5 f.). Die größten, wenn auch nicht unbeschränkten Gestaltungsmöglichkeiten gewährt der **Vertragskonzern**, dessen Konsequenzen im Einzelnen jedoch sorgfältig bedacht werden wollen.

1. Leitungsmacht

a) Gesetzliche Regelung

Besteht ein Beherrschungsvertrag, so ist das herrschende Unternehmen berechtigt, dem Vorstand der Gesellschaft hinsichtlich der Leitung der Gesellschaft **Weisungen** zu erteilen (§ 308 Abs. 1 S. 1 AktG). Bestimmt der Vertrag nichts anderes, so können auch Weisungen erteilt werden, die für die Gesellschaft **nachteilig** sind, wenn sie den Belangen des herrschenden Unternehmens oder der mit ihm und der Gesellschaft konzernverbundenen Un-

---

[106] *Paulsen* in MüKoAktG § 304 Rn. 181.
[107] BGHZ 146, 179, 189 ff. = NJW 2001, 1425, 1427.
[108] *Paulsen* in MüKoAktG § 304 Rn. 182.
[109] *Krieger* in MHdB AG § 70 Rn. 108.
[110] *Johannes Semler* ZGR 1983, 1, 13.
[111] So ausdrücklich *Löbbe* Unternehmenskontrolle 192.
[112] *Mertens/Cahn* in Kölner Komm. AktG § 76 Rn. 9, § 93 Rn. 83.
[113] *v. Werder* in Albach Konzernmanagement 147, 152 f.
[114] *Löbbe* Unternehmenskontrolle 192.
[115] Das beklagt *Theisen* in Albach Konzernmanagement 29, 40 ff.

ternehmen dienen (§ 308 Abs. 1 S. 2 AktG). Im Gesetz findet sich keine Regelung, wonach im Beherrschungsvertrag bereits Vorsorge für die **Überlebensfähigkeit** der abhängigen Gesellschaft für die Zeit **nach** seiner Beendigung getroffen werden müsste. Das entspricht der hM, die im Gegensatz zu einzelnen Äußerungen im Schrifttum den Vorstand der abhängigen Gesellschaft nicht verpflichtet, an die Zeit nachher zu denken (→ Rn. 63).[116] Die Forderung nach langfristigem Denken wird hier nicht sichtbar. Anzuerkennen sind jedoch die Schwierigkeiten, bereits im Beherrschungsvertrag die Überlebensfähigkeit am Ende des Vertrages im Einzelnen zu garantieren. Das sollte allerdings eine allgemeine Aussage nicht ausschließen.

57 Der Begriff der **„Weisungen"** darf nicht eng interpretiert werden. Hierunter fällt jede Maßnahme des herrschenden Unternehmens, durch die Einfluss auf die Leitung der abhängigen Gesellschaft genommen werden soll.[117] Mit anderen Worten: Alle **Willensäußerungen** des herrschenden Unternehmens werden als Weisungen interpretiert, die aus der Perspektive des Vorstands der Untergesellschaft in der Erwartung erfolgen, dass der Vorstand sein Verhalten danach ausrichtet.[118] Kritisch ist die Abgrenzung zu **Ratschlägen** oder **Empfehlungen.** Entscheidend ist, ob sie als verbindlich gedacht sind und vom Vorstand der abhängigen Gesellschaft auch so verstanden werden. Die Verbindlichkeit wird bereits dann unterstellt, wenn der Vorstand der beherrschten Gesellschaft befürchten muss, dass seine erneute Bestellung gefährdet ist, wenn er der „Weisung" des herrschenden Unternehmens nicht nachkommt.[119] Bloße Ratschläge und Empfehlungen des herrschenden Unternehmens, die tatsächlich so gemeint und vom Vorstand der abhängigen Gesellschaft auch so verstanden werden, sind dagegen nicht als Weisungen zu interpretieren.[120] Ob und inwieweit in der nachträglichen Bewertung eine zutreffende Rekonstruktion des Gewollten und Verstandenen möglich ist, mag zumindest zweifelhaft sein. Das gilt umso mehr, als sich das Weisungsrecht nicht auf grundsätzliche Entscheidungen in der Leitung der beherrschten Gesellschaft beschränkt. Aus rechtlicher Sicht sind auch Anweisungen im laufenden **Tagesgeschäft,** außerdem Weisungen im Rahmen der innergesellschaftlichen organisatorischen Aufgaben des Vorstands zulässig.[121]

58 Für die herrschende Gesellschaft bestehen **Grenzen** in der Ausübung des Weisungsrechts. Diese können sich aus dem Beherrschungsvertrag selbst ergeben.[122] Zulässig sind **vertragliche Einschränkungen** des Weisungsrechts, wie auch besondere **Formvorschriften,** so insbesondere das Erfordernis der Schriftform für Weisungen. Die Praxis macht hiervon nur geringen Gebrauch.[123] In kritischen Fällen sollte jedoch daran gedacht werden, die Schriftform von Weisungen zu wählen, um sie insbesondere von bloßen Empfehlungen und Ratschlägen abzugrenzen.

59 Die Grenzen in der Ausübung des Weisungsrechts bestimmen auch die durch § 308 Abs. 2 S. 1 AktG geregelte **Folgepflicht des Vorstands.** Sie ist Spiegelbild der Weisungsbefugnis.[124] Aufgabe des Tochtervorstands ist es daher in jedem Fall, die Weisungen der Mutter auf ihre **rechtliche Zulässigkeit** hin zu überprüfen.[125] In Betracht kommen insoweit vor allem Vorschriften des Aktienrechts, bilanzrechtliche Normen und Weisungen, die zu Wettbewerbsverstößen oder Patentverletzungen führen könnten.[126]

---

[116] Im Einzelnen *Altmeppen* in MüKoAktG § 291 Rn. 58 ff.
[117] *Emmerich* in Emmerich/Habersack § 308 AktG Rn. 23.
[118] *Hüffer* § 308 AktG Rn. 10.
[119] *Emmerich* in Emmerich/Habersack § 308 AktG Rn. 23.
[120] *Emmerich* in Emmerich/Habersack § 308 AktG Rn. 24.
[121] *Altmeppen* in MüKoAktG § 308 Rn. 88 ff.; *Fleischer* in Fleischer § 18 Rn. 43; *Krieger* in MHdB AG § 70 Rn. 133; das besagt nichts über die geschäftspolitische Zweckmäßigkeit solcher Weisungen.
[122] Zu weiteren Einschränkungen vgl. *Emmerich* in Emmerich/Habersack § 308 AktG Rn. 37.
[123] *Altmeppen* in MüKoAktG § 308 Rn. 132.
[124] *Hüffer* § 308 AktG Rn. 20.
[125] *Löbbe* Unternehmenskontrolle 336 ff., der die Kontrollpflicht aus der Leitungsverantwortung des Tochtervorstands nach § 76 AktG ableitet.
[126] *Hüffer* § 308 AktG Rn. 14.

B. Beherrschungs- und Gewinnabführungsvertrag 60–63 § 14

Anders verhält es sich mit der sog. **Konzerndienlichkeit** der angewiesenen Maßnahmen. Die Entscheidung und Verantwortung, ob eine Weisung den Belangen des herrschenden Unternehmens oder der mit ihm und der Gesellschaft konzernverbundenen Unternehmen dient, liegt beim Vorstand der **Muttergesellschaft.** Nach § 308 Abs. 2 S. 2 AktG ist der Vorstand des Tochterunternehmens nicht berechtigt, die Befolgung einer Weisung zu verweigern, weil sie nach seiner Ansicht nicht den Belangen des herrschenden Unternehmens oder der mit ihm und der Gesellschaft konzernverbundenen Unternehmen dient, es sei denn, dass sie offensichtlich nicht diesen Belangen dient. Fehlt insoweit im Normalfall die Prüfungspflicht des Vorstands, bleibt er im Übrigen verpflichtet, die Auswirkungen des Konzerneinflusses auf das eigene Unternehmen zu ermitteln und das herrschende Unternehmen auf **drohende Nachteile** hinzuweisen, falls diese dem herrschenden Unternehmen nicht ohne weiteres offenkundig sind.[127] 60

Eine alles andere als theoretische Frage gilt der Zulässigkeit **existenzgefährdender Weisungen.** Die Lebens- oder Überlebensfähigkeit des beherrschten Unternehmens kann auf vielfache Weise bedroht sein. Hierzu gehört der übermäßige Abzug von Liquidität (→ Rn. 80), die Einstellung lebenswichtiger Produktionen oder vielversprechender Entwicklungen, die Übertragung der ertragreichsten Betriebszweige auf andere Konzernunternehmen oder das Unterbleiben der für den Fortbestand der Gesellschaft am Markt unerlässlichen Investitionen.[128] Hierbei ist zwischen Weisungen zu unterscheiden, durch die **aktuell** die Existenz der abhängigen Gesellschaft und denen, durch die ihre Überlebensfähigkeit **nach** Beendigung des Beherrschungsvertrags bedroht wird. 61

Ganz überwiegend wird angenommen, dass das herrschende Unternehmen die Existenz des abhängigen Unternehmens **während der Dauer** des Beherrschungsvertrags nicht gefährden darf. Entscheidende Voraussetzung ist die **Solvenz** des **herrschenden Unternehmens.** Ist sie gegeben, kommt wegen seiner Verpflichtung zum Verlustausgleich eine Existenzgefährdung nicht in Betracht, anders ausgedrückt, es dürfen keine Weisungen erfolgen, die den Erfolg dieser Garantie vereiteln würden.[129] Hat der Vorstand der beherrschten Gesellschaft Zweifel, muss er auf einem vorherigen Verlust- oder Nachteilsausgleich durch das herrschende Unternehmen bestehen.[130] Unterbleibt der Ausgleich, ist die Weisung unzulässig. 62

Die weitere Frage gilt Weisungen, die voraussichtlich zum **Verlust der Lebensfähigkeit** des beherrschten Unternehmens führen werden. Der BGH hat Weisungen nicht für unzulässig erklärt, wenn es dem Unternehmen anschließend nicht mehr möglich ist, bei Beendigung des Unternehmensvertrags aus eigener Kraft fortzubestehen.[131] Das entspricht der hM in der Literatur.[132] Hingewiesen wird auf die fehlende Praktikabilität einer anderen Lösung. Ein unendlicher Streit darüber, welche potentielle nachträgliche Existenzgefährdung die Folge der Weisung sein könnte, sei anderenfalls vorprogrammiert.[133] Ein Schutz außenstehender Aktionäre vor die Überlebensfähigkeit gefährdenden Weisungen wird deshalb als entbehrlich angesehen, weil die Vermögensmasse der AG bei korrekter Bewertung zum Stichtag des Vertragsendes **bilanziell** erhalten bleiben muss. Das hat ggf. der letzte Verlustausgleich sicherzustellen.[134] Das kann im Einzelfall ein schwacher Trost sein.[135] 63

---

[127] *Hüffer* § 308 AktG Rn. 21; *Johannes Semler* Leitung Rn. 452.
[128] *Emmerich* in Emmerich/Habersack § 308 AktG Rn. 62.
[129] *Altmeppen* in MüKoAktG § 308 Rn. 119 ff.
[130] *Emmerich* in Emmerich/Habersack § 308 AktG Rn. 64.
[131] BGHZ 135, 374, 378 = NJW 1997, 2242, 2243 – Guano.
[132] *Altmeppen* in MüKoAktG 308 Rn. 126; *Emmerich* in Emmerich/Habersack § 308 AktG Rn. 65; aA *Johannes Semler* in MüKoAktG 2. Aufl. Vor § 76 Rn. 169.
[133] So *Altmeppen* in MüKoAktG § 302 Rn. 40.
[134] *Altmeppen* in MüKoAktG § 302 Rn. 42, § 308 AktG Rn. 128.
[135] ZB Verkauf der ertragreichsten Beteiligung zum Buchwert während der Laufzeit des Beherrschungsvertrags, Auflösung aller stillen Reserven, s. *Spindler/Klöhn* Der Konzern 2003, 511, 514.

b) Konzernleitungspflicht

64 Im Rahmen der Verfassung der AG formuliert § 76 Abs. 1 AktG: Der Vorstand hat unter eigener Verantwortung **die Gesellschaft zu leiten.** Konzernrechtliche Zusammenhänge werden nicht ausdrücklich angesprochen. Das gilt insbesondere der Frage, ob der Vorstand der Obergesellschaft verpflichtet ist, nicht nur diese, sondern auch die Tochterunternehmen nach dem Standard, der für die Gesellschaft gilt, umfassend zu leiten.[136] Die Auffassung, der Konzernvorstand sei gegenüber der herrschenden AG zu einer **zentralen Konzernleitung** verpflichtet,[137] hat sich mit Recht nicht durchsetzen können. Ein Zwangs-Korsett für die Unternehmensführung ist dem Gesetz fremd. Der Vorstand der Obergesellschaft hat den gewollten Einflussbereich des herrschenden Unternehmens festzulegen, er muss entscheiden, wie die Unternehmensgruppe geführt werden soll.[138] Auch bei unternehmerischer Führung der Beteiligungen bzw. Tochtergesellschaften entscheidet der Vorstand des herrschenden Unternehmens über die **Art und Weise der Verbundführung,** er muss beurteilen, ob eine zentrale oder dezentrale Führungsstruktur dem wirtschaftlichen Erfolg der Unternehmensgruppe zuträglicher ist.[139] Nicht zulässig ist dagegen, abhängige Unternehmen völlig unkontrolliert zu lassen. Hier sind dem unternehmerischen Ermessen Grenzen gesetzt.[140] Besteht eine Einflussmöglichkeit, sind Beteiligungen nicht als bloße Finanzanlage zu halten.[141] Die Einflussrechte sind im Interesse der Gesellschaft, insbesondere deren Rentabilität, wahrzunehmen.[142]

2. Konzernorganisation und -führung

65 Entscheidet sich der Vorstand der herrschenden Gesellschaft für den Abschluss eines Beherrschungsvertrags, ist dies die Entscheidung für ein **mögliches rechtliches Instrumentarium** in der Ausübung der Leitung. Der Vorstand des herrschenden Unternehmens ist **nicht verpflichtet,** die Selbstständigkeit der Führung einer abhängigen Gesellschaft so weit **einzuschränken,** wie dies konzernrechtlich möglich wäre.[143] Insbesondere besteht keine Verpflichtung, die Aktivitäten einer rechtlich selbstständigen Tochter so zu leiten wie die einer rechtlich unselbstständigen Betriebsabteilung. Innerhalb der zu verantwortenden **Grenzen** entscheidet sich die Führungstiefe, mit den Schlagworten zentral oder dezentral umschrieben.

66 Der erfahrene Manager weiß um die **Gefahren** einer zu starken **Zentralisierung.** Die Entscheidungsabläufe werden schwerfällig, ihre Dauer unangemessen, zudem oft weit entfernt vom Marktgeschehen und dies mit beträchtlichen **Kosten.**[144] Verwaltungen neigen zu einem nur mit Härte vermeidbaren Wachstum, das der „Wucherung" zumindest nahe kommt. Der Reiz, an der Front mitzuentscheiden, ist für Stäbe – soweit sie nicht mit sich selbst beschäftigt sind – gelegentlich unwiderstehlich. Die Konsequenzen zu häufiger Eingriffe: Vor allem die Demotivation der das Ergebnis maßgeblich beeinflussenden Mitarbeiter in den Töchtern. Für die Praxis wird daher aus guten Gründen eine deutliche Bevorzugung dezentraler Organisationsformen konstatiert.[145]

---

[136] *Hüffer* § 76 AktG Rn. 17; *Fleischer* in Fleischer § 18 Rn. 7 spricht zu Recht vom „Regelungsvakuum".
[137] So insbesondere *Hommelhoff* Konzernleitungspflicht 76 ff.; *U. H. Schneider,* FS Hadding, 2004, 621, 630.
[138] *Semler/Spindler* in MüKoAktG 2. Aufl. Vor § 76 Rn. 141; *Koppensteiner* in Kölner Komm. AktG Vor § 291 Rn. 71 f.; *Langenbucher* in K. Schmidt/Lutter § 291 AktG Rn. 40 f.; *Fleischer* in Fleischer § 18 Rn. 14.
[139] *Johannes Semler* ZGR 2004, 631, 656 f.; *ders.* Leitung Rn. 316; *Löbbe* Unternehmenskontrolle 82.
[140] *Spindler* in MüKoAktG § 76 Rn. 49.
[141] *Fleischer* in Fleischer § 18 Rn. 7.
[142] *Spindler* in MüKoAktG § 76 Rn. 49.
[143] *Altmeppen* in MüKoAktG § 309 Rn. 54. Das Gesetz formuliert in § 308 Abs. 1 S. 1 nur ein Weisungsrecht, nicht aber eine Weisungspflicht.
[144] Zur Konzernorganisation *Scheffler* Konzernmanagement 59 ff.
[145] *Mellewigt/Matiaske* in Albach Konzernmanagement 109, 112. Von der dort zitierten Ausdünnung der Zentralbereiche bis hin zur „Magersucht" in der Konzernorganisation ist allerdings in der Praxis eher zu wenig als zu viel zu beobachten. – Vgl. auch *Scheffler* in Lutter Holding-HdB § 2.

B. Beherrschungs- und Gewinnabführungsvertrag

Dem stehen die **Risiken** einer unzureichenden Konzernführung und -überwachung gegenüber. Nur zu leicht gewinnen die zentrifugalen Kräfte in Konzernen die Oberhand. Sie verhindern die den Konzern rechtfertigende Steigerung der Effizienz und Effektivität seiner Unternehmungen. Mag das Fehlen positiver Effekte gelegentlich noch hinnehmbar sein, gefährlich werden Schieflagen von Tochtergesellschaften, die den Konzern insgesamt bedrohen. Dezentrale Unternehmensführung setzt daher zwingend **Transparenz** und **Kontrolle** voraus. Insoweit kann von Ermessen keine Rede sein. Bei nachhaltigen Fehlentwicklungen in den abhängigen Unternehmen ist der Vorstand des herrschenden Unternehmens verpflichtet, aktiv einzugreifen.[146] Tatsächlich setzt die Verpflichtung insoweit noch früher ein: Nachhaltige Fehlentwicklungen sind möglichst zu verhindern, zumindest **frühzeitig** zu **erkennen.** Aus der praktischen Erfahrung ist jedoch zu ergänzen, dass auch eine gewissenhafte Konzernführung vor Überraschungen nicht in jedem Fall geschützt werden kann. Es müssen nicht unbedingt kriminelle Handlungen sein, die immer wieder in Erinnerung rufen, dass es eine Erfolgsgarantie nicht gibt. Das sollten auch die klugen – aus dem Rathaus kommenden – Kritiker bedenken.

Die richtige Balance zwischen zentraler und dezentraler Führung zu finden, ist wahre **Führungskunst.** Grundlage sind die sich stellenden Aufgaben. Unverzichtbar ist – unabhängig von der Leitungsintensität – die **strategische Führung.** Der Kern ist die strategische **Planung,** auf der die operative Planung aufbaut (→ Rn. 77 ff.). Damit wird den Töchtern ua der Rahmen für ihre Aktivitäten vorgegeben. Sie müssen wissen, welche Expansionsfelder für sie im Konzern offen und welche belegt sind.[147] Auch wenn „Fokussierung" zu einem Modewort verkommen ist, bleibt die geschäftliche Versuchung, das (Ergebnis-)Heil auf anderen, vermeintlich weniger wettbewerbsintensiven und ertragreicheren Geschäftsfeldern zu finden.

Neben die Unternehmensverfassung und die Unternehmenspolitik wird in der Literatur die **Unternehmenskultur** gestellt.[148] Sie ist unverzichtbar **in** den einzelnen Gesellschaften. Die Möglichkeit und Notwendigkeit einer **Konzernkultur** wird jedoch meist überschätzt. Das Bemühen hat oft etwas Künstliches, „von oben Aufgepfropftes". Der Sinn erschließt sich den operativ Führenden nur selten, wobei es meist opportun ist, diesen „Mangel" nicht erkennen zu lassen. Die Realität zeigt der schlichte Spruch: „Das Hemd ist mir näher als der Rock."

Die **Führung eines Konzerns** hat viele Facetten. Ihre Beschreibung im Einzelnen und der zumindest hoffnungsvolle Versuch, praktische Hilfestellung zu geben, ist primär Aufgabe der **Betriebswirtschaft.** Die nachfolgende Darstellung beschränkt sich daher auf einige zentrale Aspekte.

a) Personalpolitik und -entscheidungen

Der Erfolg eines Unternehmens wird ganz entscheidend durch die **Qualität seiner Führung** bestimmt. Personalentscheidungen gehören damit zur verantwortungsvollsten Aufgabe der Entscheidungsträger. Das gilt für die Besetzung des Vorstands der Obergesellschaft selbst, aber auch für die Vorstandsbesetzung in den abhängigen Gesellschaften, für Berufung und Abberufung.[149] Verlangt werden kompetente und konzernloyale Vorstandsmitglieder in den Untergesellschaften, die dem Erfolg und den Interessen des Unternehmens verpflichtet sind, aber in diesem Rahmen die Zusammenarbeit im Konzern vorbehaltlos bejahen[150] was sicherlich als richtig anzustreben ist, aber der Quadratur des Kreises nahe kommt.

---

[146] *Löbbe* Unternehmenskontrolle 84 f.
[147] *Keller* in Lutter Holding-HdB § 4 Rn. 35.
[148] *Keller* in Lutter Holding-HdB § 4 Rn. 32 und 88; zu den Gefahren insbesondere *Rieckers* Konzernvertrauen 75 ff.
[149] Vgl. hierzu *Fonk* in Semler/v. Schenck AR HdB § 10 Rn. 1 ff.; *Scheffler* Konzernmanagement 114.
[150] *Scheffler* Konzernmanagement 114.

72 Bei der **Vorstandsbesetzung in den abhängigen Gesellschaften** bestehen für den Vorstand der Obergesellschaft rechtliche Grenzen, die nicht immer theoretischer Natur sein müssen. Der Grund liegt in der zwingenden aktienrechtlichen Zuständigkeitsordnung. Der Beherrschungsvertrag begründet **kein Weisungsrecht** gegenüber dem **Aufsichtsrat der Tochter**,[151] Dessen Kompetenzen ua bei der Vorstandsbestellung und dem Widerruf der Bestellung sowie der Vereinbarung der Anstellungsbedingungen bleiben unberührt. Diese Aussage gilt hinsichtlich der **Organstellung** unbeschränkt. Nicht gesichert ist, ob und inwieweit die Muttergesellschaft ihrerseits durch direkte Vereinbarungen ganz oder teilweise **Vergütungen** übernehmen kann, was ihr einen weit über rechtliche Kategorien hinausgehenden Einfluss verschaffen würde.[152] Bedeutsamer ist allerdings die Tatsache, dass die Obergesellschaft Einfluss auf die **Auswahl der Aufsichtsratsmitglieder** der beherrschten Gesellschaft hat. Sie unterliegt hinsichtlich der Anteilseignervertreter **keinen rechtlichen Schranken**.[153] Das korrespondiert mit der gesetzlichen Vermutung für Beherrschung und Abhängigkeit (§ 17 AktG; → Rn. 9). Nicht unrealistisch ist die Annahme, dass sich Aufsichtsrat und Vorstand den Wünschen des Mehrheitsaktionärs gegenüber aufgeschlossen zeigen, da sie anderenfalls riskieren, künftig nicht mehr in ihren Positionen bestätigt zu werden.[154]

73 Zwei **Einschränkungen** sind notwendig. Der Vorstand der Obergesellschaft hat in der Regel keinen Einfluss auf die Wahl der **Arbeitnehmervertreter** im Aufsichtsrat, im Fall der paritätischen Mitbestimmung schlicht die Hälfte seiner Mitglieder. Vom Stichentscheid des Aufsichtsratsvorsitzenden wird selten Gebrauch gemacht. Ein Zweites: Nach ganz überwiegender Meinung ist der Aufsichtsrat auch im Vertragskonzern dem **Unternehmensinteresse der abhängigen Gesellschaft** und nicht dem Konzerninteresse verpflichtet.[155] Dieses Gebot gilt ebenso für Vorstandsmitglieder der Obergesellschaft im Aufsichtsrat der beherrschten Tochter. Besteht ein unvereinbarer Konflikt, muss im Extremfall das Aufsichtsratsmitglied sein Mandat aufgeben.[156] Im Übrigen steht die Forderung der Ausrichtung auf das Unternehmensinteresse der abhängigen Gesellschaft in bemerkenswertem Gegensatz zu der – wie behauptet wird – im Fall der Abhängigkeit nach heute herrschender und zutreffender Auffassung bestehenden Befürchtung, dass die Verwaltungsorgane zur Vermeidung persönlicher Nachteile ihre Geschäftspolitik an den Interessen des herrschenden Unternehmens ausrichten werden.[157] Wenn dies auch der Realität sehr nahe kommt, ist Konfliktpotential nicht zu leugnen. Für dessen Lösung kann die in der Zuständigkeit der Hauptversammlung liegende **Abberufung von Aufsichtsratsmitgliedern** nur ultima ratio sein (§ 103 Abs. 1 S. 1 AktG). Der Beschluss bedarf einer Mehrheit, die mindestens drei Viertel der abgegebenen Stimmen umfasst (§ 103 Abs. 1 S. 2 AktG).

74 Ein zweites Thema der Personalpolitik ist die Besetzung von **Positionen unterhalb des Vorstands** der beherrschten Gesellschaft. Hier greift das Weisungsrecht auch dann, wenn

---

[151] *Altmeppen* in MüKoAktG § 308 Rn. 85; *Emmerich* in Emmerich/Habersack § 308 AktG Rn. 42; aA *v. Falkenhausen* ZIP 2014, 1205, 1206 f.

[152] *Fonk* in Semler/v. Schenck AR HdB § 10 Rn. 219 f.; *ders.* NZG 2010, 368.

[153] Hierfür bedarf der Vorstand der Obergesellschaft, falls sie ebenso wie die Tochtergesellschaft dem MitbestG unterliegt, der Zustimmung der Anteilseigner im Aufsichtsrat (§ 32 Abs. 1 MitbestG), ein mehr oder weniger leeres Ritual. Hierzu *Gach* in MüKoAktG § 32 MitbestG Rn. 20. – Für börsennotierte Gesellschaften ist Ziff. 5.4.2 DCGK zu berücksichtigen, dessen Interpretation immer noch der endgültigen Klärung bedarf, vgl. *Hecker/Peters* BB 2012, 2639, 2644.

[154] *Bayer* in MüKoAktG § 17 Rn. 27; *Krieger*, FS Johannes Semler, 1993, 503, 504 f.; *U. H. Schneider*, FS Hadding, 2004, 621, 633.

[155] *Krieger* in MHdB AG § 70 Rn. 170; *Johannes Semler* Leitung Rn. 464; *Scheffler* Konzernmanagement 107; *U. H. Schneider*, FS Hadding, 2004, 621, 625: „Der Vorstand und der Aufsichtsrat des abhängigen Unternehmens sind die Hüter der Interessen des abhängigen Unternehmens". Kritisch *Koppensteiner* in Kölner Komm. AktG § 308 Rn. 74.

[156] *M. Schmidt*, FS Imhoff, 1998, 67, 81; BGH NJW 1980, 1629, 1630: Die Spaltung einer Person mit kollidierenden Pflichten in solche Verhaltensweisen, die nur dem einen, nicht aber zugleich dem anderen Verantwortungsbereich zugeordnet werden könnten, ist, wenn tatsächlich beide Bereiche betroffen sind, nicht möglich.

[157] *Bayer* in MüKoAktG § 17 Rn. 27 mwN.

es im Ergebnis zu Nachteilen für die abhängige Gesellschaft führt. Bedeutung hat das Thema insbesondere in Verbindung mit der Auswahl und Entwicklung **zukünftiger Führungskräfte.** Dies wird als ein zentraler Aufgabenbereich der personellen Führung durch die Holding bezeichnet, ergänzt durch einen begleitenden oder sogar aktiv durch die Holding initiierten Personaltransfer im Konzern.[158] Der **Realisierung** kommt zugute, dass die größere Zahl der Führungspositionen innerhalb eines Konzerns mit unterschiedlichen Aufgaben und unterschiedlichem Verantwortungsumfang eine breitere und intensivere Managementausbildung und Karriereentwicklung ermöglicht, was wiederum für qualifizierte Nachwuchs- und Führungskräfte besonders attraktiv ist.[159] Die Wirklichkeit ist oft nicht nur deshalb sehr viel nüchterner, weil Vorgesetzte nicht bereit sind, einen guten Mitarbeiter im Interesse sinnvoller Karriereplanung abzugeben. Gelegentlich kommen Bemühungen über den Aufbau einer Bürokratie nicht hinaus. Eine starke Zentralisierung fördert die **Effizienz,** nicht aber unbedingt die **Motivation** in den beherrschten Gesellschaften.

Zur Personalpolitik gehört das Thema **„Doppelmandate":** Vorstandsmitglieder der maßgeblichen Tochtergesellschaften, überwiegend die Vorstandsvorsitzenden, werden in Doppelfunktion zu Vorstandsmitgliedern der Konzern-Obergesellschaft bestellt.[160] Solche Doppelmandate können sich auch auf der Ebene Tochter-/Enkel-Gesellschaft als zweckmäßig erweisen, ferner in Schwester-Gesellschaften. Für die Institutionalisierung von Doppelmandaten sprechen zumindest vordergründig **praktische Überlegungen.** Die Durchsetzung der Konzernpolitik wird durch Vorstands-Doppelmandate ebenso erleichtert wie umgekehrt die unmittelbare Berücksichtigung und Beteiligung der Interessen der Bereichsgesellschaften an den Entscheidungen des Vorstands der Konzern-Obergesellschaft sichergestellt werden. 75

Die **rechtliche Zulässigkeit** ist im Vertragskonzern unproblematisch, aber auch hier gilt, dass ein Vorstandsmitglied zweier Gesellschaften den Interessen jeweils beider Gesellschaften verpflichtet ist. Kollidieren diese Interessen, gerät das Vorstandsmitglied unausweichlich in einen Loyalitätskonflikt.[161] Faktisch werden die das **operative Geschäft** verantwortenden Vorstandsmitglieder den Konflikt allen Bekundungen zum Trotz im Zweifel so lösen, dass sie nicht dem Konzerninteresse den Vorrang vor den Interessen ihrer Gesellschaft geben. Sie werden zB die Zustimmung zu eigenen Investitionen im Vorstand nicht durch kritische Kommentare zu den Vorhaben der Kollegen gefährden, auch wenn dies dem Bild der Konzernverantwortung sicherlich nicht entspricht. **Funktionale Vorstandsmitglieder** haben in der Regel eine größere Distanz zum operativen Geschäft und damit die für eine Entscheidung unerlässliche Objektivität. In der Praxis zu beobachtende Neuorientierungen zeigen, dass sich die Doppelmandate auf dem Rückzug befinden, bis sie wieder als „Ei des Kolumbus" entdeckt werden. Die in der Literatur vertretene Auffassung, dass die Besetzung der Holding mit interessewahrenden Tochter-Vorständen und gleichzeitig operativ neutralen, konzernorientierten Holding-Vorständen anzustreben sei,[162] kann in dieser allgemeinen Form keine Zustimmung finden. 76

b) Planung/Controlling

Die Unternehmensplanung als gedankliche Vorwegnahme der künftigen Entwicklung ist unabdingbarer Bestandteil der Unternehmensführung,[163] ebenso wie die Sicherstellung einer regelmäßigen, aussagefähigen Berichterstattung. Das gilt für die einzelne Gesellschaft 77

---

[158] *Keller* in Lutter Holding-HdB § 4 Rn. 73 und *Theisen* in Lutter Holding-HdB § 10 Rn. 60 ff.
[159] *Scheffler* Konzernmanagement 97.
[160] Entspr. Vorstands-Doppelmandate „von oben nach unten". Zur Motivation *Kropff* in MüKoAktG 2. Aufl. § 311 Rn. 91.
[161] *Kropff* in MüKoAktG 2. Aufl. § 311 Rn. 93; vgl. im Einzelnen *Fonk* in Semler/v. Schenck AR HdB § 10 Rn. 75; *Hoffmann-Becking* ZHR 150 (1986), 570 ff.; *Johannes Semler*, FS Stiefel, 1987, 719 ff.; *Hüffer* § 76 AktG Rn. 21 mit dem zutreffenden Hinweis auf die fehlende dogmatische Bewältigung.
[162] *Keller* in Lutter Holding-HdB § 4 Rn. 78 aE.
[163] So wörtlich *Scheffler* Konzernmanagement 144. – Zur Bedeutung und Rechtspflicht *Hüffer* § 90 AktG Rn. 4a f. mwN.

ebenso wie für den Konzern, wobei in letzterem Fall die Informationsbeschaffung bei Bestehen eines Beherrschungsvertrages ohne jedes Problem ist.[164] Bestandteile sind die **strategische** und die **operative** Planung, letztere die Umsetzung der Geschäftspolitik in operative Maßnahmen unter Angabe ihrer zahlenmäßigen Auswirkungen.[165] Die operative Planung ist in der Regel eine **mehrjährige,** wobei die Einjahresplanung, auch Budget genannt, einen höheren Differenzierungsgrad aufweisen sollte. Im Übrigen ist darauf hinzuweisen, dass das **Planungssystem** des Konzerns bei völlig unterschiedlichen Voraussetzungen, wie zB zwischen Produktion und Handel, nicht unbedingt einheitlich sein muss. Andererseits sind die Aussagefähigkeit und damit die Beurteilungsmöglichkeit sicherzustellen.

78 Grundlage der **Konzernplanung** sind die Pläne der **abhängigen** Gesellschaften, von der Umsatzplanung über weitere Einzelpläne bis zur Planung des Ergebnisses. Wünschenswert ist die Verdichtung der Zahlen bis zur (Konzern-)Plan-Bilanz sowie Gewinn- und Verlustrechnung. Die Erarbeitung erfolgt realistischerweise von zwei Seiten.[166] Der Konzernvorstand wird **Vorgaben** beschließen, die sicherstellen, dass der Planung einheitliche Rahmenbedingungen und -prämissen zugrunde gelegt werden. Im Übrigen ist der Obergesellschaft in diesem Stadium der Planung Zurückhaltung zu empfehlen.[167] Nach Erstellung der Einzelpläne haben sich **Plangespräche** zwischen dem Vorstand der Konzerngesellschaft und dem Vorstand der beherrschten Gesellschaft bewährt. Sie dienen nicht nur dem besseren Verständnis der dezentralen Planung, sie ermöglichen auch Korrekturen dort, wo zu optimistisch oder zu wenig anspruchsvoll geplant worden ist. Angesichts beschränkter finanzieller Ressourcen dürfte insbesondere der **Investitionsplan** intensiv diskutiert werden. In der Regel lassen sich nicht alle Wünsche der abhängigen Gesellschaft erfüllen. Das ist aus rechtlicher Sicht bei Abschluss eines Beherrschungsvertrags unproblematisch.

79 Der Planung folgt zeitlich der **Soll/Ist-Vergleich.** Er ist mit den daraus resultierenden Abweichungsanalysen als institutionalisierter permanenter Vergleich ein ständiger Lern- und Steuerungsprozess. Der Soll/Ist-Vergleich beweist als **Frühindikator** der Entwicklungen immer noch am besten seine Eignung, bei aller Unsicherheit im Einzelnen. Auf dieser Grundlage empfehlen sich regelmäßige Gesprächsrunden zwischen der Obergesellschaft und der abhängigen Gesellschaft.

c) Konzernweites Cash-Management

80 Zu den originären Aufgaben der Konzernleitung gehört die **finanzwirtschaftliche Führung**[168] des Konzerns.[169] Wie bei der Konzernorganisation reicht die Ausgestaltung im Einzelnen von dezentral bis zentral.[170] **Dezentral** ist die Holding-Finanzwirtschaft, wenn auf jeder Stufe eigenständige Bankverbindungen und dementsprechend eine eigenständige Finanzierung der jeweiligen Aktivitäten und Investitionen bestehen, wobei die Holding-Führung dann lediglich die Eigenkapitalausstattung und die Gewinnverwendung bestimmt.[171] In der Praxis überwiegt nach aller Erfahrung die **zentrale Konzernfinanzierung,** insbesondere in der Form des straffen Cash-Management.[172] Ziel ist die Sicherstellung der Liquidität, die optimale Steuerung des Zahlungsverkehrs und die Minimierung von Währungsrisiken. Die Tochter stellt der Mutter als Darlehen gemäß § 488 BGB liquide Mittel zur Verfügung, die zur Finanzierung der unterschiedlichsten Konzernaktivitäten

---

[164] *Lutter* Information Rn. 178.
[165] *Kropff* NZG 1998, 613, 614.
[166] *Johannes Semler* Leitung Rn. 324.
[167] S. auch *Keller* in Lutter Holding-HdB § 4 Rn. 59.
[168] Zur Zulässigkeit § 291 Abs. 3 AktG: „Leistungen der Gesellschaft bei Bestehen eines Beherrschungs- oder eines Gewinnabführungsvertrages gelten nicht als Verstoß gegen die §§ 57, 58 und 60."
[169] *Scheffler* Konzernmanagement 222; *Lutter/Scheffler/U. H. Schneider* Konzernfinanzierung § 1 Rn. 65 ff.
[170] *Scheffler* Konzernmanagement 222.
[171] *Theisen* in Lutter Holding-HdB § 11 Rn. 4.
[172] *Bayer,* FS Lutter, 2000, 1011, 1012; *Jansen,* FS Hommelhoff, 2012, 495. – Zu den Kapitalerhaltungsregeln nach neuem Recht insbesondere *Altmeppen* NZG 2010, 361, 363.

B. Beherrschungs- und Gewinnabführungsvertrag

eingesetzt werden, wie umgekehrt die Mutter durch Darlehen zur Finanzierung der Tochter beiträgt. Der auf diese Weise gewährleistete **Ausgleich von Liquiditätsschwankungen** verhindert, dass sich ein Konzernunternehmen hochverzinslich kurzfristig verschulden muss, während zu gleicher Zeit bei einem anderen Konzernunternehmen Zahlungsmittel nicht hinreichend rentabel genutzt werden können, weil mehr Liquidität vorhanden ist als das Unternehmen zur Zeit benötigt.[173] Eine weitere Variante ist die **Stellung von Sicherheiten** der Tochter für die Konzernspitze und umgekehrt.[174] Bei **gesunder wirtschaftlicher Entwicklung** der Konzernunternehmen liegt eine zentral gesteuerte Konzernfinanzierung im Interesse aller beteiligten Gesellschaften.[175] Dies insbesondere dann, wenn Lösungen gefunden werden, die unmittelbare Bankenkontakte der Tochtergesellschaften nicht völlig ausschließen.[176]

Die Entscheidung für die **Ausgestaltung** der Holding-Finanzwirtschaft obliegt bei Bestehen eines Beherrschungsvertrages dem Vorstand der Obergesellschaft.[177] Ihre zentrale Form kann durch entsprechende **Weisungen** bestimmt werden. Die Vorstände der beherrschten Gesellschaften sind verpflichtet, das vorgegebene System in ihren Häusern zu implantieren. Diese Verpflichtung ist jedoch nicht uneingeschränkt. Sie besteht, solange die Leistungsfähigkeit der Konzernobergesellschaft und die jederzeitige Zahlungsfähigkeit der Konzerntöchter gewährleistet ist.[178] Die Einschränkung ergibt sich aus den **Grenzen des Weisungsrechts.** Grundlage ist die Forderung, dass das herrschende Unternehmen die Existenz der abhängigen Gesellschaft während der Dauer des Beherrschungsvertrags nicht gefährden darf (→ Rn. 63).[179] Dem Vorstand der Tochtergesellschaft obliegt demnach auch im Vertragskonzern eine **Prüfungspflicht.**[180]

Ist die **Solvenz** des herrschenden Unternehmens **gefährdet,** besteht unter keinen Umständen eine Folgepflicht für das abhängige Unternehmen. Daraus ergibt sich, dass die abhängige Gesellschaft einen rechtlichen Anspruch darauf hat, dass das herrschende Unternehmen jederzeit seine **Solvenz** darlegt.[181] Weitergehend wird sogar eine Pflicht zur **unaufgeforderten Auskunft** angenommen, falls die Solvenz des herrschenden Unternehmens gefährdet ist und damit die Gefahr besteht, dass der Verlustausgleichsanspruch der abhängigen Gesellschaft nicht mehr werthaltig sein könnte.[182] Die Schlussfolgerung ist, dass sich der Vorstand der Tochtergesellschaft dem konzernweiten Cash-Management **nicht** oder **nicht mehr** anschließen darf, wenn zu befürchten steht, dass die Konzernleitung nicht in der Lage sein wird, die im Rahmen des konzernweiten Cash-Managements abgeführte Liquidität zurückzuzahlen. Das ist ein realistisches Szenario insbesondere dann, wenn die Gelder zur (erfolglosen) Sanierung anderer Konzernunternehmen verwandt werden.[183] Außerdem ist der Vorstand der Tochtergesellschaft verpflichtet, zu prüfen, ob er den Beherrschungsvertrag aus wichtigem Grund kündigen muss (§ 297 Abs. 1 AktG).[184]

d) Jahresabschluss

Der Konzernabschluss und Konzernlagebericht haben eine überragende Bedeutung erhalten, die den Einzelabschluss der Muttergesellschaft in den Hintergrund drängt, obwohl

---

[173] *Altmeppen* in MüKoAktG § 311 Rn. 225 ff.; *Decker* ZGR 2013, 392, 394 ff.
[174] *Bayer,* FS Lutter, 2000, 1011, 1014 f.
[175] *Altmeppen* NZG 2010, 361; *Strohn* DB 2014, 1535.
[176] Hierzu *Keller* in Lutter Holding-HdB § 4 Rn. 46.
[177] Zum isolierten Gewinnabführungsvertrag *Altmeppen* NZG 2010, 361, 365 ff.
[178] *Altmeppen* in MüKoAktG § 308 Rn. 119 f.; *ders.* NZG 2010, 361, 364.
[179] Vgl. *Altmeppen* in MüKoAktG § 308 Rn. 119; *ders.* NZG 2010, 361, 364; *Bayer* in MüKoAktG § 57 Rn. 142.
[180] *U. H. Schneider* in Lutter/Scheffler/Schneider Konzernfinanzierung § 25 Rn. 80.
[181] *Altmeppen* in MüKoAktG § 308 Rn. 122. Das Kapitalerhaltungsgebot des § 57 AktG gilt bei Leistungen aufgrund eines Beherrschungs- oder eines Gewinnabführungsvertrags allerdings nicht (§ 291 Abs. 3 AktG).
[182] *Altmeppen* in MüKoAktG § 308 Rn. 123 f., § 309 Rn. 58a.
[183] *U. H. Schneider* in Lutter/Scheffler/Schneider Konzernfinanzierung § 25 Rn. 80.
[184] *Emmerich* in Emmerich/Habersack § 308 AktG Rn. 64 für den Fall, dass die Forderung nach einem vorherigen Verlust- oder Nachteilsausgleich keinen Erfolg hatte.

er Grundlage der Gewinnausschüttung ist. Das gilt für den nach den Vorschriften des HGB aufzustellenden Konzern-Jahresabschluss (§§ 290 ff. HGB), insbesondere aber für den Abschluss, den kapitalmarktorientierte Unternehmen in der EU nach IAS/IFRS aufzustellen haben (§ 315a HGB). Zu Einzel- und Konzernabschlüssen ausführlich → § 10 Rn. 210 ff. In der Regel wird die Muttergesellschaft ein Interesse haben, unmittelbaren Einfluss auf die Bilanzierung durch Weisungen zu nehmen. Der Beherrschungsvertrag eröffnet hierzu die Möglichkeit. Nach ganz überwiegender Meinung gilt das Weisungsrecht auch für die **innergesellschaftlichen** und **organisatorischen** Aufgaben des Vorstands.[185] Hierzu gehört der **Konzernabschluss**.

84   Angesprochen sind Maßnahmen, die der **Bilanzpolitik** dienen sollen, zB Verkäufe zur Auflösung stiller Reserven. In gleicher Weise sind Weisungen zulässig, die auf die Bilanzierung unmittelbar Einfluss nehmen. Das Weisungsrecht umfasst die Ausübung von **Wahlrechten** sowie die Bestimmung der Höhe des in andere **Gewinnrücklagen** einzustellenden Betrages.[186] Von praktischer Bedeutung sind Entscheidungen dort, wo **Ermessensspielräume** im Rahmen der zwingenden gesetzlichen Vorschriften gegeben sind. Das kann Wertansätze, Abschreibungen und Rückstellungen betreffen. Auch insoweit ist von der Zulässigkeit des Weisungsrechts auszugehen.[187]

e) Risikomanagement

85   Der Gesetzgeber verpflichtet den Vorstand ausdrücklich, geeignete Maßnahmen zu treffen (→ § 7 Rn. 43), insbesondere ein Überwachungssystem einzurichten, damit den **Fortbestand der Gesellschaft** gefährdende Entwicklungen früh erkannt werden (§ 91 Abs. 2 AktG; entsprechend Ziff. 4.1.4 DCGK). Stehen in einem Konzern die Unternehmen unter der einheitlichen Leitung einer Kapitalgesellschaft (Mutterunternehmen), ist – wie die Begründung des Regierungsentwurfs zum neuen § 91 Abs. 2 AktG betont – die Überwachungs- und Organisationspflicht im Rahmen der bestehenden gesellschaftsrechtlichen Möglichkeiten **konzernweit** zu verstehen, sofern von Tochtergesellschaften den Fortbestand der Gesellschaft gefährdende Entwicklungen ausgehen können.[188] Die Gesetzesänderung hat zu lebhaftem Streit darüber geführt, ob sie den Vorstand der Muttergesellschaft zur Einführung eines **umfassenden Risikomanagements** verpflichtet. Wesentliche Stimmen der Betriebswirtschaftslehre und die Prüfungspraxis sehen den Vorstand zur **systematischen** Erfassung **sämtlicher** das Unternehmen betreffenden Risiken im Rahmen eines Risikomanagements verpflichtet.[189] Das Spektrum der Risiken reicht hiernach von staatlichen Eingriffen und Wettbewerbseinflüssen über Beschaffungsprobleme, Produktsicherheit, Forderungsausfälle und Steuerrisiken bis hin zu menschlichem Versagen und Katastrophenfällen.[190] Der Vorstand muss – so die Praxis insbesondere der Wirtschaftsprüfung – Prozesse, Funktionen und Instrumente definieren bzw. initiieren, die Risiken systematisch und regelmäßig identifizieren, sie bewerten, entsprechende Kontrollen im Unternehmen beurteilen, hierüber berichten und notwendige Maßnahmen anstoßen. Außerdem ist sicherzustellen, dass das Risikomanagement-System systematisch **dokumentiert** ist.[191] Die Gefahr ist nicht zu realitätsfern, dass reichlich betriebswirtschaftliche „**Allerweltsweisheiten**" zu Papier gebracht werden.[192] Es sind ernsthafte Zweifel angebracht, ob damit nicht das Anliegen des Gesetzgebers konterkariert wird.

86   Eine einheitliche Auffassung findet sich im juristischen Schrifttum nicht. Für die Obergesellschaft wird überwiegend betont, dass der Vorstand **nicht** zur Einführung eines all-

---

[185] *Altmeppen* in MüKoAktG § 308 Rn. 88; *Koppensteiner* in Kölner Komm. AktG § 308 Rn. 33; *Hüffer* § 308 AktG Rn. 12.
[186] BGHZ 135, 374, 378 = NJW 1997, 2242, 2243 – Guano.
[187] *Altmeppen* in MüKoAktG § 308 Rn. 93; *Koppensteiner* in Kölner Komm. AktG § 308 Rn. 33.
[188] Begr. RegE, BT-Drs. 13/9712, 15.
[189] Nachweise bei *Spindler* in MüKoAktG § 91 Rn. 27 Fn. 90.
[190] *Löbbe* Unternehmenskontrolle 214.
[191] Aus einer Broschüre von *Arthur Andersen* 1998.
[192] *Hoffmann-Becking* ZGR 1998, 497, 514.

B. Beherrschungs- und Gewinnabführungsvertrag

umfassenden **Risikomanagements** verpflichtet ist.[193] Damit kommt der Wortlaut der Neufassung des Gesetzes zur Geltung, der von „den Fortbestand der Gesellschaft gefährdende(n) Entwicklungen" spricht. Die klare Aussage ist, dass nur solche Risiken gemeint sind, die ein **Insolvenzrisiko** erheblich steigern oder hervorrufen, nicht aber bereits Vorgänge, die unterhalb dieser Schwelle liegen.[194] Darstellungen, die sich hierauf beschränken, dürften einen wesentlich größeren Informationswert haben als solche, die auch eine Ansammlung aller denkbaren Risiken enthalten.

Konsequenterweise lehnt die wohl hM in der Literatur eine Verpflichtung zur Einrichtung eines konzernbezogenen Systems auch bei Bestehen eines Beherrschungsvertrages ab.[195] Unabhängig von den Streitfragen über die Verpflichtung zu einem umfassenden Risikomanagement gehört zu den **allgemeinen Führungsaufgaben** des Vorstands die Früherkennung bestandsgefährdender Entwicklungen. Der hierfür erforderliche Organisationsstandard erfordert ein Überwachungssystem. Damit ist die unternehmensinterne Kontrolle angesprochen, insbesondere **Innenrevision** und **Controlling**.[196] Das alles ist nicht neu. Wenn die Gesetzesänderung hier und da das Risikobewusstsein schärft, wozu auch Systematisierungen hilfreich sein können, ist der Zweck erfüllt. Die Hoffnung allerdings, dass mit Früherkennungssystemen die Zahl der Unternehmenszusammenbrüche nennenswert verringert werden kann, verkennt die Realität. Es gibt kein gesetzlich verordnetes Allheilmittel gegen Insolvenzen. Wem hilft es, Marktentwicklungen als Risiko zu kennzeichnen, die kein vernünftiger Mensch in diesem Zeitpunkt als realistisch ansieht?

f) Zustimmungspflichtige Geschäfte

Der Aufsichtsrat einer AG hat **zwingend** einen Katalog zustimmungsbedürftiger Geschäfte zu beschließen, falls nicht schon die Satzung einen solchen vorsieht (§ 111 Abs. 4 S. 2 AktG).[197] Der weitergehenden Empfehlung der Regierungskommission Corporate Governance, die ausdrücklich Entscheidungen und Maßnahmen einbezogen sehen wollte, die „die Ertragsaussichten der Gesellschaften oder ihrer Risiko-Exposition grundlegend verändern",[198] folgte der Gesetzgeber nicht. Der Deutsche Corporate Governance Kodex verlangt Zustimmungsvorbehalte für Geschäfte „von grundlegender Bedeutung", wozu Entscheidungen oder Maßnahmen gehören, „die die Vermögens-, Finanz- oder Ertragslage des Unternehmens grundlegend verändern" (Ziff. 3.3 DCGK). Schweigt die Satzung, steht es im pflichtgemäßen Ermessen des Aufsichtsrats, **welche Geschäfte** oder Maßnahmen er dem Zustimmungsvorbehalt unterwerfen will.[199] Voraussetzung ist, dass die Grenzen für die Festlegung der Zustimmungspflicht beachtet werden. Es darf sich nur um solche Geschäfte handeln, die nach Umfang, Gegenstand, Bedeutung oder Risiko für ein Unternehmen der betreffenden Art und Größe aus dem routinemäßigen Geschäftsbetrieb signifikant herausragen oder von spezifischer unternehmensstrategischer Bedeutung sind.[200]

Die gesetzliche Pflicht zur Bestimmung zustimmungspflichtiger Geschäfte gilt nicht für Zustimmungsvorbehalte im Konzern.[201] Das Gesetz klammert unverändert konzernrechtli-

---

[193] *Spindler* in MüKoAktG § 91 Rn. 27 mwN; *Kort* in Großkomm. AktG § 91 Rn. 71 ff. zu Ziff. 4.1.4 DCGK.
[194] *Spindler* in MüKoAktG § 91 Rn. 21.
[195] *Spindler* in MüKoAktG § 91 Rn. 41 mwN; aA *Johannes Semler* in Lutter Holding-HdB § 5 Rn. 98; vermittelnd *Mertens/Cahn* in Kölner Komm. AktG § 91 Rn. 18: „... insbesondere folgt aus der Pflicht zur Einrichtung von Risikofrüherkennungsmaßnahmen nicht zugleich das Gebot, intensiven Einfluss auf die Leitung nachgeordneter Unternehmen auszuüben, um dadurch die Beteiligungsrisiken durchweg selbst zu steuern".
[196] *Hüffer* § 91 AktG Rn. 8.
[197] Zur wechselvollen Geschichte *Fonk* ZGR 2006, 841, 842 ff.
[198] Vgl. *Schiessl* AG 2002, 593, 597.
[199] *Löbbe* Unternehmenskontrolle 325 f.; im Einzelfall kann sich das Ermessen zur Pflicht der Anordnung eines konkreten Zustimmungsvorbehalts verdichten, vgl. BGHZ 124, 111, 127 = NJW 1994, 520, 524.
[200] So wörtlich *Mertens/Cahn* in Kölner Komm. AktG § 111 Rn. 84; vgl. auch *Habersack*, FS Hüffer, 2010, 259, 264 ff.; *Säcker/Rehm* DB 2008, 2814; *Rodewig* AR HdB § 8 Rn. 43.
[201] *Fonk* ZGR 2006, 841, 852 ff.

che Perspektiven aus.²⁰² Der Klarheit dient die **ausdrückliche Regelung** in der Satzung oder in der Geschäftsordnung des Aufsichtsrats bzw. des Vorstands, dass die Zustimmungsvorbehalte im **ganzen Konzern** gelten sollen.²⁰³ Fehlt eine solche Aussage, sollen sich Zustimmungsvorbehalte nach teilweise vertretener Auffassung **konkludent** auch auf Konzerngeschäfte erstrecken.²⁰⁴ Diese Auffassung ist schon deshalb bedenklich, weil sie unterstellt, dass die entsprechenden Geschäfte auf Tochterebene für die Konzernobergesellschaft gleichfalls von grundlegender, wesentlicher Bedeutung sind.²⁰⁵ Das aber ist keinesfalls selbstverständlich, auf eine entsprechende Prüfung darf der Aufsichtsrat nicht verzichten. Zutreffend wird in der Literatur darauf hingewiesen, dass kein Anlass besteht, vom Aufsichtsrat beschlossene Zustimmungsvorbehalte im Wege lückenfüllender ergänzender Auslegung auf Sachverhalte zu erstrecken, für die nicht mit Sicherheit festgestellt werden kann, dass sie vom Willen des Aufsichtsrats umfasst werden.²⁰⁶

90   Handelt es sich um Geschäfte oder Maßnahmen im **Zuständigkeitsbereich** des **Vorstands** der Tochtergesellschaft, ist die Durchsetzung konzernweiter Zustimmungsvorbehalte bei Bestehen eines Beherrschungsvertrags ohne Probleme.²⁰⁷ Der Vorstand der Obergesellschaft hat ihre Einhaltung durch Weisungen sicherzustellen.²⁰⁸ Weniger leicht fällt die Antwort, wenn es sich um Entscheidungen des **Aufsichtsrats** der Tochtergesellschaft handelt. Damit sind insbesondere Vorstandsbestellungen angesprochen. Der Beherrschungsvertrag begründet kein Weisungsrecht gegenüber dem Aufsichtsrat der Tochter (→ Rn. 72). Für die Vorstandsmitglieder der Obergesellschaft wird im Rahmen ihrer Aufsichtsratstätigkeit in Tochtergesellschaften die Auffassung vertreten, dass sie sich „in den Dienst der erlaubten Durchsetzung von Konzerninteressen stellen" dürfen.²⁰⁹ Ergänzend wird darauf hingewiesen, dass die Einflussnahme zu Gunsten der Obergesellschaft davon abhängig ist, dass sie im Konzerninteresse auf die Geschäftspolitik der abhängigen Gesellschaft nachteiligen Einfluss nehmen kann.²¹⁰ Das aber trifft auf die Vorstandsbestellung nicht zu. Eine rechtliche Bindung der Vorstandsmitglieder der Obergesellschaft im Aufsichtsrat der Tochtergesellschaft ist daher nicht anzuerkennen. Andererseits ist die **faktische Einflussnahme** des Muttervorstands auf die Bestellung des Vorstands der abhängigen Gesellschaft keine nur theoretische Annahme. Das Gesetz selbst verbindet die Vermutung der Abhängigkeit mit dem Mehrheitsbesitz. Tragendes Motiv ist die Einflussmöglichkeit auf die Besetzung des Tochter-Vorstands über die Wahl der Aufsichtsratsmitglieder (→ Rn. 11).²¹¹

91   Auch bei Annahme einer Konzernleitungspflicht ist **Zurückhaltung in der Ausgestaltung** von Zustimmungsvorbehalten im Konzern dringend anzuraten. Generell verdient insbesondere die Länge der Entscheidungswege Berücksichtigung. Das gilt ferner dann, wenn die Entscheidung des **Aufsichtsrats** der Tochtergesellschaft gefordert ist, sei es aufgrund der ausschließlichen Zuständigkeit oder aufgrund von Zustimmungsvorbehalten. Der Vorstand der Obergesellschaft und der Vorstand der beherrschten Gesellschaft stehen vor der Frage, welchen Aufsichtsrat sie zunächst mit der Entscheidung befassen wollen. Hierbei ist zu berücksichtigen, dass im Fall zustimmungspflichtiger Geschäfte die Zustimmung des Aufsichtsrats der beherrschten Gesellschaft ersetzt werden kann. Voraussetzung ist, dass der Vorstand des herrschenden Unternehmens die **Weisung** mit der Zustimmung seines Aufsichtsrats **wiederholt** (§ 308 Abs. 3 AktG). Vorangegangen ist die Verpflichtung

---

²⁰² *Hüffer* § 111 AktG Rn. 21.
²⁰³ *Rodewig* AR HdB § 8 Rn. 96.
²⁰⁴ *Habersack* in MüKoAktG § 111 Rn. 119; *Harbarth*, FS Hoffmann-Becking, 2013, 457, 465; *Rodewig* AR HdB § 8 Rn. 94: im Zweifel.
²⁰⁵ *Fonk* ZGR 2006, 841, 853.
²⁰⁶ *Mertens/Cahn* in Kölner Komm. AktG § 111 Rn. 97, Rn. 96: anders ggf. bei Satzungsregelung; s. auch *M. Schmidt*, FS Imhoff, 1998, 68, 72 ff.
²⁰⁷ Zur Durchsetzung von Zustimmungsvorbehalten im Konzern *Fonk* ZGR 2006, 841, 854 ff.
²⁰⁸ *Habersack* in MüKoAktG § 111 Rn. 121; ausführlich *M. Schmidt*, FS Imhoff, 1998, 68, 87.
²⁰⁹ *Mertens/Cahn* in Kölner Komm. AktG Vor § 95 Rn. 14.
²¹⁰ *Mertens/Cahn* in Kölner Komm. AktG § 116 Rn. 32.
²¹¹ Vgl. *Löbbe* Unternehmenskontrolle 328.

des Vorstands der beherrschten Gesellschaft, dem herrschenden Unternehmen mitzuteilen, dass die Zustimmung seines Aufsichtsrats nicht innerhalb einer angemessenen Frist erteilt worden ist. Das **Verfahren,** zu dem das Gesetz zwingt, ist nicht nur rechtspolitisch **fragwürdig.**[212] Wenn die Obergesellschaft Wert darauf legt, wovon nicht immer auszugehen ist, dass auch den Aufsichtsräten der Tochtergesellschaften qualifizierte Mitglieder angehören, werden diese ohne ein gewisses Maß an effektiver Mitentscheidung und -einflussnahme nicht zu gewinnen und zu halten sein.

3. Haftung

Das Gesetz regelt ausdrücklich die Verantwortlichkeit der gesetzlichen Vertreter des herrschenden Unternehmens beim Bestehen eines Beherrschungsvertrags. Sie haben bei der Erteilung von **Weisungen** die Sorgfalt eines **ordentlichen** und **gewissenhaften Geschäftsleiters** anzuwenden (§ 309 Abs. 1 AktG). Verletzen sie ihre Pflichten, so sind sie der beherrschten Gesellschaft zum Ersatz des daraus entstehenden Schadens als Gesamtschuldner verpflichtet, wobei sie die Beweislast trifft, falls die Verletzung der Sorgfaltspflicht streitig ist (§ 309 Abs. 2 AktG). Zur **Reichweite der Haftung** ist streitig, ob eine Haftung auch dann besteht, wenn die Weisung zwar den Belangen des herrschenden Unternehmens oder der mit ihm und der Gesellschaft konzernverbundener Unternehmen diente, damit zulässig war (§ 308 Abs. 1 S. 2 AktG), gleichwohl die gesetzlichen Vertreter des herrschenden Unternehmens die geschuldete Sorgfalt verletzt und damit der abhängigen Gesellschaft Schaden zugefügt haben. Die Haftung bejahen in diesem Fall diejenigen, die die gesetzliche Haftungs-Regelung als **zusätzliche Schranke** für das Weisungsrecht des herrschenden Unternehmens begreifen.[213] Andere verlangen zusätzlich stets eine rechtswidrige, dh nach dem Beherrschungsvertrag, dem Gesetz oder der Satzung unzulässige Weisung.[214] Höchstrichterliche Rechtsprechung ist nicht feststellbar, eine überragende praktische Bedeutung ebenso wenig.[215]

Übereinstimmung besteht, dass eine Haftung nur bei **Verschulden** in Betracht kommt.[216] Auch hinsichtlich der geschuldeten **Sorgfalt** besteht Einvernehmen über die Einräumung eines breiten geschäftspolitischen Ermessensspielraums. Eine Haftung bei der Erteilung von Weisungen kommt deshalb erst bei einer Überschreitung des unternehmerischen **Ermessensspielraums** durch geschäftspolitisch in keiner Weise mehr zu rechtfertigende Maßnahmen in Betracht, bei denen elementare kaufmännische Vorsichtsmaßnahmen und betriebswirtschaftliche Erkenntnisse vernachlässigt wurden.[217] Der zweite Tatbestand, der zur Haftung führt, ist in Weisungen zu sehen, die nicht durch Belange des herrschenden Unternehmens oder der mit ihm verbundenen Unternehmen gerechtfertigt sind.[218]

Zu den Haftungsvoraussetzungen gehört ferner, dass der abhängigen Gesellschaft durch die Weisung ein **Schaden** entstanden ist. Das kann zweifelhaft sein, wenn sich als Folge entweder der **Verlustausgleich** entsprechend erhöht oder der abzuführende **Gewinn** im gleichen Ausmaß **vermindert** (Verlustausgleich nach § 302 AktG, Gewinnabführung bei Abschluss eines entsprechenden Vertrags). In der Literatur wird teilweise in diesen Fällen ein Schaden verneint.[219] Die Schädigung ist dann eine solche des **herrschenden Unternehmens,** dem seine gesetzlichen Vertreter nach allgemeinen Vorschriften haften. Andererseits wird zutreffend darauf hingewiesen, dass eine Interpretation schwerlich richtig sein kann, die eine gesetzliche Haftungs-Vorschrift in den meisten Fällen ins Leere laufen

---

[212] So *Koppensteiner* in Kölner Komm. AktG § 308 AktG Rn. 78.
[213] Insbesondere *Emmerich* in Emmerich/Habersack § 309 AktG Rn. 29 mwN.
[214] So *Altmeppen* in MüKoAktG § 309 Rn. 68 ff. mwN.
[215] *Altmeppen* in MüKoAktG § 309 Rn. 69 bezeichnet den Meinungsstreit als gegenstandslos.
[216] *Hüffer* § 309 AktG Rn. 15.
[217] *Emmerich* in Emmerich/Habersack § 309 AktG Rn. 32a: entsprechende Anwendung von § 93 Abs. 1 S. 2 AktG.
[218] *Emmerich* in Emmerich/Habersack § 309 AktG Rn. 34.
[219] *Krieger* in MHdB AG § 70 Rn. 159.

lässt.[220] Im Ergebnis ist davon auszugehen, dass bei der Schadensberechnung weder die Pflicht zum Verlustausgleich noch die Gewinnabführung zu berücksichtigen sind.

95   Voraussetzung der Haftung ist die Erteilung einer **Weisung.** Hierunter fällt jede Maßnahme des herrschenden Unternehmens, durch die Einfluss auf die Leitung der abhängigen Gesellschaft genommen werden soll (→ Rn. 57f.). Auch bloße Empfehlungen und Ratschläge können als Weisung interpretiert werden.[221] Dies sollte der Praxis Veranlassung geben, über Formerfordernisse nachzudenken, insbesondere im Beherrschungsvertrag für Weisungen die Schriftform vorzuschreiben.

V. Beendigung des Vertrags/Gläubigerschutz

96   Die gesetzlichen Bestimmungen über die Beendigung von Unternehmensverträgen sind lückenhaft. Eine nähere Regelung findet sich für die **einvernehmliche Aufhebung,** die nur zum Ende eines Geschäftsjahres oder des sonst vertraglich bestimmten Abrechnungszeitraums und nicht rückwirkend erfolgen kann (§ 296 Abs. 1 AktG). Weiter regelt das Gesetz die **außerordentliche,** dh fristlose **Kündigung** eines Unternehmensvertrags aus wichtigem Grund, der insbesondere dann vorliegt, wenn der andere Vertragsteil voraussichtlich nicht in der Lage sein wird, seine aufgrund des Vertrags bestehenden Verpflichtungen zu erfüllen (§ 297 Abs. 1 AktG; → Rn. 82). Weitere Beendigungsgründe wie die Befristung oder die ordentliche Kündigung kommen hinzu.[222]

97   Das Gesetz kennt während des Bestehens eines Beherrschungs- oder Gewinnabführungsvertrags keinen speziellen **Gläubigerschutz.** Angesichts der Pflicht der herrschenden Gesellschaft zur Verlustübernahme wird ein Bedürfnis für den Schutz der Gläubiger erst **nach Beendigung des Vertrags** anerkannt. Voraussetzung ist außer der Beendigung des Vertrags die Begründung einer Forderung gegen die abhängige Gesellschaft, **bevor** die Eintragung der Beendigung des Vertrags in das Handelsregister der Gesellschaft als bekannt gemacht gilt (§ 298 AktG iVm § 10 Abs. 2 HGB), sowie die **Meldung** des Gläubigers innerhalb von **sechs Monaten** nach dem Stichtag bei dem herrschenden Unternehmen. Soweit nicht eine andere verlässliche Sicherheit zur Verfügung steht, können die Gläubiger von der ehemals herrschenden Gesellschaft **Sicherheit** verlangen (§ 303 Abs. 1 AktG). Ausreichend ist die Verbürgung der Forderung durch den anderen Vertragsteil. Das ersetzt die Sicherheitsleistung (§ 303 Abs. 3 S. 1 AktG).

98   Die Verpflichtung zur Sicherheitsleistung besteht nur im Verhältnis der **Mutter- zur Tochtergesellschaft.** Unter Hinweis auf den Wortlaut entspricht es hM, dass Gläubiger einer Enkelgesellschaft vom herrschenden Unternehmen keine Sicherheitsleistung verlangen können.[223] Das gilt auch dann, wenn neben dem Beherrschungs- und Gewinnabführungsvertrag zwischen Mutter und Tochter gleichzeitig Beherrschungs- und Gewinnabführungsverträge zwischen der Tochter und den Enkelgesellschaften bestehen. Werden diese zeitgleich aufgehoben, haben zwar die Gläubiger der Enkelgesellschaft einen Anspruch auf Sicherheitsleistung gegen die Tochtergesellschaft, jedoch **nicht gegen die Muttergesellschaft.**

99   Das Gesetz gewährt den Anspruch auf Sicherheitsleistung solchen Gläubigern der Gesellschaft, deren Forderungen vor Bekanntmachung der Beendigung des Unternehmensvertrags „begründet" worden sind. Die Fälligkeit der Forderung wird vom Gesetz nicht vorausgesetzt. Hieraus ergeben sich besondere Probleme bei **Dauerschuldverhältnissen,** womit vor allem **Ruhegeldzusagen** angesprochen sind. Übereinstimmung besteht, dass laufende Ruhegeldzahlungen ebenso wie unverfallbare Anwartschaften ein Recht zur Si-

---

[220] *Emmerich* in Emmerich/Habersack § 309 AktG Rn. 40, einschränkend Rn. 40a; *Hüffer* § 309 AktG Rn. 18.
[221] *Krieger* in MHdB AG § 70 Rn. 159.
[222] Vgl. *Emmerich* in Emmerich/Habersack § 296 AktG Rn. 1f., § 297 AktG Rn. 1; im Einzelnen *Rieger/Mutter* DB 1997, 1603.
[223] *Emmerich* in Emmerich/Habersack § 303 AktG Rn. 4.

cherheitsleistung begründen. Das gilt unabhängig davon, ob es sich um gesetzliche oder vertragliche Unverfallbarkeit handelt. Streitig ist dagegen die Behandlung noch **verfallbarer** Ruhegeldanwartschaften.[224] Die besseren Gründe sprechen für einen umfassenden Anspruch auf Sicherheitsleistung. Das gilt auch für künftige Zuwächse unverfallbar gewordener Ruhegeldanwartschaften.

Die Dauerschuldverhältnisse zwingen zu der Frage nach den **zeitlichen Grenzen** etwaiger Sicherungsansprüche. Das Gesetz schweigt. Einvernehmen besteht in der Ablehnung einer Endloshaftung. Die Einzelheiten sind streitig. Nach überwiegender Auffassung ist eine Haftungsbeschränkung des HGB analog heranzuziehen. Für den Fall, dass ein persönlich haftender Gesellschafter aus einer OHG oder KG ausscheidet, ist dort eine Haftungsbeschränkung auf die in den nächsten **fünf Jahren** fällig werdenden Verbindlichkeiten aus Dauerschuldverhältnissen vorgesehen (§§ 159, 160 HGB).[225] Die Analogie bietet eine praktikable Lösung. Die Gegenauffassung, die auf das schutzwürdige Vertrauen des Gläubigers als vernünftige Grenze abstellt,[226] lässt einen im Einzelfall problematischen Beurteilungsspielraum zu.

C. Faktischer Konzern

Schrifttum: *Altmeppen*, Cash-Pooling und Kapitalerhaltung im faktischen Konzern, NZG 2010, 401; *Bank*, Die Verschwiegenheitspflicht von Organmitgliedern in Fällen multipler Organmitgliedschaften, NZG 2013, 801; *Burgard*, Ad hoc-Publizität bei gestreckten Sachverhalten und mehrstufigen Entscheidungsprozessen, ZHR 162 (1998), 51; *Decker*, Der Cashpool als Gesellschaft bürgerlichen Rechts, ZGR 2013, 392; *Dittmar*, Weitergabe von Informationen im faktischen Aktienkonzern, AG 2013, 498; *Döser*, Der faktische Konzern, AG 2003, 406; *Fonk*, Zustimmungsvorbehalte des Aufsichtsrats, ZGR 2006, 841; *ders.*, Zur Vertragsgestaltung bei Vorstands-Doppelmandaten, NZG 2010, 368; *Götz*, Leitungssorgfalt und Leitungskontrolle, ZGR 1998, 524; *Harbarth*, Zustimmungsvorbehalt im faktischen Aktienkonzern, FS Hoffmann-Becking, 2013, 457; *Hoffmann-Becking*, Vorstands-Doppelmandate im Konzern, ZHR 150 (1986), 570; *ders.*, Das erweiterte Auskunftsrecht des Aktionärs nach § 131 Abs. 4 AktG, FS Rowedder, 1994, 155; *ders.*, Gibt es das Konzerninteresse?, FS Hommelhoff, 2012, 433; *Hommelhoff*, Die Konzernleitungspflicht, 1982; *Hüffer*, Probleme des Cash-Managements im faktischen Aktienkonzern, AG 2004, 416; *ders.*, Informationen zwischen Tochtergesellschaft und herrschendem Unternehmen im vertragslosen Konzern, FS Schwark, 2009, 185; *Lutter*, Das unvollendete Konzernrecht, FS K. Schmidt, 2009, 1065; *ders.*, Information und Vertraulichkeit im Aufsichtsrat, 3. Aufl. 2006; *Martens*, Der Aufsichtsrat im Konzern, ZHR 159 (1995), 567; *H. P. Müller*, Zur Gewinn- und Verlustermittlung bei aktienrechtlichen Gewinnabführungsverträgen, FS Goerdeler, 1987, 375; *Rieckers*, Konzernvertrauen und faktischer Konzern, 2004; *K. Schmidt*, Enthertschungsvertrag und faktische Entherrschung im Aktienkonzern, FS Hommelhoff, 2012, 985; *M. Schmidt*, Konzernsteuerung über Aufsichtsräte, FS Imhoff, 1998, 67; *Sven H. Schneider*, Informationspflichten und Informationssystemeinrichtungspflichten im Aktienkonzern, 2006; *Seibert*, Das Transparenz- und Publizitätsgesetz, 2003; *Johannes Semler*, Doppelmandats-Verbund im Konzern, FS Stiefel, 1987, 719; *Spindler*, Von der Früherkennung von Risiken zum umfassenden Risikomanagement – zum Wandel des § 91 AktG unter europäischem Einfluss, FS Hüffer, 2010, 985; *ders.*, Konzerninterne Informationsflüsse und Datenschutz – de lege lata und de lege ferenda, FS Hoffmann-Becking, 2013, S. 1185; *Stein*, Konzernherrschaft durch EDV?, ZGR 1988, 163; *Strohn*, Cash-Pooling – Verbotene und unwirksame Zahlungen, DB 2014, 1535; *Theisen*, Gesetzliche versus funktionsgerechte Informationsversorgung, ZGR 2013, 1; *Tröger*, Konzernverantwortung in der aufsichtsunterworfenen Finanzbranche, ZHR 177 (2013), 475.

I. Zulässigkeit

Das AktG verwendet den Begriff des faktischen Konzerns nicht. Ausdrücklich geregelt wird die **Verantwortlichkeit bei Fehlen eines Beherrschungsvertrags.** Voraussetzung ist ein abhängiges Unternehmen, auf das ein anderes Unternehmen – herrschendes Unter-

---

[224] Für den Schutz *Emmerich* in Emmerich/Habersack § 303 AktG Rn. 13. Den Schutz beschränken im vergleichbaren Fall der Kapitalherabsetzung auf unverfallbare Anwartschaften ua *Lutter* in Kölner Komm. AktG § 225 Rn. 14; *Hüffer* § 225 AktG Rn. 3. – *Kraft* in Kölner Komm. AktG 2. Aufl. § 347 Rn. 6 lehnt im Fall der Verschmelzung Sicherheitsleistung generell für Versorgungsanwartschaften ab.

[225] Für eine analoge Anwendung *Emmerich* in Emmerich/Habersack § 303 AktG Rn. 13a ff.; *Krieger* in MHdB AG § 60 Rn. 41.

[226] *Altmeppen* in MüKoAktG § 303 Rn. 31.

nehmen – unmittelbar oder mittelbar einen beherrschenden Einfluss ausüben kann (§ 17 Abs. 1 AktG; → Rn. 10 ff.). Besteht kein Beherrschungsvertrag, darf ein herrschendes Unternehmen seinen Einfluss nicht dazu benutzen, eine abhängige AG zu veranlassen, ein für sie nachteiliges Rechtsgeschäft vorzunehmen oder Maßnahmen zu ihrem Nachteil zu treffen oder zu unterlassen, es sei denn, dass die **Nachteile ausgeglichen** werden (§ 311 Abs. 1 AktG). Voraussetzung ist die gesonderte Überprüfung jeder **Einzelmaßnahme** mit dem Ziel, von ihr eventuell ausgehende Nachteile und deren Ausgleich festzustellen.[227] Ist der Ausgleich nicht während des Geschäftsjahres erfolgt, bleibt für dessen Bestimmung Zeit bis zum Ende des Geschäftsjahres (§ 311 Abs. 2 AktG).[228]

102 Das Motiv des Gesetzgebers ist der Schutz der Gesellschaftsgläubiger und der Minderheitsaktionäre.[229] Rechnung getragen wird dem gesellschaftsrechtlich, dh durch eine Beteiligung vermittelten Einfluss, der **faktischen Beherrschung** (Rn. 11 f.). Realistischerweise rechnet das Gesetz damit, dass der (beherrschende) Einfluss nicht primär im Interesse der beherrschten Gesellschaft, sondern zugunsten anderweitiger unternehmerischer Interessen ausgeübt wird.[230] Das Schutzsystem des Gesetzes greift bereits im Vorfeld einer Konzernbildung bei Vorliegen des beherrschenden Einflusses. Der Hauptanwendungsbereich ist jedoch der faktische Konzern.[231]

103 Ein herrschendes und ein oder mehrere abhängige Unternehmen bilden einen **Konzern**, wenn sie unter der **einheitlichen Leitung** des herrschenden Unternehmens stehen (§ 18 Abs. 1 S. 1 AktG; → Rn. 13 ff.). Wird ein Beherrschungsvertrag abgeschlossen, ist die Konzernvermutung unwiderleglich (sog. Vertragskonzern). Im Übrigen gilt für ein abhängiges Unternehmen die Vermutung, dass es mit dem herrschenden Unternehmen einen Konzern bildet (§ 18 Abs. 1 S. 3 AktG). Das Gesetz geht zu Recht davon aus, dass von der Möglichkeit, beherrschenden Einfluss auszuüben, in der Praxis auch Gebrauch gemacht wird und somit eine Zusammenfassung der Konzernunternehmen unter einheitlicher Leitung erfolgt.[232] Gesprochen wird von der **faktischen Konzernleitung** durch die Obergesellschaft, in der Zusammenfassung des herrschenden und des abhängigen Unternehmens zum **faktischen Konzern**.[233] Im Zusammenhang mit der Außerkraftsetzung des Verbots nachteiliger Einflussnahme – vorausgesetzt der Nachteil wird ausgeglichen – findet sich ein Hinweis auf den Konzern im Gesetz nicht. Es besteht jedoch Übereinstimmung, dass der Übergang von der einfachen Abhängigkeit zur einheitlichen Leitung vom Gesetz nicht missbilligt wird, die (einfache) **faktische Konzernierung** mit anderen Worten ein **gesetzkonformes Mittel** der Beherrschung von Unternehmen ist.[234] Wenn auch der faktische Konzern keineswegs verboten ist, wird darüber gestritten, ob er vom Gesetz nur geduldet oder sogar gebilligt wird.[235] Die praktische Bedeutung der Streitfrage ist gering.

II. Unternehmensführung im faktischen Konzern

1. Leitungsmacht oder -ohnmacht?

104 Der entscheidende Unterschied im Vergleich zu den Möglichkeiten, die ein Beherrschungsvertrag kraft Gesetzes vermittelt, ist im faktischen Konzern das **Fehlen eines Wei-**

---

[227] Ausführlich *J. Vetter* in K. Schmidt/Lutter § 311 AktG Rn. 48 ff.; *Hüffer* § 311 AktG Rn. 2, 10 mit dem zutreffenden Hinweis auf das Problem, den als wirtschaftliche Einheit gedachten Konzern in ausgleichspflichtigen isolierbaren Einzelmaßnahmen wiederzufinden.
[228] *Hüffer* § 311 AktG Rn. 44 ff.
[229] *Hüffer* § 311 AktG Rn. 1.
[230] *Altmeppen* in MüKoAktG § 311 Rn. 4.
[231] *Altmeppen* in MüKoAktG § 311 Rn. 6.
[232] *Bayer* in MüKoAktG § 18 Rn. 9.
[233] Ausführlich *Döser* AG 2003, 406, 407 f.
[234] *Habersack* in Emmerich/Habersack § 311 AktG Rn. 8; *Hüffer* § 311 AktG Rn. 5. – Zu den Gefahren vgl. auch *Rieckers*, Konzernvertrauen und Konzernrecht, 2004.
[235] *Hüffer* § 311 AktG Rn. 6 f.; *Bayer* in MüKoAktG § 18 Rn. 10 mwN.

sungsrechts. Auch für den Vorstand einer beherrschten Konzerngesellschaft gilt die vom Gesetz im Rahmen der Verfassung der AG formulierte eigenverantwortliche Leitung der Tochtergesellschaft (§§ 76, 93 AktG).[236] Das führt zu der mit Konfliktstoff reichlich beladenen Feststellung, dass die einheitliche Leitung durch das herrschende Unternehmen zwar zulässig ist, eine **rechtlich abgesicherte Konzernleitungsmacht** dagegen **nicht besteht**.[237] Mit anderen Worten: Der Vorstand der beherrschten Gesellschaft ist nicht verpflichtet, Anordnungen der Konzernleitung zu befolgen.[238] Das gilt uneingeschränkt, unabhängig von der Frage, ob mit der Weisung der Obergesellschaft ein Nachteil für die abhängige Gesellschaft verbunden ist oder nicht. Unter bestimmten Voraussetzungen, insbesondere Nachteilsausgleich fehlend oder überhaupt nicht möglich, **muss** der Vorstand der abhängigen Gesellschaft ein durch die Konzernleitung veranlasstes Geschäft ablehnen.[239] Besteht hierzu keine Pflicht, **kann** sich der Vorstand für die Vornahme des Geschäfts entscheiden, muss es aber nicht.[240]

Auch im Zusammenhang mit dem faktischen Konzern wird die Frage einer **Konzernleitungspflicht** diskutiert. Uneingeschränkte Zustimmung verdient der Hinweis, dass die Wirtschaftseinheit „Konzern" besondere Beziehungen zwischen den beteiligten Unternehmen schafft. Die konzerntypische wirtschaftliche und finanzielle Verflechtung der Konzernunternehmen begründet in der Regel eine **Schicksalsgemeinschaft,** die Lage und Entwicklung der abhängigen Gesellschaft an die Entwicklung des Konzerns bindet und umgekehrt.[241] Maßgebend ist die Entscheidung des Vorstands der Obergesellschaft über die aus seiner Sicht notwendige **Intensität der Konzernleitung.** Hiernach richtet sich die rechtliche Gestaltung. Wird eine straffe Konzernführung und eine enge wirtschaftliche Verflechtung gewünscht, ist der Abschluss eines Beherrschungsvertrags zwingend.[242] Entscheidet sich der Vorstand im Rahmen seines unternehmerischen Ermessens für den faktischen Konzern, ist damit noch nichts über die Intensität der Führung gesagt. Hieraus folgt keine Pflicht zur Wahrnehmung aller Konzernleitungschancen und ein Verbot, hierzu geeignete Aktionärsbeteiligungen bloß als Kapitalanlagen wahrzunehmen.[243] Die sog. Leitungsabstinenz darf im Verhältnis zu den abhängigen Unternehmen wesentlich weiter gehen als im Rahmen des vom Vorstand geleiteten Unternehmens selbst (§ 76 AktG).[244] Eine generelle Konzernleitungspflicht[245] ist daher abzulehnen.[246]

2. Schranken des Einflusses

Sind die Schutzvorschriften über den Nachteilsausgleich einerseits Grundlage für die Zulassung des faktischen Konzerns, so ergibt sich hieraus andererseits, dass einheitliche Leitung im faktischen Konzern nur nach Maßgabe der §§ 311ff. AktG ausgeübt werden kann.[247] **Ohne Ausgleich** darf ein herrschendes Unternehmen seinen Einfluss nicht dazu benutzen, eine abhängige AG zu veranlassen, ein für sie nachteiliges Rechtsgeschäft vorzunehmen oder Maßnahmen zu ihrem Nachteil zu treffen oder zu unterlassen (§ 311 Abs. 1 AktG). Was aber heißt **veranlassen?** Ähnlich dem Verständnis der „Weisung" beim Be-

---

[236] *Habersack* in Emmerich/Habersack § 311 AktG Rn. 10 mwN. – Zu den Grundzügen des Organisationsrechts des faktischen Konzerns *J. Vetter* in K. Schmidt/Lutter § 311 AktG Rn. 127 ff.
[237] *Habersack* in Emmerich/Habersack § 311 AktG Rn. 10; *Altmeppen* in MüKoAktG § 311 Rn. 401.
[238] *Koppensteiner* in Kölner Komm. AktG § 311 Rn. 139.
[239] *Hüffer* § 311 AktG Rn. 48.
[240] Das trifft sogar für vorteilhafte Maßnahmen im Verhältnis zur herrschenden Gesellschaft zu, so *Habersack* in Emmerich/Habersack § 311 AktG Rn. 78.
[241] *Kropff* in MüKoAktG 2. Aufl. § 311 Rn. 274; *Altmeppen* in MüKoAktG § 311 Rn. 393. – Ein Konzerninteresse ablehnend *Hoffmann-Becking,* FS Hommelhoff, 2012, 433.
[242] *Kropff* in MüKoAktG 2. Aufl. § 311 Rn. 29.
[243] *K. Schmidt,* FS Hommelhoff, 2012, 985, 992.
[244] *Mertens/Cahn* in Kölner Komm. AktG § 76 Rn. 65.
[245] So insbesondere *Hommelhoff* Konzernleitungspflicht 43 ff., 165 ff., 184 ff.
[246] *Mertens/Cahn* in Kölner Komm. AktG § 76 Rn. 65 mwN.
[247] *Habersack* in Emmerich/Habersack § 311 AktG Rn. 8.

herrschungsvertrag wird „Veranlassung" sehr weit interpretiert (→ Rn. 57).[248] Die allgM rechnet hierzu jede Einflussnahme, so auch Ratschläge, Bitten und Empfehlungen. Streitig ist lediglich, inwieweit das sog. **Veranlassungsbewusstsein** auf Seiten des herrschenden Unternehmens vorausgesetzt werden muss. Es erscheint wenig überzeugend, von Veranlassung zu sprechen, wenn die für das herrschende Unternehmen handelnde Person weder weiß noch nach den für sie erkennbaren Umständen damit rechnen muss, dass ihre Äußerung von der abhängigen Gesellschaft als Aufforderung des herrschenden Unternehmens verstanden wird. Es entspricht jedoch hM, Veranlassungsbewusstsein nicht zu verlangen.[249] Erschwerend kommt hinzu, dass auch der Kreis der infrage kommenden Personen weit gezogen wird. Veranlasser und Veranlassungsempfänger können **Angestellte** sein, ebenso wie Dritte dann, wenn sie bevollmächtigt sind oder das Unternehmen den Rechtsschein begründet hat, dass sie für dieses handeln können.[250] Weiterhin ist von Bedeutung die tatsächliche **Vermutung,** dass nachteiliges Handeln vom herrschenden Unternehmen veranlasst ist.[251]

107 Betroffen sind Rechtsgeschäfte oder Maßnahmen, wenn sie aufgrund der Veranlassung (Kausalität) zum Nachteil der beherrschten Gesellschaft vorgenommen oder unterlassen werden. Der **Nachteilsbegriff** erklärt sich aus dem Zweck des Gesetzes, das Vermögen der abhängigen Gesellschaft zu schützen.[252] Den außenstehenden Aktionären soll ihr anteiliges Gesellschaftsvermögen ungeschmälert und mit allen Gewinnchancen erhalten bleiben; ebenso den Gläubigern die ihnen haftende Vermögensmasse.[253] Ein Nachteil für die beherrschte Gesellschaft ist dann gegeben, wenn der Wert des Gesellschaftsvermögens unter Berücksichtigung aller Chancen und Risiken vermindert ist. Die **Quantifizierbarkeit** soll keine Rolle spielen.[254] Das provoziert die Frage, wie ein nicht quantifizierbarer Nachteil ausgeglichen werden kann. Möglichkeiten werden in der Einräumung eines nicht quantifizierbaren Vorteils gesehen.[255] Überzeugend ist das nicht. Zumindest im Regelfall muss von der Unzulässigkeit des Rechtsgeschäfts oder der Maßnahme ausgegangen werden, wenn der Nachteil nicht quantifizierbar ist.

108 Die Feststellung einer **Vermögensminderung** ist allein nicht ausreichend. Die Definition des zum Ausgleich verpflichtenden Nachteils wird von der hM einer Haftungsregelung des Gesetzes entnommen (§ 317 Abs. 2 AktG). Entscheidend ist hiernach die Antwort auf die Frage, ob auch ein ordentlicher und gewissenhafter Geschäftsleiter einer **unabhängigen Gesellschaft** unter Berücksichtigung eines ihm eingeräumten Ermessensspielraums dieses Rechtsgeschäft oder diese Maßnahme bei pflichtmäßiger Beurteilung als im Interesse seiner Gesellschaft liegend angesehen hätte.[256] Die Feststellung eines Nachteils bedeutet damit zugleich eine **Sorgfaltspflichtverletzung** iSd Gesetzes (§ 93 Abs. 1 S. 1 AktG).[257] Das allgemeine unternehmerische Risiko ist nicht angesprochen. Es ist von der **beherrschten Gesellschaft** uneingeschränkt zu tragen. Maßgebend sind die Umstände im Zeitpunkt der Vornahme des Rechtsgeschäfts oder der Maßnahme. Spätere Erkenntnisse oder Entwicklungen sind nicht zu berücksichtigen.

109 Damit sind die aus dem Eigeninteresse der konzernabhängigen AG abgeleiteten **Grenzen zulässiger Konzernintegration** bestimmt. Die abhängige Gesellschaft darf nicht so

---

[248] Vgl. *Habersack* in Emmerich/Habersack § 311 AktG Rn. 23.
[249] *Hüffer* § 311 AktG Rn. 16; *Koppensteiner* in Kölner Komm. AktG § 311 Rn. 5; *Altmeppen* in MüKoAktG § 311 Rn. 80: Abgrenzungsmerkmal „Veranlassungsbewusstsein" ungeeignet; aA *Kropff* in MüKoAktG 2. Aufl. § 311 Rn. 75.
[250] *Hüffer* § 311 AktG Rn. 17 ff.
[251] *Hüffer* § 311 AktG Rn. 20 ff.
[252] *Kropff* in MüKoAktG 2. Aufl. § 311 Rn. 138.
[253] *Kropff* in MüKoAktG 2. Aufl. § 311 Rn. 138.
[254] BGHZ 141, 79, 84 = NJW 1999, 1706; *Hüffer* § 311 AktG Rn. 25.
[255] *Habersack* in Emmerich/Habersack § 311 AktG Rn. 43 und relativierend Rn. 64.
[256] *Hüffer* § 311 AktG Rn. 27; *J. Vetter* in K. Schmidt/Lutter § 311 AktG Rn. 48; *Habersack* in Emmerich/Habersack § 311 AktG Rn. 40; *Koppensteiner* in Kölner Komm. AktG § 311 Rn. 36; aA insbesondere *Altmeppen* in MüKoAktG § 311 Rn. 163 ff.
[257] *Habersack* in Emmerich/Habersack § 311 AktG Rn. 40.

weit in den Konzern integriert werden, dass ein Vergleich mit einer unabhängigen Gesellschaft unmöglich wird.[258] Die abhängige Gesellschaft darf ihre Fähigkeit nicht verlieren, **selbstständig am Markt zu operieren.** Das ist auch von Bedeutung für eine eventuelle Veräußerung der beherrschten Gesellschaft. Die Beteiligungsgesellschaft muss als nunmehr wieder unabhängige Gesellschaft lebens- und wettbewerbsfähig sein. Das fordert das Vorhandensein aller notwendigen unternehmerischen Funktionen oder zumindest deren sofortige Wiederherstellung.[259]

Eine intensivere Konzernintegration läuft Gefahr, dass nachteilige Einflussnahmen einem Einzelausgleich nicht mehr zugänglich sind. Wegen der Dichte und Breite der Einflussnahmen lassen sich in diesem Fall einzelne schädigende Maßnahmen nicht mehr isolieren oder in ihren schädlichen Auswirkungen erfassen. Das ist alles andere als Theorie. Wenn in der Literatur darauf hingewiesen wird, es sei nicht ein einziger Fall bekannt geworden, in welchem die §§ 311 ff. zum Schutz der abhängigen AG nicht ausgereicht hätten,[260] oder in 40 Jahren kein einziges Verfahren auf Schadensersatz gegen die Muttergesellschaft gegeben habe,[261] fehlt es an der Frage nach den Gründen. Konflikte dieser Art führen ein Schattendasein.[262] Diskussionen dringen nicht nach außen. Der Vorstand weiß im wahrsten Sinne des Wortes, von wem er abhängig ist. Zutreffend wird von **qualifizierter Nachteilszufügung** gesprochen.[263] Über die Rechtsfolgen besteht keine einheitliche Auffassung. Vorzugswürdig ist die analoge Anwendung der §§ 302 ff. AktG, damit die Verlustübernahme wie bei Bestehen eines Beherrschungs- oder Gewinnabführungsvertrags.[264] Nach anderer Auffassung ist die Lösung in Anwendung allgemeiner Rechtsinstitute zu suchen.[265] Höchstrichterliche Rechtsprechung existiert nur zur GmbH mit der Bejahung der Innenhaftung aus § 826 BGB.[266] Unabhängig davon müssen das herrschende Unternehmen und seine gesetzlichen Vertreter mit Schadensersatzansprüchen nach § 317 Abs. 1 und 3 AktG rechnen. Insofern erscheint es keineswegs als abwegig, in den Schutzvorschriften des Gesetzes ein Druckmittel zugunsten des Vertragskonzerns zu sehen.[267] Entscheidet sich der Vorstand der herrschenden Gesellschaft für eine intensive Konzernierung, ist der Druck wünschenswert.

Der vom Gesetz konzipierte **Außenseiterschutz** ist in seiner **Wirksamkeit** nicht mit Sicherheit zu beurteilen.[268] Die in der Literatur vertretene Auffassung, dass das System eine erhebliche Schutzwirkung zugunsten der Außenseiter entfalte,[269] stößt zumindest auf Skepsis. Es liegt nahe, von einem „stumpfen Schwert" zu sprechen.[270] Die als ständige Mahnung für Vorstand und Aufsichtsrat bezeichnete Wirkung des **Abhängigkeitsberichts** (§ 312 AktG)[271] sollte nicht überschätzt werden. Der Beitrag des faktischen Konzerns zum Thema „Auseinanderklaffen von Aktienrecht und Aktienwirklichkeit" ist gewichtig, das Wissen der Verantwortlichen nicht nur gelegentlich unzureichend, zumindest werden die Folgen der Entscheidungen oft nicht bedacht. Das Thema Grenzen der faktischen Konzernierung spielt in der Praxis nur selten eine Rolle und wenn, dann hinter verschlossenen Türen. Wer das kritisiert, verkennt die Realität, von der das Gesetz mit Recht ausgeht, wenn es die

---

[258] *Kropff* in MüKoAktG 2. Aufl. § 311 Rn. 155.
[259] *Koppensteiner* in Kölner Komm. AktG § 311 Rn. 73; *Habersack* in Emmerich/Habersack § 311 AktG Rn. 58; *Hüffer* § 311 AktG Rn. 34.
[260] So *Altmeppen* in MüKoAktG § 317 Anh. Rn. 14.
[261] *Lutter*, FS K. Schmidt, 2009, 1065, 1067.
[262] *Fonk* NZG 2010, 368, 369.
[263] *Habersack* in Emmerich/Habersack § 317 Anh. AktG Rn. 1 ff.
[264] Insbesondere *Kropff* in MüKoAktG 2. Aufl. § 317 Anh. AktG Rn. 50 ff.; *Habersack* in Emmerich/Habersack § 317 Anh. AktG Rn. 1 ff.; *Krieger* in MHdB AG § 69 Rn. 134.
[265] *Hüffer* § 311 AktG Rn. 11.
[266] BGHZ 173, 246 = NJW 2007, 2689.
[267] AA *Hüffer* § 311 AktG Rn. 9: nicht allein oder in erster Linie.
[268] *Kropff* in MüKoAktG 2. Aufl. Vor § 311 Rn. 24.
[269] So *Kropff* in MüKoAktG 2. Aufl. Vor § 311 Rn. 29.
[270] *Fonk* NZG 2010, 368, 369.
[271] *Altmeppen* in MüKoAktG § 312 Rn. 4.

Abhängigkeit definiert. Den Kräfteverhältnissen wird in der Praxis Rechnung getragen, nicht mehr, aber auch nicht weniger. Aufklärungsarbeit tut dennoch Not.

3. Konzernorganisation und -führung

a) Information im Konzern

112 Eine ausdrückliche Bestimmung über die Informationsmöglichkeiten des Vorstands der herrschenden Gesellschaft findet sich nur im Zusammenhang mit der Aufstellung des Konzernabschlusses und -lageberichts (§ 294 Abs. 3 S. 2 HGB). Die hierfür erforderlichen Aufklärungen und Nachweise kann ein Mutterunternehmen von jedem Tochterunternehmen verlangen.[272] Dagegen wird ein **allgemeines Auskunftsrecht** der Konzernleitung nur vereinzelt befürwortet.[273] Die hM verneint eine Informationspflicht des Vorstands der Tochter. Hiernach besteht bei Fehlen eines Beherrschungsvertrags zwar ein **Recht,** aber **keine Pflicht,** das herrschende Unternehmen zu informieren.[274]

113 Die **Ablehnung** einer Auskunftspflicht ist aus Sicht der Praxis denkbar **unbefriedigend.** Das gilt erst recht, wenn in diesem Zusammenhang von der Verpflichtung des Vorstands der Holding die Rede ist, den Verbund so zu organisieren, dass er die für die Leitung und Überwachung des Konzerns erforderlichen Informationen erhält. In diesem Zusammenhang verdient die Neufassung des § 90 Abs. 1 S. 2 AktG durch das TransPuG Beachtung. Angesprochen ist die Berichtspflicht des Vorstands an den Aufsichtsrat. Zu berichten ist über „die beabsichtigte Geschäftspolitik und andere grundsätzliche Fragen der Unternehmensplanung (insbesondere die Finanz-, Investitions- und Personalplanung)", ergänzt durch die Verpflichtung, auf Abweichungen einzugehen. Die Berichte haben nunmehr ausdrücklich die Tochterunternehmen einzubeziehen.

114 Eine Antwort auf die Frage, *wie* den Anforderungen des Gesetzes Rechnung zu tragen ist, bleibt der Gesetzgeber schuldig. In der Begründung des Regierungsentwurfs heißt es lapidar: „Der Vorstand ist vielmehr verpflichtet, sich die für die Berichterstattung notwendigen Informationen von sich aus im Rahmen des nach den gesetzlichen Bestimmungen zulässigen, des ihm faktisch Möglichen und konkret Zumutbaren zu beschaffen."[275] Nicht weniger überzeugend ist der Hinweis in der Literatur, dass es einer gesetzlichen Informationspflicht hier nicht bedarf, weil andere Formen der Informationsbeschaffung ausreichend sind.[276] Damit werden „Steine statt Brot" angeboten. Offensichtlich fehlt es Vertretern der hM jedoch an letzter Konsequenz, denn zumindest eine Pflicht der Tochter zur Mitwirkung an der **Konzernplanung** wird statuiert.[277] Das gilt auch für das **Beteiligungs-Controlling.** Ohne Soll-/Ist-Vergleich ist die Planung Makulatur. Nach hier vertretener Auffassung ist die nunmehr durch das Gesetz auch hinsichtlich der Tochterunternehmen vorgeschriebene Berichterstattung an den Aufsichtsrat der herrschenden Gesellschaft Grundlage für die Anerkennung einer rechtlichen **Verpflichtung** zur Mitwirkung der Tochtergesellschaft im Rahmen des Beteiligungs-Controlling.

115 Aus Sicht der Konzernleitung kann der Wunsch bestehen, die Einhaltung der Konzern-Richtlinien für die Planung und die Verifizierung der Ist-Zahlen durch eine interne Revision überprüfen zu lassen. Weitergehend ist an die Einrichtung einer **Konzernrevision** zu

---

[272] Das Auskunftsrecht des Aktionärs bezieht sich nicht auf solche Informationen (§ 131 Abs. 4 S. 3 AktG). Zur Weitergabe von Insiderinformationen im Konzern *Hoffmann-Becking,* FS Rowedder, 1994, 155 ff.
[273] Insbesondere *Johannes Semler* Leitung Rn. 306; *Burgard* ZHR 162 (1998), 51, 96. Zum fehlenden Konzernprivileg beim Datenschutz *Vogt* BB 2014, 245.
[274] *Altmeppen* in MüKoAktG § 311 Rn. 422 mwN; *Kubis* in MüKoAktG § 131 Rn. 158; *Lutter* Information Rn. 179 zumindest hinsichtlich geschützter Informationen; *Bank* NZG 2013, 801, 805; insbesondere *Hüffer,* FS Schwark, 2009, 185, 189; *Sven H. Schneider* Informationspflichten 152; hierzu kritisch *Löbbe* ZHR 172 (2008), 366, 370. – Zum Datenschutz *Spindler,* FS Hoffmann-Becking, 2013, 1185.
[275] BT-Drs. 14/8769, 14; s. auch *Seibert,* Das Transparenz- und Publizitätsgesetz, 2003, 26.
[276] *Hüffer,* FS Schwark, 2009, 185, 191.
[277] *Altmeppen* in MüKoAktG § 311 Rn. 437.

denken, die eigene Revisionen der abhängigen Gesellschaften ersetzt oder ergänzt. Die Praxis muss zur Kenntnis nehmen, dass in einem faktischen Konzern keine Pflicht der abhängigen Gesellschaft besteht, örtliche Prüfungshandlungen durch eine Konzernrevision zu dulden.[278] Voraussetzung ist die **Zustimmung** des Vorstands der abhängigen Gesellschaft. Im Einzelfall bleibt der Konzernleitung als einzige Alternative die Möglichkeit, in einer außerordentlichen Hauptversammlung eine Sonderprüfung zu beschließen (§ 142 AktG).[279] In einem solchen Fall dürfte allerdings das Klima zwischen Mutter- und Tochtergesellschaft so vergiftet sein, dass andere Maßnahmen, insbesondere solche personeller Art, nahe liegen.

b) Personalpolitik und -entscheidungen

116 Die Gewinnung und das Halten hochqualifizierter Mitarbeiter an der Spitze der Konzerngesellschaft und unterhalb hat im **faktischen Konzern** mindestens die gleiche Bedeutung wie im Vertragskonzern. Die Kenntnis aktienrechtlicher Vorschriften ist bei den Organmitgliedern hier jedoch noch stärker gefordert. Auch erscheint es nicht abwegig, höhere Anforderungen an diplomatische Fähigkeiten zu stellen. Die Klarheit des Vertragskonzerns fehlt, praktisches Geschick ist damit unerlässlich.

117 **Bestellung** und **Abberufung** von Vorstandsmitgliedern der **beherrschten** Gesellschaft sind Sache des **Aufsichtsrats** dieser Gesellschaft und unterscheiden sich rechtlich in keiner Weise von Entscheidungen im Vertragskonzern (→ Rn. 78 f.). Auch sind aus Sicht der herrschenden Gesellschaft Chancen und Risiken, eigene Personalentscheidungen durchzusetzen, identisch zu beurteilen. Wenn die Obergesellschaft – was zu wünschen, aber nicht selbstverständlich ist – auf ein sachkundiges und selbstständiges Urteil des Aufsichtsrats der beherrschten Gesellschaft Wert legt, wird sie vor allem überzeugende und nicht in erster Linie willfährige Kandidaten präsentieren.

118 Für die **Dienst- und Ruhegeldverträge** verbleibt es nach hier vertretener Auffassung ebenso bei der Selbstständigkeit des Aufsichtsrats der beherrschten Gesellschaft. Die Konzernobergesellschaft trifft jedoch eine besondere, zumindest faktische Verantwortung für die Qualität der Verträge. Sie wird bemüht sein, für eine gerechte, in sich ausgewogene Vertragsgestaltung Sorge zu tragen.[280] Das führt in Richtung auf die konzerneinheitliche Fassung der Anstellungsverträge, wobei im Einzelfall Abweichungen dann zulässig sein müssen, wenn dies die Interessen der Tochtergesellschaft erfordern. Von Verträgen mit der **Konzernobergesellschaft** selbst ist ebenso abzuraten wie von variablen Bezügen, die an das Ergebnis der herrschenden Gesellschaft oder an das Konzernergebnis gebunden sind.[281]

119 Ein Sonderthema sind die sog. **Vorstands-Doppelmandate.** Die rechtliche Zulässigkeit ist im Vertragskonzern unproblematisch, aber auch für den faktischen Konzern entspricht es allgM, dass das Gesetz kein Verbot von Doppelmandaten postuliert.[282] Damit sind Doppelmandate „von unten nach oben" ebenso angesprochen wie diejenigen „von oben nach unten". Voraussetzung ist die Zustimmung der Aufsichtsräte der betroffenen Gesellschaften (§ 88 Abs. 1 S. 2 AktG). Gemeinsam ist den Vorstands-Doppelmandaten im Vertragskonzern wie im faktischen Konzern der vorprogrammierte **Loyalitätskonflikt.** Die ganz überwiegende Meinung im Schrifttum findet die Lösung in der Verpflichtung des Doppelmandatsträgers auf seinen **jeweiligen Pflichtenkreis.**[283] Auf die generelle Problematik wurde an anderer Stelle hingewiesen (→ Rn. 75).

---

[278] *Altmeppen* in MüKoAktG § 311 Rn. 440; *Götz* ZGR 1998, 524, 538.
[279] *Johannes Semler* Leitung Rn. 425 zur Beurteilung von Vorgängen in einer faktisch konzernabhängigen AG, die wegen des Vertraulichkeitsgebots nicht im Rahmen einer Konzerneinflussnahme geprüft werden können.
[280] *Fonk* in Semler/v. Schenck AR HdB § 10 Rn. 218; *v. Falkenhausen* ZIP 2014, 1205, 1206.
[281] *Fonk* in Semler/v. Schenck AR HdB § 10 Rn. 219 ff.: Drittanstellung unzulässig, § 10 Rn. 134.
[282] BGH NZG 2009, 744, 745; *Mertens/Cahn* in Kölner Komm. AktG § 76 Rn. 70; *Fleischer* in Spindler/Stilz § 76 AktG Rn. 106; *Fonk* in Semler/v. Schenck AR HdB § 10 Rn. 75.
[283] *Mertens/Cahn* in Kölner Komm. AktG § 76 Rn. 71; *Altmeppen* in MüKoAktG § 311 Rn. 99.

120 Für den **faktischen Konzern** gelten weitergehende Fragestellungen. Postuliert wird die Forderung, dass der Träger des Vorstands-Doppelmandats nicht an einer Entscheidung im Vorstand der Obergesellschaft mitwirken darf, die für das abhängige Unternehmen zu einem unausgeglichenen Nachteil führt. Befürwortet wird daher ein **Stimmverbot** in diesen Fällen, dh die Notwendigkeit, sich der Stimme zu enthalten.[284] Diese Auffassung hat keine Anerkennung gefunden.[285] Sie verträgt sich nicht mit der Verpflichtung auf den jeweiligen Pflichtenkreis, die allerdings nur dann überzeugend ist, wenn man fingiert, dass eine Person, die den Vorständen zweier verschiedener Gesellschaften angehört, ihre Persönlichkeit tatsächlich aufspalten kann.[286]

121 Übereinstimmung besteht, dass der „januskööpfige" Doppel-Vorstand[287] durch sein Diskussions- und Entscheidungsverhalten im Vorstand der Obergesellschaft nicht daran gehindert werden darf, im Vorstand des abhängigen Unternehmens **frei** darüber (mit) **zu entscheiden,** ob das abhängige Unternehmen der Anregung folgen will oder nicht. Die hiermit verbundene Anregung, die Bindungsfreiheit ganz allgemein durch Vorstandsbeschluss in der Obergesellschaft festzulegen,[288] klärt die rechtlichen Grundlagen, trägt zur Lösung der praktischen Schwierigkeiten aber nur wenig bei.

122 Problematisch ist das Vorliegen einer **„Veranlassung"** im Fall personeller Verflechtung. Bei formaler Betrachtung fehlt es meist an einem Tätigwerden der Obergesellschaft. Dem wird bei Doppelmandaten mit Recht keine Bedeutung beigemessen. Das Verhalten des Vorstands der Tochter, der zugleich Vorstandsmitglied der Mutter ist, wird der Muttergesellschaft – jedenfalls insoweit, als es sich um das Merkmal der Veranlassung handelt – als **eigenes Handeln** zugerechnet.[289] Auch insoweit gilt die Vermutung, dass ein nachteiliges Handeln des Vorstands der Tochter auf eine Veranlassung der Mutter – präzise: auf eine ihr als Veranlassung zuzurechnende Entscheidung des Doppel-Vorstands – zurückzuführen ist. Kein Einvernehmen besteht, ob eine Widerlegung der Vermutung möglich ist. Hierfür sprechen die besseren Gründe.[290]

123 Die Besetzung von Führungspositionen **unterhalb des Vorstands** der beherrschten Gesellschaft wirft keine unlösbaren Fragen auf. Maßgebend ist allein das Interesse der Tochter. Die Entscheidung ist nachteilsfrei, wenn qualitativ angemessene Personen ausgewählt werden, ein entsprechender Personalbedarf besteht und durch die Personalbesetzung nicht etwa Führungskräfte nur deswegen zusätzlich eingestellt werden müssen, weil dies den Konzernbelangen dient.[291]

c) Konzernkoordinierung

124 Konzernführung manifestiert sich in vielfacher Hinsicht. Sie gilt vor allem der Sicherstellung und Entwicklung des Konzernergebnisses. Das bedeutet, die Stärken eines Konzerns zum Tragen zu bringen. Angesprochen ist die Realisierung sog. **Synergien** im weitesten Sinne. Sie führt in der Regel zur Spezialisierung, zur Konzentration einzelner Aktivitäten bei einer Gesellschaft. In Betracht kommt die **Zusammenfassung** von Produktionen, ferner von Einkauf, Verkauf, Forschung und Entwicklung oder der Datenverarbeitung. Modernen Anforderungen entspricht außerdem die **Konzentration auf Kerngeschäftsfelder** (Fokussierung) unter Abgabe von Randaktivitäten. Damit wird den Anforderungen der Analysten und dem zumindest mutmaßlichen Wunsch der Börse Rechnung getragen.

---

[284] *Johannes Semler,* FS Stiefel, 1987, 719, 758; *Hoffmann-Becking* ZHR 150 (1986), 570, 582 hält ein Stimmverbot entsprechend § 34 BGB sogar für erwägenswert, wenn eine Nachteiligkeit nicht in Betracht kommt.
[285] *Mertens/Cahn* in Kölner Komm. AktG § 77 Rn. 39; *Altmeppen* in MüKoAktG § 311 Rn. 99 mwN.
[286] Das bestreitet *Johannes Semler,* FS Stiefel, 1987, 719, 758; vgl. auch BGH NJW 1980, 1629, 1630.
[287] *Hoffmann-Becking* ZHR 150 (1986), 570, 574; *Johannes Semler,* FS Stiefel, 1987, 719, 757.
[288] *Johannes Semler,* FS Stiefel, 1987, 719, 757.
[289] *Altmeppen* in MüKoAktG § 311 Rn. 104; *Koppensteiner* in Kölner Komm. AktG § 311 Rn. 29 f.; *Hoffmann-Becking* ZHR 150 (1986), 570, 571.
[290] *Altmeppen* in MüKoAktG § 311 Rn. 108.
[291] *Johannes Semler* Leitung Rn. 315.

Die Konzernleitung wird der Tochter den **Rahmen** vorgeben wollen, innerhalb dessen 125 dieses Konzernunternehmen (weiterhin) tätig werden soll. Das können vom Konzerninteresse diktierte neue Geschäftschancen ebenso wie Restriktionen sein, die Investitionen oder Geschäftsausweitungen verhindern sollen. Zu denken ist an das **Unterlassen von Investitionen** einschließlich Akquisitionen, weil sie zu einer Verschlechterung der Relationen in der Konzernbilanz führen würden, obwohl die Bilanz der Tochtergesellschaft ausreichend Spielraum belässt. Die Konzernführung wird weiterhin dem Gesichtspunkt des **Risikoausgleichs** im Konzern Rechnung tragen wollen. Das kann in den Töchtern die Beibehaltung ebenso wie in anderen Fällen die Aufgabe von Geschäftsaktivitäten bedeuten. Zunehmende Aktualität gewinnt die Frage einer Verlagerung von Aktivitäten aus dem Inland in das **Ausland**. Auch hier muss das Einzelinteresse der Töchter nicht in jedem Fall mit dem Konzerninteresse übereinstimmen.[292]

Die rechtliche Antwort auf die Frage der **Zulässigkeit im faktischen Konzern** erscheint einfach: Messlatte ist gemäß § 317 Abs. 2 AktG das Verhalten eines ordentlichen 126 und gewissenhaften Geschäftsleiters einer unabhängigen Gesellschaft (§ 317 Abs. 2 AktG).[293] Dies im Einzelfall festzustellen, ist allerdings alles andere als einfach. Der Vergleich ist außerdem dann nicht tauglich, wenn erfolgversprechende Aktivitäten im Vertrauen auf die Stärke der Mutter übernommen oder fortgeführt werden. Hier kann von einem Nachteil keine Rede sein, selbst wenn sich ein unabhängiges Unternehmen anders verhalten würde oder müsste. Im Übrigen gilt für die Spezialisierung, dass die hierzu führenden geschäftlichen Maßnahmen **nicht** per se einen **Nachteil** bedeuten. Das folgt schon aus der Tatsache, dass solche geschäftspolitischen Maßnahmen keineswegs ein Spezifikum konzernabhängiger Gesellschaften sind. Als Beispiel sei die Zentralisierung der Datenverarbeitung genannt, die nicht deshalb unzulässig wird, weil sie im Rahmen des Mutterunternehmens erfolgt.[294] Gefordert wird allerdings eine Beteiligung der Tochtergesellschaft an den erzielten Kostenvorteilen,[295] zu berücksichtigen bei Festlegung der Konditionen für die Inanspruchnahme der Konzernleistungen.

Eine wesentliche Einschränkung entspricht allgM: Die einseitige Ausrichtung auf den 127 Konzern darf die **Lebensfähigkeit** der Gesellschaft bei Beendigung dieser Ausrichtung oder des Konzernverhältnisses selbst nicht infrage stellen.[296] Gefordert werden **existenzsichernde Vorkehrungen,** neben langfristigen Verträgen die Verpflichtung des herrschenden Unternehmens, die ausgegliederten Funktionen bei Beendigung des faktischen Konzernverhältnisses wiederherzustellen.[297] Voraussetzung ist die **kurzfristige Restituierbarkeit.** In der Literatur wird insoweit zur besonderen Vorsicht geraten. Realitätsnah ist der Hinweis, dass sich zB Entwicklungsabteilungen und Vertriebsbereiche im Allgemeinen nicht in kurzer Zeit wieder aufbauen lassen. Dies wird mit dem Hinweis verbunden, dass eine Zentralisierung des Einkaufs nur dann vorgenommen werden darf, wenn dadurch der Kontakt zu den Märkten nicht beseitigt wird.[298] Weitere Forderungen der Literatur gelten der **unveränderten Verfügbarkeit** ausgegliederter Funktionen, insbesondere der Datenverarbeitung, bei der der jederzeitige Zugriff auf die für die Unternehmensführung notwendigen Daten sichergestellt sein muss.[299]

---

[292] Zu Konzernumlagen *Altmeppen* in MüKoAktG § 311 Rn. 277 ff.
[293] *Spindler* in MüKoAktG Vor § 76 Rn. 43 ff.
[294] AA *Stein* ZGR 1988, 163, 182 mit der Begründung, dass die Auslagerung der EDV „ein perfektes Instrument zur Koordinierung sämtlicher Konzernaktivitäten und zur Steuerung der Konzernunternehmen im Sinne einer einheitlichen Konzernpolitik (ist) …, die Nachteilsermittlung daher unmöglich (ist)".
[295] *Altmeppen* in MüKoAktG § 311 Rn. 298.
[296] *Altmeppen* in MüKoAktG § 311 Rn. 295; *Kropff* in MüKoAktG 2. Aufl. § 311 Rn. 208; *Koppensteiner* in Kölner Komm. AktG § 311 Rn. 73; *Habersack* in Emmerich/Habersack § 311 AktG Rn. 57a. – Zur Haftung für existenzvernichtende Eingriffe insbesondere *Stöber* ZIP 2013, 2295.
[297] *Kropff* in MüKoAktG 2. Aufl. § 311 Rn. 208.
[298] *Semler/Spindler* in MüKoAktG 2. Aufl. Vor § 76 Rn. 165.
[299] *Kropff* in MüKoAktG 2. Aufl. § 311 Rn. 210.

128 Wer klare Antworten auf klare Fragen liebt, ist beim faktischen Konzern nicht gut aufgehoben. In vielen Fällen ist eine eindeutige (rechtliche) Antwort nicht möglich. Verständlich ist, dass für viele Maßnahmen und Verhaltensbeeinflussungen die juristische Elle nicht in Anspruch genommen wird. Erneut ist darauf hinzuweisen, dass eine **Konzernführung,** die diesen Namen wirklich verdient, im Regelfall in juristischer Sicherheit nur auf der Grundlage eines **Beherrschungsvertrags** ausgeübt werden kann.

d) Konzernweites Cash-Management

129 Die im Normalfall gegebenen betriebswirtschaftlichen Vorteile eines Finanzierungsverbunds, der über konzerninterne Darlehen weit hinausgeht und **Liquiditätssteuerung** zum Inhalt hat, liegen auch für den faktischen Konzern auf der Hand (Zum Vertragskonzern → Rn. 80). Die rechtliche Zulässigkeit ist zu bejahen, wenn eine Reihe von Voraussetzungen erfüllt sind (§ 57 Abs. 1 S. 3 AktG: Auszahlung bei vollwertigem Rückgewähranspruch).[300] Anzusprechen sind zunächst die den Vorstand der beherrschten Gesellschaft treffenden **Prüfungspflichten,** bevor er seine Zustimmung zu einem konzernweiten Liquiditätsausgleich (Cash-Pooling) erteilt. Ungeachtet aller nicht gerade beneidenswerten Schwierigkeiten, die einem an der Bonität der Muttergesellschaft zweifelnden Vorstand der Tochter bevorstehen, ist er verpflichtet, die Risiken des Verbunds für die Existenz seiner Gesellschaft zu prüfen.[301] Besteht ein nicht unerhebliches **Kreditrisiko** und kann dieses Risiko nicht zB durch Bestellung von Sicherheiten entschärft werden, ist die Beteiligung an der zentralen Finanzierung unzulässig. Abzuwägen sind ferner die zu erwartenden Vor- und Nachteile für die beherrschte Gesellschaft. Damit ist ua die Angemessenheit der Soll- und Haben-Zinsen angesprochen.[302] Voraussetzung ist die Einräumung von **Marktbedingungen,** auch wenn hier eine Bandbreite des Ermessens bleiben wird. Das gilt ebenso für einen ggf. erforderlichen Risikozuschlag im Fall einer im Vergleich zur Anlage bei Banken geringeren Sicherheit.

130 Wegen der Folgen, die ein Cash-Management für das abhängige Unternehmen haben kann, wird in der Literatur eine **schriftliche Fassung** der notwendigen vertraglichen Vereinbarungen als unabweisbar bezeichnet.[303] In diesem Zusammenhang werden außer der **jederzeitigen Kündigungsmöglichkeit** durch das abhängige Unternehmen **Informationen** über die Lage des herrschenden Unternehmens – bis hin zur Einrichtung eines Frühwarnsystems[304] – als unverzichtbare Bedingung gefordert. Hingewiesen wird – die Realität sehend – auf die Schwierigkeiten des Vorstands der beherrschten Gesellschaft, einen Vertrag selbst bei entsprechender Vertragsgestaltung mit der Begründung mangelnder Bonität des herrschenden Unternehmens zu kündigen. Als Lösung wird die Verpflichtung eines Wirtschaftsprüfers empfohlen, mit dem vereinbart wird, dass er jährlich die voraussichtliche Zahlungsfähigkeit der herrschenden Gesellschaft für das Folgejahr beurteilt.[305] Die Bereitschaft des herrschenden Unternehmens zu solchen Diskussionen und Vertragsregelungen wird sich in Grenzen halten. Die Vorstände der herrschenden und der beherrschten Gesellschaft sollten jedoch bedenken, dass sie gewichtige **Haftungsrisiken** treffen (→ Rn. 139 ff.).[306]

---

[300] *Bayer* in MüKoAktG § 57 Rn. 146 ff.; *J. Vetter* in K. Schmidt/Lutter § 311 AktG Rn. 65; *Koppensteiner* in Kölner Komm. AktG § 311 Rn. 80 ff.; *Altmeppen* in MüKoAktG § 311 Rn. 225 ff.; *Hüffer* § 311 AktG Rn. 49a; *Strohn*, DB 2014, 1535; *Decker* ZGR 2013, 392, 400.
[301] BGHZ 179, 71 Rn. 13 = NJW 2009, 850.
[302] AA *Altmeppen* NZG 2010, 401, 404: „Als Faustformel gilt, dass eine Verzinsung so lange nicht erforderlich ist, wie die Teilnahme am Cash-Pooling auch aus Sicht der abhängigen AG letztlich nicht nachteilig (§ 311 Abs. 2 AktG) ist."
[303] Vgl. insbesondere *Hüffer* AG 2004, 416, 421; Textform ist ausreichend (§ 126b BGB).
[304] BGHZ 179, 71 Rn. 14 = NJW 2009, 850; *Hüffer* § 311 AktG Rn. 49a; *Decker* ZGR 2013, 392, 401 f.
[305] *Semler/Spindler* 2. Aufl. Vor § 76 Rn. 166.
[306] Vgl. *Semler/Spindler* in MüKoAktG 2. Aufl. Vor § 76 Rn. 166: Gefahr, strafrechtlich wegen Untreue belangt zu werden. Zur Bestellung von Sicherheiten für Verbindlichkeiten anderer Konzerngesellschaften *Kropff* in MüKoAktG 2. Aufl. § 311 Rn. 190 ff.

C. Faktischer Konzern

e) Jahresabschluss

Die Gewinn- und Verlustrechnung der Tochtergesellschaft hat maßgeblichen Anteil am Gewinnausweis der Obergesellschaft. Der Jahresabschluss ist darüber hinaus von wesentlichem Einfluss auf die **Konzernbilanz,** wenn auch das sog. Maßgeblichkeitsprinzip nicht mehr uneingeschränkt gilt (§ 308 HGB; → Rn. 83). Eine intensivere Befassung der Literatur mit den rechtlichen Aspekten im faktischen Konzern ist nicht ersichtlich. Von Bedeutung ist vor allem die Ausübung von **Bilanzierungswahlrechten** in einem bestimmten, nämlich gewinnmaximierenden Sinne, entsprechend zur Verringerung eines Verlustergebnisses. Dies kommt bei einer Veranlassung durch die herrschende Gesellschaft zumindest in besonderen Situationen als „Nachteil" in Betracht.[307] Im Einzelfall wird der notwendige Ausgleich den Vorteil für das herrschende Unternehmen jedoch wieder konterkarieren. Im Übrigen gilt auch hier, dass ein Nachteil nicht gegeben ist, wenn sich ein ordentlicher und gewissenhafter Geschäftsleiter einer unabhängigen Gesellschaft für die letztendlich gewählte Bilanzierung entschieden hätte (§ 317 Abs. 2 AktG). Das ist auch denkbar, wenn die Tochtergesellschaft zu einer Gewinnreduzierung veranlasst wird. **131**

f) Risikomanagement

Der Vorstand hat geeignete Maßnahmen zu treffen, insbesondere ein Überwachungssystem einzurichten, damit den Fortbestand der Gesellschaft gefährdende Entwicklungen früh erkannt werden (§ 91 Abs. 2 AktG). Diese im Gesetz so wörtlich formulierte Pflicht trifft zunächst den Vorstand der herrschenden Gesellschaft für das eigene Unternehmen, ebenso aber auch den Vorstand der beherrschten Gesellschaft. Weitergehend hat der Gesetzgeber in seiner Begründung zur Einführung dieser Verpflichtung darauf hingewiesen, dass die Überwachungs- und Organisationpflicht im Rahmen der bestehenden gesellschaftsrechtlichen Möglichkeiten **konzernweit** zu verstehen ist, sofern von Tochtergesellschaften den Fortbestand der Gesellschaft gefährdende Entwicklungen ausgehen können (→ Rn. 85).[308] Hieraus wird insbesondere von Seiten der Betriebswirtschaft und der Wirtschaftsprüfer für den Vorstand der herrschenden Gesellschaft gefolgert, dass ihn die Pflicht zu einem **allumfassenden Risikomanagement** treffe.[309] In der Literatur heißt es dazu lapidar: „Wie Organisationspflichten im faktischen Konzern oder bei bloßer Abhängigkeit erfüllt werden sollen, bleibt allerdings unklar".[310] **132**

Ein Konzernsystem setzt begrifflich voraus, dass sich die Glieder dem **System** als solchem anschließen und die erforderlichen **Informationen** liefern. Die Probleme beginnen, wenn man die unterschiedliche Interpretation des notwendigen Überwachungssystems in der betriebswirtschaftlichen und juristischen Literatur einbezieht. Die entscheidende Frage ist jedoch: Wie würde der ordentliche und gewissenhafte Geschäftsleiter einer unabhängigen Gesellschaft entscheiden? Gehen die Informationswünsche der Muttergesellschaft über das Maß dessen hinaus, was der Vorstand der beherrschten Gesellschaft als **Pflicht für seine Gesellschaft** ansieht, ist er in der Entscheidung frei, die Wünsche der Mutter zu erfüllen. Entscheidet er sich für die Übermittlung zusätzlicher Informationen und entstehen dadurch (finanzielle) Nachteile, sind diese durch die Obergesellschaft auszugleichen. **133**

g) Zustimmungspflichtige Geschäfte

Entgegen der wohl noch hM ist auch für den faktischen Konzern festzustellen, dass Zustimmungsvorbehalte zugunsten des Aufsichtsrats der herrschenden Gesellschaft im Zweifel keine **konzernweite Geltung** haben (→ Rn. 89).[311] Im Fall der ausdrücklichen Einbezie- **134**

---

[307] So *H. P. Müller*, FS Goerdeler, 1987, 375, 385.
[308] Begr. RegE zum KonTraG, BT-Drs. 13/9712, 15.
[309] *Spindler* in MüKoAktG § 91 Rn. 27; vgl. auch *Löbbe* Unternehmenskontrolle 218. Die juristische Literatur ist wesentlich restriktiver, zB *Spindler*, FS Hüffer, 2010, 985, 994: keine Pflicht, ein konzernweites Früherkennungssystem zu schaffen; vgl. auch *Hüffer* § 91 AktG Rn. 6 ff.
[310] *Hüffer* § 91 AktG Rn. 6 aE.
[311] Vgl. *Fonk* ZGR 2006, 841, 852 ff.; aA hM, s. *Harbarth*, FS Hoffmann-Becking, 2013, 457, 461.

hung ist über die Durchsetzung noch keine Aussage getroffen. Der einfachste Weg wäre, den Vorstand der beherrschten Gesellschaft durch Satzung, Geschäftsordnung oder Aufsichtsratsbeschluss zu verpflichten, die dem Zustimmungsvorbehalt des Aufsichtsrats der Obergesellschaft unterliegenden Geschäfte erst vorzunehmen, wenn der Aufsichtsrat oder der Vorstand der Obergesellschaft zugestimmt hat. Ein solches Verfahren ist mit dem Gesetz jedoch nicht vereinbar. Zustimmungsvorbehalte können verpflichtend nur **zugunsten des eigenen Aufsichtsrats** bestimmt werden.[312] Ist die Tochter nur eine faktisch beherrschte AG, ist der Vorstand der Obergesellschaft rechtlich auf einen entsprechenden Zustimmungsvorbehalt zugunsten des **Aufsichtsrats der Tochter** angewiesen, soweit ein solcher Vorbehalt nach den allgemeinen Grundsätzen zulässig ist. Die rechtliche Ausgangsposition entspricht aus Sicht der Obergesellschaft derjenigen bei der Vorstandsbesetzung in abhängigen Gesellschaften (→ Rn. 72).

135 Der Pflicht des Vorstands der Obergesellschaft, die Zustimmung seines Aufsichtsrats bei entsprechenden Maßnahmen der Tochtergesellschaft einzuholen, steht somit keine korrespondierende Durchsetzbarkeit gegenüber. In der Literatur wird auf eine zumindest bescheidene Hilfestellung zur Lösung der praktischen Probleme verwiesen. Abgesehen vom Fall bloßer Abhängigkeit wird es für zulässig angesehen, dass der Vorstand der Tochter dem herrschenden Unternehmen eine **Information vor Vornahme** bestimmter Geschäfte zusagt, soweit dies ohne überwiegenden Nachteil für seine Gesellschaft gegeben werden kann.[313] Begründet wird dieser Weg mit dem Interesse der abhängigen Gesellschaft und ihrer Verwaltung, möglichst früh über die Haltung ihres Großaktionärs und seiner Vertreter im Aufsichtsrat zu wesentlichen Vorhaben unterrichtet zu werden.

136 Eine besondere Bedeutung für die Durchsetzung der (Konzern-)Interessen kommt den der herrschenden Gesellschaft zuzurechnenden Mitgliedern des **Aufsichtsrats** in der **Tochtergesellschaft** zu. In diesem Zusammenhang sei daran erinnert, dass die Mitglieder des Aufsichtsrats allein den Interessen der Gesellschaft verpflichtet sind, so das rechtliche Postulat (→ Rn. 73). Eine **Ausnahme** soll in den Fällen gelten können, in denen ein Nachteilsausgleich möglich ist und von der herrschenden Gesellschaft zugesagt wird. Insoweit wird angenommen, dass die Pflicht des Aufsichtsratsmitglieds, primär die Interessen der Tochtergesellschaft zu wahren, zurücktritt.[314] Konsequent ist das nicht. Lehnt der Aufsichtsrat des herrschenden Unternehmens die Zustimmung zu einem Geschäft ab, verlangen aber die **Interessen des abhängigen Konzernunternehmens** die Vornahme des Geschäfts, so muss das Vorstandsmitglied des herrschenden Unternehmens in seiner Eigenschaft als Aufsichtsratsmitglied des abhängigen Unternehmens primär den Interessen dieses Unternehmens entsprechend handeln oder zurücktreten.[315] Jedenfalls ist der Vorstand der beherrschten Gesellschaft verpflichtet, die Zustimmung seines Aufsichtsrats erst dann einzufordern, wenn ihm bei der Veranlassung zu nachteiligen Maßnahmen der **Ausgleich** durch die herrschende Gesellschaft verbindlich **zugesagt** worden ist.[316] Im Übrigen ist die lapidare Feststellung, dass die Rechtslage insoweit noch wenig geklärt ist, zwar unbefriedigend, schmälert aber ihren Wahrheitsgehalt nicht.

137 Beabsichtigt der Aufsichtsrat des herrschenden Unternehmens – wozu keine Verpflichtung besteht[317] – **Zustimmungsvorbehalte** auch für die abhängigen Gesellschaften festzulegen, sollten sie insoweit **ausdrücklich benannt** werden. Hierbei empfiehlt es sich, den Zustimmungskatalog enger zu fassen als denjenigen, der für die Obergesellschaft selbst gilt.[318]

---

[312] *Altmeppen* in MüKoAktG § 311 Rn. 407.
[313] *Kropff* in MüKoAktG 2. Aufl. § 311 Rn. 288; *Altmeppen* in MüKoAktG § 311 Rn. 408 f.
[314] *Götz* ZGR 1998, 524, 543; so wohl auch *Habersack* in Emmerich/Habersack § 311 AktG Rn. 81.
[315] So ausdrücklich *Johannes Semler* Leitung Rn. 437; für Vorstands-Doppelmandate im Konzern ebenso *Hoffmann-Becking* ZHR 150 (1986), 570, 579; *M. Schmidt*, FS Imhoff, 1998, 68, 88 f.
[316] *Altmeppen* in MüKoAktG § 311 Rn. 414.
[317] *Harbarth*, FS Hoffmann-Becking, 2013, 457, 458 f.
[318] Nach *M. Schmidt*, FS Imhoff, 1998, 67, 89 sollte generell von einer Ausdehnung von Zustimmungsvorbehalten abgesehen werden.

C. Faktischer Konzern

Dafür sprechen rechtliche[319] insbesondere praktische Gründe. Die Zustimmungsnotwendigkeit zweier Aufsichtsräte bedeutet ein beachtliches **Erschwernis** in zeitlicher Hinsicht und der nicht immer einfachen Frage, welcher Aufsichtsrat zunächst mit dem Rechtsgeschäft oder der Maßnahme befasst werden soll (→ Rn. 91).[320] Zustimmungsvorbehalte für beherrschte Gesellschaften sollten daher vom Aufsichtsrat der Obergesellschaft auf einige **wenige grundsätzliche Entscheidungen** beschränkt werden. Hierzu gehört die Besetzung der Vorstände in den Tochtergesellschaften, an deren Qualifikation auch der Aufsichtsrat der herrschenden Gesellschaft ein eminentes Interesse haben muss.[321] Ein entsprechender Zustimmungsvorbehalt liegt daher trotz aller Probleme seiner Durchsetzung nahe. Für die Aufsichtsratsmitglieder der beherrschten Gesellschaft gilt das Gebot höchstpersönlicher und weisungsfreier Amtsführung.[322]

4. Haftung

Im Interesse der Gläubiger- und Minderheitsaktionäre der abhängigen Gesellschaft sieht das Gesetz als Schutz **Haftungssanktionen** zum einen zu Lasten des herrschenden Unternehmens und seiner gesetzlichen Vertreter, zum anderen zu Lasten des Vorstands der abhängigen Gesellschaft selbst vor (§§ 317, 318 AktG). Voraussetzung ist das Fehlen eines Beherrschungsvertrags, das Entstehen eines **Schadens** aufgrund der Veranlassung zu einem nachteiligen Rechtsgeschäft oder einer nachteiligen Maßnahme, ferner die Feststellung, dass der Nachteil **nicht** bis zum Ende des Geschäftsjahres tatsächlich oder durch Einräumung eines Rechtsanspruchs **ausgeglichen** worden ist. Zur Haftung bei Bestehen eines Beherrschungsvertrags → Rn. 92 ff.

Ausgleichspflichtig ist zunächst das **herrschende Unternehmen.** Die Ersatzpflicht tritt nicht ein, wenn auch ein ordentlicher und gewissenhafter Geschäftsleiter einer unabhängigen Gesellschaft das Rechtsgeschäft vorgenommen oder die Maßnahme getroffen oder unterlassen hätte (§ 317 Abs. 2 AktG). Das erfordert nicht den Nachweis, dass ein solcher Geschäftsleiter so handeln **musste,** jedes andere Handeln also pflichtwidrig gewesen wäre.[323] Maßgebend ist allein, dass das Handeln auch aus der Sicht des ordentlichen und gewissenhaften Geschäftsleiters einer **unabhängigen Gesellschaft** in sonst gleicher Lage **sachgerecht** war und sich innerhalb des unternehmerischen Ermessensspielraums hielt.[324] Damit wird ein **objektiver Maßstab** geschaffen. Wie das herrschende Unternehmen selbst das Verhalten eines solchen Geschäftsleiters einer unabhängigen Gesellschaft beurteilt hat, ist ohne rechtliche Relevanz, auch ein **Verschulden** ist nach hM nicht Voraussetzung der Haftung.[325]

Eine Mithaftung auch mit dem Privatvermögen trifft die **gesetzlichen Vertreter** des **herrschenden Unternehmens.** Voraussetzung ist, dass sie die abhängige Gesellschaft zu dem nachteiligen Rechtsgeschäft oder der nachteiligen Maßnahme veranlasst haben (§ 317 Abs. 3 AktG). Betroffen sind in der AG die Vorstandsmitglieder, nicht jedoch die Aufsichtsratsmitglieder des herrschenden Unternehmens.[326]

Für die Verantwortlichkeit von Vorstand und Aufsichtsrat der **abhängigen Gesellschaft** wird eine ausdrückliche Haftung nur im Zusammenhang mit dem sog. **Abhängigkeitsbericht** normiert (§ 318 Abs. 1 und 2 AktG). Die Haftung trifft den **Vorstand,** wenn er es

---

[319] *Hüffer* § 111 AktG Rn. 22 verweist auf Probleme der Zulässigkeit und Durchsetzung von Zustimmungsvorbehalten, die diesen relativ enge Grenzen setzen.
[320] Das unterschätzt *Löbbe* Unternehmenskontrolle 317 f.
[321] *Martens* ZHR 159 (1995), 567, 578.
[322] *Habersack* in Emmerich/Habersack § 311 AktG Rn. 81.
[323] *Kropff* in MüKoAktG 2. Aufl. § 317 Rn. 73.
[324] *Altmeppen* in MüKoAktG § 317 Rn. 78.
[325] *Hüffer* § 317 AktG Rn. 5; im Ergebnis ebenso *Altmeppen* in MüKoAktG § 317 Rn. 29 ff.; aA *Kropff* in MüKoAktG 2. Aufl. § 317 Rn. 25.
[326] Ganz hM, *Altmeppen* in MüKoAktG § 317 Rn. 103.

unter Verletzung seiner Pflichten unterlässt, das nachteilige Rechtsgeschäft oder die nachteilige Maßnahme im Abhängigkeitsbericht aufzuführen. Dieselbe Verantwortlichkeit trifft ihn, wenn er nicht angibt, dass die Gesellschaft durch das Rechtsgeschäft oder die Maßnahme benachteiligt wurde und der Nachteil nicht ausgeglichen worden war. Die Mitglieder des **Aufsichtsrats** haften, wenn sie den Bericht nicht prüfen und über das Ergebnis der Prüfung der Hauptversammlung nicht berichten. Ist streitig, ob Vorstand oder Aufsichtsrat die Sorgfalt eines ordentlichen und gewissenhaften Geschäftsleiters angewandt haben, trifft sie die **Beweislast** (§ 318 Abs. 1 S. 2, Abs. 2 AktG).

142   Diese spezielle Haftungsvorschrift ist **nicht** als **Freistellung im Übrigen** zu werten. Vorstand und Aufsichtsrat der beherrschten Gesellschaft bleiben zur „Sorgfalt eines ordentlichen und gewissenhaften Geschäftsleiters" iSd AktG verpflichtet (§§ 93, 116 AktG). Sie haften über die Spezialbestimmungen hinaus, wenn sie die ihnen als Verwaltungsmitglieder obliegenden **Pflichten verletzen.**[327]

5. Abhängigkeitsbericht

a) Begriffsbestimmung

143   Der Bericht des Vorstands einer abhängigen Gesellschaft über **Beziehungen zu verbundenen Unternehmen** wird im allgemeinen Sprachgebrauch Abhängigkeitsbericht genannt (§ 312 AktG). Die ausführlichen gesetzlichen Bestimmungen regeln – über den Inhalt des Berichts hinaus – die Notwendigkeit einer Prüfung durch den Abschlussprüfer und den Aufsichtsrat, die Möglichkeit einer Sonderprüfung sowie die Verantwortlichkeit ua der Verwaltungsmitglieder der abhängigen Gesellschaft (§§ 313–318 AktG). Dokumentiert wird damit die **große Bedeutung,** die das Gesetz dem Abhängigkeitsbericht beimisst,[328] einem Eckpfeiler in dem zum Schutz von Minderheitsaktionären und Gläubigern abhängiger Gesellschaften geschaffenen Gesetzgebungswerk. In der Praxis ist diese Bedeutung in vollem Umfang nur schwer nachzuvollziehen. Das gilt insbesondere für den Aufsichtsrat, der aus eigener Kenntnis im allgemeinen nichts beitragen kann.

144   Die **Verpflichtung** zur Aufstellung eines Abhängigkeitsberichts ist an **drei Voraussetzungen** geknüpft: Es muss sich um eine AG oder KGaA handeln, diese abhängig iSd Gesetzes sein, letztlich darf kein Beherrschungsvertrag abgeschlossen sein. In dem Bericht sind alle **Rechtsgeschäfte,** welche die Gesellschaft im vergangenen Geschäftsjahr mit dem herrschenden Unternehmen oder einem mit ihm verbundenen Unternehmen oder auf Veranlassung oder im Interesse dieser Unternehmen vorgenommen hat, und alle anderen **Maßnahmen,** die sie auf Veranlassung oder im Interesse dieser Unternehmen im vergangenen Geschäftsjahr getroffen oder unterlassen hat, aufzuführen (so wörtlich § 312 Abs. 1 S. 2 AktG).

b) Rechtsgeschäfte und Maßnahmen

145   Das Verständnis des Berichts wird durch die Gliederung in Fallgruppen erleichtert. Die Berichtspflicht betrifft zunächst die **Rechtsgeschäfte** der abhängigen Gesellschaft mit dem herrschenden Unternehmen. Hierbei muss es sich nicht um Verträge handeln. Auch sog. Gestaltungserklärungen wie Anfechtung, Rücktritt oder Kündigung sind unter der Voraussetzung der Vornahme durch die abhängige Gesellschaft berichtspflichtig.[329] Zu berichten ist über **jedes Rechtsgeschäft** mit dem herrschenden Unternehmen, ferner mit einem Unternehmen, das mit dem herrschenden Unternehmen verbunden ist.[330] Auf die **Veranlassung** durch das herrschende Unternehmen kommt es in der zweiten Alternative nicht

---

[327] *Altmeppen* in MüKoAktG § 318 Rn. 23.
[328] Vgl. auch BGHZ 135, 107, 111 f. = NJW 1997, 1855, 1856. Wurde kein Abhängigkeitsbericht erstellt, obwohl die sachlichen Voraussetzungen erfüllt waren, kann die Entlastung von Vorstand und Aufsichtsrat angefochten werden, vgl. OLG Düsseldorf AG 2000, 365 f.
[329] *Hüffer* § 312 AktG Rn. 13.
[330] *Hüffer* § 312 AktG Rn. 18.

an. Die dritte Alternative berichtspflichtiger Rechtsgeschäfte betrifft solche mit Dritten auf Veranlassung oder im Interesse verbundener Unternehmen.

Letztendlich postuliert das Gesetz die Berichtspflicht für alle **Maßnahmen,** die die abhängige Gesellschaft auf Veranlassung oder im Interesse ua des herrschenden Unternehmens getroffen oder unterlassen hat. „Maßnahme" ist im weitesten Sinne zu verstehen. Hierzu gehören alle Vorgänge, mit denen eine Benachteiligung der Gesellschaft verbunden sein kann.[331] Angesprochen sind **unternehmensinterne Vorgänge,** zB Investitionen, aber auch **externe Vorgänge,** zB die Aufnahme von Fremdkapital.[332] Einzubeziehen sind Unterlassungspflichten ebenso wie tatsächliche Unterlassungen.[333] Voraussetzung ist, dass die Maßnahmen auf Veranlassung oder im Interesse des herrschenden Unternehmens, anderer verbundener Unternehmen oder ggf. Dritter vorgenommen oder unterlassen werden. Einschränkend wird die Auffassung vertreten, dass keine Berichtspflicht besteht, soweit eindeutig vermögensmäßige Auswirkungen ausscheiden.[334] 146

c) Einzelangaben

Zum Inhalt des Berichts sagt das Gesetz: „Bei den Rechtsgeschäften sind Leistung und Gegenleistung, bei den Maßnahmen die Gründe der Maßnahme und deren Vorteile und Nachteile für die Gesellschaft anzugeben" (§ 312 Abs. 1 S. 3 AktG).[335] An die hiernach notwendigen Angaben werden hohe Anforderungen gestellt. So wird gefordert, **sämtliche Umstände** anzugeben, die für die Beurteilung der Angemessenheit von Relevanz sind, hinsichtlich der Leistung also insbesondere deren Art, Umfang, Menge und Vorkosten, hinsichtlich des Preises dessen Höhe, etwaige Nachlässe und die Modalitäten der Erbringung.[336] Bei einer lebhaften Geschäftsbeziehung ua zwischen Mutter und Tochter würde eine Auflistung jedes einzelnen Rechtsgeschäfts oder jeder einzelnen Maßnahme zu einer **uferlosen Ausweitung** der Berichtspflicht führen. Das legt insbesondere die Frage nahe, inwieweit **Gruppenbildungen** zulässig sind. Soweit ersichtlich, geht die überwiegende Praxis von der Möglichkeit aus, hierdurch die Berichtspflicht zu erfüllen, wenn es sich um gleichartige Rechtsgeschäfte und Maßnahmen handelt, so dass Kategorien gebildet werden können.[337] Das gilt insbesondere dann, wenn eine Einzeldarstellung keinen zusätzlichen Informationswert hat oder – anders gewendet – ist eine Gruppenbildung sogar geboten, wenn sie der Übersichtlichkeit dient.[338] 147

Das Gesetz hat es für notwendig gehalten zu betonen, dass der Bericht den Grundsätzen einer **gewissenhaften und getreuen Rechenschaft** zu entsprechen hat (§ 312 Abs. 2 AktG). Damit soll gewährleistet werden, dass den Prüfern und dem Aufsichtsrat ein wahrheitsgemäßes Bild der Geschäftsbeziehungen zwischen verbundenen Unternehmen ermöglicht wird. Geboten ist Vollständigkeit, Klarheit und Übersichtlichkeit.[339] Ausdrückliche Erwähnung findet in diesem Zusammenhang die Dokumentations- und Organisationspflicht des Vorstands.[340] 148

d) Schlusserklärung

Die Bedeutung, die das Gesetz dem Bericht beimisst, wird auch durch die Notwendigkeit dokumentiert, ihn mit einer Schlusserklärung zu versehen. Der Vorstand hat sich dazu zu äußern, ob die abhängige Gesellschaft bei jedem Rechtsgeschäft eine **angemessene** 149

---

[331] *Altmeppen* in MüKoAktG § 312 Rn. 89.
[332] *Altmeppen* in MüKoAktG § 312 Rn. 89.
[333] *Altmeppen* in MüKoAktG § 312 Rn. 92 ff.
[334] *Altmeppen* in MüKoAktG § 312 Rn. 90; aA *Koppensteiner* in Kölner Komm. AktG § 312 AktG Rn. 47.
[335] Zur Darstellung des Cash-Managements im Abhängigkeitsbericht ausführlich *Hüffer* AG 2004, 416, 421 f.
[336] *Habersack* in Emmerich/Habersack § 312 AktG Rn. 37.
[337] *Koppensteiner* in Kölner Komm. AktG § 312 Rn. 69.
[338] *Altmeppen* in MüKoAktG § 312 Rn. 139.
[339] *Altmeppen* in MüKoAktG § 312 Rn. 134 ff.
[340] *Hüffer* § 312 AktG Rn. 32.

Gegenleistung erhalten hat und dadurch, dass Maßnahmen getroffen oder unterlassen wurden, **nicht benachteiligt** worden ist. Maßgebend ist der Zeitpunkt, in dem das Rechtsgeschäft vorgenommen oder die Maßnahme getroffen bzw. unterlassen wurde. Liegt eine Benachteiligung vor, so hat der Vorstand außerdem zu erklären, ob die Nachteile ausgeglichen worden sind (§ 312 Abs. 3 S. 1 und 2 AktG). Die Schlusserklärung hat **nicht** den Charakter eines formularmäßig festliegenden **Testats**.[341] Der Text richtet sich nach den Notwendigkeiten des Einzelfalls. Das gilt für die berichtspflichtigen Tatsachen ebenso wie für den Fall, dass nichts zu berichten ist. Hier empfiehlt sich eine entsprechende **Negativklausel**.

150   Der Abhängigkeitsbericht ist, **von allen Vorstandsmitgliedern unterschrieben,** dem Abschlussprüfer und dem Aufsichtsrat vorzulegen. Eine weitergehende **Publizität** sieht das Gesetz für den Bericht insgesamt nicht vor.[342] Eine Ausnahme gilt für die Schlusserklärung, die in den Lagebericht aufzunehmen (§ 289 HGB, § 312 Abs. 3 S. 3 AktG) und damit den Aktionären und den Gläubigern zugänglich zu machen ist.[343]

e) Prüfung Abschlussprüfer

151   Ausführliche Bestimmungen gelten der Prüfung des Abhängigkeitsberichts, falls der Jahresabschluss durch einen Abschlussprüfer zu prüfen ist (§ 313 AktG). Geregelt wird zunächst der **Prüfungsinhalt.** Zu prüfen ist, ob die tatsächlichen Angaben des Berichts richtig sind, ferner bei Rechtsgeschäften die Angemessenheit der Leistung der abhängigen Gesellschaft – ggf. Ausgleich der Nachteile – und eine Beurteilung der im Bericht aufgeführten Maßnahmen (§ 313 Abs. 1 AktG). Da die **Vollständigkeit** des Abhängigkeitsberichts **nicht** gezielt zu prüfen ist,[344] ist der Wirtschaftsprüfer insoweit von der Sorgfalt und der Bereitschaft des Vorstands zur Offenheit abhängig.[345] Dies sollte vor übertriebenen Erwartungen warnen, auch wenn sich Alternativen zur Prüfungspflicht nicht anbieten.[346]

152   Der Abschlussprüfer hat über das **Ergebnis** der Prüfung **schriftlich zu berichten** (§ 313 Abs. 2 S. 1 AktG). Bestimmt ist der Bericht für den Aufsichtsrat, dem er zu Händen seines Vorsitzenden durch den Abschlussprüfer zuzuleiten ist (§ 313 Abs. 2 S. 3 AktG). Im Einzelnen regelt das Gesetz den Text des Bestätigungsvermerks (§ 313 Abs. 3 AktG). Der Abschlussprüfer hat sich wörtlich an die vom Gesetz vorgeschriebene Fassung ohne Ergänzungen zu halten.[347] Der Bestätigungsvermerk muss vom Aufsichtsrat in seinen Bericht an die Hauptversammlung aufgenommen werden und erhält dadurch Publizität (§ 314 Abs. 2 S. 3 AktG).

f) Prüfung Aufsichtsrat

153   Die dem Aufsichtsrat auferlegte Prüfungspflicht unterscheidet sich grundsätzlich nicht von derjenigen, die dem Jahresabschluss gilt (§ 171 AktG). Inhalt der Prüfung des Abhängigkeitsberichts ist dessen **Vollständigkeit und Richtigkeit**.[348] Die nicht dem herrschenden Unternehmen angehörenden Aufsichtsratsmitglieder können sich hierbei in der Regel auf die Durcharbeitung des Prüfungsberichts beschränken. Stärker gefordert sind die Repräsentanten des herrschenden Unternehmens, die ihr Sonderwissen einbringen müssen.[349] So die gesetzlichen Pflichten. Die Praxis wird und kann dem nicht immer gerecht wer-

---

[341] *Altmeppen* in MüKoAktG § 12 Rn. 142.
[342] *Habersack* in Emmerich/Habersack § 312 AktG Rn. 4.
[343] Zum Einsichtsrecht bei der kleinen AG *Altmeppen* in MüKoAktG § 312 Rn. 12 ff.
[344] *Altmeppen* in MüKoAktG § 313 Rn. 56.
[345] Nach hM kann der Prüfer vom Vorstand eine Vollständigkeitserklärung verlangen; vgl. *J. Vetter* in K. Schmidt/Lutter § 313 AktG Rn. 28.
[346] Zur Wirksamkeit der Prüfung *Altmeppen* in MüKoAktG § 313 Rn. 8.
[347] *Altmeppen* in MüKoAktG § 313 Rn. 92; aA *Koppensteiner* in Kölner Komm. AktG § 313 Rn. 32, 35. Zur Zulässigkeit von Zusätzen *Altmeppen* in MüKoAktG § 313 Rn. 100 f.
[348] *Altmeppen* in MüKoAktG § 314 Rn. 18.
[349] *Altmeppen* in MüKoAktG § 314 Rn. 24.

den.³⁵⁰ Es liegt nahe, von einer Überforderung des Aufsichtsrats zu sprechen, eine allerdings nicht hierauf beschränkte Einsicht. Über das **Ergebnis** seiner **Prüfung** hat der Aufsichtsrat der Hauptversammlung zu berichten, ferner zu dem Ergebnis der Prüfung durch den Abschlussprüfer Stellung zu nehmen (§ 314 Abs. 2 S. 1 AktG). Der Aufsichtsrat muss erklären, ob nach dem abschließenden Ergebnis seiner Prüfung Einwendungen gegen die Erklärung des Vorstands am Schluss des Berichts über die Beziehungen zu verbundenen Unternehmen zu erheben sind (§ 314 Abs. 3 AktG). Der Abhängigkeitsbericht gehört zu den Angelegenheiten einer abhängigen Gesellschaft, über die der Vorstand außenstehenden Aktionären in der Hauptversammlung Auskunft zu geben hat.³⁵¹

Vorlage- und Prüfungspflichten beziehen sich auf den Aufsichtsrat der **abhängigen Gesellschaft.** Das herrschende Unternehmen hat grundsätzlich kein Recht zur Einsichtnahme in den Abhängigkeitsbericht. In der Praxis ist der Bericht über die Vertreter im Aufsichtsrat oder aufgrund der Einflussmöglichkeiten zugänglich. Das ist notwendig, da den Vorstand der **herrschenden Gesellschaft** Informationspflichten gegenüber seinem Aufsichtsrat treffen können. Der Vorstand hat über Vorgänge zu berichten, die zu gravierenden Belastungen der Konzernmutter führen können. In Betracht kommen insbesondere **Schadensersatzansprüche** wegen der Veranlassung der abhängigen Gesellschaft zu nachteiligen Rechtsgeschäften oder Maßnahmen (§ 317 Abs. 1 AktG). Die Berichtspflicht ist bereits dann anzunehmen, wenn der Abhängigkeitsbericht selbst oder der Prüfungsbericht des Abschlussprüfers Informationen enthält, die die Geltendmachung von Schadensersatzansprüchen befürchten lassen.

g) Haftung

Das Gesetz enthält im Zusammenhang mit dem Abhängigkeitsbericht spezielle Haftungsbestimmungen (§ 318 AktG). Die Mitglieder des **Vorstands** der abhängigen Gesellschaft haften, wenn sie es unter Verletzung ihrer Pflichten unterlassen haben, das nachteilige Rechtsgeschäft oder die nachteilige Maßnahme in den Bericht über die Beziehungen der Gesellschaft zu verbundenen Unternehmen aufzunehmen oder anzugeben, dass die Gesellschaft durch das Rechtsgeschäft oder die Maßnahme benachteiligt wurde und der Nachteil nicht ausgeglichen worden war. Ist streitig, ob die Mitglieder des Vorstands die Sorgfalt eines ordentlichen und gewissenhaften Geschäftsleiters angewandt haben, so trifft sie die **Beweislast** (§ 318 Abs. 1 S. 1 und 2 AktG). Die Haftungsbestimmung kommt nur dann zum Zuge, wenn gleichzeitig das herrschende Unternehmen nach § 317 AktG haftet, wobei die Begründung eines Anspruchs, nicht aber dessen Geltendmachung ausreichend ist.³⁵² Die Mitglieder des **Aufsichtsrats** der abhängigen Gesellschaft haften dann, wenn sie ihre Pflicht, den Abhängigkeitsbericht zu prüfen und über das Ergebnis der Prüfung an die Hauptversammlung zu berichten, verletzt haben.

D. Sonstige Unternehmensverbindungen

Schrifttum: *Lutter/Drygala,* Grenzen der Personalverflechtung und Haftung im Gleichordnungskonzern, ZGR 1995, 557; *Milde,* Der Gleichordnungskonzern im Gesellschaftsrecht, Diss. Mainz 1996; *Peiner,* Konzernstrukturen von Versicherungsvereinen auf Gegenseitigkeit, VersW 1992, 920; *Priester,* Betriebsführungsverträge im Aktienkonzern – Organisationsrechtliche Instrumente, FS Hommelhoff, 2012, 875; *K. Schmidt,* Gleichordnung im Konzern: terra incognita?, ZHR 155 (1991), 417; *Timm/Messing,* Die Kündigung von Gleichordnungsverbindungen im Konzernrecht und ihre Rechtsfolgen, FS Hommelhoff, 2012, 1237; *Wellkamp,* Der Gleichordnungskonzern – Ein Konzern ohne Abhängigkeit, DB 1993, 2517.

---

³⁵⁰ Kritische Hinweise bei *Koppensteiner* in Kölner Komm. AktG § 314 Rn. 6.
³⁵¹ *Altmeppen* in MüKoAktG § 312 Rn. 16.
³⁵² *Altmeppen* in MüKoAktG § 318 Rn. 8.

I. Eingegliederte Gesellschaft

1. Bedeutung

156 Voraussetzung der Eingliederung iSd AktG ist, dass es sich auf beiden Seiten um eine AG handelt: Die zur Eingliederung vorgesehene Gesellschaft, ebenso wie die Gesellschaft, in die eingegliedert werden soll, die sog. **Hauptgesellschaft.** Das Gesetz unterscheidet zwei Fälle. Zunächst die Alternative, in der die Hauptgesellschaft bereits **alle Aktien** der einzugliedernden Gesellschaft besitzt (§ 319 AktG). Die zweite Alternative betrifft den Fall, dass mindestens **95 % des Grundkapitals** auf die zukünftige Hauptgesellschaft entfallen, die mit der Eintragung der Eingliederung alleiniger Aktionär wird (§ 320 AktG). Wenn nicht alles täuscht, steht die praktische Bedeutung der Eingliederung im umgekehrten Verhältnis zum Regelungsumfang des Gesetzes.[353] Das dürfte erst recht gelten, seitdem der Ausschluss von Minderheitsaktionären durch die sog. Squeeze-Out-Regelung eröffnet worden ist (→ Rn. 210 ff.).[354]

157 Die Eingliederung hat zunächst die gleiche Wirkung wie der Abschluss eines Beherrschungsvertrags. Die Hauptgesellschaft ist berechtigt, dem Vorstand der eingegliederten Gesellschaft hinsichtlich der **Leitung** der Gesellschaft **Weisungen** zu erteilen (§ 323 Abs. 1 S. 1 AktG). Der Unterschied zum Beherrschungsvertrag liegt in den weiter gezogenen Grenzen der Beeinflussung. Zutreffend ist daher die Eingliederung als die **intensivste Form der Konzerneinbeziehung,** in ihren Wirkungen zwischen Beherrschungsvertrag und Verschmelzung, zu bewerten.[355] Die Begründung des Regierungsentwurfs sieht die eingegliederte Gesellschaft wirtschaftlich als eine **Betriebsabteilung** der Hauptgesellschaft, zumindest als ihr nahestehend.[356] Die Eingliederung bietet sich an, wenn trotz umfassender Leitung der Tochtergesellschaft auf die Vorteile ihrer rechtlichen Selbstständigkeit nicht verzichtet werden soll.[357]

158 Dem Weisungsrecht entspricht die **Folgepflicht** des Vorstands der eingegliederten Gesellschaft (§ 323 Abs. 1 S. 2 iVm § 308 Abs. 2 S. 1 AktG). Eine **Prüfungskompetenz** hat der Vorstand nur insoweit, als er nicht verpflichtet und berechtigt ist, gesetzwidrige Weisungen auszuführen.[358] Ob und inwieweit die Weisung der Hauptgesellschaft deren Belangen oder der mit dem Konzern verbundenen Unternehmen dient, ist – anders als beim Beherrschungsvertrag – für den Vorstand der eingegliederten Gesellschaft ohne jeden Belang. Eine kleinere Hürde können Zustimmungsvorbehalte zugunsten des **Aufsichtsrats** der eingegliederten Gesellschaft sein. Wird die hiernach notwendige Zustimmung des Aufsichtsrats nicht innerhalb einer angemessenen Frist erteilt, gilt das für den Beherrschungsvertrag vorgeschriebene Verfahren (§ 323 Abs. 1 S. 2 iVm § 308 Abs. 3 AktG; → Rn. 91). Die mit der Zustimmung des Aufsichtsrats der Hauptgesellschaft erteilte erneute **Weisung** des Vorstands der Hauptgesellschaft ersetzt die Zustimmung des Aufsichtsrats der eingegliederten Gesellschaft.

159 Das Gesetz bestimmt, dass die Hauptgesellschaft den **Bilanzverlust** der eingegliederten Gesellschaft auszugleichen hat (§ 324 Abs. 3 AktG). Die Verpflichtung gilt allerdings nur, soweit der Verlust den Betrag der Kapitalrücklagen und Gewinnrücklagen übersteigt. Daraus folgt, dass eine Pflicht zur Bildung oder Erhaltung der gesetzlichen Rücklage nicht besteht.[359] Geschützt ist das **Grundkapital** der eingegliederten Gesellschaft, das der Disposition der Hauptgesellschaft entzogen ist.[360] Eine AG ohne Vermögen in Höhe des

---

[353] *Grunewald* in MüKoAktG Vor § 319 Rn. 4: wie viele eingegliederte Gesellschaften in der BRD bestehen, ist nicht bekannt.
[354] *J. Vetter* in K. Schmidt/Lutter § 319 AktG Rn. 2.
[355] *Krieger* in MHdB AG § 73 Rn. 1.
[356] *Kropff* Begr. RegE AktG 429, 431.
[357] *Hüffer* § 319 AktG Rn. 2.
[358] *Hüffer* § 323 AktG Rn. 4.
[359] *Habersack* in Emmerich/Habersack § 324 AktG Rn. 3.
[360] *Habersack* in Emmerich/Habersack § 324 AktG Rn. 1.

D. Sonstige Unternehmensverbindungen

Grundkapitals darf es nicht geben. Damit ist aber bereits die äußerst zulässige Grenze gezogen. Im Übrigen kann die Hauptgesellschaft **uneingeschränkt** über das **Vermögen** der eingegliederten Gesellschaft verfügen, deren Vermögen zB auf sich übertragen oder verlangen, dass der erzielte Gewinn an sie abgeführt wird.[361] Aus der nahezu unbegrenzten Weisungsbefugnis folgt konsequenterweise, dass auch **existenzgefährdende** oder -vernichtende **Weisungen** zulässig sind. Diese Auffassung entspricht der hM.[362]

2. Verfahren

Die Eingliederung erfordert keinen Vertrag. Ausreichend und notwendig ist der zustimmende Beschluss der Hauptversammlung der einzugliedernden Gesellschaft **und** die Zustimmung der Hauptversammlung der Hauptgesellschaft. Im Übrigen unterscheidet sich das Verfahren nach der Höhe des Aktienbesitzes. 160

a) 100 %-ige Tochtergesellschaft

An die Hauptversammlung der einzugliedernden Gesellschaft werden in dieser Alternative keine besonderen Anforderungen gestellt. Es handelt sich um eine sog. **Vollversammlung** mit erleichterten förmlichen Beschlussvoraussetzungen (§ 121 Abs. 6 AktG). Ausführungen zur organisatorischen Gestaltung der Eingliederung sind entbehrlich.[363] Eine notarielle Beurkundung ist nicht erforderlich (§ 130 Abs. 1 S. 3 AktG), jedoch mit Rücksicht auf die Anmeldung der Eingliederung zum Handelsregister zu empfehlen.[364] 161

Höhere Anforderungen gelten für die Hauptversammlung der **Hauptgesellschaft,** wobei gleichgültig ist, in welcher Reihenfolge die beiden Hauptversammlungen ihre Beschlüsse fassen. Eingehend regelt das Gesetz die **Informationspflichten** gegenüber den Aktionären der Hauptgesellschaft. Kernpunkt ist der sog. **Eingliederungsbericht,** in dem die Eingliederung rechtlich und wirtschaftlich ausführlich erläutert und begründet werden muss (§ 319 Abs. 3 S. 1 Nr. 3 AktG).[365] Einzugehen ist auf die **Risiken und Vorteile der Eingliederung,** auf die Gründe für die Wahl der Eingliederung im Vergleich zu anderen Formen der Unternehmensverbindung.[366] 162

Der Beschluss der **Hauptversammlung** der zukünftigen Hauptgesellschaft bedarf einer Mehrheit, die mindestens **drei Viertel** des bei der Beschlussfassung vertretenen Grundkapitals umfasst, soweit nicht die Satzung eine größere Kapitalmehrheit und weitere Erfordernisse bestimmt (§ 319 Abs. 2 S. 2 und 3 AktG). Im Anschluss an die Hauptversammlung erfolgt die Anmeldung zur Eintragung in das Handelsregister. Mit der Eintragung der Eingliederung wird diese wirksam (§ 319 Abs. 7 AktG). 163

b) Mindestens 95 %-ige Tochtergesellschaft

aa) Hauptversammlung der Hauptgesellschaft. Zunächst gelten alle für die wirksame Eingliederung einer 100%-igen Tochtergesellschaft notwendigen Erfordernisse. Das betrifft den **Eingliederungsbericht** (§ 320 Abs. 1 S. 3 iVm § 319 Abs. 3 S. 1 Nr. 3 AktG), an den hier jedoch zusätzliche Anforderungen gestellt werden. Sie ergeben sich aus der Verpflichtung, den zwangsweise ausscheidenden Minderheitsaktionären der einzugliedernden Gesellschaft eine **Abfindung** zu gewähren. Die Abfindung erfolgt grundsätzlich in eigenen **Aktien** der Hauptgesellschaft (§ 320b Abs. 1 S. 2 AktG). Nur für den Fall, dass die Hauptgesellschaft ihrerseits eine **abhängige** Gesellschaft ist, haben die mit der Eingliederung aus- 164

---

[361] *Grunewald* in MüKoAktG § 323 Rn. 4; *Koppensteiner* in Kölner Komm. AktG § 323 AktG Rn. 3. Alternativ: Abschluss eines Gewinnabführungsvertrags, was jedoch nicht Voraussetzung ist.
[362] *Grunewald* in MüKoAktG § 323 Rn. 3; zweifelnd *Hüffer* § 323 AktG Rn. 3; aA *Ziemons* in K. Schmidt/Lutter § 323 AktG Rn. 6.
[363] *Grunewald* in MüKoAktG § 319 Rn. 17; *Krieger* in MHdB AG § 73 Rn. 8.
[364] *Grunewald* in MüKoAktG § 319 Rn. 16 unter Hinweis auf die Notwendigkeit, auch ein Teilnehmerverzeichnis vorzulegen.
[365] Vgl. *Krieger* in MHdB AG § 73 Rn. 12.
[366] *Grunewald* in MüKoAktG § 319 Rn. 22.

scheidenden Aktionäre nach ihrer Wahl alternativ einen Anspruch auf angemessene **Barabfindung** (§ 320b Abs. 1 S. 3 AktG). Die Entscheidung über die **Angemessenheit** richtet sich nach den beim Abschluss eines Beherrschungs- oder Gewinnabführungsvertrags maßgebenden Kriterien (→ Rn. 39 ff.).[367] Art und Höhe der Abfindung sind in dem vom Vorstand der künftigen Hauptgesellschaft zu erstattenden Eingliederungsbericht ausführlich zu kommentieren. Das Gesetz verlangt, auf besondere Schwierigkeiten bei der Bewertung der beteiligten Gesellschaften und auch auf die Folgen für die Beteiligung der Aktionäre ausdrücklich hinzuweisen (§ 320 Abs. 4 S. 2 AktG).

165 Die Eingliederung ist durch sachverständige **Prüfer** (Eingliederungsprüfer) zu prüfen, die der Vorstand der zukünftigen Hauptgesellschaft bestellt (§ 320 Abs. 3 S. 1 und 2 AktG). Das Schwergewicht des von ihnen zu erstattenden Prüfungsberichts liegt – wie beim Abschluss eines Beherrschungsvertrags – auf der Angemessenheit der vorgeschlagenen Abfindung (§ 320 Abs. 3 S. 2 iVm § 293e Abs. 1 S. 2 AktG). Außerdem hat sich der Eingliederungsprüfer dazu zu äußern, ob die **gesetzlichen Voraussetzungen** der Eingliederung erfüllt sind.[368] Die Zweckmäßigkeit der Eingliederung ist nicht Gegenstand der Prüfung.[369]

166 **bb) Hauptversammlung der einzugliedernden Gesellschaft und Rechtsbehelfe.** Zu beachten sind alle förmlichen Voraussetzungen, beginnend mit der ordnungsgemäßen Einberufung. Die Bekanntmachung der Eingliederung als Gegenstand der Tagesordnung ist nur ordnungsgemäß, wenn sie die Firma und den Sitz der zukünftigen Hauptgesellschaft enthält und ihr weiterhin eine Erklärung der künftigen Hauptgesellschaft über die **Abfindung** in eigenen **Aktien** oder im Fall der abhängigen Gesellschaft – alternativ nach Wahl der Aktionäre – über die Gewährung einer **Barabfindung** beigefügt ist (§ 320 Abs. 2 S. 1 Nr. 1 und 2 AktG). Nach zutreffender Auffassung sind an den Beschluss keine zusätzlichen Mehrheitserfordernisse zu stellen, insbesondere besteht keine ungeschriebene Regel einer notwendigen Stimmmehrheit von 95%, was beim Auseinanderfallen von Kapital- und Stimmmehrheit relevant sein kann. Es genügt die einfache Mehrheit.[370]

167 Für die dem ausscheidenden Aktionär zur Verfügung stehenden Rechtsbehelfe sind zwei Alternativen zu unterscheiden. Wird die **Unangemessenheit des Abfindungsangebots** geltend gemacht, scheidet eine Anfechtung des Eingliederungsbeschlusses aus. Jeder ausgeschiedene Aktionär kann die Festsetzung der angemessenen Abfindung im Rahmen des sog. Spruchverfahrens, das sich gegen die Hauptgesellschaft richtet, beantragen. Nach § 320b Abs. 2 S. 2 AktG wird angemessene Abfindung auf Antrag durch das in § 2 SpruchG bestimmte Gericht festgesetzt. Eine Anfechtung des Beschlusses ist insoweit ausgeschlossen (§ 320b Abs. 2 S. 2 AktG). Das gilt nicht bei **fehlendem** oder **nicht ordnungsgemäßem Abfindungsangebot**. Die letztgenannte Alternative betrifft Abfindungen, die ihrer Art nach nicht dem Gesetz entsprechen.[371] In diesen Fällen ist die Anfechtung zulässig. Das Spruchverfahren kann aber **subsidiär** in Anspruch genommen werden, wenn eine Anfechtungsklage entweder nicht innerhalb der Frist erhoben oder zwar erhoben, aber zurückgenommen oder rechtskräftig abgewiesen worden ist (§ 320b Abs. 2 S. 3 AktG).

3. Gläubigerschutz

a) Sicherheitsleistung

168 Zeitlich befristet haben die Gläubiger der eingegliederten Gesellschaft Anspruch auf Sicherheitsleistung, falls die Forderungen begründet worden sind, **bevor** die Eintragung der

---

[367] *Grunewald* in MüKoAktG § 320b Rn. 2 ff.
[368] *Hüffer* § 320 AktG Rn. 12.
[369] *Krieger* in MHdB AG § 73 Rn. 31.
[370] *Hüffer* § 320 AktG Rn. 4; *Grunewald* in MüKoAktG § 320 Rn. 8; *Krieger* in MHdB AG § 73 Rn. 32; aA *Koppensteiner* in Kölner Komm. AktG § 320 AktG Rn. 7.
[371] *Koppensteiner* in Kölner Komm. AktG § 320b AktG Rn. 22 f.; *Habersack* in Emmerich/Habersack § 320b AktG Rn. 19.

D. Sonstige Unternehmensverbindungen

Eingliederung in das Handelsregister bekannt gemacht worden ist (§ 321 Abs. 1 AktG). Die Forderung nach Sicherheitsleistung muss innerhalb von **sechs Monaten** nach der Bekanntmachung der Eintragung geltend gemacht werden. Eine Ausnahme sieht das Gesetz dann vor, wenn Gläubiger im Insolvenzverfahren ein Recht auf vorzugsweise Befriedigung aus einer Deckungssumme haben würden, die nach gesetzlicher Vorschrift zu ihrem Schutz errichtet und staatlich überwacht ist (§ 321 Abs. 2 AktG).[372] Zur Sicherheitsleistung ist die eingegliederte Gesellschaft verpflichtet.[373]

b) Haftung der Hauptgesellschaft

Die Rechtfertigung für die nahezu grenzenlose Einwirkungsmöglichkeit der Hauptgesellschaft ist in ihrer **gesamtschuldnerischen Mithaftung** zu sehen (§ 322 AktG). Zutreffend wird hier vom **Kernstück** der Eingliederungsvorschriften gesprochen.[374] Von der Eingliederung an haftet die Hauptgesellschaft für die **vor** diesem Zeitpunkt begründeten Verbindlichkeiten der eingegliederten Gesellschaft ihren Gläubigern als Gesamtschuldner (§ 322 Abs. 1 S. 1 AktG). Die gleiche Haftung trifft sie für alle Verbindlichkeiten der eingegliederten Gesellschaft, die **nach** der Eingliederung und vor ihrem Ende begründet werden. Mit der hM ist davon auszugehen, dass die Hauptgesellschaft inhaltlich dasselbe schuldet wie die eingegliederte Gesellschaft, ferner nach str. Auffassung, dass der Gläubiger **nach seiner Wahl** die Hauptgesellschaft oder die eingegliederte Gesellschaft auf Erfüllung in Anspruch nehmen kann.[375]

II. Gleichordnungskonzern

1. Begriffsbestimmung

Die praktische Bedeutung des Gleichordnungskonzerns liegt insbesondere auf dem Feld der Versicherungswirtschaft.[376] Das Gesetz fordert für die Annahme eines Gleichordnungskonzerns **drei Kriterien:** Voraussetzung sind rechtlich selbstständige Unternehmen, das Fehlen einer Abhängigkeit und die Zusammenfassung unter einheitlicher Leitung (§ 18 Abs. 2 AktG). Neben dieser gesetzlichen Definition findet sich nur noch eine Negativbestimmung des Gleichordnungsvertrags, der nach ausdrücklicher Bestimmung **kein Beherrschungsvertrag** ist (§ 291 Abs. 2 AktG). Materiell-rechtliche Regelungen über die Bildung, Leitung und Organisation des Gleichordnungskonzerns fehlen ebenso wie Schutzvorschriften zugunsten von Gesellschaftern und Gläubigern.[377] Eine Ausnahme bildet lediglich die Gewinngemeinschaft als Teilaspekt der Gleichordnungsverbindung (§ 292 Abs. 1 AktG).

Der Gesetzestext stellt darauf ab, dass die Unternehmen **voneinander unabhängig** sind. Nach hM gehört zu den Voraussetzungen aber auch, dass keine Abhängigkeit der Unternehmen von der **Konzernspitze** besteht.[378] Dies hat praktische Bedeutung vor allem, falls eine zur gemeinsamen Leitung bestimmte Gesellschaft geschaffen wird. Der Charakter als Gleichordnungskonzern bleibt erhalten, sofern sichergestellt ist, dass die Unternehmen den einheitlichen Leitungswillen in der Zentralgesellschaft **gemeinsam,** dh gleichberechtigt bilden. Die nicht immer praxisnahen Diskussionen gelten vor allem der Frage, ob die Vereinbarung von **Mehrheitsentscheidungen** und damit nachteiliger Wei-

---

[372] Vgl. *Hüffer* § 225 AktG Rn. 10.
[373] *Krieger* in MHdB AG § 73 Rn. 45.
[374] *Hüffer* § 322 AktG Rn. 1.
[375] *Hüffer* § 322 AktG Rn. 3 mwN; *Krieger* in MHdB AG § 73 Rn. 47.
[376] Zur Kündigung von Gleichordnungsverbindungen *Timm/Messing*, FS Hommelhoff, 2012, 1237, 1238 ff.
[377] *Wellkamp* DB 1993, 2517.
[378] *Bayer* in MüKoAktG § 18 Rn. 57; *J. Vetter* in K. Schmidt/Lutter § 18 AktG Rn. 22.

sungen zur Unzulässigkeit des Gleichordnungskonzerns iSd Gesetzes führt (→ Rn. 174). Die besseren Gründe sprechen für die Annahme, dass einheitliche Leitung im Gleichordnungskonzern auch Befolgungspflichten nachteiliger Weisungen als effektivste Form der Konzernführung möglich machen muss.[379]

172   Die **einheitliche Leitung** ist das einzige organisationsrechtliche Element, das den Gleichordnungskonzern ausmacht. Auf eine Definition verzichtet das Gesetz bewusst.[380] Die Literatur ist gespalten, Rechtsprechung nicht ersichtlich. Die Anhänger des **engen Konzernbegriffs** verstehen den Konzern als wirtschaftliche Einheit.[381] Ein Gleichordnungskonzern erfordert demnach die Entwicklung einer auf das Gesamtinteresse der verbundenen Unternehmen ausgerichteten Zielkonzeption sowie ihre Durchführung und zugehörige Kontrolle.[382] Dem steht der **weite Konzernbegriff** gegenüber. Hiernach genügt für die Anerkennung einheitlicher Leitung, dass sie in **einem** zentralen Bereich der unternehmerischen Tätigkeit ausgeübt wird, vorausgesetzt, diese begrenzte Koordination der Unternehmen hat Auswirkungen auf den Konzern als solchen.[383] Eine hM ist nicht auszumachen. Einigkeit besteht lediglich darin, dass eine konzernweite Finanzkoordination, insbesondere ein rigides **Cash-Management,** als ausreichend für die Annahme einheitlicher Leitung angesehen wird.[384] Im Übrigen verdient der enge Konzernbegriff den Vorzug. Die Anerkennung eines Konzerns fordert eine Reihe von **Voraussetzungen,** so die Festlegung der Verbundziele und der Verbundstrategie, die Organisation der verbundenen Unternehmen, die Führung der Finanzwirtschaft, die Besetzung der Führungspositionen in den Mitgliedsunternehmen und die Entscheidung über geschäftliche Maßnahmen von besonderer Bedeutung.[385]

2. Vertraglicher Gleichordnungskonzern

173   In seiner juristischen Qualifikation handelt es sich beim vertraglichen Gleichordnungskonzern um eine BGB-Gesellschaft (§§ 705 ff. BGB).[386] Vertragliche Absprachen sind in der Praxis der Regelfall.[387] In Gleichordnungsverträgen wird vereinbart, welche Unternehmensbereiche der einheitlichen Leitung unterliegen und nach welchen Regeln die Partner auf die gemeinsamen Leitungsentscheidungen Einfluss nehmen. Von zentraler Bedeutung für die Sicherstellung der einheitlichen Leitung ist die **Personenidentität der Führungsgremien.** Das gilt insbesondere, wenn keine besondere Leitungsgesellschaft vorgesehen wird. Hierbei ist zu berücksichtigen, dass nicht die den Vertrag abschließenden Geschäftsführungsorgane die Vorstandsmitglieder bestellen. Das Recht hierzu liegt bei den Aufsichtsräten. Die personengleiche Besetzung der Führungsgremien kann jedoch durch **Satzungsbestimmungen** gewährleistet werden, die regeln, dass zum Mitglied des Führungsorgans des einen nur bestellt werden kann, wer auch zum Mitglied des anderen bestellt ist oder gleichzeitig bestellt wird.[388]

174   Besteht ein gemeinsames Leitungsorgan, kommt der Frage besondere Bedeutung zu, ob der Gleichordnungsvertrag **Weisungsrechte durch Mehrheitsentscheidungen** vorsehen kann. Konzernentscheidungen sind in der Praxis häufig von Vorteil für ein Konzernunter-

---

[379] *Wellkamp* DB 1993, 2517, 2520; *Koerfer* in Semler/Stengel § 119 Anh. UmwG Rn. 133 ff.; *Milde* Gleichordnungskonzern 129 ff.; kritisch zur hM *K. Schmidt* ZHR 155 (1991), 417, 423 ff.
[380] *Kropff* Begr. RegE AktG 33.
[381] *Hüffer* § 18 AktG Rn. 10 mwN.
[382] *Hüffer* § 18 AktG Rn. 11; *Schall* in Spindler/Stilz § 18 AktG Rn. 15: nicht genügend punktuelle Koordination.
[383] *Bayer* in MüKoAktG § 18 Rn. 33; *J. Vetter* in K. Schmidt/Lutter § 18 AktG Rn. 11.
[384] *Bayer* in MüKoAktG § 18 Rn. 31; *Hüffer* § 18 AktG Rn. 11: Koordination des Finanzbereichs unverzichtbar.
[385] Hierzu ausführlich *Milde* Gleichordnungskonzern 89 ff.
[386] *Hüffer* § 18 AktG Rn. 20; *Timm/Messing,* FS Hommelhoff, 2012, 1236, 1241.
[387] *Krieger* in MHdB AG § 68 Rn. 80; Muster bei *Hoffmann-Becking* in MVHdB I Form. IX.10.
[388] So ausdrücklich *Hoffmann-Becking* in MVHdB I Form. IX.10 Anm. 5; aA *Koerfer* in Semler/Stengel § 119 Anh. UmwG Rn. 128.

D. Sonstige Unternehmensverbindungen

nehmen, was zu Nachteilen für andere Konzernunternehmen führen kann. Als Beispiel sei auf die Verteilung der Investitionsmittel hingewiesen, die selten alle Gesellschaften zufrieden stellen.[389] Damit stellt sich die Frage nach der Zulässigkeit **nachteiliger Weisungen.** Eine rechtlich sichere Antwort ist nicht möglich. Unstreitig ist lediglich, dass der Vorstand aufgrund seiner Organverantwortung einen Gleichordnungsvertrag nur abschließen darf, wenn er ihn **insgesamt** als **vorteilhaft** ansieht.[390] Für Einzelmaßnahmen ist damit noch nichts gewonnen. Die wohl hM lehnt unter Hinweis auf die Pflicht des Vorstands zur eigenverantwortlichen Leitung der Gesellschaft eine vertraglich abgesicherte **Folgepflicht des Vorstands** im Rahmen des Gleichordnungskonzerns ab.[391] Nur vereinzelt wird die Meinung vertreten, dass die vom Gesetz postulierte Pflicht zur eigenverantwortlichen Leitung insofern hinter einer Spezialvorschrift zurücktritt.[392] Überzeugend ist der Hinweis in der Literatur auf die Möglichkeit des benachteiligten Unternehmens, die Gleichordnungsbeziehungen **notfalls zu beenden.** Dieses Recht wird entweder für die Regelung im Gleichordnungsvertrag selbst gefordert[393] oder aus dem Vorliegen eines **wichtigen Kündigungsgrundes** für den Fall abgeleitet, dass einzelnen der Mitglieder durch andere unternehmerischer Wille aufgezwungen wird.[394]

175 Für die zusätzliche Vereinbarung einer **Ergebnisgemeinschaft** sprechen handfeste praktische Gründe. Einheitliche Leitung sollte mit einem einheitlichen Ergebnis korrespondieren. Naheliegend ist die Kombination von Gewinn- und Verlustgemeinschaft. Der hierdurch in der Regel gewährleistete Ausgleich beeindruckt die hM jedoch nicht in der Ablehnung einer Folgepflicht bei **nachteiligen Weisungen.**[395] Aus guten Gründen wird demgegenüber in der Literatur eine Benachteiligung einzelner Partner innerhalb folgender **Grenzen** erlaubt: Voraussetzung ist die Notwendigkeit, ein Konzerninteresse zu verfolgen und die Wahrung des Verbots verdeckter Gewinnausschüttungen sowie existenzgefährdender Anordnungen.[396] Das überzeugt, ist jedoch nicht als gesicherte Rechtsauffassung zu werten.

176 Rechtsunsicherheit besteht auch in der Frage, ob die Zustimmung der jeweiligen **Hauptversammlungen** Voraussetzung für die Wirksamkeit des Gleichordnungsvertrags ist. Nach bisher hM kann der Vorstand einen solchen Vertrag ohne Zustimmung der Hauptversammlung abschließen, auch der Eintragung in das Handelsregister bedarf es nicht. Begründet wird dies mit dem Fehlen einer entsprechenden Regelung im Gesetz, die ausdrücklich unterblieben ist.[397] Demgegenüber wird zur Begründung einer **Zustimmungsnotwendigkeit** auf die Rechtsprechung des BGH hingewiesen, wonach die Einschaltung der Hauptversammlung erforderlich ist, wenn so tief in die Mitgliedschaftsrechte der Aktionäre und deren im Anteilseigentum verkörpertes Vermögensinteresse eingegriffen wird, dass der Vorstand vernünftigerweise nicht annehmen kann, er dürfe die Entscheidung in ausschließlich eigener Verantwortung treffen, ohne die Hauptversammlung zu beteiligen.[398] Der Vorstand darf sich nicht auf die **unsichere Rechtslage** einlassen. Die Empfehlung ist, in jedem Fall zusätzlich zur Entscheidung des Aufsichtsrats, dessen Einbeziehung

---

[389] Weitere Beispiele bei *Lutter/Drygala* ZGR 1995, 557, 560.
[390] *Altmeppen* in MüKoAktG § 291 Rn. 221.
[391] *Altmeppen* in MüKoAktG § 291 Rn. 222; *Krieger* in MHdB AG § 68 Rn. 90; *Lutter/Drygala* ZGR 1995, 557, 561.
[392] *Koppensteiner* in Kölner Komm. AktG § 291 Rn. 103: „§ 76 Abs. 1 (ist) insofern derogiert, dass eine lex specialis vorliegt".
[393] *Bayer* in MüKoAktG § 18 Rn. 57 mit der Forderung nach der Einräumung eines jederzeitigen Kündigungsrechts. – Zur Kündigung insbesondere *Timm/Messing*, FS Hommelhoff, 2012, 1237.
[394] *Milde* Gleichordnungskonzern 130; vgl. *Lutter/Drygala* ZGR 1995, 557, 575 ff.
[395] *Altmeppen* in MüKoAktG § 291 Rn. 222; *Krieger* in MHdB AG § 68 Rn. 89.
[396] *Milde* Gleichordnungskonzern 152, 156 f.; *K. Schmidt* ZHR 155 (1991), 417, 428 ff., der bereits das Bestehen einer bloßen Verlustgemeinschaft ausreichend sein lässt. Zu Verlustübernahmeverträgen *Koppensteiner* in Kölner Komm. AktG § 292 Rn. 67.
[397] *Krieger* in MHdB AG § 68 Rn. 86 f.; *Hüffer* § 291 AktG Rn. 35 mwN.
[398] BGHZ 83, 122, 131 = NJW 1982, 1703, 1705 – Holzmüller; hierzu ua *Altmeppen* in MüKoAktG § 291 Rn. 215; *Emmerich* in Emmerich/Habersack § 18 AktG Rn. 35.

selbstverständlich sein sollte, die Hauptversammlung zur Entscheidung aufzufordern. Auch die hM kann nicht übersehen, dass bei Unternehmensverträgen iSd Gesetzes, insbesondere bei Gewinngemeinschaft oder Betriebsüberlassungsvertrag, die Zustimmung der Hauptversammlung kraft Gesetzes erforderlich ist (→ Rn. 187).

3. Faktischer Gleichordnungskonzern

177 Fehlt ein Vertrag, liegen die Voraussetzungen aber im Übrigen vor, spricht man von einem faktischen Gleichordnungskonzern. Für dessen Annahme ist weder die Schaffung gemeinschaftlicher Leitungsorgane Voraussetzung, noch bedarf es besonderer Absprachen der Beteiligten.[399] Das typische Koordinierungsmittel ist eine **personelle Verflechtung** zwischen den Geschäftsführungsorganen.[400] Als regelmäßiger Fall wird in der Literatur erwähnt, dass ein gemeinsamer Mehrheitsgesellschafter die beiden Unternehmen nicht selbst leitet, sondern sich darauf beschränkt, die Koordination und einheitliche Leitung der beiden Unternehmen auf andere Weise herzustellen.[401] Die praktische Bedeutung dürfte eher in der **Versicherungswirtschaft** zu finden sein, insbesondere bei Konzernstrukturen von Versicherungsvereinen auf Gegenseitigkeit. Untersuchte Gleichordnungskonzerne beruhen überwiegend auf faktischen Grundlagen, die sich zum Teil in mehreren Jahrzehnten kontinuierlich entwickelt haben und in diesen Fällen eine vertragliche Grundlage entbehrlich machen. Hier liegt die Initiative in der Regel bei den Unternehmensleitungen.[402]

4. Haftung

178 Nach hM sind im Gleichordnungskonzern **nachteilige Weisungen** des Leitungsorgans unzulässig (→ Rn. 174). Im vertraglich vereinbarten – wie erst recht im faktischen Gleichordnungskonzern – ist der Vorstand hiernach unverändert den Interessen seines Unternehmens verpflichtet. Nachteilige Weisungen darf er nicht befolgen, auch wenn sie im Gesamtinteresse des Konzerns liegen.[403] Wird eines der beteiligten Unternehmen insbesondere durch nachteilige Weisungen dennoch geschädigt, werden die Rechtsfolgen nicht einheitlich beurteilt.[404] Die Partner der Gleichordnungsverbindung müssen zunächst damit rechnen, aufgrund der Treuepflicht zum **Schadensersatz** verpflichtet zu sein.[405] Unter engen Voraussetzungen sind **weitergehende Haftungsfolgen** möglich. Das ist der Fall, wenn die einheitliche Leitung fortgesetzt zum Nachteil eines Partners des Gleichordnungskonzerns handelt und dadurch dessen Eigeninteresse nachhaltig beeinträchtigt, ohne dass die Nachteile im Wege des Einzelausgleichs beseitigt wurden oder beseitigt werden können. In diesem Fall kann eine Verpflichtung zum **Verlustausgleich** und zur **Ausfallhaftung** gegenüber Gläubigern der Gesellschaft eintreten (analoge Anwendung der §§ 302, 303 AktG).[406] Damit sind die Rechtsfolgen nicht abschließend geschildert. Vorstände und Aufsichtsräte der beteiligten Unternehmen müssen damit rechnen, dass sie wegen Verletzung ihrer Sorgfaltspflichten zur Rechenschaft gezogen werden (§§ 93, 116 AktG).[407]

---

[399] *Emmerich* in Emmerich/Habersack § 18 AktG Rn. 30.
[400] *Krieger* in MHdB AG § 68 Rn. 83.
[401] *Krieger* in MHdB AG § 68 Rn. 83. Inwieweit hier überhaupt ein Gleichordnungskonzern in Betracht kommt, ist str., vgl. *Bayer* in MüKoAktG § 18 Rn. 55; ablehnend insbesondere *Koppensteiner* in Kölner Komm. AktG § 18 Rn. 8.
[402] *Peiner* VersW 1992, 920 f.
[403] *Krieger* in MHdB AG § 68 Rn. 89 f.
[404] Vgl. die Übersicht bei *Altmeppen* in MüKoAktG § 291 Rn. 217 ff.; *Kropff* in MüKoAktG 2. Aufl. Vor § 311 Rn. 105 ff.
[405] *Lutter/Drygala* ZGR 1995, 557, 567.
[406] Vgl. *Emmerich* in Emmerich/Habersack § 18 AktG Rn. 36 und 39. – Zur Anwendung der §§ 311, 317, 318 AktG vgl. *Altmeppen* in MüKoAktG Vor § 311 Rn. 82 ff.
[407] Vgl. *Krieger* in MHdB AG § 68 Rn. 86. Zur Haftung der Unternehmensverwaltung und der Konzernleitung insbesondere *Milde* Gleichordnungskonzern 162 ff.

III. Wechselseitig beteiligte Unternehmen

Zu den verbundenen Unternehmen iSd Gesetzes zählen auch wechselseitig beteiligte **179** Unternehmen (§ 19 AktG). Die praktische Bedeutung dürfte deutlich abgenommen haben, nachdem sich die sog. „Deutschland AG" im Stadium der Auflösung befindet. Wechselseitige Beteiligungen sind **zulässig,** jedoch müssen eine Reihe von **Sonderregelungen** beachtet werden. Eine unkontrollierte wechselseitige Beteiligung gefährdet die Aufbringung, die Erhaltung und den richtigen Ausweis des Kapitals, kann ferner zu einer den Grundsätzen des Gesellschaftsrechts widersprechenden Herrschaft der Verwaltungen in der Gesellschafterversammlung führen.[408] Gesprochen wird von den Gefahren der **Kapitalverwässerung** und der **Verwaltungsherrschaft.**[409]

1. Begriffsbestimmung

Eine **einfache** wechselseitige Beteiligung liegt vor, wenn jedem Unternehmen **mehr** als **180** der **vierte** Teil der Anteile des anderen Unternehmens gehört (Berechnung gemäß § 19 Abs. 1 S. 2 AktG nach § 16 Abs. 2 S. 1 und Abs. 4 AktG, nicht nach § 16 Abs. 1 S. 2 und 3 AktG). Voraussetzung ist ferner, dass beide Unternehmen ihren Sitz im Inland haben und es sich um Kapitalgesellschaften (AG, KGaA, GmbH) handelt (§ 19 Abs. 1 S. 1 AktG). Die gesetzliche Regelung greift dann nicht, wenn auch nur **eine** Beteiligung die 25%-Grenze nicht überschreitet.[410]

Bei Beteiligungen von mehr als 50% wird von **qualifizierten wechselseitigen Betei- 181 ligungen** gesprochen. Hier ist zwischen einseitig und beidseitig qualifizierten wechselseitigen Beteiligungen zu unterscheiden. Sie sind **einseitig,** wenn **eine** Beteiligung die Höhe von 50% der Anteile übersteigt, die andere zwischen 25,1% und 50% beträgt (§ 19 Abs. 2 AktG). Bei einer Beteiligung **beider Unternehmen** von mehr als 50% handelt es sich um eine **beidseitig** qualifizierte wechselseitige Beteiligung (§ 19 Abs. 3 AktG).

2. Rechtsfolgen

a) Einfache wechselseitige Beteiligung

Für diese Form der wechselseitigen Beteiligung wird die **Beschränkung der Rechte 182** im Rahmen der Bestimmungen über verbundene Unternehmen gesondert geregelt (§ 328 AktG). Die Beschränkung gilt für Stimmrechte, Dividendenansprüche und das Bezugsrecht auf junge Aktien im Rahmen einer Kapitalerhöhung. Rechte können nur bis zur Höhe von 25% der Beteiligung ausgeübt werden. Gesprochen wird von einer sog. **Ausübungssperre** für Rechte aus überschießender Beteiligung. Das gilt für diejenige Kapitalgesellschaft, die durch ihren Beteiligungserwerb die einfache wechselseitige Beteiligung herbeiführt, nicht dagegen für die Gesellschaft, die sich zuerst mit mehr als 25% beteiligt **und** darüber informiert hat.[411] Jeder Weg der Kenntniserlangung von der wechselseitigen Beteiligung löst die Rechtsfolge aus.[412] Das bedeutet, dass nur diejenige Gesellschaft, die nicht weiß, dass an ihr ein anderes Unternehmen mit mehr als 25% beteiligt ist, schutzwürdig ist und die rechtswahrende Anzeige machen kann.[413]

Eine weitere Beschränkung gilt für **börsennotierte Gesellschaften** (Definition in § 3 **183** Abs. 2 AktG). In der Hauptversammlung einer solchen Gesellschaft kann ein Unterneh-

---

[408] So wörtlich *Kropff* Begr. RegE AktG 34 f.
[409] *Bayer* in MüKoAktG § 19 Rn. 1 ff.
[410] Zur Kritik *Bayer* in MüKoAktG § 19 Rn. 13, 16.
[411] Mitteilung nach § 20 Abs. 3 oder § 21 Abs. 1 AktG; entsprechend Kenntniserlangung durch eine Mitteilung nach § 21 WpHG. Vgl. *Grunewald* in MüKoAktG § 328 Rn. 5 f.; *Koppensteiner* in Kölner Komm. AktG § 328 Rn. 10 ff.; *Hüffer* § 328 AktG Rn. 6.
[412] *Krieger* in MHdB AG § 68 Rn. 101.
[413] *Grunewald* in MüKoAktG § 328 Rn. 6.

men, dem die wechselseitige Beteiligung bekannt ist, sein Stimmrecht zur Wahl von Mitgliedern in den Aufsichtsrat nicht ausüben (§ 328 Abs. 3 AktG).[414] Die Gesetzesbestimmung lässt nicht erkennen, ob die Beschränkung für **beide** wechselseitig beteiligten **Unternehmen** gilt. Nach richtiger Auffassung entfällt der Stimmrechtsausschluss, wenn das an der börsennotierten Gesellschaft beteiligte Unternehmen seine Mitteilungspflicht erfüllt hat, bevor es von dem Bestehen der wechselseitigen Beteiligung Kenntnis erlangt hat.[415]

184 Letztlich verpflichtet das Gesetz die wechselseitig beteiligten Unternehmen dazu, die Höhe ihrer Beteiligung und jede Änderung einander unverzüglich **schriftlich mitzuteilen** (§ 328 Abs. 4 AktG).

b) Einseitig qualifizierte wechselseitige Beteiligung

185 Gehört **einem** wechselseitig beteiligten Unternehmen an dem anderen Unternehmen eine Mehrheitsbeteiligung oder kann das eine auf das andere Unternehmen unmittelbar oder mittelbar einen beherrschenden Einfluss ausüben, ist das eine als **herrschendes**, das andere als **abhängiges** Unternehmen anzusehen (§ 19 Abs. 2 AktG).[416] Die Abhängigkeit wird nicht nur vermutet. Sie ist **unwiderleglich** (§ 19 Abs. 2 AktG, abweichend von § 17 Abs. 2 AktG). Alle Vorschriften über abhängige Unternehmen kommen zur Anwendung. Die Rechtsfolgen bei einfacher wechselseitiger Beteiligung (→ Rn. 182ff.) greifen jedoch nicht (§ 19 Abs. 4 AktG: § 328 AktG nicht anzuwenden). Der Gesetzgeber hat die Gefahr gesehen, dass eine Mehrheitsbeteiligung nur deshalb aufgebaut wird, um den Rechtsbeschränkungen zu entgehen. Ein solcher weiterer Erwerb der Anteile des anderen Unternehmens ist **nicht** generell **verboten**.[417] Das abhängige Unternehmen ist verpflichtet, seinen Aktienbestand innerhalb eines Jahres bis auf einen Rest von maximal 10% zu veräußern und so die wechselseitige Beteiligung zu beenden.[418] Im Übrigen kommen alle Vorschriften über abhängige Unternehmen zur Anwendung.[419] Das bedeutet ua, dass dem abhängigen Unternehmen aus seinen Aktien an der herrschenden Gesellschaft keinerlei Rechte, insbesondere keine Stimmrechte, zustehen (§§ 71d S. 4, 71b AktG).

c) Beidseitig qualifizierte wechselseitige Beteiligung

186 Gehört **jedem** der wechselseitig beteiligten Unternehmen an dem anderen Unternehmen eine **Mehrheitsbeteiligung** oder kann jedes auf das andere unmittelbar oder mittelbar einen beherrschenden Einfluss ausüben, so gelten beide Unternehmen **unwiderlegbar** als herrschend und als abhängig (§ 19 Abs. 3 AktG). Zu den Rechtsfolgen besteht Übereinstimmung, dass keinem der beteiligten Unternehmen aus seinen Aktien irgendwelche Mitgliedschaftsrechte zustehen (Folge aus § 71b AktG iVm § 19 Abs. 3 AktG).[420] Streitig ist dagegen, ob jedes der Unternehmen zum **Abbau der Beteiligung** verpflichtet ist.[421] Für die Verpflichtung zur Reduzierung der Beteiligung auf die zulässige Obergrenze von 10% binnen eines Jahres spricht der Wortlaut des Gesetzes.

---

[414] Str. ist, ob bei der Berechnung der Anteilsquote § 16 Abs. 4 AktG wie bei § 328 Abs. 1 AktG berücksichtigt werden muss, bejahend *Grunewald* in MüKoAktG § 328 Rn. 10; aA *Hüffer* § 328 AktG Rn. 7 mwN.
[415] So unter Hinweis auf Begr. RegE zum KonTraG *Krieger* in MHdB AG § 68 Rn. 106; *Grunewald* in MüKoAktG § 328 Rn. 10; aA *Hüffer* § 328 AktG Rn. 7.
[416] Für die Berechnung der Mehrheitsbeteiligung gilt § 16 AktG, *Krieger* in MHdB AG § 68 Rn. 111.
[417] *Grunewald* in MüKoAktG § 328 Rn. 1.
[418] *Grunewald* in MüKoAktG § 328 Rn. 1; *Krieger* in MHdB AG § 68 Rn. 113; kritisch zur gesetzlichen Regelung *Lutter/Drygala* in Kölner Komm. AktG § 71d Rn. 47f.
[419] *Bayer* in MüKoAktG § 19 Rn. 48ff., § 17 Rn. 5ff.; *J. Vetter* in K. Schmidt/Lutter § 19 AktG Rn. 17.
[420] *Lutter/Drygala* in Kölner Komm. AktG § 71d Rn. 77.
[421] So *Krieger* in MHdB AG § 68 Rn. 113; *Bayer* in MüKoAktG § 19 Rn. 51; aA *Lutter/Drygala* in Kölner Komm. AktG § 71d Rn. 76; *Hüffer* § 19 AktG Rn. 8.

IV. Andere Unternehmensverträge

Im Recht der verbundenen Unternehmen listet das Gesetz, im Anschluss an den Beherrschungs- und Gewinnabführungsvertrag, eine Reihe anderer Unternehmensverträge auf, deren Abschluss, Änderung und Beendigung geregelt wird (§ 292 AktG). Im Einzelnen handelt es sich um die **Gewinngemeinschaft, Teilgewinnabführung** und **Betriebspacht** sowie **Betriebsüberlassung.** Die Zuordnung zu den Unternehmensverträgen bedeutet vor allem, dass ihr **Abschluss** nicht allein in der Kompetenz des Vorstands liegt, sondern gemäß § 293 AktG der Zustimmung der **Hauptversammlung** bedarf.[422] Gemeinsam ist diesen Unternehmensverträgen, dass zwischen dem verpflichteten und dem anderen Vertragsteil unterschieden wird. Verpflichteter Vertragsteil kann nur eine **AG** oder **KGaA** mit Sitz im Inland sein (§ 292 Abs. 1 AktG).

1. Gewinngemeinschaft

Nach der gesetzlichen Definition verpflichtet sich eine AG oder KGaA, ihren Gewinn oder den Gewinn einzelner ihrer Betriebe ganz oder zum Teil mit dem Gewinn anderer Unternehmen oder einzelner Betriebe anderer Unternehmen zur **Aufteilung eines gemeinschaftlichen Gewinns** zusammenzulegen (§ 292 Abs. 1 Nr. 1 AktG). Bei dem anderen Vertragsteil muss es sich um ein Unternehmen iSd Konzernrechts handeln.[423] Im Übrigen können an einer Gewinngemeinschaft auch mehr als zwei Unternehmen beteiligt sein. Zwischen den Partnern entsteht durch den Vertrag eine Gesellschaft bürgerlichen Rechts (GbR; §§ 705 ff. BGB).[424]

Als Endzweck der Gewinnpoolung wird in der Literatur die Erzielung eines Gemeinschaftsgewinns genannt, der **größer** ist als die Summe der sonst zu erwartenden Gewinne.[425] Der Realitätsgehalt einer solchen Bewertung ist nicht sonderlich hoch. Wesentlich näher liegt es, die Gewinngemeinschaft in ihrer **Ergänzungsfunktion** zur **einheitlichen Leitung** zu sehen. Das betrifft insbesondere den Gleichordnungskonzern. Auf diesem Weg soll der Gefahr begegnet werden, dass in einer Gemeinschaft die eigenen Interessen unverändert eine höhere Priorität besitzen. Es gibt keine intensivere Gemeinschaft als die über die Poolung der Gewinne (→ Rn. 175). Letztlich gehört hierzu auch die Zusammenlegung und Aufteilung von **Verlusten,** damit die Schaffung einer sog. **Ergebnisgemeinschaft.** Nur auf diesem Weg ist dem Partikularismus wirksam zu begegnen.

Die **Angemessenheit** der Gegenleistung ist Voraussetzung, falls der Gewinngemeinschaftsvertrag mit einem gleichzeitig als **Aktionär** beteiligten Unternehmen geschlossen wird (abgeleitet aus §§ 57, 58 und 60 AktG).[426] Das gilt nicht, wenn es sich um ein abhängiges Unternehmen handelt. Hier finden die gesetzlichen Bestimmungen für den faktischen Konzern Anwendung.[427]

2. Teilgewinnabführungsvertrag

Eine AG oder KGaA verpflichtet sich, einen Teil ihres Gewinns oder den Gewinn einzelner ihrer Betriebe ganz oder zum Teil an einen anderen abzuführen, so die gesetzliche Definition (§ 292 Abs. 1 Nr. 2 AktG). Es handelt sich um das Pendant zum **Gewinnabführungsvertrag,** der die Verpflichtung zur Abführung des **ganzen Gewinns** an ein anderes Unternehmen enthält (§ 291 Abs. 1 AktG; → Rn. 50 f.). Der andere Vertragspartner

---

[422] *Hüffer* § 292 AktG Rn. 1.
[423] *Altmeppen* in MüKoAktG § 292 Rn. 11; *Hüffer* § 291 AktG Rn. 8.
[424] Vgl. *Krieger* in MHdB AG § 72 Rn. 8.
[425] *Koppensteiner* in Kölner Komm. AktG § 292 Rn. 50.
[426] Vgl. *Krieger* in MHdB AG § 72 Rn. 13; zu den Rechtsfolgen *Altmeppen* in MüKoAktG § 292 Rn. 28 ff.
[427] *Krieger* in MHdB AG § 72 Rn. 13.

kann, muss aber nicht Unternehmenseigenschaft haben.[428] Praktische Bedeutung hat der Teilgewinnabführungsvertrag lediglich für den Fall einer **stillen Gesellschaft** mit einer AG, der als solcher Teilgewinnabführungsvertrag gewertet wird.[429]

192 Voraussetzung ist, dass der AG oder KGaA irgendein Gewinnanteil verbleibt. Es entspricht inzwischen allgM, dass der Verbleib eines bestimmten **Mindestgewinns** für die Annahme eines Teilgewinnabführungsvertrags jedoch **nicht** gefordert werden kann.[430] Streitig ist dagegen, inwieweit eine **Gegenleistung** für die Gewinnabführung Bestandteil des Unternehmensvertrags mit einem Nichtaktionär sein muss. Das verneint die hM, die auch den unentgeltlichen Teilgewinnabführungsvertrag einbezieht.[431] Übereinstimmung besteht demgegenüber, dass die Vereinbarung über eine Teilgewinnabführung mit einem **Aktionär** eine angemessene Gegenleistung vorsehen muss, anderenfalls sind sie und der Zustimmungsbeschluss der Hauptversammlung nichtig.[432] Für die Angemessenheit der Gegenleistung gelten dieselben Grundsätze wie für die Gewinngemeinschaft. Weitgehende Übereinstimmung herrscht auch zur Anwendung der gesetzlichen Regelung über den **Höchstbetrag** der Gewinnabführung, falls sich der Vertrag auf den Unternehmensgewinn bezieht (§ 301 AktG).[433] Das soll nach hM nicht gelten, wenn ein Betriebsgewinn die Grundlage der Gewinnabführung bildet.[434]

193 Im Übrigen ist auf Verträge und Abreden hinzuweisen, die nach ausdrücklicher gesetzlicher Regelung **nicht** zu den anderen **Unternehmensverträgen** gehören (§ 292 Abs. 2 AktG). Zu erwähnen sind **personenbezogene** Ausnahmen, vor allem Tantiemezusagen an Vorstand oder Aufsichtsrat sowie Gewinnbeteiligungen einzelner Arbeitnehmer. **Gegenstandsbezogene** Ausnahmen betreffen ua Verträge des laufenden Geschäftsverkehrs (§ 116 Abs. 1 HGB). Weniger eindeutig ist die Zuordnung von Abreden, die eine Beteiligung am Gewinn **einzelner Geschäfte** vorsehen. Mit der hM ist davon auszugehen, dass der Teilgewinnabführungsvertrag – wie die Gewinngemeinschaft – an einen **periodisch** ermittelten **Gewinn** anknüpfen muss. Die Beteiligung an Gewinnen einzelner Geschäfte reicht also nicht aus.[435]

3. Betriebspacht und Betriebsüberlassung

194 Von Betriebspachtvertrag und Betriebsüberlassungsvertrag spricht das Gesetz, wenn eine AG oder KGaA den Betrieb ihres Unternehmens einem anderen verpachtet oder überlässt (§ 292 Abs. 1 Nr. 3 AktG). Dieser andere muss kein Unternehmen im konzernrechtlichen Sinn sein. In beiden Fällen führt der Übernehmer den Betrieb **auf eigene Rechnung,** beim Pachtvertrag außerdem im **eigenen Namen,** beim Überlassungsvertrag **im Namen der Eigentümergesellschaft**. Gesprochen wird im letzten Fall von einer sog. „Innenpacht".[436] Gemeinsam ist beiden Vertragsarten, dass Vertragsgegenstand sämtliche Betriebe der Eigentümergesellschaft sein müssen. Nicht erfasst ist die Verpachtung oder Überlassung nur einzelner Betriebe.[437]

195 Unterschiedlich zu beantworten ist die Frage, ob es sich um einen **entgeltlichen** Vertrag handeln muss. Das wird für die Betriebspacht mit Rücksicht auf die pachtrechtlichen Vorschriften des BGB bejaht (§§ 581 ff.).[438] Eine unangemessene Gegenleistung führt aber

---

[428] *Hüffer* § 292 AktG Rn. 12.
[429] *Altmeppen* in MüKoAktG § 292 Rn. 47.
[430] *Altmeppen* in MüKoAktG § 292 Rn. 50 f.
[431] *Koppensteiner* in Kölner Komm. AktG § 292 Rn. 54; *Hüffer* § 292 AktG Rn. 14; aA *Altmeppen* in MüKoAktG § 292 Rn. 53, 74 ff.
[432] Im Einzelnen *Krieger* in MHdB AG § 72 Rn. 23.
[433] *Krieger* in MHdB AG § 72 Rn. 22.
[434] *Altmeppen* in MüKoAktG § 292 Rn. 56, § 301 Rn. 9; aA *Krieger* in MHdB AG § 72 Rn. 22.
[435] *Koppensteiner* in Kölner Komm. AktG § 292 Rn. 58; *Krieger* in MHdB AG § 72 Rn. 16; einschränkend *Altmeppen* in MüKoAktG § 292 Rn. 58 ff.
[436] *Krieger* in MHdB AG § 72 Rn. 24.
[437] *Krieger* in MHdB AG § 72 Rn. 28.
[438] *Hüffer* § 292 AktG Rn. 18 mwN; aA *Koppensteiner* in Kölner Komm. AktG § 292 Rn. 77.

– anders als bei einer Gewinngemeinschaft oder einem Teilgewinnabführungsvertrag – **nicht** zur **Nichtigkeit** des Vertrags (§ 292 Abs. 3 S. 1 AktG). Möglich ist jedoch, worauf das Gesetz ausdrücklich hinweist, eine **Anfechtung** des Zustimmungsbeschlusses der Hauptversammlung (§ 292 Abs. 3 S. 2 AktG). Für den Betriebsüberlassungsvertrag ist str., ob ein Entgelt notwendiger Bestandteil ist.[439]

In beiden Vertragsfällen gehen die **Arbeitsverhältnisse** der in den Betrieben tätigen Arbeitnehmer auf den Pächter oder Übernehmer über (§ 613a BGB). Das gilt nicht für **sonstige** laufende **Verträge.** Hier bedarf es einer dreiseitigen Vereinbarung zur Vertragsübernahme, notfalls der Vereinbarung einer internen Erfüllungsübernahme. Besteht zwischen den Vertragspartnern im Zeitpunkt des Vertragsschlusses ein **Abhängigkeitsverhältnis,** ist das herrschende Unternehmen bei beiden Vertragstypen zum **Verlustausgleich** verpflichtet, soweit die vereinbarte Gegenleistung das angemessene Entgelt nicht erreicht (§ 302 Abs. 2 AktG). Wird der Vertrag, was zulässig ist, mit einem Beherrschungs- oder Gewinnabführungsvertrag verbunden, greift die allgemeine Verpflichtung zur Übernahme von Verlusten (§ 302 Abs. 1 AktG).[440]

4. Betriebsführungsvertrag

Durch diesen gesetzlich nicht geregelten Vertrag[441] verpflichtet sich der Betriebsführer, den Betrieb des Unternehmens einer Eigentümergesellschaft **für deren Rechnung** zu führen. Nicht entscheidend ist, in wessen Namen der Betrieb geführt wird. Um einen **echten** Betriebsführungsvertrag handelt es sich, wenn der Betriebsführer im Namen der Eigentümergesellschaft handelt. Erfolgt die Betriebsführung im Namen des Betriebsführers, wird von einem **unechten** Betriebsführungsvertrag gesprochen.[442] Ist die Eigentümergesellschaft eine AG oder KGaA, finden nach allgM die Vorschriften über Betriebspacht und Betriebsüberlassung Anwendung.[443] Die Einbeziehung in die anderen Unternehmensverträge hat insbesondere zur Folge, dass die Zustimmung der **Hauptversammlung** erforderlich ist (§ 293 AktG).[444]

Die Beweggründe für den Abschluss eines Betriebsführungsvertrags sind vielfältig.[445] Die Praxis kennt solche Verträge insbesondere als Bestandteil der **Konzernorganisation.** Die Obergesellschaft bleibt Eigentümer aller oder nahezu aller Betriebe, installiert aber **Betriebsführungsgesellschaften** unter regionalen oder Sparten-Gesichtspunkten. Sie schafft damit eine gesellschaftsrechtlich anerkannte Führungsebene (Vorstand oder Geschäftsführung), entsprechend Überwachungsorgane (Aufsichtsrat oder Beirat). Dieser Weg ist überzeugender als die Entscheidung für sog. **Bereichsvorstände,** deren Wert erfahrungsgemäß bereits nach einigen Jahren an Bedeutung verliert.

E. Veränderungen im Beteiligungsbesitz

Schrifttum: *Gude,* Strukturänderungen und Unternehmensbewertung zum Börsenkurs, 2004; *Hentzen/ Rieckers,* Übernahmerechtlicher Squeeze-out – Ein Nachruf?, DB 2013, 1159; *Krieger,* Aktionärsklage zur Kontrolle von Vorstand und Aufsichtsrat, ZHR 163 (1999), 343; *Lutter,* Das unvollendete Konzernrecht, FS

---

[439] Unerheblich: *Koppensteiner* in Kölner Komm. AktG § 292 Rn. 78; aA *Emmerich* in Emmerich/ Habersack § 292 AktG Rn. 43a.
[440] Zur Zulässigkeit *Krieger* in MHdB AG § 72 Rn. 41.
[441] Zur Bedeutung *Priester,* FS Hommelhoff, 2012, 875. – Nicht zu verwechseln mit dem Geschäftsführungsvertrag des § 291 Abs. 1 S. 2 AktG, durch den eine AG oder KGaA es übernimmt, ihr Unternehmen für Rechnung eines anderen Unternehmens zu führen.
[442] *Krieger* in MHdB AG § 72 Rn. 46.
[443] Str. ist lediglich die direkte oder analoge Anwendung des § 292 Abs. 1 Nr. 3 AktG, vgl. *Priester,* FS Hommelhoff, 2012, 875, 885 mwN.
[444] *Priester,* FS Hommelhoff, 2012, 875, 880 f.
[445] Vgl. hierzu *Krieger* in MHdB AG § 72 Rn. 47.

K. Schmidt, 2009, 1065; *Rüthardt/Hachmeister,* Ermittlung der angemessenen Barabfindung beim Squeeze Out, NZG 2014, 41; *Seiler/Singhof,* Zu den Rechtsfolgen bei Nichtbeachtung der „Holzmüller"-Grundsätze, Der Konzern 2003, 313.

I. Entscheidungsvoraussetzungen und -notwendigkeiten

1. Grenzen der Geschäftstätigkeit

199 Beteiligungskäufe sind, insbesondere wenn sie zu verbundenen Unternehmen führen, unternehmerische Entscheidungen. Vor der Frage der Wirtschaftlichkeit eines Beteiligungserwerbs steht jedoch die Prüfung der **Rechtmäßigkeit.** Maßgebend ist der Inhalt der **Satzung.** Hier muss der **Gegenstand des Unternehmens** bestimmt werden. Es gilt das Gebot der Konkretisierung. Das Gesetz verlangt namentlich bei Industrie- und Handelsunternehmen die Art der Erzeugnisse und Waren, die hergestellt und gehandelt werden sollen, näher anzugeben (§ 23 Abs. 3 Nr. 2 AktG).[446] Der in der Satzung festgelegte Unternehmensgegenstand bestimmt primär den Rahmen, in dem die Gesellschaft tätig ist. Das gilt jedoch ebenso beim Erwerb von Beteiligungen oder bei Aufkäufen von Unternehmen.[447] Hieraus folgt insbesondere: Die Gesellschaft darf sich **nicht** an Unternehmen **beteiligen,** deren Tätigkeit außerhalb des Bereichs liegt, der vom eigenen Unternehmensgegenstand gedeckt ist. Konsequenzen ergeben sich auch im Fall einer beabsichtigten **Veräußerung von Beteiligungen,** falls sie zur Unterschreitung des Unternehmensgegenstands führt. Die Auslegung der Satzung kann im Einzelfall bedeuten, dass die Gesellschaft verpflichtet ist, den Gegenstand des Unternehmens auszufüllen und zu betreiben.[448] Alternativ kann die Satzung lediglich die Obergrenzen zulässiger Geschäftsführung bezeichnen.[449]

200 Als weitere Voraussetzung wird postuliert, dass jede Art des **Beteiligungserwerbs,** dh der Kauf von Beteiligungen ebenso wie die **Ausgliederung** von Unternehmensteilen auf eine Tochtergesellschaft oder die Gründung einer Tochtergesellschaft zur Aufnahme neuer Aktivitäten, nur zulässig ist, wenn die Satzung den Vorstand einer AG dazu ermächtigt.[450] Trotz gewichtiger Gegenstimmen[451] ist zu einer entsprechenden Satzungsbestimmung zu raten. Muster-Formulierungen sehen vor, dass die Gesellschaft im Rahmen des Unternehmensgegenstands andere Unternehmen gründen, erwerben oder sich an ihnen beteiligen kann.[452] In der Satzung kann auch das **„Wie"** des mittelbaren Handelns über Beteiligungsgesellschaften geregelt werden.[453] Die Satzung sollte jedoch Raum für **flexible Entscheidungen** lassen. So empfiehlt sich ua eine Formulierung, die im Rahmen des Unternehmensgegenstands klarstellt, dass die Gesellschaft zu bloß kapitalistischer Beteiligungsverwaltung befugt und nicht kraft Satzung verpflichtet ist, auf Mehrheitsbeteiligungen stets konzernleitend Einfluss zu nehmen.[454]

2. Beschlussfassung der Hauptversammlung

201 Das AktG bestimmt, dass die Hauptversammlung über Fragen der **Geschäftsführung** nur entscheiden kann, wenn der Vorstand es verlangt (§ 119 Abs. 2 AktG). Das gilt nicht ohne Einschränkung, nachdem der BGH ausnahmsweise die Zuständigkeit der Hauptver-

---

[446] Beispiele für die Individualisierung bei *Wiesner* in MHdB AG § 9 Rn. 14.
[447] *Mertens/Cahn* in Kölner Komm. AktG § 82 Rn. 36.
[448] Vgl. *Mertens/Cahn* in Kölner Komm. AktG § 82 Rn. 34 mwN.
[449] *Hüffer* § 179 AktG Rn. 9a.
[450] *Koppensteiner* in Kölner Komm. AktG Vor § 291 Rn. 61 ff., 36 ff.; *Krieger* in MHdB AG § 69 Rn. 7. Zur Satzungsauslegung BGHZ 159, 30, 45 = ZIP 2004, 993, 995 – Gelatine.
[451] *Mertens* in Kölner Komm. AktG 2. Aufl. AktG § 76 Rn. 51.
[452] *Hoffmann-Becking* in BeckFormB Form. X.10 § 2 Abs. 2 und X.11 § 2 Abs. 2.
[453] *Wiesner* in MHdB AG § 9 Rn. 16.
[454] Ebenso *Wiesner* in MHdB AG § 9 Rn. 17.

sammlung als gegeben angenommen hat. Den Beginn machte das sog. Holzmüller-Urteil,⁴⁵⁵ das zur Entstehung einer ganzen Holzmüller-Bibliothek geführt hat.⁴⁵⁶ Die Praxis hat sich an neueren Entscheidungen des BGH zu orientieren. Danach kann eine im Gesetz nicht ausdrücklich vorgesehene Mitwirkung der Hauptversammlung bei Geschäftsführungsmaßnahmen des Vorstands nur in engen Grenzen, nämlich dann in Betracht kommen, wenn sie an die Kernkompetenz der Hauptversammlung, über die Verfassung der Gesellschaft zu bestimmen, rühren und in ihren Auswirkungen einem Zustand nahezu entsprechen, der allein durch eine Satzungsänderung herbeigeführt werden kann.⁴⁵⁷ Diese Voraussetzungen sind regelmäßig erst dann erfüllt, wenn der Bereich, auf den sich die Maßnahme erstreckt, in seiner Bedeutung für die Gesellschaft die Ausmaße der Ausgliederung in dem vom BGH entschiedenen Holzmüller-Fall erreicht.⁴⁵⁸ Hier hatte der BGH über einen Fall zu entscheiden, in dem ca. 80% der Aktiva der Gesellschaft auf eine Tochtergesellschaft ausgegliedert werden sollten. Unsicherheit besteht allerdings weiterhin darüber, welche Kennziffern hier maßgeblich sind. Das OLG Stuttgart hat sich dahin geäußert, dass dies nicht schematisch zu bestimmen ist, sondern Ertragskraft, Umsatz, Anlagevermögen, Bilanzsumme und Eigenkapital in Betracht kommen.⁴⁵⁹

Das Holzmüller-Urteil des BGH betraf die Ausgliederung von Unternehmensteilen in eine Tochtergesellschaft. Offen blieb zunächst, welche Grundsätze für die Veräußerung wesentlicher Beteiligungen oder anderer für die Gesellschaft bedeutsamer Vermögensgegenstände an Dritte Geltung haben sollen.⁴⁶⁰ Der BGH hat einen Mediatisierungseffekt im Gegensatz zu Holzmüller im Fall der Beteiligungsveräußerung nicht als gegeben angesehen.⁴⁶¹ Damit besteht Grund zur Annahme, dass sich die Auffassung durchsetzen wird, die eine Zustimmung der Hauptversammlung für entbehrlich hält.⁴⁶² Das sollte auch für andere **Erwerbsarten,** so den Kauf einer wesentlichen Beteiligung oder die Bargründung einer Tochtergesellschaft, gelten.

3. Abwehr- und Beseitigungsanspruch

Fehlt die Ermächtigung in der Satzung oder die notwendige Zustimmung der Hauptversammlung, handelt es sich um die Verletzung einer **internen Vorlagepflicht.** Die Wirksamkeit der Maßnahme wird nicht beeinträchtigt.⁴⁶³ Zulässig ist jedoch die Klage eines Aktionärs auf **Unterlassung** oder **Wiederherstellung,** falls die Entscheidung der Hauptversammlung nicht noch nachträglich herbeigeführt wird.⁴⁶⁴ Der BGH betont die Notwendigkeit, die Aktionärsklage auf Unterlassung oder Wiederherstellung ohne **unangemessene Verzögerung** geltend zu machen.⁴⁶⁵ Hat die Hauptversammlung zugestimmt, ist ihr Beschluss unter bestimmten Umständen **anfechtbar.** Das ist der Fall, wenn die sachliche Rechtfertigung nicht gegeben oder der der Hauptversammlung zu erstattende Bericht mangelhaft war.⁴⁶⁶ Letztlich verdient die Möglichkeit der Geltendmachung von Schadensersatzansprüchen gegen Vorstand und Aufsichtsrat Erwähnung (§§ 93, 116 und 117 AktG).⁴⁶⁷

---

⁴⁵⁵ BGHZ 83, 122, 131 f. = NJW 1982, 1703, 1705 – Holzmüller.
⁴⁵⁶ *Lutter,* FS K. Schmidt, 2009, 1065, 1073.
⁴⁵⁷ So wörtlich BGHZ 159, 30, 44 f. = NJW 2004, 1860, 1863.
⁴⁵⁸ BGHZ 159, 30, 45 = NJW 2004, 1860, 1863.
⁴⁵⁹ OLG Stuttgart NZG 2007, 234, 235 Ls. 2.
⁴⁶⁰ Zum Meinungsstand *Mertens/Cahn* in Kölner Komm. AktG § 76 Rn. 63.
⁴⁶¹ BGH NZG 2007, 234.
⁴⁶² Ausdrücklich *Mertens/Cahn* in Kölner Komm. AktG § 76 Rn. 63; aA *Hüffer* § 119 AktG Rn. 18a.
⁴⁶³ *Koppensteiner* in Kölner Komm. AktG Vor § 291 Rn. 58.
⁴⁶⁴ BGHZ 83, 122, 133 ff. = NJW 1982, 1703, 1705 – Holzmüller; kritisch *Krieger* ZHR 163 (1999), 343, 354 ff.; ausführlich *Seiler/Singhof* Der Konzern 2003, 313 ff.
⁴⁶⁵ BGHZ 83, 122, 135 f. = NJW 1982, 1703, 1706 – Holzmüller.
⁴⁶⁶ *Krieger* in MHdB AG § 69 Rn. 12; aA *Habersack* in Emmerich/Habersack Vor § 311 AktG Rn. 51: keine allgemeine Inhaltskontrolle.
⁴⁶⁷ *A. Arnold* in Kölner Komm. AktG § 23 Rn. 89; *Mertens/Cahn* in Kölner Komm. AktG § 82 Rn. 37: bei Missachtung des Unternehmensgegenstandes Untreue nach § 266 StGB.

II. Mitteilungspflichten

1. Nicht börsennotierte Gesellschaften

204 Die Mitteilungspflichten gelten dem **Erwerb** oder **Wegfall** wesentlicher Beteiligungen. In der ersten Alternative sind Beteiligungen erfasst, die ein Unternehmen **unabhängig von seiner Rechtsform** an einer AG oder KGaA erwirbt (§§ 20, 278 Abs. 3 AktG). Bezweckt wird die **Offenlegung** der Beteiligungsverhältnisse zur Unterrichtung der Aktionäre, Gläubiger und der Öffentlichkeit über Konzernverbindungen.[468] Die Mitteilungspflicht besteht, sobald einem Unternehmen mehr als der **vierte Teil** der Aktien einer AG oder KGaA mit Sitz im Inland gehört. Für die Zurechnung sind §§ 16 Abs. 2 S. 1, Abs. 4 und 20 Abs. 2 AktG zu beachten. Die schriftliche Mitteilung ist an die Gesellschaft zu richten, deren Aktien erworben wurden. Eine weitere Stufe ist der Erwerb einer **Mehrheitsbeteiligung,** auch dieser Erwerb löst eine Mitteilungspflicht aus (zur Mehrheitsbeteiligung → Rn. 9). Dasselbe gilt, falls die Beteiligung in der mitteilungspflichtigen Höhe nicht mehr besteht. Der **Mitteilungsempfänger** ist zur unverzüglichen **Bekanntmachung** in den Gesellschaftsblättern verpflichtet (§ 20 Abs. 6 AktG iVm § 25 AktG, elektronischer Bundesanzeiger).

205 Die **Verletzung der Mitteilungspflicht** nach § 20 Abs. 1 oder 4 AktG hat gewichtige Folgen. Sie führt zum **Verlust** sämtlicher **Rechte** aus den Aktien (§ 20 Abs. 7 S. 1 AktG). Das gilt für das Stimmrecht, das nicht ausgeübt werden kann. Dividendenansprüche und ein eventueller Anspruch auf Liquidationserlös entfallen, es sei denn, die Mitteilung wurde nicht vorsätzlich unterlassen und ist nachgeholt worden.[469] In Betracht kommen ferner Schadensersatzansprüche.[470]

206 Die **zweite Alternative,** die das Gesetz getrennt regelt, betrifft die als Erwerber oder Veräußerer handelnde **AG** oder KGaA. Unterschieden werden zwei Fälle. Die Mitteilungspflicht besteht zunächst, sobald der AG oder KGaA mehr als der vierte Teil der Anteile einer anderen **Kapitalgesellschaft** (AG, KGaA, GmbH) mit Sitz im Inland gehört (§ 21 Abs. 1 AktG). Zu den Mitteilungspflichten bei wechselseitig beteiligten Unternehmen → Rn. 184. Der weitere Fall erfasst die **Mehrheitsbeteiligung,** wobei die Mitteilungspflicht der Mehrheitsbeteiligung an einem anderen **Unternehmen** gilt, damit nicht auf die Beteiligung an Kapitalgesellschaften beschränkt ist (§ 21 Abs. 2 AktG). Mitteilungspflichtig ist in beiden Fällen der Erwerb oder die Veräußerung. Die Rechtsfolgen entsprechen denen der ersten Alternative, jedoch fehlt die Pflicht zur Bekanntmachung, sofern der Mitteilungsempfänger nicht eine AG oder KGaA ist.[471]

2. Börsennotierte Gesellschaften

207 Die Mitteilungspflichten des AktG gelten nicht für Emittenten iSd § 21 Abs. 2 WpHG (§§ 20 Abs. 8, 21 Abs. 5). Betroffen sind damit im Wesentlichen börsennotierte Gesellschaften mit Sitz im Inland.[472] Emittenten sind solche, deren Aktien zum Handel an einem organisierten Markt zugelassen sind (§ 21 Abs. 2 WpHG). Während sich das AktG für die Mitteilungspflichten mit dem Erreichen oder der Veräußerung von Schachtel- oder Mehrheitsbeteiligungen begnügt, bestehen nach dem WpHG nicht weniger als **neun Schwellenwerte** und zwar 3, 5, 10, 15, 20, 25, 30, 50 oder 75% der **Stimmrechte** an einer börsennotierten Gesellschaft. Die Mitteilungspflicht besteht gegenüber der Gesellschaft und der BaFin.

---

[468] *Hüffer* § 20 AktG Rn. 1.
[469] Zu den Problemen der Auslegung *Krieger* in MHdB AG § 68 Rn. 131 ff.
[470] Vgl. *Emmerich* in Emmerich/Habersack § 20 AktG Rn. 64.
[471] *Emmerich* in Emmerich/Habersack § 21 AktG Rn. 4.
[472] *Emmerich* in Emmerich/Habersack § 20 AktG Rn. 2.

E. Veränderungen im Beteiligungsbesitz

Im Unterschied zum AktG beschränkt sich die Meldepflicht nicht auf Unternehmen. **208** Der Begriff des „Meldepflichtigen" umfasst sowohl **natürliche** als auch **juristische Personen** des privaten oder des öffentlichen Rechts.[473] Ein weiterer Unterschied zum AktG besteht in der ausschließlichen Anknüpfung an die **Stimmrechte**.[474] Jedes Erreichen, Über- oder Unterschreiten der Prozentzahl löst insoweit die Mitteilungspflicht aus (§ 21 Abs. 1 S. 1 WpHG). Das gilt zB bei Stimmrechten von 25 % für den Erwerb oder die Veräußerung auch nur einer stimmberechtigten Aktie. Das WpHG bestimmt **Form** (schriftlich), **Frist** (unverzüglich; spätestens, aber innerhalb von vier Handelstagen) sowie **Inhalt** der Mitteilung (§ 21 Abs. 1 WpHG). Ergänzend ist auf die gesetzliche Pflicht hinzuweisen, An- und Verkäufe von Aktien der Gesellschaft gemäß § 15a WpHG dem Emittenten und der BaFin offen zu legen, soweit nicht insgesamt ein Betrag von 5000 Euro bis zum Ende des Kalenderjahres erreicht wird („Director's Dealings"),Betroffen sind Personen, die bei einem Emittenten von Aktien **Führungsaufgaben** wahrnehmen. Der Emittent hat die Mitteilung unverzüglich zu veröffentlichen (Internet) und diese der BaFin unverzüglich zu übersenden (§ 15a Abs. 4 WpHG).

Unterbleibt die Mitteilung, wird der **Verlust der Aktionärsrechte** in Anlehnung an **209** das AktG geregelt. Das gilt vor allem für die Ausübung der Stimmrechte und mit dem im AktG geregelten Vorbehalt (→ Rn. 205) für Dividendenansprüche (§ 28 WpHG). Außerdem werden Verstöße gegen die Melde- oder Veröffentlichungspflicht als **Ordnungswidrigkeit** mit einer Geldbuße bedroht. Voraussetzung ist vorsätzliches oder leichtfertiges Unterlassen (§ 39 Abs. 2 WpHG). Eine zivilrechtliche **Schadensersatzhaftung** ist auszuschließen, da die Bestimmungen nur der Markttransparenz dienen.[475]

III. Ausschluss von Minderheitsaktionären

1. Allgemeines

Für den Ausschluss von Minderheitsaktionären hat sich der Begriff „Squeeze-out" **210** eingebürgert. Der Ausschluss kann auf drei Wegen erfolgen. Die geringste praktische Bedeutung hat offenbar als jüngste Möglichkeit der übernahmerechtliche Squeeze-out (§§ 39a ff. WpÜG).[476] Das Umwandlungsgesetz eröffnet den übernahmerechtlichen Squeeze-out unter Verweis auf die aktienrechtliche Regelung (§ 62 Abs. 5 UmwG).[477] Das mit Beginn des Jahres 2002 eingeführte aktienrechtliche Squeeze-out ist Gegenstand der folgenden Darstellung (§§ 327a ff. AktG). Voraussetzung ist, dass dem die Ausschließung von Minderheitsaktionären betreibenden Aktionär **Aktien** der Gesellschaft in Höhe von **mindestens 95 %** des Grundkapitals gehören oder zugerechnet werden. Für die Zurechnung gilt gemäß § 327a Abs. 2 AktG § 16 Abs. 2 und 4 AktG. Die Übertragung der restlichen Aktien auf den Hauptaktionär erfolgt durch Beschluss der **Hauptversammlung** gegen Gewährung einer angemessenen **Barabfindung** (§ 327a Abs. 1 S. 1 AktG). Die Möglichkeit des Squeeze-out bezieht sich auf alle Aktiengesellschaften und Kommanditgesellschaften auf Aktien, beschränkt sich damit nicht auf börsennotierte Gesellschaften.[478]

Das nahezu einhellig begrüßte neue Rechtsinstitut des Squeeze-out hat innerhalb kurzer **211** Zeit eine erhebliche praktische Bedeutung gewonnen.[479] Unter ökonomischen Gesichtspunkten ist insbesondere bei Zwergbeteiligungen der erforderliche **Verwaltungsaufwand**,

---

[473] Im Einzelnen *Bayer* in MüKoAktG § 22 Anh.: § 21 WpHG Rn. 3 ff.
[474] Vgl. *Bayer* in MüKoAktG § 22 Anh.: § 21 WpHG Rn. 3 ff.
[475] *T. A. Heinrich* in Kölner Komm. AktG § 15a WpHG Rn. 82 f.
[476] *Hentzen/Rieckers* DB 2013, 1159: in den mehr als sechs Jahren seit Inkrafttreten der Regelung sind gerade einmal sieben Fälle bekannt geworden.
[477] *Diekmann* in Semler/Stengel § 62 UmwG Rn. 32c ff.
[478] Rechtspolitisch für Beschränkung auf börsennotierte Gesellschaften plädierend H*abersack* in Emmerich/Habersack § 327a AktG Rn. 5; *Koppensteiner* in Kölner Komm. AktG Vor § 327a Rn. 8.
[479] *Habersack* in Emmerich/Habersack § 327a AktG Rn. 5.

vor allem der der Hauptversammlung, unverhältnismäßig. Gesprochen wird von einem „kostspieligen Formalaufwand".[480] Auch bietet die Praxis Anschauungsmaterial für den **Missbrauch** kleinster Beteiligungen, um den Mehrheitsaktionär zu wie auch immer gearteten Zugeständnissen zu zwingen. Im günstigsten Fall kommt es zu Verzögerungen der vom Großaktionär als sinnvoll erachteten unternehmerischen Maßnahmen.

2. Barabfindung

212 Die vom **Hauptaktionär** festzulegende Höhe der Barabfindung muss **angemessen** sein (§§ 327a Abs. 1 S. 1 und 327b Abs. 1 S. 1 AktG). Eine vergleichbare Voraussetzung postuliert das Gesetz im Rahmen der Sicherung außenstehender Aktionäre bei Beherrschungs- und Gewinnabführungsverträgen sowie bei der Eingliederung durch Mehrheitsbeschluss (§§ 305 Abs. 1, 320b Abs. 1 S. 3 AktG).[481] Die Bewertungsgrundsätze sind für alle Fälle einheitlich. Angemessen ist eine Abfindung, die dem ausscheidenden Aktionär eine **volle Entschädigung** für das verschafft, was seine Beteiligung an dem arbeitenden Unternehmen wert ist, die also dem vollen Wert seiner Beteiligung entspricht.[482] Maßgebend ist der Ertragswert.[483] Besteht ein Börsenkurs der Gesellschaft, so ist dieser regelmäßig Untergrenze für die zu gewährende Abfindung (→ Rn. 44).[484]

213 Gemeinsam ist den Abfindungsvorschriften des Gesetzes ferner, dass die Barabfindung die Verhältnisse der Gesellschaft im **Zeitpunkt** der Beschlussfassung ihrer **Hauptversammlung** berücksichtigen muss (§§ 327b Abs. 1 S. 1, 305 Abs. 3 S. 2, 320b Abs. 1 S. 5 AktG). Das kann zu Problemen führen, weil das Gesetz andererseits verlangt, dass die Bekanntmachung der Übertragung als Gegenstand der Tagesordnung die vom Hauptaktionär festgelegte Barabfindung enthalten muss (§ 327c Abs. 1 Nr. 2 AktG). Da sich die Höhe der Barabfindung nach dem Zeitpunkt der Beschlussfassung richtet, kann mit der Einladung zur Hauptversammlung nur ein möglichst präziser **Näherungswert** angegeben werden. Konsequenterweise handelt es sich nicht um einen Bekanntmachungsfehler, falls der Vorschlag eine Mindest-Barabfindung benennt, der Beschluss der Hauptversammlung aber exakt diese Zahl ohne „mindestens" als Barabfindung vorsieht.[485] Ändern sich die für die Bewertung maßgebenden Verhältnisse nach der Einberufung der Hauptversammlung, kann sich die Notwendigkeit ergeben, das Abfindungsangebot in der Hauptversammlung zu korrigieren. Die Zulässigkeit einer **Erhöhung** ist unstreitig.[486] Eine **Reduzierung** des Barabfindungsangebots in der Hauptversammlung wird als unzulässig beurteilt und gilt als Anfechtungsgrund.[487] Setzt sich diese Auffassung durch, bleibt dem Hauptaktionär in einem solchen Fall zunächst nur, auf den Übertragungsbeschluss in der einberufenen Hauptversammlung zu verzichten und ggf. das Squeeze-out-Verfahren erneut durchzuführen.[488]

214 Der **Vorstand** hat dem Hauptaktionär alle für die Ermittlung der Barabfindung notwendigen Unterlagen zur Verfügung zu stellen und Auskünfte zu erteilen (§ 327b Abs. 1 S. 2 AktG). Zur erforderlichen Gewährleistung eines Kreditinstituts für die Barabfindung vgl. § 327b Abs. 3 AktG. Die Angemessenheit der Barabfindung ist durch einen oder mehrere **sachverständige Prüfer** zu prüfen (§ 327c Abs. 2 S. 2 AktG).[489] Das entspricht den Grundsätzen, die das Gesetz für den Abschluss von Unternehmensverträgen ebenso wie für

---

[480] *Hasselbach* in Kölner Komm. WpÜG § 327a AktG Rn. 8.
[481] Grundsätze anwendbar: *Habersack* in Emmerich/Habersack § 327b AktG Rn. 9; *Hüffer* § 327b AktG Rn. 5.
[482] BVerfGE 14, 263, 284 = NJW 1962, 1667; BVerfGE 100, 289, 304 f. = NZG 1999, 931; OLG Karlsruhe AG 2013, 765; OLG Stuttgart AG 2013, 840; OLG Frankfurt NZG 2012, 1382.
[483] *Hüffer* § 327b AktG Rn. 5.
[484] Vgl. BVerfGE 100, 289 = NZG 1999, 931; *Ruthardt/Hachmeister* NZG 2014, 41.
[485] LG Berlin DB 2003, 707, 708 mit Anm. *Keul*; *Schnorbus* in K. Schmidt/Lutter § 327b AktG Rn. 11.
[486] *Koppensteiner* in Kölner Komm. AktG § 327b Rn. 4; *Schnorbus* in K. Schmidt/Lutter § 327b AktG Rn. 11.
[487] *Hasselbach* in Kölner Komm. WpÜG § 327b AktG Rn. 6.
[488] *Koppensteiner* in Kölner Komm. AktG § 327b Rn. 4.
[489] *Hüffer* § 327c AktG Rn. 4f.

E. Veränderungen im Beteiligungsbesitz

die Eingliederung vorsieht. Die Auswahl und Bestellung der Prüfer erfolgt auf Antrag des Hauptaktionärs durch das Gericht (§ 327c Abs. 2 S. 3 AktG). Die Vertragsprüfer haben über das Ergebnis der Prüfung schriftlich zu berichten.

3. Hauptversammlung

Das Gesetz regelt Vorbereitung und Durchführung der Hauptversammlung. Der **215** **Hauptaktionär** hat der Hauptversammlung einen **schriftlichen Bericht** zu erstatten, in dem die Voraussetzungen für die Übertragung dargelegt und die Angemessenheit der Barabfindung erläutert und begründet werden (§ 327c Abs. 2 S. 1 AktG).[490] Letztere ist substantiiert und verständlich darzulegen. Die Aktionäre müssen in der Lage sein, sich in Kenntnis der verwendeten Bewertungsgrundsätze und deren Anwendung im konkreten Fall ein fundiertes Plausibilitätsurteil zu bilden.[491] Aus alledem folgt, dass dem aus Sicht des Hauptaktionärs verständlichen Wunsch nach Kürze nicht gefolgt werden sollte. Hierzu darf auch nicht verleiten, dass das Gesetz – im Gegensatz zum Bericht an die Hauptversammlung zu Unternehmensverträgen – nicht ausdrücklich einen „ausführlichen" Bericht verlangt (§ 293a Abs. 1 S. 1 AktG).[492] Kürze wird toleriert, wo es sich um rein **formale,** nur der präzisen Identifikation des Hauptaktionärs dienende Angaben handelt, entsprechend auch hinsichtlich der Gesellschaft selbst mit der Beschränkung auf eine Wiedergabe der bewertungsrelevanten Kerndaten.[493] Auf Ausführungen zu den **Gründen** des Squeeze-out kann ganz verzichtet werden.[494]

Zur **Vorbereitung der Hauptversammlung** gehört die Verpflichtung, im Gesetz auf- **216** gelistete Unterlagen von der Einberufung der Hauptversammlung an in dem Geschäftsraum der Gesellschaft zur Einsicht der Aktionäre auszulegen und dem Aktionär auf Verlangen eine Abschrift zu erteilen (§ 327c Abs. 3 und 4 AktG). Die Verpflichtung betrifft ua die **Jahresabschlüsse** und **Lageberichte** für die letzten drei Geschäftsjahre. Mit der hM ist anzunehmen, dass letzte drei Geschäftsjahre diejenigen sind, für die die Rechnungslegung tatsächlich vorliegt oder vorliegen müsste.[495] Keine Vorlagepflicht besteht für den **Konzernabschluss.** Das hat der BGH mit der Begründung entschieden, dass das Gesetz nach seinem Wortlaut keine entsprechende Pflicht vorsieht und eine darüber hinausgehende Auslegung der Vorschrift wegen ihres abschließenden enumerativen Charakters nicht in Betracht kommt.[496]

Die Unterlagen, die „im Geschäftsraum der Gesellschaft" für die Einsicht der Aktionäre **217** zur Verfügung stehen mussten, sind auch in der Hauptversammlung den Aktionären zugänglich zu machen (§ 327d iVm § 327c Abs. 3 AktG). Ausdrücklich wird geregelt, dass der Vorstand dem **Hauptaktionär** Gelegenheit geben **kann,** den Entwurf des Übertragungsbeschlusses und die Bemessung der Höhe der Barabfindung zu Beginn der Verhandlung zu erläutern (§ 327d S. 2 AktG). Streitig ist, ob der **Vorstand** zu einer Erläuterung des Übertragungsberichts verpflichtet ist.[497] Auch bei Annahme einer Erläuterungspflicht des Vorstands bleibt es diesem unbenommen, hiermit den Hauptaktionär zu beauftragen, der dazu allerdings nicht verpflichtet ist.[498] Der Vorstand bleibt in der Pflicht, **Fragen** der Aktionäre zu bewertungsrelevanten Sachverhalten zu beantworten (§ 131 AktG).

Der Vorstand hat den **Übertragungsbeschluss** zur Eintragung in das Handelsregister **218** anzumelden (§ 327e Abs. 1 S. 1 AktG). Von besonderer Bedeutung ist in diesem Zusammenhang die sog. **Negativerklärung.** Der Vorstand hat zu erklären, dass eine Klage gegen

---

[490] Zur Vorbereitung der Hauptversammlung *Volhard* in Semler/Volhard HV HdB § 38 Rn. 10 ff.
[491] *Hasselbach* in Kölner Komm. WpÜG § 327c AktG Rn. 23.
[492] Vgl. *Hasselbach* in Kölner Komm. WpÜG § 327c AktG Rn. 24.
[493] *Hasselbach* in Kölner Komm. WpÜG § 327c AktG Rn. 24.
[494] *Grunewald* in MüKoAktG § 327c Rn. 9.
[495] *Hüffer* § 293f AktG Rn. 3, § 327e AktG Rn. 6.
[496] BGH NZG 2009, 585 Rn. 29.
[497] So *Hüffer* § 327d AktG Rn. 4 mwN.
[498] *Habersack* in Emmerich/Habersack § 327d AktG Rn. 3 f.

die Wirksamkeit des Hauptversammlungsbeschlusses nicht oder nicht fristgemäß erhoben oder eine solche Klage rechtskräftig abgewiesen oder zurückgenommen worden ist (§ 327e Abs. 2 iVm § 319 Abs. 5 S. 1 AktG). Das Fehlen der Negativerklärung bewirkt eine **Registersperre**. Der Übertragungsbeschluss darf nicht eingetragen werden (§ 327e Abs. 2 iVm § 319 Abs. 5 S. 2 AktG). Diese Sperre kann das für eine Klage gegen die Wirksamkeit des Hauptversammlungsbeschlusses zuständige **Oberlandesgericht** auf Antrag der Gesellschaft aufheben (§ 319 Abs. 6 S. 7 AktG). Voraussetzung ist in diesem sog. Freigabe- oder Unbedenklichkeitsverfahren, dass die **Klage unzulässig** oder **offensichtlich unbegründet** ist. Die Klage steht auch dann der Eintragung nicht entgegen, wenn „das alsbaldige Wirksamwerden des Hauptversammlungsbeschlusses vorrangig erscheint, weil die vom Antragsteller dargelegten wesentlichen Nachteile für die Gesellschaft und ihre Aktionäre nach freier Überzeugung des Gerichts die Nachteile für den Antragsgegner überwiegen, es sei denn, es liegt eine besondere Schwere des Rechtsverstoßes vor" (§ 327e Abs. 2 iVm § 319 Abs. 6 S. 2 Nr. 3 AktG). Offensichtlich unbegründet ist eine Anfechtungsklage, wenn das Ergebnis der sachlichen und rechtlichen Beurteilung der Anfechtungsklage eindeutig ist, auch wenn dabei schwierige Rechtsfragen zu beurteilen sind.[499]

4. Prozessuale Aktionärsrechte

a) Gerichtliche Nachprüfung der Abfindung

219 Die Anfechtung des Beschlusses kann nicht darauf gestützt werden, dass die durch den Hauptaktionär festgelegte Barabfindung nicht angemessen ist (§ 327f S. 1 AktG). Die Angemessenheit der Barabfindung wird im **Spruchverfahren** überprüft, das keine Registersperre auslöst. Zum Spruchverfahren und seiner Regelung durch das Spruchverfahrensgesetz → Rn. 52, 167.[500] Die angemessene Barabfindung bestimmt das Gericht (§ 327f Abs. 1 S. 2 AktG). Das Gleiche gilt, wenn der Hauptaktionär eine Barabfindung nicht oder nicht ordnungsgemäß angeboten hat und eine hierauf gestützte Anfechtungsklage innerhalb der Anfechtungsfrist nicht erhoben, zurückgenommen oder rechtskräftig abgewiesen worden ist (§ 327f Abs. 1 S. 3 AktG). **Antragsberechtigt** ist jeder **ausgeschiedene** Minderheitsaktionär (§ 3 Nr. 2 SpruchG). Ein Antrag auf Bestimmung der angemessenen Barabfindung ist daher unzulässig, wenn der Übertragungsbeschluss noch nicht im Handelsregister eingetragen worden und nicht abzusehen ist, ob und bejahendenfalls wann ein Eintrag erfolgen wird.[501] Nach der Eintragung läuft eine **Antragsfrist** von drei Monaten. Sie beginnt mit dem Tag, an dem die Eintragung des Übertragungsbeschlusses in das Handelsregister letztmalig im Amtsblatt des Registergerichts veröffentlicht worden ist und damit als bekannt gemacht gilt (§ 4 Abs. 1 Nr. 3 SpruchG). Innerhalb der Frist ist der Antrag nunmehr zu begründen.

220 Die Entscheidung des Gerichts für eine höhere Barabfindung als sie der Hauptaktionär zunächst geboten hatte, wirkt auch **zugunsten der früheren Aktionäre,** die am Spruchstellenverfahren nicht beteiligt waren. Dieser sog. Abfindungsergänzungsanspruch ist durch das SpruchG festgeschrieben (§ 13 SpruchG).

b) Anfechtungsklage

221 Die Anfechtung des Übertragungsbeschlusses ist nur insoweit ausgeschlossen, als die **Unangemessenheit der Barabfindung** geltend gemacht wird. Sie ist zulässig, wenn der Hauptaktionär eine Barabfindung nicht oder nicht ordnungsgemäß angeboten hat (Umkehrschluss aus § 327f Abs. 1 S. 3 AktG). Ein Angebot ist dann nicht ordnungsgemäß, wenn die Formalien nicht eingehalten werden, zB bei Einberufungsfehlern, ferner wenn der Prüfungsbericht oder der Bericht des Hauptaktionärs fehlt oder unvollständig

---

[499] *Habersack* in Emmerich/Habersack § 319 AktG Rn. 35.
[500] Text und Kommentierung in *Hüffer* § 305 Anh. AktG; *Kubis* in MüKoAktG § 328 Anh.; Kölner Komm. AktG, Bd. 9, SpruchG.
[501] LG Berlin ZIP 2003, 1300.

E. Veränderungen im Beteiligungsbesitz

ist.⁵⁰² Schwieriger ist die Verletzung von **Informationsrechten** zu beurteilen. Maßgebend ist nunmehr § 243 Abs. 4 S. 2 AktG, wonach unrichtige, unvollständige oder unzureichende Informationen in der Hauptversammlung über die Ermittlung, Höhe oder Angemessenheit der Abfindung nicht zur Anfechtungsklage berechtigen. Hiervon nicht erfasst ist die Totalverweigerung von Informationen und die Verletzung gesetzlich vorgeschriebener Berichtspflichten.⁵⁰³ Der Anfechtungsausschluss bezieht sich vor allem auf Verletzungen des Auskunftsrechts nach § 131 AktG und nach hM auf unzureichende Erläuterungen des Vorstands im Vorfeld der Hauptversammlung.⁵⁰⁴

---

⁵⁰² Beispiele bei *Grunewald* in MüKoAktG § 327f Rn. 3. Zur Nichtigkeit *Habersack* in Emmerich/Habersack § 327f AktG Rn. 3. Kein Vorrang des Spruchverfahrens bei als unangemessen eingestufter Abfindung durch Sachverständigenprüfer, OLG Bremen AG 2013, 643.
⁵⁰³ *Singhof* in Spindler/Stilz § 327f AktG Rn. 3.
⁵⁰⁴ *Fleischer* in Großkomm. AktG § 327f Rn. 18.

§ 15 Geschäftsführung in der SE

Inhaltsübersicht

	Rn.
A. Grundlagen	1
I. Besonderheiten der SE	2
II. Vorteile einer SE	5
B. Vorbemerkung zur Führungsstruktur	6
C. Dualistische Führung	9
D. Monistische Führung	15
I. Anzahl/Bestellung/Zusammensetzung des Verwaltungsrats	19
1. Größe des Verwaltungsrats	19
2. Stellvertretung/Ersatzmitgliedschaft	24
3. Bestelldauer	25
4. Gesetzliche Vorgaben	26
5. Statusverfahren	27
6. Auswirkungen der Mitbestimmung auf die Besetzung des Verwaltungsrats	32
7. Entsendungsrechte	34
8. Fehlerhafte Bestellung	36
9. Persönliche Voraussetzungen	38
II. Abberufung	44
III. Innere Ordnung des Verwaltungsrats	50
IV. Beschlussfassung im Verwaltungsrat	52
V. Einberufung der Sitzungen	53
VI. Vergütung	56
VII. Geschäftsführende Direktoren	58
1. Bestellung	59
2. Abberufung	63
3. Vertretungsbefugnis	64
4. Geschäftsauftritt/Briefkopf	67
5. Geschäftsordnung für die Geschäftsführung	68
VIII. Höchstdauer	71
IX. Aufgaben der Geschäftsführung/Abgrenzung zum Verwaltungsrat	74
X. Überwachungspflicht des Verwaltungsrats	76
XI. Sorgfaltsmaßstab/Haftung/Business Judgement Rule	78
XII. Treuepflicht	83
XIII. D&O-Versicherung	84
XIV. Aufgaben der Leitung durch den Verwaltungsrat/Abgrenzung Tagesgeschäft	87
XV. Spezielle Rechte und Pflichten des Verwaltungsrats	98
1. Einberufung der Hauptversammlung	100
2. Einsichts- und Prüfungsrecht	102
3. Insolvenzbezogene Pflichten	106
4. Generalverweisung des § 22 Abs. 6 SEAG	108
5. Vorrang spezieller Kompetenznormen	110

Schrifttum: *Bauer,* Organstellung und Organvergütung in der monistisch verfassten Europäischen Aktiengesellschaft, 2007; *Bachmann,* Der Verwaltungsrat der monistischen SE, ZGR 2008, 779; *Bayer/Lieder,* Die Lehre vom fehlerhaften Bestellungsverhältnis, NZG 2012, 6; *Brandes,* Mitbestimmungsvermeidung mittels grenzüberschreitender Verschmelzungen, ZIP 2008, 2193; *Brandt,* Die Hauptversammlung der Europäischen

Aktiengesellschaft, 2004; *Buckel/Vogel,* Die angegriffene Wahl des Aufsichtsrats – Gutglaubensschutz statt Rechtsfigur des fehlerhaften Organs, ZIP 2014, 58; *Casper,* Erfahrungen und Reformbedarf bei der SE – Gesellschaftsrechtliche Reformvorschläge, ZGR 173 (2009), 181; *Drinhausen/Nohlen,* Festlegung der Amtsdauer von SE-Organmitgliedern in der Satzung nach Art. 46 Abs. 1 SEVO, ZIP 2009, 1890; *Eder,* Die monistisch verfasste Societas Europaea – Überlegungen zur Umsetzung eines CEO-Modells, NZG 2004, 554; *v. Falkenhausen,* Der Anwalt im Aufsichtsrat, ZIP 2013, 862; *v. Falkenhausen/Kocher,* Wie wird der unabhängige Finanzexperte in den Aufsichtsrat gewählt? – Praktische Fragen der Umsetzung des BilMoG, ZIP 2009, 1601; *Fleischer,* Zur Leitungsaufgabe des Vorstands im Aktienrecht, ZIP 2003, 1; *Forst,* Unternehmerische Mitbestimmung im Konzern unter Beteiligung supranationaler Rechtsformen, Der Konzern 2010, 151; *ders.,* Zur Größe des mitbestimmten Organs einer kraft Beteiligungsvereinbarung mitbestimmten SE, AG 2010, 350; *ders.,* Zu den Auswirkungen des Gesetzes zur Angemessenheit der Vorstandsvergütung auf die SE, ZIP 2010, 1786; *Götte,* Zu den vom Aufsichtsrat zu beachtenden Abwägungskriterien im Rahmen seiner Entscheidung nach den ARAG/GARMENBECK-Kriterien – dargestellt am Beispiel des Kartellrechts, FS Hoffmann-Becking, 2013, 378; *ders.,* Organisationspflichten in Kapitalgesellschaften zwischen Rechtspflicht und Opportunität, ZHR 2011, 388; *Götze/Winzer/Arnold,* Unternehmerische Mitbestimmung – Gestaltungsoption und Vermeidungsstrategien; ZIP 2009, 245; *Göz,* Beschlussmängelklagen bei der SE, ZGR 2008, 593; *Grobys,* SE-Betriebsrat und Mitbestimmung in der Europäischen Gesellschaft, NZA 2005, 84; *Gruber/Weller,* Societas Europaea: Mitbestimmung ohne Aufsichtsrat? – Ideen für die Leitungsverfassung der monistischen Aktiengesellschaft in Deutschland, NZG 2003, 297; *Grunewald,* Interne Aufklärungspflichten von Vorstand und Aufsichtsrat, NZG 2013, 841; *Habersack,* Schranken der Mitbestimmung in der SE, AG 2006, 345; *ders.,* Grundsatzfragen der Mitbestimmung in SE und SCE sowie bei grenzüberschreitender Verschmelzung, ZHR 171 (2007), 613; *ders.,* Konstituierung des ersten Aufsichts- oder Verwaltungsorgans der durch Formwechsel entstandenen SE und Amtszeit seiner Mitglieder, Der Konzern 2008, 67; *ders.,* Grund und Grenzen der Compliance-Verantwortung des Aufsichtsrats der AG, AG 2014, 1; *Habersack/Drinhausen,* Kommentar zum SE-Recht, 2013; *Hemeling,* Die Corporate Governance der SE, in Hommelhoff/Hopt/v. Werder, Handbuch der Corporate Governance, 2009; *Henssler,* Erfahrungen und Reformbedarf bei der SE – Mitbestimmungsrechtliche Reformvorschläge, ZHR 173 (2009), 222; *ders.,* Erfahrungen und Reformbedarf bei der SE – Mitbestimmungsrechtliche Reformvorschläge, ZGR 173 (2009), 222 *Hoffmann-Becking,* Organe: Strukturen und Verantwortlichkeiten, insbesondere im monistischen System, ZGR 2004, 355; *Hommelhoff,* Satzungsstrenge und Gestaltungsfreiheit in der Europäischen Aktiengesellschaft, FS Ulmer, 2003, 267; *Ihrig,* Die geschäftsführenden Direktoren in der monistischen SE: Stellung, Aufgaben und Haftung, ZGR 2008, 809; *Jacobs,* Privatautonome Unternehmensmitbestimmung in der SE, FS K. Schmidt, 2009, 795; *Jannott/Frodermann,* Handbuch der Europäischen Aktiengesellschaft – Societas Europaea, 2005; *Kallmeyer,* Das monistische System in der SE mit Sitz in Deutschland, ZIP 2003, 1531; *Kiefner/Freibel,* Zulässigkeit eines Aufsichtsrats mit einer nicht durch drei teilbaren Mitgliederzahl bei einer SE mit Sitz in Deutschland; *Kiem,* Erfahrungen und Reformbedarf bei der SE – Entwicklungsstand, ZHR 173 (2009), 156; *Kort,* Corporate Governance-Fragen der Größe und Zusammensetzung des Aufsichtsrats bei AG, GmbH und SE, AG 2008, 137; *Krause,* Die Mitbestimmung der Arbeitnehmer in der Europäischen Gesellschaft (SE), BB 2005, 1221; *Lutter,* Zum Beschluss des Aufsichtsrats über den Verzicht auf eine Haftungsklage gegen den Vorstand, FS Hoffmann-Becking, 2013, 747; *Lutter/Hommelhoff,* SE-Kommentar, 2008; *dies.,* Die Europäische Gesellschaft, 2005; *Manz/Mayer/Schröder,* Europäische Aktiengesellschaft – SE, 2. Aufl. 2010; *Metz,* Die Organhaftung bei der monistisch strukturierten Europäischen Aktiengesellschaft mit Sitz in Deutschland, 2009; *Müller-Bonanni,* Arbeitnehmerbeteiligung bei SE-Gründung und grenzüberschreitender Verschmelzung im Vergleich, BB 2009, 1699; *Müller-Bonanni/Melot de Beauregard,* Mitbestimmung in der Societas Europae, GmbHR 2005, 195; *Nikoleyczik,* Mitbestimmungsgestaltung im grenzüberschreitenden Konzern, DStR 2010, 1743; *Oetker,* Unternehmensmitbestimmung in der SE kraft Vereinbarung, ZIP 2006, 1113; *ders.,* Unternehmerische Mitbestimmung kraft Vereinbarung in der Europäischen Gesellschaft (SE), FS Konzern, 2006, 635; *Ott,* Das Aufsichtsorgan der SE, in Semler/v. Schenck, Arbeitshandbuch für Aufsichtsratsmitglieder, 2013, § 16; *Reichert,* Existenzgefährdung bei der Durchführung von Organhaftungsansprüchen, ZHR 177 (2013), 756; *ders.,* Corporate Compliance und der Grundsatz der Verhältnismäßigkeit, FS Hoffmann-Becking, 2013, 943; *ders.,* Wettbewerb der Gesellschaftsformen – SE oder KGaA zur Organisation großer Familiengesellschaften, ZIP 2014, 1957; *Reichert/Brandes,* Mitbestimmung der Arbeitnehmer in der SE: Gestaltungsfreiheit und Bestandsschutz, ZGR 2003, 767; *Rieble,* Schutz vor paritätischer Unternehmensmitbestimmung, BB 2006, 2018; *Rodewig,* Mitwirkung des Aufsichtsrats bei einzelnen Maßnahmen der Geschäftsführung, in Semler/v. Schenck, Arbeitshandbuch für Aufsichtsratsmitglieder, 2013, § 8; *Roth,* Die unternehmerische Mitbestimmung in der monistischen SE, ZfA 2004, 431; *Schiessl,* Leitungs- und Kontrollstrukturen im internationalen Wettbewerb, ZHR 167 (2003), 235; *Schönborn,* Die monistische Societas Europaea in Deutschland im Vergleich zum englischen Recht, 2007; *Schuberth/von der Höh,* Zehn Jahre „deutsche" SE – Eine Bestandsaufnahme, AG 2014, 439; *Schumacher,* Vertretung in Organsitzungen der Societas Europaea (SE), NZG 2009, 697; *Schwarz,* SEVO, Kommentar, 2006; *Seibt,* Privatautonome Mitbestimmungsvereinbarungen: Rechtliche Grundlagen und Praxishinweise, AG 2005, 413; *Seitz,* Die Geschäftsführer einer monistischen Societas Europaea (SE) mit Sitz in der Bundesrepublik Deutschland, 2010; *Sigle,* Zur Mitbestimmung bei der SE & Co. KG, FS Hommelhoff, 2012; *Spitzbart,* Die Europäische Aktiengesellschaft (Societas Europaea – SE) – Aufbau und Gründung, RNotZ 2006, 369; *Teichmann,* Neuverhandlung einer SE-Beteiligungsvereinbarung bei „strukturellen Änderungen", FS Hellwig, 2010, 347; *ders.,* Gestaltungsfreiheit in Beteiligungsvereinbarungen, AG 2008, 797; *ders.,* Mitbestimmung und grenzüberschreitende Verschmelzung,

Der Konzern 2007, 89; *ders.,* Gestaltungsfreiheit im monistischen Leitungssystem der Europäischen Aktiengesellschaft, BB 2004, 53; *ders.,* Die Einführung der Europäischen Aktiengesellschaft, ZGR 2002, 383; *ders.,* Bestandsschutz für die Mitbestimmung bei Umwandlung in eine SE, ZIP 2014, 1049; *Thamm,* Die Organisationautonomie der monistischen Societas Europaea bezüglich ihrer geschäftsführenden Direktoren, NZG 2008, 132; *Theisen/Wenz,* Die Europäische Aktiengesellschaft, 2005; *Verse,* Das Weisungsrecht des Verwaltungsrats der monistischen SE, FS Hoffmann-Becking, 2013, 1777.

A. Grundlagen

Seit nahezu zehn Jahren erfreut sich die Europäische Aktiengesellschaft (Societas Europaea – SE) zunehmender Beliebtheit – und dies nicht nur bei den DAX-Unternehmen.[1] Doch die meisten SE findet man in der mittelständischen Unternehmenslandschaft, insbesondere bei Familiengesellschaften, da besonders hier die Vorteile überwiegen.[2] Von besonderem Gewicht ist hierbei die Börsenfähigkeit einerseits und die Bewahrung des maßgeblichen Einflusses der Familie andererseits.[3]

I. Besonderheiten der SE

Bei der SE handelt es sich um eine europäische Gesellschaftsrechtsform, die in der Regel **grenzüberschreitend** von ihren Gründungsvätern angedacht ist, aber aufgrund der Möglichkeit des Erwerbs von Vorratsgesellschaften in Form einer SE auch nicht selten einen rein nationalen Zuschnitt aufweist. Das zugrundeliegende Statut der Europäischen Aktiengesellschaft (SE) in Form der Europäischen SE-Verordnung (SEVO) vom 8.10.2001 (ABl. L 294, 1) verweist ergänzend auf das Recht des jeweiligen Sitzungsstaats. Insofern gibt es so viele SE, wie es Mitgliedstaaten der Europäischen Union gibt. Nachfolgend wird daher ausschließlich die deutsche SE abgehandelt.

Kodifiziert ist diese neben der SEVO im deutschen SE-Ausführungsgesetz (SEAG) vom 22.12.2004 (BGBl. I 3675), und ergänzend zur Europäischen Richtlinie 2001/86/EG (SERL) des Rates vom 8.10.2001 (ABl. L 294, 22) zur Ergänzung des Statuts der Europäischen Gesellschaft betreffend die Beteiligung der Arbeitnehmer das deutsche Gesetz über die Beteiligung der Arbeitnehmer in einer Europäischen Gesellschaft (SE-Beteiligungsgesetz – SEBG), ebenfalls vom 22.12.2004 (BGBl. I 3675).

Neben grenzüberschreitenden Gesichtspunkten stehen für die Gründungen[4] vor allen Dingen solche der **Corporate Governance** im Vordergrund. Ein wesentlicher Beweggrund ist nicht selten die mögliche Flexibilität in dem starren System der **Mitbestimmung** nach dem Mitbestimmungsgesetz (1976) bzw. dem Drittelbeteiligungsgesetz.[5] Hierbei gelingt es den Unternehmen, entweder die Mitbestimmung, die zuvor zur Anwendung kommt oder hätte kommen müssen, ganz abzuwenden oder zumindest deren Ausmaße zu beschränken.[6] Diese Ziele lassen sich allerdings auch über den Weg einer grenzüberschreitenden Verschmelzung erreichen.[7] Nur die SE als kapitalmarkttaugliche Gesellschaftsform vermag hingegen das Hineinwachsen in die Drittel-Mitbestimmung bzw. die paritätische Mitbestimmung aufgrund internen Wachstums zu blockieren.

---

[1] Allianz, BASF, Fresenius, MAN sowie Porsche stehen stellvertretend für die börsennotierten SE-Unternehmen.
[2] ZB Conrad Gruppe mit sogar mehreren SE, Freudenberg, Deichmann, Röchling, Bertelsmann uvam.; zT in der Form der SE & Co. KG.
[3] Zum Vergleich der SE mit der KGaA als alternative Gesellschaftsform für große Familiengeschäfte s. grundsätzlich *Reichert,* Wettbewerb der Gesellschaftsformen, S. 1957 ff.
[4] Zu den Gründungsformen s. *Sigle* S. 1124.
[5] *Schuberth/von der Höh* AG 2014, 440 unter I und 444 unter III.
[6] Bestandsschutz für die Mitbestimmung gilt zumindest bei Umwandlung in eine SE, s. *Teichmann* ZIP 2014, 1049 ff.
[7] *Brandes* ZIP 2008, 2193 (2194).

II. Vorteile einer SE

5   Die Gründe für die Wahl einer SE sind unter anderem:
– die Möglichkeit, einen deutlich verkleinerten Aufsichtsrat einzurichten (in einer mitbestimmten großen Aktiengesellschaft (AG) sind im Aufsichtsrat gesetzlich zwingend zum Teil bis zu 20 Mitgliedern, in Montanunternehmen bis zu 21 Mitgliedern). Bei der SE bestimmen die Anteilseigner via Satzung die Größe des mitbestimmten Aufsichtsrats (unter Beachtung geringer Vorgaben, wie zB Teilbarkeit durch drei). Häufig findet daher im Rahmen der Umwandlung von AG in SE eine Reduzierung von 20 auf zwölf Mitgliedern statt;[8]
– die Möglichkeit einer vereinfachten Sitzverlegung in ein anderes EU-Land (obwohl inzwischen auch für nationale Rechtsformen die Rechtsprechung des EuGH es ermöglicht, den Sitz ins EU-Ausland zu verlegen, allerdings nur unter Umwandlung in eine nationale Gesellschaftsrechtsform des neuen Sitzlandes);[9]
– die Möglichkeit, die Auswirkungen der Mitbestimmung zu begrenzen und sie theoretisch sogar durch Vereinbarung mit den Arbeitnehmern gänzlich abzubedingen (je nach SE-Gründungsvariante);
– eine größere Flexibilität in der Corporate Governance, insbesondere bei Wahl der monistischen Führungsstruktur bei gleichzeitigem Kapitalmarktzugang;[10]
– die höhere Reputation dieser Gesellschaftsrechtsform im Ausland gegenüber einer AG aufgrund des europäischen Bezuges;
– eine Vereinheitlichung der Konzernstruktur durch Konzentrierung auf eine von allen EU-Staaten akzeptierte Gesellschaftsform;
– vereinfachter Wechsel der Führungsstruktur in der SE durch Wechsel von der dualistischen zur monistischen Leitung und umgekehrt;
– eine vereinfachte Corporate Identity durch Identifizierung aller Mitarbeiter im In- und Ausland mit der europäischen Gesellschaftsform sowie
– eine Gleichbehandlung aller Mitarbeiter im In- und Ausland im Rahmen ihrer gleichberechtigten Vertretung in den mitbestimmten Aufsichtsgremien.

B. Vorbemerkung zur Führungsstruktur

6   Nachfolgend werden die **wesentlichen Merkmale** der SE und deren **Unterschiede** im Vergleich zur AG aufgezeigt. Angesichts des begrenzten Umfangs der nachfolgenden Abhandlung kann notgedrungen nur versucht werden, dem Leser die Entscheidungsparameter für die Wahl einer SE und die wesentlichen Unterschiede in der Geschäftsführung im Vergleich zum Vorstand einer AG oder GmbH grob aufzuzeigen. Zur Vertiefung einzelner Problemkreise wird im Text auf die im Literaturverzeichnis aufgeführten Kommentare zum SE-Recht verwiesen.

7   Als einzige Gesellschaftsrechtsform erlaubt die SE eine **flexible Führungsstruktur,** die eine Wahl zwischen einer dualistischen Leitung, die mit Aufsichtsrat und Vorstand im Wesentlichen der Struktur in der Aktiengesellschaft entspricht, und einer monistischen Führung zulässt, wie sie aus dem Gesellschaftsrecht anderer Staaten bekannt ist. So wird die Schweizer AG geführt durch einen Verwaltungsrat, der selbst die ihm obliegende Geschäftsführung auf eigene Mitglieder oder Dritte delegieren kann. In Frankreich gibt es in der Société Anonyme (SA) nebst der uns bekannten klassischen Zweiteilung in Form eines Conseil de Surveillance und eines Directoire ein Wahlrecht zwischen einer Führung durch

---

[8] ZB Allianz und BASF; s. *Schuberth/von der Höh* AG 2014, 443 unter II 5 zur statistischen Erhebung.
[9] EuGH NJW 2009, 569 – Cartesio; NZG 2012, 871 – Vale.
[10] *Hommelhoff,* FS Ulmer, 2003, 267 (274).

den Conseil d'Administration mit einem Président Directeur Général (PDG) an der Spitze, der sowohl den Verwaltungsrat als auch die Geschäftsführung leitet und einem Verwaltungsrat mit einem Président an der Spitze und einem Directeur Général als geschäftsführender Direktor[11] (hier ist also eine Mischform gestattet). Im anglo-amerikanischen System wird die Corporation bzw. PLC von einem Board of Directors geführt. Auch hier wird unterschieden zwischen executive und non-executive Directors. Unter deutschen Kapitalgesellschaften ist diese Flexibilität nur bei der nicht kapitalmarktfähigen GmbH denkbar.

Gerade bei grenzüberschreitenden Fusionen stieß in der Vergangenheit das deutsche Modell der strikten Trennung von Vorstand und Aufsichtsrat, insbesondere einhergehend mit dem in mitbestimmten Unternehmen hälftig mit Arbeitnehmervertretern besetzten Aufsichtsrat, oft auf Unverständnis.[12] Das Verwaltungsrats- bzw. **One Tier Board-System** ermöglicht hingegen eine **engere Einbindung der Anteilseigner** in die Geschäftstätigkeit des Unternehmens, insofern einen verbesserten Informationsfluss innerhalb des Leitungsorgans und damit eine größere Effizienz in der unternehmerischen Entscheidungsfindung[13] und zum anderen eine größere Flexibilität und gestaltungsoffenere Handhabung.[14] Es wird zum Teil bemängelt, dass diese Nähe zum Geschäft aber auch die Kontrolle und Überwachung erschwert.[15] Die entsprechenden Zusammenbrüche großer Gesellschaften wie ENRON, WORLDCOM oder LEHMANN-BROTHERS zeigen, dass auch das One-Tier-Board-System durchaus risikobehaftet sein kann. Letztendlich muss bei der Wahl der passenden Führungsstruktur immer auf die Besonderheiten des Einzelfalls abgestellt werden. **8**

C. Dualistische Führung

Beim dualistischen System hat der Gesetzgeber weitestgehend auf das AktG verwiesen (Art. 10 SEVO), im Gegensatz zum monistischen System, wo er von seiner Regelungsbefugnis Gebrauch gemacht und zB den „geschäftsführenden Direktor" eingeführt hat.[16] **9**

Folglich entspricht die **Rechtsstellung** von Vorstand und Aufsichtsrat in der dualistischen Leitung einer SE weitgehend derjenigen in der **AG**. Während die Leitung der Gesellschaft dem Vorstand obliegt, gebührt dem Aufsichtsrat die Überwachung und Beratung des Vorstandes. Ausdrücklich ist es dem Aufsichtsrat aufgrund der Verweisung gemäß Art. 9 Abs. 1 Buchst. c (ii) SEVO auf das nationale Aktienrecht (§ 111 Abs. 4 S. 1 AktG) untersagt, Maßnahmen der Geschäftsführung wahrzunehmen. Allerdings findet die Einmischung in Geschäftsführungsangelegenheiten in Form von Zustimmungserfordernissen statt, die entweder in der Satzung oder in den Geschäftsordnungen für Aufsichtsrat und Vorstand ausdrücklich verankert sind, letztlich aber auch ad hoc vom Aufsichtsrat beschlossen werden können.[17] Setzt der Vorstand sich über die fehlende Zustimmung hinweg, so ist die Maßnahme nach außen aufgrund seiner unbeschränkten Vertretungsbefugnis zwar wirksam (ausgenommen in Fällen kollusiven Zusammenwirkens), er macht sich aber im Innenverhältnis gegenüber der Gesellschaft regresspflichtig. Ebenso wie in der Aktiengesellschaft führt der Vorstand der SE die Geschäfte „in eigener Verantwortung", dh auch weisungsunabhängig von Aufsichtsrat und Hauptversammlung[18] (Art. 39 Abs. 1 S. 1 SEVO, **10**

---

[11] *Hoffmann-Becking* ZGR 2004, 375.
[12] *Stettes* AG 2007, 611 (614) Rn. 14.
[13] *Teichmann* BB 2004, 53: „Gestaltungsfreiheit im monistischen System".
[14] *Teichmann* in Lutter/Hommelhoff SEVO Art. 38 Rn. 29; zur Gegenüberstellung der beiden Systeme *Schiessl* ZHR 2003, 235 (241 ff.).
[15] *Bachmann* ZGR 2008, 779 (788) mwN in Fn. 41.
[16] *Teichmann* in Lutter/Hommelhoff SEVO Art. 38 Rn. 42.
[17] Zum Umgang mit zustimmungspflichtigen Geschäften *Rodewig* in HdB-AR § 8 Rn. 6 ff.
[18] Str., ob beim Übernahmerecht die Hauptversammlung Weisungen erteilen kann, s. *Rodewig* in HdB-HV § 10 Rn. 14.

§ 76 Abs. 1 AktG). Auch die Verantwortlichkeit und die Sorgfaltspflichten eines Vorstandes in SE oder AG unterscheiden sich nicht (Art. 9 Abs. 1 Buchst. c (ii) SEVO iVm § 93 Abs. 1 S. 1 AktG). Ebenso gelten für die Vergütung dieselben Vorschriften und Grundsätze (Art. 9 Abs. 1 Buchst. c (ii) SEVO iVm § 87 Abs. 1 AktG). Gleiches trifft auf die Berichtspflichten des Vorstandes gegenüber dem Aufsichtsrat zu (Art. 41 SEVO, §§ 90, 111 Abs. 2 S. 1 AktG).

11 **Abweichungen** ergeben sich jedoch wie folgt: Handelt es sich um eine dem **MitbestG** von 1976 unterliegende Aktiengesellschaft, so ist gemäß § 33 MitbestG ein Arbeitsdirektor als gleichberechtigtes Mitglied des Vorstands zu bestellen. Mangels Geltung des MitbestG ist es in der mitbestimmten SE ausreichend, wenn das Ressort „Arbeit und Soziales" von einem Vorstandsmitglied mitverantwortet wird, ohne dass eine Gleichstellung verlangt wird. Demzufolge kann auch in der dualistisch strukturierten SE dem Vorstandsvorsitzenden ein Zweitstimmrecht im Stichentscheid oder sogar ein Vetorecht eingeräumt werden.[19] Die bei Anwendung des MitbestG von 1976 abgeleitete Gleichberechtigung des Arbeitsdirektors hat in der AG eine solche Machtverlagerung in Einzelfällen auf den Vorsitzenden des Vorstandes nach hM verhindert.[20]

12 Auch die **besonderen Mitwirkungsrechte der Arbeitnehmervertreter** im Aufsichtsrat bei der Bestellung des Vorstandes entsprechend den Regeln des MitbestG gelten in der SE nicht. Während in einer mitbestimmten AG die Vorstandsmitglieder mit einer Zweidrittelmehrheit gemäß § 31 Abs. 2 MitbestG bestellt werden, genügt in der SE die einfache Mehrheit (Art. 50 Abs. 1 Buchst. b SEVO). Dadurch wird das umständliche Verfahren bei Nichterreichen der Zweidrittel-Mehrheit in Form eines zweiten und dritten Wahlgangs entsprechend § 31 Abs. 3 MitbestG entbehrlich. Aufgrund der Zweitstimme des Aufsichtsrats-Vorsitzenden setzt sich auch in einer Pattsituation in der Regel der Kandidat der Anteilseigner im ersten Wahlgang durch (Art. 50 Abs. 2 S. 1 SEVO).

13 Eine weitere Besonderheit ergibt sich in der **Bestelldauer**. Abweichend von der Fünf-Jahres-Höchstbestelldauer gemäß § 84 Abs. 1 S. 1 AktG kann ein Vorstandsmitglied in der SE für maximal sechs Jahre bestellt werden (Art. 46 Abs. 1 SEVO), auch wenn angesichts der Tendenz zu einer eher kürzeren Bestelldauer von dieser Möglichkeit in den SE-Satzungen nur selten Gebrauch gemacht wird.

14 Auch für die **Wiederbestellung eines Vorstandsmitgliedes** gilt nicht die starre Frist des § 84 Abs. 1 S. 3 AktG. In der AG darf der Aufsichtsratsbeschluss frühestens ein Jahr vor Ablauf der bisherigen Amtszeit gefasst werden. In der SE kann ein solcher Beschluss auch früher gefasst werden, soweit zu keinem Zeitpunkt die Gesamtbestellzeit gemäß Art. 46 SEVO inklusive der noch ausstehenden Amtszeit die Höchstbestellzeit von sechs Jahren überschreitet.

D. Monistische Führung

15 Eine monistische Führung, wie in der SE zulässig, ist dem deutschen Aktienrecht fremd. Im AktG finden sich hierzu keine Regeln. Die Spezifika dieser Führung sind in den Art. 43–54 SEVO und hierauf aufbauend in den §§ 20–49 SEAG zusammengefasst, die die korrelierenden Vorschriften der §§ 76–116 AktG ersetzen.

16 Hiernach wird die SE vom **Verwaltungsrat** und den **geschäftsführenden Direktoren** geleitet. Diese Zweiteilung ähnelt zwar dem dualistischen System. Im Gegensatz hierzu schließt die monistische Struktur eine Zugehörigkeit zu beiden Gremien jedoch nicht aus. Der wesentliche Unterschied liegt in der **Weisungsabhängigkeit** der geschäftsführenden

---

[19] *Verse* in Lutter/Hommelhoff SEVO Art. 50 Rn. 20; *Siems* in Kölner Komm. AktG SEVO Art. 50 Rn. 13 ff.; *Teichmann* in Lutter/Hommelhoff SEVO Art. 50 Rn. 8; mit Einschränkungen auch *Reichert/Brandes* in MüKoAktG SEVO Art. 50 Rn. 31, 33 ff.

[20] BGHZ 89, 48; *Gach* in MüKoAktG § 33 Anh. MitbestG Rn. 27; *Oetker* in ErfK MitbestG § 33 Rn. 8.

D. Monistische Führung

Direktoren vom Verwaltungsrat ähnlich den GmbH-Geschäftsführern von den Gesellschaftern.[21] Der Hauptversammlung hingegen steht ein Weisungsrecht nicht zu; ein solches ist im Aktienrecht nicht vorgesehen.[22] Der Verwaltungsrat entscheidet den Umfang der Weisung und auch darüber, ob er selbst sich mit dem Tagesgeschäft befasst oder sich eher auf eine Überwachungsfunktion zurückzieht. Eine Selbstbeschränkung auf ausschließlich Überwachungsaufgaben dürfte hingegen unzulässig sein und gegen § 22 SEAG verstoßen,[23] ebenso wie ein Verzicht auf ein geschäftsführendes Direktorium unzulässig wäre. Dahinter steht die Intention des Gesetzgebers auf Wahrung des im dualistischen System bewährten „Vier-Augen-Prinzips".[24]

Grundsätzlich ist der **Verwaltungsrat** das **oberste Leitungsorgan** der Gesellschaft. Er vereinigt die Aufgaben von Aufsichtsrat und Vorstand, denn der Verwaltungsrat leitet die Gesellschaft, bestimmt deren Tätigkeit und überwacht deren Umsetzung (§ 22 Abs. 1 SEAG). Dessen Sorgfaltspflicht gleicht der des Vorstandes durch Verweis in § 39 SEAG auf § 93 AktG.[25]

Nach außen wird die Gesellschaft jedoch repräsentiert von einem oder mehreren **geschäftsführenden Direktoren**, in einer mitbestimmten SE von mindestens zwei geschäftsführenden Direktoren, hiervon deckt einer den Bereich „Arbeit und Soziales" ab (§ 38 Abs. 2 S. 2 SEBG). Diese werden vom Verwaltungsrat bestellt (§ 40 Abs. 1 S. 1 SEAG), können selbst aber auch Mitglieder des Verwaltungsrats sein. Anders als der Vorstand einer AG (§ 76 AktG) leiten die geschäftsführenden Direktoren jedoch nicht die Gesellschaft in eigener Verantwortung.[26] Insofern erleichtern sie die Aufgabe des Verwaltungsrats, sie entlasten ihn hingegen nicht von der Verantwortung als oberstes Leitungsorgan.[27]

I. Anzahl/Bestellung/Zusammensetzung des Verwaltungsrats

1. Größe des Verwaltungsrats

In der Regel besteht der Verwaltungsrat aus **mindestens drei Mitgliedern.** Bei kleinen SE mit einem Grundkapital kleiner 3 Mio. Euro und soweit keine Arbeitnehmervertreter Anspruch auf einen Sitz im Verwaltungsrat erheben, ist sogar nur eine Person zulässig.[28] Dieser bestellt für das Tagesgeschäft einen geschäftsführenden Direktor, so dass das gesamte Leitungsgremium aus nur zwei Personen bestehen kann. Diese schlanke Aufstellung ist vor allem für Gesellschaften mit wenigen Mitarbeitern, zB als Holdinggesellschaft oder für Familiengesellschaften in der ersten und zweiten Generation von Interesse, wo zum Teil der Familienpatriarch noch alle Fäden selbst in der Hand hält.[29]

Grundsätzlich bestimmt die **Satzung** die Größe des Verwaltungsrats, ggf. auch die Mitglieder des ersten Verwaltungsrats, soweit letzteres nicht der Hauptversammlung überlassen wird, die ansonsten für die Wahl der Verwaltungsratsmitglieder ohnehin zuständig ist. Insofern kann die Größe des Aufsichtsrats in der dualistischen Struktur aufgrund der Regelungskompetenz der Hauptversammlung als Satzungsgeber auch nicht durch eine Vereinbarung zwischen Arbeitnehmern und Vorstand gemäß §§ 21, 34–38 SEBG eingeschränkt werden. Verhandelt werden kann nach hM immer nur die Beteiligungshöhe der Arbeitnehmervertreter im Verwaltungsrat (dh ein Drittel oder ein Halb), nicht aber die absolute

---

[21] *Spitzbart* S. 378, mwN in Fn. 95.
[22] *Reichert/Brandes* in MüKoAktG SEVO Art. 43 Rn. 9 iVm Art. 38 Rn. 15; s. auch Fn. 18.
[23] *Spitzbart* S. 378.
[24] Begr. RegE zum SEEG, BT-Drs. 15/3405, 37.
[25] *Teichmann* in Lutter/Hommelhoff SEVO Art. 43 Anh. (§ 39 SEAG) Rn. 4.
[26] *Spitzbart* S. 378, mwN in Fn. 97.
[27] *Teichmann* in Lutter/Hommelhoff SEVO Art. 43 Anh. (§ 39 SEAG) Rn. 4.
[28] *Seibt* in Lutter/Hommelhoff SEVO Art. 39 Anh. (§§ 15, 16 SEAG) Rn. 38.
[29] Zu Mindest- und Höchstgrenzen *Teichmann* in Lutter/Hommelhoff SEVO Art. 43 Anh. (§ 23 SEAG) Rn. 4 ff.

Größe des Aufsichtsrats/Verwaltungsrats (dh also nicht zB ob ein 12-, 16- oder 20-köpfiges Gremium eingerichtet wird).[30]

21 Daher gibt die **Auffangklausel** in einer mitbestimmten SE mit dem „Vorher-Nachher-Prinzip" nicht die absolute Größe vor (diese wird in der Satzung geregelt), sondern nur die relative Beteiligung der mitbestimmten Sitze. Das bedeutet, der Bestandsschutz erstreckt sich lediglich auf den Proporz gemäß § 35 Abs. 2 S. 2 SEBG.[31]

22 Bei Anwendung des **DrittelbG** muss die Zahl der Verwaltungsratsmitglieder durch drei teilbar sein, bei paritätischer Mitbestimmung ist unter Beachtung der Obergrenze jede gerade Zahl zulässig.[32]

23 Insofern kann in Beteiligungsvereinbarungen eine absolute Zahl nicht vereinbart werden.[33] Denn Art. 43 Abs. 2 SEVO weist die Entscheidung über die Organgröße explizit dem **Satzungsgeber** zu.[34] Ggf. ist die Satzung je nach Beteiligung der Arbeitnehmer anzupassen. Ansonsten wäre die Satzung nichtig (§ 134 BGB, § 241 Nr. 3 AktG).

2. Stellvertretung/Ersatzmitgliedschaft

24 In Ergänzung des Art. 43 Abs. 3 SEVO regelt § 28 SEAG, dass eine Bestellung von Stellvertretern **unzulässig** ist (ähnlich dem Aufsichtsrat, aber im Unterschied zum Vorstand in der dualistischen Struktur). Ersatzmitglieder können jedoch gleichzeitig mit den Mitgliedern bestellt werden und auch nur längstens für die noch ausstehende Amtszeit des Mitglieds. Sie rücken bei Vakanz des ursprünglich gewählten Mitglieds für die restliche Amtszeit nach, soweit die Hauptversammlung nicht bereits zuvor einen Ersatz bestimmt hat. Werden Mitglieder entsandt, ist dies in der Satzung zu regeln und darf ein Drittel der Anteilseignervertreter nicht überschreiten (§ 101 Abs. 2 S. 4 AktG). Die Ersatzmitglieder haben die gleichen Voraussetzungen zu erfüllen wie ihre Vorgänger. Dies gilt sowohl für die Anteilseigner- als auch für die Arbeitnehmervertreter. Ein leitender Angestellter kann also auch nur durch einen leitenden Angestellten ersetzt werden wie auch ein Gewerkschaftler nur durch einen Gewerkschaftler. Die **Entsendung** erfolgt durch Benennung des Entsendungsberechtigten gegenüber den geschäftsführenden Direktoren bzw. dem Vorstand als den Vertretern der SE[35] oder gegenüber dem Aufsichtsrat bzw. Verwaltungsrat-Vorsitzenden.[36]

3. Bestelldauer

25 Die Bestelldauer eines Organmitglieds (Aufsichtsrat, Vorstand oder Verwaltungsrat) in der SE beträgt im Unterschied zur AG (dort fünf Jahre gemäß §§ 84 Abs. 1 S. 1, 102 Abs. 1 S. 1 AktG) **maximal sechs Jahre** (Art. 46 Abs. 1 SEVO).

4. Gesetzliche Vorgaben

26 Gesetzliche Vorgaben zum Verwaltungsrat beschränken sich darauf vorzuschreiben, dass
- dem Verwaltungsrat mindestens drei Mitglieder angehören müssen (Ausnahme im Falle einer kleinen SE mit einem Grundkapital kleiner als 3 Mio. Euro und soweit nicht mitbestimmt; → Rn. 19);
- je nach Beteiligung der Arbeitnehmer nach § 35 SEBG oder einer entsprechenden Arbeitnehmervereinbarung die Anzahl bei einer Drittelbeteiligung der Arbeitnehmer im

---

[30] *Spitzbart* Fn. 83.
[31] So auch explizit Begr. RegE zum SEEG, BT-Drs. 15/3405, 54.
[32] *Siems* in Kölner Komm. AktG SEVO Art. 51 Anh. (§ 23 SEAG) Rn. 7; *Habersack* in Ulmer/Habersack/Henssler, Mitbestimmungsrecht, 2. Aufl. 2006, SEBG § 35 Rn. 6; *Eberspächer* in Spindler/Stilz SEVO Art. 43 Rn. 26; aA *Teichmann* in Lutter/Hommelhoff, Europäische Gesellschaft, 195, 202 f.: hiernach auch ungerade Zahl mit leichter Unterparität zulässig.
[33] Str., s. *Verse* in Lutter/Hommelhoff § 23 Rn. 9 mwN.
[34] Ausführlich *Habersack* AG 2006, 345 (351 ff.); *ders.* ZHR (2007), 613 (632 ff.).
[35] *Teichmann* in Lutter/Hommelhoff SEVO Art. 43 Anh. (§ 28 SEAG) Rn. 8.
[36] Hierzu statt aller *Hüffer* AktG § 101 Rn. 10; *Hopt/Roth* in Großkomm. AktG § 101 Rn. 136 mwN.

Verwaltungsrat durch drei teilbar ist, bei einer paritätischen Mitbestimmung bedarf es einer geraden Anzahl;
- je nach Grundkapital der SE die Höchstzahl von neun, 15 oder 21 Mitgliedern nicht überschritten werden darf (§ 23 Abs. 1 S. 3 SEAG);
- soweit der Verwaltungsrat nur aus einer Person besteht, dieser die Befugnisse eines Verwaltungsrats-Vorsitzenden zustehen (§ 34 Abs. 1 S. 3 SEAG);
- der Verwaltungsrats-Vorsitzende im Falle der Beteiligung von Arbeitnehmervertretern im Verwaltungsrat zwingend nur von den Anteilseignern zu wählen ist (Art. 45 S. 2 SEVO), ebenso sein Stellvertreter, soweit ihm ein Zweitstimmrecht im Falle der Verhinderung des Vorsitzenden zugestanden wird[37] (Art. 50 Abs. 2 SEVO). Dies schließt jedoch eine Stellvertretung durch einen Arbeitnehmervertreter nicht aus;
- der Verwaltungsrat zwar interne Verwaltungsrat-Mitglieder als geschäftsführende Direktoren bestellen kann, die nicht geschäftsführenden Mitglieder im Verwaltungsrat aber stets in der Mehrheit bleiben müssen.[38]

5. Statusverfahren

Eine Änderung der Zusammensetzung ist nur auf dem Wege des Statusverfahrens nach §§ 25, 26 SEAG möglich. Bis zum Abschluss des Statusverfahrens genießt die bisherige Zusammensetzung **Bestandsschutz**.[39]

Die **Bekanntmachung über die Zusammensetzung** des Verwaltungsrats in § 25 SEAG ist dem § 97 AktG nachgebildet. Solange die beiden Stufen des sog. Statusverfahrens, außergerichtlich (§ 25 SEAG) und gerichtlich (§ 26 SEAG), nicht durchlaufen sind, hat die bisherige Zusammensetzung Bestand.[40] Die gerichtliche Entscheidung über die Zusammensetzung des Verwaltungsrats entsprechend § 26 SEAG erfolgt in Anlehnung an das aktienrechtliche Vorbild der §§ 98 ff. AktG. Antragsberechtigt ist im dualistischen System unter anderem der Vorstand, dies entspricht im monistischen dem Verwaltungsrat, also nicht die geschäftsführenden Direktoren. Damit können Beschlüsse des Verwaltungsrats nicht unter Hinweis auf die falsche Besetzung gekippt werden.[41]

Bei der Bestellung des ersten Verwaltungsrats nach hM **kein Statusverfahren** erforderlich (Art. 43 Abs. 3 SEVO).[42] Der Mitbestimmung wird durch die Verhandlungsnotwendigkeit Rechnung getragen, da Eintragung ins Handelsregister erst dann erfolgen, wenn das Verhandlungsverfahren über die Mitbestimmung abgeschlossen ist (Art. 12 Abs. 2 SEVO) und die Satzung entsprechend angepasst wurde (Art. 12 Abs. 4 SEVO).

Abweichende Bestimmungen in der **Satzung** rechtfertigen hingegen kein Statusverfahren, da die Satzung dem Arbeitnehmerbeteiligungsverfahren entzogen ist.[43] Insofern können Gegenstand einer Mitbestimmungsvereinbarung nicht die absolute Anzahl der Aufsichts- oder Verwaltungsratsmandate sein, da diese nach überzeugender hM der Satzung und damit dem Satzungsgeber vorbehalten ist. Dies trifft in gleichem Masse auf die innere Ordnung des Aufsichts- oder Verwaltungsorgans wie auch auf die Organisationsverfassung der SE zu.[44] Die Beteiligung der Arbeitnehmer ändert sich auch nicht bei Unter- und

---

[37] Meinungsstreit bei *Kiem* ZHR 173 (2009), 156, (168).
[38] Zur Begründung, die aus der Mitbestimmung resultiert, *Teichmann* BB 2004, 53 (54).
[39] Unter anderem *Habersack* in MüKoAktG § 96 Rn. 32.
[40] Bezüglich des Statusverfahrens wird auf die einschlägige Kommentierung zu §§ 96, 97 ff. AktG verwiesen.
[41] Begr. RegE zum SEEG, BT-Drs. 15/3405, 37; *Verse* in Habersack/Drinhausen SEVO Art. 43 Anh. (§ 24 SEAG) Rn. 2.
[42] Ausführlich *Habersack* Der Konzern 2008, 67 (70 ff.).
[43] *Teichmann* in Lutter/Hommelhoff SEVO Art. 43 Anh. (§ 25 SEAG) Rn. 3; *Schwarz* SEVO Anh. Art. 43. Rn. 94.
[44] *Jacobs*, FS K. Schmidt, 2009, 795 (803 ff.); zum Teil wird in der Literatur vorgeschlagen, den Verwaltungsrat mitbestimmungsfrei zu stellen und stattdessen einen Konsultationsrat einzurichten, so *Müller-Bonanni/Melot de Beauregard* GmbHR 2005, 195 (199); *Roth* ZfA 2004, 431 (459 ff.); *Seibt* AG 2005, 413 (423, 426); *Teichmann* BB 2004, 53 (57); *Schwarz* SEVO Art. 40 Rn. 82, Einl. Rn. 288; *Oetker* in Lutter/Hommelhoff SEBG § 21 Rn. 42; so kann laut *Habersack* ebenfalls nicht vereinbart werden, dass der Stellver-

Überschreiten von Schwellenwerten, wie dies bei Anwendung des deutschen DrittelbG und des Mitbestimmungsgesetzes der Fall wäre. Vielmehr bleibt die Beteiligung gemäß dem Ergebnis des Beteiligungsverfahrens in der SE statisch eingefroren, ausgenommen im Falle struktureller Veränderungen (§ 18 SEBG).[45]

31 Wenn in § 24 Abs. 2 SEAG im Vergleich zu der parallelen Vorschrift des § 96 Abs. 2 AktG noch zusätzlich die vertraglichen Vorschriften neben den gesetzlichen genannt sind, so wird hiermit den vertraglichen Regelungen Rechnung getragen, die in der SE aufgrund der teilweise notwendigen Beteiligungsvereinbarung ggf. zu beachten sind.

6. Auswirkungen der Mitbestimmung auf die Besetzung des Verwaltungsrats

32 Strittig ist, ob bei Anwendung der paritätischen Mitbestimmung (zB weil auch schon zuvor die in eine SE umzuwandelnde AG dem MitbestG von 1976 unterlag)[46] die Hälfte aller Verwaltungsratsmitgliedern von den Arbeitnehmern zu stellen ist. Hierfür spricht, dass Art. 45 SEVO ausdrücklich den Fall vorsieht, dass die Hälfte der Mitglieder von den Arbeitnehmern bestellt wird und für diesen Fall der Vorsitzende des Verwaltungsrats von den Anteilseignern zu wählen ist.

33 Problematisch wird dieser Ansatz erst, wenn der Verwaltungsrat einige seiner Mitglieder gleichzeitig zu geschäftsführenden Direktoren bestellt. Denn § 40 Abs. 1 S. 2 SEAG schreibt vor, dass in diesem Fall die Mehrheit des Verwaltungsrats aus nicht geschäftsführenden Mitgliedern bestehen muss. Dem Gesetzgeber schwebte hierbei vor, dass die geschäftsführenden Direktoren im Verwaltungsrat, der ihre Tätigkeit zu überwachen hat, nicht per se die Mehrheit inne haben sollen, da die Überwachung dann ins Leere laufen würde. Genau diese Gefahr wird aber gesehen, wenn die Arbeitnehmervertreter, die nicht zu geschäftsführenden Direktoren ernannt werden können, bei hälftiger Besetzung des Gesamtgremiums die Mehrheit im Lager der nicht geschäftsführenden Verwaltungsratsmitglieder innehaben würden und so Beschlüsse der Anteilseigner verhindern könnten.[47] Die dahinter stehenden **verfassungsrechtlichen Bedenken**[48] wegen Verstoß gegen Art. 14 GG (Eigentumsgarantie) finden ihre Stütze in der Entscheidung des BVerfG vom 1.3.1979[49] zu den Grenzen der Mitbestimmung. Würde man den Anteilseignern in der AG verweigern, den Aufsichtsrat-Vorsitzenden (auch ohne Zustimmung der Arbeitnehmervertreter im Auf-

---

treter des Aufsichtsrats-Vorsitzenden zwingend stets von einem Arbeitnehmervertreter gestellt werden darf oder wie die Bildung der Ausschüsse zu besetzen ist, *Habersack* AG 2006, 345 (349); ebenso *Kiem* ZGR 173 (2009), 156, (168 ff.).

[45] *Verse* in Habersack/Drinhausen § 35 SEAG Rn. 10.
[46] Grundlegend s. *Teichmann* ZIP 2014, 1049.
[47] Zur Kritik *Hoffmann-Becking* ZGR 2004, 355 (381 Fn. 62–64) zum damaligen Entwurf; *Seibt* AG 2005, 413 (422); *Kallmeyer* ZIP 2003, 1531 (1535): Empfehlung, in Vereinbarung mit BVG festzuschreiben, dass die Arbeitnehmervertreter bei Leitungsentscheidungen sich des Stimmrechts enthalten. Aber nicht praktikabel wegen der Unschärfe aufgrund der fehlenden Definition einer Leitungsentscheidung, aber auch haftungsrechtlich abzuraten, da im Falle der Haftung des Verwaltungsrats als Kollegialorgan alle Mitglieder des Verwaltungsrats, also grundsätzlich auch die Arbeitnehmerrepräsentanten im Verwaltungsrat haften würden und dies, obwohl sie an der Entscheidung nicht partizipiert hätten; *Teichmann* hingegen beschränkt die paritätische Mitbestimmung von vorne herein auf die nicht-geschäftsführenden Direktoren, *Teichmann* in Lutter/Hommelhoff SEVO Art. 43 Anh. (§ 22 SEAG) Rn. 8 Fn. 23; ausführlich *Teichmann* in Lutter/Hommelhoff, Die Europäische Gesellschaft, 215–216; ebenso mit Berufung auf eine verfassungskonforme Auslegung *Jacobs* in MüKoAktG SEBG § 35 Rn. 23; *Roth* ZfA 2004, 431 (451); *Eberspächer* in Spindler/Stilz SEVO Art. 43 Rn. 29; aA wohl die hM, zB *Bachmann* ZGR 2008, 779 (800 f.); *Köstler* in Theisen/Wenz, Europäische Aktiengesellschaft, 331 (361 f.) unter Berufung auf die Intention des Gesetzgebers, der ausdrücklich einen § 35 Abs. 2 SEBG vorgesehen habe, dh gleiche Anzahl an Sitzen in Aufsichtsrat und Verwaltungsrat. Zur Bestätigung beruft sich die hM sich unter anderem auf die vom Gesetzgeber zum Ausgleich vorgesehene (untaugliche) Paritätssicherung in § 35 Abs. 3 SEAG. Hiernach geht das Stimmrecht des Verwaltungsratsmitglieds und geschäftsführenden Direktors auf den Verwaltungsratsvorsitzenden über, wenn dieser im Verwaltungsrat an der Stimmausübung aus rechtlichen Gründen gehindert ist.
[48] So ausdrücklich *Kämmerer/Veil* ZIP 2005, 372; *Roth* ZfA 2004, 431 (452); *Henssler* ZHR 173 (2009), 222 (246 f.); *Jacobs* in MüKoAktG SEBG § 35 Rn. 17 ff.
[49] BVerfG NJW 1979, 699 (703).

sichtsrat) zu stellen und ihnen somit das Zweitstimmrecht des Vorsitzenden in Pattsituationen verweigern, so wären die Eigner der Gesellschaft nicht mehr in der Lage, die Gesellschaft verantwortlich zu führen und sie damit ihres Eigentums beraubt. Diese unklare Regelung im Fall der paritätischen Mitbestimmung ist letztlich der Grund dafür, dass große mitbestimmte Gesellschaften sich in der Regel gegen eine SE mit monistischer, sich vielmehr für eine dualistische Führungsstruktur entscheiden.[50] Denn folgt man der Meinung des Gesetzgebers, führt die Anwendung der paritätischen Mitbestimmung im monistischen System zu einer Ausweitung der Mitbestimmung von der Unternehmenskontrolle im dualistischen auf die Unternehmensleitung im monistischen System.[51] Bekannt ist bislang die Puma SE als einzige monistisch strukturierte SE mit einer Drittelbeteiligung der Arbeitnehmervertreter im Verwaltungsrat.[52] Deswegen plädiert Henssler de lege ferenda auch für eine grundsätzliche Beschränkung der Auffangregelung (Vorher-/Nachher-Prinzip) auf Drittelbeteiligungen[53] bzw. wird empfohlen, in mitbestimmten Gesellschaften grundsätzlich immer nur externe geschäftsführende Direktoren zu bestellen, dh solche, die nicht bereits auch Verwaltungsratsmitglieder sind.[54] Eine paritätische Mitbestimmung im Verwaltungsrat hingegen ist offensichtlich bislang noch in keinem Fall praktiziert worden. Hinzu kommt, dass angesichts der deutlich strengeren Haftung der Verwaltungsratsmitglieder als Mitglieder des Leitungsorgans (unter Verweis auf die Haftung des Vorstandes gemäß § 93 AktG) es auch kaum im Interesse der Arbeitnehmervertreter (Mitarbeiter oder Gewerkschaftsvertreter) sein dürfte, sich dieser verschärften Haftung auszusetzen.[55] Insofern ist die monistische Leitungsstruktur für mitbestimmte Gesellschaften grundsätzlich ungeeignet.

7. Entsendungsrechte

In der Satzung werden auch eventuelle Entsendungsrechte geregelt. Soweit Arbeitnehmervertreter nach § 36 SEBG oder entsprechend einer gesonderten Vereinbarung mit dem Besonderen Arbeitnehmerverhandlungsgremium (BVG) (Art. 40 Abs. 2 S. 1, 43 Abs. 3 S. 1 SEVO) zu bestellen sind, ist die Hauptversammlung an den Vorschlag der zuständigen Arbeitnehmergremien gebunden. 34

Die gerichtliche Bestellung nach § 30 SEAG erfolgt nach ähnlichen Regeln wie beim Aufsichtsrat in der AG gemäß § 104 AktG. 35

8. Fehlerhafte Bestellung

Bei fehlerhafter Bestellung kann sich die Wahl als nichtig oder auch als nur anfechtbar erweisen. **Nichtigkeitsgründe** sind in § 31 SEAG aufgelistet. Ansonsten wird man bei Gesetzesverstößen im Übrigen von der **Anfechtbarkeit** der Wahl ausgehen können. Beides führt zu einer Unwirksamkeit der Wahl. Für die Auswirkungen auf den jeweiligen Beschluss wird man grundsätzlich darauf abstellen, ob die Stimmabgabe des fehlerhaft gewählten Mitglieds entscheidend gewesen ist für die Wirksamkeit des jeweiligen Beschlusses.[56] 36

Seit BGH II ZR 56/12[57] ist klargestellt, dass die Bestellung zwar grundsätzlich anfechtbar bzw. nichtig ist, wenn die entsprechenden Gründe vorliegen, ein Rechtsschutzinteresse für eine Anfechtungs- oder Nichtigkeitsklage hingegen entfällt, wenn für das Zustandekommen eines Aufsichtsratsbeschlusses oder für die Beschlussfähigkeit im Aufsichtsrat die 37

---

[50] *Hemeling,* HdB Corporate Governance, 2009, 778, 779.
[51] *Verse* in Habersack/Drinhausen Vor § 20 SEAG Rn. 7.
[52] Zur Statistik in 2012/2013 *Verse* in Habersack/Drinhausen Vor § 20 SEAG Rn. 11 mwN.
[53] *Henssler* ZHR 173 (2009), 222 (247).
[54] *Austmann* in MHdB AG § 85 Rn. 20.
[55] Eindringlich warnt hiervor *Austmann* in MHdB AG § 85 Rn. 21; ebenso *Gruber/Weller* NZG 2003, 297 (299 f.).
[56] BGHZ 47, 341 (345 ff.) = NJW 1967, 1711; MHdB AG/*Semler* § 41 Rn. 112.
[57] BGH ZIP 2013, 720; Besprechung der Folgen bei *Buckel/Vogel* ZIP 2014, 58.

Stimme des in nichtiger bzw. anfechtbarer Wahl gewählten Mitglieds nicht ausschlaggebend gewesen ist.[58] Das Aufsichtsratsmitglied, dessen Wahl für nichtig erklärt oder erfolgreich angefochten wurde, ist bezüglich Stimmabgabe und Beschlussfassung wie ein Nichtmitglied zu behandeln.[59]

9. Persönliche Voraussetzungen

38 Die persönlichen Anforderungen der Mitglieder im Verwaltungsrat sind in § 27 Abs. 1 Nr. 1 SEAG und ggf. zusätzlich in der Satzung geregelt. Ähnlich der Regelung für den Aufsichtsrat in der AG (§ 100 Abs. 2 Nr. 1 AktG) darf ein Verwaltungsratsmitglied in **höchstens neun** weiteren Unternehmen inklusive vergleichbaren ausländischen Mandaten[60] ein Amt als Aufsichtsrats- oder Verwaltungsratsmitglied innehaben. Vorsitzenden-Mandate werden hierauf doppelt angerechnet. Bis zu fünf Konzernmandate sind bei der Zählung nicht zu berücksichtigen. Offensichtlich wird bei der Bemessung der Höchstgrenze dem regelmäßig deutlich höheren Leitungsaufwand im Verwaltungsrat gegenüber einem Aufsichtsrat nicht Rechnung getragen, sondern letztlich das Verwaltungsrats-Mandat einem Aufsichtsrats-Mandat gleichgestellt. Hingegen werden im österreichischen SE-Recht Verwaltungsrat-Mandate im Vergleich zu Aufsichtsrats-Mandaten zweckmäßigerweise doppelt gezählt (§ 45 Abs. 3 öSEG).

39 Auch die weiteren **Hinderungsgründe** des § 100 AktG sind in § 27 SEAG aufgenommen worden, wie die gesetzliche Vertretung in einer abhängigen Gesellschaft oder Überkreuzverflechtungen. Nicht aufgenommen wurde die zweijährige Wartefrist der Nr. 4 des § 100 AktG, da letztere auf die Trennung von Vorstand und Aufsichtsrat abstellt.

40 Repräsentiert ein Kandidat einen Wettbewerber, so wird zum Teil unter Verweis auf Ziff. 5.4.2 S. 4 DCGK hierin ein **Bestellungshindernis** gesehen.[61]

41 Klar gestellt ist weiterhin in § 27 Abs. 3 SEAG, dass eine juristische Person nicht Mitglied des Verwaltungsrats sein kann, sondern immer nur eine **natürliche Person** (ähnlich dem Aufsichtsrat der AG), also auch keine Personengesellschaft.[62] Insofern hat der deutsche Gesetzgeber ausdrücklich davon abgesehen, die Möglichkeit des Art. 47 Abs. 1 SEVO zu nutzen und einer juristischen Person eine Mitgliedschaft im Leitungsgremium zu gestatten.

42 Der Gesetzgeber verlangt vom Verwaltungsrat, da Leitungsorgan, die Voraussetzungen der **Unbescholtenheit** (gemäß Art. 47 Abs. 2 Buchst. b SEVO), indem Mitglied eines Verwaltungsrats nicht werden kann, wem durch Gerichts- oder Verwaltungsentscheidung eines Mitgliedstaates die Stellung als Organmitglied untersagt ist. Eine solche Voraussetzung trifft gleichermaßen den externen geschäftsführenden Direktor über den Verweis auf §§ 21 Abs. 2 S. 1, 40 Abs. 1 S. 4 SEAG iVm § 76 Abs. 3 AktG. Zum Teil besteht Uneinigkeit in der Literatur, ob § 76 Abs. 3 AktG direkt oder analog auf die monistische Führung anwendbar sein soll.[63] Auch die Frage, ob das Verbot des § 105 Abs. 1 Alt. 2 und 3 AktG, die eine Bestellung von Prokuristen und Handlungsbevollmächtigten verbietet, Anwendung findet, wird unterschiedlich gesehen. Die Unanwendbarkeit des § 105 AktG in der monistischen Struktur ergebe sich nicht aus Art. 47 Abs. 2 SEVO, wird argumentiert. Da

---

[58] BGH AG 2013, 387; während das Schrifttum jedoch früher zunehmend bei der vergleichbaren Problematik im Aufsichtsrat der AG aus Gründen der Rechtssicherheit auf die Grundsätze der fehlerhaften Gesellschaft abgestellt hat, dh bis zur Beendigung der Organstellung des Mitglieds war von der Wirksamkeit der Bestellung auszugehen; zur Lehre vom fehlerhaften Bestellungsverhältnis *Bayer/Lieder* NZG 2012, 1 (6 ff.); *Habersack* in MüKoAktG § 101 Rn. 69 f.; *Happ*, FS Hüffer, 2010, 293 (305 ff.); *Hüffer* AktG § 101 Rn. 18; *Verse* in Habersack/Drinhausen § 28 SEAG Rn. 12 ff.; *Teichmann* in Lutter/Hommelhoff SEVO Art. 43 Anh. Rn. 2 ff.
[59] BGH AG 2013, 387 Rn. 20.
[60] So hM, s. *Verse* in Habersack/Drinhausen § 27 Rn. 9.
[61] In diesem Sinne *Reichert/Brandes* in MüKoAktG SEVO Art. 47 Rn. 19, 33; ablehnend die hM, s. *Habersack* in MüKoAktG § 100 Rn. 58; *Verse* in Krieger/U. H. Schneider, HdB Managerhaftung, 2. Aufl. 2010, § 22 Rn. 64 mwN.
[62] So ausdrücklich Begr. RegE zum SEEG, BT-Drs. 15/3405, 38.
[63] Zum Meinungsstreit *Verse* in Habersack/Drinhausen § 27 SEAG Rn. 4 ff.

D. Monistische Führung

Verwaltungsratsmitglieder auch gleichzeitig geschäftsführende Direktoren sein können, sei nicht erkennbar, warum sie nicht stattdessen auch Prokuristen und Handlungsbevollmächtigte des Unternehmens sein können.[64] Allerdings müssten diese Verwaltungsratsmitglieder bei der Berechnung des Übergewichts den nicht-geschäftsführenden Verwaltungsratsmitgliedern zugerechnet werden.[65]

Aufgrund des Verweises in § 27 Abs. 1 S. 4 SEAG auf § 100 Abs. 5 AktG muss in einer 43 kapitalmarktnotierten Gesellschaft mindestens ein **unabhängiges Verwaltungsratsmitglied** über Sachverstand im Bereich der Rechnungslegung oder Abschlussprüfung verfügen, soweit die Bestellung nach dem 29.5.2009 erfolgte.[66] Zum Abhängigkeitsbegriff verweisen die Gesetzesmaterialien auf Ziff. 5.4.2 S. 2 DCGK.[67] Die Differenzierung zwischen nichtigen Beschlüssen bei einer Wahl von Verwaltungsrat-Mitgliedern (zB nach § 27 Abs. 1 S. 1–3, Abs. 2–3 SEAG, § 76 Abs. 3 AktG analog) und anfechtbaren Beschlüssen bei Missachtung des § 27 Abs. 1 4 iVm § 100 Abs. 5 AktG orientiert sich ebenfalls im Wesentlichen an der einschlägigen Kommentierung zur dualistisch geprägten AG.[68]

II. Abberufung

Die Abberufung der Mitglieder des Verwaltungsrats erfolgt durch die Hauptversammlung (im Gegensatz zu der Abberufung der geschäftsführenden Direktoren), soweit die Mitglieder nicht entsandt oder als Arbeitnehmervertreter bestellt wurden, mit einer **Mehrheit von Dreivierteln** der abgegebenen Stimmen und soweit die Satzung nicht eine geringere Mehrheit vorschreibt (§ 29 SEAG). Strittig ist, ob eine Differenzierung in der Satzung gestattet ist.[69] Ein wichtiger Grund muss hierbei nicht vorliegen, soweit nicht abweichend in der Satzung geregelt.[70] 44

Der Verwaltungsrat selbst kann ebenfalls die Abberufung eines seiner Mitglieder betreiben durch Antrag bei Gericht, soweit hierfür ein **wichtiger Grund** vorliegt. Über das Vorliegen eines solchen wichtigen Grundes entscheidet der Verwaltungsrat mit einfacher Mehrheit. Wurde ein Mitglied von einem Dritten aufgrund Satzungsermächtigung entsandt, so kann es von dem Entsendungsberechtigten auch jederzeit abberufen werden. Über die Abberufung von Arbeitnehmervertretern entscheiden ausschließlich die Arbeitnehmervertretungen (§ 37 Abs. 1 SEBG)[71] bzw. bei wichtigem Grund die Gerichte (§ 29 Abs. 3 SEAG). 45

Bei **entsandten Mitgliedern** können auch die Aktionäre mit einem Stimmengewicht von 10% am Grundkapital oder einem anteiligen Betrag von 1 Mio. Euro den Antrag bei Gericht stellen (§ 29 Abs. 3 S. 3 SEAG). 46

Eine **gerichtliche Ergänzung von Vakanzen** erfolgt ähnlich § 104 AktG nach § 30 SEAG. 47

Unter Verweis auf § 81 Abs. 2 AktG ist jeder Wechsel im Verwaltungsrat von den geschäftsführenden Direktoren im **Handelsregister** bekannt zu machen. Entsprechend § 43 SEAG müssen auf den Geschäftsbögen neben Rechtsform, Sitz der Gesellschaft und Registernummer nebst zugehöriges Handelsgericht auch alle geschäftsführenden Direktoren sowie der Vorsitzende des Verwaltungsrats angegeben werden. 48

Im Gegensatz zur dualistischen Struktur wird im monistischen System weder der Hinweis auf den Vorsitz im Direktorium gefordert noch der Hinweis, wer der geschäftsführen- 49

---

[64] So *Verse* in Habersack/Drinhausen § 27 SEAG Rn. 6 mwN; ablehnend *Siems* in Kölner Komm. AktG SEVO Art. 47 Rn. 25; *Reichert/Brandes* in MüKoAktG SEVO Art. 47 Rn. 34.
[65] So *Verse* in Habersack/Drinhausen § 27 SEAG Rn. 6.
[66] *v. Falkenhausen/Kocher* ZIP 2009, 1601.
[67] Begr. RegE zum BilMoG, BT-Drs. 16/10067, 101 ff.
[68] Ausführlich *Verse* in Habersack/Drinhausen § 27 SEAG Rn. 20 ff.
[69] *Verse* in Habersack/Drinhausen § 29 SEAG Rn. 8.
[70] *Verse* in Habersack/Drinhausen § 29 SEAG Rn. 9.
[71] Im Einzelnen *Schwarz* SEVO Art. 43 Rn. 121, 152.

III. Innere Ordnung des Verwaltungsrats

50 Die innere Ordnung des Verwaltungsrats schreibt entweder die Satzung vor oder wird vom Verwaltungsrat in Eigenverantwortung geregelt. Im Wesentlich entspricht der § 34 SEAG inhaltlich den §§ 107–110 AktG. Insofern ist sie mangels gesetzlicher Vorgaben nach überwiegender Meinung auch nicht einer Beteiligungsvereinbarung mit den Arbeitnehmern iSd § 21 SEBG zugänglich, da damit in die originäre Zuständigkeit der Organe Hauptversammlung oder Aufsichtsrat eingegriffen würde.[72] Dies betrifft sowohl die Frage, ob die **Stellvertretung** des Verwaltungsrats-Vorsitzenden einem Arbeitnehmervertreter zugewiesen werden kann[73] als auch die Einrichtung und Zusammensetzung von Ausschüssen oder den Inhalt einer Geschäftsordnung. Ist dem Stellvertreter ein Recht zum **Stichentscheid** eingeräumt, so steht dieses Recht nur einem Verwaltungsratsmitglied aus dem Lager der Anteilseigner zu.[74] Üblicherweise ist dies in den einschlägigen Satzungen, wo dies aufgrund der Arbeitnehmerbeteiligung eine Rolle spielen kann, entsprechend festgeschrieben.[75] Das Gleiche gilt auch für das Zweitstimmrecht, soweit ein solches dem Verwaltungsrats-Vorsitzenden eingeräumt ist.

51 In der Regel gibt sich der Verwaltungsrat eine **Geschäftsordnung** unter Beachtung der ihm in der Satzung verankerten Vorgaben. In der Geschäftsordnung ist üblicherweise die **Bildung von Ausschüssen** geregelt (fällt in die Autonomie des Aufsichtsrats und ist deswegen der Regelungsbefugnis des Satzungsgebers entzogen). Der DCGK empfiehlt in seiner Ziff. 5.3 für den Aufsichtsrat in der dualistischen Struktur namentlich die Bildung eines Prüfungs- und den Nominierungsausschusses. Der Aufsichtsrat entspräche im monistischen System dem Verwaltungsrat. Auch bzgl. der personellen Zusammensetzung der Ausschüsse kann die Satzung keine Vorgaben machen. Soll zur Kontrolle der geschäftsführenden Direktoren und zur Vorbereitung der im Plenum zu treffenden Leitungsentscheidungen ein sog. **Exekutivausschuss** eingerichtet werden, so sind dort im Falle einer mitbestimmten SE nach zutreffender Ansicht aufgrund der Gleichberechtigung der Organmitglieder auch Arbeitnehmervertreter vorzusehen. Zum Teil wird eine Diskriminierung gerechtfertigt mit dem Hinweis, dass der Ausschuss mit Aufgaben befasst sei, die im dualistischen System in die Zuständigkeit der Anteilseignervertreter fielen.[76] Da die Arbeitnehmervertreter jedoch in vollem Umfang gleichfalls die Leitungsentscheidungen des Verwaltungsrats verantworten müssen, lässt sich eine unterschiedliche Behandlung kaum rechtfertigen.[77] Die Bestellung der geschäftsführenden Direktoren muss hingegen immer im Plenum getroffen werden. § 34 Abs. 4 S. 2 SEAG schließt eine Übertragung auf einen Ausschuss aus (anders als im Fall der Abberufung, vgl. § 34 Abs. 4 S. 2 SEAG, der § 40 Abs. 5 SEAG offensichtlich bewusst ausnimmt im Gegensatz zu § 107 Abs. 3 S. 3 AktG). Umstritten ist auch, ob nicht wenigstens der Anstellungsvertrag auf einen Ausschuss oder den Vorsitzenden des Verwaltungsrats delegiert werden kann.[78]

---

[72] *Habersack* AG 2006, 34, (349 f.); *Kiem* ZHR 173 (2009), 156 (169); mit anderer Begründung auch *Forst* AG 2010, 350 (352).
[73] AA *Verse* in Habersack/Drinhausen § 34 SEAG Rn. 6; *Windbichler*, FS Canaris, 2007, 1423 (1433).
[74] HM, s. *Verse* in Habersack/Drinhausen § 34 SEAG Rn. 5, 9.
[75] S. die Satzungen von Allianz, BASF, Fresenius, Porsche uvam, die das dualistische System übernommen haben.
[76] *Eberspächer* in Spindler/Stilz SEVO Art. 44 Rn. 8 f.; *Schönborn*, Die monistische Societas Europaea in Deutschland im Vergleich zum englischen Recht, 2007, 111; ansatzweise auch *Reichert/Brandes* in MüKo-AktG SEVO Art. 44 Rn. 57 ff.
[77] Zutreffend *Verse* in Habersack/Drinhausen § 34 SEAG Rn. 33.
[78] Zum Meinungsstreit *Verse* in Habersack/Drinhausen § 40 SEAG Rn. 29.

IV. Beschlussfassung im Verwaltungsrat

Die Beschlussfassung in § 35 Abs. 1 und Abs. 2 SEAG ist im Wesentlichen § 108 Abs. 3 **52** und Abs. 4 AktG nachgebildet. § 35 Abs. 3 SEAG regelt allerdings die Besonderheit, dass der Verwaltungsratsvorsitzende automatisch über eine **zusätzliche Stimme** verfügt, sollte ein Mitglied des Verwaltungsrats, der gleichzeitig geschäftsführender Direktor ist, von der Beschlussfassung ausgeschlossen sein. Dahinter steht die Befürchtung des Gesetzgebers, dass die Anteilseignerseite in einer paritätisch mitbestimmten SE aufgrund des häufig unterstellten Stimmverbots der der Anteilseignerseite regelmäßig zugehörigen geschäftsführenden Verwaltungsratsmitgliedern von den Arbeitnehmervertretern überstimmt werden könnte.[79] Angesichts der mangelnden Akzeptanz des monistischen Systems in einer mitbestimmten SE hat diese Befürchtung bislang keine praktische Auswirkung gezeigt.[80] Da die Zweitstimmenregelung jedoch auch auf nichtmitbestimmte Gesellschaften Anwendung findet, verfügt der Vorsitzende in den Fällen des Stimmverbots in jedem Fall über eine Zweitstimme. Teilweise wird argumentiert, dieses Zweitstimmrecht analog auszudehnen auf Fälle, in denen überhaupt Verwaltungsratsmitglieder einem Stimmverbot unterliegen.[81] Von einem solchen Stimmverbot nach allgemeinen Grundsätzen sei unter anderem auszugehen im Falle eines Rechtsstreits oder eines Rechtsgeschäfts mit dem betroffenen Mitglied, der damit zum Richter in eigener Sache würde.[82] Ging der Rechtsauschuss noch von einem generellen Stimmverbot aus bei Weisungen an die geschäftsführenden Direktoren, so wird inzwischen mehrheitlich die Ansicht vertreten, dass ein solches Verbot unter Hinweis auf die Parallele zur GmbH nicht gelten dürfe.[83] In Fällen eines außerordentlichen Abberufungsgrundes ist jedoch ähnlich wie in der GmbH überwiegend von einem Stimmverbot auszugehen.[84]

V. Einberufung der Sitzungen

Die Einberufung der Verwaltungsratssitzung erfolgt regelmäßig durch den Vorsitzenden **53** (im Rückschluss aus § 37 Abs. 1 SEAG). Jedes Verwaltungsratsmitglied kann selbst den Verwaltungsrat einberufen, sollte der Vorsitzende seinem Verlangen zur Einberufung nicht nachkommen. Hierdurch soll den einzelnen Mitgliedern der Einwand abgeschnitten werden, an der Ausübung ihrer Aufgaben gehindert worden zu sein, indem der Vorsitzende nicht einberufen habe.[85] Gleiches trifft auch auf die Einberufung von Ausschüssen zu.[86] Grundsätzlich hat der Vorsitzende ein **Ermessen** bezüglich der Einberufung. Dieses Ermessen ist jedoch reduziert auf null, wenn das Wohl der Gesellschaft eine solche Einberufung verlangt. In einem solchen Fall ist die Sitzung **unverzüglich** (§ 121 BGB) einzuberufen. Die Sitzung selbst hat gemäß § 37 Abs. 1 S. 2 SEAG binnen einer Frist von zwei Wochen nach Einberufung stattzufinden. Bei Vakanz im Vorsitz, kann jedes Verwaltungsratsmitglied einberufen.[87] Zur ordnungsgemäßen Einberufung gelten die allgemein gülti-

---

[79] Zu verfassungsrechtlichen Bedenken → Rn. 33 mwN; BVerfGE 50, 290 = NJW 1979, 699; *Schwarz* SEVO Anh Art. 43 Rn. 216; *Siems* NZG 2007, 129 (130).
[80] Statistische Erhebung der bisherigen SE bei *Verse* in Habersack/Drinhausen Art. 43 Anh. (Vor § 20 SEAG) Rn. 11.
[81] *Verse* in Habersack/Drinhausen § 35 SEAG Rn. 9 f.
[82] Rechtsausschuss, BT-Drs. 15/4053, 59; *Reichert/Brandes* in MüKoAktG SEVO Art. 50 Rn. 36 f.; *Habersack* in MüKoAktG § 108 Rn. 29 f.; *Eberspächer* in Spindler/Stilz SEVO Art. 50 Rn. 8.
[83] *Verse* in Habersack/Drinhausen § 35 SEAG Rn. 12 mwN; aA *Marsch-Barner*, GS Bosch, 2006, 99, 109.
[84] *Habersack* in MüKoAktG § 107 Rn. 31, § 108 Rn. 32 mwN; für ein Stimmverbot auch bei ordentlicher Abberufung *Teichmann* in Lutter/Hommelhoff SEVO Art. 43 Anh. (§ 35 SEAG) Rn. 13; *Paefgen* in Kölner Komm. AktG SEVO Art. 42 Rn. 23.
[85] *Habersack* in MüKoAktG § 110 Rn. 2.
[86] *Habersack* in MüKoAktG § 110 Rn. 14.
[87] *Habersack* in MüKoAktG § 110 Rn. 10.

gen Regeln wie ausreichende Vorlauffrist, Bestimmung von Ort und Zeitpunkt der Sitzung und auch der Tagesordnung.[88]

54 Bei **Selbsteinberufung,** die alsbald nach dem Scheitern des Verlangens erfolgen muss,[89] muss zusätzlich noch der Sachverhalt des vergeblichen Einberufungsverlangens dargelegt werden.[90] Trotz mangelhafter Einladung und Widerspruchs eines Teilnehmers gefasste Beschlüsse sind nichtig.[91] Die geschäftsführenden Direktoren können nicht selbst einberufen, allenfalls die Einberufung beim Vorsitzenden anregen, denn abweichend von § 110 AktG entspricht die Funktion der geschäftsführenden Direktoren nicht der des Vorstandes.[92]

55 Die **Teilnahme** an Sitzungen des Verwaltungsrats ist in § 36 geregelt. Sie entspricht wortgleich § 109 AktG.

VI. Vergütung

56 Mit den Verwaltungsratsmitgliedern werden im Gegensatz zum Vorstand in der AG oder zu den geschäftsführenden Direktoren keine Dienstverträge geschlossen. Zwischen SE und Verwaltungsratsmitglied besteht nach hM ähnlich dem Aufsichtsrat zur AG nicht ein schuldrechtliches sondern ein korporationsähnliches Verhältnis.[93] So verweist § 38 Abs. 1 SEAG auf § 113 AktG, dh über die Vergütung befindet wie beim Aufsichtsrat in der AG die Hauptversammlung durch Beschluss oder Satzung. Auch bei der **Kreditgewährung** wird auf die entsprechende Vorschrift im AktG verwiesen (§ 38 Abs. 2 SEAG iVm §§ 114, 115 AktG). Insofern ist für die Vergütung des Verwaltungsrats ausschließlich die Hauptversammlung zuständig.[94] Dies trifft auch zu auf entsendete Mitglieder des Verwaltungsrats, die außerhalb der Zuständigkeit der Hauptversammlung durch Benennung gegenüber der SE, vertreten durch die geschäftsführenden Direktoren (oder durch den Aufsichtsrats- oder Verwaltungsrats-Vorsitzenden), bestellt werden.[95]

57 Soweit ein Mitglied des Verwaltungsrats zum geschäftsführenden Direktor bestellt wird, ist umstritten, ob in die Regelung des **Dienstvertrages** als geschäftsführender Direktor gleichzeitig Regelungen im Hinblick auf das parallele Mandat als Verwaltungsratsmitglied aufgenommen werden können.[96] Sicherlich wird aber der Verwaltungsrat nicht die Vergütung des internen geschäftsführenden Direktors in seiner Eigenschaft als Verwaltungsratsmitglied im Anstellungsvertrag regeln können, da diese Entscheidung der Hauptversammlungszuständigkeit zugewiesen ist (§ 38 Abs. 1 SEAG iVm § 113 AktG) bzw. dem Verwaltungsrat als Plenum obliegt, soweit es sich um einen Beratervertrag handelt. Im Übrigen entscheidet über den Anstellungsvertrag der Verwaltungsrat ohne Stimmrecht des betroffenen Mitgliedes.[97] Hinsichtlich der Vergütung der geschäftsführenden Direktoren gelten die zu § 87 AktG entwickelten Grundsätze bezüglich der **Angemessenheit der**

---

[88] *Habersack* in MüKoAktG § 110 Rn. 18 ff.; *Reichert/Brandes* in MüKoAktG SEVO Art. 44 Rn. 11 f.
[89] *Habersack* in MüKoAktG § 10 Rn. 36.
[90] *Hüffer* AktG § 110 Rn. 9.
[91] *Reichert/Brandes* in MüKoAktG SEVO Art. 44 Rn. 14.
[92] So die hM, s. *Verse* in Habersack/Drinhausen § 37 SEAG Rn. 6; *Siems* in Kölner Komm. AktG SEVO Art. 51 (§ 37 SEAG) Rn. 3; *Manz* in Manz/Mayer/Schröder SEVO Art. 43 Rn. 119; *Seitz* S. 273 f.; *Teichmann* in Lutter/Hommelhoff SEVO Art. 43 Anh. 1. (§ 37 SEAG) Rn. 5; *Eberspächer* in Spindler/Stilz SEVO Art. 44 Rn. 2; aA *Schwarz* SEVO Anh Art. 43 Rn. 242 f.
[93] *Habersack* in MüKoAktG § 101 Rn. 67; *Hüffer* AktG § 101 Rn. 2; *Austmann* in MHdB AG § 85 Rn. 13; *Frodermann* in Jannott/Frodermann 5. Kap Rn. 153; *Teichmann* in Lutter/Hommelhoff SEVO Art. 43 Anh. (§ 38 SEAG) Rn. 5; *Bauer,* Organstellung und Organvergütung in der monistisch verfassten Europäischen Aktiengesellschaft, 2007, 105 ff.; *Verse* in Habersack/Drinhausen § 28 SEAG Rn. 3; aA *Manz* in Manz/Mayer/Schröder SEVO Art. 43 Rn. 33; *Schwarz* SEVO Art. 43 Rn. 117.
[94] *Teichmann* in Lutter/Hommelhoff SEVO Art. 43 Anh. (§ 28 SEAG) Rn. 3.
[95] *Hüffer* AktG § 101 Rn. 10; *Hopt/Roth* in Großkomm. AktG § 101 Rn. 136, 142 mwN.
[96] Befürwortend *Reichert/Brandes* in MüKoAktG SEVO Art. 43 Rn. 155; dagegen *Siems* in Kölner Komm. AktG SEVO Art. 51 Anh. (§ 40 SEAG) Rn. 10.
[97] Zu den Haftungsfolgen bei rechtswidrigen Zahlungen an Aufsichtsratsmitglieder *Rodewig* in HdB-AR § 8 Rn. 158.

Bezüge unter Berücksichtigung des eingeschränkten Verantwortungs- und Tätigkeitsbereichs gegenüber einem Vorstand, da letzterem zusätzlich zur Geschäftsführung auch noch die Leitung der Gesellschaft übertragen ist.[98] Da die geschäftsführenden Direktoren zu den Mitgliedern der Geschäftsführungsorgane zählen, sind deren Bezüge im Anhang des Jahres- und Konzernabschlusses zu veröffentlichen (Art. 61 SEVO iVm §§ 285 Nr. 9 Buchst. a, 314 Abs. 1 Nr. 6 Buchst. a HGB).[99] Verwaltungsratmitgliedschaft und geschäftsführende Direktoren stellen zwei unterschiedliche Pflichtenkreise dar, daher sind sie auch unterschiedlich zu vergüten. Demzufolge empfiehlt sich eine getrennte Darstellung und Regelung, so dass nicht beides in dem Anstellungsvertrag des internen geschäftsführenden Direktors geregelt sein sollte.[100]

VII. Geschäftsführende Direktoren

Dem Verwaltungsrat obliegt zwar die Leitung der Gesellschaft, die Gesellschaft selbst wird jedoch **nach außen** durch die geschäftsführenden Direktoren vertreten, auch wenn diese im Innenverhältnis den Weisungen des Verwaltungsrats unterliegen. Der deutsche Gesetzgeber hat von der Befugnis in Art. 43 Abs. 1 S. 2 SEVO Gebrauch gemacht und geregelt, dass die laufenden Geschäfte von der Geschäftsführung geführt werden, jedoch anders als in der AG oder dualistisch strukturierten SE nicht „in eigener Verantwortung", wie dies Art. 43 Abs. 1 2 SEVO noch anheimstellt. Insofern ist die den geschäftsführenden Direktoren obliegende Geschäftsführung immer nur ein Ausschnitt der dem Verwaltungsrat zustehenden Kompetenzen. Während das Gesetz die Geschäftsführung den geschäftsführenden Direktoren **ohne einschränkenden Zusatz** zuweist (§ 40 Abs. 2 S. 1 SEAG), überlässt es die Grenzziehung zwischen Oberleitung und Geschäftsführung (in den Grenzen des § 40 Abs. 2 S. 3 SEAG) dem Verwaltungsrat.

1. Bestellung

Das deutsche Modell der monistischen SE sieht vor, dass der **Verwaltungsrat** einen oder mehrere geschäftsführende Direktoren bestellt (§ 40 Abs. 1 S. 1 SEAG). In einer mitbestimmten SE sind es **mindestens zwei,** da zumindest einer (wenn auch nicht unbedingt ausschließlich) den Bereich „Arbeit und Soziales" führen soll (§ 40 Abs. 1 S. 6 SEAG iVm § 38 Abs. 2 S. 2 SEBG). Auch ein stellvertretendes Mitglied der Geschäftsführung reicht hierfür aus, denn nach außen handelt es sich um ein vollwertiges Mitglied des Leitungsorgans. Daher erfolgt die Eintragung im Handelsregister auch ohne Zusatz der Stellvertretung.[101] Sofern der Verwaltungsrat nicht in der Lage ist, die geschäftsführenden Direktoren zu bestellen, können diese auch vom **Gericht** bestellt werden (§ 45 SEAG). Zur Wirksamkeit der Bestellung ist nicht die Eintragung ins Handelsregister notwendig.[102]

Möglich ist, dass geschäftsführende Direktoren gleichzeitig Mitglieder des Verwaltungsrats sein können, sofern die nichtgeschäftsführenden Verwaltungsratsmitglieder im Verwaltungsrat die Mehrheit stellen. Diese Struktur der **Doppelfunktion** ähnelt dem amerikanischen Board System, in dem der CEO in der Regel Mitglied des Boards ist und nicht selten sogar auch dessen Chairman, während für das Tagesgeschäft das Management Board mit einem Präsidenten an der Spitze zuständig ist.[103]

Ob ein **Sprecher** oder **Vorsitzender** der Geschäftsführung bestimmt wird, entscheiden Verwaltungsrat oder Satzung. Ggf. kann mangels anderweitiger Bestimmung auch die Ge-

---

[98] *Verse* in Habersack/Drinhausen § 40 SEAG Rn. 63 mwN.
[99] *Teichmann* in Lutter/Hommelhoff SEVO Art. 43 Anh. (§ 40 SEAG) Rn. 56.
[100] Zum Meinungsstand *Verse* in Habersack/Drinhausen § 40 SEAG Rn. 65.
[101] *Teichmann* in Lutter/Hommelhoff SEVO Art. 39 Anh. (§§ 15, 16 SEAG) Rn. 10; *Reichert/Brandes* in MüKoAktG SEVO Art. 39 Rn. 32.
[102] *Verse* in Habersack/Drinhausen § 40 SEAG Rn. 9 mwN.
[103] Ähnlich *Thamm* NZG 2008, 132 (134) mwN in Fn. 22.

schäftsführung aus ihren eigenen Reihen einen Vorsitzenden oder Sprecher wählen. In börsennotierten Gesellschaften soll der Vorstand (in der monistischen SE entspricht dies den geschäftsführenden Direktoren) möglichst einen Vorsitzenden oder Sprecher haben (Ziff. 4.2.1 S. 1 DCGK iVm § 161 Abs. 1 S. 2 AktG).[104] Dem Vorsitzenden der Geschäftsführung weist das Gesetz jedoch keine hervorgehobene Rechtsstellung zu.[105] Dies auszugestalten bleibt der Satzung oder der vom Verwaltungsrat in der Regel zu erstellenden **Geschäftsordnung** für die Geschäftsführung vorbehalten. Soweit für börsennotierte Gesellschaften in Ziff. 4.2.1 S. 1 DCGK die Bestellung eines Vorstandsvorsitzenden oder -sprechers empfohlen wird, erstreckt sich diese Empfehlung im monistischen System der SE auf die geschäftsführenden Direktoren.[106]

62 Soweit nicht anderweitig geregelt, gilt das Prinzip der **Gesamtgeschäftsführung,** dh alle Entscheidungen können immer nur einstimmig getroffen werden.[107] Dieses Prinzip kann zwar durch Satzung oder Beschluss des Verwaltungsrats, nicht aber von der Geschäftsführung selbst abbedungen werden. Da Verwaltungsrat oder Satzung in der Ausgestaltung der Geschäftsführung keine gesetzlichen Vorgaben zu beachten haben, sind sie frei, einzelnen Mitgliedern ein Übergewicht in den Entscheidungsfindungen oder sogar dem Vorsitzenden der Geschäftsführung das Recht einzuräumen, gegen die Mehrheit seiner Amtskollegen zu entscheiden.[108]

2. Abberufung

63 Die Abberufung der geschäftsführenden Direktoren fällt hingegen nicht in die Zuständigkeit der Hauptversammlung, sondern ähnlich der Regelung des Vorstandes in der AG in den alleinigen Verantwortungsbereich des Verwaltungsrats. Von der Abberufung zu trennen ist hiervon das schuldrechtliche Anstellungsverhältnis, das im **Anstellungsvertrag** geregelt wird. Hier werden unter anderem die Vergütung und der Umfang der Leistungspflichten geregelt. Eine **Höchstfrist** für die Bestellung ist nicht vorgesehen, so dass – soweit nicht vom Verwaltungsrat oder in der Satzung abweichend geregelt – die Bestelldauer in der Regel auf unbestimmte Zeit erfolgt.[109] Eine Arbeitnehmereigenschaft wird durch den Anstellungsvertrag in der Regel ebenso wenig begründet wie bei GmbH-Geschäftsführern.[110] Ausnahmen sind in der Rechtsprechung des BAG allerdings bekannt.[111] Bei dem Bestellungsbeschluss ist das interne Geschäftsführungsmitglied wegen Interessenkonflikt von der Stimmberechtigung analog § 34 BGB ausgeschlossen.[112]

3. Vertretungsbefugnis

64 Wie die Vertretungsbefugnis konkret geregelt ist, dh ob Alleinvertretungsbefugnis oder eine echte oder unechte Gesamtvertretungsbefugnis eingeräumt wird, ist entweder in der Satzung oder in der Geschäftsordnung für die Geschäftsführung oder in Einzelbeschlüssen des Verwaltungsrats festgelegt. Grundsätzlich gilt bei mehreren Geschäftsführern das Prinzip der **Gesamtvertretung,** soweit nicht hiervon in der Satzung abgewichen wurde (§ 41 Abs. 2 S. 1 SEAG). Während die Art der Vertretungsbefugnis, soweit geregelt, im Handels-

---

[104] Zur Anwendbarkeit des DCGK in der monistischen Struktur *Verse* in Habersack/Drinhausen § 22 SEAG Rn. 58.
[105] *Reichert/Brandes* in MüKoAktG SEVO Art. 43 Rn. 124.
[106] Vgl. *Verse* in Habersack/Drinhausen § 22 SEAG Rn. 58.
[107] *Teichmann* in Lutter/Hommelhoff SEVO Art. 43 Anh. (§ 40 SEAG) Rn. 36.
[108] *Reichert/Brandes* in MüKoAktG SEVO Art. 43 Rn. 129; *Siems* in Kölner Komm. AktG SEVO Art. 51 Anh. (§ 40 SEAG) Rn. 63; *Thamm* NZG 2008, 132 (133); *Verse* in Habersack/Drinhausen § 40 SEAG Rn. 37.
[109] *Eberspächer* in Spindler/Stilz SEVO Art. 43 Rn. 39.
[110] *Reichert/Brandes* in MüKoAktG SEVO Art. 43 Rn. 147 ff. mwN.
[111] *Kleindiek* in Lutter/Hommelhoff GmbHG § 6 Anh. Rn. 3 mwN.
[112] *Teichmann* in Lutter/Hommelhoff SEVO Art. 43 Anh. (§ 40 SEAG) Rn. 27; *Bauer*, Organstellung und Organvergütung in der monistisch verfassten Europäischen Aktiengesellschaft, 2007, 163 ff.

register eingetragen wird (§ 21 Abs. 2 S. 2 SEAG), ist die unterschiedliche Behandlung der einzelnen Geschäftsführer, dh zB die Ressortzuständigkeit oder die Beschränkung auf bestimmte Arten von Geschäften (§ 41 Abs. 4 SEAG) oder ob einzelnen ein Vetorecht oder sogar Letztentscheidungsrecht zugestanden wird, einer Eintragung nicht zugänglich. Ggf. ergibt sie sich aus der Satzung selbst. Jedenfalls schweigt hierzu die SEVO, da sie die Frage der Hierarchie zur Disposition des Verwaltungsrats stellt.[113] Die Konsequenz hieraus ist, dass die Vertretungsbefugnis **nach außen nicht eingeschränkt** werden kann (§ 44 Abs. 1 SEAG). Gleichwohl sind natürlich gesetzliche Einschränkungen, wie zB in § 181 BGB, zu beachten. Jede Einschränkung aufgrund interner Kompetenzregelungen (Geschäftsordnung für die geschäftsführenden Direktoren, Weisungen des Verwaltungsrats) ist zwar im Innenverhältnis zu beachten, kann einem Dritten in der Regel aber nicht entgegengehalten werden (Ausnahme in Missbrauchsfällen wie Kollusion, Evidenz). Die Nichtbeachtung macht daher die Rechtshandlung in der Regel nicht unwirksam, jedoch unter Umständen gegenüber der Gesellschaft regresspflichtig.

Diese Gebundenheit an die Entscheidungen des Verwaltungsrats ist letztlich auch der Grund, warum in den Fällen einer Umwandlung ein bisher in eigener Verantwortung agierender Vorstand selten zu begeistern ist von einer monistischen Struktur, in der er selbst plötzlich den Weisungen des Verwaltungsrats ausgesetzt ist. Auch deswegen wird ein Vorstand, der aktiv die Umwandlung einer AG in eine SE begleitet, sich in der Regel für eine **dualistische Struktur** entscheiden. Er wird nur dann eine monistische Leitung begrüßen, wenn diese in Konzerngesellschaften unterhalb der Obergesellschaft, die er leitet, eine schlanke Führung gestattet. 65

Setzt sich der Geschäftsführer über die Beschränkungen im Innenverhältnis durch entsprechenden Auftritt im Außenverhältnis hinweg, macht er sich gegenüber der Gesellschaft **regresspflichtig.** Bei Ansprüchen der Gesellschaft gegen die Geschäftsführung wird die Gesellschaft durch den Verwaltungsrat vertreten, ansonsten vertritt die Geschäftsführung die Gesellschaft gerichtlich und außergerichtlich (§ 41 Abs. 1 SEAG). Im Außenverhältnis ist die Geschäftsführungsbefugnis unbeschränkt (§ 44 Abs. 1 SEAG), im Innenverhältnis sind Satzung, Geschäftsordnung und Weisungen des Verwaltungsrats zu beachten (§ 44 Abs. 2 SEAG). 66

4. Geschäftsauftritt/Briefkopf

Auf dem Briefkopf der Gesellschaft sind ähnlich bei der AG der Verwaltungsratsvorsitzende und alle Mitglieder der Geschäftsführung anzugeben (§ 43 Abs. 1 SEAG). Bezüglich der weiteren Angaben auf dem Briefkopf wird auf § 80 Abs. 1 S. 3 und Abs. 2–4 AktG verwiesen. Es besteht keine Verpflichtung, den Vorsitzenden der Geschäftsführung auf dem Briefkopf hervorzuheben oder zum Handelsregister anzumelden, dürfte sich aber aus Gründen der Transparenz empfehlen. 67

5. Geschäftsordnung für die Geschäftsführung

Soweit eine Geschäftsordnung nicht vom Verwaltungsrat (Zuständigkeit des Plenums) erlassen wird, kann sich die Geschäftsführung selbst eine Geschäftsordnung geben, allerdings bedarf es hierfür der **Einstimmigkeit** (§ 40 Abs. 4 S. 1 und 3 SEAG). 68

Auch in der **Satzung** können Einzelfragen der Geschäftsordnung bindend geregelt sein. Dem Verwaltungsrat ist es dann nicht gestattet, hiervon abzuweichen (§ 40 Abs. 4 S. 2 SEAG). 69

---

[113] *Thamm* NZG 208, 132 (134); laut *Kallmeyer* ZIP 2003, 1534 kann der CEO nicht gegen die Mehrheit der geschäftsführenden Direktoren entscheiden (§ 77 Abs. 1 S. 2 AktG analog), jedoch falsch, da § 20 SEAG die analoge Anwendung ausschließt.

70 Anmeldungen zum **Handelsregister** werden (ungeachtet der Weisungsbefugnis des Verwaltungsrats) von der Geschäftsführung vorgenommen, ausgenommen in den Fällen, in denen eine Anmeldung mit weiteren Personen wie im Falle der Gründung (von allen Gründern gemäß § 21 Abs. 1 SEAG als lex specialis zu § 40 Abs. 2 S. 4 SEAG) oder zB bei Kapitalerhöhungen zusammen mit dem Verwaltungsrats-Vorsitzenden (der den Aufsichtsrat-Vorsitzenden nach § 22 Abs. 6 SEAG iVm §§ 184 Abs. 1 S. 1, 188 Abs. 1, 195 Abs. 1 AktG ersetzt) vorgenommen wird.

VIII. Höchstdauer

71 Nach hM gilt die Höchstdauer des § 46 Abs. 1 SEVO von **sechs Jahren** zwar für Aufsichtsrat und Vorstand in der dualistischen Struktur und für Mitglieder des Verwaltungsrats in der monistischen, aber nicht für die Geschäftsführung.[114] Begründet wird dies mit dem Hinweis, dass § 46 SEAG sich ausdrücklich nur auf die Organe der SE beziehe, die Geschäftsführung aber kein Organ sei. Die Bestelldauer wäre dann, soweit nicht in der Satzung geregelt, von unbestimmter Dauer. Dies erscheint insofern konsequent, als der Verwaltungsrat einen geschäftsführenden Direktor jederzeit auch ohne wichtigen Grund (ähnlich dem Geschäftsführer einer GmbH) **abberufen** kann, daher ein Bedürfnis auf eine Beschränkung der Bestelldauer nicht besteht. Abweichende Regelungen im Anstellungsvertrag bleiben hiervon unberührt (§ 40 Abs. 5 S. 2 SEAG). Es ist jedoch denkbar, dass der Anstellungsvertrag auflösend bedingt an den Bestand der Organstellung gekoppelt ist.[115]

72 Abweichend kann natürlich die Satzung das Erfordernis eines **wichtigen Grundes** festschreiben. Missbräuchlich wäre die Abberufung allerdings, wenn sie allein zur Hinderung der geschäftsführenden Direktoren an der Geltendmachung von Schadensersatzansprüchen gegenüber dem Verwaltungsrat erfolgte.[116] Bei der Beschlussfassung im Verwaltungsrat ist naturgemäß das von der Abberufung betroffene Verwaltungsratsmitglied mit einem **Stimmverbot** belegt, wenn es um seine Abberufung als geschäftsführender Direktor aus wichtigem Grund geht. Ansonsten ist das betroffene Verwaltungsratsmitglied sowohl bei seiner Wahl als geschäftsführender Direktor als auch bei seiner Abberufung stimmberechtigt.[117] Das Stimmverbot greift nicht, wenn der wichtige Grund lediglich nur behauptet wird, aber tatsächlich nicht vorliegt.[118] Allerdings ist das Verwaltungsratsmitglied bei der Abstimmung über seinen Anstellungsvertrag als auch bei der Beschlussfassung über dessen Beendigung vom Stimmrecht ausgeschlossen. Das Stimmrecht geht insofern auf den Vorsitzenden über.[119]

73 Die Abberufung ist **wirksam** mit Zugang des Beschlusses beim abberufenen geschäftsführenden Direktor; die Eintragung im Handelsregister hat lediglich deklaratorische Wirkung.[120]

IX. Aufgaben der Geschäftsführung/Abgrenzung zum Verwaltungsrat

74 Während die Oberleitung dem Verwaltungsrat obliegt und dieser hiervon auch nicht entbunden werden kann, kann das Tagesgeschäft auf die Geschäftsführung verlagert werden. Die Gesetzesbegründung spricht von den „Aufgaben der laufenden Geschäftsfüh-

---

[114] *Verse* in Habersack/Drinhausen § 40 SEAG Rn. 16 mwN.
[115] *Reichert/Brandes* in MüKoAktG SEVO Art. 43 Rn. 163.
[116] Entsprechend dem Beispiel von *Ihrig* ZGR 2008, 809 (823); zum Meinungsstand in der GmbH *Stephan/Thieves* in MüKoGmbHG § 38 Rn. 12 ff.
[117] AA *Siems* in Kölner Komm. AktG SEVO Art. 51 Anh. (§ 40 SEAG) Rn. 75, der unabhängig von der Art des Grundes ein Stimmverbot annimmt.
[118] MwN *Reichert/Brandes* in MüKoAktG SEVO Art. 43 Rn. 139; *Teichmann* in Lutter/Hommelhoff SEVO Art. 43 Anh. (§ 40 SEAG) Rn. 50; aA *Stephan/Thieves* in MüKoGmbHG § 38 Rn. 78 f.
[119] *Verse* in Habersack/Drinhausen § 40 SEAG Rn. 60.
[120] *Siems* in Kölner Komm. AktG SEVO Art. 51 Anh. (§ 40 SEAG) Rn. 77.

rung", meint damit aber nicht eine zwangsläufige Aufgabenverteilung zwischen Verwaltungsrat und Geschäftsführung, sondern eher das reine Außenverhältnis, da nach außen die Gesellschaft von der Geschäftsführung vertreten wird wie zB bei einer Handelsregisteranmeldung.[121] Den Umfang der Geschäftsführungstätigkeit bestimmt der Verwaltungsrat. Insofern gibt es ein klares **Über- und Unterordnungsverhältnis.** Dies ergibt sich weniger aus § 44 Abs. 2 SEAG (identisch mit dem Wortlaut des § 82 Abs. 2 AktG) als vielmehr aus dem systematischen Zusammenhang. In der AG ist der Vorstand weisungsfrei, da Aufsichtsrat und Vorstand unabhängig sind iSd § 111 AktG, der Aufsichtsrat also von der Geschäftsführung ausdrücklich ausgeschlossen ist, während der Verwaltungsrat im monistischen System die Oberleitung inne hat (Art. 43 Abs. 1 SEVO; § 22 Abs. 1 SEAG). Das bedeutet, der Verwaltungsrat hat sogar die Pflicht, steuernd auf die geschäftsführenden Direktoren Einfluss zu nehmen. Schließlich kann der Verwaltungsrat die Geschäftsführung jederzeit ohne Angabe von Gründen abberufen und Weisungen erteilen. Als Konsequenz dieser Hierarchie ist es auch die Aufgabe des Verwaltungsrats, das Tagesgeschäft zu überwachen und bei Bedarf einzugreifen. Dies gelingt naturgemäß leichter, soweit interne Direktoren Mitglieder der Geschäftsführung sind, da damit einerseits der Informationsfluss zwischen Verwaltungsrat und Geschäftsführung vereinfacht wird, wenn auch andererseits hierdurch die Unterscheidung zwischen Überwachung und Geschäftsführung erschwert wird. Nur das österreichische SE-Recht (§ 59 Abs. 1 S. 2 öSEG) kennt eine klare Verantwortungs- und Aufgabenaufteilung zwischen Überwachung und Geschäftsführung innerhalb des Verwaltungsrats, allerdings beschränkt auf börsennotierte SE. Für börsennotierte SE schreibt § 59 Abs. 2 öSEG ausschließlich externe Direktoren vor.[122]

Sind im **Ausnahmefall**[123] Verwaltungsrats-Vorsitzender und geschäftsführender Direktor (eventuell auch als Vorsitzender der Geschäftsführung)[124] identisch, dürfte die Abgrenzung Probleme aufwerfen, da in einer solchen Konstellation der Vorsitzende von Geschäftsführung und Verwaltungsrat stets der Ansicht zuneigen dürfte, in jedem Falle zuständig zu sein.[125] Gleichwohl müssen auch hier die nichtgeschäftsführenden Mitglieder des Verwaltungsrats in der Mehrheit sein, dh hier mindestens zwei, und diese theoretisch mit ihrer Mehrheit nicht davor zurückschrecken dürfen, dem Verwaltungsrats-Vorsitzenden und CEO Weisungen zu erteilen. Angesichts der dem Vorstand angeglichenen verschärften Haftung für die nicht geschäftsführenden Verwaltungsratsmitglieder ist jedenfalls eine Kontrolle der Tätigkeit ihres Vorsitzenden im Eigeninteresse angeraten. Dies erklärt, warum in der Literatur in der Regel von dem theoretisch möglichen Modell einer Identität zwischen Verwaltungsrats-Vorsitzenden und CEO aus Gründen der mangelnden Kontrolle abgeraten wird.[126]

X. Überwachungspflicht des Verwaltungsrats

Die Überwachungspflicht des Verwaltungsrats ist nicht vergleichbar mit derjenigen des Aufsichtsrats gegenüber dem Vorstand. Sie ist allenfalls vergleichbar mit einem Vorstand,[127] der sich der nächsten Führungsebene bedient zur Erledigung der ihm obliegenden Aufgaben.[128] Die Überwachung entspricht demnach eher einer **Vollzugskontrolle,** denn sie hat

---

[121] Begr. RegE zu § 40, BT-Drs. 14/3405, 39.
[122] *Verse* in Habersack/Drinhausen § 40 SEAG Rn. 11.
[123] Nach allgM zulässig, s. *Siems* in Kölner Komm. AktG SEVO Art. 51 Anh. (§ 40 SEAG) Rn. 20; in österr. SE nicht zulässig (§ 50 Abs. 2 S. 1 öSEG).
[124] Zur Machtfülle eines CEO nach angelsächsischem Vorbild *Bachmann* ZGR 2008, 779 (788 ff.) mwN.
[125] Für eine ablehnende Empfehlung im DCGK *Teichmann* in Lutter/Hommelhoff SEVO Art. 43 Anh. (§ 40 SEAG) Rn. 19; *Casper* ZHR 173 (2009), 181 (215 ff.).
[126] *Hemeling*, HdB Corporate Governance, 2009, 778 mwN; zum principal-agent-conflict *Teichmann* BB 2004, 53 (55).
[127] *Teichmann* in Lutter/Hommelhoff SEVO Art. 43 Anh. (§ 22 SEAG) Rn. 16; *Reichert/Brandes* in MüKoAktG SEVO Art. 43 Rn. 91.
[128] Zur Überwachungspflicht des Vorstands *Fleischer* ZIP 2003, 1 (5 ff.).

intensiver und häufiger zu erfolgen und entspricht im Zweifel einer Holschuld bezüglich der an den Verwaltungsrat zu übermittelnden Informationen,[129] auch wenn § 40 Abs. 3 SEAG die geschäftsführenden Direktoren verpflichtet, den Verwaltungsrat in bestimmten Fällen unverzüglich zu unterrichten. Denn der Verwaltungsrat hat sicher zu stellen und entsprechende Vorsorge zu treffen, dass die Geschäftsführung dieser Pflicht auch nachkommt. Insofern bedeutet die Letztverantwortung des Verwaltungsrats für die Unternehmenspolitik eine deutliche Ausweitung der einem Aufsichtsrat in einem dualistischen System obliegenden Aufgaben.[130] Der Wortlaut des § 22 SEAG zeigt aber auch auf, dass der Verwaltungsrat die „Grundlinien der Geschäftstätigkeit" zu überwachen hat, dh er muss nicht jede Maßnahme kontrollieren.

77 Ähnlich dem Vorstand in der AG gemäß § 91 Abs. 2 AktG ist Ziel des Überwachungssystems, insbesondere bestandsgefährdende Risiken vorzeitig zu erkennen und zu vermeiden. Hierbei steht dem Verwaltungsrat ein **unternehmerisches Ermessen** im Sinne einer Business Judgement Rule (**BJR**) zu. Fehlt jegliche Überwachung, ist dieses Verhalten gewiss nicht mehr von der BJR gedeckt.[131] Demzufolge ist auch die Berichtspflicht der geschäftsführenden Direktoren so einzurichten, dass eine mangelhafte und unzureichende Berichterstattung durch die geschäftsführenden Direktoren weitestgehend ausgeschlossen werden kann. Ergeben sich allerdings Anhaltspunkte für eine solche, so ist der Verwaltungsrat angehalten, dem nachzugehen, ggf. via Weisungen. Hieraus resultiert auch die Pflicht der geschäftsführenden Direktoren, den Verwaltungsrat vor seiner Beschlussfassung ausreichend zu informieren, da sie über die größere Sachkenntnis und Sachnähe im Tagesgeschäft verfügen, anderenfalls setzen sie sich einem Regressrisiko aus.[132] Da die Überwachung wesentlicher Teil der Leitung ist, besteht die **Berichtspflicht** immer gegenüber dem Gesamtverwaltungsrats, sozusagen als Korrelat der Gesamtverantwortung des Verwaltungsrats.[133] Da **nicht delegierbar** (§ 34 Abs. 4 S. 2 SEAG), ist die Übertragung auf einen Ausschuss unzulässig.[134]

XI. Sorgfaltsmaßstab/Haftung/Business Judgement Rule

78 Hinsichtlich **Sorgfaltsmaßstab** und Verantwortlichkeit der geschäftsführenden Direktoren und der daraus sich ergebenden **Haftung** verweist § 40 Abs. 8 SEAG auf § 93 AktG und damit auf die hierzu ergangene einschlägige Rechtsprechung und Kommentierung. Insofern können sich die geschäftsführenden Direktoren exkulpieren, wenn sie glauben durften, innerhalb des ihnen vom Verwaltungsrat gesteckten Rahmens zum Wohle der Gesellschaft gehandelt zu haben (business judgement rule). Umstritten ist, ob § 93 Abs. 4 S. 2 AktG entsprechend anwendbar ist, wonach eine Billigung durch den Aufsichtsrat eine Haftung gleichwohl nicht ausschließt.[135] Anders als im Falle von Aufsichtsrat und Vorstand werden jedoch die geschäftsführenden Direktoren unter Umständen durch eine Weisung des Verwaltungsrats entlastet. Da aber nur eine sorgfaltspflichtgemäße Weisung des Verwaltungsrats für die geschäftsführenden Direktoren verbindlich ist,[136] haben die geschäftsführenden Direktoren die Einhaltung der Sorgfaltspflicht durch den Verwaltungsrat stets vor Umsetzung zu prüfen, ansonsten die Gefahr der Haftung nach § 93 Abs. 2 S. 1 AktG durchaus besteht. Die Sondertatbestände des § 93 Abs. 3 AktG sind hingegen entsprechend anzuwenden.

79 Im Falle einer Pflichtverletzung der geschäftsführenden Direktoren ist der Verwaltungsrat verpflichtet, **Schadensersatz** von den geschäftsführenden Direktoren zu verlangen. Hier

---

[129] *Teichmann* in Lutter/Hommelhoff SEVO Art. 43 Anh. (§ 22 SEAG) Rn. 16.
[130] Begr. RegE zum SEEG, BT-Drs. 15/3405, 36.
[131] *Grunewald* NZG 2013, 841 (843); ähnlich Spindler/Stilz/*Fleischer* AktG § 93 Rn. 69.
[132] Zur Haftung der geschäftsführende Direktoren *Teichmann* in Lutter/Hommelhoff SEVO Art. 43 Anh. (§ 40 SEAG) Rn. 65 und (§ 44 SEAG) Rn. 12.
[133] Für den Vorstand einer AG *Grunewald* NZG 2013, 841 (843).
[134] *Schwarz* SEVO Anh. Art. 43 Rn. 281; *Seitz* S. 314; aA *Eder* NZG 2004, 544 (546).
[135] *Verse* in Habersack/Drinhausen § 40 SEAG Rn. 79 mwN.
[136] *Verse* in Habersack/Drinhausen § 44 SEAG Rn. 14 ff.

steht dem Verwaltungsrat ähnlich wie dem Aufsichtsrat gegenüber dem Vorstand ein **eingeschränkter Beurteilungsspielraum** zu, der zu einer Abwägung der Vor- und Nachteilen für die Gesellschaft nicht nur berechtigt sondern auch verpflichtet.[137] Die Nachteile einer Anspruchsverfolgung für die Gesellschaft dürfen nicht die Vorteile einer solchen überwiegen. Auf diese Beurteilung sind die Grundsätze der Business Judgement Rule **(BJR)** anwendbar.[138]

Eine **Überwachungspflicht** des Verwaltungsrats auf die erste Führungsebene unterhalb der geschäftsführenden Direktoren wird man nur in Ausnahmefällen annehmen können, dann nämlich, wenn diese relativ selbstständig agiert ohne ausreichende Kontrolle durch die geschäftsführenden Direktoren. Ansonsten beschränkt sich die Überwachungspflicht auf die geschäftsführenden Direktoren. Die inhaltliche uneingeschränkte Kontrolle der Tätigkeit der Geschäftsführung umfasst sowohl deren Rechtmäßigkeit (compliance) als auch deren Zweckmäßigkeit (Übereinstimmung mit den Gesellschaftsinteressen).[139] Die Kunst besteht hierbei darin, eine Compliance Organisation zu installieren, die sicherstellt, eine **Balance** zwischen **Gewährleistung des Legalitätsprinzips** und einer **weitsichtigen Unternehmensleitung** zu wahren.[140]

Aber auch der Verwaltungsrat ist zu einer Amtsführung verpflichtet, die zum Wohle der Gesellschaft und in einer Art und Weise zu erfolgen hat, die Schaden von der Gesellschaft abhält. Diese Verpflichtung deckt die ganze Bandbreite seiner Aufgaben ab, dh Leitungsaufgaben ebenso wie die Überwachung der Geschäftsführung. Für unternehmerische Aufgaben kann der Verwaltungsrat ebenso wie Aufsichtsrat und Vorstand die **Business Judgement Rule** für sich in Anspruch nehmen. Zum Teil wird dem Mitglied des Verwaltungsrats die Berufung hierauf verwehrt, wenn er sich in einem evidenten Interessenkonflikt befunden hat. Da das Mitglied nicht selten Repräsentant externer Interessen ist wie zB eines Großaktionärs, einer Hausbank, eines Wettbewerbers oder in einer mitbestimmten SE als Arbeitnehmervertreter, sind die Interessenkonflikte vorprogrammiert.[141] Die Meinungen hierzu in Literatur und Rechtsprechung zeigen keine einheitliche Linie auf, in welchem Umfang Interessenvertretern die Berufung auf die BJR verwehrt wird.[142] In dem Zusammenhang wird ebenfalls diskutiert, ob sich die übrigen Mitglieder infizieren können, wenn sie den Konflikt von Anfang an nicht zu vermeiden suchen.[143] Dieser Gefahr begegnet man am wirkungsvollsten, indem das betroffene Mitglied von Beratung und Beschlussfassung ausgeschlossen wird.[144]

Die Überwachungspflicht **beinhaltet** sowohl die Überwachung der Tätigkeit der Kollegen iSd Gesamtverantwortung als Organ als auch die der Geschäftsführung, dh die Tätigkeit der geschäftsführenden Direktoren. Soweit unternehmerische Entscheidungen in beiden Bereichen getroffen werden, kann das Verwaltungsratsmitglied sich auf die BJR berufen (s. Ziff. 3.8 Abs. 1 S. 2 DCGK in analoger Anwendung).

XII. Treuepflicht

Auch unterliegt das Verwaltungsratsmitglied einer allgemeinen Treuepflicht, dh die Pflicht zu einem loyalen Verhalten gegenüber der Gesellschaft. Diese beinhaltet neben der allgemeinen **Verschwiegenheitspflicht** (vorrangig entsprechend Art. 49 SEVO, analog aber auch

---

[137] *Reichert*, FS Hoffmann-Becking, 2013, 943, 961 ff.; *Grunewald* NZG 2013, 841 (842); *Habersack* in MüKoAktG § 111 Rn. 36 ff.; *Hüffer* AktG § 111 Rn. 4a.
[138] *Reichert* ZHR 177 (2013), 756 (781) Ziff. 4; *Götte*, FS Hoffmann-Becking, 2013, 378 (386 ff.) Ziff. 2; aA *Lutter*, FS Hoffmann-Becking, 2013, 747 (752).
[139] *Reichert/Brandes* in MüKoAktG SEVO Art. 43 Rn. 94; *Metz* S. 160 f.
[140] So *Götte*, FS Hoffmann-Becking, 2013, 378 (399).
[141] Zum speziellen Interessenkonflikt des anwaltlichen Interessenvertreters im Aufsichtsrat/Verwaltungsrat ausführlich *v. Falkenhausen* ZIP 2013, 862.
[142] Zum Meinungsstreit *Verse* in Habersack/Drinhausen § 39 SEAG Rn. 8; → Rn. 81 mwN, die Erwägungen dort für die Geschäftsführung gelten hier gleichermaßen auch für den Verwaltungsrat.
[143] Zur AG *Koch*, FS Säcker, 2013, 403 ff. mwN zum Streitstand.
[144] *Spindler/Stilz/Fleischer* AktG § 93 Rn. 72; *Habersack* Karlsruher Forum 2009, 5, 23.

nach § 93 Abs. 1 S. 3 AktG iVm § 39 SEAG soweit im Rahmen von Vorstandspflichten)[145] auch eingeschränkt das Wettbewerbsverbot. Ist das Verwaltungsratsmitglied gleichzeitig geschäftsführender Direktor, so bestimmt es sich nach § 88 AktG **ähnlich einem Vorstand** in der AG (§§ 20, 40 Abs. 7 SEAG). Hat das Verwaltungsratsmitglied lediglich Überwachungsfunktion ähnlich dem Aufsichtsrat im dualistischen System, so unterliegt es nicht einem **Wettbewerbsverbot** und außerhalb seiner Organfunktion auch keiner aktiven Förderpflicht, sondern ist lediglich entsprechend der allgemeinen für den Aufsichtsrat entwickelten Grundsätze[146] gehalten, Geschäftschancen, die er im Rahmen seiner Funktion als Verwaltungsratsmitglied erfahren hat, nicht für sich selbst auszunutzen.[147] Des Weiteren verpflichtet ihn die **Treuepflicht** zur unverzüglichen Offenlegung etwaiger Interessenkonflikte, die im Falle eines Dauerkonfliktes auch die Niederlegung des Mandats gebieten können (vgl. auch Ziff. 5.5.3 DCGK).[148]

XIII. D&O-Versicherung

84   Wird eine D&O-Versicherung abgeschlossen, so ist der durch das VorstAG vom 31.7.2009 (BGBl. I 2509) in § 93 Abs. 2 S. 3 AktG eingeführte zwingende **Selbstbehalt** dann anzuwenden, wenn das Verwaltungsratsmitglied auch gleichzeitig geschäftsführender Direktor ist, wobei dann nicht mehr zwischen seiner Leitungs- und Geschäftsführungstätigkeit unterschieden wird. Dagegen ist mit der Literatur[149] davon auszugehen, dass entgegen dem Wortlaut des § 39 SEAG sich diese Regelung in analoger Anwendung des § 116 AktG ähnlich dem Aufsichtsrat nicht auf die nicht geschäftsführenden Verwaltungsratsmitglieder erstrecken soll. Hier gilt lediglich die Empfehlung der Ziff. 3.8 DCGK.

85   Die Entscheidung, ob ein Verwaltungsratsmitglied in **Regress** genommen wird, trifft in der Regel angesichts der Bedeutung für die Gesellschaft der Verwaltungsrat im Rahmen seiner Leitungsfunktion gemäß § 22 SEAG.[150] Zum Teil wird die Ansicht vertreten, dass wegen des Interessenkonfliktes nur die geschäftsführenden Direktoren weisungsfrei alleinzuständig seien.[151] Angesichts des Stimm- und in der Regel auch Beratungsverbots, dem das betroffene Verwaltungsratsmitglied unterliegt, erscheint diese Schlussfolgerung nicht überzeugend. Dies kann den geschäftsführenden Direktoren allenfalls in Form eines Notgeschäftsführungsrechts zugestanden werden, sollte der gesamte Verwaltungsrat involviert sein.[152] Die tatsächliche Umsetzung mag jedoch durchaus auf Schwierigkeiten stoßen angesichts der grundsätzlichen Weisungsabhängigkeit der geschäftsführenden Direktoren.[153] Im **Regressprozess** wird die SE durch die geschäftsführenden Direktoren vertreten.[154]

86   Nach hM ist Art. 48 SEVO dahingehend auszulegen, dass bereits in der Satzung ein **Katalog zustimmungsbedürftiger Geschäfte** aufzuführen ist. Es reicht also nicht, in der Satzung festzulegen, dass ein solcher Katalog vom Verwaltungsrat (oder Aufsichtsrat in der dualistischen Struktur) zu erstellen ist, auch wenn häufig das Registergericht an dem fehlenden Zustimmungskatalog in der Satzung keinen Anstoß nimmt Es ist dem Satzungsgeber lediglich gestattet zu normieren, dass der Verwaltungsrat befugt ist, zusätzlich einen Katalog zustimmungsbedürftiger Geschäfte zu bestimmen.[155]

---

[145] *Siems* in Kölner Komm. AktG SEVO Art. 51 Anh. (§ 39 SEAG) Rn. 2.
[146] *Metz* S. 129.
[147] *Verse* in Habersack/Drinhausen § 39 SEAG Rn. 17.
[148] *Habersack* in MüKoAktG § 100 Rn. 72 f.
[149] *Forst* ZIP 2010, 1786 (1788); *Verse* in Habersack/Drinhausen § 39 SEAG Rn. 21.
[150] Zutreffend *Verse* in Habersack/Drinhausen § 39 SEAG Rn. 24.
[151] *Ihrig* ZGR 2008, 809 (822); *Eberspächer* in Spindler/Stilz SEVO Art. 43 Rn. 16.
[152] In diesem Sinne *Reichert/Brandes* in MüKoAktG SEVO Art. 51 Rn. 35.
[153] Zu den in der Literatur hierzu vertretenen pragmatischen Ansätzen bis hin zur Ausweitung der Aktionärsklage ausführlich *Verse* in Habersack/Drinhausen § 39 SEAG Rn. 26.
[154] *Reichert/Brandes* in MüKoAktG SEVO Art. 51 Rn. 33; *Teichmann* in Lutter/Hommelhoff SEVO Art. 43 Anh. (§ 39 SEAG) Rn. 13.
[155] Habersack/Drinhausen/*Seibt* SEVO Art. 48 Rn. 4 mwN.

XIV. Aufgaben der Leitung durch den Verwaltungsrat/ Abgrenzung Tagesgeschäft

Die Pflicht des Verwaltungsrats beinhaltet die Leitung der Gesellschaft. Diese Pflicht trifft 87 den Verwaltungsrat als Kollegialorgan, dh inklusive Arbeitnehmervertreter, soweit im Verwaltungsrat vertreten. Er ist damit zuständig für alle Angelegenheiten, die nicht kraft Gesetzes der Hauptversammlung zugewiesen sind. Hierüber ist der Verwaltungsrat gegenüber der Hauptversammlung rechenschaftspflichtig. Daher hat die Hauptversammlung einen **Auskunftsanspruch** gegenüber dem Verwaltungsrat, nicht gegenüber den geschäftsführenden Direktoren.[156] Für das laufende Geschäft ist hingegen das geschäftsführende Direktorium zuständig. Eine zwingende Zuständigkeitsgrenze ist damit durch den Gesetzgeber allerdings nicht gezogen worden.[157] Hingegen hat der österreichische Gesetzgeber in § 56 öSEG die Kompetenzen der Geschäftsführung ausdrücklich auf die Tagesgeschäfte begrenzt.[158]

Als Aufgabe der **Oberleitung** im Sinne der unverzichtbaren Leitungsaufgaben des Ver- 88 waltungsrats wäre zB anzusehen Grundsatzentscheidungen wie Festlegung der grundsätzlichen Geschäftspolitik, Definition der mittel- und langfristigen Unternehmensziele wie auch die strategische Ausrichtung der Gesellschaft. § 22 Abs. 1 S. 2 SEAG fordert den Verwaltungsrat auf, die Umsetzung der grundsätzlichen Geschäftspolitik zu überwachen. Hierunter wird verstanden zB die Etablierung einer geeigneten **Unternehmensorganisation,** die Ausgestaltung des **Rechnungswesens,** die Einführung eines internen effizienten **Kontroll- und Risikosystems,** das jederzeitige **Einsichtsrecht in die Bücher und Schriften der Gesellschaft,** die Bestellung interner und externer Direktoren, das Gebot zukunftsgerichteter **Unternehmensplanung** inklusive der Definition der wesentlichen Geschäftsfelder, die wichtigsten **Investitionsentscheidungen,**[159] die Einführung eines wirksamen **Informations- und Berichtswesens,** die Letztzuständigkeit für die **Planungs- und Steuerungsverantwortung** wie auch für die allgemeine Organisations- und Finanzverantwortung. Unter **Finanzverantwortung** versteht sich die vorausschauende Finanzplanung wie auch die nachlaufende Finanzkontrolle.[160] Im Gesetz ausdrücklich genannt ist die Zuständigkeit für die **Einberufung der Hauptversammlung** (§ 48 Abs. 1 SEAG). Teilweise wird argumentiert, dass neben dem Verwaltungsrat auch die Geschäftsführung befugt sei, die Hauptversammlung einzuberufen, da sie Organ iSd Art. 54 Abs. 2 SEVO sei. Dass hierfür jedoch ausschließlich der Verwaltungsrat zuständig ist, lässt sich indirekt § 40 Abs. 3 S. 1 SEAG entnehmen, da die Geschäftsführung dem Vorsitzenden des Verwaltungsrats bei Verlust des Grundkapitals von ≥ ½ zu informieren hat, die Hauptversammlung aber gemäß § 22 Abs. 5 S. 1 SEAG vom Verwaltungsrat einzuberufen ist, nicht von der Geschäftsführung im Gegensatz zum Vorstand im dualistischen System nach § 92 Abs. 1 AktG. Mehrheitlich wird in der Literatur die Meinung vertreten, dass die geschäftsführenden Direktoren kein Organ iSd Art. 54 Abs. 2 SEVO seien.[161] Strittig ist, ob den geschäftsführenden Direktoren neben dem Verwaltungsrat ein Einberufungsrecht in der Satzung eingeräumt werden kann.[162]

Soweit der Verwaltungsrat der Hauptversammlung Geschäftsführungsfragen zur Ent- 89 scheidung vorlegt, ist er an ein negatives Votum der Hauptversammlung **gebunden** (§ 22 Abs. 2 SEAG, § 83 Abs. 2 AktG), dh im Fall, dass die Hauptversammlung eine Geschäfts-

---

[156] *Teichmann* in Lutter/Hommelhoff SEVO Art. 43 Rn. 10 ff.
[157] *Teichmann* in Lutter/Hommelhoff SEVO Art. 43 Anh. (§ 40 SEAG) Rn. 29; aA *Schwarz* SEVO Art. 43 Anh. Rn. 276; Jannott/Frodermann/*Frodermann,* HdB Europäische Aktiengesellschaft, 182 f., Rn. 227.
[158] Kalss/Hügel/*Kalss/Greda* öSEG § 56 Rn. 5 ff.
[159] *Reichert/Brandes* in MüKoAktG SEVO Art. 43 Rn. 76.
[160] *Fleischer* ZIP 2003, 1 (5); hieran anschließend *Reichert/Brandes* in MüKoAktG SEVO Art. 43 Rn. 80.
[161] Zum Meinungsstreit *Verse* in Habersack/Drinhausen § 40 SEAG Rn. 6.
[162] Dafür *Siems* in Kölner Komm. AktG SEVO Art. 51 Anh. (§ 22 SEAG) Rn. 20; dagegen *Teichmann* in Lutter/Hommelhoff SEVO Art. 43 Anh. (§ 22 SEAG) Rn. 17 f.

führungsmaßnahme ablehnt, ist es dem Verwaltungsrat nicht gestattet, die Maßnahme gleichwohl umzusetzen. Anders, wenn die Hauptversammlung eine Maßnahme befürwortet. In diesem Fall ist der Verwaltungsrat nicht gezwungen, die Maßnahme auch zwingend umzusetzen, denn die Letztverantwortung für die Geschäftsführung liegt beim Verwaltungsrat.[163] So können im Nachhinein Umstände eingetreten sein, die es nicht opportun erscheinen lassen, an der Umsetzung der angedachten Maßnahme festzuhalten.[164] Letztlich tritt die Hauptversammlung lediglich an die Stelle des Aufsichtsrats. Auch der Aufsichtsrat wäre nicht befugt, den Vorstand zu Geschäftsführungsmaßnahmen anzuweisen. Die Durchführungshoheit verbleibt daher beim Verwaltungsrat. Anders, wenn die gebotene Maßnahme zu den Zuständigkeiten der Hauptversammlung zählt, wie im Falle von Kapitalmaßnahmen. In diesen Fällen sind Verwaltungsrat bzw. hier geschäftsführende Direktoren (§ 40 Abs. 2 S. 4 SEAG) verpflichtet, die Maßnahme beim Handelsregister anzumelden (§ 40 SEAG).[165] Zu den Leitungsaufgaben dürfte auch die Besetzung der maßgeblichen Führungspositionen unterhalb der Geschäftsführung als auch grundlegende Führungsentscheidungen zu den Konzerntöchtern gehören.[166] Bei der **Grenzziehung** zwischen Leitungsaufgabe und sonstigen Geschäftsführungsaufgaben wird letztlich aber immer auf den Einzelfall abzustellen sein.[167] Die Leitungsaufgabe des Verwaltungsrats trifft das Gremium als Gesamtorgan, die nicht (anders als die Vorbereitung) auf Ausschüsse übertragen werden darf[168] und erschöpft sich nicht in den zuvor aufgeführten Grundsatzentscheidungen sondern beinhaltet auch die Überwachung und deren Umsetzung (s. Wortlaut des § 22 Abs. 1 SEAG). Hiervon kann der Verwaltungsrat auch nicht befreit werden. Die Delegation auf Ausschüsse ist in den in §§ 34 Abs. 4 2, 40 Abs. 2 S. 3 SEAG genannten Fällen explizit untersagt.

90 Was zum „laufenden Geschäft" oder **Tagesgeschäft** gehört, für das die Geschäftsführung verantwortlich ist, entscheidet der Verwaltungsrat. Hierbei mögen die Grenzen zwischen Leitungsaufgaben und laufendem Tagesgeschäft durchaus verschwimmen. Letztlich bleibt der Verwaltungsrat für die Gesamtleitung inklusive Tagesgeschäft verantwortlich. Es gibt keinen Bereich, der den geschäftsführenden Direktoren exklusiv zugewiesen und dem Verwaltungsrat entzogen ist.[169] Soweit Aufgaben vom Gesetzgeber ausdrücklich den geschäftsführenden Direktoren zugewiesen wurden wie zB Handelsregisteranmeldungen (§ 40 Abs. 2 S. 4 SEAG), darf sich der Verwaltungsrat gleichwohl einmischen. Zum Teil präzisiert das Gesetz selbst die „Leitung" wie zB im Falle der beteiligten Gesellschaften in § 2 Abs. 5 SEBG unscharf als das **Leitungsorgan** oder die **geschäftsführenden Direktoren.** Unkritisch ist die Erstreckung auf den Vorstand im dualistischen System der AG oder die Geschäftsführung bei der GmbH. Im monistischen System ist jedoch strittig, ob der Gesetzgeber mit dem Wortlaut „Leitungsorgan" den Verwaltungsrat einschließlich der geschäftsführenden Direktoren anspricht[170] oder aber eben nur die geschäftsführenden Direktoren.[171]

91 Im Umgang mit den Arbeitnehmern dürfte letztlich die pragmatische Lösung darin liegen, dass es den geschäftsführenden Direktoren aufgrund ihrer Kenntnis im Tagesgeschäft obliegen wird, die Arbeitnehmer zu informieren und im Falle eine Strukturänderung die Verhandlung mit dem zu bildenden Besonderen Verhandlungs-Gremium (BVG) zu führen, jedoch in Abstimmung mit dem Verwaltungsrat.[172]

---

[163] AA *Verse* in Habersack/Drinhausen § 22 Rn. 11.
[164] *Semler* in MHdB AG § 34 Rn. 17.
[165] *Hüffer* AktG § 83 Rn. 5.
[166] *Reichert/Brandes* in MüKoAktG SEVO Art. 43 Rn. 77 f.
[167] So auch *Mertens/Cahn* in Kölner Komm. AktG § 76 Rn. 5.
[168] *Verse* in Habersack/Drinhausen § 22 SEAG Rn. 8 mwN.
[169] *Verse* in Habersack/Drinhausen § 44 SEAG Rn. 10 f.
[170] So *Jacobs* in MüKoAktG SEBG § 2 Rn. 14.
[171] *Feuerborn* in Kölner Komm. AktG SEBG § 2 Rn. 26; *Nagel* in Nagel/Freis/Kleinsorge, Die Beteiligung der Arbeitnehmer im Unternehmen auf der Grundlage des Europäischen Rechts, Kommentar zum SEBG, SCEBG, MgVG, 2. Aufl. 2010, Rn. 15.
[172] Verhandlungen bei wirtschaftlicher Aktivierung einer idR arbeitnehmerlosen Vorratsgesellschaft durch Eintritt in eine KG als Komplementär sind idR nicht erforderlich, s. *Sigle*, FS Hommelhoff, 2012, 1124 ff.

D. Monistische Führung 92–98 **§ 15**

Auch wenn der Verwaltungsrat das explizit der Geschäftsführung zugewiesene Tagesgeschäft wie Anmeldung zum Handelsregister nicht an sich ziehen kann, gibt es Fälle, wo auch noch **andere Organe** bei Registeranmeldungen **mitwirken** müssen, wie zB bei Anmeldung der monistischen SE im Rahmen der Gründung von allen Gründern, allen Verwaltungsratsmitgliedern und allen geschäftsführenden Direktoren (§ 21 Abs. 1 SEAG). Besonderheiten gelten abweichend von § 21 Abs. 1 SEAG bei Verschmelzung und Formwechsel, da die Regelung des UmwG als Spezialvorschrift vorgeht. Bei der Verschmelzung durch Neugründung erfolgt die Anmeldung durch alle Gründungsgesellschaften (Art. 26 Abs. 2, 38 Abs. 2 UmwG).[173] Bei der Verschmelzung durch Aufnahme wird nach hM die SE nach § 16 Abs. 1 UmwG nur von der aufnehmenden Gesellschaft angemeldet.[174] Bei der Verschmelzung wie auch beim Formwechsel wird § 21 Abs. 1 SEAG verdrängt durch die Spezialregelung des § 246 Abs. 1 UmwG. Hiernach genügt eine Anmeldung durch die Geschäftsführung in vertretungsberechtigter Zahl, dh ggf. auch im Rahmen unechter Gesamtvertretung oder auch nur durch Bevollmächtigte im Rahmen des § 12 Abs. 1 2 HGB.[175] 92

Bei **Anmeldung der Gründung** sind beizufügen die Bestellungsurkunden von Verwaltungsrat und geschäftsführenden Direktoren (§ 21 Abs. 2 SEAG) als auch der Prüfbericht des Verwaltungsrats (im dualistischen System der gemeinsame Bericht von Vorstand und Aufsichtsrat). Die geschäftsführenden Direktoren selbst haben keine Prüfungspflicht. 93

Ins **Handelsregister** eingetragen werden die geschäftsführenden Direktoren, nicht die Verwaltungsratsmitglieder, ähnlich der Eintragung nach § 39 Abs. 1 AktG in der Unterscheidung Vorstand und Aufsichtsrat. 94

Gleichfalls weist § 47 Abs. 1 SEAG die Aufstellung des Jahresabschlusses und des Lageberichts der Geschäftsführung zu. Hier heißt es, dass die Geschäftsführung die vorgenannten Unterlagen **unverzüglich nach ihrer Aufstellung dem Verwaltungsrat vorzulegen** hat gleichzeitig mit ihrem Vorschlag der Gewinnverwendung, den der Verwaltungsrat der Hauptversammlung unterbreiten soll. Die Aufgabenverteilung zwischen geschäftsführenden Direktoren und Verwaltungsrats ähnelt weitgehend derjenigen zwischen Vorstand und Aufsichtsrat gemäß den entsprechenden Vorschriften der §§ 170–173 AktG. Insofern ist der Verwaltungsrat frei, vom Gewinnvorschlag der geschäftsführenden Direktoren abzuweichen und der Hauptversammlung einen abgeänderten Vorschlag zu unterbreiten. 95

Weiterhin fällt in den Aufgabenbereich der Geschäftsführung die laufende intensive **Information** des Verwaltungsrats, speziell des Verwaltungsrats-Vorsitzenden über wesentliche Vorgänge. Explizit erwähnt wird im Gesetz eine Informationspflicht bei Verlust der Hälfte des Grundkapitals, bei Zahlungsunfähigkeit oder bei Überschuldung (§ 40 Abs. 3 SEAG).[176] Diese Verweise in § 40 SEAG erlauben den Rückschluss, dass die Entscheidung über die Konsequenz dieser Information, zB die Einberufung der Hauptversammlung oder der Insolvenzantrag, Aufgabe des Verwaltungsrats ist. 96

Die Leitungskompetenz des Verwaltungsrats gegenüber den geschäftsführenden Direktoren ist naturgemäß dort **eingeschränkt,** wo die Weisung des Verwaltungsrats die geschäftsführenden Direktoren auffordert, gegen gesellschaftsrechtliche oder öffentlich-rechtliche Pflichten zu verstoßen.[177] 97

XV. Spezielle Rechte und Pflichten des Verwaltungsrats

Die speziellen Rechte und Pflichten des Verwaltungsrats sind in § 22 Abs. 2–5 SEAG geregelt. Die Vorschriften sind im Wesentlichen den §§ 76–116 AktG nachgebildet.[178] 98

---

[173] *Schäfer* in MüKoAktG SEVO Art. 26 Rn. 6.
[174] Im Einzelnen *Verse* in Habersack/Drinhausen SEVO Art. 12 Rn. 7.
[175] *Petersen* in Kölner Komm. UmwG § 246 Rn. 3.
[176] *Teichmann* in Lutter/Hommelhoff SEVO Art. 43 Anh. (§ 40 SEAG) Rn. 6 ff.
[177] *Teichmann* in Lutter/Hommelhoff SEVO Art. 43 Anh. (§ 44 SEAG) Rn. 13.
[178] Im Einzelnen *Verse* in Habersack/Drinhausen § 22 SEAG Rn. 18 f.

Dort ist die Zuständigkeit des Gesamtorgans für die Einberufung der Hauptversammlung (§ 22 Abs. 2 S. 2 und Abs. 5 SEAG) geregelt wie auch die Verpflichtung zur Etablierung funktionierender Organisationsinstrumentarien, die sowohl die Führung des Tagesgeschäfts (zB Führung der Handelsbücher, ordnungsgemäße Rechnungslegung) als auch ausreichende Überwachungs- und Risikovorsorgesysteme sicherstellen müssen (§ 22 Abs. 3 und Abs. 4 SEAG, ähnlich § 91 AktG). Es bleibt dem Verwaltungsrat unbenommen, sich zur Erfüllung dieser Aufgaben der Mithilfe der geschäftsführenden Direktoren zu bedienen. Insofern kann der Verwaltungsrat bestimmte Aufgaben delegieren, nicht aber seine Verantwortung. Die Aufgabe des Gesamtorgans ist **nicht delegierbar** (§ 34 Abs. 4 S. 2, § 40 Abs. 2 S. 3 SEAG). Letztlich verbleibt die Organisationsverantwortung immer beim Verwaltungsrat ähnlich dem Vorstand in der AG. Auch der Vorstand kann seine Pflichten auf nachgeordnete Führungsebenen delegieren, ohne sich jedoch hierdurch freizeichnen zu können. Beim Verwaltungsrat betrifft dies zB die Delegation der Einberufung der Hauptversammlung (kann aber auch schon in der Satzung abweichend geregelt werden),[179] auch wenn der Einberufungspflicht des Verwaltungsrats wie im Falle des Verlustes der Hälfte des Grundkapitals nach § 22 Abs. 5 S. 1 SEAG (ähnlich § 92 AktG) die unverzügliche Informationspflicht der geschäftsführenden Direktoren vorausgeht (§ 40 Abs. 3 S. 1 SEAG). Aber auch die Vorbereitung und Durchführung von Hauptversammlungsbeschlüssen ist Aufgabe des Verwaltungsrats, denn Ansprechpartner der Hauptversammlung ist und bleibt der Verwaltungsrat und nicht die geschäftsführenden Direktoren, auch wenn Letztere gesetzlich zwingend dem Verwaltungsrat im Sinne eines „Vier Augen Prinzips" an die Seite gestellt werden.[180]

99 Hingegen fällt die Aufstellung Jahresabschluss/Konzernabschluss in die Zuständigkeit der geschäftsführenden Direktoren (§ 47 Abs. 1, Abs. 4 SEAG). Dies ergibt sich aus der Kompetenzzuweisung gemäß §§ 264 Abs. 1, 290 Abs. 1 HGB iVm § 41 Abs. 1 S. 1 SEAG, da die geschäftsführenden Direktoren die gesetzlichen Vertreter sind. Die geschäftsführenden Direktoren haben den Jahresabschluss aufzustellen und unverzüglich dem Verwaltungsrat zwecks Feststellung/Billigung zuzuführen (§ 47 Abs. 3, Abs. 5 SEAG).

1. Einberufung der Hauptversammlung

100 Die Hauptversammlung, die gemäß Art. 54 Abs. 1 SEVO **binnen sechs Monaten** nach Abschluss des Geschäftsjahres stattfinden soll (in der AG acht Monate, § 175 Abs. 1 S. 2 AktG), wird durch den Verwaltungsrat einberufen und in der Regel vom Vorsitzenden des Verwaltungsrats geleitet (insofern vergleichbar mit dem Aufsichtsrat bei der AG). Anders als in der AG werden jedoch die Vorlagen und Tagesordnungspunkte nicht vom Vorstand, sondern vom Verwaltungsrat als dem maßgeblichen Leitungsorgan erläutert. Neben der Entgegennahme des in der Regel vom Verwaltungsrat festgestellten Jahresabschlusses und des Lageberichts (ggf. auch des Konzernabschlusses und Konzernlageberichts) sowie der Beschlussfassung über die Verwendung des Bilanzgewinns sind weitere Tagesordnungspunkte die Entlastung der Organmitglieder und Wahl des Abschlussprüfers. Nach hM werden nicht nur die Mitglieder des Verwaltungsrats (Art. 52, § 120 AktG, § 22 Abs. 6 SEAG), sondern auch die geschäftsführenden Direktoren zur Entlastung gestellt (§ 120 AktG analog).[181]

101 Gemäß 48 Abs. 2 S. 1 SEAG iVm § 176 Abs. 2 AktG hat der **Abschlussprüfer** (falls der Jahresabschluss zu testieren ist) teilzunehmen, ohne dass er hingegen zu einer Auskunft gegenüber Aktionären verpflichtet ist. In den seltenen Fällen, in denen die Hauptversammlung den Jahresabschluss festzustellen hat, kann ein Verstoß gegen die vorgenannte Präsenzpflicht den Feststellungsbeschluss anfechtbar machen (sollte der Verstoß von Relevanz gewesen sein).

---

[179] *Verse* in Habersack/Drinhausen § 22 SEAG Rn. 19.
[180] Zum „Vier-Augen-Prinzip" *Verse* in Habersack/Drinhausen § 47 SEAG Rn. 1 ff.
[181] Ausführlich *Verse* in Habersack/Drinhausen § 48 SEAG Rn. 5 mwN.

2. Einsichts- und Prüfungsrecht

102 Das Einsichts- und Prüfungsrecht des Verwaltungsrats ist im Gegensatz zu dem des Aufsichtsrats **allumfassend** (§ 22 Abs. 4 S. 1–2 SEAG). Dies umfasst nicht nur die Einsicht in und die Prüfung von Bücher und Schriften, ebenso wie Vermögensgegenstände, Bestände an Wertpapieren/Waren und den gesamten Datenbestand (iSd § 111 Abs. 2 AktG). Nach hM umfasst dies auch Protokolle der Geschäftsführung. Diese sind in der AG aufgrund der strikten Trennung von Aufsichtsrat und Vorstand von der Einsicht durch den Aufsichtsrat eingeschränkt, so auch bei dualem System in der SE.[182]

103 So wie der Verwaltungsrat aufgrund des umfassenden Weisungsrechts jede Information selbst einholen kann, kann er aber auch die geschäftsführenden Direktoren **anweisen,** ihn zu informieren.[183] Der Anspruch auf Zugang zu allen Informationen steht auch den Arbeitnehmervertretern im Verwaltungsrat einer mitbestimmten SE zu.[184]

104 Die Entscheidung über die Ausübung des Einsichtsrechts kann nur das Verwaltungsratsplenum treffen. Es kann jedoch dieses Recht auf einen Ausschuss übertragen (§ 34 Abs. 3 S. 1 SEAG).[185] Hingegen können einzelne Mitglieder des Verwaltungsrats die Einsichts- und Prüfungsrechte für sich nicht beanspruchen. Die Informationspflicht der geschäftsführenden Direktoren besteht auch lediglich gegenüber dem Verwaltungsrat als Organ, nicht gegenüber dem **einzelnen Mitglied,** da in Art. 44 SEAG nur das Organ angesprochen wird, nicht das einzelne Mitglied. Erhält aber das einzelne Mitglied Informationen, die für die Aufgabe des Verwaltungsrats von Bedeutung sein könnten, so ist das Mitglied aus Gründen der Sorgfaltspflicht gehalten, diese Informationen ungefragt an das Gesamtorgan, in der Regel über den Vorsitzenden, weiterzugeben.[186] Entweder kann das einzelne Mitglied einen Bericht nach § 40 Abs. 6 SEAG, § 90 Abs. 3 S. 2 AktG anfordern oder einen Antrag auf Beschlussfassung im Plenum stellen. Wenn dem nicht entsprochen wird und Einsicht geboten sein sollte, kann zur Erfüllung der Überwachungspflicht eine gerichtliche Überprüfung der Entscheidung des Verwaltungsrats eingeleitet werden,[187] auch ohne dass hierzu ein konkreter Anlass bestand, zB zwecks der Notwendigkeit von Stichproben.[188] Auch dürften Mitarbeiterbefragung durch den Verwaltungsrat zulässig sein; anders wenn die Informationen nicht im Besitz der Gesellschaft sind, sondern bei verbundenen Unternehmen.[189] Aber auch im dualistischen System ist die Meinung im Vordringen, die im Rahmen der Überwachungsaufgaben des Aufsichtsrats die Befragung von Mitarbeitern wie den Chief Compliance Officer, den Risk Manager oder den Leiter der internen Revision für unverzichtbar erachten.[190] Dies gilt erst recht vorliegend für den Verwaltungsrat. Soweit der Verwaltungsrat die Einschaltung von externen Sachverständigen wünscht, besteht weites Ermessen. Ebenso dürfte die Delegation auf einzelne Mitglieder zulässig sein ähnlich wie im Aufsichtsrat der AG.

105 Die Erteilung des **Prüfungsauftrags an den Abschlussprüfer** gemäß § 22 Abs. 4 S. 3 SEAG entspricht § 111 Abs. 2 S. 3 AktG. Damit soll die Unabhängigkeit des Prüfers von den geschäftsführenden Direktoren als dem für die Aufstellung des Abschlusses zuständigen Organ gewährleistet werden.[191] Die Begründung zum Regierungsentwurf zeigt, dass die Prüfer den Verwaltungsrat bei seiner Überwachungsaufgabe zu unterstützen haben. In diesem Fall ist der Verwaltungsrat ausnahmsweise auch im Außenverhältnis vertretungsbefugt.

---

[182] Ausführlich *Verse* in Habersack/Drinhausen § 22 SEAG Rn. 33.
[183] *Teichmann* in Lutter/Hommelhoff SEVO Art. 44 Rn. 31.
[184] Zur informationellen Gleichbehandlung der Organmitglieder s. *Siems* in Kölner Komm. AktG SEVO Art. 44 Rn. 18.
[185] Ausführlich *Verse* in Habersack/Drinhausen § 22 SEAG Rn. 31.
[186] *Reichert/Brandes* in MüKoAktG SEVO Art. 44 Rn. 41; *Teichmann* in Lutter/Hommelhoff SEVO Art. 44 Rn. 12.
[187] Zur AG *Habersack* MüKoAktG § 111 Rn. 62 iVm § 108 Rn. 73 ff., 80.
[188] *Verse* in Habersack/Drinhausen § 22 SEAG Rn. 32.
[189] *Verse* in Habersack/Drinhausen § 22 SEAG Rn. 34 mwN.
[190] Zum Meinungsstand *Habersack*, Compliance Verantwortung des Aufsichtsrat, 7.
[191] *Verse* in Habersack/Drinhausen § 22 SEAG Rn. 36.

3. Insolvenzbezogene Pflichten

106 Die den Verwaltungsratsmitgliedern obliegende Insolvenzantragspflicht gemäß § 22 Abs. 5 S. 2 Hs. 1 SEAG weicht von der Regel ab, dass das zuständige Vertretungsorgan den Antrag zu stellen hat. Die geschäftsführenden Direktoren sind weder hierzu berechtigt noch verpflichtet.[192] Zwar müssen die geschäftsführenden Direktoren den Verwaltungsrat unverzüglich über die Insolvenzreife informieren, jedoch bleibt es im Rahmen der allgemeinen Überwachungspflicht die Aufgabe des Verwaltungsrats sicherzustellen, dass die geschäftsführenden Direktoren dieser Pflicht auch ordnungsgemäß nachkommen wie auch selbst die Insolvenzregeln zu prüfen, wenn hierzu Anlass besteht.[193] In diesem Fall ist **jedes Verwaltungsratsmitglied** antragsberechtigt und verpflichtet.[194] Dies erstreckt sich auch auf fehlerhaft, aber wirksam bestellte Verwaltungsratsmitglieder.[195]

107 Bei **Zahlungsunfähigkeit** besteht hingegen eine obligatorische Insolvenzantragspflicht durch den Verwaltungsrat, bei drohender Zahlungsunfähigkeit nur eine fakultative. Im letzteren Fall gilt die allgemeine Vertretungsregel des § 18 Abs. 3 InsO. Hiernach sind die Mitglieder des Vertretungsorgans, also die geschäftsführenden Direktoren antragsberechtigt, aufgrund der Bedeutung als Leitungsentscheidung iSd § 22 Abs. 1 SEAG allerdings wohl nur nach vorheriger Befassung des Verwaltungsrats.[196]

4. Generalverweisung des § 22 Abs. 6 SEAG

108 Die Generalverweisung in § 22 Abs. 6 SEAG verweist zur Vermeidung von Regelungslücken auf Regelungen des **AktG**, soweit nicht speziellere Regelungen im SEAG vorgehen. Dies betrifft sowohl das Gesamtorgan als auch regelungsbezogen einzelne Mitglieder von Vorstand und Aufsichtsrat.

109 Singulär spricht das Gesetz die Verwaltungsratsmitglieder auch unmittelbar an wie im Falle der Meldepflicht von sog. **directors' dealings** gemäß § 15a Abs. 2 WpHG, wodurch ein Rückgriff auf § 22 Abs. 6 SEAG natürlich nicht erforderlich ist.

5. Vorrang spezieller Kompetenznormen

110 Der Vorrang spezieller Kompetenznormen findet seinen Niederschlag im Gesetz zB bei der Zuständigkeit für Handelsregisteranmeldungen, die ausdrücklich dem Verantwortungsbereich der geschäftsführenden Direktoren zugewiesen ist; ebenso die Erstellung des Abhängigkeitsberichts oder die Aufstellung des Jahresabschluss und Konzernabschluss (§ 49 Abs. 1 SEAG, § 312 AktG).

111 Unklar ist die Zuweisung in Vorschriften, die auf ein Vertretungsorgan und deren Mitglieder Bezug nehmen. In der Regel ist im monistischen System damit die Vertretung durch die geschäftsführenden Direktoren angesprochen wie im Fall des Jahresabschlusses, der nach Art. 61 SEVO iVm § 264 Abs. 1 S. 1 HGB den Vertretern der Kapitalgesellschaften obliegt.[197] Diesem Ergebnis entspricht auch die Regelung in § 47 Abs. 1 S. 1 SEAG. Die strafrechtliche Verantwortung nach § 14 Abs. 1 Nr. 1 StGB, § 9 Abs. 1 Nr. 1 OWiG trifft dementsprechend die geschäftsführenden Direktoren.[198]

---

[192] *Caspar* in Spindler/Stilz SEVO Art. 63 Rn. 6; *Kiem* in Kölner Komm. AktG SEVO Art. 63 Rn. 52; *Seitz* S. 310 f.
[193] Ausführlicher *Metz* S. 105 ff., 108 f.
[194] *Caspar* Spindler/Stilz SEVO Art. 63 Rn. 6; *Kiem* in Kölner Komm. AktG SEVO Art. 63 Rn. 52.
[195] *Verse* in Habersack/Drinhausen § 28 SEAG Rn. 11 f.
[196] In diesem Sinne auch *Verse* in Habersack/Drinhausen § 22 SEAG Rn. 39; bezüglich der Rechtsfolgen bei Verstoß gegen diese Pflicht und der Differenzierung zwischen Verwaltungsrat und Geschäftsführende Direktoren s. *Verse* in Habersack/Drinhausen § 22 SEAG Rn. 40 f.
[197] So auch *Schwarz* SEVO Art. 61 Rn. 12; *Seitz* S. 301.
[198] *Eberspächer* in Spindler/Stilz SEVO Art. 43 Rn. 19; *Ihrig* ZGR 2008, 809 (815 f.).

D. Monistische Führung

112 Soweit Bezug genommen wird auf die Gesellschaft, gilt die allgemeine Kompetenzverteilung, so dass mangels Regelungslücke ebenfalls der allgemeine Verweis des § 22 Abs. 6 SEAG nicht greift.[199]

113 Nehmen Vorschriften speziell auf den Vorstand der AG Bezug, so entscheidet sich die Zuordnung in zutreffender Weise nach der Unterscheidung zwischen Innen- und Außenverhältnis. Im Innenverhältnis mag die Entscheidung von der vorherigen Zustimmung des Verwaltungsrats abhängig sein, während im Außenverhältnis die geschäftsführenden Direktoren die Zustimmung kommunizieren. Dies lässt sich gut am Beispiel der Zustimmung zur Übertragung vinkulierter Namensaktien demonstrieren, da die Zustimmung im dualistischen System dem Vorstand zugewiesen ist (§ 68 Abs. 2 S. 2 AktG).[200]

114 Nur dort, wo Vorstand und Aufsichtsrat zusammen die Gesellschaft vertreten wie im Falle von Anfechtungs- und Nichtigkeitsklagen nach §§ 246 Abs. 2 S. 2, 249 Abs. 1 S. 1 AktG, führt diese Doppelvertretung im monistischen System zwangsläufig zur Vertretung durch Verwaltungsrat und geschäftsführende Direktoren, da der Verwaltungsrat an die Stelle des Aufsichtsrats tritt (hM).[201]

115 Insofern bleibt § 22 Abs. 6 SEAG mit seinem allgemeinen Verweis rechtspolitisch fragwürdig, da es oft eine Frage des Zufalls scheint, ob eine Vorschrift den Vorstand oder neutral das Vertretungsorgan anspricht.[202] Gleichwohl sind die Unterschiede in der monistisch strukturierten SE wesentlich, da im ersten Fall der Verwaltungsrat, im zweiten Fall die geschäftsführenden Direktoren zuständig wären. In vielen Fällen lässt sich mithin feststellen, dass die Zuständigkeitsregeln letztendlich nicht auf das monistische System zugeschnitten sind.[203]

---

[199] *Siems* in Kölner Komm. AktG SEVO Art. 51 Anh. (§ 22 SEAG) Rn. 3.
[200] Ausführlich *Verse* in Habersack/Drinhausen § 22 SEAG Rn. 47.
[201] *Siems* in Kölner Komm. AktG SEVO Art. 51 Anh. (§§ 31–33 SEAG) Rn. 7; *Reichert/Brandes* in MüKoAktG SEVO Art. 43 Rn. 187, 189; *Schwarz* SEVO Art. 43 Rn. 178; *Verse* in Habersack/Drinhausen § 22 SEAG Rn. 49; *Göz* ZGR 2008, 593 (596); aA *Seitz* S. 251.
[202] Kritisch *Ihrig* ZGR 2008, 809 (816).
[203] Zu den Auswirkungen des pauschalen Rechtsverweises im § 22 Abs. 6 SEAG bei einzelnen aktienrechtlichen Vorschriften wie dem Zustimmungserfordernis bei Übertragung vinkulierter Aktien gemäß § 68 Abs. 2 S. 2 AktG, der Auskunftserteilung gegenüber Aktionärsvertretern gemäß § 131 AktG, der Abgabe der Entsprechenserklärung zum DCGK gemäß § 161 AktG, der Zuständigkeit in der Emittentenpublizität wie Ad hoc Mitteilungen oder im Bereich des Übernahmerechts (WpÜG) uvam s. *Verse* in Habersack/Drinhausen § 22 SEAG Rn. 52, 56.

Autorenverzeichnis

Professor Dr. Michael Arnold ist Partner im Stuttgarter Büro von Gleiss Lutz. Er studierte Rechtswissenschaften in Tübingen und Genf (Schweiz) und promovierte an der Universität Heidelberg. Der Schwerpunkt seiner Tätigkeit liegt im Gesellschaftsrecht mit besonderer Expertise im Aktienrecht und Corporate Litigation. Er berät schwerpunktmäßig bei Hauptversammlungen, Vorstands- und Aufsichtsratsangelegenheiten, zu konzernrechtlichen Fragen und im Bereich Compliance. Regelmäßig begleitet er deutsche und internationale Mandanten auch bei M&A-Transaktionen und zu öffentlichen Übernahmen. Seit 2014 ist Michael Arnold Honorarprofessor an der Universität Tübingen. Er ist Mitglied der Gesellschaftsrechtlichen Vereinigung (VGR) und ständiger Mitarbeiter des AG-Reports der Zeitschrift „Die Aktiengesellschaft".

Dr. Hans-Joachim Fonk war bis 1979 in Industrie und Handel, davon zehn Jahre als Vorsitzender des Vorstandes der Raab Karcher AG, Essen, tätig. Seit der Niederlassung als Rechtsanwalt berät Dr. Fonk Unternehmen insbesondere in den Personalentscheidungen des Aufsichtsrats. Hinzu kommt die Tätigkeit als Vorsitzender des Aufsichtsrats des Haftpflichtverbandes der Deutschen Industrie V.a.G und der TALANX AG, jeweils in Hannover. Von 1983 bis 1994 war Dr. Fonk Vorstandsmitglied der Mercedes-Automobil-Holding, Frankfurt am Main.

Dr. Dietmar Kubis ist als Partner bei ACADA Rechtsanwälte in Jena tätig. Nach dem Studium und mehrjähriger Assistenzzeit an der Universität Hamburg begann er seine praktische Arbeit in der Konzern-Rechtsabteilung der damaligen Daimler-Benz AG in Stuttgart. Nach der Wiedervereinigung übernahm er die Leitung der Rechtsabteilung bei der JENOPTIK AG in Jena und wurde dort 1996 Vorstandsmitglied für die Ressorts Recht und Beteiligungen. Anschließend übernahm er die Funktion des Vorstandssprechers bei der Deutsche Effecten- und Wechsel-Beteiligungsgesellschaft AG in Frankfurt, bevor er sich 2005 als Anwalt niederließ. Seither ist er Mitglied mehrerer Aufsichtsräte und Verfasser zahlreicher Publikationen auf dem Gebiet des Gesellschaftsrechts.

Dr. Welf Müller ist Partner im Frankfurter Büro von Linklaters Oppenhoff & Rädler. Er studierte Rechts- und Betriebswirtschaft in München und Lausanne. 1964 trat er in die Deutsche Treuhand-Gesellschaft, Wirtschaftsprüfungsgesellschaft, Frankfurt am Main (spätere KPMG) ein und wurde 1983 dort zum Vorstandsmitglied der KPMG, zuständig für Steuern und Recht, bestellt. 1993 trat er als Partner in die Anwaltssozietät Rädler Raupach Bezzenberger (ab 1.1.1995 durch Fusion Oppenhoff & Rädler, jetzt Linklaters Oppenhoff & Rädler) ein. Seine Arbeitsschwerpunkte liegen im nationalen und internationalen Steuerrecht, im Bilanzrecht und im Gesellschafts- und Umwandlungsrecht. Dr. Müller hat zahlreiche Publikationen auf dem Gebiet des Bilanz- und Gesellschaftsrechts veröffentlicht.

Dr. Martin Peltzer ist Mitglied der Rechtsanwaltssozietät CMS Hasche Sigle mit über 450 Berufsträgern und Standorten, unter anderem in Stuttgart, Hamburg, Köln, München, Frankfurt, Berlin und Düsseldorf. Nach Banklehre bei der Deutschen Bank und juristischer Ausbildung (2. Staatsexamen, Promotion mit Zusatzausbildung in Betriebswirtschaft und Sprachen) war er fünf Jahre bei der Deutschen Bank tätig und dort verantwortlich für das Aufsichtsratsbüro von Herrn Abs. Anschließend war er Vorstand bei der Zellstofffabrik Waldhof, Mannheim, später Papierwerke Waldhof-Aschaffenburg, zuständig für Finanzen, Einkauf und Personal. Ab 1971 war Dr. Peltzer als Anwalt und Notar in Frankfurt tätig. Dr. Peltzer hat über wirtschaftsrechtliche und ordnungspolitische Fragen zahlreiche Veröffentlichungen verfasst. Er ist Mitglied mehrerer Aufsichtsräte.

Autorenverzeichnis

Dr. Wolfgang Richter ist Partner der Sozietät Clifford Chance und in deren Frankfurter Büro tätig. Nach seinem Studium der Rechtswissenschaften an den Universitäten Erlangen, Freiburg und Genf sowie einem zweijährigen Studienaufenthalt an der Harvard University, John F. Kennedy School of Government mit dem Erwerb des Master of Public Administration (M. P. A.) wurde er 1989 als deutscher Rechtsanwalt zugelassen. Dr. Richter ist spezialisiert auf Gesellschaftsrecht mit besonderem Schwerpunkt im Aktienrecht und Konzernrecht. Er berät eine Reihe von namhaften Aktiengesellschaften bei Unternehmenstransaktionen und zu Einzelfragen des Aktien- und Kapitalmarktrechts.

Dr. Heinrich J. Rodewig ist Partner der Sozietät Taylor Wessing und in deren Münchener Büro tätig. Zuvor war er ca. 20 Jahre als Chefsyndikus in großen Unternehmen der Stahl-, Luftfahrt- und Automobilbranche tätig, zuletzt in der DaimlerChrysler AG, wo er juristisch federführend den Daimler-Chrysler-Zusammenschluss betreute. Zudem war er lange Jahre Mitglied in verschiedenen Prüfungsausschüssen, unter anderem des Landesjustizprüfungsamtes des Saarlandes sowie im Prüfungsausschuss für Wirtschaftsprüfer der Länder Hessen, Rheinland-Pfalz und Saarland. Seine Studien führten ihn an die Universitäten von Bonn, Freiburg, Grenoble und Bordeaux sowie an die Ecole National d'Administration, Paris. Hieran schlossen sich praktische Erfahrungen als Assistent an der Freien Universität Berlin und als Lehrbeauftragter an der Fachhochschule für Verwaltung und Rechtspflege Berlin an. Dr. Rodewig ist spezialisiert im internationalen Gesellschaftsrecht. Er berät namhafte Gesellschaften als Beirat und Aufsichtsratsmitglied, zum Teil als Aufsichtsratsvorsitzender. In seiner anwaltlichen Beratung hat er zahlreiche Börsengänge und spektakuläre Cross-Border-Zusammenschlüsse betreut.

Dr. Vera Rothenburg ist Partnerin im Stuttgarter Büro von Gleiss Lutz. Sie studierte Rechtswissenschaften in Tübingen und Fribourg (Schweiz) und promovierte an der Universität Tübingen. Der Schwerpunkt ihrer Tätigkeit liegt im Gesellschaftsrecht. Sie berät hauptsächlich in Aktien- und Konzernrecht, zu Rechten und Pflichten von Vorstand und Aufsichtsrat und im Bereich Compliance. Daneben führt sie regelmäßig aktienrechtliche Prozesse, insbesondere Anfechtungs- und Spruchverfahren.

Professor Dr. Dr. h. c. Johannes Semler, Rechtsanwalt, war in der Zeit von 1955 bis 1963 in der Deutschen Waren-Treuhand AG als Wirtschaftsprüfer tätig, zuletzt als Mitglied des Vorstands. Er war von 1963 bis 1973 bei der AEG beschäftigt, ab 1966 als Finanzvorstand. Seit 1974 übt Professor Semler eine selbstständige Beratungstätigkeit aus. Von 1981 bis 1994 war er nebenberuflich Vorstand der Mercedes-Automobil-Holding AG. 1989 wurde Dr. Semler zum Honorarprofessor der Wirtschaftsuniversität Wien ernannt. Professor Semler ist seit 1996 der Sozietät von Rechtsanwälten und Steuerberatern Clifford Chance, Frankfurt am Main als Of Counsel verbunden. Er war und ist Mitglied in diversen Aufsichtsräten und Beiräten sowie maßgeblich in Kommissionen und Ausschüssen vertreten (u. a. Konzernrechtskommission des Deutschen Juristentages, Unternehmensrechtskommission beim Bundesjustizministerium, Ausschuss Multinationale Unternehmen der Internationalen Handelskammer, Handelsrechtsausschuss des Deutschen Anwaltvereins). Professor Semler ist Mitherausgeber und Mitverfasser eines Großkommentars zum Aktiengesetz und eines Kommentars zum Umwandlungsgesetz sowie Verfasser zahlreicher Publikationen mit Schwerpunkten im Recht der Aktiengesellschaft und des Aufsichtsrats.

Bernhard Steffan ist Partner bei Ebner Stolz in Stuttgart. An sein Studium der technischen Betriebswirtschaftslehre an der Universität Stuttgart schloss sich eine vier jährige Tätigkeit in einer mittleren Wirtschaftsprüfungs- und Steuerberatungsgesellschaft an. Seit 1987 ist er Mitarbeiter bei Ebner Stolz. Im Jahre 1987 erfolgte die Bestellung zum Steuerberater und in 1990 zum Wirtschaftsprüfer. Seit 1993 ist Bernhard Steffan Partner und für den Restrukturierungs- und Sanierungsbereich zuständig. Er ist Autor vielfältiger Veröffentlichungen, insbesondere zum Thema Unternehmen in der Krise, ferner Vorsitzender des Fachausschusses Sanierung und Insolvenz (FAS) beim Institut der Wirtschaftsprüfer

Autorenverzeichnis

(IDW) und Lehrbeauftragter an der Hochschule für Wirtschaft und Umwelt Nürtingen-Geislingen, Masterstudiengang Unternehmensrestrukturierung und Insolvenzmanagement – Unternehmenssanierung.

Professor Dr. jur. Jürgen Taschke ist Partner im Frankfurter Büro von DLA Piper UK LLP. Er studierte Rechtswissenschaften an der Goethe-Universität Frankfurt am Main, wo er 1988 promovierte. Seit seiner Zulassung als Rechtsanwalt im Jahr 1986 ist er ausschließlich auf wirtschaftsstrafrechtlichen Gebiet tätig, seit 1992 in internationalen Großsozietäten. Professor Dr. Taschke berät nationale und internationale Unternehmen in allen Fragen des Wirtschaftsstrafrechts. Schwerpunktmäßig berät er Unternehmen im Zusammenhang mit der drohenden oder erfolgten Einleitung eines Ermittlungsverfahrens gegen Mitarbeiter des Unternehmens, bei der präventiven Einschätzung strafrechtlicher Risiken für Unternehmen und im Umgang mit strafrechtlichen Vorwürfen in den Medien gegen Unternehmen. Seit 2009 ist Dr. Taschke Honorarprofessor an der Goethe-Universität Frankfurt am Main. Er ist Autor zahlreicher Fachveröffentlichungen und Beirat der Zeitschrift „Strafverteidiger" und Mitherausgeber der „Neuen Zeitschrift für Wirtschafts- Steuer- und Unternehmensstrafrecht". Seit 1996 ist er Richter, seit 2004 Vorsitzender Richter des 1. Senats und seit 2012 Präsident des Hessischen Anwaltsgerichtshofs.

Professor Dr. Ulrich Tödtmann ist Rechtsanwalt in Bonn und Honorarprofessor an der Universität Mannheim. Nach Studium und Promotion in Köln und Heidelberg war er zwei Jahre Vorstandsassistent und Leiter der Innenrevision beim Deutschen Krebsforschungszentrum in Heidelberg. Ab 1994 war er vier Jahre Partner einer Mannheimer Rechtsanwaltskanzlei. Von 1998 bis 2005 war er Chefsyndikus der MVV Energie AG in Mannheim, deren Börsengang er 1999 begleitete und wo er ein konzernweites Compliance System aufbaute. Von 2006 bis 2008 war er Arbeitsdirektor und Geschäftsführer der MVV Konzernholding sowie Vorstand der MVV Verkehr AG und der MVV OEG AG, bevor er 2009 als Vorstand zur börsennotierten FORIS AG nach Bonn wechselte. Seit 2011 gehört er der Rechtsanwaltssozietät Eimer Heuschmid Mehle in Bonn an, wo er Unternehmen zu gesellschaftsrechtlichen, arbeitsrechtlichen und energierechtlichen Fragen berät. Er ist Mitglied mehrerer Aufsichtsräte.

Dr. Marc Winstel ist Rechtsanwalt in Stuttgart und Lehrbeauftragter an der FH Riedlingen. Er studierte Rechtswissenschaften an der Universität Mannheim und war von 2006 bis 2009 wissenschaftlicher Assistent am Lehrstuhl für Bürgerliches Recht, Arbeitsrecht, Handels- und Wirtschaftsrecht. Ab 2009 war er als Rechtsanwalt bei Oppenländer Rechtsanwälte in Stuttgart tätig. 2010 wurde er mit einer Arbeit zur Betriebsverfassung im Konzern promoviert. Seit 2013 ist er Rechtsanwalt und Partner bei wuertenberger Partnerschaft von Rechtsanwälten in Stuttgart. Er berät nationale und internationale private und öffentliche Unternehmen und Konzerne im Gesellschaftsrecht, den angrenzenden Themen des Arbeitsrechts sowie damit zusammenhängende Compliance-Fragen. Besondere Expertise besitzt er bei Fragen der Organhaftung und der Begleitung interner Untersuchungen in Unternehmen.

Dr. Daniel Zapf ist Rechtsanwalt im Frankfurter Büro von DLA Piper UK LLP. Er studierte Rechtswissenschaften an der Universität Bayreuth sowie der University of Birmingham. Er war als wissenschaftlicher Mitarbeiter am Lehrstuhl für Strafrecht und Strafprozessrecht, insbesondere Wirtschaftsstrafrecht und Medizinrecht der Universität Bayreuth tätig. Im Rahmen seiner Dissertation beschäftigte er sich mit Grundlagenfragen der Strafrechtswissenschaft. Herr Zapf berät nationale und internationale Unternehmen sowie Privatpersonen hinsichtlich aller wirtschaftsstrafrechtlichen und steuerstrafrechtlichen Aspekte. Zudem berät er Unternehmen bei Compliance-Fragestellungen, begleitet interne Untersuchungen und wirkt an der Geltendmachung von (Schadensersatz-)Ansprüchen im Zusammenhang mit Wirtschaftsstraftaten mit.

Sachverzeichnis

Die fett gedruckten Zahlen bezeichnen Paragrafen, die mager gedruckten Randnummern.

Abberufung 2 58, 95, 101, 103; **4** 14
Abberufungsbeschluss 2 106
Abberufungsverfahren 2 107, 109, 111, 116
Abhängige Gesellschaft 4 68
Abhängigkeitsbericht 4 65; **10** 84; **14** 143
Abmahnung 8 151
Absatzkrise 9 13
Abschluss, Dienstvertrag 3 1
Abschlussprüfer 1 38, 54; **4** 21; **12** 78
– besondere Vereinbarungen **1** 57
– Bestellung **1** 54
– Managementletter **1** 61
– Prüfungsbericht **1** 57; **10** 138
– Rechtsbeziehungen zur AG **1** 56
– Schlussbesprechung **10** 138
– Stellungnahme des Vorstands **1** 62
– Teilnahme an Aufsichtsratssitzung **1** 152
– unabhängiger Sachverständiger **1** 50
– Vertrag mit dem Abschlussprüfer **1** 54
– Vertragsabschluss **1** 57; **3** 10
– Wahlvorschlag **1** 51
Abschlussprüfung 2 44; **10** 85
Absicherungsgeschäfte 10 33
Abwägungsbereiche 1 126
Abwehrmaßnahmen 4 52
Abweichungsanalyse 12 304
Actio pro socio 1 173
Ad hoc-Mitteilung 11 92, 115, 119
Ad hoc-Publizität 4 57; **7** 120; **9** 83; **10** 165
Ad hoc-Publizitätspflicht 11 115
Administrationsleistung, Überwachung 1 265
Advance Pricing Agreements 10 176
Akteneinsichtsrecht 12 290
Aktien der Gesellschaft mit mehrjähriger Veräußerungssperre 3 76
Aktien, Erwerb eigener **3** 85
Aktiengesellschaften
– börsennotierte **1** 5
– europäische **1** 10
– Familienunternehmen **1** 14
– Rechtsgrundlagen **1** 12
Aktienoptionen 3 79, 89
Aktienoptionsplan 3 75
Aktienunternehmen 4 38
Aktionärsrechte 1 177, 178; **11** 22, 86; **14** 219

– versammlungsgebundene **1** 177
– nicht versammlungsgebundene **1** 178
Aktive Bestechung 12 44
Akzessorietät des Strafrechts 12 5
Alleinentscheidungsrecht 1 196; **5** 35
Alleinvorstand 6 16
Alternative Entscheidungsmöglichkeit 1 271
Altersgrenze 3 100; **8** 161
Altersrentenbarwert 3 96
Altersteilzeit 8 391
Altersvorsorge 8 362, 365
– eigene **8** 373
– betriebliche 369
Altersvorsorgesystem 8 365
Anfechtung 1 165, 217
Anfechtungsklage 6 61
Anforderungsprofil 8 283
Angebotsunterlage 11 123
Angemessenheit 3 107, 110, 135
– der Gesamtvergütung **3** 59
– der Vorstandsbezüge **3** 56
– des Gewinns **1** 146
Anhang 10 203
Anleger 10 127, 158, 218
Anlegerschutz 4 55
Annahme
– der Bestellung **2** 28
– ungerechtfertigter Vorteile **13** 84
„Anpassungsüberprüfungspflicht" 8 384
Anrechnung anderweitiger Bezüge auf die Pension 3 108
Anregungen 10 83
Anreizwirkung 3 71
Anrufung der Hauptversammlung 1 39
Ansprüche eines Organmitglieds gegen die Gesellschaft 3 164
Anstellungsverhältnis mit einem Dritten **3** 10, 12
Anstellungsvertrag 1 206; **2** 105; **3** 10, 18
– Dauer **3** 51
– Vorstand **3** 5
Anzeigeverpflichtung 12 24
ARAG/Garmenbeck 11 9, 14
Arbeitnehmervertreter 1 42; **8** 277
– s. auch Mitbestimmung
Arbeitsdirektor 2 84, 86, 90; **8** 279
– s. auch Mitbestimmung

665

Sachverzeichnis

Arbeitskampf 8 264
- Aussperrung **8** 271
- Mindestressort **5** 65
- politischer Streik **8** 273
- Ressort **5** 65
- Urabstimmung **8** 261
- Warnstreik **8** 263

Arbeitsmittel 3 25
Arbeitsordnung 8 295
Arbeitssicherheit 8 75
Arbeitsvertrag 8 136
Arbeitszeit 8 298
Arbeitszeugnis 8 162
Assessment 8 132
- s. auch Personalentwicklung

Audit Committee 1 85
Aufbewahrungspflichten 10 178
Aufdeckung stiller Reserven 3 69
Aufgabenbereiche 1 183, 199, 302
Aufgabenstellung 1 280; **3** 21
Aufhebungsvertrag 8 389
Aufsichtspflicht 1 311
Aufsichtsrat 1 35, 157, 175
- Ausübung von Beteiligungsrechten **6** 38
- Auswahlermessen **5** 56
- Beratungsaufgabe **4** 12
- Beschlüsse **1** 165; **5** 24, 26; **6** 14
- Bestellung **1** 216
- der abhängigen Gesellschaft **4** 60
- Einräumung, Abänderung der Vertretungsmacht der Vorstandsmitglieder **6** 14
- Entscheidungskompetenz **1** 309
- Erlass der Geschäftsordnung des Vorstands **5** 42
- Gestaltung der Mehrvertretung **6** 46
- Kontrollrechte **4** 11
- Mehrheit **2** 74
- Personalhoheit **1** 43
- Plenum **2** 14, 16
- Satzung **1** 214, 215
- Verlangen nach Berichterstattung **4** 15
- Vertretung der Gesellschaft **6** 54
- Zustimmung zu Abwehrmaßnahmen **4** 52
- Zustimmungserfordernisse **1** 76; **6** 20

Aufsichtsratsausschüsse 5 57
Aufsichtsratsmitglied 1 87, 176; **5** 70
Aufsichtsratsvorsitzender 2 3, 8, 11, 29, 118, 250
Aufwendungen 1 106
Aufwendungsersatz 10 274
Ausgleich im Innenverhältnis 11 74
Ausgleich und Abfindung 14 52
Ausgleichsabgabe 8 166
Auskunftspflicht 1 113; **7** 67
Auskunftsrecht 1 177
Aussageverweigerungsrecht 12 156
Ausschluss von Minderheitsaktionären 14 210
- Barabfindung **14** 164
- Hauptversammlung **14** 166
- prozessuale Aktionärsrechte **14** 219

Ausschreibungen 8 123
Ausschuss 1 153
- nach § 27 Abs. 3 MitbestG **1** 79
- Teilnahmerecht **1** 125
- Verfahren im Ausschuss **1** 165
- zentrale Bedeutung **1** 153

Ausschüttungssperre 10 146
Außenhaftung 11 1, 83
Außenverhältnis 5 68
Aussperrung 8 271

BaFin 4 57
„balanced scorecard" 8 71
Banken 10 154, 156, 188
Bedarfsplanung 8 49
Befangenheit 1 116, 117
Beherrschungsvertrag 4 11; **14** 16, 18, 33
- Ausgleich **14** 32
- Inhalt **14** 24
- Vertragsabschluss **14** 20
- Weisungsrecht **14** 18

Beitragsorientierte Leistung 3 97
Belegschaftsaktien 8 339
Berater 4 43
Beratervertrag 3 10
Beratung 1 59
Beratungsvertrag 1 51, 52
„Bereichsöffentlichkeit" 12 135
Bereichsvorstand 2 96; **5** 30, 72
Berichterstattung des Vorstands
- Abhängigkeitsbericht **4** 65
- angeforderte Berichte **4** 15
- beabsichtigte Geschäftspolitik **4** 32
- Budget **1** 282, 283
- Empfänger **1** 250
- Form **1** 30
- Geschäfte von erheblicher Bedeutung **5** 8
- Grundsätze **1** 89
- Jahresabschlussbericht **4** 15
- Konzernberichte **7** 70
- Personalberichte **8** 203
- Planungsberichte **7** 11
- Quartalsberichte **8** 77
- Regelberichte **8** 79
- Rentabilitätsberichte **7** 11
- Sonderberichte **8** 193
- Strategiebericht **8** 80
- wichtiger Anlass **7** 11

Berichterstattung über Lage und Entwicklung von Untergliederungen 1 238
Berichtspflichten 1 250
- an den Aufsichtsrat **1** 245
- nach dem AktG **1** 250
- nach dem WpHG **1** 254, 255

Sachverzeichnis

- nach dem WpÜG **1** 254, 258
- s. auch Berichterstattung des Vorstands
Berichtswesen 10 40
Berufsverbot 2 37
Beschlüsse 1 151
Beschlussfassung des Vorstands 5 80, 84
- Boten **5** 89
- Due Diligence Prüfung **4** 46
- Form **5** 84
- Mangel **5** 84, 92
- Protokoll **5** 87
- Quorum **5** 86
- Stellvertretung **5** 89
- Stimmabgabe **5** 87
- Stimmverbot **5** 92
Beschlusskompetenz 2 16
Beschlussmehrheit 2 22
Besetzung des Vorstands 4 11; **6** 56
Besondere Vertreter 6 19, 30
Bestand des Unternehmens 4 29
Bestandsgefährdung 10 112
Bestechlichkeit 11 55; **12** 113, 259
Bestellung
- Bestellungsbeschluss **2** 16
- fehlerhafte **2** 98
- Hindernis **1** 327
- Höchstdauer **2** 49
- Kompetenz **2** 101
- Mindestdauer **3** 52
- Bestellungsmonopol **2** 1, 2
- Bestellungsvoraussetzungen **2** 129
Beteiligungen 1 82, 274, 275
- Erwerb **1** 278
- Verwaltung **1** 276
Beteiligungskäufe 14 199
Beteiligungspflicht 8 374
Beteiligungsrechte 1 84; **8** 183
- s. auch Mitbestimmung
Beteiligungsverkäufe 14 208
Betreuungsverantwortung 8 23
„Betriebliches Eingliederungsmanagement" **8** 164
Betriebs- oder Geschäftsgeheimnisse 10 8
Betriebsführungsvertrag 14 197
Betriebskrankenkasse 8 393
Betriebsrat 8 173; **13** 82
- Betriebsräteversammlung **8** 80, 193
- Betriebsratswahlen **8** 115, 419
- Ehrenamt **8** 180
- erweiterter Gesamtbetriebsrat **8** 203
- europäische Betriebsräte **8** 230
- Freistellung **8** 195
- Gesamtbetriebsrat **8** 202
- Konzernbetriebsrat **8** 205
- Rechte und Pflichten **8** 414
- Wirtschaftsausschuss **8** 416
Betriebsübergang 8 409
Betriebsüberlassung 14 187

Betriebsvereinbarungen 8 222
Betriebsverfassung 8 173
BetrVG 8 170; **13** 68
Beurlaubung 2 133
Beurteilung 8 69
Beurteilungsspielraum 1 125
Beweiserleichterung 11 119
Beweislastumkehr 11 41
Bewerbungsgespräch 8 129
Bezüge, anderweitige 3 31, 108
Bieter 12 168
Bilanz 10 67
Bilanzeid 10 52
Bilanzfälschung 12 52
Bilanzgewinn 10 141, 143, 146
Bilanzierung 1 86
Bilanzierungshilfen 10 199
Bilanzierungsregeln 10 41
Bilanzkontinuität 10 90
Bildung 8 197, 207, 236
Billigung, Konzernabschluss 10 265, 266, 275
Binnenhaftung 11 83
Board-System 5 35
Börse, USA 10 120, 121
Börsenhandel, Zulassung 10 160
Börsennotierte Gesellschaft 4 55; **10** 167
Börsenprospekt 10 279
Börsenzulassung 10 160
BörsG 10 160, 280; **11** 117
Branchenüblicher Standard 11 132
Buchführung 10 178, 234, 267
Buchführungspflichten 1 222; **10** 14, 178, 222
Buchhaltungssystem 10 18
Budget 1 282
Bugwellenproblematik 9 99
Business Judgment Rule 4 39; **7** 24

Cash Flow 1 105
Cash-Pool 13 108
Change of Control-Klausel 3 126, 128
Chief Executive Officer (CEO) 1 308; **2** 61, 77
„claims-made" 11 136
Code of Conduct 13 64
Code of Ethics 10 98
Compliance 4 22; **10** 93; **13** 1, 8
- Audits **13** 131
- Konzern **13** 29
- Officers **12** 41
- Organisation **7** 44
- Pflichten **13** 119
- Richtlinien **8** 106; **13** 64
- System **10** 99; **13** 42
„comply or explain" 12 1
Corporate Governance 1 15, 23; **3** 58; **10** 122

667

Sachverzeichnis

– Kodex s. Deutscher Corporate Governance Kodex
„corporate opportunities" 3 40; 7 58
Corporate Social Responsibility 8 118
„creative accounting" 10 193
culpa in contrahendo 11 85, 93

D&O-Versicherung 11 130
Dauer
– Anstellungsvertrag 2 48
– Bestellung 2 46
– mehrjährige Veräußerungssperre 3 76
Debt-Equity-Swap 9 139
Deckungslücke 3 97
Delegation 1 51, 78, 303
Delegierte Aufsichtsratsmitglieder 5 70
Delisting 9 176
Derivate 12 130
Deutscher Corporate Governance Kodex 2 62; 4 59; 13 9
Dienstfahrt 8 351
Dienstvertrag 2 58; 3 79, 107, 134
Dienstwagen 8 349
Dienstwohnung 3 31
Directors' Dealings 7 125; 12 173
– s. auch Kurs- und Marktpreismanipulatiom
Direktionsrecht 8 9
Direktor 2 83, 84, 85, 96
Direktzusagen 3 96
Diskriminierung 2 87; 8 125
Diskriminierungsverbot 2 87
Divisionale Organisation 5 23, 25
Dokumentation 10 41, 43, 47
Dokumentationspflichten 10 175
Doppelmandat 1 49; 4 40; 11 36
Doppelorganschaft 4 69
Doppelschaden 11 57, 86
Downgrading 9 178
Dreijahresfrist 11 68
Dreiwochenfrist 12 97, 104
Drittanstellung 3 11
Drittbeteiligungsgesetz 1 14
Drohende Insolvenz 2 123
Due Diligence 12 155
Due Diligence Prüfung 4 46; 7 72
– Beschlussfassung 7 73
– Insiderrecht 12 155
– Sicherheitsvorkehrungen 4 46; 12 257
Durchsicht, prüferische 10 163

Ehrenvorsitzender des Vorstands 5 74
Eigenkapital, Spiegel 1 104
Eigentum, wirtschaftliches 10 194
Eigenverantwortlichkeit 1 114
Eignung 1 134, 143; 2 44
Eingegliederte Gesellschaft 14 156
Eingliederung 4 11, 57, 68
Einigungsstelle 8 227

Einlagenrückgewähr 10 141
Einsichtsrechte 8 186
– der Aufsichtsratsmitglieder 1 245
– des Gesamtaufsichtsrats 15 88
Einstimmigkeit 1 21, 150, 193; 5 46
Einstimmigkeitsprinzip 5 78
Einzelabschluss 10 186
Einzelermächtigung 6 12
Einzelgeschäftsführung 5 22
Emittent 4 56
Enforcement 10 91, 188, 275, 290
Entgeltumwandlung 3 97; 8 385
Entlastung 1 33, 141, 247; 9 148
Entscheidungskompetenz des Aufsichtsrats 1 309
– Alleinentscheidung 1 196
– Mitentscheidung 1 214
Entsprechenserklärung 1 6, 28
Erfolglosigkeit, notorische 2 119
Erfolgskrise 9 14
Erfolgsziele 3 86, 87
Ermessen 1 124
– Entscheidung 4 42
– Spielraum 4 42
– unternehmerisches 4 39
Ersatzpflicht 11 63
Erwerb eigener Aktien 3 95
Erwerbszeiträume 3 86
Europäische Aktiengesellschaft 1 10
Europäische Betriebsräte 8 230
– s. auch Betriebsrat
Europäische Gesellschaft (SE) Mitbestimmung 8 290
Europäisches Recht, Einfluss 1 7
„exercise date" 3 89

Fahrlässigkeit 11 43
„fair presentation" 10 211
„fair value" 10 217
Fairness-Opinion 4 44
Faktischer Konzern 4 64
– Cash-Management 14 129
– Controlling 14 77
– Haftung 14 138
– Konzernkoordinierung 14 124
– Leitungsmacht 14 104
– Personalpolitik und -entscheidungen 14 116
– Planung 14 114
– Risikomanagement 14 132
– Zulässigkeit 14 101
– zustimmungspflichtige Geschäfte 14 134
Faktischer Vorstand 12 18
Falschangabedelikte 12 14
Familienunternehmen 9 70
Fehlerhafte Bestellung 2 98
Fehlverhalten 2 177
Fehlzeiten 8 73
Feindliche Übernahme 2 202; 7 33

Sachverzeichnis

Feindliches Übernahmeangebot 2 202; **12** 237
Festgehalt 3 65
Feststellung, Jahresabschluss 10 191, 262
Feststellungsklage 1 165, 169
Finanzinstrumente 1 255, 257
Finanzplan 4 20
Finanzverwaltung 3 91
Fixgehalt 3 64
Fixum 3 64
Förderpflichten von Organen 1 128, 162
Fördersysteme 8 54
„fraud" 11 119
Frauenquote 1 324
Freigabeverfahren 4 11
Friedenspflicht 8 262
„front running" 12 139
Frühwarnsystem 4 19; **9** 20
Führung
– Aufgabe **8** 15
– Führungskräfte **1** 200; **8** 99
Führungsaufgabe s. Leitung, Geschäftsführung
Führungsentscheidungen 1 46
Führungsfähigkeit 8 12
Führungsfunktionen 1 46, 99, 181
– Unternehmensplanung **1** 184
– Unternehmenskoordinierung **1** 186
– Unternehmenskontrolle **1** 201
– Führungsstellenbesetzung **1** 207
– Konzernbestimmung **1** 209
Führungsgrundsätze 1 239
– allgemeine **1** 239
– besondere **1** 240
Führungspflicht 8 22
Führungsqualitäten 2 69
Führungsstruktur 2 60, 64
Funktionale Organisation 5 48
Funktionstrennung 10 18
Funktionswandel 1 88

Garantenfunktion des Vorstands für Rechtmäßigkeit 12 22, 43
Gebot der Einstimmigkeit 5 80
Gegenseitige Überwachung der Vorstandsmitglieder 5 48, 49
Gegenstand des Unternehmens 12 10
Geheimhaltung 1 56; **8** 407
Geheimhaltungsbedürfnis 7 65
Geldbuße 11 11, 58, 67, 137
Gemeinwohl 4 32
General Standard 10 157
Generalbevollmächtigter 6 37
Generaldirektor 5 59
Generalvollmacht 6 29
Gesamtaufsichtsrat 6 58
Gesamtbetriebsrat 8 202
Gesamtgeschäftsführung 4 6; **5** 12, 44, 48, 62, 75

Gesamtleitung 5 16
Gesamtverantwortung 4 9; **5** 15, 48
– des Vorstands **5** 13
– gegenseitige Überwachung **5** 48
– Kompetenzzuweisung **6** 55
– Maßstäbe **4** 24
– Sorgfaltsmaßstab **5** 9
Gesamtvergütung, Angemessenheit 3 59
Gesamtversorgungssystem 8 383
Gesamtvertretung 1 232; **6** 8
Gesamtvorstand 1 189
– Aufgabenerledigung **1** 309
– Zuständigkeit **1** 190
Geschäftsbericht 10 240
Geschäftschancen 1 162, 319; **3** 40, 41
Geschäftsführung 1 39, 258, 296
– Abgrenzung der Leitung **4** 6
– allgemeine Handlungsmaximen **1** 89
– Beachtung des Unternehmensinteresses **1** 89
– Begriff **1** 179
– besondere Grundsätze für ordnungsgemäße Geschäftsführung **1** 239
– Eigenverantwortlichkeit und unternehmerisches Ermessen **1** 114
– Erzielen eines angemessenen Gewinns **1** 101
Geschäftsführende Direktoren 15 16, 18
Geschäftsführungsbefugnis 1 73, 92; **2** 97, 135
Geschäftsführungskompetenz 5 60
Geschäftsführungsmaßnahmen 1 40
Geschäftsgeheimnisse 10 8
Geschäftsherrenhaftung, strafrechtliche 12 39
Geschäftsleitungsorgan 1 35
Geschäftsordnung 1 20, 191; **5** 21
– Änderung **5** 21, 46
– des Vorstands **5** 42, 43
– Erlasskompetenz **5** 21
– Form **5** 46
– Inhalt **5** 43
– Kompetenz **4** 11
– Zuständigkeit für Erlass **5** 41
Geschäftspolitik 1 184, 185, 260
Geschäftsverteilung 1 298
Geschäftsverteilungsplan 1 158
Gesellschafterfremdfinanzierung 10 185
Gesellschaftsinteresse 1 100
– Bestand des Unternehmens **4** 19, 29
– Rentabilität des Unternehmens **4** 29
– Erfolg des Unternehmens **4** 39
Gesetzliche Pflichten 12 40, 94
Gewährung ungerechtfertigter Vorteile 12 143, 208
Gewässerschutzbeauftragter 13 118
Gewerkschaft 1 14; **2** 84; **8** 209
Gewinn 1 145, 146; **12** 113, 208; **13** 164
– Angemessenheit **1** 146
– Abführungsvertrag **14** 16, 18, 33

Sachverzeichnis

- Ausschüttung, verdeckte **10** 185
- Erzielung **1** 145
- Gemeinschaft **14** 188
- Maximierung **1** 106; **4** 33
- Ziel **1** 101, 103, 106

Gewinn- und Verlustrechnung 14 78
Gläubigerschutz 10 23, 186, 283
Gleichbehandlung 8 2, 245, 371
Gleichberechtigung der Vorstandsmitglieder 1 155; **2** 88
Gleichordnungskonzern 14 170
„granting date" 3 89
Gremien, weitere neben Vorstand und Aufsichtsrat **1** 63, 64, 65
Grobe Verletzung des Gesetzes 11 23
Großaktionär 4 11
Grundlagengeschäfte 5 5, 6, 7; **6** 22
Grundsatz der Funktionstrennung 2 91
Grundzuständigkeiten 1 221
Guter Glaube 7 26, 34

Haftung
- des Emittenten **10** 279
- Folgen **1** 141
- für Sorgfalt **1** 310, 311
- Maßstab **5** 9
- Privilegierung **11** 43
- Prozess **11** 9
- Recht **6** 1
- Risiken **7** 17; **12** 251; **8** 106

Halbjahres- und Quartalsfinanzberichte 10 163
Handelsrechtliche
- Grundzuständigkeiten **1** 221
- Mindestzuständigkeiten **1** 221

Handelsregister 6 9, 14, 15, 66
Handlungsmaxime allgemein 1 89
Handlungsbevollmächtigte 6 28
Handy 3 25
Hauptversammlung 1 35; **4** 13, 14
- Auskunftspflicht **7** 12
- Einberufung **7** 12; **12** 89
- Maßnahmen der Geschäftsführung **1** 40
- Protokoll **5** 87
- Tagesordnung **1** 151; **12** 94
- Teilnahmepflicht des Vorstands **1** 248
- Vorbereitung **4** 15
- Vorlagepflichten **7** 11
- Zuständigkeiten, ungeschriebene **1** 41
- Zuständigkeit **1** 41; **3** 94

Hauptversammlungsbeschluss 1 165
Hauptversammlungszuständigkeit 1 41; **3** 94
Hausrecht 8 194, 270
Herrschende Gesellschaft 4 68
Hinterbliebenenpension 3 114
„Holzmüller" 1 40, 69

IAS/IFRS 10 25
Immissionsschutzbeauftragter 13 118
Indikatorfunktion 14 79
Individualrecht 1 174
Informationsbeschaffung 1 120, 122
Informationspflicht 1 250; **7** 70
Informationsrechte 5 50
Informationssystem 12 135
Inhabilität des Abschlussprüfer 10 35
Initiativrecht 1 71
Innenhaftung 11 3, 9, 13
Insider, klassisch 12 129
- s. auch Insiderstrafrecht

Insidergeschäft 12 28
- Verbot s. Insiderstrafrecht

Insiderinformationen 1 256
Insiderrecht s. Insiderstrafrecht
Insiderstrafrecht 12 51
- Aktionärsfragen in der Hauptversammlung **12** 156
- Begehensformen **12** 43
- Insider **12** 150
- Insiderinformation **12** 147, 149
- Insiderpapier **1** 255; **12** 136
- Insiderverzeichnis **12** 172

Insiderverzeichnis 12 172
Insiderwissen 12 139
Insolvenz 9 88
- Antrag **7** 13; **12** 102
- Antragspflicht **9** 85
- Antragsrecht **9** 84
- Gründe **9** 89
- Masse **9** 162
- Reife **9** 17
- Sicherung **8** 381
- Straftat **2** 37
- Verfahren **9** 125, 133, 142
- Verschleppung **12** 97
- Verwalter **11** 28, 58

Integrität, kollegiale 1 206
Interessen
- am Unternehmen **1** 97
- im Unternehmen **1** 100; **2** 118

Interessenausgleich 8 415
Interessenkonflikt 1 152; **3** 14, 38; **11** 52
Interessenneutralität 1 70, 110
Interessenträger 1 99, 125
- Anleger **1** 98
- Anteilseigner **1** 97
- Arbeitnehmer **1** 97
- öffentliche Hand **1** 219

Internationalisierung 8 405
Interne 12 4, 271
- Ermittlungen **12** 71
- Revision **10** 109

Internes Kontrollsystem 10 55, 76, 104
Interorganstreitigkeit 1 163

Sachverzeichnis

Interventionspflicht der Vorstandsmitglieder **1** 312; **5** 51, 53
Invalidität **3** 98, 99
Investor Relations **10** 123, 158

Jahresabschluss 10 186
- Änderung **10** 85, 86
- Aufstellung **10** 14
- Aufstellungspflicht **10** 23
- Einzelabschluss **10** 58
- Entwurf **10** 85
- Feststellung **10** 262
- Fristen **10** 27, 178
- Gestaltungsmöglichkeiten **10** 190
- Jahresabschluss und Aufsichtsratsberichterstattung **10** 135
- Nichtigkeit **10** 283
- Offenlegung **10** 148
- Unterzeichnung **10** 46

Judgement 2 33

Kapital, bedingtes 3 84
Kapitalanlagebetrug (§ 264 a StGB) 12 183
Kapitalanleger-Musterverfahrensgesetz (KapMuG) 11 122
Kapitalerhaltung 1 104
- Schutz **11** 45
- Vorschriften **7** 87; **9** 167
Kapitalerhaltungspflicht 7 12
Kapitalflussrechnung 10 24, 232
Kapitalmarkt 4 16, 55, 59; **10** 133; **11** 122, 123
Kapitalmarktinformationshaftungsgesetz 11 110
Kapitalmarktorientierte AG 10 158, 162
Kapitalmarktrecht 1 5, 98, 254; **10** 280; **11** 109
Karenz 8 212
Karenzentschädigung 3 47
Kartellrecht 13 92
Kartellrechtliche Pflichten 13 94, 96, 141
Kartellverstoß 13 18, 30, 39, 92, 161
Klagezulassungsverfahren 11 23, 24, 25, 86
„Klumpenrisiken" 13 105
Kodex
- s. Deutscher Corporate Governance Kodex
Kollegialorgane 5 14
- Haftung innerhalb **11** 1, 2
- Kausalitätsnachweis **12** 26
- Organisationsherrschaft **12** 36
- Ressortzuständigkeit **12** 32
Kollusion 6 49
Kompetenz
- Ordnung **1** 191
- Verteilung **1** 40
Kompetenzbestimmung 5 4
Kompetenzen des Vorstands, Aufgaben und Rechte 1 1

Kompetenzzuschlag 2 66
Kompetenzzuweisung 4 5
Konkurrierende Ansprüche 11 72
Konsolidierung 10 15, 37, 188, 189
- Handbuch **10** 16
- Regeln **10** 41
- Stelle **10** 38
Kontenplan 10 39
KonTraG 1 12
Kontrolleure 1 320
Kontrollzentrum, Vorstand als **1** 263
Konzern 14 1, 13
- Anstellungsvertrag **3** 11
- Bestimmungsbeschluss **1** 210
- Betriebsrat s. Betriebsrat
- Bilanz **14** 131
- Buchführung **10** 16
- faktischer Konzern s. faktischer Konzern
- Lagebericht **10**, 23, 69, 235
- Leitungspflicht **10** 119; **11** 37
- Management **1** 4
- Organisation **14** 65, 112
- Untreue s. Untreue
Konzernabschluss
- Aufstellungspflicht **10** 23
- Billigung **10** 265
Koordinierung 1 301
- der Vorstandstätigkeit **1** 186
- nachgeordneter Führungskräfte **1** 199
Kosten
- Regelung **11** 26
- Risiko **11** 23
- Nutzen-Analyse **13** 40
Krankheit 8 355, 356
Kredit
- an Vorstandsmitglieder **11** 46; **12** 8
- Begriff **1** 75
Krisenbewältigung 9 38
Kündigung des Arbeitsverhältnisses 2 105
- Abmahnung **8** 156
- Arten **8** 153
- Kündigung allgemein **3** 6, 7; **8** 145
Kurs- und Marktpreismanipulation
- Begehungsformen **12** 51
- „Directors Dealings" **12** 173
- Kurspflege **12** 182
- „safe harbours" **12** 182
- „scalping" **12** 181
- Scheingeschäfte **12** 180
- „tipping" **12** 157
- Verbot der **12** 160
Kurssteigerung, überproportionale 3 80, 82, 93

Lagebericht 10 23, 24, 69
Laptop 3 25, 95
Laufende Geschäfte 1 233
Legalitätspflicht 4 42

Sachverzeichnis

Leistung
- Beurteilung **1** 287; **2** 54
- Zeitraum **3** 87

leitende Angestellte 8 102, 108
Leitung der Gesellschaft 1 67
- Begriff **4** 1
- eigene Verantwortung **4** 2
- Ermessen **4** 22
- Gesamtverantwortung **5** 13, 15
- Inhalt **4** 15
- Kompetenzzuweisung **4** 5
- Maßstäbe **4** 25
- Pflicht zur Leitung **4** 28
- Zuständigkeit **5** 41

Leitung des Unternehmens 4 1, 14
Leitungsaufgaben 1 154
Leitungsentscheidungen 1 211, 217
Leitungspflicht 4 7

Machtverteilung 1 87
Management Letter 1 61; **10** 264
Management-Holding 5 32
Marktpreismanipulation s. Kurs- und Marktpreismanipulation
Maßgeblichkeit 10 169, 178
Matrixorganisation 5 27
Mehrheit von in Anspruch genommenen Vorstandsmitgliedern **11** 73
Mehrvertretung 6 43
Meinungsverschiedenheiten mit Abschlussprüfer 10 259
Meldepflichten 12 154
Mindestbesteuerung 10 185
Mindestzuständigkeiten, handelsrechtliche 1 221, 229
Missbrauchsmöglichkeiten 2 121
MitbestG 1 2
Mitbestimmte Unternehmen
- Ausübung von Beteiligungsrechten **6** 38
- Hauptversammlungsbeschlüsse **6** 4

Mitbestimmung 8 173, 183, 186
- Arbeitsdirektor **8** 274, 279
- Ausschuss nach § 27 Abs. 3 MitbestG **1** 79
- Ausübung von Beteiligungsrechten nach § 32 MitbestG **1** 84
- Beteiligungsrechte (Anteilseigner) **1** 80, 82
- betriebliche s. Betriebsrat
- europäische **8** 230
- in der SE **15** 4, 11, 32
- unternehmerische (Aufsichtsrat) **8** 292

Mitteilungspflichten 1 257; **7** 116; **14** 204
Mitwirkung der Vorstandsmitglieder 6 4, 7
Mitwirkungskompetenz 1 236
Mitwirkungspflichten 10 12, 174
Mitwirkungsrechte des Betriebsrats 8 342, 389
MontanMitbestG 1 14; **2** 84
Motivation 3 71, 82

Mündliche Äußerungen 12 81, 192
Musterfeststellungsantrag 11 124, 125, 127
Musterkläger 11 126

Nachteilsausgleich 4 68
Nachtragsprüfung 10 87
Nachwuchs
- Entwicklung **2** 2
- Politik **2** 3
- Reservoir **2** 6

Nebentätigkeiten 3 34
Neuer Markt 11 6, 108
Neutralitätspflicht 1 127; **4** 53
„**non liquet**" **11** 59

Offenlegung 12 63, 65, 271
Offenlegungspflichten 10 154
One Tier Board System 15 8
Operatives Ergebnis 3 68
Ordnungsgeld 10 267, 270, 271, 274
Ordnungsgemäße Unternehmensführung 12 31
Ordnungsmäßigkeit 1 50, 132, 133
Ordnungswidrigkeiten, Rechnungslegung 10 265, 267, 270
Organe 1 34
- Aufsichtsrat **1** 42
- Hauptversammlung **1** 37
- Verhältnis zueinander **1** 66
- Vorstand **1** 46
- weitere neben Vorstand, Aufsichtsrat, Hauptversammlung **1** 63, 66, 67

Organhaftung 12 15
Organisation des Vorstands 4 12, 18
- CEO-Modell **5** 33
- divisionale Organisation **5** 25
- funktionale Organisation **5** 24
- Matrixorganisation **5** 27
- Spartenorganisation **5** 26

Organisationsform 14 1, 3
Organisationsgefüge 10 93
Organisationspflicht 10 14; **14** 85, 132
Organisationshandbuch 8 50
Organisationsverantwortung des Vorstands 12 212
Organisatorische Vorkehrungen 11 99
Organmitglieder 1 155, 164
Organschaft 10 185
Organschaftliche Vertretungsmacht 5 71
- Einräumung, Abänderung **6** 14
- Einzelermächtigung **6** 12
- Einzelvertretung **6** 11
- fehlende alleinige Vertretungsmacht **6** 4
- fehlende Vertretungsmacht **6** 31
- Gesamtvertretung **6** 7
- Grenzen **6** 2

Sachverzeichnis

- Pasivvertretung **6** 13
- unechte Gesamtvertretung **6** 10

Organstreitigkeiten 1 163, 164
Originäre Führungsfunktionen 1 180
Outsourcing 10 18, 34, 100

Patt 2 24, 66, 67, 88
Pension für
- Halbwaisen **3** 115
- Hinterbliebene **3** 114
- Vollwaisen s. Waisenpension
- Witwen **3** 116

Pensionsberechtigung 3 100
Pensionssicherungsverein 3 103; **8** 381
Pensionsverträge 3 120
Pensionszusage 3 96, 101, 104
Personal 8 1
- Ausschuss **2** 3, 11, 55
- Berater **2** 10
- Bereitstellung **8** 42
- Controlling **8** 70
- Entwicklung **8** 45
- Leiter **8** 36
- Strategie **8** 42
- Verantwortung **8** 3, 26
- Verwaltung **8** 34

Personalhoheit des Aufsichtsrats 1 43
Persönliche Amtsführung 1 324
Persönlichkeitsprofil 2 42
Pflichtangabe 1 32
Pflichtverletzung 1 138
Pflichtwidrigkeit 11 34, 35
„phantom shares" **3** 93
„phantom stocks" **3** 92
Plausibilitätskontrolle 1 40
Plenum des Aufsichtsrats 2 14, 16
„prepackaged plan" **9** 126
„prevent" **13** 53
Primärmarkt 11 111
Prime Standard 10 157
private Nutzung 3 27
Problembehaftete Vorgänge 1 235
Produkthaftpflicht 4 57
Produkthaftung, strafrechtliche 13 97
„profit-center" **1** 307
Prokura 6 12, 15, 20
- Eintragung **6** 24
- Erteilung **6** 12
- Umfang **6** 12

Prokurist 6 10
Prozessrisiko 11 14, 17
Prozessstandschafter 11 22
Prüfungsauftrag 10 252, 256, 257
Prüfungsausschuss 1 85
Publizierung 2 135
Publizität von sozialen Aufwendungen **1** 108, 109, 113
Quartalsberichtserstattung 10 55, 164, 249

Queraufsicht 2 64; **5** 53
Quotierung 1 326

Ratingagentur 2 127
Rechenschaftsgrundsätze 10 10
Rechnungslegung, Adressaten **10** 132
Rechnungswesen 4 20
Rechtmäßiges Alternativverhalten 11 56
Rechtmäßigkeit 1 132
Rechtsgrundlagen der AG 1 12
Reflexschaden 11 57
Regelpublizität 10 162
Regelungsabrede 8 229
Reisekosten 8 343
Reisekostenordnung 8 104, 343
Rentabilität des Unternehmens 4 29
Rentabilitätsberichte 7 11
Rentabilitätsinteresse 4 37
Rentenversicherung 8 92
Residenzpflicht 2 39; **8** 41
Ressort 1 203, 238
- Leitung **1** 314
- Verantwortung **1** 315
- Verteilung **10** 20

Richtlinien der EU 1 9
Risiko
- Analyse **9** 31
- Berichterstattung **10** 69
- Bewältigung **9** 32
- Controlling **10** 104
- Früherkennungssystem **10** 116
- Handbuch **10** 118
- Lage **10** 71
- Management **10** 106, 119; **13** 79
- Managementsystem **1** 204; **4** 20, 21; **9** 25
- Überwachung **10** 112

Rückgewähranspruch 11 42
Rücklage 10 146
Ruhegeld 3 96
- Anspruch **3** 101
- Zusage **3** 96, 97

Sachaufklärung 1 144; **2** 133
Sachbezüge 3 31
„safe harbours" **4** 42
Sanierung 9 66, 119
Sanierungsaufgaben 3 61
Sanierungsvereinbarung 9 105
Sarbanes-Oxley Act 10 55
Satzung 1 16, 213, 214; **4** 11, 14, 26, 39
Satzungsbestimmungen 1 16; **5** 10, 56
„scalping" s. Kurs und Marktpreismanipulation
Schaden 11 54
Schadensersatzanspruch 1 126; **7** 115
Schadensersatzpflicht 1 141; **7** 129
Scheingeschäft s. Kurs und Marktpreismanipulation

Sachverzeichnis

Schiedsverfahren **1** 171
Schlusserklärung **10** 84
Schmiergeldzahlungen **1** 139
Schuldhaftes Verhalten **11** 33; **12** 94, 97, 104
Schutzschirmverfahren **9** 104, 139
Schweigepflicht **12** 166, 187, 289
Schwerbehinderung **8** 166
SE **1** 11; **15** 1
– Aufgaben der Geschäftsführung **15** 74
– D&O-Versicherung **15** 84
– Dualistische Führung **15** 9
– Geschäftsführende Direktoren **15** 58
– Kodifizierung **15** 3
– Monistische Führung **15** 15
– Stellvertretung **15** 24
– Vergütung **15** 56
Segmentberichterstattung **10** 85
Sekundärmarkt **11** 114
Selbstanzeige **12** 122
Selbstbehalt **11** 141
Selbstentmündigung **1** 182
Selbstkontrahieren **6** 43
Share Deal **8** 406
Shareholder Value **1** 98; **4** 34
Sicherheitsfachkräfte **8** 399
Sinnhaftigkeit **3** 37, 81
„social sponsoring" **1** 107
Societas Europaea **8** 289
– s. auch SE
„soft law" **1** 25
Sonderdelikte **12** 13
Sonderprüfer **11** 18
Sonderprüfung **10** 289
Sondertatbestände **15** 78
Sonderzahlung **3** 78
Sorgfalt **1** 115; **11** 37
Sorgfaltspflicht **11** 38
Sozialbindung **4** 30
Soziale Vorsorge **8** 353
Sozialversicherung **11** 102
Spartenorganisation **1** 299; **5** 26
Special Purpose Entities/SPE **10** 42
Spenden **1** 147
Sperrfrist **3** 87
Spitzenfunktion **8** 39
Sponsor **1** 108, 147
Sprecherausschuss **8** 201, 210
– s. auch Führung, Führungskräfte
Sprecherbefugnisse **2** 76
Sprecherfunktion **2** 75
Spruchverfahren **14** 53, 219
Squeeze-out **14** 210
„Stakeholderkrise" **9** 10
Stellenbeschreibung **8** 50, 329
Stellungnahmepflicht zum Angebot nach WpÜG **4** 16, 52
Stellvertretende Vorstandsmitglieder **5** 66, 67, 69

– Befugnisse **5** 67
– Verantwortung **8** 68
– Steuerabteilung **10** 184
Stellvertretung
– nachträgliche Genehmigung **6** 36
Steuerbilanzpolitik **10** 185
Steuererklärungspflicht **10** 179
Steuerhinterziehung **12** 107
Steuerlastquote **10** 183
Steuerliche Pflichten **11** 103
Steuermanagement **10** 183
Steuern **12** 111, 117, 118, 119
Steuerrecht **13** 113
Steuerstrafrecht **10** 269
Steuerverkürzung **12** 116
Stichentscheid **5** 59
Stimmrechtsausschluss **5** 92
Stimmverbote **5** 88
Stock Option **3** 79, 81
Störfallbeauftragter **13** 118
Strafrecht **12** 1
Strafrechtliche Verantwortlichkeit des Vorstands **12** 13, 30
Strafverfahren, Ablauf **12** 272, 277
– Ermittlung **12** 269, 277, 279
– Hauptverhandlung **12** 309
– Verständigung **12** 310
Strategien **1** 143
Strategische Ausrichtung **14** 68; **15** 88
Streik s. Arbeitskampf
Streitigkeiten **1** 163, 166, 168
– innerhalb eines Organs s. Interorganstreitigkeit
– zwischen Vorstand und Aufsichtsrat **1** 166
– zwischen Vorstandsmitgliedern und Aufsichtsrat **1** 172
Streuschäden **11** 122
Strukturvorhaben **1** 248
Suspendierung der Bestellung **2** 130, 133

Tagesgeschäft **1** 133
Tantieme **3** 69, 71, 77
Tarife **8** 244
– Entgelttarif **8** 247
– Haustarif **8** 246
– Manteltarif **8** 248
– Sondertarif **8** 249
– Tarifverhandlungen **8** 251
Tatsächliche Machtverteilung **1** 87
Teamleistung **2** 32
Teamplayer **2** 53
Teilgewinnabführungsvertrag **14** 191
Telefonkonferenz **2** 18
Telekom **11** 7
Textform **14** 130
„tipping" s. Kurs und Markpreismanipulation
„tone from the top" **13** 50
„top executives" **7** 126
Transparenz im Kapitalmarkt **12** 11

Sachverzeichnis

TransPuG **11** 6
Treuepflicht **1** 160, 161; **5** 11; **7** 49
„true and fair view" **10** 134

Übergangsgelder **3** 107
Übernahme **1** 127
Übernahmeangebot **1** 259
Übernahmeverschulden **10** 171
Überprüfungspflicht **3** 125
Überschreitung des Unternehmensgegenstands **14** 93
Überschuldung **9** 107; **12** 99
Überwachung **13** 22
Überwachungspflicht **1** 161, 205

UMAG **1** 12; **4** 42; **11** 6
Umgehung **2** 59; **3** 49
Umkehr der Beweislast **11** 41
Umwandlungsgesetz **1** 4
Unabhängigkeit der Wirtschaftsprüfer **12** 283; **14** 151
Unbefangenheit **1** 116
Ungeschriebene rechtliche Vorgaben **1** 193, 237
Unredlichkeit **11** 23
Unterlassen **2** 60, 117
Unternehmen **1** 79
– abhängiges Unternehmen **14** 185
– herrschendes Unternehmen **14** 185
Unternehmens-/Verbandsgeldbuße (§ 30 OWiG) **12** 252
Unternehmensakquisitionen **4** 43
Unternehmensbewertungen **14** 40
Unternehmensführung **11** 6; **12** 9, 30; **14** 54
Unternehmensgegenstand **1** 95
– Folgen eines Verstoßes **1** 92
– Folgen einer Überschreitung **1** 92
– keine Tätigkeitsvorgabe **1** 95
– Verstoß gegen die Begrenzung
Unternehmensinteresse **1** 97
– Anlegerinteressen **1** 98
– Interesse am Unternehmen **1** 97
– Interesse im Unternehmen **1** 99
– Gläubigerinteressen **1** 98
Unternehmenskontrolle **1** 263, 265, 306
Unternehmenskoordinierung **1** 186
Unternehmenskrise **4** 18
Unternehmenskultur **8** 30
Unternehmensplanung **1** 184; **8** 51
Unternehmensrisiken **1** 227
Unternehmensverbindungen **14** 1, 156
– System **14** 1
– Begriffsbestimmungen **14** 6
Unternehmensverbund **1** 264
Unternehmensverträge **1** 210; **14** 187
Unternehmenswohl **2** 55
Unternehmenszeitung **8** 77
Unternehmenszweck **1** 274

Unternehmerische Entscheidung **9** 21, 30, 35
Unternehmerisches Ermessen **1** 114, 316
unternehmerisches Handeln
– allgemeine Handlungsmaximen **1** 89
– Beachtung des Unternehmensinteresses **1** 96
– Eigenverantwortlichkeit und unternehmerisches Ermessen **1** 114
– Erzielen eines angemessenen Gewinns **1** 101
– Verfolgen des Unternehmensgegenstands **1** 91
– – besondere Grundsätze für ordnungsmäßige Geschäftsführung **1** 115
– – Ordnungsmäßigkeit **1** 133
– – Rechtmäßigkeit **1** 136
– – Wirtschaftlichkeit **1** 145
– – Zweckmäßigkeit **1** 142
Unterzeichnungspflicht **10** 46
Untreue, § 266 StGB **12** 199
– durch die Festsetzung von Vorstandsvergütungen **12** 234
– durch riskante Kreditvergabe **12** 215
– durch Sponsoring **12** 211
– GmbH-Untreue **12** 223
– Konzernuntreue **12** 228
– Pflichtverletzung, schwerwiegende **12** 207
– Vermögensbetreuungspflicht **12** 201
– Vermögensschaden **12** 208
– wegen fehlender oder mangelhafter Risikomanagementsysteme **12** 241
Unverfallbarkeit **3** 101
Urlaub **8** 316
Verantwortlichkeit des Vorstands, strafrechtliche **13** 152

Verantwortungsbereich **1** 137, 302
Veräußerungssperre, Dauer – mehrjährig **3** 76
Verbände **8** 85
Verbot der Doppelmitgliedschaft **5** 70
Verbot von Insidergeschäften **12** 128
verbundene Unternehmen **14** 7
Verfahrensfehler **5** 92
Vergleich **11** 67
Vergleichsparameter **3** 87
Vergleichszahlungen **1** 139
Vergütung **3** 53, 54
– Bestandteil **3** 56; 70
– Gesamtvergütung, Angemessenheit **3** 59
– „klassische" variable **3** 67
– Regeln **3** 42
– System **3** 56
Vergütungsbericht **10** 74
Verhaltensgrundsätze **1** 26
Verhaltenssteuerung **14** 128; **15** 88
Verjährungsfrist **11** 70, 72
Verkaufsprämien **8** 326

675

Sachverzeichnis

Verkaufsprospekt 11 123
Verkehrssicherungspflichten 11 101
Verlust
– Anzeige **9** 81
– Deckungshaftung **9** 165
Vermittlungsverfahren 2 26
Vermögensbetreuungspflicht 10 21
Vermögensminderung 11 54
Vermögensschäden 11 89, 130
Vermögenswirksame Leistungen 8 339
Verordnungen der EU 1 7, 8
Verschuldensmaßstab 11 50
Verschwiegenheitspflicht 1 175; **3** 26; **8** 328
Versetzung
– intern **8** 141
– international **8** 167
– Klauseln **8** 142
– Vorbehalt **8** 142
Versicherer 11 12, 134
Versicherungsnehmerin 11 133, 134, 136
Versicherungssystem 8 105
Versorgungslücke 8 362
Versorgungssystem 8 105
Verteidigungsmaßnahmen 4 50
Vertragsbeendigung 3 30
Vertragskonzern
– Beendigung **14** 96
– Cash-Management **14** 80
– Controlling **14** 77
– einheitliche Leitung **14** 54
– Haftung **14** 92
– Jahresabschluss **14** 83
– Konzernleitungspflicht **14** 64
– Organisation und Führung **14** 65
– Personalpolitik und -entscheidungen **14** 71
– Planung **14** 77
– Risikomanagement **14** 85
– Weisungen **14** 26
– zustimmungspflichtige Geschäfte **14** 88
Vertragsstrafe 7 20; **8** 139
Vertrauensentzug durch die Hauptversammlung 2 116
Vertrauensgrundsatz 7 33
Vertrauensverhältnis 1 143, 205
Vertrauliche Angaben 12 135
Vertraulichkeitsabsprache 12 171
Vertreterhaftung, strafrechtliche 12 15
Vertretung der Gesellschaft durch den Aufsichtsrat 3 2
Vertretung vor Gericht
– Anfechtungsklagen **6** 61
– Nichtigkeitsklagen **6** 33
Vertretungskompetenz 6 56
Vertretungsmacht 6 1, 14
– Beschränkung **6** 65
– fehlende Genehmigungsfähigkeit **6** 33
– Grenze **6** 38

– Missbrauch **6** 49
– organschaftliche **6** 1
– rechtsgeschäftliche **6** 19
Verwaltungsrat 15 19
Verzicht 11 30, 66
Verzinsung 1 104
„vesting date" 3 89
Vetorechte 1 197; **5** 52
Vierteljahresbericht 10 162, 249
Vollständigkeitserklärung 10 43, 254
Vor-AG, Vertretung 6 65
Vorbereitung von Hauptversammlungsbeschlüssen 1 68, 228, 229
Vorgesetzte s. Führung, Führungskräfte
Vorsatz 11 92, 117; **12** 66, 105
Vorschlagsrecht 1 53
Vorschusspflicht 9 87
Vorsitzender, stellvertretender 1 151
Vorstand 1 48
– Arbeitsdirektor **5** 62
– Aufbau **4** 19, 20
– Ausschüsse **6** 58
– Beschlussfassung **1** 165, 168, 170; **5** 79
– Beziehungen zu anderen Organen **1** 66
– Bezüge **3** 53
– Ehrenvorsitzender **5** 74
– entsandtes Aufsichtsratsmitglied **2** 91
– Geschäftsordnung s. dort
– Gleichberechtigung **5** 13
– Leitung der AG **5** 16
– Organisation **5** 20, 24, 25
– Pflicht zur Leitung **5** 16
– Stellungnahme zum Prüfungsbericht des Abschlussprüfers **1** 62
– Verhältnis zum Aufsichtsrat s. dort
– Verhältnis zur Hauptversammlung s. dort
– Vorstandssprecher **5** 60
– Vorstandsvorsitzender s. dort
– Willensbildung **5** 75
Vorstand als Organ 4 26
Vorstandsabberufung s. Abberufung
Vorstandsanstellungsvertrag 2 30, 31
Vorstandsbestellung s. Bestellung
Vorstandsmitglied
– Abberufung **2** 101
– Amtsniederlegung **2** 100
– ausgeschiedenes **3** 24
– delegierte Aufsichtsratsmitglieder **5** 70
– Informationspflicht **5** 50
– Informationsrecht **5** 50
– Interventionspflicht **5** 51
– Interventionsrecht **5** 51
– natürliche Person **5** 56
– Qualifikation **5** 56
– stellvertretendes **5** 68
– Tod **5** 16
– Überwachung **1** 267, 288
– Widerspruchsrecht **5** 52

Sachverzeichnis

Vorstandsmitglieder 1 21
– Doppelmandatsverbund **1** 49
– gegenseitige Förderpflicht **1** 128, 162
– gegenseitige Treuepflicht **1** 160
– gegenseitige Überwachung **1** 288
– gegenseitige Unterrichtung **1** 161
– Gleichberechtigung **1** 155
– Mitwirkung bei der Berichterstattung an den Aufsichtsrat **4** 15
– stellvertretende **5** 68
– Ungleichgewicht durch Geschäftsverteilung **1** 88, 157, 158
– Zahl **1** 35
Vorstandssitzung 1 151, 161, 187, 188, 193
Vorstandssprecher 1 322; **2** 73
Vorstandstätigkeit 1 187; **4** 8
Vorstandsvorsitzender 2 87; **5** 57
– Aufgaben **5** 58
– Einzelgeschäftsführung **5** 59
– Stichentscheid **5** 59
– Vetorecht **5** 59

Wahlordnung 8 175
Wahlrecht, Kontenabschluss 10 6, 26
Wahlrechte 10 30, 41, 44, 59, 64
– Ansatzwahlrechte **10** 199
– Ausübung **10** 64
– Bewertungswahlrechte **10** 199
Wahlvorschläge des Aufsichtsrats 1 38
Wahlvorstand 8 174
Waisenpension 3 115
„war for talents" 8 122
Warnstreik 8 263
Wechselseitig beteiligte Unternehmen 14 6, 15, 179
Weisungen
– des CEO **5** 35
– des herrschenden Unternehmens **4** 61
– Hauptversammlung **4** 61
– nachteilige Weisungen **4** 63
– des Verwaltungsrats **15** 16 **4** 63
Weisungsrecht 2 77; **4** 63; **5** 35; **8** 9
Wertpapiere 10 157, 160, 165; **12** 139, 147, 157
Wettbewerb 2 55; **8** 252; **10** 214
Wettbewerbsentschädigung 3 47
Wettbewerbsverbot 3 24; **7** 57; **11** 78
Wettbewerbsverstoß 2 121; **14** 59

„whistle-blowers" 13 124, 127
Wichtiger Grund 2 58, 100, 101, 103, 108, 116
Widerruf
– Beschluss **2** 106
– der Bestellung **2** 101
– der Ruhegeldzusage **3** 121
– Vorbehalt **3** 122
Widerspruchsrecht 1 313; **5** 52
Wiederbestellung 2 48, 53; **3** 107, 135
Wiederverheiratung 3 116
„wind fall profits" 3 87
Wirtschaftliche Geschäftsführung 1 132; **11** 38
Wirtschaftlichkeit 1 132, 145
Wirtschaftsausschuss 7 69; **8** 200
Wirtschaftsstrafrecht 13 109
Wissenserklärung 1 220
Wohltätigkeit 4 147
WpHG 1 256, 257; **12** 128
WpÜG 1 258
– Angebotsunterlage **11** 123
– Pflichtangebote **1** 259
– Stellungnahmepflicht **4** 16
– Veröffentlichungspflichten **1** 258; **12** 177

Zahl der Vorstandsmitglieder 1 213
Zahlungsunfähigkeit 2 123; **9** 89; **12** 98
Zahlungsverbot 9 82
Zeitpunkt der Berichterstattung
– Berichte über Geschäfte mit erheblicher Bedeutung für die Gesellschaft **1** 237
– Berichte zur Lage der Gesellschaft **7** 11
Zerstrittenheit im Vorstand 2 120
Zeugnisverweigerungsrecht 7 77
Zielgesellschaften 4 47, 49, 51, 53
Zielvereinbarung 8 65
Zugang beim Kündigungsempfänger 3 6
Zulassungsverfahren 11 23
Zustimmungskatalog 14 137; **15** 86
Zustimmungskompetenz 3 38
Zustimmungsvorbehalte 1 39, 72, 74, 76
Zwangsgeld 10 170, 270
Zweckgesellschaften 10 42
Zweckmäßigkeit 1 142
Zweidrittelmehrheit 2, 24, 107, 130
Zweiwochenfrist 3 3, 5, 109, 110
Zwischenbericht 10 55; **12** 61, 72